NOMOSLEHRBUCH

Prof. Dr. Helmut Satzger
Ludwig-Maximilians-Universität München

Internationales und Europäisches Strafrecht

Strafanwendungsrecht | Europäisches Straf- und Strafverfahrensrecht | Völkerstrafrecht

9. Auflage

Die Deutsche Nationalbibliothek verzeichnet diese Publikation in
der Deutschen Nationalbibliografie; detaillierte bibliografische
Daten sind im Internet über http://dnb.d-nb.de abrufbar.

ISBN 978-3-8487-6344-3 (Print)
ISBN 978-3-7489-0451-9 (ePDF)

9. Auflage 2020
© Nomos Verlagsgesellschaft, Baden-Baden 2020. Gedruckt in Deutschland. Alle Rechte, auch die des Nachdrucks von Auszügen, der fotomechanischen Wiedergabe und der Übersetzung, vorbehalten.

Vorwort zur 9. Auflage

Straftaten, die allein innerhalb eines Staates begangen werden, an denen nur Staatsangehörige dieses Staates beteiligt sind und auf die nur rein nationales Recht anwendbar ist, sind heute eher die Ausnahme als die Regel. Die Befassung mit dem „Straf- und Strafprozessrecht" wäre daher von vornherein unvollständig, wenn man nicht den internationalen und europäischen Kontext mit in Betracht zöge. Das „Internationale und Europäische Strafrecht" hat sich daher ganz zu Recht in Forschung und Lehre als eigenständiges und ernst zu nehmendes Fach etabliert.

So wird heute kaum bestritten, dass dem Terrorismus, dem Menschenhandel, der Cyberkriminalität und anderen gravierenden Kriminalitätsformen über die nationalen Grenzen hinweg auch mit strafrechtlichen Mitteln Einhalt geboten werden muss. Um schwerste völkerrechtliche Verbrechen mit den Mitteln des Strafrechts zu sanktionieren, sind in den vergangenen Jahrzehnten internationale Strafgerichte, ja sogar ein ständiger Internationaler Strafgerichtshof gegründet worden. Allerdings ist diese Entwicklung nicht so geradlinig und unumkehrbar, wie man vielleicht meinen mag. Zunehmend pochen Staaten – insbesondere auch im Zusammenhang mit der Ausübung der Strafverfolgung – auf ihre nationale Souveränität. Dies gilt sogar – und aktuell besonders spürbar – für die Europäische Union. So hat das Vereinigte Königreich am 31. Januar 2020 der EU den Rücken gekehrt und den „Brexit" vollzogen. Dabei ist dies nur die Spitze des Eisbergs: In einigen osteuropäischen Staaten sind offen europafeindlich agierende Regierungen an der Macht, die Widersprüche zur EU und zu EU-Recht sowie zu den Urteilen des EuGH nicht scheuen. Eine unglückliche Rolle können zudem Instrumente des EU-Strafrechts selbst einnehmen, so zum Beispiel im Fall Katalonien, in dem die spanische Zentralregierung das Mittel des Europäischen Haftbefehls dazu nutzte, um gegen separatistische Bewegungen vorzugehen und deren Anführer strafrechtlich zur Verantwortung zu ziehen.

Im völkerstrafrechtlichen Kontext ist die ursprünglich recht erfolgreiche Entwicklung der vergangenen Jahre ebenfalls nicht ungetrübt: Auch hier wird zunehmend – und nicht ohne Grund – von einer veritablen „Krise" gesprochen. Gerade durch die notwendige Selektion der dem Internationalen Strafgerichtshof unterbreiteten Situationen fühlen sich insbesondere viele afrikanische Staaten diskriminiert. Dieser Unmut gipfelte bereits in dem Austritt des afrikanischen Staates Burundi aus dem Rom-Statut.

Bereits diese wenigen Bemerkungen zeigen, dass viele Faktoren, die größtenteils gar nicht rechtlicher Art sind, das moderne Rechtsgebiet „Internationales und Europäisches Strafrecht" beeinflussen und prägen. Auch diese neue – bereits neunte – Auflage des vorliegenden Lehrbuchs will daher die aktuellen Entwicklungen möglichst anschaulich darstellen und ggf. auch kritisch kommentieren. Dabei soll der beinahe uferlose Stoff durch geeignete Schwerpunktbildung auf ein vernünftiges Maß begrenzt werden.

Neben dem Aktualisierungsbedarf in allen Bereichen des Lehrbuchs haben einige besonders wichtige Veränderungen eine Neuauflage als angezeigt erscheinen lassen, wobei nur einige Beispiele hervorgehoben sein sollen:

Im Strafanwendungsrecht wird die aktuelle Rechtslage zu den Propagandadelikten im Internet unter Betrachtung der jüngsten BGH-Rechtsprechung ausführlich(er) dargestellt.

Vorwort zur 9. Auflage

In den Teilen zum Europäischen Strafrecht stellt die neu geschaffene Europäische Staatsanwaltschaft eine große Errungenschaft dar. Die Rumänin *Laura Codruta Kövesi* ist als erste Europäische Generalstaatsanwältin vom Europäischen Parlament und vom Rat ernannt worden, voraussichtlich Ende 2020 wird die neue Institution dann ihre Tätigkeit aufnehmen, wodurch ein neues Kapitel in der europäischen Strafverfolgung aufgeschlagen wird. Daneben spielt das Thema Grundrechtsschutz im Bereich der justiziellen Zusammenarbeit eine überragende Rolle. So hat der EuGH das nach Art. 7 EUV eingeleiteten Verfahren gegen Polen und den „Brexit" zum Anlass genommen, den Hürden für eine Ablehnung der Auslieferung wegen grundrechtlicher Bedenken (und der Sache nach unter Anerkennung eines „europäischen *ordre public*") weitere Konturen zu verleihen. Nicht zuletzt wird hier die enge Verschränkung der politischen Entwicklungen mit der – auf dem Gedanken des gegenseitigen Vertrauens basierenden – Rechtshilfe innerhalb der EU deutlich. Auch die jüngsten Entscheidungen des BVerfG zum „Recht auf Vergessen" lassen insoweit aufhorchen: Indem das BVerfG nunmehr ausdrücklich seine Prüfungskompetenz auf die Übereinstimmung mit der EU-Grundrechtecharta erstreckt, werden wir Zeugen eines sich herausbildenden neuen Rechtsschutzsystems, welches am Ende ein kooperative(re)s an die Stelle des bisher überwiegend kontroverse(re)n Grundrechtsschutzes im Verhältnis von BVerfG und EuGH stellt. Aus deutscher Sicht ist darüber hinaus von Bedeutung, dass der EuGH der deutschen Staatsanwaltschaft die hinreichende Unabhängigkeit abgesprochen hat, um einen Europäischen Haftbefehl auszustellen. Der deutsche Gesetzgeber ist auch wichtigen Harmonisierungsvorgaben des EU-Gesetzgebers im strafrechtlichen Bereich nachgekommen, so etwa durch Erlass des EU-Finanzschutzstärkungsgesetz (EU-FinSchStG), mit dem die sogenannte PIF-Richtlinie in deutsches Recht umgesetzt wurde.

Die Ausführungen zum Völkerstrafrecht enthalten eine aktuelle rechtspolitische Bewertung der Arbeit des IStGH im Kontext der weltweit erstarkenden staatlichen Souveränitätsbestrebungen; eine aktualisierte Übersicht der vor dem IStGH anhängigen Situationen und Fälle sowie die Auswertung zentraler Entwicklungen in der Rechtspraxis des IStGH, zum Beispiel im Bereich der Vorgesetztenverantwortlichkeit, bereichern die Neuauflage.

Um eine effektive und erfolgreiche Arbeit mit dem Lehrbuch zu gewährleisten, soll dem Leser / der Leserin ein schneller und unkomplizierter Zugang zu den jeweils aktuellsten Rechtsakten, zu Gerichtsentscheidungen und zu sonstigen wichtigen Dokumenten ermöglicht werden. Wie aus den früheren Auflagen bereits bekannt, existiert daher begleitend zum Lehrbuch eine regelmäßig aktualisierte Internetseite. Die Internetadresse lautet:

http://www.lehrbuch-satzger.de

Der Anspruch, die kaum mehr überschaubare in- wie ausländische Literatur auch nur annähernd auszuwerten, musste sinnvollerweise auch in dieser Auflage dem Bestreben weichen, dem Leser ein übersichtliches und verständliches Werk an die Hand zu geben. Ich bitte deshalb um Verständnis, wenn aus didaktischen Gründen eine nur begrenzte Auswahl von Veröffentlichungen Eingang in die Fußnoten und in die speziellen Literaturnachweise zu den einzelnen Paragrafen gefunden hat.

Ein pünktliches Erscheinen der Neuauflage zum Sommersemester 2020 war nur dadurch möglich, dass meine Münchener Mitarbeiterinnen und Mitarbeiter bei der Bewältigung dieser Aufgabe konzentriert und intensiv im Team gearbeitet haben. Meinen

Vorwort zur 9. Auflage

wissenschaftlichen Mitarbeitern Herrn *Nicolai von Maltitz, LL.M.*, und Herrn *Constantin Salat* gebührt dabei ein besonderer Dank, nicht nur für ihre kenntnisreichen Beiträge, sondern allgemein auch dafür, dass sie die Koordinierung und Leitung des Teams übernommen und die Vorbereitungsarbeiten in allen Teilen gründlich überwacht haben.

Für die vielen wertvollen formellen wie inhaltlichen Beiträge zur Neuauflage danke ich zudem meinen wissenschaftlichen Mitarbeitern *Maximilian Seuß, Severin Berger* und *Patrick Born*. Die wichtige Recherche und Zuarbeit, ohne die diese Auflage so bald nicht hätte erscheinen können, oblag meinen fleißigen studentischen Hilfskräften *Frederik Ehlers, Dorothea Hirt, Niklas Kastel, Theresa List, Noah Räderer, Nadim Sarfraz, Patrick Siegle, Melanie Vachal* und *Johannes Winckler*. Ihnen allen danke ich ganz herzlich.

Schließlich verdienen aber auch diejenigen, die den Lehrstuhl während dieser arbeitsamen Zeit am Laufen gehalten und zahlreiche Parallelprojekte vorangetrieben haben, meinen außerordentlichen Dank. Dies sind meine wissenschaftlichen Mitarbeiterinnen und Mitarbeiter *Lena Hartung, Sophie Kargruber, Franz-Xaver Lehmeyer, Julia Mayer, Dr. Laura Neumann* und *Privatdozent Dr. Frank Zimmermann* sowie meine kompetente, stets hilfsbereite und allzeit gut gelaunte Sekretärin *Dora Wagner*.

Last but not least möchte ich mich bei denjenigen bedanken, die dieses Buch durch Übersetzung einem weiteren Leserkreis zugänglich gemacht (und mir durch Rück- und Verständnisfragen Anlass für so manche zusätzliche Überlegung gegeben) haben. Zu nennen ist Herr Prof. Dr. *Shih-Fan Wang* (National Taipei University, Taiwan), der nicht nur für die Übersetzungen ins traditionelle Chinesisch verantwortlich zeichnet (Erstauflage 2014, Zweitauflage 2019, Angle Verlag, Taiwan), sondern auch die 2017 in der Volksrepublik China (Peking University Press) erschienene vereinfacht-chinesische Fassung ermöglicht hat. Ebenso gebührt der von Herrn Prof. *Katsuyoshi Kato* (Senshu University Tokyo, Japan) geleiteten Forschergruppe mein herzlicher Dank für die Publikation der japanischen Übersetzung.

Das Buch befindet sich auf dem Stand Januar 2020.

München, im Februar 2020 *Prof. Dr. Helmut Satzger*

Vorwort zur 1. Auflage

Die Schlagworte der „Internationalisierung" und der „Europäisierung" stehen in fast allen Rechtsgebieten mittlerweile im Zentrum des Interesses. Sachverhalte weisen heute regelmäßig nicht nur innerstaatliche Bezüge auf, die entscheidenden Rechtsgrundlagen und Instanzen sind immer seltener rein national. Eine ganz besondere Dynamik hat diese Entwicklung in der jüngsten Zeit – wenn auch nicht immer bemerkt – im Strafrecht entfaltet. Das Recht der Europäischen Gemeinschaft bzw. Europäischen Union wirkt in erheblichem und stetig zunehmendem Maße auf die Anwendung des innerstaatlichen Strafrechts ein, die Kriminalitätsbekämpfung ist nicht erst seit den Terroranschlägen vom 11. September 2001 zu einem wichtigen Ziel der – nunmehr bis zur russischen Westgrenze reichenden – EU geworden. Das Völkerstrafrecht hat seit dem Ende des Kalten Krieges eine Entwicklung genommen, die als „Quantensprung" bezeichnet werden kann und die eine moderne und effektive internationale Strafgerichtsbarkeit, letztlich sogar die Gründung eines ständigen Internationalen Strafgerichtshofs in Den Haag ermöglicht hat.

Das vorliegende Lehrbuch will diesen Neuerungen, die bislang nur wenig Eingang in die juristische Ausbildung – und noch weniger in die gängige Ausbildungsliteratur – gefunden haben, Rechnung tragen. Dabei erhebt es nicht den Anspruch, sämtliche damit angesprochenen Aspekte gleichermaßen vollständig und tiefgehend zu behandeln – ein solches Ziel wäre für ein Werk dieses Umfangs auch nicht realistisch. Vielmehr geht es um eine vertiefte Einführung in die wichtigsten strafrechtlichen Teilgebiete, die von diesen Internationalisierungs- bzw. Europäisierungstendenzen betroffen sind. Der Inhalt umfasst deshalb sowohl das Europäische Strafrecht, das Völkerstrafrecht wie auch das – oftmals als Internationales Strafrecht bezeichnete – Strafanwendungsrecht. Ganz bewusst trägt die Darstellungsweise in den einzelnen Teilen der sehr unterschiedlichen Struktur der drei Rechtsbereiche Rechnung und versucht dabei, dem Leser die europa- bzw. völkerrechtlichen Hintergründe, soweit sie für das Verständnis der strafrechtlichen Zusammenhänge erforderlich sind, mit an die Hand zu geben. Das Fundstellen- und Linkverzeichnis im Anhang soll dem Leser dabei den schnellen Zugriff auf wichtige Rechtsgrundlagen und Dokumente ermöglichen.

Damit steht erstmals ein Lehrbuch zur Verfügung, das nicht nur der Einbeziehung va der europäischen Bezüge der Kernfächer in den Pflichtkanon des Ersten Juristischen Staatsexamens Rechnung trägt, sondern das vor allem im Rahmen der neuen Schwerpunktausbildung ein kompaktes Lehr- und Lernmittel sein will, soweit die Juristischen Fakultäten hier die europäischen und internationalen Bezüge des Strafrechts zu eigenständigen Inhalten erhoben haben. In gleichem Maße wendet sich das Buch aber an alle interessierten Juristen, die sich auf überschaubarem Raum über die – auch für die tägliche Arbeit zunehmend an Bedeutung gewinnenden – europäischen und internationalen Aspekte des Strafrechts informieren wollen.

Bei der naturgemäß längerfristigen Vorbereitung des Buches konnte ich auf die tatkräftige Unterstützung meiner Lehrstuhlmitarbeiterinnen und -mitarbeiter zählen. Besonders hervorzuheben ist dabei der herausragende Einsatz meines wiss. Mitarbeiters und Doktoranden im Bereich des Völkerstrafrechts, Herrn *Laurent Lafleur*, der mir auf seinem „Spezialgebiet" stets mit Rat und Tat zur Seite stand. Großen Dank schulde ich daneben aber auch meinen weiteren wissenschaftlichen Mitarbeitern, Herrn *Christian Hanft*, Herrn *Dr. Kai Höltkemeier* und Herrn *Erwin Krapf*, meinen studentischen

Vorwort zur 1. Auflage

Hilfskräften, Frau *Saskia Bauer*, Frau *Elke Lutz*, Herrn *Thomas Putschbach* und Herrn *Frank Zimmermann*, meinem ehemaligen Mitarbeiter Herrn *Florian Melloh*, LLM, sowie – last but not least – meiner Sekretärin Frau *Inge Rystau*.

Augsburg, im September 2004 *Prof. Dr. Helmut Satzger*

Inhalt

Vorwort zur 9. Auflage	5
Vorwort zur 1. Auflage	8
Abkürzungsverzeichnis	23

A. EINFÜHRUNG

§ 1	Das Strafrecht im internationalen Kontext	31
§ 2	Begriffsvielfalt im Hinblick auf das „Internationale Strafrecht"	32
I.	Übersicht	32
II.	Völkerstrafrecht	32
III.	Supranationales, insbesondere Europäisches Strafrecht	32
IV.	Strafanwendungsrecht	33
V.	Rechtshilferecht	34
	Wiederholungs- und Vertiefungsfragen	35

B. INTERNATIONALES STRAFRECHT ALS „STRAFANWENDUNGSRECHT"

§ 3	Funktionen eines Strafanwendungsrechts	36
I.	Strafberechtigung	36
II.	Anwendbares Strafrecht	36
III.	Gefahr mehrfacher Strafverfolgung	39
IV.	Verhältnis des Strafanwendungsrechts zum Schutzbereich einzelner Tatbestände	40
	Wiederholungs- und Vertiefungsfragen	41
§ 4	Anknüpfungsmodelle	42
I.	Kompetenz-Kompetenz der Staaten	42
II.	Anerkannte Prinzipien	43
	1. Übersicht über die völkerrechtlich akzeptierten Anknüpfungspunkte	43
	2. Territorialitätsprinzip	45
	3. Aktives Personalitätsprinzip	46
	4. Schutzprinzip	46
	a) Staatsschutzprinzip	47
	b) Individualschutzprinzip (passives Personalitätsprinzip)	47
	5. Weltrechtsprinzip	48
	6. Prinzip der stellvertretenden Strafrechtspflege	49
	7. Kompetenzverteilungsprinzip	49
	8. Unionsschutzprinzip (früher Gemeinschaftsschutzprinzip)	50
	Wiederholungs- und Vertiefungsfragen	50

§ 5	Das Strafanwendungsrecht des StGB	51
I.	Entstehungsgeschichte	51
II.	Leitende Grundprinzipien der §§ 3 ff. StGB	51
III.	Dogmatische Einordnung der §§ 3 ff. StGB	53
IV.	„Tat" und „Täter" iSd §§ 3 ff. StGB	54
	1. Tatbegriff	54
	2. Täterbegriff	55
V.	Anwendung deutschen Strafrechts auf Inlandstaten	55
	1. § 3 StGB (Territorialitätsprinzip)	56
	a) Tatortbegriff des § 9 StGB	56
	aa) Probleme bei der Bestimmung des Handlungsorts	60
	(1) Handlungsort bei Mittäterschaft und mittelbarer Täterschaft	60
	(2) Handlungsort bei Handlungseinheiten (mehraktige Delikte, Dauerdelikte, fortgesetzte Handlung)	61
	(3) Handlungsort bei gewerbs-, geschäfts- oder gewohnheitsmäßig begangener Tat (Sammelstraftat)	62
	bb) Probleme bei der Bestimmung des Erfolgsorts	63
	(1) „Zum Tatbestand gehörender Erfolg" bei Gefährdungsdelikten	63
	(2) Objektive Strafbarkeitsbedingung als „zum Tatbestand gehörender Erfolg"	66
	(3) Transitdelikte	68
	cc) Problem: Tatort bei der Teilnahme	68
	dd) Problem: Tatort Internet	72
	b) Inlandsbegriff	78
	aa) Staats- und völkerrechtlicher Inlandsbegriff	78
	bb) Faktischer Inlandsbegriff für das geteilte Deutschland	78
	cc) Rückkehr zum staats- und völkerrechtlichen Inlandsbegriff	79
	dd) Staats- und völkerrechtliche Begrenzung des Inlands	79
	c) Unanwendbarkeit deutschen Strafrechts auf Exterritoriale?	79
	2. § 4 StGB (Flaggenprinzip)	80
	Wiederholungs- und Vertiefungsfragen	**81**
VI.	Anwendung deutschen Strafrechts auf Auslandstaten	82
	1. § 5 StGB	82
	a) Grundgedanke	82
	b) Realisierte Anknüpfungspunkte	82
	c) Prozessuale Flankierung	84
	d) Anwendungsbeispiele und Problemfälle	84
	aa) Der Täterbegriff in § 5 StGB	84
	bb) Erfasste Delikte und Systematik des § 5 Nr. 12 StGB	85
	2. § 6 StGB (Weltrechtsprinzip)	85
	3. § 7 StGB (aktives und passives Personalitätsprinzip, stellvertretende Strafrechtspflege)	89
	a) Verwirklichte Prinzipien	89
	b) „Deutscher" bzw. „Ausländer" als Täter und Opfer	90
	aa) Staatsrechtlicher Inländerbegriff	90
	bb) Deutscher als Opfer (§ 7 I StGB)	91
	cc) Deutscher als Täter (§ 7 II Nr. 1 StGB)	92

		dd) Ausländer als Täter (§ 7 II Nr. 2 StGB)	93
		ee) Problem der stellvertretenden Strafrechtspflege bei Teilnehmern	93
	c)	Die Tatortstrafbarkeit	94
		aa) Bedrohung der Tat mit Strafe am Tatort	94
		bb) Rechtfertigungs-, Entschuldigungs- und sonstige materiellrechtliche „Straffreistellungsgründe" des Tatortrechts	95
		cc) Verfahrenshindernisse des Tatortrechts	97
		dd) Faktische Nichtverfolgung	98
	d)	Prozessuale Flankierung	99
	Wiederholungs- und Vertiefungsfragen		**99**
§ 6	**Schutzbereichsbeschränkung deutscher Straftatbestände auf inländische Rechtsgüter**		**100**
	Wiederholungs- und Vertiefungsfragen		**102**

C. EUROPÄISCHES STRAFRECHT

§ 7	**Grundlagen und Grundfragen eines Europäischen Strafrechts**	**104**
I.	**Bedeutung des Begriffs „Europäisches Strafrecht"**	**104**
II.	**Der Einfluss des Rechts der Europäischen Union auf das Strafrecht**	**105**
	1. Die historische Entwicklung des Primärrechts	105
	2. Rechtssetzung vs. Rechtsangleichung	107
III.	**Europäisches Strafrecht und Grundrechtsschutz**	**109**
	1. Der Bestand an Unionsgrundrechten	109
	2. Die Prüfung der Unionsgrundrechte durch den EuGH	111
	3. Grundrechtsmaßstab für das Tätigwerden der Organe der Union	113
	a) Europarechtliche Sichtweise – die Position des EuGH	113
	b) Die Position des BVerfG	114
	4. Grundrechtsmaßstab für das Tätigwerden der mitgliedstaatlichen Organe	114
	a) Die (extensive) Position des EuGH	114
	b) Die differenzierende Position des BVerfG	115
	aa) Ursprüngliche Position	115
	bb) Neue Entwicklung	116
	cc) Ausblick	117
	5. Grundrechtlicher „ordre public"	117
	a) Anwendungsvorrang des Unionsrechts gegenüber nationalen Grundrechten?	118
	b) Europäischer *ordre public*, va bei der justiziellen Zusammenarbeit in Strafsachen	119
	c) Nationaler *ordre public* – Die Bedeutung der nationalen Verfassungsidentität	120
	aa) Position des BVerfG	120
	bb) Position des EuGH	121
	d) Fazit	122
	Wiederholungs- und Vertiefungsfragen	**122**

§ 8	**Supranationales Europäisches Strafrecht**	124
I.	**Bestehende Sanktionen auf Unionsebene**	124
	1. Die verschiedenen Arten von unionsrechtlichen Sanktionen	124
	a) Geldbußen	124
	b) Sonstige finanzielle Sanktionen	124
	c) Sonstige Rechtsverluste	125
	2. Zuordnung zum Strafrecht im weiteren Sinn	125
II.	**Europäisches Kriminalstrafrecht**	126
	1. Terminologisches	126
	2. Ansätze eines Europäischen Kriminalstrafrechts im geltenden Recht?	127
	3. Strafrechtssetzungskompetenz der EU	129
III.	**Projekte für ein „Europäisches Strafrecht"**	135
	1. *Corpus Juris* strafrechtlicher Regelungen zum Schutze der finanziellen Interessen der EU (*Corpus Juris* 2000)	135
	2. Grünbuch der Kommission zum Schutz der finanziellen Interessen der EG und zur Schaffung einer Europäischen Staatsanwaltschaft	136
	Wiederholungs- und Vertiefungsfragen	137
§ 9	**Das nationale materielle Strafrecht unter der Einwirkung des Europarechts**	138
I.	**Allgemeines**	138
	1. Strafrecht als nicht-unionsrechtsresistente Materie	138
	2. Besonderheiten des Kriminalstrafrechts	139
II.	**Primärrechtliche Vorgaben für das nationale Strafrecht**	141
	1. Unionsrecht als Obergrenze für nationales Strafrecht	142
	a) Unionsrechtswidrige Tatbestandsvoraussetzungen	143
	b) Unionsrechtswidrige Rechtsfolge	144
	aa) Unionsrechtswidrigkeit hinsichtlich der Sanktionshöhe	144
	bb) Unionsrechtswidrigkeit hinsichtlich der Sanktionsart	146
	2. Allgemeine Untergrenze für Strafrecht im Dienst der Union (Art. 4 III EUV)	147
	a) Die Konkretisierung durch das EuGH-Urteil „Griechischer Maisskandal"	147
	b) Primärrechtliche Festschreibung der Sanktionierungspflicht und Begrenzung durch die Verfassungsidentität der Mitgliedstaaten	149
	aa) Sanktionierungspflicht zum Schutz der finanziellen Interessen der EU (Betrugsbekämpfung)	149
	bb) Grenzen der Sanktionierungspflicht am Beispiel des italienischen Verjährungsrechts	149
	cc) Grenzen der Sanktionierungspflicht am Beispiel des bulgarischen Beweisrechts	150
	c) Sanktionierungspflicht als Ausfluss der primärrechtlichen Assimilierungspflicht	151
III.	**Sekundärrechtliche Vorgaben für das nationale Strafrecht – insbesondere durch Richtlinien gem. Art. 83 AEUV**	151
	1. Allgemeines und Systematik	151
	2. Bekämpfung grenzüberschreitender Kriminalität (Art. 83 I AEUV)	152
	a) Veränderungen des Primärrechts gegenüber der ehemaligen dritten Säule	152
	b) Bisherige Rechtsakte zur Harmonisierung des materiellen Strafrechts	152

	c)	Voraussetzungen des Art. 83 I AEUV	154
3.		Annexkompetenz (Art. 83 II AEUV)	156
	a)	Annexcharakter der Kompetenzvorschrift	156
	b)	Rechtsstand vor Inkrafttreten des Vertrags von Lissabon	157
	c)	Voraussetzungen des Art. 83 II AEUV	158
	d)	Die Richtlinie 2017/1371/EU – „PIF-Richtlinie"	159
4.		Kompetenz zur Mindestharmonisierung	160
	a)	Harmonisierung auf der Tatbestandsseite	160
	b)	Harmonisierung auf der Rechtsfolgenseite	161
5.		Die Notbremsenregelung in Art. 83 III AEUV	163
	a)	Grundgedanke und Verfahren	163
	b)	Inhaltliche Anforderungen	164
6.		Harmonisierungskompetenzen außerhalb des Art. 83 AEUV	165
	a)	Kompetenzgrundlagen	165
	b)	Analoge Anwendung der „Notbremse"	166
7.		Exkurs: Ein Konzept für eine europäische Kriminalpolitik	167
	a)	Hintergrund	167
	b)	Die einzelnen Prinzipien für eine europäische Kriminalpolitik	168

IV. Einbeziehung europarechtlicher Normen durch Verweisungen in nationalen Strafvorschriften — 169

1. Einführung — 169
   - a) Verhaltensvorschriften in Richtlinien — 170
   - b) Verhaltensvorschriften in Verordnungen — 170
2. Problematik der Blankettstrafgesetzgebung mit EU-Bezug — 171
   - a) Wirkung der Verweisung und Auslegungsproblematik — 171
   - b) Konflikt mit dem Bestimmtheitsgrundsatz — 173
     - aa) Allgemeine Bestimmtheitsanforderungen — 173
     - bb) Besonderheiten bei Verweisungen auf EU-Recht — 174
     - cc) Rückverweisungsklauseln in nationalen Verordnungen — 176
     - dd) Strafbarkeitslücken und *lex mitior* — 178

V. Beachtung des EU-Rechts bei der Anwendung nationalen Strafrechts — 181

1. Einführung — 181
2. Neutralisierungswirkung — 182
   - a) Echte Kollisionen auf Tatbestandsseite — 183
   - b) Echte Kollisionen auf Straffolgenseite — 185
   - c) Nur scheinbare Kollisionen mit Unionsrecht — 186
3. Unionsrechtskonforme Auslegung — 187
   - a) Allgemeines — 187
   - b) Unionsrechtskonforme Auslegung und Strafrecht — 189
   - c) Anwendungsbeispiele — 190
     - aa) Schutz von EU-Rechtsgütern durch extensive unionsrechtskonforme Auslegung nationaler Straftatbestände — 190
     - bb) Richtlinienkonforme Auslegung und begriffliche Akzessorietät einzelner Tatbestandsmerkmale — 192
     - cc) Fahrlässigkeitsdelikte — 195
     - dd) Strafzumessung — 196
4. Die Bedeutung von Rahmenbeschlüssen für die Strafrechtsanwendung — 198

Wiederholungs- und Vertiefungsfragen — 200

§ 10	**Strafverfolgung in Europa**	202
I.	**Strafverfolgungsinstitutionen auf EU-Ebene**	202
	1. Europol	202
	2. Eurojust	205
	3. Das Europäische Amt für Betrugsbekämpfung (OLAF)	208
	4. Die Errichtung der Europäischen Staatsanwaltschaft	209
	a) Vorgeschichte und primärrechtliche Grundlage	209
	b) Die Verordnung zur Errichtung der Europäischen Staatsanwaltschaft	210
	c) Abweichung zu ursprünglichen Entwürfen	212
	5. Zusammenwirken der EU-Strafverfolgungsinstitutionen nach den Grundsätzen der effektiven und loyalen Zusammenarbeit	213
II.	**Die justizielle Zusammenarbeit in Strafsachen auf der Grundlage des Prinzips der gegenseitigen Anerkennung**	215
	1. Allgemeines: Das Prinzip	215
	a) Hintergründe und Charakterisierung als „waiver concept"	215
	b) *Ordre-public*-Vorbehalt?	217
	aa) Die Rspr. des EuGH zu weitergehenden Beschränkungen aus grund- und menschenrechtlichen Erwägungen	217
	bb) Neue Entwicklung in der EuGH-Rspr. bzgl. der Anerkennung nationaler Verfassungsidentitäten mit potenziellem Einfluss auf die bisherige Ablehnung eines nationalen *ordre public*	218
	cc) Ansätze des EuGH für eine Anerkennung eines europäischen *ordre public* im Kontext der justiziellen Zusammenarbeit im Strafrecht	219
	dd) Parallele Ansätze für eine Anerkennung eines deutschen *Ordre-public*-Vorbehalts durch das BVerfG	220
	2. Die Kodifizierung des Prinzips der gegenseitigen Anerkennung in Art. 82 AEUV	221
	a) Anwendungsbereiche	221
	b) Abgrenzung zur Rechtsangleichung gem. Art. 82 II AEUV	221
	3. Rechtsakte auf der Grundlage des Anerkennungsprinzips	222
	a) Der Europäische Haftbefehl	222
	aa) Der Rahmenbeschluss	222
	bb) Die Umsetzung des Rahmenbeschlusses in Deutschland und dabei auftretende Probleme	224
	(1) Verfassungswidrigkeit des (ersten) Umsetzungsgesetzes	224
	(2) Zweites Umsetzungsgesetz mit Schwächen	225
	(3) Staatsanwaltschaft in Deutschland nicht zur Ausstellung berechtigt	226
	cc) Die Umsetzung des Rahmenbeschlusses in anderen Mitgliedstaaten	227
	b) Europäische Überwachungsanordnung	229
	c) Rechtshilfe in Bezug auf Beweismittel, insbesondere die Europäische Ermittlungsanordnung	229
	d) Vollstreckungshilfe in Bezug auf Sanktionsentscheidungen	232
	4. Das Verbot der Doppelbestrafung (*ne bis in idem*)	233
	a) Grundsätzlich rechtsordnungsinterne Bedeutung von *ne bis in idem*	234

| | | b) | Sanktionen in mehreren Mitgliedstaaten wegen derselben Tat | 235 |

- b) Sanktionen in mehreren Mitgliedstaaten wegen derselben Tat — 235
  - aa) Notwendigkeit und Ausgestaltung eines europaweiten *Ne-bis-in-idem*-Grundsatzes — 235
  - bb) Das Verhältnis von Art. 54 SDÜ zu Art. 50 GRC — 237
- c) Voraussetzungen und einheitliche Handhabung des Art. 54 SDÜ — 239
  - aa) „Rechtskräftige Aburteilung" — 240
    - (1) Merkmal der Aburteilung — 240
    - (2) Die strafrechtliche Natur der Sanktion bzw. des Verfahrens — 242
    - (3) Anforderungen an die Rechtskraft der Erstentscheidung — 243
  - bb) „Dieselbe Tat" — 245
  - cc) Vollstreckungselement — 246
  - dd) Das Verbot der Doppelbestrafung als Vollstreckungshindernis eines Europäischen Haftbefehls — 248
- III. Informationsaustausch, insbesondere der Grundsatz der Verfügbarkeit — 251
- IV. Rechtsangleichung im Bereich des Strafverfahrensrechts — 253
  1. Anwendungsbereiche — 253
     - a) Zulässigkeit von Beweismitteln (lit. a) — 253
     - b) Rechte des Einzelnen (lit. b) — 254
       - aa) Beschuldigtenrechte und rechtspolitische Agenda — 254
       - bb) Herausforderungen für nationales Prozessrecht durch unmittelbar wirkende Richtlinien — 256
       - cc) Schaffung prozessualer Mindeststandards — 256
       - dd) Zeugenschutz? — 257
     - c) Rechte der Opfer (lit. c) — 257
     - d) Sonstige spezifische Aspekte des Strafverfahrens (lit. d) — 258
  2. Notbremse — 259
- V. Exkurs: Manifest zum europäischen Strafverfahrensrecht — 259

Wiederholungs- und Vertiefungsfragen — 260

§ 11 Die Europäische Menschenrechtskonvention — 262
- I. Der Europarat — 262
  1. Der Europarat als internationale Organisation — 262
  2. Die für das Strafrecht relevanten Tätigkeiten des Europarats — 263
- II. Die Europäische Menschenrechtskonvention (EMRK) — 263
  1. Die EMRK in den verschiedenen Rechtsordnungen — 264
     - a) Das Günstigkeitsprinzip als Ausgangspunkt — 264
     - b) Die Bedeutung für das nationale, insbesondere deutsche Recht — 265
     - c) Die Bedeutung der EMRK für das EU-Recht — 266
       - aa) Der Beitritt der EU zur EMRK — 266
       - bb) Die EU-Grundrechtecharta und Art. 6 III EUV — 268
       - cc) Verhältnis EuGH und EGMR — 269
  2. Die Auslegung der EMRK in den Mitgliedstaaten und durch den EGMR — 270
  3. Straf(verfahrens)rechtliche Garantien — 271
     - a) Allgemeines zu den Garantien der EMRK — 271
       - aa) Subsidiärer Grundrechtsschutz — 271
       - bb) Berechtigte und Verpflichtete — 272
     - b) Die strafrechtlich relevanten Garantien der EMRK und ihre Prüfung — 273
     - c) Recht auf Leben – Art. 2 I EMRK — 274

Inhalt

	d)	Folterverbot, Verbot erniedrigender Strafe – Art. 3 EMRK	278
		aa) Schutzbereichsbestimmung und absolutes Folterverbot	278
		bb) Konstellation 1: Androhung von Folter	280
		cc) Konstellation 2: Medizinische Eingriffe an Festgenommenen/Häftlingen	282
		dd) Konstellation 3: Abschiebung und Auslieferung	283
		ee) Prozessuale Auswirkungen einer Verletzung des Art. 3 EMRK	285
		ff) Anforderungen an die Feststellung einer Verletzung des Art. 3 EMRK im Prozess	286
	e)	Bedingungen eines Freiheitsentzugs – Art. 5 EMRK	286
	f)	Recht auf ein faires Verfahren – Art. 6 I, III EMRK	292
		aa) Schutzbereich	293
		bb) Anforderungen an das Gericht und das gerichtliche Verfahren	294
		cc) Anforderungen an ein faires Verfahren (Art. 6 I, III)	297
		dd) Problem: Faires Verfahren und polizeiliche Lockspitzel	304
		ee) Problem: Verständigung im Strafverfahren und Fairness	305
	g)	Unschuldsvermutung – Art. 6 II EMRK	306
	h)	Gesetzlichkeitsprinzip (*nullum crimen, nulla poena sine lege,* Rückwirkungsverbot) – Art. 7 EMRK	306
		aa) Schutzbereich	307
		bb) Bestimmtheitsgebot	308
		cc) Analogieverbot	308
		dd) Rückwirkungsverbot	309
	i)	Recht auf Achtung des Privat- und Familienlebens – Art. 8 EMRK	312
	j)	Rechtsmittel in Strafsachen – Art. 2 I des 7. Zusatzprotokolls	314
	k)	*Ne bis in idem* – Art. 4 I des 7. Zusatzprotokolls	314
	l)	Begrenzung der Rechtseinschränkungen / Verhinderung von Machtmissbrauch – Art. 18 EMRK	315
4.	Verfahrensrecht und Organe		316
	a)	Der EGMR als Organ der Konvention	316
	b)	Individual- und Staatenbeschwerde	317
	c)	Urteilsart (Feststellungsurteil *inter partes*)	318
	d)	Wirkung der Urteile in den Mitgliedstaaten	318
Wiederholungs- und Vertiefungsfragen			**320**

D. VÖLKERSTRAFRECHT

§ 12	**Grundlagen des Völkerstrafrechts**	**322**
I.	Der Begriff des Völkerstrafrechts	322
II.	Durchsetzung des völkerrechtlichen Strafanspruchs	324
III.	Völkerstrafrecht und völkerrechtliches Deliktsrecht	326
IV.	Völkerrechtsbasiertes Strafrecht – die sog. *treaty crimes*	327
	Wiederholungs- und Vertiefungsfragen	**328**

§ 13 Historische Entwicklung des Völkerstrafrechts 329
- I. Entwicklung bis 1919 — 329
- II. Versailles und die Leipziger Kriegsverbrecherprozesse — 330
  1. Der Versailler Friedensvertrag — 330
  2. Die Leipziger Kriegsverbrecherprozesse — 331
- III. Der Militärgerichtshof von Nürnberg — 331
  1. Struktur des Internationalen Militärgerichtshofs (IMG) — 332
     a) Zuständigkeit — 332
     b) Zusammensetzung und Aufbau des Tribunals — 332
  2. Verfahrensrecht — 332
  3. Urteil — 333
  4. Kritik an den Nürnberger Prozessen — 333
  5. Fazit — 334
- IV. Der Internationale Militärgerichtshof von Tokio (IMGFO) — 334
- V. Kalter Krieg und „Wende" — 335
- VI. Internationaler Strafgerichtshof für das ehemalige Jugoslawien (ICTY) — 336
  1. Struktur des Tribunals — 337
     a) Zuständigkeit — 337
     b) Zusammensetzung und Aufbau des Tribunals — 338
     c) Rechtsfolgen — 338
  2. Überblick über die vom ICTY anzuwendenden Straftatbestände — 338
  3. Rechtliche Zulässigkeit des Tribunals — 339
- VII. Internationaler Strafgerichtshof für Ruanda (ICTR) — 340
- VIII. Hybride Gerichte — 341

Wiederholungs- und Vertiefungsfragen — 343

§ 14 Der Internationale Strafgerichtshof (IStGH) 345
- I. Struktur des Statuts — 346
- II. Funktion des Gerichts — 347
- III. Zuständigkeit — 347
  1. Persönliche Zuständigkeit — 347
  2. Sachliche Zuständigkeit — 348
  3. Örtliche Zuständigkeit bzw. Anknüpfungspunkt — 348
  4. Zeitliche Zuständigkeit — 349
- IV. Auslösung des Tätigwerdens des Gerichts (*trigger mechanisms*) — 349
  1. Staatenbeschwerde — 350
  2. Eigenständige Ermittlungen der Chefanklägerin — 352
  3. Beschluss des UN-Sicherheitsrats — 354
- V. Grundsatz der Komplementarität — 356
- VI. Institutionelles — 360
  1. Die Richter — 361
  2. Die Kanzlei — 361
  3. Der Ankläger — 361
  4. Finanzierung — 361
- VII. Verfahren — 362
  1. Ermittlungsverfahren — 362
  2. Zwischenverfahren — 363
  3. Hauptverfahren — 363

	4. Rechtsmittel (*appeal*) und Wiederaufnahme (*revision*)	364
	5. Insbesondere: Opferrechte	364
	6. Fazit	366
VIII.	Strafen und deren Vollstreckung	366
IX.	Verjährung und Rechtskraft	367
X.	Rechtspolitische Bewertung	367
	Wiederholungs- und Vertiefungsfragen	370

§ 15 Der Allgemeine Teil des Völkerstrafrechts — 372

I.	Anwendbares Recht	372
	1. Allgemeine Rechtsquellen des Völkerrechts	372
	2. Besondere Rechtsquellen des Völkerstrafrechts	373
II.	Auslegungsregeln und der Grundsatz *nullum crimen, nulla poena sine lege*	375
	1. Völkerrechtliche Auslegungsregeln	375
	2. Auslegung im Völkerstrafrecht	376
III.	Individuelle Verantwortlichkeit	378
IV.	Die Struktur der Völkerstraftat	378
	1. Allgemeine objektive Deliktsmerkmale	379
	2. Allgemeine subjektive Deliktsmerkmale	381
	3. Straffreistellungsgründe	385
	a) Notwehr	385
	b) Notstand	386
	c) Handeln auf Befehl	388
	d) Irrtümer	388
	e) Unzurechnungsfähigkeit	390
	f) Immunitäten	390
	g) Verjährung	392
	h) Ungeschriebene Straffreistellungsgründe	392
V.	Täterschaft und Teilnahme	392
	1. Täterschaft	394
	a) Unmittelbare Täterschaft	394
	b) Mittäterschaft	394
	c) Mittäterschaft durch *Joint Criminal Enterprise*?	394
	d) Mittelbare Täterschaft	397
	2. Teilnahme	398
	a) Anstiftung	398
	b) Unterstützung	399
	c) Unterstützung eines Gruppenverbrechens	400
VI.	Vorgesetztenverantwortlichkeit	401
VII.	Versuch und Rücktritt	403
VIII.	Unterlassen	405
	Wiederholungs- und Vertiefungsfragen	405

§ 16 Der Besondere Teil des Völkerstrafrechts — 407

I.	Völkermord	407
	1. Entwicklung	407
	2. Geschütztes Rechtsgut	408
	3. Systematik des Tatbestands	409

	4.	Allgemeine objektive Voraussetzungen	409
	5.	Allgemeine subjektive Voraussetzungen	411
	6.	Die einzelnen Völkermordhandlungen	413
		a) Tötung	413
		b) Verursachung von schwerem körperlichen oder seelischen Schaden	413
		c) Auferlegung von Lebensbedingungen, die geeignet sind, die körperliche Zerstörung herbeizuführen	414
		d) Geburtenverhinderung	415
		e) Gewaltsame Überführung von Kindern	415
II.	**Verbrechen gegen die Menschlichkeit**		416
	1.	Entwicklung	416
	2.	Geschütztes Rechtsgut	419
	3.	Systematik des Tatbestands	419
	4.	Objektive Voraussetzung der Gesamttat	419
	5.	Subjektive Voraussetzung hinsichtlich der Gesamttat	422
	6.	Voraussetzungen der Einzeltaten	423
		a) Vorsätzliche Tötung	423
		b) Ausrottung	423
		c) Versklavung	423
		d) Vertreibung oder zwangsweise Überführung der Bevölkerung	424
		e) Freiheitsentzug oder sonstige schwerwiegende Beraubung der körperlichen Freiheit unter Verstoß gegen die Grundregeln des Völkerrechts	424
		f) Folter	424
		g) Sexuelle Gewalt	425
		h) Verfolgung	425
		i) Verschwindenlassen von Personen	426
		j) Apartheid	426
		k) Andere unmenschliche Handlungen ähnlicher Art	426
III.	**Kriegsverbrechen**		427
	1.	Entwicklung	427
	2.	Geschütztes Rechtsgut	429
	3.	Systematik des Tatbestands	429
	4.	Objektive Voraussetzung eines bewaffneten Konflikts	430
	5.	Subjektive Voraussetzung hinsichtlich des bewaffneten Konflikts	432
	6.	Tathandlungen der Einzeltaten	432
		a) Objektive und subjektive Elemente	432
		b) Tathandlungsgruppe 1 bzgl. internationaler bewaffneter Konflikte: Schwere Verletzungen der Genfer Konventionen von 1949 (Art. 8 II lit. a IStGH-Statut)	433
		c) Tathandlungsgruppe 2 bzgl. internationaler bewaffneter Konflikte: Andere schwere Verstöße gegen die Gesetze und Gebräuche, die in bewaffneten internationalen Konflikten Anwendung finden (Art. 8 II lit. b IStGH-Statut)	434
		d) Tathandlungsgruppe 1 bzgl. nichtinternationaler bewaffneter Konflikte: Schwere Verstöße gegen den gemeinsamen Art. 3 der Genfer Konventionen von 1949 (Art. 8 II lit. c IStGH-Statut)	435

Inhalt

      e) Tathandlungsgruppe 2 bzgl. nichtinternationaler bewaffneter Konflikte: Andere schwere Verstöße gegen die Gesetze und Gebräuche, die in bewaffneten internen Konflikten Anwendung finden (Art. 8 II lit. e IStGH-Statut)   435
IV. Aggression   436
  1. Das Verbrechen der Aggression nach Völkergewohnheitsrecht   436
  2. Das Verbrechen der Aggression im IStGH-Statut   437
      a) Tatbestand   438
      b) Zuständigkeit / *trigger mechanisms*   439
      c) Inkrafttreten   440
      d) Fazit   441
  Wiederholungs- und Vertiefungsfragen   442

§ 17 Das Völkerstrafrecht und seine Umsetzung in das deutsche Recht   443
I. IStGH-Statutsgesetz   443
II. Änderung des Art. 16 II GG aF.   443
III. Ausführungsgesetz zum IStGH-Statut (IStGHG)   444
IV. Völkerstrafgesetzbuch   444
  1. Gesetzgeberisches Motiv   444
      a) Defizite des deutschen Strafrechts vor Inkrafttreten des VStGB   445
      b) Keine unmittelbare Anwendbarkeit der völkergewohnheitsrechtlich begründeten Verbrechenstatbestände   446
      c) Keine unmittelbare Anwendbarkeit der Verbrechenstatbestände des IStGH-Statuts durch Erlass des IStGH-Statutsgesetzes   446
  2. Inhalt des VStGB   446
  3. Das VStGB im Spannungsfeld zwischen Komplementaritätsprinzip und Grundgesetz   448
      a) Zurückbleiben des VStGB hinter dem Rom-Statut   449
          aa) Allgemeiner Teil des VStGB   449
          bb) Besonderer Teil des VStGB   451
      b) Konflikt mit Art. 103 II GG   452
          aa) Ausfüllungsbedürftige Tatbestandsmerkmale   453
          bb) Verweis auf Völkergewohnheitsrecht   454
          cc) Verweis auf völkerrechtliche Verträge   455
  4. Uneingeschränktes Weltrechtsprinzip als Ausdehnung des Strafanwendungsrechts   456
  5. Fazit und bisherige Anwendungspraxis   458
  Wiederholungs- und Vertiefungsfragen   460

Anhang   462

Literaturverzeichnis   475

Stichwortverzeichnis   489

Abkürzungsverzeichnis

aA	andere Ansicht
ABl.EG	Amtsblatt der Europäischen Gemeinschaften
ABl.EU	Amtsblatt der Europäischen Union
abl.	ablehnend
Abs.	Absatz
abw.	abweichend
AC	Appeals Chamber
AcP	Archiv für die civilistische Praxis
aE	am Ende
AEUV	Vertrag über die Arbeitsweise der Europäischen Union
aF	alte Fassung
AJIL	American Journal of International Law
AK	Alternativkommentar
AMG	Gesetz über den Verkehr mit Arzneimitteln
AJCL	American Journal of Comparative Law
Anm.	Anmerkung
AnwBl	Anwaltsblatt
AnwK	Anwaltskommentar StGB
AO	Abgabenordnung
ArbGG	Arbeitsgerichtsgesetz
Art.	Artikel
AT	Allgemeiner Teil
Aufl.	Auflage
ausf.	ausführlich(e)
AVR	Archiv des Völkerrechts
AWG	Außenwirtschaftsgesetz
Az.	Aktenzeichen
BAK	Blutalkoholkonzentration
BayObLG	Bayerisches Oberstes Landesgericht
BayVBl	Bayerische Verwaltungsblätter
Bd.	Band
Beschl.	Beschluss
Bespr.	Besprechung
BGBl.	Bundesgesetzblatt
BGH	Bundesgerichtshof
BGHSt	Sammlung der Entscheidungen des Bundesgerichtshofs in Strafsachen
BMJV	Bundesministerium der Justiz und für Verbraucherschutz
BNatSchG	Bundesnaturschutzgesetz
BR-Drs.	Bundesratsdrucksache
Bsp.	Beispiel(e)
BT	Besonderer Teil
BT-Drs.	Bundestagsdrucksache

BtMG	Betäubungsmittelgesetz
BVerfG	Bundesverfassungsgericht
BVerfGE	Sammlung der Entscheidungen des Bundesverfassungsgerichts
bzgl.	bezüglich
bzw.	beziehungsweise
CEN	Comité Européen de Normalisation
CENELEC	Comité Européen de Normalisation Electronique
CMLR	Common Market Law Review
CR	Computer und Recht
CLF	Criminal Law Forum
CLR	Criminal Law Review
DAV	Deutscher Anwaltsverein
ders.	derselbe
dh	das heißt
dies.	dieselbe(n)
DIN	Deutsches Institut für Normung
DJ	Deutsche Justiz
DJCIL	Duke Journal of Comparative & International Law
DÖV	Die öffentliche Verwaltung (Zeitschrift)
dt.	deutsch(e/er/es)
DVBl	Deutsches Verwaltungsblatt
E 1962	Entwurf eines Strafgesetzbuchs aus dem Jahr 1962
EAG	Europäische Atomgemeinschaft (Euratom)
EAGV	Vertrag zur Gründung der Europäischen Atomgemeinschaft (Euratom)
ECCC	Extraordinary Chambers in the Courts of Cambodia
ECRL	E-Commerce-Richtlinie der Europäischen Gemeinschaft
EEA-Richtlinie	Richtlinie über die Europäische Ermittlungsanordnung in Strafsachen
EG	Europäische Gemeinschaft
EGKS	Europäische Gemeinschaft für Kohle und Stahl
EGMR	Europäischer Gerichtshof für Menschenrechte
EGStGB	Einführungsgesetz zum Strafgesetzbuch
EGV	Vertrag zur Gründung der Europäischen Gemeinschaft
Einl.	Einleitung
EJCCLCJ	European Journal of Crime, Criminal Law and Criminal Justice
EJIL	European Journal of International Law
ELR	European Law Review
EMRK	Europäische Menschenrechtskonvention
endg.	endgültig
Entsch.	Entscheidung
etc.	et cetera
EU	Europäische Union
EuAlÜbk	Europäisches Auslieferungsübereinkommen
EUBestG	EU-Bestechungsgesetz

Abkürzungsverzeichnis

EuCLR	European Criminal Law Review
EuConst	European Constitutional Law Review
EUFinSchStG	EU-Finanzschutzstärkungsgesetz
EuG	Gericht der Europäischen Union (früher: Gericht erster Instanz)
EuGH	Gerichtshof der Europäischen Union
EuGRZ	Europäische Grundrechte-Zeitschrift
EuHbG	Europäisches Haftbefehlsgesetz
EuR	Europarecht (Zeitschrift)
EuRat	Satzung des Europarats
Euratom	Europäische Atomgemeinschaft (EAG)
Europol	Europäisches Polizeiamt
EuropolG	Europol-Gesetz
EuropolÜ	Europol-Übereinkommen
Europol-VO	Verordnung über das Europäische Polizeiamt
EuStA	Europäische Staatsanwaltschaft
EuStA-VO	Verordnung über die Europäische Staatsanwaltschaft
EUV	Vertrag zur Gründung der Europäischen Union
EuZW	Europäische Zeitschrift für Wirtschaftsrecht
EV	Vertrag über eine Verfassung für Europa
EWG	Europäische Wirtschaftsgemeinschaft
EWS	Europäisches Wirtschafts- und Steuerrecht
FAZ	Frankfurter Allgemeine Zeitung
f. / ff.	folgende / fortfolgende
FGO	Finanzgerichtsordnung
FIS	Fédération Internationale de Ski (Internationaler Ski-Verband)
FischEtikettG	Fischetikettierungsgesetz
Fn.	Fußnote
Fordham Int.L.J.	Fordham International Law Journal
f. pl.	feminin plural (grammatisches Geschlecht)
GA	Goltdammer's Archiv für Strafrecht
GASP	Gemeinsame Außen- und Sicherheitspolitik
GBA	Generalbundesanwalt(schaft)
gem.	gemäß
GG	Grundgesetz
ggf.	gegebenenfalls
GiftstoffVO	Giftstoffverordnung
GLJ	German Law Journal
GmbHR	GmbH-Rundschau
GoJIL	Goettingen Journal of International Law
GRC	EU-Grundrechtecharta
grds.	grundsätzlich
GS	Gedächtnisschrift
GYIL	German Yearbook of International Law
Harvard Int.L.J.	Harvard International Law Journal
HK	Handkommentar

hL	herrschende Lehre
hM	herrschende Meinung
HRRS	Online-Zeitschrift für Höchstrichterliche Rechtsprechung zum Strafrecht (Volltextabruf unter http://www.hrr-strafrecht.de [Stand 1/20])
Hrsg.	Herausgeber
hrsgg.	herausgegeben
Hs.	Halbsatz
HuV-I	Humanitäres Völkerrecht – Informationsschriften
ICJ-Rep	International Court of Justice Reports
ICLQ	International & Comparative Law Quarterly
ICLR	International Criminal Law Review
ICTR	International Criminal Tribunal for Rwanda (Internationaler Strafgerichtshof für Ruanda)
ICTY	International Criminal Tribunal for the Former Yugoslavia (Internationaler Strafgerichtshof für das ehemalige Jugoslawien
idF	in der Fassung
idR	in der Regel
iErg	im Ergebnis
ieS	im engeren Sinn
IGH	Internationaler Gerichtshof
IJHR	International Journal of Human Rights
ILC	International Law Commission
ILR	International Law Reports
IMG	Internationaler Militärgerichtshof (Nürnberger Internationaler Strafgerichtshof)
IMGFO	Internationaler Militärgerichtshof für den Fernen Osten
indiv.	individuell(e/er/es)
inkl.	inklusive
insbes.	insbesondere
int.	international(e/er/es)
IntBestG	Gesetz zur Bekämpfung der internationalen Bestechung
IntVG	Gesetz über die Wahrnehmung der Integrationsverantwortung des Bundestages und des Bundesrates in Angelegenheiten der Europäischen Union (Integrationsverantwortungsgesetz)
IPbpR	Internationaler Pakt über bürgerliche und politische Rechte
IPR	Internationales Privatrecht
iRd	im Rahmen des/der
IRG	Gesetz über die internationale Rechtshilfe in Strafsachen
iSd	im Sinne des/der
IStGH	Internationaler Strafgerichtshof
IStGHG	Ausführungsgesetz zum IStGH-Statut
iS	im Sinne
iSv	im Sinne von
iVm	in Verbindung mit
J. East. Afr. S.	Journal of Eastern African Studies

Abkürzungsverzeichnis

JA	Juristische Arbeitsblätter
JCE	Joint Criminal Enterprise
JCP	Juris-Classeur Périodique
JECL	Journal of European Criminal Law
JHR	Northwestern University Journal of International Human Rights
JICJ	Journal of International Criminal Justice
JK	Jura-Karteikarte
JR	Juristische Rundschau
Jura	Juristische Ausbildung
JuS	Juristische Schulung
JVA	Justizvollzugsanstalt
JZ	Juristenzeitung
Kap.	Kapitel
Kfz	Kraftfahrzeug
KG	Kammergericht
KOM	Dokument der Kommission
krit.	kritisch
KritJ	Kritische Justiz
KritV	Kritische Vierteljahresschrift für Gesetzgebung und Rechtswissenschaft
LFGB	Lebensmittel- und Futtermittelgesetzbuch
LG	Landgericht
lit.	litera (Buchstabe)
LJIL	Leiden Journal of International Law
LK	Leipziger Kommentar zum Strafgesetzbuch
L/R	Löwe/Rosenberg, Kommentar zur Strafprozessordnung
Ls.	Leitsatz
LuftVG	Luftverkehrsgesetz
m.	mit
mAnm	mit Anmerkung
mBespr	mit Besprechung
MDR	Monatsschrift für Deutsches Recht
MedR	Medizinrecht
MICT	Mechanism for International Criminal Tribunals
Mio.	Million(en)
MJECL	Maastricht Journal for European and Comparative Law
MK	Münchener Kommentar zum Strafgesetzbuch
MMR	Multimedia und Recht
mph	miles per hour
m. pl.	maskulin plural (grammatisches Geschlecht)
M/R	Matt/Renzikowski, Strafgesetzbuch, Kommentar
mwN	mit weiteren Nachweisen
nat.	national(e/er/es)
nF	neue Fassung
NGO	Non-Governmental Organisation

NILR	Netherlands International Law Review
NJ	Neue Justiz
NJECL	New Journal of European Criminal Law
NJW	Neue Juristische Wochenschrift
NK	Nomos Kommentar zum Strafgesetzbuch
Nr.	Nummer
Nrn.	Nummern
NStZ	Neue Zeitschrift für Strafrecht
NVwZ	Neue Zeitschrift für Verwaltungsrecht
NZV	Neue Zeitschrift für Verkehrsrecht
NZWiSt	Neue Zeitschrift für Wirtschafts-, Steuer- und Unternehmensstrafrecht
oÄ	oder Ähnliches
o.g.	oben genannt(e/er/es)
OLG	Oberlandesgericht
ORIL	Oxford Reports on International Law
OWiG	Ordnungswidrigkeitengesetz
ÖAnwBl	Österreichisches Anwaltsblatt
PCIJ	Permanent Court of International Justice
PIF	Protection des Intérêts Financiers (Schutz der finanziellen Interessen [der Europäischen Union])
PIF-Richtlinie	Richtlinie über die strafrechtliche Bekämpfung von gegen die finanziellen Interessen der Union gerichtetem Betrug
PJZS	Polizeiliche und Justizielle Zusammenarbeit in Strafsachen
PTC	Pre-Trial Chamber (Vorverfahrenskammer beim Internationalen Strafgerichtshof)
RB	Rahmenbeschluss
RbEBA	Rahmenbeschluss über die Europäische Beweisanordnung zur Erlangung von Sachen, Schriftstücken und Daten zur Verwendung in Strafsachen
RbEuHb	Rahmenbeschluss über den Europäischen Haftbefehl und die Übergabeverfahren zwischen den Mitgliedstaaten
RG	Reichsgericht
RGBl.	Reichsgesetzblatt
RGSt	Sammlung der Entscheidungen des Reichsgerichts in Strafsachen
RiFlEtikettG	Rindfleischetikettierungsgesetz
RJD	Reports of Judgments and Decisions (Sammlung der Entscheidungen des EGMR)
RL	Richtlinie
RMC	Revue du Marché Commun
Rn.	Randnummer(n)
Rs.	Rechtssache(n)
Rspr.	Rechtsprechung
RStGB	Reichsstrafgesetzbuch
s.	siehe
S.	Seite(n) / Satz / Sätze
SCSL	Special Court for Sierra Leone

Abkürzungsverzeichnis

SDÜ	Schengener Durchführungsübereinkommen
SEW	Sociaal-Economische Wetgeving
SGG	Sozialgerichtsgesetz
SK	Systematischer Kommentar zum Strafgesetzbuch
s.o.	siehe oben
sog.	sogenannt(e/er/es)
SRÜ	Seerechtsübereinkommen der Vereinten Nationen
S/S	Schönke/Schröder, Kommentar zum Strafgesetzbuch
SSW-StGB	Satzger/Schluckebier/Widmaier, Kommentar zum Strafgesetzbuch
SSW-StPO	Satzger/Schluckebier/Widmaier, Kommentar zur Strafprozessordnung
st.	ständig(e/er/es)
StA	Staatsanwaltschaft
StAG	Staatsangehörigkeitsgesetz
StGB	Strafgesetzbuch
STL	Special Tribunal for Lebanon
StPO	Strafprozessordnung
str.	streitig
StraFo	Strafverteidiger Forum (Zeitschrift)
StrRG	Strafrechtsreformgesetz
StudZR-WissOn	Studentische Zeitschrift für Rechtswissenschaft Heidelberg Wissenschaft Online (Volltextabruf unter https://www.studzr.de/wisson_lesen.php [Stand 1/20])
StV	Strafverteidiger (Zeitschrift)
StVG	Straßenverkehrsgesetz
StVO	Straßenverkehrs-Ordnung
s.u.	siehe unten
SZ	Süddeutsche Zeitung
TC	Trial Chamber
TDG	Teledienstegesetz
TJICL	Tulane Journal of International and Comparative Law
TMG	Telemediengesetz
teilw.	teilweise
u.	und
ua	unter anderem/und andere
UA	Unterabsatz
UN	United Nations (Vereinte Nationen)
UNCIO	United Nations Conference on International Organisation
UNTS	United Nations Treaty Series
Urt.	Urteil
usw	und so weiter
uU	unter Umständen
v.	vom / von
va	vor allem
Var.	Variante(n)

29

verb. Rs.	verbundene Rechtssachen
VerfO	Verfahrensordnung
vgl.	vergleiche
VO	Verordnung
vs.	versus (gegen)
VStGB	Völkerstrafgesetzbuch
VStGBEG	Einführungsgesetz zum Völkerstrafgesetzbuch
VwGO	Verwaltungsgerichtsordnung
WCC	War Crimes Chamber (in Bosnien-Herzegowina)
wistra	Zeitschrift für Wirtschafts- und Steuerstrafrecht
WiVerw	Wirtschaft und Verwaltung (Zeitschrift)
WStG	Wehrstrafgesetz
WuW	Wirtschaft und Wettbewerb – Zeitschrift für deutsches und europäisches Wettbewerbsrecht
WÜD	Wiener Übereinkommen über diplomatische Beziehungen
WÜK	Wiener Übereinkommen über konsularische Beziehungen
WVRK	Wiener Vertragsrechtskonvention
YJIL	The Yale Journal of International Law
YLJ	The Yale Law Journal
ZaöRV	Zeitschrift für ausländisches öffentliches Recht und Völkerrecht
zB	zum Beispiel
ZEuS	Zeitschrift für Europarechtliche Studien
ZGR	Zeitschrift für Unternehmens- und Gesellschaftsrecht
Ziff.	Ziffer(n)
ZIS	Zeitschrift für Internationale Strafrechtsdogmatik (Volltextabruf unter http://www.zis-online.com [Stand 1/20])
zit.	zitiert
ZJS	Zeitschrift für das Juristische Studium (Volltextabruf unter http://www.zjs-online.com [Stand 1/20])
ZP	Zusatzprotokoll
ZPO	Zivilprozessordnung
ZRP	Zeitschrift für Rechtspolitik
ZStW	Zeitschrift für die gesamte Strafrechtswissenschaft
zusf.	zusammenfassend
zust.	zustimmend
ZZP	Zeitschrift für Zivilprozess

A. Einführung

§ 1 Das Strafrecht im internationalen Kontext

Das Strafrecht wird vielfach, gerade auch in der Ausbildung, immer noch als primär nationales Fach verstanden. Nahezu selbstverständlich setzt man voraus, dass ein Sachverhalt in Deutschland spielt, alle Beteiligten Deutsche sind und keine Rechtsgüter im Ausland oder des Auslands berührt werden. Dass diese Vorstellung mit der Realität heute nur noch wenig gemein hat, wird sofort klar, wenn man etwa eine Zeitung aufschlägt oder die Nachrichtensendungen verfolgt: Die Rede ist dort von „Ausländerkriminalität", organisierter Kriminalität auf internationaler Ebene (zB Drogenringe, Autoschieber, Einbruchsbanden), europaweiten Umsatzsteuerkartellen, internationalem Terrorismus, Internetkriminalität, Europäischen Haftbefehlen oder Betrügereien zulasten des Haushalts der Europäischen Union. Kürzlich hat der internationale *Ad-hoc*-Strafgerichtshof für das ehemalige Jugoslawien die letzten einer langen Reihe vielbeachteter Urteile gesprochen. Daneben befassen sich Gerichte, die aus nationalen wie internationalen Richtern zusammengesetzt sind (sog. hybride Gerichtshöfe), sowie in zunehmendem Maße auch rein nationale Gerichte mit Völkerrechtsverbrechen, die im Rahmen kriegerischer Auseinandersetzungen (zB in Kambodscha oder im Kosovo) begangen wurden. Seit Juli 2002 existiert zudem ein ständiger Internationaler Strafgerichtshof in Den Haag. Dieser „Weltstrafgerichtshof" ist mit einer wachsenden Zahl von Verfahren befasst und hat bereits rechtlich wie tatsächlich bedeutsame Urteile gesprochen.

Allein hieraus wird ersichtlich, dass das Strafrecht sich mit zunehmender Globalisierung zu einem wahrlich internationalen Fach gewandelt hat. Dieser Tatsache will das vorliegende Lehrbuch Rechnung tragen.

Die Internationalisierung bedingt auch, dass für das Studium des Internationalen und Europäischen Strafrechts auf eine Vielzahl von Rechtstexten und Gerichtsentscheidungen verschiedener – internationaler wie nationaler – Gerichte zurückgegriffen werden muss, deren Abdruck – auch nur in Auszügen – den Umfang des Lehrbuches sprengen würde. Aus diesem Grund habe ich speziell für dieses Lehrbuch eine Internetseite eingerichtet, über die Sie auf einfache Weise den Zugang zu allen wichtigen Gerichtsentscheidungen, Rechtsakten und sonstigen Dokumenten, die im Lehrbuch zitiert sind, erhalten.

Die Angaben dort werden regelmäßig aktualisiert. Die Internetadresse lautet:

http://www.lehrbuch-satzger.de

§ 2 Begriffsvielfalt im Hinblick auf das „Internationale Strafrecht"

I. Übersicht

1   Wenn von „Internationalem Strafrecht" die Rede ist, so kann dieser Terminus eine Vielzahl von Bedeutungen haben. Es handelt sich insofern um einen unklaren, geradezu schillernden und insbesondere auch in verschiedenen Rechtsordnungen unterschiedlich gebrauchten Begriff. In einem äußerst weiten Sinn kann man zum „Internationalen Strafrecht" jedenfalls all diejenigen Teilgebiete des Strafrechts zählen, die einen wie auch immer gearteten – rechtlichen oder tatsächlichen – Auslandsbezug aufweisen. Im Einzelnen lassen sich folgende Bedeutungen unterscheiden:

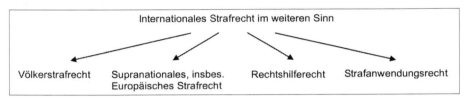

II. Völkerstrafrecht

2   Das Völkerstrafrecht umfasst alle Normen, die eine unmittelbare Strafbarkeit nach Völkerrecht begründen.[1] Es handelt sich insoweit um wirklich internationales Strafrecht, da es internationalen Rechtsquellen entspringt. Insbesondere das anglo-amerikanische Recht verwendet den Begriff *International Criminal Law* (Internationales Strafrecht) in diesem Sinn.[2]

BEISPIELE: Kriegsverbrechen, Verbrechen gegen die Menschlichkeit, Völkermord

Die Normen des nationalen Strafrechts, die spezifisch der Umsetzung des Völkerstrafrechts in die innerstaatliche Rechtsordnung dienen, lassen sich als „nationales Völkerstrafrecht" bezeichnen und damit zum „Völkerstrafrecht im weiteren Sinn" zählen.

BEISPIELE: In Deutschland trat mit Wirkung zum 30.6.2002 das Völkerstrafgesetzbuch[3] in Kraft, welches ua die materiellen Straftatbestände des Völkerstrafrechts enthält (zB Verbrechen gegen die Menschlichkeit) und so eine Anpassung des deutschen Strafrechts an das Statut von Rom, die Grundlage für den Internationalen Strafgerichtshof, ermöglichen soll.

Eine vertiefte Darstellung des Völkerstrafrechts findet sich in Teil D (dazu → §§ 12 ff.).

III. Supranationales, insbesondere Europäisches Strafrecht

3   Supranationales Strafrecht in seiner engsten und eigentlichen Bedeutung liegt vor, wenn eine supranationale Rechtsordnung selbst Straftatbestände enthält, die unmittelbar in den jeweiligen Staaten anwendbar sind. In diesem Fall können die Gerichte der jeweiligen Mitgliedstaaten wegen der Erfüllung eines solchen supranationalen Straftatbestands eine Verurteilung aussprechen. Die aus deutscher Sicht bedeutsamste supranationale Rechtsordnung ist die der Europäischen Union (früher: Europäischen Ge-

---

1 *Triffterer*, in: Gössel/Triffterer (Hrsg.), GS Zipf, S. 500; *Werle/Jeßberger*, Völkerstrafrecht, Rn. 89.
2 S. nur *Oehler*, Int. Strafrecht, Rn. 2.
3 BGBl. 2002 I, S. 2254.

§ 2 Begriffsvielfalt im Hinblick auf das „Internationale Strafrecht"

meinschaft). Wie noch zu zeigen sein wird, ist ein „Europäisches Strafrecht" iS eines „Unionsstrafrechts" allerdings erst im Entstehen begriffen.

Zum Begriff des Europäischen Strafrechts in einem weiteren Sinn kann aber jede rechtliche Regelung europäischer Herkunft gezählt werden, die einen strafrechtlichen Inhalt hat. Darunter fallen dann zB Maßnahmen der EU, die darauf gerichtet sind, das Strafrecht der Mitgliedstaaten zu harmonisieren, wie etwa die Richtlinie (EU) 2017/1371 vom 5.7.2017 über die strafrechtliche Bekämpfung von gegen die finanziellen Interessen der Union gerichtetem Betrug.[4] Ebenso können hierzu internationale Verträge im Rahmen des Europarats gezählt werden, die Auswirkungen auf das nationale Straf(prozess)recht haben, allen voran die Europäische Menschenrechtskonvention.

Schließlich lassen sich dem Begriff des Europäischen Strafrechts im weitesten Sinn auch all diejenigen Strafrechtsnormen des nationalen Rechts zuordnen, die durch EU-Recht inhaltlich berührt, modifiziert oder ergänzt werden. Man kann hier von „europäisiertem nationalen Strafrecht" sprechen.

Eine vertiefte Darstellung des Europäischen Strafrechts findet sich in Teil C (dazu→ §§ 7 ff.).

IV. Strafanwendungsrecht

Insbesondere die kontinentaleuropäische Rechtsterminologie versteht unter dem Begriff „Internationales Strafrecht" traditionell auch die Gesamtheit derjenigen Normen, die den Anwendungsbereich des innerstaatlichen Strafrechts festlegen.[5] Ein solches Strafanwendungsrecht ist im Wesentlichen Bestandteil des nationalen Rechts.[6] So legt das deutsche Recht in §§ 3 ff. StGB die Grenzen der deutschen Strafgewalt fest, indem dort Regeln aufgestellt werden, die bestimmen, ob auf einen Sachverhalt mit Auslandsbezug das deutsche Strafrecht angewendet werden kann.

4

Davon zu unterscheiden ist das sog. „**interlokale Strafrecht**". Dieses kommt zum Zuge, wenn für mehrere inländische Teilgebiete unterschiedliche partikuläre Strafrechtsordnungen existieren.[7] Dies setzt aber voraus, dass aufgrund der innerstaatlichen Kompetenzverteilung für Strafrecht nicht nur der Zentralstaat, sondern auch die Teilstaaten für den Erlass von Strafrecht zuständig sind. Eine derartige Kompetenzverteilung findet sich insbesondere in einigen ausgeprägten Bundesstaaten, wo neben dem Bundesstrafrecht mehrere unterschiedliche Länderstrafrechte bestehen.

Beispiele: USA, Mexiko, Australien, Vereinigtes Königreich

In Deutschland war dies ebenfalls bedeutsam für Taten auf dem Gebiet der früheren DDR, welches in strafrechtlicher Hinsicht als Inland betrachtet wurde („strafrechtlicher Inlandsbegriff").[8] Auch für nach der Wiedervereinigung begangene Taten existierten bis 1994/95 vergleichbare Probleme, da wichtige DDR-Strafnormen zunächst für das Gebiet der neuen Bundesländer Geltung behielten.[9] Die §§ 3 ff. StGB sind für diese

---

4 S. ABl.EU 2017 Nr. L 198, S. 29 ff.
5 *Oehler*, Int. Strafrecht, Rn. 1; krit. zu dieser Terminologie MK-*Ambos*, StGB Vor § 3 Rn. 1.
6 Außerhalb des nationalen Rechts müssen allerdings auch die Vorgaben durch völkerrechtliche Verträge, die die Rahmenbedingungen für das nationale Strafanwendungsrecht schaffen, zum Strafanwendungsrecht gezählt werden; so auch *Oehler*, Int. Strafrecht, Rn. 1.
7 S. nur SK-*Hoyer*, Vor §§ 3–7 StGB Rn. 53 ff.
8 Näher dazu unten § 5 Rn. 58 ff.
9 Insbes. das Recht des Schwangerschaftsabbruchs, des Bodenschutzes sowie des sexuellen Missbrauchs von Jugendlichen.

Situationen keine Hilfe, da sie nur bestimmen, ob deutsches Strafrecht zur Anwendung kommt, in diesen Fällen aber geklärt werden muss, welches Teilgebiet innerhalb der deutschen Strafrechtsordnung anzuwenden ist. Hier kommt das interlokale Strafrecht, ein innerstaatliches Kollisionsrecht, zur Anwendung, welches allein auf Gewohnheitsrecht beruht.[10]

Eine vertiefte Darstellung des Strafanwendungsrechts findet sich in Teil B (dazu → §§ 3 ff.).

V. Rechtshilferecht

5   Der Begriff des Rechtshilferechts bezeichnet als Oberbegriff all diejenigen Regelungen, die der grenzüberschreitenden Rechtsdurchsetzung dienen, insbesondere die Auslieferung von Straftätern, aber auch die Vollstreckungshilfe sowie die gegenseitige Unterstützung bei der Beweisbeschaffung.[11] Die Notwendigkeit eines solchen Rechtshilferechts ergibt sich unmittelbar aus der Ausgestaltung der Strafanwendungsrechte der einzelnen Staaten. Danach ist es insbesondere möglich, dass eine im Ausland begangene Tat dem eigenen Strafrecht unterstellt wird – in diesem Fall werden sich jedoch meist der Täter oder wichtige Beweismittel im Hoheitsgebiet des fremden Staates befinden. Ebenso kann es sein, dass ein Täter in einen Staat flieht, wo die von ihm begangene Tat aufgrund der Ausgestaltung des dortigen Strafanwendungsrechts der Strafgewalt nicht unterliegt. Der Staat, der die Strafgewalt ausüben kann und möchte, hat die Souveränität des Aufenthaltsstaates zu respektieren und darf sich deshalb des Beschuldigten oder eines Beweismittels nicht einseitig bemächtigen.[12] Aus diesem Grund werden durch das Gesetz über die internationale Rechtshilfe in Strafsachen (IRG)[13] sowie eine Vielzahl von bi- und multilateralen Verträgen detailliert die Voraussetzungen für eine Auslieferung wie auch für die sonstige Rechtshilfe festgelegt. Beträchtliche Überschneidungen mit dem Europäischen Strafrecht ergeben sich insoweit, als im Rahmen des EU-Rechts besondere Formen der Zusammenarbeit in Strafsachen zwischen den Mitgliedstaaten zunehmend an die Stelle des klassischen Rechtshilferechts treten.

Diese – europäische – Entwicklung wird in Teil C (dazu → § 10 Rn. 24 ff.) näher beleuchtet. Darüber hinaus kann eine vertiefte Darstellung dieses komplexen Teilgebiets des Internationalen Strafrechts im Rahmen dieses Lehrbuchs nicht geleistet werden. Es muss auf Spezialliteratur verwiesen werden.[14]

---

10 Zu dessen Prinzipien vgl. SK-*Hoyer*, Vor §§ 3–7 StGB Rn. 56 ff.; LK-*Werle/Jeßberger*, Vor §§ 3 ff. StGB Rn. 420 ff.
11 *Hackner*, in: Wabnitz/Janovsky/Schmitt (Hrsg.), Handbuch, Kap. 25 Rn. 6 ff.; *Werle/Jeßberger* JuS 2001, 36; ausf. zu Grundbegriffen und -prinzipien *Schomburg/Lagodny* (Hrsg.), Internationale Rechtshilfe in Strafsachen, Einl. Rn. 1 ff.; s. auch v. *Heintschel-Heinegg*, in: F.-C. Schroeder (Hrsg.), Justizreform in Osteuropa, S. 107 ff.
12 *Maurach/Zipf*, AT, Teilband 1, § 11 Rn. 37.
13 BGBl. 1982 I, S. 2071.
14 Etwa *Ambos/König/Rackow* (Hrsg.), Rechtshilferecht in Strafsachen; *Grützner/Pötz/Kreß*, Internationaler Rechtshilfeverkehr in Strafsachen, 3. Aufl., Loseblattsammlung; *Hackner*, in: Wabnitz/Janovsky/Schmitt (Hrsg.), Handbuch, Kap. 25; *Hackner/Schierholt*, Internationale Rechtshilfe in Strafsachen; *Schomburg/Lagodny* (Hrsg.), Internationale Rechtshilfe in Strafsachen; vgl. auch *Popp*, Grundzüge der internationalen Rechtshilfe in Strafsachen.

§ 2 Begriffsvielfalt im Hinblick auf das „Internationale Strafrecht"

WIEDERHOLUNGS- UND VERTIEFUNGSFRAGEN

> Was versteht man unter Internationalem Strafrecht im weiteren Sinne? (→ Rn. 1)
> In welchen Konstellationen ist das „interlokale Strafrecht" von Bedeutung? (→ Rn. 4)
> Was versteht man unter Rechtshilferecht? Wo ist es geregelt? (→ Rn. 5)

B. Internationales Strafrecht als „Strafanwendungsrecht"[*]

§ 3 Funktionen eines Strafanwendungsrechts

1 Als Teil der innerstaatlichen Rechtsordnung[1] regelt das als „Internationales Strafrecht" oder – besser gesagt[2] – als „Strafanwendungsrecht" bezeichnete Recht zwei Punkte: Die Strafberechtigung eines Staates und das anwendbare Strafrecht.[3]

I. Strafberechtigung

2 Zunächst beantwortet das Strafanwendungsrecht die Frage, ob ein konkreter Sachverhalt mit Auslandsbezug überhaupt der eigenen nationalen Strafgewalt unterliegt. Nur dann hat der Staat gegenüber dem Täter wie auch gegenüber allen anderen Staaten die Befugnis, bzgl. einer Handlung strafrechtlich vorzugehen.[4] Fehlt diese Strafberechtigung, so ist die Durchführung eines Strafverfahrens unzulässig. In deutschen Verfahrenskategorien besteht ein Prozesshindernis.[5]

II. Anwendbares Strafrecht

3 Wenn die Strafberechtigung jedoch feststeht, so bestimmt das Strafanwendungsrecht darüber hinaus, ob das eigene materielle Strafrecht anzuwenden ist oder ob Strafrechtssätze eines anderen Staates heranzuziehen sind. Geht das Strafanwendungsrecht eines Staates ausnahmsweise so weit, dass es festlegt, welche von mehreren möglichen Strafrechtsordnungen für einen Sachverhalt maßgeblich sein soll, so kann man auch insoweit – ähnlich wie beim Internationalen Privatrecht[6] – von einem echten Kollisionsrecht sprechen.

Eine derartige Anwendung einer ausländischen Strafnorm sah – bis vor einigen Jahren – Art. 5 I des schweizerischen StGB vor:

> Wer im Auslande gegen einen Schweizer ein Verbrechen oder ein Vergehen verübt, ist, sofern die Tat auch am Begehungsorte strafbar ist, dem schweizerischen Gesetz unterworfen, wenn er sich in der Schweiz befindet und nicht an das Ausland ausgeliefert, oder wenn er der Eidgenossenschaft wegen dieser Tat ausgeliefert wird. *Ist das Gesetz des Begehungsortes für den Täter das mildere, so ist dieses anzuwenden.*

4 Die §§ 3 ff. StGB beruhen demgegenüber auf dem Grundprinzip, dass deutsche Strafgerichte immer nur deutsches Strafrecht anwenden. Dementsprechend bezwecken diese Regelungen nicht die Lösung des Konfliktes mehrerer auf einen Sachverhalt anwend-

---

[*] Über die Internetseite http://www.lehrbuch-satzger.de können alle wichtigen Gerichtsentscheidungen, Rechtsakte und sonstigen Dokumente, die im Lehrbuch zitiert sind, aufgerufen werden.
[1] S. nur S/S-*Eser/Weißer*, Vor §§ 3–9 StGB Rn. 5 f.
[2] S.u. Rn. 4.
[3] *Jescheck*, in: Zipf/Schröder (Hrsg.), FS Maurach, S. 580; LK-*Werle/Jeßberger*, Vor §§ 3 ff. StGB Rn. 3.
[4] *Jescheck/Weigend*, § 18 I 1.
[5] BGH Urt. v. 22.1.1986 – 3 StR 472/85 = BGHSt 34, 3 f.; Urt. v. 31.1.1995 – 1 StR 495/94 = NJW 1995, 1845; LK-*Werle/Jeßberger*, Vor §§ 3 ff. StGB Rn. 10; Konsequenz hiervon ist die Einstellung des Verfahrens, ggf. wegen § 260 III StPO auch in der Hauptverhandlung durch Urteil.
[6] Vgl. hierzu *Kegel/Schurig*, S. 25.

barer Strafnormen, um zu bestimmen, welche Rechtsordnung für die Lösung des Falles einschlägig sein soll. Die §§ 3 ff. StGB sind nach hM kein echtes Kollisionsrecht, sondern lediglich **Strafanwendungsrecht**, indem sie iS einer „Entweder-oder-Lösung" bestimmen, ob deutsches Strafrecht anzuwenden ist oder nicht.[7] Die Funktion des deutschen Strafanwendungsrechts liegt somit darin, den Anwendungsbereich des deutschen materiellen Strafrechts einseitig festzulegen.[8] Ist nach §§ 3 ff. StGB deutsches Strafrecht anwendbar, steht damit gleichzeitig auch die deutsche Strafberechtigung fest.

Die Bezeichnung des Strafanwendungsrechts als „Internationales Strafrecht" weckt demgegenüber nicht nur fehlgehende Assoziationen zum Internationalen Privatrecht. Sie suggeriert darüber hinaus auch, dass es sich bei den fraglichen Vorschriften um internationales Recht handele, obwohl wir es – wie gesehen – mit nationalem Recht zu tun haben, durch das jeder Staat einseitig die Ausdehnung des Geltungsbereichs seines Strafrechts auf transnational geprägte Sachverhalte festlegt. Vorzugswürdig erscheint es daher, allein auf den Terminus des Strafanwendungsrechts zurückzugreifen[9] und den Begriff „Internationales Strafrecht" nur in dem auch hier verwendeten[10] weiteren Sinne zu nutzen.

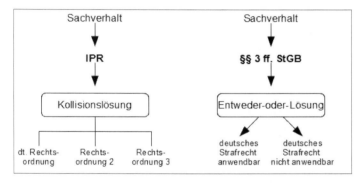

Das Beispiel des ehemaligen Art. 5 I des schweizerischen StGB zeigt, dass eine Ausgestaltung des Strafanwendungsrechts als echtes Kollisionsrecht kein unmögliches Unterfangen darstellen würde. Im Gegenteil: In einem immer enger zusammenwachsenden Europa mutet die eiserne Grundregel, dass deutsche Gerichte immer nur deutsches Strafrecht anwenden, geradezu archaisch an. Eine europaweit harmonisierte Lösung, die – unabhängig vom Ort der Aburteilung – jeweils das „sachnächste Strafrecht" zur Anwendung brächte, könnte hier zumindest auf längere Sicht eine Alternative darstellen.[11] Allerdings darf nicht verschwiegen werden, dass mit der Anwendung ausländischen Strafrechts ganz erhebliche praktische und rechtliche Probleme verbunden

5

---

7 Vgl. statt vieler MK-*Ambos*, Vor §§ 3–7 StGB Rn. 1.
8 S. auch NK-*Böse*, Vor § 3 ff. StGB Rn. 9; S/S-*Eser/Weißer*, Vor §§ 3–9 StGB Rn. 5 f.; *Satzger* NStZ 1998, 112.
9 So auch S/S-*Eser/Weißer*, Vor §§ 3–9 StGB Rn. 6 („territoriales und transnationales Strafanwendungsrecht"); *Miller/Rackow* ZStW 117 (2005), 379, 380 m. Fn. 5; *Satzger* Jura 2010, 108 (109); *Schramm*, Int. Strafrecht, 1/4; LK-*Werle/Jeßberger*, Vor § 3 ff. StGB Rn. 2; da es nicht nur um die Anwendung von Strafe geht, wird teils auch vom „Strafrechtsanwendungsrecht" gesprochen (zB BGH Urt. v. 28.10.1954 – 1 StR 379/54 = NJW 1955, 271); wiederum anders MK-*Ambos*, Vor §§ 3–7 StGB Rn. 1; NK-*Böse*, Vor §§ 3 ff. StGB Rn. 9 („transnationales Strafrecht").
10 S.o. § 2.
11 LK-*Gribbohm*, 11. Aufl., StGB Vor § 3 Rn. 3; *Jescheck/Weigend*, § 18 I; *Magnus*, in: Mankowski/Wurmnest (Hrsg.), FS Magnus, S. 704.

sind.¹² Aus diesem Grund rückt innerhalb der EU – als im Entstehen befindlichem „einheitlichen (Straf-) Rechtsraum" – ein anderer Vorschlag zunehmend in den Mittelpunkt der Diskussion: Es wird ganz zu Recht die Schaffung europäischer Jurisdiktionsregeln und somit letztlich auch eines „europäischen Strafanwendungsrechts" eingefordert, also supranationaler Kollisionsregeln, die festlegen, welcher Mitgliedstaat sein Strafrecht auf einen Sachverhalt zur Anwendung bringen und ihn aburteilen darf.¹³

6   Eine sog. **Fremdrechtsanwendung** ist dem deutschen Strafrichter jedenfalls nicht wesensfremd oder gar *per se* verboten. Dies ist zum einen an § 7 StGB erkennbar, wo die Anwendung ausländischen Strafrechts zur Klärung der Frage der Tatortstrafbarkeit erforderlich ist.¹⁴ Zum anderen können auch bei der Auslegung zivil- oder verwaltungsrechtsakzessorischer Tatbestandsmerkmale Vorschriften und Wertungen anderer Rechtsordnungen heranzuziehen sein.¹⁵ Ausdrücklich ordnet beispielsweise § 330d II StGB an, dass unter bestimmten Voraussetzungen das Umweltrecht eines anderen EU-Mitgliedstaats über die Strafbarkeit entscheidet.¹⁶ Ebenso kennt das StGB in § 11 I Nr. 2 lit. a den Begriff der „Europäischen Amtsträger", ein Personenkreis, der sich nach den Vorschriften der EU-Rechtsordnung bestimmt¹⁷; daneben werden in § 335a StGB „Bedienstete eines ausländischen Staates" bezogen auf die Bestechungsdelikte den deutschen Amtsträgern gleichgestellt, was nicht (mehr) voraussetzt, dass die betreffende Person auch nach deutschem Verständnis ein Amtsträger wäre.¹⁸ Allerdings ist hier umstritten ist, welche Rolle der ausländischen Rechtsordnung für die Bestimmung dieses Personenkreises letztlich zukommt.¹⁹ Am Ende kann es hier bei der praktischen Rechtsfindung zu Schwierigkeiten bei der Subsumtion kommen.

7   ▶ **FALL 1:** Der Münchner M verbringt mit seiner Familie den Sommerurlaub an der italienischen Adriaküste. Als die Familie am Abend vor der Abreise noch einmal schön essen geht, wird ihr auf einem Campingplatz geparktes Wohnmobil von einer Diebesbande gestohlen. Ein örtlicher Autohändler kauft es am folgenden Tag an und veräußert es umgehend an S, der von der deliktischen Herkunft des Fahrzeugs keine Ahnung hat. Wie viele seiner Landsleute fährt S einige Wochen später mit dem neuen Wohnmobil zum Oktoberfest nach München, wo er es just an einem Stellplatz nahe dem Haus des M abstellt. Als M kurz darauf „sein" Wohnmobil entdeckt, fackelt er nicht lange, sondern verschafft sich Zugang und stellt es in seine Tiefgarage.

Hat M den objektiven Tatbestand des § 242 I StGB erfüllt? ◀

8   Die Erfüllung des Diebstahlstatbestandes setzt bereits auf objektiver Ebene voraus, dass M eine „fremde" Sache weggenommen hat. Die Fremdheit ist nach zivilrechtli-

---

12 Ausf. *Satzger*, in: Reindl-Krauskopf, Susanne ua (Hrsg.), FS Fuchs, S. 440 ff.; *F. Zimmermann*, Strafgewaltkonflikte in der EU, S. 329 ff.; zum Umgang mit Art. 5 schweiz. StGB aF s. nur *Donatsch*, Anm. zu Art. 5 I 2 und Art. 6 Ziff. 1 S. 2 schweiz. StGB mwN.
13 Ein detaillierter Regelungsvorschlag mit Begründung findet sich etwa bei *F. Zimmermann*, Strafgewaltkonflikte in der EU, S. 369 ff.; s. auch *Böse/Meyer/Schneider*, Conflicts of Jurisdiction, Bd. 2, S. 381 ff.; *dies.*, GA 2014, 572 (574 ff.); *Sinn*, in: Sinn (Hrsg.), Jurisdiktionskonflikte, S. 585 ff.
14 Dazu ausf. unten § 5 Rn. 82 ff.
15 Ausf. zu diesen Fragen *Cornils*, passim; *Golombek*, S. 116 ff.; *Mankowski/Bock* ZStW 120 (2008), 704 ff.
16 *Hecker*, in: Ruffert (Hrsg.), FS Schröder, S. 531 ff.
17 Dazu etwa SSW-StGB-*Satzger*, § 11 StGB Rn. 32 ff.
18 SSW-StGB-*Rosenau*, § 335a StGB Rn. 9 („autonome Auslegung"); ähnl. MK-*Korte*, § 335a StGB Rn. 15 ff.
19 Ausf. MK-*Korte*, § 335a StGB Rn. 15 ff. und S/S-*Eisele* StGB, § 335a StGB Rn. 13 ff., die eine autonome Definition anhand der zugrundeliegenden völkerrechtlichen Übereinkommen befürworten, dabei aber letztlich einem Rückgriff auf ausländisches Recht große Bedeutung beimessen (s. MK-*Korte*, § 335a StGB Rn. 24 bzw. S/S-*Eisele* StGB, § 335a StGB Rn. 14).

chen Grundsätzen zu bestimmen, so dass eine Strafbarkeit jedenfalls dann nicht in Frage käme, wenn M trotz des Geschehens in Italien weiterhin Eigentümer des Wohnmobils wäre. Beurteilte sich der Sachverhalt allein nach deutschem Zivilrecht, wäre dies der Fall, da ein gutgläubiger Erwerb des S an dem gestohlenen Wohnmobil nicht möglich gewesen wäre (§ 935 BGB). In Fällen mit Auslandsberührung können aber auch zivilrechtliche Vorfragen nicht unbesehen nach deutschem Recht gelöst werden. Vielmehr ist das anwendbare Recht nach hM[20] anhand der Kollisionsregel im (deutschen) internationalen Privatrecht zu ermitteln. Hier verweist nun Art. 43 I EGBGB für Rechte an einer Sache, wozu auch Fragen des gutgläubigen Erwerbs zählen,[21] auf das Recht des Staates, in dem sich die Sache befindet. In **Fall 1** kommt es daher für die Frage, ob S das Wohnmobil gutgläubig erwerben konnte, auf das italienische Zivilrecht an. Da das italienische Sachenrecht (vgl. Art. 1153 ff. codice civile) aber einen gutgläubigen Erwerb abhanden gekommener Sachen zulässt, konnte S das Eigentum am Wohnmobil erwerben. Folglich hat M eine für ihn „fremde" bewegliche Sache weggenommen und den objektiven Tatbestand des § 242 I StGB erfüllt.

Die Diskussion um die Fragen der (inzidenten) Fremdrechtsanwendung hat in den letzten Jahren unter einem anderen Aspekt an Brisanz gewonnen, nachdem der EuGH entschieden hatte, dass in einem EU-Mitgliedstaat gegründete Gesellschaften das Recht des Gründungsstaats gleichsam „mitnehmen", wenn sie Geschäftstätigkeit in einem anderen Mitgliedstaat entfalten und dort ihren tatsächlichen Verwaltungssitz einrichten.[22] Der BGH hat in einer neueren Entscheidung aus dieser Rspr. gefolgert, dass sich im Falle von Untreuehandlungen gegenüber Auslandsgesellschaften aus anderen EU-Staaten die für § 266 StGB relevante Vermögensbetreuungspflicht ebenfalls nach dem Recht des entsprechenden Gründungsstaats (und nicht nach deutschem Gesellschaftsrecht) richte.[23] Mit dem verfassungsrechtlichen Bestimmtheitsgrundsatz (Art. 103 II GG), insbesondere dem Parlamentsvorbehalt, sei dieses Vorgehen – entgegen mancher zuvor im Schrifttum geäußerter Bedenken[24] – durchaus vereinbar, da das ausländische Recht nicht selbst über den tatbestandsmäßigen Erfolg und die ihn herbeiführende Handlung entscheide, sondern lediglich die Grundlage für eine anschließende „untreuespezifische Präzisierung" schaffe.

III. Gefahr mehrfacher Strafverfolgung

Wenn das Strafanwendungsrecht Deutschlands und der meisten anderen Staaten nur eine einseitige, nicht auf Kollisionslösung bedachte Regelung des Anwendungsbereichs des eigenen sachlichen Rechts trifft, so ist die logische Folge, dass auf ein und dieselbe Tat das Strafrecht verschiedener Staaten Anwendung finden kann. Dahinter steht einerseits der – im Grundsatz vernünftige – Gedanke, dass durch ein möglichst dichtes Netz von konkurrierenden Strafansprüchen sichergestellt werden soll, dass jede Straftat auch verfolgt werden kann.[25] Andererseits wäre es unbillig und unverhältnismäßig,

---

20 NK-*Böse*, Vor §§ 3 ff. StGB Rn. 63 mwN.
21 BGH Urt. v. 10.6.2009 – VIII ZR 108/07 = NJW 2009, 2824 mwN.
22 EuGH Urt. v. 30.9.2003 – Rs. C-167/01 „Inspire Art"; zuvor bereits EuGH Urt. v. 9.3.1999 – Rs. C-212/97 „Centros" und EuGH Urt. v. 5.11.2002 – Rs. C-208/00 „Überseering".
23 BGH Urt. v. 13.4.2010 – 5 StR 428/09 = NStZ 2010, 632; dazu *Beckemper* ZJS 2010, 554; *Mankowski* GmbHR 2010, 819 (822); *Schlösser/Mosiek* HRRS 2010, 424; *Schramm/Hinderer* ZIS 2010, 494; zur Anwendbarkeit englischen Strafrechts in diesen Fällen *Ladiges* wistra 2012, 173.
24 Zur Diskussion NK-*Böse*, Vor §§ 3 ff. StGB Rn. 63 ff.; *Radtke* GmbHR 2008, 729 ff.; *Ransiek/Hüls* ZGR 2009, 157 (174 ff.); *Rönnau* ZGR 2005, 832 (854 f.); *Schlösser* wistra 2006, 81 ff.; *Worm*, S. 75 ff., 109 ff.
25 *Werle/Jeßberger* JuS 2001, 35 (36).

wenn der Täter wegen einer Tat mit Auslandsbezug in allen betroffenen Staaten voll und unabhängig von Verurteilungen in anderen Staaten zur Verantwortung gezogen würde.[26] Die Lösung dieses Problems ist allerdings nicht einfach: Der in Art. 103 III GG verankerte Grundsatz *ne bis in idem* (Verbot der Doppelbestrafung) gilt nämlich nur im innerstaatlichen Bereich. Ein zwischenstaatliches Doppelbestrafungsverbot kann daher nur – wie teilweise geschehen – durch völkerrechtliche Verträge geschaffen werden.[27] Namentlich finden sich darauf abzielende Regelungen in Art. 50 EU-Grundrechtecharta sowie bereits zuvor in Art. 54 Schengener Durchführungsübereinkommen (SDÜ).[28]

11 Die deutsche Rechtsordnung eröffnet aber die Möglichkeit, die ausländische Strafverfolgung prozessual (§ 153c StPO) und bei der Strafbemessung (§ 51 III StGB) zu berücksichtigen:

- § 153c StPO erlaubt es den deutschen Strafverfolgungsorganen bei Auslands- und Distanzdelikten – in Abweichung vom sonst grds. bestehenden Verfolgungszwang (Legalitätsprinzip) – ausnahmsweise von der Verfolgung abzusehen.
- Wird der Täter nach seiner Verurteilung im Ausland von einem deutschen Gericht noch einmal verurteilt, so muss die im Ausland bereits vollstreckte Strafe bei der Strafbemessung angerechnet werden (§ 51 III StGB).

IV. Verhältnis des Strafanwendungsrechts zum Schutzbereich einzelner Tatbestände

12 Selbst wenn die Grundsätze des Strafanwendungsrechts zu dem Ergebnis führen, dass ein deutsches Strafgesetz auf einen Sachverhalt mit Auslandsberührung Anwendung finden kann, so ist damit noch nicht gesagt, dass dieser Tatbestand tatsächlich einschlägig ist. Stets stellt sich zusätzlich die Frage, ob die begangene Tat im Hinblick auf das verletzte Rechtsgut in den **Schutzbereich des konkreten deutschen Straftatbestandes** fällt.

Beispiel: Die Widerstandshandlung eines Deutschen gegen einen ausländischen Polizeibeamten ist nicht vom Schutzbereich des § 113 StGB erfasst. Der Grund hierfür liegt darin, dass § 113 StGB die staatlichen Vollstreckungshandlungen – und damit ein „öffentliches Rechtsgut" – schützt. Nach den anerkannten Auslegungsgrundsätzen (dazu → § 6 Rn. 1 ff.) werden von deutschen Straftatbeständen grds. nur deutsche, nicht aber auch ausländische öffentliche Rechtsgüter geschützt.

13 Über die Reihenfolge der Prüfung des Strafanwendungsrechts der §§ 3 ff. StGB und der Schutzbereichsbestimmung besteht zwar Streit. Den Schutzumfang eines deutschen Straftatbestandes ermittelt man jedoch durch Auslegung. Da man sich mit der Auslegung der Strafvorschrift aber bereits in der Phase der Anwendung deutschen Rechts befindet, steht die Prüfung der §§ 3 ff. StGB zwingend an erster Stelle.[29] Auch die prozessualen Konsequenzen sprechen für die hier vertretene Ansicht: Ist deutsches Strafrecht nach den Grundsätzen der §§ 3 ff. StGB nicht anwendbar, so liegt bereits ein Pro-

---

26 Näher mwN. *F. Zimmermann*, Strafgewaltkonflikte in der EU, S. 176 ff.
27 Ausf. hierzu unten § 10 Rn. 51 ff.
28 ABl.EU 2000 Nr. L 239/19, BGBl. 1993 II, S. 1013 (Sartorius II, Nr. 280).
29 So auch MK-*Ambos*, Vor §§ 3–7 StGB Rn. 88 f.; SK-*Hoyer*, StGB Vor § 3 Rn. 31; *Satzger* Jura 2010, 108 (111); *Schramm*, Int. Strafrecht, 1/21; *Schroeder* NJW 1990, 1406; aA *Oehler* JR 1978, 381 (382); *T. Walter* JuS 2006, 870; zum Meinungsstand S/S-*Eser/Weißer*, Vor §§ 3–9 StGB Rn. 38 f.

zesshindernis vor; ob der deutsche Straftatbestand in Anbetracht seines Schutzzwecks erfüllt ist, wird dann gar nicht mehr relevant.[30]

Daraus ergibt sich folgende Prüfungsreihenfolge:

1. Prüfung der Prinzipien des Strafanwendungsrechts der §§ 3 ff. StGB
2. Prüfung des Schutzbereichs der konkreten Norm in Hinblick auf ausländische Rechtsgüter

WIEDERHOLUNGS- UND VERTIEFUNGSFRAGEN 14

> Wodurch unterscheidet sich das Strafanwendungsrecht funktional vom Internationalen Privatrecht? (→ Rn. 3 ff.)
> Wie lässt sich erreichen, dass trotz der Anwendbarkeit des Strafrechts mehrerer Staaten auf ein und dieselbe Tat keine Doppelbestrafung erfolgt? (→ Rn. 10 f.)

---

30 So zu Recht SK-*Hoyer*, StGB Vor § 3 Rn. 31.

§ 4 Anknüpfungsmodelle

1 ▶ **FALL 2:** Ein 1993 verabschiedetes belgisches Gesetz sah vor, dass Kriegsverbrechen, Verbrechen gegen die Menschlichkeit und (später auch) Völkermord in Belgien ungeachtet des Orts der Taten bestraft werden konnten. Aufgrund dieses Gesetzes wurden etwa Klagen im Hinblick auf die 1982 verübten Massaker an 800 Palästinensern in den libanesischen Flüchtlingslagern Sabra und Shatila eingeleitet, ua gegen den damaligen israelischen Verteidigungsminister Ariel Scharon. Durfte Belgien sein Strafrecht auf einen solchen Fall überhaupt anwenden? (dazu → Rn. 14 f.) ◀

I. Kompetenz-Kompetenz der Staaten

2 Wie bereits dargelegt, handelt es sich bei dem Strafanwendungsrecht um nationales Recht. Jeder Staat bestimmt also grds. selbst, auf welche Sachverhalte er sein Strafrecht anwenden möchte. Ursprünglich wurde angenommen, dem Staat stünde eine unbeschränkte Autonomie bei der Ausdehnung seines Strafrechts zu.[1] Allerdings gerät eine solche Auffassung notwendigerweise in Konflikt mit dem völkerrechtlichen Nichteinmischungsgebot.[2] Denn ohne einen sinnvollen Bezug zwischen normierendem Staat und normiertem Sachverhalt bedeutete die Erstreckung der eigenen Strafgewalt auf diesen Sachverhalt eine Verletzung fremder Souveränität und wäre daher völkerrechtswidrig. Demnach wird zwar auch heute die Kompetenz-Kompetenz zur Regelung des jeweiligen Strafanwendungsrechts den Nationalstaaten zugeschrieben,[3] bei der Ausübung ihres Ausgestaltungsermessens haben diese aber völkerrechtliche Schranken zu beachten.[4] Immer muss ein **sinnvoller Anknüpfungspunkt**, ein sog. *genuine link*, zwischen normiertem Lebenssachverhalt und normierendem Staat existieren.[5] Dabei ist völkerrechtlich eine Reihe von Anknüpfungspunkten anerkannt. Diese kann der nationale Strafgesetzgeber bei der Ausgestaltung seines Strafanwendungsrechts nicht nur kombinieren, sondern auch modifizieren. Aus völkerrechtlicher Sicht ist dies nicht zu beanstanden, solange jedenfalls ein sinnvoller Anknüpfungspunkt besteht. Im Ergebnis bedeutet dies, dass dem nationalen Gesetzgeber ein sehr weiter Entscheidungsspielraum zusteht, der seine Grenze letztlich nur im Willkürverbot findet.[6]

3 Mittlerweile wird die Gesetzgebung der einzelnen Staaten auf dem Gebiet (auch) des Strafanwendungsrechts zunehmend durch **internationale Vorgaben** beeinflusst. Insbesondere sehen viele völkerrechtliche Abkommen – darunter namentlich solche der Vereinten Nationen und des Europarats – vor, dass die Unterzeichnerstaaten bestimmte Straftaten selbst dann zu verfolgen haben, wenn sie außerhalb ihres Hoheitsgebiets be-

---

[1] Etwa *Binding*, Handbuch des Strafrechts, S. 372; *Mendelssohn-Bartholdy*, in: Vergleichende Darstellung des Deutschen und Ausländischen Strafrechts, Bd. VI, 1908, S. 106, 316 (zit. nach *Oehler*, Int. Strafrecht, Rn. 111).
[2] PCIJ, The Case of the S.S. Lotus (France v. Turkey), Judgment, 7.9.1927, PCIJ Series A No. 10 (1927), S. 18 f.; *Epping/Gloria*, in: Ipsen (Hrsg.), Völkerrecht, § 23 Rn. 85 ff.
[3] *Jescheck/Weigend*, § 18 I 2; anders MK-*Ambos*, StGB Vor § 3 Rn. 12, der allerdings von einem sehr engen Kompetenz-Kompetenz-Begriff ausgeht.
[4] Vgl. BGH Urt. v. 5.3.1998 – 5 StR 494/97 = BGHSt 44, 52, 57 = NJW 1998, 2610; BayObLG Urt. v. 23.5.1997 – 3 St 20/96 = NJW 1998, 392 (393); *Oehler*, Int. Strafrecht, Rn. 111 ff.
[5] IGH, Nottebohm Case (Liechtenstein v. Guatemala), Judgment, 6.4.1995, ICJ-Rep 1955, S. 24 ff., sowie IGH, Barcelona Traction, Light and Power Company, Limited (Belgium v. Spain), Judgment, 5.2.1970, ICJ-Rep 1970, S. 1 ff.; dazu *Epping/Gloria*, in: Ipsen (Hrsg.), Völkerrecht, § 23 Rn. 90 ff.; ausf. *Jeßberger*, Geltungsbereich, S. 191 ff.; s. auch MK-*Ambos*, StGB Vor § 3 Rn. 21 mwN.
[6] *Kasper* MDR 1994, 545; s. auch *Engelhart* ZStW 128 (2016), 882, 913 ff. (am Beispiel der extraterritorialen Anwendung des englischen Korruptionsstrafrechts).

gangen wurden.[7] Noch größere Bedeutung besitzt für Deutschland das Recht der Europäischen Union: So enthalten praktisch alle EU-Rechtsakte zur Harmonisierung des Strafrechts in der einen oder anderen Form Vorgaben für das Strafanwendungsrecht.[8] Bislang wird weitgehend noch unterschätzt, dass zusätzlich aber auch allgemeine Prinzipien des EU-Rechts dazu verpflichten, die Vorschriften der §§ 3 ff. StGB europarechtskonform auszulegen (dazu → § 9 Rn. 102 ff.) oder sogar durch den Gesetzgeber umzugestalten: Insbesondere kann die Treuepflicht jedes Mitgliedstaats gegenüber der Union dazu zwingen, auch Delikte zulasten der EU in den Geltungsbereich des eigenen Strafrechts einzubeziehen – in Deutschland etwa durch eine Erweiterung des § 5 StGB.[9] Schließlich lässt sich eine Differenzierung zwischen deutschen Staatsangehörigen und EU-Ausländern für die Zwecke der Erstreckung des deutschen Strafrechts auf Auslandssachverhalte wegen der Geltung des europarechtlichen **Diskriminierungsverbots** (Art. 18 AEUV) und angesichts des Bestrebens der EU, einen einheitlichen Rechtsraum in Europa zu schaffen, immer schwerer rechtfertigen. Probleme wirft vor diesem Hintergrund jedenfalls das passive Personalitätsprinzip auf, wie es in § 7 I StGB und partiell in § 5 StGB seinen Niederschlag gefunden hat (dazu → § 5 Rn. 82 ff.).[10] Die Diskussion darüber, ob zudem das aktive Personalitätsprinzip (§ 7 II Nr. 1 StGB und einzelne Varianten des § 5 StGB) eine gegen EU-Recht verstoßende Diskriminierung begründen kann, befindet sich noch in den Anfängen.[11]

II. Anerkannte Prinzipien

1. Übersicht über die völkerrechtlich akzeptierten Anknüpfungspunkte

BEISPIEL: Ein Österreicher begeht in Spanien einen Mord an einem Italiener. In Spanien soll er wegen dieser Tat verurteilt werden.

---

[7] Ausf. *Jeßberger*, Geltungsbereich, S. 165 ff.; LK-*Werle/Jeßberger*, Vor §§ 3 ff. StGB Rn. 31 ff.
[8] Überblick bei *F. Zimmermann*, Strafgewaltkonflikte in der EU, S. 100 ff.; *Feldtmann/Elholm*, Strafrechtliche Jurisdiktion, S. 200 ff.
[9] Grundlegend *F. Zimmermann*, Strafgewaltkonflikte in der EU, S. 115 ff.
[10] MK-*Ambos*, StGB Vor § 3 Rn. 42; *Böse/Meyer* ZIS 2011, 336 (341 f.); *Böse*, in: Böse/Meyer/Schneider, Conflicts of Jurisdiction, Bd. 2, S. 54 ff.; *F. Zimmermann*, Strafgewaltkonflikte in der EU, S. 133 ff.
[11] S. aber *Feldtmann/Elholm*, Strafrechtliche Jurisdiktion, S. 203 f., sowie ausf. *Pfaffendorf* ZStW 129 (2017), 146 ff., der alle Varianten des § 5 StGB problematisiert, die auf die deutsche Staatsangehörigkeit des Täters oder anderer Personen abstellen; denkbar wäre eine Diskriminierung der betroffenen Deutschen, die keine unionsrechtlich irrelevante „Inländerdiskriminierung" wäre, da es um grenzüberschreitende Sachverhalte geht (so *Pfaffendorf*, aaO), aber auch eine Diskriminierung ausländischer Staatsbürger, soweit man das aktive Personalitätsprinzip zum Schutz des Täters vor ausländischer Strafverfolgung heranzieht.

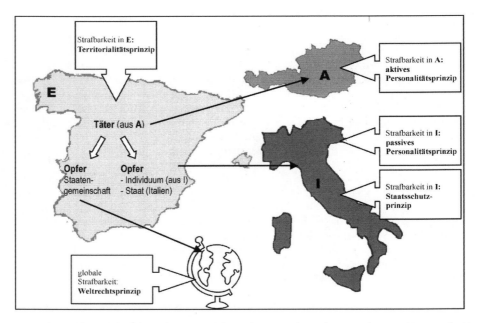

Typische völkerrechtlich zulässige Anknüpfungspunkte des Strafanwendungsrechts sind:[12]

- der Begehungsort der Tat (**Territorialitätsprinzip** bzw. **Flaggenprinzip**)
  Im obigen Beispiel dürfte Spanien deshalb seine Strafgewalt ausüben, weil der Tatort in Spanien liegt.
- die Staatsangehörigkeit des Täters (**aktives Personalitätsprinzip**)
  Im obigen Beispiel dürfte nach diesem Grundsatz auch Österreich seine Strafgewalt auf diesen Lebenssachverhalt erstrecken und sein Strafrecht hierauf anwenden.
- der Schutz inländischer Rechtsgüter (**Schutzprinzip**), wobei man weiter danach unterscheiden kann, ob es
  – um Rechtsgüter eines Staatsangehörigen des normierenden Staates (**Individualschutzprinzip/passives Personalitätsprinzip**) oder
  – um Rechtsgüter des Staates selbst, insbesondere dessen Bestand bzw. dessen Integrität geht (**Staatsschutzprinzip**)

  Nach dem passiven Personalitätsprinzip dürfte also im obigen Beispiel auch Italien seine Strafgewalt auf diesen Lebenssachverhalt erstrecken und sein Strafrecht hierauf anwenden.
- der Schutz von Rechtsgütern, an deren Schutz ein gemeinsames Interesse aller Staaten besteht (**Weltrechtsprinzip**)
  Würde es sich im obigen Beispiel nicht nur um Mord, sondern auch um einen Völkermord handeln, so wäre nach dem Weltrechtsprinzip jeder Staat berechtigt, den

---

12 Ausf. rechtsvergleichende Darstellungen bei *Satzger*, International, § 4; *Feldtmann/Elholm*, Strafrechtliche Jurisdiktion; Böse/Meyer/Schneider (Hrsg.), Conflicts of Jurisdiction in Criminal Matters in the European Union, Bd. 1; Sinn (Hrsg.), Jurisdiktionskonflikte bei grenzüberschreitender Kriminalität.

Sachverhalt nach seinem Strafrecht abzuurteilen, unabhängig davon, wo, von wem und an wem die Tat begangen wurde.

Neben den genannten Prinzipien, die auf den anerkannten Anknüpfungspunkten aufbauen, existieren drei weitere, die zwar zu einer Erweiterung der Strafgewalt eines Staates führen, ohne dass ein „sinnvoller Anknüpfungspunkt" besteht, gleichwohl aber keinen Verstoß gegen das Völkerrecht bedeuten. Es handelt sich um das **Prinzip der stellvertretenden Strafrechtspflege**, um das in zwischenstaatlichen Vereinbarungen zu findende **Kompetenzverteilungsprinzip** und das sog. **Unionsschutzprinzip** als Erweiterung des Staatsschutzprinzips.

Wenn internationale Übereinkommen den Mitgliedstaaten vorschreiben, bestimmte Anknüpfungspunkte heranzuziehen, wird dies neuerdings auch als Ausprägung eines sog. **Vertragsprinzips** angesehen.[13]

2. Territorialitätsprinzip

Nach dem Territorialitätsprinzip, welches auch als „Gebietsgrundsatz" bezeichnet wird,[14] kann ein Staat seine Strafgewalt auf alle Lebenssachverhalte erstrecken, die sich auf seinem Staatsgebiet ereignen. Der Ort, an dem die Tat begangen wurde (Tatort), muss also im jeweiligen Inland liegen. Demgegenüber spielt die Staatsangehörigkeit des Täters oder des Opfers keine Rolle. Dahinter steht der Gedanke, dass die innerstaatliche Strafrechtsordnung für jedermann Geltung haben muss, der sich im Inland aufhält.[15] Im internationalen Vergleich ist dieser Grundsatz am weitesten verbreitet.[16] Eine an den Staatsgebieten orientierte Abgrenzung kann für sich beanspruchen, den völkerrechtlichen Grundsätzen der Gebietshoheit, der Unabhängigkeit und der Gleichheit der souveränen Staaten am besten zu entsprechen.[17]

Als zu eng wird das Territorialitätsprinzip jedoch regelmäßig deshalb empfunden, weil danach im Ausland begangene Taten, auch wenn Täter oder Opfer Inländer sind, nicht erfasst werden können. Deshalb wird der Gebietsgrundsatz häufig mit anderen Prinzipien (Schutzprinzip, aktives Personalitätsprinzip) kombiniert.

An seine Grenzen stößt das Territorialitätsprinzip auch dann, wenn die nationalen Grenzen aufgrund des strafrechtlichen Zusammenwirkens mehrerer Staaten an Bedeutung verlieren (sollen), so wie dies insbesondere in der EU der Fall ist. Konsequenterweise drängt man hier auf die Einführung eines Europäischen Territorialitätsprinzips.[18]

Um das Territorialitätsprinzip im Strafanwendungsrecht umzusetzen, muss die nationale Rechtsordnung zwei Fragen beantworten:

- Wo ist eine Tat begangen? (Tatortbegriff)
- Wie weit erstreckt sich das eigene Staatsgebiet? (Inlandsbegriff)

---

13 Ausf. *Jeßberger*, Geltungsbereich, S. 165 ff., 286 ff.; s. auch M/R-*Basak*, StGB Vor § 3 Rn. 12.
14 Etwa LK-*Werle/Jeßberger*, StGB § 3 Rn. 3; zur unterschiedlichen Entwicklung und zum verschiedenen Gehalt dieses Grundsatzes im angloamerikanischen und kontinentalen Recht *Oehler*, Int. Strafrecht, Rn. 55 ff., 64 ff.
15 *Satzger* Jura 2010, 108 (110); LK-*Werle/Jeßberger*, Vor § 3 StGB Rn. 222.
16 *Jescheck/Weigend*, § 18 II 1; vertiefend und rechtsvergleichend zum Territorialitätsprinzip *Satzger*, International, § 4 Rn. 12 ff.
17 *Jescheck/Weigend*, § 18 II 1; *Oehler*, Int. Strafrecht, Rn. 152 ff.
18 Dazu → § 10 Rn. 63; insbes. *Delmas-Marty*, Corpus Juris, S. 48 ff.: Entwurf eines „Corpus Juris der strafrechtlichen Regelungen zum Schutz der finanziellen Interessen der EU"; eine deutsche Übersetzung der aktualisierten Version von 2000 ist verfügbar unter https://ec.europa.eu/antifraud/sites/antifraud/files/docs/body/corpus_juris_de.doc.

7   Eng mit dem Territorialitätsprinzip verwandt ist das **Flaggenprinzip**, das dann herangezogen werden kann, wenn die Handlung an Bord eines Schiffes oder Luftfahrzeuges begangen wird. Für diesen Fall besteht eine völkerrechtlich hinreichend enge Beziehung zu dem Staat, dessen Flagge das Schiff berechtigterweise führt bzw. bei dem das Luftfahrzeug registriert ist.[19]

3. Aktives Personalitätsprinzip

8   Nach dem aktiven Personalitätsprinzip beurteilt sich das Verhalten eines Menschen stets nach dem Strafrecht des Landes, dessen Staatsbürger er ist. Jedermann trägt somit – bildlich gesprochen – seine Strafrechtsordnung mit sich. Ob er dabei im In- oder Ausland handelt, spielt keine Rolle. Begründen lässt sich dieser Grundsatz damit, dass ein Staat die Einhaltung der Ge- und Verbote der eigenen Rechtsordnung unabhängig vom Aufenthaltsort des Bürgers verlangen könne.[20] Die so eingeforderte **Treuepflicht**, die einem Staatsbürger auferlegt wird, wird aber häufig mit autoritärem Staatsdenken in Zusammenhang gebracht.[21] Für Auslandstaten lässt sich dieser Grundsatz allerdings auch mit dem **Gedanken internationaler Solidarität** begründen, jedenfalls dann, wenn die Tat auch nach der Rechtsordnung des Begehungsorts (*lex loci*) mit Strafe bedroht ist, weil ein Staat nicht tatenlos zusehen darf, wie sein Staatsbürger im Ausland Straftaten begeht.

Einen besonderen Sinn hat das aktive Personalitätsprinzip insbesondere für solche Staaten, deren Rechtsordnung ein Auslieferungsverbot für eigene Staatsangehörige vorsieht, wie etwa die deutsche in Art. 16 GG.[22] Flüchtet der eigene Staatsbürger nach einer Auslandstat ins Inland, bietet das aktive Personalitätsprinzip eine Möglichkeit, ihn für diese Tat strafrechtlich zur Verantwortung zu ziehen.

In seiner reinen Ausprägung hat das aktive Personalitätsprinzip zur Folge, dass Inlandstaten von Ausländern nicht erfasst werden können, und zwar nicht einmal dann, wenn sie gegenüber einem Inländer begangen werden. Diese offensichtlich untragbare Konsequenz kann durch eine entsprechende Kombination mit dem Territorialitätsprinzip und/oder dem Schutzprinzip vermieden werden.

Um das aktive Personalitätsprinzip umzusetzen, muss eine Rechtsordnung jedenfalls definieren, wer Inländer ist.

9   Anstatt an die Staatsangehörigkeit des Täters anzuknüpfen, ist es theoretisch auch möglich, dessen Wohnsitz im Inland als Anknüpfungspunkt heranzuziehen. Man spricht dann vom **Domizilprinzip**.[23] Die Umsetzung dieses Prinzips setzt die nähere Definition des „Wohnsitzes" voraus.

4. Schutzprinzip

10 Nach den Grundsätzen des Schutzprinzips erstreckt sich die Strafgewalt eines Staates auf alle Handlungen, durch die inländische Rechtsgüter gefährdet oder verletzt wer-

---

19 Vgl. MK-*Ambos*, StGB § 4 Rn. 1, 5.
20 Es handelt sich um den geschichtlich frühesten Anknüpfungspunkt, da nach alter Rechtsauffassung der Rechtsstatus des Menschen durch seine Stammeszugehörigkeit bestimmt wurde, *Jescheck/Weigend*, § 18 II 3; rechtsvergleichend zum aktiven Personalitätsprinzip *Satzger*, International § 4 Rn. 17 ff.
21 LK-*Werle/Jeßberger*, Vor §§ 3 ff. StGB Rn. 234; vgl. auch *Jescheck/Weigend*, § 18 II 3; *Satzger* Jura 2010, 108 (110); sehr krit. auch MK-*Ambos*, StGB Vor § 3 Rn. 36 ff.
22 Vgl. auch MK-*Ambos*, StGB § 7 Rn. 1.
23 Vgl. *Kielwein*, in: Hohenleitner ua (Hrsg.), FS Rittler, S. 97 ff.

§ 4 Anknüpfungsmodelle

den.[24] Es kommt demnach nicht darauf an, ob die Tat im In- oder Ausland begangen wurde; ebenso unerheblich ist, ob der Täter In- oder Ausländer ist. Seine Rechtfertigung zieht dieser Grundsatz aus dem Gedanken, dass jeder Staat dazu berufen ist, seine Rechtsgüter – und die seiner Bürger – zu schützen.

In seiner Reinform erfasst das Schutzprinzip allerdings Inlandstaten gegenüber Ausländern oder ausländischen Staaten nicht, und zwar selbst dann nicht, wenn der Täter Inländer ist. Dementsprechend dient dieser Grundsatz in erster Linie der **Ergänzung** anderer Prinzipien. Das Schutzprinzip kommt dabei insbesondere bei Auslandstaten von Ausländern gegenüber inländischen Rechtsgütern zum Einsatz.[25]

Je nach der Art des zu schützenden inländischen Rechtsguts lassen sich zwei Ausprägungen des Schutzprinzips unterscheiden:[26]

a) Staatsschutzprinzip

Steht der Selbstschutz des Staates und seiner Institutionen in Rede, wie zB im Falle von Hoch- oder Landesverrat, so spricht man vom Staatsschutzprinzip. Dessen Rechtfertigung ist evident: Der Täter stellt selbst durch die **Angriffsrichtung** die hinreichend enge Beziehung zum betroffenen Staat her.[27] Durch ausländisches Strafrecht wird dieser zudem regelmäßig nicht geschützt, so dass nur die eigene Strafrechtsordnung Angriffe auf die eigenen Interessen des Staates strafrechtlich sanktionieren kann. Von daher kann die Berufung auf das Staatsschutzprinzip auch nicht davon abhängig gemacht werden, dass die Tat nach dem Recht des Begehungsortes (*lex loci*) strafbar ist.[28]

11

b) Individualschutzprinzip (passives Personalitätsprinzip)

Auch wenn es um die Verletzung von Individualrechtsgütern der Angehörigen eines Staates geht, wie zB deren Eigentum oder Vermögen, ist das Schutzinteresse des Heimatstaates als „legitimierender Anknüpfungspunkt" anerkannt.[29] Allerdings ist die Rechtfertigung dieses Prinzips weit weniger eindeutig als beim Staatsschutzprinzip.[30] Denn hier geht es zumeist um Auslandstaten, die von einem Ausländer, regelmäßig sogar von einem Angehörigen des Tatortstaates, gegenüber einem Inländer begangen werden. Dass hier nicht ohne Weiteres die Geltung des inländischen Strafrechts gefordert werden kann, wird dann deutlich, wenn man sich die Konstellation vor Augen führt, dass die Tat am Tatort nicht unter Strafe steht. Der (ausländische) Täter ist dann nicht Normadressat des inländischen Strafrechtssatzes.[31] Würde gleichwohl inländisches Strafrecht auf diesen Lebenssachverhalt angewendet, so müsste dieses als „Fremdkörper" erscheinen, die Verbindung zur inländischen Rechtsordnung wäre nicht hinreichend stark. Im Gegensatz zum Staatsschutzprinzip ergibt sich ein hinreichender Anknüpfungspunkt nicht aus der Tat selbst, da diese sich nicht *per se* gegen

12

---

24 *Jescheck/Weigend*, § 18 II 4.
25 *MK-Ambos*, StGB Vor § 3 Rn. 39; rechtsvergleichend *Satzger*, International, § 4 Rn. 24 f., 27 ff.
26 Krit. zur hier verwendeten Terminologie *Henrich*, Personalitätsprinzip, S. 30 f.
27 *Jescheck/Weigend*, § 18 II 4; *Satzger* Jura 2010, 108 (110).
28 *MK-Ambos*, StGB Vor § 3 Rn. 40; NK-*Böse*, Vor §§ 3 ff. StGB Rn. 19.
29 Teilw. wird der Aspekt des Individualschutzprinzips nicht dem Schutzprinzip untergeordnet, sondern als eigenständiger Punkt „passives Personalitätsprinzip" dem „aktiven Personalitätsprinzip" gegenübergestellt, zB SK-*Hoyer*, Vor §§ 3–7 StGB Rn. 11.
30 Zurückhaltend auch MK-*Ambos*, StGB Vor § 3 Rn. 42; strikt abgelehnt wird die völkerrechtliche Legitimation dieses Anknüpfungspunktes von *Roegele*, Strafrechtsimperialismus, S. 74 ff.
31 *Jescheck/Weigend*, § 18 II 4.

inländische Rechtsgüter richtet. Dementsprechend wird als völkerrechtlich gebotenes Korrektiv für die Anwendung des Individualschutzprinzips zu Recht gefordert, dass die Tat auch nach dem Recht des Begehungsortes (*lex loci*) unter Strafe stehen muss.[32] Ein uneingeschränktes, absolutes passives Personalitätsprinzip ist demzufolge völkerrechtlich nicht zulässig.[33]

5. Weltrechtsprinzip

13 Der Weltrechtsgrundsatz, auch Universalitätsprinzip genannt, bedeutet, dass jeder Staat der Welt berechtigt ist, seine Strafgewalt auf eine Tat zu erstrecken, unabhängig davon, wer die Tat begangen hat, wo sie begangen wurde und welche Nationalität das Tatopfer hatte. Offensichtlich würde die umfassende Anwendung dieses Grundsatzes bedeuten, dass man von der Forderung nach einem völkerrechtlich legitimierenden Anknüpfungspunkt Abstand nehmen müsste. Denn nichts würde es rechtfertigen, dass ein nigerianisches Strafgericht einen Chinesen, der in Polen ein Kfz gestohlen hat, das einem Mexikaner gehört, nach seinem Strafrecht aburteilt. Eine hinreichend enge Beziehung, die jedwedem Staat der Welt Strafgewalt verleiht, wird deshalb hier nicht über die faktischen Umstände des Lebenssachverhalts (Begehungsort, Staatsangehörigkeit des Täters bzw. Opfers) hergestellt, sondern entweder über die Bedrohung der gemeinsamen Sicherheitsinteressen aller Staaten (wie zB im Fall der Piraterie oder des Terrorismus)[34] oder über die Natur des gefährdeten oder verletzten Rechtsguts. Immer dann, wenn sich eine Tat gegen übernationale Kulturgüter richtet, an deren Schutz ein internationales Interesse aller Staaten besteht, stellt der Täter selbst durch die Angriffsrichtung eine hinreichend enge Beziehung zu den Rechtsordnungen aller Staaten der Welt her.[35] Es handelt sich somit um eine ähnliche Konstellation wie beim Staatsschutzprinzip.

14 Die Umsetzung des Weltrechtsprinzips[36] setzt die schwierige Aufgabe voraus, weltweit anerkannte Wertmaßstäbe zu etablieren, die eine Zuordnung von Rechtsgütern zu den universell geschützten erlaubt. Anerkannt ist dieser weltweite Schutz jedenfalls im Hinblick auf die Völkerrechtsverbrechen, wie sie im Rom-Statut[37] niedergelegt wurden. Nur für das Verbrechen der Aggression gilt dies nicht.[38] Vor diesem Hintergrund stellt auch das deutsche VStGB bei den völkerstrafrechtlichen *core crimes* grundsätzlich auf das Weltrechtsprinzip ab und fordert nur für den Aggressionstatbestand, dass bei Auslandstaten der Täter Deutscher ist oder sich die Tat gegen die Bundesrepublik richtet (§ 1 VStGB).[39]

15 In Anbetracht der völkerrechtlichen Anerkennung des Weltrechtsprinzips für völkerrechtliche Verbrechen ist es in **Fall 2** zulässig, wenn belgische Gerichte belgisches Strafrecht auf entsprechende Sachverhalte anwenden können, auch wenn ansonsten keine weiteren „sinnvollen Anknüpfungspunkte" zum belgischen Staat oder dessen Staatsan-

---

32 *Jescheck*, in: F.-C. Schroeder/Zipf (Hrsg.), FS Maurach, S. 581;
    Oehler, Int. Strafrecht, Rn. 127 f.; LK-*Werle/Jeßberger*, Vor §§ 3 ff. StGB Rn. 230; aA etwa M/R-*Basak*, StGB Vor § 3 Rn. 8.
33 MK-*Ambos*, StGB Vor § 3 Rn. 44; vgl. auch *Satzger* Jura 2010, 108 (110).
34 Dazu MK-*Ambos*, StGB Vor § 3 Rn. 47.
35 *Jescheck/Weigend*, § 18 II 5; *Satzger* Jura 2010, 108 (110).
36 Rechtsvergleichend zur Implementierung des Weltrechtsprinzips vgl. *Satzger*, International, § 4 Rn. 32 ff.
37 Rome Statute of the International Criminal Court, Rom, 17.7.1998, UNTS, Bd. 2187, Nr. 38544, S. 3, BGBl. 2000 II, S. 1394 (Sartorius II, Nr. 35).
38 Näher *Jeßberger* ZIS 2015, 514 (519 f.).
39 Dazu → § 17 Rn. 38 sowie *Satzger* NStZ 2002, 125 (131 f.); *ders.*, ICLR 2002, 261, 279 f.

gehörigen bestehen. Das belgische Gesetz führte jedoch zu diplomatischen Verwicklungen, so dass es – insbesondere nach politisch motivierter israelischer und US-amerikanischer Kritik – im Jahr 2003 stark abgemildert wurde.

6. Prinzip der stellvertretenden Strafrechtspflege

Das Prinzip der stellvertretenden Strafrechtspflege (Stellvertretungsprinzip) dient im Gegensatz zu den bislang behandelten Prinzipien lediglich der **Lückenfüllung**. Es beruht auf dem Gedanken der Solidarität der Staaten bei der Verbrechensbekämpfung und ergänzt die Strafgewalt anderer Staaten. Dieses Prinzip erfüllt daher eine subsidiäre Funktion.[40] Das inländische Strafrecht soll für eine ausländische Strafrechtsordnung nur dann eintreten, wenn der ausländische Staat, der an sich nach dem Territorialitätsprinzip zur Verfolgung berufen wäre, nicht tätig werden kann, weil der Täter im Inland ergriffen worden ist und aus rechtlichen oder tatsächlichen Gründen nicht ausgeliefert werden kann.[41] Die Strafrechtsanwendung erfolgt hier aber – wie der Name besagt – nur **stellvertretend**, dh die Ausübung der eigenen Strafgewalt erfolgt an Stelle des ausländischen Staates.[42] Zentrale Voraussetzung des Stellvertretungsprinzips ist daher die Strafbarkeit des Verhaltens nach dem Recht des Begehungsortes (*lex loci*). Ebenso würde es dem Stellvertretungsgedanken widersprechen, wenn eine bereits im Tatortstaat (etwa durch Aburteilung, Straferlass, Begnadigung) erledigte Tat aufgegriffen würde.[43]

Hat ein politischer Flüchtling in seinem Herkunftsland zB einen Mord begangen, der auch dort strafbar ist, so soll der Täter nicht deswegen straflos bleiben, weil der Sachverhalt keinen Anknüpfungspunkt zum Aufenthaltsstaat hat und der Täter nicht an das Herkunftsland ausgeliefert werden kann.

Das Prinzip der stellvertretenden Strafrechtspflege erzeugt – ebenso wie auch das Individualschutz- und das aktive Personalitätsprinzip – gewisse praktische Probleme bei der Strafrechtsanwendung, wenn von den inländischen Richtern verlangt wird, festzustellen, ob ein Verhalten nach ausländischem Recht strafbar ist.[44] Es liegt zudem in der Konsequenz dieses Grundsatzes, dass Wertentscheidungen anderer Rechtsordnungen Berücksichtigung finden müssen, selbst dann, wenn sie den eigenen entgegenstehen.[45]

7. Kompetenzverteilungsprinzip

Als neueres, zukunftsweisendes Prinzip hat sich im Bereich internationaler Übereinkommen das Kompetenzverteilungsprinzip entwickelt. Ihm liegt der Gedanke zugrunde, dass eine Überschneidung der Geltungsbereiche der Strafrechtsordnungen möglichst durch entsprechende Vereinbarungen zwischen den Staaten vermieden und Doppelbestrafungen so ausgeschlossen werden sollen.[46] In den diesen Grundsatz festlegenden und ausformenden Übereinkommen wird die Kompetenz zumeist dem Staat, in dessen Staatsgebiet der Täter seinen Wohnsitz hat oder in dem die Verurteilung am

---

40 S/S-*Eser/Weißer*, Vor §§ 3–9 StGB Rn. 26.
41 *Jescheck/Weigend*, § 18 II 6; *Satzger* Jura 2010, 108 (110).
42 Rechtsvergleichend zur Implementierung des Prinzips der stellvertretenden Strafrechtspflege vgl. *Satzger*, International, § 4 Rn. 42 ff.
43 Sog. Erledigungsprinzip, *Jescheck/Weigend*, § 18 II 6.
44 Zur Möglichkeit des Sachverständigenbeweises für diese Rechtsfragen s. nur L/R-*Krause*, StPO Vor § 72 Rn. 12.
45 Dazu → § 5 Rn. 98 ff., 104, 106.
46 LK-*Werle/Jeßberger*, Vor §§ 3 ff. StGB Rn. 255; *dies.*, JuS 2001, 35 (37).

zweckmäßigsten erscheint, zugewiesen.[47] Allerdings geht es hierbei – anders als bei den anderen Prinzipien – nicht um die einseitige Ausdehnung nationaler Strafgewalt, sondern um eine völkerrechtliche Kompetenzregelung zur Vermeidung von Jurisdiktionskonflikten.[48]

8. Unionsschutzprinzip (früher Gemeinschaftsschutzprinzip)

19 Als strafanwendungsrechtlicher Anknüpfungspunkt im Entstehen begriffen ist das sog. **Unionsschutzprinzip**, welches infolge der Auflösung der Säulenstruktur der EU[49] dem **Gemeinschaftsschutzprinzip**[50] nachgefolgt ist. Hierbei handelt es sich um eine Erweiterung des Staatsschutzprinzips, welche besagt, dass die Mitgliedstaaten Taten, die sich gegen die Interessen der EU richten, auch dann bestrafen dürfen, wenn diese im Ausland begangen werden.[51] Das Prinzip ist somit notwendiges strafanwendungsrechtliches Korrelat einer unionsrechtskonformen Auslegung deutscher Straftatbestände.[52] Es ist deshalb erforderlich, weil ein Vorgehen der Mitgliedstaaten bei Auslandstaten gegen Rechtsgüter der Union aufgrund der herkömmlichen Strafanwendungsprinzipien vielfach ausgeschlossen ist.[53]

20 **WIEDERHOLUNGS- UND VERTIEFUNGSFRAGEN**

> Inwiefern besteht eine „Kompetenz-Kompetenz" der Staaten hinsichtlich der Gestaltung ihres Strafanwendungsrechts und worin findet diese ihre Grenzen? (→ Rn. 2)
> Welche legitimierenden Anknüpfungspunkte sind im Völkerrecht grds. anerkannt? (→ Rn. 3 f.)
> Welche beiden Grundfragen muss die nationale Rechtsordnung bei der Umsetzung des Territorialitätsprinzips klären? (→ Rn. 6)
> Welche Rolle kommt dem sog. „Prinzip der stellvertretenden Strafrechtspflege" zu? (→ Rn. 16 f.)
> Welcher Gedanke liegt dem Kompetenzverteilungsprinzip zugrunde? (→ Rn. 18)

---

47 LK-*Werle/Jeßberger*, Vor §§ 3 ff. StGB Rn. 256.
48 Näher dazu MK-*Ambos*, StGB Vor § 3 Rn. 61; LK-*Werle/Jeßberger*, Vor §§ 3 ff. StGB Rn. 255 f.
49 Dazu → § 7 Rn. 7.
50 Näher hierzu LK-*Werle/Jeßberger*, Vor §§ 3 ff. StGB Rn. 251 f.; vgl. auch *Oehler*, Int. Strafrecht, Rn. 913.
51 Näher *F. Zimmermann*, Strafgewaltkonflikte in der EU, S. 95.
52 Dazu → § 9 Rn. 102 ff.
53 S. auch *Oehler*, Int. Strafrecht, Rn. 916; *F. Zimmermann*, Strafgewaltkonflikte in der EU, S. 94 f.

§ 5 Das Strafanwendungsrecht des StGB

▶ **FALL 3:** Der Däne A spritzt seiner behinderten Tochter B in Dänemark eine giftige Substanz, um sie zu töten. B fällt ins Koma und wird in ein dänisches Krankenhaus eingeliefert. Weil die dort tätigen Ärzte aber nicht weiterwissen, wird B in ein grenznahes deutsches Spezialklinikum überführt, wo sie mehrere Wochen nach dem Vorfall verstirbt. Kann sich A nach §§ 211 f. StGB strafbar gemacht haben? (dazu → Rn. 20) ◀

▶ **FALL 4:** Die Brücke zwischen Frankfurt/Oder und Słubice ist der Veranstaltungsort für eine deutsch-polnische Versöhnungsfeierlichkeit. Nicht alle Besucher sind gleichermaßen friedliebend, so dass es zu einer heftigen Schlägerei auf dem polnischen Teil der Brücke kommt, an der auch der Pole P teilnimmt. Ein dabei geworfener Bierkrug trifft den Grenzbeamten G auf der deutschen Seite so unglücklich, dass dieser kurz darauf stirbt. Ist P nach § 231 StGB strafbar? (dazu → Rn. 31 ff.) ◀

I. Entstehungsgeschichte[1]

Von 1871 bis 1940 basierte das in Deutschland geltende Strafanwendungsrecht auf dem **Territorialitätsprinzip**.

> § 3 RStGB 1871 lautete: „Die Strafgesetze des Deutschen Reichs finden Anwendung auf alle im Gebiete desselben begangenen strafbaren Handlungen, auch wenn der Täter ein Ausländer ist."

Eine einschneidende Änderung erfuhren die §§ 3 ff. RStGB im Jahre 1940 durch die GeltungsbereichsVO, die das Territorialitätsprinzip durch das **aktive Personalitätsprinzip** ersetzte.

> § 3 RStGB 1940: „Das deutsche Strafrecht gilt für die Tat eines deutschen Staatsangehörigen, einerlei, ob er sie im Inland oder im Ausland begeht.
>
> Für eine im Ausland begangene Tat, die nach dem Recht des Tatorts nicht mit Strafe bedroht ist, gilt das deutsche Strafrecht nicht, wenn die Tat nach dem gesunden Empfinden des deutschen Volkes wegen der besonderen Verhältnisse am Tatort kein strafwürdiges Unrecht ist. [...]"

Wurde diese weitgehende Anwendbarkeit des deutschen Strafrechts während der NS-Zeit mit einer besonderen Treuepflicht deutscher Staatsbürger gegenüber ihrer Rechtsordnung begründet,[2] so geriet die Aufrechterhaltung dieses Prinzips nach 1945 zu Recht in Legitimationsschwierigkeiten.[3] Es dauerte allerdings bis 1975, bis das deutsche Recht wieder zu einem im Wesentlichen auf dem Territorialitätsprinzip aufbauenden Strafanwendungsrecht zurückkehrte, wie es auch heute noch gilt (§§ 3 ff. StGB).

II. Leitende Grundprinzipien der §§ 3 ff. StGB

Die Grundlinie des deutschen Strafanwendungsrechts lässt sich charakterisieren als **partiell erweitertes Territorialitätsprinzip**.

---

1 Ausf. hierzu *Jeßberger*, Geltungsbereich, S. 42 ff.
2 Vgl. *Schröder* ZStW 61 (1942), 57, 58.
3 Zu den zwischenzeitlichen Erklärungsversuchen über den Gedanken internationaler Solidarität *Oehler*, Int. Strafrecht, Rn. 139; *Schröder* JZ 1968, 241 (241 f.).

Im Ausgangspunkt wird dabei die deutsche Strafgewalt – dem Territorialitätsprinzip folgend – nur auf Inlandstaten erstreckt. Für Auslandstaten gilt deutsches Strafrecht dementsprechend regelmäßig nicht (§ 3 StGB).

In den §§ 4 ff. StGB werden Auslandstaten jedoch teilweise – bei Bestehen bestimmter Anknüpfungspunkte (Flaggenprinzip, aktives Personalitätsprinzip, Schutzprinzip, Weltrechtsprinzip, Stellvertretungsprinzip) – in den Anwendungsbereich des StGB einbezogen.

5 Im Einzelnen liegt den §§ 3 ff. StGB folgende Systematik zugrunde, wodurch gleichzeitig die Prüfungsreihenfolge vorgegeben ist:[4]

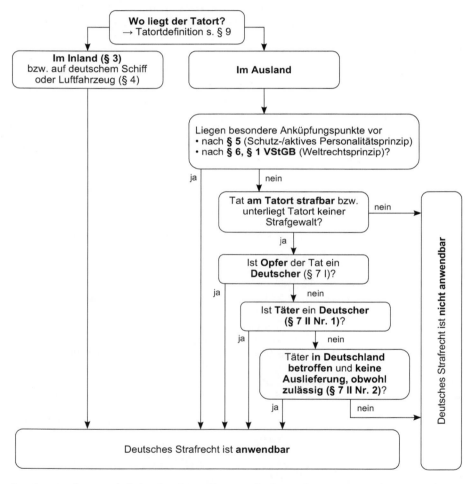

6 Strafanwendungsrechtliche **Sonderregelungen** finden sich **im StGB** teilweise auch außerhalb der §§ 3 ff. StGB. So sind in einer Reihe von relativ jungen Tatbeständen Auslandssachverhalte explizit miterfasst (vgl. §§ 89a III, 89b III, 129b StGB). Die hier-

---

4 IErg wie hier *Esser*, Eur. und Int. Strafrecht, § 16 Rn. 69 ff.; *Schramm*, Int. Strafrecht, 1/15.

durch bewirkte Ausweitung der Anwendbarkeit deutschen Strafrechts soll durch Sondervorschriften (vgl. §§ 89a III 2, 89b III 2, 129b I 2 StGB) abgemildert werden. Freilich geht aus ihnen nicht deutlich hervor, inwieweit ihre Voraussetzungen kumulativ neben denjenigen der §§ 3 ff. StGB vorliegen müssen und diese damit zusätzlich einschränken (so die hM zu § 129b I 2 StGB)[5] oder inwieweit sie an die Stelle der allgemeinen Strafanwendungsvorschriften treten sollen.[6] Zumindest im letzteren Fall gehen diese neuen Regelungen in teils völkerrechtlich bedenklicher Weise über die §§ 3 ff. StGB hinaus.[7]

Daneben gilt es, einige Sonderregelungen zu berücksichtigen, die sich **außerhalb des StGB** finden: Zu nennen sind beispielsweise das IntBestG (Art. 2 § 3) für den Bereich der internationalen Abgeordnetenbestechung sowie § 370 VII AO, der für die Steuerhinterziehung und (über § 374 IV AO) die Steuerhehlerei die Anwendbarkeit des deutschen Strafrechts auf Auslandstaten unabhängig von der Tatortstrafbarkeit festschreibt.[8] Auf letztere verzichten auch §§ 17 VII und 18 X AWG, die insbesondere sicherstellen sollen, dass sich Deutsche weltweit an Embargomaßnahmen halten.[9]

Geht es um landesrechtliche Straftatbestände, erlaubt Art. 2 Nr. 1 EGStGB den Bundesländern, von §§ 3 ff. StGB abweichende Regelungen vorzunehmen.

III. Dogmatische Einordnung der §§ 3 ff. StGB

Da die §§ 3 ff. StGB darüber entscheiden, ob ein Straftatbestand überhaupt angewendet werden kann, steht dessen Prüfung – wie bereits erwähnt[10] – notwendigerweise an erster Stelle einer Deliktsprüfung. Damit ist über die dogmatische Charakterisierung der Strafanwendungsregeln allerdings noch nichts ausgesagt. Probleme können sich hier insbesondere ergeben, wenn einem Täter ein Umstand unbekannt ist, der zur Begründung der Strafbarkeit nach deutschem Recht erforderlich ist (zB die Zugehörigkeit des Tatorts zum deutschen Staatsgebiet). Trotz der Zuordnung zum materiellen Strafrecht sind die Regeln des Strafanwendungsrechts richtiger Ansicht nach dogmatisch nicht als Merkmale des gesetzlichen Tatbestandes, sondern als **objektive (Vor-)Bedingungen der Strafbarkeit** zu betrachten.[11] Auf dieser Grundlage kann dann der Irrtum

7

---

5   BGH (Ermittlungsrichter), Beschl. v. 2.7.2012, 2 BGs 152/12 = StV 2013, 304 (304 f.); LK-*Krauß*, StGB § 129b Rn. 13, 17; SSW-StGB-*Lohse*, StGB § 129b Rn. 5; MK-*Schäfer*, StGB § 129b Rn. 10, 15; S/S-*Sternberg-Lieben/Schittenhelm*, StGB § 129b Rn. 3; *Zöller* StV 2012, 364 (365 f.); zweifelnd zumindest bzgl. der Geltung des Erfordernisses der Tatortstrafbarkeit gem. § 7 II StGB bei Auslandstaten eines Deutschen BGH Urt. v. 15.12.2009 – StB 52/59 = BGHSt 54, 264, 267; BGH (Ermittlungsrichter), Beschl. v. 31.7.2009, StB 34/09 = NStZ-RR 2011, 199; BGH (Ermittlungsrichter), Beschl. v. 17.12.2014, StB 10/14 = NJW 2015, 1034.
6   *Valerius* GA 2011, 696 (701 ff.); zu § 89a III 2 StGB BT-Drs. 16/12428, S. 16; BGH (Ermittlungsrichter), Beschl. v. 7.6.2011, 4 StR 643/10 = StV 2013, 603 (605); *Grosse-Wilde* StV 2016, 507 (507 f.); für einen Gleichlauf von §§ 129b I 2 und 89a III 2 StGB hingegen BGH Urt. v. 15.12.2009 – StB 52/59 = BGHSt 54, 264, 268 (obiter dictum); ferner BVerwG Urt. v. 24.2.2010 – 6 A 7.08 = NVwZ 2010, 1372 zu § 91a StGB.
7   Näher *Valerius* GA 2011, 696 (704 f.); speziell zu § 89a III 2 StGB *Gazeas/Grosse-Wilde/Kießling* NStZ 2009, 593 (599 f.); *Zöller* StV 2012, 364 (370 f.); zu § 129b I 2 StGB *Wörner/Wörner*, in: Sinn (Hrsg.), Jurisdiktionskonflikte, S. 204, 214 ff.
8   Zu weiteren Sonderregelungen SSW-StGB-*Satzger*, Vor §§ 3–7 StGB Rn. 12.
9   Vgl. *Kudlich* ZWH 2016, 1; *ders./Hoven* ZIS 2016, 345 (348 f.); s. auch *Dietrich*, Die Erstreckung der Strafbarkeit auf Auslandssachverhalte nach § 35 AWG [aF].
10 Dazu → § 3 Rn. 12 f.
11 „Vor"-Bedingungen deshalb, weil die Strafanwendungsfrage – wie erörtert (dazu → § 3 Rn. 12 f.) – an erster Stelle der Deliktsprüfung zu stehen hat und nicht, wie sonst bei objektiven Strafbarkeitsbedingungen üblich (*Satzger* Jura 2006, 108 (112)), als Tatbestandsannex zu prüfen ist; zur Einordnung s. auch MK-*Ambos*, StGB Vor § 3 Rn. 3; *ders.*, Int. Strafrecht, § 1 Rn. 9; *Esser*, Eur. und Int. Strafrecht, § 16 Rn. 66; *Roegele*, Strafrechtsimperialismus, S. 12 ff.; *Safferling*, Int. Strafrecht, § 3 Rn. 5; SSW-StGB-*Satzger*, Vor §§ 3–7 StGB Rn. 3;

über die Anwendbarkeit deutschen Strafrechts grds. nicht als Tatbestandsirrtum (§ 16 StGB) zu behandeln sein.[12] Allenfalls kommt ein Verbotsirrtum gem. § 17 StGB in Betracht, wenn der Täter die verwirklichte Rechtsgutsverletzung nicht als Unrecht erkennt. Ein solcher dürfte freilich in der Rechtspraxis höchst selten vorkommen, da es ausreichen soll, wenn sich der Täter der Verletzung irgendeines deutschen Rechtsguts bewusst war.[13]

Mit dieser allgemeinen Einordnung der §§ 3 ff. StGB ist es freilich schwer in Einklang zu bringen, wenn der BGH strafanwendungsrechtliche Merkmale, die sich (ausnahmsweise) nicht im Allgemeinen Teil, sondern in einem im Besonderen Teil enthaltenen Tatbestand finden, als zum Unrechtstatbestand gehörig angesehen hat. *In concreto* ging es um § 86a I Nr. 1 StGB, der explizit voraussetzt, dass der Begehungsort im Inland liegen muss. Nach dem BGH müsse sich der Vorsatz auch auf die Inlandsbelegenheit des Begehungsortes – als Element des objektiven Tatbestands – beziehen.[14] Der bloße Umstand, dass eine sachlich dem Strafanwendungsrecht zugehörige Regelung rein regelungstechnisch im Besonderen Teil und nicht in §§ 3 ff. StGB angesiedelt ist, rechtfertigt eine abweichende dogmatische Einordnung jedenfalls nicht.

IV. „Tat" und „Täter" iSd §§ 3 ff. StGB

8   Die strafanwendungsrechtlichen Vorschriften des StGB gebrauchen die – auch ansonsten im StGB verwendeten – Begriffe der „Tat" und des „Täters", ohne dass über deren Verständnis Einvernehmen herrschen würde.

1. Tatbegriff

9   Soweit das Strafanwendungsrecht des StGB von „Tat" bzw. „Taten" spricht, lässt sich dieser Begriff – wie ansonsten im StGB – eng interpretieren, indem man darunter den Straftatbestand (zB § 240 StGB) versteht. Er lässt sich aber auch in einem weiten Sinn verstehen, wonach es sich um einen einheitlichen geschichtlichen Lebensvorgang handelt.[15] Jedenfalls insoweit, als von der Tat im Allgemeinen gesprochen wird (§§ 3, 4 und 7 StGB), muss ein weites Tatverständnis zugrunde gelegt werden. „Tat" ist somit das konkrete Tatgeschehen, und zwar unter allen sachlich-rechtlichen Gesichtspunkten.[16] Dementsprechend ist die „Tat" auch **nicht auf die täterschaftliche Begehung begrenzt**, sondern erfasst sämtliche Begehungsformen, also auch Anstiftung und Beihilfe. Wollte man insoweit anders entscheiden, so hätte dies die untragbare Konsequenz,

---

ders., Jura 2010, 108 (110); *Schramm*, Int. Strafrecht, 1/7; für die Einordnung als Tatbestandsmerkmale dagegen (jeweils mwN); M/R-*Basak*, StGB Vor § 3 Rn. 2; *Pawlik* ZIS 2006, 274 (283); diff. NK-*Böse*, Vor §§ 3 ff. StGB Rn. 51; ähnlich *Jeßberger*, Geltungsbereich, S. 126 ff.; s. auch *Burchard* HRRS 2010, 132 (136).

12   BGH Urt. v. 20.10.1976 – 3 StR 298/76 = BGHSt 27, 30, 34; vgl. auch das Bsp. bei Rn. 17; zu möglichen mittelbaren Auswirkungen von Irrtümern auf den Tatbestandsvorsatz *Kreis*, Die verbrechenssystematische Einordnung der EG-Grundfreiheiten, S. 115 ff. sowie *Satzger* Jura 2010, 108 (111 f.).

13   BGH Urt. v. 19.5.1999 – 2 StR 86/99 = BGHSt 45, 97, 100 f.; s. auch SSW-StGB-*Satzger*, Vor §§ 3–7 StGB Rn. 3.

14   Näher *F. Zimmermann* HRRS 2015, 441 (445 f.) mwN.

15   Vgl. auch den sog. prozessualen Tatbegriff (dazu *Beulke*, StPO, Rn. 512 f.; *Roxin/Schünemann*, Strafverfahrensrecht, § 20 Rn. 5).

16   *Esser*, Eur. und Int. Strafrecht, § 16 Rn. 19; *Schramm*, Int. Strafrecht, 1/25; LK-*Werle/Jeßberger*, Vor §§ 3 ff. StGB Rn. 319; aA mit beachtlichen Gründen *F. Walther* JuS 2012, 203 (204 ff.); diff. NK-*Böse*, Vor §§ 3 ff. StGB Rn. 53: teils materieller Tatbegriff.

dass das deutsche Strafanwendungsrecht keine Vorschrift für die Geltung des deutschen Strafrechts auf die In- oder Auslandsteilnahme an Inlandstaten enthielte.[17]

Dort hingegen, wo das StGB – wie in §§ 5 und 6 StGB – an ganz bestimmte Straftatbestände anknüpft (zB § 5 Nr. 9 StGB an den „Abbruch der Schwangerschaft [§ 218 StGB]"), meint „Tat" die Erfüllung des jeweiligen Straftatbestands.[18]

2. Täterbegriff

Umreißt die „Tat" lediglich ein geschichtliches Vorkommnis, so ist damit noch nicht festgelegt, wer der „Täter" dieser Tat ist. Denn auch derjenige, der bei einem anderen einen Tatentschluss hervorruft, begeht (wenn auch „nur" als Anstifter) eine „Tat" in diesem Sinn. Der Weite des Tatbegriffs folgend vertritt die hM einen **strafanwendungsrechtlichen Täterbegriff**, der die Person bezeichnen soll, gegen die sich das jeweilige Verfahren richtet. Auch der Teilnehmer könnte daher „Täter" iSd Strafanwendungsrechts sein. Allein diese Auslegung führt – wie insbesondere bei § 7 II Nr. 2 StGB deutlich wird[19] – zu sinnvollen Ergebnissen. Jedoch ist diese Interpretation unter verfassungsrechtlichen Aspekten nicht unproblematisch. Immerhin definiert das StGB selbst den Begriff des „Täters" in § 25. Überdies stellt es eine Legaldefinition für einen Begriff bereit, der sowohl den Täter (iSd § 25 StGB) als auch den Teilnehmer umfasst: Beide sind „Beteiligte" iSd § 28 II StGB. Da das Gesetzlichkeitsprinzip (Art. 103 II GG iVm § 1 StGB) auch für das Strafanwendungsrecht Geltung beansprucht, ist es von vornherein bedenklich, wenn der Richter durch Auslegung von der Legaldefinition des Gesetzgebers abweicht. Hier wäre es Aufgabe des Gesetzgebers, einzugreifen und in den relevanten Vorschriften nicht vom „Täter", sondern vom „Beteiligten" zu sprechen, um eindeutig auch den Teilnehmer erfassen zu können. Da die Interpretation der hM jedoch regelmäßig eine strafbarkeitsbeschränkende Wirkung entfaltet,[20] lässt sich eine derartige Abweichung von der gesetzgeberischen Formulierung und eine Überantwortung der Entscheidung über die Strafbarkeit nach deutschem Recht an den Richter – wenn auch mit Bedenken – noch vertreten.[21]

V. Anwendung deutschen Strafrechts auf Inlandstaten

Unproblematisch ist die Anwendung deutschen Strafrechts nach § 3 StGB, wenn es sich um eine im Inland begangene Tat handelt. Es geht hier demnach um sog. „Inlandstaten". Dasselbe gilt bei einer Tat, die auf einem in Deutschland registrierten Schiff oder Flugzeug begangen wurde (§ 4 StGB). Diese wird der „Inlandstat" gleichgestellt.

---

17 *Ambos*, Int. Strafrecht, § 1 Rn. 25; SSW-StGB-*Satzger*, StGB § 3 Rn. 2; *ders.*, Jura 2010, 190 (194 f.); zu diesem Fragekreis auch (mit Differenzierungen im Einzelnen) NK-*Böse*, Vor §§ 3 ff. StGB Rn. 53 f.; LK-*Werle/Jeßberger*, Vor §§ 3 ff. StGB Rn. 314 ff.
18 S. nur *Ambos*, Int. Strafrecht, § 1 Rn. 24; ebenso *Esser*, Eur. und Int. Strafrecht, § 16 Rn. 19.
19 Dazu → Rn. 91.
20 Dazu → Rn. 74.
21 Zust. MK-*Ambos*, StGB § 5 Rn. 6; *Esser*, Eur. und Int. Strafrecht, § 16 Rn. 20; *Schramm*, Int. Strafrecht, 1/26; *F. Walther* JuS 2012, 203 (207); vgl. auch BVerfG Urt. v. 11.11.1986 – 1 BvR 713/83 ua = BVerfGE 73, 206, 238 f. zu § 240 II StGB.

1. § 3 StGB (Territorialitätsprinzip)

12 Für „Taten, die im Inland begangen werden", gilt nach § 3 StGB deutsches Strafrecht. Hiermit kommt das leitende Prinzip des deutschen Strafanwendungsrechts – das Territorialitätsprinzip – zum Ausdruck. Wie bereits gesehen,[22] muss jede Strafrechtsordnung, die diesem Grundsatz folgt, den Tatort sowie den Inlandsbegriff näher bestimmen.

a) Tatortbegriff des § 9 StGB

13 Das StGB regelt in § 9 I StGB, wo eine Tat begangen ist, also wo der Tatort liegt.

> „Eine Tat ist an jedem Ort begangen, an dem der Täter gehandelt hat oder im Falle des Unterlassens hätte handeln müssen oder an dem der zum Tatbestand gehörende Erfolg eingetreten ist oder nach der Vorstellung des Täters eintreten sollte."

Dabei lässt § 9 StGB zur Begründung eines Tatorts sowohl den Handlungsort als auch den Erfolgsort genügen. Damit folgt das deutsche Strafrecht weder der „Tätigkeitstheorie"[23] noch der „Erfolgstheorie",[24] sondern verbindet beide zu einem weit gefassten Tatortkonzept (sog. „Ubiquitätstheorie").[25]

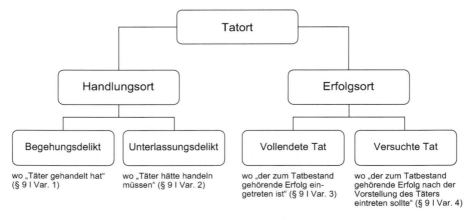

14 Zumeist lässt sich die Tatortbestimmung relativ einfach bewältigen, wie folgende Beispiele zeigen sollen:

▶ **FALL A:** A schießt mit Tötungsvorsatz vom deutschen Innufer aus auf seinen Rivalen R, der am österreichischen Flussufer nichts ahnend angelt. A trifft, R ist sofort tot. ◀

Der **Handlungsort beim Begehungsdelikt** ist überall dort gegeben, wo der Täter eine *auf die Tatbestandsverwirklichung gerichtete Tätigkeit* im Ausführungsstadium der Tat

---

22 Dazu → § 4 Rn. 6.
23 Vgl. *Frank*, Das Strafgesetzbuch für das Deutsche Reich, § 3 Anm. IV 3; *Gerland*, Deutsches Reichsstrafrecht, S. 195.
24 Vgl. zB *v. Liszt*, Lehrbuch des deutschen Strafrechts, S. 116.
25 Zum – angesichts der klaren Regelung des § 9 StGB nur noch rechtshistorisch bedeutsamen – Meinungsstreit näher *Jescheck/Weigend*, § 18 IV 1 mwN; zu Problemen der Ubiquitätstheorie *Stratenwerth/Kuhlen*, AT I, § 4 Rn. 11.

erbringt, also sobald die Schwelle zum strafbaren Versuch überschritten ist.[26] In **Fall A** nimmt der Täter die auf die Verwirklichung des (Heimtücke-) Mordes gerichtete Handlung – die Betätigung des Abzugs – in Deutschland vor, der Handlungsort dieses Begehungsdelikts liegt daher in Deutschland. Ein Tatort in Deutschland ist nach § 9 I Var. 1 StGB gegeben.

▶ **ABWANDLUNG 1 ZU FALL A:** Die Briten A und B verabreden bei einem gemeinsamen Abendessen in einem Gasthaus auf der deutschen Innseite, zwei Tage später den Rumänen R in einem Ort auf der österreichischen Seite des Inns zu ermorden. Dieser Plan wird umgesetzt, R wird am vorgesehenen Tag von A und B hinterrücks erstochen. ◀

Handlungen nach der im Ausland bewirkten Vollendung eines Delikts bleiben für die Tatortbestimmung ebenso außer Betracht[27] wie – grundsätzlich – bloß vorbereitende Handlungen.[28] Eine Ausnahme hiervon ist nur dann anerkannt, wenn eine Vorbereitungshandlung selbstständig mit Strafe bedroht ist (zu Besonderheiten bei der Mittäterschaft → Rn. 21).

Werden also beispielsweise in Deutschland Druckplatten für Geldscheine hergestellt, fällt diese von § 149 StGB erfasste Vorbereitung der Geldfälschung unter das deutsche Strafrecht.

Ebenso ist eine Bestrafung gem. §§ 211, 30 II StGB möglich, wenn in Deutschland ein Mord verabredet wird. Da die Verbrechensverabredung als eigenständiges Vorbereitungsdelikt in einem solchen Fall über einen deutschen Tatort gem. § 9 I StGB verfügt, ist dies an sich eine Selbstverständlichkeit. Der BGH geht bei § 30 II StGB aber noch deutlich weiter: Hat die Verabredung in Deutschland stattgefunden, soll auch das später im Ausland verübte Verbrechen dem deutschen Strafrecht unterfallen, selbst wenn es an sonstigen Anknüpfungspunkten zwischen der Haupttat und der deutschen Rechtsordnung fehlt.[29] In der **Abwandlung 1 zu Fall A** könnten A und B also nicht „nur" – wegen des inländischen Tatorts der Verbrechensverabredung – gem. §§ 211, 30 II StGB bestraft werden. Vielmehr soll auf die Tötung des R – also auf die (verabredete) Haupttat – der deutsche § 211 StGB Anwendung finden. Diese Ansicht ist angesichts des Wortlauts von §§ 3, 9 I StGB, die eben von der „Tat" sprechen, problematisch: Selbst, wenn man den Begriff weit iS eines einheitlichen geschichtlichen Lebensvorgangs versteht (dazu → Rn. 9), wird es nämlich meistens an einer hinreichenden zeitlich-örtlichen Nähe zwischen der Verabredung in Deutschland und dem später im Ausland verwirklichten Verbrechen fehlen.[30]

Der **Erfolgsort des vollendeten Delikts** liegt dort, wo „der zum gesetzlichen Tatbestand gehörende Erfolg" eintritt. Der zum Tatbestand des Mordes gehörende Erfolg ist der Tod eines Menschen. In **Fall A** tritt der Tod des R in Österreich ein. Der Erfolgsort dieses vollendeten Delikts liegt in Österreich. Tatort ist daher nach § 9 I Var. 3 StGB auch Österreich.

15

Wie der Wortlaut des § 9 I Var. 3 StGB, der – anders als die frühere gesetzliche Fassung (§ 3 III StGB aF) – nicht mehr auf den „Erfolg" als solchen abstellt, sondern einen Be-

---

26 Vgl. BGH Urt. v. 10.2.2016 – 2 StR 413/15 = NStZ 2016, 414 (415); LK-*Werle/Jeßberger*, StGB § 9 Rn. 10.
27 Vgl. etwa zu § 259 (Sichverschaffen im Ausland) BGH Urt. v. 8.3.2012 – 4 StR 629/11 = NStZ-RR 2012, 247 (248).
28 NK-*Böse*, StGB § 9 Rn. 3; SSW-StGB-*Satzger*, StGB § 9 Rn. 2.
29 BGH Urt. v. 4.12.1992 – 2 StR 442/92 = BGHSt 39, 88, 89 f.; BGH Urt. v. 14.8.2009 – 3 StR 552/08 = wistra 2011, 335 (336).
30 SSW-StGB-*Satzger*, StGB § 9 Rn. 2; krit. auch *Mitsch* Jura 2013, 696 (700).

zug zum gesetzlichen Tatbestand verlangt, deutlich macht, genügt zur Tatortbegründung allerdings nicht bereits jede Folge einer Tathandlung in der Außenwelt.[31] Außer Betracht bleiben daher solche Erfolge, die noch nicht oder nicht mehr zur Tatbestandsverwirklichung erforderlich sind.[32] Deshalb stellt beispielsweise der Ort der erstrebten Bereicherung beim Betrug (§ 263 I StGB)[33] oder der Einleitung eines Ermittlungsverfahrens bei der falschen Verdächtigung (§ 164 I StGB)[34] keinen Erfolgsort dar, da diese Umstände nicht zum objektiven Tatbestand gehören, sondern lediglich eine im Rahmen des subjektiven Tatbestandes angesiedelte sog. überschießende Innentendenz beschreiben. Ebenso gilt für ein im Ausland begangenes Anschlussdelikt wie Hehlerei[35] und Geldwäsche[36] nicht allein deshalb deutsches Strafrecht, weil diese Taten die Vermögensinteressen des durch die Vortat in Deutschland Geschädigten (erneut) verletzen.

Die genaue Grenzziehung bzgl. des tatortbegründenden Erfolgs fällt jedoch häufig schwer (dazu → Rn. 25 ff.): Beispielsweise kann die genaue örtliche Zuordnung des Erfolgseintritts Schwierigkeiten bereiten, wenn der Tatbestand (wie die §§ 263, 266 StGB) die Verursachung eines Vermögensschadens voraussetzt[37] oder wenn er (wie § 202c StGB) die Verfügungsbefugnis über Daten schützt.[38] Dasselbe gilt, wenn der tatbestandliche Erfolg darin besteht, dass ein bestimmter – vom Gesetz geforderter – Zustand nicht eintritt, etwa wenn zu klären ist, wo bei § 235 I StGB das entführte Kind dem Sorgeberechtigten[39] oder bei § 266a I StGB die Sozialversicherungsbeiträge der zuständigen Stelle[40] vorenthalten wurden.

16 ▶ **ABWANDLUNG 2 ZU FALL A:** A schießt vom deutschen Innufer aus mit Tötungsvorsatz auf R, verfehlt diesen aber. ◀

Der Handlungsort liegt auch hier in Deutschland und begründet gem. § 9 I Var. 1 StGB einen Tatort in Deutschland.

Da ein Erfolg hier ausbleibt, es sich also nur um einen Mordversuch handeln kann, bestimmt sich der **Erfolgsort der versuchten Tat** nach § 9 I Var. 4 StGB. Es kommt also darauf an, wo der tatbestandliche Erfolg eintreten sollte. Der Vorsatz war auf die Tötung des R in Österreich gerichtet, so dass über den Ort des vom Täter vorgestellten Erfolgseintritts auch ein Tatort in Österreich gegeben ist. Ob A wusste, dass R sich auf *österreichischem* Territorium befand, ist für die Anwendbarkeit des deutschen Strafrechts hingegen irrelevant.[41]

---

31 *Satzger* NStZ 1998, 112 (113); *Schramm*, Int. Strafrecht, 1/43; entsprechend bereits die frühere Auslegungspraxis, s. nur BGH Urt. v. 9.10.1964 – 3 StR 34/64 = BGHSt 20, 45, 51; zur völkerrechtlichen Unzulässigkeit des Abstellens auf rein faktische Auswirkungen *Roegele*, Strafrechtsimperialismus, S. 67 ff.
32 BGH Urt. v. 22.1.2015 – 3 StR 410/14 (Rn. 23) – insoweit in NStZ 2015, 338 nicht abgedruckt.
33 OLG Frankfurt Urt. v. 9.11.1989 – 1 Ws 174/88 = wistra 1990, 271; vgl. auch BGH Beschl. v. 27.6.2006 – 3 StR 403/05 = NStZ-RR 2007, 48 (50).
34 OLG Koblenz Beschl. v. 30.4.2010 – 2 Ws 166/10 = NStZ 2011, 95.
35 KG Beschl. v. 17.8.2006 – 3 StR 238/06 = NStZ-RR 2007, 16 (16 f.).
36 LG Köln Beschl. v. 15.4.2011 – 113 Qs 15/11 = NZWiStR 2012, 188 mAnm *Valerius*.
37 Näher dazu *Ensenbach* wistra 2011, 4 (6 ff.) mwN.
38 Vgl. dazu *Werkmeister/Steinbeck* wistra 2015, 209 (212 f.).
39 BGH Urt. v. 22.1.2015 – 3 StR 410/14 (Rn. 24 f.) – insoweit in NStZ 2015, 338 nicht abgedruckt: Aufenthaltsort des Sorgeberechtigten.
40 OLG Düsseldorf Urt. v. 20.3.2013 – III-3 RVs 22/13 = NZS 2013, 624 (624 f.) (Hauptsitz der Krankenkasse, die als zuständige Einzugsstelle bestimmt ist).
41 Dazu → Rn. 7; näher zu daraus resultierenden Problemen *F. Zimmermann*, Strafgewaltkonflikte in der EU, S. 147 ff., 374 ff.

§ 5 Das Strafanwendungsrecht des StGB

▶ **Fall B:** V ist der Vater des minderjährigen S. V sitzt am deutschen Innufer und sieht zu seinem am österreichischen Flussufer spielenden Sohn hinüber. Plötzlich stürzt S ins Wasser, er kann nicht schwimmen. V ist es schon seit längerem leid, für S so viel Geld ausgeben zu müssen, weshalb er die ihm ohne Weiteres mögliche Rettung unterlässt. ◀ 17

Es liegt kein aktives Tun, sondern ein Unterlassen des V vor. Der **Handlungsort bei der Unterlassenstat** bestimmt sich nicht nach Var. 1, sondern nach Var. 2 des § 9 I StGB. Es kommt somit darauf an, wo V hätte handeln müssen, wo also die zur Erfolgsabwendung erforderliche Handlung lokalisiert werden kann. Handlungsort ist damit zum einen der Ort, an dem sich der Täter während seiner Unterlassung aufgehalten hat (Aufenthaltsort).[42] Denn dort hätte der Täter mit der Vornahme der rettenden Handlung beginnen müssen. Zum anderen ist ein Handlungsort nach hier vertretener Ansicht auch dort begründet, wo der Täter den Erfolgseintritt hätte abwenden müssen (Erfolgsabwendungsort).[43]

In **Fall B** liegt der Handlungsort – und damit auch der Tatort – folglich sowohl in Deutschland als auch in Österreich. Der Erfolgsort bestimmt sich gem. § 9 I Var. 3 StGB danach, wo der Todeserfolg eingetreten ist. Dies ist – je nachdem, auf welcher Seite der Grenze S ertrinkt – Deutschland oder Österreich.

Ob darüber hinaus – wie oft behauptet[44] – auch alle Orte, an die sich der Täter zur Ausführung der Rettungshandlung hätte begeben können und müssen, tatortbegründend sind, ist demgegenüber problematisch, wie folgendes (hypothetisches) **Beispiel** zeigt: 18

Bei einer mutigen Überquerung des Bodensees droht die an und für sich gut trainierte Schwimmerin M etwa auf halber Strecke – noch auf schweizerischer Seite – zu ertrinken. Ihr Sohn S sieht dies vom österreichischen Ufer aus und sieht tatenlos zu, wie seine Mutter nach einem langwierigen Überlebenskampf untergeht. Zur Rettung hätte er ein leicht erreichbares, allerdings auf deutschem Hoheitsgebiet liegendes Rettungsboot einsetzen können.

Nimmt man an, dass die schweizerische und die österreichische Rechtsordnung keine strafrechtsrelevante Garantenpflicht des Sohnes gegenüber der Mutter und auch keine allgemeine strafbewehrte Hilfspflicht kennen würden, so würde das deutsche Strafrecht hier zur Anwendung gelangen, obwohl der Sachverhalt weder aus österreichischer noch aus schweizerischer Sicht strafrechtlich relevant wäre. Mehr als ein fiktiver Anknüpfungspunkt an die deutsche Rechtsordnung ließe sich hier nicht erkennen, weshalb eine Anwendung des deutschen Strafrechts auf Bedenken stoßen müsste.[45]

Ähnliche Probleme können allerdings selbst dann auftreten, wenn (anders als in → Rn. 17) die zu beurteilende Unterlassenstat einen Handlungsort in Deutschland aufweist (dazu → Rn. 16): Soll die Unterlassensstrafbarkeit mit Garantenstellung aus Ingerenz begründet werden und wird dabei an ein im Ausland vorgenommenes (gefahrerhöhendes und pflichtwidriges) Vorverhalten angeknüpft, kann es darauf ankommen, 19

---

[42] MK-*Ambos*, StGB § 9 Rn. 14; *Jakobs*, AT, 5/24; LK-*Werle/Jeßberger*, StGB § 9 Rn. 19.
[43] MK-*Ambos*, StGB § 9 Rn. 14 („Vornahmeort"); S/S-*Eser/Weißer*, StGB § 9 Rn. 5; SSW-StGB-*Satzger*, StGB § 9 Rn. 3; aA NK-*Böse*, StGB § 9 Rn. 7 (nur Aufenthaltsort); *Jakobs*, AT, 5/24.
[44] So zB MK-*Ambos*, StGB § 9 Rn. 14; SK-*Hoyer*, StGB § 9 Rn. 4; aA *Jakobs*, AT, 5/24.
[45] S. auch *Rotsch* ZIS 2010, 168 (172).

ob das Vorverhalten selbst deutschem Recht unterfiel bzw. nach dem ausländischen Recht als pflichtwidrig anzusehen war.[46]

20 Die bisherigen Beispiele zeigen, dass eine Tat **mehr als nur einen Tatort** haben kann. Dies ist die Konsequenz des weiten Ubiquitätsprinzips.[47] Deutsches Strafrecht ist gem. § 3 StGB immer schon dann anwendbar, wenn wenigstens **ein Tatort** in Deutschland liegt – egal nach welcher Variante des § 9 I StGB dieser begründet ist. Ohne Bedeutung für den Tatort ist der Ort der Entdeckung der Tat.[48] Fallen Handlungsort und Erfolgsort auseinander, so spricht man auch von **Distanzdelikten**.

Auch in **Fall 3** liegt ein Distanzdelikt vor. Der Handlungsort (§ 9 I Var. 1 StGB) liegt in Dänemark. Der gem. § 9 I Var. 3 StGB in Deutschland befindliche Erfolgsort begründet aber auch einen Tatort in Deutschland, so dass nach § 3 StGB die §§ 211 f. des deutschen StGB anwendbar sind.

aa) Probleme bei der Bestimmung des Handlungsorts

(1) Handlungsort bei Mittäterschaft und mittelbarer Täterschaft

21 Umstritten ist, nach welchen Grundsätzen sich der Handlungsort bestimmt, wenn von mehreren **Mittätern** ein Teil im In-, der andere Teil im Ausland tätig wird.

Beispiel: Im Rahmen einer geplanten gemeinschaftlichen Erpressung (§§ 253, 25 II StGB) versenden die drei Mittäter, die in verschiedenen Staaten (Deutschland, Belgien, Niederlande) wohnen, ihrem gemeinsamen Tatplan entsprechend zeitlich abgestimmt aus ihrem jeweiligen Heimatstaat je einen Brief, in dem die Enthüllung von intimen Geheimnissen des in Großbritannien wohnenden Opfers O angedroht wird, um O zu einer Zahlung auf das Konto eines der Täter zu veranlassen.

▪ *Hoyer* vertritt hier eine sog. Einzellösung: Der Handlungsort bestimme sich für jeden Mittäter getrennt anhand der nach Eintritt der Gesamttat in das Versuchsstadium von ihm erbrachten mittäterschaftsbegründenden Tatbeiträge.[49] Die Zurechnungsnorm des § 25 II StGB dürfe nicht so interpretiert werden, dass die Tatbeiträge der anderen Mittäter als eigene Tatbeiträge jedes Mittäters betrachtet werden, mit der Folge, dass die Gesamttat an allen Orten begangen ist, an denen irgendein Mittäter gehandelt hat. Sonst ließe sich nicht begründen, warum die Mittäterschaft bei eigenhändigen Delikten – bei denen sich eine entsprechende Fiktion ebenso anwenden ließe – zu Recht abgelehnt werde.

Dabei werden jedoch zwei Punkte verwischt: Zu beantworten gilt es einerseits, ob eine Mittäterschaft überhaupt möglich ist. Hier wird das Zurechnungsmodell des § 25 II StGB zu Recht auf nicht-eigenhändige Delikte beschränkt, weil sich eigenhändige Delikte gerade dadurch auszeichnen, dass jeder Täter selbst den Tatbestand in eigener Person verwirklichen muss. Damit ist andererseits aber noch nichts über die Reichweite der Zurechnung ausgesagt, wenn das Vorliegen einer Mittäterschaft erst einmal bejaht wurde. Dann nämlich bilden die Mittäter eine Einheit, die gemäß

---

[46] Vgl. hierzu BGH Beschl. v. 19.8.2014 – 3 StR 88/14 (Rn. 11) = NStZ 2015, 81; *F. Zimmermann* HRRS 2015, 441 (444 f.).
[47] Vgl. dazu *Oehler*, Int. Strafrecht, Rn. 252; ausf. zu den daraus folgenden Problemen *F. Zimmermann*, Strafgewaltkonflikte in der EU, S. 137 ff.
[48] S/S-*Eser/Weißer*, StGB § 9 Rn. 3.
[49] SK-*Hoyer*, StGB § 9 Rn. 5; *Heinrich*, in: ders. ua (Hrsg.), FS Weber, S. 107 f.; ähnlich auch die Lösung von *Namavičius*, Territorialgrundsatz und Distanzdelikt, S. 85 ff. und *Oehler*, Int. Strafrecht, Rn. 361.

der Zurechnungsnorm des § 25 II StGB wie eine einzige handelnde Person behandelt wird.

- Einzig überzeugend scheint somit die Annahme der hM, dass jeder Ort, an dem auch nur einer der Mittäter eine zurechenbare Handlung vorgenommen hat, Handlungsort ist.[50] Dementsprechend weist der obige Beispielsfall für alle Täter mehrere Handlungsorte auf: Ein solcher ist in jedem Staat begründet, von dem aus ein Drohbrief abgesendet wurde, somit also auch in Deutschland. Das soll nach den allgemeinen Grundsätzen der Mittäterschaft[51] sogar dann gelten, wenn der konkrete Akt für sich betrachtet noch zum Vorbereitungsstadium gehört.[52] Diese weite Sicht erscheint jedoch bedenklich, weil Mittäter damit pauschal schlechter gestellt wären als der Einzeltäter, dessen Vorbereitungshandlung die Anwendbarkeit des deutschen Strafrechts gerade noch nicht begründet.[53]

Dieselbe Problematik stellt sich entsprechend auch für die **mittelbare Täterschaft**. Auch hier will *Hoyer* die Tatortfrage für den mittelbaren Täter isoliert vom Handlungsort des Tatmittlers beantworten.[54] Der Handlungsort des mittelbaren Täters liege nur dort, wo dieser das Werkzeug aus seinem Einflussbereich entlasse (= Versuchsbeginn nach hM). Auch hier ist jedoch auf das Zurechnungsprinzip des § 25 I Var. 2 StGB zu verweisen, so dass die Tat des mittelbaren Täters an jedem Ort begangen ist, an dem er oder sein Werkzeug gehandelt hat.[55]

(2) Handlungsort bei Handlungseinheiten (mehraktige Delikte, Dauerdelikte, fortgesetzte Handlung)

Wie bereits gesehen, begründet jede auf die Tatbestandsverwirklichung gerichtete Tätigkeit einen Handlungsort. Folgerichtig liegt dann bei allen Delikten, deren Tatbestand sich aus mehreren, zu einer tatbestandlichen Einheit verbundenen. Akten zusammensetzt, ein Handlungsort an jedem Ort, an dem ein auf die Verwirklichung des Tatbestands gerichteter Teilakt realisiert wird.

---

50 BGH Urt. v. 4.12.1992 – 2 StR 442/92 = BGHSt 39, 88, 90; BGH Beschl. v. 17.6.1997 – 4 StR 243/97 = NStZ 1997, 502; BGH Beschl. v. 20.1.2009 – 1 StR 705/08 = NStZ-RR 2009, 197; SSW-StGB-*Satzger*, StGB § 9 Rn. 10; *ders.*, Jura 2010, 108 (114); dazu auch BGH Urt. v. 9.7.1997 – 5 StR 544/96 = BGHSt 43, 129; krit. MK-*Ambos*, StGB § 9 Rn. 10; *Valerius* NStZ 2008, 121 (123) und *ders.*, medstra 2017, 20 (23).
51 Vgl. *Fischer*, StGB § 25 Rn. 24; *Wessels/Beulke/Satzger*, Rn. 811 ff.
52 BGH Urt. v. 4.12.1992 – 2 StR 442/92 = BGHSt 39, 88, 90; BGH Beschl. v. 20.1.2009 – 1 StR 705/08 = NStZ-RR 2009, 197; OLG Koblenz Beschl. v. 16.8.2012 – 1 Ws 427/11 = wistra 2012, 39 (39 f.); S/S-*Eser/Weißer*, StGB § 9 Rn. 4; LK-*Werle/Jeßberger*, StGB § 9 Rn. 11.
53 SSW-StGB-*Satzger*, StGB § 9 Rn. 10; krit. auch *Burchard* HRRS 2010, 132 (143); ähnlich NK-*Böse*, StGB § 9 Rn. 5.
54 SK-*Hoyer*, StGB § 9 Rn. 5; ebenso *Heinrich*, in: ders. ua (Hrsg.), FS Weber, S. 106 f.
55 Entspricht der hM, vgl. nur RG, Urt. v. 2.3.1933, II 834/32 = RGSt 67, 138; BGH Urt. v. 15.1.1991 – 1 StR 617/90 = wistra 1991, 135; SSW-StGB-*Satzger*, StGB § 9 Rn. 10; LK-*Werle/Jeßberger*, StGB § 9 Rn. 14.

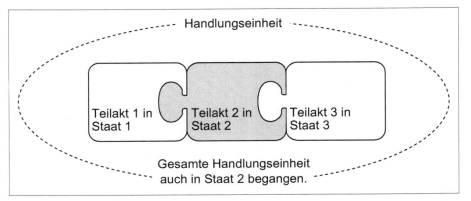

- Bei **mehraktigen Delikten** (zB Raub, räuberischer Diebstahl) ist die Tat an jedem Ort begangen, an dem ein tatbestandlicher Einzelakt verwirklicht wird.

  BEISPIEL: A nutzt die Gelegenheit, in einer österreichischen Tankstelle, die unmittelbar an der deutschen Grenze liegt, die gesamten Tageseinnahmen aus der versehentlich offenstehenden Kasse mitzunehmen. Der Inhaber I der Tankstelle bemerkt dies, als A mit der Beute zu seinem Auto eilt und damit in Richtung Deutschland flieht. Verärgert nimmt I mit seinem Kfz sogleich die Verfolgung auf. Um I zum Abbruch der Verfolgung zu veranlassen, schießt A auf dessen Auto. Wenn A den Schuss zu einem Zeitpunkt abgegeben hat, in dem er sich bereits auf deutschem Territorium befand, so findet § 252 StGB wegen des in Deutschland begangenen Nötigungsakts gem. §§ 3, 9 I Var. 1 StGB Anwendung.

- Bei **Dauerdelikten** sind alle Teilakte, die der Aufrechterhaltung des rechtswidrigen Zustands dienen, tatortbegründend.

  BEISPIEL: Sperrt der Täter sein Opfer in den Kofferraum seines Pkw und fährt so mit ihm von Frankreich nach Deutschland, so ist die Freiheitsberaubung (§ 239 StGB) auch in Deutschland begangen.

- Entsprechendes galt für die **fortgesetzte Handlung**, welcher allerdings durch die Grundsatzentscheidung in BGHSt 40, 138 faktisch die Anerkennung entzogen worden ist. Eine fortgesetzte Handlung, die teils im Ausland, teils im Inland begangen worden war, wurde insgesamt als Inlandstat angesehen,[56] so dass auf alle Teilakte, auch wenn sie keinerlei Bezug zum Inland hatten, deutsches Strafrecht Anwendung fand.

(3) Handlungsort bei gewerbs-, geschäfts- oder gewohnheitsmäßig begangener Tat (Sammelstraftat)

24 Im Unterschied zu den eben behandelten Fällen, bei denen die einzelnen Akte des Täters als unselbstständige Teile einer Handlungseinheit erscheinen, bleiben Straftaten, die nur deshalb in einem Zusammenhang stehen, weil sie der Täter gewerbs-, geschäfts- oder gewohnheitsmäßig begeht, selbstständige Taten. Dies hat auch Auswirkungen für die Bestimmung des Handlungsorts: Dieser ist für jede einzelne Straftat gesondert zu bestimmen. Wird eine der im Zusammenhang der Gewerbs-, Geschäfts- oder Gewohnheitsmäßigkeit stehenden Taten im Ausland begangen, so kann deutsches

---

56 Vgl. RG, Urt. v. 24.5.1917, C. 60/16 = RGSt 50, 423, 425; BGH Urt. v. 24.3.1992 – 1 StR 594/91 = MDR 1992, 631; S/S-*Eser/Weißer*, StGB § 9 Rn. 13 mwN.

Strafrecht hierauf nicht allein deshalb angewendet werden, weil eine andere in diesem Zusammenhang stehende Tat eine Inlandstat ist.

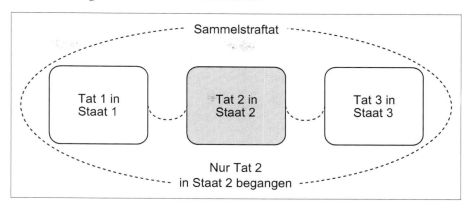

Beispiel: H ist bei Kunstdieben bekannt. Er kauft gestohlene Gemälde auf und verkauft sie an Kunstsammler in aller Welt. Davon lebt er, und dies nicht schlecht. Im Rahmen seiner Tätigkeit fährt H zwischendurch ein einziges Mal in die Schweiz, kauft ein gestohlenes Gemälde an und verkauft es dort sogleich wieder an einen Schweizer Sammler. Auf die in der Schweiz begangene Tat darf nicht deshalb § 260 I Nr. 1 StGB angewendet werden, weil andere gewerbsmäßig begangene Hehlereihandlungen im Inland begangen sind.

bb) Probleme bei der Bestimmung des Erfolgsorts

(1) „Zum Tatbestand gehörender Erfolg" bei Gefährdungsdelikten

Gefährdungsdelikte sind solche Delikte, bei denen ein Verhalten bereits aufgrund seiner Gefährlichkeit unter Strafe gestellt ist.[57] Der Gesetzgeber schließt mit den Gefährdungsdelikten eine Lücke, die dadurch entsteht, dass mithilfe der Verletzungstatbestände nicht alle strafwürdigen und -bedürftigen Gefährdungen des modernen Lebens, insbesondere wenn Rechtsgüter von enormer Bedeutung betroffen sind, erfasst werden können.[58] Die Versuchsstrafbarkeit stößt nämlich an ihre Grenzen, wenn sich ein Verletzungsvorsatz des Täters nicht nachweisen lässt,[59] bzw. wenn die Gefährdung nicht das Stadium des „unmittelbaren Ansetzens" zur Rechtsgutsverletzung erreicht hat. Mit fahrlässigen Verletzungsdelikten ist insoweit auch nicht geholfen, da sie den Eintritt eines Verletzungserfolgs stets voraussetzen.[60]

25

(a) Konkrete Gefährdungsdelikte

Einen „zum Tatbestand gehörenden Erfolg", der tatortkonstituierend wirkt, besitzen Gefährdungsdelikte dann, wenn sie vom Gesetzgeber so ausgestaltet sind, dass der tatsächliche Eintritt einer Gefahr Tatbestandsmerkmal ist. Bei konkreten Gefährdungsdelikten, die gerade ein Verhalten umschreiben, das eine Gefahr für Menschen oder Sachen auslöst, ist dies notwendig der Fall. Deshalb ist allgemein anerkannt, dass der

26

---

57 *Haft*, AT, Anhang V.
58 *Satzger* NStZ 1998, 112 (113).
59 *Arzt/Weber/Heinrich/Hilgendorf*, BT, § 35 Rn. 8 f.
60 *Arzt/Weber/Heinrich/Hilgendorf*, BT, § 35 Rn. 12 ff.

Ort, an dem sich die konkret gefährdete Person oder Sache befindet, Erfolgsort iSd § 9 I Var. 3 StGB ist.[61]

BEISPIEL: Bei einem Weinseminar in Straßburg muss der Franzose F zu seinem Entsetzen mit ansehen, wie sich der Tscheche T an seine Freundin heranmacht und mit ihr Telefonnummern austauscht. Um hier jede Gefahr für seine Beziehung im Keim zu ersticken, will F den T aus dem Weg räumen und macht sich daher – gleich vor Ort – an den Bremsen von Ts Pkw zu schaffen. Als sich T am folgenden Tag auf den Heimweg Richtung Prag macht, verläuft die Fahrt zunächst einwandfrei, bis kurz nach Überqueren der deutsch-französischen Grenze die Bremsen aufgrund der daran vorgenommenen Manipulationen unvermittelt blockieren. Nur aus purem Glück kann T einen Zusammenstoß mit einem entgegenkommenden Fahrzeug vermeiden. Für die Anwendbarkeit des § 315b I Nr. 1 StGB genügt es hier, dass der Tatererfolg dieses konkreten Gefährdungsdelikts – die konkrete Gefahrensituation in Form eines „Beinahe-Unfalls" – auf deutschem Territorium eintritt.

(b) Abstrakte Gefährdungsdelikte

27 Im Gegensatz dazu hat der Gesetzgeber in anderen Tatbeständen Verhaltensweisen, die typischerweise besonders gefahrträchtig sind, bereits wegen der diesen innewohnenden besonderen Gefährlichkeit unter Strafe gestellt.[62] Für die Tatbestandsmäßigkeit dieser abstrakten Gefährdungsdelikte ist es somit ohne Belang, ob tatsächlich eine konkrete Gefahrensituation eintritt, ob also der Eintritt eines effektiven Schadens nur noch vom Zufall abhängt. Die Gefährlichkeit ist lediglich Attribut der gesetzlich umschriebenen Handlung. Man kann die abstrakten Gefährdungsdelikte deshalb zumindest regelmäßig den reinen Tätigkeitsdelikten zuordnen, mit der Folge, dass sie – ebenso wie letztere – keinen Erfolgsort haben.[63] Dieser Sichtweise hat sich mittlerweile der BGH mit den Worten angeschlossen, ein Erfolg gem. § 9 I Var. 3 StGB müsse „in einer von der tatbestandsmäßigen Handlung räumlich und/oder zeitlich abtrennbaren Außenweltsveränderung bestehen".[64]

BEISPIEL: Betreibt T in Tschechien – nahe der bayerischen Grenze – ungenehmigt eine Fabrik, deren Schadstoffausstoß auch die Luft in der bayerischen Grenzregion in erheblichem Maße verschmutzt, so trägt dieses Verhalten zwar allgemein und typischerweise das Risiko in sich, dass Menschen, Tiere und Pflanzen in Deutschland hierdurch geschädigt werden. Diese nur abstrakte Gefahr begründet jedoch noch keinen Erfolgsort in Deutschland. Eine Bestrafung wegen des abstrakten Gefährdungsdelikts[65] des § 325 II StGB wäre schon deshalb nicht möglich.

---

61 BGH Beschl. v. 29.5.1991 – 3 StE 4/91 = NJW 1991, 2498; KG, Vorlagebeschluss v. 22.7.1991, 3 StE 9/91 = NJW 1991, 2501 (2502); BayObLG Urt. v. 9.5.1957 – 3 St 18/57 = NJW 1957, 1327 (1328); *Oehler*, Int. Strafrecht, Rn. 257; SSW-StGB-*Satzger*, StGB § 9 Rn. 6; *ders.*, NStZ 1998, 112 (114); LK-*Werle/Jeßberger*, StGB § 9 Rn. 27.
62 S/S-*Heine/Bosch*, Vor §§ 306 ff. StGB Rn. 4; *Roxin*, AT I, § 11 Rn. 153.
63 So iErg *Jescheck/Weigend*, § 18 IV 2 a; NK-*Böse*, StGB § 9 Rn. 10 ff.; M/R-*Basak*, StGB § 9 Rn. 9 f.; *Roegele*, Strafrechtsimperialismus, S. 146 f.; SSW-StGB-*Satzger*, StGB § 9 Rn. 7; *ders.*, NStZ 1998, 112 (114); *ders.*, Jura 2010, 108 (112 f.); *Schramm*, Int. Strafrecht, 1/50; *Sieber*, Gutachten für den 69. Deutschen Juristentag, C 76; zu § 285 StGB *Duesberg/Buchholz* NZWiSt 2015, 16 (17); zu § 202c StGB *Werkmeister/Steinbeck* wistra 2015, 209 (213).
64 BGH Beschl. v. 19.8.2014 – 3 StR 88/14 = NStZ 2015, 81 (82) (zu § 86a StGB, s.u. Rn. 54); nunmehr auch Urt. v. 3.5.2016, 3 StR 449/15 = NStZ 2017, 146 (147) (zu § 130 III StGB, s.u. Rn. 55); *Hilgendorf* NJW 1997, 1873 (1876).
65 Zur Einordnung des § 325 II StGB Lackner/Kühl-*Heger*, StGB § 325 Rn. 1; vgl. auch SSW-StGB-*Saliger*, § 325 Rn. 1: Eignungsdelikt.

Demgegenüber vertritt eine andere Ansicht die Meinung, der Erfolgsort eines abstrakten Gefährdungsdelikts liege überall da, wo die Gefahr in eine Verletzung des geschützten Rechtsguts umschlagen könne.[66]

28

Im obigen Beispiel läge dann zumindest ein Tatort iS eines Erfolgsorts in Deutschland, da sich die dem Betreiben der Fabrik inhärente Gefahr für Mensch und Umwelt in Deutschland realisieren könnte. § 325 II StGB wäre daher anwendbar. Darüber hinaus käme jedoch auch ein Erfolgsort in Tschechien und auch in weiteren angrenzenden Staaten (Österreich, Slowakei usw) in Betracht, so dass sich – je nach der Ausgestaltung des dortigen Straf- und Strafanwendungsrechts – zusätzlich auch eine Strafbarkeit nach dem tschechischen, österreichischen oder slowakischen Recht ergäbe.

Begründet wird dies damit, dass bei abstrakten Gefährdungsdelikten stets die Schaffung eines rechtlich missbilligten Verletzungsrisikos erforderlich sei. Bleibe ein solches aus, so sei der Tatbestand nicht erfüllt. Dies zeige sich zB an § 306a I Nr. 1 StGB (schwere Brandstiftung bzgl. Räumlichkeiten, die der Wohnung von Menschen dienen), bei dem die hM[67] den Tatbestand verneine, wenn eine Gefährdung von vornherein ausgeschlossen sei (bei kleinen einräumigen Hütten, bei denen sich der Täter davon überzeugt hat, dass sich niemand darin aufhält). In diesem „Mehr" gegenüber dem Vollzug der Tathandlung sei ein „tatbestandlicher Erfolg" zu sehen, der tatortbegründend wirke.[68]

Dem kann jedoch – nun auch unterstützt durch die Rspr. des BGH – nicht gefolgt werden. Das Beispiel des § 306a I Nr. 1 StGB zeigt nicht, dass die Risikoschaffung generell ein tatbestandlicher Erfolg der abstrakten Gefährdungsdelikte ist; vielmehr wird in einem Einzelfall der Tatbestand des abstrakten Gefährdungsdelikts teleologisch reduziert, weil nämlich das vom Gesetzgeber als typischerweise gefährlich eingestufte Verhalten nicht mit dem im konkreten Fall an den Tag gelegten übereinstimmt.[69] Überdies zeigt die Regelung des § 5 Nr. 10 StGB, dass diese Ansicht nicht mit dem Gesetz in Übereinstimmung zu bringen ist. Denn die von dieser Regelung erfassten, im Ausland – im Zusammenhang mit deutschen Verfahren – begangenen Aussagedelikte, welche ebenfalls abstrakte Gefährdungsdelikte darstellen, entfalten stets ein Verletzungsrisiko hinsichtlich der deutschen Rechtspflege. Sie hätten somit immer einen Erfolgsort im Inland, der inländische Tatort wäre bereits über §§ 3, 9 I Var. 3 StGB begründet. § 5 Nr. 10 StGB wäre überflüssig und gesetzgeberisch verfehlt.[70] Schließlich müsste die Gegenansicht zu dem zweifelhaften Ergebnis führen, dass abstrakte Gefährdungsdelikte (zB im Bereich der Umweltdelikte) eine unübersehbare Vielzahl von Tatorten hätten und das deutsche Strafrecht eine enorme Anwendungserweiterung erführe. Gerade im Umweltstrafrecht, das durch die Verwaltungsakzessorietät geprägt ist, führt eine solch extensive Handhabung des deutschen Strafrechts zu einer Vielzahl von innerstaatlichen wie völkerrechtlichen Problemen, insbesondere dann, wenn es um den Maßstab geht,

29

---

[66] Etwa *Hecker* ZStW 115 (2003), 880, 885 ff.; *ders.*, ZIS 2011, 398 (400 f.); *Martin*, Strafbarkeit grenzüberschreitender Umweltbeeinträchtigungen, S. 119; *ders.*, ZRP 1992, 19 (20); *Rath* JA 2006, 435 (438); *Safferling*, Int. Strafrecht, § 3 Rn. 23; *Valerius* medstra 2017, 20 (22 f.); AnwK-*Zöller*, StGB § 9 Rn. 10.
[67] Insbes. BGH Urt. v. 24.4.1975 – 4 StR 120/75 = BGHSt 26, 121, 124 f.; s. auch SSW-StGB-*Wolters*, StGB § 306a Rn. 20; aA aber zB *Krey/Hellmann/Heinrich*, BT 1, Rn. 759 ff.
[68] *Martin*, Strafbarkeit grenzüberschreitender Umweltbeeinträchtigungen, S. 79 ff.
[69] *Satzger* NStZ 1998, 112 (115).
[70] SSW-StGB-*Satzger*, StGB § 9 Rn. 7; *ders.*, NStZ 1998, 112 (116); *ders.*, Jura 2010, 108 (113); zust. *Böhm* NStZ 2017, 618 (619 f.).

an dem die verwaltungsrechtliche Zulässigkeit einer Tätigkeit im Ausland gemessen werden soll.[71]

30 Die bloß abstrakte **Gefährlichkeit** stellt somit – als rechtliches Attribut ohne tatsächliche Auswirkung in der Außenwelt – keinen **Gefahrzustand** dar, welcher einen Erfolgsort iSd § 9 I Var. 3 StGB begründen könnte. Dies schließt gleichwohl nicht aus, dass sich auch bei abstrakten Gefährdungsdelikten der Tatbestand in Einzelfällen nicht im schlichten Vollzug einer gefährlichen Handlung erschöpft, sondern dieser eine darüber hinausgehende, durch die Handlung verursachte (stabile) Veränderung in der Außenwelt erfordert, welche dann als tatortbegründender „Zwischenerfolg"[72] zu klassifizieren ist.[73] So ist beispielsweise bei § 306a I Nr. 1 StGB der Ort des durch den Brand beschädigten oder zerstörten Objekts als Erfolgsort anzusehen, da sich dort eine Wirkung der Tathandlung „Inbrandsetzen" tatsächlich in einer stabilen Zustandsveränderung äußert; hingegen stellt die Umgebung des brennenden Objektes, auch wenn das Feuer für diesen Bereich gefährlich sein mag, keinen derartigen Erfolgsort dar. Ähnlich lässt sich im Hinblick auf die Hehlerei (§ 259 I StGB) argumentieren, wenn man mit der wohl hM davon ausgeht, dass es sich um ein abstraktes Gefährdungsdelikt handelt.[74] Erfolgt die Hehlereihandlung im Ausland, zB indem der Täter im Ausland handelt, um das Tatobjekt abzusetzen, so lässt sich ein inländischer (tatortbegründender) Zwischenerfolg dann bejahen, wenn jemand in Deutschland (durch grenzüberschreitendes Absetzen, zB mittels Versand) die Verfügungsgewalt über das Tatobjekt erlangt.[75] Der soeben geschilderte „Zwischenerfolg" fällt – anders als bei den Verletzungs- oder konkreten Gefährdungsdelikten – nicht mit einer unmittelbaren Rechtsgutsbeeinträchtigung zusammen, er erweist sich nur als eine Voraussetzung der erforderlichen abstrakten Gefährlichkeit.

(2) Objektive Strafbarkeitsbedingung als „zum Tatbestand gehörender Erfolg"

31 Anders als bei erfolgsqualifizierten Delikten, deren qualifizierende Folge nach einhelliger Meinung tatortbegründende Wirkung entfaltet,[76] ist heftig umstritten, ob allein schon der Eintritt einer objektiven Bedingung der Strafbarkeit[77] im Inland[78] die Tat insgesamt zur Inlandstat macht, ob also die objektive Strafbarkeitsbedingung einen „zum Tatbestand gehörenden Erfolg" iSv § 9 I Var. 3 StGB darstellt.

Da in **Fall 4** die gesamte Schlägerei auf polnischem Territorium stattfindet und nur der Todeseintritt auf deutschem Staatsgebiet erfolgt, kann § 231 StGB gem. §§ 3, 9 I Var. 3 StGB nur Anwendung finden, wenn der Eintritt des Todes als objektive Bedingung der Strafbarkeit erfolgsortkonstituierend wirkt.

---

71 Vgl. dazu *Hecker*, in: Ruffert (Hrsg.), FS Schröder, S. 531 ff.; Lackner/Kühl-*Heger*, StGB Vor § 324 Rn. 14; SSW-StGB-*Saliger*, StGB § 330d Rn. 14.
72 *Hilgendorf* NJW 1997, 1873 (1875).
73 Zust. NK-*Böse*, StGB § 9 Rn. 10.
74 Etwa S/S-*Stree/Hecker*, StGB § 259 Rn. 1; aA SSW-StGB/*Jahn*, StGB § 259 Rn. 1.
75 Dies übersieht *Böhm* NStZ 2017, 618 (619 f.).
76 S. nur S/S-*Eser/Weißer*, StGB § 9 Rn. 6c; *Fischer*, StGB § 9 Rn. 4c; SSW-StGB-*Satzger*, StGB § 9 Rn. 5.
77 Dazu allgemein *Satzger* Jura 2006, 108.
78 Infrage kommen daher von vornherein nur „ortsgebundene" Strafbarkeitsbedingungen, also insbes. die durch deren Tatort zu lokalisierende Begehung einer rechtswidrigen Tat bei § 323a StGB, nicht aber die „Nichterweislichkeit der Wahrheit" in § 186 StGB.

Überwiegend wird dies mit der Begründung bejaht, dass die Beschränkung auf tatbestandliche Erfolge nur solche Erfolge ausschließen solle, die tatbestandlich irrelevant oder nicht fassbar seien.[79]

Damit wird man allerdings der Funktion der objektiven Bedingung der Strafbarkeit nicht gerecht.[80] Der Gesetzgeber nutzt eine solche Bedingung regelmäßig im Zusammenhang mit abstrakten Gefährdungsdelikten. Dabei besteht ganz allgemein die Problematik, dass sich solchermaßen „schuldgelöste Strafvoraussetzungen"[81] grds. nicht mit dem Schuldgrundsatz vereinbaren lassen. Ein Widerspruch zum *Nullum-crimen-sine-culpa*-Grundsatz kann nur dann vermieden werden, wenn man die objektiven Bedingungen der Strafbarkeit als strafbarkeitsbegrenzend und somit als täterbegünstigende Merkmale begreift: Bereits der (vorsätzliche oder fahrlässige) Vollzug der tatbestandlich umschriebenen, typischerweise gefährlichen Handlung erfüllt den Tatbestand; dieses Verhalten als solches ist bereits strafwürdig. Der Gesetzgeber hat sich durch Einfügen der Strafbarkeitsbedingung jedoch gegen eine generelle Kriminalisierung ausgesprochen und bejaht die Strafbedürftigkeit erst ab einem gewissen, durch die objektive Strafbarkeitsbedingung vorgegebenen Punkt, den man bei den Gefährdungsdelikten als „Gradmesser" der Gefährlichkeit interpretieren kann. So verstanden wirkt sich die objektive Bedingung der Strafbarkeit für den Täter günstig aus, sie ist dementsprechend mit dem Schuldgrundsatz vereinbar. Für die hier interessierende Fragestellung hat dies zur Folge, dass objektive Bedingungen der Strafbarkeit für die Bestimmung des Erfolgsorts völlig außer Betracht bleiben müssen. Denn wenn (rein) abstrakte Gefährdungsdelikte keinen „zum Tatbestand gehörenden Erfolg" haben, dann kann durch die Zurücknahme des Strafanspruchs des Staates mittels Einfügung einer strafbegrenzenden objektiven Bedingung der Strafbarkeit nicht eine Ausdehnung des territorialen Anwendungsbereichs des Gesetzes erreicht werden. Dies wäre widersprüchlich.[82]

Im **Fall 4** würde die hM die Anwendbarkeit des § 231 StGB über §§ 3, 9 I Var. 3 StGB bejahen. Nach richtiger Ansicht wirkt die Strafbarkeitsbedingung im Rahmen des § 231 StGB nur strafbegrenzend und verhindert, dass „glimpflich" verlaufende Schlägereien erfasst werden. Ein territorialer Anknüpfungspunkt für die Erstreckung des deutschen Strafrechts auf ansonsten allein im Ausland begangene Schlägereien lässt sich hierüber nicht begründen. Demgegenüber können die §§ 212, 222 StGB natürlich über § 9 I Var. 3 StGB herangezogen werden, da der Todeseintritt in Bezug auf diese Verletzungsdelikte unproblematisch einen Erfolgsort begründet.

Im konkreten Fall würde außerdem § 5 Nr. 14 StGB (dazu → Rn. 68 ff.) eine Anwendung des § 231 StGB ermöglichen, weil die Tat gegen einen deutschen Grenzbeamten, also einen Amtsträger iSd § 11 I Nr. 2a StGB, begangen wurde.

---

79 Etwa RG, Urteil v. 20.9.1887, 1668/87 = RGSt 16, 188; RG, Urteil v. 9.12.1909, I 868/09 = RGSt 43, 85; BGH Urt. v. 22.8.1996 – 4 StR 217/96 = BGHSt 42, 235, 242 f.; MK-*Ambos*, StGB § 9 Rn. 21; S/S-*Eser/Weißer*, StGB § 9 Rn. 6c; *Hecker* ZIS 2011, 398 (400 f.); *Jescheck/Weigend*, § 18 IV 2 b; *Oehler*, Int. Strafrecht, Rn. 261; *Hirsch* NStZ 1997, 230 (232).
80 Ausf. auch *Satzger* NStZ 1998, 112 (116); SSW-StGB-*ders.*, StGB § 9 Rn. 5; *ders.*, Jura 2010, 108 (113 f.); ebenso *Rath* JA 2006, 435 (438 f.); AnwK-*Zöller*, StGB § 9 Rn. 9; s. auch *Namavičius*, Territorialgrundsatz und Distanzdelikt, S. 155 ff.
81 *Stree* JuS 1965, 465.
82 IErg ebenso *Krause* Jura 1980, 449 (454); *Schnorr v. Carolsfeld*, in: Lüttger ua (Hrsg.), FS Heinitz, S. 769; *Stree* JuS 1965, 465 (473).

(3) Transitdelikte

35 Auf Distanzdelikte, die sich – wie bereits gesehen (dazu → Rn. 20) – dadurch auszeichnen, dass Handlungs- und Erfolgsort auseinanderfallen, findet nach §§ 3, 9 StGB deutsches Strafrecht Anwendung, wenn Handlungs- und/oder Erfolgsort im Inland liegen.

Demgegenüber erfasst der Begriff „Transitdelikt" diejenigen Distanzdelikte, bei denen das Tatobjekt auf dem Weg vom ausländischen Handlungsort zum ausländischen Erfolgsort deutsches Staatsgebiet nur durchquert. Im Inland wird somit kein Tatort begründet, weil lediglich ein Teil des Kausalverlaufs, nicht aber ein Handlungs- oder Erfolgsort in Deutschland lokalisiert werden kann.[83] Dementsprechend kann deutsches Strafrecht nach dem Territorialitätsprinzip nicht zur Anwendung gelangen.

BEISPIEL: Der in Dänemark aufgegebene, an einen Adressaten in der Schweiz adressierte beleidigende Brief wird durch Deutschland transportiert, bevor er seinen Empfänger erreicht. § 185 StGB findet keine Anwendung.[84]

Noch deutlicher wird die Überzeugungskraft dieser Lösung, wenn die Beleidigung nicht in einem Brief, sondern in einer E-Mail enthalten ist. Denn die Daten im Internet werden in Sekundenbruchteilen über weltweit verlaufende Verbindungen übertragen. Hier ergäbe sich – wollte man anders entscheiden – eine unübersehbare Vielzahl anwendbarer Strafrechtssysteme. Anders ist dies jedoch, wenn die Durchfuhr durch das Inland als solche unter Strafe gestellt ist (vgl. § 11 I BtMG).

cc) Problem: Tatort bei der Teilnahme

36 ▶ **FALL 5:** A sendet von seinem Büro in Augsburg aus dem in Paris wohnenden Texaner T einen Brief, in dem er dem T rät, dessen schwerreichen entfernten spanischen Verwandten V, der ebenfalls in der französischen Hauptstadt wohnt, zu töten. A hat nämlich in Erfahrung bringen können, dass V den T als Alleinerben eingesetzt hat. A erhofft sich durch diesen Tipp eine schöne Belohnung. T vergiftet den V daraufhin wenig später beim gemeinsamen Kaffeetrinken in Paris. (dazu → Rn. 40) ◀

37 Im Hinblick auf den Teilnehmer ergeben sich naturgemäß noch mehr denkbare Anknüpfungspunkte als beim Haupttäter. Dies bringt das Gesetz in § 9 II 1 StGB zum Ausdruck. Denn die Teilnahme ist auf einen Erfolg gerichtet, der in der Begehung der vorsätzlichen, rechtswidrigen Haupttat liegt. Dementsprechend sind alle Tatorte der Haupttat (und zwar sowohl Handlungs- wie auch Erfolgsorte iSv § 9 I StGB) **Erfolgsorte der Teilnahme** und somit Tatorte des Teilnehmers.[85] Ganz aktuell zeigt sich die Relevanz dieser Regelung an der Diskussion über die strafrechtliche Verantwortung der Betreiber von sozialen Netzwerken (zB Facebook) für Hassbotschaften, die Nutzer von Deutschland aus ins Netz stellen.[86] Bei der nur versuchten Teilnahme, welche nur in der Form der versuchten Anstiftung relevant werden kann (vgl. § 30 I StGB), begründet auch der Ort, an dem nach Vorstellung des Anstifters die Haupttat (iSd § 9 I StGB) begangen sein sollte, einen Erfolgsort der versuchten Teilnahme.

---

83 Vgl. NK-*Böse*, StGB § 9 Rn. 6; *Werle/Jeßberger* JuS 2001, 35 (39).
84 Vgl. *Baumann/Weber/Mitsch*, AT, § 7 Rn. 45 f.; S/S-*Eser-Weißer*, StGB § 9 Rn. 6d.
85 Einschränkend *Burchard* HRRS 2010, 132 (141).
86 Vgl. hierzu etwa *Galetzka/Krätschmer* MMR 2016, 518 (521); *Handel* MMR 2017, 227 (227 f.); *Hoven* ZWH 2018, 97 ff.

Hinzu kommen aber noch die **Handlungsorte der Teilnahme**:
- Bei der Anstiftung bzw. Beihilfe durch aktives Tun begründet der Ort, an dem der Anstifter bzw. Gehilfe gehandelt hat, aus Sicht des Teilnehmers einen weiteren Tatort.
- Bei der **Anstiftung oder Beihilfe durch Unterlassen** wird ein Tatort dort begründet, wo der Teilnehmer hätte handeln müssen.

Somit ergeben sich im Überblick folgende Tatortvarianten, wobei die Grundstruktur dieselbe wie bei der sonstigen Tatortbestimmung ist (Aufteilung in Handlungs- und Erfolgsort), jedoch der Kreis der Teilnahmetatorte weit über den der Tatorte der Haupttat (grau unterlegt) hinausgeht.

38

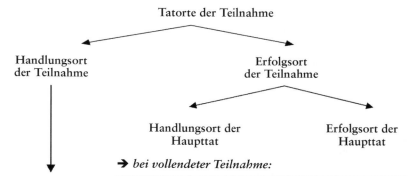

bei Teilnahme durch Tun:	bei Teilnahme am Begehungsdelikt:	bei Teilnahme an vollendeter Tat:
wo Teilnehmer tatsächlich gehandelt hat	wo Haupttäter gehandelt hat	wo der zum Tatbestand gehörende Erfolg eingetreten ist
§ 9 II 1 Var. 2	§ 9 II 1 Var. 1 iVm I Var. 1	§ 9 II 1 Var. 1 iVm I Var. 3
Bei Teilnahme durch Unterlassen:	bei Teilnahme am Unterlassungsdelikt:	bei Teilnahme am Versuch:
wo Teilnehmer hätte handeln müssen	wo Haupttäter hätte handeln müssen	wo der Erfolg nach der Vorstellung des Täters eintreten sollte
§ 9 II 1 Var. 3	§ 9 II 1 Var. 1 iVm I Var. 2	§ 9 II 1 Var. 1 iVm I Var. 4

→ *bei versuchter Teilnahme* (nur Anstiftung)
wo die Haupttat nach der Vorstellung des Teilnehmers begangen werden sollte

(= Handlungs- oder Erfolgsort der Haupttat in der Vorstellung des Teilnehmers)

§ 9 II 1 Var. 4 iVm I Var. 1–4

Diese Vielzahl der Tatorte gilt aber nur für den Teilnehmer. Aus Sicht des Haupttäters bestimmen sich die Tatorte seiner Tat allein nach § 9 I StGB (grau unterlegte Konstellationen in der Grafik), eine Erweiterung des Kreises der Tatorte nur aufgrund der Beteiligung von Anstiftern oder Gehilfen gibt es – mangels Zurechnungsnorm – nicht (anders bei Mittätern und mittelbaren Tätern, dazu → Rn. 21 f.).

39

40 In **Fall 5** ist zunächst die Strafbarkeit des Tatnächsten, also des T, zu prüfen. Bei der einleitenden Frage, ob § 211 StGB überhaupt auf diese Haupttat Anwendung findet, ist zu beachten, dass Handlungs- und Erfolgsort der Vergiftung des V durch den T auf französischem Territorium liegen. Es handelt sich somit um eine Auslandstat. Die Mitwirkung des A bleibt – für die Beurteilung der Haupttat – außer Betracht und kann somit keinen hinreichenden Bezug zur deutschen Rechtsordnung herstellen. Da auch ansonsten die Voraussetzungen der §§ 5–7 StGB nicht erfüllt sind, ist der deutsche Mordtatbestand nicht auf diese Tat anwendbar.

Einer eigenständigen Prüfung bedarf, ob §§ 211, 26 StGB für A Anwendung finden. Denn der Kreis der für die Haupttat maßgeblichen Tatorte wird hier durch § 9 II 1 StGB erheblich erweitert. Die Anstiftungshandlung des A begründet hier zusätzlich zu den Tatorten der Haupttat (die auch für den Teilnehmer über § 9 II 1 Var. 1 StGB relevante Tatorte sind) gem. § 9 II 1 Var. 2 StGB einen Tatort in Augsburg, weshalb es sich um eine Inlandstat handelt. Nach §§ 3, 9 II 1 Var. 2 StGB sind auf diese Anstiftungshandlung daher §§ 211, 26 StGB anwendbar, obwohl die Haupttat eine dem deutschen Strafrecht nicht unterfallende Auslandstat ist.

41 Somit hindert also die Tatsache, dass die Haupttat eine Auslandstat und nicht dem deutschen Strafrecht unterworfen ist, nicht die Bestrafung des Teilnehmers wegen seiner Mitwirkung an dieser Auslandstat. Im Hinblick auf die Akzessorietät der Teilnahme mag diese Regelung auf den ersten Blick fragwürdig erscheinen. Denn das Unrecht der Teilnahme leitet sich nach heute hM (zumindest auch) aus dem Unrecht der Haupttat ab.[87] Unterfällt die Haupttat dem deutschen Strafrecht aber nicht, so könnte man argumentieren, dass dann die aus deutscher Sicht straflose Haupttat nicht teilnahmefähig sein dürfe und zwar selbst dann nicht, wenn der Teilnehmer von deutschem Boden aus agiert. Dies hätte freilich – gerade unter generalpräventiven Gesichtspunkten[88] – eigenartige Konsequenzen.

Beispiel: In zwei nebeneinander stehenden Telefonzellen stiften A und B jeweils ihre Gesprächspartner zu einer in Deutschland unter Strafe stehenden Handlung an. Wenn A ein Inlandsgespräch, B ein Auslandsgespräch führt, so ergäbe sich – trotz der Parallelität der Teilnahmehandlungen – nur eine Strafbarkeit des A, nicht aber des B, wenn auf die von B initiierte Haupttat deutsches Strafrecht keine Anwendung fände. Das im deutschen Straftatbestand vorausgesetzte Verbot des tatbestandsmäßigen Verhaltens würde – aus generalpräventiver Sicht – aber relativiert, wenn dazu von deutschem Boden aus straflos angestiftet werden dürfte.

42 Auch völkerrechtlich ist nichts gegen diese Regelung einzuwenden, da jedenfalls ein sinnvoller Anknüpfungspunkt, nämlich der Handlungsort des Teilnehmers, vorhanden ist.[89] Darüber hinaus ist letztlich auch kein Widerspruch zu den Akzessorietätsgrundsätzen gegeben. Denn durch das Strafanwendungsrecht werden zwar die deutsche Strafgewalt und die Anwendbarkeit des deutschen Strafrechts umgrenzt. Was aber – losgelöst von der Frage der Strafbarkeit – als Unrecht angesehen wird, muss damit nicht notwendig einhergehen. Das Unrecht der Inlandsteilnahme an einer Auslandshaupttat wird nicht aus dem ausländischen Unwerturteil über die Tat, wie es durch das auf die Tat anwendbare ausländische Strafrecht konstituiert wird, abgeleitet. Vielmehr taugt die deutsche Rechtsordnung auch dann als Unrechtsmaßstab für die

---

87 *Satzger* Jura 2008, 514 (516 f.); *Wessels/Beulke/Satzger*, Rn. 865; ausf. *Roxin*, AT II, § 26 Rn. 11.
88 Dies besonders betonend *Jung* JZ 1979, 325 (329).
89 Insoweit auch LK-*Werle/Jeßberger*, StGB § 9 Rn. 53.

Haupttat, wenn deutsches Strafrecht auf diese nicht anwendbar ist. Es ist der deutsche Unrechtsmaßstab, der die Auslandstat als Unrecht erscheinen lässt, so dass jede Teilnahme daran ihr Unrecht aus diesem deutschen Unwerturteil ableitet.[90]

Nur so lässt sich schließlich die wichtige – leicht zu übersehende – Regelung des § 9 II 2 StGB mit dem Akzessorietätsprinzip in Einklang bringen. Denn danach unterliegt die inländische Teilnahmehandlung selbst dann deutschem Strafrecht, wenn die Auslandshaupttat am Tatort nicht strafbar ist.

Beispiel:[91] Der Amerikaner A telefoniert aus einer Telefonzelle in Baden-Baden nach Las Vegas. Seinem politisch aktiven Landsmann L rät er, bei dessen nächster politischer Veranstaltung in Las Vegas den Holocaust der Nazis als Lüge „zu enttarnen". Dies werde dem L bei seinen Anhängern Sympathien einbringen. L leugnet öffentlich die Ermordung von Juden während des „Dritten Reiches".

A könnte hier zu einer sog. qualifizierten Auschwitzlüge[92] (§ 130 I, III StGB) angestiftet haben. Anwendbar sind §§ 130 I, III, 26 StGB aber nur, wenn sich für A ein inländischer Tatort ergibt. Die Haupttat spielt sich allein in den USA ab, jedoch ergibt sich als Handlungsort des Anstifters A Baden-Baden als der Ort, von dem aus der Tatentschluss des Haupttäters hervorgerufen wurde. Allerdings ist die Leugnung der Judenvernichtung in den USA nicht unter Strafe gestellt, die Haupttat nach der *lex loci* also straflos. Dies steht nach § 9 II 2 StGB einer Anwendung des deutschen § 130 I, III StGB auf den Teilnehmer jedoch nicht entgegen.

Rechtspolitisch wird diese Regelung häufig heftig angegriffen.[93] Jedoch beruht ein Großteil dieser Kritik auf der – wie gesehen – unzutreffenden Annahme, § 9 II 2 StGB durchbreche ungerechtfertigterweise den Grundsatz der Akzessorietät. Die Straflosigkeit der Inlandsteilnahme an der nach der *lex loci* straffreien Auslandshaupttat erscheint nur dann geboten, wenn man der Entscheidung der ausländischen Rechtsordnung für die Straflosigkeit Rückwirkungen auf Handlungen auf deutschem Territorium beimisst. Dies geht aber wohl zu weit; ein Verstoß gegen das völkerrechtliche Nichteinmischungsgebot und damit eine Verletzung der Souveränität des Tatortstaats der Haupttat wird durch die Anwendung deutschen Strafrechts nicht bewirkt. Handelt ein Teilnehmer aus Deutschland heraus, so geht es nicht mehr lediglich um eine interne Angelegenheit des (Haupt-)Tatortstaates. Es wäre daher mehr als nur eine Tolerierung der anderen Rechtsordnung, wenn deren Grundentscheidung für die Straffreiheit auch auf den in Deutschland handelnden Teilnehmer übertragen würde.[94] Dies mag man in manchen Fällen für sinnvoll erachten, als generelle Regel erscheint dies aber nicht zwingend. So mag es zwar unangemessen sein, deutsches Strafrecht anzuwenden, wenn der Staatsangehörige des Staates N, in dem die Vielehe erlaubt ist, seinen Landsmann in N von Deutschland aus auf den Gedanken bringt, eine zweite Frau zu heiraten. Der obige Beispielsfall, der die qualifizierte Auschwitzlüge betrifft, zeigt aber, dass der deutsche Unrechtsmaßstab nicht immer ohne Weiteres aus Gründen der Toleranz gegenüber der ausländischen Rechts-

---

90 In diesem Sinn auch *Jung* JZ 1979, 325 (329); aA NK-*Böse*, StGB § 9 Rn. 20.
91 Vergleichbare Probleme ergeben sich auch im Bereich der Fortpflanzungsmedizin, va der Eizellenspende, dazu *Dorneck* MedR 2014, 502 (503); *Magnus* NStZ 2015, 57 (61 ff.).
92 Eine „qualifizierte Auschwitzlüge" liegt vor, wenn das Bestreiten der NS-Taten in einer verhetzenden Form geschieht oder mit feindseligen Angriffen verbunden wird, so dass Abs. 3 und 1 des § 130 StGB tateinheitlich zur Anwendung gelangen, vgl. LK-*Krauß*, StGB § 130 Rn. 52, 140.
93 S. nur *Golombek*, S. 180; *Magnus* NStZ 2015, 57 (62 ff.); *Oehler*, Int. Strafrecht, Rn. 360; LK-*Werle/Jeßberger*, StGB § 9 Rn. 52.
94 S. auch SSW-StGB-*Satzger*, StGB § 9 Rn. 13; *ders.*, Jura 2010, 108 (115).

ordnung „über Bord" geworfen werden sollte, wenn im Inland gehandelt wird.[95] Überdies hat die Kritik ihren eigentlichen Ursprung häufig auch gar nicht in § 9 II 2 StGB, sondern in der Vielzahl denkbarer Beihilfehandlungen[96] (Stichwort: „neutrale Beihilfe"[97]) oder in der fragwürdigen Ausgestaltung deutscher Straftatbestände (etwa im Kontext des § 217 StGB nF[98]). Um eine als übertrieben empfundene Teilnahmestrafbarkeit in Deutschland zu vermeiden, ist daher vorrangig an diesen Punkten anzusetzen.

Zudem ist zu beachten, dass die auf den ersten Blick strenge Regelung des § 9 II 2 StGB auf prozessualer Ebene durch die Geltung des Opportunitätsprinzips für Auslandstaten gem. § 153c I Nr. 1 Var. 2 StPO „entschärft" wird.

dd) Problem: Tatort Internet

45 ▶ **FALL 6:**[99] Der 1944 in Deutschland geborene A emigrierte 1954 nach Australien und wurde australischer Staatsbürger. Nach einem Studium in Deutschland kehrte er nach Australien zurück und war dort als Lehrer tätig. Seit 1992 befasste er sich intensiv mit dem Holocaust. Er verfasste Rundbriefe und Artikel, die er über das Internet auf einem australischen Server zugänglich machte, in denen er revisionistische Thesen vertrat. Darin wurde unter dem Vorwand wissenschaftlicher Forschung die unter der Herrschaft des Nationalsozialismus begangene Ermordung der Juden bestritten und als Erfindung „jüdischer Kreise" dargestellt, die damit finanzielle Forderungen durchsetzen und Deutsche politisch diffamieren wollten. (dazu → Rn. 46 f., 53) ◀

46 Eine der größten Herausforderungen für das Strafanwendungsrecht stellen die im Internet begangenen Verbreitungs- und Äußerungsdelikte dar. Wenn Inhalte, die Straftatbestände des deutschen Rechts an und für sich erfüllen könnten, in Deutschland durch Internetnutzer abgerufen werden können, stellt sich die Frage, ob bereits hierdurch ein hinreichender Bezug zur deutschen Rechtsordnung hergestellt ist, der es erlaubt, deutsches Strafrecht anzuwenden. Die Konsequenz wäre nämlich, dass deutsches Strafrecht auf alle Inhalte des globalen Internets anwendbar wäre, denn die Möglichkeit, diese Inhalte in Deutschland abzurufen, besteht so gut wie immer.

Der BGH hat in **Fall 6** festgestellt, dass das Verhalten des A eine sog. „qualifizierte Auschwitzlüge" (§ 130 I, III StGB)[100] darstellt. Eine Katalogtat iSd §§ 5, 6 StGB liegt nicht vor. Da die Auschwitzlüge nach australischem Recht nicht strafbar ist, ist auch § 7 StGB nicht einschlägig. Dies bedeutet: Nur, wenn sich nach dem Territorialitätsprinzip der §§ 3, 9 StGB ein Anknüpfungspunkt in Deutschland ergibt, ist deutsches Strafrecht anwendbar. Ansonsten kann A in Deutschland nicht bestraft werden.

47 Dieses Problem ergibt sich in ähnlicher Weise bei nahezu allen **Verbreitungs- und Äußerungsdelikten im Internet** (zB Verbreitung pornographischer Schriften [§ 184 StGB], Verbreitung von Propagandamitteln [§ 86 StGB] und Verwendung von Kennzeichen verfassungswidriger Organisationen [§ 86a StGB], Verbreitung volksverhetzender Schriften [§ 130 II Nr. 1 StGB], Beleidigungsdelikte [§§ 185 ff. StGB] und – neuer-

---

95 Ohne diese Differenzierung *Magnus* NStZ 2015, 57 (62 f.).
96 So zu Recht *Valerius* medstra 2017, 20 (24).
97 Hierzu *Wessels/Beulke/Satzger*, Rn. 909.
98 Vgl. *Kudlich/Hoven* ZIS 2016, 345 (347 f.).
99 Nach BGH Urt. v. 12.12.2000 – 1 StR 184/00 = BGHSt 46, 212 mAnm *Clauß* MMR 2001, 228 (232 f.); *Heghmanns* JA 2001, 276; *Hörnle* NStZ 2001, 309; *Jeßberger* JR 2001, 432; *Kudlich* StV 2001, 397; *Vassilaki* CR 2001, 262.
100 Dazu → Rn. 43.

dings – Anleitung zur Begehung einer schweren staatsgefährdenden Gewalttat [§ 91 StGB]). Die Frage, ob solche Internettaten über §§ 3, 9 StGB nach deutschem Strafrecht beurteilt werden können, ist überaus umstritten. Bei unbefangener Betrachtung des § 9 StGB fällt es zunächst schwer, die Auschwitzlüge aus dem Ausland durch Verbreitung im Internet als Inlandstat zu bezeichnen. Der **Handlungsort** iSv § 9 I Var. 1 StGB bestimmt sich auch im Zusammenhang mit dem Internet – zumindest nach bislang hM – durch den Aufenthaltsort des Täters bei der Tathandlung,[101] so dass dies im **Fall 6** Australien war. Problematischer ist die Beantwortung der Frage, ob bei Internetdelikten ein **Erfolgsort** iSd § 9 I Var. 3 StGB existiert, ob also ein „zum Tatbestand gehörender Erfolg" in Deutschland eintritt. Das wiederum hängt vom Charakter des jeweiligen Delikts ab. § 130 I, III StGB wird – nach hM – den abstrakten Gefährdungsdelikten zugeordnet (teilweise wird auch von einem „potenziellen Gefährdungsdelikt" gesprochen). Da abstrakte Gefährdungsdelikte keinen Erfolgseintritt in Form einer konkreten Gefährdung verlangen und die in Frage stehenden Tatbestände auch keinen tatortbegründenden Zwischenerfolg aufweisen, kommt man hier nach den allgemeinen Regeln zu dem Ergebnis, dass kein „zum Tatbestand gehörender Erfolg" eintritt.[102]

Die zumeist als rechtspolitisch unliebsam empfundene Folge wäre bei dieser Auslegung, dass die Auschwitzlüge vom Ausland ungestraft über das Internet nach Deutschland verbreitet werden könnte. Um dieses Ergebnis zu vermeiden, werden unterschiedliche Lösungsmöglichkeiten angeboten, die die Auslegung des § 9 StGB betreffen.[103]

48

Die extensivste Ansicht basiert auf der bereits oben – im Zusammenhang mit den Gefährdungsdelikten – dargestellten Ansicht, die davon ausgeht, dass bei abstrakten Gefährdungsdelikten ein **Erfolgsort** iSd § 9 I Var. 3 StGB **an jedem Ort** gegeben ist, **an dem sich die abstrakte Gefahr realisieren könnte**. Nach dieser Ansicht wäre also eine im Ausland handelnde Person nach deutschem Recht nicht nur strafbar, wenn sie nationalsozialistische Äußerungen per E-Mail (ebenso wie pornographische Schriften oder beleidigende Erklärungen) nach Deutschland sendet, sondern auch bei einem bloßen Angebot dieser Inhalte auf einem ausländischen Server, der keinerlei Bezug zu Deutschland hat. Damit würden alle weltweit verfügbaren Internetangebote dem deutschen Strafrecht unterfallen. Diese Konsequenz wird zwar teilweise ausdrücklich begrüßt.[104] Sie ist jedoch aus völkerrechtlichen Erwägungen abzulehnen, da das damit einhergehende weltweite Verfolgungsrecht deutscher Strafverfolgungsbehörden bzw. deren globale Verfolgungspflicht nicht mit dem Erfordernis eines „sinnvollen Anknüpfungspunkts" vereinbar ist (Stichwort: „am deutschen Strafrecht soll die Welt genesen").[105] Würden alle Staaten eine entsprechende Strafanwendungsregel vorsehen, müsste jeder Internetnutzer sämtliche Strafrechtsordnungen der Welt berücksichtigen, was zur Folge hätte, dass immer das strengste Strafrecht – unabhängig von einem sonstigen Zusammenhang mit dem Internetauftritt – den Maßstab bilden würde.

49

---

101 BGH Beschl. v. 19.8.2014 – 3 StR 88/14 = NStZ 2015, 81; *Kudlich/Hoven* ZIS 2016, 345 (346); *Roegele*, Strafrechtsimperialismus, S. 133 f.; *Valerius* HRRS 2016, 186 (187); *F. Zimmermann* HRRS 2015, 441 (444); anders M/R-*Basak*, StGB § 9 Rn. 3, 13 ff. mwN, der einen Handlungsort überall dort annimmt, wo die vom Täter „unmittelbar verwendeten Werkzeuge wirken", dies aber offenbar nicht uneingeschränkt auf alle Verbreitungs- und Äußerungsdelikte übertragen will (Rn. 17).
102 So etwa BGH Beschl. v. 3.5.2016 – 3 StR 449/15 = NStZ 2017, 146 (147); OLG Hamm Beschl. v. 1.3.2018 – 1 RVs 12/18 = NStZ-RR 2018, 292; *Hilgendorf* NJW 1997, 1873 (1875); *Ringel* CR 1997, 302 (303).
103 Ausf. *Kappel*, Das Ubiquitätsprinzip im Internet, S. 108 ff., 141 ff.; SSW-StGB-*Satzger*, StGB § 9 Rn. 14 ff.; *ders.*, Jura 2010, 108 (115 f.); Überblick bei *Busching* MMR 2015, 295 ff.
104 Vgl. nur *Jofer*, Strafverfolgung im Internet, S. 108.
105 AA *Jofer*, Strafverfolgung im Internet, S. 109.

BEISPIEL: Angenommen, ein islamistischer Staat stellt kritische Äußerungen über religiöse Fragen (zB über das Konzept eines Heiligen Krieges) unter Strafe, so wäre das Internet als Diskussionsforum und Plattform der Meinungsäußerung zu diesem Punkt gefährdet, da stets die Strafbarkeit in diesem Staat drohen würde.

50 Andere Ansichten korrigieren diese extensive Lösung und verlangen eine – wie auch immer ausgestaltete – Beziehung zu Deutschland. Teilweise werden im **subjektiven** Bereich **zusätzliche Anforderungen** gestellt. Insbesondere wird verlangt, dass der Täter den Abruf durch „zielgerichtetes Handeln" mit einem „finalen Interesse" herbeigeführt habe.[106] Wieder andere setzen bei einer Einschränkung auf objektive Anknüpfungspunkte, indem verlangt wird, dass das Verhalten des Täters einen **objektiven** territorialen Bezug zum Inland haben muss (zB aufgrund der Sprache, in der die Inhalte angeboten werden,[107] oder der Entfaltung der tatbestandsspezifischen Gefährlichkeit[108]). Nach Ansicht einiger soll ein solcher Anknüpfungspunkt auch die deutsche Staatsbürgerschaft des Handelnden sein[109] oder es wird eine Strafbarkeit auch am Handlungsort verlangt.[110]

51 So richtig das Anliegen dieser einschränkenden Korrektive ist, die Anwendbarkeit des deutschen Strafrechts einzuschränken, so willkürlich und teilweise schwer nachweisbar ist deren Vorliegen. Gerade der Aspekt „Sprache" zeigt die Grenzen objektiver Anknüpfungspunkte. Da Englisch als die Sprache des Internets betrachtet werden kann, lässt sich weder sagen, dass eine in Englisch abgefasste Mitteilung besonders an die Bewohner eines englischsprachigen Staates gerichtet sein muss, noch, dass englische Informationen nicht auch gerade auf deutsches Publikum zielen können.[111]

52 ■ *Sieber*[112] stellt in diesen Fällen auf den sog. **Tathandlungserfolg** ab, der dann als zum Tatbestand gehörender Erfolg iSd § 9 I Var. 3 StGB in Deutschland eintritt, wenn der Täter zwar im Ausland handelt, die vom Tatbestand beschriebene Handlung (zB zugänglich machen, verbreiten oÄ) sich jedoch im Inland realisiert. Bei allen Verbreitungsdelikten wird somit nicht auf den Delikttyp (konkretes oder abstraktes Gefährdungsdelikt) abgestellt, sondern auf den Erfolg der Verbreitungshandlung als solchen. Für das Internet läuft dies auf die technische Unterscheidung zwischen „Pull-Technologien", bei denen die Daten von Deutschland aus im Ausland geholt werden, zB beim Anwählen einer ausländischen Internetseite, und „Push-Technologien", bei denen die Daten vom Ausland aktiv auf Computersysteme in Deutschland übermittelt werden, hinaus. In dieser Konstellation würde die Verwendung der „Push-Technologie" demnach einen Tatort im Inland begründen, die Verwendung der „Pull-Technologie" hingegen nicht.

53 ■ Der 1. Strafsenat des BGH hat im **Fall 6** den Begriff „zum Tatbestand gehörender Erfolg" iSd § 9 StGB so ausgelegt, dass das deutsche Strafrecht – auch bei Vornahme der Tathandlung im Ausland – Anwendung finden soll, sofern es im Inland zu der Schädigung von Rechtsgütern oder Gefährdungen kommt, deren Vermeidung

---

106 S. nur *Collardin* CR 1995, 618 (621).
107 Etwa *Hilgendorf* NJW 1997, 1873 (1876); ders., ZStW 113 (2001), 650, 668 ff.
108 *Morozinis* GA 2011, 475 (480 ff.).
109 Vgl. zB *Breuer* MMR 1998, 141 (144 f.), die zusätzlich zum Tatort bei Internetdelikten das Vorliegen eines der personenbezogenen Kriterien des § 7 StGB verlangt.
110 So zB *Kienle*, Internationales Strafrecht und Straftaten im Internet, S. 173 ff.
111 Krit. zum Merkmal der verwendeten Sprache auch *Breuer* MMR 1998, 141 (144).
112 Vgl. *Sieber* NJW 1999, 2065 (2068 ff.).

Zweck der jeweiligen Strafvorschrift ist.[113] Bei § 130 I, III StGB, die eine konkrete Eignung zur Friedensstörung voraussetzen, sah der 1. Strafsenat eine Lage, die derjenigen bei konkreten Gefährdungsdelikten vergleichbar ist, da der Gesetzgeber auch hier eine zu vermeidende Gefährdung im Tatbestand der Norm ausdrücklich bezeichnet hat. § 130 StGB konnte nach Ansicht des BGH also zur Anwendung gelangen. Eine sinnvolle Beschränkung der deutschen Strafgewalt bei Äußerungsdelikten im Internet wurde mit dieser Entscheidung freilich nicht erreicht.

- In einer Entscheidung aus dem Jahr 2014[114] hat der 3. Strafsenat des BGH in der Folge zunächst klargestellt, dass sich diese Sichtweise nicht auf alle im Internet begangenen Äußerungsdelikte übertragen lässt: Bei dem Verwenden von Kennzeichen verfassungswidriger Organisationen (§ 86a StGB) etwa wird die Eignung zur Friedensstörung im Tatbestand nicht vorausgesetzt; es handelt sich deshalb um ein reines abstraktes Gefährdungsdelikt, das keinen Erfolgsort gem. § 9 I Var. 3 StGB aufweist (dazu → Rn. 27 ff.). Mit dieser Begründung stellte sich der BGH in einem Fall, in dem der Beschuldigte tatbestandlich erfasste Kennzeichen vom Ausland aus auf eine Internet-Videoplattform hochgeladen hatte, zu Recht auf den Standpunkt, dass die Anwendbarkeit deutschen Strafrechts bei § 86a StGB nur über den Handlungsort (§ 9 I Var. 1 und 2 StGB) begründet werden kann. Da damit der bereits kritisierten globalen Ausdehnung des deutschen Strafrechts auf Sachverhalte mit Internetbezug zumindest gewisse Grenzen gezogen werden, ist diese Entscheidung sehr zu begrüßen. Vor diesem Hintergrund ist es auch konsequent, dass der BGH in dem im Ausland erfolgten Upload kein Verhalten sah, das eine Ingerenzgarantenstellung begründen könnte. Der Täter machte sich in dem von ihm entschiedenen Fall also auch nicht wegen eines Unterlassungsdelikts strafbar, weil er die Inhalte später (von Deutschland aus) nicht wieder löschte.[115] Es ist nicht zu leugnen, dass aus dieser Interpretation des § 86a StGB vermeintliche Strafbarkeitslücken abgeleitet werden können, da Deutsche ins benachbarte Ausland reisen könnten, um von dort – straffrei – verbotene Inhalte hochzuladen. In erfreulicher Deutlichkeit hat der BGH aber hervorgehoben, dass es einzig und allein die Aufgabe des Gesetzgebers ist, solche Lücken zu schließen.[116] Ein daraufhin vorgelegter Gesetzentwurf des Bundesrats, der vorsah, die §§ 86 und 86a StGB in den Katalog des § 5 StGB aufzunehmen,[117] wurde bislang nicht weiterverfolgt.

- Mit einer weiteren Entscheidung aus dem Jahr 2016[118] hat der 3. Strafsenat des BGH diese Linie sodann konsequent fortgeführt und eine völlige Abkehr von der alten Linie des 1. Strafsenats aus dem Jahr 2000 (dazu → Rn. 53) vollzogen: Die Eignung zur Friedensstörung iSd § 130 III StGB umschreibe keinen tatbestandsmäßigen Erfolg und könne daher die Anwendbarkeit des deutschen Strafrechts gem. § 9 I

---

113 BGH Urt. v. 12.12.2000 – 1 StR 184/00 = BGHSt 46, 212, 221; s. auch bereits BGH Urt. v. 22.8.1996 – 4 StR 217/96 = BGHSt 42, 235, 242; zust. zB *Hecker* ZStW 115 (2003), 880, 888 f.; *Schramm*, Int. Strafrecht, 1/51 f.
114 BGH Beschl. v. 19.8.2014 – 3 StR 88/14 = NStZ 2015, 81; grds. zust. *Satzger* Jura 2015, 1011; *Valerius* HRRS 2016, 186; *F. Zimmermann* HRRS 2015, 441; krit. hingegen *Becker* NStZ 2015, 83 (83 f.); *Hecker* JuS 2015, 274 (275 f.).
115 BGH Beschl. v. 19.8.2014 – 3 StR 88/14 = NStZ 2015, 81 (82 f.); hierzu aber auch *F. Zimmermann* HRRS 2015, 441 (444 f.).
116 BGH Beschl. v. 19.8.2014 – 3 StR 88/14 = NStZ 2015, 81 (83); krit. hierzu aber *Becker* NStZ 2015, 83 (84).
117 BR-Drs. 27/16 und BT-Drs. 18/8089; zu Recht krit. *Valerius* HRRS 2016, 186 (189); *Schiemann* JR 2017, 339 (345).
118 BGH Urt. v. 3.5.2016 – 3 StR 449/15 (Rn. 13 ff.) = NStZ 2017, 146 (147).

StGB nicht begründen.[119] Zwar betraf die Entscheidung keinen Internetfall, sondern die Angeklagte hatte die Holocaust-Leugnung bei einem Vortrag in der Schweiz begangen. Die Aussagen zum Fehlen eines Erfolgsorts müssen aber – wie auch die Vorläuferentscheidung aus dem Jahr 2014 zeigt – bei Internetfällen ebenso gelten. Damit setzte sich der 3. Strafsenat zwar in Widerspruch zur Rspr. eines anderen Strafsenats, verzichtete aber auf ein Anfrageverfahren gem. § 132 III GVG, weil er mittlerweile nach dem Geschäftsverteilungsplan des BGH allein für Revisionen zuständig ist, die § 130 StGB betreffen. Es bleibt zu hoffen, dass mit dieser Entscheidung den Tendenzen zu einer Überdehnung der territorialen Strafgewalt nach §§ 3, 9 StGB bis auf Weiteres der Boden entzogen ist. Im Übrigen zeigt der Fall auch anschaulich, dass mit dieser sinnvollen Restriktion keineswegs automatisch unerträgliche Strafbarkeitslücken einhergehen: Die Täterin war Deutsche und die Tat auch am Tatort mit Strafe bedroht, so dass § 7 II Nr. 1 Alt. 1 StGB einschlägig war.[120] Innerhalb der Europäischen Union wird das Erfordernis beiderseitiger Strafbarkeit (dazu → Rn. 93 ff.) in solchen Fällen in der Regel auch deshalb vorliegen, weil ein Rahmenbeschluss aus dem Jahr 2008 alle Mitgliedstaaten zur Einführung entsprechender Strafvorschriften verpflichtet.[121]

56 Die verschiedenen Ansatzpunkte zeigen, dass eine befriedigende Lösung für die Anwendbarkeit des deutschen Strafrechts auf Internetsachverhalte mit den bisherigen Mitteln des Strafanwendungsrechts kaum zu bewerkstelligen ist. Insbesondere ist die herkömmliche unterschiedliche Bewertung der Tatorte von abstrakten Gefährdungsdelikten und Verletzungsdelikten für den Internetbereich nur von begrenzter Brauchbarkeit und liefert teils zweifelhafte Ergebnisse. Eine im Internet ausgesprochene Beleidigung (= Erfolgsdelikt) eines Brasilianers gegenüber einem Chilenen hätte bei Wahrnehmung in Deutschland gem. §§ 3, 9 I Var. 3 StGB die Anwendbarkeit deutschen Strafrechts zur Folge.[122] Hingegen wäre deutsches Strafrecht bei den Propagandadelikten der §§ 86, 86a sowie – nach neuer Rspr. des BGH – § 130 StGB (= abstrakte bzw. abstrakt-konkrete Gefährdungsdelikte) mangels inländischen Erfolgsorts[123] nicht anwendbar, soweit der Täter die Inhalte lediglich vom Ausland aus ins Internet stellt.

Grundsätzlich erscheint es zwar naheliegend, die technischen Hintergründe im Auge zu behalten, wie es die Lösung von *Sieber* versucht, die im Übrigen dem hier favorisierten allgemeinen Verständnis des „Erfolgsorts" iSd § 9 StGB zumindest nahe kommt. Wenn man *Siebers* Tathandlungserfolge bei den Verbreitungs- und Äußerungsdelikten aber den tatortbegründenden Zwischenerfolgen[124] im hier gebrauchten Sinn gleichsetzen wollte, so würden die Anforderungen an eine hinreichend stabile Veränderung in der Außenwelt als Voraussetzung für diesen Zwischenerfolg derart heruntergeschraubt, dass eine sinnvolle Abgrenzung zu Tatbeständen ohne jeden Zwischenerfolg kaum noch möglich wäre.[125] Zudem geraten technische Differenzierungen in Anbetracht der

---

119 Sich dem anschließend OLG Hamm, Beschl. v. 1.3.2018; 1 RVs 12/18 = NStZ-RR 2018, 292.
120 Diesen Lösungsweg schlug auch OLG Hamm, Beschl. v. 1.3.2018; 1 RVs 12/18 = NStZ-RR 2018, 292 in einem Internetfall ein.
121 Vgl. Art. 1 I lit. d des Rahmenbeschlusses 2008/913/JI, ABl.EU 2008 Nr. L 328/55.
122 Krit. auch *Busching* MMR 2015, 295 (297 f.); einschränkend deshalb *Roegele*, Strafrechtsimperialismus, S. 145 f., 147: nur bei Anwesenheit des Beleidigten im Inland, da es nicht auf den Kundgabeerfolg, sondern den die Verletzung des „Rechtsgutsobjekts" ankomme.
123 Dazu → Rn. 27 ff.
124 Dazu → Rn. 30.
125 S. auch *Roegele*, Strafrechtsimperialismus, S. 135 f.

raschen Weiterentwicklung der zugrunde liegenden Technologien leicht an ihre Grenzen.[126]

Zusammenfassend ist festzuhalten: Das Internet **deterritorialisiert** das Recht. Eine dauerhaft tragfähige und wirklich funktionierende Lösung der zahlreichen Rechtsfragen des Internetstrafrechts verlangt eine zwischenstaatlich konsentierte Vorgehensweise.[127] Das deutsche Strafrecht darf nicht maßgeblich für alle Handlungen im Internet sein. Sonderregeln über die Strafrechtsanwendung im Internet sind daher *de lege ferenda* unerlässlich.

Die **E-Commerce-Richtlinie** der Europäischen Gemeinschaft (ECRL)[128] hat in diesem Zusammenhang für geschäftsmäßig erbrachte Teledienste das sog. **Herkunftslandprinzip** eingeführt, welches in Deutschland zunächst durch § 4 Teledienstegesetz (TDG)[129] umgesetzt wurde, der sich nunmehr inhaltsgleich in § 3 Telemediengesetz (TMG)[130] wiederfindet:

> (1) In der Bundesrepublik Deutschland nach § 2a niedergelassene Diensteanbieter und ihre Telemedien unterliegen den Anforderungen des deutschen Rechts auch dann, wenn die Telemedien in einem anderen Staat innerhalb des Geltungsbereichs der [ECRL] geschäftsmäßig angeboten oder erbracht werden.
>
> (2) Der freie Dienstleistungsverkehr von Telemedien, die in der Bundesrepublik Deutschland von Diensteanbietern geschäftsmäßig angeboten oder erbracht werden, die in einem anderen Staat innerhalb des Geltungsbereichs der [ECRL] niedergelassen sind, wird nicht eingeschränkt. Absatz 5 bleibt unberührt.

Diesem Prinzip liegt die Idee zugrunde, dass der Diensteanbieter, der seine Dienste binnenmarktweit erbringen will, nur noch die Vorschriften desjenigen Mitgliedstaates der EU zu beachten hat, in dem er selbst niedergelassen ist. Damit soll ua die Rechtssicherheit gefördert werden, die gerade auch für das Strafrecht wünschenswert wäre. Für die hier interessierende Problematik hilft dieses Herkunftslandprinzip allerdings nicht weiter: Zum einen gilt es von vorneherein nicht für die **nicht geschäftsmäßig** erbrachten Dienste, um die es in den strafrechtlich relevanten Internetkonstellationen oft gehen wird. Wichtiger ist allerdings, dass die ECRL und darauf fußend § 4 V TDG bzw. nunmehr § 3 V TMG den Bereich des Strafrechts – trotz einer wenig klaren und überaus verwirrenden Regelung – im Ergebnis praktisch pauschal aus der Anwendung des Herkunftslandprinzips herausnimmt.[131] Dieser Absatz lautet, soweit hier von Interesse:

> (5) Das Angebot und die Erbringung von Telemedien durch einen Diensteanbieter, der in einem anderen [EU-]Staat [...] niedergelassen ist, unterliegen abweichend von Absatz 2 den Einschränkungen des innerstaatlichen Rechts, soweit dieses dem Schutz [...] der öffentlichen Sicherheit und Ordnung, insbesondere im Hinblick auf die Verhütung, Ermittlung, Aufklärung, Verfolgung und Vollstreckung von Straftaten und Ordnungswidrigkei-

---

126 Vgl. *Busching* MMR 2015, 295 (298).
127 So auch MK-*Ambos*, StGB § 9 Rn. 34; NK-*Böse*, StGB § 9 Rn. 15; *Kappel*, Das Ubiquitätsprinzip im Internet, S. 248; *Rath* JA 2007, 26 (29).
128 Richtlinie 2000/31/EG, ABl.EG 2000 Nr. L 178/1.
129 BGBl. 1997 I, S. 1870; inhaltsgleich erfolgte eine Umsetzung im – mittlerweile durch den 9. Rundfunkänderungsstaatsvertrag aufgehobenen – Mediendienstestaatsvertrag (MDStV).
130 BGBl. 2007 I, S. 179.
131 Ausf. dazu *Kudlich* HRRS 2004, 278; *Satzger*, in: Heermann/Ohly (Hrsg.), Verantwortlichkeit im Netz, S. 176 ff.; *ders.*, CR 2001, 109 (117); in diesem Sinne auch *Ambos*, Int. Strafrecht, § 1 Rn. 20; aA *Spindler* NJW 2002, 921 (926); wohl auch *Schwiddessen* CR 2017, 443 (450 f.).

ten [...] vor Beeinträchtigungen oder ernsthaften und schwerwiegenden Gefahren dient, und die auf der Grundlage des innerstaatlichen Rechts in Betracht kommenden Maßnahmen in einem angemessenen Verhältnis zu diesen Schutzzielen stehen. [...]"

Dass mit diesem Absatz im Prinzip eine **vollständige Ausnahme des strafrechtlichen Bereichs** gewollt war, verdeutlicht auch die Aussage in der Gesetzesbegründung, wonach die hier und „nach der Richtlinie vorausgesetzte Beeinträchtigung bzw. qualifizierte Gefahr [...] bei der Erfüllung entsprechender Tatbestände nach dem deutschen Straf- und Ordnungswidrigkeitenrecht stets gegeben sein [wird]."[132]

b) Inlandsbegriff

aa) Staats- und völkerrechtlicher Inlandsbegriff

58   Zur Lokalisierung einer Straftat bedient sich das Gesetz der Begriffe Inland und Ausland. Dabei besteht ein Ausschließlichkeitsverhältnis in dem Sinn, dass alle Gebiete, die nicht Inland darstellen, Ausland sind. Auch Gebiete, die keiner Staatsgewalt unterliegen (zB die Hohe See, der Weltraum, sog. *failed states*), fallen daher unter den Auslandsbegriff.[133] Darüber hinaus enthält das StGB jedoch keine Definition des Inlands- bzw. Auslandsbegriffs. Grds. ist daher an den völker- und staatsrechtlichen Inlandsbegriff anzuknüpfen.[134] Dementsprechend galt bis 1940 ausdrücklich, dass „Ausland im Sinne des Strafgesetzes jedes nicht zum Deutschen Reich gehörige Gebiet" war,[135] womit der strafrechtliche Inlandsbegriff also mit dem Staatsgebiet im staats- und völkerrechtlichen Sinn gleichgesetzt wurde.

bb) Faktischer Inlandsbegriff für das geteilte Deutschland

59   Ein solches Verständnis schuf in der Zeit der Teilung Deutschlands jedoch erhebliche Probleme, da die DDR nach der staatsrechtlich herrschenden Sicht nicht Ausland war. Vielmehr wurde das Deutsche Reich als fortbestehend angesehen. Die Bundesrepublik sollte nicht dessen „Rechtsnachfolgerin" sein, sondern wurde als Staat identisch mit dem Staat „Deutsches Reich", wenn auch bzgl. des Staatsgebiets nur teilidentisch, betrachtet.[136] Gleichwohl fehlte es der Bundesrepublik Deutschland an der tatsächlichen Herrschaftsgewalt über das Gebiet der DDR, so dass eine bundesdeutsche Strafhoheit kraft Territorialitätsgrundsatzes lediglich eine Fiktion darstellte. Dementsprechend ging die hM mit zunehmender Konsolidierung der DDR für das Strafrecht von einem **faktischen** (oder funktionellen) statt von einem staats- und völkerrechtlichen Inlandsbegriff aus.[137] Inland iSd § 3 StGB war damit dasjenige „Gebiet, in dem deutsches Strafrecht aufgrund hoheitlicher Staatsgewalt seine Ordnungsfunktion geltend machte".

60   Der faktische Inlandsbegriff hat schließlich für die Zeit der Teilung Deutschlands durch den Einigungsvertrag Anerkennung gefunden (vgl. § 315 IV EGStGB).[138] Rele-

---

132 BT-Drs. 14/6098, S. 20.
133 *Jescheck/Weigend*, § 18 VI 2; s. ausf. hierzu auch *Ambos*, Int. Strafrecht, § 3 Rn. 18 f.
134 *Jescheck/Weigend*, § 18 VI 1.
135 § 8 StGB aF, der bis zum Inkrafttreten der Geltungsbereichsverordnung v. 6.5.1940 galt.
136 Vgl. BVerfG Urt. v. 31.7.1973 – 2 BvF 1/73 = BVerfGE 36, 15 f.; dazu *Schweitzer/Dederer*, Staatsrecht III, Rn. 612 ff.
137 Vgl. nur MK-*Ambos*, Vor §§ 3–7 StGB Rn. 94; *Fischer*, Vor §§ 3–7 StGB Rn. 12; SSW-StGB-*Satzger*, StGB § 3 Rn. 5.
138 Näher dazu SK-*Hoyer*, StGB Vor § 3 Rn. 25 f.

vanz besitzt der faktische Inlandsbegriff heute nur noch für die Aburteilung von vor dem 3.10.1990 in der ehemaligen DDR begangenen Taten (sog. **Alttaten**). Diese sind durch die Wiedervereinigung nicht nachträglich zu Inlandstaten geworden, sondern sind als Auslandstaten zu behandeln.[139] Allerdings findet das StGB gem. Art. 315 EGStGB auf diese Taten grds. Anwendung, wenngleich die Vorschrift des § 2 StGB (Anwendung des zur Zeit der Tat geltenden Gesetzes, *Lex-mitior*-Grundsatz) durch Art. 315 EGStGB in gewissem Umfang modifiziert wird.[140]

cc) Rückkehr zum staats- und völkerrechtlichen Inlandsbegriff

Mit der Wiedervereinigung – rechtstechnisch als Beitritt der DDR zur Bundesrepublik ausgestaltet[141] – wurde der räumliche Geltungsbereich des StGB auf die neuen Länder ausgeweitet, so dass seit dem 3.10.1990 der strafrechtliche Inlandsbegriff mit dem staats- und völkerrechtlichen wieder übereinstimmt.[142] Im Hinblick auf die Funktion des Territorialitätsprinzips, den völkerrechtlich erforderlichen Anknüpfungspunkt für die Anwendung deutschen Strafrechts zu gewährleisten, erscheint diese – auch begriffliche – Parallele zum Staats- und Völkerrecht sinnvoll.[143]

dd) Staats- und völkerrechtliche Begrenzung des Inlands

Zum Inland gehört damit das Staatsgebiet der Bundesrepublik Deutschland, die Eigengewässer (innerhalb der Staatsgrenzen liegende Seen und Flüsse), die Küstengewässer (das auf bis zu zwölf Seemeilen ausgedehnte Küstenmeer) sowie der über dem Territorium samt Küstengewässern befindliche Luftraum.[144]

c) Unanwendbarkeit deutschen Strafrechts auf Exterritoriale?

In der Literatur wird vertreten, dass die von den in §§ 18 ff. GVG genannten sog. „Exterritorialen" begangenen Inlandstaten nicht nach deutschem Recht strafbar seien, da die „Befreiung von der Gerichtsbarkeit" als **persönlicher Strafausschließungsgrund** gedeutet wird.[145] Zu diesen „Exterritorialen" zählen insbesondere Mitglieder diplomatischer und konsularischer Vertretungen, Repräsentanten anderer Staaten sowie sonstige Personen, die nach den allgemeinen Regeln des Völkerrechts von der deutschen Gerichtsbarkeit befreit sind, so zB durchreisende Diplomaten.[146]

---

139 Str., wie hier *S/S-Eser*, 27. Aufl., StGB Vor § 3 Rn. 68; SK-*Hoyer*, StGB Vor § 3 Rn. 27; aA *Samson* NJW 1991, 335.
140 Vgl. näher hierzu *S/S-Eser*, 27. Aufl., StGB Vor § 3 Rn. 108; LK-*Werle/Jeßberger*, Vor §§ 3 ff. StGB Rn. 438 ff.
141 Art. 23 GG aF; Beschluss der Volkskammer der DDR v. 23.8.1990 „über den Beitritt der Deutschen Demokratischen Republik zum Geltungsbereich des Grundgesetzes der Bundesrepublik Deutschland" mit Wirkung v. 3.10.1990, BGBl. 1990 I, S. 2085; Art. 1 Einigungsvertrag, Berlin, 31.8.1990, BGBl. 1990 II, S. 889 (Sartorius II, Nr. 605).
142 NK-*Böse*, StGB § 3 Rn. 3.
143 Teilw. wird gleichwohl am funktionalen Inlandsbegriff festgehalten, ohne dass sich hieraus aber Abweichungen ergeben, s. nur *Maurach/Zipf*, AT, Teilband 1, § 11 Rn. 14; *Wörner/Wörner*, in: Sinn (Hrsg.), Jurisdiktionskonflikte, S. 229.
144 Detaillierte Ausführungen hierzu finden sich bei LK-*Werle/Jeßberger*, StGB § 3 Rn. 24 ff., sowie bei MK-*Ambos*, StGB § 3 Rn. 8 ff.; zur genauen Reichweite des Küstenmeeres s. die Proklamation der Bundesregierung in BGBl. 1994 I, S. 3428 f.
145 ZB *Oehler*, Int. Strafrecht, Rn. 523 ff.; weitere Nachweise bei *S/S-Eser/Weißer*, StGB Vor § 3–9 Rn. 89.
146 Vgl. zB Art. 29, 31, 40 iVm 1 lit. e WÜD = Vienna Convention on Diplomatic Relations, Wien, 18.4.1961, UNTS, Bd. 500, Nr. 7310, S. 95, BGBl. 1964 II, S. 959 (Sartorius II, Nr. 325) sowie Art. 43 WÜK = Vienna Convention on Consular Relations, Wien, 24.4.1963, UNTS, Bd. 596, Nr. 8638, S. 261, BGBl. 1969 II, S. 1585 (Sartorius II, Nr. 326) sowie → § 15 Rn. 45 ff.

Nach der vorzugswürdigen prozessrechtlichen Theorie begründet die Sonderstellung dieser Personengruppen allerdings nur eine **prozessuale Immunität**, dem deutschen Strafrecht bleiben diese Personen also in vollem Umfang unterworfen.[147] Die Richtigkeit dieser Auffassung folgt bereits aus der systematischen Stellung der §§ 18 ff. GVG im Prozessrecht; auch lässt sich nur so sinnvoll das Aufleben der deutschen Strafgewalt nach Verzicht des Entsendestaates auf das Vorrecht der Ausübung eigener Strafgewalt erklären.[148] Darüber hinaus spricht auch der Wortlaut der zugrunde liegenden völkerrechtlichen Verträge für eine prozessuale Verortung der Immunität.[149]

2. § 4 StGB (Flaggenprinzip)

64 Mit § 4 StGB wird das Territorialitätsprinzip erweitert: Taten, die auf deutschen Schiffen oder in deutschen Luftfahrzeugen begangen werden, unterfallen wie Inlandstaten dem deutschen Strafrecht. Sie sind gleichwohl **keine echten Inlandstaten**, da diese Schiffe bzw. Luftfahrzeuge keine inländische Enklave im Ausland darstellen. Befindet sich ein deutsches Schiff, auf dem ein Mord begangen wird, etwa in einem französischen Hafen, so liegt der Tatort iSd Territorialitätsprinzips allein in Frankreich. Damit diejenigen, die sich einem deutschen Schiff oder Luftfahrzeug anvertrauen, in den Schutz des deutschen Strafrechts gelangen, aber auch dessen Normen unterworfen sind,[150] und um mögliche Strafbarkeitslücken (die Hohe See unterliegt keiner Strafgewalt) zu schließen, wird ein zusätzlicher inländischer Tatort fingiert.[151] Nur insoweit kann von „Inlandstaten" gesprochen werden.

Beispiel: Ein Diebstahl, der an Bord eines deutschen Flugzeugs begangen wird, welches sich zum Tatzeitpunkt auf dem Flughafen in München befindet, unterfällt bereits nach § 3 StGB dem deutschen Strafrecht. Die Fiktion des § 4 StGB ist hier also nicht mehr zu bemühen.

Erfasst werden von § 4 StGB auch Straftaten, die – wie ein Piratenangriff – von außen gegen ein Schiff (bzw. Luftfahrzeug) begangen werden, solange nur ein Erfolg „auf" dem Schiff eintritt.[152] Allerdings wird sich die Anwendbarkeit des deutschen Strafrechts in diesem Fall regelmäßig auch auf das Weltrechtsprinzip stützen lassen, vgl. § 6 Nr. 3 StGB.[153]

---

147 So insbes. die Rspr., BGH Beschl. v. 27.2.1984 – 3 StR 396/83 = BGHSt 32, 276; zust. Lackner/Kühl-*Heger*, Vor §§ 3–7 StGB Rn. 10; SK-*Hoyer*, StGB § 3 Rn. 7; *Jescheck/Weigend*, § 19 III 2; SSW-StGB-*Satzger*, Vor §§ 3 -7 StGB Rn. 15; *Schramm*, Int. Strafrecht, 1/33 f.; nunmehr auch S/S-*Eser/Weißer*, Vor §§ 3–9 StGB Rn. 72; die zeitliche Dauer der Wirkung des Vorrechts ist je nach Personengruppe unterschiedlich, dazu §§ 18, 19 GVG iVm WÜD und WÜK.
148 Vgl. MK-*Ambos*, Vor §§ 3–7 StGB Rn. 126; *Jescheck/Weigend*, § 19 III 2; s. auch Art. 32 WÜD, Art. 45 WÜK.
149 So sprechen Art. 31 WÜD und Art. 43 WÜK von „Immunität von der Strafgerichtsbarkeit" bzw. der „Gerichtsbarkeit".
150 Zum gesetzgeberischen Motiv *Rietzsch* DJ 1940, 563 (565).
151 Ähnlich *Baumann/Weber/Mitsch/Eisele*, AT, § 7 Rn. 51 („gelten" als Inland); SK-*Hoyer*, StGB § 4 Rn. 1 („§ 4 [...] als Ausdruck eines doppelten Inlandsbegriffs"); *Jeßberger*, Geltungsbereich, S. 236; anders S/S-*Eser/Weißer*, StGB § 4 Rn. 1 (Schutzprinzip); für einen völkergewohnheitsrechtlichen Vorrang des Territorialitätsprinzips in diesen Fällen *Kato/Sagawa*, in: Sinn (Hrsg.), Jurisdiktionskonflikte, S. 335; krit. zum Nebeneinander von Territorial- und Flaggenprinzip auch *Roegele*, Strafrechtsimperialismus, S. 149; *Wörner/Wörner*, in: Sinn (Hrsg.), Jurisdiktionskonflikte, S. 234.
152 Vgl. M/R-*Basak*, StGB § 4 Rn. 6; LK-*Werle/Jeßberger*, StGB § 4 Rn. 59; krit. *Kolb/Neumann/Salomon* ZaöRV 2011, 192 (217 f.), die allerdings einräumen, dass zumindest § 6 Nrn. 3, 9 StGB häufig einschlägig sein werden.
153 Etwa LG Hamburg Urt. v. 19.10.2012 – 603 KLs 17/10 (Rn. 743 f.).

§ 5 Das Strafanwendungsrecht des StGB § 5

Nach dem in § 4 StGB verwirklichten Flaggengrundsatz ist die Berechtigung, die Bundesflagge oder das Staatszugehörigkeitszeichen der Bundesrepublik Deutschland zu führen, Voraussetzung für die Anwendung deutschen Strafrechts.

Für **Schiffe** bedeutet dies zum einen, dass nur See- und Binnenschiffe, nicht aber andere Wasserfahrzeuge von § 4 StGB erfasst sind. Denn nur für diese ist im Flaggenrechtsgesetz (FlaggRG)[154] bzw. in der Flaggenrechtsverordnung (FlaggRV)[155] eine Berechtigung, die Bundesflagge zu führen, vorgesehen. Wird ein unter deutscher Flagge fahrendes Schiff entführt und hissen die Piraten eine andere Flagge, um die Staatszugehörigkeit des Schiffs zu verschleiern, ändert dies nichts an der Berechtigung zur Führung der Bundesflagge und damit der Anwendbarkeit des deutschen Strafrechts über § 4 StGB.[156] Auch hoheitliche Schiffe sind, entgegen früher zum Teil vertretener Ansicht, von § 4 StGB nicht ausgenommen. Die dahinter stehende Vorstellung, es handle sich hierbei um „sich fortbewegende Territorien des Entsendestaates", entspricht nicht mehr dem Stand des Völkerrechts.[157]

65

Beispiel: Das deutsche Seeschiff „MS Hamburg" gerät auf Hoher See in Seenot und droht zu sinken. Die Passagiere werden in Rettungsboote verfrachtet. In einem der Boote kommt es nach mehreren Stunden zermürbenden Wartens zu einem Streit um die Trinkwasserreserven. Bei einer Rangelei kugelt ein schwedischer Passagier einem Landsmann den Arm aus.

§ 223 StGB findet hier Anwendung. Zwar unterliegt die Hohe See keiner Strafgewalt und stellt damit Ausland iSd § 3 StGB dar. Jedoch greift § 4 StGB ein. Die Tat wurde zwar nicht an Bord des deutschen Schiffes selbst begangen. Jedoch werden Rettungsboote oder -flöße, die Teile des sinkenden Schiffs sind, ebenso wie das noch nicht verlassene Wrack als Schiffe iSd § 4 StGB behandelt.[158]

Zu den **Luftfahrzeugen** zählen neben den Flugzeugen und Luftschiffen jeder Art auch alle Frei- und Fesselballone und Weltraumfahrzeuge (vgl. § 1 II LuftVG). Die Berechtigung zur Führung des Staatsangehörigkeitszeichens ist – partiell anders als die Berechtigung von Schiffen, die Bundesflagge zu führen – davon abhängig, dass das Luftfahrzeug im ausschließlichen Eigentum deutscher oder EU-Staatsangehöriger steht, bzw. dass diese Personen daran ein Recht zur Begründung von Eigentum durch Kauf oder ein Recht zum Besitz durch einen Mietvertrag (oder ähnliche Vereinbarungen) von mindestens sechs Monaten Dauer innehaben (§ 2 V iVm § 3 I LuftVG).

66

Wiederholungs- und Vertiefungsfragen

67

> Kann eine Tat an mehr als einem Ort verübt werden? Wo ist dies geregelt? (→ Rn. 13, 20)
> Wo wird die Teilnahme begangen? (→ Rn. 37 ff.)
> Welche besondere Problematik der Strafrechtsanwendung ergibt sich im Zusammenhang mit im Internet verübten Delikten und wie wird versucht, diese zu lösen? (→ Rn. 46 ff.)
> Welcher Inlandsbegriff liegt dem deutschen Strafanwendungsrecht zugrunde? (→ Rn. 58)
> Sind sog. „Exterritoriale" dem deutschen Strafrecht unterworfen? (→ Rn. 63)

---

154 Flaggenrechtsgesetz v. 8.2.1951 (BGBl. I, S. 79) idF v. 26.10.1994 (BGBl. I, S. 3140).
155 Flaggenrechtsverordnung v. 4.7.1990 (BGBl. I, S. 1389).
156 M/R-*Basak*, StGB § 4 Rn. 4; *Kolb/Neumann/Salomon* ZaöRV 2011, 192 (218 f.).
157 S/S-*Eser/Weißer*, StGB § 4 Rn. 4 mwN.
158 *Oehler*, Int. Strafrecht, Rn. 455; SSW-StGB-*Satzger*, StGB § 4 Rn. 5; LK-*Werle/Jeßberger*, StGB § 4 Rn. 47.

VI. Anwendung deutschen Strafrechts auf Auslandstaten

1. § 5 StGB

a) Grundgedanke

68 Über § 5 StGB findet das deutsche Strafrecht punktuell auf Auslandstaten Anwendung, soweit nach Ansicht des Gesetzgebers das Territorialitätsprinzip dem Schutz wichtiger Rechtsgüter der Allgemeinheit bzw. einzelner Staatsbürger nicht gerecht wird oder es eine missbräuchliche Verlegung des Tatorts in das Ausland zu verhindern gilt.[159] Damit wird die in § 3 StGB zum Ausdruck kommende grundsätzliche Selbstbeschränkung des deutschen Strafrechts auf Inlandstaten relativiert. Das deutsche Strafrecht gilt deshalb für die aufgelisteten Tatbestände – nicht jedoch für solche Delikte, die tateinheitlich damit verwirklicht werden[160] – auch dann, wenn die Tat keinerlei territorialen Bezug zu Deutschland aufweist, und **ohne Rücksicht auf das Tatortstrafrecht**. Das deutsche Strafrecht kann hier also Sachverhalte erfassen, die am Tatort weder unter Strafe stehen, noch dort irgendein Rechtsgut gefährden. Der Gesetzgeber wollte bei den erfassten Taten das Eingreifen deutschen Strafrechts nicht von den mit der Anwendung des (ausländischen) Tatortrechts verbundenen Unsicherheiten abhängig machen. Auf der anderen Seite sieht sich die Regelung der Kritik ausgesetzt, dass auf die völkerrechtliche Souveränität der betroffenen Staaten nicht hinreichend Rücksicht genommen werde.[161] Rechtspolitisch ist diese Kritik durchaus berechtigt, aus völkerrechtlicher Sicht ist die Regelung des § 5 StGB jedoch einwandfrei, beruht die Vorschrift doch durchweg auf „sinnvollen Anknüpfungspunkten", die eine Anwendung deutschen Strafrechts rechtfertigen.[162]

b) Realisierte Anknüpfungspunkte

69 Angesichts dieser allein auf das rechtspolitische Ziel gerichteten gesetzgeberischen Motivation verwundert es kaum, dass sich im Katalog des § 5 StGB unterschiedliche internationalstrafrechtliche Anknüpfungspunkte finden. Insofern ist es folgerichtig, dass die amtliche Überschrift mittlerweile nicht mehr auf „Auslandstaten gegen inländische Rechtsgüter" Bezug nimmt, sondern auf „Auslandstaten mit besonderem Inlandsbezug". Die einzelnen Nummern verkörpern – teilweise kombiniert – Elemente des **Staatsschutzprinzips**, des **Individualschutzprinzips** sowie des **aktiven Personalitätsprinzips**. Teils wird zusätzlich noch auf den Ort abgestellt, an dem die relevante Person ihre Lebensgrundlage hat (**Domizilprinzip**).[163] Die Zuordnung der einzelnen Nummern zu diesen Prinzipien wird in der Literatur zwar uneinheitlich vorgenommen, im Ergebnis wirken sich diese nur im Detail unterschiedlichen Ansichten jedoch nicht aus.

---

159 Dazu SSW-StGB-*Satzger*, StGB § 5 Rn. 3; LK-*Werle/Jeßberger*, StGB § 5 Rn. 4.
160 BGH Urt. v. 29.4.1994 – 3 StR 528/93 = BGHSt 40, 133; SSW-StGB-*Satzger*, StGB § 5 Rn. 5; tendenziell weiter bei § 5 Nr. 7 StGB *Werkmeister/Steinbeck* wistra 2015, 209 (210).
161 MK-*Ambos*, StGB § 5 Rn. 10 f., hält die Norm sogar teilw. für völkerrechtswidrig; s. auch *Wörner/Wörner*, in: Sinn (Hrsg.), Jurisdiktionskonflikte, S. 240 f.; für Änderungen *de lege ferenda* auch *Jeßberger*, Geltungsbereich, S. 161 ff.
162 S/S-*Eser/Weißer*, StGB § 5 Rn. 2 f.; SSW-StGB-*Satzger*, StGB § 5 Rn. 3; krit. in Bezug auf einzelne Vorschriften *Roegele*, Strafrechtsimperialismus, S. 152 ff.
163 Dazu auch *Ambos*, Int. Strafrecht, § 3 Rn. 42; SSW-StGB-*Satzger*, Vor §§ 3–7 StGB Rn. 5.

§ 5 Das Strafanwendungsrecht des StGB

Schematisch lässt sich folgende Zuordnung treffen: 70

§ 5	Prinzip	§ 5	Prinzip
Nr. 1	weggefallen	Nr. 10	Staatsschutzprinzip
Nr. 2	Staatsschutzprinzip	Nr. 10a	Sonderform eines (extrem erweiterten) Territorialitätsprinzips (inländischer Sportwettbewerb)
Nr. 3	Staatsschutzprinzip, bei lit. a kombiniert mit dem aktiven Personalitätsprinzip, ergänzt durch das Domizilprinzip	Nr. 11	Staatsschutzprinzip[164]
Nr. 4	Staatsschutzprinzip[165]	Nr. 11a	Staatsschutzprinzip, kombiniert mit aktivem Personalitätsprinzip
Nr. 5	Staatsschutzprinzip, bei lit. b kombiniert mit dem aktiven Personalitätsprinzip, ergänzt durch das Domizilprinzip	Nr. 12	aktives Personalitätsprinzip, kombiniert mit Elementen des Staatsschutzprinzips
Nr. 6	lit. a: Individualschutzprinzip, ergänzt durch das Domizilprinzip lit. b: (passives) Domizilprinzip[166] lit. c: alternativ aktives Personalitätsprinzip oder passives Domizilprinzip	Nr. 13	aktives Personalitätsprinzip, kombiniert mit Elementen des Staatsschutzprinzips
Nr. 7	Individualschutzprinzip	Nr. 14	Individualschutzprinzip, kombiniert mit Staatsschutzprinzip
Nr. 8	aktives Personalitätsprinzip	Nr. 15	Staats- bzw. Unionsschutzprinzip, alternativ kombiniert mit aktivem oder passivem Personalitätsprinzip[167]
Nr. 9	aktives Personalitätsprinzip, bei lit. b ergänzt durch das (aktive) Domizilprinzip[168]	Nr. 16	Staats- bzw. Unionsschutzprinzip, alternativ kombiniert mit aktivem oder passivem Personalitätsprinzip
Nr. 9a	lit. a: aktives Personalitätsprinzip lit. b: alternativ aktives Personalitätsprinzip oder passives Domizilprinzip	Nr. 17	aktives Personalitätsprinzip

---

[164] Für die Rückführung auf das „Vertragsprinzip" (dazu → § 4 Rn. 5) M/R-*Basak*, StGB § 5 Rn. 22; *Roegele*, Strafrechtsimperialismus, S. 171 f.
[165] Zur Notwendigkeit einer Erweiterung auf EU-Rechtsgüter *de lege ferenda* F. *Zimmermann*, Strafgewaltkonflikte in der EU, S. 125 ff.
[166] Allerdings soll nach einer neuen Entscheidung des BGH (Urt. v. 22.1.2015, 3 StR 410/14 [Rn. 24 ff.] – insoweit in NStZ 2015, 338 nicht abgedruckt) auch schon immer ein Erfolgsort in Deutschland vorliegen, wenn der Sorgeberechtigte sich in Deutschland aufhält und dort sein Sorgerecht nicht ausüben kann; für § 5 Nr. 6 lit. b StGB bliebe dann nur ein geringer Anwendungsbereich.
[167] Ausf. hierzu *Kappel/Junkers* NZWiSt 2016, 382; *Isfen* JZ 2016, 228 (230 ff.); *Kudlich/Hoven* ZIS 2016, 345 (349 f.).
[168] Näher SSW-StGB-*Satzger*, StGB § 5 Rn. 22.

c) Prozessuale Flankierung

71 Prozessual wird § 5 StGB durch die Geltung des **Opportunitätsprinzips für Auslandstaten** ergänzt, vgl. § 153c I Nr. 1 StPO. Gem. § 153d I StPO iVm § 74a I Nr. 2–6 und § 120 I Nr. 2-7 GVG kann die Staatsanwaltschaft zudem aus politischen Gründen von der Verfolgung absehen. Durch diese Flankierung wird die Schärfe der Ausdehnung der deutschen Strafgewalt über § 5 StGB relativiert.

d) Anwendungsbeispiele und Problemfälle

aa) Der Täterbegriff in § 5 StGB

72 ▶ **FALL 7:** Der niederländische Arzt A nimmt an der niederländischen Schwangeren S in den Niederlanden einen (dort straflosen) Schwangerschaftsabbruch vor, ohne dass die Voraussetzungen von § 218a StGB gegeben sind. Bei dem Eingriff leistet die im grenznahen Kleve wohnhafte deutsche Krankenschwester O Hilfe (dazu → Rn. 73).

Variante: A ist deutscher Staatsangehöriger mit Lebensgrundlage im Inland, allerdings ist O niederländische Staatsangehörige (dazu → Rn. 74). ◀

73 In § 5 StGB werden oftmals besondere Anforderungen an die Person des „Täters" gestellt. Es tritt dann die Frage auf, für welche Personen das deutsche Strafrecht bei Beteiligung mehrerer anwendbar ist. Exemplarisch[169] lässt sich dies für Fälle des Schwangerschaftsabbruchs an § 5 Nr. 9 lit. b StGB veranschaulichen. Zunächst sind die allgemeinen Grundsätze zur Teilnahmeakzessorietät zu beachten, wonach eine strafbare Teilnahme nur dann möglich ist, wenn eine vorsätzliche rechtswidrige Haupttat vorliegt, auf die deutsches Strafrecht anwendbar ist. Die Ausnahmevorschrift des § 9 II 2 StGB (dazu → Rn. 43 f.) ist in den hier interessierenden Fällen nicht einschlägig, weil der Teilnehmer gerade nicht im Inland handelt.

In **Fall 7** ist die O daher schon deswegen nicht nach deutschem Recht zu bestrafen; es fehlt an einer nach deutschem Recht zu beurteilenden teilnahmefähigen Haupttat.

74 Liegt eine täterschaftliche Beteiligung deutscher Staatsbürger (Arzt oder Schwangere) mit Lebensgrundlage in Deutschland an der Auslandstat vor, so stellt zumindest das Akzessorietätserfordernis kein Problem dar: Eine teilnahmefähige Haupttat ist dann in der Tat von Arzt bzw. Schwangeren zu sehen, welche gem. § 5 Nr. 9 lit. b StGB dem deutschen Strafrecht unterfällt. Da aber – wie gesehen[170] – unter „Tat" iSv § 5 StGB auch die Handlung des Teilnehmers zu verstehen ist, wäre deutsches Strafrecht – schon wegen der Anwendbarkeit des § 5 Nr. 9 lit. b StGB auf die Tat des Haupttäters – nicht nur auf diesen, sondern grds. auf alle Teilnehmer an dieser Haupttat anwendbar.

Bezogen auf die **Variante zu Fall 7** bedeutet dies also zunächst: Da der Haupttäter A hier Deutscher ist und seinen Lebensmittelpunkt in Deutschland hat, findet auf die „Tat" (= Haupttat sowie Teilnahme) deutsches Strafrecht Anwendung.

Damit würde § 5 Nr. 9 lit. b StGB aber überdehnt. Da nach richtiger Ansicht nämlich auch der Begriff des „Täters" iSd § 5 Nr. 9 lit. b StGB weit zu verstehen ist, muss auch jeder Teilnehmer als „Täter" iSv § 5 Nr. 9 lit. b StGB angesehen werden und die Anforderungen dieser Norm (Deutscher, Lebensgrundlage in Deutschland) erfüllen. Im Er-

---

[169] Näher SSW-StGB-*Satzger*, StGB § 5 Rn. 22.
e bei § 5 Nrn. 3 lit. a, 5 lit. b, 6 lit. c, 8, 9 lit. a, 9a lit. a und b, 11a, 14a, 15 StGB.
[170] Dazu oben Rn. 9.

gebnis bedeutet dies, dass für die Anwendbarkeit deutschen Strafrechts auf Teilnehmer *zusätzlich* erforderlich ist, dass auch der Teilnehmer selbst ein im Inland wohnhafter Deutscher ist.[171] Hieran zeigt sich, dass eine weite Auslegung des Täterbegriffs strafbarkeitsbeschränkende Wirkung entfaltet und insofern den verfassungsrechtlichen Anforderungen des Art. 103 II GG gerecht wird.

In der **Variante zu Fall 7** bleibt O folglich straflos, weil sie selbst nicht Deutsche ist (obwohl der Haupttäter A deutscher Staatsbürger mit Lebensmittelpunkt in Deutschland ist und dessen Haupttat daher dem deutschen Strafrecht unterfällt).

bb) Erfasste Delikte und Systematik des § 5 Nr. 12 StGB

▶ **FALL 8:** Der deutsche Regierungsrat R nimmt an einer dienstlichen Konferenz in Brüssel teil. Am Eingang zum Konferenzsaal lässt er seine schlechte Laune an der belgischen Garderobiere G aus, die er als „blöde Schnepfe" bezeichnet. (dazu → Rn. 76) ◀

Auch in **Fall 8** greifen §§ 3, 9 StGB nicht. § 185 StGB kann aber über § 5 Nr. 12 StGB zur Anwendung gelangen. Als Regierungsrat – und damit Beamter – unterfällt R dem Begriff des Amtsträgers iSd § 11 I Nr. 2 StGB. Wenn ein deutscher Amtsträger sich dienstlich im Ausland aufhält, so hat der deutsche Staat nach dem Willen des Gesetzgebers ein Recht darauf, dass dieser im Ausland – neben der dort geltenden Rechtsordnung – auch die deutsche Rechtsordnung beachtet.[172] § 5 Nr. 12 StGB erfasst daher nicht nur Amtsdelikte, sondern jede Art von Straftaten,[173] weswegen die Vorschrift maßgeblich auf dem aktiven Personalitätsprinzip beruht und nur insoweit auf dem Staatsschutzprinzip fußt, als im konkreten Fall ein Amtsdelikt betroffen ist.[174] In **Fall 8** ist daher die Beleidigung der G durch R in Brüssel nach § 185 StGB strafbar.

Zu beachten ist aber § 5 Nr. 12 Var. 2 StGB: Ist ein Amtsträger privat im Ausland unterwegs, entfällt diese strenge Bindung an die deutsche Rechtsordnung; deutsches Strafrecht findet auf dessen Auslandstaten nur insofern Anwendung, als die Taten in Beziehung auf den Dienst begangen werden (zB § 203 II Nr. 1 StGB).

2. § 6 StGB (Weltrechtsprinzip)

§ 6 StGB enthält in seinen Nrn. 2–8 einen Katalog von Straftaten, die unabhängig von der Tatortstrafbarkeit und unabhängig von der Nationalität des Täters und der des Opfers dem deutschen Strafrecht unterfallen. Ausnahmsweise wird hier also ein Weg eröffnet, eine Tat eines Ausländers gegen einen Ausländer im Ausland dem deutschen Strafrecht zu unterstellen, so dass die aufgelisteten Delikte nach der Grundkonzeption der Vorschrift dem Weltrechtsprinzip unterfallen sollten. Weder der Tatort noch die Staatsangehörigkeit des Täters oder des Opfers vermitteln hier den legitimierenden Anknüpfungspunkt iSd Völkerrechts. Ein solcher folgt beim Weltrechtsprinzip vielmehr allein aus der Natur des gefährdeten oder verletzten Rechtsguts. Dementsprechend eignen sich nur solche Delikte für eine Anwendung dieses auch als Universalitätsgrund-

---

171 Dazu → Rn. 10 sowie → Rn. 92; anders NK-*Böse*, StGB § 5 Rn. 26, der zur Vermeidung von Konflikten mit EU-Recht fordert, dass auch die Schwangere Deutsche sein müsse; ebenso AnwK-*Zöller*, StGB § 5 Rn. 13; strenger noch M/R-*Basak*, StGB § 5 Rn. 20; *Pfaffendorf* ZStW 129 (2017), 146, 164 ff.
172 § 5 E 1962, S. 112.
173 Allgemeine Meinung, s. nur NK-*Böse*, StGB § 5 Rn. 16; S/S-*Eser/Weißer*, StGB § 5 Rn. 29; SSW-StGB-*Satzger*, StGB § 5 Rn. 35; dies gilt weitgehend auch bei § 5 Nr. 13 StGB etwa SSW-StGB-*Satzger*, StGB § 5 Rn. 36; BGH Urt. v. 17.4.2014 – 3 StR 27/14 = NStZ-RR 2014, 279.
174 So auch *Roegele*, Strafrechtsimperialismus, S. 173 f.

satz bezeichneten Geltungsprinzips, die sich wirklich gegen international geschützte Rechtsgüter richten, also gegen Rechtswerte, deren Schutz sich die Völkergemeinschaft insgesamt verschrieben hat.[175] Wie noch zu zeigen sein wird (dazu → Rn. 79), ist der Katalog des § 6 StGB vor diesem Hintergrund aber gerade problematisch.

Wird explizit auf einen Straftatbestand Bezug genommen (Nr. 2–4, 6–8), so gilt das deutsche Strafrecht nur für das genannte Delikt und grds. nicht auch für tateinheitlich mitverwirklichte Taten,[176] die jedoch von §§ 4, 5, 7 StGB erfasst sein können. Dasselbe gilt letztlich im Fall des § 6 Nr. 5 StGB, der den unbefugten „Vertrieb" von Betäubungsmitteln betrifft: Hierunter fällt nicht der bloße Erwerb oder Besitz kleiner Mengen für den Eigenbedarf,[177] selbst wenn tateinheitlich größere Mengen Drogen vertrieben werden.[178]

Abgesehen hiervon enthält § 6 StGB keine weitere Einschränkung[179] und zumindest insoweit, als die Vorschrift tatsächlich der Erhaltung weltweit geschützter Rechtsgüter dient, ist dies auch grds. nicht geboten.

78 Dessen ungeachtet war es nach der Rspr. des BGH eine ungeschriebene, einschränkende Voraussetzung namentlich des § 6 Nr. 1 StGB aF, der die Geltung des deutschen Strafrechts für den Völkermord (§ 220a StGB aF) anordnete, dass im konkreten Fall ein völkerrechtliches Verbot der Strafverfolgung in Deutschland nicht entgegenstehe und insbesondere dass durch einen **legitimierenden Anknüpfungspunkt im Einzelfall** ein unmittelbarer Bezug zur deutschen Rechtsordnung bestehen müsse.[180] Im Hinblick auf § 6 Nr. 1 StGB aF war allerdings unstreitig, dass die Anwendbarkeit deutschen Strafrechts insoweit auf dem Universalitätsprinzip fußte. Damit sollte ermöglicht werden, dass jeder Staat der Welt – allein wegen der Unrechtsdimension der Völkerrechtsverbrechen – den Täter aburteilen kann und dieser somit seiner Strafe nicht entgehen sollte.[181] Dieser Zielsetzung widersprach aber die Einschränkung durch die frühere Rspr. des BGH; sie ist deshalb vom Gesetzgeber mit § 1 VStGB für Völkerrechtsverbrechen (dazu → § 12 Rn. 1 ff.) erfreulicherweise korrigiert worden.[182] Eine Ausnahme gilt lediglich für das erst im Jahr 2016[183] neu in das Gesetz aufgenommene Verbrechen der Aggression (§ 13 VStGB), welches bei Auslandstaten nur dann dem deutschen Recht unterfällt, wenn der Täter Deutscher ist oder sich die Tat gegen die Bundesrepublik richtete.[184] Für die übrigen Völkerstraftaten (Völkermord, Verbrechen gegen die Menschlichkeit und Kriegsverbrechen) wird die weltweite Geltung des deutschen Straf-

---

175 *Werle/Jeßberger* JuS 2001, 141 (141).
176 Anders zumindest die Rspr. zu § 6 Nr. 1 aF (BGH Urt. v. 30.4.1999 – 3 StR 215/98 = BGHSt 45, 69; OLG Frankfurt Urt. v. 18.2.2014 – 5-3 StE 4/10-4–3/10 (Rn. 767)), zu § 6 Nr. 3 (BGH NStZ 2019, 460; s. auch BeckOK-StGB-v. *Heintschel-Heinegg*, § 6 Rn. 4) sowie zu § 1 S. 1 VStGB (BGH Beschl. v. 6.6.2019 – StB 14/19, Rn. 71, m. krit. Anm. *Gierhake* NJW 2019, 2627 (2635 ff.)); näher zur Annexkompetenz s. auch SSW-StGB-*Satzger*, StGB § 6 Rn. 4.
177 BGH Urt. v. 22.1.1986 – 3 StR 472/85 = BGHSt 34, 2.
178 BGH Beschl. v. 3.11.2011 – 2 StR 201/11 = NStZ 2012, 335 m. krit. Anm. *Patzak* NStZ 2012, 335 und zust. Anm. *Ambos* NStZ 2013, 46; BGH Beschl. v. 9.7.2013 – 1 StR 236/13 = HRRS 2013 Nr. 747; SSW-StGB-*Satzger*, StGB § 6 Rn. 8.
179 Zum (iErg abzulehnenden) Erfordernis des legitimierenden Anknüpfungspunkts im Inland s. Rn. 79; mittlerweile hierauf verzichtend die Rspr., s. nur BGH Urt. v. 15.3.2017 – 2 StR 294/16 = BGHSt 62, 90 (92).
180 BGH Urt. v. 30.4.1999 – 3 StR 215/98 = BGHSt 45, 66, 68; BGH, Ermittlungsrichter, Beschl. v. 13.2.1994, 1 BGs 100/94 = NStZ 1994, 232; jüngst – allerdings für einen Altfall aus der Zeit vor Inkrafttreten des VStGB (Völkermord in Ruanda) – auch OLG Frankfurt Urt. v. 29.12.2015 – 4-3 StE 4/10-4-1/15 (Rn. 250).
181 Vgl. *Werle/Jeßberger*, Völkerstrafrecht, Rn. 250.
182 Dazu auch *Satzger* NStZ 2002, 125 (131).
183 BGBl. 2016 I, S. 3150.
184 Zu dieser Einschränkung auch *Jeßberger* ZIS 2015, 514 (519 f.).

rechts nur auf prozessualer Ebene eingeschränkt, indem § 153f StPO für Fälle ohne jeden Inlandsbezug eine Verfahrenseinstellung – als Ausnahme vom grundsätzlich geltenden Legalitätsprinzip – ermöglicht.

Für *§ 6 StGB* lässt sich daraus ableiten, dass das zusätzliche Erfordernis eines legitimierenden Anknüpfungspunkts dort fehl am Platz ist, wo ein weltweiter Konsens über die Strafwürdigkeit der aufgezählten Verhaltensweisen besteht. Wo dies nicht der Fall ist, ist die Zuordnung zum Weltrechtsprinzip ohnehin zweifelhaft, so dass eine Beschränkung der deutschen Strafgewalt durch ergänzende Kriterien geboten sein kann.[185]

Welche Delikte aus dem Katalog des § 6 StGB in diesem Sinne international geschützte Rechtsgüter betreffen, so dass kein besonderer Inlandsbezug der Tat zu verlangen ist, ist eine Frage des Völkerrechts. Dabei kommt es lediglich darauf an, dass ein gemeinsames Verfolgungsinteresse der Staatengemeinschaft existiert. Nicht erforderlich ist hingegen, dass Deutschland völkerrechtlich zur Strafverfolgung verpflichtet ist. Den gesetzgeberischen Hintergrund für die in § 6 StGB aufgezählten Delikte bilden dabei regelmäßig zwischenstaatliche Übereinkommen, die zumindest eine Verfolgungsbefugnis statuieren.[186] Inwiefern auf dieser Grundlage tatsächlich sämtliche in § 6 StGB angesprochenen Rechtsgüter als universell schutzwürdig anerkannt sind, wird in der Literatur kontrovers diskutiert.[187] Der BGH hat sich mit dieser Frage jüngst mehrfach im Hinblick auf § 6 Nr. 5 StGB (unbefugter Vertrieb von Betäubungsmitteln) auseinandergesetzt und kam zu dem Ergebnis, dass es jedenfalls für diese Nummer grds. keines legitimierenden Anknüpfungspunkts im Inland (als völkerrechtskonforme Einschränkung der Vorschrift) bedarf.[188] Der 1. Strafsenat hält eine solche Einschränkung darüber hinaus auch allgemein für nicht gerechtfertigt.[189] Demgegenüber verlangen Stimmen im Schrifttum zumindest *de lege ferenda* eine wesentlich restriktivere Herangehensweise.[190] Dieser Forderung lässt sich freilich bereits dadurch Rechnung tragen, dass ein Vertrieb von Betäubungsmitteln nur dann als „unbefugt" iSd § 6 Nr. 5 StGB angesehen wird, wenn er auch nach dem am Tatort geltenden Recht verboten ist.[191]

Daneben erscheint es beispielsweise im Hinblick auf § 6 Nr. 8 StGB besonders fragwürdig, ob das durch den Subventionsbetrug geschützte Rechtsgut (über den Raum der Europäischen Union hinaus, vgl. Art. 325 AEUV) als „international geschütztes" ange-

---

185 Etwa Anfragebeschluss des 2. Strafsenats des BGH 18.3.2015 – BGH 2 StR 96/14 = NStZ 2015, 568; s. auch *Magnus*, in: Mankowski/Wurmnest (Hrsg.), FS Magnus, S. 693 ff.
186 Vgl. etwa Art. 14, 19 Abkommen über die Hohe See = Convention on the High Seas, Genf, 29.4.1958, UNTS, Bd. 450, Nr. 6465, S. 11, BGBl. 1972 II, S. 1091 sowie Art. 100, 105 SRÜ = United Nations Convention on the Law of the Sea, Montego Bay, 10.12.1982, UNTS, Bd. 1833, Nr. 31363, S. 3, BGBl. 1994 II, S. 1799 (Sartorius II, Nr. 350) zur Verankerung des Weltrechtsprinzips für die Piraterie in § 6 Nr. 3 oder das Abkommen zur Bekämpfung der Falschmünzerei = International Convention for the Suppression of Counterfeiting Currency, Genf, 20.4.1929, League of Nations, Treaty Series, Bd. 112, S. 371, RGBl. 1933 II, S. 913, BGBl. 1972 II, S. 74 für § 6 Nr. 7 StGB.
187 Krit. etwa MK-*Ambos*, StGB § 6 Rn. 3 ff.; *Roegele*, Strafrechtsimperialismus, S. 186 ff.; teils werden einige Varianten des § 6 StGB als Ausprägungen anderer Anknüpfungspunkte angesehen, so mit Unterschieden im Detail M/R-*Basak*, StGB § 6 Rn. 2 und 6 ff.; NK-*Böse*, StGB § 6 Rn. 1; S/S-*Eser/Weißer*, StGB § 6 Rn. 1 f.; *Jeßberger*, Geltungsbereich, S. 277 ff., 290 ff.
188 BGH Urt. v. 7.11.2016 – 2 StR 96/14 (Rn. 13) = BGHSt 61, 290 ff. (anders noch der Anfragebeschluss im selben Verfahren v. 18.3.2015); näher zur Vorgeschichte dieser Entscheidung *Schiemann* JR 2017, 339 (340 ff.); BGH Urt. v. 15.3.2017 – 2 StR 294/16 = BGHSt 62, 90, 92; BeckOK-StGB-v. *Heintschel-Heinegg*, § 6 Rn. 6.
189 BGH Beschl. v. 16.12.2015 – 1 ARs 10/15 = JR 2017, 397 (397 f.).
190 *Heim* NJW 2017, 1045; *Schiemann* NStZ 2015, 570 (570 f.); noch weitergehend *Afshar* HRRS 2015, 331.
191 SSW-StGB-*Satzger*, StGB § 6 Rn. 9; zur Herleitung dieser Einschränkung LK-*Werle/Jeßberger*, StGB § 6 Rn. 76; *Fischer*, StGB § 6 Rn. 5.

sehen werden kann.[192] Eine gewisse Rechtfertigung kann § 6 Nr. 8 StGB vielleicht dadurch erfahren, dass man die Norm nicht als Ausprägung des Weltrechtsprinzips versteht, sondern – was freilich gesetzessystematisch problematisch ist – den Geltungsgrund im Staatsschutzprinzip bzw. (soweit EU-Subventionen erschlichen werden sollen) im Unionsschutzprinzip[193] verortet.[194]

80 § 6 Nr. 9 StGB enthält eine Generalklausel, die blankettartig der Lückenfüllung dient und dem Gesetzgeber so eine ständige Aktualisierung des Katalogs des § 6 StGB erspart.[195] Schließt die Bundesrepublik einen völkerrechtlichen Vertrag, aufgrund dessen sie sich zur Bestrafung von bestimmten Auslandstaten verpflichtet („… zu verfolgen sind"),[196] so können *bereits bestehende* deutsche Straftatbestände kraft der Blankettregelung des § 6 Nr. 9 StGB auf diese Taten angewendet werden, ohne dass zuvor der Katalog des § 6 StGB erweitert werden muss. § 6 Nr. 9 StGB geht selbstverständlich nicht so weit, dass Straftatbestände, die im deutschen Recht noch nicht enthalten sind, zu deren Erlass sich die Bundesrepublik in dem Vertrag aber verpflichtet hat, automatisch unmittelbare Geltung erlangen könnten. Dazu ist – schon wegen Art. 103 II GG – stets eine Umsetzung des Vertrags in deutsches Strafrecht erforderlich. Kurz gesagt bezieht sich somit die lückenfüllende Funktion des § 6 Nr. 9 StGB allein auf das Strafanwendungsrecht, nicht aber auf die Schaffung von neuen Tatbeständen.

Beispiel: Deutschland hat die Verpflichtung übernommen, schwere Verletzungen der vier Genfer Konventionen (zB des IV. Genfer Abkommens zum Schutz von Zivilpersonen in Kriegszeiten,[197] s. dessen Art. 146: „Die Hohen Vertragsparteien verpflichten sich, alle notwendigen gesetzgeberischen Maßnahmen zur Festsetzung von angemessenen Strafbestimmungen für solche Personen zu treffen, die irgendeine der im folgenden Artikel umschriebenen schweren Verletzungen des vorliegenden Abkommens begehen oder zu einer solchen Verletzung den Befehl erteilen.") sowie der Zusatzprotokolle von 1977 zu bestrafen. Über § 6 Nr. 9 StGB finden die deutschen Straftatbestände auf derartige „schwere Verletzungen" Anwendung, auch wenn sie nicht bereits von den Nrn. 2–8 erfasst werden. Darin liegt die Auffangfunktion des § 6 Nr. 9 StGB.[198]

Berechtigte Kritik wird an der Regelung des § 6 Nr. 9 StGB insoweit geübt, als sie die Anwendung deutschen Strafrechts von der unter Umständen komplexen und nur schwer zu beantwortenden außerstrafrechtlichen Frage abhängig macht, ob ein völkerrechtliches Abkommen eine *Verpflichtung* zur Bestrafung etabliert. Im Hinblick auf das Erfordernis der gesetzlichen Bestimmtheit (Art. 103 II GG) wird man hier eine Anwendung des § 6 Nr. 9 StGB nur dann in Betracht ziehen können, wenn die Strafpflicht der Bundesrepublik Deutschland unter Beachtung des besonderen Sprachgebrauchs internationaler Abkommen hinreichend klar zum Ausdruck kommt.[199]

---

192 Für eine teilw. Völkerrechtswidrigkeit des § 6 Nr. 8 StGB daher MK-*Ambos*, StGB § 6 Rn. 16; s. auch *Safferling*, Int. Strafrecht, § 3 Rn. 50; SSW-StGB-*Satzger*, StGB § 6 Rn. 12.
193 Dazu → § 4 Rn. 19.
194 *Satzger* Jura 2010, 190; LK-*Werle/Jeßberger*, Vor §§ 3 ff. StGB Rn. 100.
195 SK-*Hoyer*, StGB § 6 Rn. 6.
196 Ebenso erfasst sind Fälle einer auflösend bedingten Bestrafungspflicht, insbes. eine Bestrafungspflicht, wenn eine Auslieferung nicht erfolgt, LK-*Werle/Jeßberger*, StGB § 6 Rn. 129.
197 Geneva Convention relative to the protection of civilian persons in time of war, Genf, 12.8.1949, UNTS, Bd. 75, Nr. 973, S. 287, BGBl. 1954 II, S. 781 (Sartorius II, Nr. 54).
198 Ein weiteres Beispiel ist die UN-Antifolterkonvention = Convention against Torture and Other Cruel, Inhuman or Degrading Treatment or Punishment, New York, 10.12.1984, UNTS, Bd. 1465, Nr. 24841, S. 85, BGBl. 1990 II, S. 247 (Sartorius II, Nr. 22).
199 So zu Recht LK-*Werle/Jeßberger*, StGB § 6 Rn. 107; s. auch *Satzger*, Europäisierung, S. 391; zust. *Schiemann* JR 2017, 339 (342).

§ 5 Das Strafanwendungsrecht des StGB

Erforderlich ist jedoch nach dem Wortlaut, dass sich die Verfolgungspflicht aus dem jeweiligen Abkommen selbst ergibt. Das ist im Hinblick auf das EU-Recht nur bzgl. des Primärrechts vorstellbar – insbesondere bei Art. 30 der EuGH-Satzung[200] –, nicht jedoch bei sekundärem Unionsrecht (**Richtlinien** und **Rahmenbeschlüssen**) zur Harmonisierung des nationalen Strafrechts: Solches Sekundärrecht ist zwar auf Kompetenznormen des europäischen Primärrechts gestützt, die Verfolgungspflicht ergibt sich jedoch erst aus ihnen selbst und nicht direkt aus den EU-Verträgen.[201]

Prozessual wird § 6 StGB ebenso wie § 5 StGB durch die Geltung des Opportunitätsprinzips gem. § 153c I Nr. 1 StPO ergänzt.

81

3. § 7 StGB (aktives und passives Personalitätsprinzip, stellvertretende Strafrechtspflege)

▶ **FALL 9:** Der Deutsche D hat 1962 im Staat Z einen bislang unbekannt gebliebenen Mord an einem Bürger von Z begangen. Nach dem dortigen Recht verjährt Mord nach 35 Jahren. Der deutsche Staatsanwalt S möchte im Jahr 2015 Anklage wegen Mordes gegen D erheben. Kann D noch wegen § 211 StGB verurteilt werden? (dazu → Rn. 106) ◀

82

Nehmen die §§ 5, 6 StGB eine katalogartige Ausweitung des deutschen Strafrechts auf Auslandstaten unabhängig von der strafrechtlichen Bewertung am Tatort vor, so enthält § 7 StGB ergänzend[202] eine recht weitgehende, **generelle Ausweitung** auf bestimmte Fallgestaltungen, macht diese aber – einschränkend – von der **Strafbarkeit der Tat am Tatort** abhängig. Dabei knüpft § 7 I StGB an die deutsche Staatsangehörigkeit des Opfers, § 7 II Nr. 1 StGB an die deutsche Staatsangehörigkeit des Täters und § 7 II Nr. 2 StGB daran an, dass ein Ausländer im Inland betroffen wird und nicht ausgeliefert werden kann.

83

a) Verwirklichte Prinzipien

Durch die Kombination der genannten drei Konstellationen mit dem Erfordernis der Tatortstrafbarkeit entsteht das Problem der **Zuordnung** des § 7 StGB zu den allgemeinen Prinzipien des Strafanwendungsrechts. Ausgangspunkt ist dabei, dass das Kriterium der Tatortstrafbarkeit darauf hindeutet, dass deutsches Strafrecht hier nur stellvertretend (und damit subsidiär) eingreifen soll, wohingegen das aktive Personalitätsprinzip bzw. Individualschutzprinzip verwirklicht wird, soweit die Norm auf die Nationalität des Täters bzw. des Opfers abstellt. Diese Zuordnungsfrage ist nicht nur theoretischer Natur, sondern hat – wie sich noch zeigen wird – Auswirkungen auf die Auslegung des § 7 StGB. Trotz vieler Abweichungen im Detail lassen sich zwei Hauptströmungen in der Literatur skizzieren:

84

---

[200] Dazu → § 8 Rn. 11 ff.
[201] SSW-StGB-*Satzger*, StGB § 6 Rn. 14; aufgeschlossener, aber mit Bedenken im Hinblick auf Art. 103 II GG NK-*Böse*, StGB § 6 Rn. 19.
[202] Zum Ergänzungsverhältnis des § 7 StGB gegenüber den §§ 5, 6 StGB s. nur S/S-*Eser/Weißer*, StGB § 7 Rn. 10.

- Nach einer Ansicht[203] lässt sich § 7 StGB angesichts der Ankopplung an die Tatortstrafbarkeit nur einheitlich als Ausprägung des *Stellvertretungsprinzips* verstehen.[204]
- Nach der vorzugswürdigen hM,[205] die das Kriterium der Tatortstrafbarkeit zutreffend als Korrektiv einstuft, mit dessen Verwendung sich der Gesetzgeber nicht notwendigerweise auf das Stellvertretungsprinzip festgelegt hat, ist wie folgt zu differenzieren: § 7 I StGB verwirklicht das *Individualschutzprinzip*,[206] § 7 II Nr. 1 Var. 1 StGB das *aktive Personalitätsprinzip*,[207] wobei das Kriterium der Tatortstrafbarkeit hierbei jeweils nur eine zusätzliche Einschränkung darstellt, um die Anwendung des deutschen Strafrechts nicht über Gebühr auszuweiten. *§ 7 II Nr. 1 Var. 2 StGB* folgt ebenso wie *§ 7 II Nr. 2 StGB* hingegen dem Prinzip der *stellvertretenden Strafrechtspflege*.[208]

b) „Deutscher" bzw. „Ausländer" als Täter und Opfer

85 Ebenso wie das Territorialitätsprinzip an den Begriff des Inlands anknüpft, bestimmt die Auslegung des Begriffs „Deutscher" den Inhalt des § 7 StGB, soweit darin das Individualschutzprinzip (Abs. 1) bzw. das aktive Personalitätsprinzip (Abs. 2 Nr. 1 Var. 1) verwirklicht wird.

aa) Staatsrechtlicher Inländerbegriff

86 Ähnlich wie beim Inlandsbegriff wurde vielfach ein vom staatsrechtlichen Maßstab grds. unabhängiger funktionaler Inländerbegriff favorisiert. Auch hier gilt: Seit der Wiedervereinigung[209] hat die funktionale Bestimmung des Begriffs ihre Bedeutung verloren. Der Begriff des Deutschen richtet sich nunmehr nach dem staatsrechtlichen Inländerbegriff des Art. 116 GG.[210]

Deutscher ist danach zum einen jeder deutsche **Staatsangehörige** (vgl. § 1 StAG).[211] Die deutsche Staatsangehörigkeit besitzen dabei auch sog. Mehrstaatler, insbesondere auch die nach Inkrafttreten der geltenden Fassung des StAG in Deutschland geborenen Kinder von Ausländern, die gem. § 4 III StAG neben der Staatsangehörigkeit ihrer Eltern automatisch die deutsche Staatsangehörigkeit erwerben. Auch wenn die hL aufgrund einer schutzzweckorientierten Auslegung annimmt, ein ungeborenes Kind (Leibesfrucht) könne bereits „Deutscher" iSv § 7 I StGB sein,[212] kann dem – trotz des

---

203 Vgl. SK-*Hoyer*, StGB § 7 Rn. 3, wobei allerdings Abs. 1 und Abs. 2 Nr. 1 daneben auch noch Individualschutz- bzw. Personalitätsaspekte enthalten sollen; *Jescheck/Weigend*, § 18 III 5, die allerdings den Fall des § 7 I Var. 1 StGB dem Individualschutzprinzip zuordnen.
204 Abweichend insoweit Lackner/Kühl-*Heger*, StGB § 7 Rn. 1, die in Abs. 2 vorwiegend das Stellvertretungsprinzip, in Abs. 1 hingegen das Individualschutzprinzip verwirklicht sehen; ebenso *Stratenwerth/Kuhlen*, AT, § 4 Rn. 21 ff.
205 MK-*Ambos*, StGB § 7 Rn. 1 f.; M/R-*Basak*, StGB § 7 Rn. 1; SSW-StGB-*Satzger*, StGB § 7 Rn. 2; *ders.*, Jura 2010, 190 (191 f.).
206 AA *Roegele*, Strafrechtsimperialismus, S. 215, der das passive Personalitätsprinzip für völkerrechtswidrig hält und sich für eine Lösung über das Stellvertretungsprinzip ausspricht.
207 AA *Jescheck/Weigend*, § 18 III 5; NK-*Böse*, StGB § 7 Rn. 12: auch insoweit Stellvertretungsprinzip.
208 In Bezug auf § 7 II Nr. 1 Var. 2 StGB ist auch innerhalb der hM umstritten, ob diese Neubürgerklausel ebenfalls dem aktiven Personalitätsprinzip oder – wie nach hiesiger Auffassung – dem Prinzip der stellvertretenden Strafrechtspflege zuzuordnen ist, dazu mwN S/S-*Eser/Weißer*, StGB § 7 Rn. 1.
209 Für die sog. Alttaten von DDR-Bürgern s. die Sonderregelung des Art. 315 EGStGB.
210 S. nur *Fischer*, StGB § 7 Rn. 2a ff.; *Schmitz*, S. 180.
211 Staatsangehörigkeitsgesetz vom 22.7.1913 (BGBl. III, Gliederungsnummer 102–1).
212 MK-*Ambos*, StGB § 7 Rn. 24; S/S-*Eser/Weißer*, StGB § 7 Rn. 11 mwN.

möglicherweise sachgerechten Ergebnisses – nicht zugestimmt werden. Da das Ungeborene nach dem klaren Wortlaut der §§ 3 Nr. 1, 4 I StAG Deutscher erst durch die Geburt „wird", steht eine derart weite Interpretation im Widerspruch zum Analogieverbot.[213]

Zum anderen ist **Deutscher** iSd Art. 116 GG, wer als Flüchtling oder Vertriebener deutscher **Volkszugehörigkeit** oder als dessen Ehegatte oder Abkömmling in dem Gebiete des Deutschen Reiches nach dem Stande vom 31.12.1937 Aufnahme gefunden hat.

Juristische Personen können nicht als „Deutsche" behandelt werden. Der Wortlaut ist insoweit eindeutig. Dass § 5 Nr. 7 StGB von „Unternehmen" spricht, zeigt, dass der Gesetzgeber auch im Strafanwendungsrecht begrifflich zwischen natürlichen und juristischen Personen unterscheidet.[214]

bb) Deutscher als Opfer (§ 7 I StGB)

§ 7 I StGB verwirklicht das Individualschutzprinzip und knüpft demzufolge an Taten „gegen einen Deutschen" an. Was damit genau gemeint ist, ist nicht eindeutig. Zu Recht wird hier eine enge Auslegung befürwortet. Nach der Grundkonzeption der §§ 3 ff. StGB beruht deutsches Strafanwendungsrecht grds. auf dem Territorialitätsprinzip und wird nur ausnahmsweise über die Grundsätze des Schutzprinzips oder des aktiven Personalitätsprinzips erweitert. Um diesen Ausnahmecharakter sicherzustellen, darf § 7 I StGB nicht immer schon dann eingreifen, wenn die Interessen eines Deutschen durch die Tat eines Ausländers im weitesten Sinne berührt werden; vielmehr ist erforderlich, dass sich die Tat unmittelbar gegen die (Individual-)Rechtsgüter eines bestimmten oder bestimmbaren Deutschen richtet.[215]

87

BEISPIEL: Beim Handeltreiben mit Betäubungsmitteln (§ 29 I Nr. 1 BtMG) ist nach hM die Allgemeinheit („Volksgesundheit") geschützt, Individualrechtsgüter werden nur indirekt geschützt.[216] Die Tat kann sich somit niemals „gegen einen Deutschen" iSv § 7 I StGB richten.

Mittlerweile stellt sich – abgesehen von völkerrechtlichen Erwägungen (dazu → § 4 Rn. 12) – die Frage, ob das passive Personalitätsprinzip in der von § 7 I StGB vorgegebenen Form nicht möglicherweise europarechtswidrig ist: Art. 18 AEUV verbietet innerhalb der EU grundsätzlich eine Diskriminierung aufgrund der Staatsangehörigkeit. Wenn § 7 I StGB (nur) deutsche Staatsbürger davor schützen soll, im Ausland Opfer einer Straftat zu werden, lässt sich dies durchaus als eine solche Diskriminierung verstehen.[217] Auch vor dem Hintergrund, dass gem. Art. 20 AEUV eine Unionsbürgerschaft eingeführt werden soll und die EU einen einheitlichen Rechtsraum – vergleich-

88

---

213 Näher NK-*Böse*, StGB § 7 Rn. 3; SSW-StGB-*Satzger*, StGB § 7 Rn. 5; *ders.*, Jura 2010, 190 (191); *T. Walter* JuS 2006, 967 (968); LK-*Werle/Jeßberger*, StGB § 7 Rn. 67 f.; AnwK-*Zöller*, StGB § 7 Rn. 4.
214 So auch die wohl hM, KG Beschl. v. 24.3.2006 – 1 AR 323/06 = NJW 2006, 3016; OLG Stuttgart Beschl. v. 30.10.2003 – 1 Ws 288/03 = NStZ 2004, 402; *Ambos*, Int. Strafrecht, § 3 Rn. 46, 43; *Böhm* NStZ 2017, 618 (621); *Ensenbach* wistra 2011, 4 (8 f.); S/S-*Eser/Weißer*, StGB § 7 Rn. 11; *Fischer*, StGB § 7 Rn. 4; *Schramm*, Int. Strafrecht, 1/66; *Werkmeister/Steinbeck* wistra 2015, 209 (211); weiter NK-*Böse*, StGB § 7 Rn. 4; ausf. zur Debatte um die Schaffung eines Verbandsstrafrechts und dessen transnationalen Geltungsbereich *Schneider* ZIS 2013, 488.
215 SSW-StGB-*Satzger*, StGB § 7 Rn. 7; LK-*Werle/Jeßberger*, StGB § 7 Rn. 70; zu eng hingegen *Oehler*, Int. Strafrecht, Rn. 677, der Anwesenheit am Tatort verlangt.
216 Sehr str., BGH Urt. v. 24.11.1982 – 3 StR 384/82 = BGHSt 31, 168; Beschl. v. 25.9.1990, 4 StR 359/90 = BGHSt 37, 182 mwN; *Körner/Patzak/Volkmer*, BtMG, § 29 Rn. 1 ff.
217 MK-*Ambos*, Vor §§ 3–7 StGB Rn. 42; *Böse/Meyer* ZIS 2011, 336 (341 f.); *Böse*, in: Böse/Meyer/Schneider, Conflicts of Jurisdiction, Bd. 2, S. 54 ff.; *F. Zimmermann*, Strafgewaltkonflikte in der EU, S. 133 ff.

bar den Verhältnissen innerhalb eines Mitgliedstaats – bilden möchte, erscheint es wenig zeitgemäß, den strafrechtlichen Schutz von der deutschen Staatsbürgerschaft abhängig zu machen. Die auf den ersten Blick naheliegende Schlussfolgerung, künftig einfach alle Straftaten gegen Staatsangehörige aller EU-Mitgliedstaaten dem deutschen Strafrecht zu unterstellen, würde jedoch zu einer massiven Ausdehnung der deutschen Strafgewalt und zur weiteren Zunahme von Jurisdiktionskonflikten führen. Die Reform des passiven Personalitätsprinzips steht somit in engem Zusammenhang mit einer überzeugenden Lösung des Problems der Jurisdiktionskonflikte in der EU (dazu → § 3 Rn. 5).[218]

cc) Deutscher als Täter (§ 7 II Nr. 1 StGB)

89 Als Ausprägung des aktiven Personalitätsprinzips werden über § 7 II Nr. 1 Var. 1 StGB Auslandstaten, die durch Deutsche als Täter[219] begangen werden, erfasst. Ähnlich wie bei § 7 I StGB lassen sich auch hier Bedenken im Hinblick auf das unionsrechtliche Diskriminierungsverbot anmelden.[220] Da die Vorschrift nicht dem Prinzip der stellvertretenden Strafrechtspflege zuzuordnen ist[221], erscheint hier eine Berücksichtigung des Tatortrechts auf Strafzumessungsebene nicht zwingend geboten.[222] Kommt es nach den allgemeinen Prinzipien darauf an, dass die Strafbarkeitsvoraussetzungen zum Zeitpunkt der Tat vorliegen (§ 2 I StGB), so enthält § 7 II Nr. 1 Var. 2 StGB insoweit eine erstaunliche Regelung, da sie die Geltung des deutschen Strafrechts für diejenigen Ausländer vorschreibt, die nach der Tat die deutsche Staatsangehörigkeit erworben haben (sog. Neubürgerklausel).

BEISPIEL: A ist Staatsangehöriger des Staates P. Auf einer Autobahn in P wird A gestoppt, als er angetrunken ein Fahrzeug führt. Die bei A festgestellte BAK von 1,2 ‰ begründet nach dem Recht von P allerdings nur die Strafbarkeit wegen eines mit geringfügiger Geldstrafe bedrohten Vergehens. Wenige Tage später wird A in Deutschland eingebürgert. Die Staatsanwaltschaft in Deutschland will A wegen § 316 StGB (zu der hier nicht vorzunehmenden Schutzbereichsbeschränkung → § 6 Rn. 2) anklagen.

90 Die Ausdehnung des deutschen Strafrechts auf in der Vergangenheit liegende Taten eines Neubürgers, die zur Zeit ihrer Begehung dem deutschen Strafrecht nicht unterworfen waren, lässt diese Regelung im Hinblick auf Art. 103 II GG problematisch erscheinen. Der durch die Einbürgerung ausgelöste, rückwirkende Effekt lässt sich auch nicht mit der rein formalen Begründung leugnen, die Neubürgerklausel sei zur Tatzeit bereits in Kraft gewesen.[223] Zu Recht wird daher gefordert, dass den Täter aufgrund dieser Regelung keine gegenüber seinem ursprünglichen Heimatstrafrecht härtere Strafe treffen darf.[224] Dies lässt sich auch dadurch begründen, dass § 7 II Nr. 1 Var. 2 StGB rich-

---

218 S. auch F. Zimmermann, Strafgewaltkonflikte in der EU, S. 134 f. Zu Lösungsvorschlägen bzgl. des passiven Personalitätsprinzips s. etwa *Böse/Meyer* ZIS 2011, 336 (341 f.); *Böse*, in: Böse/Meyer/Schneider (Hrsg.), Conflicts of Jurisdiction, Bd. 2, S. 56 f.; *Massa*, in: Klip (Hrsg.), Substantive Criminal Law, S. 119.
219 Dazu→ Rn. 10, 72 ff.
220 Vgl. *Pfaffendorf* ZStW 2017, 146; dazu → § 4 Rn. 3.
221 Dazu → Rn. 84.
222 So aber BGH Beschl. v. 3.5.2016 – 3 StR 449/15 = NStZ 2017, 146 (147); BGH Urt. v. 23.10.1996 – 5 StR 183/95 = BGHSt 42, 275; OLG Hamm, Beschl. v. 1.3.2018; 1 RVs 12/18 = NStZ-RR 2018, 292; BeckOK-StGB-v. *Heintschel-Heinegg*, § 7 Rn. 5; aA OLG Karlsruhe Urt. v. 22.7.2009 – 1 Ss 177/08 = NStZ-RR 2010, 48; vgl. dazu *Bock* HRRS 2010, 92. Differenzierend *Reinbacher* ZJS 2018, 142 (146 f.).
223 So allerdings noch BGH Urt. v. 8.9.1964 – 1 StR 292/64 = BGHSt 20, 23; ebenso M/R-*Basak*, StGB § 7 Rn. 14; *Schmitz*, S. 312.
224 So iErg auch zB M/R-*Basak*, StGB § 7 Rn. 14; S/S-*Eser/Weißer*, StGB § 7 Rn. 13; Lackner/Kühl-*Heger*, StGB § 7 Rn. 4; *Roegele*, Strafrechtsimperialismus, S. 217 f.; *Schramm*, Int. Strafrecht, 1/70; ähnlich auch BGH Urt.

§ 5 Das Strafanwendungsrecht des StGB

tiger Ansicht nach einen Fall der stellvertretenden Strafrechtspflege normiert, so dass keine Veranlassung besteht, den Täter härter zu bestrafen, als es das Tatortrecht vorsieht.[225] Gleichwohl ist nicht zu übersehen, dass hierdurch schwierigste – für den Strafrichter wohl häufig nur schwer zu leistende – Sanktionenvergleiche anzustellen sind.

dd) Ausländer als Täter (§ 7 II Nr. 2 StGB)

Entsprechend der Systematik des § 7 StGB ist **Ausländer** iSv Abs. 2 Nr. 2, wer zum Zeitpunkt der Tat nicht Deutscher war und auch später nicht Neubürger (vgl. § 7 II Nr. 1 Var. 2 StGB) geworden ist. Zusätzlich verlangt § 7 II Nr. 2 StGB, dass der ausländische Täter **im Inland betroffen**, dh seine Anwesenheit im Inland festgestellt wird.[226] Schließlich muss feststehen, dass der Täter, dessen Auslieferung nach der Art der Tat an sich *zulässig* wäre, **nicht ausgeliefert** wird.[227] Die Auslieferungsvoraussetzungen ergeben sich aus dem deutschen Auslieferungsrecht, also aus dem IRG und den unmittelbar anwendbaren völkerrechtlichen Regelungen.[228] Über das Unterbleiben der Auslieferung entscheidet in letzter Instanz nicht das Gericht, sondern die gem. § 74 IRG zuständige Verwaltungsbehörde. Die Gründe für eine derartige Entscheidung werden in § 7 II Nr. 2 StGB nur klarstellend angeführt.

Wie im Falle der Neubürgerklausel ist bei einem Ausländer, der gem. § 7 II Nr. 2 StGB vor ein deutsches Gericht gestellt wird, ebenfalls das im Vergleich mildere Gesetz anzuwenden. Beide Male handelt es sich um einen Fall der (nur) stellvertretenden Strafrechtspflege.[229]

ee) Problem der stellvertretenden Strafrechtspflege bei Teilnehmern

▶ **FALL 10:** In ihrem gemeinsamen Heimatland L hatte der Ausländer B seinen Landsmann A zu einem Heimtückemord an einem Landsmann angestiftet, den A daraufhin in L ausführte. Kurze Zeit später wird (nur) A in Deutschland festgenommen. Obwohl in L eine Verurteilung sowohl materiell- als auch verfahrensrechtlich möglich wäre, verzichten die dortigen Behörden auf die nach deutschem Recht zulässige Auslieferung. Ist auf die Taten des A bzw. B der deutsche § 211 StGB anwendbar?[230]

Variante: Nur B wird in Deutschland festgenommen. ◀

Die Anwendbarkeit deutschen Strafrechts auf A wird in **Fall 10** durch § 7 II Nr. 2 StGB gewährleistet. Problematisch gestaltet sich aber die Frage, ob auch der Anstifter B unter § 7 II Nr. 2 StGB fällt. Zunächst liegt – wie gesehen – eine nach deutschem Strafrecht strafbare Haupttat vor. Außerdem ist unter „Tat" iSv § 7 StGB auch die Teilnah-

---

v. 26.8.1993 – 4 StR 399/93 = BGHSt 39, 321; aA aber noch BGH Urt. v. 8.9.1964 – 1 StR 292/64 = BGHSt 20, 23.
[225] So explizit BGH Urt. v. 26.8.1993 – 4 StR 399/93 = BGHSt 39, 321; ebenso *Roegele*, Strafrechtsimperialismus, S. 218.
[226] S/S-*Eser/Weißer*, StGB § 7 Rn. 15; SSW-StGB-*Satzger*, StGB § 7 Rn. 11; *ders.*, Jura 2010, 190 (192); LK-*Werle/Jeßberger*, StGB § 7 Rn. 94.
[227] BGH Beschl. v. 23.4.2019 – 4 StR 41/19 = BGH NStZ 2019, 460 f.; BGH Urt. v. 28.11.1995 – 4 StR 641/95 = NStZ 1996, 277; s. auch SSW-StGB-*Satzger*, StGB § 7 Rn. 13; einschränkend *Roegele*, Strafrechtsimperialismus, S. 219 f.
[228] Vgl. für die europäische Ebene das EuAlÜbk v. 13.12.1957 (BGBl. 1964 II, S. 1369) sowie das SDÜ (BGBl. 1993 II, S. 1010).
[229] IErg ebenso, wenngleich maßgeblich auf Vertrauensgesichtspunkte abstellend MK-*Ambos*, StGB § 7 Rn. 26; *Roegele*, Strafrechtsimperialismus, S. 220; *Schramm*, Int. Strafrecht, 1/73.
[230] Vgl. zu dieser Fallgestaltung sowie zur Gesamtproblematik auch *Satzger* Jura 2010, 190 (194 f.).

me zu verstehen (dazu → Rn. 9). Legt man freilich den Begriff des „Täter[s]" in § 7 II Nr. 2 StGB wortlautgetreu eng aus, wäre deutsches Strafrecht für den (im Ausland befindlichen) Teilnehmer B dann anwendbar, wenn der Täter (hier also A) im Inland betroffen und nicht ausgeliefert wird. Es käme also für die Anwendbarkeit deutschen Strafrechts allein auf den – aus Sicht des Teilnehmers – zufälligen Umstand an, ob der (Haupt-)Täter der Auslandstat in Deutschland betroffen ist und nicht ausgeliefert wird. Das Prinzip der stellvertretenden Strafrechtspflege, welchem § 7 II Nr. 2 StGB dient, macht jedoch nur Sinn, wenn sich der Teilnehmer selbst in Deutschland befindet und nicht ausgeliefert wird. Folglich ist unter „Täter" iSd § 7 II Nr. 2 StGB (und letztlich iSd gesamten Strafanwendungsrechts) auch der Teilnehmer zu verstehen (dazu → Rn. 10). In **Fall 10** ist daher auf den im Ausland befindlichen B deutsches Strafrecht nicht anwendbar.

In der **Variante von Fall 10** scheidet eine Strafbarkeit des A nach deutschem Strafrecht hingegen aus, da nur der Teilnehmer B in Deutschland iSv § 7 II Nr. 2 StGB betroffen wird. Wegen des Akzessorietätserfordernisses kann B nach deutschem Strafrecht nicht wegen einer Anstiftung zu einer Tat verurteilt werden, die nach deutschem Recht nicht strafbar ist.[231]

c) Die Tatortstrafbarkeit

93 Mit Ausnahme der Konstellation, dass der Tatort keiner Strafgewalt unterliegt,[232] setzt § 7 StGB in allen Fallgestaltungen voraus, dass „die Tat am Tatort mit Strafe bedroht ist". Wie oben bereits festgestellt wurde (dazu → Rn. 84), erfüllt diese Tatortstrafbarkeit nach der hier vertretenen Auffassung im Rahmen des § 7 StGB zwei unterschiedliche Funktionen:

- Bei § 7 I, II Nr. 1 Var. 1 StGB dient sie als **einschränkendes Zusatzkriterium**, um die Anwendung des deutschen Strafrechts nicht über Gebühr auszuweiten.
- Bei § 7 II Nr. 1 Var. 2, Nr. 2 StGB ist sie Ausdruck des Prinzips der **stellvertretenden Strafrechtspflege**.

aa) Bedrohung der Tat mit Strafe am Tatort

94 Unabhängig von der Funktion des Erfordernisses der Tatortstrafbarkeit gilt zunächst, dass das Tatortstrafrecht *für die konkrete Tat* eine *Strafe* vorsehen muss. Dies bedeutet zum einen, dass die ausländische Rechtsordnung tatsächlich eine **Kriminalstrafe** als Rechtsfolge des Verhaltens anordnen muss; die Androhung irgendeiner Sühnemaßnahme oder einer Ordnungswidrigkeiten- oder Verwaltungssanktion genügt hierfür nicht.[233] Zum anderen ist für die Beurteilung der Tatortstrafbarkeit kein abstrakter Vergleich der einschlägigen Normen vorzunehmen, sondern es ist auf die rechtliche Bewertung der konkreten Tat (im prozessualen Sinn) abzustellen (sog. **konkrete Betrachtungsweise**).[234] Richtiger Ansicht nach genügt es dabei, wenn die Tat unter irgendeinem Aspekt von einem ausländischen Straftatbestand erfasst wird.[235] Nicht erforderlich ist, dass der deutsche Tatbestand mit seinem ausländischen Pendant deckungs-

---

231 Für eine Loslösung von den Akzessorietätsgrundsätzen in diesen Fällen *Gribbohm* JR 1998, 177 (178 f.).
232 Zu diesem „Tatort im Niemandsland" ausf. NK-*Böse*, StGB § 7 Rn. 9 und LK-*Werle/Jeßberger*, StGB § 7 Rn. 51 ff.
233 So weitgehend anerkannt seit BGH Beschl. v. 30.9.1976 – 4 StR 683/75 = BGHSt 27, 5.
234 SSW-StGB-*Satzger*, StGB § 7 Rn. 18; vgl. auch MK-*Ambos*, StGB § 7 Rn. 6.
235 MK-*Ambos*, StGB § 7 Rn. 6; SSW-StGB-*Satzger*, StGB § 7 Rn. 18; *ders.*, Jura 2010, 190 (192).

gleich ist oder auch nur eine ähnliche Schutzrichtung hat.[236] Der Wortlaut des § 7 StGB legt ein solch enges Verständnis, das zu schwierigen praktischen Abgrenzungsproblemen führen würde, nicht nahe. Die Strafbarkeit nach irgendeinem am Tatort geltenden Tatbestand eröffnet „– einem Schlüssel vergleichbar – die Tür zur umfassenden Geltung aller Vorschriften des deutschen Strafrechts."[237] Gleichwohl mag es Extremfälle geben, in denen die Strafbarkeit am Tatort aus völlig anderen Gesichtspunkten eingreift als das deutsche Strafrecht, so dass die beiderseitige Strafbarkeit als rein zufällig erscheint. Hier muss zugunsten des Täters ein Korrektiv eingreifen,[238] wobei sich eine Parallele zum Verbot der Doppelbestrafung (*ne bis in idem*) im Strafprozessrecht anbietet: Dort wird angenommen, dass ein Strafklageverbrauch trotz bereits erfolgter Aburteilung einer Tat dann nicht eingreift, wenn dem aburteilenden Gericht bestimmte Tatsachen unbekannt geblieben sind und es hierdurch den Unwertgehalt der Tat völlig verkannt hat.[239] Übertragen auf die hier interessierende Konstellation bedeutet dies: Erhält die Tat nach dem ausländischen Strafrecht ein „völlig anderes rechtliches Gepräge" als nach deutschem Strafrecht, so ist die Voraussetzung der Tatortstrafbarkeit ausnahmsweise nicht erfüllt.

Beispiel: Wenn etwa der Schuss mit einer ungeladenen Pistole auf einen Deutschen im Ausland nach deutschem Recht als eine versuchte Tötung bestraft werden könnte, nach dem Tatortrecht, das die Figur des untauglichen Versuchs nicht kennt, jedoch eine Strafbarkeit nur wegen des unerlaubten Führens einer Waffe in Betracht käme, so wäre nach hier vertretener Ansicht die Tatortstrafbarkeit in Bezug auf die versuchte Tötungshandlung nicht gegeben.

bb) Rechtfertigungs-, Entschuldigungs- und sonstige materiellrechtliche „Straffreistellungsgründe" des Tatortrechts

Umstritten ist die Beurteilung der Konstellationen, in denen das ausländische Strafrecht das konkrete Verhalten zwar durch einen Straftatbestand erfasst, im Ergebnis aufgrund des Eingreifens von Rechtfertigungs-, Entschuldigungs- oder sonstigen „Straffreistellungsgründen"[240] gleichwohl keine Strafbarkeit annehmen würde. Die jeweils extremen Ansichten sprechen sich für eine **generelle Unbeachtlichkeit**[241] bzw. **uneingeschränkte Beachtlichkeit**[242] der ausländischen Straffreistellungsgründe aus.

95

Beide Ansichten berufen sich ua interessanterweise auf den Wortlaut, wobei die erste Ansicht die Betonung darauf legt, dass durch das Eingreifen eines Tatbestands die Tat jedenfalls „mit Strafe bedroht" ist.[243] Die Gegenansicht versteht den Wortlaut dahin

96

---

236 Vgl. BGH Urt. v. 29.2.1952 – 1 StR 767/51 = BGHSt 2, 160 f.; Urt. v. 23.7.1997, 3 StR 71/97 = StV 1997, 71; S/S-*Eser/Weißer*, StGB § 7 Rn. 4; strenger hingegen NK-*Böse*, StGB § 7 Rn. 14; SK-*Hoyer*, StGB § 7 Rn. 4; *Jeßberger*, Geltungsbereich, S. 163 f.; *Pawlik* ZIS 2006, 274 (287); *Rath* JA 2007, 26 (33); *Safferling*, Int. Strafrecht, § 3 Rn. 59.
237 So *Niemöller* NStZ 1993, 171 (172).
238 Ein solches formuliert etwa auch *Oehler*, Int. Strafrecht, Rn. 151a (stets müsse die „Tatsubstanz" strafrechtlicher Tatortahndung unterliegen).
239 Hierzu *Beulke*, StPO, Rn. 517 ff.; *ders.*, in: Roxin/Widmaier (Hrsg.), Festgabe BGH, S. 799 f.
240 Hiermit sind alle Gründe gemeint, die die Strafbarkeit ausschließen können; die Unterscheidung in Rechtfertigungs-, Entschuldigungs- und Strafausschließungsgründe, wie sie dem deutschen Recht zugrunde liegt, ist vielen Rechtsordnungen, insbes. aus dem angloamerikanischen Rechtskreis, unbekannt.
241 *Woesner* ZRP 1976, 248 (250).
242 *Grünwald* StV 1991, 31 (33); *Jakobs*, AT, 5/18.
243 S. nur *Woesner* ZRP 1976, 248 (250).

gehend, dass dem konkreten Täter im Ergebnis tatsächlich Strafe drohen muss, was eben bei einem Eingreifen von Straffreistellungsgründen nicht der Fall sei.[244]

97 Nimmt man die dem § 7 StGB zugrunde liegende konkrete Betrachtungsweise bei der Bestimmung der Tatortstrafbarkeit ernst und beachtet zudem, dass die Unterscheidung in Tatbestandsmäßigkeit einerseits und Rechtfertigungs- und Entschuldigungsgründe als wesentliche Straffreistellungsgründe andererseits dem deutschen Strafrecht zwar wohl vertraut ist, in anderen Rechtsordnungen jedoch keinesfalls so klar gezogen wird,[245] so kann die bloße Subsumierbarkeit eines Verhaltens unter einen ausländischen Tatbestand nicht genügen, um von einer Tatortstrafbarkeit auszugehen.[246] Materiellrechtliche Straffreistellungsgründe müssen also grds. beachtlich sein. Der Wortlaut steht dem nicht entgegen, da die Tat letztlich eben nur dann tatsächlich „mit Strafe bedroht" ist, wenn sie im konkreten Fall vom ausländischen Recht nicht als erlaubt oder entschuldigt angesehen wird.

98 Dies darf allerdings nicht so stehen gelassen werden. Zu Recht erkennt die hM in der Literatur[247] ebenso wie die Rspr.[248] die straffreistellenden Rechtssätze der *lex loci* nur mit einer Einschränkung an: Diese dürfen nicht gegen den *ordre public*, also die Gesamtheit der grundlegenden Prinzipien einer Rechtsgemeinschaft, verstoßen.

99 ■ Teilweise wird – ähnlich wie im Internationalen Privatrecht – auf einen **nationalen** *ordre public* (vgl. Art. 6 EGBGB) abgestellt.[249] Begründet wird dies damit, dass bei Erfüllung der Voraussetzungen des § 7 StGB deutsche Gerichte deutsches Strafrecht anwenden. Würden sie Straffreistellungsgründe beachten, die diesem nationalen Maßstab widersprechen, würden sie sich demgegenüber Entscheidungen eines ausländischen Gesetzgebers zu eigen machen, die mit der deutschen Rechtsordnung inkompatibel sind.[250] Dem ist allerdings entgegenzuhalten, dass § 7 StGB bewusst eine Fremdrechtsanwendung erfordert und daher deutsches Recht generell als „Korrektiv" für die ausländische Rechtsordnung ausscheidet. Darüber hinaus würde die nationale Bestimmung des *ordre public* zu unlösbaren Konflikten mit der durch Art. 103 II GG für In- und Ausländer gleichermaßen garantierten Rechtssicherheit führen.[251] Denn der Täter, der im Ausland gegenüber einem Deutschen oder einem Ausländer eine Straftat begeht, kann grds. nicht erkennen, dass ein am Tatort anerkannter Straffreistellungsgrund gegen die deutsche öffentliche Ordnung verstößt. Er wird regelmäßig weder einen Anlass haben, sich über die Vereinbarkeit mit dem deutschen *Ordre-public*-Gedanken zu machen, noch wird er hierzu überhaupt die Möglichkeit besitzen.

■ Etwas anderes könnte man allenfalls für den Fall des § 7 II Nr. 1 Var. 1 StGB annehmen: Hier ist der Täter zum Tatzeitpunkt Deutscher, dh durch die Staatsangehörigkeit besteht ein formales Band zwischen dieser Person und der deutschen Rechts-

---

244 So etwa MK-*Ambos*, StGB § 7 Rn. 10.
245 S. nur *Henrich*, Personalitätsprinzip, S. 96.
246 AA jedoch *Woesner* ZRP 1976, 248 (250), der insbes. auf praktische Schwierigkeiten hinweist, die eine Beachtung von Strafausschließungsgründen mit sich bringt.
247 ZB NK-*Böse*, StGB § 7 Rn. 7; SK-*Hoyer*, StGB § 7 Rn. 4; SSW-StGB-*Satzger*, StGB § 7 Rn. 20; LK-*Werle/Jeßberger*, StGB § 7 Rn. 37 ff.; *dies.*, JuS 2001, 141 (143).
248 Grundlegend BGH Urt. v. 23.10.1996 – 5 StR 183/95 = BGHSt 42, 279.
249 Vgl. LK-*Tröndle*, 10. Aufl., StGB § 7 Rn. 5.
250 Vgl. *Küpper/Wilms* ZRP 1992, 91; LK-*Tröndle*, 10. Aufl., StGB § 7 Rn. 5; *Wilms/Ziemske* ZRP 1994, 170 (171).
251 So zB auch LK-*Werle/Jeßberger*, StGB § 7 Rn. 40; vgl. auch BGH Urt. v. 3.11.1992 – 5 StR 370/92 = BGHSt 39, 15 (zu § 2 III StGB).

ordnung. Dies bedeutet jedoch gleichwohl nicht, dass der Täter derart in die deutsche Rechtsgemeinschaft integriert ist, dass von ihm überall auf der Welt verlangt werden könnte, die essentiellen Grundentscheidungen und Grundwerte der deutschen Rechtsordnung, die den nationalen *ordre public* bilden, zu respektieren. Man denke etwa an deutsche Auswanderer, die seit Jahrzehnten in anderen Staaten leben, oder Täter, die über mehrere Staatsangehörigkeiten verfügen.

■ Eine Beschränkung der Anerkennung ausländischer Straffreistellungsgründe lässt sich jedoch aus höherrangigem Recht, aus dem **internationalen** *ordre public*, ableiten.[252] Soweit das ausländische Recht wegen eines Widerspruchs zu universell anerkannten Rechtsgrundsätzen, insbesondere bei menschenrechtswidrigen Straffreistellungsgründen, nicht als gültiges Recht anerkannt werden kann, darf auch das Vertrauen des Täters in die nur formale Legalität oder Straflosigkeit nach der *lex loci* nicht geschützt sein.[253] Angesichts der weltweiten Geltung eines solchen internationalen *ordre public* für alle In- wie Ausländer muss eine hierauf basierende Einschränkung der Beachtlichkeit ausländischer Straffreistellungsgründe alle Fälle des § 7 StGB gleichermaßen betreffen. Dies entspricht im Übrigen auch dem historischen Willen des Gesetzgebers, wonach die Strafdrohung in einem fremden Staat nicht durch die Berufung auf Rechtfertigungs- und Entschuldigungsgründe, die den von zivilisierten Völkern anerkannten Rechtsgrundsätzen widersprechen, willkürlich ausgeschaltet werden können sollte.[254]

100

Damit lässt sich nach hier vertretener Ansicht zusammenfassen: Straffreistellungsgründe sind im Rahmen des § 7 StGB beachtlich, es sei denn, sie stehen im Widerspruch zum internationalen *ordre public*.

101

cc) Verfahrenshindernisse des Tatortrechts

Im Gegensatz zu den materiellrechtlichen Straffreistellungsgründen wird verbreitet die Ansicht vertreten, prozessuale Verfolgungshindernisse des Tatortrechts seien **generell unbeachtlich**.[255]

102

Als Argument wird zunächst der Wortlaut genannt, der nicht auf die Verfolgbarkeit, sondern nur darauf abstelle, dass die „Tat mit Strafe bedroht" sei. Darüber hinaus wird die Entstehungsgeschichte angeführt, wonach die in der Ursprungsfassung des (R)StGB abschließend aufgezählten verfahrensrechtlichen Gründe, die einer Verfolgung entgegenstanden,[256] in der Folgezeit gestrichen worden seien.[257] Daraus wird der Schluss gezogen, Verfahrenshindernisse seien nunmehr generell unbeachtlich.[258]

---

252 So MK-*Ambos*, StGB § 7 Rn. 15; *Hombrecher* JA 2010, 637 (640 f.); SK-*Hoyer*, StGB § 7 Rn. 4; *Werle/Jeßberger* JuS 2001, 143; vgl. auch VG Karlsruhe Urt. v. 8.5.2013 – 4 K 1419/11 = DÖV 2013, 863 (Berücksichtigung der Strafosigkeit einer Zweitehe am Tatort bei § 172 StGB); aA beim Stellvertretungsprinzip NK-*Böse*, StGB § 7 Rn. 15.
253 Zum Wegfall der Vertrauensgrundlage im Hinblick auf Art. 103 II GG BVerfG Beschl. v. 24.10.1996 – 2 BvR 1851/94 = BVerfGE 95, 133 f.
254 Vgl. dazu LK-*Werle/Jeßberger*, StGB § 7 Rn. 38 mwN.
255 Bereits RGSt 40, 404; ebenso BGH Urt. v. 29.2.1952 – 1 StR 767/51 = BGHSt 2, 160; 20, 27; Beschl. v. 14.4.2011, 4 StR 112/11 = NStZ-RR 2011, 245 f.; KG Beschl. v. 16.12.1987 – (4) 3 HEs 2/87 (87/87) = JR 1988, 345.
256 § 5 RStGB idF v. 15.5.1871 (RGBl. S. 127) in Bezug auf a) rechtskräftigen Abschluss und erledigte Strafvollstreckung, b) Verjährung sowie c) fehlenden Strafantrag des Verletzten.
257 §§ 3, 4 RStGB idF der Geltungsbereichsverordnung v. 6.5.1940 (RGBl. I, S. 754).
258 Näher LK-*Gribbohm*, 11. Aufl., StGB § 7 Rn. 33 ff.

103 Verfolgungshindernisse liegen insbesondere im Falle der Verjährung, des Fehlens eines Strafantrags oder der Amnestie vor. Allerdings hat bereits die deutsche Diskussion um die Einordnung der Verjährung gezeigt, wie schwierig die Trennlinie zwischen materiellem und prozessualem Recht zu ziehen ist.[259] Im ausländischen Recht ist eine klare Differenzierung unter Umständen gar nicht möglich und auch gar nicht vorgesehen.[260] Dies spricht bereits im Ausgangspunkt dafür, materiellrechtliche Straffreistellungsgründe und prozessuale Verfolgungshindernisse gleich zu behandeln.[261]

104 Soweit § 7 StGB das Prinzip der stellvertretenden Strafrechtspflege verwirklicht – also insbesondere in den Fallgestaltungen des § 7 II Nr. 2 StGB – ist die Beachtlichkeit der prozessualen *lex loci* sogar zwingend: Denn das deutsche Strafrecht greift hier nur subsidiär an Stelle der ausländischen Rechtsordnung ein. Dahinter steht die Solidarität zwischen den Staaten. Würde über dieses Prinzip durch das deutsche Strafanwendungsrecht eine Bestrafungsmöglichkeit eröffnet, die aus prozessualen Gründen im Tatortrecht trotz materiellrechtlicher Strafbarkeit nicht gegeben ist, so würde diesem Solidaritätsprinzip zuwidergehandelt und über eine bloß subsidiäre Anwendung des deutschen Strafrechts hinausgegangen. Eine solche Erweiterung wäre durch das Stellvertretungsprinzip jedoch nicht mehr gedeckt.

105 Daher wird teils vertreten, prozessuale **Verfahrenshindernisse** seien **in dem Umfang zu beachten, wie § 7 StGB das Stellvertretungsprinzip realisiere**.[262] Damit wäre die – wie oben festgestellt – kaum realisierbare, vielleicht sogar nach dem ausländischen Recht inexistente Unterscheidung in materielles und prozessuales Recht erforderlich.

106 Da aber § 7 StGB nicht nur in Abs. 2 Nr. 2, sondern für die gesamte Norm einheitlich von „am Tatort mit Strafe bedroht" spricht, kann nur gefolgert werden, dass damit auch einheitlich materiellrechtliche wie prozessuale Hindernisse einer Bestrafung gemeint sind.[263]

Im Ergebnis bedeutet dies, dass prozessuale Verfolgungshindernisse **in jedem Fall** des § 7 StGB ebenso wie materiellrechtliche Strafausschlussgründe **beachtlich** sind.[264] Auch hier gilt deshalb nur ein internationaler *Ordre-public*-Vorbehalt.[265]

Für **Fall 9** bedeutet dies, dass nach der hier vertretenen Ansicht die Verjährung nach dem Recht des Staates Z einer Anwendung des deutschen § 211 StGB entgegensteht; die Tat ist am Tatort nicht (mehr) mit Strafe bedroht iSv § 7 I StGB.

dd) Faktische Nichtverfolgung

107 Zweifelhaft ist, ob die Tatortstrafbarkeit gegeben ist, wenn die Tat am Tatort tatsächlich nicht (mehr) verfolgt wird oder eine Verfolgung zB aus Opportunitätsgründen oder gewandelten gesellschaftlichen Überzeugungen unterbleibt. Die hM erklärt eine

---

259 Dazu instruktiv *Beulke*, StPO, Rn. 8.
260 Vgl. auch *Eser* JZ 1993, 875 (878).
261 SSW-StGB-*Satzger*, StGB § 7 Rn. 22; *ders.*, Jura 2010, 190 (193 f.); zust. *Esser*, Eur. und Int. Strafrecht, § 16 Rn. 57; ebenso MK-*Ambos*, StGB § 7 Rn. 12.
262 So NK-*Böse*, StGB § 7 Rn. 8, 15; *Eser* JZ 1993, 875 (878); Lackner/Kühl-*Heger*, StGB § 7 Rn. 2; *Oehler*, Int. Strafrecht, Rn. 151e; *Pawlik* ZIS 2006, 274 (287); *Roegele*, Strafrechtsimperialismus, S. 212 f.; LK-*Werle/Jeßberger*, StGB § 7 Rn. 44 ff.; letztlich auch SK-*Hoyer*, StGB § 7 Rn. 5, demzufolge aber der gesamte § 7 dem Stellvertretungsprinzip zuzuordnen ist.
263 S. auch *Scholten* NStZ 1994, 266 (267); *Wörner/Wörner*, in: Sinn (Hrsg.), Jurisdiktionskonflikte, S. 236 f.
264 *Wörner/Wörner*, in: Sinn (Hrsg.), Jurisdiktionskonflikte, S. 236 f.; iErg. nicht in der Begründung, ebenso SK-*Hoyer*, StGB § 7 Rn. 5; *Safferling*, Int. Strafrecht, § 3 Rn. 35; aA *Scholten* NStZ 1994, 266 (271).
265 S. auch *Eser* JZ 1993, 875 (882).

solche faktische Nichtverfolgung für unbeachtlich, da diese Umstände nichts am strafwürdigen Unrecht änderten.[266] Eine hinreichend manifestierte rechtspolitische Entscheidung des Tatortstaates für die Nichtverfolgung muss aber zumindest insoweit respektiert werden, als Deutschland nur „in Stellvertretung für den ausländischen Staat" sein Strafrecht anwendet. Soweit das deutsche Strafanwendungsrecht also das Stellvertretungsprinzip realisiert (§ 7 II Nr. 1 Var. 2, Nr. 2 StGB), können die rechtspolitischen Entscheidungen des Tatortstaates nicht unberücksichtigt bleiben.[267]

d) Prozessuale Flankierung

§ 153c I Nr. 1 StPO erklärt auch hier das **Opportunitätsprinzip** für anwendbar, weil es sich bei den in § 7 StGB genannten Taten durchgängig um Auslandstaten handelt.

WIEDERHOLUNGS- UND VERTIEFUNGSFRAGEN

> Welche Anknüpfungspunkte für die Anwendung deutschen Strafrechts sind in § 5 StGB verwirklicht? (→ Rn. 69 f.)
> Welches Prinzip steht – zumindest nach der gesetzlichen Grundkonzeption – hinter § 6 StGB? Passt es hierzu, wenn generell ein „legitimierender Anknüpfungspunkt" gefordert wird, wie dies insbesondere der früheren Rspr. im Hinblick auf die Anwendung des deutschen Völkermordtatbestandes entsprach? (→ Rn. 77 f.)
> Welche Rolle kommt § 6 Nr. 9 StGB zu? (→ Rn. 80)
> Wer gilt als „Inländer" iSd deutschen Strafanwendungsrechts? (→ Rn. 86)
> Ist der Begriff des Täters in § 7 II StGB identisch mit dem des § 25 StGB? (→ Rn. 92)
> Inwieweit sind für die Frage der Tatortstrafbarkeit Rechtfertigungs- und Entschuldigungsgründe sowie Verfolgungshindernisse des Tatortrechts relevant? (→ Rn. 95 ff.)

---

266 OLG Düsseldorf Urt. v. 3.11.1982 – V 15/82 (3) = NJW 1983, 1278; Urt. v. 10.4.1984, 2 Ss 42/84–23/84 III = NStZ 1985, 268; Beschl. v. 29.4.2013, III-3 RVs 45/13 = StV 2013, 707; *Fischer*, StGB § 7 Rn. 8; *Rönnau* JZ 2007, 1084 (1086); *Safferling*, Int. Strafrecht, § 3 Rn. 35.
267 MK-*Ambos*, StGB § 7 Rn. 14; *ders.*, Int. Strafrecht, § 3 Rn. 52; M/R-*Basak*, StGB § 7 Rn. 6; NK-*Böse*, StGB § 7 Rn. 15; S/S-*Eser/Weißer*, StGB § 7 Rn. 7; *Roegele*, Strafrechtsimperialismus, S. 212 f.; SSW-StGB-*Satzger*, StGB § 7 Rn. 23; vgl. auch den Beispielsfall bei *Satzger* Jura 2010, 190 (194).

§ 6 Schutzbereichsbeschränkung deutscher Straftatbestände auf inländische Rechtsgüter

1 Wie bereits eingangs (dazu → § 3 Rn. 12 f.) angedeutet, ist mit der Prüfung der §§ 3 ff. StGB noch nicht endgültig über die Anwendbarkeit eines Straftatbestandes auf eine Tat mit Auslandsberührung entschieden. Vielmehr stellt die Prüfung des Strafanwendungsrechts insoweit nur die erste Prüfungsstufe dar. Zusätzlich ist zu prüfen, ob der grenzüberschreitende Sachverhalt auch inhaltlich von der Reichweite des Tatbestandes umfasst wird. Dazu muss eine Auslegung des konkreten deutschen Straftatbestandes danach erfolgen, ob er auch den Schutz ausländischer Rechtsgüter bezweckt. Bei dieser Schutzbereichsbestimmung ist von den folgenden traditionellen Grundsätzen auszugehen:[1]

- Tatbestände, die **Individualrechtsgüter** (wie Eigentum, Leben usw) schützen, entfalten diesen Schutz unabhängig davon, ob es sich um Rechtsgüter von Ausländern oder Inländern handelt. Diese gelten allesamt als sog. inländische Rechtsgüter. Begründet wird dies einerseits damit, dass das völkerrechtliche Fremdenrecht auch einem Ausländer einen *minimum standard of justice* und damit einen gewissen Strafrechtsschutz garantiere; zum anderen wird auf das Gleichheitsgebot des Art. 3 I, III GG verwiesen, welches eine sachgrundlose Ungleichbehandlung von Ausländern verbiete.[2]

- Im Hinblick auf Tatbestände, die **öffentliche Rechtsgüter** schützen, ist dies grds. anders. Geht es um Rechtsgüter, die nur im verwaltungsrechtlichen oder hoheitsrechtlichen Interesse eines Staates geschützt werden (zB dessen territoriale Integrität, die Funktionsfähigkeit der Rechtspflege/der Verwaltung), wird je nach Rechtsgutsträger zwischen inländischen und ausländischen Rechtsgütern unterschieden. In den Anwendungsbereich solcher Tatbestände fallen nur inländische Rechtsgüter, somit also nur öffentliche Rechtsgüter der Bundesrepublik Deutschland. Ausländische Rechtsgüter werden auch dann grds. nicht von den deutschen Straftatbeständen erfasst, wenn die Voraussetzungen der §§ 3 ff. StGB erfüllt sind. Diese Unterscheidung zwischen inländischen und ausländischen Rechtsgütern wird klassischerweise damit begründet, dass die interne Strafgewalt nicht dazu berufen sei, ausländische Staatseinrichtungen und deren Belange zu schützen.[3] Festzuhalten gilt es freilich, dass in Reaktion auf eine international zunehmend verwobene und globalisierte Welt vielfach nicht nur eine europa- oder völkerrechtskonforme Auslegung (dazu → § 9 Rn. 96 ff.) ergibt, dass deutsche Tatbestände auch die Verletzung ausländischer oder supranationaler Interessen (va der Europäischen Union) erfassen,[4] sondern dass der Gesetzgeber bereits in einer Vielzahl von Sondervorschriften ausländischen Offizialinteressen strafrechtlichen Schutz zuerkannt hat.

Beispiel: Die §§ 102 ff. StGB erfassen schon der amtlichen Überschrift nach „Straftaten gegen ausländische Staaten"; § 370 VI AO stellt gewisse Steuerdelikte zulasten der übrigen EU-Mitgliedstaaten unter den Schutz des deutschen Strafrechts; ebenso erweitert

---

1 *Fischer*, Vor §§ 3–7 StGB Rn. 8 ff.; SSW-StGB-*Satzger*, Vor §§ 3–7 StGB Rn. 7 ff.; *ders.*, Jura 2010, 190 (195 f.); vgl. auch *Golombek*, S. 22 ff.
2 NK-*Böse*, Vor §§ 3 StGB Rn. 56; *Obermüller*, S. 61 f.; LK-*Werle/Jeßberger*, Vor §§ 3 StGB Rn. 276.
3 Vgl. *Oehler*, in: Engisch/Maurach (Hrsg.), FS Mezger, S. 98 f.; *ders.*, Int. Strafrecht, S. 480.
4 Vgl. auch *Safferling*, Int. Strafrecht, § 3 Rn. 10; ausf. zu der Frage, inwiefern Deutschland europarechtlich verpflichtet ist, auch Rechtsgüter anderer EU-Mitgliedstaaten zu erfassen, *F. Zimmermann*, Strafgewaltkonflikte in der EU, S. 128 ff.

§ 335a StGB den Anwendungsbereich der Bestechungsdelikte auf ausländische (inkl. europäische) „Bedienstete", die keine deutschen Amtsträger sind.

- Der Schutzbereich eines deutschen Straftatbestands ist auch dann eröffnet, wenn das konkrete Delikt (wie zB § 164 StGB) kumulativ sowohl Individual- als auch Kollektivrechtsgüter schützen soll.[5]

Noch weitgehend ungeklärt ist, wie mit Tatbeständen zu verfahren ist, die **überindividuelle, jedoch nicht staatsbezogene Allgemeininteressen** schützen.[6] Die Ermittlung der Schutzbereichsweite ist in diesen Fällen eine Auslegungsfrage, die aber immerhin dann relativ leicht zu beantworten ist, wenn der Gesetzgeber einen Tatbestand ausdrücklich auslandsbezogen ausgestaltet hat, wie dies zB im Fall von § 129b StGB oder § 299 III StGB geschehen ist. Hiervon abgesehen spricht jedenfalls dann vieles für eine Erweiterung des Schutzbereichs, wenn sich das betroffene Kollektivrechtsgut letztlich als Chiffre für unmittelbar dahinter stehende, fassbare Individualinteressen erweist.[7] Demnach ist davon auszugehen, dass beispielsweise die Sicherheit des ausländischen Straßenverkehrs von § 316 StGB, § 21 StVG oder der öffentliche Friede auch im Ausland von §§ 111, 125 StGB geschützt werden. Besondere Schwierigkeiten bereiten vor diesem Hintergrund aber die Tatbestände des (modernen) Wirtschaftsstrafrechts. Zum einen lassen sich ihre institutionellen Rechtsgüter (zB die Funktionsfähigkeit des Kapitalmarktes, der Versicherungswirtschaft bzw. des Kreditwesens im Falle der §§ 264a, 265, 265b StGB) meist nur mittelbar auf eine individualschützende Komponente zurückführen. Zum anderen wäre ihr weltweiter Geltungsbereich schon vor dem Hintergrund der engen Verbundenheit mit einer bestimmten marktwirtschaftlichen Wirtschaftsordnung nur schwer zu begründen. Denn anders als im Falle der Sicherheit des öffentlichen Straßenverkehrs lässt sich kaum behaupten, dass die Funktionsfähigkeit bestimmter wirtschaftlicher Institutionen in allen Staaten der Welt gleichwertig als strafschutzwürdig zu erachten ist. Die Rspr. neigt mittlerweile gleichwohl dazu, eine Schutzbereichsbeschränkung bei diesen Tatbeständen unter Betonung ihrer (auch) individualbezogenen Schutzrichtung abzulehnen.[8] Im Schrifttum wird die Auslandsbezogenheit in diesen Fällen teils mit Verweis auf den mittelbaren Vermögensschutz bejaht,[9] während ein anderer Ansatz dahin geht, den Strafrechtsschutz (jedenfalls) auf andere EU-Staaten auszudehnen, soweit das entsprechende Rechtsgebiet bereits durch außerstrafrechtliche Harmonisierungsaktivitäten der EU beeinflusst ist.[10]

Die Unterscheidung zwischen Strafanwendungsrecht und Schutzbereich kann auch dazu führen, dass deutsche Straftatbestände selbst dann nicht einschlägig sind, wenn sich aus einer Prüfung der §§ 3 ff. StGB ein Anknüpfungspunkt ergibt. So ist beispielsweise die Falschaussage eines Deutschen in einem ausländischen Verfahren vor einem ausländischen Gericht grds. nicht nach §§ 153 ff. StGB strafbar, auch wenn § 7 II Nr. 1 StGB im Prinzip zur Anwendbarkeit deutschen Strafrechts führte. Denn es geht um die Verletzung eines hoheitlichen Rechtsguts (Funktionsfähigkeit der innerstaatlichen Rechts-

---

5 AA bzgl. § 170 I StGB BGH Beschl. v. 31.7.1979 – 1 StR 21/79 = BGHSt 29, 85; dazu auch *Schramm*, Int. Strafrecht, 1/77.
6 Überblick zum Meinungsstand bei *Golombek*, S. 33 ff.
7 NK-*Böse*, Vor §§ 3 ff. StGB Rn. 60.
8 Insbes. zu § 265b StGB BGH Urt. v. 8.10.2014 – 1 StR 114/14 = BGHSt 60, 15 = NJW 2015, 423 mAnm *Kunkel*, juris PraxisReport Strafrecht 1/2015; aA noch OLG Stuttgart Beschl. v. 14.6.1993 – 3 ARs 43/93 = NStZ 1993, 545; offen gelassen bei BGH Beschl. v. 7.2.2002 – 1 StR 222/01 = NStZ 2002, 435; zu § 265 StGB BGH Beschl. v. 3.5.1993 – 5 StR 688/92 = wistra 1993, 224 (225).
9 NK-*Böse*, Vor §§ 3 ff. StGB Rn. 60.
10 So LK-*Tiedemann*, StGB § 264a Rn. 88; StGB § 265 Rn. 48; StGB § 265b Rn. 119; StGB § 298 Rn. 53.

pflege); die Aussagedelikte des StGB erfassen dementsprechend nur deutsche hoheitliche Rechtsgüter, also nur die Funktionstüchtigkeit der deutschen Rechtspflege.[11] Die Verletzung ausländischer hoheitlicher Rechtsgüter liegt deshalb an sich außerhalb des Anwendungsbereichs der §§ 153 ff. StGB.

Eine partielle Abweichung von diesem Grundsatz sieht nunmehr allerdings ausdrücklich § 162 I StGB vor.[12] So sollen die §§ 153 bis 161 StGB auch auf Falschaussagen vor einem internationalen Gericht, das durch einen für Deutschland verbindlichen Rechtsakt errichtet worden ist, anwendbar sein. Mit dieser Schutzbereichserweiterung der Aussagedelikte des StGB erfolgt die teils überschießende Umsetzung der Vorgaben aus Art. 70 IV lit. a iVm I lit. a des IStGH-Statuts (dazu → § 14 Rn. 2 ff.).[13] Neben dem IStGH sind aber nunmehr auch der IGH, der EGMR, der EuGH und das EuG in den Schutzbereich der §§ 153 ff. StGB explizit einbezogen. Bzgl. der EU-Gerichte war eine entsprechend weite Auslegung bislang – richtiger Ansicht nach – bereits durch europarechtskonforme Interpretation möglich.[14] Insoweit erbringt § 162 StGB eine erfreuliche Klarstellung.

4 Das Ergebnis dieser zweiten Stufe kann durch die §§ 3 ff. StGB bereits präjudiziert sein. Dies gilt insbesondere für eine Anwendung deutschen Strafrechts nach § 7 I StGB, welcher eine gegen einen Deutschen gerichtete Tat und damit notwendig eine Verletzung oder Gefährdung eines Individualrechtsguts (= inländisches Rechtsgut) voraussetzt.

5 **WIEDERHOLUNGS- UND VERTIEFUNGSFRAGEN**

> Um auf einen Sachverhalt mit Auslandsberührung einen deutschen Straftatbestand anzuwenden, sind zwei Prüfungspunkte relevant. Welche? (→ Rn. 1, → § 3 Rn. 12 f.)
> Was ist unter „inländischen", was unter „ausländischen" Rechtsgütern zu verstehen und welche Auswirkung hat diese Differenzierung auf die Anwendbarkeit deutscher Straftatbestände? (→ Rn. 1 ff.)

Aktuelle und weiterführende Literatur:

- zum **Strafanwendungsrecht allgemein**: *Ensenbach*, Der Vermögensschutz einer Auslands-GmbH im deutschen Strafrecht, wistra 2011, 4; *Hombrecher*, Grundzüge und praktische Fragen des Internationalen Strafrechts – Teil 1: Strafanwendungsrecht und Internationale Rechtshilfe, JA 2010, 637; *Jeßberger*, Geltungsbereich; *Rath*, Internationales Strafrecht (§§ 3 ff. StGB), JA 2006, 435; 2007, 26; *Roegele*, Strafrechtsimperialismus, 2014; *Satzger*, Das deutsche Strafanwendungsrecht (§§ 3 ff. StGB), Jura 2010, 108; 190; *T. Walter*, Einführung in das internationale Strafrecht, JuS 2006, 870; 967; *F. Walther*, „Tat" und „Täter" im transnationalen Strafanwendungsrecht des StGB, JuS 2012, 203; *Werle/Jeßberger*, Grundfälle zum Strafanwendungsrecht, JuS 2001, 35; 141; *F. Zimmermann*, Strafgewaltkonflikte in der EU.
- zur **Internetproblematik**: *Busching*, Der Begehungsort von Äußerungsdelikten im Internet – Grenzüberschreitende Sachverhalte und Zuständigkeitsprobleme, MMR 2015, 295; *Duesberg/*

---

11 Sieht man durch die §§ 153 ff. StGB auch Individualinteressen der Verfahrensparteien als geschützt an, ist eine Geltungsbereichsreduktion hingegen konsequenterweise abzulehnen, vgl. *Schramm*, Int. Strafrecht, 1/77.
12 Eingefügt durch das Gesetz zur Umsetzung des Rahmenbeschlusses des Rates der Europäischen Union zur Bekämpfung der sexuellen Ausbeutung von Kindern und der Kinderpornografie BGBl. 2008 I, S. 2149.
13 BT-Drs. 16/3439, S. 4; vgl. ausf. *Sinn* NJW 2008, 3526.
14 Vgl. zur europarechtskonformen Auslegung der §§ 153 ff. StGB *Satzger*, Europäisierung, S. 575 ff.

Buchholz, Aktuelle glücksspiel- und steuerstrafrechtliche Risiken der Nutzung von Online-Casinos, NZWiSt 2015, 16; *Götting*, Das Tatortprinzip im Internet anhand eines Beispiels der Volksverhetzung, Kriminalistik 2007, 615; *Kappel*, Das Ubiquitätsprinzip im Internet; *Kudlich*, Herkunftslandprinzip und internationales Strafrecht, HRRS 2004, 278; *Morozinis*, Die Strafbarkeit der „Auschwitzlüge" im Internet, insbesondere im Hinblick auf „Streaming Videos", GA 2011, 475; *Sieber*, Internationales Strafrecht im Internet – Das Territorialitätsprinzip der §§ 3, 9 StGB im globalen Cyberspace, NJW 1999, 923; *Werkmeister/Steinbeck*, Anwendbarkeit des deutschen Strafrechts bei grenzüberschreitender Cyberkriminalität, wistra 2015, 209.

C. Europäisches Strafrecht*

§ 7 Grundlagen und Grundfragen eines Europäischen Strafrechts

1 In Teil C soll es um eine Vielzahl von Materien gehen, die nur untechnisch und sehr ungenau mit dem Begriff des „Europäischen Strafrechts" umschrieben werden können. Auch hier soll deshalb zum besseren Verständnis zu Beginn der Ausführungen eine begriffliche Klärung stehen.

I. Bedeutung des Begriffs „Europäisches Strafrecht"

2 Spricht man von einem Europäischen Strafrecht, so denkt man unwillkürlich an ein Normengefüge, das seiner Art nach dem deutschen, französischen oder italienischen Strafrecht entspricht. Dies würde bedeuten, dass wir es mit einer Gesamtheit von Straftatbeständen zu tun hätten, die gänzlich aus einer europäischen Rechtsquelle fließen und unmittelbar als europäisches Recht in allen Mitgliedstaaten einheitlich zur Anwendung kommen müssten. Ein europäisches StGB existiert jedoch nicht. Bislang fehlen auch – wie noch näher zu zeigen sein wird – sonstige kriminalstrafrechtliche Vorschriften, die in allen Mitgliedstaaten einheitlich anwendbar sind. Daher ist die Aussage durchaus zutreffend, dass derzeit noch kein **Europäisches (Kriminal-) Strafrecht** im erwähnten Sinn existiert. Allerdings gibt es starke Tendenzen zur Schaffung eines solchen. Es dürfte nur eine Frage der Zeit sein, bis einzelne europäische Kriminalstraftatbestände erlassen werden (dazu → § 8 Rn. 18 ff.).

3 Dies bedeutet allerdings nicht, dass man bislang überhaupt nicht von einem „Europäischen Strafrecht" sprechen könnte. Fasst man den Begriff etwas weiter, so fällt der Befund durchaus positiv aus:

- Zunächst gibt es im Unionsrecht unmittelbar in allen Mitgliedstaaten einheitlich anwendbare Sanktionsvorschriften, die zwar nicht auf die Verhängung einer Kriminalstrafe gerichtet sind, aber als ein **Europäisches Strafrecht im weiteren Sinn** bezeichnet werden können (dazu → § 8 Rn. 5 ff.).
- In einem noch weiteren Sinn könnte man dem „Europäischen Strafrecht" all diejenigen nationalen Strafvorschriften zuordnen, die durch europäisches Recht beeinflusst werden. So kann eine Kollision zwischen einem Straftatbestand und einer Norm des Unionsrechts ersteren unanwendbar machen; ebenso können bestimmte europarechtliche Vorschriften die Auslegung einer Strafvorschrift beeinflussen, zB weil der Erlass einer nationalen Strafvorschrift der Umsetzung einer EU-Richtlinie dient und daher eine richtlinienkonforme Auslegung des Straftatbestands geboten ist. Da der europarechtliche Einfluss in diesen Fällen jedoch nicht dazu führt, dass eine dem europäischen Recht zugehörige Strafvorschrift entsteht, sondern die Strafnorm vielmehr im nationalen Recht verortet bleibt, erscheint es zutreffender, insoweit von **europäisiertem (nationalen) Strafrecht** zu sprechen. Diese europarechtlichen Einflüsse sind bereits sehr zahlreich und von großer theoretischer wie praktischer Bedeutung. Sie werden daher unter → § 9 Rn. 1 ff. ausführlich dargestellt.

---

* Über die Internetseite http://www.lehrbuch-satzger.de können alle wichtigen Gerichtsentscheidungen Rechtsakte und sonstigen Dokumente, die im Lehrbuch zitiert sind, aufgerufen werden.

§ 7 Grundlagen und Grundfragen eines Europäischen Strafrechts § 7

- Darüber hinaus lässt sich dem weit verstandenen Begriff „Europäisches Strafrecht" auch eine **verfahrensrechtliche Komponente** zuordnen, so dass unter → § 10 Rn. 1 ff. die wichtigsten europäischen Institutionen und Instrumente, die einer effektiven Strafverfolgung in Europa zu dienen bestimmt sind, behandelt werden.
- Schließlich entfaltet die **Europäische Menschenrechtskonvention (EMRK)** Einflüsse auf das nationale Straf- und Strafprozessrecht; die darin enthaltenen, strafrechtlich relevanten Garantien werden unter → § 11 Rn. 27 ff. erläutert.

II. Der Einfluss des Rechts der Europäischen Union auf das Strafrecht

Wenn vom Recht der Europäischen Union die Rede ist, so wird ganz generell und auch im Folgenden zwischen dem **Primärrecht** und dem **Sekundärrecht** unterschieden. Der Begriff des Primärrechts bezeichnet dabei die Gründungsverträge der EU in der Fassung, die diese durch die zahlreichen Änderungsverträge erhalten haben, samt all ihren Anlagen, Anhängen und Protokollen.[1] Es handelt sich dabei also um – dem Ursprung nach – völkerrechtliche Rechtsnormen, die aufgrund des Vertragsschlusses und ihrer Ratifizierung durch die Mitgliedstaaten zwischen diesen gelten. Dagegen umfasst der Begriff Sekundärrecht das Recht, das von den Organen der Europäischen Union auf Grundlage des Primärrechts erlassen wurde.[2] Nur soweit sich im Primärrecht eine Kompetenzgrundlage findet, können die zuständigen Organe nach Maßgabe des jeweils einschlägigen Rechtssetzungsverfahrens bestimmte Maßnahmen ergreifen. Am bedeutendsten sind dabei die **Verordnung** und die **Richtlinie**: Die Verordnung ist – ähnlich einem Gesetz – unmittelbar anwendbar in allen Mitgliedstaaten,[3] die Richtlinie muss hingegen grds. erst noch (innerhalb einer vorgegebenen Frist) in innerstaatliches Recht umgesetzt werden, um innerstaatliche Wirkung zu erlangen[4] (dazu näher → Rn. 8).

4

1. Die historische Entwicklung des Primärrechts

Schon bevor die justizielle Zusammenarbeit in Strafsachen zum eigenen Politikfeld der Europäischen Union erkoren wurde, hat sich das Recht der früheren Europäischen Gemeinschaft (EG), deren Rechtsnachfolgerin die Europäische Union gem. Art. 1 III EUV geworden ist, auf das nationale Strafrecht ausgewirkt. Dabei stand zunächst nicht im Vordergrund, ob die EG selbst Strafrecht setzen, also einzelne supranationale Straftatbestände oder gar ein Europäisches Strafgesetzbuch schaffen könnte. Vielmehr stellte sich einerseits die Frage, inwieweit das nationale Strafrecht die Verwirklichung des Binnenmarktes der EG gefährdete, indem seine Anwendung gegen die früher im EG-Vertrag (EGV) kodifizierten Grundfreiheiten verstieß. Die Androhung von Strafe für den Im- oder Export von Waren durch den Gesetzgeber eines Mitgliedstaats verursacht zB ganz offensichtlich eine aufzulösende Kollision mit der primärrechtlich garantierten Warenverkehrsfreiheit. Andererseits war die EG auf den Einsatz des nationalen Strafrechts zum Schutz ihrer Interessen auch angewiesen. Nachdem sie selbst keine Straftatbestände erlassen konnte, leitete der EuGH bestimmte Anforderungen an das nationale Strafrecht aus dem Primärrecht ab, die die Mitgliedstaaten zum Schutz der Gemein-

5

---

1 *Streinz*, Europarecht, Rn. 3; *de Witte*, in: Kapteyn ua (Hrsg.), EC Law, S. 273.
2 *Streinz*, Europarecht, Rn. 4.
3 S. Art. 288 II AEUV.
4 S. Art. 288 III AEUV; ebenso – vor dem Vertrag von Lissabon – der Rahmenbeschluss gem. Art. 34 II 2 lit. b EUV aF.

schaftsinteressen zu beachten hatten. Inhaltlich ging es dabei insbesondere um den Schutz der finanziellen Interessen der EG.

6 Erst mit Gründung der EU durch den **Vertrag von Maastricht** (in Kraft seit 1.11.1993) wurden neben die bestehenden Europäischen Gemeinschaften zwei weitere „Säulen" der politischen Zusammenarbeit gestellt.[5] Im Gegensatz zur EG waren die neuen Bereiche der **Gemeinsamen Außen- und Sicherheitspolitik (GASP)** und der Zusammenarbeit im Bereich Justiz und Inneres nicht supranational geprägt. Diese Bereiche sollten also gerade nicht Teil einer eigenen (supranationalen) Rechtsordnung sein, in deren Rahmen in den Mitgliedstaaten unmittelbar anwendbares Recht hätte gesetzt werden können. Die Mitgliedstaaten standen einem solchen Schritt skeptisch gegenüber, weil die Außenpolitik, Belange der Justiz und die innere Sicherheit klassische Ausprägungen staatlicher Souveränität waren und – nach wie vor – als solche betrachtet werden. Stattdessen entstand ein Forum für intergouvernementale Zusammenarbeit, in dem aber durchaus Rechtsakte verabschiedet werden konnten. Da die EU einen einheitlichen institutionellen Rahmen bildete, „lieh" die EG ihre Organe (Rat, Kommission usw) der EU. Die im Rat verabschiedeten Rechtsakte entfalteten jedoch (allenfalls) Rechtsverbindlichkeit auf völkerrechtlicher Ebene (dh zwischen den Mitgliedstaaten). Nachdem mit dem **Vertrag von Amsterdam** (in Kraft getreten am 1.5.1999) ein Teil der justiziellen Zusammenarbeit aus der Union herausgelöst und „supranationalisiert" wurde, beschränkte sich die dritte Säule danach auf die **Polizeiliche und Justizielle Zusammenarbeit in Strafsachen (PJZS)**. Die möglichen Handlungsformen regelte Art. 34 EUV aF. Praktisch relevant geworden sind dabei die „Übereinkommen" (Art. 34 II UA 1 S. 2 lit. d EUV aF), die der Rat ausarbeiten und den Mitgliedstaaten zur Annahme empfehlen konnte, die aber – als völkerrechtliche Verträge – von jedem Mitgliedstaat ratifiziert werden mussten. Dies erwies sich als langwierig und wenig effektiv. Am bedeutsamsten waren daher die sog. Rahmenbeschlüsse (Art. 34 II UA 1 S. 2 lit. b EUV aF). Hierdurch konnten die Mitgliedstaaten – ähnlich wie bei einer Richtlinie, also dem klassischen Harmonisierungsinstrument im Anwendungsbereich des EGV – zur Angleichung ihrer nationalen Vorschriften verpflichtet werden. Im Unterschied zur Richtlinie, die nach Ablauf der Umsetzungsfrist zugunsten eines EU-Bürgers unmittelbare Wirkung entfalten kann, war eine solche Wirkung von Rahmenbeschlüssen ausdrücklich im EUV ausgeschlossen worden. Besonderen Eingang in die öffentliche Diskussion hat etwa der Rahmenbeschluss über den Europäischen Haftbefehl gefunden. Rahmenbeschlüsse dienten aber auch der Rechtsangleichung in materieller Hinsicht; so wurden beispielsweise Rahmenbeschlüsse zur Bekämpfung der Geldwäsche, des Terrorismus, des Menschenhandels oder der Computerkriminalität erlassen (dazu → § 9 Rn. 37).

7 Mit dem Vertrag über eine Verfassung für Europa (EV) wurde erstmals der Versuch unternommen, die Säulenstruktur aufzugeben und damit auch die PJZS auf eine supranationale Ebene zu heben. Der Verfassungsvertrag scheiterte jedoch während des Ratifizierungsprozesses an ablehnenden Referenden in Frankreich und den Niederlanden. Nach einer einjährigen „Reflexionsphase" ging man daran, die wesentlichen Inhalte des Verfassungsvertrags durch die Ausarbeitung eines abgespeckten und insbesondere

---

5 S. zur Entwicklung der europäischen Integration *Klip*, European Criminal Law, S. 25 ff.; *Streinz*, Europarecht, Rn. 16 ff.; instruktiv zur Entwicklung der europäischen Strafrechtsintegration Sieber/Satzger/v. Heintschel-Heinegg-*Sieber*, Europ. StR, Einf. Rn. 13 ff.; vgl. auch *Meyer* EuR 2011, 169 (170 ff.); *Nilsson* EuCLR 2 (2012), 106.

um Anspielungen auf den Verfassungscharakter des Dokuments (zB Begriffe wie Verfassung oder Gesetz, Festschreibung von Symbolen wie Fahne, Hymne usw) reduzierten Reformvertrags zu retten. Dieser Reformvertrag wurde am 13.12.2007 in Lissabon unterzeichnet und trat als **Vertrag von Lissabon**[6] – nach Überwindung zahlreicher Hindernisse[7] – am 1.12.2009 in Kraft.

Der Sache nach realisiert der Vertrag von Lissabon letztlich genau die mit dem EV beabsichtigten Änderungen: Die Säulenstruktur in ihrer ehemaligen Form – und damit die Unterscheidung zwischen EG und EU – wurde abgeschafft und die Union erhielt eine einheitliche Rechtspersönlichkeit. Der EUV wurde beibehalten, der EGV wurde in den „Vertrag über die Arbeitsweise der Union" (AEUV) umbenannt, wobei der Ausdruck „Gemeinschaft" durchgängig durch den Begriff „Union" ersetzt wurde. Der EUV enthielt nun – ähnlich wie zuvor – gemeinsame Bestimmungen sowie solche über die verstärkte Zusammenarbeit, die allgemeinen Bestimmungen über die GASP (vormals die zweite Säule) sowie Schlussbestimmungen. Neu waren Regelungen über die „demokratischen Grundsätze" sowie über die Organe. Die Regelungen der PJZS wurden in den AEUV integriert, so dass die dort üblichen Entscheidungsstrukturen (va Mehrheitsentscheidung im Rat) – zumindest dem Grundsatz nach – anwendbar sind. Die strafrechtlichen Kompetenzen der EU wurden überdies ausgeweitet (dazu → § 9 Rn. 35 ff. und → § 10 Rn. 33 ff., → § 10 Rn. 93 ff.).

Obwohl durch Inkrafttreten des Vertrags von Lissabon der Rahmenbeschluss durch die Richtlinie als Handlungsform der EU abgelöst wurde, gelten die bisher erlassenen Rahmenbeschlüsse gem. Art. 9 des Protokolls Nr. 36 über die Übergangsbestimmungen solange weiter, bis sie „in Anwendung der Verträge aufgehoben, für nichtig erklärt oder geändert werden".[8]

2. Rechtssetzung vs. Rechtsangleichung

Nach neuem Recht stehen der EU – wie früher der EG – im Wesentlichen zwei Handlungsformen zur Verfügung: Einerseits die **Verordnung** nach Art. 288 II AEUV und andererseits die **Richtlinie** nach Art. 288 III AEUV. Beide Typen von Rechtsakten unterscheiden sich hinsichtlich ihrer Wirkung. Während die Verordnung unmittelbar in allen Mitgliedstaaten wirkt (also supranationales Recht setzt), verpflichtet die Richtlinie grds. nur die Mitgliedstaaten hinsichtlich des zu erreichenden Ziels und bedarf der Umsetzung in nationales Recht.

8

---

6 Vertrag von Lissabon zur Änderung des Vertrags über die Europäische Union und des Vertrags zur Gründung der Europäischen Gemeinschaft, ABl.EU 2007 Nr. C 306/1; Ausf. hierzu *Cerizza*, eucrim 5 (2010), 65; *Herlin-Karnell*, eucrim 5 (2010), 59; *Serzysko*, eucrim 5 (2010), 69.
7 Nach einem (ersten) ablehnenden Referendum in Irland war lange fraglich, ob der Vertrag von Lissabon nicht das Schicksal des EV teilen würde. In Deutschland setzte der damalige Bundespräsident *Horst Köhler* die Ausfertigung der Ratifikationsurkunde aus, um ein Urteil des BVerfG abzuwarten. Nachdem das BVerfG den Vertrag für verfassungskonform erachtet und nur innerstaatliche Begleitgesetze für nichtig erklärt hatte (s. BVerfGE 123, 267), konnte auch die Bundesrepublik den Vertrag im September 2009 ratifizieren. Der tschechische Staatspräsident *Václav Klaus* hatte aus politischen Gründen die Ratifizierung über mehrere Monate hinausgezögert. Während dieser langen Schwebezeit stand zu befürchten, dass ein Machtwechsel im Vereinigten Königreich zu den „Tories" eine Rücknahme der durch die Labour-Regierung eingereichten Ratifikationsurkunde bedeutet hätte. Nachdem das irische Volk in einem zweiten Referendum dem Vertrag von Lissabon zugestimmt hatte, gab jedoch auch der tschechische Präsident seinen Widerstand auf.
8 Dazu → § 9 Rn. 37 und Rn. 129 sowie § 10 Rn. 37; ausf. hierzu und zu den Folgefragen *Satzger* NJECL 5 (2015), 528.

Will die EU supranationale Straftatbestände schaffen, geht es also um europäische Strafrechtssetzung, so ist dies nur durch den Erlass von – in allen Mitgliedstaaten unmittelbar anwendbaren – Verordnungen möglich. Die Strafbarkeit des Einzelnen würde dann – unabhängig von einem Tätigwerden des nationalen Strafgesetzgebers – unmittelbar aus dem in allen Mitgliedstaaten einheitlich zur Anwendung kommenden EU-Straftatbestand folgen, der Täter würde aus diesem europäischen Tatbestand (zB „Betrug zulasten der finanziellen Interessen der Union") verurteilt.

Demgegenüber sind Richtlinien (früher daneben – im Rahmen der dritten Säule der EU – auch Rahmenbeschlüsse) das geeignete Mittel, um eine Strafrechtsangleichung herbeizuführen. Insoweit schafft die EU nicht selbst einen in den Mitgliedstaaten anwendbaren Tatbestand, vielmehr werden die Strafgesetzgeber der Mitgliedstaaten „nur" dazu angewiesen, das in der Richtlinie mehr oder minder klar vorgegebene Ziel mit den Mitteln ihrer Wahl zu erreichen. Hier müssen also die nationalen Gesetzgeber tätig werden, erst über die Modifikation des nationalen Rechts entfaltet die Rechtsangleichung Wirkung für den Bürger. Wird also Strafrecht durch eine Richtlinie angeglichen, so gilt auch nach der Umsetzung der Richtlinie in jedem Mitgliedstaat nationales – wenngleich europarechtlich beeinflusstes – Strafrecht und ein potenzieller Täter wird aus dem nationalen Straftatbestand verurteilt.

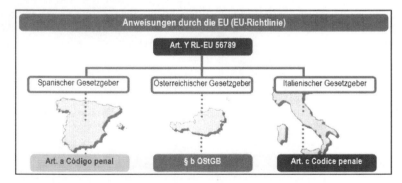

Zwar hat der EuGH zum früheren EG-Recht unter bestimmten Voraussetzungen auch eine unmittelbare Wirkung von Richtlinien (nach fruchtlosem Ablauf der Umsetzungs-

§ 7 Grundlagen und Grundfragen eines Europäischen Strafrechts § 7

frist) anerkannt,[9] jedoch immer nur zugunsten eines Einzelnen. Da Richtlinien mit materiellrechtlichem Strafrechtsbezug jedoch regelmäßig eine den Einzelnen belastende Wirkung zeitigen, kommt eine unmittelbare Wirkung der Richtlinien hier praktisch nicht in Betracht.[10] Anders jedoch im prozessrechtlichen Bereich, weil dort Richtlinien existieren, die dem Einzelnen (Prozessgrund-)Rechte verleihen, so dass eine direkte Anwendbarkeit nach Fristablauf in Betracht kommt. Ein aktuelles Beispiel ist die EU-Richtlinie 2016/800 über Verfahrensgarantien in Strafverfahren für Kinder, die Verdächtige oder beschuldigte Personen in Strafverfahren sind; sie ist in Deutschland erst über sechs Monate nach Ablauf der Umsetzungsfrist durch das Gesetz zur Stärkung der Verfahrensrechte von Beschuldigten im Jugendstrafverfahren vom 9.12.2019[11] umgesetzt worden (dazu → § 10 Rn. 94).

III. Europäisches Strafrecht und Grundrechtsschutz

Da die Organe der EU – teilweise sogar unmittelbar anwendbares – Recht setzen, entspricht es rechtsstaatlichen Anforderungen, dass insoweit auch eine Bindung an (europäische) Grundrechte angenommen wird. Insbesondere im grundrechtssensiblen Bereich des Straf- sowie des Strafverfahrensrechts spielt dies eine herausragende Rolle.

1. Der Bestand an Unionsgrundrechten

Ihren Ursprung haben die **Unionsgrundrechte** in der Rechtsprechung des EuGH, welcher im Wege wertender Rechtsvergleichung anhand zweier Rechtserkenntnisquellen, nämlich der gemeinsamen Verfassungsüberlieferungen der Mitgliedstaaten einerseits und der EMRK andererseits, einen umfassenden Grundrechtebestand auf Unionsebene entwickelte. Der Grundrechtsschutz beruhte zunächst über viele Jahre allein auf Richterrecht, die europäischen Grundrechte wurden insoweit als allgemeine Rechtsgrundsätze des Gemeinschaftsrechts betrachtet. Erst mit dem Inkrafttreten der **Grundrechtecharta (GRC)** (gleichzeitig mit dem Inkrafttreten des Vertrags von Lissabon) gab sich die EU einen ausformulierten Grundrechtekatalog gem. Art. 6 I EUV, der für fast[12] alle Mitgliedstaaten verbindlich ist. Unabhängig von den in der GRC festgeschriebenen Garantien gelten aber auch die Grundrechte, wie sie in der EMRK gewährleistet sind und wie sie sich aus den gemeinsamen Verfassungsüberlieferungen der Mitgliedstaaten ergeben, als allgemeine Rechtsgrundsätze des Unionsrechts weiter (Art. 6 III EUV)[13].[14]

---

9 Grundlegend EuGH Urt. v. 6.10.1970 – Rs. 9/70 „Leberpfennig"; zust. BVerfGE 75, 223, 235 ff. Einen Überblick zur Wirkung von Richtlinien bieten *Herrmann/Michl* JuS 2009, 1065; *Kapteyn*, in: Kapteyn ua (Hrsg.), EC Law, S. 524 ff.; *Klip*, European Criminal Law, S. 70 ff.
10 S. zum Ausschluss der sog. „umgekehrt vertikalen Wirkung" EuGH Urt. v. 8.10.1987 – Rs. 80/86 „Kolpinghuis Nijmegen", Rn. 9; EuGH Urt. v. 3.5.2005 – verb. Rs. C-387/02, C-391/02 und C-403/02 „Berlusconi", Rn. 73 ff.; s. auch *Streinz*, Europarecht, Rn. 495 ff.; *Kapteyn*, in: Kapteyn ua (Hrsg.), EC Law, S. 531 ff.
11 BGBl. 2019 I, S. 2146 ff.; zur unmittelbaren Wirkung der Richtlinie vor Inkrafttreten des Gesetzes s. nur *Eckel/Körner* NStZ 2019, 433 ff.
12 Ausnahmeregeln gelten für das Vereinigte Königreich, Polen, die Tschechische Republik und Irland, vgl. Protokoll Nr. 30 Über die Anwendung der Charta der Grundrechte der Europäischen Union auf Polen und das Vereinigte Königreich, ABl.EU 2010 Nr. C 83/313.
13 Zum Verhältnis von Art. 6 I und III EUV s. Callies/Ruffert-*Kingreen*, EUV Art. 6 Rn. 15 ff.; Geiger/Khan/Kotzur-*Geiger*, EUV Art. 6 Rn. 33.
14 Näher dazu *Borchardt*, Die rechtlichen Grundlagen der Europäischen Union, Rn. 165 ff.; *Herdegen*, Europarecht, § 3 Rn. 1 ff., § 8 Rn. 24 ff.; *Klip*, European Criminal Law, S. 251; *Kober*, Der Grundrechtsschutz in der Europäischen Union; *Streinz*, Europarecht, Rn. 757 ff.

11 Im Hinblick auf das Straf- sowie das Strafverfahrensrecht sind va die **Justiziellen Rechte** in Titel VI der Charta von Bedeutung[15], so etwa

- die **Unschuldsvermutung** (Art. 48 I GRC),
- die **Unabhängigkeit der Gerichte** (Art. 47 II 1 GRC)[16],
- die **Verteidigungsrechte** (Art. 47 II 2 und Art. 48 II GRC)[17] und
- der **transnationale *Ne-bis-in-idem*-Grundsatz** (Art. 50 GRC)[18].

12 Materiellrechtliche Garantien enthält die Charta zudem in Art. 49 GRC mit den Grundsätzen der **Gesetzmäßigkeit** und der **Verhältnismäßigkeit** im Zusammenhang mit Straftaten und Strafen. Dies ist nicht zuletzt deshalb bedeutsam, weil die Gewährleistungen in der GRC insoweit teilweise weiter reichen als diejenigen des Grundgesetzes, wie zB der hier als Justizgrundrecht ausgestaltete *Lex-mitior*-Grundsatz (Art. 49 I 3 GRC), welcher im deutschen Recht (vgl. § 2 III StGB) nur einfachgesetzlich ausgestaltet ist.[19]

13 Daneben müssen sich strafprozessuale Maßnahmen im europäischen Kontext aber auch am ausführlichen Katalog allgemeiner Grundrechte messen lassen.[20] So normiert die Charta etwa das **Recht auf Leben** (Art. 2 GRC), auf **körperliche und geistige Unversehrtheit** (Art. 3 GRC) sowie das **Verbot von Folter** und unmenschlicher oder erniedrigender Strafe bzw. Behandlung (Art. 4 GRC). Den Maßstab für freiheitsbeschränkende Maßnahmen jeglicher Art bildet das in Art. 6 GRC[21] verankerte **Grundrecht auf Freiheit und Sicherheit**; dieses Recht ist somit insbesondere bei der Durchführung des Europäischen Haftbefehls[22] von Bedeutung. Darüber hinaus kann das in Art. 7 GRC verbürgte **Recht auf Achtung des Privat- und Familienlebens** beispielsweise im Rahmen grenzüberschreitender Durchsuchungsanordnungen aufgrund einer Europäischen Ermittlungsanordnung[23] eine Rolle spielen.

Einige der in der Charta verankerten Grundrechte knüpfen an vergleichbare Vorschriften der EMRK an.[24] Insoweit bestimmt **Art. 52 III GRC**, dass die Grundrechte der Charta die „gleiche Bedeutung und Tragweite" haben, sofern sie den durch die EMRK garantierten Rechten entsprechen. Damit bilden die Garantien der EMRK den Mindeststandard, gem. Art. 52 III 2 GRC kann die Union jedoch weitergehenden Schutz gewähren.

14 Daneben ist die EMRK nach wie vor die wohl wichtigste Rechtserkenntnisquelle, um den Inhalt der Unionsgrundrechte als allgemeine Rechtsgrundsätze des Unionsrechts (dazu → Rn. 10) zu ermitteln. Denn auch wenn die EU selbst (noch) nicht Mitglied der EMRK ist, so haben doch alle ihre Mitgliedstaaten die EMRK ratifiziert. Die Rechte und Garantien der EMRK bilden somit den kleinsten gemeinsamen Nenner im Hin-

---

15 Ausf. zu strafrechtlichen Grundrechten im Unionsrecht *Jarass* NStZ 2012, 611.
16 Zur Bedeutung vor dem Hintergrund des Art. 7 EUV-Verfahrens gegen Polen s. EuGH Urt. v. 25.7.2018 – Rs. C-216/18 „LM", Rn. 48 ff.
17 Näher hierzu Sieber/Satzger/v. Heintschel-Heinegg-*Esser*, Europ. StR, § 53 Rn. 27, § 58 Rn. 23 ff.
18 Näher dazu → § 10 Rn. 60 ff.
19 Ausf. *Satzger*, in: Heger ua (Hrsg.), FS Kühl, S. 408, 411 ff.; s. auch Sieber/Satzger/v. Heintschel-Heinegg-*Satzger*, Europ. StR, § 1 Rn. 69.
20 Vgl. auch Sieber/Satzger/v. Heintschel-Heinegg-*Esser*, Europ. StR, § 53 Rn. 24.
21 Sieber/Satzger/v. Heintschel-Heinegg-*Esser*, Europ. StR, § 53 Rn. 25.
22 Näher dazu → § 10 Rn. 38 ff.
23 Näher dazu → § 10 Rn. 48 ff.
24 So zB an Art. 6 II EMRK (Unschuldsvermutung), Art. 6 III EMRK (Verteidigungsrechte), Art. 7 EMRK (Gesetzmäßigkeit); zu den einzelnen strafrechtlich relevanten Garantien der EMRK → § 11 Rn. 27 ff.

blick auf Menschen- und Grundrechtsfragen innerhalb der EU-Staaten. Dementsprechend rekurriert(e) der EuGH bei seiner Grundrechtsprüfung immer wieder auf die EMRK und die sie konkretisierende Rechtsprechung des EGMR, welche insoweit allerdings keine Bindungswirkung für den EuGH entfaltet.[25] Wie oben bereits erwähnt, wendet der EuGH die Grundrechte der EMRK als Unionsrecht (und zwar als allgemeine Rechtsgrundsätze gem. Art. 6 III EUV) an, welche rechtlich gleichrangig neben der GRC stehen.

Mit einem Beitritt der EU zur EMRK[26], wie er in Art. 6 II EUV vorgesehen ist, würde die EMRK von einer Rechtserkenntnis- zur Rechtsquelle erstarken und als Bestandteil des Unionsrechts die Organe der EU und auch den EuGH unmittelbar binden.[27] Derzeit bestehen jedoch, va von Seiten des EuGH, hiergegen noch erhebliche Bedenken. In seinem Gutachten zum EMRK-Beitritt vom 18.12.2014[28] hat er den Übereinkunftsentwurf als nicht mit Art. 6 II EUV und dem diesen konkretisierenden Protokoll Nr. 8[29] vereinbar erklärt. Im Wesentlichen sieht der EuGH die Autonomie des Unionsrechts und va auch seine Zuständigkeiten, insbesondere seine Auslegungshoheit über das Unionsrecht (inklusive der EMRK-Garantien als allgemeine Rechtsgrundsätze des Unionsrechts) durch eine externe und auch für ihn verbindliche Menschenrechtskontrolle seitens des EGMR gefährdet.

2. Die Prüfung der Unionsgrundrechte durch den EuGH

Die Unionsgrundrechte sind Teil des EU-Primärrechts, ihre Auslegung und Konkretisierung obliegt dementsprechend allein dem EuGH, und zwar auch dann, wenn die mitgliedstaatlichen Gerichte diese als Prüfungsmaßstab heranziehen (dazu → Rn. 19 ff.).

Bei der Prüfung der Unionsgrundrechte nimmt der EuGH bislang keine genaue Abgrenzung eines Schutzbereichs einzelner Grundrechte vor.[30] Für Grundrechte, bei denen die Voraussetzungen des Art. 52 III GRC (vgl. oben Rn. 13) vorliegen, ist allerdings auf die korrespondierenden Bestimmungen der EMRK sowie die dazu ergangene Rechtsprechung des EGMR zurückzugreifen.[31] Als Eingriff wertet er auch alle der Union zurechenbaren, mittelbaren Beeinträchtigungen von Grundrechten und führt sie einer Rechtfertigungsprüfung zu. Diese bildet dann regelmäßig den Schwerpunkt der europäischen Grundrechtsprüfung. Sofern es in der EMRK entsprechende Grundrechte gibt, knüpft der EuGH an die dortigen Schrankenbestimmungen an. Im Gegensatz zur EMRK liefert die GRC mit Art. 52 I nun aber eine einheitliche (Schranken-)Schrankenklausel als „Auffangregelung"[32], die den *Gesetzesvorbehalt*, die *Wesensgehaltsgarantie* und den Grundsatz der *Verhältnismäßigkeit* beinhaltet.

Nach dem Verhältnismäßigkeitsgrundsatz „dürfen Einschränkungen nur vorgenommen werden, wenn sie erforderlich sind und den von der Union anerkannten dem Gemeinwohl dienenden Zielsetzungen oder den Erfordernissen des Schutzes der Rechte

---

25 Einige Rechtsprechungsbeispiele im Überblick bei Karpenstein/Mayer-*Mayer*, EMRK, Einl. Rn. 123.
26 Näher dazu → § 11 Rn. 15.
27 Näher erneut dazu → § 11 Rn. 15; *Streinz*, Europarecht, Rn. 771 ff.
28 EuGH, Gutachten v. 18.12.2014 – Rs. C-2/13; krit. *Wendel* NJW 2015, 921; *Breuer* EuR 2015, 330.
29 ABl.EU 2012 Nr. C 326/273.
30 *Streinz*, Europarecht, Rn. 789.
31 Callies/Ruffert-*Kingreen*, GRC Art. 52 Rn. 21 ff.; *Uerpmann-Wittzack* JA 2014, 916 (924); zu den einzelnen strafrechtlich relevanten Garantien der EMRK → § 11 Rn. 27 ff.
32 Meyer/Hölscheidt-*Schwerdtfeger*, Charta, GRC Art. 52 Rn. 1, 10 ff.

und Freiheiten anderer tatsächlich entsprechen" (Art. 52 I GRC). Insbesondere wegen der bislang uneinheitlichen Verhältnismäßigkeitsprüfung[33] wurde die grundrechtsbezogene Rechtsprechung des EuGH vielfach kritisiert[34]. Namentlich die Entscheidung zur Vorratsdatenspeicherung,[35] in welcher der EuGH beispielhaft die Vereinbarkeit der RL 2006/24/EG[36] mit Art. 7 und 8 GRC prüft, veranschaulicht aber die seit Inkrafttreten der GRC intensivierte und systematisierte Grundrechtskontrolle durch den EuGH.[37] Die Richtlinie bezweckt ua die Harmonisierung der Speicherung von Daten, die bei öffentlich zugänglichen Institutionen erzeugt oder verarbeitet werden, um sicherzustellen, dass die Daten zum Zwecke der Ermittlung, Feststellung und Verfolgung von schweren Straftaten zur Verfügung stehen. Der EuGH nennt hier ua die Bekämpfung schwerer Kriminalität zur Gewährleistung der öffentlichen Sicherheit als dem Gemeinwohl dienende Zielsetzung gem. Art. 52 I GRC und prüft dann, entsprechend seiner bisherigen Rechtsprechung, die Erfordernisse der Geeignetheit und Erforderlichkeit.[38] Während er erstere noch bejaht, betont er anschließend, die Bekämpfung schwerer Kriminalität könne als dem Gemeinwohl dienende Zielsetzung für sich genommen die Erforderlichkeit einer Speicherungsmaßnahme nicht rechtfertigen und nimmt eine umfassende Güterabwägung vor. Die in diesem Rahmen erfolgte Beanstandung der Richtlinie durch den Gerichtshof ist ein Appell an den EU-Gesetzgeber. Dieser sollte die hier herausgearbeiteten Anforderungen künftig va in sämtlichen Rechtsakten mit Bezug zum Straf- und Strafverfahrensrecht beachten:

- Der Unionsrechtsakt muss „klare und präzise Regeln für die Tragweite und die Anwendung der fraglichen Maßnahme vorsehen" und Mindestanforderungen zum Schutz vor Missbrauch aufstellen.[39]
- Ferner muss ein Unionsrechtsakt, sofern sich die Einschränkung der Grundrechte aus den Rechtsvorschriften der Union selbst ergibt und dieser folglich zuzurechnen ist,[40] selbst schon die nötigen grundrechtsschützenden Mechanismen, wie hier etwa materiell- und verfahrensrechtliche Voraussetzungen für den Zugang der Behörden zu Daten,[41] bereitstellen und kann dies nicht etwa den Mitgliedstaaten bei der Umsetzung überlassen. Der Unionsgesetzgeber wird auch nicht dadurch entlastet, dass

---

33 Vgl. hierzu statt vieler *Hilf*, in: Merten/Papier (Hrsg.), Handbuch der Grundrechte in Deutschland und Europa, Band VI/1, § 164 Rn. 23 ff.
34 S. *Calliess* JZ 2009, 113 (114); *Hilf*, in: Merten/Papier (Hrsg.), Handbuch der Grundrechte in Deutschland und Europa, Band VI/1, § 164 Rn. 26.
35 EuGH Urt. v. 8.4.2014 – verb. Rs. C-293/12, C-594/12 = EuGRZ 2014, 299 f. „Digital Rights Ireland und Seitlinger ua"; EuGH Urt. v. 21.12.2016 – verb. Rs. C-203/15, C-698/15 = NJW 2017, 717 „Tele2Sverige AB und Secretary of State for the Home Departement".
36 ABl.EG Nr. L 105/54.
37 Der EuGH „hat [...] seine Innovationskraft strahlen lassen", *Meyer* HRRS 2014, 270 (278); in diesem Urteil sei deutlich geworden, „dass die grundrechtliche Prüfungsintensität der Luxemburger Richter bisweilen sogar über die ihrer Karlsruher Kollegen hinausgeht", *Ludwigs* EuGRZ 2014, 273 (274); es handle sich um eine „für den Grundrechtsschutz [...] historische Entscheidung", *Kühling* NVwZ 2014, 681 (685); dies gelte „jedenfalls in den Fällen, in denen die Privatsphäre des Bürgers betroffen ist", *Streinz* JuS 2014, 758 (759 f.); krit. *Classen* EuR 2014, 441 (443 f.).
38 EuGH Urt. v. 8.4.2014 – verb. Rs. C-293/12, C-594/12 = EuGRZ 2014, 299 f. „Digital Rights Ireland und Seitlinger ua", Rn. 46.
39 EuGH Urt. v. 8.4.2014 – verb. Rs. C-293/12, C-594/12 = EuGRZ 2014, 299 f. „Digital Rights Ireland und Seitlinger ua", Rn. 54, 65.
40 S. hierzu auch die Schlussanträge von Generalanwalt *Cruz Villalón* in den verb. Rs. C-293/12 und C-594/12 „Digital Rights Ireland und Seitlinger ua", Rn. 116 f.
41 EuGH Urt. v. 8.4.2014 – verb. Rs. C-293/12, C-594/12 = EuGRZ 2014, 299 f. „Digital Rights Ireland und Seitlinger ua", Rn. 61.

Mitgliedstaaten in einer Richtlinie nicht vorgesehene Garantien häufig selbst einführen.[42]

Dies ist bemerkenswert und überzeugend, da der EuGH den Unionsgesetzgeber damit selbst in die Pflicht nimmt und eine mögliche „Korrektur" durch die mitgliedstaatlichen Umsetzungsakte unionsrechtlich nicht genügen lässt.[43] Der Sache nach entspricht das der Forderung nach einer Kompensation für die Schwächung der Verfahrensposition va des Beschuldigten, wie sie im Manifest zum europäischen Strafverfahrensrecht der „European Criminal Policy Initiative" herausgearbeitet und begründet wurde (näher dazu → § 10 Rn. 105).

3. Grundrechtsmaßstab für das Tätigwerden der Organe der Union

a) Europarechtliche Sichtweise – die Position des EuGH

Grundsätzlich kann ein Rechtsakt nur demjenigen Hoheitsträger zugerechnet werden, der ihn erlassen hat. Als grundrechtlicher Prüfungsmaßstab kommt dementsprechend nur eine Garantie in Betracht, die derjenigen Grundrechtsordnung angehört, der auch der jeweils infrage stehende Prüfungsgegenstand unterworfen ist.[44] Dass der Prüfungsmaßstab für den Erlass und Vollzug von EU-Rechtsnormen ausschließlich EU-Grundrechte – und nicht etwa nationale Grundrechte – sind, ergibt sich aus dem **Anwendungsvorrang des EU-Rechts**, der nach Ansicht des EuGH umfassend, und somit auch gegenüber nationalem Verfassungsrecht (inkl. dessen Grundrechte) gilt. Kollidieren also nationales (Verfassungs-) Recht und EU-Recht, so darf im konkreten Fall nationales (Verfassungs-)Recht nicht zur Anwendung kommen.[45]

17

Ausweislich des Art. 51 I GRC sind sämtliche Organe, Einrichtungen und sonstige Stellen der EU an die Unionsgrundrechte gebunden. Ziel dieser Vorschrift ist es, „die Europäische Union in allen ihren Verästelungen und auf sämtlichen Tätigkeitsfeldern einer möglichst umfassenden und weitgehenden Grundrechtsbindung zu unterwerfen".[46] Wie soeben (→ Rn. 16) am Beispiel der EuGH-Rechtsprechung zur Vorratsdatenspeicherung gesehen, haben die Vorgaben der Charta besondere Bedeutung für den EU-Gesetzgeber. Aber auch für alle anderen Akteure, zB den EuGH oder die alsbald einsatzbereite Europäische Staatsanwaltschaft[47], werden vornehmlich die Justiziellen Rechte in Titel VI der GRC den Maßstab rechtmäßigen Handelns bilden. Bedeutsam ist dies insbesondere deshalb, weil die Verordnung zur Durchführung einer Verstärkten Zusammenarbeit zur Errichtung der Europäischen Staatsanwaltschaft (EUStA-VO) selbst kein vollumfängliches Konzept zur Wahrung der Beschuldigtenrechte vorsieht.[48]

18

---

42 So schon Generalanwalt *Cruz Villalón* in seinen Schlussanträgen zu den verb. Rs. C-293/12 und C-594/12 „Digital Rights Ireland und Seitlinger ua", Rn. 117, 132.
43 Vgl. auch *Streinz* JuS 2014, 758 (759); zu einer entsprechenden Handlungspflicht zur Vermeidung von Jurisdiktionskonflikten *F. Zimmermann*, Strafgewaltkonflikte in der EU, S. 216 ff., 222 ff.
44 *Linder* Jura 2008, 401 (404).
45 Grundsatzentscheidung zum Vorrang des Gemeinschaftsrechts: EuGH Urt. v. 5.2.1964 – Rs. 6/64 „Costa ./. ENEL"; näher dazu → § 9 Rn. 93; insgesamt dazu Sieber/Satzger/v. Heintschel-Heinegg-*Satzger*, Europ. StR, § 1 Rn. 8; *Reinbacher*, Strafrecht im Mehrebenensystem, S. 522 mwN.
46 *Meyer-Borowsky*, Charta, 4. Aufl., GRC Art. 51 Rn. 16.
47 Näher dazu → § 10 Rn. 21 ff.
48 S. auch Sieber/Satzger/v. Heintschel-Heinegg-*Esser*, Europ. StR, § 53 Rn. 25.

b) Die Position des BVerfG

19 Auch das BVerfG erkennt ausgehend von der Integrationsermächtigung des Art. 23 GG und jedenfalls dem Grundsatz nach den Anwendungsvorrang von EU-Recht gegenüber dem nationalen Recht an.[49] Seit seinem Solange-II-Beschluss[50] akzeptiert es diesen Vorrang auch gegenüber den verfassungsrechtlich verankerten Grundrechten und prüft daher Unionsrechtsakte nicht mehr anhand des Grundgesetzes, *solange* der EuGH einen wirksamen und dem des GG im Wesentlichen gleich zu achtenden Schutz der Grundrechte generell gewährleistet.[51]

Es behält sich jedoch vor zu prüfen, ob der unantastbare Kerngehalt der Verfassungsidentität des Grundgesetzes nach Art. 23 I 3 iVm Art. 79 III GG gewahrt bleibt (sog. „**Identitätskontrolle**", dazu → Rn. 30 ff.),[52] ob Rechtsakte der Union das Subsidiaritätsprinzip einhalten („**Subsidiaritätskontrolle**")[53] und, ob die EU-Organe entsprechend dem Grundsatz der begrenzten Einzelermächtigung im Rahmen ihrer Kompetenzen handeln (***Ultra-vires*-Kontrolle**).[54] Sollte das BVerfG bei einer solchen Überprüfung zu einem negativen Ergebnis kommen, hätte dies zur Folge, dass das Unionsrecht in Deutschland nicht angewendet werden darf.

4. Grundrechtsmaßstab für das Tätigwerden der mitgliedstaatlichen Organe

a) Die (extensive) Position des EuGH

20 Das Recht der Europäischen Union wird jedoch nicht nur durch ihre eigenen Organe, sondern auch durch die Organe der Mitgliedstaaten ausgeführt, etwa beim Erlass von Gesetzen zur Umsetzung von Richtlinien oder beim direkten Vollzug von Verordnungen. Es stellt sich somit die Frage, ob und wann die mitgliedstaatlichen Organe an die Unionsgrundrechte gebunden sind.

Ausgehend von Art. 51 I 1 GRC ist dies „bei der Durchführung des Rechts der Union" der Fall. Der Begriff der „Durchführung" ist jedoch keinesfalls eindeutig.[55] Der EuGH interpretiert diesen Terminus extensiv. Danach sollten die EU-Grundrechte im gesamten Anwendungsbereich des Unionsrechts zur Anwendung kommen. Diese sind also stets von den mitgliedstaatlichen Organen zu beachten, wenn die in den Verträgen niedergelegten Grundfreiheiten (Warenverkehrs-, Niederlassungs-, Dienstleistungs- und Kapitalverkehrsfreiheit) einschlägig sind.[56] Diese Bindung beschränkt sich dementsprechend nicht auf Konstellationen, in denen nationale Umsetzungsmaßnahmen durch Se-

---

[49] S. nur Sieber/Satzger/v. Heintschel-Heinegg-*Satzger*, Europ. StR, § 1 Rn. 10; zu der unterschiedlichen Begründung des Vorrangs des Unionsrechts vgl. *Streinz*, Europarecht, Rn. 207 ff.
[50] BVerfGE 73, 339, 387 „Solange II".
[51] Ua BVerfGE 73, 339, 387 „Solange II"; BVerfGE 102, 147, 164 „Bananenmarkt"; BVerfG Beschl. v. 6.11.2019 – 1 BvR 276/17 „Recht auf Vergessen II", Rn. 47 ff.
[52] BVerfGE 123, 267, 353 ff. va Rn. 240 „Lissabon".
[53] BVerfGE 123, 267, 353 ff. va Rn. 240 „Lissabon".
[54] Prüfung, ob Rechtsakte der EU im Rahmen ihrer Kompetenzen bleiben BVerfGE 123, 267, 396 f. „Lissabon"; präzisierend und die Voraussetzungen für einen *Ultra-vires*-Rechtsakt sehr eng fassend BVerfGE 126, 286, 304 f. „Honeywell".
[55] Zur Auslegung des Begriffs der Durchführung s. auch *Gärditz* JZ 2013, 633 (635) mwN in Fn. 29; *Swoboda* ZIS 2018, 276 (283 f.); zur Rspr. des EuGH sowie des BVerfG vor Verbindlichkeit der Charta s. *Calliess* JZ 2009, 113 (115 ff.); *Kingreen* JZ 2013, 801.
[56] Damals noch „Anwendungsbereich des Gemeinschaftsrechts", vgl. etwa EuGH Urt. v. 18.6.1991 – Rs. C-260/89 „ERT", Rn. 42.

kundärrecht (abschließend) determiniert sind (zur ursprünglich abweichenden Position des BVerfG → Rn. 22).[57]

Wie weit der EuGH den Anwendungsbereich der EU-Grundrechte versteht, wurde etwa in der Entscheidung in der Rs. „*Åkerberg Fransson*"[58] deutlich. Darin qualifizierte der EuGH ein Steuerstrafverfahren als „Durchführung von Unionsrecht", obwohl ihm ein rein innerstaatlicher (schwedischer) Sachverhalt zugrunde lag, so dass die von den nationalen Gerichten angewandten Normen formal gar nicht auf EU-Recht beruhten. Er begründete dies mit der wirksamen Bekämpfung der Hinterziehung nationaler Mehrwertsteuer, wodurch mittelbar der Unionshaushalt geschützt werde; auch verlange das Unionsrecht[59] eine wirksame Erhebung der Mehrwertsteuer.[60] Der EuGH verfolgte so einen Ansatz, wonach der unionsrechtliche Bezug immer schon dann bejaht werden konnte, wenn die betreffende Vorschrift einem Ziel der Union dient und im Unionsrecht eine Schutzverpflichtung der Mitgliedstaaten im Hinblick auf dieses Ziel zu finden ist.[61] In seiner jüngeren Rechtsprechung hat der EuGH die Geltung der Unionsgrundrechte bei innerstaatlichen Sachverhalten für Fälle des Mehrwertsteuerbetruges bestätigt[62] und auf Fallkonstellationen im Kontext der Marktmanipulation erstreckt[63].

In der Literatur wurde diese Entscheidung teilweise stark kritisiert, vereinzelt wurde sogar eine „Zentralisierungstendenz" des EuGH moniert, in der ein Verstoß gegen das Subsidiaritätsprinzip (Art. 5 III EUV) gesehen wurde.[64] Auch das BVerfG gehört zu den Kritikern dieser Rechtsprechung:

b) Die differenzierende Position des BVerfG

aa) Ursprüngliche Position

Von Anfang an verstand das BVerfG die Formulierung der „Durchführung des Rechts der Union" in Art. 51 I 1 GRC restriktiver und kam daher zu einer nur begrenzten Geltung von EU-Grundrechten für deutsche Organe (Behörden, Gerichte, Gesetzgeber). Das oberste deutsche Gericht war der Ansicht, dass die Unionsgrundrechte nur dann anwendbar seien, wenn der konkrete Sachverhalt vom Unionsrecht abschließend determiniert sei.[65] Dies sei nur dann der Fall, wenn der Mitgliedstaat im konkreten Fall zu etwas „verpflichtet", an etwas „gehindert" werde oder „inhaltliche Vorgaben" gemacht würden.[66] Maßnahmen deutscher Behörden (einschließlich des Gesetzgebers), mit denen Gestaltungsspielräume des Unionsrechts genutzt würden, seien allein an den Grundrechten des Grundgesetzes zu messen. „Warnschüsse" an den EuGH konnte

---

57 EuGH Urt. v. 27.6.2006 – Rs. C-540/03 „Parlament ./. Rat".
58 EuGH Urt. v. 26.2.2013 – Rs. C-617/10 „Åkerberg Fransson"; dazu krit.: BVerfG Beschl. v. 24.4.2013 - 1 BvR 1215/07 = BVerfG StV 2013, 673, Rn. 91.
59 Aus Richtlinie 2006/12/EG, ABl.EG 2006, Nr. L 357, 1 iVm Art. 4 III EUV gehe hervor, dass die Mitgliedstaaten die Erhebung der gesamten in ihren Hoheitsgebieten geschuldeten Mehrwertsteuer gewährleisten und den Betrug bekämpfen müssen; nach Art. 325 AEUV sind die Mitgliedstaaten verpflichtet „abschreckende und wirksame" Maßnahmen gegen Betrügereien zulasten der Union zu ergreifen und insbes. ihr nationales Recht dementsprechend anzugleichen; s. auch *Gärditz* JZ 2013, 633 (635).
60 EuGH Urt. v. 26.2.2013 – Rs. C-617/10 „Åkerberg Fransson", Rn. 24 ff.
61 *Safferling* NStZ 2014, 545 (548).
62 EuGH Urt. v. 20.3.2018 – Rs. C-524/15 – „Menci", Rn. 18 ff.
63 EuGH Urt. v. 20.3.2018 – Rs. C-537/16 – „Garlsson Real Estate ua", Rn. 21 ff., 64 ff.
64 *Eckstein* ZIS 2013, 220 (223 f.); *Safferling* NStZ 2014, 545 (548).
65 BVerfGE 118, 79, 95 „Emissionshandel"; 121, 1, 15; 125, 260, 306 f. „Vorratsdatenspeicherung".
66 BVerfG Beschl. v. 24.4.2013 – 1 BvR 1215/07 = StV 2013, 673, Rn. 90.

man in der Entscheidung des BVerfG vom 24.4.2013 zur Verfassungsmäßigkeit des Antiterrordateigesetzes (ATDG)[67] erkennen. Denn dort findet sich in einem deutlichen *obiter dictum*, die *Åkerberg-Fransson*-Entscheidung dürfe nicht in der Weise verstanden und angewendet werden, dass für eine Bindung der Mitgliedstaaten durch die Grundrechte der GRC jeder sachliche Bezug einer Regelung zum bloß abstrakten Anwendungsbereich des Unionsrechts oder rein tatsächliche Auswirkungen auf dieses ausreichten. Ansonsten handele es sich bei diesem Urteil um einen *Ultra-vires-Akt* (dazu → Rn. 19).

Im Rahmen verbleibender Gestaltungsspielräume (etwa bei der Umsetzung von Richtlinien) schlummerte also ein ganz grundlegender Konflikt zwischen EuGH und BVerfG: Ersterer sah – wenn der Anwendungsbereich des EU-Rechts grundsätzlich eröffnet war (s. oben) – keinen Raum mehr für die Beachtlichkeit nationaler Grundrechte, wohingegen das BVerfG hier ausschließlich die deutschen Grundrechte als beachtlich einstufte.

bb) Neue Entwicklung

23 Mittlerweile hat das BVerfG (in seinen jüngsten Entscheidungen zum „Recht auf Vergessen") seine Position konkretisiert und dabei den Konflikt zum EuGH einerseits entschärft, andererseits sich selbst deutlich weiter ins Zentrum einer umfassenden Grundrechtsprüfung gerückt.[68]

Nunmehr beansprucht das Karlsruher Gericht ausdrücklich die Prüfung des deutschen Rechts anhand der GRC – und eben nicht nur anhand der deutschen Grundrechte – für sich. Diese erhebliche Ausweitung seines Prüfungsmaßstabs leitet das BVerfG aus der Integrationsverantwortung nach Art. 23 I 2 GG ab, die eben auch eine Verwirklichung des unionsrechtlichen Grundrechtsschutzes erfordere.[69] Uneingeschränkt gelte dies für Fälle, in denen **Unionsrecht ohne Gestaltungsspielraum des nationalen Gesetzgebers durchgeführt** werde, da schon wegen des Anwendungsvorrangs des Unionsrechts eine Prüfung am Maßstab des Grundgesetzes ausgeschlossen sei (dazu → Rn. 27).[70]

Mit einer Einbeziehung der GRC in den Prüfungskanon des BVerfG will dieses in einem Bereich am Grundrechtsschutz mitwirken, in dem es früher (mangels Anwendbarkeit der nationalen Grundrechte) keine entsprechende Kompetenz innehatte. Dabei sei aber zu berücksichtigen, dass die Auslegung der GRC weiterhin alleine dem EuGH zustehen solle (s.o. Rn. 16), weshalb bei entsprechenden Zweifeln eine Vorlage nach Art. 267 AEUV erfolgen müsse.[71] Auch wenn sich das BVerfG hier selbstbewusst (und vielleicht dogmatisch nicht bis ins letzte überzeugend) eine zentrale Rolle des umfassenden Grundrechtsschutzes in Deutschland zuerkennt, liegt hierin gleichwohl ein rechtspolitisch begrüßenswerter Schritt zur Vermeidung latent grundlegender Konflikte

---

67 BVerfG Beschl. v. 24.4.2013 – 1 BvR 1215/07 = StV 2013, 673; hierzu *Fontanelli* EuConst (9) 2013, 315, 327 ff.; *Gärditz* JZ 2013, 633 (635 f.); *Ohler* NVwZ 2013, 1433 (1436 f.); *Gärditz* spricht von „Warnschüsse(n) in Richtung EuGH", JZ 2013, 633 (635).
68 BVerfG Beschl. v. 6.11.2019 – 1 BvR 16/13, „Recht auf Vergessen I"; BVerfG Beschl. v. 6.11.2019 – 1 BvR 276/17 „Recht auf Vergessen II".
69 BVerfG Beschl. v. 6.11.2019 – 1 BvR 276/17 „Recht auf Vergessen II", Rn. 44, 53 ff.
70 BVerfG Beschl. v. 6.11.2019 – 1 BvR 276/17 „Recht auf Vergessen II", Rn. 50 ff.
71 BVerfG Beschl. v. 6.11.2019 – 1 BvR 276/17 „Recht auf Vergessen II", Rn. 69 ff.

zwischen den beiden Gerichten und somit eine Chance hin zu einem verstärkten Grundrechtsdialog zwischen BVerfG und EuGH.[72]

Im Falle **unionsrechtlich nicht vollständig determinierten innerstaatlichen Rechts**, in einem Bereich also, wo den deutschen Organen Gestaltungsspielräume verbleiben, sieht die Konzeption des BVerfG weiterhin in erster Linie eine Prüfung am Maßstab der Grundrechte des Grundgesetzes vor. Dieser Prüfungsvorrang der nationalen Grundrechte beruhe auf der (widerleglichen[73]) Vermutung, dass das Schutzniveau der GRC durch die Anwendung der Grundrechte des Grundgesetzes mitgewährleistet sei; zudem gehe mit der Gewährung eines nationalen Umsetzungsspielraums auch ein Bekenntnis zu einer Vielfalt grundrechtlicher Wertungen innerhalb der EU einher.[74] Bei „konkreten und hinreichenden Anhaltspunkten" dafür, dass der Grundrechtsmaßstab des Grundgesetzes das europäische Grundrechtsniveau nicht wahre, seien die entsprechenden Rechte der GRC jedoch mit in die Prüfung einzubeziehen.[75] Der Streit um die Bedeutung des Terminus „Durchführung von Unionsrecht" in Art. 51 I 1 GRC (s.o. Rn. 20 ff.) hat somit weiter an Bedeutung verloren[76], da das BVerfG die Bedeutung der GRC nunmehr auch hier – jedenfalls subsidiär iSe „widerleglichen Vermutung" – anerkennt und sich somit der Position des EuGH in der *Åkerberg-Fransson*-Entscheidung[77] zumindest angenähert hat (zu Konstellationen eines höheren nationalen Schutzniveaus → Rn. 30 ff.).

cc) Ausblick

Indem das BVerfG in seinen Entscheidungen zum „Recht auf Vergessen" nunmehr die GRC als zusätzlichen Prüfungsmaßstab anerkennt, besteht die Möglichkeit zu einer stärkeren Kooperation von BVerfG und EuGH im Bereich des Grundrechtsschutzes auf europäischer Ebene. Hierdurch darf sich das BVerfG jedoch insbes. vor dem Hintergrund des in Art. 267 AEUV normierten Monopols des EuGH zur Auslegung des EU-Primärrechts, wozu insbes. auch die GRC zählt, nicht zu einer Kompetenzüberschreitung verleiten lassen. Bei Zweifeln über die Auslegung der europäischen Grundrechte ist das höchste deutsche Gericht vielmehr zu einer Vorlage an den EuGH *verpflichtet*. Alleine im Rahmen eines derartigen Vorabentscheidungsverfahrens darf das BVerfG an der Fortentwicklung des Grundrechtsschutzes auf EU-Ebene mitwirken; diese Aufgabe kann und soll es aber selbstverständlich auch künftig aktiv wahrnehmen.

5. Grundrechtlicher „ordre public"

Angesichts der extensiven Auslegung des in Art. 51 I 1 GRC normierten Begriffs der „Durchführung" des Unionsrechts und der damit verbundenen Zurückdrängung nationaler Grundrechtsstandards, rückt die Frage ins Zentrum, **welche Schlagkraft den**

---

72 Vgl. hierzu *Swoboda* ZIS 2018, 276 (295).
73 BVerfG Beschl. v. 6.11.2019 – 1 BvR 16/13, „Recht auf Vergessen I", Rn. 66.
74 BVerfG Beschl. v. 6.11.2019 – 1 BvR 16/13, „Recht auf Vergessen I", Rn. 55 ff.
75 BVerfG Beschl. v. 6.11.2019 – 1 BvR 16/13, „Recht auf Vergessen I", Rn. 63 ff.
76 BVerfG Beschl. v. 6.11.2019 – 1 BvR 16/13, Rn. 71: „Fehlt es an solchen Anhaltspunkten [für ein geringeres Schutzniveau der nationalen Grundrechte], kann dementsprechend auch die vorausliegende Frage, ob und wieweit die Charta nach Art. 51 I 1 GRC in der jeweiligen Konstellation überhaupt anwendbar ist, offenbleiben".
77 EuGH Urt. v. 26.2.2013 – Rs. C-617/10 „Åkerberg Fransson".

Grundrechten im EU-Recht zukommt, wenn der Einzelne einem Strafverfahren im Anwendungsbereich der GRC ausgesetzt ist:

- Aus europarechtlicher Sicht ist dabei von maßgebender Bedeutung, ob die **Grundrechte der GRC** „Korrektive" des Sekundärrechts sein können, selbst wenn dies dort nicht explizit (zB als Ablehnungsgrund eines Europäischen Haftbefehls, dazu → § 10 Rn. 40) normiert ist oder dessen Grundgedanken gar widerspricht.
- Aus einem nationalen Blickwinkel schließt sich die Fragestellung an, ob sich der Einzelne auf **nationale Grundrechte** berufen kann, welche weiter als Schutzmechanismen im sekundären EU-Recht oder der GRC gehen.

a) Anwendungsvorrang des Unionsrechts gegenüber nationalen Grundrechten?

27 Nach der Rechtsprechung des EuGH spielen die Grundrechte der Mitgliedstaaten gegenüber EU-Recht keine (meist-)begünstigende Rolle. Vielmehr geht der EuGH – wie gesehen – umfassend von einem Vorrang des Unionsrechts, auch gegenüber nationalem Verfassungsrecht, aus. Dies maßgeblich deshalb, um die einheitliche Anwendung des EU-Rechts innerhalb aller Mitgliedstaaten zu gewährleisten.[78] In zwei – gerade auch aus strafrechtlicher Sicht – wichtigen Entscheidungen äußerte er sich dabei explizit zur Handhabung von nationalem Verfassungsrecht im Anwendungsbereich des Unionsrechts:

In der oben bereits genannten *Åkerberg-Fransson*-Entscheidung stellt der EuGH es den nationalen Gerichten zwar frei, in jenen Fällen, „in denen das Handeln der Mitgliedstaaten nicht vollends von Unionsrecht determiniert ist, [...] nationale Schutzstandards für die Grundrechte anzuwenden", allerdings unter der Einschränkung, dass „weder das Schutzniveau der Charta, wie sie vom Gerichtshof ausgelegt wird, noch" – und dies erscheint noch bedeutsamer – „der Vorrang, die Einheit und die Wirksamkeit des Unionsrechts beeinträchtigt werden" dürfen.[79] Zu letzteren Aspekten zählt der EuGH insbesondere das Funktionieren der justiziellen Zusammenarbeit auf der Basis des Grundsatzes der gegenseitigen Anerkennung.

Deutlich wird die Nachrangigkeit nationaler Grundrechtsstandards hinter der Funktionsfähigkeit der justiziellen Zusammenarbeit va in der Rs. *„Melloni"* (auf welche der EuGH in seiner *Åkerberg-Fransson*-Entscheidung auch verweist):[80] Der EuGH betont darin, dass die Vollstreckung eines Europäischen Haftbefehls nicht aufgrund der Verletzung nationaler Grundrechte abgelehnt werden könne. In diesem Zusammenhang stellt der EuGH auch klar, dass Art. 53 GRC nicht dahin gehend auszulegen sei, dass unionsrechtlichen Vorschriften ein über die GRC hinausgehender Schutzstandard einer mitgliedstaatlichen Verfassung entgegengehalten werden könne.

Art. 51 I GRC, der nach Auslegung des EuGH zu einer exklusiven Geltung europäischer Grundrechtsstandards im Anwendungsbereich der Charta führt, bedingt so eine weitgehende Zurückdrängung nationaler Verfassungsmaßstäbe (und der zur Wahrung derselben berufenen nationalen [Verfassungs-] Gerichte). Dies gilt sogar dann, wenn aus nationaler Sicht ein „Kerngehalt" im Sinne der nationalen Verfassungsidentität auf dem Spiel steht.

---

78 Bereits explizit in EuGH Urt. v. 17.12.1970 – Rs. 11/70 „Internationale Handelsgesellschaft", Rn. 3.
79 EuGH Urt. v. 26.2.2013 – Rs. C-617/10 „Åkerberg Fransson", Rn. 29; dazu: *Bucher* ZEuS 19 (2016), 203.
80 EuGH Urt. v. 26.2.2013 – Rs. C-399/11 „Melloni", Rn. 56 ff.; *Besselink* ELR 39 (2014), 531; *Tinsley* NJECL 3 (2012), 19.

Soweit die GRC einen den nationalen Verfassungen vergleichbaren Grundrechtsschutz gewährleistet, entstünde letztlich zwar kein bedenkliches Schutzdefizit. Ein solcher Gleichlauf ist jedoch keinesfalls selbstverständlich, va dann nicht, wenn die Grundrechtsprüfung auf EU-Ebene selbst bereits defizitär ausgestaltet ist. So wurde der Rahmenbeschluss zum Europäischen Haftbefehl vom EuGH in der *Melloni*-Entscheidung praktisch ohne wirkliche Grundrechtsprüfung lediglich mit Verweis auf dessen Konformität mit Art. 47 und 48 GRC „durchgewinkt" (näher dazu → § 10 Rn. 29).[81]

Verdeutlicht werden diese Bedenken durch das Urteil in der Rs. „*Radu*"[82], in welchem der EuGH die im Rahmenbeschluss über den Europäischen Haftbefehl genannten Ablehnungsgründe als abschließend bezeichnet und letztlich einen hierüber hinausgehenden Grundrechtsschutz ablehnt. Dies ist nicht nur in Anbetracht der Tatsache zu kritisieren, dass Art. 1 III RbEuHb ausdrücklich auf die EU-Grundrechte verweist („Dieser Rahmenbeschluss berührt nicht die Pflicht, die Grundrechte und die allgemeinen Rechtsgrundsätze, wie sie in Artikel 6 des Vertrags über die Europäische Union niedergelegt sind, zu achten."), sondern auch, weil damit letztlich eine Überprüfung dieses Sekundärrechtsakts sogar anhand der europäischen Grundrechte verweigert wird. Dass dies am Ende zu grundrechtlich bedenklichen Ergebnissen führt, kann nicht verwundern. Diese Entscheidungen waren folglich auch nicht „das letzte Wort" des EuGH:

b) Europäischer *ordre public*, va bei der justiziellen Zusammenarbeit in Strafsachen

Unter „außergewöhnlichen Umständen" neigt der EuGH jetzt – wenn auch unter sehr engen Voraussetzungen – dazu, jedenfalls im Bereich der transnationalen Strafverfolgung von seiner strikten Linie, wonach die Berufung auf Grundrechte die im Sekundärrecht festgeschriebene justizielle Zusammenarbeit auf Basis der gegenseitigen Anerkennung nicht behindern dürfe, abzurücken. Aufgrund von Menschenrechtsgesichtspunkten hat er so die Pflicht zur Vollstreckung eines Europäischen Haftbefehls eingeschränkt.[83] In der Rs. „*Pál Aranyosi/Căldăraru*"[84] (dazu → § 10 Rn. 31) hat der Gerichtshof die Berücksichtigung europäischer Grundrechte (hier: Art. 4 der GRC) bei der Entscheidung über die Vollstreckung eines Europäischen Haftbefehls gefordert. Der um Vollstreckung der Auslieferung ersuchte Staat müsse eine zweistufige Prüfung vornehmen:

(1) Besteht im ersuchenden Staat bei *abstrakter* Betrachtung eine echte Gefahr unmenschlicher oder erniedrigender Haftsituationen? Und:

(2) Gibt es ernsthafte und auf Tatsachen basierende Vermutungen für die Annahme, dass der Betroffene dieser Gefahr *konkret* ausgesetzt sein wird?

Bejahendenfalls müsse die Auslieferung verschoben (jedoch nicht abgelehnt) werden. Der EuGH begründet dies damit, dass der Rahmenbeschluss zum Europäischen Haftbefehl nicht die Verpflichtungen der Mitgliedstaaten aushebeln dürfe, sich an Grund-

---

81 *Streinz*, in: Heid ua (Hrsg.), FS Dauses, S. 429, 439.
82 EuGH Urt. v. 29.1.2013 – Rs. C-396/11 „Radu".
83 EuGH Urt. v. 5.4.2016 – verb. Fälle C-404/14 und C-659/15 PPU „Pál Aranyosi/Căldăraru"; im Detail dazu → § 10 Rn. 31; siehe auch BVerfG Beschl. v. 19.12.2017, 2 BvR 424/17 = BeckRS 2017, 137784, Rn. 50 ff.; *Meysman* EuCLR 6 (2016), 186, 206 ff.; zu beiden Entscheidungen und deren Verhältnis *Satzger* NStZ 2016, 514.
84 EuGH Urt. v. 5.4.2016 – Rs. C- 404/15, C-659/15 PPU „Pál Aranyosi/Căldăraru", siehe *Gáspár-Szilágyi* EJCCLCJ 24 (2016), 197; siehe auch BVerfG Beschl. v. 19.12.2017 – 2 BvR 424/17, Rn. 50 ff.; vgl. nun auch EuGH Urt. v. 25.7.2018 – C-220/18 PPU „ML" mAnm *Böhm* NJW 2018, 3161 (3168).

rechte, insbesondere solche aus der GRC, zu halten. Stattdessen verlangt Art. 51 GRC gerade deren Anwendung im Rahmen von EU-Vorschriften. Hier zeigt sich, dass die bislang strikt zurückgewiesene Beschränkung der justiziellen Zusammenarbeit durch einen (**europäischen**) *Ordre-public*-Vorbehalt nicht mehr einschränkungslos vertreten wird. Der potenzielle Konflikt mit dem BVerfG (dazu → Rn. 31 ff.) wird auch insoweit erheblich reduziert.[85]

29 In mehreren Nachfolgeentscheidungen hat sich gezeigt, dass der EuGH in Fortsetzung dieser Rechtsprechung zwar grundsätzlich bereit ist, Verstöße gegen Unionsgrundrechte unter „außergewöhnlichen Umständen" als Ablehnungsgrund eines Europäischen Haftbefehls anzuerkennen. Es wird aber auch deutlich, dass er insoweit sehr restriktiv ist. Insbesondere beharrt das Gericht bislang stets auf der auch auf den Einzelfall bezogenen und somit zweistufigen Prüfung wie in der Rs. *„Pál Aranyosi/Căldăraru"*: Entscheidend ist letztlich, ob dem Betroffenen auch im konkreten Fall eine Verletzung in Unionsgrundrechten droht. Deshalb konnte etwa alleine die Einleitung des Art. 7 EUV-Verfahrens gegen Polen keinen Grund für die Verweigerung der Auslieferung aufgrund eines Europäischen Haftbefehls begründen.[86] Auch die Austrittserklärung eines Mitgliedstaates der EU (hier: das Vereinigte Königreich) nach Art. 50 EUV – und allgemeine Unsicherheiten über den Grundrechtsschutz nach dem Austritt aus der EU – vermochte isoliert kein Auslieferungshindernis zu begründen. Auch in solchen Konstellationen bedarf es somit konkreter Anhaltspunkte für ein Absinken des Grundrechtsschutzes für den Betroffenen nach Vollendung des Austritts aus der EU, um einen außergewöhnlichen Umstand zu begründen[87] (dazu → § 10 Rn. 31).

c) Nationaler *ordre public* – Die Bedeutung der nationalen Verfassungsidentität

30 Parallel zu dieser „Aufweichung" der EuGH-Rechtsprechung haben nationale Verfassungsgerichte – allen voran das BVerfG – Einwände gegen ein Verständnis des EU-Sekundärrechts, hier: des Rahmenbeschlusses über den Europäischen Haftbefehl, erhoben. Diese sollen für den Fall gelten, dass grundrechtliche Schutzpositionen des nationalen Rechts so gewichtig sind, dass sie der „Verfassungsidentität" zugeordnet werden müssen.

aa) Position des BVerfG

31 Mit seiner Entscheidung vom 15.12.2015[88] setzte sich das BVerfG ausführlich (wenn auch größtenteils in Form eines *obiter dictum*) mit der Einhaltung der Verfassungsidentität im Zusammenhang mit der Vollstreckung eines Europäischen Haftbefehls auseinander (dazu und zu Folgeentscheidungen → § 10 Rn. 32). Das BVerfG erklärte letztlich die Entscheidung eines OLG, einen in Deutschland befindlichen US-Amerikaner auf Basis eines in Italien ausgestellten Europäischen Haftbefehls nach Italien auszuliefern, für unzulässig. Der Haftbefehl war zum Zwecke der Vollstreckung eines ita-

---

85 Zu den gleichwohl verbleibenden Konfliktkonstellationen s. *Satzger* NStZ 2016, 514 (521 f.).
86 EuGH Urt. v. 25.7.2018 – Rs. C-216/18 „LM", Rn. 46 ff.; s. hierzu *Hummer* EuR 2018, 653; *Payandeh* JuS 2018, 919.
87 EuGH Urt. v. 19.9.2018 – Rs. C-327/18 PPU „RO", Rn. 44 ff.; vgl. hierzu den Beschluss des Rates 2020/135/EU vom 30.1.2020 über den Abschluss des Austrittsabkommens mit dem Vereinigten Königreich (ABl.EU 2020 Nr. L 29/1) sowie das Austrittsabkommen in ABl.EU 2020 Nr. L 29/7; zu den Regelungen während des Übergangszeitraums vom 1.2.2020 bis 31.12.2020 vgl. → § 10 Rn. 44.
88 BVerfG Urt. v. 15.12.2015 – 2 BvR 2735/14 = NJW 2016, 1149 – Die Entscheidung erging knapp drei Monate vor der EuGH-Rs. *Aranyosi/Căldăraru* (!).

lienischen Abwesenheitsurteils ergangen, von dem der Verurteilte allerdings keinerlei Kenntnis besaß. Obwohl die Entscheidung über die Vollstreckung eines Europäischen Haftbefehls durch das Unionsrecht bestimmt ist, nimmt das BVerfG gleichwohl eine Überprüfung am Maßstab des Grundgesetzes vor. Dem BVerfG zufolge sei der Anwendungsvorrang durch die Verfassungsidentität des Grundgesetzes begrenzt. Auch im Rahmen der europäischen Integrität dürfe dieser Verfassungskern nicht beeinträchtigt werden. Dies leitet das BVerfG aus Art. 23 I 3 iVm Art. 79 III GG ab. Zur Verfassungsidentität gehöre dabei auch das – für das Strafrecht elementare – Schuldprinzip, welches wiederum in der Garantie der Menschenwürde aus Art. 1 I GG wurzle. Da das Oberlandesgericht nicht hinreichend geprüft habe, ob in Italien eine neue, nach dem Schuldprinzip unabdingbare Beweisverhandlung stattfinden werde, zeigte das BVerfG den potenziellen Konflikt mit der deutschen Verfassungsidentität auf. Bei dieser Drohkulisse blieb es aber, da das Gericht dasselbe Ergebnis auf Basis einer europarechtskonformen Auslegung des Rahmenbeschlusses über den Europäischen Haftbefehl und des entsprechenden deutschen Umsetzungsaktes zu erreichen glaubte.[89] Was hinter dieser Entscheidung steht ist nicht weniger als ein „nationaler ordre public", der – wenn die Verfassungsidentität Deutschlands infrage steht – nicht vom Vorrang des EU-Rechts erfasst sein soll.

bb) Position des EuGH

Eine Aushebelung des Vorrangs des EU-Rechts durch elementare, der Verfassungsidentität zuordenbare Schutzpositionen lässt sich in den aus Italien stammenden *Taricco*–Verfahren beobachten, die dort für erhebliche Unruhe gesorgt hatten. Im Ergebnis hat der EuGH hier – auf Basis seiner Grundposition zwar nicht unbedingt konsistent, jedoch ua in Respekt vor den „gemeinsamen verfassungsrechtlichen Traditionen der Mitgliedstaaten" – nachgegeben: 32

In der „*Taricco I*"-Entscheidung[90] hatte sich der EuGH zunächst noch für einen Anwendungsvorrang des Unionsrechts gegenüber nationalen (italienischen) Verjährungsvorschriften ausgesprochen, mit dem Ziel, den Schutz der finanziellen Interessen der EU effektiv durchzusetzen. Da die Verjährung nach italienischem Recht dem materiellen Recht zugeordnet wird, beschwor diese Entscheidung eine Kollision mit dem strafrechtlichen Gesetzlichkeitsprinzip und damit einem aus italienischer Sicht identitätsstiftenden Grundsatz des nationalen Rechts herauf (dazu → § 9 Rn. 31). In der vielbeachteten „*Taricco II*"-Entscheidung vom 5.12.2017[91] zeigten sich die Luxemburger Richter dann aber weitgehend bereit, bei drohender Verletzung der nationalen (hier: italienischen) Verfassungsidentität von der Annahme eines generellen (Anwendungs-) Vorrangs des EU-Rechts gegenüber nationalem Verfassungsrecht abzurücken. Die zentrale Aussage der Entscheidung bestand darin, dass dann, wenn die Nichtanwendung europarechtswidriger Vorschriften des nationalen Rechts (*in concreto*: die italienischen Verjährungsregeln) zu einem Verstoß gegen die nationale Verfassungsidentität führt (hier also das „zur italienischen Verfassungsidentität gehörende strafrechtliche Gesetzlich-

---

89 Um einer Vorlagepflicht zum EuGH zu entgehen, beruft sich das BVerfG wenig überzeugend auf die – ohnehin inflationär herangezogene – sog. *Acte-clair*-Theorie; für weitere Details und eine kritische Auseinandersetzung, s. *Satzger* NStZ 2016, 514 (519).
90 EuGH Urt. v. 8.9.2015 – Rs. C- 105/14 „Strafverfahren gegen Ivo Taricco" (häufig – wie hier – als „Taricco I" zitiert).
91 EuGH Urt. v. 5.12.2017 – Rs. C 42/17 „Strafverfahren gegen M.A.S. und M.B." (häufig auch als „Taricco II" zitiert), Rn. 42 ff.

keitsprinzip"), diese europarechtswidrigen Vorschriften des nationalen Rechts angewendet bleiben dürfen, auch wenn dies letztlich den Interessen der EU zuwider laufe. Diese Entscheidung bricht letztlich mit der traditionellen Sichtweise des EuGH, wonach ein genereller (ausnahmsloser) Vorrang des EU-Rechts auch gegenüber dem gesamten nationalen Verfassungsrecht bestehe.

d) Fazit

33 Es wird deutlich: In Sachen Grundrechtsschutz und *ordre public* ist noch einiges im Fluss. Die Berücksichtigung von EU-Grundrechten im Rahmen eines **europäischen *ordre public*** (va bei der justiziellen Zusammenarbeit im Strafrecht) scheint mE bereits aus normhierarchischen Gründen zwingend. Eine stärkere Beachtung und inhaltliche Ausdifferenzierung der EU-Grundrechte durch den EuGH vermag überdies auch Kollisionen mit nationalen Grundrechtsstandards und somit der Berufung auf die nationale Verfassungsidentität wenigstens vorzubeugen. Deren darüber hinausgehende Berücksichtigung im Sinn eines **„nationalen *ordre public*"** lässt sich demgegenüber aus EU-Sicht nur schwer begründen. Allerdings hat die EU grundlegende Verfassungswerte, die sich zu den konstituierenden Elementen der „nationalen Identitäten" der Mitgliedstaaten zählen lassen, gemäß Art. 4 II 1 EUV zu achten, so dass hier – in engem Umfang – tatsächlich eine EU-rechtliche Grundlage für die neuere Rechtsprechung besteht.

Rechtspolitisch ist dies ein hilfreiches Ventil, um latent nach wie vor bestehende Spannungen zwischen dem EuGH und den nationalen Verfassungsgerichten abzumildern. Das gewünschte und anzustrebende Kooperationsverhältnis der obersten Gerichte kann so gefördert werden. Um hier jedoch die Grundlagen des Europarechts nicht in ihr Gegenteil zu verkehren und um den Vorrang des EU-Rechts in diesem Kontext nicht unkontrolliert auszuhebeln, ist eine Beschränkung auf extreme Fälle geboten, in denen es um – noch näher auszudifferenzierende – verfassungsrechtlich vorgegebene identitätsprägende Aspekte geht (dazu → § 10 Rn. 32).[92]

34 **WIEDERHOLUNGS- UND VERTIEFUNGSFRAGEN**

> Inwieweit lässt sich auch heute schon von einem „Europäischen Strafrecht" sprechen? (→ Rn. 3)
> Inwiefern hat der Vertrag von Lissabon die EU grundlegend verändert? (→ Rn. 7)
> Worin liegen die Unterschiede zwischen Rechtssetzung und Rechtsangleichung durch die EU? (→ Rn. 8)
> In welchem Verhältnis stehen EMRK und GRC zueinander? (→ Rn. 10 ff.)
> Wie interpretiert der EuGH die „Durchführung des Rechts der Union" iSd Art. 51 I 1 GRC? Wie war demgegenüber die ursprüngliche Ansicht des BVerfG, inwieweit hat es sich jüngst neu positioniert? (→ Rn. 20 ff.)
> Besteht nach dem BVerfG bzw. nach dem EuGH aus grundrechtlichen Erwägungen eine Rechtfertigung, einen Europäischen Haftbefehl nicht einschränkungslos zu vollstrecken? (→ Rn. 28 ff.)

---

92 Zu den Zweifeln, ob der konkrete italienische Fall aber überhaupt ein solcher berechtigter Ausnahmefall war, s. nur *Viganò* EuCLR 7 (2017), 103, 120 f.

§ 7 Grundlagen und Grundfragen eines Europäischen Strafrechts § 7

Aktuelle und weiterführende Literatur: *Afrosheh*, Die Mehrsprachigkeit in der Europäischen Union und daraus resultierende Probleme für ein europäisches Strafrecht, ZEuS 20 (2017), 93; *Bülte/Krell*, Grundrechtsschutz bei der Durchführung von Unionsrecht durch Strafrecht, StV 2013, 713; *Bucher*, Die Bindung der Mitgliedstaaten an die EU-Grundrechtecharta bei Ermessensspielräumen, insbesondere in Fällen der Richtlinienumsetzung und unter Berücksichtigung der Folgerechtsprechung zu „Åkerberg Fransson", ZEuS 19 (2016), 203; *Hummer*, Nebeneffekte des Sanktionsverfahrens gegen Polen wegen dessen Rechtsstaatlichkeitsdefizit. Scheitert die Vollstreckung eines „Europäischen Haftbefehls" in Polen wegen „systemischer Mängel" in Bezug auf die Unabhängigkeit der Justiz?, EuR 2018, 653; *Jarass*, Strafrechtliche Grundrechte im Unionsrecht, NStZ 2012, 611; *ders.*, Zum Verhältnis von Grundrechtecharta und sonstigem Recht, EuR 2013, 29; *Kingreen*, Die Grundrechte des Grundgesetzes im europäischen Grundrechtsföderalismus, JZ 2013, 801; *Ludwigs*, Kooperativer Grundrechtsschutz zwischen EuGH, BVerfG und EGMR, EuGRZ 2014, 273; *Neumann*, The Shared Competence for Criminal Law, EuCLR 5 (2015), 325; *Oehmichen*, Verfassungs- und europarechtliche Grenzen der Auslieferung, StV 2017, 257; *Ohler*, Grundrechtliche Bindungen der Mitgliedstaaten nach Art. 51 GrCh, NVwZ 2013, 1433; *Risse*, Die Anwendbarkeit von EU-Grundrechten im prozessualen und materiellen Strafrecht, HRRS 2014, 93; *Safferling*, Der EuGH, die Grundrechtecharta und nationales Recht: Die Fälle Åkerberg Fransson und Melloni, NStZ 2014, 545; *Satzger*, Grund- und menschenrechtliche Grenzen für die Vollstreckung eines Europäischen Haftbefehls? – „Verfassungsgerichtliche Identitätskontrolle" durch das BVerfG vs. Vollstreckungsaufschub bei „außergewöhnlichen Umständen" nach dem EuGH, NStZ 2016, 514; *Swoboda*, Definitionsmacht und ambivalente justizielle Entscheidungen – Der Dialog der europäischen Gerichte über Grundrechtsschutzstandards und Belange der nationalen Verfassungsidentität, ZIS 2018, 276.

§ 8 Supranationales Europäisches Strafrecht

I. Bestehende Sanktionen auf Unionsebene

1. Die verschiedenen Arten von unionsrechtlichen Sanktionen

1 Durchforstet man das Recht der EU, so stößt man auf eine Vielzahl von Sanktionsvorschriften. Dabei lassen sich im Wesentlichen drei Typen von Sanktionen unterscheiden:

a) Geldbußen

2 Geldbußen haben im Bereich des früheren EGV insbesondere im Wettbewerbsrecht eine große Bedeutung erlangt.[1] Im AEUV sieht **Art. 103 II lit. a** ausdrücklich die Möglichkeit vor, Geldbußen zu verhängen, wovon bisher schon in zahlreichen Verordnungen Gebrauch gemacht wurde:

BEISPIEL: Art. 23 I Verordnung (EG) Nr. 1/2003 des Rates vom 16. Dezember 2002 (Kartellverordnung);[2] danach kann die Kommission „gegen Unternehmen und Unternehmensvereinigungen durch Entscheidung Geldbußen bis zu einem Höchstbetrag von 1 % des im vorausgegangenen Geschäftsjahr erzielten Gesamtumsatzes festsetzen, wenn sie vorsätzlich oder fahrlässig:

lit. a) bei der Erteilung einer nach Artikel 17 oder Artikel 18 Absatz 2 verlangten Auskunft unrichtige oder irreführende Angaben machen; [...]"

In diesem Zusammenhang machen Entscheidungen der Kommission immer wieder Schlagzeilen, mit denen Geldbußen in Milliardenhöhe gegen Unternehmen verhängt werden.

BEISPIELE: 1,38 Milliarden Euro betrug die insgesamt gegen vier internationale Autoglas-Hersteller wegen illegaler Preisabsprachen verhängte Geldbuße, wobei der Löwenanteil in Höhe von 896 Millionen Euro auf den französischen *Saint-Gobain*-Konzern entfiel.[3] Im Mai 2009 verhängte die EU-Kommission gegen den Chip-Hersteller *Intel* wegen Missbrauchs seiner marktbeherrschenden Stellung eine Geldstrafe in Rekordhöhe von 1,06 Milliarden Euro.[4] Die bislang höchste Kartellstrafe der EU-Geschichte erging 2018 gegen den US-amerikanischen Konzern *Google* in Höhe von 4,34 Milliarden Euro.[5]

b) Sonstige finanzielle Sanktionen

3 Die verschiedenen Formen von Sanktionen, die wie eine Geldbuße mit einer Vermögensminderung verbunden sind, aber nicht ausdrücklich als „Geldbuße" bezeichnet werden, bilden die Gruppe der „sonstigen finanziellen Sanktionen". Hierzu lassen sich etwa der Kautionsverfall, sog. „Geldsanktionen" oder pauschalierte Rückzahlungsaufschläge zählen.[6]

---

[1] Sieber/Satzger/v. Heintschel-Heinegg-*Vogel/Brodowski*, Europ. StR, § 5 Rn. 10 ff.
[2] ABl.EG 2003 Nr. L 1/1.
[3] S. welt-online v. 13.11.2008 (verfügbar unter http://www.welt.de/welt_print/article2715204/EU-verhaengt-Rekordstrafe-gegen-Autoglas-Kartell.html [Stand 1/20]).
[4] S. handelsblatt.com v. 13.5.2009 (verfügbar unter http://www.handelsblatt.com/unternehmen/it-medien/milliarden-strafe-eu-legt-intel-an-die-leine/3175858.html [Stand 1/20]); zunächst bestätigt durch das EuG (Urt. v. 12.6.2014 – Rs. T-286/09), dessen Entscheidung mittlerweile jedoch vom EuGH aufgehoben wurde (EuGH Urt. v. 6.9.2017 – Rs. C-413/14 P), so dass ein längerer Rechtsstreit vorgezeichnet erscheint.
[5] S. lto.de v. 18.7.2018 (verfügbar unter https://www.lto.de/recht/kanzleien-unternehmen/k/eu-kommission-wettbewerbsstrafe-google-betriebssystem-android-missbrauch-der-marktmacht/ [Stand 1/20]).
[6] Näher dazu zB *Dannecker/Bülte*, in: Wabnitz/Janovsky/Schmitt (Hrsg.), Handbuch, Kap. 2 Rn. 176 ff.

BEISPIEL: Art. 145 II der Verordnung (EU) Nr. 1268/2012 der Kommission vom 29. Oktober 2012:[7] „Gegen Bewerber oder Bieter, die falsche Erklärungen abgegeben oder wesentliche Fehler, Unregelmäßigkeiten oder Betrug begangen haben, können außerdem finanzielle Sanktionen in Höhe von 2 % bis 10 % des geschätzten Gesamtwerts des vorgesehenen Auftrags verhängt werden."

c) Sonstige Rechtsverluste

In diese dritte Kategorie fallen alle verbleibenden Sanktionen, die nicht unmittelbar auf eine Vermögensminderung, sondern auf sonstige nachteilige Rechtsfolgen gerichtet sind. Hierzu zählt der Entzug von Zulassungen oder Lizenzen ebenso wie die Kürzung oder Streichung von Beihilfen.[8]

BEISPIEL: Die Verordnung (EU) Nr. 1306/2013 des Europäischen Parlaments und des Rates vom 17. Dezember 2013[9] sieht in Art. 63 ff. Beihilfenkürzungen bzw. den Ausschluss von der Beihilfegewährung in Folgejahren als Sanktionen für Verstöße gegen die Verordnung vor.

2. Zuordnung zum Strafrecht im weiteren Sinn

Nicht jede der genannten Sanktionen ist notwendigerweise eine solche mit strafrechtlichem Charakter (zum Begriff des Strafrechts allgemein s. sogleich unter Rn. 9). Jedenfalls im Hinblick auf die Einhaltung strafrechtlicher Garantien bietet sich eine Abgrenzung parallel zur Rspr. des EGMR an, der diese Rechte nicht nur auf das traditionelle Kriminalstrafrecht, sondern auch auf das Strafrecht in einem weiteren Sinne angewandt wissen will.[10] Der Anwendungsbereich der Garantien ist also dann eröffnet, wenn eine „*strafrechtliche* Anklage" iSv Art. 6 EMRK vorliegt.[11] Der EGMR rechnet eine Sanktion insbesondere dann dem Strafrecht zu, wenn sie (zumindest auch) repressiver Natur ist oder mit einer besonders schweren Rechtsgutseinbuße für den Täter verbunden ist (dazu→ § 11 Rn. 69).

Für die oben genannten **Geldbußen** folgt daraus, dass sie aufgrund ihres stets repressiven Charakters jedenfalls zu den strafrechtlichen Sanktionen im weiteren Sinn zu zählen sind. Dem steht nicht entgegen, dass der Normgeber selbst die Sanktion ausdrücklich als eine solche „nicht strafrechtlicher Art" (vgl. Art. 23 V Verordnung [EG] 1/2003) einstuft.

Bzgl. der sonstigen Kategorien hilft die Verordnung (EG, EAG) Nr. 2988/95[12] zumindest in dem wichtigen Bereich der sekundärrechtlichen Sanktionsvorschriften bei sog. Unregelmäßigkeiten weiter. Damit sind Verstöße gegen Bestimmungen des Unionsrechts als Folge einer Handlung oder Unterlassung eines Wirtschaftsteilnehmers gemeint, die einen Schaden für den Haushalt der Union bewirkt haben bzw. hätten. Die-

---

7 ABlEU 2012 Nr. L 362/1.
8 Sieber/Satzger/v.Heintschel-Heinegg-*Vogel*, Europ. StR, § 5 Rn. 18 ff.
9 ABlEU 2013 Nr. L 347/549; s. hierzu die Delegierte Verordnung (EU) Nr. 640/2014 der Kommission vom 11.3.2014, ABlEU 2014 Nr. L 181/34.
10 Zur Unterscheidung des EGMR zwischen Kriminalstrafrecht und dem Strafrecht im weiteren Sinn s. nur EGMR, „Kammerer./. Österreich", Urt. v. 12.5.2010, Nr. 32435/06, Rn. 27, sowie *Vilsmeier*, Tatsachenkontrolle und Beweisführung im EU-Kartellrecht auf dem Prüfstand der EMRK, S. 36 f.; insgesamt vgl. auch *Reinbacher*, S. 42 ff. sowie ausf. *Satzger*, in Sieber (Hrsg.), Prevention, Investigation, and Sanctioning of Economic Crime, S. 265 ff.
11 S. die Zusammenfassung der Rspr. bei *Frowein/Peukert*, EMRK Art. 6 Rn. 37 ff.; s. dazu auch *Klip*, European Criminal Law, S. 169 ff.; *Letsas*, EJIL 15 (2004), 279, 297.
12 ABl.EG 1995 Nr. L 312/1.

se Rahmenverordnung ist als eine Art Allgemeiner Teil[13] für die genannten Sanktionsvorschriften konzipiert. Sie enthält ua eine Aufzählung möglicher Rechtsfolgen der Unregelmäßigkeiten. Dabei unterscheidet die Verordnung zwischen sog. „*verwaltungsrechtlichen Maßnahmen*" (Art. 4) und sog. „*verwaltungsrechtlichen Sanktionen*" (Art. 5).

BEISPIEL: Entzug des rechtswidrig erlangten Vorteils.

BEISPIEL: Vollständiger oder partieller Entzug eines nach Unionsrecht gewährten Vorteils auch dann, wenn der Wirtschaftsteilnehmer nur einen Teil dieses Vorteils unrechtmäßig erlangt hat.

8 Was in dieser Verordnung den verwaltungsrechtlichen Sanktionen zugeordnet wird, entspricht im Wesentlichen den Sanktionen mit repressivem Charakter, die nach der hier verwendeten Terminologie zum Strafrecht im weiteren Sinn gehören. Dass die Verordnung hier gleichwohl ausdrücklich von „verwaltungsrechtlichen" Sanktionen spricht, hat für die allein auf die Wirkung abstellende Zuordnung der Sanktion keine Bedeutung und erklärt sich aus der Sensibilität der Mitgliedstaaten gegenüber der Inanspruchnahme strafrechtlicher Kompetenzen durch die Union.[14]

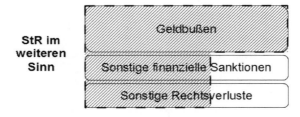

II. Europäisches Kriminalstrafrecht

1. Terminologisches

9 Auch wenn weitgehend anerkannt ist, dass derzeit (noch) kein europäisches Kriminalstrafrecht existiert, so ist die genaue Bestimmung dessen, was überhaupt unter diesem Begriff zu verstehen ist, doch alles andere als unproblematisch. Denn jeder Mitgliedstaat hat sein eigenes Konzept von Kriminalstrafe. Spricht man von einem „europäischen Kriminalstrafrecht", muss dieser Begriff aber notwendig unionsrechtlich und damit einheitlich für alle Mitgliedstaaten verstanden werden. Es bedarf also noch einer genaueren Umschreibung und Abgrenzung dieser Kategorie, wobei man sich primär auf einen wertenden Rechtsvergleich stützen kann.[15] In Anbetracht der Tatsache, dass die Freiheitsstrafe international als typische Form der Kriminalstrafe angesehen werden darf, bietet es sich an, jedenfalls all diejenigen Sanktionsnormen dem (europäischen) Kriminalstrafrecht zuzuordnen, die eine Freiheitsstrafe und/oder ein finanzielles Übel androhen, welches – bei Uneintreibbarkeit – in eine (Ersatz-) Freiheitsstrafe umgewandelt werden kann.[16] Eine zentrale Rolle muss allerdings auch der Umstand

---

13 *Tiedemann*, in: Eser ua (Hrsg.), FS Lenckner, S. 413.
14 *Heitzer*, Punitive Sanktionen, S. 127.
15 Ausf. hierzu *Satzger*, in Sieber (Hrsg.), Prevention, Investigation, and Sanctioning of Economic Crime, S. 265, 267 ff.
16 S. dazu auch *Winkler*, Die Rechtsnatur der Geldbuße, S. 60; ausf. dazu auch *Asp*, Substantive Criminal Law, S. 61 ff.; *Öberg* EuCLR 3 (2013), 273.

spielen, dass in den Mitgliedstaaten die Verhängung einer Kriminalstrafe stets mit einem „sozialethischen Unwerturteil" verbunden ist[17], so dass auch auf europäischer Ebene dieses Merkmal als konstitutiv für einen unionsrechtlich verstandenen Begriff der Kriminalstrafe erachtet werden sollte.[18]

Ganz in diese Richtung bewegt sich auch die Rechtsprechung des EGMR, der ebenso zwischen Strafrecht im weiteren Sinn und dem Kern des traditionellen Strafrechts unterscheidet. Maßgeblich sei vor allem die stigmatisierende Wirkung der Kriminalstrafe. Bedeutung hat diese Unterscheidung aus Sicht des EGMR, weil für Strafrecht im nur weiteren Sinn die strafrechtlichen Garantien der EMRK nicht notwendigerweise mit voller Stringenz anzuwenden seien; vielmehr seien diese Garantien in Abhängigkeit von der Natur der Angelegenheit und dem Maß der Stigmatisierung anzuwenden.[19]

2. Ansätze eines Europäischen Kriminalstrafrechts im geltenden Recht?

▶ **FALL 11:** Der US-Amerikaner A beschwört vor dem EuGH in Luxemburg eine falsche Aussage. Er wird deshalb an seinem vorübergehenden Aufenthaltsort in Deutschland angeklagt. Welchen Tatbestand wird das deutsche Strafgericht der Verurteilung zugrunde legen und müssen die Voraussetzungen der §§ 3 ff. StGB vorliegen? (dazu → Rn. 13, 15) ◀   10

Allerdings wird diskutiert, ob das EU-Primärrecht nicht ausnahmsweise – punktuell – bereits supranationales Kriminalstrafrecht enthält, und zwar dort, wo primärrechtliche Vorschriften auf nationales Strafrecht verweisen. Es geht dabei um die wenigen Normen des EU-Primärrechts, die anordnen, dass die Mitgliedstaaten auf Verletzungen oder Gefährdungen von Rechtsgütern der EU ihre innerstaatlichen Straftatbestände anwenden, die dem Schutz der entsprechenden nationalen Rechtsgüter dienen.[20] Der Hauptanwendungsfall ist Art. 30 der Satzung des EuGH.[21] Dieser lautet: 11

> „Jeder Mitgliedstaat behandelt die Eidesverletzung eines Zeugen oder Sachverständigen wie eine vor seinen eigenen in Zivilsachen zuständigen Gerichten begangene Straftat. Auf Anzeige des Gerichtshofs verfolgt er den Täter vor seinen zuständigen Gerichten."

Die bislang hM nimmt an, diese Vorschrift sei *self-executing*, sie sieht darin eine unmittelbar anwendbare Norm des Unionsrechts, mit der Folge, dass Art. 30 der Satzung dem supranationalen Kriminalstrafrecht der EU zugeordnet wird.[22] Es handle sich durch Zusammenwirken mit dem jeweiligen nationalen Strafgesetz um einen supranationalen Gesamttatbestand.[23] Dieser lautet – aus Sicht der deutschen Rechtsordnung,   12

---

17 S. hierzu den ausführlichen Rechtsvergleich in *Satzger* (Hrsg.), Die Harmonisierung strafrechtlicher Sanktionen in der EU, 2020, S. 49 ff., insbes. die Zusammenfassung von *Linder/Pohlmann/Neumann* S. 491 ff.
18 Vgl. Generalanwalt *Jacobs*, in: EuGH Urt. v. 27.10.1992 – Rs. C-240/90 „Deutschland ./. Kommission", Rn. 11; vertiefend v.d. Groeben/Schwarze-*Prieß/Spitzer*, 6. Auflage, Art. 280 EGV Rn. 33 ff.; zum deutschen Recht s. BVerfGE 27, 18, 29 f., 43, 105; Wessels/Beulke/*Satzger*, Rn. 4; s.a. *Corstens/Pradel*, Eur. Criminal Law, S. 2 f.
19 EGMR, „Kammerer ./. Österreich", Urt. v. 12.5.2010, Nr. 32345/06, Rn. 27; vgl. auch EGMR (GK), „Jussila ./. Finnland", Urt. v. 23.11.2006, Nr. 73053/01, Rn. 43; EGMR, „Hüseyin Turan ./. Türkei", Urt. v. 4.3.2008, Nr. 11529/02, Rn. 32; dazu ausf. *Vilsmeier*, Tatsachenkontrolle und Beweisführung im EU-Kartellrecht auf dem Prüfstand der EMRK, S. 34 ff.
20 Allgemein bestehen gegen diese „Assimilierungstechnik" zahlreiche Bedenken, va wegen des Bestimmtheitsgebotes, vgl. *Ambos*, Int. Strafrecht, § 11 Rn. 20 ff.; *Oehler*, Int. Strafrecht, Rn. 920 ff.; *Satzger*, Europäisierung, S. 196 ff.
21 ABl.EU 2010 Nr. C 83/210 (Sartorius II, Nr. 245); zur Zugehörigkeit dieser Satzung zum primären Unionsrecht s. Art. 51 EUV.
22 Nachweise bei *Satzger*, Europäisierung, S. 192.
23 *Böse*, Strafen und Sanktionen im europäischen Gemeinschaftsrecht, S. 108.

deren § 154 I StGB von der Verweisung erfasst wird – dann, wenngleich nirgendwo so niedergeschrieben, wie folgt:

> „Wer vor dem Gerichtshof der Europäischen Union falsch schwört, wird mit Freiheitsstrafe nicht unter einem Jahr bestraft."

13 Über eine unmittelbare Modifikation des Inhalts des § 154 I StGB hinaus hätte die hM zur Konsequenz, dass auch das deutsche Strafanwendungsrecht erweitert würde. Der europäische Gesamttatbestand – in Deutschland in Form des § 154 I StGB iVm Art. 30 Satzung (EuGH) – wäre somit auf jede Tat vor dem EuGH anwendbar, unabhängig davon, ob die §§ 3 ff. StGB einschlägig sind.[24] Dies bedeutet sozusagen die Einführung eines neuen Anknüpfungsprinzips im Internationalen Strafrecht, das man entweder als europäisches Territorialitätsprinzip[25] oder – in Parallele zum Staatsschutzprinzip – als europäisches Unionsschutzprinzip[26] bezeichnen kann, das an die Stelle der §§ 3 ff. StGB tritt (dazu → § 4 Rn. 19).

Für die hM ergäbe sich im **Fall 11** die Anwendbarkeit des supranationalen, auf § 154 I StGB verweisenden Meineidsgesamttatbestands unmittelbar aus der Satzung des EuGH und nicht aus den §§ 3 ff. StGB.

14 Allerdings kann die Ansicht der hM nicht überzeugen. Bereits der Ausgangspunkt, Art. 30 Satzung (EuGH) sei eine unmittelbar anwendbare Primärrechtsnorm, ist unzutreffend.[27] Nach den vom EuGH allgemein entwickelten Voraussetzungen muss eine unmittelbar anwendbare Norm des Primärrechts folgende Bedingungen erfüllen: Sie muss

1. rechtlich vollkommen, also ohne jede weitere Konkretisierung anwendbar und
2. unbedingt sein,
3. den Mitgliedstaaten eine Verpflichtung auferlegen, die keine weiteren Vollzugsmaßnahmen des nationalen Gesetzgebers oder der Unionsorgane erfordert, und
4. den Mitgliedstaaten keinen Ermessensspielraum lassen.[28]

15 Art. 30 der Satzung will nun aber von vornherein nicht „*rechtlich vollkommen*" sein, sondern ist gerade darauf angelegt, durch die unterschiedlichen nationalen Strafgesetze sowohl hinsichtlich der Tatbestandsvoraussetzungen (zB bzgl. des subjektiven Tatbestands) wie auch hinsichtlich der Rechtsfolge ergänzt zu werden. Ohne das mitgliedstaatliche Strafgesetz läuft die primärrechtliche Verweisung ins Leere, *weitere gesetzgeberische Vollzugsmaßnahmen der Mitgliedstaaten* – sei es in Form des Erlasses eines neuen Meineidstatbestands oder in der Aufrechterhaltung eines bestehenden – sind somit *Bedingung* für die Erreichung des Bestrafungsziels des Art. 30 Satzung (EuGH). Dies wird besonders im Verhältnis zu einer Rechtsordnung deutlich, die einen Eid, und daher einen speziellen Meineidstatbestand, nicht kennt. Hier müsste der Mitgliedstaat erst einen passenden Straftatbestand erlassen, damit die Verweisung Sinn ergibt. Schließlich liegt die Bewertung des Aussagedelikts insbesondere hinsichtlich des Unwerts und dementsprechend hinsichtlich der Strafdrohung allein beim Mitgliedstaat,

---

24 Krit. auch *Dannecker* Jura 2006, 95 (99 f.).
25 *Johannes* EuR 1968, 63 (71); *Satzger*, Europäisierung, S. 388.
26 In diesem Sinn *Oehler*, Int. Strafrecht, Rn. 913.
27 So auch *Rosenau* ZIS 2008, 9.
28 Zur Formulierung der Voraussetzungen *Craig/de Burca*, EU law, S. 683; *Kapteyn*, in: Kapteyn ua (Hrsg.), EC Law, 515 f.; *Schweitzer/Hummer/Obwexer*, Europarecht, Rn. 168; *Schweitzer/Dederer*, Staatsrecht III, Rn. 577; *Herdegen*, Europarecht, § 8 Rn. 13.

der die Tatbestandsvoraussetzungen sowie die Rechtsfolgen eines Meineids im nationalen Strafrecht jederzeit ändern kann. Hieran wird der Ermessensspielraum des nationalen Gesetzgebers deutlich.

Dementsprechend ist keine einzige Voraussetzung für eine unmittelbare Anwendbarkeit des Art. 30 Satzung (EuGH) erfüllt. Diese Verweisungsvorschrift ist daher nur so zu verstehen, dass sie sich an die Mitgliedstaaten wendet und von diesen verlangt, ihr nationales Strafrecht so auszugestalten, dass die europäische Rechtspflege im Hinblick auf „Eidesverletzungen eines Zeugen oder Sachverständigen" ebenso strafrechtlich geschützt wird wie die innerstaatliche.[29] Die deutsche Rechtsordnung erfüllte diese unionsrechtliche Anforderung mit § 154 StGB schon bisher. Gleiches gilt für die sonstigen Aussagedelikte (insbesondere die uneidliche Falschaussage nach § 153 StGB), da insoweit zwar nicht die EuGH-Satzung, wohl aber – darüber hinausgehend – die allgemeine Loyalitätspflicht der Mitgliedstaaten (Art. 4 III UA 2 EUV) zu einer unionsrechtskonformen Auslegung der §§ 153 ff. StGB zwingt, um die Funktionstüchtigkeit der europäischen Gerichtsbarkeit im gleichen Umfang wie die der deutschen Gerichte sicherzustellen.[30] Nunmehr bestimmt der mit Wirkung vom 5.11.2008 neu eingefügte § 162 StGB, dass die §§ 153 ff. StGB auch Aussagedelikte vor dem EuGH (und anderen internationalen Gerichten) erfassen.[31] Dabei handelt es sich im Hinblick auf das bisher Gesagte allerdings um eine bloße Klarstellung.[32] Das deutsche Strafanwendungsrecht bleibt letztlich gleichfalls nicht hinter dem geforderten Schutzniveau zurück, auch wenn bei Auslandstaten durch Ausländer eine Lücke zu existieren scheint. Jedoch ist dies ein Anwendungsfall der Blankettregelung des § 6 Nr. 9 StGB.[33]

Nach richtiger Ansicht ist A im **Fall 11** also nicht aus einem supranationalen Straftatbestand, sondern aus § 154 I StGB (iVm § 162 StGB) zu verurteilen, wobei es für dessen Anwendbarkeit auf die §§ 3 ff. StGB ankommt. Insoweit greift § 6 Nr. 9 StGB ein.

Eine entsprechende Situation wie bei Art. 30 Satzung (EuGH) besteht im Hinblick auf eine Regelung des Euratom-Vertrags (Art. 194 I UA 2 EAGV)[34] über Verletzungen von Geheimhaltungspflichten. Auch diese Vorschrift begründet – im Gegensatz zur noch herrschenden Auffassung – kein supranationales Kriminalstrafrecht.[35]

Als **Zwischenergebnis** lässt sich somit erst einmal festhalten: Zwar gibt es Sanktionsnormen, die einem Europäischen Strafrecht im weiteren Sinn zugeordnet werden können. Ein Europäisches Strafrecht im engeren Sinn existiert bislang jedoch nicht.

3. Strafrechtssetzungskompetenz der EU

Wenn es demnach derzeit noch kein supranationales EU-Kriminalstrafrecht gibt, so ist von besonderem Interesse, ob ein solches auf Grundlage der Kompetenznormen in Zukunft geschaffen werden könnte. Das Problem der Strafrechtssetzungskompetenz der EU kann – entsprechend der Kompetenzverteilung zwischen EU und Mitgliedstaaten – nicht auf die abstrakte Fragestellung reduziert werden, ob die Union „für das Straf-

---

29 *Filopoulos*, Europarecht, S. 37; *Satzger*, Europäisierung, S. 198 ff.
30 Ausf. dazu *Satzger*, Europäisierung, S. 575 ff.
31 Zu dieser Neuregelung s.o. § 6 Rn. 3 sowie *Sinn* NJW 2008, 3526.
32 *Esser*, Eur. und Int. Strafrecht, § 2 Rn. 44.
33 Dazu die Begründung des StGBE 1962, BT-Drs. 4/650, S. 110; *Satzger*, Europäisierung, S. 390 f.
34 Vertrag zur Gründung der Europäischen Atomgemeinschaft, Rom, 25.3.1957, ABl.EU 2012 Nr. C 327/1, BGBl. 1957 II, S. 1014 (Sartorius II, Nr. 200).
35 *Satzger*, Europäisierung, S. 198 ff.; *Filopoulos*, Europarecht, S. 37; anders aber BGHSt 17, 121.

recht" zuständig ist.[36] Anders als etwa das GG sehen die europäischen Verträge eben keine bereichsweise Zuständigkeitsabgrenzung vor, sondern das primäre Unionsrecht enthält entsprechend dem Grundsatz der begrenzten Einzelermächtigung (Art. 5 I 1, II 1 EUV)[37] einzelne Handlungsermächtigungen zur Erreichung bestimmter Ziele, die durch den AEUV vorgegeben sind. Ob der Erlass supranationaler europäischer Straftatbestände zur Erreichung eines Ziels zulässig ist, ist daher durch Auslegung der jeweiligen Ermächtigungsnormen und des sonstigen primären Unionsrechts zu ermitteln. Bei dieser Auslegung, die unionsrechtlichen Grundsätzen folgt, sind dann aber auch die Besonderheiten des Strafrechts zu berücksichtigen.

19 Im AEUV gibt es eine Reihe von Kompetenznormen, deren Wortlaut – bei weiter Auslegung – durchaus eine Erstreckung auch auf kriminalstrafrechtliche Sanktionen nahelegt.

Beispiele: In Art. 103 II lit. a AEUV wird die Einführung von Geldbußen zur Gewährleistung der Beachtung der Wettbewerbsregeln des AEUV (Art. 101, 102 AEUV) zugelassen. Der Begriff „insbesondere", der in Abs. 2 gebraucht wird, zeigt, dass die Auflistung nicht abschließend ist, so dass zumindest auch der Erlass kriminalstrafrechtlicher Sanktionen zur Bewehrung wettbewerbsrechtlicher Verstöße denkbar erscheint. Im Rahmen der gemeinsamen Verkehrspolitik (Art. 90 ff. AEUV) ermächtigt Art. 91 I lit. d AEUV zum Erlass aller „sonstigen zweckdienlichen Vorschriften". Auch Verkehrsstrafvorschriften könnten hiervon erfasst sein. Zur Realisierung der Umweltpolitik der Union ermächtigt Art. 192 I AEUV umfassend zum „Tätigwerden der Union". Auch die sog. Vertragsabrundungskompetenz des Art. 352 AEUV, deren Voraussetzung nach dem Wortlaut der Vorschrift lediglich darin besteht, dass ein Tätigwerden der Union erforderlich erscheint, um ein von ihr zu verfolgendes Ziel zu erreichen, und dass keine entsprechende Einzelermächtigung im AEUV vorhanden ist, ließe sich dahin gehend verstehen, dass auch Straftatbestände auf dieser Grundlage erlassen werden könnten.

20 Bis zum Inkrafttreten des Vertrags von Lissabon stand die herrschende Ansicht[38] zu Recht auf dem Standpunkt, die Besonderheiten der strafrechtlichen Materie müssten zu einer restriktiven Auslegung führen, so dass strafrechtliche Sanktionsvorschriften im Ergebnis nicht auf die im AEUV vorhandenen Kompetenzvorschriften gestützt werden könnten.[39] Diese Streitfrage hat sich durch das Inkrafttreten des Vertrags von Lissabon jedoch erübrigt:

21 Die Verträge enthalten nunmehr insbesondere mit Art. 82, 83 AEUV ausführliche Vorschriften, die sich mit der Materie Straf- und Strafprozessrecht befassen. Die Verträge schweigen zum Komplex Strafrecht also nicht mehr. Aus diesem Schweigen war zuvor aber der Schluss gezogen worden, dass eine Übertragung strafrechtlicher Kompetenzen auf die Gemeinschaftsebene von Anfang an nicht intendiert war.[40] Denn Anfang der 1950er Jahre war das Projekt einer Europäischen Verteidigungsgemeinschaft, der

---

36 So zu Recht *Heitzer*, Punitive Sanktionen, S. 134.
37 Vgl. dazu *Streinz*, Europarecht, Rn. 550 ff.; zur Gesetzgebungskompetenz der EU im Strafrecht *Klip*, European Criminal Law, S. 37 f., 180 ff.; *Mitsilegas*, EU Criminal Law, S. 65 f.
38 So zB *Ambos*, Int. Strafrecht, 2. Aufl., § 11 Rn. 6 ff.; *Filopoulos*, Europarecht, S. 19; *Griese* EuR 1998, 462 (476); *Jokisch*, Gemeinschaftsrecht und Strafverfahren, S. 64; Streinz-*Satzger*, AEUV Art. 325 Rn. 25; Calliess/Ruffert-*Waldhoff*, Art. 280 EGV Rn. 3; ähnlich auch *Kapteyn/Verloren van Themaat*, Introduction to the Law of the European Community, S. 1395.
39 AA *Silva Sanchez*, RP 2004, 138.
40 S. dazu *Satzger*, Europäisierung, S. 136 f.

Strafgewalt für ein einheitliches Militärstrafgesetzbuch übertragen werden sollte[41], gescheitert.

Die veränderte Systematik von EG- und EU-Vertrag aF nach dem Vertrag von Amsterdam ließ zwar zunächst durchaus den Schluss zu, dass das Strafrecht nicht in das Gemeinschaftsrecht integriert werden sollte. Denn die „Polizeiliche und Justizielle Zusammenarbeit in Strafsachen" verblieb danach – anders als andere Materien – in der nunmehr „strafrechtlich akzentuierten" dritten Säule der EU, die weiterhin intergouvernemental geprägt war.[42] Da der Vertrag von Lissabon die Säulenstruktur nun aber gänzlich aufhob, die PJZS in den supranational strukturierten AEUV integrierte und hierauf die dort üblichen Entscheidungsstrukturen (va Mehrheitsentscheidung im Rat) erstreckte, greift dieses systematische Argument nicht mehr.

- Schließlich finden sich nach dem Inkrafttreten des Vertrags von Lissabon auch die beiden expliziten Wortlautvorbehalte in den Verträgen nicht mehr, aus denen sich zuvor mit guten Gründen ableiten ließ, dass strafrechtliche Rechtsakte kompetenzrechtlich hiervon nicht gedeckt seien (s. Art. 135 S. 2, 280 IV 2 EGV: „die Anwendung des Strafrechts der Mitgliedstaaten und ihre Strafrechtspflege bleiben [...] unberührt"). Soweit man diesen Vorbehalten deklaratorischen Charakter beimaß, musste man zu dem Schluss gelangen, dass der strafrechtliche Vorbehalt für das gesamte Gemeinschaftsrecht galt[43]. Da nun diese Vorbehalte in den Nachfolgevorschriften, den Art. 33 AEUV und Art. 325 AEUV (bewusst) gestrichen wurden, entfällt die Schlagkraft dieser damals überzeugenden Argumentation.[44] Dem steht auch der vereinzelt laut gewordene Einwand nicht entgegen, aus dem Wegfall eines lediglich deklaratorischen Vorbehalts könne rechtlich nichts abgeleitet werden. Für die Begründung einer strafrechtlichen Rechtssetzungskompetenz hätte es einer ausdrücklichen Normierung bedurft.[45] Vor dem Hintergrund der damals geradezu heftigen Diskussion um die Bedeutung der Vorbehaltsklauseln und in Anbetracht der Tatsache, dass die Vorschriften im Übrigen sinngemäß übernommen worden sind, kann aber die Streichung der Vorbehalte nur so verstanden werden, dass nun kein allgemeiner Strafrechtsvorbehalt mehr existieren soll.[46]

- Für die grundsätzliche Möglichkeit, Regelungen mit strafrechtlichem Charakter auf diese Rechtsgrundlagen zu stützen, spricht im Übrigen auch, dass Art. 325 IV AEUV eine Rechtsgrundlage für alle „erforderlichen Maßnahmen" vorsieht, so dass auch der Erlass (unmittelbar anwendbarer) Verordnungen möglich sein sollte. Dass dies auch beabsichtigt war, zeigt ein Vergleich mit dem entsprechenden Art. III-415 IV EV, der als zulässige Rechtsakte ausdrücklich auch „Europäische Gesetze" nann-

---

41 S. *Jescheck* ZStW 65 (1953), 496 – dies sollte in Art. 18 des Justizprotokolls vereinbart werden.
42 S. *Satzger*, Europäisierung, S. 141 ff.
43 Die Auffassung wurde teilw. bestritten, s. nur *Tiedemann* GA 1998, 107 (108), dort Fn. 7; *ders.*, in: Eser ua (Hrsg.), FS Lenckner, S. 415; *Delmas-Marty*, in: Delmas-Marty/Vervaele (Hrsg.), Implementation, S. 55 ff., 374 ff.; *Bacigalupo*, in: Delmas-Marty/Vervaele (Hrsg.), Implementation, S. 369 ff.; ähnlich *Moll*, Nationale Blankettstrafgesetzgebung, S. 6 ff.; *Wolffgang/Ulrich* EuR 1998, 616 (644); *Berg/Karpenstein* EWS 1998, 77 (81); ausf. v.d. Groeben/Schwarze-*Prieß/Spitzer*, 6. Auflage, Art. 280 EGV Rn. 103 ff.; *Esser*, Eur. und Int. Strafrecht, § 2 Rn. 124.
44 *Ambos*, Int. Strafrecht, § 9 Rn. 8; *Hecker*, Eur. Strafrecht, § 14 Rn. 44; *Safferling*, Int. Strafrecht, § 10 Rn. 41 f.
45 In diese Richtung argumentieren *Asp*, Substantive Criminal Law, S. 150 ff.; *Schützendübel*, EU-Verordnungen in Blankettstrafgesetzen, S. 27 ff.; *Krüger* HRRS 2012, 311 (316), der – ebenso wie *Heger* ZIS 2009, 406 (416) – eine Kompetenz zur Setzung supranationalen Kriminalstrafrechts erst aus der Verbindung des Art. 325 IV AEUV mit Art. 86 II 1 AEUV ableitet; s. auch *Schuster*, Das Verhältnis von Strafnormen und Bezugsnormen aus anderen Rechtsgebieten, S. 317; *Sturies* HRRS 2012, 273 (281).
46 Vgl. *Ambos*, Internationales Strafrecht, § 9 Rn. 8.

te, die nach der Konzeption der geplanten Verfassung – wie Verordnungen – in allen Mitgliedstaaten unmittelbar anwendbar sein sollten (Art. I-33 I UA 2 EV).[47]

- Ferner ist durch die Erweiterung des Wortlauts der Absätze 2 und 4 des Art. 325 AEUV – dort wird nun der effektive Finanzschutz „in den Organen, Einrichtungen und sonstigen Stellen der Union" mit eingeschlossen – klargestellt, dass es nicht nur um strafrechtlichen Schutz *in* den Mitgliedstaaten, sondern auch auf EU-Ebene geht. Dies untermauert die Annahme, dass auch der Erlass supranationaler Straftatbestände möglich sein soll.

22 Somit ist davon auszugehen, dass – gestützt auf die Vorschrift zur Betrugsbekämpfung (Art. 325 IV AEUV) – zumindest dem Grundsatz nach unmittelbar anwendbare Straftatbestände erlassen werden können.[48] Inhaltlich müssten sich diese aber auf die Verhütung und Bekämpfung von Betrügereien gegen die finanziellen Interessen der Union beschränken. Der Begriff der „Betrügereien" erfasst dabei aber nicht nur Handlungen iSd § 263 I StGB. Er ist vielmehr in einem europäischen Sinn zu verstehen, so dass für die Auslegung auf schon bestehendes europäisches Recht im Bereich der Betrugsbekämpfung zurückzugreifen ist, nunmehr namentlich auf Art. 3 der sog. PIF-Richtlinie.[49] Damit erstreckt sich die Unionskompetenz gem. Art. 325 IV AEUV auch auf weitere Handlungen mit Täuschungscharakter, beispielsweise bestimmte Urkundendelikte.[50]

Nichts anderes kann für den Schutz des Zollwesens gelten, da – wie gesehen – auch der strafrechtliche Vorbehalt im früheren Art. 135 S. 2 EGV im neuen Art. 33 AEUV ersatzlos gestrichen wurde. Auch in diesem Bereich ist das Primärrecht in seiner reformierten Fassung für die Schaffung supranationaler Straftatbestände offen.[51]

23 Nicht ausgeschlossen erscheint auch der Erlass supranationaler Straftatbestände auf Grundlage des Art. 79 II lit. c und lit. d AEUV.[52] Diese Vorschrift gestattet es der Union, Maßnahmen gem. dem ordentlichen Gesetzgebungsverfahren – dh prinzipiell auch Verordnungen – zu erlassen, um gegen illegale Einwanderung bzw. den Menschenhandel vorzugehen. Gerade dass bzgl. des Menschenhandels von „Bekämpfung" die Rede ist – eine Terminologie, die das europäische Recht häufig im Kontext strafrechtlicher Maßnahmen verwendet –, unterstreicht diese Interpretationsmöglichkeit.[53] Dass daneben in Art. 83 I AEUV eine gesonderte Kompetenznorm für den Erlass von Richtlinien – und damit zur Harmonisierung des mitgliedstaatlichen Strafrechts – zur Bekämpfung des Menschenhandels enthalten ist, spricht nicht grds. gegen diese Auslegung,[54] zeigt

---

47 Vgl. *Safferling*, Internationales Strafrecht, § 10 Rn. 41.
48 Zum aktuellen Meinungsstand in der Literatur vgl. *Grünewald* JR 2015, 245 (251 f.); *L. Neumann*, Das US-amerikanische Strafrechtssystem, S. 175 ff.; zum Verhältnis von Art. 325 und Art. 83 AEUV vgl. *Herlin-Carnell*, eucrim 5 (2010), 59, 61; *Miettinen* EuCLR 3 (2013), 194, 195 ff.; *Simon* NJECL 3 (2012), 242, 248 f.
49 RL 2017/1371/EU, ABl.EU 2017 Nr. L 198/34, die gemäß Art. 16 die sog. PIF-Konvention (ABlEG 1995 Nr. C 316/49) als ursprünglichen Anhaltspunkt für die Auslegung dieser Begrifflichkeiten (vgl. Art. 1 der PIF-Konvention) ersetzt.
50 *F. Zimmermann* Jura 2009, 844 (846).
51 AA *Asp*, Substantive Criminal Law, S. 160 f.
52 Vgl. *T. Walter* ZStW 117 (2005), 912, 918 f. (Art. III-267 II lit. c und lit. d des Vertrags über eine Verfassung für Europa entspricht Art. 79 II lit. c und lit. d AEUV); zustimmend *Tiedemann*, Wirtschaftsstrafrecht, Rn. 130; aA *Asp*, Substantive Criminal Law, S. 157 ff.
53 Vgl. *T. Walter* ZStW 117 (2005), 912, 918 f.
54 So auch *Safferling*, Int. Strafrecht, § 10 Rn. 44 ff.; dagegen aber *Heger* ZIS 2009, 406 (416); *Krüger* HRRS 2012, 311 (312 f.).

§ 8 Supranationales Europäisches Strafrecht

aber, welch unsystematische Behandlung das Strafrecht im AEUV erfährt (dazu → § 9 Rn. 38 ff., 42 ff., 59).

Somit hat der Vertrag von Lissabon jedenfalls in den oben genannten Bereichen den Durchbruch für ein Europäisches Strafrecht im engeren Sinn mit sich gebracht.[55] Auch wenn die Kompetenzvorschriften jeweils nur bereichsspezifisch ein Vorgehen gegen bestimmte Verhaltensweisen gestatten, wird sich eine europäische Strafgesetzgebung, hat sie erst einmal begonnen, nicht auf die Schaffung isolierter Tatbestände beschränken (können). Vielmehr erscheint es dann naheliegend, zu diesen Delikten auch Regelungen bzgl. des Allgemeinen Teils – etwa zu Täterschaft und Teilnahme oder zur Strafbarkeit des Versuchs – zu erlassen.[56] Art. 83 AEUV nennt eine allgemeine Kompetenz zur Harmonisierung von AT-Vorschriften zwar nicht; im Hinblick auf jede bereichsspezifische Harmonisierung wären derartige Regelungen allerdings von Art. 83 AEUV durchaus gedeckt. Dann sollte aber auch eine gleichsam „vor die Klammer" gezogene Harmonisierung von AT-Vorschriften in einer akzessorischen Rahmenrichtlinie jedenfalls grundsätzlich möglich sein.[57]

Angesichts der nun bestehenden Unionskompetenzen zur Setzung von Kriminalstrafrecht wird es umso wichtiger sein, auf eine strikte Einhaltung des Subsidiaritätsgrundsatzes[58] (vgl. Art. 5 III EUV) einerseits und des Verhältnismäßigkeitsgrundsatzes[59] (Art. 5 IV EUV) andererseits zu achten.[60] Hinsichtlich der Wahrung des Subsidiaritätsgrundsatzes ist darauf hinzuweisen, dass die Setzung von Kriminalstrafrecht in einem engen Zusammenhang zur Souveränität der Mitgliedstaaten steht und deshalb besonders hohe Anforderungen an die Erforderlichkeit eines Handelns auf Unionsebene zu stellen sind. Das Subsidiaritätsprotokoll bietet insofern einen Ansatzpunkt, als es den nationalen Parlamenten zusätzliche Möglichkeiten bietet, ihre Bedenken hinsichtlich der Wahrung der Subsidiarität in den Gesetzgebungsprozess auf europäischer Ebene einfließen zu lassen.[61] Bei der Anwendung des Verhältnismäßigkeitsgrundsatzes ist darauf zu achten, dass das Kriminalstrafrecht aufgrund der mit ihm verbundenen stigmatisierenden Wirkung immer nur die *ultima ratio* des Sanktionsinstrumentariums darstellen darf.[62]

Jenseits dieser inhaltlich eng umgrenzten Kompetenzen zur Strafrechtssetzung, die sich va mit der Vertragsreform begründen lassen, ist einer allgemeinen EU-Annexkompetenz zur Setzung von Kriminalstrafrecht dagegen auch weiterhin eine Absage zu erteilen. Eine strafrechtliche Annexkompetenz ist – wie noch eingehend besprochen werden wird (dazu → § 9 Rn. 42 ff.) – in Art. 83 II AEUV explizit auf die Verpflichtung der Mitgliedstaaten zur Mindestangleichung ihres Kriminalstrafrechts beschränkt (Anglei-

---

[55] So auch *Engelhart*, in: Müller-Gugenberger (Hrsg.), Wirtschaftsstrafrecht, § 6 Rn. 78; *Fromm* StraFo 2008, 358 (365); *Rosenau* ZIS 2008, 9 (16); *Weigend* ZStW 116 (2004), 275, 288; für eine eher extensive Auslegung dieser Kompetenznorm *Tiedemann*, Wirtschaftsstrafrecht, Rn. 126; zu den Möglichkeiten der Setzung von Unionsstrafrecht nach dem Inkrafttreten des Vertrags von Lissabon, s. *Mitsilegas*, EU Criminal Law, S. 107 ff.
[56] S. hierzu näher *Grünewald* JZ 2011, 972.
[57] Ausführlich zu dieser Idee *Satzger* ZIS 2016, 771 (775).
[58] Näher hierzu: *Asp* EuCLR 1 (2011), 44; *Klip*, European Criminal Law, S. 37 ff.
[59] Näher hierzu: *Asp*, Substantive Criminal Law, S. 138 ff.; *Klip*, European Criminal Law, S. 38.
[60] S. hierzu auch *Grünewald* JR 2015, 245 (253 f.).
[61] Vgl. Art. 7 und 8 des Protokolls Nr. 2 über die Anwendung der Grundsätze der Subsidiarität und der Verhältnismäßigkeit (ABl.EU 2010 Nr. C 83/206); dazu auch *Satzger* KritV 2008, 17 (37); *Weber* EuR 2008, 88 (102 f.); zur Handhabung durch den Deutschen Bundestag s. *Semmler* ZEuS 2010, 529.
[62] Dazu auch das „Manifest zur Europäischen Kriminalpolitik" der Wissenschaftlergruppe „European Criminal Policy Initiative", ZIS 2009, 697; EuCLR 1 (2011), 86.

chungskompetenz). Wenn aber schon die Angleichung der nationalen Strafrechtsvorschriften als Annex zu sonstigen Regelungen einer gesonderten Ermächtigung in den Verträgen bedarf, so ist die – den Bürger unmittelbar in seine Freiheiten und in nationale Souveränität eingreifende – Setzung von supranationalem Strafrecht als Annex *erst recht* nicht zulässig.

27 Diskutiert wird darüber hinaus, ob Art. 86 AEUV, der die Schaffung einer Europäischen Staatsanwaltschaft erlaubt, eine eigenständige Rechtsgrundlage, nicht nur für die Begründung einer solchen, sondern darüber hinaus auch für den Erlass supranationalen Strafrechts enthält.[63] Verwiesen wird hierfür auf den Wortlaut des Abs. 2, der den Inhalt der Verordnung betrifft, nach der die Europäische Staatsanwaltschaft inzwischen eingesetzt wurde. Dort heißt es:

„Die Europäische Staatsanwaltschaft ist, gegebenenfalls in Verbindung mit Europol, zuständig für die strafrechtliche Untersuchung und Verfolgung sowie die Anklageerhebung in Bezug auf Personen, die als Täter oder Teilnehmer *Straftaten* zum Nachteil der finanziellen Interessen der Union begangen haben, *die in der Verordnung nach Absatz 1 festgelegt sind*" (eigene Hervorhebung).

Bezieht man den Satzteil „[...] die in der Verordnung nach Absatz 1 festgelegt sind" auf die zuvor genannten „Straftaten" (und nicht auf die „finanziellen Interessen"), so wäre dies – im Deutschen – grammatikalisch vertretbar. Eigenartig wäre allerdings bereits, dass eine so grundlegende Frage wie die Ermächtigung zum Erlass von supranationalen Tatbeständen in einem unauffälligen Nebensatz bei der Schaffung einer Europäischen Staatsanwaltschaft angesprochen würde. Entscheidend spricht gegen dieses Verständnis, dass in mehreren Sprachfassungen der Wortlaut eine solche Interpretation überhaupt nicht zulässt; dort bezieht sich der genannte Satzteil wegen des grammatikalischen Geschlechts eindeutig auf die „finanziellen Interessen", wie sie in der Verordnung definiert sind – und eben nicht auf die „Straftaten".

So heißt es etwa im Französischen: „[...] les auteurs et complices d'*infractions [f. pl.]* portant atteinte aux intérêts financiers de l'Union, *tels que déterminés [m. pl.]* par le règlement prévu au paragraphe 1." Oder im Spanischen: „[...] los autores y cómplices de *infracciones [f. pl.]* que perjudiquen a los intereses financieros de la Unión *definidos [m. pl.]* en el reglamento contemplado en el apartado 1" (eigene Hervorhebungen).[64]

Dies unterstützt jedenfalls die hier vertretene Ansicht, dass Art. 86 AEUV nicht als Kompetenzvorschrift für supranationales materielles Recht herangezogen werden kann.

28 Zusammenfassend lässt sich also festhalten: Der EU steht nun aufgrund der eingetretenen Änderungen im Primärrecht – zumindest dem Grunde nach – eine Befugnis zur Setzung von Kriminalstrafrecht zumindest in den Bereichen Betrugsbekämpfung, Zollwesen sowie (wohl) illegale Einwanderung und Menschenhandel zu. Die Ausübung dieser Kompetenz ist allerdings durch die Grundsätze der Subsidiarität und der Verhältnismäßigkeit beschränkt. Der mit der Schaffung eines supranationalen Straftatbestands verfolgte Zweck darf also nicht ebenso gut auf nationaler Ebene erreichbar sein und die Setzung von Kriminalstrafrecht muss im konkreten Fall notwendig sein. Zum

---

[63] So wohl *Heger* ZIS 2009, 406 (416); *Krüger* HRRS 2012, 311 (317); dagegen – wie hier – auch *L. Neumann*, Das US-amerikanische Strafrechtssystem, S. 179 f.; *Sturies* HRRS 2012, 273 (278).
[64] Hierzu ausf. *Muñoz de Morales Romero*, El Legislador Penal Europeo: Legitimidad y Racionalidad, S. 240 ff.

Erlass supranationaler Regelungen als Annex zu sonstigen supranationalen Vorschriften fehlt es nach wie vor an einer Ermächtigungsgrundlage.

III. Projekte für ein „Europäisches Strafrecht"

Unabhängig von dem früher eindeutig negativen, heute richtigerweise punktuell positiven Befund hinsichtlich einer Rechtssetzungskompetenz auf supranationaler Ebene fehlt(e) es nicht an detaillierten Vorschlägen für ein supranationales Europäisches Strafrecht. Diesen Vorarbeiten, auch wenn sie teils schon älteren Datums sind, kommt als „Ideenpool" und Leitlinien für die zukünftige Rechtsentwicklung eine nicht zu unterschätzende Bedeutung zu.

1. *Corpus Juris* strafrechtlicher Regelungen zum Schutze der finanziellen Interessen der EU (*Corpus Juris* 2000)

An erster Stelle ist hierbei das auf Initiative des Europäischen Parlaments durch eine hochrangig besetzte Expertengruppe aus den Mitgliedstaaten unter der Leitung von *Mireille Delmas-Marty* erarbeitete sog. *Corpus Juris* strafrechtlicher Regelungen zum Schutze der finanziellen Interessen der EU[65] zu nennen. Es handelt sich dabei um einen Kodex materiell-strafrechtlicher und strafprozessualer Vorschriften.[66] In seiner überarbeiteten Fassung (sog. *Corpus Juris* 2000) enthält das *Corpus Juris* 39 Artikel.[67]

Im hiesigen Kontext des materiellen Rechts interessieren zum einen die acht Straftatbestände, die dort zum Schutz des EU-Haushalts vorgesehen sind. Es handelt sich um:

- Betrügereien zum Nachteil des Gemeinschaftshaushalts
- Ausschreibungsbetrug
- Bestechlichkeit und Bestechung
- Missbrauch von Amtsbefugnissen
- Amtspflichtverletzung
- Verletzung des Dienstgeheimnisses
- Geldwäsche und Hehlerei
- Bildung einer kriminellen Vereinigung

Zum anderen ist der Allgemeine Teil des *Corpus Juris* von Bedeutung. Dieser enthält detaillierte Regelungen zur Strafzumessung, zum Vorsatzerfordernis, zum (Tatbestands- und Verbots-) Irrtum, zur Strafbarkeit des Versuchs sowie zur strafrechtlichen Verantwortlichkeit von Unternehmensleitern und juristischen Personen.

Bzgl. aller Delikte sind als **Hauptstrafen** für natürliche Personen Freiheitsstrafen (bis zu fünf Jahren, in schweren Fällen bis zu sieben Jahren) und/oder Geldstrafen (auf Grundlage des Tagessatzsystems bei einem maximalen Tagessatz von 3000 Euro und höchstens 365 Tagessätzen) sowie für juristische Personen eine Geldstrafe bis zu zehn Millionen Euro vorgesehen. Als **Nebenstrafen** nennt der Entwurf beispielsweise die Bekanntmachung der Verurteilung sowie den Ausschluss von Subventionen. Als **weitere**

---

65 *Delmas-Marty*, in: Delmas-Marty/Vervaele (Hrsg.), Implementation, S. 187 ff.; *Mitsilegas*, EU Criminal Law, S. 67 f.
66 Überblick bei *Donà* EJCCLCJ 6 (1998), 289.
67 Die deutsche Übersetzung kann im Internet über die Seite http://satzger.userweb.mwn.de/unterlagen/CORPUSD.pdf (Stand 1/20) abgerufen werden.

Rechtsfolgen können die Tatmittel, die Taterträge und der Gewinn aus der Straftat eingezogen werden.

34 Verwiesen sei darüber hinaus auf ein privates Projekt des „Arbeitskreises Strafrechtsangleichung in Europa", in dessen Mittelpunkt *Klaus Tiedemann* stand.[68] Dieser Arbeitskreis hat für besonders gemeinschaftsnahe Bereiche durch wertende Rechtsvergleichung Straftatbestände entworfen (sog. **Europa-Delikte**), die den Kern eines zukünftigen Wirtschaftsstrafrechts in Europa bilden könnten. Das Projekt enthält Tatbestände wie Kursbetrug, Insiderhandel, wettbewerbsbeschränkende Absprachen bei Ausschreibungen sowie Umweltdelikte. Daneben ist auch ein bereichsspezifischer Allgemeiner Teil vorgesehen. Eine Umsetzung setzt allerdings noch weitergehende Strafrechtssetzungskompetenzen der EU voraus.[69] Als „Modell" haben die Europa-Delikte in der Zukunft möglicherweise noch eine hohe Bedeutung.

2. Grünbuch der Kommission zum Schutz der finanziellen Interessen der EG und zur Schaffung einer Europäischen Staatsanwaltschaft

35 Das *Corpus Juris* hat in der Gesetzgebung auf europäischer Ebene bereits eine große Rolle gespielt. Es diente als Maßstab und Vorbild für einzelne Rechtsakte im Bereich der früheren dritten Säule und hatte zudem Modellcharakter für das „Grünbuch der Kommission zum Schutz der finanziellen Interessen der EG und zur Schaffung einer Europäischen Staatsanwaltschaft".[70] In diesem schlug die Kommission – neben der Schaffung einer Europäischen Staatsanwaltschaft und Maßnahmen zur Effektivierung grenzüberschreitender Strafverfolgung – einheitliche materiellrechtliche Straftatbestände in den Mitgliedstaaten vor, deren Ausgestaltung sich am *Corpus Juris* 2000 orientieren sollte.[71] Der Erlass supranationaler Straftatbestände wird von der Kommission (derzeit) nicht angestrebt. Jedoch gelang – nach langer Vorlaufzeit[72] und heftigen Diskussionen[73] – am 25.4.2017 der Erlass der „Richtlinie über die strafrechtliche Bekämpfung von gegen die finanziellen Interessen der Union gerichtetem Betrug" (**PIF-Richtlinie**)[74]. Sie dient der Harmonisierung der nationalen Straftatbestände und Strafen sowie der allgemeinen Bestimmungen zur Bekämpfung von Betrug und sonstiger gegen die finanziellen Interessen der Union gerichteten rechtswidrigen Handlungen. Die Richtlinie wurde auf Art. 83 II AEUV (dazu → § 9 Rn. 42 ff.) gestützt.[75] Zur Realisierung der ebenfalls im Corpus Juris bereits vorgezeichneten Europäischen Staatsanwaltschaft → § 10 Rn. 21 ff.

---

68 *Tiedemann* (Hrsg.), Freiburg-Symposium.
69 *Satzger*, in: Tiedemann (Hrsg.), Freiburg-Symposium, S. 87.
70 KOM (2001) 715 endg.
71 Krit. dazu *Hecker*, Eur. Strafrecht, § 14 Rn. 31.
72 S. die bereits aus dem Jahr 2012 stammende Initiative der Kommission KOM (2012) 363 endg.
73 Wichtigster Streitpunkt war die Frage der Einbeziehung der Einnahmen aus Mehrwertsteuer-Eigenmitteln; diese werden nun einbezogen, aber nur bei schwerwiegenden Verstößen gegen das gemeinsame Mehrwertsteuersystem ab einem Gesamtschaden von 10 Mio. EUR (vgl. § 2 II PIF-Richtlinie); s. dazu *Brodowski* StV 2017, 684 (686).
74 Richtlinie 2017/1371/EU, ABl.EU 2017 Nr. L 198/1.
75 Zur Bedeutung der PIF-Richtlinie für die sachliche Zuständigkeit der Europäischen Staatsanwaltschaft → § 10 Rn. 22.

§ 8 Supranationales Europäisches Strafrecht

WIEDERHOLUNGS- UND VERTIEFUNGSFRAGEN

36

> Welche drei Arten von Sanktionen kann man im Recht der Europäischen Union unterscheiden? (→ Rn. 1 ff.)
> Inwieweit und warum kann die EU nach Inkrafttreten des Vertrags von Lissabon supranationale Straftatbestände erlassen? (→ Rn. 18 ff.)
> Welche Projekte stellen wichtige Vorarbeiten für ein supranationales europäisches Strafrecht dar? (→ Rn. 29 ff.)

Aktuelle und weiterführende Literatur:

- **allgemein:** *Böse*, Die Zuständigkeit der Europäischen Gemeinschaft für das Strafrecht, GA 2006, 211; *Brodowski*, Die Europäische Staatsanwaltschaft – Eine Einführung, StV 2017, 684; *Grünewald*, Zur Frage eines europäischen Allgemeinen Teils des Strafrechts, JZ 2011, 972; *dies.*, Der Schutz der finanziellen Interessen der europäischen Union durch das Strafrecht, JR 2015, 245; *Heger*, Perspektiven des Europäischen Strafrechts nach dem Vertrag von Lissabon, ZIS 2009, 406; *Kaiafa-Gbandi*, Jurisdictional Conflicts in Criminal Matters and their Settlement within EU's Supranational Settings, EuCLR 7 (2017), 30; *dies.*, ECJ's Recent Case-Law on Criminal Matters: Protection of Fundamental Rights in EU Law and its Importance for Member States' National Judiciary, EuCLR 7 (2017), 219; *Köpferl*, Das Badezimmerkartell – Der Vertrag von Lissabon und das deutsche Kartellordnungswidrigkeitenrecht, JURA 2011, 234 (Fallbearbeitung); *Nilsson*, 25 Years of Criminal Justice in Europe, EuCLR 2 (2012), 106; *Rosenau*, Zur Europäisierung im Strafrecht. Vom Schutz finanzieller Interessen der EG zu einem gemeineuropäischen Strafgesetzbuch?, ZIS 2008, 9; *Sartori*, The Needed Balances in EU Criminal Law. Past, Present and Future, ICLR 19 (2019), 358; *Satzger*, Die Zukunft des Allgemeinen Teils des Strafrechts vor dem Hintergrund der zunehmenden Europäisierung des Strafrechts, ZIS 2016, 771; *ders.*, Definition and Scope of Criminal Sanctions, in: Sieber (Hrsg.), Prevention, Investigation, and Sanctioning of Economic Crime: Alternative Control Regimes and Human Rights Limitations, Revue internationale de droit pénal 90 (2019), 265; *Valentini*, European Criminal Justice and Continental Criminal Law – A Critical Overview, EuCLR 1 (2011), 188; *F. Zimmermann*, Die Auslegung künftiger EU-Strafrechtskompetenzen nach dem Lissabon-Urteil des Bundesverfassungsgerichts, JURA 2009, 844.
- **zum Corpus Juris:** *Braum*, Das „Corpus Juris" – Legitimität, Erforderlichkeit und Machbarkeit, JZ 2000, 493; *Hassemer*, „Corpus Juris" – Auf dem Weg zu einem europäischen Strafrecht?, KritV 1999, 133; *Huber* (Hrsg.), Das Corpus Juris als Grundlage eines Europäischen Strafrechts; *Otto*, Das Corpus Juris der strafrechtlichen Regelungen zum Schutz der finanziellen Interessen der Europäischen Union – Anmerkungen zum materiellrechtlichen Teil, Jura 2000, 98; *Satzger*, Auf dem Weg zu einem europäischen Strafrecht – Kritische Anmerkungen zu dem Kommissionsvorschlag für eine Richtlinie über den strafrechtlichen Schutz der finanziellen Interessen der Gemeinschaft, ZRP 2001, 549; *Wattenberg*, Der „Corpus Juris" – Tauglicher Entwurf für ein einheitliches europäisches Straf- und Strafprozeßrecht?, StV 2000, 95.
- **zur PIF-Richtlinie:** *Brodowski*, Die Europäische Staatsanwaltschaft – eine Einführung, StV 2017, 684; *Esser*, Die Europäische Staatsanwaltschaft: Eine Herausforderung für die Strafverteidigung, StV 2014, 494; *Petzold*, Entwurf eines Gesetzes zur strafrechtlichen Bekämpfung von gegen die finanziellen Interessen der Union gerichtetem Betrug, EuZW 2019, 365.

§ 9 Das nationale materielle Strafrecht unter der Einwirkung des Europarechts

I. Allgemeines

1. Strafrecht als nicht-unionsrechtsresistente Materie

1   Mit der (allerdings sehr umstrittenen) Feststellung, dass der Union lediglich in eng begrenzten Bereichen (va in denen der Betrugsbekämpfung und des Zollwesens) eine Rechtssetzungskompetenz eingeräumt wurde, ist zwar gleichzeitig ausgesagt, dass darüber hinaus neue kriminalstrafrechtliche Tatbestände, die unionsweit einheitlich gelten und supranationaler Natur sind, nicht neben oder an die Stelle der bestehenden nationalen Straftatbestände treten können. Es ist jedoch eine gänzlich andere Frage, ob das Strafrecht der Mitgliedstaaten durch europäisches Recht in seiner Ausgestaltung und Anwendung in größerem Umfang beeinflusst wird. Es geht also um die **Europäisierung** des nationalen materiellen Strafrechts – eine Erscheinung, die in anderen Rechtsgebieten schon seit langem hinlängliche Beachtung findet.[1]

2   Bzgl. des Strafrechts könnte man nun – angesichts der den Mitgliedstaaten in den meisten Bereichen vorbehaltenen Strafrechtssetzungskompetenz – auf die Idee kommen, ein ähnlicher Vorbehalt gegenüber der EU sei aus Souveränitätsgründen auch dann angebracht, wenn es um Einflüsse der Unionsrechtsordnung auf das bestehende Strafrecht der Mitgliedstaaten geht. Im Ergebnis wäre das Strafrecht dann also weitgehend eine „unionsrechtliche Tabuzone", ein „Reservat des nationalen Rechts".[2] Tatsächlich erfreut(e) sich diese Sichtweise, gerade auch in der Praxis, großer Beliebtheit, wenngleich teilweise (wohl) auch eher unreflektiert.[3]

Allerdings verträgt sich diese Ansicht nur schwer mit der Struktur der Kompetenzverteilung zwischen Union und Mitgliedstaaten, die zielgebunden ist: Grds. umschreibt der AEUV bestimmte Zielvorstellungen (zB freier Warenverkehr [Art. 28 ff. AEUV], unverfälschter Wettbewerb [Art. 101 ff. AEUV]) und erteilt den Organen der Union – unter gewissen formalen wie materiellen Voraussetzungen – die Kompetenz zum Erlass von Maßnahmen, die der Realisierung dieser Ziele dienlich sind. Aufgrund dieser Finalität sind alle so erlassenen Rechtsakte am Ziel ausgerichtet und können Auswirkungen auf alle Rechtsgebiete der mitgliedstaatlichen Rechtsordnungen haben. Man kann insoweit von einem **dynamischen Kompetenzgefüge** auf Unionsebene sprechen.

Beispiel: Sowohl eine Regelung im Verwaltungsrecht eines Mitgliedstaates, wonach nur Ausländer einer Zulassung zur Ausübung eines selbstständigen Berufs bedürfen, als auch der nationale Straftatbestand, der bei einem Verstoß eines Ausländers gegen dieses Zulassungserfordernis erfüllt ist, stehen im Widerspruch zum Diskriminierungsverbot des Art. 49 II AEUV. Dem Ziel der Herstellung einer umfassenden Niederlassungsfreiheit widerspricht die Besserstellung des Inländers im Hinblick auf das verwaltungsrechtliche Zulassungserfordernis wie auch die strafrechtliche Sanktion, so dass auch dieser Straftatbestand „im Anwendungsbereich" des AEUV liegt.

---

[1] So sprach man zB schon früh von einem „Gemeinschaftsprivatrecht" (s. *Müller-Graff*, Privatrecht und Europäisches Gemeinschaftsrecht, S. 27) oder einem „gemeineuropäischen Verwaltungsrecht" (s. *Schwarze*, in: Schwarze, Das Verwaltungsrecht unter europäischem Einfluss, S. 17). S. auch *Timmermans*, in: Kapteyn ua (Hrsg.), EC Law, S. 148 f.
[2] Vgl. *Schack* ZZP 1995, 47.
[3] Zum Verhältnis zwischen Strafrecht und der Souveränität der Mitgliedstaaten, *Suominen*, The Principle of Mutual Recognition in Cooperation in Criminal Matters, S. 292 ff.; *dies.*, EuCLR 1 (2011), 170, 172.

§ 9 Das nationale materielle Strafrecht unter der Einwirkung des Europarechts

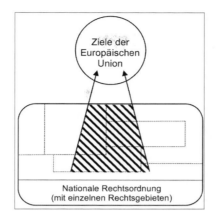

In krassem Gegensatz hierzu steht eine **statische Zuständigkeitsverteilung**, wie wir sie etwa aus dem GG für die Kompetenzverteilung zwischen Bund und Ländern kennen. Das GG orientiert sich nicht an Zielen, sondern nimmt die Kompetenzabgrenzung streng sachgebietsbezogen vor, so dass ganze Rechtsbereiche dem einen oder anderen Kompetenzträger zur Regelung zugewiesen werden (wie zB „das bürgerliche Recht" und „das Strafrecht" in Art. 74 I Nr. 1 GG).

Ist es in einem sachbezogenen Kompetenzgefüge ohne Probleme möglich, einzelne Rechtsgebiete, wie das Strafrecht, ausschließlich einem Rechtsträger vorzubehalten, so ist Gleiches in einer finalen Rechtsordnung notwendigerweise ein Fremdkörper.

Würde man dem Strafrecht eine Rolle als unionsrechtliche „Tabuzone" beimessen, würde dies den Mitgliedstaaten zudem die Möglichkeit bieten, unter dem Deckmantel des Strafrechts die Grundprinzipien und Ziele des Unionsrechts zu unterminieren. So könnte der deutsche Gesetzgeber etwa ein Strafgesetz erlassen, wonach ein EU-Ausländer, der die deutschen Grenzen ohne ausdrückliche Erlaubnis überschreitet, mit Freiheitsstrafe bis zu fünf Jahren bestraft wird. Unterläge diese mit den Mitteln des Strafrechts bewirkte Beschränkung der Freizügigkeit nicht der europarechtlichen Kontrolle, so bedeutete dies das Ende des Binnenmarktes – ein Ergebnis, das schlichtweg inakzeptabel wäre.

Festzuhalten gilt es also zunächst, dass das Strafrecht der Mitgliedstaaten grds. – wie jedes andere Rechtsgebiet der nationalen Rechtsordnungen – dem Einfluss des Europarechts ausgesetzt ist und von diesem daher „europäisiert" wird.

2. Besonderheiten des Kriminalstrafrechts

So richtig diese Feststellung ist, so bedeutsam ist auch die Erkenntnis, dass das **Kriminalstrafrecht** – wie auch die Diskussion um die Rechtssetzungskompetenz (dazu → § 8 Rn. 18 ff.) beweist – einen ganz besonderen Stellenwert in den mitgliedstaatlichen Rechtsordnungen einnimmt. Der enge Bezug zum Souveränitätsverständnis der Mitgliedstaaten legt nahe, dass dieser Rechtsbereich äußerst sensibel ist. Dies hat auch das BVerfG in seinem Lissabon-Urteil ausdrücklich betont:

> „(Rn. 253) Die Strafrechtspflege ist, sowohl was die Voraussetzungen der Strafbarkeit als auch was die Vorstellungen von einem fairen, angemessenen Strafverfahren anlangt, von kulturellen, historisch gewachsenen, auch sprachlich geprägten Vorverständnissen und

von den im deliberativen Prozess sich bildenden Alternativen abhängig, die die jeweilige öffentliche Meinung bewegen [...] Die Pönalisierung sozialen Verhaltens ist aber nur eingeschränkt aus europaweit geteilten Werten und sittlichen Prämissen normativ ableitbar. Die Entscheidung über strafwürdiges Verhalten, über den Rang von Rechtsgütern und den Sinn und das Maß der Strafandrohung ist vielmehr in besonderem Maße dem demokratischen Entscheidungsprozess überantwortet [...]"[4]

Und weiter: „(Rn. 355) Die Sicherung des Rechtsfriedens in Gestalt der Strafrechtspflege ist seit jeher eine zentrale Aufgabe staatlicher Gewalt. [...] Es ist eine grundlegende Entscheidung, in welchem Umfang und in welchen Bereichen ein politisches Gemeinwesen gerade das Mittel des Strafrechts als Instrument sozialer Kontrolle einsetzt. Eine Rechtsgemeinschaft gibt sich durch das Strafrecht einen in ihren Werten verankerten Verhaltenskodex, dessen Verletzung nach der geteilten Rechtsüberzeugung als so schwerwiegend und unerträglich für das Zusammenleben in der Gemeinschaft gewertet wird, dass sie Strafe erforderlich macht [...]"[5]

Die Wurzeln des Strafrechts werden also in den sozial-ethischen Wertvorstellungen der Rechtsgemeinschaft gesehen,[6] nicht zuletzt darauf beruht auch die oben genannte Besonderheit der Kriminalstrafe, ein **sozial-ethisches Unwerturteil** auszusprechen.[7] Die kultur- und gesellschaftspolitische Verankerung des Strafrechts zeigt sich so zunächst an einzelnen Tatbeständen, die sich nur mit der sozio-kulturellen Befindlichkeit eines Staates und seiner Gesellschaft erklären lassen.[8] So war und ist beispielsweise der Straftatbestand des Schwangerschaftsabbruchs in den einzelnen staatlichen Rechtsordnungen das Ergebnis einer gesellschaftlichen Diskussion über die Bewertung des Rechtsguts „ungeborenes Leben" und die Rolle des Strafrechts bei dessen Schutz. Dass sich ein solches (Un-)Werturteil wandeln kann, zeigt etwa das Beispiel Irlands: Bis 2018[9] erkannte die irische Verfassung ein Lebensrecht des Ungeborenen explizit und gleichberechtigt mit dem der Mutter an (Art. 40.3.3 irische Verfassung[10]); dies machte dem irischen Gesetzgeber die Legalisierung der Abtreibung – außer unter außergewöhnlichen Umständen – unmöglich und war Grundlage für die grundsätzliche Bestrafung dieses Verhaltens.[11] Vor diesem Hintergrund ist auch das 35. Protokoll zum Vertrag von Lissabon zu lesen, wonach Art. 40.3.3 der irischen Verfassung durch den Vertrag von Lissabon unberührt bleiben sollte, womit dieser als Kernbereich der irischen Verfassungsidentität respektiert wurde.[12]

---

4 BVerfGE 123, 267 = BVerfG NJW 2009, 2267 (2274), „Lissabon".
5 BVerfGE 123, 267 = BVerfG NJW 2009, 2267 (2287), „Lissabon".
6 Vgl. dazu nur *Greve*, in: Sieber (Hrsg.), Europäische Einigung und Strafrecht, S. 109 f.; *Rüter* ZStW 105 (1993), 30, 35; *Satzger*, Europäisierung, S. 159 f.; *Schubarth* ZStW 110 (1998), 827, 847; s. auch *Ruffert* DVBl 2009, 1197 (1202).
7 BVerfGE 123, 267 = BVerfG NJW 2009, 2267 (2287), „Lissabon".
8 S. *Tiedemann, in:* Kreuzer ua (Hrsg.), Europäisierung, S. 134.
9 Die Änderung erfolgte durch die durch das Referendum vom 28.5.2018 eingeleitete Verfassungsänderung (36th Amendment of the Constitution of Ireland to permit the Oireachtas to legislate for the regulation of termination of pregnancy; in Kraft getreten am 18.9.2018).
10 „The State acknowledges the right to life of the unborn and, with due regard to the equal right to life of the mother, guarantees in its laws to respect, and, as far as practicable, by its laws to defend and vindicate that right.", eingeführt durch Eight Amendment of the Constitution of Ireland.
11 Der neu formulierte Art. 40.3.3 irische Verfassung ermächtigt nun ausdrücklich den Gesetzgeber, Schwangerschaftsabbrüche zu regeln; von dieser Ermächtigung wurde durch den Health (Regulation of Termination of Pregnancy) Act 2018 Gebrauch gemacht.
12 S. Prot. Nr. 35 des Vertrags von Lissabon, Nr. C 115/321.

Deutlich wird ein solcher Zusammenhang auch an § 130 III StGB, der durch die Inkriminierung der Auschwitz-Lüge[13] einen Bestandteil der Aufarbeitung der deutschen Geschichte und damit eine spezifisch deutsche Strafvorschrift darstellt[14] (s. aber auch den EU-*Rahmenbeschluss* zur Bekämpfung von Rassismus und Fremdenfeindlichkeit[15]). Die Liste der Beispiele ließe sich fortführen,[16] wenngleich nicht der Eindruck erweckt werden soll, hinter allen Straftatbeständen stünden in gleichem Maße nationale Eigenheiten. Gerade im Wirtschafts- und Nebenstrafrecht ist dies weit weniger der Fall.

Sozial-ethische wie gesellschaftspolitische Grundvorstellungen kommen allerdings nicht nur in einzelnen Straftatbeständen zum Ausdruck, sondern auch in der Kriminalpolitik als solcher, ob also insbesondere eine „harte" oder „weiche" Haltung gegenüber der Kriminalität eingenommen wird, welche Rolle dem Strafrecht bei der Bewältigung sozialer Probleme eingeräumt wird (Stichwort: Entkriminalisierung) usw.[17]

Je mehr das Strafrecht der Mitgliedstaaten und deren Kriminalpolitik spezifisch nationalen Bedingungen folgen, desto mehr birgt eine Europäisierung Probleme: Es entsteht die Gefahr von Brüchen mit den sozial-ethischen Wertvorstellungen einer Gesellschaft, weswegen letztlich die Gefahr einer Inakzeptanz europäischen Rechts bei der Bevölkerung droht. Deshalb gilt es hier, die europäische Integration in Bezug auf das Strafrecht möglichst schonend zu betreiben. Da nun jedoch nicht jeder Straftatbestand gleichermaßen spezifisch durch die nationalen Besonderheiten bedingt ist und auch die Kriminalpolitik nicht in allen Bereichen maßgeblich von gesellschaftlichen Eigentümlichkeiten bestimmt wird, wäre es nicht zu rechtfertigen, das Kriminalstrafrecht der Mitgliedstaaten schlechthin aus dem Anwendungsbereich des AEUV auszunehmen. Es lässt sich aber zumindest die rechtspolitische Forderung erheben, das Strafrecht – wegen des Bezugs zu den gesellschaftspolitischen und kulturellen Eigenheiten der Mitgliedstaaten – zu schonen und vor unverhältnismäßigen Eingriffen durch das europäische Recht zu bewahren. Diese primär kriminalpolitische Forderung lässt sich auch rechtlich begründen: So verpflichtet Art. 4 II 1 EUV zur Achtung der nationalen Identitäten der Mitgliedstaaten, zu denen auch die hinter dem Kriminalstrafrecht stehenden sozio-kulturellen Wertvorstellungen gehören. Zudem lässt sich aus Art. 4 III EUV eine **Loyalitätspflicht** der Union gegenüber den Mitgliedstaaten ableiten, die die Berücksichtigung berechtigter Interessen der Mitgliedstaaten umfasst. Man kann somit von einem rechtlich beachtlichen **strafrechtsspezifischen Schonungsgrundsatz** sprechen, der mittlerweile auch vom BVerfG anerkannt wurde.[18]

II. Primärrechtliche Vorgaben für das nationale Strafrecht

Wenn das mitgliedstaatliche Strafrecht somit prinzipiell dem Einfluss des Unionsrechts unterliegt, stellt sich zunächst einmal die Frage, inwiefern das EU-Recht den nationa-

---
13 Dazu auch oben § 5 Rn. 43 ff.
14 S. SSW-StGB-*Lohse*, § 130 Rn. 4; zur Verfassungsmäßigkeit des § 130 III StGB BVerfG NVwZ 2006, 815; vgl. EGMR, „Garaudy ./. France", Urt. v. 24.6.2003, Nr. 65831/01.
15 Abl.EU 2008 Nr. L 328/55. Mehrere Ausnahmevorschriften gestatten es den nationalen Gesetzgebern allerdings, die Pönalisierung der Auschwitzlüge von weiteren Voraussetzungen abhängig zu machen, s. dazu SSW-StGB-*Lohse*, § 130 Rn. 8; *F. Zimmermann* ZIS 2009, 1 (6 ff.).
16 Ausf. hierzu *Filopoulos*, Europarecht, S. 20 f.; *Satzger*, Europäisierung, S. 160 f.
17 S. *Filopoulos*, Europarecht, S. 31; *Safferling*, Int. Strafrecht, § 11 Rn. 10; *Satzger*, Europäisierung, S. 162.
18 BVerfGE 123, 267 = BVerfG NJW 2009, 2267 (2274, 2287), „Lissabon"; dieses Prinzip wurde zuvor entwickelt von *Satzger*, Europäisierung, S. 166 ff.; s. auch *Böse* ZIS 2010, 76 (85); *Eisele* JZ 2001, 1157 (1160 1163); *Hecker*, Eur. Strafrecht, § 8 Rn. 55; Sieber/Satzger/Heintschel v. Heinegg-*Hecker*, Europ. StR § 10 Rn. 44; *Safferling*, Int. Strafrecht, § 9 Rn. 66.

len Strafgesetzgebern bei ihrer Entscheidung über die Kriminalisierung von Verhaltensweisen Vorgaben macht. Zu beachten sind dabei einerseits allgemeine Vorgaben, die bereits aus dem Primärrecht folgen, sowie besondere Vorgaben andererseits, die sich aus dem Sekundärrecht ergeben (dazu → Rn. 35 ff.).

Die aus dem Primärrecht ableitbaren Grundsätze hat der EuGH in seiner Rspr. näher herausgearbeitet und konkretisiert. Diese Rspr. gilt – auch nach dem Vertrag von Lissabon – unverändert fort. Dabei gilt es, zwei wesentliche Stoßrichtungen zu unterscheiden: Das EU-Recht fungiert zum einen als obere Grenze für nationales Strafrecht und zum anderen als Untergrenze für die Ausgestaltung des nationalen Strafrechts.

1. Unionsrecht als Obergrenze für nationales Strafrecht

11 ▶ **FALL 12:**[19] Die Griechin *Skanavi* (*S*), die einen griechischen, aber keinen deutschen Führerschein hatte, wurde in Deutschland nach § 4 der Verordnung über den internationalen Kraftfahrzeugverkehr iVm § 21 I Nr. 1 StVG wegen Fahrens ohne Fahrerlaubnis angeklagt. S hatte es versäumt, ihren griechischen Führerschein binnen Jahresfrist nach Begründung ihres gewöhnlichen Aufenthalts in Deutschland in einen deutschen umzutauschen, wie dies das deutsche Recht auf der Grundlage der damals gültigen Richtlinie 80/1263/EWG vorschrieb. Steht einer Verurteilung wegen Fahrens ohne Fahrerlaubnis Europarecht entgegen?[20] (dazu → Rn. 18 f.) ◀

12 Grds. obliegt es den nationalen Strafgesetzgebern zu bestimmen, welches Verhalten strafwürdig und -bedürftig ist und deshalb unter Strafe gestellt werden sollte. Aufgrund der **Loyalitätspflicht** gegenüber der EU, die aus Art. 4 III EUV folgt, hat aber jeder Mitgliedstaat eine Grenze zu beachten: Er darf kein nationales Strafrecht erlassen bzw. aufrechterhalten, das unionsrechtswidrig ist.[21] Für die Beurteilung, ob ein Widerspruch zum Unionsrecht besteht, ist dabei das gesamte **für den Mitgliedstaat verbindliche EU-Recht** heranzuziehen. Das sind also nicht nur alle im innerstaatlichen Bereich unmittelbar anwendbaren Unionsnormen, sondern auch alle an den Mitgliedstaat gerichteten Rechtsakte ohne unmittelbare Wirkung für den Bürger, wie zB alle Richtlinien oder an den jeweiligen Mitgliedstaat gerichteten Beschlüsse.

13 Betrachtet man nun die Struktur einer jeden Strafnorm, die sich aus den Tatbestandsvoraussetzungen einerseits und der Rechtsfolge andererseits zusammensetzt, so sind Unionsrechtswidrigkeiten auf beiden Seiten denkbar.

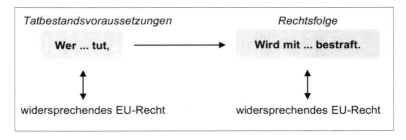

---

19 EuGH Urt. v. 29.2.1996 – Rs. C-193/94 „Skanavi".
20 Die Rechtslage hat sich seit dem 1.7.1996 geändert, da mit der Richtlinie 91/439/EWG des Rates vom 29.7.1991 über den Führerschein eine neue Stufe der Harmonisierung erreicht wurde, die den Grundsatz der gegenseitigen Anerkennung ohne jede Umtauschpflicht normiert.
21 EuGH Urt. v. 14.7.1977 – Rs. 8/77 „Sagulo", Rn. 6.

a) Unionsrechtswidrige Tatbestandsvoraussetzungen

Bei noch eingehenderer Betrachtung wird jedoch eines erkennbar: Auf Tatbestandsseite kann es zu einem unmittelbaren Widerspruch zwischen Unionsrecht und Strafgesetz letztlich gar nicht kommen. Denn das Strafgesetz verbietet die unter Strafe gestellte Verhaltensweise nicht, sondern setzt voraus, dass ein solches Verbot – außerstrafrechtlich – in geschriebener oder ungeschriebener Form existiert.[22] Man spricht insoweit von einer (außerstrafrechtlichen) **Primärnorm**. Wer diese verletzt, der wird bestraft – mehr als diese Wenn-Dann-Beziehung ist in der strafrechtlichen **Sekundärnorm** nicht enthalten.[23] Die obige Skizze muss also modifiziert werden:

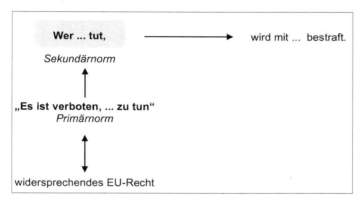

Ein unmittelbarer Widerspruch zum Unionsrecht kann also letztlich nur im Verhältnis zur außerstrafrechtlichen Primärnorm auftreten. Außerhalb des Strafrechts ist dabei selbstverständlich, dass unionsrechtswidriges Recht nicht gesetzt bzw. aufrechterhalten werden darf. Für das Strafrecht ergeben sich insoweit also nur mittelbare Folgewirkungen.

Beispiel (nach Rs. *Thompson*):[24] In einem englischen Strafverfahren waren mehrere Kaufleute ua wegen der unzulässigen Ausfuhr von Münzen angeklagt. Die exportierten Münzen waren zum Zeitpunkt der Ausfuhr kein Zahlungsmittel im Vereinigten Königreich mehr. Deshalb bejahte der EuGH zwar die Anwendbarkeit der Vorschriften über die Warenverkehrsfreiheit (heute: Art. 35 AEUV). Ein Widerspruch zwischen Straftatbestand und dem damaligen EG-Recht lag daher im Ansatz vor – allerdings unmittelbar (wie gesehen) nur in Bezug auf die Primärnorm (Ausfuhrverbot). Der Gerichtshof erkannte jedoch an, dass das Exportverbot durch die inhaltsgleiche Vorgängernorm des heutigen Art. 36 AEUV (Schutz der öffentlichen Ordnung in Form des Münzrechts) gerechtfertigt war. Im Ergebnis verstieß die britische Strafvorschrift daher nicht gegen europäisches Recht.

Beispiel (nach Rs. *Donner*):[25] In einem deutschen Strafverfahren war ein deutscher Spediteur wegen Beihilfe zu Urheberrechtsstraftaten gem. §§ 106 und 108a UrhG angeklagt. Der Spediteur organisierte von Bologna aus den Versand eines italienischen Möbelhändlers

---

22 Zu dieser Unterscheidung s. BVerfGE 71, 108, 118 f.; *Höltkemeier*, Sponsoring als Straftat, S. 68; *Lagodny*, Strafrecht vor den Schranken der Grundrechte, S. 77 ff.; *Satzger*, Europäisierung, S. 223 ff.; *Stächelin*, Strafgesetzgebung im Verfassungsstaat, S. 111.
23 S. zB *Freund*, Strafrecht, Allgemeiner Teil: Personale Straftatlehre, § 1 Rn. 27; *Vogel*, Norm und Pflicht bei den unechten Unterlassungsdelikten, S. 27 f.
24 EuGH Urt. v. 23.11.1978 – Rs. 7/78 „Thompson".
25 EuGH Urt. v. 21.6.2012 – Rs. C-5/11 „Donner".

nach Deutschland. Dieser Möbelhändler handelte auch mit Nachbildungen bestimmter „Designer"-Möbel, die in Deutschland urheberrechtlich geschützt waren. Ein solcher urheberrechtlicher Schutz bestand in Italien nicht oder konnte aufgrund der in Italien herrschenden Rechtsprechung nicht gegenüber den Produzenten durchgesetzt werden. Der EuGH sah auch in diesem Fall die Warenverkehrsfreiheit als betroffen an, erachtete die strafrechtliche Bewehrung von Urheberrechtsverstößen gem. Art. 36 AEUV aber als gerechtfertigt. Der Schutz des geistigen Eigentums sei ein legitimes Schutzinteresse der Mitgliedstaaten. Die Beeinträchtigung des freien Warenhandels durch Strafvorschriften sei insofern erforderlich und angemessen. Die Mitgliedstaaten dürften auch unterschiedliche Laufzeiten der Schutzrechte vorsehen. Der Anwendungsvorrang des Unionsrechts gebiete es daher nicht, die deutschen urheberrechtlichen Strafvorschriften unangewendet zu lassen.

b) Unionsrechtswidrige Rechtsfolge

17 Knüpft eine nationale Strafnorm in ihrem Tatbestand an eine Primärnorm an, die im Einklang mit dem Unionsrecht steht, so könnte man zwar annehmen, dass dann die Strafdrohung allein im Ermessen des nationalen Gesetzgebers steht. Doch kann auch die angedrohte Sanktion als solche im Widerspruch zum Unionsrecht stehen. Auf Rechtsfolgenseite stellt sich die Frage nach dem europarechtlichen Einfluss demnach als originär strafrechtliche. Zwei Anknüpfungspunkte für Widersprüche zum EU-Recht lassen sich unterscheiden: die **Art** und die **Höhe** der angedrohten Sanktion.

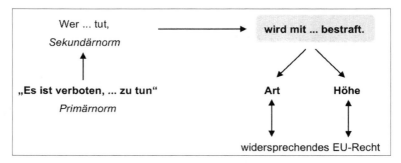

aa) Unionsrechtswidrigkeit hinsichtlich der Sanktionshöhe

18 Strafen werden in den nationalen Rechtsordnungen häufig für Verhaltensweisen angedroht, die in engem Zusammenhang mit der Ausübung von Grundfreiheiten stehen. Wie in **Fall 12** verfolgen die Mitgliedstaaten durch die Auferlegung administrativer Verpflichtungen (hier: Umtauschpflicht für ausländische Führerscheine) hoheitliche Interessen, wodurch zwar die Ausübung der Grundfreiheiten erschwert wird. Zulässig sind diese mitgliedstaatlichen Verpflichtungen gleichwohl, wenn und soweit sie **unionsrechtlich** (ausdrücklich oder konkludent) **gebilligt** sind.

In **Fall 12** ergab sich diese „Billigung" – auch aus Sicht des EuGH – dadurch, dass der vom deutschen Gesetzgeber geforderte Führerscheinumtausch vor dem Hintergrund einer nur schrittweisen Harmonisierung der Führerscheinregelungen seine Berechtigung hatte.

Die Grenzziehung zwischen noch berechtigter Ausübung der unionsrechtlich gebilligten Kontrollbefugnis und einer unzulässigen Verkürzung der Grundfreiheiten wird durch den EuGH regelmäßig anhand des Kriteriums der **Verhältnismäßigkeit** sowie des

Diskriminierungsverbots vorgenommen. Eine unverhältnismäßige oder diskriminierende Sanktion verstoße demnach gegen die Grundfreiheiten.

Warum dies so ist, wird allerdings nicht erklärt. Erst wenn man sich den Zusammenhang zwischen Primärnorm, Sanktion und verbliebener Kontrollbefugnis der Mitgliedstaaten vor Augen führt, löst sich dieser „Automatismus" auf. Erforderlich ist die Erkenntnis, dass sich aus der angedrohten Straffolge ablesen lässt, welches Verhalten in Wirklichkeit durch das nationale Recht – die nationale Primärnorm – ge- bzw. verboten ist. Dies erlaubt unter Umständen den Rückschluss darauf, dass die Strafbarkeit der Sache nach nicht allein an die im Tatbestand aufgeführten Strafbarkeitsvoraussetzungen anknüpft, sondern implizit abweichende Tatbestandsmerkmale enthält. Diese können mit Unionsrecht kollidieren.

In **Fall 12** verdeutlicht ein Vergleich mit einer Person ohne Fahrerlaubnis, dass durch gleichmäßige Anwendung des § 21 I Nr. 1 StVG auf diese wie auf Frau *Skanavi* letztere so behandelt würde, als hätte sie überhaupt keine Fahrerlaubnis. Ihr würde damit das Unrecht vorgeworfen, ohne Fahrerlaubnis ein Kfz geführt zu haben. Das wird der damaligen europarechtlichen Rechtslage aber nicht gerecht: Nach dem EuGH entsprach die Umtauschverpflichtung eben nur verwaltungstechnischen Erfordernissen. Ihr komme daher keine konstitutive Wirkung bzgl. der Berechtigung zum Führen eines Kfz in einem anderen Mitgliedstaat zu. Diese folge vielmehr bereits aus den Vorschriften über die Freizügigkeit. Die sanktionsrechtliche Gleichstellung der Verletzung der Umtauschverpflichtung mit dem Führen eines Kfz ohne Fahrerlaubnis erachtete der Gerichtshof daher als aus europarechtlicher Sicht unverhältnismäßig.[26] Dies ist folgerichtig, da die in § 21 I Nr. 1 StVG angedrohte Strafe eben immer eine fehlende Fahrerlaubnis voraussetzt. Die Anwendung auf den Fall eines fehlenden ordnungsgemäß ausgestellten Dokuments (Führerschein), das die Fahrerlaubnis nicht berührt, würde aus § 21 I Nr. 1 StVG das Delikt „Fahren ohne (deutschen) Führerschein" machen. Es würden also – abweichend vom Wortlaut – Strafbarkeitsvoraussetzungen etabliert, die nicht im Einklang mit dem Europarecht stünden.

Ähnliche Konstellationen ergeben sich, wenn nationale Strafvorschriften in einem Bereich erlassen sind, der Grundfreiheiten berührt, und diese nationalen Gesetze daher nur insoweit unionsrechtlich gerechtfertigt sind, als sie sich im Rahmen der ausdrücklichen oder konkludenten Ausnahmetatbestände des Unionsrechts (va Art. 36, 51 [iVm 62], 52 AEUV) bewegen. Die Höhe der angedrohten Strafe muss daher denselben Schranken unterliegen wie die Primärnorm selbst.

Werden Grundfreiheiten durch nationale Regelungen im Rahmen unionsrechtlicher Ausnahmen legitimerweise beschränkt und ist die Verletzung dieser Vorschriften strafrechtlich bewehrt, so ist nicht jede angedrohte Strafhöhe unionsrechtlich unbedenklich. Wird etwa das gleiche Verhalten eines Deutschen mit einer geringeren Strafe bedroht als das eines EU-Ausländers, so ist das unionsrechtliche Diskriminierungsverbot verletzt. Auch in dieser Konstellation lässt letztlich die (unterschiedliche bzw. unverhältnismäßige) Sanktionshöhe den Rückschluss zu, dass nicht (nur) das formal im Tatbestand aufgeführte Verhalten bestraft wird, sondern darüber hinaus zumindest ein Teil des unter Strafe gestellten Unrechts der Sache nach in der zulässigen Ausübung einer Grundfreiheit besteht.

---

26 EuGH Urt. v. 29.2.1996 – Rs. C-193/94 „Skanavi", Rn. 34 ff. im Anschluss an EuGH Urt. v. 28.11.1978 – Rs. 16/78 „Choquet"; vgl. zur Rechtslage nach der 2. Führerschein-Harmonisierungsrichtlinie OLG Köln NZV 1996, 289.

In diesem Sinn ist die Entscheidung des EuGH in der Rs. *Kraus*[27] zu verstehen: Dort ging es ua um die Frage nach den Sanktionen, die zulässigerweise verhängt werden dürfen, wenn derjenige, der in einem anderen Mitgliedstaat aufgrund eines Postgraduiertenstudiengangs einen akademischen Grad verliehen bekommen hat, diesen im Inland führt, obwohl er das zur Titelführung im Inland vorgeschriebene nationale Genehmigungsverfahren nicht durchlaufen hat. Es geht also um eine Behinderung der Niederlassungsfreiheit, die aber aufgrund „zwingender Gründe des Allgemeinwohls" auch aus europarechtlicher Sicht zulässig sein könnte. Diese ungeschriebene Ausnahme lässt jedoch nur diskriminierungsfreie und verhältnismäßige Beschränkungen zu,[28] so dass sich folgerichtig auch die Sanktionshöhe an diesem unionsrechtlichen Verhältnismäßigkeitsprinzip messen lassen muss.

bb) Unionsrechtswidrigkeit hinsichtlich der Sanktionsart

22 Neben der Sanktionshöhe kann auch die Art der Sanktion gegen Unionsrecht verstoßen, wenn sie ihrer Natur nach eine Beschränkung der Grundfreiheiten darstellt. Dies ließe sich nun zwar im Hinblick auf jede Freiheitsstrafe gegenüber einem EU-Ausländer sagen, da er immer dann, wenn er eine solche verbüßt, daran gehindert ist, sich frei innerhalb der EU zu bewegen, sich dort niederzulassen, wo er möchte, Dienstleistungen zu erbringen usw. Würde dieser Zusammenhang mit den Grundfreiheiten bereits genügen, um das EU-Recht „auf den Plan" zu rufen, so wäre jede Strafnorm, die eine Freiheitsstrafe androht, unionsrechtlicher Kontrolle unterworfen. Es wäre dann etwa eine Frage des EU-Rechts und gegebenenfalls durch den EuGH zu entscheiden, ob die lebenslange Freiheitsstrafe für einen Mord (§ 211 StGB; vgl. auch § 75 StGB-Österreich) verhältnismäßig iSd Unionsrechts ist. Dass dies zu weit ginge, ist offensichtlich. Schwerer fällt es hingegen, eine tragbare Begründung für dieses Ergebnis zu finden. Letztlich wird man wohl sagen müssen, dass Beschneidungen der Grundfreiheiten, die sich als notwendige und regelmäßige **Begleiterscheinungen** der Verhängung einer Strafe ergeben, nicht dem Anwendungsbereich des AEUV unterfallen. Im Ergebnis ähnlich hat auch der EuGH in der Rs. *Friedrich Kremzow ./. Republik Österreich* ausgeführt, dass die „rein hypothetische Aussicht" auf die Ausübung einer Grundfreiheit keinen Bezug zum Europarecht herstelle, der eng genug wäre, um die Anwendung der (damals EG-, jetzt) EU-Bestimmungen zu rechtfertigen.[29]

23 Dies heißt allerdings nicht, dass die Strafart in keinem Fall europarechtsrelevant sein kann. **Zielt** eine Sanktion – zur Erreichung der Strafzwecke – primär darauf ab, eine Grundfreiheit zu beschneiden, so kann man sich nicht mehr darauf berufen, es handle sich um eine bloße Begleiterscheinung.[30] So muss etwa die Verhängung eines Berufsverbots (§ 70 StGB) – als gezielter Eingriff in die Niederlassungs- und Dienstleistungsfreiheit des Verurteilten – der europarechtlichen Kontrolle unterworfen sein. Dasselbe gilt für eine Ausweisung, wenn sie nach dem nationalen Recht – anders als in Deutschland – als strafrechtliche Sanktion ausgestaltet ist.

---

27 EuGH Urt. v. 31.3.1993 – Rs. C-19/92 „Kraus".
28 Vgl. nur EuGH Urt. v. 30.11.1995 – Rs. C-55/94 „Gebhard" (Ls. 6).
29 EuGH Urt. v. 29.5.1997 – Rs. C-299/95 „Friedrich Kremzow ./. Republik Österreich", Rn. 16; vgl. dazu auch *Baker*, CLR 1998, 375.
30 Gegen eine Europarechtsrelevanz der Straffolge aber *Kreis*, Die verbrechenssystematische Einordnung der EG-Grundfreiheiten, S. 200 ff.

§ 9 Das nationale materielle Strafrecht unter der Einwirkung des Europarechts § 9

Beispiel (Rs. *Donatella Calfa*):[31] Nach einem griechischen Gesetz erfolgte für den Fall, dass Staatsangehörige anderer Mitgliedstaaten bestimmter Verstöße gegen das Betäubungsmittelgesetz für schuldig befunden wurden, automatisch eine Ausweisung auf Lebenszeit. *In concreto* war eine italienische Staatsangehörige durch ein griechisches Strafgericht wegen Beschaffung und Besitzes von ausschließlich zum Eigenverbrauch bestimmten Betäubungsmitteln zu einer Freiheitsstrafe von drei Monaten verurteilt und auf Lebenszeit ausgewiesen worden. Der EuGH sah in der Ausweisung eine Behinderung der Freiheit der Verurteilten, als Touristin ungehindert Dienstleistungen zu empfangen, also eine Beschränkung der passiven Dienstleistungsfreiheit, die von (dem heutigen) Art. 56 AEUV erfasst wird. Eine Rechtfertigung ist dann nach Art. 62 iVm Art. 52 AEUV zwar denkbar, jedoch – angesichts der harmonisierenden Regelung in der damals geltenden Richtlinie 64/221/EWG (inhaltsgleiche Vorschrift heute in Richtlinie 2004/38/EG)[32] – nur, wenn gerade das persönliche Verhalten der Verurteilten eine gegenwärtige Gefährdung der öffentlichen Ordnung darstelle. Diese Vorgabe sei bei einer automatischen Anordnung der lebzeitigen Ausweisung nicht beachtet. Das griechische Gesetz war demnach europarechtswidrig.

24

2. Allgemeine Untergrenze für Strafrecht im Dienst der Union (Art. 4 III EUV)

Haben wir uns bislang nur mit den oberen Grenzen für das nationale Strafrecht befasst, so soll der Blick nun auf Vorgaben des Unionsrechts für den Strafgesetzgeber gerichtet werden, die im ersten Moment vielleicht überraschen mögen: die Mindestanforderungen an nationale Strafvorschriften.

25

a) Die Konkretisierung durch das EuGH-Urteil „Griechischer Maisskandal"

Ausgangspunkt dafür, dass überhaupt eine europarechtliche Verpflichtung der Mitgliedstaaten abgeleitet werden kann, ein Mindestmaß an Sanktionen zu verhängen, ist das Dilemma der Union im Hinblick auf den Schutz eigener Rechtsgüter, welche ihr in vielerlei Hinsicht bezogen auf ihre finanziellen, personellen und sachlichen Mittel zustehen. So verfügt die EU etwa über Eigentum und Vermögen, sie ist Inhaberin des Hausrechts bzgl. ihrer Gebäude, usw. Mangels Strafrechtskompetenz konnte die EU bislang nicht selbst für einen umfassenden Schutz ihrer Rechtsgüter sorgen. Dazu waren allein die auf strafrechtlichem Gebiet kompetenten Mitgliedstaaten in der Lage. Um das Dilemma rechtlich aufzulösen, wurde Art. 4 III EUV (bzw. zuvor Art. 10 EGV), der die Loyalitätspflicht der Mitgliedstaaten gegenüber der Gemeinschaft/Union festschreibt, relevant: Die Mitgliedstaaten müssen danach ihr nationales Sanktionenrecht (inkl. Strafrecht) in den Dienst der Gemeinschaft/Union stellen, um deren Rechtsgüter hinreichend zu schützen.

26

Der EuGH konkretisiert diese Verpflichtung zur Loyalität in zweifacher Hinsicht:

27

1. Als abstrakte Mindestvorgabe verlangt der Gerichtshof für jeden Fall der Verletzung von Gemeinschafts- bzw. Unionsrecht bzw. der EU-Rechtsgüter, dass die Mitgliedstaaten eine **wirksame, verhältnismäßige** und **abschreckende** Sanktion verhängen.
    – „*Wirksam*" und, im Wesentlichen inhaltsgleich, „*abschreckend*" bedeutet in diesem Zusammenhang, dass die Ziele der verletzten europarechtlichen Bestimmun-

---

31 EuGH Urt. v. 19.1.1999 – Rs. C-348/96 „Donatella Calfa".
32 Art. 3 I Richtlinie 64/221/EWG: „Die Gründe der öffentlichen Sicherheit und Ordnung dürfen sich ausschließlich auf das Verhalten der durch eine Entscheidung [...] betroffenen Einzelperson beziehen"; welcher dem Art. 27 II 1 der neuen Richtlinie 2004/38/EG, ABl.EU 2004 Nr. L 158/77 vollständig entspricht.

gen angestrebt und verwirklicht werden müssen, wofür eine spezial- und generalpräventive Wirkung zu fordern ist.[33]
- „**Verhältnismäßig**" meint, dass die Sanktionen im Hinblick auf angestrebte Ziele hinreichend sein und dem Grad der Rechtsverletzung entsprechen müssen. Verlangt wird also eine „angemessene" Sanktion.[34]

Die Wahl der konkreten Sanktion bleibt jedoch stets dem jeweiligen Mitgliedstaat überlassen. Einen „Bruch" mit dem nationalen Strafrechtssystem verlangt der EuGH nicht; vielmehr müsse die Sanktion mit den Grundprinzipien des nationalen Rechts vereinbar sein.[35] Darin kann eine Ausprägung **strafrechtsspezifischen Schonungsgrundsatzes** gesehen werden (dazu → Rn. 9).

2. Konkretere Konsequenzen zieht der EuGH für den Fall, dass der Mitgliedstaat in seiner eigenen Rechtsordnung Sanktionsnormen für vergleichbare innerstaatliche Verstöße kennt. Dann folgt aus der in Art. 4 III EUV verankerten Loyalitätspflicht das **Gebot der Gleichbehandlung** (sog. Assimilierungspflicht).[36] Existieren solche vergleichbaren innerstaatlichen Sanktionen nicht oder genügen die innerstaatlich vorgesehenen Sanktionen nicht den unter 1. angeführten Kriterien, so bleibt es – unabhängig von der Ausgestaltung des innerstaatlichen Rechts – bei den abstrakten Mindesterfordernissen.

28 Wegweisend war in dieser Hinsicht die Entscheidung des EuGH in der Rs. *Griechischer Maisskandal*:[37] In einem Vertragsverletzungsverfahren (jetzt: Art. 258 AEUV) hatte die Kommission die Griechische Republik wegen der Vorgänge um zwei Schiffsladungen Mais, die von einem Unternehmen im Mai 1986 aus Griechenland nach Belgien ausgeführt worden waren, verklagt. Von Seiten der griechischen Behörden war der Mais offiziell als griechischer deklariert worden, in Wirklichkeit stammte er allerdings aus Jugoslawien. Agrarabschöpfungen, die der EG zustanden, waren daher weder von Belgien noch von Griechenland erhoben worden, da es sich offiziell nicht um eine Einfuhr aus einem Drittland handelte. Griechenland hatte es unterlassen, gegen die Beteiligten an der gemeinschaftsrechtswidrigen Hinterziehung die in den griechischen Rechtsvorschriften vorgesehenen Straf- und Disziplinarmaßnahmen einzuleiten. Nach Überzeugung der Kommission hatten griechische Beamte an der Hinterziehung nicht nur mitgewirkt, sondern auch nachträglich falsche Urkunden ausgestellt und falsche Erklärungen abgegeben, um die Hinterziehung möglichst zu verdecken. Die Aufforderungen der Kommission an die Griechische Republik, entsprechende Verfahren einzuleiten, blieben ohne erkennbaren Erfolg.

29 Der EuGH fand deutliche Worte zur Loyalitätspflicht der Mitgliedstaaten:

„Enthält eine gemeinschaftsrechtliche Regelung keine besondere Vorschrift, die für den Fall eines Verstoßes gegen die Regelung eine Sanktion vorsieht, oder verweist sie insoweit auf die nationalen Rechts- und Verwaltungsvorschriften, so sind die Mitgliedstaaten nach Art. 5 EWG-Vertrag [Anm.: jetzt Art. 4 III EUV] verpflichtet, alle geeigneten Maßnahmen zu treffen, um die Geltung und die Wirksamkeit des Gemeinschaftsrechts zu gewährleis-

---

33 Näher dazu *Klip*, European Criminal Law, S. 76 ff., 79 f.; *White*, ELR 31 (2006), 87.
34 Zu den Kriterien im Einzelnen s. *Klip*, European Criminal Law, S. 78 f.; *Satzger*, Europäisierung, S. 368 f.
35 So hat der EuGH etwa eine Pflicht zur Einführung einer Strafbarkeit juristischer Personen abgelehnt EuGH Urt. v. 2.10.1991 – Rs. C 7/90 „Vandevenne".
36 Vgl. auch *Asp*, in: Mitsilegas ua (Hrsg.), Research Handbook on EU Criminal Law, S. 317 ff.; *Mitsilegas*, EU Criminal Law after Lisbon, S. 75 f.; *Raitio*, The Principle of Legal Certainty in EC Law, S. 96; *Safferling*, Int. Strafrecht, § 11 Rn. 31 ff.
37 EuGH Urt. v. 21.9.1989 – Rs. 68/88 „Kommission ./. Griechische Republik".

ten. Dabei müssen die Mitgliedstaaten, denen allerdings die Wahl der Sanktionen verbleibt, namentlich darauf achten, dass Verstöße gegen das Gemeinschaftsrecht nach ähnlichen sachlichen und verfahrensrechtlichen Regeln geahndet werden wie nach Art und Schwere gleichartige Verstöße gegen nationales Recht, wobei die Sanktion jedenfalls wirksam, verhältnismäßig und abschreckend sein muss. Außerdem müssen die nationalen Stellen gegenüber Verstößen gegen das Gemeinschaftsrecht mit derselben Sorgfalt vorgehen, die sie bei der Anwendung der entsprechenden nationalen Rechtsvorschriften walten lassen."[38]

Diesen Anforderungen habe die Griechische Republik nicht Genüge getan, da die Verantwortlichen von den griechischen Behörden weder straf- noch disziplinarrechtlich verfolgt worden seien, obwohl dem keine Hindernisse entgegengestanden hätten. Der EuGH stellte deshalb eine Vertragsverletzung Griechenlands fest.

b) Primärrechtliche Festschreibung der Sanktionierungspflicht und Begrenzung durch die Verfassungsidentität der Mitgliedstaaten

aa) Sanktionierungspflicht zum Schutz der finanziellen Interessen der EU (Betrugsbekämpfung)

In Art. 325 I und II AEUV (und bereits in dessen Vorgängernormen) hat diese Rspr. für den Bereich der Betrugsbekämpfung ihren Niederschlag gefunden.[39] Auch wenn der EU nach dem Inkrafttreten des Lissabonner Vertrags nach hier vertretener Auffassung grds. (wenn auch unter engen Voraussetzungen) der Weg zur Setzung von supranationalem Kriminalstrafrecht zumindest in den Bereichen der Betrugsbekämpfung und des Zollwesens offen steht, um ihre finanziellen Interessen selbst zu schützen (dazu → § 8 Rn. 18 ff.), bleiben diese aus der Loyalitätspflicht abgeleiteten Verpflichtungen der Mitgliedstaaten von großer Bedeutung, jedenfalls so lange, wie die EU von einer Kompetenz zur Setzung supranationalen Strafrechts noch keinen Gebrauch gemacht hat.

bb) Grenzen der Sanktionierungspflicht am Beispiel des italienischen Verjährungsrechts

Gerade im Zusammenhang mit der Reichweite der aus Art. 325 I, II AEUV fließenden Sanktionierungspflicht hatte der EuGH am 8.9.2015 eine Entscheidung getroffen, die in Italien für große Aufregung sorgte. In der Rs. *Taricco I*[40] ging es darum, dass die kurz bemessenen Verjährungsregelungen des italienischen Rechts (insbes. auch eine kurze absolute Verjährung, die auch bei laufender Strafverfolgung nicht unterbrochen wird[41]) in einer beträchtlichen Anzahl von Fällen dazu führten, dass auch schwere Fälle von Betrug zulasten der EU nicht effektiv bestraft werden konnten, weil bereits vor Abschluss des strafrechtlichen Verfahrens die Verjährung eintrat. In der *Taricco I*-Entscheidung sah der EuGH darin einen Verstoß Italiens gegen die Verpflichtung, wirksa-

---

38 EuGH Urt. v. 21.9.1989 – Rs. 68/88 „Kommission ./. Griechische Republik", Rn. 23–25. Umfassend zu den Anforderungen aus Art. 10 EGV *Satzger*, Europäisierung, S. 360 f.; vgl. auch *Hecker*, Eur. Strafrecht, § 7 Rn. 55 ff.; *Timmermans*, in: Kapteyn ua (Hrsg.), EC Law, S. 148 f.; zu der Frage, inwieweit diese primärrechtlichen Pflichten neben speziellen sekundärrechtlichen Vorgaben weitergelten, *F. Zimmermann*, Strafgewaltkonflikte in der EU, S. 120 ff.
39 Zur Übertragbarkeit dieser Grundsätze auf das Strafanwendungsrecht (§ 5 Nr. 4 iVm § 99 StGB) s. *F. Zimmermann*, Strafgewaltkonflikte in der EU, S. 125 ff.
40 EuGH Urt. v. 8.9.2015 – Rs. C 105/14 „Taricco ua" (meist als „Taricco I" bezeichnet).
41 Vgl. insbes. Art. 160, 161 Codice penale.

32 In Italien hat diese Entscheidung erheblichen Widerspruch erfahren, weil die Verjährung dort – anders als in Deutschland[43] – als Teil des materiellen Rechts angesehen wird.[44] Eine nachträgliche Verkürzung oder Nichtanwendung der Verjährung bedeutete somit nach weit verbreiteter italienischer Sichtweise einen Verstoß gegen das verfassungsrechtlich garantierte Gesetzlichkeitsprinzip, welches zur Verfassungsidentität Italiens gehöre.[45] In der nachfolgenden sog. *Taricco II*-Entscheidung vom 5.12.2017 hat der EuGH dann aber eine gewichtige Einschränkung vorgenommen, um den sich aus der italienischen Verfassung ableitenden Einwänden entgegen zu kommen.[46] Wenn nämlich die Nichtanwendung der Verjährungsregelungen in Italien zu einem Verstoß gegen das verfassungsrechtlich gewährleistete und zur italienischen Verfassungsidentität gehörende strafrechtliche Gesetzlichkeitsprinzip führe, dürften die Verjährungsvorschriften nicht unangewendet bleiben, auch wenn dies letztlich zulasten des effektiven Schutzes der finanziellen Interessen der EU gehe. Der EuGH beruft sich dabei nicht zuletzt auf die Bedeutung des Gesetzlichkeitsprinzips auch nach der EMRK, der GRC und den gemeinsamen Traditionen der Mitgliedstaaten. Der Sache nach ist dies äußerst bemerkenswert und möglicherweise von weitreichender Bedeutung. Der EuGH akzeptiert hier nämlich den Vorrang der nationalen Verfassungsidentität vor der allgemeinen Loyalitätspflicht als Grundlage der im Urteil *Griechischer Maisskandal* herausgearbeiteten Pflicht zur wirksamen, verhältnismäßigen und abschreckenden Sanktionierung. In der besonderen Rücksichtnahme auf das strafrechtliche Gesetzlichkeitsprinzip kann man durchaus auch einen (weiteren) Anwendungsfall des hier zugrunde gelegten strafrechtsspezifischen Schonungsgrundsatzes sehen.[47] Darin kann darüber hinaus auch ein Fingerzeig für ein künftig noch deutlicher auf Kooperation angelegtes Verhältnis zwischen dem EuGH und den nationalen (Verfassungs-) Gerichten im Hinblick auf den künftigen Umgang mit der „Verfassungsidentität" der Mitgliedstaaten gesehen werden[48] (dazu → § 10 Rn. 29 ff.).

cc) Grenzen der Sanktionierungspflicht am Beispiel des bulgarischen Beweisrechts

33 Eine vergleichbare Problematik hat sich gezeigt, wenn Straftaten gegen die finanziellen Interessen der EU aufgrund eines Beweisverwertungsverbotes in einem Mitgliedstaat

---

42 EuGH Urt. v. 8.9.2015 – Rs. C 105/14 „Taricco ua", Rn. 39.
43 Zur prozessualen Rechtsnatur der Verjährung vgl. nur BGHSt 50, 138, 139; s. auch SSW/StGB-*Rosenau*, § 78 Rn. 3 mwN.
44 Ausführlich hierzu *Viganò* EuCLR 7 (2017), 103, 107 ff.
45 Krit. zur Berufung auf „nationale Identität" im Hinblick auf die italienischen Verjährungsregelungen (iVm dem Gesetzlichkeitsprinzip) *Viganò* EuCLR 7 (2017), 103, 121.
46 EuGH Urt. v. 5.12.2017 – Rs. C 42/17 „Strafverfahren gegen M.A.S. und M.B." (zumeist als „Taricco II" zitiert), Rn. 42 ff.
47 *Viganò* NJECL 9 (2018), 18, 20 f.
48 *Donath*, Unionsrecht hat nicht immer Vorrang, Legal Tribune Online (www.lto.de) v. 5.12.2017; *Manacorda* NJECL 9 (2018), 4, 9 f.

nicht sanktioniert werden können. Im konkreten Fall[49] waren aus einer rechtswidrigen – da durch ein unzuständiges Gericht angeordneten – Telefonüberwachung erlangte Erkenntnisse zu einem Mehrwertsteuerbetrug nach bulgarischem Recht unverwertbar. Infolgedessen war die von Art. 325 I AEUV geforderte Ahndung dieser gegen die finanziellen Interessen der EU gerichteten Tat nicht möglich. Ähnlich wie in *Taricco II* (dazu → Rn. 32) hebt der EuGH jedoch hervor, dass die Sanktionierungspflicht aus Art. 325 AEUV nicht grenzenlos und gleichsam „blind" zu befolgen ist. Vielmehr seien auch in diesem Kontext die nationalen Gerichte nicht von der Achtung der in Art. 2 EUV normierten Grundsätze der Gesetzmäßigkeit und der Rechtsstaatlichkeit bzw. der Wahrung des – im Falle einer rechtswidrigen Telefonüberwachung verletzten – Rechts auf Privatleben (Art. 7 GRC) entbunden. EU-Recht gebietet es somit nicht, das aus nationalem Recht folgende Beweisverwertungsverbot außer Acht zu lassen. Der EuGH zeigt sich auch hier bestrebt, gewichtige Einwände des nationalen (Verfassungs-)Rechts nicht zu ignorieren, sondern diese bei der Bewertung der Reichweite von europarechtlichen Sanktionierungspflichten in Übereinstimmung mit den allgemeinen Grundsätze des EU-Rechts und der GRC in Rechnung zu stellen. Mit dieser Strategie kann und will der EuGH – rechtspolitisch vernünftig – Konflikte proaktiv vermeiden, indem der Mitgliedstaat mit dem Segen des EuGH gewichtige, aus nationalem Recht fließende Interessen wahren kann, ohne (aus EuGH-Sicht vorrangiges) EU-Recht außer Acht lassen zu müssen.

c) Sanktionierungspflicht als Ausfluss der primärrechtlichen Assimilierungspflicht

Auch wenn das Primärrecht die Sanktionierungsverpflichtung im Bereich der Betrugsbekämpfung besonders hervorhebt, sind die Mitgliedstaaten auch gehalten – in Anwendung der vom EuGH herausgearbeiteten Assimilierungsverpflichtung – andere Rechtsgüter der EU wie eigene zu schützen und insoweit legislativ tätig zu werden. Dies ist etwa der Hintergrund eines aktuellen Gesetzgebungsvorschlags des Bundesrates zur Einführung eines neuen § 90c StGB.[50] Da die §§ 90a, 104 StGB keinen Schutz der EU und ihrer Symbole vor Verunglimpfung gewähren, soll dieser Schutz nunmehr durch einen eigenen Tatbestand im StGB erreicht werden, der insoweit die EU – vergleichbar wie die hoheitlichen Rechtsgüter der Bundesrepublik – schützt. Nach Ansicht des Bundesrates[51] soll so zum Ausdruck gebracht werden, dass die EU selbst Teil der hoheitlichen Ordnung auf dem Gebiet Deutschlands sei und das Schutzgut des § 90a StGB – der Schutz der Existenz einer funktionierenden staatlichen Ordnung – auch bei Angriffen auf die Symbole der EU betroffen sei.

34

III. Sekundärrechtliche Vorgaben für das nationale Strafrecht – insbesondere durch Richtlinien gem. Art. 83 AEUV

1. Allgemeines und Systematik

War bislang die Rede von Vorgaben für das nationale Strafrecht, die dem durch die Rspr. des EuGH konkretisierten Primärrecht entspringen, so geht es nunmehr um die **Beeinflussung der nationalen Strafrechtsordnungen durch Sekundärrechtsakte**, welche

35

---

[49] EuGH Urt. v. 17.1.2019 – C-310/16 „Dzivev ua", Rn. 23 ff.; s. hierzu *Tsambikakis/Gierok* IWRZ 2019, 227; vgl. auch *Brodowski* ZIS 2019, 527 (532).
[50] BT-Drs. 19/14378.
[51] BT-Drs. 19/14378, S. 5; insoweit zurückhaltender die Stellungnahme der Bundesregierung auf S. 10.

auf die Harmonisierung des Strafrechts der Mitgliedstaaten gerichtet sind.[52] Bereits vor dem Inkrafttreten des Vertrags von Lissabon und den damit verbundenen grundlegenden Änderungen des Primärrechts hat die EU Maßnahmen zur Harmonisierung des materiellen[53] Strafrechts erlassen können. Dies geschah in erster Linie innerhalb der Polizeilichen und Justiziellen Zusammenarbeit in Strafsachen (PJZS) mittels Rahmenbeschlüssen.[54] Mittlerweile stellt Art. 83 AEUV die allgemeine Kompetenznorm für die Angleichung des materiellen Strafrechts durch Richtlinien dar. Systematisch unterscheidet diese Vorschrift zwischen der Harmonisierung von Straftatbeständen *bei besonders schwerer grenzüberschreitender Kriminalität* (Abs. 1) und einer dynamisch angelegten *Annexkompetenz zur Harmonisierung des Strafrechts* in bereits durch Unionsrecht angeglichenen Politikbereichen (Abs. 2). Schließlich enthält Art. 83 III AEUV eine „*Notbremsenregelung*", mit der ein Mitgliedstaat, der der Auffassung ist, dass eine Richtlinie mit Strafrechtsbezug grundlegende Aspekte seiner Strafrechtsordnung berühren würde, das Gesetzgebungsverfahren blockieren kann.

2. Bekämpfung grenzüberschreitender Kriminalität (Art. 83 I AEUV)

a) Veränderungen des Primärrechts gegenüber der ehemaligen dritten Säule

36 Mit der zwischenstaatlichen Öffnung der Grenzen und dem damit einhergehenden Zuwachs an Freizügigkeit für die Bürger der EU wuchsen auch die Gefahren durch grenzüberschreitende Kriminalität. Im Rahmen der früheren dritten Säule (Art. 29 ff. EUV aF) sollte den Bürgern in einem Raum der Freiheit, der Sicherheit und des Rechts dennoch ein hohes Maß an Sicherheit geboten werden.[55] Dieses Ziel wird nun in den Art. 67 ff. AEUV im supranationalen Kontext verfolgt. Die „Supranationalisierung" der früheren (im Wesentlichen) intergouvernementalen Zusammenarbeit führt dazu, dass auch im Bereich der Strafrechtsharmonisierung das ordentliche Gesetzgebungsverfahren nach Art. 289, 294 AEUV einschlägig ist. Das im Bereich der dritten Säule unabdingbare Einstimmigkeitserfordernis wurde aufgegeben und das Europäische Parlament erfährt in diesem Bereich eine vor dem Hintergrund der demokratischen Legitimation begrüßenswerte[56] Stärkung, weil es nunmehr jeden Richtlinienentwurf billigen muss. Dagegen wird die Rolle des einzelnen Mitgliedstaats geschwächt, der jetzt nicht nur überstimmt werden kann, sondern dem allein auch kein eigenständiges Initiativrecht mehr verbleibt. Vielmehr muss eine mitgliedstaatliche Initiative gem. Art. 76 lit. b AEUV von mindestens einem Viertel der Mitgliedstaaten getragen werden.

b) Bisherige Rechtsakte zur Harmonisierung des materiellen Strafrechts

37 Der Blick auf die noch nach altem Recht erlassenen Rechtsakte ist schon deshalb unverzichtbar, weil diese gem. Art. 9 des Protokolls Nr. 36 über die Übergangsbestimmungen auch nach dem Inkrafttreten des Lissabonner Vertrags ihre Gültigkeit behalten.[57] Eine klare kriminalpolitische Linie war darin allerdings nicht immer zu erken-

---

52 Es geht im Folgenden also nicht um Strafrechtssetzung, sondern um Strafrechtsangleichung. Dazu → § 7 Rn. 8.
53 Zu den Ansätzen einer Harmonisierung des Strafverfahrensrechts nach altem Recht → § 10 Rn. 96, 102.
54 Zur Struktur der EU und insbes. der PJZS vor dem Vertrag von Lissabon → § 7 Rn. 6.
55 S. zum Strafrecht im Raum der Freiheit, der Sicherheit und des Rechts *Meyer* EuR 2011, 169 (insbes. 188 ff.).
56 *Sieber* ZStW 121 (2009), 1, 57 f.; *Suhr* ZEuS 2009, 687 (692); *F. Zimmermann* Jura 2009, 844; vgl. auch *Ballegooij*, eucrim 9 (2014), 107.
57 Abl.EU 2010 Nr. C 83/322; s.a. *Blanchet* NJECL 5 (2015), 434, 435 f.; *Satzger* NJECL 5 (2015), 528.

nen, teilweise waren auf Strafrechtsharmonisierung gerichtete Initiativen schlicht tagesaktuellen Geschehnissen geschuldet.[58]

Die ergriffenen Maßnahmen betreffen die folgenden Bereiche, zu deren **Lissabonisierung** (dh Reform und Neuerlass in Form von Richtlinien auf Basis der Rechtsgrundlagen des Vertrags von Lissabon) teilweise bereits Richtlinien erlassen oder (Richtlinien-)Vorschläge der Kommission eingereicht wurden und im Gesetzgebungsverfahren erörtert werden:[59]

- *Straftaten zum Nachteil der finanziellen Interessen der EU* (PIF-Richtlinie; Richtlinie 2017/1371/EU, ABl.EU 2017 Nr. L 198/29; → Rn. 46)
- *Beamtenbestechung* (PIF-Übereinkommen und 1. Protokoll hierzu; s. hierzu den Vorschlag der Kommission KOM [2012] 363 endg.)
- *Bestechung im privaten Sektor* (Rahmenbeschluss, ABl.EU 2003 Nr. L 192/54)
- *Organisierte Kriminalität* (Gemeinsame Maßnahme,[60] ABl.EG 1998 Nr. L 351/1 – inzwischen ersetzt und partiell erweitert durch einen Rahmenbeschluss, ABl.EU 2008 Nr. L 300/42)
- *Geldwäsche* (Richtlinie 2018/843/EU, ABlEU 2018 Nr. L 156/43,[61] Richtlinie 2015/849/EU, ABl.EU 2015 Nr. L 141/73, siehe zuvor auch Rahmenbeschluss, ABl.EG 2001 Nr. L 182/1)
- *Schutz des Euro gegen Geldfälschung* (Richtlinie 2014/62/EU, ABl.EU 2014 L 151/1)
- *Betrug und Fälschung bei unbaren Zahlungsmitteln* (Richtlinie 2019/713/EU, ABlEU Nr. L 123/18, die den Rahmenbeschluss 2001/413/JI, ABl.EG 2001 Nr. L 149/1 ersetzt)
- *Terrorismus* (Richtlinie 2017/541/EU, ABlEU 2017 Nr. L 88/6 zur Terrorismusbekämpfung und zur Ersetzung des Rahmenbeschlusses 2002/475/JI des Rates und zur Änderung des Beschlusses 2005/671/JI des Rates[62])
- *Menschenhandel* (Richtlinie 2011/36/EU, ABl.EU 2011 Nr. L 101/1)
- *Sexuelle Ausbeutung von Kindern, Kinderpornographie* (Richtlinie 2011/93/EU, ABl.EU 2011 Nr. L 335/1;)[63]

---

58 Ausf. dazu *Satzger*, in: 4. Europäischer Juristentag, S. 220 ff. Ähnlich *Fletcher/Lööf/Gilmore*, EU Criminal Law, S. 175 sowie 194 ff., die vor dem Hintergrund des Subsidiaritätsprinzips namentlich die Behandlung nationaler Probleme auf europäischer Ebene kritisieren.
59 Eine vertiefende Darstellung erlassener Rahmenbeschlüsse findet sich bei *Hecker*, Eur. Strafrecht, § 11 Rn. 10, sowie *Peers*, EU Justice, S. 187 ff.; vgl. auch *Vogel* GA 2003, 314 (322 ff.) sowie *Böse* ZJS 2019, 1 (85); krit. zu der damit tatsächlich bewirkten Angleichung der nationalen Vorschriften *Peers* CMLR 41 (2004), 5, 29 ff., 33.
60 Diese Handlungsform war – vor dem Vertrag von Amsterdam – in Art. K.3 II 2 lit. b EUV aF vorgesehen; die Bindungswirkung gemeinsamer Maßnahmen war und ist jedoch umstritten; dazu HK-*Hailbronner*, Art. K Rn. 92 ff.
61 S. hierzu *Schröder/Blaue* NZWiSt 2019, 161; vgl. auch *Böse* ZJS 2019, 1 (89).
62 Zur neuen Richtlinie *Böse* ZJS 2019, 1 (7 ff.); einen Überblick zur Terrorismusbekämpfung auf EU-Ebene gewähren *Ambos*, Int. Strafrecht, 2. Aufl., § 12 Rn. 10 ff., sowie *Peers*, EU Justice, S. 188 ff.; s. auch Sieber/Satzger/Heintschel v. Heinegg-*Kreß/Gazeas*, Europ. StR, § 19 Rn. 1 ff.; zum Rahmenbeschluss 2008/919/JI s. *F. Zimmermann* ZIS 2009, 1.
63 Zählung berichtigt durch Abl.EU 2012 Nr. L 18/7. S. die krit. Besprechung dieser Richtlinie durch *Ziemann/Ziethen* ZRP 2012, 168.

- *Schlepperei* (Rahmenbeschluss, ABl.EG 2002 Nr. L 328/1)⁶⁴
- *Drogenhandel* (Rahmenbeschluss, ABl.EU 2004 Nr. L 335/8)
- *Computerkriminalität* (Richtlinie 2013/40/EU, ABl.EU 2013 Nr. L 218/8)
- *Rassismus und Fremdenfeindlichkeit* (Rahmenbeschluss, ABl.EU 2008 Nr. L 328/55)
- *Umweltdelikte* (Rahmenbeschluss, ABl.EU 2003 Nr. L 29/55 – vom EuGH allerdings für nichtig erklärt⁶⁵)
- *Meeresverschmutzung* (Rahmenbeschluss, ABl.EU 2005 Nr. L 255/164 – vom EuGH ebenfalls für nichtig erklärt⁶⁶)

c) Voraussetzungen des Art. 83 I AEUV

38 Die EU kann gestützt auf Art. 83 I AEUV – wie auch zuvor auf der Grundlage der dritten Säule – nur Mindestvorschriften festlegen und dies nur, soweit dies zur Bekämpfung der grenzüberschreitenden Kriminalität in bestimmten Deliktsbereichen erforderlich ist.⁶⁷ Der Anwendungsbereich der Vorschrift wird durch die Aufzählung in Art. 83 I UA 2 AEUV auf die genannten Bereiche „moderner Kriminalität"⁶⁸ beschränkt. Darin liegt im Vergleich zur Rechtslage vor dem Vertrag von Lissabon sogar eine nicht unerhebliche Restriktion, da Art. 29 II, 31 I lit. e EUV aF nach richtiger und hM prinzipiell in allen Kriminalitätsbereichen eine Strafrechtsharmonisierung zuließen.⁶⁹

Strafrechtliche Mindestvorschriften bzgl. Rassismus und Fremdenfeindlichkeit, wie sie in einem Rahmenbeschluss aus dem Jahr 2008⁷⁰ enthalten sind, könnten auf der Grundlage des jetzigen Primärrechts nicht mehr erlassen werden:⁷¹ Dieser Kriminalitätsbereich ist in der Liste des Art. 83 I UA 2 AEUV nicht genannt. Die Vorschrift des Art. 67 III AEUV kann wegen ihres vorwiegend programmatischen Charakters nicht als Rechtsgrundlage fungieren – ansonsten würden die spezifischen Anforderungen des Art. 83 AEUV (sowie die Notbremse in dessen Abs. 3) unzulässigerweise umgangen.

Eine Aufzählung von Straftatbeständen im engeren Sinn ist in dem Katalog des Art. 83 I UA 2 AEUV freilich nicht enthalten. Stattdessen findet man dort nur unscharfe Umschreibungen von Deliktsbereichen wie beispielsweise Terrorismus, Menschenhandel und sexuelle Ausbeutung von Frauen und Kindern, illegaler Drogen- und Waffenhandel, Korruption oder organisierte Kriminalität.⁷² Natürlich kann nicht verlangt werden, dass eine Kompetenzvorschrift aus dem Primärrecht mit der Bestimmtheit formuliert ist, die man sonst von nationalen Straftatbeständen fordert.⁷³ Dies wäre schon deshalb nicht sinnvoll, weil die entsprechenden Tatbestände in den Mitgliedstaaten

---

64 Ergänzt wird der Rahmenbeschluss durch eine Richtlinie zur Definition der Beihilfe zur unerlaubten Ein- und Durchreise und zum unerlaubten Aufenthalt (ABl.EG 2002 Nr. L 328/17), sog. „säulenübergreifendes Vorgehen".
65 EuGH Urt. v. 13.9.2005 – Rs. C-176/03 „Umweltstrafrecht".
66 EuGH Urt. v. 23.10.2007 – Rs. C-440/05 „Meeresverschmutzung".
67 *Hecker*, Eur. Strafrecht, § 11 Rn. 4; *Klip*, European Criminal Law, S. 181 ff.
68 *Tiedemann*, Wirtschaftsstrafrecht, Rn. 118 ff.
69 Zu Details *Satzger*, Int. Strafrecht, 3. Aufl., § 8 Rn. 52 f.
70 ABl.EU 2008 Nr. L 328/55.
71 *Böse* ZIS 2010, 76 (82); *Nilsson*, eucrim 9 (2014), 19, 21; *Suhr* ZEuS 2009, 687 (706); aA *Hecker*, Eur. Strafrecht, § 11 Rn. 4.
72 Zur näheren Auslegung der Deliktskategorien s. *Tiedemann*, Wirtschafsstrafrecht, Rn. 124 ff. und Grabitz/Hilf/Nettesheim-*Vogel/Eisele* AEUV Art. 83 Rn. 48 ff.; *Nilsson*, eucrim 9 (2014), 19, 20.
73 S. hierzu Vedder/Heintschel v. Heinegg-*Kretschmer*, EVV, Art. III-271 Rn. 7; *Tiedemann*, Wirtschaftsstrafrecht, Rn. 123; *T. Walter* ZStW 117 (2005), 912, 927 f.

entweder nicht existieren oder völlig unterschiedlich ausgestaltet sind. Der Kritik an der Unbestimmtheit des Kataloges[74] ist jedoch zuzugeben, dass hierdurch kaum vorhersehbar ist, inwieweit das nationale materielle Strafrecht aufgrund dieser Kompetenznorm angeglichen werden kann. Zu einem konsistenten Ergebnis würde man in dieser Hinsicht kommen, wenn man im Rahmen der europäischen Kriminalpolitik klaren Leitlinien folgen würde, wie sie etwa von einer europäischen Wissenschaftlergruppe („European Criminal Policy Initiative"[75]) in ihrem „Manifest zur Europäischen Kriminalpolitik"[76] verfasst worden sind (dazu → Rn. 63 f.).

Der an und für sich abschließend gefasste Katalog des Art. 83 I UA 2 kann gem. UA 3 „je nach Entwicklung der Kriminalität" durch einstimmigen Beschluss des Rates nach Zustimmung des Europäischen Parlaments auf weitere Kriminalitätsbereiche ausgedehnt werden. Angesichts der tatbestandlichen Weite des UA 2 ist allerdings zu bezweifeln, dass der „Erweiterungsklausel" große praktische Bedeutung zukommen wird.[77]

39

Das BVerfG hat in dieser Vorschrift aber zu Recht eine (verdeckte) Klausel zur Vertragsänderung gesehen. Nach dem in Art. 5 I 1 und II EUV niedergelegten Grundsatz der begrenzten Einzelermächtigung wird die Union nur innerhalb der Grenzen der Zuständigkeiten tätig, die die Mitgliedstaaten ihr in den Verträgen übertragen haben. Eine Kompetenz-Kompetenz – im Sinn einer Kompetenz zur Begründung neuer Kompetenzen – kommt der Union, wie Art. 5 II 2 EUV klarstellt, nicht zu. Aus diesem Grund hat das BVerfG für Deutschland den Parlamentsvorbehalt aus Art. 23 I 2 GG betont.[78] Das infolge des Urteils erlassene Integrationsverantwortungsgesetz[79] sieht nun in § 7 I IntVG vor, dass der deutsche Ratsvertreter einem Erweiterungsbeschluss gem. Art. 83 I UA 3 AEUV nur nach Inkrafttreten eines entsprechenden formellen Gesetzes zustimmen darf.[80]

Innerhalb des Anwendungsbereichs des Art. 83 I AEUV besteht eine Rechtsangleichungskompetenz im Übrigen nur, soweit es sich um Bereiche *„besonders schwerer Kriminalität"* handelt und diese eine *„grenzüberschreitende Dimension"* haben.[81] Diese kompetenzbegrenzenden Kriterien müssen, obwohl sie relativ vage formuliert sind,[82] ernst genommen werden. Dabei gilt jedenfalls, dass sich eine besondere Schwere der Kriminalität nur dann feststellen lässt, wenn eine Tat in ihrer Sozialschädlichkeit mit den in UA 2 genannten Deliktskategorien vergleichbar ist. Zur Begründung der „besonderen Notwendigkeit, sie auf einer gemeinsamen Grundlage zu bekämpfen" genügt jedenfalls die Bildung eines entsprechenden politischen Willens nicht.[83]

40

---

74 *Ambos/Rackow* ZIS 2009, 397 (402); *Braum* ZIS 2009, 418 (421); *Weigend* ZStW 116 (2004), 275, 285 f.; s. zum inhaltlich ähnlich vagen Deliktskatalog im Rahmenbeschluss über den Europäischen Haftbefehl *Schünemann* StraFo 2004, 348.
75 Siehe http://www.crimpol.eu [Stand 1/20].
76 Manifest zur europäischen Kriminalpolitik ZIS 2009, 697; einführend dazu *Satzger* ZIS 2009, 691; s. hierzu auch *F.C. Schroeder* FAZ v. 5.3.2010, S. 10; ECPI, „The Manifesto on European Criminal Policy in 2011", EuCLR 1 (2011), 86.
77 *Folz* ZIS 2009, 427 (430).
78 BVerfGE 163, 267 „Lissabon" = NJW 2009, 2267 (2288), Rn. 363.
79 BGBl. 2009 I, S. 3022, zuletzt geändert durch Art. 1 Gesetz v. 1.12.2009, BGBl. 2009 I, S. 3822.
80 Näher zum Konzept der Integrationsverantwortung *Nettesheim* NJW 2010, 177.
81 Vgl. Grabitz/Hilf/Nettesheim-*Vogel/Eisele* AEUV Art. 83 Rn. 40 ff.; s. auch *Safferling*, Int. Strafrecht, § 10 Rn. 49 f.
82 *Ambos/Rackow* ZIS 2009, 387 (402); *Weigend* ZStW 116 (2004), 275, 283.
83 So auch BVerfGE 123, 267 = NJW 2009, 2267 (2288); s. hierzu *Ambos/Rackow* ZIS 2009, 397 (402); *Heger* ZIS 2009, 406 (412); *Meyer* EuR 2011, 169 (178); *F. Zimmermann* Jura 2009, 844 (849 f.).

Fraglich ist allerdings, ob diese Voraussetzungen überhaupt noch zu prüfen sind, wenn eine Harmonisierungsrichtlinie einen in UA 2 genannten Deliktsbereich betrifft.[84] Dagegen scheint der Wortlaut der Vorschrift „Derartige Kriminalitätsbereiche *sind* [...]" zu sprechen, weil er (prima facie) zum Ausdruck bringt, dass insofern die allgemeinen Anforderungen erfüllt sind. Andererseits ist der Wortlaut in anderen Sprachfassungen nicht so eindeutig, wie es auf den ersten Blick scheint.[85] Darüber hinaus wären dann die besonderen Kriterien nur für die Erweiterungsklausel des UA 3 relevant, so dass es sinnvoll gewesen wäre, diese Voraussetzungen systematisch dort zu platzieren.[86] Auch kommt den besonderen Kriterien im Rahmen des UA 1 eine zumindest theoretisch wichtige Funktion zu, indem sie für den gesamten Anwendungsbereich die Beachtung des Subsidiaritätsgrundsatzes sichern.[87] Gleichwohl wird man einräumen müssen, dass bzgl. der in UA 2 genannten Deliktsbereiche die in UA 1 aufgestellten Voraussetzungen regelmäßig erfüllt sein werden.[88]

41 Schließlich besteht die Möglichkeit zur Harmonisierung des materiellen Strafrechts nur, soweit dies erforderlich ist.[89] Dieses Kriterium findet sich nicht in Art. 83 I AEUV, sondern (etwas versteckt) in Art. 67 III AEUV. Das Erforderlichkeitskriterium ist in diesem Zusammenhang einerseits eine Ausprägung des Subsidiaritätsgrundsatzes aus Art. 5 I 2, III EUV,[90] dh die Bekämpfung der entsprechenden Kriminalität darf nicht ebenso gut auf rein nationaler Ebene erreicht werden können. Andererseits orientiert sich diese Voraussetzung am Ziel der Schaffung eines Raumes der Freiheit, der Sicherheit und des Rechts. Eine Harmonisierungsmaßnahme muss daher das relativ mildeste Mittel sein, um das Ziel der Gewährleistung eines hohen Maßes an Sicherheit zu erreichen. Der Einsatz des Strafrechts ist dabei auch im europäischen Kontext *ultima ratio*.

3. Annexkompetenz (Art. 83 II AEUV)

a) Annexcharakter der Kompetenzvorschrift

42 Der AEUV enthält weiterhin in Art. 83 II eine generalklauselartige Kompetenznorm für die Mindestangleichung strafrechtlicher Vorschriften durch Richtlinien. Voraussetzung einer solchen Harmonisierung ist, dass sie sich als unerlässlich für die wirksame Durchführung der Politik der Union auf einem Gebiet erweist, in dem bereits Harmonisierungsmaßnahmen erfolgt sind. Es geht insoweit darum, Politiken der EU im Sinne eines *effet utile* effektiver durchsetzen zu können. Das Strafrecht wird hier als bloßer Durchsetzungsmechanismus für sonstige Unionspolitiken „gebraucht". Der Annexcharakter der auf der Grundlage von Abs. 2 erlassenen strafrechtsrelevanten Maßnahmen zeigt sich auch daran, dass sie das Gesetzgebungsverfahren der außerstrafrechtlichen Harmonisierungsmaßnahmen teilen. In einzelnen Bereichen kann dies dazu führen, dass gem. Art. 83 II 2 AEUV (abweichend von Abs. 1) nicht das ordentliche Gesetzgebungsverfahren anzuwenden ist, dem Parlament also nur eingeschränkte Beteiligungs-

---

84 Differenzierend Grabitz/Hilf/Nettesheim-*Vogel/Eisele* AEUV Art. 83 Rn. 53.
85 So lautet die Passage im Niederländischen „Het *betreft* de volgende vormen van criminaliteit [...]", die sich zumindest weiter verstehen lässt; in diese Richtung auch *Asp*, Substantive Criminal Law, S. 80 ff.
86 So zu Recht *F. Zimmermann* Jura 2009, 844 (847).
87 Vedder/Heintschel v. Heinegg-*Kretschmer*, EVV, Art. III-271 Rn. 4.
88 S. dazu auch BVerfGE 123, 267 = NJW 2009, 2267 (2288), Rn. 363: Grenzüberschreitendes Element sei „typischerweise" erfüllt. Vgl. auch *Esser*, Eur. und Int. Strafrecht, § 2 Rn. 135.
89 *Asp* EuCLR 1 (2011), 44, 45 ff.; *De Bondt* EuCLR 4 (2014), 147, 149 ff.; *Melander* EuCLR 3 (2013), 45, 58.
90 Vgl. Grabitz/Hilf/Nettesheim-*Vogel/Eisele* AEUV Art. 83 Rn. 45.

rechte zukommen.⁹¹ In den Augen des BVerfG bedeutet Art. 83 II AEUV „eine gravierende Ausdehnung der Zuständigkeit zur Strafrechtspflege", die mit dem Einzelermächtigungs- und dem Demokratieprinzip „an sich" nicht vereinbar sei.⁹² Es mahnte daher auch in diesem Zusammenhang eine restriktive Auslegung an.

b) Rechtsstand vor Inkrafttreten des Vertrags von Lissabon

Bereits vor dem Inkrafttreten des Vertrags von Lissabon war heftig umstritten, ob die damalige EG auf der Grundlage des EGV mittels Richtlinien die Mitgliedstaaten anweisen konnte, für bestimmte Verstöße gegen EG-Recht strafrechtliche Sanktionen einzuführen, oder ob eine derartige Strafrechtsangleichung nur im Rahmen der dritten Säule möglich war und dann folglich durch Rahmenbeschlüsse zu erfolgen hatte. Insbesondere der EuGH nahm mit seiner stark kritisierten und im Ergebnis nicht überzeugenden Rspr. aus den Jahren 2005⁹³ und 2007⁹⁴ die Reform durch den Vertrag von Lissabon vorweg: Er ignorierte die gegen eine Strafrechtskompetenz der EG sprechenden Argumente (dazu → § 8 Rn. 20 ff.) und sprach sich für eine extensive, am *effet utile* orientierte Auslegung des EG-Vertrags aus. Letztlich bejahte er so – mit gewissen Einschränkungen⁹⁵ – eine (Annex-) Kompetenz für strafrechtsharmonisierende Richtlinien.

43

Auf der Grundlage dieser Rspr. hat noch die EG erste Richtlinien mit strafrechtsrelevantem Inhalt erlassen:

- Richtlinie über den strafrechtlichen Schutz der Umwelt⁹⁶
- (Geänderte) Richtlinie über Meeresverschmutzung durch Schiffe⁹⁷
- Richtlinie über Mindeststandards für Sanktionen und Maßnahmen gegen Arbeitgeber, die Drittstaatsangehörige ohne rechtmäßigen Aufenthalt beschäftigen⁹⁸.

Auffällig ist, dass der EuGH die Rechtsangleichungskompetenz auf der Grundlage des EGV in Kenntnis der (damals zukünftigen) Regelung des Art. 83 II AEUV entwickelte, so dass bereits zu diesem Zeitpunkt absehbar war, dass eine Annexkompetenz auch bei fortschreitender Integration nur unter der Voraussetzung der Unerlässlichkeit und ins-

44

---

91 Näher Vedder/Heintschel v. Heinegg-*Kretschmer*, EVV, Art. III-271 Rn. 17.
92 BVerfGE 123, 267 = NJW 2009, 2267 (2288), Rn. 361; s. auch *Ambos/Rackow* ZIS 2009, 397 (403): „potenziell wohl breiteste Einfallstor für unterlegitimierte Strafrechtsharmonisierung"; *Weigend* ZStW 116 (2004), 275, 284: „inhaltlich völlig offene Akzessorietätsklausel"; dagegen Grabitz/Hilf/Nettesheim-*Vogel/Eisele* AEUV Art. 83 Rn. 74 ff.
93 EuGH Urt. v. 13.9.2005 – Rs. C-176/03 „Umweltstrafrecht"; *Ambos*, Int. Strafrecht, § 11 Rn. 33; dazu abl. *Braum* wistra 2006, 121; *Hefendehl* ZIS 2006, 161; *Heger* JZ 2006, 307 (310 ff.); *Kaiafa-Gbandi* ZIS 2006, 521 (523 ff.); *Pohl* ZIS 2006, 213; *Šugmann-Stubbs/Jager* KritV 2008, 57; das Urteil begrüßen aber *Böse* GA 2006, 211; *Frenz/Wübbenhorst* wistra 2009, 449 (450); *Hecker*, Eur. Strafrecht, § 8 Rn. 30 f.; *Peers*, EU Justice, S. 176 ff.; *Suhr* ZEuS 2008, 45 (57 ff.).
94 EuGH Urt. v. 23.10.2007 – Rs. C-440/05 „Meeresverschmutzung"; dazu *Eisele* JZ 2008, 251 (252 f.); *Fromm* ZIS 2008, 168; *Satzger* KritV 2008, 17 (22 ff.); *Šugmann Stubbs/Jager* KritV 2008, 57 (59 ff.); *F. Zimmermann* NStZ 2008, 662.
95 In EuGH Urt. v. 23.10.2007 – Rs. C-440/05 „Meeresverschmutzung" untersagte der Gerichtshof Vorgaben bzgl. Art und Maß der strafrechtlichen Sanktionen durch die EG.
96 Richtlinie 2008/99/EG, Abl.EU 2008 Nr. L 328/28; dazu *F. Zimmermann* ZRP 2009, 74. Instruktiv zu den internationalen Vorgaben, s. *Ruhs* ZJS 2011, 13 (14 ff.); zur Umsetzung dieser Richtlinie in deutsches Recht s. *Heger* HRRS 2012, 211.
97 Die abändernde Richtlinie 2009/123/EG ist abgedruckt in Abl.EU 2009 Nr. L 280/52, die ursprüngliche Richtlinie 2005/35/EG in Abl.EU 2005 Nr. L 255/11.
98 Richtlinie 2009/52/EG, Abl.EU 2009 Nr. L 168/24. Zu dem Kommissionsvorschlag, der im Wesentlichen unverändert übernommen wurde, s. *F. Zimmermann* ZIS 2009, 1 (8 ff.).

besondere stets nur mit einem Notbremsenvorbehalt für jeden einzelnen Staat akzeptabel sein würde. Die (zweifelhafte[99]) Rspr. ist insoweit durch die jetzige Fassung des Art. 83 II AEUV überholt.[100] Allgemeine *Effet-utile*-Erwägungen können daher – über Art. 83 II AEUV hinaus – nicht zur Begründung strafrechtsrelevanter Angleichungskompetenzen herangezogen werden.

c) Voraussetzungen des Art. 83 II AEUV

45 Die strafrechtliche Annexkompetenz findet grds. auf jedes Politikfeld Anwendung, in dem die Union bereits Regelungen erlassen hat.[101] Nach dem Wortlaut der Vorschrift ist es daher ausgeschlossen, dass die Angleichung der Strafvorschriften gleichzeitig mit einer erstmaligen außerstrafrechtlichen Rechtsangleichung erfolgt. Hinsichtlich des Ausmaßes der bereits vorliegenden Harmonisierung enthält Art. 83 II AEUV keine Vorgaben, so dass eine (potenziell) ausufernde Handhabung der Norm nicht auszuschließen ist.[102]

Eine Begrenzung der Kompetenzvorschrift wird (theoretisch) dadurch erreicht, dass eine Angleichung des Strafrechts „unerlässlich" für die wirksame Durchführung der Unionspolitik sein muss.[103] Auch das BVerfG weist auf das Restriktionspotenzial der Formulierung hin, indem es betont, dass „nachweisbar feststehen [muss], dass ein gravierendes Vollzugsdefizit tatsächlich besteht und nur durch Strafdrohung beseitigt werden kann."[104] Zwar ist diesem Verständnis einschränkungslos zuzustimmen,[105] doch muss sich erst noch erweisen, ob die Vorschrift aufgrund dieses „Unerlässlichkeitskriteriums" wirklich restriktiv angewendet werden wird. Dafür müsste sich der EuGH von seiner bisherigen Rspr. abwenden und sich bereit zeigen, ernsthaft zu überprüfen, ob die Angleichung strafrechtlicher Maßnahmen wirklich ohne Alternativen ist.

Inzwischen hat die EU von der nun im Primärrecht vorgesehenen strafrechtlichen Annexkompetenz Gebrauch gemacht und nicht nur eine Richtlinie über strafrechtliche Sanktionen bei Marktmanipulation (Marktmissbrauchsrichtlinie)[106] erlassen,[107] sondern auch die Richtlinie über die strafrechtliche Bekämpfung von gegen die finanziellen Interessen der Europäischen Union gerichtetem Betrug (PIF-Richtlinie) auf Art. 83 II AEUV gestützt. Lange war dies sehr strittig, hatte doch der Kommissionsvorschlag[108] noch Art. 325 IV AEUV[109] als Rechtsgrundlage für die PIF-Richtlinie vorgesehen. Nachdem sich der Rat schon 2013 in seiner allgemeinen Ausrichtung auf

---

99 *Satzger*, Int. Strafrecht, 3. Aufl., § 8 Rn. 31 f.
100 S. hierzu auch *Asp*, Substantive Criminal Law, S. 136; *Heger* ZIS 2009, 406 (413); *Engelhart*, in: Müller-Gugenberger (Hrsg.), Wirtschaftsstrafrecht, § 6 Rn. 97. Zur Konkurrenz zwischen EuGH-Rspr. und den neuen Angleichungskompetenzen s. auch *Mitsilegas*, EU Criminal Law, S. 108 f.
101 Bsp. bei Vedder/Heintschel v. Heinegg-*Kretschmer*, EVV, Art. III-271 Rn. 20. S. auch *Schützendübel*, EU-Verordnungen in Blankettstrafgesetzen, S. 39 ff.
102 Krit. Vedder/Heintschel v. Heinegg-*Kretschmer*, EVV, Art. III-271 Rn. 19; s. auch *T. Walter* ZStW 117 (2005), 912, 929 mit der Forderung, es müsse auf Unionsebene bereits eine außerstrafrechtliche Verbotsvorschrift erlassen worden sein.
103 Hierzu *Hecker*, Eur. Strafrecht, § 8 Rn. 48; *Meyer* EuR 2011, 169 (186 ff.); *Safferling*, Int. Strafrecht, § 10 Rn. 57 f.; Grabitz/Hilf/Nettesheim-*Vogel/Eisele* AEUV Art. 83 Rn. 92 ff.
104 BVerfGE 123, 267 = NJW 2009, 2267 (2288), Rn. 362.
105 Ebenso *Ambos/Rackow* ZIS 2009, 397 (403); *Suhr* ZEuS 2009, 687 (713).; *F. Zimmermann* Jura 2009, 844 (850).
106 Richtlinie 2014/57/EU, Abl.EU 2014 Nr. L 173/179.
107 Krit. *Schröder* HRRS 2013, 253.
108 KOM (2012) 363 endg.
109 S. zu Art. 325 IV bereits § 8 Rn. 24 f.

Art. 83 II AEUV stützte,[110] sprach sich das Europäische Parlament ebenfalls für diese Rechtsgrundlage aus.[111]

d) Die Richtlinie 2017/1371/EU – „PIF-Richtlinie"

Im Bereich der Harmonisierung des materiellen Strafrechts ist der PIF-Richtlinie[112] eine hervorgehobene Bedeutung beizumessen. Sie legt zum einen Mindestvorschriften für die Definition von Straftatbeständen und Strafen zur Bekämpfung von Betrug und sonstigen gegen die finanziellen Interessen der Europäischen Union gerichteten rechtswidrigen Handlungen fest. Zum anderen steht sie auf verfahrensrechtlicher Ebene in enger Verbindung zur Tätigkeit der Europäischen Staatsanwaltschaft, da sich deren Zuständigkeit gemäß Art. 22 I VO-EuStA auf die in der PIF-Richtlinie aufgeführten Straftatbestände erstreckt (dazu → § 10 Rn. 22).

46

Von der PIF-Richtlinie sind sämtliche betrügerische bzw. betrugsähnliche Handlungen umfasst, die sich nachteilig auf den Haushalt der EU auswirken. Hierbei ist stets das unionsrechtsautonome Verständnis der in der Richtlinie genannten Tatbestandsmerkmale zu beachten. Insbesondere der Betrug (engl. „fraud") im Sinne von Art. 3 PIF-Richtlinie ist nicht mit § 263 StGB gleichzusetzen (dazu → § 8 Rn. 22). Neben der Ausgabenseite der EU (Subventionen und Beihilfen) erstreckt sich der Schutz auch auf die Einnahmenseite (zB schwerwiegende Verstöße im Bereich des Mehrwertsteuer-Systems, Art. 2 II 1 PIF-Richtlinie), wobei auch insoweit die „finanziellen Interessen" der EU nicht ohne Weiteres mit dem „Vermögen" im Sinne des StGB gleichgesetzt werden können. Bei der Rechtsanwendung im Anwendungsbereich der PIF-Richtlinie ist demzufolge stets auf eine unionsrechtskonforme Auslegung zu achten (dazu → § 9 Rn. 91 ff.). Die Gefahr von Inkohärenzen im Vergleich zu rein nationalen Sachverhalten ist vor diesem Hintergrund nicht von der Hand zu weisen.[113]

Eine – aus Sicht des Gesetzgebers noch erforderliche – Harmonisierung des deutschen Strafrechts erfolgte durch die Schaffung des EU-Finanzschutzstärkungsgesetz (EU-FinSchStG) und durch **Anpassung von § 264 StGB** (insbes. durch die Ausweitung der Versuchsstrafbarkeit).[114] Das EUFinSchStG erfasst in § 1 mit dem Straftatbestand der missbräuchlichen Verwendung von Mitteln der EU ein untreueähnliches Verhalten und in § 2 die rechtswidrige Verminderung von Einnahmen der Europäischen Union anhand einer an § 370 AO (Steuerhinterziehung) angelehnten Tatbestandsstruktur.[115] In § 3 EUFinSchStG erfolgt eine Ergänzung des Korruptionsstrafrechts. Ob es systematisch wirklich überzeugend war, die neuen Tatbestände in ein eigenes (Stamm-)Gesetz außerhalb des StGB zu verorten, kann bezweifelt werden. Da bereits der Großteil der von der PIF-Richtlinie umfassten Verhaltensweisen anhand der §§ 263 ff. StGB, 370 AO erfasst werden kann, hätte sich vielmehr eine einheitliche Harmonisierung innerhalb des StGB angeboten.[116]

---

110 Ratsdokument 10729/13.
111 Ratsdokument 9024/14.
112 Richtlinie 2017/1371/EU, ABIEU 2017 Nr. L 198/29. Durch die Richtlinie wird das PIF-Übereinkommen ersetzt (Art. 16 PIF-RL).
113 Vgl. hierzu etwa die Stellungnahme des Deutschen Richterbundes Nr. 10/18 unter Verweis auf die Gefahr einer „Teilharmonisierung" des § 263 StGB infolge einer an Art. 3 PIF-Richtlinie orientierten Auslegung.
114 BT-Drs. 19/7886.
115 Vgl. hierzu BT-Drs. 19/7886, S. 25 ff.
116 S. hierzu auch die Stellungnahmen von *Böse* vom 16.11.2018 und *Momsen/Leszczynska* vom 20.11.2018 zum Regierungsentwurf; noch weitergehender Bundesrechtsanwaltskammer, Stellungnahme Nr. 39/2018, wonach ein Umsetzungsbedarf nicht bestand.

4. Kompetenz zur Mindestharmonisierung

47 Die Beschränkung auf **Mindestharmonisierung** bedeutet zunächst, dass durch die Umsetzungsakte in den Mitgliedstaaten ein Minimum an Pönalisierung gewährleistet werden muss. Die Mitgliedstaaten werden durch die in der Richtlinie enthaltenen Mindestvorschriften nicht daran gehindert, über diese Vorgaben hinauszugehen, indem sie weitere Verhaltensweisen mit Strafe belegen oder schärfere Strafen androhen. Das Gegenteil hierzu – eine Kompetenz zur Entkriminalisierung durch Rechtsangleichung – ist im Unionsrecht nicht vorgesehen.[117] Durch diese Einseitigkeit wird der Punitivität des Strafrechts in Europa in bedenklicher Weise Vorschub geleistet.[118]

a) Harmonisierung auf der Tatbestandsseite

48 Gegenstand der Mindestangleichung ist zunächst die **Tatbestandsseite**, soweit – neben Definitionen zentraler Begrifflichkeiten[119] (zB „terroristische Vereinigung") – diejenigen Verhaltensweisen, die jedenfalls strafbar sein müssen, umschrieben werden. So lautet etwa Art. 2 des Rahmenbeschlusses zur Bekämpfung der Bestechung im privaten Sektor:[120]

> (1) Jeder Mitgliedstaat trifft die erforderlichen Maßnahmen, um sicherzustellen, dass folgende vorsätzliche Handlungen Straftaten darstellen, wenn sie im Rahmen von Geschäftsvorgängen ausgeführt werden:
>
> a) Handlungen, bei denen jemand unmittelbar oder über einen Mittelsmann einer Person, die für ein Unternehmen im privaten Sektor in leitender oder sonstiger Stellung tätig ist, einen unbilligen Vorteil für diese Person selbst oder für einen Dritten verspricht, anbietet oder gewährt, damit diese Person unter Verletzung ihrer Pflichten eine Handlung vornimmt oder unterlässt; [...]

Darüber hinausgehende nationale Straftatbestände werden hierdurch nicht ausgeschlossen, so dass auch anhand dieser Vorschrift deutlich wird, dass die Methode der Mindestharmonisierung tendenziell zu einer einseitigen Verstärkung der Punitivität des Strafrechts führt.[121]

49 Eine Befugnis der Mitgliedstaaten zur Schaffung „schärferer" Strafvorschriften kann jedoch ausnahmsweise dann fehlen, wenn die Harmonisierung des Strafrechts nach Art. 83 II AEUV erfolgt. Sofern es im **außerstrafrechtlichen Bereich** nämlich zu einer **Vollharmonisierung** gekommen ist, würde eine Verschärfung der Strafvorschrift – quasi über die Primärnorm der Strafvorschrift – auch die außerstrafrechtliche Vorschrift verschärfen. Eine solche überschießende Harmonisierung anhand des nationalen Strafrechts stünde im Widerspruch zur außerstrafrechtlich bezweckten Vollharmonisierung im Anwendungsbereich des EU-Sekundärrechtsaktes.[122] Als Anwendungsbeispiel für diese Problemstellung kann auf die Umsetzung der Vorgaben aus der Marktmiss-

---

117 *Hefendehl*, in: Schünemann (Hrsg.), Gesamtkonzept, S. 212 f.; *Heger* ZIS 2009, 406 (415).
118 *Satzger* ZIS 2009, 691 (692); *Schünemann* ZIS 2007, 528 (529 f.).
119 *Hecker*, Eur. Strafrecht, § 11 Rn. 6.
120 Abl.EU 2003 Nr. L 192/54.
121 Zu Recht krit. *Hefendehl*, in: Schünemann (Hrsg.), Gesamtkonzept, S. 212 f.
122 *Saliger* WM 2017, 2329 (2333 f.); *Sajnovits/Wagner* WM 2017, 1189 (1195 f.); vgl. auch *Bator* BKR 2016, 1 (3 f.).

brauchsverordnung¹²³ und der Marktmissbrauchsrichtlinie¹²⁴ in das WpHG verwiesen werden: Das Unterlassen einer Ad-hoc-Mitteilung war bis zur umfassenden Reform des Marktmissbrauchsrechts im Jahr 2016 nach deutschem Recht strafbar, ist nunmehr aber nicht mehr Gegenstand eines Verbots in der Marktmissbrauchsverordnung.¹²⁵ Würde man dieses Verhalten nun nach deutschem Recht anhand einer echten Unterlassensstrafbarkeit oder über § 13 StGB – „durch die Hintertür des Allgemeinen Teils" – unter Strafe stellen, bestünde ein Widerspruch zur unionsrechtlich intendierten Vollharmonisierung.¹²⁶ Aufgrund dieser Sperrwirkung des Unionsrechts kann das Unterlassen einer Ad-hoc-Mitteilung nicht mehr bestraft werden und zwar – wegen des in § 2 III StGB normierten *lex mitior*-Grundsatzes (dazu → § 9 Rn. 82) – auch nicht mehr in Altfällen.

Weiterhin finden sich in den bisher erlassenen strafrechtsrelevanten Harmonisierungsmaßnahmen regelmäßig Vorgaben, die sich auf den **Allgemeinen Teil** beziehen: Die Strafbarkeit des Versuchs wird etwa ebenso angesprochen wie die Teilnahmestrafbarkeit oder die Verantwortlichkeit juristischer Personen. Der „Schwachpunkt" dieser punktuellen AT-Angleichung liegt darin, dass Konzepte wie „Versuch" und „Teilnahme" auf europäischer Ebene bislang keine einheitliche Regelung erfahren haben, so dass die Mitgliedstaaten diese nur in die eigenen, nationalen Kategorien umsetzen können.¹²⁷ Es hängt somit von der nationalen Rechtsordnung ab, wann etwa ein Versuch beginnt oder ob ein strafbefreiender Rücktritt von selbigem möglich ist. Damit erschöpft sich der „Gewinn" derartiger Harmonisierung letztlich in einer terminologischen Symbolik.¹²⁸

50

b) Harmonisierung auf der Rechtsfolgenseite

Auf der **Rechtsfolgenseite** schreiben die nach altem Recht erlassenen Rechtsakte, wenn sie nähere Vorgaben zu den Sanktionen enthalten, den Mitgliedstaaten sog. Mindesthöchststrafen vor. Damit werden diese verpflichtet, in den Tatbeständen eine maximal verhängbare Strafe vorzusehen, die die in dem EU-Rechtsakt vorgesehene Mindesthöchststrafe (oder einen Rahmen, in dem sich diese Mindesthöchststrafe bewegen muss) nicht unterschreiten darf.¹²⁹ Beispielsweise ordnet ein Rahmenbeschluss an, dass die in der nationalen Strafnorm anzudrohende Höchststrafe für ein bestimmtes Verhalten mindestens ein bis drei Jahre Freiheitsstrafe betragen muss.¹³⁰

51

Der Rat orientierte sich dabei bisher an einem System, wonach – je nach Schwere des Delikts – grds. vier Gruppen von Mindesthöchststrafen in Betracht kommen (Höchststrafe 1. nicht unter ein bis drei Jahren, 2. nicht unter zwei bis fünf Jahren, 3. nicht

---

123 Verordnung (EU) Nr. 596/2014, ABEIU 2014 Nr. L 173/1.
124 Richtlinie 2014/57/EU, ABEIU 2014 Nr. L 173/179.
125 Vgl. Art. 12, 15 Marktmissbrauchsverordnung; umfassend hierzu *Saliger* WM 2017, 2330 (2331 ff.); *Sajnovits/Wagner* WM 2017, 1189 (1190 f.); ursprünglich folgte die Strafbarkeit aus § 38 II Nr., 1 iVm §§ 39 II Nr. 11, 20a I 1 Nr. 1 WpHG aF.
126 S. hierzu Erwägungsgrund 5 der Verordnung (EU) Nr. 596/2014, ABEIU 2014 Nr. L 173/1 (Marktmissbrauchsverordnung).
127 S. auch *Hecker*, Eur. Strafrecht, § 11 Rn. 6.
128 S. auch *Ambos*, Int. Strafrecht, § 11 Rn. 11; *Satzger*, in: 4. Europäischer Juristentag, S. 226. Krit. zur Beschränkung der Harmonisierung auf Vorschriften des BT *Peers*, EU Justice, S. 164 f.
129 Dazu s. *Satzger*, eucrim 2 (2019), 115, 116 ff.
130 S. hierzu Grabitz/Hilf/Nettesheim-*Vogel/Eisele*, AEUV Art. 83 Rn. 37 f.

unter fünf bis zehn Jahren und 4. nicht unter zehn Jahren).[131] Da das Strafzumessungsrecht der Mitgliedstaaten aber nach wie vor überaus unterschiedlich ausgestaltet ist, ist die Bedeutung der in einem Straftatbestand vorgesehenen Höchststrafe für die Bemessung der konkreten Strafe im Einzelfall keineswegs einheitlich. Ohne gleichzeitige Harmonisierung des Strafzumessungsrechts[132] bleibt eine Mindesthöchststrafe deshalb weitgehend symbolische Harmonisierung.[133]

52 Auch seit dem Inkrafttreten des Vertrags von Lissabon nutzt der europäische Gesetzgeber die Technik der Mindesthöchststrafen. Beispielsweise enthalten Art. 4 Richtlinie 2011/36/EU über die Bekämpfung des Menschenhandels sowie die Art. 3 ff. der Richtlinie 2011/93/EU über die Bekämpfung des sexuellen Missbrauchs von Kindern Vorgaben über Mindesthöchststrafen. Daneben wendete die Kommission in ihrem Richtlinienvorschlag zum Schutz der finanziellen Interessen aus dem Jahr 2012[134] erstmals eine ganz neue Methode an: Zusätzlich zu den Mindesthöchststrafen (welche die Strafobergrenze betreffen) sah sie darin für näher benannte schwere Fälle erstmals auch eine echte Mindeststrafe von sechs Monaten Freiheitsstrafe vor. Eine solche Richtlinie hätte folglich auch hinsichtlich der Strafuntergrenze ein Mindestmaß vorgegeben, das nicht unterschritten hätte werden dürfen. Diese Vorgehensweise wäre mit dem Wortlaut des Art. 83 I AEUV vereinbar, da es sich nach wie vor noch um „Mindestvorgaben" handelt[135] – die Mitgliedstaaten wären frei darin, sowohl eine höhere Mindeststrafe, als auch eine höhere Höchststrafe anzudrohen.[136] Der damit erreichbare Harmonisierungseffekt wäre – verglichen mit der bisherigen Beschränkung auf Mindesthöchststrafen – freilich wesentlich größer. Allerdings stellt eine solche Anweisung diejenigen Mitgliedstaaten vor massive Probleme, die in ihrem Strafrechtssystem keine Mindeststrafen kennen.[137] Dementsprechend hat auch der EU-Gesetzgeber in der endgültigen Version der PIF-Richtlinie keine Mindeststrafen eingeführt.[138] Hieran wird deutlich, dass bei einer Harmonisierung auf Rechtsfolgenseite größte Sensibilität seitens des Unionsgesetzgebers erforderlich ist (s. zum sog. Kohärenzprinzip auch → Rn. 64).

53 Nun sind aber die Rechtsfolgen gerade für die Einschätzung der Schwere einer Tat von maßgeblicher Bedeutung. Die angedrohte Strafe bringt den Unwertgehalt des inkriminierten Verhaltens zum Ausdruck. Erreicht man insofern aber keine zufriedenstellende Rechtsangleichung, hat dies zur Folge, dass auch die Annäherung der Definition des zu pönalisierenden Verhaltens in den verschiedenen Mitgliedstaaten weitgehend wirkungslos bleibt. Dem erklärten Ziel der EU, einen einheitlichen Raum der Freiheit, der Sicherheit und des Rechts zu schaffen, läuft dies aber zuwider. Vor diesem Hintergrund erlangt mein gemeinsam mit den Mitgliedern der „European Criminal Policy Initiative" abgeschlossenes Projekt zur Entwicklung eines Systems zur Harmonisierung von

---

131 Schlussfolgerungen des Rates vom 24./25.4.2002 zum Konzept der Anwendbarkeit der Angleichung von Sanktionen, s. Ratsdokument 9141/02. Zum Hintergrund für die Schaffung dieses Systems *Zeder* ÖAnwBl. 2008, 249 (254).
132 In diese Richtung geht allerdings (ansatzweise) der Rahmenbeschluss 2008/675/JI zur Berücksichtigung der in anderen Mitgliedstaaten der Europäischen Union ergangenen Verurteilungen in einem neuen Strafverfahren, ABl.EU 2008 Nr. L 220/32.
133 S. *Fletcher/Lööf/Gilmore*, EU Criminal Law, S. 203 f.; *Satzger*, in: 4. Europäischer Juristentag, S. 226 f.; *ders.*, eucrim 2 (2019), 115, 116 ff.
134 KOM (2012) 363 endg., dazu → Rn. 45.
135 So wohl auch Grabitz/Hilf/Nettesheim-*Vogel/Eisele* AEUV Art. 83 Rn. 38.
136 Vgl. *De Bondt* EuCLR 4 (2014), 147, 160 ff.; Streinz-*Satzger* AEUV Art. 83 Rn. 41.
137 Streinz-*Satzger* AEUV Art. 83 Rn. 41.
138 S. Art. 8 I UA 1a und 2a Ratsdokument 9024/14.

Sanktionen auf Grundlage einer rechtsvergleichenden Analyse der Sanktionssysteme in den Mitgliedstaaten der EU besondere praktische Bedeutung.[139]

Durch das vorgeschlagene „Kategorienmodell" soll der europäische Gesetzgeber in die Lage versetzt werden, in den Harmonisierungsrechtsakten eine Unwertabstufung zwischen den harmonisierten Straftaten vornehmen zu können, um somit in Zukunft ein im Kern eigenes Sanktionensystem selbst zu definieren und zukünftig weiter entwickeln zu können („europäische Kategorien"). Eine konkrete Strafhöhe sieht er aber nicht vor. Vielmehr wird den Mitgliedstaaten – soweit wie möglich – der Freiraum belassen, ihr bekanntes und weitgehend in sich stimmiges Sanktionensystem aufrecht zu erhalten und es von punktuellen, häufig systemfremden Beeinflussungen durch EU-rechtliche Vorgaben frei zu halten. Die Mitgliedstaaten sollen die von der EU vorgegebenen Kategorien mit den im nationalen Recht vorhandenen Sanktionen „befüllen", um so der europäischen Umsetzungsverpflichtung gerecht zu werden. Die Sanktionen für eine harmonisierte Tat sind in den Mitgliedstaaten am Ende nicht identisch, sondern nur „relativ" (bezogen auf das jeweils eigene Sanktionensystem) vergleichbar.

5. Die Notbremsenregelung in Art. 83 III AEUV

a) Grundgedanke und Verfahren

Während bezweifelt werden kann, ob die kompetenzbegrenzenden Voraussetzungen des Art. 83 I, II AEUV in der Praxis ernsthaft zu einer restriktiven Handhabung führen werden, hat demgegenüber die **Notbremse**[140] (*emergency brake*) in Abs. 3 das größte Potenzial, um einen ausufernden Gebrauch der Harmonisierungskompetenzen wirksam einzudämmen.[141] Den einzelnen Staaten wird die Möglichkeit eingeräumt, sich vor einer durch eine (qualifizierte) Mehrheit der übrigen Mitgliedstaaten oktroyierten Selbstaufgabe eigener kriminalpolitischer Fundamentalprinzipien zu schützen. Diese „typische Kompromissregelung"[142] schränkt das Mehrheitsprinzip ein, indem es jedem Mitgliedstaat ein „Vetorecht" verleiht, mit dem er den Erlass einer Richtlinie verhindern kann, wenn er „grundlegende Aspekte seiner Strafrechtsordnung" berührt sieht (Art. 83 III UA 1 AEUV). Auf einen entsprechenden Antrag des Mitgliedstaates hin wird das europäische Gesetzgebungsverfahren gem. UA 1 S. 2 suspendiert und der Europäische Rat mit dem Entwurf der Richtlinie befasst. Falls dort das Problem einvernehmlich gelöst werden kann, wird das Gesetzgebungsverfahren fortgesetzt. Anderenfalls ist der Rechtsakt gescheitert. Den übrigen Mitgliedstaaten steht es jedoch gem. UA 2 offen, im Verfahren über die Verstärkte Zusammenarbeit an dem Rechtsakt festzuhalten und ihn für sich in Kraft zu setzen (Art. 20 ff. EUV iVm Art. 326 ff. AEUV).

Auf nationaler Ebene knüpft das BVerfG für seine Forderung nach einer stärkeren Integrationsverantwortung des nationalen Gesetzgebers beim Notbremseverfahren an.[143] § 9 I des bereits oben erwähnten Integrationsverantwortungsgesetzes (dazu → Rn. 39) sieht nun vor, dass der deutsche Ratsvertreter einen Antrag auf Befassung des Europäischen Rats nach UA 1 stellen muss, sobald der Bundestag ihn hierzu durch einen Beschluss angewiesen hat; für

---

139 *Satzger* (Hrsg.), Harmonisierung strafrechtlicher Sanktionen in der Europäischen Union (im Erscheinen); s. auch *ders.* eucrim 2 (2019), 115.
140 Zum Begriff s. nur *Folz* ZIS 2009, 427 (429); *Schünemann* ZIS 2007, 535 (536); *Sieber* ZStW 121 (2009), 1, 56; *T. Walter* ZStW 117 (2005), 912, 923; ausf. *Hecker*, Eur. Strafrecht, § 8 Rn. 56ff.
141 *Klip*, European Criminal Law, S. 38 f.; *Mitsilegas*, EU Criminal Law, S. 43, sieht darin einen „primarily political mechanism"; so auch *Peers*, EU Justice, S. 35 ff.
142 *Suhr* ZEuS 2009, 687 (708).
143 BVerfGE 123, 267 = NJW 2009, 2267 (2289), Rn. 365; krit. *Suhr* ZEuS 2009, 687 (709).

die Bereiche, in denen Kompetenzen der Länder betroffen sind, steht das Weisungsrecht auch dem Bundesrat zu (vgl. §§ 9 II, 5 II IntVG).

b) Inhaltliche Anforderungen

57 Als problematisch wird sich erweisen, was unter „grundlegenden Aspekten der Strafrechtsordnung eines Mitgliedstaats" zu verstehen ist. Dabei ist zunächst zu klären, ob eine europäische oder eine mitgliedstaatliche Perspektive zur Beantwortung dieser Frage eingenommen werden muss – mit Folgen für die Justiziabilität durch den EuGH. Für eine Beurteilung aus europäischer Sicht mag man anführen, dass es sich um einen europarechtlichen Begriff handelt und es damit letztlich um eine Frage der Auslegung des europäischen Primärrechts geht, wofür zweifellos der EuGH gem. Art. 267 I lit. a AEUV zuständig ist. Da der Sinn der Vorschrift aber darin liegt, gerade die Identität der Mitgliedstaaten zu wahren und die nationalen Strafrechtsordnungen zu schonen, muss den Mitgliedstaaten jedenfalls ein nicht zu enger (europarechtlich nicht justiziabler) Beurteilungsspielraum belassen werden. Allerdings ist die Grenze dieses Beurteilungsspielraums überschritten, wenn mit der Notbremse evident sachfremde Ziele verfolgt werden. Ein Missbrauch der Notbremse müsste unweigerlich zu einer Lahmlegung der Unionsgesetzgebung führen; die Mitgliedstaaten sind insoweit nicht schutzwürdig.[144] Eine Missbrauchskontrolle durch den EuGH ist somit unverzichtbar.

58 Welche Prinzipien des nationalen Strafrechts wirklich „grundlegende Aspekte" darstellen, wird im Detail noch zu klären sein. Das BVerfG hat in seiner Entscheidung zum Lissabonner Vertrag den Schuldgrundsatz herausgehoben und betont, dass er von Verfassungs wegen auch auf europäischer Ebene nicht preisgegeben werden könne.[145]

Es wird jedenfalls umso seltener zu Streitigkeiten über die Anerkennung unverzichtbarer nationaler Strafrechtsprinzipien kommen, je stärker sich die europäische Harmonisierungspraxis an bestimmten kriminalpolitischen Leitlinien orientiert (dazu → Rn. 63 f.).

Aus deutscher Sicht könnte etwa eine Einführung einer verpflichtenden „Verbandsstrafbarkeit" Anlass zu Streitigkeiten geben. Denkbar ist auch, dass Vorgaben hinsichtlich des Allgemeinen Teils (zB eine verbindliche Einführung des Prinzips der Einheitstäterschaft oder eine starke Aufweichung der Akzessorietät der Teilnahme) in Harmonisierungsrechtsakten ein „Ziehen der Notbremse" provozieren.[146]

Bedeutsam erscheint in diesem Kontext, dass der 3. Strafsenat des BGH vor kurzem darauf aufmerksam gemacht hat, dass eine „europarechtsfreundliche Modifikation des bisherigen Begriffs der kriminellen Vereinigung" iSv § 129 StGB wegen der fehlenden Abgrenzbarkeit zum Bandenbegriff und der fehlenden Strafbarkeit der bloßen Bandenmitgliedschaft eine Gefahr für die Stimmigkeit des deutschen materiellen Strafrechtsgefüges begründe.[147]

---

[144] *Asp*, Substantive Criminal Law, S. 140; *Heger* ZIS 2009, 406 (415); *Safferling*, Int. Strafrecht, § 10 Rn. 64; *F. Zimmermann* Jura 2009, 844 (848).
[145] BVerfGE 123, 267 = NJW 2009, 2267 (2289), Rn. 364.
[146] Als Beispiel für den Einsatz der Notbremse aus schwedischer Sicht wird das Gebiet der Pressefreiheit genannt, s. *Asp*, Substantive Criminal Law, S. 140.
[147] BGHSt 54, 216, Rn. 30.

§ 9 Das nationale materielle Strafrecht unter der Einwirkung des Europarechts

6. Harmonisierungskompetenzen außerhalb des Art. 83 AEUV

a) Kompetenzgrundlagen

Eine Angleichung der nationalen Strafvorschriften lässt sich nach richtiger, wenngleich umstrittener Ansicht außer auf die allgemeinen strafrechtlichen Harmonisierungskompetenzen gem. Art. 83 AEUV grds. auch auf diejenigen Vertragsnormen stützen, welche (wenngleich nach Maßgabe der Kompetenzausübungsschranken der Subsidiarität und der Verhältnismäßigkeit) die Setzung supranationalen Strafrechts prinzipiell gestatten (dazu → § 8 Rn. 21 ff.). Derartige Vertragsnormen sind insbesondere Art. 325 IV AEUV für die Bereiche der Betrugsbekämpfung und Art. 33 AEUV im Hinblick auf den Schutz des Zollwesens.

59

Dies lässt sich damit begründen, dass die Handlungsmöglichkeiten der Union dort nicht auf den Erlass von Verordnungen begrenzt sind; vielmehr ist regelmäßig nur die Rede von „Maßnahmen". Hierunter fallen auch Richtlinien und damit die typische Rechtsaktsform für die Angleichung der nationalen Strafvorschriften.[148] Wenn die primärrechtliche Rechtsgrundlage der Union aber die Kompetenz einräumt, unmittelbar anwendbare Straftatbestände in einem bestimmten Bereich zu schaffen, dann muss es insoweit erst recht möglich sein, die Mitgliedstaaten zu einer Angleichung ihrer Regelungen anzuweisen. Konsequenterweise sind insbesondere Art. 325 IV und Art. 33 AEUV nach hier vertretener Ansicht selbstständige Harmonisierungskompetenzen für die Bereiche der Betrugsbekämpfung und des Schutzes des Zollwesens. Der Richtlinienvorschlag KOM (2012) 363 zum Schutz der finanziellen Interessen der Union wurde von der Kommission dementsprechend im Kern[149] ganz zu Recht auf Art. 325 IV AEUV gestützt.[150]

Nach aA[151] folge aus der Systematik des AEUV jedoch, dass strafrechtliche Rechtsangleichungsmaßnahmen nur auf Art. 83 AEUV gestützt werden dürften, weil ansonsten die Gefahr drohe, dass die dort geregelten speziellen Voraussetzungen der Kompetenzausübung unterlaufen würden. Dem wäre zuzustimmen, wenn Art. 83 AEUV für die Strafrechtsharmonisierung *lex specialis* gegenüber den ansonsten im Vertrag zu findenden Rechtsgrundlagen wäre. Hier verbieten sich jedoch pauschale Aussagen, es ist vielmehr zwischen den einzelnen Absätzen des Art. 83 AEUV zu differenzieren:

- Art. 83 I AEUV legt für bestimmte Kriminalitätsbereiche besondere Voraussetzungen für eine Rechtsangleichung und ein besonderes Verfahren fest. Für die darin aufgelisteten strafrechtlichen Bereiche ist diese Vorschrift deshalb eine abschließende Spezialnorm.

---

148 Wie hier jeweils mwN *Ambos*, Int. Strafrecht, § 11 Rn. 10; *Grünewald* JZ 2011, 972 (973 f.); *Hecker*, Eur. Strafrecht, § 14 Rn. 44; *Safferling*, Int. Strafrecht, § 10 Rn. 41; *Vogel*, in: Ambos (Hrsg.), Europäisches Strafrecht post-Lissabon, S. 48 (der aber Verordnungen ausnehmen möchte).
149 Der Vorschlag enthielt allerdings auch Vorgaben zur Strafbarkeit wegen Geldwäsche, Korruption und der missbräuchlichen Verwendung von Haushaltsmitteln und Vermögensgegenständen der Union. Insoweit handelte es sich nicht um Handlungen mit einem Täuschungskern und damit „Betrügereien", so dass insoweit Art. 325 IV AEUV nicht einschlägig ist (dazu § 8 Rn. 22).
150 Die Richtlinie wurde letztendlich jedoch auf Art. 83 II AEUV gestützt. Dazu → Rn. 45.
151 So ausf. mit Argumenten für und wider *Asp*, Substantive Criminal Law, S. 147 ff.; ebenso *Böse* ZIS 2010, 76 (87), der darauf verweist, dass das BVerfG in seiner *Lissabon*-Entscheidung sich nicht auf Art. 325 IV AEUV als strafrechtliche Kompetenzgrundlage bezieht (in diese Richtung auch *Schuster*, Das Verhältnis von Strafnormen und Bezugsnormen aus anderen Rechtsgebieten, S. 316 f.). Dem ist zu entgegnen, dass das BVerfG für die Auslegung des AEUV nicht zuständig ist und nur die Überschreitung der gem. Art. 23 I GG übertragenen Hoheitsrechte kontrollieren kann.

Auch wenn man daher – wie hier – in Art. 79 II lit. d AEUV eine strafrechtliche Kompetenz zur Bekämpfung des Menschenhandels erblickt (dazu → § 8 Rn. 23), darf dies jedenfalls nicht dazu führen, dass die spezifischen Voraussetzungen der speziell auf Strafrechtsharmonisierung zugeschnittenen Kompetenznorm des Art. 83 I AEUV – welche explizit den Menschenhandel nennt – umgangen werden. Art. 83 I AEUV ist demnach für eine Strafrechtsangleichung im Bereich des Menschenhandels die speziellere Vorschrift.

- Art. 83 II AEUV stellt demgegenüber eine ganz allgemeine Annexkompetenz dar, die sich auf sämtliche Politikbereiche des AEUV bezieht, in denen bereits anderweitige Harmonisierungsmaßnahmen erfolgt sind. Diese Vorschrift ist Spezialnorm gegenüber all denjenigen Kompetenztiteln des AEUV, deren Text keine näheren Hinweise auf die Zulässigkeit strafrechtlicher Maßnahmen enthält (s. die Bsp. in → § 8 Rn. 19). Insoweit kann eine Angleichung des materiellen Strafrechts folglich nur unter den (engeren) Voraussetzungen des Art. 83 II AEUV („unabdingbar", vorherige Harmonisierungsmaßnahmen, Notbremse) erfolgen, das sonstige Gesetzgebungsverfahren unterscheidet sich – wegen der auch insoweit akzessorischen Regelung des Art. 83 II AEUV – ohnehin nicht von dem Erlass außerstrafrechtlicher Harmonisierungsrechtsakte. Dagegen kann die allgemeine Annexkompetenz des Art. 83 II AEUV nicht als Spezialregelung den wenigen Vertragsnormen vorgehen, in denen hinreichend deutlich zum Ausdruck kommt, dass in einem klar umgrenzten Bereich außerhalb des Art. 83 AEUV strafrechtliche Maßnahmen ergriffen werden dürfen.[152]

b) Analoge Anwendung der „Notbremse"

60 Angesichts dieses Kompetenzbefunds stellt sich aber gleichwohl die Frage, ob die Notbremsenregelung des Art. 83 III AEUV (analog) auch auf Art. 325 IV AEUV (Entsprechendes muss dann für Art. 33 AEUV gelten) anzuwenden ist.

Ausgehend von dem Ausnahmecharakter des „Notbremsenvorbehalts" in Art. 83 III AEUV als Kompromissformel ist eine enge Auslegung dieser Vorschrift vorgezeichnet. Sinnvollerweise ist zwischen Rechtssetzung und Rechtsangleichung auf der Grundlage der genannten Kompetenznorm zu unterscheiden:

61 Die Notbremse hat keine Bedeutung, wenn es um den Erlass von supranationalem Strafrecht geht. Zwar könnte ein Mitgliedstaat anführen, dass in diesem Fall „grundlegende Aspekte" seiner Strafrechtsordnung in Form der Eigenheiten nationaler Strafrechtskultur durch die Parallelität von supranationalen und nationalen Straftatbeständen berührt seien.[153] Gleichwohl darf nicht übersehen werden, dass die mitgliedstaatlichen Interessen hier nicht in vergleichbarer Weise schutzwürdig sind. Bei der Setzung supranationaler Straftatbestände handelt es sich um etwas gänzlich anderes als um Strafrechtsharmonisierung. Wenn supranationales Strafrecht neben nationalem Strafrecht existiert, mag dies Widersprüchlichkeiten hervorrufen, zB soweit Fragen des Allgemeinen Teils in den supranationalen Tatbeständen mitgeregelt würden. Dennoch ist dies die logische Konsequenz des Nebeneinandertretens zweier autonomer Rechtsordnungen. Die nationale Strafrechtsordnung bleibt – rein formal gesehen – intakt. Das Interesse der nationalen Gesetzgeber, die Integrität und Kohärenz ihrer nationalen Strafrechtsordnungen zu wahren, ist nicht in vergleichbarer Weise wie beim Erlass von

---

152 Dazu, dass dieser Streit im Ergebnis weit weniger Bedeutung hat als es auf den ersten Blick den Anschein hat, s. – zur analogen Heranziehung des Art. 83 III AEUV – Rn. 62.
153 Zum EV s. *T. Walter* ZStW 117 (2005), 912, 924.

Harmonisierungsrichtlinien betroffen, die gerade auf die (zumeist punktuelle) Veränderung des nationalen Strafrechts abzielen.

Dementsprechend lässt sich eine analoge Anwendung des Art. 83 III AEUV für strafrechtsangleichende Richtlinien auf der Basis des Art. 325 IV AEUV (und des Art. 33 AEUV) mit gutem Grund vertreten:[154] Denn diese Richtlinien zwingen die nationalen Strafgesetzgeber dazu, ihr Strafrechtssystem entsprechend den darin enthaltenen Vorgaben umzugestalten. Die beiden genannten Vorschriften wirken in diesem Fall genauso wie die generelle Annexkompetenz des Art. 83 II AEUV, ohne dass der Notbremsenvorbehalt hier vorgesehen wäre. An einer planwidrigen Regelungslücke könnte man – angesichts des durch Art. 325 AEUV zu schützenden EU-Budgets als originärem Eigeninteresse der EU – zweifeln. Einem supranationalen Tatbestand soll die Notbremse – auch nach hier vertretener Ansicht – dementsprechend nicht entgegengehalten werden können. Geht die EU aber mittels Richtlinien vor, ist allein die Art und Weise der Rechtssetzung, ebenso wie bei Art. 83 II AEUV, mit einem Eingriff in die Gestaltungsfreiheit des nationalen Gesetzgebers verbunden und kann daher – wie dort – dazu führen, dass Mitgliedstaaten grundlegende Aspekte ihrer Strafrechtsordnung als verletzt ansehen. Im Ergebnis ist somit eine analoge Heranziehung des Art. 83 III AEUV für strafrechtsangleichende Richtlinien auf der Grundlage des Art. 325 IV AEUV (und ebenso des Art. 33 AEUV) zu bejahen. Im Hinblick auf die Einsatzmöglichkeit der „Notbremse" relativiert sich somit der Meinungsstreit zur Frage der Spezialität des Art. 83 II AEUV gegenüber den anderen Vertragsvorschriften (dazu → Rn. 59).

7. Exkurs: Ein Konzept für eine europäische Kriminalpolitik

a) Hintergrund

Seit geraumer Zeit nehmen Rechtsakte des europäischen Gesetzgebers Einfluss auf das in den Mitgliedstaaten geltende Strafrecht. Die Europäische Union betreibt damit Kriminalpolitik, ohne dass es sich dabei um eine der anerkannten Politiken der Union handelt. Die kriminalpolitischen Einflussmöglichkeiten haben sich durch den Vertrag von Lissabon noch verstärkt, die Tür für supranationale Straftatbestände wurde punktuell eröffnet, die Annexkompetenz des Art. 83 II AEUV schafft die Gefahr, dass das Strafrecht als bloßer Durchsetzungsmechanismus von Vertragszielen instrumentalisiert wird.[155] Hinter strafrechtlichen Aktivitäten auf EU-Ebene stehen nicht selten tagespolitische Ereignisse, klare kriminalpolitische Linien sind bislang nur unzureichend erkennbar. Die einzelnen Rechtsakte mit Strafrechtsbezug folgen nicht immer denselben Konzeptionen, die notwendigen Umsetzungsmaßnahmen auf nationaler Ebene führen teilweise zu Brüchen mit den traditionellen, mehr oder minder stimmigen Strafrechtssystemen der Mitgliedstaaten.

Vor diesem Hintergrund zeichnet sich zunehmend die Notwendigkeit kriminalpolitischer Grundprinzipien als Leitlinien für den europäischen Gesetzgeber ab. So hat sich insbesondere eine Gruppe von europäischen Strafrechtswissenschaftlern zur „European Criminal Policy Initiative" (ECPI) zusammengeschlossen und ein erstes *„Manifest*

---

154 AA *Vogel*, in: Ambos (Hrsg.), Europäisches Strafrecht post-Lissabon, S. 49, der auf die Verpflichtung der Mitgliedstaaten zur Unionstreue verweist; *Sicurella*, in: Klip ua (Hrsg.), Substantive Criminal Law, S. 238.
155 Zu dieser Kritik s. *Kaiafa-Gbandi* ZIS 2006, 521 (524); *Satzger*, in: 4. Europäischer Juristentag, S. 216; *ders.*, ZIS 2009, 691 (692); zu den bisherigen Erfahrungen mit der europäischen Gesetzgebung s. die Analysen in Teil II des Manifests zur europäischen Kriminalpolitik ZIS 2009, 697 (699 ff.) auf dem Stand von 2011 in EuCLR 1 (2011), 86, 99 ff., sowie die Einführung von *Satzger* ZIS 2009, 691.

zur europäischen Kriminalpolitik"[156] vorgelegt, in dem für das materielle Recht kriminalpolitische Grundprinzipien, die sich allesamt auf eine europarechtliche Grundlage zurückführen lassen, entworfen wurden (zum zweiten Manifest der ECPI, welches das Prozessrecht betrifft, → § 10 Rn. 105). Die Probleme unzureichend reflektierter Kriminalpolitik sind mittlerweile auch auf Ebene der Europäischen Union erkannt worden. Der Europäische Rat hat insbesondere in seinem Stockholmer Programm den verhältnismäßigen Einsatz des Strafrechts angemahnt[157] und auch die ehemalige Justizkommissarin *Viviane Reding* hatte sich mehrfach für die Notwendigkeit eines kohärenten kriminalpolitischen Konzepts auf Grundlage von Prinzipien ausgesprochen.[158] Die Organe der EU – namentlich Rat[159], Kommission[160] und Parlament[161] – haben sich mittlerweile auch mit diesem Thema befasst und inhaltlich nahestehende Erklärungen, größtenteils unter expliziter Berufung auf das Manifest der ECPI, verabschiedet.

b) Die einzelnen Prinzipien für eine europäische Kriminalpolitik

64 Diese erarbeiteten kriminalpolitischen Leitlinien fordern die Einhaltung insbesondere der folgenden grundlegenden Prinzipien des Europarechts bei der Harmonisierung des nationalen Strafrechts:[162]

- *Erfordernis eines legitimen Schutzzwecks*: Als besondere Ausprägung des europäischen Verhältnismäßigkeitsgrundsatzes darf eine strafrechtliche Sanktionierung eines Verstoßes nur angeordnet werden, wenn dies einem grundlegenden Unionsinteresse dient, das im Primärrecht der Union festgelegt ist, welches nicht im Widerspruch zu den verfassungsrechtlichen Traditionen der Mitgliedstaaten und der EU-Grundrechtecharta steht und dessen Beeinträchtigung zudem in besonderem Maße sozialschädlich ist.

- *Ultima-Ratio-Prinzip*: Das Strafrecht als schärfste Form der staatlichen Sanktionierung darf – und dies ist eine weitere Ausprägung des europarechtlichen Verhältnismäßigkeitsgrundsatzes – nur zum Einsatz kommen, wenn keine milderen Mittel zur Verfügung stehen.

- *Schuldgrundsatz*: Das Schuldprinzip dient der Gewährleistung der Menschenwürde, indem Strafe ohne ein persönlich vorwerfbares Fehlverhalten ausgeschlossen wird und eine verhängte Strafe schuldangemessen sein muss.

- *Gesetzlichkeitsprinzip*: Durch das Gesetzlichkeitsprinzip wird der europäische Gesetzgeber in mehrfacher Hinsicht verpflichtet: Er muss erstens dafür sorgen, dass das strafbare Verhalten hinreichend bestimmt ist, so dass der Normunterworfene die Reichweite des strafrechtlich bewehrten Verbots voraussehen kann. Zweitens verbietet es eine rückwirkende Änderung der Strafgesetze zulasten des Bürgers. Zu seinen Gunsten ist aber nach dem *Lex-mitior*-Grundsatz eine eingetretene täter-

---

156 *ECPI* ZIS 2009, 695 (697 ff.) mit Einführung von *Satzger* ZIS 2009, 691; s. hierzu auch *F.C. Schroeder* FAZ v. 5.3.2010, S. 10, sowie http://www.crimpol.eu (Stand 2/2020).
157 Ratsdokument 17024/09, S. 29.
158 S. zB *Reding* EuCLR 1 (2011), 5, sowie Rede an der Rechtsakademie Trier vom 12.3.2010, online verfügbar unter http://europa.eu/rapid/press-release_SPEECH-10-89_en.htm?locale=en (Stand 2/2020).
159 Ratsdokument 16542/09.
160 KOM (2011) 573 endg.; s. auch *Reding* EuCLR 1 (2011), 5.
161 Entschließung P7_TA(2012)0208, online verfügbar unter https://www.europarl.europa.eu/sides/getDoc.do?type=TA&reference=P7-TA-2012-0208&language=EN (Stand 2/2020).
162 Die herausgearbeiteten Prinzipien können hier nur im Überblick dargestellt werden. Für eine ausf. Darstellung s. Manifest zur Europäischen Kriminalpolitik ZIS 2009, 695 (697 ff.) sowie – auf dem Stand von 2011 – EuCLR 1 (2011), 86.

günstige Änderung zu berücksichtigen (s. nun Art. 49 I 3 GRC). Drittens müssen strafrechtliche Vorschriften als schärfster Eingriff in die Freiheitsrechte des Einzelnen in besonderer Weise demokratisch legitimiert sein. Die Verabschiedung unionsrechtlicher Vorgaben für die Ausgestaltung des nationalen Strafrechts bedarf deshalb einer verstärkten Beteiligung des Europäischen Parlaments. Insofern ist es zu begrüßen, dass mit der Ausdehnung des Mitentscheidungsverfahrens nun das Europäische Parlament in seiner Rolle als Gesetzgeber gestärkt wurde.

- *Subsidiaritätsprinzip*: Nach Art. 5 III EUV darf die Union – sofern sie nicht ausschließlich zuständig ist – im Bereich ihrer Kompetenzen nur tätig werden, sofern und soweit die Ziele der in Betracht gezogenen Maßnahmen von den Mitgliedstaaten nicht ausreichend verwirklicht werden können, sondern vielmehr wegen ihres Umfangs oder ihrer Wirkungen besser auf Unionsebene verwirklicht werden können. Diese allgemeine Regel bedeutet speziell auch für das Strafrecht, dass die nationale Kriminalpolitik Vorrang vor der europäischen haben muss. Bei den „Wirkungen" einer Maßnahme ist auch zu berücksichtigen, dass die nationalen Strafrechtssysteme Ausdruck der nationalen Identität der Mitgliedstaaten sind, die die Union nach Art. 4 II EUV zu achten hat. Sofern die Union dennoch tätig werden möchte, hat sie eine ausführliche Evaluation zur Notwendigkeit durchzuführen.

- *Kohärenzprinzip*: Aufgrund der besonderen Schwere des Eingriffs durch eine strafrechtliche Sanktion hat der Gesetzgeber – nicht nur auf europäischer Ebene – für Kohärenz zwischen den Strafnormen zu sorgen. Er bestimmt dabei die Höhen der angedrohten Strafen in Abhängigkeit von den abstrakten Gerechtigkeitsvorstellungen der Gesellschaft und schafft so gesellschaftliche Akzeptanz für das Strafrechtssystem als Ganzem. Der europäische Gesetzgeber muss bei seiner Rechtsetzung darauf achten, diese Balance des nationalen Strafrechtssystems nicht in systemwidriger Weise zu stören (vertikale Kohärenz). Gleichzeitig muss er dabei aber auch beachten, dass ein einzelner Rechtsakt sich selbst im Rahmen der europäischen Vorgaben hält, die durch frühere Rechtsakte gesetzt wurden. Auch die Harmonisierungsmaßnahmen auf Unionsebene müssen in sich stimmig sein (horizontale Kohärenz).

IV. Einbeziehung europarechtlicher Normen durch Verweisungen in nationalen Strafvorschriften

▶ **FALL 13:** § X eines (fiktiven) deutschen Gesetzes lautet: „Wer der Kennzeichnungspflicht in Art. 1 Verordnung (EU) Z/2011 (Amtsblatt Nr. L 123 vom 15.12.2011, S. 345) zuwider handelt, wird mit [...] bestraft." A begeht am 10.5.2012 eine Straftat, die nach § X strafbar ist. Verordnung (EU) Z/2011 wird zum 1.6.2012 durch die – im hier interessierenden Punkt inhaltsgleiche – Verordnung (EU) Y/2012 ersetzt. Der deutsche Gesetzgeber ändert die Verweisung in § X so schnell wie möglich, die neu gefasste Vorschrift kann aber aufgrund des notwendigen Gesetzgebungsverfahrens erst am 2.6.2012 in Kraft treten. Hat diese Verzögerung eine Auswirkung auf die Strafbarkeit des A? (dazu → Rn. 83 f.) ◀

65

1. Einführung

Die vielleicht deutlichste Form der „Europäisierung" der deutschen Strafrechtsordnung lässt sich bereits in den Gesetzestexten selbst nachweisen – wenn nämlich das deutsche Strafrecht ausdrücklich ein Ver- oder Gebot des Europarechts bewehrt. Eine Notwendigkeit hierzu ergibt sich bereits aus dem vielfachen Auseinanderfallen zwischen sachlich-rechtlicher Regelungskompetenz einerseits und kriminalstrafrechtlicher

66

Ahndungskompetenz andererseits. Soweit der EU selbst bislang keine Strafrechtssetzungskompetenz zusteht und sie somit zur Ahndung von Verstößen gegen unionsrechtliche Regelungen keine supranationalen Strafvorschriften erlassen darf, können nur nationale Straftatbestände diese „Lücke" füllen. Dies führt somit zu einem notwendigen Zusammenspiel von nationalem Strafrecht und Unionsrecht.

Wie dieses Zusammenspiel normativ ausgestaltet ist, hängt insbesondere davon ab, ob die zu bewehrende Verhaltensvorschrift in Richtlinien oder in Verordnungen enthalten ist.

a) Verhaltensvorschriften in Richtlinien

67 Die Bewehrung von Ge- oder Verbotsnormen, die in Richtlinien (Art. 288 III AEUV) enthalten sind, stellt die nationalen Rechtsordnungen vor keine besonderen Probleme. Um Verbindlichkeit für den Einzelnen zu erlangen, muss die in der Richtlinie enthaltene Verhaltensvorschrift ohnehin zunächst in nationales Recht umgesetzt werden. Anders wäre es nur dann, wenn die Richtlinie ausnahmsweise unmittelbare Wirkung entfalten würde, was hier aber schon deshalb generell ausscheidet, weil der Inhalt der strafrechtsbegründenden Richtlinien aus Sicht des Bürgers notwendigerweise belastend ist.[163] Wenn somit die Verhaltensvorschrift ohnehin erst einmal (als Primärnorm) im nationalen Recht formuliert werden muss, so kann ein Verstoß gegen diese – somit nationale – Primärnorm durch eine nationale Strafvorschrift (als Sekundärnorm) erfasst werden.

BEISPIEL: Wenn eine Richtlinie vorsieht, dass die Mitgliedstaaten bis zu einem bestimmten Termin dafür Sorge tragen müssen, dass der Zusatz eines bestimmten Stoffes in Lebensmitteln verboten wird, so muss jeder Mitgliedstaat zunächst das Verbot des Zusatzstoffs in sein Lebensmittelrecht aufnehmen. Verstöße gegen dieses (nationale) Verbot kann der nationale Strafgesetzgeber sodann – wie bei sonstigen nationalen Verboten auch – durch entsprechende Strafgesetze erfassen.

b) Verhaltensvorschriften in Verordnungen

68 Deutlich schwieriger verhält es sich, wenn die Verhaltensvorschriften in – unmittelbar anwendbaren – Verordnungen (Art. 288 II AEUV) enthalten sind. Zwar könnte man hier erwägen, wie bei den Richtlinien vorzugehen: Zunächst erlässt man eine – die Verordnung nur wiederholende – innerstaatliche Vorschrift. Für Verstöße hiergegen greift dann ein nationales Strafgesetz ein.

Doch ist dieser Weg – aus europarechtlichen Gründen – versperrt: Es ist nicht nur überflüssig, unmittelbar anwendbare Vorschriften des Unionsrechts in nationales Recht (wiederholend) umzusetzen. Vielmehr ist ein solches Vorgehen auch europarechtlich unzulässig, weil ansonsten der supranationale Ursprung der Verhaltensanordnung verschleiert würde, was wiederum die Gefahr uneinheitlicher Interpretation und Anwendung der Verordnung in den Mitgliedstaaten mit sich brächte.[164]

---

163 Fall der „umgekehrt vertikalen Wirkung"; zu deren Unzulässigkeit s. EuGH Urt. v. 3.5.2005 – verb. Rs. C-387/02, C-391/02 und C-403/02 „Berlusconi"; Calliess/Ruffert-*Ruffert* Art. 249 EGV Rn. 83; Rönnau/Wegner GA 2013, 561 (567); Streinz-*Schroeder* AEUV Art. 288 Rn. 110.
164 S. dazu EuGH Urt. v. 10.10.1973 – Rs. 34/73 „Variola", Rn. 9 ff.; deutlich auch Generalanwalt *Capotorti* in EuGH Urt. v. 2.2.1977 – Rs. 50/76 „Amsterdam Bulb"; *Satzger*, Europäisierung, S. 199; Streinz-*Schroeder* AEUV Art. 288 Rn. 43.

§ 9 Das nationale materielle Strafrecht unter der Einwirkung des Europarechts § 9

Wenn somit aber der nationale Gesetzgeber darauf verzichten muss, eine eigene Verhaltensvorschrift in seine Rechtsordnung aufzunehmen, so bleibt nichts anderes übrig, als dem nationalen Straftatbestand unmittelbar die EU-Verhaltensnorm als (unionsrechtliche) Primärnorm zugrunde zu legen. Es wird deshalb mit sog. „Blankettstrafnormen" gearbeitet, die auf die europäische Verordnung verweisen.

2. Problematik der Blankettstrafgesetzgebung mit EU-Bezug

Zur Verdeutlichung der sich aus der Verwendung von Strafblanketten ergebenden Probleme verfassungsrechtlicher Art soll ein einfacher – fiktiver – Tatbestand herangezogen werden: 69

§ Z StGB: „Wer vorsätzlich gegen Art. X der Verordnung (EU) Y/9999 verstößt, wird mit Freiheitsstrafe nicht unter 3 Jahren bestraft."

Von einem Blankettstrafgesetz würde man hier deshalb sprechen, weil zwar die Strafdrohung vollständig in dieser Norm enthalten ist, die tatbestandliche Umschreibung sich jedoch (hier sogar vollständig) in einer anderen Vorschrift (nämlich der VO [EU] Nr. Y/9999) findet.[165]

a) Wirkung der Verweisung und Auslegungsproblematik

Bei unserem fiktiven § Z StGB handelt es sich also um eine Vorschrift aus einem deutschen Gesetz. Darin wird auf eine EU-Verordnung verwiesen, also einen unmittelbar anwendbaren Rechtsakt allgemeiner Geltung des EU-Rechts. Um zu erfahren, welches Verhalten strafbar ist, muss der Rechtsanwender den Inhalt des Art. X aus der EU-Verordnung in den Tatbestand des § Z StGB hineinlesen. 70

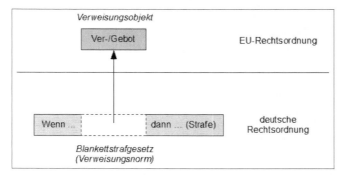

Die Wirkung der Verweisung besteht somit darin, dass sie eine Wiederholung des Wortlauts des Verweisungsobjekts überflüssig macht. Formal wird daher das Verweisungsobjekt im Umfang der Verweisung in die verweisende Norm „inkorporiert" und damit deren Bestandteil.[166] Im Anwendungsbereich der Verweisung gilt das unionsrechtliche Ver-/Gebot somit kraft Geltungsbefehl der Verweisungsnorm (hier § Z StGB). Formal ist es daher ein integraler Bestandteil einer deutschen Strafvorschrift. 71

---

165 Zur Definition der Blankettstrafgesetze, die als Untergruppe der Verweisungen aufgefasst werden, s. *Moll*, Nationale Blankettstrafgesetzgebung, S. 46 ff.; *Tiedemann*, Wirtschaftsstrafrecht, Rn. 217 ff.
166 Sog. Inkorporierungstheorie, s. dazu im innerstaatlichen Bereich BVerfGE 26, 338, 368; 47, 285, 309 f.; *Karpen*, Die Verweisung als Mittel der Gesetzgebungstechnik, S. 30 f.

72 Das Ver-/Gebot des EU-Rechts (hier: Art. X der VO [EU] Nr. Y/9999) bleibt jedoch in seinen europarechtlichen Kontext eingebettet. Da nun das Verweisungsobjekt nur formal in die nationale Strafnorm inkorporiert ist, materiell aber eine Norm des Unionsrechts bleibt, muss das Verständnis des Verweisungsobjekts auch für die Zwecke der Auslegung der nationalen Blankettstrafnorm europarechtlichen Regeln folgen. Ansonsten könnte es zu dem Ergebnis kommen, dass das Ver-/Gebot des EU-Rechts eine unterschiedliche Bedeutung hat, je nachdem ob es die Primärnorm des nationalen (Blankett-) Strafgesetzes oder das originär europarechtliche Ver-/Gebot darstellt. Dieses Ergebnis lässt sich zwar nicht mit der „Einheit der Rechtsordnung" begründen, da wir es hier ja gerade mit Vorschriften aus zwei autonomen Rechtsordnungen – der europäischen und der nationalen – zu tun haben.[167] Jedoch will der nationale Strafgesetzgeber mit der Verweisung gerade eine Verhaltensanordnung des europäischen Rechts bewehren, so dass ein Gleichlauf des Verständnisses nahe liegt. Eine abweichende Auslegung des Ver-/Gebots des Unionsrechts im Anwendungsbereich der Verweisung würde letztlich nur dazu führen, dass das Strafgesetz an eine Primärnorm anknüpfen würde, die – mangels einer Entsprechung im Unionsrecht – ungeschrieben und nationaler Natur wäre und inhaltlich von der EU-Verordnung abweichen würde. Bildlich lässt sich diese unerwünschte Folge so darstellen:

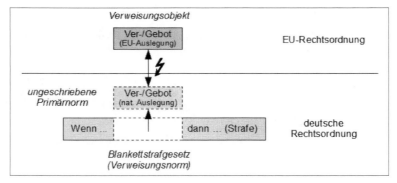

73 Die dadurch geschaffene Gefahr einer „Rechtszersplitterung" durch ein jeweils unterschiedliches Verständnis des Verordnungsinhalts im Anwendungsbereich strafrechtlicher Verweisungen in den Mitgliedstaaten wäre angesichts Art. 4 III EUV und des Vorrangs des Unionsrechts aber unzulässig. Aus diesem Grund muss das EU-Verweisungsobjekt trotz formaler Inkorporierung in das deutsche Strafblankett materiell Unionsrecht bleiben.[168]

Dies hat wichtige Konsequenzen für die Auslegung. Ist nämlich das inkorporierte Verweisungsobjekt materiell EU-Recht, so bestimmt sich auch dessen Inhalt nach unionsrechtlichen Auslegungsgrundsätzen.[169] Dies bedeutet zunächst einmal, dass nicht allein die deutsche Sprachfassung des Verordnungsinhalts Grundlage der Auslegung sein kann. Vielmehr ist der Wortlaut der Verordnung in sämtlichen (24!) Amtssprachen der

---

167 Zur Eigenständigkeit der Gemeinschaftsrechtsordnung EuGH Urt. v. 15.7.1964 – Rs. 6/64 „Costa ./. ENEL", Rn. 8 f.; s. auch BVerfGE 22, 293, 296.
168 Ausf. dazu *Satzger*, Europäisierung, S. 230 f.
169 S. auch Generalanwalt *Capotorti* in EuGH Urt. v. 2.2.1977 – Rs. 50/76 „Amsterdam Bulb".

EU zu berücksichtigen.[170] Des Weiteren sind bei der Auslegung die unionsrechtlichen Auslegungsgrundsätze zu beachten, so also insbesondere die Beachtung des *effet utile* mit der Folge, dass derjenigen Auslegung der Vorzug gegeben wird, die die Vertragsziele am meisten fördert.[171]

b) Konflikt mit dem Bestimmtheitsgrundsatz

Als (zumindest formal) deutsches Gesetz unterliegt das gesamte Blankettstrafgesetz samt inkorporiertem Verweisungsobjekt den verfassungsrechtlichen Vorgaben des Grundgesetzes, insbesondere dem Bestimmtheitsgebot des Art. 103 II GG.[172]

74

aa) Allgemeine Bestimmtheitsanforderungen

Das BVerfG betont zu Recht die zwei Ziele, die mit dem Bestimmtheitsgrundsatz des Art. 103 II GG verfolgt werden:[173] Er verpflichtet erstens den formellen Gesetzgeber, über die Voraussetzungen einer Bestrafung selbst zu entscheiden und dies nicht auf die Exekutive oder die Judikative zu delegieren. Zweitens enthält der Bestimmtheitsgrundsatz eine freiheitsgewährleistende Komponente: Der Bürger hat danach das Recht, durch klar formulierte Strafgesetze in die Lage versetzt zu werden, sein Verhalten so einzurichten, dass er eine Strafbarkeit vermeiden kann.[174] Eine gewisse Typisierung ist dem Gesetzgeber aber zuzugestehen, so dass für die Beurteilung der Bestimmtheit nicht auf den jeweils konkret Betroffenen abzustellen ist, sondern auf einen „verständigen Rechtsunterworfenen".[175] Ob dieser verständige Bürger aus einer Strafvorschrift die Strafbarkeit eines bestimmten Verhaltens tatsächlich hinreichend erkennen kann, ist dabei das Ergebnis eines „Rechtsfindungsakts". Dieser kann einen eher geringen „intellektuellen Aufwand" erfordern, wenn die Voraussetzungen der Strafbarkeit relativ genau und nahe an der Umgangssprache beschrieben werden (zB § 303 StGB). Er kann aber – wie gerade im Nebenstrafrecht mit seinen Verweisungen, Generalklauseln und Fachbegriffen häufig – zu einem dem „verständigen Bürger" kaum mehr zumutbaren Unterfangen werden. Allerdings ist bei der Bewertung des Schwierigkeitsgrads und damit auch der Zumutbarkeit der „Rechtsfindung" zusätzlich zu beachten, dass es sich hier vielfach um „Expertenstrafrecht" (wie im Fall des Wein- oder Lebensmittelstrafrechts) handelt. Gehört der Täter zu dem Kreis der „Experten", an die sich die strafrechtlichen Normen richten, wird man höhere Anforderungen an seine „Verständigkeit" stellen dürfen.[176] Auch hier ist aber Vorsicht geboten: Der Maßstab des „verständigen Experten" darf nicht zu einem Abstellen auf „die alten Hasen" innerhalb einer Berufsgruppe verleiten. Das Strafrecht ist Orientierungspunkt zB auch für unerfahrene, ja sogar für nur potenzielle Angehörige einer solchen Berufsgruppe.

75

---

170 S. dazu EuGH Urt. v. 17.10.1996 – Rs. C-64/95 „Konservenfabrik Lubella Friedrich Bueker GmbH & Co KG ./. Hauptzollamt Cottbus", Rn. 17.
171 S. nur *Streinz*, Europarecht, Rn. 632.
172 Vgl. *Moll*, Nationale Blankettstrafgesetzgebung, S. 61 f., 75 ff.; zur Vereinbarkeit mit dem europarechtlichen Bestimmtheitsgrundsatz s. *Satzger*, Europäisierung, S. 238; *Böse*, Strafen und Sanktionen im europäischen Gemeinschaftsrecht, S. 436; s. auch *Safferling*, Int. Strafrecht, § 11 Rn. 61 ff.
173 BVerfG wistra 2010, 396 (402), Rn. 54; s. auch SSW-StGB-*Satzger* § 1 Rn. 15 ff.
174 St. Rspr. des BVerfG, zB BVerfGE 25, 269, 285; 75, 329, 340 f.; s. auch BVerfG Beschl. v. 21.9.2016 – 2 BvL 1/15, Rn. 36 ff. = NJW 2016, 3648.
175 Vgl. BVerfGE 78, 374, 389.
176 S. dazu BVerfGE 48, 48, 57; 75, 329, 345, sowie BVerfG wistra 2010, 396 (402), Rn. 55; vgl. auch *Satzger/Langheld* HRRS 2011, 460 (464).

76 Geht es um Blankettstrafgesetze, so bedarf es lediglich einer leichten „Anpassung" dieser Grundsätze. Hinsichtlich der Bestimmtheit verlangt das BVerfG – bei Verweisungen innerhalb des nationalen Rechts wie auch bei Verweisungen eines deutschen Gesetzes auf eine EU-Verordnung gleichermaßen –, dass sowohl die Blankettstrafnorm selbst als auch die Ausfüllungsvorschrift hinreichend bestimmt sein müssen.[177] Bedenkt man, dass beide Normen ohnehin zusammen zu lesen sind, ist dies eigentlich selbstverständlich. Wichtig ist allerdings, dass zur Bestimmtheit des Strafblanketts zusätzlich gehört, dass hinreichend klar erkennbar wird, worauf sich die Verweisung bezieht.[178] Der Rechtsunterworfene soll – ganz iSd erläuterten Zumutbarkeitskriteriums – in die Lage versetzt werden, grds. ohne spezielle Kenntnisse die in Bezug genommenen Rechtssätze und deren Inhalt erfassen zu können.

bb) Besonderheiten bei Verweisungen auf EU-Recht

77 Die Tatsache, dass – wie bereits festgestellt- ein EU-Verweisungsobjekt trotz Inkorporierung in die deutsche Norm den Auslegungsregeln des EU-Rechts unterworfen bleibt, macht die Rechtsfindung sowohl für den Richter als auch für einen Rechtsunterworfenen komplizierter, denn dabei ist die Berücksichtigung sämtlicher Amtssprachen geboten.[179] Das erscheint aber schon für einen Strafrichter und erst recht für den einfachen Normunterworfenen als nahezu unmögliches Unterfangen.

Auf das Problem der Berücksichtigung verschiedener Amtssprachen bei der Auslegung des EU-Verweisungsobjekts ist auch das BVerfG eingegangen. Es sieht in der Vielzahl der verbindlichen Sprachfassungen allerdings keinen generellen Einwand gegen die Zulässigkeit von Verweisungen in Blankettstrafgesetzen auf Unionsrecht. Als generell unerheblich stuft es diesen Umstand jedoch auch nicht ein, da es in seiner Entscheidung nur davon spricht, dass „jedenfalls vorliegend" Einwände aus der Mehrsprachigkeit nicht ableitbar seien, weil Anhaltspunkte für konkrete, mehrsprachigkeitsbedingte Unklarheiten weder vorgetragen worden noch sonst ersichtlich seien.[180] Bedenklich ist hieran jedoch, dass sich die vom Verfassungsgericht genannten „Anhaltspunkte" für mehrsprachigkeitsbedingte Unklarheiten im Einzelfall erst finden lassen, wenn man die verschiedenen sprachlichen Fassungen miteinander vergleicht – gerade das ist aber der Ausgangspunkt des Bestimmtheitsproblems. Die aus der Mehrsprachigkeit der EU-Rechtsakte folgende Unsicherheit in der Strafrechtsanwendung ist auch kein Einzelfallphänomen – auch wenn tatsächliche inhaltliche Abweichungen der sprachlichen Fassungen eher die Ausnahme sein dürften. Die Möglichkeit hierzu ist aber stets gegeben, sie ist systemimmanent. Der Normunterworfene wird den Vergleich sämtlicher amtlicher Sprachfassungen mangels Kenntnis aller Amtssprachen regelmäßig nicht vornehmen können. Jeder verständige Bürger muss daher mit dem Risiko rechnen, dass die sich aus der Lektüre der für ihn verständlichen sprachlichen Fassung des EU-Rechtsakts ergebenden Voraussetzungen der Strafbarkeit nicht die sind, die letztlich – bei korrekter (alle Amtssprachen mit einbeziehender) Auslegung – entscheidend sind. An dieser strukturell vorgegebenen Ungewissheit über den Norminhalt ändert sich auch nichts durch die durchaus bestehende Möglichkeit, dass die gebotene Auslegung

---

[177] BVerfGE 23, 265, 270; s. auch *Baumann/Weber/Mitsch/Eisele*, AT, § 7 Rn. 39.
[178] BVerfGE 48, 48, 55; BVerfG wistra 2010, 396 (402), Rn. 56; vgl. auch SSW-StGB-*Satzger* § 1 Rn. 62.
[179] EuGH Urt. v. 6.10.1982 – Rs. C-283/81 „CILFIT", Rn. 18; näher dazu *Langheld* EuCLR 6 (2016), 39; *ders.*, Vielsprachige Normenverbindlichkeit im Europäischen Strafrecht.
[180] BVerfG wistra 2010, 396 (404), Rn. 66.

unter Berücksichtigung sämtlicher Amtssprachen in vielen Fällen zum selben Ergebnis führt wie die vom Normunterworfenen idR nur anhand seiner Muttersprache und eventuell weiterer, ihm geläufiger Amtssprachen vorgenommene Auslegung. Dann war zwar die Vermutung des Normunterworfenen hinsichtlich des Inhalts der EU-Norm korrekt. Art. 103 II GG fordert aber, dass der verständige Bürger – und nicht nur ein polyglotter Normunterworfener – tatsächlich vorhersehen und nicht nur vermuten kann, welches Verhalten ihm verboten ist.[181] Deshalb stellt die Notwendigkeit der Berücksichtigung sämtlicher Amtssprachen bei der Auslegung des EU-Verweisungsobjekts – entgegen dem BVerfG – sehr wohl ein generelles (strukturelles) Problem von auf Unionsrecht verweisenden Blankettvorschriften dar.[182]

Ein weiterer die Rechtsfindung erschwerender Umstand tritt hinzu: Die Verweisung erfolgt hier nicht nur zwischen zwei Vorschriften einer Rechtsordnung, sondern es wird auf eine andere, **autonome Rechtsordnung** verwiesen. Das führt dazu, dass unterschiedliche Publikationsorgane konsultiert werden müssen und der Rechtsunterworfene sich mit Rechtsakten und einer Regelungstechnik auseinanderzusetzen hat, die nicht der nationalen entspricht. Nun muss man dabei zwar berücksichtigen, dass auch die europäische Rechtsordnung bereits für jeden EU-Bürger neben der nationalen gilt. Deshalb wird man die Verweisung zwischen den beiden grds. nebeneinander stehenden Rechtsordnungen dann nicht als erheblich erschwerenden Umstand bei der Rechtsfindung bewerten dürfen, wenn sich der deutschen Blankettstrafnorm genau entnehmen lässt, auf welches Verweisungsobjekt in welcher Fassung Bezug genommen wird (sog. statische Verweisung[183]). So läge es etwa dann, wenn die genaue Amtsblattfundstelle im Gesetzestext selbst angegeben ist. Häufig verweist demgegenüber die nationale Strafvorschrift (ausdrücklich oder konkludent) auf eine EU-Verordnung „in der jeweils gültigen Fassung" (sog. dynamische Verweisung). Die Angabe einer Fundstelle ist hier naturgemäß nicht möglich. Wird also die Verordnung durch die EU-Organe geändert, so wird automatisch auch das Verweisungsobjekt des deutschen Blankettstrafgesetzes ausgetauscht, ohne dass dies aus dem Wortlaut der deutschen Vorschrift ersichtlich würde. Der Grund für die Attraktivität dieser Gesetzgebungstechnik ist die automatische Anpassung an die häufig sehr zahlreichen und schnellen Rechtsänderungen im EU-Bereich.

78

Natürlich wird hier dem Bürger zugemutet, sich selbst die jeweils neueste Fassung des Verweisungsobjekts zu beschaffen. Dies kann bei deutschen Verweisungsobjekten bereits sehr kompliziert sein, so dass nach richtiger Ansicht auch für innerstaatliche dynamische Verweisungen bereits ein sehr strenger Bestimmtheitsmaßstab anzulegen ist.[184] Im insgesamt deutlich komplexeren europäischen Recht mit seiner Vielzahl von Änderungsvorschriften und nur zum Teil konsolidierten Rechtsakten[185] liegt hier in noch weit größerem Maße ein Rechtsfindungsproblem für den auch noch so verständigen Bürger.[186] Wenn – was gar nicht selten der Fall ist – noch mehrfache Verweisungen

79

---

181 St. Rspr., vgl. nur BVerfGE 75, 329, 341.
182 Vgl. auch *Satzger/Langheld* HRRS 2011, 460 (464).
183 S. zu den Verweisungstypen im deutschen Recht Sieber/Satzger/Heintschel v. Heinegg-*Satzger*, Europ. StR, § 9 Rn. 24 f.
184 Dazu *Satzger*, Europäisierung, S. 253 f.; MK-*Schmitz*, StGB § 1 Rn. 60 ff.; erfreulich streng dazu BVerfG Beschl. v. 21.9.2016 – 2 BvL 1/15, Rn. 43 ff.
185 Unter Konsolidierungen versteht man diejenigen deklaratorischen Kodifikationen, die sich darauf beschränken, mehrere Rechtstexte in ihrer jeweils geltenden Fassung zu einer unverbindlichen Version zusammenzufassen; dazu *Grams*, Zur Gesetzgebung der EU, S. 268 f.
186 Zum erhöhten Bestimmtheitsmaßstab s. auch *Satzger/Langheld* HRRS 2011, 460 (464).

(auch innerhalb des Unionsrechts) hinzutreten, so wird man häufig nicht umhin kommen, ein solches „Verweisungswirrwarr" als unzumutbar zu bewerten und daher dessen Verfassungswidrigkeit anzunehmen.[187] Etwas anderes kann sich allenfalls bei geringfügigen Sanktionen und insbesondere im oben angeführten Bereich des Expertenstrafrechts ergeben.

Eine zusätzliche Quelle für Bestimmtheitsprobleme ist durch den Vertrag von Lissabon entstanden, da hierdurch zwar einerseits die EU an die Stelle der EG trat (s. Art. 1 III 3 EUV), die deutschen Blankettstraftatbestände mit dynamischen Verweisungen auf das Europarecht gleichwohl zumeist – nach wie vor – das „Recht der Europäischen Gemeinschaft" in Bezug nahmen (s. etwa § 58 LFGB aF, dazu → Rn. 80 f.). Solange der Verweis auf nicht veränderte, weitergeltende EG-Verordnungen zielt, erscheint dies unproblematisch. Wird das Verweisungsobjekt jedoch geändert und als EU-Verordnung benannt, so ist zweifelhaft, ob der von der nationalen Blankettnorm ausgehende Verweis auf das „Recht der EG" eine EU-Verordnung erfasst.[188] Mittlerweile hat der Gesetzgeber das Gesetz zur Anpassung von Bundesrecht im Zuständigkeitsbereich des Bundesministeriums für Ernährung, Landwirtschaft und Verbraucherschutz im Hinblick auf den Vertrag von Lissabon erlassen[189] und damit die deutschen Vorschriften – soweit ersichtlich – zumindest in diesem Bereich an die neue Rechtslage mit Wirkung seit dem 1.1.2011 angepasst.

cc) Rückverweisungsklauseln in nationalen Verordnungen

80 Der deutsche Gesetzgeber wendet überwiegend eine **Rückverweisungsmethode** an, die das Auffinden der europäischen Verweisungsobjekte erleichtern soll. Das Blankettstrafgesetz verweist nicht selbst auf bestimmte Verhaltensvorschriften des Europarechts – allenfalls findet sich eine (grobe) inhaltliche Umschreibung dessen, was als Verweisungsobjekt in Betracht kommen kann. Vielmehr wird der nationale Verordnungsgeber ermächtigt festzulegen, welche unionsrechtlichen Ge- und Verbote im Einzelnen strafbewehrt sein sollen. Dadurch soll eine schnelle Anpassung an Rechtsänderungen auf EU-Ebene im Verordnungswege erreicht werden. Zur Veranschaulichung diene eine wichtige Vorschrift aus dem Lebensmittelstrafrecht:

> **§ 58 LFGB:** (1) Mit Freiheitsstrafe bis zu drei Jahren oder mit Geldstrafe wird bestraft, wer
>
> 1. entgegen § 5 Abs. 1 Satz 1 ein Lebensmittel herstellt oder behandelt,
> 2. entgegen § 5 Abs. 2 Nr. 1 einen Stoff als Lebensmittel in den Verkehr bringt [...]
>
> (3) Ebenso wird bestraft, wer
>
> 1. einer unmittelbar geltenden Vorschrift in Rechtsakten der Europäischen Gemeinschaft oder der Europäischen Union zuwiderhandelt, die inhaltlich einem in Abs. 1 Nr. 1 bis 17 genannten Gebot oder Verbot entspricht, soweit eine Rechtsverordnung nach § 62 Abs. 1 Nr. 1 für einen bestimmten Tatbestand auf diese Strafvorschrift verweist [...]

---

187 Vgl. dazu den ebenso strikten Ansatz BVerfG Beschl. v. 21.9.2016 – 2 BvL 1/15, Rn. 46; iErg ebenso OLG Koblenz Urt. v. 26.1.1989 – 1 Ss 567/88 = NStZ 1989, 188; ähnlich (in Bezug auf das AWG) BVerfG Beschl. v. 3.3.2004 – 1 BvF 3/92 = JuS 2004, 910; zum Zollstrafrecht *Bender* wistra 2006, 41; s. auch *Dannecker* Jura 2006, 95 (101); zurückhaltender *Böse*, Strafen und Sanktionen im europäischen Gemeinschaftsrecht, S. 439; *Moll*, Nationale Blankettstrafgesetzgebung, S. 154; aA *Streinz* WiVerw 1993, 1 (33).
188 Instruktiv zu dieser Problematik *Köpferl* Jura 2011, 234 (237).
189 BGBl. 2010 I, S. 1934.

§ 62 LFGB: (1) Das Bundesministerium wird ermächtigt, soweit dies zur Durchsetzung der Rechtsakte der Europäischen Gemeinschaft oder der Europäischen Union erforderlich ist, durch Rechtsverordnung ohne Zustimmung des Bundesrates die Tatbestände zu bezeichnen, die

1. als Straftat nach § 58 Abs. 3 oder § 59 Abs. 3 Nr. 1 oder 2 Buchstabe a zu ahnden sind […]

Diese Regelungstechnik durch ergänzende Verordnung der nationalen Exekutive weist jedoch gravierende Schwächen auf und widerspricht im Ergebnis nicht nur Art. 103 II GG, sondern auch Art. 80 I 2 GG.[190] Denn letztlich entscheidet allein der Verordnungsgeber darüber, welche Ver- bzw. Gebote des Unionsrechts durch die nationale Blankettstrafnorm bewehrt sein sollen. Der Verordnungsgeber ist aber nicht – was angesichts des in Art. 103 II GG etablierten Gesetzesvorbehalts allein zulässig wäre – auf bloße Spezifizierungen beschränkt.[191] Vielmehr ergibt sich der wesentliche Inhalt der strafrechtlich bewehrten Verhaltensnorm erst aus der in der Verordnung enthaltenen Verweisung auf EG-/EU-Rechtsakte, nicht aber aus dem Gesetz selbst. Zwar ist im Hinblick auf Art. 80 I 2 GG durch die Entsprechungsklauseln in § 58 III Nr. 1 LFGB („die inhaltlich […] entspricht") eine Umschreibung derjenigen Verhaltensvorschriften vorgenommen worden, die der Gesetzgeber vor Augen hat, so dass zumindest der Zweck der Ermächtigung vorhersehbar ist. Der Gewinn einer Entsprechungsklausel, welche im Übrigen nicht immer vorhanden ist (zB § 10 I RiFlEtikettG, § 8 I Nr. 4 FischEtikettG [OWiG]), ist allerdings teuer erkauft, weil mit dem Entsprechungskriterium zusätzliche Defizite bei der Tatbestandsbestimmtheit geschaffen werden.[192]

Vor diesem Hintergrund ist die Entscheidung des BVerfG[193] zur Verfassungswidrigkeit des § 10 I, III RiFlEtikettG zu begrüßen. In dieser Strafnorm hatte der parlamentarische Gesetzgeber die Entscheidung über das strafbare Verhalten pauschal dem Verordnungsgeber anhand einer Rückverweisungsklausel in § 10 I RiFlEtikettG überlassen, ohne dabei selbst festzulegen, in welchem Umfang Verbotsnormen aus der EU-Verordnung Teil des deutschen Straftatbestandes sein sollen. Diese „pauschale Blankoermächtigung" für den Verordnungsgeber widersprach den Bestimmtheitsvoraussetzungen des Art. 103 II GG – der in seiner objektiven Dimension[194] die Festlegung der Strafbarkeit durch den *Gesetzgeber* fordert – und stand – da in der Verordnungsermächtigung (§ 10 III RiFlEtikettG) Inhalt, Zweck und Ausmaß der erteilten Ermächtigung nicht umschrieben waren – auch im Widerspruch zu Art. 80 I 2 GG.[195]

---

190 Grundlegend dazu *Volkmann* ZRP 1995, 220; vgl. auch *Hecker*, Eur. Strafrecht, § 7 Rn. 94 ff.; aA aber *Chr. Schröder*, in: Hiebl ua (Hrsg.), FS Mehle, S. 609.
191 S. BVerfGE 14, 174, 185 f.
192 Krit. auch *Hecker*, Eur. Strafrecht, § 7 Rn. 100 f.
193 BVerfG Beschl. v. 12.9.2016 – 2 BvL 1/15 = NJW 2016, 3648; s. hierzu *Bülte* NZWiSt 2016, 112 (117 ff.); *Cornelius* NStZ 2017, 682; *Dannecker* ZIS 2016, 723; *Hecker* NJW 2016, 3653; *Hoven* NStZ 2016, 377; vgl. auch *Brand/Kratzer* JR 2018, 422 (424 ff.).
194 Inwieweit die Strafbarkeit für den Normadressaten anhand der Verweisungskette vorhersehbar ist (= subjektive Dimension des Bestimmtheitsgebotes), war deshalb nicht von Relevanz, BVerfG Beschl. v. 12.9.2016 – 2 BvL 1/15, Rn. 52 = NJW 2016, 3648 (3651).
195 BVerfG Beschl. v. 12.9.2016 – 2 BvL 1/15, Rn. 60 ff. = NJW 2016, 3648 (3651 ff.).

dd) Strafbarkeitslücken und *lex mitior*

82 Der *Lex-mitior*-Grundsatz des § 2 III StGB[196] bewirkt, dass bei einer Änderung des Strafgesetzes zwischen der Tat und ihrer Aburteilung grds.[197] das jeweils mildeste Strafgesetz anzuwenden ist. Vergleichbare Regelungen finden sich auch in anderen europäischen Ländern, wie zB in Art. 2 IV des italienischen Codice penale.[198] Auch der Zustand der Straflosigkeit gilt dabei als „milderes Strafgesetz". Damit ist für Verweisungen in Blankettstraftatbeständen die Möglichkeit von Strafbarkeitslücken durch nachträgliche Rechtsänderung denkbar – und für die Verteidigung ein lohnenswerter Ansatzpunkt: Geht nämlich die Verweisung in einem deutschen Blankettstrafgesetz zwischen Tatbegehung und Gerichtsentscheidung auch nur vorübergehend und kurzfristig „ins Leere", so ist in diesem Zeitpunkt ein Zustand der Straflosigkeit eingetreten, der iSd § 2 III StGB ein „milderes Strafgesetz" darstellt. Der Täter könnte danach also nicht mehr bestraft werden. Ein solcher (vorübergehender) Zustand der Straflosigkeit kann sowohl bei statischen als auch bei dynamischen Verweisungen eintreten:

83 Bei der statischen Verweisung muss der deutsche Strafgesetzgeber anlässlich der Ersetzung des EU-Verweisungsobjekts durch ein anderes die Verweisung so rechtzeitig anpassen, dass das deutsche Strafgesetz zeitgleich mit der Rechtsänderung auf EU-Ebene auf den neuen Rechtsakt verweist. Hinkt der deutsche Gesetzgeber hinterher, so bezieht sich die Verweisung zumindest vorübergehend auf ein ungültiges Verweisungsobjekt und geht somit ins Leere.[199]

In **Fall 13** liegt eine statische Verweisung vor (Indiz: Angabe der konkreten Fundstelle im Amtsblatt). Durch die Verzögerung der Anpassung um einen Tag tritt am 1.6.2012 ein Zustand der Straflosigkeit ein, der gem. § 2 III StGB dazu führt, dass die Tat des A nicht mehr bestraft werden kann.

84 Bei dynamischen Verweisungen – soweit sie überhaupt als zulässig erachtet werden – kann eine Lücke wegen der automatischen Anpassung an die jeweils geltende Fassung zwar nicht durch Versäumnisse des nationalen Gesetzgebers bewirkt werden. Tritt allerdings das EU-Verweisungsobjekt zumindest kurzfristig außer Kraft, so geht dementsprechend auch die Verweisung (vorübergehend) ins Leere. Schwieriger ist die Lage, wenn die europäische Verordnung geändert oder durch eine andere ersetzt wird und sich das Täterverhalten auch nach der neuen Verordnung als Verstoß darstellt. Hier soll es darauf ankommen, ob das Strafblankett, soweit es automatisch auf die neue Regelung Bezug nimmt, einen völlig neuen Unrechtstyp verkörpert. In diesem Fall tritt bzgl. des im ursprünglichen Verweisungsobjekt verkörperten Unwerts eine nachträgliche Straflosigkeit ein, die einer Bestrafung des Täters im Wege steht. Lässt sich aber eine Kontinuität des Unrechtstyps zwischen altem und neuem Verweisungsobjekt bejahen, geht die Verweisung niemals ins Leere.[200]

85 **Beispiel:** Ab 1.6.1997 wurde der grenzüberschreitende Handel mit geschützten Tieren und Pflanzen durch die Verordnung (EG) 338/97[201] für alle EU-Mitgliedstaaten einheitlich gere-

---

[196] Umfassender Überblick bei *Satzger* Jura 2006, 746 (752).
[197] Ausnahmen sind Zeitgesetze nach § 2 IV StGB; s. dazu nur *Tiedemann*, Wirtschaftsstrafrecht, Rn. 320 ff.
[198] Vgl. dazu EuGH Urt. v. 3.5.2015 – verb. Rs. C-387/02, C-391/02, C-403/02 „Berlusconi".
[199] Bei statischen Verweisungen auf EG/EU-Recht ergibt sich regelmäßig durch Auslegung, dass diese nur auf in Kraft befindliches Recht gerichtet sein sollen; näher dazu *Satzger*, Europäisierung, S. 270.
[200] HM, s. nur BGH Beschl. v. 10.7.1975 – GSSt 1/75 = BGHSt 26, 167, 172 f.; *Jescheck/Weigend*, § 15 IV 5 Fn. 49; S/S-*Hecker*, StGB § 2 Rn. 24; aA SK-*Rudolphi/Jäger*, StGB § 2 Rn. 15 f.; MK-*Schmitz*, StGB § 2 Rn. 29.
[201] ABl.EG 1997 Nr. L 61.

gelt. Das deutsche Bundesnaturschutzgesetz (BNatSchG) und seine Verweisungen auf EG-Recht wurden allerdings erst mit erheblicher Verspätung an die neue Gemeinschaftsrechtslage angepasst,[202] so dass es zu Ahndungslücken kam.[203] So verwiesen etwa § 30a I, II iVm § 30 I Nr. 4 und § 21 I BNatSchG aF ursprünglich auf die Verordnung (EWG) 3626/82, die am 1.6.1997 durch die og Verordnung (EG) 338/97 ersetzt wurde. Zwischen diesem Zeitpunkt und der verspäteten Anpassung des deutschen Artenschutzrechts ging die Verweisung daher ins Leere. Es kam somit zu Zeiträumen, die einen „straflosen Zustand" bilden, mit der Folge, dass auch zahlreiche in der Vergangenheit (zur Zeit der Geltung der VO [EWG] Nr. 3626/82) begründete Verstöße unter dem Gesichtspunkt der *lex mitior*[204] nicht geahndet werden konnten und können.[205]

Mit § 39 II BNatSchG aF (s. jetzt § 69 II BNatSchG) hat der Gesetzgeber (nachträglich) eine Übergangsvorschrift erlassen, welche eine Abweichung von § 2 III StGB vorsieht. Handlungen, die vor dem Fehlgehen des Blanketts begangen wurden, sollen demnach – trotz zwischenzeitlicher Straflosigkeit infolge des Fehlgehens der Verweisung – später uneingeschränkt nach dem Recht abgeurteilt werden können, das zum Zeitpunkt der Tat galt, also nach der ursprünglichen Fassung der Blankettvorschrift. Auch wenn man hierin keinen Verstoß gegen Art. 103 II GG sehen wollte, weil es letztlich zu einer Anwendung des Tatzeitrechts kommt, und auch wenn man – mit dem BVerfG – dem *Lex-mitior*-Grundsatz in Deutschland bislang keinen Verfassungsrang zuschreibt,[206] erscheint dieses Vorgehen gleichwohl verfassungsrechtlich nicht haltbar: Denn die nachträgliche Beseitigung einer einmal gem. § 2 III StGB begründeten Straffreiheit (hier: im Zeitraum zwischen dem 1.6.1997 und der Anpassung des Strafblanketts) verstößt – wenn es sich nicht nur um ganz kurze Zeiträume handelt – gegen das im Grundgesetz verankerte allgemeine Prinzip des Vertrauensschutzes.[207] Demjenigen, der einmal eine Straftat begangen hat, ist es nicht zuzumuten, auf Dauer damit zu rechnen, dass die später eingetretene Straffreiheit „seines" Verhaltens mit Rückwirkung aufgehoben wird.

Unabhängig hiervon muss der *Lex-mitior*-Grundsatz heute als verfassungsrechtlicher Teil des Gesetzlichkeitsprinzips betrachtet werden.[208] Eine derart erweiternde Auslegung des Art. 103 II GG wird nicht nur durch Art. 49 I 3 GRC, der diesen Grundsatz als (primärrechtliches) Justizgrundrecht anerkennt[209], sondern auch durch den Vergleich mit anderen europäischen Verfassungen nahegelegt. Dieser Schluss ergibt sich zudem aus der Rspr. des EGMR, der nunmehr den *Lex-mitior*-Grundsatz als stillschweigend im Rückwirkungsverbot des Art. 7 EMRK mitverankert wissen will,[210]

86

---

202 Vgl. das Zweite Gesetz zur Änderung des BNatSchG v. 30.4.1998, BGBl. 1998 I, S. 823, in Kraft seit dem 9.5.1998.
203 Vgl. dazu SZ v. 28.2./1.3.1998, S. 1: „Schlupfloch für Tierschmuggler. Gesetzeslücke verschont Kriminelle derzeit vor harten Strafen".
204 Anders wäre allerdings zu entscheiden, wenn man der Ansicht wäre, die relevanten EG/EU-Verordnungen stellten nur Zeitgesetze iSv § 2 IV StGB dar. In diese Richtung argumentiert etwa *Pfohl* wistra 1999, 161 (166).
205 Vgl. dazu *Moll*, Nationale Blankettstrafgesetzgebung, S. 174; *Pfohl* wistra 1999, 161 (165 f.).
206 Hierauf allein abstellend BVerfG Beschl. v. 29.11.1989 – 2 BvR 1491/87 = BVerfGE 81, 132, 138; BVerfG Beschl. v. 18.9.2008 – 2 BvR 1817/08 = StraFo 2008, 465 f.; OLG Düsseldorf, Beschl. v. 21.12.2007 = NJW 2008, 930; offengelassen (mit Blick auf § 52 WpHG in der Fassung vom 25.6.2017) BVerfG Beschl. v. 3.5.2018 – 2 BvR 463/17, Rn. 31.
207 So zu Recht auch LK-*Dannecker*, StGB § 2 Rn. 59 ff.; vgl. auch *Pfohl* wistra 1999, 161 (166); *Chr. Schröder*, in: Hiebl ua (Hrsg.), FS Mehle, S. 604.
208 Ausf. dazu *Satzger*, in: Heger ua (Hrsg.), FS Kühl, S. 407.
209 S. auch zuvor die Rspr. des EuGH zu Art. 6 II EUV aF: EuGH Urt. v. 3.5.2005 – verb. Rs. C-387/02, C-391/02 und C-403/02 „Berlusconi", Rn. 68 f.
210 EGMR (GK), „Scoppola./.Italien", Urt. v. 17.9.2009, Nr. 10249/03 = NJOZ 2010, 2726 [dt.].

was bei der gebotenen konventionskonformen Auslegung des Grundgesetzes zu berücksichtigen ist.[211]

87 Auch die umfassenden Modifikationen im WpHG gaben in jüngster Zeit Anlass für eine Auseinandersetzung mit § 2 III StGB. § 38 III WpHG aF[212] trat mit Wirkung zum 2.7.2016 in Kraft und enthielt eine Verweisung auf Normen der Marktmissbrauchsverordnung,[213] die ihrerseits bereits im Jahr 2014 in Kraft traten. Unmittelbare Wirkung in den Mitgliedsstaaten entfalteten sie jedoch erst ab dem 3.7.2016 und somit einen Tag nach Inkrafttreten der deutschen Strafnorm. Vor diesem Hintergrund wurde teilweise für den 2.7.2016 – unter Verweis auf das Fehlgehen der Verweisung auf die in Deutschland noch nicht anwendbare Vorschrift der EU-Verordnung – eine Strafbarkeitslücke mit der Rechtsfolge einer Straffreiheit über § 2 III StGB angenommen.[214] Dieser Auffassung traten sowohl der BGH[215] als auch das BVerfG[216] entgegen. Als maßgeblich erachteten die Gerichte, dass die EU-Verordnung am 2.7.2016 bereits veröffentlicht war und deren Inhalt für den Normadressaten – in Einklang mit Art. 103 II GG – vorhersehbar war. Dass die EU-Verordnung in Deutschland noch nicht unmittelbar anwendbar war, diente alleine den Interessen der Mitgliedsstaaten an einer möglichst „reibungslosen" Implementierung des Unionsrechts, weshalb eine Strafbarkeit an diesem Tag auch nicht im Widerspruch zum Unionsrecht – das insoweit kein Verbot einer früheren Umsetzung statuiert – stehe.[217] Ob die nachträglich eingeführte Übergangsregelung in § 52 WpHG (jetzt: § 137 WpHG), wonach für bis zum 1.7.2016 begangene Straftaten in Abweichung zu § 2 III StGB das Tatzeitrecht maßgeblich ist, mit Verfassungs- und Unionsrecht vereinbar ist, konnte in diesen Entscheidungen somit offenbleiben.

88 Auf den ersten Blick wie ein Anwendungsfall des *Lex-mitior*-Grundsatzes, im Grunde jedoch völlig anders gelagert, war ein vom BGH entschiedener Fall[218], in welchem der Angeklagte die geschuldete Mineralölsteuer verkürzte. Im Zeitraum der Hinterziehung verwies § 370 VI 2 Var. 2 AO auf Art. 3 I der Richtlinie 92/12/EWG, wonach § 370 I AO auch Anwendung finden sollte, wenn sich die Tat auf „harmonisierte Verbrauchssteuern für dort genannte Waren" bezog. Diese Richtlinie wurde allerdings noch vor Tatbegehung aufgehoben und durch die Richtlinie 2008/118/EG ersetzt. Eine Anpassung der Verweisung in § 370 VI 2 Var. 2 AO erfolgte erst mit Wirkung nach dem in Rede stehenden Zeitraum der Steuerhinterziehung. Die zum Tatzeitpunkt fehlende Anpassung des § 370 VI 2 Var. 2 AO aF führt nach Ansicht des BGH nicht zur Unanwendbarkeit des § 370 I AO bzgl. der Hinterziehung der in der aufgehobenen Richtlinie genannten Steuern – und dies völlig zu Recht.

89 Von den bislang geschilderten Fällen unterscheidet sich dieser grundlegend darin, dass sich die Verweisung der AO hier – anders als in den bisher behandelten Fällen – *auf eine Richtlinie* bezog. Der deutsche Gesetzgeber machte die in der AO angeordnete

---

211 S. zusf. *Satzger*, in: Heger ua (Hrsg.), FS Kühl, S. 415 f.
212 Nunmehr finden sich die Strafvorschriften in § 119 WpHG.
213 VO (EU) Nr. 596/2014, ABl.EU Nr. L 173/1.
214 Vgl. etwa *Gaede* wistra 2017, 41; *Rossi* NJW 2017, 969; *Rothenfußer/Jäger* NJW 2016, 2689; aA *Klöhn/Büttner* ZIP 2016, 1801; *Kudlich* ZBB 2017, 72.
215 BGH Beschl. v. 8.8.2018 – 2 StR 210/16 = NStZ-RR 2019, 49; Beschl. v. 10.1.2017, 5 StR 532/16 = BGHSt 62, 13 = NJW 2017, 966.
216 BVerfG Beschl. v. 3.5.2018 – 2 BvR 463/17 = NJW 2018, 3091.
217 BGH Beschl. v. 10.1.2017 – 5 StR 532/16, Rn. 23 ff.; s. auch *Klöhn/Büttner* ZIP 2016, 1801 (1806); *Kudlich* ZBB 2017, 72 (74).
218 BGH Beschl. v. 20.11.2013 – 1 StR 544/13 = NJW 2014, 1029.

Strafbarkeit also gerade nicht von einer unmittelbar wirksamen Verhaltensanweisung in EU-Normen abhängig. Vielmehr verwies er nur auf den Wortlaut der Richtlinie, die – um im nationalen Recht Geltungskraft zu erlangen – ohnehin in nationales Recht umgesetzt werden musste. Wie gesehen (→ Rn. 67) ist daher der Verweis in einem deutschen Gesetz auf eine Richtlinie – anders als ein Verweis auf eine Verordnung – weitgehend unproblematisch.

Einen Verstoß gegen den in Art. 103 II GG niedergelegten Bestimmtheitsgrundsatz kann der BGH verneinen, indem er hervorhebt, dass § 370 I iVm § 370 VI 2 Var. 2 AO selbst alle Elemente einer Strafbegründung enthält. Die Verweisung auf die Richtlinie diene lediglich dazu, den Terminus „harmonisierte Verbrauchssteuern für Waren" zu konkretisieren. Richtig ist, dass die Strafvorschrift der AO nicht an die Wirksamkeit einer EU-Norm anknüpft, wie dies bei einer Verweisung auf eine EU-Verordnung der Fall wäre. Der BGH spricht daher konsequent von einer bloßen „Begriffserläuterung", welche „[...] auch in der AO selbst oder durch Verweis auf eine sonstige Quelle" hätte erfolgen können.[219]

90

Gleichwohl spielt für die Beurteilung der Vereinbarkeit mit Art. 103 II GG natürlich eine Rolle, ob der Bürger sich vom Inhalt der außer Kraft getretenen Richtlinie mit noch zumutbarem Aufwand Kenntnis verschaffen kann, was hier aber wohl – wegen der genauen Bezeichnung der außer Kraft getretenen Richtlinie in der AO-Norm – zu bejahen ist.[220] Außerdem besteht natürlich – auch bei einer Verweisung zum Zweck der Begriffskonkretisierung – das allgemeine Sprachproblem, weil auf die Ex-Richtlinie in allen Sprachfassungen Bezug genommen wird (dazu → Rn. 77).

V. Beachtung des EU-Rechts bei der Anwendung nationalen Strafrechts

1. Einführung

Auch wenn ein deutsches Strafgericht auf den ersten Blick nur rein nationales Strafrecht anzuwenden hat, darf es gleichwohl das Unionsrecht nicht aus den Augen verlieren. Wie wir eingangs festgestellt haben, ist das Strafrecht der Mitgliedstaaten grds. – wie jedes andere Rechtsgebiet – dem „europäisierenden" Einfluss des EU-Rechts ausgesetzt.

91

Dabei hat der Strafrechtsanwender zunächst dasjenige Unionsrecht zu berücksichtigen, das für ihn unmittelbar anwendbar ist. Das sind jedenfalls all diejenigen Rechtsakte der EU, die unmittelbar Rechte und Pflichten in den Mitgliedstaaten begründen. Hierzu gehören also in erster Linie Verordnungen. Daneben sind hier aber auch Richtlinien von Bedeutung, soweit sie nach den durch die Rspr. des EuGH aufgestellten Grundsätzen für den Bürger „subjektive unmittelbare Wirkung" entfalten, also inhaltlich unbedingt sowie hinreichend genau sind, die Umsetzungsfrist fruchtlos abgelaufen ist und sie einen Einzelnen begünstigen.[221] Darüber hinaus haben Gerichte (und Behörden) Richtlinien aber auch aufgrund deren „objektiver unmittelbarer Wirkung" anzuwenden, wenn die genannten Voraussetzungen bis auf die Individualbegünstigung erfüllt sind.[222]

---

219 Zusammenfassung der Argumentationslinie des BGH in BGH Beschl. v. 20.11.2013 – 1 StR 544/13 = NJW 2014, 1029; s. hierzu auch *Schuhr* NStZ 2014, 329 (330).
220 Krit. allerdings *Hecker* JuS 2014, 458.
221 Zu diesen Voraussetzungen s. zusf. Calliess/Ruffert-*Ruffert* Art. 249 EGV Rn. 77 ff.
222 So zB auch *Streinz*, Europarecht, Rn. 495; zu den teilw. noch ungeklärten Fragen zur „unmittelbaren Wirkung" von Richtlinien s. Streinz-*Schroeder* AEUV Art. 288 Rn. 86 ff.

Unionsrecht hat allerdings – ganz unabhängig von seiner unmittelbaren Anwendbarkeit und Wirkung – auch dann Relevanz bei der (Straf-)Rechtsanwendung, wenn es um die Auslegung des nationalen Rechts geht. Wie noch zu zeigen sein wird (→ Rn. 102 ff.), sind die nationalen Gerichte im Rahmen der sog. „unionsrechtskonformen Auslegung" (früher: „gemeinschaftsrechtskonforme Auslegung") auf die Berücksichtigung auch des nicht unmittelbar anwendbaren Unionsrechts festgelegt.

2. Neutralisierungswirkung

92 ▶ **FALL 14:** Herrn *Ratti* (R) war vor einem italienischen Strafgericht zur Last gelegt worden, gegen das italienische Gesetz Nr. 245 vom 5.3.1963 über die Etikettierung von Lösemitteln verstoßen und sich dadurch nach italienischem Recht strafbar gemacht zu haben. Der Angeklagte bestritt den Verstoß gegen italienisches Recht nicht, verwies aber darauf, dass er die hinreichend klaren Vorschriften der Harmonisierungsrichtlinie 73/173/EWG beachtet habe. Diese Richtlinie war trotz des Ablaufs der darin vorgesehenen Umsetzungsfrist nicht in italienisches Recht transformiert worden. Steht dies einer Verurteilung entgegen? (dazu → Rn. 94) ◀

▶ **FALL 15:** Von seiner Niederlassung in der bayerischen Stadt L aus bot der Deutsche D für das Londoner Unternehmen U Sportwetten an. U besaß eine Lizenz für die Tätigkeit eines Buchmachers nach britischem Recht. D nahm die von den Kunden ausgefüllten Wettscheine an, leitete diese auf elektronischem Weg nach England weiter und zahlte etwaige Gewinne in seinen Geschäftsräumen aus. Für diese Tätigkeiten hatte er die – nach dem Bayerischen Staatslotteriegesetz – erforderliche (deutsche) verwaltungsrechtliche Erlaubnis nicht. Kann D in Deutschland (nach § 284 I StGB) bestraft werden? (dazu → Rn. 95 ff.) ◀

93 Aus dem grds. **Vorrang**[223] **des Unionsrechts** gegenüber dem nationalen Recht folgt eine **Neutralisierung** deutscher Straftatbestände für all diejenigen Fälle, in denen der Straftatbestand im Widerspruch zum Unionsrecht steht. Neutralisierung bedeutet dabei, dass der deutsche Straftatbestand im konkreten Fall nicht angewandt werden darf (sog. **Anwendungsvorrang**).[224] Es liegt somit schon kein tatbestandsmäßiges Verhalten vor.[225] Die Bedeutung des Unionsrechts erschöpft sich also nicht in einem bloßen Rechtfertigungsgrund.[226]

Die Voraussetzung für das Eingreifen einer Neutralisierung ist jedoch stets eine **echte Kollision** zwischen Unionsrecht und nationalem Strafrecht: Dem deutschen Tatbestand muss daher eine (subjektiv oder objektiv) unmittelbar anwendbare Vorschrift des Unionsrechts entgegenstehen.[227] Eine solche Kollision kann dabei sowohl auf Tatbestandsseite als auch auf Rechtsfolgenseite auftreten.

Nationales Strafrecht, das im Widerspruch zu *sonstigem Unionsrecht* steht, muss von den nationalen Gerichten – angesichts deren Bindung an Recht und Gesetz (Art. 20 III GG) – stets angewandt werden. In diesen Fällen einer nur **scheinbaren Kollision** kann

---

223 Grundlegend zum Vorrang des Gemeinschaftsrechts EuGH Urt. v. 15.7.1964 – Rs. 6/64 „Costa ./. ENEL", Rn. 8 ff.; zu aktuellen (einschränkenden) Entwicklungen s. aber § 7 Rn. 28, § 10 Rn. 29 ff.
224 Nach der hL vom Anwendungsvorrang bleibt die Geltung der kollidierenden nationalen Vorschrift (für sonstige Fälle) unberührt, s. dazu *Jarass* DVBl 1995, 954 (958 f.); *Streinz*, Europarecht, Rn. 225.
225 *Hecker*, Strafbare Produktwerbung, S. 286; *Satzger*, Europäisierung, S. 506 ff.
226 AA *Kreis*, Die verbrechenssystematische Einordnung der EG-Grundfreiheiten, S. 170 ff.; entsprechende Stimmen finden sich teilw. in der italienischen Literatur zu Art. 51 des italienischen Codice penale, s. zB *Pedrazzi*, in: Pecorella (Hrsg.), Droit communautaire, S. 57 f.
227 S. *Satzger*, Europäisierung, S. 479 ff.

bzw. muss nicht unmittelbar anwendbares EU-Recht allenfalls im Wege der unionsrechtskonformen Auslegung berücksichtigt werden (dazu → Rn. 102 ff.).

a) Echte Kollisionen auf Tatbestandsseite

In den Konstellationen einer Kollision zwischen nationalem und EU-Recht auf Tatbestandsseite ist dasjenige Verhalten, das von einem Strafgesetz erfasst wird und daher nach nationalem Recht verboten ist, durch unmittelbar anwendbares Unionsrecht erlaubt. Der Einzelne sieht sich also mit zwei miteinander unvereinbaren Normbefehlen konfrontiert. In den Worten des EuGH dürfen „[d]ie innerstaatlichen Stellen [...] wegen der Nichtbeachtung einer mit dem Unionsrecht unvereinbaren Vorschrift keine Sanktionen verhängen."[228] Der Anwendungsvorrang löst diese Kollision zugunsten des Unionsrechts auf – der nationale Straftatbestand ist im konkreten Fall also nicht anwendbar, er wird „neutralisiert". 94

In **Fall 14** hindert daher die Berufung des R auf die unmittelbar wirksamen Richtlinienbestimmungen eine Verurteilung nach entgegenstehendem nationalem Strafrecht.[229]

Angemerkt sei, dass dann, wenn der Angeklagte R zu einem Zeitpunkt verurteilt worden wäre, in dem die Umsetzungsfrist der Richtlinie noch nicht abgelaufen gewesen wäre, mangels unmittelbarer Wirkung des Unionsrechts keine (echte) Kollision und somit kein Anknüpfungspunkt für eine Neutralisierung des italienischen Straftatbestands bestanden hätte.

Da jedwedes unmittelbar anwendbare Unionsrecht Kollisionen mit nationalem Strafrecht erzeugen kann, können auch die Grundfreiheiten des EU-Vertrages (Warenverkehrsfreiheit, Arbeitnehmerfreizügigkeit, Niederlassungs- und Dienstleistungsfreiheit, Freiheit des Kapitalverkehrs) die Neutralisierungswirkung auslösen.[230] Dabei ist jedoch stets zu berücksichtigen, dass das Primärrecht für diese Grundfreiheiten unionsrechtliche Ausnahmebestimmungen (*Ordre-public*-Klauseln) vorsieht[231] und diese zudem (ungeschriebene) Vorbehalte zugunsten zwingender Gründe des Allgemeinwohls beinhalten.[232] Gerade strafrechtlich bewehrte Verhaltensnormen werden sich häufig als Teil des *ordre public* darstellen bzw. unter „zwingende Gründe des Allgemeinwohls" subsumieren lassen, wobei allerdings zu beachten ist, dass der Umfang der Ausnahmebestimmungen (insbesondere auch die Frage der Verhältnismäßigkeit) grds. durch Unionsrecht bestimmt wird. 95

Beispielsweise stellt § 287 I, II StGB[233] nicht nur die Veranstaltung einer Lotterie ohne behördliche Erlaubnis, sondern bereits die Werbung hierfür unter Strafe. Agiert nun etwa ein britischer Lotterieveranstalter über die deutschen Grenzen hinweg, indem er in Deutschland Werbung für seine Lotterie macht und Lose hierher versendet, obwohl diese Lotterie in Deutschland nicht genehmigt ist, so stellt sich in einem deutschen Strafprozess gegen den Lotterieveranstalter die Frage, ob eine Verurteilung aus § 287 96

---

228 EuGH Urt. v. 14.7.1977 – Rs. 8/77 „Sagulo", Rn. 6.
229 S. dazu EuGH Urt. v. 5.4.1979 – Rs. 148/78 „Ratti", Rn. 23.
230 Zusätzliche Fallbeispiele bei *Hecker*, Eur. Strafrecht, § 9 Rn. 24 f., 33 ff., 36 ff.; ebenso bei Kollisionen mit der GRC, dazu EuGH Urt. v. 26.2.2013 – Rs. C-617/10 „Åkerberg Fransson", Rn. 45.
231 ZB Art. 36, 45 III, 52 (iVm 62) AEUV.
232 S. dazu EuGH Urt. v. 30.11.1995 – Rs. C-55/94 „Gebhard", Rn. 37; s. auch die Übersicht bei *Streinz*, Europarecht, Rn. 845 ff.
233 Vgl. 6. StrRG BGBl. 1998 I, S. 164 ff.; zu dem neuen Werbungsverbot des § 287 II StGB s. auch *Wrage* ZRP 1998, 426.

StGB möglich ist oder ob dieser Straftatbestand neutralisiert wird, weil ein derartiges Verhalten dem Schutz einer EU-Grundfreiheit unterfällt. Über ähnliche Fallkonstellationen hatte der EuGH in jüngster Zeit mehrfach zu befinden.[234] Die Veranstaltung einer Lotterie bzw. einer Sportwette über die nationalen Grenzen hinweg subsumierte er prinzipiell unter den (weiten) Dienstleistungsbegriff des Art. 57 AEUV. Die Art. 56 ff. AEUV verbieten dabei nicht nur diskriminierende Maßnahmen der Mitgliedstaaten, sondern grds. bereits jede nationale Maßnahme, die die Ausübung der Dienstleistungsfreiheit behindern oder weniger attraktiv machen kann.[235] Danach wäre die deutsche Strafvorschrift, die das Werben und Versenden von Losen unter Strafe stellt, eine – sogar massive – Behinderung der Dienstleistungsfreiheit des Lotterieveranstalters. Jedoch sind nicht-diskriminierende Beschränkungen der Grundfreiheiten – nach unionsrechtlichen Kriterien – dann zulässig, wenn sie durch zwingende Gründe des Allgemeininteresses gerechtfertigt und insoweit verhältnismäßig sind.[236] Dem EuGH zufolge rechtfertigen sittliche, religiöse und kulturelle Besonderheiten sowie die sittlich und finanziell schädlichen Folgen für den Einzelnen wie für die Gesellschaft, die mit Spielen und Wetten einhergehen, grds. ein Ermessen der Mitgliedstaaten bei der Beurteilung der Lotterien und Wetten. Demnach sollen sogar weitreichende Beschränkungen bis hin zu einem Verbot möglich sein. Stets müssen diese Beschränkungen aber im Hinblick auf das damit verfolgte Ziel verhältnismäßig sein und dürfen Anbieter aus anderen Mitgliedstaaten nicht diskriminieren.[237]

Übertragen auf die (strafrechtliche) Rechtslage in Deutschland kann der bloße Genehmigungsvorbehalt, an den die Strafbewehrung des § 287 StGB anknüpft, ein angemessenes Mittel sein, wenn dieser dazu dient, die Wett- und Glücksspieltätigkeiten in kontrollierbare Bahnen zu lenken, so dass einer Ausbeutung zu kriminellen oder betrügerischen Zwecken vorgebeugt wird. Wenn zudem die Genehmigungserteilung diskriminierungslos gehandhabt wird, liegt kein Verstoß gegen Unionsrecht vor.[238] Dass dieses Ergebnis aber keinesfalls eindeutig ist, zeigt der Vorbehalt des EuGH in der Rs. *Gambelli*, wonach das nationale Gericht zu bedenken habe, dass die Berufung auf „zwingende Gründe des Allgemeininteresses" dann zweifelhaft sei, wenn der beschränkende Staat bzgl. konzessionierter Wettveranstalter eine Politik der starken Ausweitung des Spielens und Wettens zum Zweck der Einnahmenerzielung verfolge. Zudem bedürfe die Verhältnismäßigkeit der Bestrafung im Hinblick auf das erstrebte Ziel besonderer Prüfung.[239]

97 In **Fall 15** ist D Veranstalter einer Sportwette – und damit eines Glücksspiels iSv § 284 I StGB –, weil er dem Publikum die Teilnahme an Sportwetten ermöglicht.[240] Da ihm die behördliche Erlaubnis fehlt, hat er grds. den Tatbestand des § 284 I StGB erfüllt. Allerdings liegt in der Bestrafung nach dieser Vorschrift eine europarechtswidrige Beschränkung der Dienstleistungsfreiheit. Diese kann nicht mit zwingenden Allgemeinin-

---

[234] EuGH Urt. v. 24.3.1994 – Rs. C-275/92 „Schindler"; EuGH Urt. v. 6.11.2003 – Rs. C-243/01 „Gambelli"; EuGH Urt. v. 21.9.1999 – Rs. C-124/97 „Markku Juhani Läärä"; EuGH Urt. v. 21.10.1999 – Rs. C-67/98 „Zenatti"; EuGH Urt. v. 6.3.2007 – Rs. C-338/04 „Placanica".
[235] EuGH Urt. v. 3.12.1974 – Rs. 33/74 „Van Binsbergen", Rn. 10 ff.; s. dazu Streinz-*Müller-Graff* AEUV Art. 56 Rn. 85.
[236] EuGH Urt. v. 30.11.1995 – Rs. C-55/94 „Gebhard", Rn. 37.
[237] EuGH Urt. v. 6.3.2007 – Rs. C-338/04 „Placanica".
[238] Insoweit bestätigt durch EuGH Urt. v. 21.9.1999 – Rs. C-124/97 „Markku Juhani Läärä" und EuGH Urt. v. 21.10.1999 – Rs. C-67/98 „Zenatti".
[239] EuGH Urt. v. 6.11.2003 – Rs. C-243/01 „Gambelli", Rn. 68 ff.; *Walz* EuZW 2004, 523.
[240] Lackner/Kühl-*Heger*, StGB § 284 Rn. 11 mwN.

teressen gerechtfertigt werden, weil das Bayerische Staatslotteriegesetz eine Erlaubniserteilung an Private von vornherein nicht vorsieht, sondern ein Staatsmonopol für Sportwetten sichert. Im Vordergrund stehen dabei finanzielle Interessen des Staates; das vorgebliche Ziel des Erlaubnisvorbehalts – die Bekämpfung der Spielsucht – wird nicht konsequent verfolgt. Das OLG München[241] hat eine Verurteilung des D wegen Neutralisierung des § 284 I StGB durch die unmittelbar anwendbare Dienstleistungsfreiheit des EU-Rechts daher abgelehnt. Dieses zutreffende Ergebnis hätte allerdings korrekterweise im Wege der – vorrangigen – „unionsrechtskonformen" Auslegung (dazu → Rn. 102 ff.) erreicht werden können. Denn wenn man den Begriff „behördliche Erlaubnis" in § 284 I StGB nicht nur national, sondern – zur Vermeidung einer Kollision mit der Dienstleistungsfreiheit – unionsrechtlich versteht, führt das Vorliegen einer Autorisation aus einem anderen EU-Mitgliedstaat (hier also die britische Lizenz) dazu, dass der Tatbestand des § 284 I StGB nicht erfüllt ist.[242]

b) Echte Kollisionen auf Straffolgenseite

Da das Unionsrecht auch hinsichtlich der Straffolgen Grenzen zieht (dazu → Rn. 17 ff.), kann sich ein **Normwiderspruch** auch zwischen Unionsrecht einerseits und der Straffolge einer nationalen Strafvorschrift andererseits ergeben.

98

Dabei tritt eine solche Kollision zum einen dann ein, wenn die verhängte Strafe die unionsrechtliche Obergrenze überschreitet. Im Anwendungsbereich der Grundfreiheiten wird diese Grenze durch das Diskriminierungsverbot sowie den Grundsatz der Verhältnismäßigkeit gebildet. Es handelt sich hier um eine Kollision mit unmittelbar anwendbarem Unionsrecht, weil jede diskriminierende oder unverhältnismäßige Strafe die Grundfreiheiten, denen der EuGH allesamt unmittelbare Anwendbarkeit zuerkannt hat,[243] verletzen würde. Kann die im deutschen Strafgesetz angedrohte Strafe nicht durch unionsrechtskonforme Auslegung ihrer diskriminierenden Wirkung entkleidet bzw. auf eine verhältnismäßige Höhe reduziert werden – was die Ausnahme darstellt (dazu → Rn. 125 ff.) –, so wird der gesamte Straftatbestand neutralisiert, dh es kann überhaupt keine Strafe verhängt werden.

99

BEISPIEL: Ein deutsches Strafgesetz sieht vor, dass ein Arbeitnehmer, der einer bestimmten Versicherungspflicht nicht nachkommt, mit Geldstrafe oder mit Freiheitsstrafe bis zu drei Monaten bestraft wird. Für EU-Ausländer soll derselbe Verstoß eine Freiheitsstrafe von nicht unter sechs Monaten nach sich ziehen. Hier liegt ein offen diskriminierendes Strafgesetz vor, das wegen der klaren Festlegung einer Mindeststrafe für Nicht-Deutsche mit den Mitteln der (unionsrechtskonformen) Auslegung nicht in Übereinstimmung mit EU-Recht gebracht werden kann (dazu → Rn. 128). Wegen des Verstoßes gegen das Diskriminierungsverbot wäre die Strafnorm auf EU-Ausländer nicht anwendbar. Demgegenüber hat dies keine negative Auswirkung auf die Anwendbarkeit des für Deutsche vorgesehenen Straftatbestands.
Läge hingegen der Fall anders und würden durch die Regelung deutsche Arbeitnehmer gegenüber EU-Ausländern benachteiligt, so stellte sich das Problem der sog. Inländerdiskrimi-

---

241 OLG München Urt. v. 26.9.2006 – 5 St RR 115/05 t = NJW 2006, 3588; zust. etwa *Mosbacher* NJW 2006, 3529 (3532); Lackner/Kühl-*Heger*, StGB § 284 Rn. 12 mwN.
242 So bereits *Satzger*, JK 3/07, StGB § 284/1; ähnl. auch die neuere Rspr. des EuGH, s. nur EuGH Urt. v. 4.2.2016 – Rs. C-336/14 „Sebat Ince", Rn. 95, vgl. auch *Heine*, in: Wohlers (Hrsg.), Neuere Entwicklungen im schweizerischen und internationalen Wirtschaftsstrafrecht, S. 12 f., der wegen der fehlenden Harmonisierung in diesem Bereich jedoch skeptisch gegenüber einer Anerkennung ausländischer Genehmigungen ist.
243 S. nur *Herdegen*, Europarecht, § 8 Rn. 14.

nierung. Ob eine solche Schlechterstellung Deutscher gegenüber EU-Ausländern zulässig ist, entscheidet sich allein nach nationalem Verfassungsrecht (insbesondere Art. 3, 12 GG).[244]

100 Zum anderen kann die Natur der Strafe in Widerspruch zu unmittelbar anwendbarem Unionsrecht stehen. Erinnert sei an das Beispiel der Ausweisung auf Lebenszeit als zwingende Folge eines Drogendeliktes im griechischen Fall *Donatella Calfa* (dazu → Rn. 24). Auch hier greift die Neutralisierungswirkung ein.[245]

c) Nur scheinbare Kollisionen mit Unionsrecht

101 Ein – vom EuGH allerdings nicht erkannter – Fall einer scheinbaren Kollision lag der Rs. *Berlusconi*[246] zugrunde. Gegen den damaligen italienischen Ministerpräsidenten *Berlusconi* wurde ein Strafverfahren wegen Bilanzfälschung betrieben. Die zum Zeitpunkt der Tatbegehung geltenden Strafvorschriften entsprachen den in (damals noch EG-) Richtlinien enthaltenen Vorgaben, wonach die Mitgliedstaaten für die Verletzung bilanzrechtlicher Vorschriften „geeignete Sanktionen" vorzusehen hatten. Nach Tatbegehung, aber vor Aburteilung, milderte der italienische Gesetzgeber die Strafvorschriften wegen Bilanzfälschung so ab, dass sie den Anforderungen der Richtlinien an eine „geeignete Sanktion" nicht mehr gerecht wurden. Insbesondere wurden zusätzliche Tatbestandsmerkmale und Erheblichkeitsklauseln eingeführt sowie (durch Herabstufung der Taten zu „Vergehen") die Verjährungsfrist verkürzt, mit der Folge, dass die Tat *Berlusconis* zum Zeitpunkt der Aburteilung nicht mehr strafbar bzw. verjährt war.

Nach dem auch in Italien geltenden *Lex-mitior*-Grundsatz (entspricht dem deutschen § 2 III StGB) war nicht das Tatzeitrecht, sondern das spätere, mildere Recht heranzuziehen, was zu einem Freispruch hätte führen müssen. Dem EuGH wurde die Frage vorgelegt, ob gemäß dem italienischen *Lex-mitior*-Grundsatz die abgemilderten Strafvorschriften trotz deren Richtlinienwidrigkeit angewendet werden durften.

Der Gerichtshof sprach sich im Ergebnis dafür aus, das richtlinienwidrige Änderungsgesetz zur Anwendung kommen zu lassen. Zur Begründung berief er sich aber nicht auf den *Lex-mitior*-Grundsatz, dessen Geltung als allgemeiner Rechtsgrundsatz des Gemeinschaftsrechts er jedoch ausdrücklich anerkannte.[247] Der EuGH meinte vielmehr, dass das vorlegende Gericht – als Ausfluss des anerkannten Anwendungsvorrangs des Gemeinschaftsrechts – zwar grds. gehalten sei, diejenigen nationalen Sanktionsvorschriften, die nicht dem gemeinschaftsrechtlichen Erfordernis der Geeignetheit der Sanktionen entsprächen, unangewendet zu lassen. Hier sei aber eine Ausnahme zu machen, da nach st. Rspr. des EuGH eine Richtlinie *per se* (ohne nationale Umsetzung) nicht die Wirkung haben könne, die strafrechtliche Verantwortlichkeit zu begründen oder zu verschärfen.[248]

Zwar ist das Ergebnis des Gerichtshofs zutreffend, seine Begründung kann jedoch nicht überzeugen. Es fehlt vorliegend nämlich bereits an einer echten Kollisionslage als Voraussetzung für die Unanwendbarkeit des Änderungsgesetzes. Die EG-Richtlinien verpflichteten die Mitgliedstaaten nur zum Erlass „geeigneter Sanktionen". Mangels

---

244 Zu dieser bislang ungeklärten Frage s. nur *Streinz*, Europarecht, Rn. 851 ff., mit vielen Nachweisen aus der Literatur.
245 AA *Kreis*, Die verbrechenssystematische Einordnung der EG-Grundfreiheiten, S. 189 ff.
246 EuGH Urt. v. 3.5.2005 – verb. Rs. C-387/02, C-391/02 und C-403/02 „Berlusconi".
247 Der *Lex-mitior*-Grundsatz ist heute in Art. 49 I 3 GRC als verbindlich anerkannt.
248 Vgl. ua EuGH Urt. v. 8.10.1987 – Rs. 80/86 „Kolpinghuis Nijmegen", Rn. 13 und EuGH Urt. v. 7.1.2004 – Rs. C-60/02 „X", Rn. 61.

näherer Charakterisierung derselben[249] konnte den Richtlinien allenfalls insoweit unmittelbare Wirkung zukommen, als die Mitgliedstaaten überhaupt eine Sanktion für die Verstöße vorzusehen hatten.[250] Deren Ausgestaltung blieb ihnen hingegen freigestellt. Insoweit waren die Richtlinien nicht hinreichend bestimmt. Da das Änderungsgesetz eine Sanktionierung nicht von vornherein ausschloss, sondern lediglich milder ausgestaltete, lag hier nur eine Kollision von italienischem Strafrecht mit nicht unmittelbar anwendbarem Gemeinschaftsrecht vor. In einem solchen Fall einer nur **scheinbaren Kollision** greift die Neutralisierungswirkung ohnehin nicht ein, das Änderungsgesetz bleibt anwendbar. Für eine Ausnahme vom grundlegenden Prinzip des Anwendungsvorrangs bestand daher weder Bedarf noch Anlass.[251]

Davon unberührt bleibt jedoch – auch im Fall einer nur scheinbaren Kollision – die Pflicht des vorlegenden Gerichts, das mildere Strafgesetz richtlinienkonform auszulegen (dazu sogleich).

3. Unionsrechtskonforme Auslegung

▶ **FALL 16:** Der arbeitslose Lehrer L gibt sich aufgrund seines gesteigerten Geltungsbedürfnisses in Berlin als Verwaltungsrat der Kommission aus und wird als solcher vorgeblich dienstlich tätig. Macht sich L hierdurch strafbar? (dazu → Rn. 114) ◀

a) Allgemeines

Bereits erwähnt wurde, dass das nationale Recht unionsrechtskonform ausgelegt werden muss[252]. Durch diese Auslegungsmethode lassen sich zwei Ziele erreichen:

- Zum einen ähnelt die unionsrechtskonforme Auslegung der aus dem deutschen Recht bekannten verfassungskonformen Auslegung, wenn es um die Berücksichtigung unmittelbar anwendbaren Unionsrechts geht. Das Gericht hat dann aus mehreren nach nationalem Recht möglichen Auslegungsvarianten diejenige zu wählen, die nicht zu einer Kollision mit dem EU-Recht führt. So wird bereits durch eine entsprechende Auslegung des deutschen Rechts vermieden, dass die deutsche Rechtsnorm neutralisiert wird. Es geht hier also um eine „Konfliktvermeidung" durch unionsrechtskonforme Auslegung.

- Zum anderen gewährleistet eine Berücksichtigung des gesamten (unmittelbar anwendbaren wie sonstigen) EU-Rechts bei der Auslegung eine weitgehende Übereinstimmung des nationalen Rechts mit den Zielen des Unionsrechts und eine gleichmäßige Rechtsanwendung in den Mitgliedstaaten. Hier entfaltet das Unionsrecht eine objektive Wirkung, der insbesondere bei Richtlinien (und dem zu ihrer Umsetzung erlassenen nationalen Recht) große Bedeutung zukommt.[253]

---

249 Eine genaue Spezifizierung der Straffolge war nach richtiger Ansicht aus kompetenzrechtlichen Gründen unzulässig, vgl. zur (schon damals ergangenen) Rspr. des EuGH Rn. 27 ff.
250 Diese Sanktionierungspflicht der Mitgliedstaaten war ja – unbedingt und inhaltlich genau – in der Richtlinie enthalten.
251 Ausf. (auch zur – ebenfalls nicht überzeugenden, sogar iErg abweichenden – Stellungnahme der Generalanwältin *Kokott*) die Kritik bei *Satzger* JZ 2005, 998; zust. *Dannecker* ZIS 2006, 309 (312 ff.); *Hecker*, Eur. Strafrecht, § 9 Rn. 19; zur Problematik s. auch *Gross* EuZW 2005, 371; vgl. nun auch die ähnliche Diskussion im Zusammenhang mit den Verjährungsvorschriften und der fraglichen unmittelbaren Wirkung der Schutzverpflichtung der Mitgliedstaaten aus Art. 325 I, II AEUV: dazu s. zB *Viganò* EuCLR 7 (2017), 103, 114 ff.
252 Ausf. hierzu auch *Rönnau/Wegner* GA 2013, 561 (562 ff.).
253 S. auch *Esser*, Eur. und Int. Strafrecht, § 2 Rn. 88.; *Safferling*, Int. Strafrecht, § 11 Rn. 15.

104 Der rechtliche Grund für die Berechtigung bzw. Verpflichtung zur unionsrechtskonformen Auslegung liegt sowohl im nationalen wie auch im EU-Recht:

- Bereits die nationale Auslegungslehre führt dazu, dass Unionsrecht für die Auslegung nationalen Rechts fruchtbar gemacht werden kann.[254] Danach stehen verschiedene Auslegungskriterien zur Verfügung: Wortsinn, Systematik, Gesetzgebungsgeschichte sowie Sinn und Zweck der Norm.[255] Das Beispiel einer durch ein deutsches Gesetz umgesetzten Richtlinie zeigt, wie sich das EU-Recht im Rahmen dieser klassischen Auslegungsregeln berücksichtigen lässt: Bei der Umsetzung einer Richtlinie besteht regelmäßig eine Vermutung dahin gehend, dass der Gesetzgeber den Willen hatte, die Richtlinie korrekt umzusetzen. Es entspricht daher auch dem Sinn und Zweck des Gesetzes, die Richtlinie in nationales Recht zu transformieren. Verwendet das nationale Gesetz Begriffe aus der Richtlinie, so sprechen auch der Wortlaut und die Systematik für eine richtlinienkonforme Auslegung.
- Eine Pflicht zu unionsrechtskonformer Auslegung ergibt sich jedoch erst aus dem EU-Recht selbst. Aus der allgemeinen Loyalitätspflicht (Art. 4 III EUV) lässt sich ableiten, dass nicht nur den Mitgliedstaaten als solchen, sondern auch allen Trägern der öffentlichen Gewalt in den Mitgliedstaaten die Pflicht obliegt, alle zur Erfüllung der Unionsverpflichtungen geeigneten Maßnahmen zu ergreifen. Die nationalen Gerichte haben daher auch die Aufgabe, für eine einheitliche Anwendung des EU-Rechts im innerstaatlichen Bereich zu sorgen.[256] Damit jedoch die Grenze zwischen Anwendungsvorrang und unionsrechtskonformer Auslegung nicht verschwimmt, beschränkt der EuGH diese Pflicht zu Recht auf die Fälle, in denen das nationale Recht den Gerichten überhaupt einen Beurteilungsspielraum eröffnet, der eine Berücksichtigung des Unionsrechts erlaubt.[257]

105 Dementsprechend folgen auch die Grenzen der unionsrechtskonformen Auslegung aus dem nationalen wie aus dem Unionsrecht.

- Aus Sicht des deutschen Rechts ergibt sich eine Grenze der europarechtskonformen Auslegung – ähnlich wie bei der verfassungskonformen Auslegung – daraus, dass kein Auslegungsergebnis den möglichen Wortsinn überschreiten und den gesetzgeberischen Zweck, der mit dem Erlass des Gesetzes verbunden war, in sein Gegenteil verkehren darf. Ansonsten würden die Gerichte nicht mehr vom Gesetzgeber erlassenes Recht anwenden, sondern sich selbst in die Position eines Gesetzgebers versetzen und neues Recht schaffen.[258]
- Die Grenzen, die das EU-Recht setzt, hat der EuGH in der Rs. *Kolpinghuis Nijmegen* dahin gehend zusammengefasst, dass die Verpflichtung zur unionsrechtskonformen (damals noch: gemeinschaftsrechtskonformen) Auslegung ihre Grenzen „in den allgemeinen Rechtsgrundsätzen, die Teil des Gemeinschaftsrechts (jetzt: Unions-

---

254 S. *Hommelhoff* AcP 192 (1992), 71, 95.
255 S. nur *Zippelius*, Juristische Methodenlehre, § 8 und § 10 II.
256 *Heise*, Gemeinschaftsrecht und nationales Strafrecht, S. 93; *Hecker* JuS 2014, 385 (386); für die richtlinienkonforme Auslegung wird zusätzlich Art. 288 III AEUV als Begründung herangezogen, vgl. *Chr. Schröder*, Europäische Richtlinien, S. 335 (noch zu Art. 249 III EGV). Zur Begründung einer Pflicht zur rahmenbeschlusskonformen Auslegung im Kontext der ehemaligen dritten Säule der EU s. EuGH Urt. v. 16.6.2005 – Rs. C-105/03 „Pupino", va Rn. 43–45.
257 Grundlegend dazu EuGH Urt. v. 10.4.1984 – Rs. 14/83 „Von Colson und Kamann", Rn. 27 f.
258 *Hecker* JuS 2014, 385 (388 f.).

rechts) sind, und insbesondere in dem Grundsatz der **Rechtssicherheit** und im **Rückwirkungsverbot**" findet.[259]

b) Unionsrechtskonforme Auslegung und Strafrecht

Da das Strafrecht grds. ebenso wie alle anderen innerstaatlichen Rechtsbereiche von der Europäisierungswirkung erfasst wird, gelten auch die dargestellten Prinzipien zur unionsrechtskonformen Auslegung entsprechend. Unter mehreren nach nationalem Verständnis vertretbaren Auslegungsvarianten einer Strafnorm ist also diejenige zu bevorzugen, die dem Unionsrecht am besten gerecht wird.[260] Spezifische Grenzen für die Auslegung ergeben sich jedoch aus dem strafrechtlichen **Gesetzlichkeitsprinzip**: Die Wortlautgrenze erlangt so besondere Bedeutung und verengt die „Beurteilungsspielräume" der nationalen Gerichte, so dass eine unionsrechtskonforme Rechtsfortbildung, wie sie in anderen Rechtsbereichen als zulässig erachtet wird, hier nicht in Betracht kommt – jedenfalls dann nicht, wenn sie zulasten des Beschuldigten wirkt. Diese Beschränkung ergibt sich einerseits bereits aus der nationalen Verankerung des Gesetzlichkeitsprinzips (s. Art. 103 II GG, § 1 StGB), andererseits aber auch aus der Anerkennung des strafrechtlichen Bestimmtheitsgrundsatzes als allgemeiner Rechtsgrundsatz des Unionsrechts.[261]

106

Soll ein nationaler Straftatbestand aufgrund eines Unionsrechtsakts extensiv ausgelegt werden, ist dies demnach nur dann möglich, wenn

- eine solche Interpretation noch mit dem Wortlaut des Straftatbestands vereinbar ist und
- der EU-Rechtsakt selbst hinreichend bestimmt ist.[262]

Entgegen einer abweichenden Ansicht in der Literatur[263] hindern das unionsrechtliche Gebot der Rechtssicherheit und das Rückwirkungsverbot insbesondere eine sog. **strafbarkeitserweiternde unionsrechtskonforme Auslegung** nicht.[264] Führt also der Erlass einer nicht zur unmittelbaren Wirkung geeigneten EU-Richtlinie dazu, dass ein nationaler Straftatbestand auch auf solche Sachverhalte angewendet werden muss, die nach der bisherigen st. Rspr. nicht hierunter subsumiert werden konnten, so verstößt die richtlinienkonforme Auslegung nicht gegen die genannten unionsrechtlichen Grenzen, auch wenn der Beschuldigte im Vergleich zur früheren Auslegungspraxis schlechter steht.

107

Hiergegen wird zwar eingewandt, dass der Bürger darauf vertrauen können müsse, dass ihn die Wirkungen einer Richtlinie erst dann treffen könnten, wenn diese umgesetzt sei. Eine strafbarkeitserweiternde Auslegung komme einer unzulässigen unmittelbaren Anwendung der belastenden Richtlinie gleich.[265] Dagegen spricht jedoch, dass die unionsrechtskonforme Auslegung hier keineswegs zu einer Strafbarkeitserweite-

108

---

259 EuGH Urt. v. 8.10.1987 – Rs. 80/86 „Kolpinghuis Nijmegen" (eigene Hervorhebung).
260 Ausf. *Satzger*, Europäisierung, S. 549 f.; *Chr. Schröder*, Europäische Richtlinien, S. 340 ff.; *Dannecker/Bülte*, in: Wabnitz/Janovsky/Schmitt (Hrsg.), Handbuch, Kap. 2 Rn. 286 ff.
261 EuGH Urt. v. 12.12.1996 – verb. Rs. C-74/95 und C-129/95 „Telecom Italia", Rn. 25.
262 EuGH Urt. v. 12.12.1996 – verb. Rs. C-74/95 und C-129/95 „Telecom Italia", Rn. 24 f., 31; *Hecker*, Eur. Strafrecht, § 10 Rn. 50 ff.; *Chr. Schröder*, Europäische Richtlinien, S. 387 f.
263 *Brechmann*, Die richtlinienkonforme Auslegung, S. 275 ff.; ähnlich auch *Köhne*, Die richtlinienkonforme Auslegung im Umweltstrafrecht, S. 107 f.
264 So auch *Hecker*, Eur. Strafrecht, § 10 Rn. 63; *Heger* HRRS 2012, 213.
265 *Brechmann*, Die richtlinienkonforme Auslegung, 1994, S. 277; *Köhne*, Die richtlinienkonforme Auslegung im Umweltstrafrecht, S. 115.

rung führt. Was strafbar ist, richtet sich allein nach dem Gesetz, nicht nach der Auslegung desselben durch die Gerichte. Eine Schlechterstellung erfolgt somit nur im Verhältnis zur früheren Auslegungspraxis; das neue Auslegungsergebnis findet seine Grundlage aber in dem nationalen Strafgesetz selbst. Die Richtlinie dient lediglich als ein Kriterium zur Ermittlung seiner Reichweite. Die veränderte Auslegung ist deshalb keine aus Unionsrecht folgende (rückwirkende) Begründung von Strafbarkeit, sondern die Verwirklichung eines dem nationalen Gesetz zugrunde liegenden objektiven Gesetzeswillens, der erst jetzt „richtig" erkannt werden konnte.[266] Das bloße Vertrauen in eine bestimmte Auslegung ist – zumindest nach richtiger Ansicht – nicht schutzwürdig. Ein Rechtsprechungswandel ist daher auch nach dem EGMR[267] jederzeit möglich, ohne dass hierdurch bereits das Rückwirkungsverbot verletzt wird.[268]

c) Anwendungsbeispiele

109 Anhand einiger Fallgruppen sollen der Anwendungsbereich und das Vorgehen bei der unionsrechtskonformen Auslegung strafrechtlicher Normen verdeutlicht werden.

aa) Schutz von EU-Rechtsgütern durch extensive unionsrechtskonforme Auslegung nationaler Straftatbestände

110 Die EU ist Trägerin einer Vielzahl von Rechtsgütern (zB Vermögen, Eigentum, Hausrecht, Funktionsfähigkeit der Verwaltung). Der strafrechtliche Schutz dieser Rechtsgüter wird derzeit (noch) ausschließlich von den Mitgliedstaaten bewirkt. Die Loyalitätspflicht aus Art. 4 III EUV verpflichtet diese, ihr nationales Strafrecht in den Dienst der Union zu stellen. Da auch die mitgliedstaatlichen Organe im Rahmen ihrer Zuständigkeit durch Art. 4 III EUV gebunden sind,[269] müssen die nationalen Gerichte durch (extensive) unionsrechtskonforme Auslegung nationaler Straftatbestände darauf hinwirken, dass EU-Rechtsgüter so weit wie möglich im selben Umfang wie nationale Rechtsgüter strafrechtlich geschützt werden.

111 Hat der Gesetzgeber den Gerichten diese Aufgabe allerdings bereits abgenommen, indem bereits das Gesetz selbst die EU-Rechtsgüter ausdrücklich den nationalen gleichordnet, so bedarf es keiner unionsrechtskonformen Auslegung mehr.

Beispiele: *§ 108e StGB* behandelt die Bestechung von Abgeordneten des Europäischen Parlaments wie die Bestechung von Bundestags- und Landtagsabgeordneten; *§ 264 VIII Nr. 2 StGB* bezieht den Begriff der Subventionen für die Zwecke des Subventionsbetrugs ausdrücklich auch auf öffentliche Mittel nach dem Recht der EU. In diesen Kontext gehört auch die derzeit noch in der Diskussion befindliche Neuschaffung eines § 90c StGB zum Schutz der EU und ihrer Symbole vor Verunglimpfung (dazu → Rn. 34).

112 Ebenso entbehrlich ist eine unionsrechtskonforme Auslegung, wenn die Einbeziehung der EU-Rechtsgüter in den Schutzbereich des Straftatbestandes bereits aus den traditionellen Auslegungsgrundsätzen folgt. Die hier geltenden Prinzipien wurden bereits im zweiten Teil dargestellt (→ § 6 Rn. 1 ff.). Nur die sog. inländischen Rechtsgüter fallen danach in den Schutzbereich deutscher Straftatbestände, dh nur die Individualrechtsgüter der EU (Vermögen, Eigentum usw) werden nach traditioneller Auffassung durch

---

266 *Satzger*, Europäisierung, S. 555.
267 EGMR, „S.W. ./. Vereinigtes Königreich", Urt. v. 22.11.1995, Nr. 20166/92, Serie A, Nr. 335-B, Rn. 33, 35.
268 Vgl. dazu BVerfGE 18, 224, 240; BayObLG NJW 1990, 2833; Lackner/Kühl-*Kühl*, StGB § 1 Rn. 4; genauso *Hecker*, Eur. Strafrecht, § 10 Rn. 60.
269 S. nur Streinz-*Streinz* EUV Art. 4 Rn. 5.

das deutsche Strafrecht geschützt. Die öffentlichen Rechtsgüter der EU sind keine inländischen und lägen deshalb – nach klassischer Auslegung – außerhalb des Schutzbereichs der deutschen Straftatbestände.

Gerade hoheitliche Interessen sind aber für den Bestand und die Funktion der Union größtenteils elementar und verdienen daher besonderen Schutz, so dass den nationalen Richter hier grds. eine Pflicht zu unionsrechtskonformer Auslegung trifft. Voraussetzung ist dabei natürlich stets, dass der Wortlaut dies zulässt und das gesetzgeberische Ziel nicht in sein Gegenteil verkehrt wird. Daraus folgt, dass immer dann, wenn der deutsche Gesetzgeber den Anwendungsbereich deutscher Strafvorschriften unzweideutig auf deutsche Rechtsgüter beschränkt hat, eine unionsrechtskonforme Auslegung ausscheiden muss.

BEISPIELE: Auf deutsche hoheitliche Rechtsgüter beschränkt sind etwa § 81 I StGB (territoriale Integrität, verfassungsmäßige Ordnung) oder §§ 105, 106 StGB (Willensfreiheit von Staatsorganen).

Ist dies nicht der Fall, der Tatbestand somit „offen" formuliert, so ist der Weg für eine unionsrechtskonforme Auslegung eröffnet. Das argumentative Vorgehen soll anhand von **Fall 16** erläutert werden:

In Betracht kommt eine Strafbarkeit des L nach § 132 StGB (Amtsanmaßung). Dieser Tatbestand will verhindern, dass sich Unbefugte mit der Ausübung eines öffentlichen Amtes befassen oder Handlungen vornehmen, die nur kraft eines öffentlichen Amtes vorgenommen werden dürfen. Er schützt damit nach hM die Autorität des Staates und seiner Organe als Voraussetzung für die Funktionsfähigkeit einer jeden staatlichen Verwaltung und Rspr.[270] Da es sich somit nicht um ein Individualschutzgut handelt, erscheint es zunächst konsequent, bei Anwendung der herkömmlichen Auslegungsregeln zu dem Ergebnis zu gelangen, ein öffentliches Amt iSd § 132 StGB könne nur ein inländisches sein.[271] Zur Unterstützung dieses Ergebnisses wird teilweise noch auf den Kontext mit § 11 I Nr. 2 StGB verwiesen, wonach der Amtsträgerbegriff auf deutsche Amtsträger begrenzt sei.[272]

Allerdings sieht der Wortlaut eine Beschränkung auf inländische öffentliche Ämter nicht vor. Der Hinweis auf § 11 I Nr. 2 StGB ist kein zwingendes Argument. Im Allgemeinen Teil des StGB ist nämlich nur der Begriff des „Amtsträgers", nicht jedoch der des „öffentlichen Amtes" legaldefiniert. Es erscheint daher nicht von vornherein ausgeschlossen, den Begriff des öffentlichen Amtes weiter zu fassen, so dass auch Ämter der EU darunter subsumierbar wären. Es handelt sich somit zunächst um einen der unionskonformen Auslegung zugänglichen Tatbestand.[273]

Eine weite Auslegung erscheint auch geboten, weil das geschützte Rechtsgut, die Autorität der Hoheitsgewalt, für das Funktionieren der EU unverzichtbar ist. Angesichts der vielfältigen (Verwaltungs-) Kompetenzen der EU könnte ein Vertrauensverlust beim Bürger durch unberechtigte Inanspruchnahme hoheitlicher Funktionen zu

---

[270] BGHSt 3, 241, 244; 12, 30, 31; Lackner/Kühl-*Kühl*, StGB § 132 Rn. 1; SK-*Rudolphi/Stein*, StGB § 132 Rn. 2; S/S-*Sternberg-Lieben*, StGB § 132 Rn. 1; aA AK-*Ostendorf*, StGB § 132 Rn. 4: Schutz der bürgerlichen Freiheit vor pseudo-staatlicher Machtausübung.
[271] So insbes. LK-*Krauß*, StGB § 132 Rn. 13; S/S-*Sternberg-Lieben*, StGB § 132 Rn. 1, 4; *Fischer*, Vor §§ 3–7 StGB Rn. 9; grds. auch SK-*Rudolphi/Stein*, StGB § 132 Rn. 5.
[272] LK-*Krauß*, StGB § 132 Rn. 13.
[273] Anders offensichtlich LK-*Krauß*, StGB § 132 Rn. 13, der von einer unzulässigen Analogie ausgeht; so auch LK-*von Bubnoff*, 11. Aufl., StGB § 132 Rn. 10.

schwerwiegenden Störungen bei der Aufgabenerfüllung der Union führen. Die EU bedarf daher ebenso des strafrechtlichen Schutzes, wie ihn § 132 StGB im innerstaatlichen Bereich gewährleistet. Da auch der Sinn des § 132 StGB durch eine weite Auslegung nicht verfälscht und in sein Gegenteil verkehrt wird, sind die Grenzen der unionsrechtskonformen Auslegung nicht überschritten. § 132 StGB muss daher richtiger Ansicht nach auch öffentliche Ämter der EU miterfassen,[274] so dass eine Anwendung des europarechtskonform ausgelegten § 132 StGB in **Fall 16** möglich ist.

115 Durch eine vergleichbare Argumentation lässt sich auch eine unionsrechtskonforme Auslegung des § 133 I StGB (Verwahrungsbruch) begründen.

§ 133 StGB stellt den Bruch der dienstlichen Verfügungsgewalt unter Strafe. Geschütztes Rechtsgut des Abs. 1 ist der dienstliche Verwahrungsbesitz. Der dienstliche Gewahrsam setzt dabei eine entsprechende hoheitliche Kompetenz der die Verwahrung begründenden Stelle voraus.[275] Da es hier also nicht um den Schutz von Individualrechtsgütern geht, wird – unter Anwendung der allgemeinen Auslegungsregeln – davon ausgegangen, dass die Verwahrung auf deutsche Hoheitsgewalt zurückzuführen sein muss[276] und dass § 133 I StGB somit nur inländische Rechtsgüter schützt.[277]

Der *Wortlaut* sieht eine solche Beschränkung jedoch auch hier nicht vor. Da amtlicher Gewahrsam an Schriftstücken und anderen beweglichen Sachen im Rahmen der vielfältigen Verwaltungstätigkeiten der EU ebenso durch Beamte der Union wie auch durch Dritte für die Union entsteht und der Schutz desselben für die Funktionsfähigkeit der Union von ebenso großer Bedeutung wie auf nationaler Ebene ist, muss § 133 I StGB unionsrechtskonform ausgelegt werden.[278] Für die Bejahung des Tatbestandsmerkmals „dienstliche Verwahrung" genügt es demnach auch, wenn sich die Verwahrung auf unionsrechtliche Hoheitsgewalt zurückführen lässt. Der *Sinn* des § 133 I StGB wird damit auch nicht in sein Gegenteil verkehrt.

116 Als weitere Beispiele kommen etwa Siegelbruch (§ 136 II StGB), Urkundendelikte (§§ 267 ff., 348 StGB) und § 153 StGB bzgl. Aussagen vor dem EuGH (zu § 154 StGB → § 8 Rn. 10 ff.) in Betracht.[279]

bb) Richtlinienkonforme Auslegung und begriffliche Akzessorietät einzelner Tatbestandsmerkmale

117 Unionsrechtskonforme Auslegung kann auch ohne ausdrückliche Verweisung einer nationalen Strafvorschrift auf europäisches Recht (dazu → Rn. 65 ff.) eine Rolle spielen, wenn es darum geht, die Bedeutung eines Straftatbestands und seiner einzelnen Tatbestandsmerkmale zu ermitteln. Vorausgesetzt ist natürlich ein Bezug zu EU-Recht. Zwar ist das Strafrecht in seiner Begriffsbildung – auch im innerstaatlichen Bereich – grds. selbstständig, dh es können die in strafrechtlichen Vorschriften verwendeten Begrifflichkeiten autonom, und damit auch abweichend vom identischen Sprachgebrauch in anderen Rechtsgebieten, bestimmt werden. Dies schließt jedoch umgekehrt nicht aus, dass das Strafrecht einen Begriff so interpretiert, wie er in einem außerstrafrechtlichen

---

274 IErg ebenso Lackner/Kühl-*Kühl*, StGB § 132 Rn. 4; LK-*Herdegen*, 10. Aufl., StGB § 132 Rn. 3.
275 LK-*Krauß*, StGB § 133 Rn. 8.
276 *Brüggemann*, Der Verwahrungsbruch, S. 235.
277 *Fischer*, Vor §§ 3–7 StGB Rn. 9.
278 So zu Recht *Gröblinghoff*, Die Verpflichtung des deutschen Strafgesetzgebers zum Schutz der Interessen der Europäischen Gemeinschaften, S. 42, 71.
279 Ausf. *Hecker*, Eur. Strafrecht, § 10 Rn. 68 ff.; *Satzger*, Europäisierung, S. 571 ff.

Bereich verstanden wird. Eine derartige Begriffsakzessorietät kann ausdrücklich angeordnet sein (zB in § 330d Nr. 3 StGB), sie kann sich aber – wie zB bei § 242 StGB, dessen Fremdheitsbegriff grds. an die Wertungen des Sachenrechts anknüpft[280] – auch aus dem Kontext ergeben, wenn die Vorschriften etwa gerade der Umsetzung von EU-Recht dienen. Dies ist letztlich eine Frage der Auslegung,[281] wie die folgenden Beispiele zeigen:

Gehört die in Rede stehende nationale Strafnorm zu einem Regelungskomplex, der der Umsetzung einer EU-Richtlinie dient, so ergibt die systematische, historische und teleologische Auslegung, dass die verwendeten Begrifflichkeiten so zu verstehen sind, wie sie auch in der Richtlinie verstanden werden. 118

Beispiel[282]: D verkauft in seinem Geschäft „Alles rund um Hanf" Kräutertütchen, denen synthetische Cannabinoide beigemischt sind, als „Raumerfrischer". Er weiß, dass seine Kunden den Inhalt als Ersatz für Marihuana benutzen, da die Cannabinoide dazu geeignet sind, einen Rauschzustand herbeizuführen, wobei dieser jedoch häufig von gesundheitlichen Beeinträchtigungen (Übelkeit, Erbrechen, Herzrasen usw) begleitet wird. Zum Tatzeitpunkt fallen diese Stoffe allerdings nicht unter das deutsche BtMG. D wird wegen dieses Verhaltens aber wegen „Inverkehrbringens bedenklicher Arzneimittel" nach §§ 5 I, 95 I AMG[283] verurteilt. Problematisch ist hier allerdings, ob überhaupt „Arzneimittel" vorliegen. Das AMG dient dazu, die EU-Richtlinie 2001/83[284] in deutsches Recht umzusetzen. Der Arzneimittelbegriff des AMG stimmt daher – soweit hier von Interesse – nahezu wortgleich mit der Definition der Richtlinie überein. Er beinhaltet neben Stoffen, denen eine heilende oder diagnostische Wirkung zukommt auch solche, die „die physiologischen Funktionen durch pharmakologische, immunologische oder metabolische Einwirkung [...] beeinflussen" (§ 2 I AMG). Der im Wege des Vorabentscheidungsverfahrens eingeschaltete EuGH begründet geradezu lehrbuchartig anhand der verschiedenen europarechtlichen Auslegungskriterien, dass mit „beeinflussen" nicht jeder Einfluss gemeint sein könne, sondern dass wegen des Gesamtzusammenhangs diese Beeinflussung immer eine gesundheitsfördernde Wirkung impliziere. Vor diesem europarechtlichen Hintergrund können die Cannabinoide, die nur einen Rauschzustand herbeizuführen geeignet sind und dabei zudem sogar gesundheitsbeeinträchtigende Symptome hervorrufen, nicht als Arzneimittel angesehen werden. Somit können die richtlinienkonform ausgelegten §§ 5 I, 95 I AMG keine Strafbarkeit des D begründen. Dass keine andere nationale Vorschrift existiert, die das Inverkehrbringen dieser Stoffe unter Strafe stellt, ist – wie der EuGH explizit anspricht – für die Auslegung ohne Belang.[285] Durch das Neue-psychoaktive-Stoffe-Gesetz (NpSG) hat der deutsche Gesetzgeber auf die damit einhergehenden Strafbarkeitslücken reagiert, indem vom NpSG nunmehr ganze Stoffgruppen – und nicht mehr nur einzelne Stoffe – erfasst werden.[286]

Inwiefern unionsrechtliche Begrifflichkeiten und Wertungen bei der Bestimmung strafrechtlicher Tatbestandsmerkmale eine Rolle spielen, wird zunehmend auch im Bereich der Betrugsstrafbarkeit zum Zweck des Verbraucherschutzes diskutiert: So stellt sich bei der dem freien Warenverkehr gem. Art. 34 AEUV unterfallenden grenzüberschreitenden Vermarktung von Produkten die Frage, unter welchen Umständen die Anpreisung und Aufmachung einer Ware Täuschungscharakter haben und eine Strafbarkeit 119

---

280 Vgl. BGHSt 6, 377, 378 = NJW 1954, 1292 (1293).
281 S. *Satzger*, Europäisierung, S. 599 ff.
282 Nach EuGH Urt. v. 10.7.2014 – Rs. C-358/13 „Markus D.".
283 Gesetz über den Verkehr mit Arzneimitteln (AMG), zum Tatzeitpunkt anwendbar in der Fassung vom 17.7.2009 (BGBl. 2009 I, S. 1990).
284 ABl.EU 2001 Nr. L 311/67 in der durch die Richtlinie 2004/27/EG (ABl.EU Nr. L 136/34) geänderten Fassung.
285 EuGH Urt. v. 10.7.2014 – Rs. C-358/13, „Markus D.", Rn. 48.
286 S. hierzu *Patzak* NStZ 2017, 263.

gem. § 263 I StGB begründen kann. Ob das Opfer der Täuschung besonders leichtsinnig agiert hat, wird dabei nach der deutschen Betrugsdogmatik herkömmlicherweise für unbeachtlich gehalten, so dass auch bei noch so leicht durchschaubaren Falschdarstellungen und Fehlangaben ein Betrug grds. in Betracht kommt.[287] Das sog. **europäische Verbraucherleitbild** baut hingegen auf der Vorstellung eines informierten und verständigen Verbrauchers auf.[288] Diese unterschiedliche Wertung kann zu einer Kollision zwischen dem traditionellen deutschen Verständnis des Betrugstatbestands und den Vorschriften des EU-Vertrags über die Warenverkehrsfreiheit führen: Die in der Bestrafung (sowie bereits in der Strafdrohung) liegende Beeinträchtigung des grenzüberschreitenden Handels wäre eine Maßnahme gleicher Wirkung iSv Art. 34 AEUV. Deren Rechtfertigung durch Verbraucherschutzerwägungen iSd *Cassis de Dijon*-Rechtsprechung[289] müsste wegen des abweichenden europäischen Verbraucherleitbildes scheitern, so dass die Annahme einer Betrugsstrafbarkeit im Widerspruch zu EU-Recht stünde. Eine Neutralisierung des § 263 StGB wegen dessen Kollision mit Art. 34 AEUV lässt sich dann mittels einer unionsrechtskonformen, einschränkenden Auslegung des Betrugstatbestands verhindern[290], wonach jedenfalls bei grenzüberschreitenden Sachverhalten der Begriff der Täuschung am Maßstab eines informierten und verständigen Verbrauchers gemessen wird.[291] Wenn demgegenüber eingewandt wird, dass die europarechtlichen Vorgaben eine besondere Schwelle überschreiten müssten, um im Strafrecht relevant zu sein, dass also stets geprüft werden müsste, ob die EU-rechtlichen Vorgaben tatsächlich auf das Strafrecht durchschlagen[292], so beruht dies auf einem überkommenen Verständnis des Verhältnisses von EU-Recht und Strafrecht; ein Strafrechtsprivileg besteht gerade nicht.

120 Als weiteres Beispiel kann in diesem Kontext das Umweltstrafrecht dienen, welches durch seine verwaltungsrechtsakzessorische Ausgestaltung in weitem Umfang an europarechtliche Terminologie anknüpft, zB im Hinblick auf den Abfallbegriff des § 326 StGB.[293] Durch eine Reform des Umweltstrafrechts[294] hat der deutsche Gesetzgeber im Dezember 2011 die Richtlinie des Europäischen Parlaments und des Rates über den strafrechtlichen Schutz der Umwelt (2008/99/EG) in nationales Recht umgesetzt und dabei zum Ausdruck gebracht, dass auch die bereits geltenden Straftatbestände der Umsetzung unionsrechtlicher Verpflichtungen dienen – und so auch interpretiert wer-

---

[287] Vgl. etwa BGHSt 34, 199, 201 f.
[288] Vgl. etwa EuGH Urt. v. 13.1.2000 – Rs. C-220/98 „Lifting Creme", Rn. 27; im Hinblick auf Sekundärrecht neuerdings BGH NJW 2014, 2595 und BGH NStZ-RR 2014, 309, wo dieses Verbraucherleitbild aber jeweils (wohl zu pauschal) flexibilisiert wird; dazu auch *Heger* HRRS 2014, 467.
[289] Grundlegend EuGH Urt. v. 20.2.1979 – Rs. 120/78 „Cassis de Dijon".
[290] Hiergegen, allerdings (ohne diesen Unterschied offenzulegen) nicht im Hinblick auf Art. 34 AEUV, sondern auf eine richtlinienkonforme Auslegung des § 263 StGB bzgl. Richtlinie 2005/29/EG BGH NJW 2014, 2595 (2596 f.).
[291] Eingehend SSW-StGB-*Satzger*, StGB § 263 Rn. 119 f.; *Dannecker* Jura 2006, 173 (174 f.) (wobei diese Autoren aber offenbar von einem Fall des Anwendungsvorrangs ausgehen); s. auch *Hecker*, Strafbare Produktwerbung, S. 282 ff.; *ders.*, Eur. Strafrecht, § 9 Rn. 33 ff.; gegen eine derartige europarechtskonforme einschränkende Auslegung des § 263 StGB aber BGH NJW 2014, 2595 (2596 f.).
[292] So aber offenbar BGH NJW 2014, 2595 (2596 f.), allerdings im Hinblick auf die richtlinienkonforme Auslegung bzgl. Richtlinie 2005/29/EG; iErg ebenso BGH NStZ-RR 2014, 309. Zu den „zwei Argumentationssträngen" s. *Heger* HRRS 2014, 467 (469 f.).
[293] Zum europäisch geprägten Abfallbegriff s. *Satzger*, Europäisierung, S. 600 ff.; *Heine*, in: Müller-Dietz ua (Hrsg.), FS Jung, S. 268 ff.; allgemein zu Einflüssen des Europarechts auf das Umweltstrafrecht *Hecker* ZStW 115 (2003), 880; *ders.*, JuS 2014, 385 (390 f.).
[294] BGBl. 2011 I, S. 2557.

den – sollen.²⁹⁵ In einer jüngeren Entscheidung hat sich der BGH zudem mit europarechtlichen Implikationen des § 266a I StGB befasst. Dieser Tatbestand setzt als echtes Unterlassungsdelikt voraus, dass eine Pflicht zur Bezahlung von Sozialversicherungsbeiträgen in Deutschland besteht. Legt man dieses Merkmal unionsrechtskonform aus, so fehlt diese, wenn nach europäischem Sozialrecht eine Beitragszahlung in Deutschland nicht verlangt werden kann.²⁹⁶

cc) Fahrlässigkeitsdelikte

Dass dem EU-Recht auch entscheidende Bedeutung bei der Auslegung generalklauselartiger Tatbestandsmerkmale zukommen kann, zeigt sich insbesondere im Bereich der Fahrlässigkeitsdelikte.²⁹⁷ Ansatzpunkt für die Möglichkeit einer unionsrechtskonformen Auslegung ist der Umstand, dass der Tatbestand eines jeden Fahrlässigkeitsdelikts die Feststellung der Sorgfaltspflichtwidrigkeit des Täterverhaltens erfordert. Die dabei anzuwendende Sorgfaltspflicht besteht darin, die aus dem konkreten Verhalten erwachsenden Gefahren für das geschützte Rechtsgut zu erkennen und sich darauf richtig einzustellen.²⁹⁸ Art und Maß der anzuwendenden Sorgfalt ergeben sich dabei aus den Anforderungen, die bei einer *Ex-ante*-Betrachtung der Gefahrenlage an einen besonnenen und gewissenhaften Dritten in der konkreten Situation und der sozialen Rolle des Handelnden zu stellen sind.²⁹⁹ In jedem Einzelfall hat somit der Richter anhand dieser Grundsätze die objektive Sorgfaltspflicht zu ermitteln, die der Täter einhalten hätte müssen. Eine gewisse Begrenzung erfährt die anzuwendende Sorgfalt schließlich durch das Kriterium des „erlaubten Risikos": Auch gewisse vorhersehbare Risiken, die notwendig mit gefahrträchtigen Verhaltensweisen verbunden sind, werden deshalb nicht als sorgfaltswidrig betrachtet, weil sie aufgrund ihres (tatsächlichen oder vermeintlichen) Nutzens im Interesse anderer Rechtsgüter rechtlich erlaubt sind (zB Autofahren, Betreiben eines Kernkraftwerks).

121

Die – häufig schwierige – Aufgabe des Richters, Inhalt und Umfang der anzuwendenden Sorgfalt festzustellen, kann erleichtert werden, wenn Verhaltensregeln für den zu beurteilenden Sachverhalt bestehen (sog. Sondernormen). Unabhängig davon, ob entsprechende Verhaltensleitlinien in gesetzlicher Form (zB StVO, GiftstoffVO) oder in privaten Regelwerken (zB FIS-Regeln, DIN-Normen) aufgestellt werden, kann ein Richter diese sozusagen als auf einen Lebensbereich bezogene „geronnene Erfahrung"³⁰⁰ heranziehen und sie als Indiz für die im konkreten Fall zu beobachtende Sorgfalt behandeln.³⁰¹ Da für diese – rein tatsächliche – Indizwirkung die rechtliche Verbindlichkeit keine Voraussetzung ist, können Verhaltensleitlinien in Unionsrechtsakten, aber auch in privaten europäischen Regelwerken, zB der privaten europäischen Normungsgeber (va CEN, CENELEC), unproblematisch berücksichtigt werden.

122

---

295 Hierzu ausf. *Heger* HRRS 2012, 211 (212) mit einem guten Überblick zu den Neuerungen im Einzelnen.
296 BGHSt 51, 124. Die Besonderheit dieser Entscheidung lag darin, dass das Fehlen einer Beitragszahlungspflicht aufgrund einer europäischen Bescheinigung lediglich fingiert wurde; dazu ausf. *F. Zimmermann* ZIS 2007, 407; *Hauck* NStZ 2007, 218 (221 f.).
297 Vgl. *Hecker* JuS 2014, 385 (392 f.).
298 *Wessels/Beulke/Satzger*, Rn. 1118; vgl. auch die ausführliche Definition des § 6 StGB-Österreich.
299 Vgl. BGHSt 7, 307; 37, 184; *Jescheck/Weigend*, § 55 I 2 b.
300 Ähnlich *Kühl*, Strafrecht AT, § 17 Rn. 15.
301 Vgl. BGHSt 4, 182, 185; 12, 75; OLG Karlsruhe NStZ-RR 2000, 141; Lackner/Kühl-*Kühl*, StGB § 15 Rn. 39.; *Gropp*, AT, § 12 Rn. 25; *Wessels/Beulke/Satzger*, Rn. 1124; aA MK-*Duttge*, StGB § 15 Rn. 114.

123 Weit wichtiger ist, dass durch Verhaltensleitlinien auch die Grenzen des die Sorgfaltspflicht einschränkenden „erlaubten Risikos" verbindlich festgelegt sein können, allerdings nur dann, wenn auch die Verhaltensregelung in rechtlich verbindlicher Form erlassen wurde. Denn erlaubt oder gebietet der Gesetzgeber selbst ein bestimmtes Verhalten, so akzeptiert er die typischerweise damit verbundenen Gefahren für die Rechtsgüter anderer oder der Allgemeinheit. Es wäre daher widersprüchlich, jemanden, der sich dieser gesetzlichen Leitlinie entsprechend verhält, wegen Fahrlässigkeit zu bestrafen, es sei denn, die aufgetretene Gefährdung oder Verletzung war – entgegen der abstrakten Einschätzung des Gesetzgebers – im konkreten Fall objektiv vorhersehbar.[302] Die beschriebene Wirkung entfalten konsequenterweise auch Verhaltensrichtlinien in Rechtsakten der EU-Organe.

Beispiel: Die Richtlinie 2009/48/EG des Parlaments und des Rates vom 18.6.2009 über die Sicherheit von Spielzeug[303] enthält in ihrem Anhang II einige äußerst konkrete Sicherheitsanforderungen. So werden im Hinblick auf den Schutz der Gesundheit der Kinder Grenzwerte für einige toxisch wirkende Stoffe in Spielzeugen aufgestellt, zB darf der Anteil von Arsen in flüssigen oder haftenden Spielzeugen maximal 0,9 mg/kg betragen. Unterschreitet nun ein Hersteller diesen Grenzwert, so bewegt er sich in Bezug auf die Gesundheitsgefährdung der mit dem Spielzeug unter normalen Umständen in Kontakt kommenden Kinder im Bereich des erlaubten Risikos. Ein eventuell auftretender Fall von Körperverletzung aufgrund einer Arsenvergiftung wäre daher nicht fahrlässig von ihm verursacht und unterfiele damit nicht dem § 229 StGB (fahrlässige Körperverletzung). Die Richtlinienvorschrift ist daher bei der Auslegung des Straftatbestands zu beachten, und zwar nicht erst, wenn diese durch den Gesetzgeber in nationales Recht umgesetzt ist, sondern nach zutreffender, wenngleich umstrittener Auffassung bereits ab Inkrafttreten der Richtlinie.[304]

124 Anzumerken bleibt, dass durch die Berücksichtigung unionsrechtlicher Sorgfaltsvorschriften die Grenzen unionsrechtskonformer Auslegung nicht überschritten werden. Ein Verstoß gegen die nationale Methodenlehre ist schon deshalb zu verneinen, weil die Fahrlässigkeitsdelikte als „offene", „ergänzungsbedürftige" Tatbestände angesehen werden, bei denen die tatbestandsmäßige Handlung vom Gesetzgeber nur generalklauselartig vorgegeben ist und dem Strafrichter somit immer eine beachtliche Konkretisierungsaufgabe zufällt. Man kann mit guten Gründen ganz allgemein Bedenken im Hinblick auf das Bestimmtheitsgebot des Art. 103 II GG erheben, wenn hier also der Richter im jeweiligen Einzelfall die tatbestandsmäßige Handlung erst noch „bestimmen" muss.[305] Jedenfalls dann, wenn man diese Zurückhaltung des Gesetzgebers billigt, folgt daraus eine Erweiterung der richterlichen Freiheit bei der Auslegung des Fahrlässigkeitstatbestandes. Dieser größere Spielraum des Richters bewirkt dann aber konsequenterweise auch, dass europarechtliche Vorgaben bei der richterlichen Konkretisierung des Sorgfaltsmaßstabs in größerem Umfang berücksichtigt werden können. Die nationalen Auslegungsschranken (Wortlaut, Sinn) stehen insoweit also nicht entgegen.

dd) Strafzumessung

125 Wie wir gesehen haben, können Widersprüche zwischen unionsrechtlichen Vorgaben und den Rechtsfolgen einer Strafnorm auftreten, die grds. zu einer Neutralisierung der

---

302 *Satzger*, Europäisierung, S. 610 ff.; zum Ganzen mwN MK-*Duttge*, StGB § 15 Rn. 135 ff.
303 ABl.EG 2009 Nr. L 170/1; in Deutschland umgesetzt durch die Zweite Verordnung zum Geräte- und Produktsicherheitsgesetz – 2. GPSGV vom 7.7.2011 (BGBl. 2011 I, S. 1350, 1470).
304 Zu dieser Streitfrage vgl. allgemein Streinz-*Schroeder* AEUV Art. 288 Rn. 115; im Zusammenhang mit der E-Commerce-Richtlinie der EG (ABl.EG 2000 Nr. L 178/1 f) s. auch *Satzger* CR 2001, 109 (114 f.).
305 S. dazu zB *Schlüchter*, Grenzen strafbarer Fahrlässigkeit, S. 18 f.

§ 9 Das nationale materielle Strafrecht unter der Einwirkung des Europarechts § 9

Strafnorm führen können. Jedoch gilt es zu bedenken, dass das Unionsrecht in diesen Fällen einer Bestrafung als solcher gar nicht im Wege steht. Strafbarkeitslücken durch Neutralisierung des gesamten Tatbestandes wären also unionsrechtlich nicht geboten und stünden zudem im Widerspruch zur Entscheidung des nationalen Gesetzgebers für eine Bestrafung. Hier kann wiederum eine Lösung über eine unionsrechtskonforme Auslegung des Strafzumessungsrechts gefunden werden, die eine echte Kollision zwischen nationaler Straffolge und unionsrechtlichen Grenzen vermeidet. Es ist – in den Worten des EuGH – die Aufgabe des innerstaatlichen Gerichts, „von seiner richterlichen Beurteilungsfreiheit Gebrauch zu machen, um zu einer Ahndung zu gelangen, die dem Charakter und dem Zweck der gemeinschaftsrechtlichen [jetzt: unionsrechtlichen] Vorschriften angemessen ist."[306]

Nun obliegt es gem. dem deutschen Strafzumessungsrecht nicht einfach der „Beurteilungsfreiheit" des Richters, welche Strafe er – innerhalb des gesetzlichen Strafrahmens – verhängt. Vielmehr gibt § 46 I StGB eine objektive Grundregel für die Strafzumessung vor, wonach die verhängte Strafe stets „schuldangemessen" sein muss. Allerdings entspricht nach hM nicht nur eine bestimmte Strafhöhe der Schuld, sondern es existiert ein Spielraum, innerhalb dessen jede Strafe schuldangemessen ist (sog. Spielraumtheorie)[307] und die konkrete Strafhöhe unter Berücksichtigung von Präventionsgesichtspunkten gefunden werden muss. Da eine Unterschreitung der schuldangemessenen Strafe in jedem Fall unzulässig ist, muss die Berücksichtigung des Unionsrechts – um eine Kollision zu vermeiden – bereits bei der Bestimmung der Schuld iSd § 46 I StGB ansetzen.

126

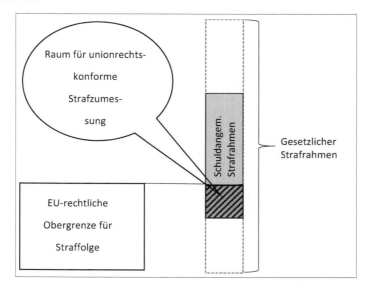

Diese sog. Strafzumessungsschuld erfasst das Maß der Vorwerfbarkeit bei der Verwirklichung des tatbestandsmäßigen Unrechts, welches durch Handlungs- und Erfolgsun-

127

---

306 EuGH Urt. v. 14.7.1977 – Rs. 8/77 „Sagulo", Rn. 12.
307 Vgl. BGHSt 7, 28, 32; 24, 132, 133; *Schäfer/Sander/v. Gemmeren*, Praxis der Strafzumessung, Rn. 828 ff.

recht gekennzeichnet ist.[308] Die Höhe der Strafe bemisst sich also primär danach, wie stark der Täter durch seine Tat die Rechtsordnung gestört und den Rechtsfrieden gebrochen hat.[309] Die unionsrechtlichen Strafobergrenzen ergeben sich – wie gesehen – aus der grundfreiheitlichen Relevanz des Täterverhaltens. Der Erfolgs- wie auch der Handlungsunwert der Tat erscheinen in diesen Fällen im unionsrechtlichen Kontext in einem milderen Licht. Die Grundfreiheiten beeinflussen so die Beurteilung der Frage, inwieweit der Rechtsfrieden gestört wurde. Das EU-Recht zeitigt in den hier interessierenden Konstellationen seine Auswirkungen damit bereits bei der Festlegung des Schuldrahmens. Hier ist somit der Ansatzpunkt für eine **unionsrechtskonforme Strafzumessung**. Das Gericht wird so in die Lage versetzt, den gesetzlich vorgegebenen Strafrahmen so weit nach unten auszuschöpfen, wie dies erforderlich ist, um den unionsrechtlichen Implikationen gerecht zu werden. Gegebenenfalls sind in diesen Fällen auch gesetzlich vorgesehene unbenannte Strafmilderungsgründe heranzuziehen, um ein zulässiges Strafmaß zu erreichen.[310]

128 Komplizierter gestaltet sich die Sachlage allerdings dann, wenn das deutsche Strafgesetz eine im Mindestmaß erhöhte Strafe und somit eine Mindeststrafe vorschreibt bzw. eine Strafart vorsieht, die mit dem Unionsrecht nicht vereinbar ist. Darf das Gericht das vorgesehene Mindestmaß unterschreiten und auf eine mildere Strafe erkennen? Besteht also beispielsweise die Möglichkeit, die Strafdrohung „[…] Freiheitsstrafe von mindestens drei Monaten […]" so zu handhaben, dass eine Freiheitsstrafe von nur zwei Monaten verhängt wird, weil allein diese den unionsrechtlichen Vorgaben entspricht? Oder kann der Richter eigenmächtig eine andere – wenngleich mildere – Sanktionsart vorsehen, insbesondere also über die Grenzen des § 47 II StGB hinaus auf Geldstrafe erkennen, obwohl gesetzlich nur Freiheitsstrafe vorgesehen ist? Eine unionsrechtskonforme Auslegung ist nur im Rahmen der nationalen Methodik zulässig. Die Bestimmung der für die einzelnen Delikte verhängbaren Strafen obliegt nach Art und Maß ausschließlich dem Gesetzgeber. Demnach darf der Richter nicht an dessen Stelle treten und eine Strafe verhängen, die von der Legislative (so) nicht vorgesehen ist. Wenn also der eindeutige Wortlaut der Strafnorm dem Richter keinen Spielraum belässt, so kann ein unionsrechtskonformes Ergebnis durch entsprechende Auslegung nicht mehr erreicht werden. Wenn der Strafrichter aber keine Strafe verhängen kann, die nicht gegen Unionsrecht verstößt, so folgt daraus, dass die Tat – wenn sie nicht noch unter einen weiteren oder allgemeineren Straftatbestand fällt – straflos bleiben muss.

Es ist offensichtlich, dass diese Lösung rechtspolitisch nicht befriedigen kann, so dass versucht werden sollte, *de lege ferenda* einen Weg zu finden, der für diese Fälle ein Abgehen von der gesetzlichen Mindeststrafe ermöglicht, ohne dem Gesetzlichkeitsprinzip zu widersprechen.[311]

4. Die Bedeutung von Rahmenbeschlüssen für die Strafrechtsanwendung

129 Die bisherigen Ausführungen zur Neutralisierung und zur europarechtskonformen Auslegung gelten uneingeschränkt im Hinblick auf alle zukünftig – im Rahmen der su-

---

308 *Schäfer/Sander/v. Gemmeren*, Praxis der Strafzumessung, Rn. 573 ff.; S/S-*Kinzig*, StGB § 46 Rn. 9a; ähnlich Lackner/Kühl-*Kühl*, StGB § 46 Rn. 23; *Bruns*, Das Recht der Strafzumessung, 2. Aufl., S. 145 f.
309 *Frisch* ZStW 99 (1987), 349, 388; *Schäfer/Sander/v. Gemmeren*, Praxis der Strafzumessung, Rn. 573 ff.
310 Vgl. zur Zulässigkeit dieser Vorgehensweise LK-*Dannecker*, StGB § 1 Rn. 270.
311 Ein Gesetzesvorschlag findet sich bei *Satzger*, Europäisierung, S. 635.

pranational strukturierten EU – erlassenen Rechtsakte, ebenso bzgl. aller noch geltenden, auf Grundlage des EG-Rechts erlassenen Rechtsakte. Allerdings lassen sich diese Grundsätze nicht ohne Weiteres auf Rahmenbeschlüsse übertragen, die notwendigerweise vor dem Inkrafttreten des Vertrags von Lissabon im Rahmen der (primär intergouvernemental strukturierten) dritten Säule der EU erlassen worden sind. Rahmenbeschlüsse sind – gem. Art. 9 des Protokolls Nr. 36 zum Vertrag von Lissabon über Übergangsbestimmungen[312], der den EUV, AEUV und EAG-Vertrag entsprechend ändert – solange wirksam bis sie (dann idR durch Richtlinie[313]) aufgehoben, für nichtig erklärt oder geändert werden.[314] Die während eines fünfjährigen Übergangszeitraums vorgesehenen Beschränkungen (Ausschluss des Vertragsverletzungsverfahrens durch die Kommission, nur beschränkte gerichtliche Zuständigkeit des EuGH) sind seit dem 1.12.2014 weggefallen.[315] Die unveränderten Rahmenbeschlüsse behalten ihre bisherige Rechtswirkung, sind also keine Richtlinien und dürfen auch nicht einfach wie Richtlinien behandelt werden.[316] Denn richtigerweise führen zeitlich nachfolgende Veränderungen von einzelnen Bestimmungen der Rahmenbeschlüsse durch Richtlinien nicht zu einer Umwandlung des gesamten Rahmenbeschlusses in eine Richtlinie. Es führt also die bloß punktuelle „Berührung" eines Rahmenbeschlusses durch eine Änderungsrichtlinie nicht dazu, dass (vergleichbar einer Berührung durch König Midas „goldene Hand") der gesamte Rahmenbeschluss den Rechtscharakter einer Richtlinie (mit allen Folgen, zB mit der Möglichkeit einer unmittelbaren Wirkung) erlangt. Nur die konkret durch die Richtlinie geänderten Vorschriften erlangen somit Richtliniencharakter. Der nicht veränderte Teil bleibt seiner Rechtsnatur nach ein Rahmenbeschluss. Folglich entstehen unvermeidlich (rechtlich nicht leicht in den Griff zu bekommende) Rechtsakte gemischter Art.[317]

Rahmenbeschlüsse können keine unmittelbare Wirkung entfalten (vgl. Art. 34 II lit. b EUV aF)[318], so dass auch eine durch sie ausgelöste **Neutralisierungswirkung** gegenüber nationalen Straftatbeständen undenkbar ist.

Demgegenüber ist nationales Straf- und Strafverfahrensrecht (nach wie vor) rahmenbeschlusskonform auszulegen. Eine solche Pflicht hatte der EuGH 2005 in seiner *Pupino*-Entscheidung[319] aus einer auch für die frühere dritte Säule begründeten Loyalitätspflicht der Mitgliedstaaten gegenüber der EU sowie der Ähnlichkeit zwischen Richtlinien und Rahmenbeschlüssen abgeleitet. Aus der Anordnung zur Fortgeltung der Rahmenbeschlüsse lässt sich folgern, dass auch die Pflicht zur rahmenbeschlusskonformen Auslegung fortbesteht.[320] Jedoch sind auch hier die Grenzen europarechtskonformer

---

312 ABl.EU 2008 Nr. C 115/322.
313 Dazu umfassend *Satzger* NJECL 7 (2015), 528.
314 Dazu *Giannakoul* EuCLR 7 (2017), 275.
315 S. Art. 10 des Protokolls Nr. 36 über die Übergangsbestimmungen, ABl.EU 2008 Nr. C 115/322.
316 Zur Problematik der Rechtsnatur eines durch Richtlinie geänderten Rahmenbeschlusses *Satzger* NJECL 6 (2015), 528.
317 Ausf. dazu *Satzger* NJECL 6 (2015), 528 ff.
318 So auch *Grasso* NJECL 7 (2015), 494, 497; *Karsai* ZIS 2016, 24 (31 ff.); *Lenaerts*, ICLQ 59 (2010), 255, 270 f.; Schwarze-*Herrnfeld* AEUV Art. 67 Rn. 37 ff.; aA – jedoch mit nicht überzeugender Begründung (nicht geregelte Handlungsform sei durch Rückgriff auf Art. 288 AEUV zu lösen, so dass der Ausschluss der unmittelbaren Anwendbarkeit von Rahmenbeschlüssen in Art. 34 EUV aF nicht mehr gelte) – Grabitz/Hilf/Nettesheim-*Röben* AEUV Art. 67 Rn. 162.
319 EuGH Urt. v. 16.6.2005 – Rs. C-105/03 „Pupino"; s. dazu etwa *Hillgruber* JZ 2005, 841; *Safferling*, Int. Strafrecht, § 11 Rn. 51 f.; *Tinkl* StV 2006, 36 (39); *von Unger* NVwZ 2006, 49.
320 S. auch EuGH Urt. v. 29.6.2017 – Rs. C-579/15 „Poplawski", Rn. 31 ff.; ebenso *Lenaerts*, ICLQ 59 (2010), 255, 270 f.; Schwarze-*Herrnfeld* AEUV Art. 67 Rn. 37 ff.

Interpretation zu beachten (dazu → Rn. 105).[321] Eine strafrechtliche Verantwortlichkeit darf somit niemals ausschließlich auf einen Rahmenbeschluss gestützt werden.[322] Im Ergebnis bestehen daher methodisch keine Unterschiede zwischen der unionsrechtskonformen und der rahmenbeschlusskonformen Auslegung. Die früheren Streitfragen in diesem Zusammenhang bezogen sich va auf die Vereinbarkeit der rahmenbeschlusskonformen Auslegung mit der Rechtsnatur der EU alter Prägung.[323] Diese Fragen stellen sich so aber nicht mehr.

130 **WIEDERHOLUNGS- UND VERTIEFUNGSFRAGEN**

> Warum ist das nationale Strafrecht der Mitgliedstaaten dem Einfluss des Europäischen Rechts grds. ausgesetzt? (→ Rn. 1 ff.)
> Inwiefern setzt das Recht der EU dem nationalen Strafgesetzgeber Grenzen bei der Ausgestaltung der nationalen Straftatbestände? (→ Rn. 11 ff., 25 ff., 35 ff.)
> Hat die EU bereits Maßnahmen zur Harmonisierung des nationalen materiellen Strafrechts ergriffen? (→ Rn. 37)
> Unter welchen Voraussetzungen kann die EU die nationalen Strafrechtsordnungen in materieller Hinsicht angleichen? (→ Rn. 38 ff., 42 ff., 59 ff.)
> Inwieweit erfolgt durch Maßnahmen der EU auch eine Harmonisierung im Bereich des Allgemeinen Teils und auf Rechtsfolgenseite? Wie sind diese Ansätze zu bewerten? (→ Rn. 50 ff.)
> Welchen Zweck hat die „Notbremsenregelung" in Art. 83 III AEUV und wann greift sie ein? (→ Rn. 55, 57 f., 60 ff.)
> Was ist ein Blankettstrafgesetz? Welche besondere Bedeutung haben derartige Blankettgesetze im Zusammenhang mit europarechtlichen Ver- und Geboten? (→ Rn. 69 ff.)
> Sind Blankettstrafgesetze, die eine Verweisung auf EU-Recht enthalten, im Vergleich zu rein nationalen Strafblanketten in erhöhtem Maße verfassungsrechtlichen Bedenken ausgesetzt? (→ Rn. 77 ff.)
> Wie muss ein nationaler Richter reagieren, wenn ein nationales Strafgesetz im Widerspruch zu EU-Recht steht? (→ Rn. 92 ff.)
> Was versteht man unter einer scheinbaren Kollision zwischen nationalem Recht und Unionsrecht und wie ist diese zu behandeln? (→ Rn. 93, 101)
> Woraus folgt die Pflicht zur unionsrechtskonformen Auslegung und worin findet diese im Bereich des Strafrechts ihre Grenzen? (→ Rn. 103 ff.)
> Entfalten Rahmenbeschlüsse potenziell Wirkungen bei der Anwendung deutschen Strafrechts? (→ Rn. 129)

Aktuelle und weiterführende Literatur: *Böse*, Die Entscheidung des Bundesverfassungsgerichts zum Vertrag von Lissabon und ihre Bedeutung für die Europäisierung des Strafrechts, ZIS 2010, 76; *ders.*, Die Harmonisierung des materiellen Strafrechts durch das Völker- und Europarecht. Ein Überblick, ZJS 2019, 1, 85; *Cornelius*, Europäisches Verbraucherleitbild und nationales Betrugsstrafrecht am Beispiel von Kostenfallen im Internet, NStZ 2015, 310; *Corral-Maraver*, Irra-

---

321 S. hierzu auch BGH Urt. v. 3.12.2009, 3 StR 277/09 (Rn. 28) = NJW 2010, 1979 (1981).
322 EuGH Urt. v. 16.6.2005 – Rs. C-105/03 „Pupino", Rn. 43 ff.
323 S. nur *Rackow* ZIS 2008, 526 (529 f.); umfassend *Gänswein*, Der Grundsatz unionsrechtskonformer Auslegung nationalen Rechts, S. 126 ff. mwN.

tionality as a Challenge to European Criminal Policy, EuCLR 7 (2017), 123; *Folz*, Karlsruhe, Lissabon und das Strafrecht – ein Blick über den Zaun, NStZ 2009, 427; *Gercke*, Die Harmonisierung des europäischen Strafrechts am Beispiel des Internetstrafrechts, StV 2016, 391; *Giannakoul*, Framework Decisions under the Lisbon Treaty: Current Status and Open Issues, EuCLR 7 (2017), 275; *Hecker*, Die richtlinienkonforme und die verfassungskonforme Auslegung im Strafrecht, JuS 2014, 285; *Heger*, Unionsrechtskonforme Auslegung des Betrugstatbestandes?, HRRS 2014, 467; *Kaiafa-Gbandi*, The Post-Lisbon Approach Towards the Main Features of Substantive Criminal Law: Developments and Challenges, EuCLR 5 (2015), 3; *dies.*, Jurisdictional Conflicts in Criminal Matters and their Settlement within the EU's Supranational Settings, EuCLR 7 (2017), 30; *dies.*, ECJ's Recent Case-Law on Criminal Matters: Protection of Fundamental Rights in EU Law and its Importance for Member States' National Judiciary, EuCLR 7 (2017), 219; *Karsai*, The legality of criminal law and the new competences of the TFEU, ZIS 2016, 24; *Langheld*, Multilingual Norms in European Criminal Law, EuCLR 6 (2016), 39; *Mansdörfer*, Das europäische Strafrecht nach dem Vertrag von Lissabon, HRRS 2010, 11; *Mylonopoulos*, Strafrechtsdogmatik in Europa nach dem Vertrag von Lissabon, ZStW 123 (2011), 633; *Petzold*, Entwurf eines Gesetzes zur strafrechtlichen Bekämpfung von gegen die finanziellen Interessen der Union gerichtetem Betrug, EuZW 2019, 365; *Rönnau/Wegner*, Grund und Grenzen der Einwirkung des europäischen Rechts auf das nationale Strafrecht – ein Überblick unter Einbeziehung aktueller Entwicklungen, GA 2013, 561; *Satzger*, Das europarechtliche Verhältnismäßigkeitsprinzip als Maßstab für eine europäische Kriminalpolitik, Neue Kriminalpolitik 2008, 91; *ders.*, Das Strafrecht als Gegenstand europäischer Gesetzgebungstätigkeit, KritV 2008, 17; *ders.*, The Harmonisation of Criminal Sanctions in the EU – A New Approach, eucrim 14 (2019), 115; *ders./Langheld*, Europarechtliche Verweisungen in Blankettstrafgesetzen und ihre Vereinbarkeit mit dem Bestimmtheitsgebot, HRRS 2011, 460; *Viganò*, Melloni overruled? Considerations on the ‚Taricco II' judgment of the Court of Justice, NJECL 9 (2018), 18; *F. Zimmermann*, Tendenzen der Strafrechtsangleichung in der EU – dargestellt anhand der Bestrebungen zur Bekämpfung von Terrorismus, Rassismus und illegaler Beschäftigung, ZIS 2009, 1; *ders.*, Die Auslegung künftiger EU-Strafrechtskompetenzen nach dem Lissabon-Urteil des Bundesverfassungsgerichts, Jura 2009, 844.

§ 10 Strafverfolgung in Europa

1 Bezogen sich die bisherigen Ausführungen in erster Linie auf das materielle Strafrecht, so soll im Anschluss ein Überblick über die wichtigsten Institutionen, Entwicklungen und Probleme im Zusammenhang mit der grenzüberschreitenden, europaweiten Strafverfolgung gegeben werden, die nicht zuletzt in der Folge der Terroranschläge auf das World Trade Center am 11.9.2001 sowie weiterer erschütternder Vorkommnisse auf dem europäischen Kontinent in das Zentrum des rechtspolitischen Interesses gerückt ist.

Die Europäische Union erhebt in Art. 67 I AEUV den Anspruch, einen Raum der Freiheit, der Sicherheit und des Rechts zu bilden. Sie setzt sich gem. Art. 67 III AEUV das Ziel, durch ihre Maßnahmen ein hohes Maß an Sicherheit zu gewährleisten. Der Dreiklang „Freiheit – Sicherheit – Recht" macht deutlich, dass das angestrebte ‚Mehr' an Sicherheit nicht auf Kosten der Freiheit gehen darf, sondern dass zwischen den häufig gegensätzlichen Elementen Freiheit und Sicherheit stets ein ausgewogenes Verhältnis zu wahren ist.[1] Die Maßnahmen der Union betreffen – wie Abs. 3 deutlich macht – die Koordinierung und Zusammenarbeit von Polizeibehörden und Organen der Strafrechtspflege (→ Rn. 2 ff.) sowie die gegenseitige Anerkennung strafrechtlicher Entscheidungen (→ Rn. 26 ff.) und erforderlichenfalls auch die Angleichung der strafverfahrensrechtlichen Rechtsvorschriften (→ Rn. 93 ff.). Das grenzüberschreitende Verbot der Doppelbestrafung (*ne bis in idem*) innerhalb der EU stellt eine praktisch besonders wichtige und beschuldigtenfreundliche Ausprägung des Prinzips der gegenseitigen Anerkennung dar (dazu → Rn. 60 ff.).

I. Strafverfolgungsinstitutionen auf EU-Ebene

2 Zum Zwecke der Zusammenarbeit der nationalen Polizeibehörden sowie der Organe der Strafrechtspflege sind das Europäische Polizeiamt, genannt „Europol", bzw. die zentrale Europäische Stelle für justizielle Zusammenarbeit mit Namen „Eurojust" geschaffen worden. Zur Bekämpfung von Betrug und Korruption sowie sonstiger Handlungen zum Nachteil der EU existiert darüber hinaus als weisungsunabhängige Dienststelle der Kommission das Europäische Amt für Betrugsbekämpfung (OLAF).

1. Europol

3 Europol wurde durch das am 26.7.1995 auf Grundlage des Art. K.3 EUV (idF des Vertrags von Maastricht) geschlossene **Europol-Übereinkommen**[2] als Internationale Organisation mit Sitz in Den Haag gegründet.[3] Nachdem dieses Übereinkommen am 1.10.1998 in Kraft getreten war, konnte das Europäische Polizeiamt am 1.7.1999 seine Arbeit aufnehmen. Die Ausgestaltung bzw. Modifizierung der rechtlichen Grundlage durch völkerrechtliche Übereinkommen hat sich jedoch als unpraktisch und „sperrig" erwiesen, weil für ein Inkrafttreten die Ratifizierung durch alle Vertragsstaaten erfor-

---

[1] KOM (1998) 459 endg., S. 1, 11.
[2] ABl.EG 1995 Nr. C 316/2, BGBl. 1997 II, S. 2154; ergänzt wurde das Übereinkommen durch das Protokoll über die Zuständigkeit des EuGH für Vorabentscheidungsverfahren, ABl.EG 1996 Nr. C 299/2, BGBl. 1997 II, S. 2172, sowie durch das Protokoll über die Vorrechte und Immunitäten für Europol-Bedienstete, ABl.EG 1997 Nr. C 221/2, BGBl. 1998 II, S. 975.
[3] Zum Vorläufer von Europol, der European Drug Unit, vgl. *de Moor/Vermeulen* CMLR 47 (2010), 1089, 1090 ff. und *Hecker*, Eur. Strafrecht, § 5 Rn. 57 f.; vgl. ferner Sieber/Satzger/v. Heintschel-Heinegg-*Neumann*, Europ. StR, § 44 Rn. 1 ff.; *Safferling*, Int. Strafrecht, § 12 Rn. 4.

derlich ist. Aus diesem Grund wurde Europol noch zum Rechtsstand des Vertrags von Nizza durch einen Beschluss des Rates, der ohne aufwändigen Ratifikationsprozess in den Mitgliedstaaten in Kraft treten konnte, auf eine neue Grundlage[4] im Sekundärrecht gestützt. Am 11.5.2016 wurde dieser Beschluss zurückgewiesen und vom Europäischen Parlament sowie dem Rat durch eine Verordnung ersetzt, welche auf Grundlage des Art. 88 II AEUV den Aufbau, die Arbeitsweise, den Tätigkeitsbereich und die Aufgaben von Europol festlegt (Europol-VO).[5]

Ausweislich des neuen Art. 9 der Europol-VO, verfügt Europol über zwei **Hauptorgane**: Den Verwaltungsrat, der von den Mitgliedstaaten besetzt wird und über grundlegende Fragen außerhalb der täglichen Praxis entscheidet sowie den Exekutivdirektor, der die Tagesgeschäfte leitet. Soweit dies sinnvoll erscheint, kann der Verwaltungsrat zur Erfüllung bestimmter Aufgaben auch weitere beratende Gremien einsetzen.

Die **Zuständigkeit** von Europol erstreckt sich gem. Art. 88 I AEUV auf schwere Kriminalität, Terrorismus und Kriminalitätsformen, die ein gemeinsames Interesse verletzen, das Gegenstand einer Politik der Union ist. Art. 3 I Europol-VO verweist zur Konkretisierung dieser weiteren Kriminalitätsformen auf Anhang I der Verordnung. Dieser enthält eine Liste, wonach ua auch Drogenhandel, Schleuserkriminalität, Menschenhandel, vorsätzliche Tötung, Computerkriminalität, Korruption und Betrugsdelikte in die Zuständigkeit von Europol fallen. Im Verhältnis zur neu begründeten Europäischen Staatsanwaltschaft (dazu → Rn. 21 ff.) ergibt sich für Europol aus Art. 88 I AEUV eine allgemeine Unterstützungspflicht, die gem. Art. 102 I der EuStA-VO durch eine Arbeitsvereinbarung festgelegt wird.

Beim europäischen Polizeiamt handelt es sich allerdings (noch)[6] nicht um eine operationelle Polizei mit exekutiven Befugnissen, wie sie aus dem innerstaatlichen Bereich der Mitgliedstaaten bekannt ist. Die **Aufgaben** von Europol beschränken sich derzeit primär auf die Gewährleistung einer verstärkten Zusammenarbeit der nationalen Polizeibehörden sowie auf die Unterstützung der Strafverfolgung in den Mitgliedstaaten.[7] Zu diesem Zweck errichtet oder benennt jeder Mitgliedstaat gem. Art. 7 der Europol-VO eine nationale Stelle (in Deutschland: das Bundeskriminalamt[8]), die als einzige Verbindungsstelle zwischen Europol und den zuständigen Behörden des jeweiligen Mitgliedstaates tätig wird und mindestens einen Verbindungsbeamten zu Europol entsendet, vgl. Art. 8 Europol-VO. Diese sollen für einen reibungslosen und unkomplizierten Informationsaustausch zwischen nationaler Kontaktstelle und Europol sowie anderen Verbindungsbeamten sorgen.[9]

Zur Erfüllung seiner Aufgaben unterhält Europol ein **automatisiertes Informationssystem**[10], in dem Daten gesammelt und analysiert werden, um sie dann den Mitgliedstaaten zur Verfügung zu stellen. Darin enthalten sind Daten über Personen, die einer

---

4 Beschluss des Rates 2009/371/JI, ABl.EU 2009 Nr. L 121/37.
5 VO (EU) Nr. 2016/794, ABl.EU 2016 Nr. L 135/53; s. hierzu *Priebe* EuZW 2016, 894.
6 Zu möglichen Aufgabenerweiterungen s. Art. 88 II UA 1 AEUV. Auch wenn Europol grds. die Kompetenz zur Durchführung von Ermittlungen und operativen Maßnahmen zuerkannt werden kann, stellt Art. 88 III AEUV klar, dass diese Durchführung nur in Zusammenarbeit mit den Behörden des Mitgliedstaates erfolgen darf, deren Hoheitsgebiet betroffen ist. Die Anwendung von Zwangsmaßnahmen bleibt diesen vorbehalten.
7 Zu den spezifischen Aufgaben von Europol, vgl. Art. 4 Europol-VO.
8 § 1 EuropolG v. 16.12.1997, BGBl. II, S. 2150, zuletzt geändert durch Gesetz v. 23.6.2017, BGBl. I, S. 1882.
9 *Schuster* Kriminalistik 2000, 74 (78 f.).
10 Art. 10 ff. des Ratsbeschlusses 2009/371/JI, ABl.EU 2009 Nr. L 121/37; ausf. zum Europol-Informationssystem aus polizeilicher Sicht *Manske* Kriminalistik 2001, 105.

Straftat im Zuständigkeitsbereich von Europol verdächtig oder bereits verurteilt sind, oder bei denen eine tatsachenbasierte, hinreichende Gefahr der Begehung einer solchen Straftat besteht (Art. 18 II Europol-VO). Die Informationen werden in erster Linie von den nationalen Verbindungsstellen, darüber hinaus aber auch von den Organen der Union, von Drittstaaten, internationalen Organisationen sowie von Privaten übermittelt, Art. 17 I Europol-VO. Außerdem ist Europol nun gem. Art. 17 II Europol-VO befugt, Daten aus öffentlich zugänglichen Quellen zu verarbeiten. Den unmittelbaren Zugriff auf das Informationssystem zur Eingabe oder Abruf von Daten haben gem. Art. 20 I, 18 II lit. a, b Europol-VO ausschließlich Mitgliedstaaten (durch die nationalen Verbindungsstellen und die Verbindungsbeamten) zum Zwecke der Auswertung und des Abgleichs mit nationalen Datenbanken. Zudem kann noch ein eng definierter Kreis von Europol-Beamten auf Geheiß des Exekutivdirektors zugreifen, Art. 20 IV Europol-VO.

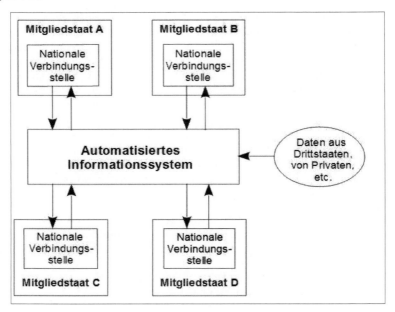

8 Angesichts der Hauptfunktion von Europol als Datensammlungsstelle nimmt der Datenschutz breiten Raum innerhalb der Europol-VO ein. Kapitel VII der Europol-VO implementiert daher ein detailliertes System des **Datenschutzes,** das das Ziel verfolgt, ein autonomes Regime mit hohem Schutz bzgl. individueller Rechte zu errichten, welches seinerseits wiederum mit anderen Datenschutz-Instrumenten im Bereich der polizeilichen Zusammenarbeit der Union im Einklang steht.[11]

9 Der sog. Europäische Datenschutz Beauftragte (EDSB) (Art. 43 Europol-VO) übt die Rechtsaufsicht über die Wahrung der Grundrechte und Freiheiten der Individuen im Rahmen von Europol aus. Er entscheidet rechtskräftig über Beschwerden Einzelner nach Art. 47 Europol-VO gegen nicht stattgegebene Anträge auf Auskunft, Berichti-

---

11 Erwägungsgrund Nr. 40 der Präambel zur Europol-VO.

gung und Löschung. Entscheidungen des EDSB können nach Art. 48 Europol-VO vom EuGH überprüft werden.

Darüber hinaus gesteht Art. 50 I der Europol-VO dem Einzelnen, der wegen einer widerrechtlichen Datenverarbeitung einen Schaden erlitten hat, einen Kompensationsanspruch entweder gegen Europol selbst oder gegen einen Mitgliedstaat zu. Über diesen Anspruch entscheidet entweder der EuGH oder das zuständige nationale Gericht. Dieses mit dem EDSB verknüpfte Rechtsschutzsystem hat den vorherigen Mechanismus der gemeinsamen Kontrollinstanz nach Art. 34 des Europol-Beschlusses ersetzt. Die damaligen Entscheidungen der gemeinsamen Kontrollinstanz waren nicht anfechtbar, Art. 34 VIII Europol-Beschluss. Ein solch rein interner Kontrollmechanismus sah sich daher der berechtigten Kritik ausgesetzt, weder den internationalen Standards des fairen Verfahrens (Art. 6 EMRK), des ordentlichen Verfahrens, des Rechtsschutzes noch den nationalen Verfassungsstandards gerecht zu werden. Insoweit stellt die Europol-VO zumindest einen richtigen Schritt hin zu mehr Datenschutz und individuellem Freiheitsschutz auf europäischer Ebene dar.

Viel diskutierte Problempunkte bleiben die demokratische Legitimation[12]; daneben aber va – gerade auch im Hinblick auf die künftige Entwicklung – die justizielle Einbindung von Europol und die Rechtfertigung der Immunität von Europol-Bediensteten nach Art. 63 I Europol-VO iVm Art. 11 des Protokolls über die Vorrechte und Befreiungen der Europäischen Union.[13] Jedenfalls dann, wenn die EU Europol auf Grundlage des Art. 88 AEUV mit unionsrechtlichen Handlungsbefugnissen ausstattet, muss gleichzeitig Rechtsschutz (bzgl. Einzelakten der Datenschutzkontrolle, bzgl. operativen Handelns) vor den nationalen Gerichten – mit Vorlagemöglichkeit zum EuGH (Art. 267 AEUV) – gewährleistet sein; dies verlangt Art. 47 GRC.[14] Entsprechendes gilt für die Einschränkung der Immunität der Europol-Bediensteten. Schon jetzt sind Europol-Bedienstete, die an gemeinsamen Ermittlungsgruppen teilnehmen, nicht von nationaler Gerichtsbarkeit ausgenommen;[15] bei künftiger Ausstattung von Europol mit operativen Befugnissen darf sich die Immunität nicht auf daran beteiligte Bedienstete erstrecken.[16]

2. Eurojust

Als eine Art Parallelkonstruktion zu Europol auf Seiten der Justiz ist – entsprechend der Vereinbarung des Europäischen Rats von Tampere[17] – durch **Beschluss vom 28.2.2002**[18] die zentrale Europäische Stelle für justizielle Zusammenarbeit unter der Bezeichnung „Eurojust" errichtet worden. Sie ist mit Rechtspersönlichkeit ausgestat-

---

12 S. hierzu die Vorschläge der Kommission in KOM (2010) 776 endg.
13 Protokoll (Nr. 7) über die Vorrechte und Befreiungen der Europäischen Union, ABl.EU 2008 Nr. C 115/266. Hierzu mwN Streinz-*Dannecker* AEUV Art. 88 Rn. 30 ff.; *von Arnauld* JA 2008, 327 (332 ff.).
14 Grabitz/Hilf/Nettesheim-*Röben* AEUV Art. 88 Rn. 16.
15 VO 371/2009 zur Änderung der VO 549/69 zur Bestimmung der Gruppen von Beamten und sonstigen Bediensteten der Europäischen Gemeinschaften, auf welche die Art. 12, 13 II und Art. 14 des Immunitäts-Protokolls Anwendung finden, ABl.EU 2009 Nr. L 121, S. 1.
16 Streinz-*Dannecker* AEUV Art. 88 Rn. 36.
17 Schlussfolgerung Nr. 46.
18 Beschluss des Rates 2002/187/JI, ABl.EG 2002 Nr. L 63/1, der durch die Verordnung (EU) Nr. 2018/1727 (Eurojust-VO) aufgehoben wurde; s. auch Sieber/Satzger/v. Heintschel-Heinegg-*Grotz*, Europ. StR, § 45 Rn. 1 ff.

tet; ihr Sitz ist ebenfalls Den Haag.[19] Seit dem Vertrag von Lissabon ist Eurojust primärrechtlich in Art. 85 AEUV verankert. Die nunmehr nach Art. 85 I UA 2 AEUV bestehende Kompetenz, den Tätigkeitsbereich von Eurojust durch Verordnung festzulegen, wurde durch die Verordnung (EU) 2018/1727 (Eurojust-VO)[20] mittlerweile ausgeübt. Durch die Verordnung wird insbesondere das Verhältnis zur EuStA (dazu → Rn. 21 ff.) geregelt.

12 Nicht zu verwechseln ist Eurojust mit dem sog. **Europäischen Justiziellen Netz** (EJN). Mit diesem Begriff wird ein 1998 durch eine Gemeinsame Maßnahme[21] eingerichteter Verbund nationaler Kontaktstellen bezeichnet, der die justizielle Zusammenarbeit zwischen den Mitgliedstaaten – gerade im Bereich der Rechtshilfe – vereinfachen soll. Das EJN unterhält ein Sekretariat in Den Haag. Die nationalen Kontaktstellen (in Deutschland das Bundesamt für Justiz) werden von den Mitgliedstaaten selbst eingerichtet. Insgesamt gibt es 350 solcher Kontaktstellen innerhalb der EU. Insbesondere durch seine informelle Natur und die kurzen Wege wird das EJN von den Praktikern besonders geschätzt.[22] Somit ist es zu einem wichtigen Element der transnationalen Kooperation innerhalb der EU geworden.[23]

13 Die **Funktion von Eurojust** ist im Wesentlichen die einer „Dokumentations- und Clearingstelle" zur Erleichterung grenzüberschreitender Strafverfolgung.[24] Ähnlich der Struktur von Europol[25] ist Eurojust mit sog. „nationalen Mitgliedern" (Richtern, Staatsanwälten oder Polizeibeamten) besetzt. Diese haben den Status eines Staatsanwalts, Richters oder Vertreters einer Justizbehörde mit den gleichwertigen Befugnissen eines Staatsanwalts oder Richters nach Maßgabe des nationalen Rechts (Art. 7 IV der Eurojust-VO). Wie ihre innerstaatlichen Kollegen haben sie deshalb Zugang zu den nationalen (Straf-)Registern (Art. 9 Eurojust-VO[26]). Damit soll nicht nur gewährleistet werden, dass eine zentrale Stelle für schnelle Rechtsauskünfte und effektiven Informationsaustausch zwischen den an der Strafverfolgung beteiligten Mitgliedstaaten zur Verfügung steht. Vielmehr soll die Tatsache, dass die nationalen Mitglieder selbst – in möglichst gleichwertigem Umfang – strafprozessuale Befugnisse ausüben können, eine Strafverfolgung über die Grenzen hinweg erleichtern.[27] Eurojust arbeitet darüber hinaus auf eine Koordinierung von Ermittlungs- und Strafverfolgungsmaßnahmen hin, um so Doppelarbeit und Zuständigkeitskonflikte zu vermeiden. Zu den Aufgaben gehört neben der Informationsübermittlung die Unterstützung der nationalen Behörden, etwa durch Anregungen bzgl. der Einleitung oder Durchführung von Ermittlungen oder im Rahmen der Rechtshilfe.

---

19 Bereits am 3.1.2001 hatte eine Pro-Eurojust genannte „vorläufige Stelle zur justiziellen Zusammenarbeit" ihre Tätigkeit auf Grundlage eines Beschlusses des Rates 2000/799/JI, ABl.EG 2000 Nr. L 324/2 aufgenommen, die durch Eurojust ersetzt worden ist; s. dazu *Barbe*, RMC 2002, 5, 7.
20 ABl.EU 2018 Nr. L 295/138: s. hierzu den Entwurf eines Gesetzes zur Durchführung der Eurojust-Verordnung in BT-Drs. 19/13451.
21 Gemeinsame Maßnahme 98/428/JI, ABl.EG 1998 Nr. L 191/4; mittlerweile ersetzt durch Ratsbeschluss 2008/976/JI, ABl.EU 2008 Nr. L 348/130.
22 Vgl. auch *Ahlbrecht*, in: Ahlbrecht ua (Hrsg.), Int. Strafrecht, Rn. 1487.
23 Zu näheren Informationen s. die Internetseite http://www.ejn-crimjust.europa.eu (Stand 1/20).
24 Vgl. dazu *Schomburg* ZRP 1999, 237 (239); ausf. *Suominen*, MJECL 15 (2008), 217, 222 ff.
25 *Ahlbrecht*, in: Ahlbrecht ua (Hrsg.), Int. Strafrecht, Rn. 1488.
26 Insoweit soll in § 41 I Nr. 1 BZRG ein entsprechendes Auskunftsrecht des nationalen Mitglieds normiert werden, BT-Drs. 19/13451 S. 10.
27 Dazu *Barbe* RMC 2002, 5, 8.

Nach Art. 85 I AEUV ist Eurojust zuständig für die Ermittlung und Verfolgung schwerer Kriminalität, wenn mindestens zwei Mitgliedstaaten betroffen sind oder die Verfolgung auf gemeinsamer Grundlage erforderlich ist. Angesichts dieser spezifischen Rolle von Eurojust bei der Koordinierung der Ermittlung und Verfolgung schwerer grenzüberschreitender Kriminalität, ist die Tätigkeit von Eurojust auf Fälle mit Koordinierungsbedarf zu begrenzen. In anderen Fällen, in denen der grenzüberschreitenden Dimension bereits durch den Austausch von Informationen bzw. die Übermittlung gerichtlicher Schriftstücke begegnet werden kann, ist insbesondere auf das EJN (dazu → Rn. 12) zurückzugreifen.[28] Einzelheiten zur Zuständigkeit von Eurojust – insbes. im Verhältnis zur EuStA – finden sich in Art. 3 der Eurojust-VO (dazu → Rn. 17).

Eurojust wird zur automatisierten Datenverarbeitung autorisiert, wobei auch hier genaue Vorgaben hinsichtlich des Datenschutzes gemacht werden, ein eigener unabhängiger Datenschutzbeauftragter bei Eurojust eingerichtet und eine gemeinsame Kontrollinstanz gebildet wird, die – unbeschadet nationaler Rechtsbehelfe – die korrekte Verarbeitung personenbezogener Daten überwacht und über entsprechende Beschwerden Einzelner entscheidet (Art. 26 ff. Eurojust-VO).

Der ursprüngliche Ratsbeschluss, durch den Eurojust gegründet wurde, wurde in Deutschland durch das *Eurojust-Gesetz*[29] umgesetzt. Mittlerweile stellt die Eurojust-VO die supranationale Rechtsgrundlage dar; das neugefasste Eurojust-Gesetz[30] beinhaltet nun nur noch bundeseinheitliche Durchführungsbestimmungen zur Eurojust-VO.

Die wesentliche Rolle von Eurojust wurde oft als Gegengewicht zu Europol gesehen, das in Zukunft eine zunehmende Exekutivbefugnis übernehmen könnte.[31] Eurojust wurde ursprünglich als Keimzelle der EuStA betrachtet.[32] Dies spiegelt sich im Wortlaut des Art. 86 I UA 1 AEUV wider, wo die Möglichkeit vorgesehen ist, eine EuStA „ausgehend von Eurojust" zu errichten.[33] Die im Zuge der Einführung der Europäischen Staatsanwaltschaft reformierte Eurojust-VO weist Eurojust auch weiterhin die Rolle einer „Clearing- und Dokumentationsstelle" – jetzt aber neben der EuStA – zu. Der durch die Eurojust-VO neu gefasste Zuständigkeitsbereich umfasst gem. Art. 3 I zwar weiterhin die oben (Rn. 14) angesprochenen Straftaten, allerdings mit einer gewichtigen Einschränkung hinsichtlich solcher Straftaten, die in den Zuständigkeitsbereich der Europäischen Staatsanwaltschaft fallen. Diese Beschränkung gilt jedoch nicht, soweit die EuStA ihre Zuständigkeit nicht ausübt oder sofern Mitgliedstaaten beteiligt sind, die an der Verstärkten Zusammenarbeit zur Errichtung der EuStA (dazu → Rn. 21) nicht teilnehmen, und diese Mitgliedstaaten oder die EuStA einen Antrag stellen. Im Gegenzug enthält Art. 3 III der Eurojust-VO die Erweiterung auf sonstige, nicht im Anhang I[34] aufgeführte Straftaten mit der Möglichkeit von Unterstützungshandlungen, wenn eine zuständige Behörde eines Mitgliedstaates dies beantragt. Im Einzelnen ist das Verhältnis von Eurojust zur Europäischen Staatsanwaltschaft in ihren

---

28 Ratsdokument 12285/19.
29 Gesetz zur Umsetzung des Beschlusses 2002/187/JI des Rates über die Errichtung von Eurojust zur Verstärkung der Bekämpfung der schweren Kriminalität (Eurojust-Gesetz – EJG), BGBl. 2004 I, S. 902 ff.
30 Zur Neufassung infolge der Eurojust-VO s. BT-Drs. 19/13451.
31 Dazu, wie Eurojust in die justizielle Kontrolle von Europol einbezogen werden könnte, s. *Grote*, in: Gleß/Grote/Heine (Hrsg.), Justitielle Einbindung und Kontrolle von Europol, S. 607; zur allgemeinen Kritik an Eurojust s. Grabitz/Hilf/Nettesheim-*Vogel* AEUV Art. 85 Rn. 36 f.
32 *Ahlbrecht*, in: Ahlbrecht ua (Hrsg.), Int. Strafrecht, Rn. 1497.
33 S. dazu Grabitz/Hilf/Nettesheim-*Vogel* AEUV Art. 86 Rn. 14 ff.
34 Vgl. den Anhang I zur Europol Verordnung, VO (EU) Nr. 2016/794, ABl.EU 2016 Nr. L 135/53.

jeweiligen Aufgabenbereichen auf gegenseitige Zusammenarbeit und die Entwicklung von Verbindungen auf operativer, Verwaltungs- und Managementebene ausgerichtet, Art. 100 I EuStA-VO.[35] Dies betrifft ua die Beteiligung von Eurojust an Tätigkeiten der Europäischen Staatsanwaltschaft im Zusammenhang mit grenzüberschreitenden Fällen, die Erbringung von Dienstleistungen im gemeinsamen Interesse und den Zugriff auf Informationen. Zur näheren Ausgestaltung der Kooperation wird eine Arbeitsvereinbarung geschlossen werden.

3. Das Europäische Amt für Betrugsbekämpfung (OLAF)

18 Das Europäische Amt für Betrugsbekämpfung trägt die Kurzbezeichnung OLAF als Abkürzung für seine französische Benennung „Office européen de lutte antifraude". Es hat, **unabhängig davon, ob man es dem Bereich des Verwaltungs- oder des strafrechtlichen Ermittlungsverfahrens zuordnet**,[36] die **Aufgabe**, die Bekämpfung von Betrug, Korruption und allen anderen rechtswidrigen Handlungen zum Nachteil der finanziellen Interessen der Union zu verstärken sowie schwerwiegendes Fehlverhalten der EU-Bediensteten bei der Ausübung ihrer beruflichen Tätigkeit aufzudecken.[37] OLAF verfügt – anders als Europol und Eurojust – nicht über eine eigene Rechtspersönlichkeit, sondern ist organisatorisch eine *Dienststelle der EU-Kommission*. Im Gegensatz zu seinem Vorgänger „UCLAF" (wiederum eine Abkürzung aus dem Französischen „Unité de Coordination pour la Lutte Anti-Fraude" [Einheit zur Koordination der Betrugsvorbeugung]) – einer bloßen von der Kommission 1988 eingerichteten Task Force zur Koordinierung der Betrugsbekämpfung – genießt OLAF allerdings völlige Unabhängigkeit. Die Forderungen nach Schaffung eines unabhängigen Amtes waren angesichts sich verdichtender Korruptionsverdachte innerhalb der Kommission, die im Zusammenhang mit dem Rücktritt der Kommission im März 1999 eine Rolle spielten, laut geworden.[38]

19 OLAF ist durch **Kommissionsbeschluss vom 28.4.1999**[39] ins Leben gerufen worden und hat am 1.6.1999 seine Arbeit aufgenommen. An der Spitze des OLAF steht ein Generaldirektor, der von der Kommission nach Abstimmung mit dem Europäischen Parlament und dem Rat ernannt wird.[40] Er ist gegenüber dem Parlament, dem Rat sowie dem Rechnungshof berichtspflichtig.[41] Die Unabhängigkeit des OLAF wird durch einen fünfköpfigen Überwachungsausschuss sichergestellt,[42] dem Generaldirektor steht sogar ein Klagerecht vor dem EuGH zu, wenn er seine Unabhängigkeit bedroht sieht.[43] Die nunmehr in der Verordnung (EU, Euratom) Nr. 883/2013[44] näher geregelten umfangreichen Befugnisse zur Bekämpfung von Betrug, Korruption und sonstigen rechts-

---

35 Ausführlich zum Verhältnis der EuStA zu Eurojust *Spiezia*, eucrim 13 (2018), 130.
36 Vgl. *Reinbacher*, S. 506.
37 Art. 1 Kommissionsbeschluss 1999/352/EG, ABl.EG 1999 Nr. L 136/20. Ausf. zu den Untersuchungsbefugnissen und insbes. ihrem Charakter s. *Strobel*, Die Untersuchungen des Europäischen Amtes für Betrugsbekämpfung (OLAF), S. 107 ff.
38 S. nur die Entschließungen des Parlaments v. 28.10.1996, ABl.EG 1996 Nr. C 320/211, und v. 7.10.1998, ABl.EG 1998 Nr. C 328/95; zu den Hintergründen s. *Gleß* EuZW 1999, 618.
39 Kommissionsbeschluss 1999/352/EG, ABl.EG 1999 Nr. L 136/20.
40 Art. 17 VO (EU, Euratom) Nr. 883/2013; zudem bereits Art. 5, 6 des Kommissionsbeschlusses.
41 Art. 17 VO (EU, Euratom) Nr. 883/2013, früher Art. 12 VO (EG) 1073/99, ABl.EG 1999 Nr. L 136/6.
42 Art. 15 VO (EU, Euratom) Nr. 883/2013, früher Art. 11 VO (EG) 1073/99.
43 Art. 17 III VO (EU, Euratom) Nr. 883/2013, früher Art. 12 III VO (EG) 1073/99.
44 VO (EU, Euratom) Nr. 883/2013 über die Untersuchungen des Europäischen Amtes für Betrugsbekämpfung (OLAF) und zur Aufhebung der VO (EG) Nr. 1073/1999 und der VO (Euratom) Nr. 1074/1999, ABl.EU 2013 Nr. L 248/1; näher hierzu *Grünewald* JR 2015, 245 (246 f.); *Zeder* StraFO 2014, 239 ff.

widrigen Handlungen zum Nachteil der Union erstrecken sich zum einen auf die Wahrnehmung der **externen Untersuchungsbefugnisse**,[45] die der Kommission bereits in der Verordnung (EG, EAG) 2988/95[46] und der Verordnung (EG, EAG) 2185/96[47] eingeräumt worden sind (insbesondere Kontrollen und Nachprüfungen vor Ort zum Schutz der finanziellen Interessen der Europäischen Gemeinschaften vor Betrug und anderen Unregelmäßigkeiten). In den Bereichen, in denen der Betrug zulasten der EU besonders lukrativ ist, hat OLAF *Task Groups* für die jeweils betroffenen Produkte wie va Zigaretten, Alkohol oder Olivenöl eingesetzt.

Zum anderen kann OLAF bei begründetem Verdacht auch **Verwaltungsermittlungen innerhalb sämtlicher Organe**, Einrichtungen, Ämter und Agenturen der Europäischen Union einleiten.[48] Dabei verfügt es über umfangreiche Ermittlungsbefugnisse, wozu beispielsweise der Zugang zu allen Informationen und Räumlichkeiten, die Sichtung und gegebenenfalls Sicherstellung von Dokumenten sowie die Rechnungsprüfung gehören.[49] Mit Einführung der EuStA verliert OLAF jedoch an Bedeutung: Die Ermittlungsbefugnisse stehen OLAF nicht zu für Verwaltungsuntersuchungen im Bereich von Unregelmäßigkeiten zulasten der finanziellen Interessen der EU und bei schwerem Fehlverhalten oder Straftaten von EU-Bediensteten ohne finanzielle Auswirkungen, da für solche Straftaten zukünftig allein die EuStA zuständig ist.[50] Insbesondere darf OLAF gem. Art. 101 II EuStA-VO für die Dauer[51] einer strafrechtlichen Ermittlung durch die Europäische Staatsanwaltschaft keine parallel hierzu laufenden verwaltungsrechtlichen Untersuchungen zu demselben Sachverhalt anstrengen. Auf Anfrage kann OLAF allerdings unterstützend tätig werden. Vor diesem Hintergrund sind die umfassenden Änderungen der Verordnung Nr. 883/2013 zu verstehen, anhand derer der geltende Rechtsrahmen für das OLAF bis zu dem Zeitpunkt, in dem die EuStA ihre Tätigkeit aufnehmen wird, entsprechend angepasst werden soll.[52]

20

4. Die Errichtung der Europäischen Staatsanwaltschaft
a) Vorgeschichte und primärrechtliche Grundlage

Bereits im Corpus Juris zum Schutz der finanziellen Interessen der EG (dazu → § 8 Rn. 30)[53] war die Schaffung einer Europäischen Strafverfolgungsbehörde vorgesehen (Art. 18 ff. Corpus Juris). Diesen Gedanken aufgreifend hat die Kommission in einem Grünbuch[54] die Konzeption einer Europäischen Staatsanwaltschaft entworfen und zur Diskussion gestellt (dazu → § 8 Rn. 35). Wie bereits erwähnt (→ Rn. 17) enthält

21

---

45 Art. 3 VO (EU, Euratom) Nr. 883/2013.
46 ABl.EG 1995 Nr. L 312/1.
47 ABl.EG 1996 Nr. L 292/2.
48 Art. 4 VO (EU, Euratom) Nr. 883/2013; zudem bereits Beschluss 1999/394/EG, Euratom des Rates vom 25.5.1999 und Beschluss 1999/396/EG, EGKS, Euratom der Kommission vom 2.6.1999; s. dazu auch die Interinstitutionelle Vereinbarung vom 25.5.1999, ABl.EG 1999 Nr. L 136/15.
49 Vgl. *Kuhl/Spitzer* EuR 2000, 671; zu den Problemen hinsichtlich der Normierung der Mitwirkungspflichten der Organe sowie ihrer Beamter und Bediensteten s. *Schwarze-Schoo* AEUV Art. 325 Rn. 35 ff.
50 Art. 22 I iVm Art. 101 II EuStA-VO.
51 Vgl. Art. 101 III EuStA-VO.
52 S. hierzu KOM (2018) 338 endg.; diese Änderungen sollen noch vor Aufnahme der Tätigkeit durch die EuStA Ende 2020 in Kraft treten.
53 Abgedruckt bei *Delmas-Marty/Vervaele* (Hrsg.), Implementation, S. 189 ff.; ausf. zur Perspektive *Sieber/Satzger/v. Heintschel-Heinegg-Killmann/Hofmann*, Europ. StR, § 48 Rn. 1 ff.; dazu → § 8 Rn. 30 ff.
54 Grünbuch zum strafrechtlichen Schutz der finanziellen Interessen der EG und zur Schaffung einer europäischen Staatsanwaltschaft, KOM (2001) 715 endg.; dazu → § 8 Rn. 35.

Art. 86 AEUV eine Rechtsgrundlage für die Schaffung einer solchen Institution.[55] Prinzipiell setzt Art. 86 I UA 1 AEUV Einstimmigkeit zwischen den Mitgliedstaaten und die Zustimmung des Europäischen Parlaments voraus. Allerdings regelt Art. 86 I UA 2, dass auch eine Gruppe von mindestens neun Mitgliedstaaten im Wege einer verstärkten Zusammenarbeit (gem. Art. 20 EUV und Art. 329 I AEUV) eine Europäische Staatsanwaltschaft schaffen kann. Am 17.7.2013 legte die Kommission einen Vorschlag für eine auf Art. 86 AEUV gestützte Verordnung über die Errichtung einer Europäischen Staatsanwaltschaft zum Schutz der finanziellen Interessen der Europäischen Union vor.[56] Ungeachtet einer Subsidiaritätsrüge von 14 Kammern nationaler Parlamente (sog. „gelbe Karte")[57] verfolgte die Kommission ihren unveränderten Verordnungsentwurf weiter.[58] Nach intensiven Diskussionen und teilweise sehr grundlegenden Überarbeitungen im Rat[59] haben Mitte des Jahres 2017 zunächst 20 Mitgliedstaaten beschlossen, im Wege der verstärkten Zusammenarbeit einen Europäischen Staatsanwalt zu schaffen. Nach Zustimmung des Europäischen Parlaments wurde die dafür erforderliche Verordnung EuStA-VO[60] am 11.10.2017 durch alle 20 Mitgliedstaaten angenommen. Seither haben sich mit den Niederlanden und Malta zwei weitere Mitgliedstaaten der Verstärkten Zusammenarbeit angeschlossen.[61] Bis Ende 2020 soll die EuStA ihre Tätigkeit voll aufnehmen.

b) Die Verordnung zur Errichtung der Europäischen Staatsanwaltschaft

22 Mit der EuStA-VO wird eine unabhängige Strafverfolgungsbehörde der EU mit eigener Rechtspersönlichkeit geschaffen, Art. 3 EuStA-VO.[62] Ihr Tätigkeitsbereich umfasst dabei sowohl die Ermittlung und Verfolgung strafbarer Handlungen als auch die Anklageerhebung und Prozessführung vor den mitgliedstaatlichen Gerichten. Gemäß Art. 8 II EuStA-VO gliedert sich die Europäische Staatsanwaltschaft in eine zentrale und eine dezentrale Ebene. Die **zentrale Ebene** besteht aus der zentralen Dienststelle in Luxemburg, die sich gem. Art. 8 III EuStA-VO wiederum aus dem Kollegium, den Ständigen Kammern, dem Europäischen Generalstaatsanwalt und seinen Stellvertretern sowie den Europäischen Staatsanwälten und dem Verwaltungsdirektor zusammensetzt. Im September 2019 einigten sich das Europäische Parlament und der Rat auf die Rumänin *Laura Codruta Kövesi* als erste Europäische Generalstaatsanwältin.[63] Diese wird ihr Amt für eine nicht verlängerbare Amtszeit von sieben Jahren ausüben und als Leiterin die Europäische Staatsanwaltschaft intern organisieren sowie nach außen vertreten (Art. 11 EuStA-VO). Das Kollegium besteht – ähnlich wie Eurojust – gem. Art. 9 I EuStA-VO aus je einem Staatsanwalt pro Mitgliedstaat und dem leitenden Generalstaatsanwalt (sog. „Europäische Staatsanwälte"). Das Kollegium ist zur Überwachung der Tätigkeit der Staatsanwaltschaft und zur Entscheidung strategischer Fragen durch Beschlussfassung mit einfacher Mehrheit berufen. An operativen Entscheidungen in

---

[55] *Ahlbrecht*, in: Ahlbrecht ua (Hrsg.), Int. Strafrecht, Rn. 1497.
[56] KOM (2013) 534 endg.
[57] Art. 12 lit. a, b EUV iVm Protokoll Nr. 2.
[58] KOM (2013) 851 endg.; siehe hierzu auch Ratsdokument 16624/13.
[59] Zur Überarbeitung des Kommissionsvorschlags im Rat s. Ratsdokumente 9834/1/14 v. 21.5.2015; 15862/1/14 vom 28.11.2014; 6318/1/15 vom 2.3.2015. Die finale Version ist in Ratsdokument Nr. 5766/17 v. 31.1.2017 enthalten.
[60] VO (EU) Nr. 2017/1939, ABl.EU 2017 Nr. L 283/1
[61] ABl.EU 2018 Nr. L 196/1 (Niederlande) und ABl.EU 2018 Nr. L 201/2 (Malta).
[62] Zu Kompetenz und Aufbau s. schon *Satzger/von Maltitz* Jura 2018, 153.
[63] Beschluss (EU) 2019/1798, ABl.EU 2019 Nr. L 274/1.

Einzelfällen ist es nicht beteiligt. Diese Aufgabe soll vielmehr „ständigen Kammern" zukommen, welche die von den sog. „Delegierten Europäischen Staatsanwälten" in den Mitgliedstaaten geführten Ermittlungen und Strafverfolgungsmaßnahmen leiten und überwachen (Art. 9 II, 10 II EuStA-VO).

Diese Delegierten Europäische Staatsanwälte, die in den Mitgliedstaaten angesiedelt sind, Art. 8 IV, 13 EuStA-VO, bilden die **dezentrale Ebene**. Geprägt ist die dezentrale Ebene von einer institutionellen Doppelnatur[64]. In jedem Mitgliedstaat muss es gem. Art. 13 II 1 EuStA-VO zwei oder mehr Delegierte Europäische Staatsanwälte geben, die gem. Art. 13 III EuStA-VO neben ihrer Tätigkeit als Teil der Europäischen Staatsanwaltschaft auch Aufgaben als nationale Staatsanwälte wahrnehmen dürfen, soweit sie dadurch nicht daran gehindert sind, ihren Pflichten nach der EuStA-VO nachzukommen. Die Ermittlungs- und Strafverfolgungsmaßnahmen in Angelegenheiten, die in die sachliche Zuständigkeit der Europäischen Staatsanwaltschaft fallen (dazu sogleich), werden von den Delegierten Staatsanwälten „vor Ort" vorgenommen und die Anklage dezentral vor nationalen Gerichten von ihnen erhoben. Falls ein solches Strafverfahren bereits von den nationalen Strafverfolgungsbehörden aufgenommen wurde, kann die Europäische Staatsanwaltschaft unter bestimmten Voraussetzungen gem. Art. 24 II iVm 27 EuStA-VO die Ermittlungen an sich ziehen und sie selbst leiten (Evokationsrecht).

Entsprechend der Vorgabe des Art. 86 I UA 1 AEUV hat die Europäische Staatsanwaltschaft gem. Art. 4 EuStA-VO die Aufgabe, Straftaten zum Nachteil der finanziellen Interessen der Union zu bekämpfen. Während Art. 86 AEUV offen lässt, welche Straftatbestände hierunter fallen, definiert Art. 22 EuStA-VO sie als jene, die in der Richtlinie über die strafrechtliche Bekämpfung von gegen die finanziellen Interessen der Union gerichteten Betrug[65] (zur PIF-Richtlinie → § 9 Rn. 46) genannt und sodann in das innerstaatliche Recht umzusetzen sind. Ferner ergibt sich die Zuständigkeit für Straftaten bezüglich der Beteiligung an einer kriminellen Vereinigung iSd Rahmenbeschlusses 2008/841/JI[66] sowie für Straftaten, die mit nach der PIF-Richtlinie strafbaren Handlungen untrennbar verbunden sind. Zudem gibt es Überlegungen, die Zuständigkeit der EuStA auch auf die Verfolgung grenzüberschreitender terroristischer Straftaten auszudehnen.[67] Da die EuStA insoweit nicht zum Schutz eines europäischen Rechtsguts (Budget), sondern zur Effektivierung der justiziellen Zusammenarbeit tätig würde, ist dies ein gänzlich neuer Kontext, wo fraglich ist, ob die EuStA in ihrer jetzigen Struktur überhaupt geeignet ist. Des Weiteren ist für eine solche Zuständigkeitserweiterung nach Art. 86 IV AEUV die Zustimmung aller – nicht nur der an der Verstärkten Zusammenarbeit beteiligten – Mitgliedstaaten erforderlich.

Geht eine Straftat nicht nur zulasten der EU oder fällt die Straftat in den Zuständigkeitsbereich mehrerer Mitgliedstaaten bestimmt sich die Zuständigkeit für die Einleitung eines Ermittlungsverfahrens gem. Art. 26 IV EuStA-VO in der Regel nach dem Schwerpunkt der strafbaren Handlung. Falls eine Abweichung hiervon begründet erscheint, kann ein Ermittlungsverfahren in einem anderen Mitgliedstaat nur anhand der folgenden, in hierarchischer Reihenfolge geordneten Anknüpfungspunkten eröffnet werden: gewöhnlicher Aufenthaltsort des Verdächtigen oder Beschuldigten, Staatsan-

---

64 Vgl. auch *Schramm* JZ 2014, 749 (754).
65 Richtlinie 2017/1371/EU, ABl.EU 2017 Nr. L 198; dazu → § 9 Rn. 46.
66 Rahmenbeschluss 2008/841/JI, ABl.EU 2008 Nr. L 300.
67 KOM(2018) 641 endg.; s. hierzu *Brodowski* ZIS 2019, 527 (528).

gehörigkeit des Verdächtigen oder Beschuldigten oder Ort, an dem der Hauptteil des finanziellen Schadens eingetreten ist.

In prozessualer Hinsicht richtet sich die Europäische Staatsanwaltschaft grundsätzlich sowohl bzgl. Erhebung als auch Beibringung der Beweismittel nach dem Recht des Mitgliedstaates, in dem der Prozess geführt wird. Art. 37 I, II EuStA-VO stellt in diesem Sinne sicher, dass das Gericht in seiner Befugnis, Beweise nach nationalen Grundsätzen frei zu würdigen, selbst dann nicht beeinträchtigt ist, wenn die Europäische Staatsanwaltschaft oder der Angeklagte Beweismittel beibringt, die in einem anderen Mitgliedstaat oder nach dem Recht eines anderen Mitgliedstaats erhoben wurden.

Abgesehen davon sind solche prozessualen Vorschriften zu beachten, deren Intention nicht auf die Anwendung des mitgliedstaatlichen Rechts, sondern auf eine Harmonisierung gerichtet ist. So müssen die Mitgliedstaaten nach Art. 30 I EuStA-VO für die Fälle, in denen eine den Ermittlungen zugrunde liegende Straftat mit einer Freiheitsstrafe im Höchstmaß von mindestens vier Jahren bedroht ist, sicherstellen, dass die Delegierten Europäischen Staatsanwälte die im Katalog des Abs. 1 enthaltenen Ermittlungsmaßnahmen anordnen oder beantragen können. Bei grenzüberschreitenden Ermittlungen verlangt darüber hinaus Art. 31 I EuStA-VO eine enge Zusammenarbeit durch regelmäßige Konsultation und Unterstützung. In gleichem Maße zielt Art. 41 EuStA-VO auf die Angleichung von Beschuldigtenrechten ab. Hiernach sind alle Tätigkeiten der Europäischen Staatsanwaltschaft in vollem Einklang mit den in der GRC verankerten Rechten Verdächtiger und Beschuldigter durchzuführen, wobei dem Verdächtigen oder Beschuldigten in einem Strafverfahren mindestens die im Unionsrecht vorgesehenen Verfahrensrechte, wie beispielsweise das Recht auf Belehrung oder auf Zugang zu einem Rechtsbeistand, zukommen. Die gerichtliche Kontrolle hierüber und im Allgemeinen erfolgt dabei gem. Art. 42 EuStA-VO durch die nationalen Gerichte, was deshalb unstimmig ist, weil die Europäische Staatanwaltschaft keine nationale, sondern eine EU-Institution darstellt.[68] Immerhin ist aber eine Einbindung des EuGH im Wege der Vorabentscheidung vorgesehen.[69]

c) Abweichung zu ursprünglichen Entwürfen

23 Die ursprünglich vorgeschlagenen Modelle zur Europäischen Staatsanwaltschaft[70] waren in vielerlei Hinsicht Kritik ausgesetzt, die sich mit der Annahme der jetzigen Verordnung zwar nicht erübrigt, aber doch abgeschwächt hat. So wurde insbesondere der Verordnungsentwurf der Kommission im Hinblick auf die Wahrung der Subsidiarität und Verhältnismäßigkeit als bedenklich angesehen. Zu begrüßen ist insoweit, dass mit Einführung der EuStA-VO auf das Modell einer ausschließlichen Zuständigkeit der Europäischen Staatsanwaltschaft verzichtet wurde. Dennoch wäre hier ein Modell vorzugswürdig gewesen, wonach grds. die Mitgliedstaaten für die Verfolgung der Straftaten zuständig bleiben. Nur dann und soweit die nationalen Strafverfolgungsbehörden „nicht in der Lage" oder „nicht willens" sind, die Strafverfolgung effektiv zu betreiben, sollte die Europäische Staatsanwaltschaft sich des Falles annehmen dürfen. Das entspricht dem auch zur Begründung der Gerichtsbarkeit des IStGH herangezogenen Komplementaritätsmodell (dazu → § 14 Rn. 17 ff.). Hiernach hätte jeder Mitgliedstaat

---

[68] Hierzu *Herrnfeld*, eucrim 13 (2018), 117, 120.
[69] Art. 42 I, II EuStA-VO.
[70] Zum Vergleich der EuStA-VO zum ursprünglichen Kommissionsvorschlag s. *Satzger/von Maltitz* Jura 2018, 153 (155 ff.).

die Möglichkeit, selbst ein Eingreifen von außen zu vermeiden, indem er allen Verdachtsmomenten nachgeht und effektiv ermittelt.[71] Gleichzeit bedeutete das Tätigwerden der Europäischen Staatsanwaltschaft ein gewisses Stigma in dem Sinn, dass Strafverfolgungsdefizite auf nationaler Ebene bestehen.

Dass anstelle eines übermächtigen leitenden Europäischen Staatsanwalts (mit vier Stellvertretern) ein Kollegialorgan vorgesehen ist, in dem sich die Mitgliedstaaten repräsentiert sehen, kann man als positiv bewerten; allerdings darf nicht übersehen werden, dass – nimmt man auch die aufwändige dezentrale Organisation der neuen Institution hinzu – der administrative Aufwand enorm ist; hier liegt wohl eine Disproportionalität zur eigentlich beschränkten Aufgabe der Europäischen Staatsanwaltschaft vor.[72]

Ein großes Manko des Kommissionsentwurfs war die verbliebene Möglichkeit des „Forum Shoppings". Darunter versteht man die weitgehend unbegrenzte Freiheit des Europäischen Staatsanwalts, den Staat der Anklage zu wählen (s. Art. 27 IV des Kommissionsvorschlags einer EuStA-VO) mit der Folge, dass dessen (materielles wie prozessuales) Recht auf den Fall Anwendung findet. Der Europäische Staatsanwalt hätte so die Möglichkeit, dasjenige Forum zu wählen, das etwa die höchsten Strafen und die geringsten Beweisanforderungen vorsieht, selbst wenn insgesamt nur ein loser Bezug zu diesem Staat besteht. Eine missbräuchliche Wahl des Forums wurde daher befürchtet und zu Recht kritisiert.[73] Diese Ungereimtheit konnte auch in der EuStA-VO nicht beseitigt werden. Jedoch findet sich jetzt die zumindest in der Tendenz einschränkende Vorschrift, wonach grundsätzlich in dem Mitgliedstaat Anklage zu erheben ist, in dem der Delegierte Europäische Staatsanwalt den Fall untersucht.[74] Diese Tatsache schließt jedoch die Möglichkeit nicht aus, dass die ständige Kammer den Fall einem anderen Mitgliedstaat zuordnet, soweit „hierfür hinreichend gerechtfertigte Gründe vorliegen". Forum Shopping ist durch die Regelungen der EuStA-VO also nicht ausgeschlossen.

5. Zusammenwirken der EU-Strafverfolgungsinstitutionen nach den Grundsätzen der effektiven und loyalen Zusammenarbeit

Wie gesehen sind die Strafverfolgungsinstitutionen im Sinne der Art. 85 ff. AEUV mittlerweile auf sekundärrechtliche Grundlagen gestellt worden[75] (und auch die Neuordnung des OLAF steht kurz vor dem Abschluss).[76] Antriebskraft für diese Änderungen war unter anderem die Schaffung der EuStA. Regelungen zum Verhältnis der Strafverfolgungsinstitutionen zueinander, finden sich jetzt in den Art. 99 ff. EuStA-VO, denen der Grundsatz der loyalen Zusammenarbeit zugrunde liegt.[77]

Danach bleibt der Aufgabenkreis von Europol im Wesentlichen unberührt, da sich dieser weiterhin auf die Unterstützung der Mitgliedstaaten bei der Verhinderung und Bekämpfung grenzüberschreitender Kriminalität (ohne eigene operative Befugnisse) erstreckt, wohingegen die EuStA in ihrem (engeren) Zuständigkeitsbereich selbstständig ermitteln und Anklage erheben kann.[78] Hier muss der Fokus auf einer effektiven Zusammenarbeit – sei es bei der technischen und forensischen Unterstützung der EuStA

---

71 Zum Komplementaritätsmodell s. schon *Satzger* NStZ 2013, 206.
72 In diese Richtung auch *Herrnfeld*, eucrim 13 (2018), 117.
73 So zB die 7. Aufl., § 10 Rn. 23a.
74 Art. 36 III EuStA-VO.
75 VO (EU) Nr. 2017/1939 (EuStA), VO (EU) Nr. 2018/1727 (Eurojust); VO (EU) Nr. 2016/794 (Europol).
76 KOM (2018) 338 endg.
77 Vgl. Streinz-*Dannecker*, Art. 86 AEUV Rn. 37.
78 Vgl. auch Ratsdokument 12285/19, S. 4.

durch Europol oder bei der Übertragung von polizeilichen Erkenntnissen im Bereich der (repressiven) Strafverfolgung – liegen (Art. 102 EuStA-VO).

Bei Straftaten gegen die finanziellen Interessen der EU hat die EuStA – als einzige echte Strafverfolgungsbehörde supranationalen Ursprungs – eine Vorrangstellung, mit der insbes. Doppelarbeit im Bereich der sich überschneidenden Zuständigkeitsbereiche verhindert werden soll. Im Verhältnis zum OLAF, wo die Überschneidungen am größten sind, ist dies in Art. 101 II EuStA-VO – wonach das OLAF in diesen Fällen kein eigenständiges Verfahren einleiten soll – geregelt; eine entsprechende Regelung zur Zuständigkeitsverteilung gegenüber Eurojust findet sich in Art. 3 der Eurojust-VO. Wenn die EuStA ihre Zuständigkeit jedoch nicht in Anspruch nimmt bzw. ein Mitgliedstaat betroffen ist, der sich an der Verstärkten Zusammenarbeit nicht beteiligt, verbleibt auch in diesem Deliktsfeld Raum für ein originäres Tätigwerden des OLAF und von Eurojust.[79] Unabhängig von dieser Zuständigkeitsverteilung ist eine Kooperation dieser Institutionen in Art. 100 f. EuStA-VO vorgesehen. Insbesondere im Anfangsstadium der EuStA wird der Erfahrungsschatz von Eurojust (als „Keimzelle" der EuStA) und des OLAF dem Aufbau der EuStA dienlich sein. Bei der operativen Tätigkeit der EuStA soll der interinstitutionelle Informationsaustausch eine zentrale Rolle spielen und die spezifischen Fähigkeiten (etwa die von OLAF im Bereich administrativer Untersuchungen innerhalb der EU-Institutionen) sollen bestmöglich genutzt werden.[80]

Insgesamt bleibt abzuwarten, wie sich die auf Ressourcenschonung durch Vermeidung von Doppeluntersuchungen ausgerichtete Regelung der Zuständigkeitsbereiche einerseits und die Intention einer effektiven und loyalen Zusammenarbeit der Institutionen andererseits in der praktischen Umsetzung bewähren werden. Zu befürchten ist, dass die EuStA zu komplex konzipiert und zu groß dimensioniert ist und sich zudem die bislang territorial nur beschränkte Zuständigkeit negativ auswirken dürfte.

Aktuelle und weiterführende Literatur zu § 10 I:

- zu Europol: *Beaucamp*, Primärrechtsschutz gegen Maßnahmen des Europäischen Polizeiamts, DVBl 2007, 806; *de Moor/Vermeulen*, The Europol Council Decision: Transforming Europol into an Agency of the European Union, CMLR 47 (2010), 1089; *Kretschmer*, Europol, Eurojust, OLAF – was ist das und was dürfen die?, JURA 2007, 169; *Priebe*, Europol – neue Regeln für die Zusammenarbeit auf dem Gebiet der Strafverfolgung, EuZW 2016, 894; *Ratzel*, Europol – das Europäische Polizeiamt, Kriminalistik 2007, 284.

- zu Eurojust: *Kretschmer*, Europol, Eurojust, OLAF – was ist das und was dürfen die?, JURA 2007, 169; *Suominen*, The Past, Present and the Future of Eurojust, MJECL 15 (2008), 217; *Weyembergh*, The Developments of Eurojust: Potential and Limitations of Article 85 of the TFEU, NJECL 3 (2011), 75; s. auch den instruktiven und anschaulichen praktischen Leitfaden des *Bundesjustizministeriums* „Eurojust – Hinweise zur praktischen Zusammenarbeit", im Internet abrufbar unter http://www.bmjv.de/SharedDocs/Publikationen/DE/Eurojust.html (Stand 1/20).

- zu OLAF: *Brüner/Spitzer*, Kosmetischer Eingriff oder Großer Wurf?, EuR 2008, 859; *Groussot/Popov*, What's wrong with OLAF? Accountability, due process and criminal justice in European anti-fraud policy, CMLR 47 (2010), 605; *Kretschmer*, Europol, Eurojust, OLAF – was ist das und was dürfen die?, JURA 2007, 169; *Lingenthal*, Die OLAF-Reform – Der aktuelle

---

79 *Spieza*, eucrim 13 (2018), 130, 134 f.
80 Es existiert die Erwartung, dass Eurojust künftig für die Koordinierung der Bekämpfung anderer Bereiche grenzüberschreitender Kriminalität (zB Terrorismus) genutzt werden könnte, vgl. *Spieza*, eucrim 13 (2018), 130, 136.

Änderungsentwurf und dessen Auswirkungen auf die Effektivität der Kontrollen und die Verfahrensrechte der Betroffenen, ZEuS 2012, 195; *Niestedt/Boeckmann*, Verteidigungsrechte bei internen Untersuchungen des OLAF – das Urteil Franchet und Byk des Gerichts erster Instanz und die Reform der Verordnung (EG) Nr. 1073/1999, EuZW 2009, 70; *Partsch*, Europäischer Rechtsschutz gegen externe OLAF-Untersuchungen, EuZW 2017, 878; *Simonato*, OLAF Investigations in a Multi-Level System, eucrim 11 (2016), 136.

■ zur Europäischen StA: *Asp*, The European Public Prosecutor's Office, Legal and Criminal Policy Perspectives, Schriftenreihe der Jur. Fakultät der Universität Stockholm (Nr. 83); *Brodowski*, Die Europäische Staatsanwaltschaft – eine Einführung, StV 2017, 684; *Csonka/Juszczak/Sason*, The Establishment of the European Public Prosecutor's Office, eucrim 12 (2017), 125; *Esser*, Die Europäische Staatsanwaltschaft: Eine Herausforderung für die Strafverteidigung, StV 2014, 494; *Herrnfeld*, The EPPO's Hybrid Structure and Legal Framework, eucrim 13 (2018), 117; *Kuhl*, The European Public Prosecutor's Office – More Effective, Equivalent, and Independent Criminal Prosecution against Fraud?, eucrim 12 (2017), 135; *Lingenthal*, Eine Europäische Staatsanwaltschaft „ausgehend von Eurojust"?, ZEuS 2010, 79; *Nürnberger*, Die zukünftige Europäische Staatsanwaltschaft – Eine Einführung, ZJS 2009, 494; *Satzger*, Die potenzielle Errichtung einer Europäischen Staatsanwaltschaft – Plädoyer für ein Komplementaritätsmodell, NStZ 2013, 206; *ders.*, Strafverteidigung in einem veränderten europäischen und internationalen Umfeld – neue Herausforderungen für einen Berufsstand, in: Schöch ua (Hrsg.), Festschrift für Gunter Widmaier, 2008, S. 551 ff.; *ders./von Maltitz*, Wissenswertes zum neu geschaffenen „Europäischen Staatsanwalt": (Prüfungs-) Fragen zum Schwerpunkt im Europäischen Strafrecht, Jura 2018, 153; *Schramm*, Auf dem Weg zur Europäischen Staatsanwaltschaft, JZ 2014, 749; *Zeder*, Der Vorschlag zur Errichtung einer Europäischen Staatsanwaltschaft: große – kleine – keine Lösung?, StraFo 2014, 239; *Zerbes*, Fragmentiertes Strafverfahren: Beweiserhebung und Beweisverwertung nach dem Verordnungsentwurf zur Europäischen Staatsanwaltschaft, ZIS 2015, 145.

II. Die justizielle Zusammenarbeit in Strafsachen auf der Grundlage des Prinzips der gegenseitigen Anerkennung

1. Allgemeines: Das Prinzip

a) Hintergründe und Charakterisierung als „waiver concept"

Das klassische Instrument der zwischenstaatlichen Zusammenarbeit in Strafverfahren ist die Rechtshilfe, die bislang aufgrund verschiedener bi- und multilateraler Abkommen ausgestaltet war und ist. Das herkömmliche Rechtshilferecht basiert auf der Souveränität der einzelnen Staaten. Aus diesem Grunde eignet es sich nicht für die justizielle Zusammenarbeit zwischen solchen Staaten, die – wie die Mitgliedstaaten der EU – gerade einen *einheitlichen Rechtsraum* anstreben. Die Erreichung dieses Ziels würde erschwert, wenn man beispielsweise im Auslieferungsrecht an dem klassischen Erfordernis der beiderseitigen Strafbarkeit festhalten und eigene Staatsangehörige nicht ausliefern würde.[81] Dieses insofern „sperrige" Rechtshilferecht ist nun innerhalb der EU größtenteils durch das **„Prinzip der gegenseitigen Anerkennung"** ersetzt worden. Dieses Prinzip wurde durch den Europäischen Rat von Tampere im Oktober 1999,[82] zum „Eckstein" der justiziellen Zusammenarbeit in Zivil- wie auch in Strafsachen erho-

26

---

81 Der Europäische Haftbefehl leitet insofern einen Paradigmenwechsel ein, dazu → Rn. 38 ff.
82 Dieser Europäische Rat widmete sich allein der Herstellung des „Raumes der Freiheit, der Sicherheit und des Rechts" innerhalb der EU.

ben.⁸³ Seine grundlegende Bedeutung kommt nun auch in Art. 82 I AEUV zum Ausdruck.

Das **„Prinzip der gegenseitigen Anerkennung"** wurde ursprünglich von der Kommission zur Herstellung des Binnenmarkts entwickelt, um die Verkehrsfähigkeit von Waren zu erreichen, ohne eine kaum bewältigbare und zeitraubende Harmonisierungstätigkeit vorschalten zu müssen.⁸⁴ Übertragen auf das Straf(prozess)recht wird diesem Grundsatz der Inhalt beigemessen, dass eine in einem Mitgliedstaat rechtmäßig ergangene justizielle Entscheidung in jedem anderen Mitgliedstaat als solche anerkannt werden muss.⁸⁵ Dabei wird vorausgesetzt, dass „ein gegenseitiges Vertrauen der Mitgliedstaaten in ihre jeweiligen Strafjustizsysteme besteht und dass jeder Mitgliedstaat die Anwendung des in den anderen Mitgliedstaaten geltenden Strafrechts akzeptiert, auch wenn die Anwendung seines eigenen nationalen Rechts zu einem anderen Ergebnis führen würde".⁸⁶ Durch die unionsweite Anerkennung nationaler gerichtlicher Entscheidungen sollen die gerade im Bereich der Rechtshilfe bestehenden, zeitaufwändigen Hindernisse abgebaut und so eine effektive grenzüberschreitende Strafverfolgung ermöglicht werden. So wie die Freizügigkeitsrechte den „Kriminellen" den problemlosen Grenzübertritt ermöglichen, so soll das Prinzip der gegenseitigen Anerkennung den Nachteil der Strafverfolger, grds. an die nationalen Grenzen gebunden zu sein, ausgleichen und den Weg hin zu einem „echten Europäischen Rechtsraum" öffnen.⁸⁷

27 Dabei darf nicht übersehen werden, dass die Übertragung des Grundsatzes aus dem Binnenmarktrecht auf die Zusammenarbeit in Strafsachen durchaus **problematisch** ist:⁸⁸ Ist die Herstellung der Warenverkehrsfreiheit Selbstzweck der Liberalisierung, so ist oberstes Ziel im Strafprozessrecht die Durchführung eines fairen Verfahrens. Durch den Mechanismus der gegenseitigen Anerkennung können jedoch – ohne weitgehende Angleichung der Strafrechtssysteme – grundlegende Verteidigungsrechte verloren gehen.⁸⁹ Darüber hinaus fehlt bei der Anerkennungskonzeption im Bereich der Zusammenarbeit in Strafsachen ein *Ordre-public*-Vorbehalt, der im Recht des freien Warenverkehrs schon immer bestand (vgl. Art. 30 EGV und die heutige Nachfolgevorschrift Art. 36 AEUV), um der verbleibenden Verschiedenartigkeit der Rechtsordnungen Rechnung tragen zu können. Dies ist gerade auch im national sehr unterschiedlich konzipierten Straf(prozess)recht ein großes Manko des Prinzips der gegenseitigen Anerkennung.⁹⁰ All diese Kritikpunkte waren Anlass für eine Reihe europäischer Straf-

---

83 Vgl. die Schlussfolgerungen: http://www.consilium.europa.eu/ueDocs/cms_Data/docs/pressData/de/ec/o 0200-r1.dg.htm (Stand 1/20), Nr. 33 ff.
84 Ausf. *Fletcher/Lööf/Gilmore*, EU Criminal Law, S. 109, 188 f.; *Hecker*, Eur. Strafrecht, § 12 Rn. 59; *Safferling*, Int. Strafrecht, § 12 Rn. 40; *Satzger* StV 2003, 137 (141).
85 Grundlegend *Böse*, in: Momsen/Bloy/Rackow (Hrsg.), Fragmentarisches Strafrecht, S. 233 ff.; eine Zwischenbilanz zur Anwendung des Prinzips im strafrechtlichen Bereich ziehen *Harms/Knauss*, in: von Heinrich ua (Hrsg.), FS Roxin, S. 1479 ff.; zu den Unterschieden zwischen der gegenseitigen Anerkennung im Binnenmarkt und bei der justiziellen Zusammenarbeit (insbes. Sekundärrechtsvorbehalt) s. *Burchard*, Konstitutionalisierung, S. 54 ff., 68 ff.
86 EuGH Urt. v. 11.2.2003 – verb. Rs. C-187/01 „Gözütok" und C-385/01 „Brügge", Rn. 33.
87 S. dazu v.d. Groeben/Hatje/Schwarze-*Wasmeier*, EUV Art. 31 Rn. 23 ff.
88 Ausf. dazu *Audenaert* EuCLR 8 (2018), 39, 42 ff.; *Mitsilegas*, EU Criminal Law, S. 116 ff.; *Peers*, CMLR 41 (2004), 5, 23 ff.; Grabitz/Hilf/Nettesheim-*Vogel* AEUV Art. 82 Rn. 10; *F. Zimmermann*, Strafgewaltkonflikte in der EU, S. 55 ff.; krit. auch *Streinz*, in: Kert/Lehner (Hrsg.), FS Höpfel, S. 549, 551, 555, 562 ff.
89 S. hierzu auch *Erbežnik* EuCLR 2 (2012), 3.
90 S. dazu *Gleß* ZStW 115 (2003), 131, 146 ff.; *Hecker*, Eur. Strafrecht, § 12 Rn. 60 ff.; *Kaiafa-Gbandi* ZIS 2006, 521 (527 ff.); *Kirsch* StraFo 2008, 449 (453 ff.); *Meyer* GA 2007, 15 (33 ff.); *Peers*, CMLR 41 (2004), 5, 35; *Roxin/ Schünemann*, Strafverfahrensrecht, § 3 Rn. 20; *Safferling*, Int. Strafrecht, § 12 Rn. 45 f.; *Satzger* StV 2003, 137 (141); *ders.*, in: Schöch ua (Hrsg.), FS Widmaier, S. 557 f.

rechtswissenschaftler, bereits frühzeitig ein alternatives „Gesamtkonzept für die europäische Strafrechtspflege"[91] vorzuschlagen, welches auf dem Grundgedanken beruht, dass transnationale Strafverfahren stets von einem Mitgliedstaat nach dessen Strafverfahren – welches für dieses Verfahren grds. in allen Mitgliedstaaten zur Anwendung gelangt – geführt werden.

Nichtsdestotrotz ist festzuhalten, dass alle im Bereich der polizeilichen und justiziellen Zusammenarbeit in Strafsachen der Europäischen Union erlassenen oder erarbeiteten Rechtsakte auf dem Prinzip der gegenseitigen Anerkennung fußen.[92] Dieses erfasst allerdings gerade nicht eine strikte und allumfassende positive Anerkennung divergierender nationaler Standards. Das Prinzip der gegenseitigen Anerkennung ist ein flexibles Werkzeug, welches verschiedensten Gegebenheiten angepasst werden kann. Es lässt sich am besten als „waiver concept" (Verzichtskonzept) umschreiben: Der ausführende Staat verzichtet auf seine sich aus seiner staatlichen Souveränität abzuleitende Kontrollbefugnis und der damit verbundenen Möglichkeit, uU striktere Standards anzuwenden. Ein solcher Verzicht ist jedoch nicht zwangsläufig allumfassend, sondern basiert wiederum auf einem Grad an „gegenseitigem Vertrauen", welches entweder bereits existiert oder durch internationale Konventionen und Verträge geschaffen wurde. Limitierungen und Verzichtsgründe stellen somit keine Ausnahmen dar, sondern spiegeln vielmehr eben diesen existierenden Grad des gegenseitigen Vertrauens wider. Vor diesem Hintergrund haben alle bereits durchgeführten Rechtsakte das Prinzip der gegenseitigen Anerkennung nicht ohne Einschränkungen und Ausnahmen angewandt. Stattdessen enthalten die entsprechenden Rechtsakte regelmäßig Ablehnungsgründe.

28

b) *Ordre-public*-Vorbehalt?

aa) Die Rspr. des EuGH zu weitergehenden Beschränkungen aus grund- und menschenrechtlichen Erwägungen

Ob die Ablehnung einer Anordnung daneben auch aus weiteren Gründen möglich sein muss, ist – wie bereits im Zusammenhang mit der allgemeinen Darstellung der Kollision zwischen nationalen und EU-Grundrechten angesprochen (→ § 7 Rn. 9 ff.) – derzeit umstritten. In der Diskussion geht es dabei um die Frage, inwieweit ein europäischer oder nationaler *ordre public* der Vollstreckung einer Anordnung eines anderen Mitgliedstaates entgegengehalten werden kann. Dass weitergehende grundrechtliche Schutzstandards, die über die in den Sekundärrechtsakten enthaltenen Sicherungen hinausgehen, nicht einfach ausgeblendet werden dürfen, erscheint aus rechtsstaatlichen Erwägungen nicht nur konsequent. Dies deckt sich vielmehr auch mit den obigen Erkenntnissen zur gegenseitigen Anerkennung. Eine Grundrechts- oder *Ordre-public*-Vorschrift als solche würde nämlich das Prinzip der gegenseitigen Anerkennung nicht untergraben, sondern dieses gerade erst konkretisieren. So scheint es alles andere als abwegig, dass sich ein Beschuldigter gegen die Übergabe in einen anderen Mitgliedstaat mit der (substantiierten) Begründung wehren kann, ihm drohe dort ein grund- oder menschenrechtswidriges Verfahren.[93] Ganz in diesem Sinn plädierte die Generalanwältin *Sharpston* in ihren Schlussanträgen in der Rs. „*Radu*" im Zusammenhang mit dem RbEuHb dafür, das Prinzip der gegenseitigen Anerkennung durch die Geltung

29

---

91 Schünemann (Hrsg.), Gesamtkonzept.
92 Grundlegend zum Prinzip der gegenseitigen Anerkennung als Grundlage der Zusammenarbeit in Strafsachen der EU *Satzger* NJECL 10 (2019), 44, 47.
93 Hierzu *Satzger*, EuCLR 8 (2018), 317, 321 ff.; *Tinsley*, EuCLR 2 (2012), 338.

der (europäischen) Menschenrechte und einen europäischen *ordre public* zu begrenzen.[94] Generalanwalt *Bot* hatte in einem parallelen Verfahren darauf verwiesen, dass seiner Ansicht nach rein nationale Verfassungsgarantien insoweit nicht relevant sein könnten.[95] Der EuGH schloss sich dem – leider mit einer sehr formalen und oberflächlichen Argumentation – an: Ausschließlich die im europäischen Rechtsakt vorgesehenen Ablehnungsgründe seien beachtlich, da ansonsten „das im Rahmenbeschluss 2002/584 vorgesehene Übergabesystem unweigerlich zum Scheitern [gebracht] und damit die Verwirklichung des Raums der Freiheit, der Sicherheit und des Rechts" vereitelt würde.[96]

bb) Neue Entwicklung in der EuGH-Rspr. bzgl. der Anerkennung nationaler Verfassungsidentitäten mit potenziellem Einfluss auf die bisherige Ablehnung eines nationalen *ordre public*

30 Dies lässt sich mit dieser Leichtigkeit allenfalls dann begründen, wenn man aus normenhierarchischer Sicht argumentiert, dass national-verfassungsrechtliche Erwägungen, die EU-Recht widersprechen, insbesondere über die als abschließend verstandene Ablehnungsgründen in den EU-Rechtsakten hinausgehen, irrelevant seien.[97] Diese beim EuGH lange vorherrschende Sicht, die in ihrer Absolutheit seitens des BVerfG ohnehin nie so geteilt wurde (→ § 7 Rn. 19), ist nun aber auch durch die jüngste Rspr. des EuGH selbst ins Wanken gebracht worden.[98] Der EuGH hat nämlich in der Rs. „*Taricco II*"[99] eine Grenze des Vorrangs des EU-Rechts im Hinblick auf die Verpflichtung der Mitgliedstaaten aus Art. 325 I, II AEUV, die finanziellen Interessen der EU gegen Betrügereien durch wirksame, abschreckende und angemessene Sanktionen zu schützen, akzeptiert, wenn ansonsten gegen die Verfassungsidentität des Mitgliedstaats verstoßen würde (*in concreto*: das Gesetzlichkeitsprinzip durch Nichtanwendung einer europarechtswidrigen nationalen Verjährungsregelung). Wenn ein solcher Vorbehalt aber sogar im Hinblick auf den elementar wichtigen Bereich des Schutzes eines unmittelbar der EU zustehenden Rechtsguts akzeptiert wird, so erscheint es erst recht angezeigt, entsprechende Vorbehalte dann zuzulassen, wenn es „nur" um die Gewährleistung einer justiziellen Zusammenarbeit zwischen den Mitgliedstaaten untereinander geht. Damit ist nun die Frage eröffnet, ob – und, wenn ja, für welche Aspekte nationaler Identität – der EuGH auch im Kontext der gegenseitigen Anerkennung künftig Ausnahmen zulassen werden wird, die sich dann als ein **nationaler *ordre public*** darstellen. Es ist davon auszugehen, dass von solch verfassungsrechtlich vorgegebenen identitätsprägenden Aspekten nur in extremen Konstellationen gesprochen werden kann.[100] Mehr ist letztlich auch nicht wünschenswert, da derartige Ausnahmen – im Kontext mit der justiziellen Zusammenarbeit zwischen den Mitgliedstaaten – einen absoluten Fremdkörper darstellen.

---

94 Schlussanträge der Generalanwältin *Sharpston* in der Rs. C-396/11 „Radu", Rn. 69 ff.
95 Schlussanträge des Generalanwalts *Bot* in der Rs. C-399/11 „Melloni", Rn. 136.
96 EuGH Urt. v. 29.1.2013 – Rs. C-396/11 „Radu", Rn. 76 = NJW 2013, 1145.
97 EuGH Urt. v. 26.2.2013 – Rs. C-399/11 „Melloni", Rn. 44, 47 ff. = NJW 2013, 1215.
98 Zur Rechtsprechungsentwicklung siehe *Pérez*, NJECL 9 (2018), 446, 450 ff.
99 EuGH Urt. v. 5.12.2017 – Rs. C-42/17 „Strafverfahren gegen M.A.S. und M.B." (meist als „Taricco II" zitiert), Rn. 42 ff.
100 *Viganò*, NJECL 9 (2018), 18, 19.

cc) Ansätze des EuGH für eine Anerkennung eines europäischen *ordre public* im Kontext der justiziellen Zusammenarbeit im Strafrecht

Anders ist dies aber bereits im Ausgangspunkt, wenn zur Limitierung – genauer gesagt: zur Konkretisierung des Anerkennungskonzepts – Erwägungen herangezogen werden, die sich aus europäischem Recht selbst im Sinne eines **europäischen** *ordre public* ableiten. Hier verfängt eine Argumentation über einen (selbst weit verstandenen) Vorrang des EU-Rechts bereits im Ansatz nicht, weil es hier ja nicht um eine Begrenzung der gegenseitigen Anerkennung durch nationales Recht, sondern durch europäische Grund- und Menschenrechte geht, wie sie zu Recht von Generalanwältin *Sharpston* angemahnt, vom EuGH in der Rs. „*Radu*" aber schlicht außer Betracht gelassen worden sind.[101] Vor diesem Hintergrund muss die neue Rechtsprechung des EuGH in der Rs. „*Pál Aranyosi/Căldăraru*"[102] zur Durchführung eines Europäischen Haftbefehls ausdrücklich begrüßt werden (→ § 7 Rn. 23c). Der EuGH verlangt nun, für den Fall, dass sich der durch einen Europäischen Haftbefehl Betroffene auf eine negative und substantielle Abweichung der Haftbedingungen von den üblichen Menschenrechtsstandards im Anordnungsstaat beruft, dass der den Haftbefehl und die damit verbundene Auslieferung vollstreckende Staat eine Untersuchung hinsichtlich einer Verletzung von Art. 4 GRC („Verbot der Folter und unmenschlicher oder erniedrigender Strafe oder Behandlung") vornimmt. Liege das Risiko einer solchen Verletzung vor, müsse die Auslieferung verschoben werden.[103] Der EuGH begründet dies damit, dass der Rahmenbeschluss zum Europäischen Haftbefehl nicht die Verpflichtungen der Mitgliedstaaten aushebelt, sich an Grundrechte, insbesondere solche aus der GRC zu halten. Stattdessen verlange Art. 51 GRC gerade deren Anwendung im Rahmen von EU-Vorschriften. Laut EuGH ist dies dann der Fall, wenn nationale Normen, die den Rahmenbeschluss umsetzen, zur Anwendung kommen.[104] Der Sache nach hat der EuGH damit die Verletzung der europäischen Grundrechte als Grund für die Aussetzung (nicht jedoch einer vollständigen Ablehnung) eines Europäischen Haftbefehls anerkannt. Dies lässt sich zumindest so interpretieren, dass der EuGH die Tür für einen europäischen *Ordre-public*-Vorbehalt geöffnet hat.[105]

Dass unter „außergewöhnlichen Umständen" auch die **Missachtung rechtsstaatlicher Grundsätze** einer Auslieferung entgegenstehen kann, hat der EuGH in einer Entscheidung vom 25.7.2018[106] – im Kontext des nach Art. 7 EUV eingeleiteten Verfahrens gegen Polen zum Schutz der Grundwerte der EU – dargelegt. Eine Verletzung der in Art. 2 EUV dargelegten Grundsätze kann hiernach ein Auslieferungshindernis begründen, wenn etwa die echte Gefahr der Verletzung des Grundrechts auf ein unabhängiges Gericht und damit des Grundrechts auf ein faires Verfahren im Sinne von Art. 47 II GRC besteht. Neben der Prüfung, ob das Justizsystem im Ausstellungsstaat den grundsätzlichen Anforderungen an eine unabhängige Gerichtsbarkeit entspricht[107] – wofür

---

101 EuGH Urt. v. 29.1.2013 – Rs. C-396/11 „Radu", Rn. 68 ff. = NJW 2013, 1145 m. abl. Anm. *Brodowski* HRRS 2013, 54 ff. unter berechtigtem Hinweis auf die damit potenzielle Europarechtswidrigkeit des § 73 I 2 IRG und den damit möglicherweise einhergehenden Konflikt zwischen EuGH und BVerfG.
102 EuGH Urt. v. 5.4.2016 – verb. Rs. C- 404/15, C-659/15 PPU „Pál Aranyosi/Căldăraru", siehe *Gáspár-Szilágyi* EJCCLCJ 24 (2016), 197; siehe auch BVerfG Beschl. v. 19.12.2017 – 2 BvR 424/17, Rn. 50 ff.
103 Zu den Anforderungen an die Ermittlung eines solchen Risikos und den zuständigen Institutionen vgl. *Rogan*, NJECL 10 (2019), 209, 213.
104 EuGH Urt. v. 5.4.2016 – verb. Rs. C- 404/15, C-659/15 PPU „Pál Aranyosi/Căldăraru", Rn. 83 ff.
105 Zustimmend etwa *Streinz*, in: Kert/Lehner (Hrsg.), FS Höpfel, S. 549, 562.
106 EuGH Urt. v. 25.7.2018 – Rs. C-216/18 „LM"; ausf. hierzu *Hummer* EuR 2018, 653 (659 ff.).
107 S. dazu die Kriterien in EuGH Urt. v. 25.7.2018 – Rs. C-216/18 „LM", Rn. 63 ff.

das Verfahren gem. Art. 7 EUV ein hinreichender Anhaltspunkt ist –, bedarf es in einem zweiten Schritt einer einzelfallbezogenen Prüfung, ob die betroffene Person im konkreten Verfahren auch einer solchen Gefahr ausgesetzt sein wird.[108] Diese Einzelfallprüfung ist erst dann entbehrlich, wenn der Europäische Rat nach Art. 7 II EUV eine schwerwiegende und anhaltende Verletzung der in Art. 2 EUV genannten Grundsätze festgestellt hat.[109]

Alleine die Austrittserklärung des Vereinigten Königreichs nach Art. 50 EUV („**Brexit**") vermag demgegenüber keinen „außergewöhnlichen Umstand" zu begründen. Der irische *High Court* legte dem EuGH die Frage vor, ob die mit dem „Brexit" einhergehenden Unsicherheiten – aus Sicht des vorlegenden Gerichts auch auf Ebene des Grundrechtsschutzes – einer Auslieferung an das Vereinigte Königreichs bereits ab dem Zeitpunkt der Austritts*erklärung* entgegenstünden. Nach Ansicht des EuGH[110] bedarf es auch in diesem Fall manifester Anhaltspunkte für einen absinkenden Grundrechtsschutz infolge des „Brexit". Alleine die Austrittserklärung begründe keinen unheilbareren Schaden auf Ebene des gegenseitigen Vertrauens in einen hinreichenden Grundrechtsschutz, zumal das Vereinigte Königreich weiterhin an die Vorgaben der EMRK gebunden sei.

dd) Parallele Ansätze für eine Anerkennung eines deutschen *Ordre-public*-Vorbehalts durch das BVerfG

32 Nur einige Wochen vor dem oben genannten EuGH-Urteil in der Rs. „*Pál Aranyosi/Căldăraru*" befasste sich auch das BVerfG mit ebendieser Thematik:[111] Ein Europäischer Haftbefehl, welcher die „Verfassungsidentität" verletze und sich somit jeglicher Integration in die deutsche Rechtsordnung entziehe, dürfe in Deutschland nicht vollstreckt werden und könne prozessual einer sog. Identitätskontrolle durch das BVerfG unterzogen werden (dazu → § 7 Rn. 19). Dies beruhe auf der Tatsache, dass die integrationsresistenten Verfassungsmerkmale das Schuldprinzip umfassten, was wiederum aus Art. 1 I GG und dem damit verbundenen unantastbaren Kern der Menschenwürde folge.[112] Somit wendet das BVerfG einen national begründeten *Ordre-public*-Vorbehalt auf Fälle der Vollstreckung eines Europäischen Haftbefehls an, limitiert diesen aber auf Extremfälle; allerdings nimmt es, insoweit extensiver als der EuGH, an, dass solche Fälle dann zur Unzulässigkeit der Vollstreckung derartiger Haftbefehle – und nicht lediglich zu deren Aufschiebung – führen.

Trotz der Unterschiede in Herleitung und Folgen eines solchen *Ordre-public*-Vorbehalts ist wegen des absoluten Ausnahmecharakters nicht davon auszugehen, dass BVerfG und EuGH häufig zu unterschiedlichen Ergebnissen gelangen werden. Die Gefahr divergierender Rechtsprechung beschränkt sich daher auf wenige (aber dann durchaus bedeutsame) Einzelfälle.[113] Die vermutlich restriktive Praxis wird vom BVerfG selber bestätigt, indem es unlängst eine Verfassungsbeschwerde gegen eine Auslieferung in das Vereinigte Königreich auf Grundlage eines Europäischen Haftbe-

---

108 Kritisch hierzu *Hummer* EuR 2018, 653 (557 f.); *Payandeh* JuS 2018, 919 (920).
109 EuGH Urt. v. 25.7.2018 – Rs. C-216/18, Rn. 72 ff. unter Verweis auf Erwägungsgrund 10 im Rahmenbeschluss 2002/584/JI, ABl.EU 2002 Nr. L 190/1.
110 EuGH Urt. v. 19.9.2018 – Rs. C-327/18 PPU „RO", Rn. 43 ff.
111 BVerfG Beschl. v. 15.12.2015 – 2 BvR 2735/14 = NJW 2016, 1149.
112 BVerfG Beschl. v. 15.12.2015 – 2 BvR 2735/14, Rn. 49 = NJW 2016, 1149 (1152).
113 Dazu insgesamt und insbes. auch zu diesen möglichen „Ausnahmefällen": *Satzger* NStZ 2016, 514 (521 ff.).

fehls mangels Erfolgsaussichten abgelehnt hat.[114] Das BVerfG beruft sich darauf, dass die vom Beschwerdeführer herangezogene Vorschrift des englischen Rechts (§ 35 Criminal Justice and Public Order Act 1994), wonach – anders als nach deutschem Recht – an das Schweigen eines Angeklagten negative Implikationen im Prozess geknüpft werden dürfen, kein integrationsresistentes Verfassungsmerkmal betrifft. Eine Auslieferung wäre nur dann unzulässig, wenn der Grundsatz *nemo tenetur* verletzt wäre, da nur solche Fälle den Art. 1 I GG berührten. Das englische Gesetz schränke das Recht zu Schweigen jedoch nur auf eine Art ein, welche keine Verletzung der Menschenwürde an sich darstelle. Dieser Fall deutet somit an, dass das BVerfG den nationalen *Ordre-public*-Vorbehalt restriktiv ausüben wird.

2. Die Kodifizierung des Prinzips der gegenseitigen Anerkennung in Art. 82 AEUV

Obwohl die europäische Kriminalpolitik im Bereich des Strafverfahrensrechts seit dem Europäischen Rat von Tampere *faktisch* vom Prinzip der gegenseitigen Anerkennung für alle neu erlassenen Rahmenbeschlüsse im Bereich der justiziellen Zusammenarbeit ausging, wurde dieses erst mit dem Vertrag von Lissabon (Art. 82 I UA 1 AEUV; s. auch Art. III-270 EV) primär*rechtlich* normiert. Art. 82 I UA 2 lit. a und d AEUV enthalten nun Kompetenzvorschriften, mit denen für alle (und in allen) Mitgliedstaaten verbindliche Regeln festgelegt werden können, nach denen eine in einem der Mitgliedstaaten ergangene justizielle Entscheidung anerkannt werden muss. 33

a) Anwendungsbereiche

Auf Grundlage des speziellen Art. 82 I UA 2 lit. a AEUV und dem Auffangtatbestand des Art. 82 I UA 2 lit. d AEUV können gemäß dem dort vorgeschriebenen Rechtssetzungsverfahren Regeln festgelegt werden, nach denen gerichtliche Entscheidungen in allen Mitgliedstaaten anerkannt werden bzw. die die Zusammenarbeit zwischen den Justizbehörden im Rahmen der Strafverfolgung und Vollstreckung von Entscheidungen erleichtern. Die beiden Kompetenztitel unterscheiden sich vor allem danach, wer die anzuerkennende Entscheidung erlässt: In lit. a ist dies ein Gericht, so dass alle Maßnahmen der gegenseitigen Anerkennung betroffen sind, die im Rahmen eines einem Strafprozess vorangegangen Verfahrens vorgenommen werden könnten. Lit. b meint insbes. solche Maßnahmen, die nicht von gerichtlichen Strafverfolgungsbehörden erlassen werden (zB Steuer- oder Zollbehörden) und Entscheidungen, welche nicht als „gerichtlich" angesehen werden (zB Anordnungen ausführender Behörden).[115] 34

b) Abgrenzung zur Rechtsangleichung gem. Art. 82 II AEUV

Dabei ist eine Harmonisierung des nationalen Strafverfahrensrechts auf Grundlage des Art. 82 I UA 2 AEUV grds. ausgeschlossen. Dies ergibt sich aus dem Wortlaut des Art. 82 I UA 1 AEUV, der die Angleichung von Rechtsvorschriften im Rahmen des Art. 82 auf Abs. 2 beschränkt, sowie aus der Gesamtsystematik des Art. 82 AEUV. Der in Art. 82 II UA 2 AEUV enthaltene, klar umrissene und abschließend formulierte Katalog für mögliche Mindestvorschriften würde verwässert, wenn über den Umweg des Abs. 1 UA 2 weitere strafprozessuale Bereiche einer Harmonisierung zugänglich wären. Auch die Regelung der „prozessualen Notbremse" in Abs. 3, die die nationalen Strafpro- 35

---

114 BVerfG Beschl. v. 6.9.2016 – 2 BvR 890/16 = StV 2017, 241.
115 Streinz-*Satzger* AEUV Art. 82 Rn. 38.

zesssysteme vor unzumutbaren Eingriffen bewahren soll, bezieht sich nach dem Vertragstext nur auf Abs. 2.

36 Das bedeutet jedoch nicht, dass Richtlinien niemals „Maßnahmen" iSv Art. 82 I UA 2 darstellen könnten. Denn im Gegensatz zu Art. 82 II AEUV schreibt Abs. 1 UA 2 ja gerade keine bestimmte Handlungsform vor. Soweit aber eine Richtlinie auf Abs. 1 UA 2 gestützt würde, würde dies – insoweit naturgemäß – zu einer Angleichung des nationalen Rechts führen. Um den Anwendungsbereich des Abs. 1 UA 2 von Abs. 2 sinnvoll abgrenzen zu können, darf daher auf Basis des Abs. 1 UA 2 grds. keine Rechtsangleichung hinsichtlich des nationalen *Strafprozessrechts im engeren Sinn* betrieben werden. Eine hierauf gestützte Richtlinie muss im Kern solche Vorschriften enthalten, die schwerpunktmäßig den in Abs. 1 UA 2 primär angesprochenen Bereich der Kooperation der Mitgliedstaaten bei der Strafrechtspflege – namentlich die *Rechtshilfe* – betreffen. Demgegenüber können die strafprozessualen Vorschriften, die auch in einem rein innerstaatlichen Strafverfahren ohne Auslandsbezug zur Anwendung kommen, insoweit nicht Gegenstand einer Harmonisierung sein.[116] Die bisher auf Grundlage des Art. 82 I UA 2 AEUV erlassenen Rechtsakte[117] folgen dieser Differenzierung.

37 Die meisten Rechtsakte, die auf dem Prinzip der gegenseitigen Anerkennung beruhen, wurden vor dem Inkrafttreten des Vertrags von Lissabon als Rahmenbeschlüsse verabschiedet. Auch wenn der Vertrag von Lissabon diese Rechtsaktform nicht mehr kennt (s. Art. 288 AEUV), behalten Rahmenbeschlüsse gem. Art. 9 des Protokolls 36 zum Vertrag von Lissabon weiterhin ihre Relevanz: Sie gelten unverändert weiter und werden nun nach Ablauf des Übergangszeitraums von fünf Jahren sozusagen in das supranationale Unionsrecht überführt, so dass es möglich ist, ihre Umsetzung mittels des Vertragsverletzungsverfahrens durch den EuGH überprüfen zu lassen.[118]

3. Rechtsakte auf der Grundlage des Anerkennungsprinzips

a) Der Europäische Haftbefehl

aa) Der Rahmenbeschluss

38 Der insbesondere auf Art. 31 I lit. a, b, 34 II lit. b EUV aF gestützte Rahmenbeschluss des Rates vom 13.6.2002 über den Europäischen Haftbefehl und die Übergabeverfahren zwischen den Mitgliedstaaten (RbEuHb)[119] stellte im strafrechtlichen Bereich die erste konkrete Verwirklichung des besagten Prinzips der gegenseitigen Anerkennung dar. Diesem bereits im Kontext mit der *Ordre-public*-Diskussion mehrfach angesprochene (dazu → Rn. 29) Rahmenbeschluss wird insoweit „Vorbildcharakter" für nachfolgende Rechtsakte beigemessen.[120] Bezweckt ist die Abschaffung des allseits als zeitaufwändig, schwerfällig und komplex empfundenen Auslieferungsverfahrens klassischer Prägung. Dieses ist zum einen durch eine *Zweistufigkeit* gekennzeichnet: Auf die gerichtliche Zulässigkeitsprüfung, in Deutschland durch das OLG (§§ 12 f. IRG), folgt notwendig eine politische Entscheidung, die sog. Auslieferungsbewilligung. Diese Bewilligung ist eine auf außenpolitischen Ermessenserwägungen beruhende Zweckmäßigkeitsentscheidung im Einzelfall durch Regierungsvertreter[121] (vgl. § 74 IRG). Gerade

---

116 Zum Ganzen Grabitz/Hilf/Nettesheim-*Vogel* AEUV Art. 82 Rn. 47.
117 Dazu → Rn. 38 ff.
118 Vgl. Art. 10 I des Protokolls Nr. 36 über Übergangsbestimmungen; dazu → § 9 Rn. 129.
119 Rahmenbeschluss 2002/584/JI, ABl.EG 2002 Nr. L 190/1.
120 S. *Rohlff*, Europäischer Haftbefehl, S. 35.
121 Zuständig ist insoweit die Bundesregierung, idR das BMJV.

diese außenpolitische Entscheidung wurde zumeist für die Ineffizienz des Auslieferungsverfahrens verantwortlich gemacht.[122] Zum anderen ist die *„beiderseitige Strafbarkeit"* ein grundlegendes Prinzip der herkömmlichen Auslieferung. Das Verhalten, das Grundlage für das Auslieferungsersuchen ist, muss danach sowohl nach dem Recht des ersuchenden wie auch nach dem des ersuchten Staates strafbar sein. Der ersuchte Staat kann so seine Mitwirkung verweigern, wenn ihm ein ausländischer Tatbestand seiner Art nach unbekannt ist.[123] Damit ist dem Verfolgten eine Vielzahl materiellrechtlicher Einwendungen gegen eine Auslieferung möglich, die zwar dem Individualschutz dienen, der Effektivität des Auslieferungsverfahrens aber hinderlich sind.[124]

Mit Einführung des Europäischen Haftbefehls,[125] dessen europaweit einheitliche Form im Rahmenbeschluss genau vorgegeben ist, wird ganz auf eine politische Bewilligungsentscheidung verzichtet; das Verfahren soll nunmehr allein in den Händen der Justiz liegen. An dem Grundsatz der beiderseitigen Strafbarkeit wird zwar insoweit festgehalten, als die Übergabe davon abhängig gemacht werden kann, dass die Handlungen, derentwegen der Europäische Haftbefehl ausgestellt wurde, eine Straftat auch nach dem Recht des Vollstreckungsstaates darstellen.[126] Wird der Europäische Haftbefehl allerdings wegen einer von 32 im Rahmenbeschluss (Art. 2 II) aufgelisteten Straftaten (zB Terrorismus, Menschenhandel, Vergewaltigung, Korruption, Brandstiftung) ausgestellt, so kommt es auf eine beiderseitige Strafbarkeit nicht an.[127] Diese Katalogtaten müssen im Ausstellungsstaat mit einer Freiheitsstrafe oder einer freiheitsentziehenden Maßregel der Sicherung von im Höchstmaß mindestens drei Jahren bedroht sein. Problematisch ist insoweit, dass die Katalogtaten nur schlagwortartig umrissen sind und – da das jeweilige nationale Recht beurteilen soll, ob eine Katalogtat vorliegt[128] – zum Teil nur schwerlich beantwortbar ist, wann eine Tat zB der „Cyberkriminalität", der „Nachahmung", der „Produktpiraterie", dem „Rassismus" oder der „Fremdenfeindlichkeit" zuzuordnen ist.[129]

39

Der Rahmenbeschluss enthält in Art. 3, 4 sowie in dem durch den Rahmenbeschluss 2009/299/JI (dazu → Rn. 100) neu eingefügten Art. 4a Ablehnungsgründe, die einer Vollstreckung entgegengehalten werden müssen bzw. können. **Obligatorische Ablehnungsgründe** sind etwa eine Amnestie, die Strafunmündigkeit im Vollstreckungsstaat oder eine rechtskräftige Entscheidung in einem Mitgliedstaat[130], die einer weiteren Verfolgung im Wege steht. **Fakultative Ablehnungsgründe** sind – neben der fehlenden beiderseitigen Strafbarkeit bei Nicht-Katalogtaten – zB die Verjährung nach dem Recht

40

---

122 *Rohlff*, Europäischer Haftbefehl, S. 41.
123 *Oehler* ZStW 96 (1984), 555, 557; näher dazu zB *Hackner*, in: Wabnitz/Janovsky/Schmitt (Hrsg.), Handbuch, Kap. 25 Rn. 134.
124 Zur Kritik am Prinzip der beiderseitigen Strafbarkeit s. nur *Schierholt*, in: Schomburg/Lagodny (Hrsg.), Internationale Rechtshilfe in Strafsachen IRG § 3 Rn. 2; *Vogel* JZ 2001, 937 (942).
125 Der Anwendungsbereich ist generell auf Handlungen beschränkt, die nach dem Recht des Ausstellungsstaates mit einer Freiheitsstrafe oder freiheitsentziehenden Maßregel der Sicherung von mindestens zwölf Monaten bedroht sind (Auslieferungshaftbefehl), oder wenn eine Verurteilung von mindestens vier Monaten bereits ergangen ist (Vollstreckungshaftbefehl); s. Art. 2 I des Rahmenbeschlusses.
126 Kritisch *Bachmaier* EuCLR 8 (2018), 152, 155 f.
127 Ausf. zum Prinzip der beiderseitigen Strafbarkeit und den Modifikationen durch den RbEuHb: *Pohl*, Vorbehalt und Anerkennung, S. 136 ff.; vgl. auch *Reinbacher*, S. 539.
128 Art. 2 II des Rahmenbeschlusses.
129 Zur Kritik s. nur *Roxin/Schünemann*, Strafverfahrensrecht, § 3 Rn. 21 f.; *Schünemann* GA 2002, 501 (507 f.); Die mangelhafte Harmonisierung der nationalen Tatbestände aus dem Katalog des Art. 2 II RbEuHb beklagt auch *Peers* CMLR 41 (2004), 5, 29 ff.
130 Art. 3 Nr. 2 RbEuHb; dazu → Rn. 88. Für Entscheidungen eines Drittstaats, dh Nicht-EU-Staats, gilt nur ein fakultativer Ablehnungsgrund, vgl. Art. 4 Nr. 5 RbEuHb.

des Vollstreckungsstaates, die Strafverfolgung wegen derselben Handlung im Vollstreckungsstaat bzw. eine Verfahrenseinstellung.[131] Schließlich erlaubt Art. 5, dass die Vollstreckung des Europäischen Haftbefehls von bestimmten Garantien des Ausstellungsstaates abhängig gemacht wird. So kann zB bei Haftbefehlen gegen eigene Staatsangehörige verlangt werden, dass der Beschuldigte nach einer Verurteilung zum Zwecke der Strafvollstreckung ins Inland rücküberstellt wird.[132] Inwieweit nationale bzw. europäische Grundrechte zusätzlich eine Ablehnung der Vollstreckung rechtfertigen können, ist nicht abschließend geklärt (dazu → Rn. 29).

bb) Die Umsetzung des Rahmenbeschlusses in Deutschland und dabei auftretende Probleme

(1) Verfassungswidrigkeit des (ersten) Umsetzungsgesetzes

41 Der Rahmenbeschluss war bis Ende 2003 in das nationale Recht der Mitgliedstaaten umzusetzen. Der Bundestag billigte – den Einspruch des Bundesrats überstimmend – am 16.6.2004 das Europäische Haftbefehlsgesetz (EuHbG), welches zum 23.8.2004 in Kraft trat und den Europäischen Haftbefehl in die Terminologie („Auslieferung", „ersuchter" und „ersuchender Staat") und Systematik des IRG integrierte.[133] Mit Urteil vom 18.7.2005[134] gab das BVerfG jedoch einer Individualverfassungsbeschwerde Recht und erklärte dieses (erste) EuHbG für **nichtig**.

Der in Deutschland lebende Beschwerdeführer, ein Deutsch-Syrer, der als Schlüsselfigur des Al-Quaida-Netzwerks galt, sollte aufgrund eines gegen ihn in Spanien geführten Verfahrens wegen der Beteiligung an einer kriminellen Vereinigung und Terrorismus nach Spanien ausgeliefert werden. Das ihm vorgeworfene Verhalten erfüllte zwar zum Tatzeitpunkt in Deutschland keinen Straftatbestand, da die Unterstützung ausländischer terroristischer Vereinigungen erst später (durch § 129b StGB) unter Strafe gestellt wurde. Da nach dem Rahmenbeschluss bei Vorliegen der genannten Deliktskategorien die beiderseitige Strafbarkeit gar nicht mehr geprüft werden durfte (Art. 2 II RbEuHb), stand dies einer Vollstreckung des Europäischen Haftbefehls aber nicht entgegen.

Das BVerfG hielt das EuHbG (als Rechtsgrundlage der Auslieferungsentscheidung) im Wesentlichen aus zwei Gründen für verfassungswidrig und erklärte es daher insgesamt für nichtig:

- Zum einen sei die **Auslieferungsfreiheit** aus **Art. 16 II GG** verletzt. Zwar unterliegt dieses Deutschen-Grundrecht einem „qualifizierten Gesetzesvorbehalt", wonach eine Auslieferung Deutscher nur in Betracht kommt, „soweit rechtsstaatliche Grundsätze gewahrt sind" (Art. 16 II 2 GG). Eingriffe müssten in Anbetracht des Verhältnismäßigkeitsgrundsatzes jedoch möglichst schonend erfolgen. Deshalb sei der Gesetzgeber jedenfalls verpflichtet gewesen, die Umsetzungsspielräume, die der Rahmenbeschluss den Mitgliedstaaten belasse, in einer grundrechtsschonenden Weise auszufüllen. Gem. Art. 4 Nr. 7 RbEuHb kann ein Mitgliedstaat die Vollstreckung eines Europäischen Haftbefehls verweigern, wenn sich dieser auf Straftaten bezieht,

---

131 Weitergehend (für einen generellen Vorbehalt bzgl. der Wahrung der Menschenrechte) *Peers*, EU Justice, S. 99 f.
132 Vertiefend zum Ganzen *Böse* in: Momsen/Bloy/Rackow (Hrsg.): Fragmentarisches Strafrecht, S. 240 ff.; v. *Heintschel-Heinegg/Rohlff* GA 2003, 44.
133 Vgl. BT-Drs. 15/1718, S. 1 ff.; zur Kritik s. *Wehnert* StraFo 2003, 356 (359 f.).
134 BVerfG Urt. v. 18.7.2005 – 2 BvR 2236/04 = BVerfGE 113, 273; ausf. *Satzger/Pohl*, JICJ 4 (2006), 686; vgl. auch Sieber/Satzger/v. Heintschel-Heinegg-*Heintschel-Heinegg*, Europ. StR, § 37 Rn. 16 ff.

die ganz oder zum Teil in seinem Hoheitsgebiet begangen worden sind. In Ausschöpfung dieses Spielraums hätte der deutsche Gesetzgeber dem BVerfG zufolge eine Vollstreckungsverweigerung für Taten mit *wesentlichem Inlandsbezug*[135] vorsehen müssen. Straftatvorwürfe mit einem solchen maßgeblichen Inlandsbezug seien bei tatverdächtigen deutschen Staatsangehörigen prinzipiell im Inland durch deutsche Strafermittlungsbehörden aufzuklären, da in diesen Fällen das Vertrauen des Bürgers, sich nur nach der eigenen Rechtsordnung verantworten zu müssen, durch Art. 16 II GG in Verbindung mit dem Rechtsstaatsprinzip geschützt werde. Dies gelte erst recht, wenn die Tat nach den deutschen Vorschriften straflos sei.

▪ Zum zweiten bejahte das BVerfG einen Verstoß gegen **Art. 19 IV GG**, weil das EuHbG dem Betroffenen Rechtsschutz gegen die Bewilligungsentscheidung – wie im klassischen Auslieferungsverfahren üblich – versagte. Darin liege nunmehr aber ein Verstoß gegen die Rechtsweggarantie, da das Bewilligungsverfahren seit dem EuHbG „rechtlich aufgeladen" sei und Ermessensentscheidungen über Ablehnungsgründe getroffen werden müssen. Der Bürger habe deshalb schon in dieser Phase Anspruch auf effektiven Rechtsschutz.

(2) Zweites Umsetzungsgesetz mit Schwächen

Am 20.7.2006 billigte der Bundestag daraufhin ein neues EuHbG, welches am 2.8.2006 in Kraft trat. Die Vorgaben des BVerfG wurden darin aufgegriffen; in § 80 I Nr. 2 und II Nr. 2 IRG nF findet sich der Vorbehalt eines maßgeblichen Inlandsbezugs wieder. Dieser wird allerdings nur unscharf beschrieben und von unklaren Wertungen abhängig gemacht, so dass hierdurch weder die Rechtssicherheit erhöht noch die Rechtsanwendung erleichtert wird.[136] § 79 II IRG nF ermöglicht nun zwar die Überprüfung von Entscheidungen während des Bewilligungsverfahrens auf Ermessensfehler. Das Verfahren erlangt dadurch aber eine ungeahnte Komplexität. Vorzugswürdig wäre es gewesen, für den Bereich des Europäischen Haftbefehls nicht mehr zwischen Zulässigkeits- und Bewilligungsverfahren zu differenzieren: Dies hätte zum einen der dem Rahmenbeschluss zugrunde liegenden Zielsetzung entsprochen, sich im Anwendungsbereich des Europäischen Haftbefehls ganz vom klassischen Auslieferungsrecht zu lösen. Zum anderen wäre so eine effektivere gerichtliche Nachprüfung – ohne Zwischenschaltung einer Behörde mit Ermessensspielraum – ermöglicht worden.[137] Ebenfalls ungelöst bleibt das Problem, dass die in Art. 2 II RbEuHb genannten Katalogtaten, bei denen das Erfordernis beiderseitiger Strafbarkeit entfällt, teils höchst unklar umrissen sind (dazu → Rn. 39). Vor dem Hintergrund des europarechtlichen Diskriminierungsverbots zweifelhaft ist überdies, dass EU-Ausländer gem. § 83b II IRG selbst dann an einen ersuchenden Staat überstellt werden können, wenn die Übergabe deutscher Staatsangehöriger gem. § 80 IRG zu verweigern wäre.[138]

42

---

135 Nach dem BVerfG liegt ein solcher vor, „wenn wesentliche Teile des Handlungs- und Erfolgsortes auf deutschem Staatsgebiet liegen" (BVerfG Urt. v. 18.7.2005 – 2 BvR 2236/04 = BVerfGE 113, 302). Tritt der Erfolg nach einer wenigstens teilw. in Deutschland begangenen Handlung im Ausland ein, sei eine Einzelfallabwägung erforderlich.
136 *Böhm* NJW 2006, 2592 (2593).
137 *Böhm* NJW 2006, 2592 (2593), spricht von einer „Mogelpackung".
138 Krit. zu dieser Unterscheidung, die schon im Urteil des BVerfG angelegt war, *Satzger/Pohl*, JICJ 4 (2006), 686, 696 ff. S. auch *Tinkl* ZIS 2010, 320.

Während der EuGH die Zulässigkeit der deutschen Regelung zunächst offen gelassen hatte,[139] hat er in einer neuen Entscheidung eine niederländische Regelung, die eine Verweigerung der Überstellung von Ausländer von einem fünfjährigen rechtmäßigen Aufenthalt im Inland abhängig macht, für unionsrechtskonform erklärt.[140] Angesichts einer französischen Regelung, die die Möglichkeit einer Verweigerung der Übergabe von Ausländern im Gegensatz zu Staatsangehörigen ausschloss, erklärte der EuGH, dass gesetzlich zumindest die Möglichkeit bestehen müsse, Inländer und EU-Ausländer gleichzubehandeln.[141]

(3) Staatsanwaltschaft in Deutschland nicht zur Ausstellung berechtigt

43 Mit Urteil vom 27.5.2019[142] hat der EuGH entschieden, dass die in Deutschland praktizierte Ausstellung von Europäischen Haftbefehlen durch die Staatsanwaltschaft mit Art. 6 I des Rahmenbeschlusses zum Europäischen Haftbefehl – der die Zuständigkeit im Ausstellungsstaat einer „Justizbehörde" („judicial authority" / „autorité judiciaire") zuweist – nicht vereinbar ist. Der Begriff der Justizbehörde sei zwar unionsrechtsautonom auszulegen und umfasse nicht nur Gerichte, sondern auch sonstige an der Strafrechtspflege mitwirkende Behörden, insbesondere auch die Staatsanwaltschaft (vgl. zu dieser Problematik im Bereich des Art. 50 GRC unten → Rn. 72 ff.), weil nur so das dem Prinzip der gegenseitigen Anerkennung zugrundeliegende Ziel eines möglichst freien Verkehrs justizieller Entscheidungen auch bereits im Ermittlungsverfahren erreicht werden könne (s. auch Art. 82 I lit. d AEUV).[143] Eine Grenze bestehe jedoch dann, wenn die Staatsanwaltschaft bei ihrer Entscheidung unmittelbar oder mittelbar Weisungen seitens der Exekutive unterworfen ist und deshalb die in der Rechtsprechung entwickelten Anforderungen an das Merkmal der „Unabhängigkeit" nicht erfülle.[144] Dann erfolge nämlich kein hinreichender (präventiver) Rechtsschutz im Ausstellungsstaat, der angesichts des mit einem Europäischen Haftbefehl verbundenen Eingriffs in Art. 6 GRC (Recht auf Freiheit der Person) – auch als Basis für das gegenseitige Vertrauen im Vollstreckungsstaat – erforderlich sei. Das nach deutschem Recht bestehende Weisungsrecht der Exekutive gegenüber den Staatsanwaltschaften (§§ 146, 147 GVG) überschreite diese Grenze, weshalb die in Deutschland praktizierte Zuständigkeitsregelung mit Unionrecht nicht in Einklang stehe.[145] Eine europarechtskonforme Auslegung von § 131 I StPO soll dem zumindest kurzfristig Rechnung tragen, dh die Ausschreibung zur Festnahme erfolgt künftig (ausschließlich) durch einen Richter.[146] Für die Zukunft wird man diese Entscheidung des EuGH jedoch zum Anlass nehmen müssen, die nie verstummte Diskussion zur Abschaffung bzw. Reformierung

---

139 EuGH Urt. v. 17.7.2008 – Rs. C-66/08 „Kozlowski" mAnm *Böhm* NJW 2008, 3183.
140 EuGH Urt. v. 6.10.2009 – Rs. C-123/08 „Wolzenburg" mAnm *Janssens* CMLR 47 (2010), 831.
141 EuGH Urt. v. 5.9.2012 – Rs. C-42/11 „Lopes Da Silva Jorge", Rn. 51.
142 EuGH Urt. v. 27.5.2019 – Rs. C-508/18, C-82/19 PPU „OG und PI" sowie EuGH Urt. v. 9.10.2019 – Rs. C-489/19 PPU „NJ" (zur Parallelproblematik in Österreich); ausf. hierzu *Niederhuber* EuCLR 1 (2020), 5; vgl. auch *Kluth* NVwZ 2019, 1175; *Ruffert* JuS 2019, 920; *Schubert* NJW 2019, 2145 (2150); *Trüg/Ulrich* NJW 2019, 2811.
143 EuGH Urt. v. 27.5.2019 – Rs. C-508/18, C-82/19 PPU „OG und PI", Rn. 48 ff.
144 Die Staatsanwaltschaft wird daher als „zur Exekutive gehörig" eingestuft, s. nur SSW-StPO-*Schnabl*, Vor §§ 141 ff. GVG, Rn. 3.
145 EuGH Urt. v. 27.5.2019 – Rs. C-508/18, C-82/19 PPU „OG und PI", Rn. 64 ff. Hinreichend unabhängig seien demgegenüber die Staatsanwaltschaften in Litauen (EuGH Urt. v. 27.5.2019 – C-509/19), Frankreich (EuGH Urt. v. 12.12.2019, verb. Rs. C-566/19 PPU und C-626/19), Belgien (EuGH Urt. v. 12.12.2019 – C-627/19 PPU) und Schweden (EuGH Urt. v. 12.12.2019 – Rs. C-625/19 PPU); s. hierzu *Niederhuber*, EuCLR 1 (2020), 5, 13 ff.
146 S. hierzu LG Bamberg Beschl. v. 26.6.2019 – 21 Qs 25/19; aA *Trüg/Ulrich* NJW 2019, 2811 (2812 ff.), die eine Neuregelung für erforderlich erachten.

des externen Weisungsrechts nach den §§ 146 f. GVG ernsthaft fortzuführen.[147] Dabei ist die anzustrebende Unabhängigkeit der Staatsanwaltschaft nicht notwendigerweise ein Gegensatz zu einer demokratisch rückgekoppelten rechtsstaatlichen Institution, wie auch der Vergleich in anderen Mitgliedstaaten nahelegt.[148]

cc) Die Umsetzung des Rahmenbeschlusses in anderen Mitgliedstaaten

Die Umsetzung des RbEuHb erfolgte in den Mitgliedstaaten recht **uneinheitlich**.[149] Besonders groß sind die Unterschiede in den nationalen Umsetzungsvorschriften in Bezug auf die im Rahmenbeschluss vorgesehenen Gründe, bei deren Vorliegen die Vollstreckung eines Europäischen Haftbefehls verweigert werden kann.

44

Einige Mitgliedstaaten haben sogar Vollstreckungsverweigerungsgründe eingeführt, die im Rahmenbeschluss gar nicht enthalten sind. So untersagt das italienische Umsetzungsgesetz[150] in seinem Art. 8 III etwa eine Vollstreckung, wenn ein italienischer Staatsangehöriger wegen einer Tat ausgeliefert werden soll, bzgl. der er sich in einem Verbotsirrtum befand. Noch weiter hat sich der italienische Gesetzgeber schließlich dadurch von den Vorgaben des Rahmenbeschlusses entfernt, dass er den Deliktskatalog aus Art. 2 II RbEuHb schlicht in nationale Tatbestände übersetzt hat (Art. 8 I). Dadurch kann eine Auslieferung nur wegen Taten erfolgen, die auch in Italien strafbar sind, so dass das Erfordernis beiderseitiger Strafbarkeit im Ergebnis faktisch bestehen bleibt. Ferner konnte die Auslieferung in Großbritannien etwa aus Gründen der öffentlichen Sicherheit abgelehnt werden (Section 208 des Extradition Act 2003[151]).

Nach dem mit Ablauf des 31.1.2020 erfolgten Austritt des Vereinigten Königreichs aus der Europäischen Union, dem sog. „Brexit", sieht das Austrittsabkommen[152] in Art. 62 für die Übergangsphase vom 1.2.2020 bis zum 31.12.2020 spezielle Regelungen für laufende Verfahren im Bereich der justiziellen Zusammenarbeit vor. Gemäß Art. 62 I lit. a des Abkommens findet der RbEuHb in dieser Phase weiterhin Anwendung auf Europäische Haftbefehle, wenn die gesuchte Person vor dem Ablauf des Übergangszeitraums für die Zwecke der Vollstreckung eines Europäischen Haftbefehls festgenommen wurde, und zwar unabhängig von der Entscheidung der vollstreckenden Justizbehörde darüber, ob die gesuchte Person in Haft zu halten oder vorläufig aus der Haft zu entlassen ist. Da Art. 16 II 2 GG eine Auslieferung deutscher Staatsangehöriger jedoch nur an Mitgliedstaaten der EU erlaubt, verbietet es das deutsche Verfassungsrecht, in diesem Übergangszeitraum Deutsche an das Vereinigte Königreich auszuliefern. Dementsprechend hat Deutschland von dem in Art. 185 III des Austrittsabkommens vorgesehenen Weigerungsrecht Gebrauch gemacht.[153]

---

147 Dazu s. bereits die ausf. Darstellung bei *Satzger*, Gutachten für den 65. Deutschen Juristentag, 2004, C 131 ff.; s. auch *F. Zimmermann*, in: Oğlakcıoğlu/Rückert/Schuhr (Hrsg.), Axiome, S. 11 und im hiesigen Kontext *Niedernhuber* EuCLR 1 (2020), 5, 18 ff.
148 Vgl. *Satzger*, Gutachten für den 65. Deutschen Juristentag, 2004, C 131 ff.
149 S. zur Umsetzung durch die Mitgliedstaaten KOM (2011) 175 endg.; s. auch *Fletcher/Lööf/Gilmore*, EU Criminal Law, S. 117 f.; weniger krit. *Peers*, EU Justice, S. 100 f.
150 Legge 22 aprile 2005, n. 69, s. http://www.normattiva.it/uri-res/N2Ls?urn:nir:stato:legge:2005;69 (Stand 1/20).
151 http://www.legislation.gov.uk/ukpga/2003/41/pdfs/ukpga_20030041_en.pdf (Stand 1/20).
152 Vgl. hierzu den Beschluss des Rates 2020/135/EU vom 30.1.2020 über den Abschluss des Austrittsabkommens (ABl.EU 2020 Nr. L 29/1) sowie das Austrittsabkommen in ABl.EU 2020 Nr. L 29/7.
153 S. hierzu die Erklärung der Europäischen Union gemäß Artikel 185 III des Austrittsabkommens in ABl.EU 2020 Nr. L 29/188.

45 Teils kam es auch in anderen Mitgliedstaaten zu **verfassungsrechtlichen Komplikationen**, die mit denen in Deutschland vergleichbar waren:[154] So erklärte das polnische Verfassungsgericht das Umsetzungsgesetz wegen eines Verstoßes gegen das verfassungsrechtliche Verbot, polnische Staatsbürger auszuliefern, für nichtig.[155] Nach einer Verfassungsänderung wurde 2006 ein neues Umsetzungsgesetz verabschiedet, wonach nun für polnische Staatsangehörige das Erfordernis beiderseitiger Strafbarkeit bestehen bleibt.[156] In Zypern hielt das Verfassungsgericht eine Umsetzung des RbEuHb aus denselben Gründen erst nach einer Verfassungsänderung für möglich.[157] Dagegen hat das tschechische Verfassungsgericht eine Klage gegen das nationale Umsetzungsgesetz abgewiesen.[158]

46 Das belgische Umsetzungsgesetz wurde ebenfalls angegriffen. In diesem Zusammenhang legte der Arbitragehof dem EuGH drei Fragen zur **Gültigkeit des Rahmenbeschlusses** vor: Die erste Frage ging dahin, ob der Europäische Haftbefehl durch ein Übereinkommen und nicht durch einen Rahmenbeschluss hätte geregelt werden müssen. Der EuGH[159] betonte zu Recht, dass der EUV aF insoweit keinen Vorrang eines Rechtsinstruments vorsah. Zweitens stand die Vereinbarkeit des (weitgehenden) Verzichts auf die beiderseitige Strafbarkeit mit dem Gesetzlichkeitsprinzip als allgemeinem Rechtsgrundsatz der Union gem. Art. 6 II EUV aF in Frage. Der EuGH sah den *Nullum-crimen*-Grundsatz schon deshalb als gewahrt an, weil jedenfalls das Recht des Ausstellungsstaates hinreichend klare Definitionen der Straftatbestände enthalte, selbst wenn die Tat im Vollstreckungsstaat straflos sei. In dieser Allgemeinheit ist diese Aussage sicher sehr problematisch, da der Täter nicht in allen Situationen gleichermaßen mit dem Eingreifen des Strafrechts des Ausstellungsstaates rechnen muss.[160] Die dritte Frage bezog sich auf einen Verstoß gegen das Gebot der Gleichheit und der Nichtdiskriminierung, der darin liegen könnte, dass nur einige Deliktsbereiche von der beiderseitigen Strafbarkeit ausgenommen seien. Der EuGH konnte sich insoweit mit dem Hinweis begnügen, dass die im Katalog aufgeführten Straftaten nach ihrer Natur oder Strafdrohung zu einer derart erheblichen Beeinträchtigung der öffentlichen Sicherheit und Ordnung führen, dass die Mitgliedstaaten nicht auf der Überprüfung des Vorliegens der beiderseitigen Strafbarkeit bestehen dürfen.

Die dem EuGH vom Arbitragehof vorgelegten Fragen waren wenig geeignet, eine intensive und abschließende Prüfung der Rechtmäßigkeit des RbEuHb vorzunehmen. Schon die – wenigbefriedigende – Auseinandersetzung des EuGH mit dem Gesetzlichkeitsprinzip lässt jedoch erkennen, dass bei weitem nicht alle Zweifel ausgeräumt werden konnten.

---

154 Überblick bei *Fletcher/Lööf/Gilmore*, EU Criminal Law, S. 119 f.; *Satzger/Pohl*, JICJ 4 (2006), 686, 690.
155 Eine englische Fassung des Urteils ist unter http://trybunal.gov.pl/fileadmin/content/omowienia/P_1_05_full_GB.pdf (Stand 1/20) abrufbar.
156 Ausf. zu der Entwicklung in Polen *Nalewajko* ZIS 2007, 113.
157 Urt. v. 7.11.2005; die englische Fassung ist im Ratsdokument 14281/05 zu finden.
158 Urt. v. 3.5.2006 (Pl. ÚS 66/04); im Internet ist die englische Fassung auf der Seite des Gerichts unter http://www.usoud.cz/en/decisions/ zu finden (Stand 1/20).
159 EuGH Urt. v. 3.5.2007 – Rs. C-303/05 „Advocaten voor de Wereld".
160 Ebenso *Braum* wistra 2007, 401 (404 f.); vgl. auch die Argumentation des BVerfG zu Taten mit maßgeblichem Inlandsbezug, dazu → Rn. 41.

b) Europäische Überwachungsanordnung

Noch kurz vor dem Inkrafttreten des Vertrags von Lissabon wurde der Rahmenbeschluss über eine Europäische Überwachungsanordnung verabschiedet.[161] Dieses Instrument soll in der Phase des Ermittlungsverfahrens gewährleisten, dass die Mitgliedstaaten bestimmte Maßnahmen, die ohne Freiheitsentzug verhindern, dass sich die verdächtige Person dem Verfahren entzieht (zB Meldeauflagen oder Weisungen, einen bestimmten Ort nicht zu verlassen), gegenseitig anerkennen. Wie im Rahmenbeschluss über den Europäischen Haftbefehl soll für eine große Zahl von Deliktsbereichen das Erfordernis beiderseitiger Strafbarkeit nicht zur Anwendung kommen. Auf diese Weise ließe sich die Durchführbarkeit des Strafverfahrens vielfach auch ohne die – wesentlich einschneidendere – Anordnung von Untersuchungshaft (zB mittels eines Europäischen Haftbefehls) sichern. Dies ist – noch dazu im angestrebten „einheitlichen Rechtsraum" – begrüßenswert, da die Gerichte derzeit bei ausländischen Tatverdächtigen oft schon allein wegen deren Staatsangehörigkeit zur Annahme von Fluchtgefahr (vgl. § 112 II Nr. 2 StPO) neigen und bereits deshalb Untersuchungshaft anordnen.[162] Dass eine solche Diskriminierung in einem einheitlichen Rechtsraum nicht hinnehmbar ist, leuchtet ein.

47

c) Rechtshilfe in Bezug auf Beweismittel, insbesondere die Europäische Ermittlungsanordnung

Ähnlich wie der Europäische Haftbefehl an die Stelle der Auslieferung getreten ist, soll die komplexe Rechtshilfe in Bezug auf Beweismittel durch europäische Regelungen auf der Grundlage des Prinzips der gegenseitigen Anerkennung vereinfacht werden.

48

Auch hier birgt die gegenseitige Anerkennung aber Probleme: Werden Beweismittel im Rahmen eines rein innerstaatlichen Strafverfahrens erhoben, geschieht dies allein nach dem Prozessrecht dieses Mitgliedstaates (Mitgliedstaat A). Fordert später ein anderer Mitgliedstaat (Mitgliedstaat B) eben jenes Beweismittel an, um es im Prozess in B zu verwerten, könnten Beweiserhebungsvoraussetzungen, die nach dem in B geltenden Recht zu beachten gewesen wären, gar nicht mehr eingehalten werden.[163] Es droht ein „Patchwork-Verfahren", bei dem Rechte des Einzelnen missachtet werden. Zwar können sog. *Forum-regit-actum*-Regelungen (wie etwa schon Art. 12 S. 1 des Rahmenbeschlusses über die Europäische Beweisanordnung oder nunmehr Art. 9 II der Richtlinie über die Europäische Ermittlungsanordnung, dazu → Rn. 53) dem entgegenwirken.[164] Jedoch steht es zum einen im Ermessen des Anordnungsstaates, ob und inwiefern er von solchen Regeln dann tatsächlich Gebrauch macht. Zum anderen kann der Vollstreckungsstaat diese auch mit der Begründung außer Acht lassen, dass wesentliche Rechtsgrundsätze entgegenstehen. Deshalb ist als Gegenstück zur fortschreitenden Entwicklung des Beweismittelrechtshilferechts eine weitergehende Angleichung von Verfahrensrechten[165] durch die Union unabdingbar.

Der **Rahmenbeschluss über die Vollstreckung von Entscheidungen über die Sicherstellung von Vermögensgegenständen oder Beweismitteln in der EU**[166] hat die Anerken-

49

---

161 Rahmenbeschluss 2009/829/JI, ABl.EU 2009 Nr. L 294/20.
162 Vgl. SEK (2004) 1064, S. 75 ff.; *Schünemann*, in: ders. (Hrsg.), Gesamtkonzept, S. 104 f.
163 ECPI ZIS 2013, 412 (417); *F. Zimmermann*, Strafgewaltkonflikte in der EU, S. 66.
164 Näher ECPI ZIS 2013, 412 (417).
165 Dazu → Rn. 96 ff.
166 Rahmenbeschluss 2003/577/JI, ABl.EU 2003 Nr. L 196/45.

nung von Entscheidungen über das „Einfrieren" von Beweismaterial zum Gegenstand. Damit soll verhindert werden, dass Beweismaterial, das sich im Hoheitsgebiet eines anderen Mitgliedstaats befindet, verloren geht. Allerdings ist dieser Rahmenbeschluss nur auf vorläufige Maßnahmen gerichtet, die Übergabe der Beweismittel wird darin nicht geregelt und folgt grds. den klassischen Rechtshilferegeln mit allen sich daraus ergebenden Nachteilen.

50 Ergänzend wurde daher nach langen Beratungen ein **Rahmenbeschluss über die Europäische Beweisanordnung** zur Erlangung von Sachen, Schriftstücken und Daten zur Verwendung in Strafsachen (RbEBA) angenommen.[167] Dieser wurde jedoch durch die mittlerweile in Kraft befindliche, inhaltlich deutlich weitergehende Richtlinie über die Europäische Ermittlungsanordnung überholt (dazu → Rn. 51 ff.); die Europäische Beweisanordnung erlangte deshalb niemals praktische Relevanz.

51 Die Europäische Beweisanordnung galt insbesondere nur für bereits erhobene Beweise. Dies war der Grund, warum die Kommission weitere Rechtsakte zur gegenseitigen Anerkennung von Beweismitteln erwog. Sie legte noch vor Ablauf der Umsetzungsfrist des RbEBA ein Grünbuch zur Erlangung verwertbarer Beweise in Strafsachen aus einem anderen Mitgliedstaat vor,[168] das in der Literatur teilweise auf Kritik gestoßen ist.[169] 2010 wurde die Kommission von einer gem. Art. 76 lit. b AEUV vorgelegten Initiative von acht Mitgliedstaaten gewissermaßen überholt.[170] Nach vierjährigen Vorarbeiten[171] ist die hierauf aufbauende **Richtlinie über die Europäische Ermittlungsanordnung**[172] (EEA-RL) im Mai 2014 in Kraft getreten.

52 Diese ist nach der Europäischen Schutzanordnung[173] der zweite Rechtsakt, der auf dem das Prinzip der gegenseitigen Anerkennung kodifizierenden Art. 82 I AEUV[174] beruht. Sie ersetzt[175] gem. ihrem Art. 34 ab dem 22.5.2017 bisher geltende völkerrechtliche Übereinkommen zur Rechtshilfe[176] und die Rahmenbeschlüsse bzgl. Sicherungsmaßnahmen[177] und der Europäischen Beweisanordnung[178]. Damit werden die separaten Instrumente des europäischen Beweisrechts zu einer Regelung zusammengeführt und ein einheitlicher Rechtsrahmen für die Erhebung und den Transfer von Beweismitteln innerhalb der Union geschaffen.[179]

---

167 Rahmenbeschluss 2008/978/JI des Rates, ABl.EU 2008 Nr. L 350/72; dazu *Krüßmann* StraFo 2008, 458. Zum ursprünglichen Kommissionsvorschlag (KOM [2003] 688 endg.) s. die ausf. – und krit. – Würdigung bei *Ahlbrecht* NStZ 2006, 70; *Kotzurek* ZIS 2006, 123 sowie *Williams* in: Vervaele (Hrsg.), European Evidence Warrant, S. 69 ff. Ferner s. *Gleß*, Beweisrechtsgrundsätze einer grenzüberschreitenden Strafverfolgung, S. 165 ff. Zu den Auswirkungen auf das deutsche Strafverfahren *Esser*, in: von Heinrich ua (Hrsg.), FS Roxin, S. 1497; bzgl. Funktionsweise und Verfahren vgl. Sieber/Satzger/v. Heintschel-Heinegg-*Gleß*, Europ. StR, § 38 Rn. 22 ff.
168 KOM (2009) 624 endg.
169 *Ambos* ZIS 2010, 557; *Busemann* ZIS 2010, 552; *Schünemann/Roger* ZIS 2010, 92; sowie *F. Zimmermann/Glaser/Motz* EuCLR 1 (2011), 70.
170 Ratsdokument 9145/10.
171 Zur Entwicklung vgl. Nachweise in Sieber/Satzger/v. Heintschel-Heinegg-*Gleß*, Europ. StR, § 38 Fn. 128.
172 Richtlinie 2014/41/EU, ABl.EU 2014 Nr. L 140/1.
173 Richtlinie 2011/99/EU, ABl.EU 2011 Nr. L 338/2.
174 Dazu → Rn. 26 ff.
175 Dies gilt nicht für Irland und Dänemark. Nach Art. 4a I und Art. 2 des Protokolls Nr. 21, sowie Art. 2 des Protokolls Nr. 22 zum Vertrag von Lissabon gelten die alten Instrumente für diese beiden Staaten weiter, da sie sich nicht an der Richtlinie beteiligen; vgl. *F. Zimmermann* ZStW 127 (2015), 143, 149.
176 Überblick bei *F. Zimmermann/Glaser/Motz* EuCLR 1 (2011), 56, 57 ff.
177 Rahmenbeschluss 2003/577/JI, ABl.EU 2003 Nr. L 196/45.
178 Rahmenbeschluss 2008/978/JI des Rates, ABl.EU 2008 Nr. L 350/72.
179 *Böse* ZIS 2014, 152; *Esser*, in: von Heinrich ua (Hrsg.), FS Roxin, S. 1497 (1508 ff.).

Die EEA-RL geht deshalb weiter als ihr „Vorgänger", der RbEBA, da sie nicht nur die Übermittlungen bereits vorhandener Beweise, sondern auch Maßnahmen zu deren Erhebung vorsieht. Die Richtlinie erfasst gem. ihrem Art. 3 alle Arten von Beweismitteln und alle Formen ihrer Gewinnung, unter Ausschluss lediglich der Bildung gemeinsamer Ermittlungsgruppen.[180] Sie stärkt – ganz auf der Linie des Grundsatzes der gegenseitigen Anerkennung[181] – die Position des Anordnungsstaates, wonach das „Ob" der betreffenden Maßnahme prinzipiell nach dem Recht des Anordnungsstaates zu beurteilen ist.[182] Dies zeigt sich schon in der Terminologie, ist doch nun von „Anordnung" und nicht mehr von „Ersuchen" die Rede,[183] aber auch in der Fristenregelung, wonach die Vollstreckungsbehörde innerhalb bestimmter Fristen ihre Entscheidungen und Maßnahmen zu treffen hat. Der Anordnungsstaat muss zwar in jedem Einzelfall prüfen, ob die Verhältnismäßigkeit der Maßnahme gewahrt wird und ob die Maßnahme in einem vergleichbaren innerstaatlichen Fall unter denselben Bedingungen angeordnet werden könnte (Art. 6 I EEA-RL). Eine nach diesen Regeln erlassene EEA ist dann aber von jedem Mitgliedstaat „ohne jede weitere Formalität" anzuerkennen und wie eine inländische Anordnung ohne grenzüberschreitende Dimension zu vollstrecken (Art. 9 I EEA-RL). Das Recht des Vollstreckungsstaates bestimmt somit lediglich die Modalitäten der Durchführung (das „Wie"). Aber auch dieses wird durch die Befugnisse des Anordnungsstaates tangiert: Wie schon auf der Grundlage des Art. 12 RbEBA[184] kann der Anordnungsstaat nach dem Grundsatz *forum regit actum* gem. Art. 9 II EEA-RL dem Vollstreckungsstaat bestimmte „Formvorschriften und Verfahren" vorgeben, die jener einzuhalten hat, es sei denn, wesentliche Grundsätze seiner Rechtsordnung stehen dem entgegen.[185]

53

Im Gegenzug sieht die Richtlinie in Art. 11 I Gründe vor, bei deren Vorliegen die Vollstreckung einer Ermittlungsanordnung verweigert werden kann. Darunter fallen ua die Verletzung von Immunitäten oder Vorrechten wesentlicher nationaler Sicherheitsinteressen oder des Grundsatzes *ne bis in idem*. Einen unter den auf dem Prinzip der gegenseitigen Anerkennung erlassenen Rechtsakten neuartigen Ablehnungsgrund stellt insbes. Art. 11 I lit. f dar, wonach eine Vollstreckung abgelehnt werden kann, sofern sie nicht mit den Verpflichtungen aus Art. 6 EUV, insbes. der GRC vereinbar wäre.[186] Zwar hält die EEA-RL grundsätzlich auch am Erfordernis der beiderseitigen Strafbarkeit[187] fest (Art. 11 I lit. e und g) und geht damit einen Schritt hinter den RbEBA zurück, der in seinem Art. 14 I grundsätzlich die Prüfung der beiderseitigen Strafbarkeit für alle Maßnahmen, die keine Durchsuchung oder Beschlagnahme erfordern, untersagte. Eine Einschränkung erfährt die Prüfungsmöglichkeit aber – insoweit wie im RbEuHb – durch die „Positivliste" der im Anhang befindlichen 32 Deliktsbereiche: Fällt die Tat in eine der Kategorien und ist sie im Anordnungsstaat mit einer Höchst-

54

---

180 Vgl. auch *Schuster* StV 2015, 393 sowie insbes. zum Verhältnis zu anderen Instrumenten *Espina Ramos*, eucrim 14 (2019), 53.
181 *F. Zimmermann* ZStW 127 (2015), 143, 147 ff.; dazu auch → Rn. 26 ff.
182 *F. Zimmermann*, Strafgewaltkonflikte in der EU, S. 64 f.; *Vermeulen/De Bondt/Van Damme*, EU cross-border gathering, S. 105.
183 S. bereits *Ambos* ZIS 2010, 557.
184 Dazu → Rn. 48.
185 Ausf. zur Auslegung dieser Vorschrift *F. Zimmermann* ZStW 127 (2015), 143, 150 ff.; allgemein *Gleß* ZStW 125 (2013), 573, 592 ff.
186 Näher hierzu *F. Zimmermann* ZStW 127 (2015), 143, 157 ff.
187 Dazu → Rn. 26, 38 ff.

strafe von mindestens drei Jahren Freiheitsstrafe bedroht, ist die Straflosigkeit im Vollstreckungsstaat unbeachtlich.

55 Eine weitere Neuheit ist Art. 10 der EEA-RL, der dem Vollstreckungsstaat unter bestimmten Umständen die Möglichkeit einräumt, angeforderte Maßnahmen durch eine andere zu ersetzen,[188] insbes. dann, wenn eine weniger schwerwiegende Maßnahme zur Verfügung steht (Art. 10 III). Diese Regelung dürfte dazu beitragen, die aus den Unterschieden der Prozessrechtsordnungen in der EU resultierenden Konflikte zu vermeiden.

Das besondere Augenmerk der EU liegt derzeit aber auf der Gewinnung und dem Transfer elektronischer Beweismittel (sog. **e-Evidence**). Hier hat die Europäische Kommission als Reaktion auf den US-amerikanischen Clarifying Lawful Overseas Use of Data Act (CLOUD Act) vom 23.3.2018, vorgeschlagen,[189] ein alternatives Schnellverfahren in Form der **Europäischen Sicherungs- und Herausgabeanordnung** zu schaffen. Nach dem Verordnungsentwurf sollen vom Provider nutzerbezogen gespeicherte Daten (außer Echtzeit-Kommunikationsdaten) wie zB Fotos oder elektronische Nachrichten, egal wo sie gespeichert sind (auf einem Server, in einer Cloud etc.), schneller und direkter in die Hände des Anordnungsstaates gelangen: Denn die Anordnungen sollen von den mitgliedstaatlichen Justizbehörden direkt an den Service Provider gerichtet werden können, wobei es sich dabei auch um ein außereuropäisches Unternehmen handeln können soll, wenn dieses innerhalb der EU seine Dienste anbietet (und das dann einen Vertreter in der EU benennen muss). Anders als bei den bisherigen Instrumenten zur gegenseitigen Anerkennung ist eine zweite staatliche Justizbehörde gar nicht mehr beteiligt. Das Verfahren soll so erheblich beschleunigt werden, um effektiv auf die volatilen und schnell löschbaren Daten zugreifen zu können (Pflicht zur Reaktion der Service Provider innerhalb von wenigen Tagen, in Eilfällen sogar innerhalb weniger Stunden). Hier verlässt die Kommission die Grundlagen der bisherigen justiziellen Zusammenarbeit, da der Grundrechtsschutz weitestgehend dem Unternehmen anvertraut und somit „privatisiert" wird. Gegenseitiges Vertrauen, die Grundlage des Konzepts der gegenseitige Anerkennung, ist zwischen Staat und – privatwirtschaftlich agierendem – Unternehmen aber nur schwer vorstellbar.[190]

d) Vollstreckungshilfe in Bezug auf Sanktionsentscheidungen

56 Das Prinzip der gegenseitigen Anerkennung soll seine Wirkung darüber hinaus auch dann entfalten, wenn es um die Vollstreckung einer in einem anderen Mitgliedstaat verhängten Sanktion geht. So existiert ein **Rahmenbeschluss über die Anwendung des Grundsatzes der gegenseitigen Anerkennung von Geldstrafen und Geldbußen**;[191] ein ähnlicher Rahmenbeschluss wurde im Hinblick auf die **gegenseitige Anerkennung von**

---

188 Ausf. *F. Zimmermann* ZStW 127 (2015), 143, 162.
189 Vorschlag für eine Verordnung über Europäische Herausgabeanordnungen und Sicherungsanordnungen für elektronische Beweismittel in Strafsachen KOM (2018) 225 endg.; s. hierzu auch *Brodowski* ZIS 2019, 527 (537).
190 Zur verbreiteten Kritik s. etwa *Mitsilegas*, MJECJ 25 (2018), 263; s. auch die Stellungnahme des Deutschen Richterbundes Nr. 16/19 v. November 2019, https://www.drb.de/fileadmin/DRB/pdf/Stellungnahmen/20 19/DRB_191021_Stn_Nr_16_E-Evidence.pdf (Stand: 1/2020).
191 Rahmenbeschluss 2005/214/JI, ABl.EU 2005 Nr. L 76/16. Dieser Rahmenbeschluss wurde durch das Gesetz v. 18.10.2010, BGBl. 2010 I, S. 1408 ff., in nationales Recht umgesetzt. S. hierzu *Hombrecher* JR 2011, 334; *Karitzky/Wannek* NJW 2010, 3393. Krit. *Schünemann/Roger* ZIS 2010, 515; dagegen *Böse* ZIS 2010, 607 mit Replik von *Schünemann* ZIS 2010, 735.

Einziehungsentscheidungen erlassen.[192] Auch diese Rechtsakte folgen dem Muster des Europäischen Haftbefehls insoweit, als darin Deliktskataloge enthalten sind, für die eine beiderseitige Strafbarkeit im Bereich der wichtigsten Bereiche der Strafrechtspflege (positive Liste) nicht zu prüfen ist.

Ende 2008 wurde vom Rat zudem ein Rahmenbeschluss angenommen, der die Voraussetzungen für die Vollstreckung einer freiheitsentziehenden Strafe oder Maßregel in einem anderen Mitgliedstaat als dem Urteilsstaat – namentlich im Heimatstaat der verurteilten Person – regelt (sog. **Europäische Vollstreckungsanordnung**).[193] Danach kann eine Überstellung zur Strafvollstreckung in etlichen Fällen nicht mehr von einer Zustimmung des Verurteilten bzw. des Heimatstaats abhängig gemacht werden. Eine wesentliche Zielsetzung, die mit diesem Rechtsakt verfolgt wird, ist die Erleichterung der Resozialisierung einer zu einer Freiheitsstrafe verurteilten Person: Die Wiedereingliederung in die Gesellschaft wird naturgemäß wesentlich leichter fallen, wenn – wie vom Rahmenbeschluss vorausgesetzt – eine besondere Verbundenheit zu dem Staat besteht, in dem die Strafe vollstreckt wird. 57

Des Weiteren existiert ein **Rahmenbeschluss über die gegenseitige Anerkennung von Urteilen und Bewährungsentscheidungen.**[194] Damit soll es ermöglicht werden, die Erfüllung von Bewährungsauflagen sowie alternativer Sanktionen künftig grenzüberschreitend zu überwachen. Hinter diesem Projekt steht die Befürchtung, dass Haftstrafen gegen (EU-) Ausländer schlicht deshalb nicht zur Bewährung ausgesetzt werden, weil bislang praktisch kaum zu kontrollieren ist, ob sie nach einer Rückkehr in ihren Heimatstaat die ihnen erteilten Auflagen einhalten.[195] Insofern weist der Rahmenbeschluss eine deutliche inhaltliche Verknüpfung zu dem Vorschlag für eine Europäische Überwachungsanordnung (dazu → Rn. 47) auf. 58

An den beiden zuletzt genannten Rahmenbeschlüssen wird eine interessante Entwicklung im Bereich der gegenseitigen Anerkennung deutlich: Während die ursprünglichen Entwürfe jeweils – mit der bekannten Katalog-Technik – auf das Erfordernis beiderseitiger Strafbarkeit verzichteten, hat mittlerweile offensichtlich ein Umdenken eingesetzt: Die letztlich verabschiedeten Fassungen der Texte stellen es den Mitgliedstaaten im Ergebnis völlig frei, ob sie am Erfordernis beiderseitiger Strafbarkeit festhalten wollen.[196] 59

4. Das Verbot der Doppelbestrafung (*ne bis in idem*)

Wenn nach dem Grundsatz der gegenseitigen Anerkennung gerichtliche und justizielle Entscheidungen in Strafsachen, die in einem Mitgliedstaat ergehen, in allen anderen Mitgliedstaaten anzuerkennen sind, so muss dies prinzipiell auch für Entscheidungen gelten, die ein Strafverfahren in einem Mitgliedstaat beenden. Diese Beendigungswir- 60

---

[192] Rahmenbeschluss 2006/783/JI, ABl.EU 2006 Nr. L 328/59. Hinzuweisen ist in diesem Zusammenhang auch auf die Richtlinie 2014/42/EU über die Sicherstellung und Einziehung von Tatwerkzeugen und Erträgen aus Straftaten in der Europäischen Union, ABl.EU 2014 Nr. L 127/39, allerdings handelt es sich hierbei um eine Harmonisierungsmaßnahme nach Art. 82 II, 83 I AEUV.
[193] Rahmenbeschluss 2008/909/JI, ABl.EU 2008 Nr. L 327/27. Zur Kritik am ursprünglichen Vorschlag und Alternativen s. *Satzger*, in: Schünemann (Hrsg.), Gesamtkonzept, S. 146 ff.
[194] Rahmenbeschluss 2008/947/JI, ABl.EU 2008 Nr. L 337/102.
[195] Vgl. die Begründung zur ursprünglichen Initiative für diesen Rechtsakt, Ratsdokument 5325/07, S. 4; *Staudigl/Weber* NStZ 2008, 17.
[196] Vgl. Art. 7 IV des Rahmenbeschlusses über eine Europäische Vollstreckungsanordnung, RB 2008/909/JI, ABl.EU 2008 Nr. L 327/27, sowie Art. 10 IV des Rahmenbeschlusses zur Anerkennung von Bewährungsentscheidungen, RB 2008/947/JI, ABl.EU 2008 Nr. L 337/102.

kung müsste dann auch in anderen Mitgliedstaaten anerkannt und respektiert werden. Damit ist die Frage nach einem unionsweit geltenden Verbot der Doppelbestrafung angesprochen.

▶ **FALL 17:** Der Deutsche D mit Wohnsitz in Deutschland wird in Belgien wegen einer Körperverletzung angeklagt, die er in Belgien begangen haben soll. Im Rahmen des auch von der Staatsanwaltschaft Bonn wegen derselben Tat gegen D eingeleiteten Ermittlungsverfahrens schlägt die deutsche Staatsanwaltschaft dem D die Einstellung des Verfahrens gegen Zahlung von 1000 EUR vor. Nachdem D den Betrag entrichtet hat, stellt die Staatsanwaltschaft Bonn das Strafverfahren ohne gerichtliche Zustimmung ein (s. §§ 153a I 7 iVm 153 I 2 StPO). Kann das belgische Gericht die Tat trotzdem noch aburteilen? (dazu → Rn. 61 ff., 72) ◀

a) Grundsätzlich rechtsordnungsinterne Bedeutung von *ne bis in idem*

61 In allen Mitgliedstaaten ist der Grundsatz, wonach niemand wegen derselben Tat mehrmals bestraft werden darf, anerkannt.[197] In den Worten des BVerfG bietet der in Art. 103 III GG verankerte *Ne-bis-in-idem*-Grundsatz „dem schon bestraften oder rechtskräftig freigesprochenen Täter Schutz gegen erneute Verfolgung und Bestrafung wegen derselben Tat."[198] Nach deutschem Verständnis entsteht somit als Folge der materiellen Rechtskraft des ersten Strafurteils bereits ein **umfassendes Verfahrenshindernis** für ein eventuelles Folgeverfahren wegen derselben Tat.[199] Aufgrund der allgemeinen Anerkennung in den Mitgliedstaaten zählt *ne bis in idem* zu den allgemeinen Rechtsgrundsätzen des Unionsrechts.[200] Heute ist dieser Grundsatz in Art. 50 GRC kodifiziert.[201]

Auch wenn somit sowohl die deutsche wie auch die europäische Rechtsordnung das Verbot der Doppelbestrafung anerkennen, bedeutet dies nicht, dass die Sanktionierung eines Verhaltens in einem Mitgliedstaat einer abermaligen Verurteilung in einem anderen Mitgliedstaat entgegensteht. Genauso wenig steht die Sanktionierung eines Verstoßes – zB gegen das Kartellverbot – durch EU-Organe einer nationalen Verfolgung und Bestrafung automatisch im Wege. Angesichts der Autonomie der Rechtsordnungen wird dem *Ne-bis-in-idem*-Grundsatz nur *rechtsordnungsinterne Bedeutung* beigemessen. Art. 103 III GG wird daher so verstanden, dass dieser nur die Konkurrenz deutscher Strafurteile löst,[202] und auch als allgemeiner Rechtsgrundsatz des EU-Rechts bedeutet *ne bis in idem* grds. nur, dass eine zweimalige unionsrechtliche Sanktionierung (zB eine wiederholte Verhängung einer Geldbuße wegen derselben Tat) ausgeschlossen ist. Das deutsche wie auch das europäische Recht verlangen jedoch als Ausfluss des Verhältnismäßigkeitsprinzips, dass die nach der jeweils anderen Rechtsordnung bereits

---

[197] S. auch Art. 4 I des 7. ZP zur EMRK, welches allerdings nicht von allen Mitgliedstaaten unterzeichnet bzw. ratifiziert worden ist. Zur geschichtlichen Entwicklung des Grundgesetzes s. *Stalberg*, Zum Anwendungsbereich des Art. 50 GRC, S. 5 ff.
[198] BVerfG Beschl. v. 17.1.1961 – 2 BvL 17/60 = BVerfGE 12, 66.
[199] S. nur *Roxin/Schünemann*, Strafverfahrensrecht, § 52 Rn. 6.
[200] Vgl. EuGH Urt. v. 5.5.1966 – verb. Rs. C-18/65, C-35/65 „Gutmann"; EuGH Urt. v. 13.12.1984 – Rs. C-78/83 „Usinor", Rn. 12 ff.; *Lenaerts* EuR 1997, 17 (21).
[201] Grundlegende Kritik am unzureichenden Schutzstandard im EU-Recht *van Kempen/Bemelmans* NJECL 9 (2018), 247.
[202] St. Rspr. des BVerfG seit BVerfG Beschl. v. 17.1.1961 – 2 BvL 17/60 = BVerfGE 12, 62, 66; zuletzt BVerfG Beschl. v. 15.12.2011 – 2 BvR 148/11 = BVerfG NJW 2012, 1202 (1203); s. auch *Satzger*, in: von Heinrich ua (Hrsg.), FS Roxin, S. 1517.

verhängte erste Sanktion bei der Bemessung der erneuten Sanktion berücksichtigt wird.[203]

Dementsprechend hat der EuGH im wichtigen Bereich des Kartellrechts parallele Verfahren auf europäischer wie nationaler Ebene wegen derselben Kartellverstöße stets zugelassen, weil die Kommission und die nationalen Kartellbehörden – in Anwendung unterschiedlichen Kartellrechts – nicht nach denselben Gesichtspunkten entschieden.[204]

Dieser Rspr. ist durch die Reform des europäischen Kartellrechts (s. VO [EG] Nr. 1/2003)[205] allerdings der Boden entzogen worden, da nunmehr die Kommission und die nationalen Kartellbehörden ein European Competition Network (ECN) bilden und (weitestgehend) identisches Wettbewerbsrecht anwenden, so dass auch insoweit der *Ne-bis-in-idem*-Grundsatz eingreift.[206]

b) Sanktionen in mehreren Mitgliedstaaten wegen derselben Tat

aa) Notwendigkeit und Ausgestaltung eines europaweiten *Ne-bis-in-idem*-Grundsatzes

Angesichts der nur rechtsordnungsinternen Relevanz des nationalen wie europäischen *Ne-bis-in-idem*-Grundsatzes findet dieser auch gegenüber Verurteilungen in anderen Mitgliedstaaten keine Anwendung.[207] Auch insoweit muss die bereits vollstreckte ausländische Strafe nur angerechnet werden (in Deutschland zB gem. § 51 III StGB).[208] Mit dem Ziel der Schaffung eines einheitlichen Rechtsraums in Europa ist der Bedarf nach einem umfassenden transnationalen *Ne-bis-in-idem*-Grundsatz erwachsen.[209] Jede Verurteilung in einem Mitgliedstaat der EU soll danach ein Hindernis für ein weiteres Strafverfahren oder zumindest eine weitere Aburteilung in jedem anderen Mitgliedstaat begründen. Die Rechtskraftwirkung in einem Staat würde somit durch alle anderen Staaten anerkannt – es handelt sich insofern nur um eine weitere, in diesem Fall allerdings beschuldigtenfreundliche Ausprägung des Prinzips der gegenseitigen Anerkennung.[210]

62

Solange jeder Mitgliedstaat sein eigenes Strafanwendungsrecht besitzt und keine eindeutige Zuständigkeitsverteilung für die Durchführung von Strafverfahren in Europa aufgestellt wird,[211] ist die Gefahr einer Doppelbestrafung von vornherein angelegt. Zu-

63

---

203 Vgl. für das deutsche Recht § 51 III StGB bzw. für das EG-Recht allgemeine Billigkeitserwägungen sowie das Verhältnismäßigkeitsprinzip EuGH Urt. v. 13.2.1969 – Rs. C-14/68 „Walt Wilhelm ./. Bundeskartellamt", Rn. 11; s. auch Art. 6 VO (EG, EAG) 2988/95.
204 EuGH Urt. v. 13.2.1969 – Rs. C-14/68 „Walt Wilhelm ./. Bundeskartellamt", Rn. 11; dies gilt erst recht, wenn eine Sanktion wegen desselben Kartellrechtsverstoßes nicht in einem Mitgliedstaat, sondern in einem Drittstaat verhängt worden ist, vgl. die EuGH Urt. v. 10.5.2007 – Rs. C-328/05 „SGL Carbon" (Bußgeld durch die Kommission trotz Sanktionierung in den USA möglich).
205 ABl.EG 2003 Nr. L 1/1.
206 Ausf. *T. Streinz* Jura 2009, 412; vgl. auch *Klees* WuW 2006, 1222 (1226); *Soltész/Marquier* EuZW 2006, 102.
207 S. nur BVerfG Beschl. v. 17.1.1961 – 2 BvL 17/60 = BVerfGE 12, 62, 66.
208 Weitergehend insoweit § 65 IV Nr. 2 StGB-Österreich: „Die Strafbarkeit entfällt jedoch, ... wenn der Täter von einem Gericht des Staates, in dem die Tat begangen worden ist, rechtskräftig freigesprochen oder sonst außer Verfolgung gesetzt worden ist."
209 Anschaulich hierzu Sieber/Satzger/v. Heintschel-Heinegg-*Eser*, Europ. StR, § 36 Rn. 4 f.
210 S. nur *Satzger*, in: von Heinrich ua (Hrsg.), FS Roxin, S. 1520.
211 Grundlegend dazu *Böse/Meyer/Schneider*, Conflicts of Jurisdiction, Bd. 2, S. 381 ff.; *Sinn* (Hrsg.) Jurisdiktionskonflikte, S. 575 ff.; *F. Zimmermann*, Strafgewaltkonflikte in der EU, S. 320 ff.; zuvor bereits *Schünemann* (Hrsg.), Gesamtkonzept, S. 5 ff.; sowie das Grünbuch über Kompetenzkonflikte und den Grundsatz *ne bis in idem* in Strafverfahren KOM (2005) 696 endg.

dem folgt aus der Loyalitätspflicht des Art. 4 III EUV für das nationale Strafrecht im Dienst der Union, dass die Mitgliedstaaten ihr Strafanwendungsrecht so ausgestalten, dass eine Sanktionierung von Verstößen gegen Unionsrecht in größtmöglichem Umfang gewährleistet ist. Dies führt zu einer zunehmenden Ausweitung des bislang auf das Staatsgebiet bezogenen Territorialitätsgrundsatzes hin zu einem „europäischen Territorialitätsprinzip", wie dies etwa in § 6 Nr. 8 StGB geschehen ist.[212] In der Konsequenz nimmt die Gefahr der Doppelbestrafung sogar noch zu.[213] Je weiter die Europäisierung der Strafrechtspflege voranschreitet und die Unterschiede in den nationalen Strafrechtsordnungen durch Harmonisierungstätigkeiten schwinden, umso mehr wird deshalb das **Bedürfnis nach einem transnationalen** *Ne-bis-in-idem*-**Grundsatz** offenbar.

64 Durch den Abschluss völkerrechtlicher Verträge zwischen den EU-Staaten wurde versucht, ein umfassendes Verbot der Doppelbestrafung zu erreichen,[214] wobei das seit 1995 in Kraft befindliche Schengener Durchführungsübereinkommen (SDÜ)[215] die größte Bedeutung erlangt hat.[216] Dessen Art. 54 lautet:

> „Wer durch eine Vertragspartei rechtskräftig abgeurteilt worden ist, darf durch eine andere Vertragspartei wegen derselben Tat nicht verfolgt werden, vorausgesetzt, dass im Falle einer Verurteilung die Sanktion bereits vollstreckt worden ist, gerade vollstreckt wird oder nach dem Recht des Urteilsstaates nicht mehr vollstreckt werden kann."

65 Im Unterschied zu dem rein national wirkenden Doppelbestrafungsverbot des Art. 103 III GG setzt das transnationale Pendant des Art. 54 SDÜ in seinem zweiten Halbsatz zusätzlich zur rechtskräftigen Entscheidung noch ein „Vollstreckungselement" voraus (dazu → Rn. 83 ff.). Auf ein derartiges Element verzichtet demgegenüber die **Grundrechtecharta der EU**, die in ihrem Art. 50 ebenfalls einen umfassenden transnationalen *Ne-bis-in-idem*-Grundsatz normiert:

> „Niemand darf wegen einer Straftat, derentwegen er bereits in der Union nach dem Gesetz rechtskräftig verurteilt oder freigesprochen worden ist, in einem Strafverfahren erneut verfolgt oder bestraft werden."

Grundsätzlich haben Art. 54 SDÜ und Art. 50 GRC nebeneinander Bestand. Zwar gilt die Charta nach Art. 51 I 1 GRC nur „für die Organe und Einrichtungen der Union ... und für die Mitgliedstaaten ausschließlich bei der Durchführung des Rechts der Union". Es lässt sich aber gut argumentieren, dass bei der Anwendung des Prinzips der gegenseitigen Anerkennung, wie es insbes. in Art. 82 I AEUV seinen Niederschlag gefunden hat, jedes nationale Gericht letztlich auch Recht der Union „durchführt".[217] Art. 54 SDÜ bleibt auch nach Inkrafttreten der Charta geltendes Recht im Rang

---

212 Dazu → § 5 Rn. 79.
213 Ausf. *Satzger*, in: von Heinrich ua (Hrsg.), FS Roxin, S. 1518 f.; *F. Zimmermann*, Strafgewaltkonflikte in der EU, S. 100 ff. Zwar existieren ein Rahmenbeschluss zur Vermeidung von Kompetenzkonflikten (ABl.EU 2009 Nr. L 328/42, s. dazu auch den Umsetzungsbericht der Kommission KOM [2014] 313 endg.) und Vorarbeiten hinsichtlich der Übertragung von Strafverfahren (vgl. Ratsdokument 11119/09); eine zufriedenstellende, verbindliche Klärung der Zuständigkeit zur Strafverfolgung – auch im Sinne eines anschließenden Doppelbestrafungsverbots – wird damit aber gerade nicht erreicht.
214 Darüber hinaus hat Griechenland im April 2003 die Initiative für einen Rahmenbeschluss des Rates über die Anwendung dieses Prinzips ergriffen, s. ABl.EU 2003 Nr. C 100/24.
215 ABl.EU 2000 Nr. L 239/19, BGBl. 1993 II, S. 1013 (Sartorius II, Nr. 280).
216 Eine inhaltlich entsprechende *Ne-bis-in-idem*-Regelung enthält auch das EG-*ne-bis-in-idem*-Übereinkommen vom 25.5.1987, das allerdings noch nicht von allen Mitgliedstaaten ratifiziert wurde; dazu s. *Satzger*, Europäisierung, S. 694.
217 Ausf. *Burchard/Brodowski* StraFo 2010, 179 (181); *Burchard*, Konstitutionalisierung, S. 395.

europäischen Sekundärrechts, während die Charta gem. Art. 6 I zum Primärrecht zählt. Damit stellt sich die Frage, wie beide Ne-bis-in-idem-Regelungen zueinander stehen.

bb) Das Verhältnis von Art. 54 SDÜ zu Art. 50 GRC

Insbesondere aufgrund des Unterschieds hinsichtlich des Vollstreckungselements wurde die Frage, in welchem Verhältnis Art. 54 SDÜ und Art. 50 GRC zueinander stehen, heftig diskutiert. Der EuGH hat diese unlängst dahin gehend entschieden, dass Art. 54 SDÜ weiterhin anzuwenden und damit das Vollstreckungselement zu beachten ist.[218] Diese Auffassung entspricht der hier bereits früher vertretenen Ansicht und verdient Zustimmung.[219]

Die Gegenmeinung nimmt demgegenüber an, Art. 50 GRC verdränge Art. 54 SDÜ, so dass es für die Anwendung des grenzübergreifenden Doppelbestrafungsverbots auf ein „Vollstreckungselement" nicht mehr ankomme.[220] In einem Raum, in dem Geld-, Bewährungs- und Freiheitsstrafen gegenseitig anerkannt würden, so dass sie auch in einem Mitgliedstaat vollstreckt werden könnten, in dem sie nicht erlassen worden seien, bestehe für ein solches Vollstreckungselement kein Bedürfnis mehr.[221] Auch banne der Europäische Haftbefehl die befürchtete Gefahr, ein Straftäter könne sich seiner Strafe durch Flucht in einen anderen Mitgliedstaat entziehen, zumindest soweit der RbEuHb anwendbar ist.[222]

Diese Vorstellung eines einheitlichen Rechtsraums, in dem das Vollstreckungselement – wie in Art. 103 III GG – verzichtbar ist, ist jedoch zumindest derzeit eine Illusion. Die einzelnen Anerkennungsinstrumente sind (noch) nicht so aufeinander abgestimmt, dass ein lückenloses System entstanden ist. So greift etwa der Europäische Haftbefehl nicht bei allen strafrechtlichen Verurteilungen in einem EU-Staat ein. Flieht der Täter in ein anderes EU-Land, könnte die unerwünschte Situation entstehen, dass – wollte man auf das Vollstreckungselement ganz verzichten – allein das Faktum des „Verurteilt-Seins" einem Strafverfahren im Fluchtstaat entgegensteht.[223]

Das Vollstreckungselement ist jedoch nicht nur rechtspolitisch sinnvoll, vielmehr lässt sich auch nach dem Inkrafttreten des Art. 50 GRC rechtlich begründen, warum sich die Voraussetzungen des Doppelbestrafungsverbots letztlich nach wie vor aus dem (engeren) Art. 54 SDÜ in seiner bisherigen Auslegung ergeben.

Zwar kann der Rückgriff auf Art. 54 SDÜ in seinem bisherigen Gewährleistungsumfang nicht durch Verweis auf Art. 52 II GRC begründet werden, wonach die Ausübung der durch die Charta anerkannten Rechte, die in den Verträgen geregelt sind, im Rahmen der in den Verträgen festgelegten Bedingungen und Grenzen erfolgt. Diese Vorschrift bezweckt zwar, dass die bereits durch „die Verträge" garantierten Rechte, die

---

218 EuGH Urt. v. 27.5.2014 – Rs. C-129/14 PPU „Spasic", Rn. 55 ff. mBespr Gaede NJW 2014, 2990; Meyer HRRS 2014, 270.
219 S. auch SSW-StPO-Satzger, Art. 50 GRCh/Art. 54 SDÜ, Rn. 13 ff.
220 So etwa Anagnostopoulos, in: Neumann/Herzog (Hrsg.), FS Hassemer, S. 1136 f.; Böse ZIS 2010, 607 (612); ders., GA 2011, 504; sowie Heger ZIS 2009, 406 (408); ders., HRRS 2008, 413 (415); Reichling StV 2010, 237.
221 Krit. zum Vollstreckungselement daher auch Fletcher/Lööf/Gilmore, EU Criminal Law, S. 138.
222 Safferling, Int. Strafrecht, § 12 Rn. 84 f., will deshalb das Problem funktional lösen, indem er dem Vollstreckungselement dort noch Bedeutung zuerkennt, wo nicht durch unionsweite Maßnahmen die Vollstreckung innerhalb der Union gesichert wird.
223 EuGH Urt. v. 27.5.2014 – Rs. C-129/14 PPU „Spasic", Rn. 65 ff.; vgl. bereits Satzger, in: von Heinrich ua (Hrsg.), FS Roxin, S. 1515 (1522, 1532).

durch die Charta zusätzlich kodifiziert werden, hierdurch in ihrem Gewährleistungsumfang nicht verändert werden sollen.[224] Mit den „Verträgen" ist hier jedoch nur das Primärrecht der EU gemeint.[225] Das Schengener Durchführungsübereinkommen ist vielmehr dem Sekundärrecht zuzuordnen (dazu → Rn. 65), da das Schengen-Protokoll, mit dem das Schengen-Recht in den rechtlichen und institutionellen Rahmen der EU überführt wurde, in seinem Art. 2 I UA 2 bestimmt, dass der Rat gemäß den einschlägigen Bestimmungen der Verträge die Rechtsgrundlage für jede Bestimmung und jeden Beschluss festlegt, die den Schengen-Besitzstand bilden. Damit wird die hierarchische Unterordnung unter die Gründungsverträge deutlich; auch bei Art. 54 ff. SDÜ handelt es sich somit um Sekundärrecht.[226]

68 Art. 50 GRC verankert jedoch den *Ne-bis-in-idem*-Grundsatz nunmehr als justizielles Grundrecht und fasst ihn dabei – typisch für die Formulierung von Grundrechten – zielorientiert weit. Art. 54 SDÜ fungiert demgegenüber mit seinem zusätzlichen Vollstreckungselement als (einfachgesetzliche) „Schrankenbestimmung" zu Art. 50 GRC.[227] Dass derartige Schranken – wie auch in der nationalen Grundrechtslehre – möglich, ja in der Charta sogar angelegt sind, zeigt Art. 52 I GRC, der gleichsam die „Schranken-Schranken" (va Wesensgehaltsgarantie, Verhältnismäßigkeit) für Eingriffe in den Schutzbereich der Grundrechte formuliert und eine sekundärrechtliche Begrenzung der Grundrechte somit geradezu voraussetzt.[228] Auch die amtlichen Erläuterungen zu Art. 50 GRC[229] gehen davon aus, dass die durch Art. 54 SDÜ bewirkte Einschränkung des *Ne-bis-in-idem*-Grundsatzes von Art. 52 I GRC abgedeckt werden.[230]

Der transnationale *Ne-bis-in-idem*-Grundsatz innerhalb der EU bestimmt sich somit nach wie vor nach dem Gewährleistungsumfang des Art. 54 SDÜ und der hierzu ergangenen Rspr.[231] Die Schranken-Schranken des Art. 52 I GRC müssen eingehalten sein, wovon bei Art. 54 SDÜ auszugehen ist. Schließlich muss Art. 54 SDÜ generell im Lichte der Grundrechtsbestimmung des Art. 50 GRC interpretiert werden.[232]

69 Die Frage nach der Fortgeltung des Vollstreckungserfordernisses in Art. 54 SDÜ wurde in Deutschland in den letzten Jahren auch praktisch relevant: Deutsche Gerichte hatten sich wiederholt mit mutmaßlichen Morden ehemaliger SS- bzw. Wehrmachtsangehöri-

---

224 S. zur Intention des „Gesetzgebers" die Erläuterungen zur Charta der Grundrechte zu Art. 52, ABl.EU 2007 Nr. C 303/33.
225 Der BGH hat in seiner Entscheidung BGH Beschl. v. 25.10.2010 – 1 StR 57/10 = BGH NStZ-RR 2011, 7 auch erörtert, ob Art. 52 II GRC auch auf das Doppelbestrafungsverbot als einen allgemeinen, vom EuGH entwickelten Rechtsgrundsatz Anwendung finde (Rn. 15). Der BGH hat dies verneint, weil Art. 52 II GRC auf solche Rechtsgrundsätze nicht anwendbar sei. Dabei übersieht der BGH allerdings, dass der *Ne-bis-in-idem*-Grundsatz richterrechtlich nur rechtsordnungsintern anerkannt war und erst durch Art. 54 SDÜ ein transnationales Doppelbestrafungsgebot geschaffen wurde (dazu → Rn. 60 ff.).
226 Für Art. 54 ff. SDÜ hat der Rat Art. 34 und 31 EUV aF als Rechtsgrundlage festgelegt, vgl. dazu auch EuGH Urt. v. 11.2.2003 – verb. Rs. C-187/01 „Gözütok", Rs. C-385/01 „Brügge", Rn. 3 ff.
227 S. EuGH Urt. v. 27.5.2014 – Rs. C-129/14 PPU, „Spasic", Rn. 55 ff.; so bereits *Esser*, Eur. und Int. Strafrecht, § 7 Rn. 43; *Hackner* NStZ 2011, 425 (429); *Hecker*, Eur. Strafrecht, § 13 Rn. 38 ff.; grundlegend *Burchard/Brodowski* StraFo 2010, 179 (184); s. hierzu BVerfG Beschl. v. 15.12. 2011–2 BvR 148/11 = NJW 2012, 1202.
228 Dazu bereits *Mansdörfer*, Das Prinzip des ne bis in idem im europäischen Strafrecht, S. 242.
229 ABl.EU 2007 Nr. C 303/31.
230 Darauf abstellend EuGH Urt. v. 27.5.2014 – Rs. C-129/14 PPU „Spasic", Rn. 54.
231 So grundlegend *Burchard/Brodowski* StraFo 2010, 179 (184); ebenso *Hecker*, Eur. Strafrecht, § 13 Rn. 38; *Satzger*, in: von Heinrich ua (Hrsg.), FS Roxin, S. 1524; aA *Radtke* NStZ 2012, 479 (481); *Stalberg*, Zum Anwendungsbereich des Art. 50 GRC, S. 170 ff.
232 IErg ebenso LG Aachen Beschl. v. 8.12.2009 – 52 Ks 9/08 = StV 2010, 237.

ger während des Zweiten Weltkriegs zu befassen.[233] Die Täter waren hierfür nach Kriegsende im jeweiligen Tatortstaat verurteilt worden, hatten sich jedoch durch Flucht der Bestrafung entziehen können. Die deutschen Gerichte verneinten jeweils – im Ergebnis völlig zutreffend – einen grenzüberschreitenden Strafklageverbrauch gem. Art. 54 SDÜ, da es an dem erforderlichen Vollstreckungselement fehlte. Somit nahmen die Gerichte die inzwischen auch vom EuGH eingenommene Position vorweg. Bedauerlicherweise hat der BGH (als letztinstanzliches Gericht) damit seine Vorlageverpflichtung an den EuGH gem. Art. 267 III AEUV zur Klärung dieser Auslegungsfrage verletzt.[234] Wie nicht zuletzt die zwischenzeitlich ergangene, ausführlich begründete Entscheidung der Großen Kammer des EuGH in der Rs. „*Spasic*" zeigt, war die Berufung des BGH auf die angebliche »Klarheit der Rechtslage« und damit auf die sog. »acte-clair-Doktrin« verfehlt. Nur unter ganz engen Voraussetzungen[235] lässt sich mit dieser Begründung eine Ausnahme von der Vorlagepflicht rechtfertigen. Angesichts der völligen Neuheit dieser Frage und der heftigen wissenschaftlichen Diskussion waren deren Voraussetzungen aber ganz offensichtlich nicht gegeben.[236]

c) Voraussetzungen und einheitliche Handhabung des Art. 54 SDÜ

Art. 54 SDÜ knüpft den Eintritt der *Ne-bis-in-idem*-Wirkung an drei Voraussetzungen: Es muss erstens eine **rechtskräftige Aburteilung** in einem Mitgliedstaat erfolgt sein, diese muss zweitens **dieselbe Tat** betreffen und schließlich muss das **Vollstreckungselement** erfüllt sein. 70

In der Praxis hat sich schnell herausgestellt, dass die scheinbar eindeutige Regelung des Art. 54 SDÜ aufgrund der unterschiedlichen Sprachfassungen und der Verschiedenartigkeit der strafprozessualen Systeme enorme Auslegungsprobleme verursacht. Vor der durch das Protokoll Nr. 2 des Amsterdamer Vertrags (sog. „Schengen-Protokoll")[237] erfolgten Einbeziehung des Schengen-Besitzstands in den institutionellen und rechtlichen Rahmen der EU oblag den nationalen Gerichten die Auslegung des Art. 54 SDÜ, was den Nachteil einer konzeptionslosen und uneinheitlichen Anwendung mit sich brachte.

BEISPIELE: Das Gericht erster Instanz in Eupen sah eine deutsche Einstellung nach § 153 I StPO als rechtskräftige Aburteilung an, obwohl eine solche Einstellung in Deutschland keinen Strafklageverbrauch zur Folge hat.[238] In Bezug auf das Vollstreckungselement sah das LG Landshut[239] eine Strafaussetzung zur Bewährung in Portugal als eine Strafe an, die „gerade vollstreckt" wird, wohingegen das OLG Saarbrücken für den Fall einen Strafklagever-

---

233 BGH Urt. v. 25.10.2010 – 1 StR 57/10 = BGHSt 56, 11; BGH Beschl. v. 1.12.2010 – 2 StR 420/10 = HRRS 2011 Nr. 84; vorausgehend LG Aachen Beschl. v. 8.12.2009 – 52 Ks 9/08 = StV 2010, 237 mAnm *Burchard/Brodowski* StraFo 2010, 180 f.
234 Zumindest der BGH wäre hierzu gem. Art. 267 III AEUV verpflichtet gewesen; das BVerfG sah die Schwelle zur Willkür und damit einer Verletzung des Art. 101 I 2 GG noch nicht als überschritten an, BVerfG Urt. v. 15.12.2011 – 2 BvR 148/11 = NJW 2012, 1202 (1203); zur Unterschiedlichkeit des verfassungsrechtlichen Maßstabs gegenüber Art. 267 III AEUV s. *Satzger*, in: Bockemühl ua (Hrsg.), FS von Heintschel-Heinegg, S. 400 ff.
235 S. *Streinz*, Europarecht, Rn. 711.
236 Ausf. zur Verletzung der Vorlagepflicht *Satzger*, in: Bockemühl ua (Hrsg.), FS von Heintschel-Heinegg, S. 391 sowie *ders.*, in: von Heinrich ua (Hrsg.), FS Roxin, S. 1515 (1525 f.).
237 ABl.EG 1997 Nr. C 340/93 (Sartorius II, Nr. 280b).
238 Tribunal de Première Instance Eupen, Urt. v. 27. 1.1999 – 37.22.1.1157.94 = wistra 1999, 479.
239 LG Landshut 1 KLS 45 Js 4018/92 (unveröffentlicht), zit. bei *Wolf*, in: Organisationsbüro der Strafverteidigervereinigungen (Hrsg.), 22. Strafverteidigertag, S. 71.

brauch ausschloss, dass ein Angeklagter in Belgien zu einer Freiheitsstrafe auf Bewährung sowie zu einer Geldstrafe verurteilt wurde, die dieser noch nicht bezahlt hatte.[240]

71 Nach Inkrafttreten des Vertrags von Lissabon entscheidet der EuGH gem. Art. 19 III lit. b EUV iVm Art. 267 UA 1 lit. b AEUV im Wege des **Vorabentscheidungsverfahrens** über die Auslegung des Art. 54 SDÜ.

aa) „Rechtskräftige Aburteilung"

(1) Merkmal der Aburteilung

72 Der EuGH lässt in seiner Rechtsprechung einen deutlichen Trend zu einer beschuldigtenfreundlichen, weiten Auslegung der Voraussetzungen des Art. 54 SDÜ erkennen. Es geht ihm um den Zusammenhang dieses Grundsatzes mit den Freizügigkeitsrechten:[241] Nur wer sicher sein kann, dass er – nach einmaliger Aburteilung in einem Mitgliedstaat – kein neues Verfahren in einem anderen Mitgliedstaat befürchten muss, kann noch effektiv von seiner Freizügigkeit in Europa Gebrauch machen.

Fall 17 (dazu → Rn. 60), dem der erste vom EuGH in diesem Zusammenhang vorgelegte Sachverhalt zugrunde liegt, zeigt dies im Hinblick auf das Merkmal „rechtskräftige Aburteilung" sehr anschaulich:[242] Auf die Vorlage durch das belgische Gericht entschied der EuGH, dass

> „das in Art. 54 SDÜ aufgestellte Verbot der Doppelbestrafung auch für zum Strafklageverbrauch führende Verfahren [...] gilt, in denen die Staatsanwaltschaft eines Mitgliedstaats ohne Mitwirkung eines Gerichts ein in diesem Mitgliedstaat eingeleitetes Strafverfahren einstellt, nachdem der Beschuldigte bestimmte Auflagen erfüllt und insbesondere einen bestimmten, von der Staatsanwaltschaft festgesetzten Geldbetrag entrichtet hat."

Trotz des insoweit klaren Wortlauts des Art. 54 SDÜ („Urteil") erachtete der EuGH die Umstände, dass kein Gericht tätig wurde und die Entscheidung nicht in Form eines Urteils erging, lediglich als „verfahrensrechtliche und formale Gesichtspunkte." Vielmehr maß das Gericht – entsprechend den europarechtlichen Auslegungsgrundsätzen – dem Ziel und Zweck sowie dem „effet utile" (größter Nutzen für die Erreichung der Vertragsziele) höchste Bedeutung bei. Im Rahmen der Schaffung eines Raums der Freiheit, der Sicherheit und des Rechts, in dem der freie Personenverkehr zu gewährleisten ist, sei auch die Freizügigkeit für Personen weitest möglich zu gewährleisten, wenn die Strafverfolgung gegen sie in einem Mitgliedstaat endgültig beendet sei.

73 Daraus folgt, dass eine Aburteilung iSd Art. 54 SDÜ schon dann vorliegt, wenn es sich bei ihr um eine verfahrensbeendende Entscheidung einer zur Mitwirkung an der Strafrechtspflege berufenen Behörde – nicht notwendigerweise eines Gerichts – handelt.[243]

Als Aburteilung hat der EuGH beispielsweise eine niederländische *transactie*, also eine Vereinbarung zwischen Staatsanwaltschaft und Beschuldigtem, sowie eine Einstellung

---

240 Dazu *Sommer* StraFo 1999, 37 (39).
241 EuGH Urt. v. 11.2.2003 – Rs C-187/01, C-385/01 „Gözütok/Brügge", Rn. 36, 40.
242 EuGH Urt. v. 11.2.2003 – Rs C-187/01, C-385/01 „Gözütok/Brügge"; s. dazu auch *Radtke/Busch* NStZ 2003, 281; *Vogel/Norouzi* JuS 2003, 1059.
243 EuGH Urt. v. 11.2.2003 – Rs C-187/01, C-385/01 „Gözütok/Brügge", Rn. 28; zusf. zu den weiteren Anforderungen an eine „rechtskräftige Aburteilung" bei nicht-richterlichen Einstellungsverfügungen *Vogel/Norouzi* JuS 2003, 1059 (1061); zu abweichenden Konzeptionen zusf. *Ambos*, Int. Strafrecht Rn. 121 mwN; vgl. auch SSW-StPO-*Satzger*, Art. 50 GRCh/54 SDÜ, Rn. 18 ff., 29.

nach § 153a StPO beurteilt, die – jeweils ohne Einschaltung eines Gerichts – zu einer Beendigung des Ermittlungsverfahrens geführt haben.²⁴⁴

Die obigen Ausführungen des EuGH lassen auf eine „Ahndungswirkung" („Auflagen erfüllt", „Geldbetrag entrichtet") der Erstentscheidung als weiteres Merkmal einer Aburteilung schließen. Eine solche lässt sich jedenfalls bei der Pflicht zur Zahlung eines Geldbetrags bejahen, daneben aber beispielsweise auch bei andersartigen Auflagen und Weisungen (iSd § 153a StPO), ebenso im Fall der Berücksichtigung ausgeschiedener Taten nach § 154 StPO im Rahmen der Strafzumessung. Allerdings ist für den Eintritt eines Strafklageverbrauchs dann stets noch zu prüfen, ob diese Entscheidung in Rechtskraft iSd Art. 54 SDÜ erwachsen ist (dazu → Rn. 80). 74

Da Art. 54 SDÜ von „Aburteilung", nicht aber von „Verurteilung" spricht, kommt es jedenfalls nicht darauf an, ob durch die Entscheidung die Begehung der dem Beschuldigten angelasteten Tat positiv festgestellt wird. Vielmehr bewirkt auch ein gerichtlicher **Freispruch** einen Strafklageverbrauch.²⁴⁵ Dabei spielt es keine Rolle, ob dieser aus rechtlichen oder aus tatsächlichen Gründen erfolgt.²⁴⁶ 75

Inwieweit Entsprechendes auch für **nicht-gerichtliche Verfahrenseinstellungen** gilt, die an keine Bedingung geknüpft sind und so einem richterlichen Freispruch ähneln, hat der EuGH bislang nur in sehr begrenztem Umfang entschieden. In der Rs. „Miraglia"²⁴⁷ stellte er insoweit jedenfalls das Erfordernis einer **sachlichen Würdigung des Falles** auf. Dementsprechend maß er einer Verfahrenseinstellung dann keinen Strafklageverbrauch bei, wenn die StA – ohne inhaltliche Prüfung des Tatvorwurfs – beschlossen hatte, die Strafverfolgung allein deshalb nicht fortzusetzen, weil in einem anderen Mitgliedstaat die Strafverfolgung wegen derselben Tat eingeleitet worden war.²⁴⁸

Über diese Anforderung hinausgehend lässt sich in solchen „Freispruchskonstellationen" das Erfordernis einer Ahndungswirkung²⁴⁹ daher nicht sinnvoll aufrechterhalten.²⁵⁰ In dieser Fallgestaltung dürfte stattdessen die Frage nach der Rechtskraft der Entscheidung (dazu → Rn. 80) besonderes Gewicht gewinnen.

Die weite Auslegung des Art. 54 SDÜ durch den EuGH verdient zumindest insoweit Zustimmung, als eine Begrenzung auf Entscheidungen mit richterlicher Mitwirkung Personen aus Mitgliedstaaten, in denen in weitem Ausmaß von außergerichtlichen Verfahrenserledigungen Gebrauch gemacht wird, in der effektiven Wahrung ihres Rechts 76

---

244 EuGH Urt. v. 11.2.2003 – Rs C-187/01, C-385/01 „Gözütok/Brügge", Rn. 28 ff.; zust. *Hecker*, Eur. Strafrecht, § 13 Rn. 30; abl. *Ambos*, Int. Strafrecht, § 10 Rn. 126; *Radtke/Busch* NStZ 2003, 283; hinsichtlich einer „transactie" nach belgischem Recht bereits zuvor für Strafklageverbrauch LG Hamburg Beschl. v. 14.9.1995 – 615 KLs 3/93 = wistra 1995, 358; 1996, 359; aA OLG Hamburg Beschl. v. 8.3.1996 – 1 Ws 316/95 = wistra 1996, 193; offen gelassen von BGH Urt. v. 2.2.1999 – 5 StR 596/96 = StV 1999, 244; dazu auch *Hecker* JA 2000, 15; s. auch SSW-StPO-*Satzger*, Art. 50 GRCh/54 SDÜ, Rn. 19 f.
245 EuGH Urt. v. 20.3.2018 – Rs. C-596/16 und C-597/16 „Di Puma und Zecca", Rn. 39.
246 EuGH Urt. v. 28.9.2006 – Rs. C-150/05 „van Straaten", Rn. 54 ff., m. krit. Anm. *Kühne* JZ 2007, 247; dazu auch *Mitsilegas*, EU Criminal Law, S. 146; EuGH Urt. v. 28.9.2006 – Rs. C-467/04 „Gasparini", Rn. 24 ff.; BGH Beschl. v. 28.2.2001 – 2 StR 458/00 = BGHSt 46, 307, 309; BGH Urt. v. 10.6.1999 – 4 StR 87/98 = NStZ 1999, 579 (580); BGH Beschl. v. 28.12.2006 – 1 StR 534/06 = NStZ-RR 2007, 179.
247 EuGH Urt. v. 10.3.2005 – Rs. C-469/03 „Miraglia", Rn. 30.
248 S. auch SSW-StPO-*Satzger*, Art. 50 GRCh/54 SDÜ Rn. 21; *F. Zimmermann*, Strafgewaltkonflikte in der EU, S. 258 ff.
249 EuGH Urt. v. 11.2.2003 – Rs C-187/01, C-385/01 „Gözütok/Brügge", Rn. 29.
250 So auch *Hochmayr*, in: dies. (Hrsg.), „Ne bis in idem", S. 89, 103 f.

auf Freizügigkeit hemmen würde. Sie müssten befürchten, in einem anderen Mitgliedstaat, dessen Strafrecht anwendbar ist, abermals verfolgt zu werden.²⁵¹

77 Angesichts der extensiven Auslegung, die die „ne bis in idem"-Gewährleistung als Mittel zur effektiven Wahrnehmung der europäischen Grundfreiheiten erscheinen lässt, muss sich grundsätzlich jeder, dem diese Grundfreiheiten zustehen, auch auf Art. 50 GRC / Art. 54 SDÜ berufen können. Das sind dann aber nicht nur Individuen, sondern auch **Unternehmen**, soweit ihnen gegenüber in den Mitgliedstaaten Sanktionen strafrechtlicher Natur verhängt werden können (dazu sogleich).²⁵²

(2) Die strafrechtliche Natur der Sanktion bzw. des Verfahrens

78 Nur Entscheidungen, die in einem Strafverfahren ergehen, können die *Ne-bis-in-idem*-Wirkung nach sich ziehen. Der Begriff der Strafe und des Strafverfahrens wird vom EuGH jedoch weit und autonom in Anlehnung an die Rspr. des EGMR (dazu → § 11 Rn. 69) ausgelegt. Danach bemisst sich die strafrechtliche Natur einer Maßnahme

(1) anhand der rechtlichen Einordnung der Zuwiderhandlung im innerstaatlichen Recht,

(2) der Art der Zuwiderhandlung und

(3) der Art und des Schweregrads der angedrohten Sanktion.²⁵³

Somit kommt ein Strafklageverbrauch durchaus auch dann in Betracht, wenn die (nach deutschem Recht) strafbare Handlung im Erstverfolgerstaat lediglich als Verwaltungsübertretung gehandhabt und die abschließende Entscheidung durch eine Verwaltungsbehörde vorgenommen wird.²⁵⁴ Auch einer gerichtlichen Entscheidung im deutschen Ordnungswidrigkeitsverfahren kommt nach diesen Grundsätzen strafklageverbrauchende Wirkung zu.²⁵⁵

79 Dass eine parallele Verhängung von Sanktionen im Verwaltungs- und Strafverfahren innerhalb ein- und desselben Staates – soweit die nationalen Rechtsordnungen dies überhaupt zulassen – aus europarechtlicher Sicht ausnahmsweise zulässig sein kann, hat der EuGH jüngst mehrfach festgestellt und insoweit eine nicht unerhebliche **Einschränkung des unionsrechtlichen Doppelbestrafungsverbots** vorgenommen. Die Judikate des EuGH sind im Kontext der Rechtsprechung des EGMR zu verstehen,²⁵⁶ der

---

251 S. auch *Hecker*, Eur. Strafrecht, § 13 Rn. 33, der betont, dass ansonsten die in der Praxis unverzichtbaren Formen der Verfahrensbeendigung ohne Urteil entwertet würden. Krit. bzgl. des vom EuGH angenommenen Verhältnisses von Art. 54 SDÜ zu dem Recht auf Freizügigkeit *Lööf* EJCCLCJ 15 (2007), 324.
252 S. SSW-StPO-*Satzger*, Art. 50 GRCh/Art. 54 SDÜ, Rn. 2.
253 EuGH Urt. v. 26.2.2013 – Rs. C-617/10 „Åkerberg Fransson", Rn. 35 mit Verweis auf EuGH Urt. v. 5.6.2012 – Rs. C-489/10 „Bonda", Rn. 37; vgl. auch EuGH Urt. v. 20.3.2018 – Rs . C-524/15 „Menci", Rn. 26 ff.; s. auch F. *Zimmermann*, Strafgewaltkonflikte in der EU, S. 272 ff.
254 Abw. für ein österreichisches Straferkenntnis aber BayObLG Urt. v. 26.5.2000 – 1St RR 67/00 = StV 2001, 263; dazu abl. *Anagnostopoulos*, in: Neumann/Herzog (Hrsg.), FS Hassemer, S. 1121, 1132; *Hecker*, Eur. Strafrecht, § 13 Rn. 30; *Kniebühler*, Transnationales „ne bis in idem", S. 270 ff.; *Mansdörfer*, Das Prinzip des ne bis in idem im europäischen Strafrecht, S. 173; zur autonomen Auslegung und Beantwortung der Frage, wann ein Gericht „in Strafsachen zuständig" ist, s. EuGH Urt. v. 14.11.2013 – Rs. C-60/12 „Marián Baláž".
255 Vgl. dazu § 84 II OWiG; vgl. auch *Hecker*, Eur. Strafrecht, § 13 Rn. 62; *ders.*, StV 2001, 306 (310); *Kniebühler*, Transnationales „ne bis in idem", S. 252 ff.; zu behördlichen Bußgeldbescheiden vgl. *Böse* EWS 2007, 202 (209); vertiefend SSW-StPO-*Satzger*, Art. 50 GRCh/54 SDÜ, Rn. 23 f.
256 EGMR, Urt. v. 15. 11. 2016–24130/11 u. 29758/11, „A. u. B ./. Norwegen", Rn. 117 ff.; vgl. insbes. zur Kritik an dieser Entscheidung *Wegner* HRRS 2018, 205 (206); vgl. auch SSW-StPO-*Satzger*, Art. 4 des 7. ZP zur EMRK, Rn. 14.

sich bereits zuvor mit der Beschränkung von Art. 4 des 7. Zusatzprotokolls zur EMRK (der Parallelregelung zum *ne-bis-in-idem*-Grundsatz auf Ebene der EMRK, dazu → § 11 Rn. 113 ff.) auseinandergesetzt hatte.

Den einschlägigen Entscheidungen des EuGH in den Rs. *„Garlsson Real Estate ua"*[257] und *„Di Puma und Zecca"*[258] lag jeweils die Einleitung von Bußgeldverfahren seitens der italienischen Finanzmarktaufsicht trotz bereits rechtskräftiger in Italien ergangener Strafurteile wegen Marktmanipulation zugrunde; in der Rs. *„Menci"*[259] wurde in Italien ein Steuerstrafverfahren eingeleitet, obwohl bereits zuvor eine italienische Verwaltungssanktion in Form eines Steueraufschlags verhängt worden war. Auch wenn es hier um die Kombination innerstaatlicher Sanktionen geht, war gleichwohl der Schutzbereich der GRC eröffnet, da es jeweils um die „Durchführung von Unionsrecht" im Sinne von Art. 51 I 1 GRC ging.[260]

Der EuGH hielt die doppelte Sanktionierung in dieser Konstellation unter engen Voraussetzungen für zulässig:[261] Erstens muss eine solche Sanktionskumulierung (entsprechend den Vorgaben in Art. 52 I 1 GRC) im nationalen Recht **gesetzlich vorgesehen** sein.[262] Zweitens darf der **Wesenskern des Doppelbestrafungsverbots** nicht in Frage gestellt werden; dazu darf sich die Beschränkung des Verbots nur innerhalb eines kleinen Ausschnitts bewegen und muss abschließend normiert sein. Drittens – und das erscheint besonders wichtig – stellt der EuGH eine **Verhältnismäßigkeitsprüfung** an. Dabei bedarf es an erster Stelle einer dem Gemeinwohl dienende Zielsetzung, wozu der EuGH unter anderem den Schutz der Finanzmärkte[263] und das von Art. 325 AEUV erfasste Mehrwertsteueraufkommen[264] zählt. Wichtig erscheint dem EuGH auch die Ausrichtung der parallelen Verfolgungsregime auf komplementäre Zwecke. Zudem bedürfe es verfahrens- und materiellrechtlicher Absicherungen – etwa Vorschriften zur Anrechnung einer bereits verhängten Verwaltungssanktion im Strafverfahren –, damit der Betroffene durch die Verfahrenskumulierung nicht unverhältnismäßig belastet werde.[265]

(3) Anforderungen an die Rechtskraft der Erstentscheidung

Rechtskräftig ist die Aburteilung, wenn sie die Strafklage endgültig verbraucht.[266] Den Strafklageverbrauch prüfte der EuGH bislang **allein anhand des nationalen Rechts** des Mitgliedstaats, in welchem die Entscheidung ergangen war.[267] Die Anwendung des *Ne-bis-in-idem*-Prinzips war dementsprechend immer dann unproblematisch, wenn es sich um ein innerstaatliches Urteil oder jedenfalls um eine richterliche Entscheidung han-

---

257 EuGH Urt. v. 20.3.2018 – Rs. C-537/16 „Garlsson Real Estate ua"; ausf. hierzu *Wegner* HRRS 2018, 205; vgl. auch *Kingreen*, JK 11/18, Art. 50 GRC; *Oelmaier*, MwStR 2018, 551 (557).
258 EuGH Urt. v. 20.3.2018 – Rs. C-596/16 und C-597/16 „Di Puma und Zecca".
259 EuGH Urt. v. 20.3.2018 – Rs. C-524/15 „Menci".
260 EuGH Urt. v. 26.2.2013 – Rs. C-617/10 „Åkerberg Fransson", Rn. 24 ff.; EuGH Urt. v. 20.3.2018 – Rs. C-537/16 „Garlsson Real Estate ua", Rn. 64 ff. Näher dazu → § 7 Rn. 20.
261 EuGH Urt. v. 20.3.2018 – Rs. C-524/15 „Menci", Rn. 40 ff.
262 Vgl. hierzu etwas das abgestufte Regelungsregime in den §§ 56 IV, 84 I, 86 OWiG.
263 EuGH Urt. v. 20.3.2018 – Rs. C-537/16 „Garlsson Real Estate ua", Rn. 46.
264 EuGH Urt. v. 20.3.2018 – Rs. C-524/15 „Menci", Rn. 44.
265 EuGH Urt. v. 20.3.2018 – Rs. C-537/16 „Garlsson Real Estate ua", Rn. 54 ff., 60.
266 EuGH Urt. v. 11.2.2003 – Rs C-187/01 und C-385/01 „Gözütok/Brügge", Rn. 30.
267 EuGH Urt. v. 16.11.2010 – Rs. C-261/09 „Mantello", Rn. 46, mAnm *Böse* HRRS 2012, 19; EuGH Urt. v. 5.6.2014 – Rs. C-398/12 „M", Rn. 36 = NJW 2014, 3010, s. insbes. auch EuGH Urt. v. 29.6.2016 – Rs. C-486/14 „Kossowski", Rn. 34 f., 42.

delt, die nach nationalem Recht an die Stelle eines Urteils tritt, zB ein Strafbefehl (§§ 407 ff. StPO).[268] Allerdings ist diese Vorgehensweise nicht vollumfänglich überzeugend. Denn damit wird übersehen, dass der Begriff „rechtskräftige Aburteilung" der Sache nach ein europäischer Terminus ist, der konsequenterweise einer **autonom europäischen Interpretation** unterzogen werden muss. Dem entspricht es nicht, dass – wie vom EuGH bislang judiziert – das nationale Recht des Erstentscheidungsstaats einseitig festlegen kann, wann eine Entscheidung rechtskräftig ist. Vielmehr kann der Rechtslage am Ort der ersten Entscheidung nur eine – wenn auch starke – indizielle Bedeutung beigemessen werden.[269] Unabdingbar ist es aber, dass seitens des EU-Rechts ein europäischer Maßstab vorgegeben wird, der bei Beurteilung der Rechtskraftwirkung zu berücksichtigen ist. Diese Einschränkung wird durch das jüngste Urteil des EuGH in der Rs. „*Kossowski*"[270] bestätigt, wonach der anzulegende Test ein zweistufiger ist: Erstens ist (in Übereinstimmung mit der bisherigen Rspr.) festzustellen, ob die Strafklage nach dem Recht des Erstentscheidungsstaats verbraucht ist. Dies genügt aber nicht. Hinzukommen muss zweitens ein europarechtlich geprägtes Kriterium: Es muss geprüft werden, ob die Erstentscheidung beim Betroffenen auch ein **schutzwürdiges Vertrauen** dahin gehend geweckt hat, dass er keine weitere Strafverfolgung mehr zu befürchten hat.[271] Letzteres setzt nach dem EuGH jedenfalls voraus, dass im Erstentscheidungsstaat eine Prüfung in der Sache stattgefunden hat.[272] Damit gelangt der EuGH auch in diesem – beschuldigtengünstigen – Anwendungsfall der gegenseitigen Anerkennung (dazu → Rn. 51) zu einer Einschränkung, die auch hier (und insoweit durchaus konsequent) den Gedanken eines begrenzenden *ordre public* widerspiegelt. Da sich letzterer aber in diesem Kontext als Verlust eines grundrechtgleichen Rechts des Beschuldigten auswirkt, muss sein Anwendungsbereich auf äußerste Ausnahmefälle begrenzt werden, wenn der Verfolgte evident kein Vertrauen in den rechtskräftigen Abschluss seines Verfahrens setzen kann, wenn also die Annahme einer europaweiten Rechtskraft aus Sicht des davon profitierenden Beschuldigten praktisch als „Sechser im Lotto" erscheint.[273]

Eine besondere Schwierigkeit bereitet darüber hinaus die Beurteilung des Strafklageverbrauchs bei bloß **begrenzt rechtskräftigen Entscheidungen**. Der EuGH bejahte diese Frage im Fall einer „*ordonnance de non-lieu*" des belgischen Kassationsgerichtshofs, die zur Folge hatte, dass nach belgischem Recht eine Fortführung des Verfahrens nur aufgrund neuer Tatsachen und Beweismittel möglich gewesen wäre.[274] Der Gerichtshof hat hieraus eine europaweite beschränkte Rechtskraft abgeleitet: Kein anderer Mitgliedstaat dürfe gegen dieselbe Person aufgrund derselben Tatsachen ein Verfahren einleiten; sollten neue Tatsachen bekannt werden oder neue Beweismittel auftauchen, so könne allein Belgien, also der Staat der ersten Aburteilung, das Verfahren fortführen. Darin steckt letztlich auch eine Zuständigkeitskonzentration (hier: bezogen auf Belgi-

---

268 Für den Fall eines kroatischen Strafbefehls s. BGH Urt. v. 12.12.2013 – 3 StR 531/12, Rn. 11 = NJW 2014, 1025 (1026), mAnm *Hecker* StV 2014, 459.
269 *Satzger*, in: von Heinrich ua (Hrsg.), FS Roxin, S. 1515, 1534.
270 EuGH Urt. v. 29.6.2016 – Rs. C-486/14 „Kossowski".
271 Vgl. auch BGH NStZ 2017, 174 (176) m. abl. Anm. *Wegner* StV 2017, 227; ausf. zu möglichen Kriterien *Hochmayr*, in: dies. (Hrsg.), „Ne bis in idem", S. 89, 102 ff.; für ein Abstellen darauf, ob eine weitere Verfolgung nur aufgrund neuer Tatsachen oder Beweismittel möglich wäre, *Ambos*, Int. Strafrecht, § 10 Rn. 127; zuvor bereits *Bohnert/Lagodny* NStZ 2000, 639 f.
272 Vgl. dazu auch SSW-StPO-*Satzger*, Art. 50 GRCh/54 SDÜ, Rn. 29.
273 S. *Satzger*, in: Kert/Lehner (Hrsg.), FS Höpfel, S. 565, 574 f.
274 EuGH Urt. v. 5.6.2014 – Rs. C-398/12 „M" = NJW 2014, 3010 m. zust. Bespr. *Gaede* NJW 2014, 2990 und abl. Anm. *Burchard* HRRS 2015, 26.

en), welche deshalb problematisch ist, weil sie das mit Art. 54 SDÜ etablierte, letztlich wenig sachgerechte Prioritätsprinzip (wer zuerst aburteilt, schließt alle anderen Staaten von einer Verurteilung aus) noch verfestigt.[275]

bb) „Dieselbe Tat"

▶ **FALL 18:** Am 31.5.1999 führte E Betäubungsmittel aus Mitgliedstaat X aus, tags darauf führte er diese in den Mitgliedstaat Z ein. In Z wird er wegen „unerlaubter Einfuhr von Betäubungsmitteln" zu einer Haftstrafe verurteilt. Nach vorzeitiger Entlassung kehrt E wieder nach X zurück. Dort wird er wegen „unerlaubter Ausfuhr" der besagten Betäubungsmittel angeklagt. Zu Recht? (dazu →Rn. 82) ◀   81

Besondere Schwierigkeiten bereitet die Bestimmung des Tatbegriffs in Art. 54 SDÜ. Dies deshalb, weil insoweit die nationalen Konzeptionen des *Ne-bis-in-idem*-Grundsatzes stark differieren: Während sich der Strafklageverbrauch etwa im deutschen Strafprozessrecht auf das „einheitliche geschichtliche Vorkommnis"[276] erstreckt, knüpfen andere Mitgliedstaaten an die Identität der rechtlichen Qualifizierung der Tat und/oder der geschützten rechtlichen Interessen an.[277]   82

Der EuGH entwickelt demgegenüber einen **eigenständigen europarechtlichen Tatbegriff**. Wegen der fehlenden Harmonisierung der nationalen Strafvorschriften lehnt er es zu Recht ab, grds. auf eine identische rechtliche Einordnung in beiden verfolgungswilligen Mitgliedstaaten abzustellen. Vielmehr verlangt das Gericht, dass das Verhalten „materiell" als eine Tat erscheint. Dies sei der Fall, wenn sich das Geschehen als „Komplex von Tatsachen darstellt, die in zeitlicher und räumlicher Hinsicht sowie nach ihrem Zweck unlösbar miteinander verbunden sind."[278] Diese Linie hat der EuGH später in einem ganz ähnlichen Fall bestätigt.[279] Außerdem hat er klargestellt, dass ein einheitlicher Vorsatz für sich allein (also ohne zeitlich-räumlichen Zusammenhang) nicht genügt, um mehrere Handlungen zu einer Tat iSd Art. 54 SDÜ zu verknüpfen.[280]

Damit unterscheidet sich der europarechtliche Tatbegriff im Ergebnis kaum von dem der StPO, wenngleich es sich selbstverständlich um voneinander unabhängige Begrifflichkeiten handelt.[281]

Auch der BGH befasste sich im Jahr 2014 mit dem Begriff „derselben Tat" iSd Art. 54 SDÜ, als er darüber zu entscheiden hatte, ob der Betroffene, der in Kroatien bereits wegen illegalen Waffenbesitzes rechtskräftig abgeurteilt worden war, noch wegen einer mit diesen Waffen begangenen Geiselnahme in Deutschland bestraft werden könne.[282]

---

275 Näher SSW-StPO-*Satzger*, Art. 50 GRCh/54 SDÜ, Rn. 26 ff.; zu den Schwächen des Prioritätsprinzips s. F. *Zimmermann*, Strafgewaltkonflikte in der EU, S. 281 ff.
276 S. dazu nur *Beulke*, StPO, Rn. 512 f.
277 S. zB das Vorbringen der tschechischen Regierung in EuGH Urt. v. 9.3.2006 – Rs. C-436/04 „van Esbroeck", Rn. 26, sowie die Schlussanträge des Generalanwalts *Colomer* in derselben Rs., Rn. 43.
278 EuGH Urt. v. 9.3.2006 – Rs. C-436/04 „van Esbroeck". Zur Anwendbarkeit der – aus der Rspr. des EGMR – bekannten Kriterien für die Bestimmung, ob überhaupt eine Strafe vorliegt, s. EuGH Urt. v. 26.2.2013 – Rs. C-617/10 „Åkerberg Fransson", Rn. 35. Dazu → § 11 Rn. 69.
279 EuGH Urt. v. 28.9.2006 – Rs. C-150/05 „van Straaten". Danach muss nicht einmal die Menge der aus- bzw. eingeführten Betäubungsmittel identisch sein, um von einer materiellen Tat ausgehen zu können.
280 EuGH Urt. v. 18.7.2007 – Rs. C-367/05 „Kraaijenbrink", Rn. 29.
281 *Satzger*, JK 9/06, SDÜ Art. 54/1; *Zehetgruber* JR 2015, 184 (185 f.).
282 BGH Urt. v. 12.12.2013 – 3 StR 531/12, Rn. 12 ff. = NJW 2014, 1025 (1026 ff.); s. auch *Zehetgruber* JR 2015, 185.

Damit ging es um das Verhältnis eines im Ausland rechtskräftig abgeurteilten Dauerdelikts zu einer währenddessen begangenen (schwereren) Straftat. Insbesondere im Hinblick auf die vom EuGH geforderte räumlich-zeitliche Verbindung scheint es überzeugend, dass der BGH hier nicht das Vorliegen derselben Tat annahm.[283]

Im **Fall 18** sind die Ausfuhr der Stoffe aus X und die sich unmittelbar anschließende Einfuhr nach Z unselbstständige Teile eines Transports der Betäubungsmittel von X nach Z. Ihre rechtliche Qualifizierung in X und Z ist zwar unterschiedlich (einerseits „Einfuhr", andererseits „Ausfuhr"). Darauf kommt es – wie gesehen – aber nicht an. Aus- und Einfuhr sind daher „in zeitlicher und räumlicher Hinsicht sowie nach ihrem Zweck unlösbar miteinander verbunden" Tatsachen, also ein und dieselbe Tat im europarechtlichen Sinn. Die abermalige Anklage in X verstößt daher gegen Art. 54 SDÜ.

Für die Anwendung des Doppelbestrafungsverbots auf Unternehmen muss sich die Feststellung der identischen Tat an den Besonderheiten des „Handelns" der juristischen Person orientieren. Denn diese kann nicht – wie die natürliche Person – selbst handeln, sondern durch Repräsentanten und Mitarbeiter gleichsam „mit vielen Armen und Beinen". Diese Akte müssen, dienen sie der Umsetzung des im Unternehmen gefassten Beschlusses – und wenn es an einer erkennbaren Zurechnungszäsur fehlt – als Einheit behandelt werden. Die „**Tat des Unternehmens**" ist somit die Summe der aus objektiver Unternehmenssicht ein einheitliches Geschehen bildenden, dem Unternehmen (in Deutschland gem. § 30 OWiG) zurechenbaren Verhaltensweisen welcher natürlichen Person auch immer.[284]

cc) Vollstreckungselement

83   Das Vollstreckungselement[285] des Art. 54 SDÜ, welches – wie gesehen (dazu → Rn. 66 ff.) – auch nach rechtlicher Verbindlichkeit des Art. 50 GRC relevant bleibt, enthält drei Varianten. Die erste davon betrifft die Konstellation, dass eine Sanktion „**vollstreckt worden**" ist. Dies ist der Fall, wenn die Vollstreckung abgeschlossen ist, also eine Freiheitsstrafe verbüßt, eine Bewährung beendet oder eine Geldstrafe bezahlt ist.

84   Eine Sanktion wird „**gerade vollstreckt**", wenn mit der Strafvollstreckung begonnen wurde, diese aber noch nicht abgeschlossen ist. Probleme bereitet hier allerdings die *zur Bewährung ausgesetzte Freiheitsstrafe*.[286] Zwar trifft den so Verurteilten das Strafübel weitaus geringer als einen ohne Bewährung Verurteilten. Jedoch ist die Handlungsfreiheit des Verurteilten während des Laufs der Bewährungszeit durch – in allen Mitgliedstaaten übliche – Bewährungsauflagen eingeschränkt, bei erneuter Straffälligkeit in dieser Zeit ist die volle ursprünglich verhängte Freiheitsstrafe zu verbüßen. Wie Generalanwältin *Sharpston* in der Rs. „*Kretzinger*" plastisch beschreibt, lebt der auf Bewährung Verurteilte deshalb mit einem „Damoklesschwert über seinem Haupt".[287] Solange der Verurteilte also die Bewährungsauflagen erfüllt, wird die (Bewährungs-)Strafe „gerade vollstreckt". Diese Sichtweise, die auch vom EuGH geteilt wird,[288] ist

---

283 Abl. *Zehetgruber* JR 2015, 185 (189 ff.).
284 SSW-StPO-*Satzger*, Art. 50 GRCh/Art. 54 SDÜ, Rn. 31.
285 Detailliert *Hecker*, Eur. Strafrecht, § 13 Rn. 37 ff.; *Safferling*, Int. Strafrecht, § 12 Rn. 100 ff.; *Satzger*, Europäisierung, S. 690 f.; *Schomburg* StV 1997, 383.
286 Das Vollstreckungselement ursprünglich verneinend OLG Saarbrücken, dazu → Rn. 70.
287 Generalanwältin *Sharpston*, Rs. C-288/05 „Kretzinger", Schlussanträge v. 5.12.2006, Rn. 49.
288 EuGH Urt. v. 18.7.2007 – Rs. C-288/05 „Kretzinger", Rn. 42 ff.

auch deshalb zwingend, weil das Vollstreckungselement nur dazu dient, den Schutz des *Ne-bis-in-idem*-Grundsatzes demjenigen zu verweigern, der sich der Strafvollstreckung durch Flucht in einen anderen Mitgliedstaat entzieht. Der Fall der laufenden Bewährungszeit ist damit aber nicht zu vergleichen.[289]

Im Falle **kumulativer Sanktionen** (zB Geldstrafe neben Freiheitsstrafe) muss nicht mit der Vollstreckung jeder Teilsanktion begonnen worden sein. Vielmehr sollten diese als „Gesamtsanktion" wertend betrachtet werden, wobei im Hinblick auf deren „Kern" (idR die Freiheitsstrafe) das Vollstreckungselement erfüllt sein muss.[290] Entschieden wurde vom EuGH jüngst, dass das Vollstreckungselement nicht vorliegt, wenn eine Geldstrafe bezahlt ist, die daneben verhängte, nicht zur Bewährung ausgesetzte Freiheitsstrafe aber nie angetreten wurde.[291] Ausgeschlossen ist eine erneute Strafverfolgung somit, wenn zwar eine Geldstrafe noch nicht beglichen ist, aber mit der Vollstreckung einer daneben zusätzlich verhängten Freiheitsstrafe begonnen wurde – unabhängig davon, ob diese zur Bewährung ausgesetzt worden war.[292]

Nach der dritten Variante des Vollstreckungselements greift die *Ne-bis-in-idem*-Regelung des Art. 54 SDÜ schließlich auch dann ein, wenn eine Sanktion „**nach dem Recht des Urteilsstaates nicht mehr vollstreckt werden kann**". Als Beispiel hierfür lässt sich insbesondere der Fall anführen, dass im Urteilsstaat Vollstreckungsverjährung eingetreten ist.

Ob Art. 54 SDÜ dabei voraussetzt, dass überhaupt jemals eine Vollstreckung möglich war, erscheint angesichts des Wortlauts[293] („nicht *mehr* vollstreckt werden kann") auf den ersten Blick wenig zweifelhaft. Dieser Problematik musste sich der EuGH in der Rs. „*Bourquain*" zuwenden:[294] Es ging um den Fall, dass der flüchtige B im Jahr 1961 durch ein französisches Gericht (in Algerien) in Abwesenheit wegen Desertion und vorsätzlicher Tötung verurteilt worden war. Nach französischem Recht hätte dieses Urteil jedoch ohne ein neues Verfahren in Anwesenheit des B zunächst nicht vollstreckt werden können. Nach zwanzig Jahren, in denen B nicht ergriffen werden konnte, trat schließlich die Verjährung ein, so dass nun eine Vollstreckung endgültig ausgeschlossen war.[295] Somit war die von dem französischen Gericht 1961 verhängte Strafe zu keinem Zeitpunkt vollstreckbar.

Mag der Wortlaut zunächst gegen eine Anwendung des Art. 54 SDÜ sprechen, kann dieses Ergebnis letztlich nicht überzeugen. Diese Vorschrift beruht auf dem Gedanken der gegenseitigen Anerkennung. Es soll sichergestellt werden, dass – innerhalb eines einheitlichen Rechtsraums – derjenige, der einmal in einem Mitgliedstaat verurteilt worden ist, nicht in seiner EU-weiten Freizügigkeit dadurch behindert wird, dass er befürchten muss, in einem anderen Staat ein weiteres Mal verurteilt zu werden. Für die

---

[289] So richtig *Ambos*, Int. Strafrecht, § 10 Rn. 133; *Hecker*, Eur. Strafrecht, § 13 Rn. 44; *Safferling*, Int. Strafrecht, § 12 Rn. 102.
[290] *Satzger*, in: von Heinrich ua (Hrsg.), FS Roxin, S. 1515, 1531 f.
[291] EuGH Urt. v. 27.5.2014 – Rs. C-129/14 PPU „Spasic", Rn. 83 ff.; ebenso für genau diese Konstellation bereits *Satzger*, in: von Heinrich ua (Hrsg.), FS Roxin, S. 1515, 1531 f.
[292] S. auch *Ambos*, Int. Strafrecht, § 10 Rn. 133; *Hecker*, Eur. Strafrecht, § 13 Rn. 45; aA OLG Saarbrücken Urt. v. 16.12.1996 – Ss 90/95 (122/95) = StV 1997, 359.
[293] Zwingend ist diese Interpretation des Wortlauts jedoch nicht, vgl. EuGH Urt. v. 11.12.2008 – Rs. C-297/07 „Bourquain", Rn. 47.
[294] EuGH Urt. v. 11.12.2008 – Rs. C-297/07 „Bourquain" mAnm *Hecker* JuS 2010, 176 ff.
[295] Da mit Ablauf dieser 20 Jahre zumindest die Verurteilung „unwiderruflich" (wenngleich nicht vollstreckbar) wurde, lag dem EuGH zu Folge auch eine rechtskräftige Aburteilung vor, vgl. EuGH Urt. v. 11.12.2008 – Rs. C-297/07 „Bourquain", Rn. 43.

Anwendung des Art. 54 SDÜ kann es vor diesem Hintergrund nicht darauf ankommen, ob eine Vollstreckbarkeit der Strafe jemals bestanden hat.[296]

87 Relevant wird die Auslegung des Vollstreckungselements auch für die Beurteilung von **Amnestien oder Begnadigungen**. Während diese relativ leicht unter den Wortlaut des Art. 54 SDÜ subsumiert werden können, verneint Generalanwalt *Colomer* wegen ihres überwiegend politischen Charakters die Pflicht zur gegenseitigen Anerkennung solcher Justizakte.[297] Mangels Entscheidungserheblichkeit musste der EuGH im konkreten Verfahren zu dieser Frage (noch) keine Stellung beziehen. Auch hier gilt aber: Wenn man das Ziel einer optimalen Gewährleistung der Grundfreiheiten bei der Auslegung der transeuropäischen *Ne-bis-in-idem*-Regelung in den Mittelpunkt stellt, wäre es nur konsequent, wenn auch Gnadenakte ein neues Verfahren in einem anderen Mitgliedstaat hindern würden. Überdies vermag das Argument, es handle sich hierbei um überwiegend auf politischen Erwägungen fußende Entscheidungen – was sicher richtig ist – nur bedingt zu überzeugen: Im sensiblen Bereich des Strafrechts lässt sich praktisch jede Regelung auf gesamtgesellschaftliche Überlegungen zurückführen. Dies soll in anderen Bereichen der Pflicht zur gegenseitigen Anerkennung auch nicht entgegenstehen – wenn etwa im Kontext des Europäischen Haftbefehls auf das Erfordernis beiderseitiger Strafbarkeit verzichtet wird (dazu → Rn. 39). Auch dann wird die (politische!) Entscheidung eines anderen Mitgliedstaats akzeptiert, ein bestimmtes Verhalten unter Strafe zu stellen. Weshalb im Fall der beschuldigtenfreundlichen *Ne-bis-in-idem*-Regelung etwas anderes gelten soll, ist nicht ersichtlich.

dd) Das Verbot der Doppelbestrafung als Vollstreckungshindernis eines Europäischen Haftbefehls

88 Der unionsrechtliche Grundsatz *ne bis in idem* bewirkt nicht nur ein unionsrechtliches, europaweit geltendes Verfahrenshindernis, sondern verhindert – konsequenterweise – schon die Überstellung eines Beschuldigten auf Grundlage eines europäischen Haftbefehls.[298] Nach Art. 3 Nr. 2 RbEuHb hat die um Übergabe einer Person ersuchte Justizbehörde die Vollstreckung abzulehnen, wenn sich aus den ihr vorliegenden Informationen ergibt, dass die gesuchte Person wegen derselben Handlung von einem Mitgliedstaat rechtskräftig verurteilt worden ist, vorausgesetzt, dass im Fall einer Verurteilung die Sanktion bereits vollstreckt worden ist, gerade vollstreckt wird oder nach dem Recht des Urteilsmitgliedstaats nicht mehr vollstreckt werden kann. Bis auf das Wort „verurteilen" (statt „aburteilen") lehnt sich Art. 3 Nr. 2 RbEuHb damit an die aus Art. 54 SDÜ bekannte Formulierung an. Angesichts ihrer gemeinsamen Zielsetzung ist dieser Ablehnungsgrund, wie der EuGH ausdrücklich feststellt, entsprechend Art. 54 SDÜ auszulegen.[299] Damit ist aber noch nicht geklärt, welche Justizbehörde letztlich darüber entscheidet, ob diese Voraussetzungen vorliegen. Nun würde man aufgrund der notwendigen autonomen Auslegung dieser Begriffe davon ausgehen, dass der EuGH zwar die Rechtsbegriffe bestimmt, die Subsumtion aber dem Gericht überlassen bleibt, das um die Übergabe ersucht wird, weil dieses ja prüfen muss, ob die Voraussetzungen des innerstaatlichen Rechts, die in Umsetzung des RbEuHb erlassen worden

---

296 EuGH Urt. v. 11.12.2008 – Rs. C-297/07 „Bourquain", Rn. 49 f.; vgl. auch bereits Generalanwalt *Colomer* in seinen Schlussanträgen v. 8.4.2008, Rn. 69 ff.
297 Vgl. die Schlussanträge zu EuGH Urt. v. 11.12.2008 – Rs. C-297/07 „Bourquain", Rn. 82 f.
298 So auch ausdrücklich Generalanwalt *Bot* in seinen Schlussanträgen EuGH Urt. v. 16.11.2010 – Rs. C-261/09 „Mantello", Rn. 78.
299 EuGH Urt. v. 16.11.2010 – Rs. C-261/09 „Mantello", Rn. 40.

sind, vorliegen oder nicht. In der zitierten Entscheidung ging der EuGH einen anderen Weg. Das Tribunale di Catania ersuchte die Bundesrepublik Deutschland, einen italienischen Staatsbürger wegen Mitgliedschaft in einer kriminellen Vereinigung und verbotenen Handelns mit Betäubungsmitteln zu übergeben. Das OLG Stuttgart hatte mit Blick auf Art. 3 Nr. 2 RbEuHb Bedenken gegen die Übergabe, weil der Beschuldigte in dem Zeitraum seiner Mitgliedschaft in der Organisation bereits einmal wegen eines einzelnen Drogengeschäfts durch ein italienisches Gericht verurteilt worden war. Der Vorlagefrage des OLG Stuttgart hinsichtlich des Begriffs der Tatidentität wich der EuGH letztlich aus, indem er sich stattdessen auf das Vorliegen einer rechtskräftigen Verurteilung konzentrierte und insofern ganz auf die Beurteilung durch die ersuchende italienische Justizbehörde abstellte. Nun liegt der Sachverhalt im entschiedenen Verfahren insofern besonders, als die weitere Verurteilung im selben Mitgliedstaat drohte, in dem der Beschuldigte bereits verurteilt war.[300] Insofern konnte innerhalb des italienischen Strafprozessrechts eine stimmige Entscheidung getroffen werden. Damit nimmt der EuGH jedoch eine Differenzierung vor, die im RbEuHb so nicht angelegt ist,[301] und versäumt es, den aus Art. 54 SDÜ bekannten Tatbegriff für Organisationsdelikte weiterzuentwickeln.[302] Gleichzeitig verwirklicht er das Prinzip der gegenseitigen Anerkennung in Reinform, verkennt aber die individualschützende Komponente des Doppelbestrafungsverbots, wie sie sich aus Art. 50 GRC ergibt.[303] Zudem beschränkt er dem Beschuldigten im ersuchten Mitgliedstaat die Rechtsschutzmöglichkeiten durch die dortige Justiz.

Aktuelle und weiterführende Literatur zu § 10 II:

- zur gegenseitigen Anerkennung allgemein: *Ambos*, Brexit und Europäisches Strafrecht; JZ 2017, 707; *Bárd*, The Impact of the Lisbon Reform Treaty in the Field of Criminal Procedural Law, NJECL 3 (2011), 9; *Brodowski*, Europäischer ordre public als Ablehnungsgrund für die Vollstreckung Europäischer Haftbefehle?, HRRS 2013, 54; *Erbežnik*, The Principle of Mutual Recognition as a Utilitarian Soluation, and the Way Forward, EuCLR 2 (2012), 3; *Gleß*, Zum Prinzip der gegenseitigen Anerkennung, ZStW 116 (2004), 353; *Heine*, Die Rechtsstellung des Beschuldigten im Rahmen der Europäisierung des Strafverfahrens, 2009, 67; *Satzger*, Is mutual recognition a viable general path for cooperation? NJECL 10 (2019), 44; *Tinsley*, The reference in Case C-396/11 Radu: when does the protection of fundamental rights require non-execution of a European Arrest Warrant? EuCLR 2 (2012), 338.
- zum Europäischen Haftbefehl: *Beukelmann*, Update: Europäischer Haftbefehl, NJW-Spezial 2017, 760; *de Amicis*, Initial Views of the Court of Justice on the European Arrest Warrant: Towards a Uniform Pan-European Interpretation, EuCLR 2 (2012), 47; *Foffani*, The Case Puigdemont: The Stress-Test of the European Arrest Warrant, EuCLR 8 (2018), 196; *Kromrey/Morgenstern*, Die Menschenwürde und das Auslieferungsverfahren, ZIS 2017, 106; *v. Mansell*, The European Arrest Warrant and Defence Rights, EuCLR 2 (2012), 36; *Müller*, Vertrauen ist gut, Kontrolle ist besser: Einordnung des neuen EuGH-Urteils zum Europäischen Haftbefehl in das grundrechtliche Mehrebenensystem in Europa, ZEuS 2016, 345; *Niederhuber*, How Much Independence is Necessary to Issue a European Arrest Warrant?, EuCLR 1 (2020), 5; *Oehmichen*, Verfassungs- und europarechtliche Grenzen der Auslieferung, StV 2017, 257;

---

300 S. auch *F. Zimmermann*, Strafgewaltkonflikte in der EU, S. 264 f.
301 Generalanwalt *Bot* in seinen Schlussanträgen EuGH Urt. v. 16.11.2010 „Mantello", Rn. 83, krit. dazu *Satzger*, in: von Heinrich ua (Hrsg.) FS Roxin, S. 1515, 1534 ff.
302 SSW-StPO-*Satzger*, Art. 50 GRCh/ Art. 54 SDÜ, Rn. 31; *F. Zimmermann*, Strafgewaltkonflikte in der EU, S. 263 f.
303 Dies betont auch Generalanwalt *Bot* in seinen Schlussanträgen EuGH Urt. v. 16.11.2010 „Mantello", Rn. 76; ebenso *Böse* HRRS 2012, 19 (21).

Pohl, Vorbehalt und Anerkennung: Der Europäische Haftbefehl zwischen Grundgesetz und europäischem Primärrecht; *Satzger*, Grund- und menschenrechtliche Grenzen für die Vollstreckung eines Europäischen Haftbefehls? – „Verfassungsgerichtliche Identitätskontrolle" durch das BVerfG vs. Vollstreckungsaufschub bei „außergewöhnlichen Umständen" nach dem EuGH, NStZ 2016, 514; *ders.*, Mutual Recognition in Times of Crisis – Mutual Recognition in Crisis? An Analysis of the New Jurisprudence on the European Arrest Warrant, EuCLR 8 (2018), 317; *Tinkl*, Die Ungleichbehandlung eigener und fremder Staatsbürger im deutschen Auslieferungsrecht, ZIS 2010, 320.

- **Rechtshilfe in Bezug auf Beweismittel:** *Ahlbrecht*, Die Europäische Ermittlungsanordnung – oder: EU-Durchsuchung leicht gemacht, StV 2013, 114; *Allegrezza*, Critical Remarks on the Green Paper on Obtaining Evidence in Criminal Matters from one Member State to another and Securing its Admissibility, ZIS 2010, 569; *Ambos*, Transnationale Beweiserlangung – 10 Thesen zum Grünbuch der EU-Kommission „Erlangung verwertbarer Beweise in Strafsachen aus einem anderen Mitgliedstaat", ZIS 2010, 557; *Bachmaier Winter*, European Investigation Order for obtaining evidence in the criminal proceedings, Study of the proposal for a European directive, ZIS 2010, 580; *Belfiore*, The European Investigation Order in Criminal Matters: Developments in Evidence-gathering across the EU, eucrim 10 (2015), 312; *Böhm*, die Umsetzung der Europäischen Ermittlungsanordnung, NJW 2017, 1512; *Böse*, Die Europäische Ermittlungsanordnung – Beweistransfer nach neuen Regeln, ZIS 2014, 152; *Brahms/Gut*, zur Umsetzung der Richtlinie Europäische Ermittlungsanordnung in das deutsche Recht – Ermittlungsmaßnahmen als Bestellschein?, NStZ 2017, 388; *Busemann*, Strafprozess ohne Grenzen? Freie Verkehrsfähigkeit von Beweisen statt Garantien für das Strafverfahren, ZIS 2010, 552; *Lelieur*, L`application de la reconnaissance mutuelle à l'obtention transnationale des preuves penales dans l`Union europeenne: une chance pour un droit probatoire francais en crise?, ZIS 2010, 590; *Montero*, The European Investigation Order and the Respect for Fundamental Rights in Criminal Investigations, eucrim 12 (2017), 45; *Roger*, Europäisierung des Strafverfahrens – oder nur der Strafverfolgung?, GA 2010, 27; *Schierholt*, Stellungnahme zum Grünbuch der Europäischen Kommission zur Erlangung verwertbarer Beweise in Strafsachen aus einem anderen Mitgliedstaat, ZIS 2010, 567; *Schünemann/Roger*, Stellungnahme zum Grünbuch der EU-Kommission „Erlangung verwertbarer Beweise in Strafsachen aus einem anderen Mitgliedstaat" (KOM [2009] 624 endg.), ZIS 2010, 92; *Schuster*, Die Europäische Ermittlungsanordnung -Möglichkeiten einer gesetzlichen Realisierung, StV 2015, 393; *Spencer*, The Green Paper on obtaining evidence from one Member State to another and securing its admissibility: the Reaction of one British Lawyer, ZIS 2010, 602; *F. Zimmermann*, Die Europäische Ermittlungsanordnung: Schreckgespenst oder Zukunftsmodell für grenzüberschreitende Strafverfahren?; ZStW 127 (2015), 143.
- **zur gegenseitigen Anerkennung von Bewährungsmaßnahmen:** *Staudigl/Weber*, Europäische Bewährungsüberwachung, NStZ 2008, 17.
- **zu den Beschuldigten- und Opferrechten:** *Ahlbrecht*, Strukturelle Defizite Europäischer Verteidigung – Gründe und Möglichkeiten ihrer Überwindung, StV 2012, 491; *Blackstock*, Procedural Safeguards in the European Union: a Road well travelled?, EuCLR 2 (2012), 20; *Kirsch*, Schluss mit lustig! Verfahrensrechte im Europäischen Strafrecht, StraFo 2008, 449; *Leutheusser-Schnarrenberger*, Der Europäische Beschuldigte, StraFo 2007, 267.
- **zu ne bis in idem:** *Böse*, Der Grundsatz „ne bis in idem" und der Europäische Haftbefehl: europäischer ordre public vs. gegenseitige Anerkennung, HRRS 2012, 19; *Burchard/Brodowski*, Art. 50 Charta der Grundrechte der Europäischen Union und das europäische ne bis in idem nach dem Vertrag von Lissabon, StraFo 2010, 179; *Burchard*, „Wer zuerst kommt, mahlt zuerst – und als einziger!" – Zuständigkeitskonzentrationen durch das europäische ne bis in idem bei beschränkt rechtskräftigen Entscheidungen, HRRS 2015, 26; *Gaede*, Transnationales „ne bis in idem" auf schwachem grundrechtlichen Fundament, NJW 2014, 2990; *Hackner*, Das teileuropäische Doppelverfolgungsverbot insbesondere in der Rechtsprechung des Gerichtshofs der Europäischen Union, NStZ 2011, 425; *Hecker*, europäisches Strafrecht: Trans-

nationales Doppelbestrafungsverbot; JuS 2014, 845; *Heger*, Der Tatbegriff („idem") des EuGH in Strafsachen. Notwendigkeit einer Normativierung?, in: Hochmayr (Hrsg.), „Ne bis in idem" in Europa, Praxis, Probleme und Perspektiven des Doppelverfolgungsverbots, 2015, S. 65 ff.; *Hochmayr*, Europäische Rechtskraft oder gegenseitige Anerkennung. Anforderungen an die Bestandskraft der Erledigung, in: Hochmayr (Hrsg.), „Ne bis in idem" in Europa, Praxis, Probleme und Perspektiven des Doppelverfolgungsverbots, 2015, S. 89 ff.; *Marletta*, A new course for mutual trust in the AFSJ? Transnational ne bis in idem and the determination of the merits of the case in Kossowski, NJECL 8 (2017), 108; *Meyer*, Transnationaler ne-bis-in-idem-Schutz nach der GRC: Zum Fortbestand des Vollstreckungselements aus Sicht des EuGH, HRRS 2014, 270; *Radtke*, Der strafprozessuale Tatbegriff auf europäischer und nationaler Ebene, NStZ 2012, 479; *Satzger*, Auf dem Weg zu einer „europäischen Rechtskraft"?, FS Roxin, 2011, S. 1515 ff.; *van Kempen/Bemelmans*, EU Protection of the Substantive Criminal Law Principals of Guilt and ne bis in idem under the Charter of Fundamental Rights: Underdevelopment and Overdevelopment in an Incomplete Criminal Justice Framework, NJECL 9 (2018), 247; *Zehetgruber*, Der Begriff „derselben Tat" in Art. 54 SDÜ – Aktuelle Entwicklung, JR 2015, 184.

III. Informationsaustausch, insbesondere der Grundsatz der Verfügbarkeit

Bereits auf der Grundlage der Art. 92 ff. SDÜ – das ursprünglich außerhalb des Unionsrahmens abgeschlossen und erst später in diesen integriert wurde – hat man in Europa eine zentrale Datenbank eingerichtet (**sog. Schengener Informationssystem**). Darin können zur Fahndung ausgeschriebene Personen oder gesuchte Gegenstände eingegeben werden. Zugriff auf diese Daten haben die von den Mitgliedstaaten benannten Grenzkontroll- und Strafverfolgungsbehörden.[304] Dieses Instrument sollte als Gegengewicht für die mit dem Abkommen von Schengen ermöglichte Öffnung der Grenzen eine intensivere Kooperation der unterzeichnenden Staaten bei der Strafverfolgung ermöglichen.[305]

Parallel zum Prinzip der gegenseitigen Anerkennung wurde sodann im Haager Programm der allgemeine **Grundsatz der Verfügbarkeit von Informationen** eingeführt.[306] Ziel ist es, den Behörden eines Mitgliedstaats den Zugriff auf Daten, die in einem anderen Mitgliedstaat vorhanden sind, in demselben Umfang zu gewähren wie den Behörden dieses anderen Mitgliedstaates. Wie schon zuvor beim Abschluss der Schengen-Übereinkommen wurde die Realisierung dieses Grundsatzes zunächst außerhalb des Unionsrahmens angestrebt. So schloss eine kleinere, integrationswilligere Gruppe von sieben Mitgliedstaaten[307] am 27.5.2007 den **Vertrag von Prüm**.[308] Er ermöglicht den Behörden eines Vertragsstaats vor allem den Zugriff auf DNA-Muster und Fingerabdrücke, die in einem anderen Vertragsstaat gespeichert sind.[309] Auf diese Weise können die in den Vertragsstaaten vorhandenen Daten miteinander abgeglichen werden. Um dann allerdings die Identität der Person, von der die Spuren stammen, ermitteln zu können, ist die Weitergabe personenbezogener Daten erforderlich. Deren Zulässigkeit unterliegt jedoch – nach wie vor – den nationalen Vorschriften des ersuchten Staates. Nachdem neun weitere EU-Mitgliedstaaten Interesse an einem Beitritt bekundet ha-

---

304 Zu Rechtsschutzdefiziten s. *von Arnauld* JA 2008, 327 (333).
305 Zur Kritik s. etwa *Braum* KritV 2008, 82 (87 ff.).
306 ABl.EU 2005 Nr. C 53/7 f.
307 Belgien, Deutschland, Spanien, Frankreich, Luxemburg, die Niederlande und Österreich.
308 Ausf. dazu vertr *Papayannis* ZEuS 2008, 229.
309 Darüber hinaus wird auch unmittelbar auf – sogar personenbezogene – Daten in Fahrzeugregistern Zugriff gewährt.

ben, wurden die wesentlichen Bestimmungen des Vertrags von Prüm – wie schon zuvor der Schengen-Besitzstand – in den Rechtsrahmen der EU überführt, allerdings nicht wie letzterer durch ein Protokoll zu den Gründungsverträgen, sondern durch einen **Ratsbeschluss**.[310] Das Schicksal anderer Initiativen für eine engere Zusammenarbeit in diesem Bereich des Datenverkehrs – namentlich ein noch weiterreichender Rahmenbeschlussvorschlag der Kommission[311] – ist deshalb ungewiss.

91 Der Grundsatz der Verfügbarkeit spielt aber nicht nur beim Informationsaustausch über Beweismittel eine Rolle. Er spiegelt sich darüber hinaus im **Rahmenbeschluss über die Berücksichtigung der in anderen EU-Mitgliedstaaten ergangenen Verurteilungen in einem neuen Strafverfahren**[312] wider. Bezweckt wird damit, dass eine Vorverurteilung in einem anderen Mitgliedstaat – besonders bei der Strafzumessung in einem neuen Strafverfahren – genauso berücksichtigt werden kann, wie eine im selben Mitgliedstaat erfolgte Vorverurteilung. Damit die Strafregisterbehörden der Mitgliedstaaten vom Herkunftsmitgliedstaat eines EU-Bürgers umfassende Informationen über dessen frühere Verurteilungen einholen können, wurde durch den Rahmenbeschluss 2009/315/JI[313] das Europäische Strafregisterinformationssystem (ECRIS) eingeführt, das seit April 2012 in Kraft ist. Dieses System des einheitlichen und zügigen Informationsaustauschs mittels elektronischer Standardformate ist 2019 auf Informationen über Drittstaatsangehörige ausgeweitet worden (ECRIS-TCN).[314] Zudem erlangt die transnationale Verfügbarkeit von strafrechtlich relevanten Informationen erhöhte Aufmerksamkeit im Kontext der Terrorismusbekämpfung. Die neuesten Initiativen in diesem Bereich sind zB die Richtlinie 2016/681/EU über die Verwendung von Fluggastdaten zur Verhütung, Aufdeckung, Ermittlung und Verfolgung von terroristischen Straftaten und schwerer Kriminalität.[315]

92 Ähnlich wie das Prinzip der gegenseitigen Anerkennung bewirkt der Grundsatz der Verfügbarkeit von Informationen einseitig eine Effektivierung der Strafverfolgung zulasten der Beschuldigtenrechte. Es ist daher unabdingbar, dass zum Ausgleich datenschutzrechtliche Vorschriften ausgebaut werden. Die im Vertrag von Prüm enthaltenen Sicherungsmechanismen (s. Art. 34 f.) und die baldige Umsetzung der Richtlinie zum Schutz natürlicher Personen bei der Verarbeitung personenbezogener Daten durch die zuständigen Behörden zum Zwecke der Verhütung, Ermittlung, Aufdeckung oder Verfolgung von Straftaten oder der Strafvollstreckung sowie zum freien Datenverkehr,[316] bilden insoweit zumindest einen wichtigen Schritt.

---

310 ABl.EU 2008 Nr. L 210/1. Krit. zu diesem Vorgehen *Papayannis* ZEuS 2008, 229 (242 f.).
311 KOM (2005) 490 endg.
312 Rahmenbeschluss 2008/675/JI, ABl.EU 2008 Nr. L 220/32.
313 ABl.EU 2009 Nr. L 93/23.
314 S. VO (EU) Nr. 2019/816 vom 17.4.2019 zur Einrichtung eines zentralisierten Systems für die Ermittlung der Mitgliedstaaten, in denen Informationen zu Verurteilungen von Drittstaatsangehörigen und Staatenlosen (ECRIS-TCN) vorliegen, ABl.EU 2019 L 135/1 und Richtlinie 2019/884/EU vom 17.4.2019 zur Änderung des Rahmenbeschlusses 2009/315/JI des Rates im Hinblick auf den Austausch von Informationen über Drittstaatsangehörige und auf das Europäische Strafregisterinformationssystem (ECRIS), ABl.EU 2019 L 151/143; zu den Vorarbeiten s. *Brodowski* ZIS 2018, 493 (508 f.).
315 Richtlinie 2016/681/EU, ABl.EU 2016 Nr. L 119/132.
316 Richtlinie 2016/680, ABl.EU 2016 Nr. L 119/89; für Datenverarbeitung zu anderem Zwecke als denen der Richtlinie ist die sog. Generelle Datenschutzverordnung einschlägig VO (EU) Nr. 2016/679, ABl.EU 2016 Nr. 119/1.

Aktuelle und weiterführende Literatur zu § 10 III: *Braum,* Europäischer Datenschutz und Europäisches Strafrecht, KritV 2008, 82; *Meyer,* Der Grundsatz der Verfügbarkeit, NStZ 2008, 188; *Papayannis,* Die Polizeiliche Zusammenarbeit und der Vertrag von Prüm, ZEuS 2008, 219.

IV. Rechtsangleichung im Bereich des Strafverfahrensrechts

Gem. Art. 67 III, 82 I UA 1 AEUV kann neben der Ausdehnung des Prinzips der gegenseitigen Anerkennung auch eine Mindestharmonisierung des nationalen Strafverfahrensrechts (im engeren Sinn, dazu → Rn. 35 f.) betrieben werden.[317] Die hierfür einschlägige Kompetenzvorschrift findet sich in Art. 82 II AEUV. Gegenüber der Zusammenarbeit durch gegenseitige Anerkennung (*ohne* Rechtsangleichung) stellt die Zusammenarbeit *durch* Rechtsangleichung nur ein komplementäres Hilfsmittel dar, das dem Prinzip der gegenseitigen Anerkennung zur Effektivität verhilft. Diese dienende Funktion bringt der Wortlaut des Art. 82 II AEUV mit seiner einleitenden Formulierung „Soweit ... erforderlich" zum Ausdruck.[318] Dass die Rechtsangleichung stets das „letzte Mittel" zur Erreichung eines Zieles im Rahmen der justiziellen Zusammenarbeit darstellt, verdeutlicht auch ein Vergleich mit anderen Vorschriften (s. „erforderlichenfalls" in Art. 67 III AEUV und „unerlässlich" in Art. 83 II AEUV). Die nationalen Strafrechtsordnungen sind auch und gerade in prozessualer Hinsicht soweit wie möglich zu schonen und eine Angleichung der prozessualen Vorschriften kommt nur als Ultima Ratio in Betracht.

93

1. Anwendungsbereiche

Die Angleichung des nationalen Strafverfahrensrechts ist auf einen abschließenden Katalog beschränkt, der aber für eine Erweiterung (lit. d) offen ist. Gegenüber der umfassenden Möglichkeit, die gegenseitige Anerkennung gerichtlicher und behördlicher Entscheidungen zu regeln, ist eine Rechtsangleichung nur punktuell in einzelnen Bereichen des Strafprozessrechts möglich. Der AEUV gibt der Kriminalpolitik eine Anerkennung ohne Angleichung in den nicht in Art. 82 II UA 2 genannten Bereichen vor.[319]

94

a) Zulässigkeit von Beweismitteln (lit. a)

Lit. a ist die Grundlage für eine partielle Harmonisierung des Beweisrechts. Im Kern geht es dabei um die Frage, ob und inwieweit ein Beweismittel, das in einem Mitgliedstaat gewonnen wurde, im Strafverfahren eines anderen Mitgliedstaates verwendet werden darf. Art. 82 II UA 2 lit. a AEUV betrifft – in Abgrenzung zu Art. 82 I UA 2 AEUV – also nicht die Übermittlung von Beweismitteln in andere Mitgliedstaaten, so dass eine Änderung der Richtlinie über eine Europäische Ermittlungsanordnung[320] (dazu → Rn. 51 ff.) nicht unter diese Vorschrift fallen würde.

95

Anders als die in Art. 86 III AEUV genannte Verordnung, welche auch die Verwertbarkeit von Beweismitteln regeln soll, die eine zukünftige Europäische Staatsanwaltschaft erhebt (dazu → Rn. 21 ff.), bezieht sich Art. 82 II UA 2 lit. a AEUV nur auf von nationalen Behörden geführte nationale Strafverfahren; die Möglichkeiten zur Rechtsanglei-

---

317 Vgl. auch *Reinbacher,* S. 486 ff.
318 Vedder/Heintschel v. Heinegg-*Kretschmer,* EVV, Art. III-270 Rn. 9; Grabitz/Hilf/Nettesheim-*Vogel* AEUV Art. 82 Rn. 81, detailliert zu Subsidiarität und EU Strafprozessrecht *Öberg* EuCLR 5 (2015), 19.
319 S. *Kaiafa-Gbandi* EJCCLCJ 13 (2005), 495.
320 Richtlinie 2014/41/EU, ABl.EU 2014 Nr. L 140/ 1.

chung sind jedoch – in Abweichung vom Anwendungsbereich des Art. 86 AEUV – nicht auf bestimmte Deliktsbereiche beschränkt.

Beispiel: Die sog. Vierte Anti-Geldwäsche-Richtlinie[321], welche die Harmonisierung im Bereich der Sicherstellung und Einziehung von Tatwerkzeugen und Erträgen aus Straftaten hat, stützt sich neben Art. 83 I AEUV[322] auch auf Art. 82 II AEUV.

Wegen der Gefahr, dass das in den Mitgliedstaaten unterschiedlich austarierte Verhältnis von Beweisgewinnung und -verwertung durch eine Pflicht zur Verwertung von nach ausländischem Recht gewonnenen Beweismitteln aus dem Gleichgewicht gebracht würde, muss der europäische Gesetzgeber in den entsprechenden Richtlinien auf ein rechtsstaatlich ausgewogenes Beweisrecht in den Mitgliedstaaten hinwirken.[323]

b) Rechte des Einzelnen (lit. b)

aa) Beschuldigtenrechte und rechtspolitische Agenda

96 Der Rückgriff auf das Prinzip der gegenseitigen Anerkennung mit dem Ziel der Effektivierung der Strafverfolgung hat als Kehrseite einen Verlust an Verteidigungsrechten für den Beschuldigten zur Folge. Die Grundidee ist es ja gerade, Rechtsschutz nicht nach allen beteiligten Rechtsordnungen zu gewähren, sondern im Wesentlichen nur nach der des ersuchenden Staates. Zwar enthalten Art. 6 II, III EMRK und Art. 47–50 GRC ein Mindestmaß an Gewährleistungen. Doch handelt es sich hierbei nur um ein absolutes Minimum. Die verbleibende Lücke sollte schon vor einiger Zeit durch den Erlass eines **Rahmenbeschlusses über bestimmte Verfahrensrechte innerhalb der EU** geschlossen werden. Von dem ursprünglich ambitionierten Projekt[324] blieb nach schwierigen Beratungen allerdings nur noch ein trauriger Torso übrig. Dass selbst eine Einigung auf diese Minimallösung misslang, beweist, dass das kriminalpolitische Konzept der EU ursprünglich auf einer mächtigen Schieflage zulasten des Beschuldigten aufbaute. Ein rechtsstaatlich einwandfreies und der EU würdiges Verfahren kann ohne gleichzeitige Garantie von strafverfahrensrechtlichen Mindeststandards, die deutlich *über* denen der EMRK angesiedelt sein müssten, nicht geschaffen werden.[325]

97 Auf Grundlage des Art. 82 II UA 2 lit. b AEUV kann die Rechtsstellung des Beschuldigten verbessert werden.[326] Dabei können nur solche Vorschriften Gegenstand der Angleichung sein, die dem Einzelnen unmittelbar Rechte verleihen. Ließe Art. 82 II UA 2 lit. b AEUV die Harmonisierung jeder (auch nur mittelbar) drittschützenden Vorschrift zu, würde man den abschließend gefassten Katalog des Art. 82 II UA 2 AEUV und insbesondere die Erweiterungsklausel gem. lit. d aushebeln, weil viele strafprozes-

---

321 Richtlinie 2014/42/EU über die Sicherstellung und Einziehung von Tatwerkzeugen und Erträgen aus Straftaten in der Europäischen Union, ABl.EU 2014 Nr. L 127/39.
322 Zur Harmonisierung nach Art. 83 I AEUV s. § 9 Rn. 36 ff.
323 S. auch Grabitz/Hilf/Nettesheim-*Vogel* AEUV Art. 82 Rn. 85 ff.
324 Grünbuch der Kommission über Verfahrensgarantien in Strafverfahren innerhalb der Europäischen Union, KOM (2003) 75 endg., sowie der darauf basierende Vorschlag für einen Rahmenbeschluss, KOM (2004) 328 endg.; dazu *Brants* in: Vervaele (Hrsg.), European Evidence Warrant, 103 ff.
325 S. dazu auch *Kaiafa-Gbandi* ZIS 2006, 521 (532); *Kirsch* StraFo 2008, 449 (455 ff.); *Satzger* in: Organisationsbüro der Strafverteidigervereinigungen (Hrsg.), 31. Strafverteidigertag, S. 161 ff.; *Vogel/Matt* StV 2007, 206; Für einen Gleichlauf der EU-Verfahrensrechte mit EMRK-Gewährleistungen aber *Fletcher/Lööf/Gilmore*, EU Criminal Law, S. 129.
326 S. hierzu auch Grabitz/Hilf/Nettesheim-*Vogel* AEUV Art. 82 Rn. 73, 88.

suale Vorschriften zumindest eine mittelbar individualschützende Wirkung entfalten.[327]

Trotz des kläglichen Schicksals des oben beschriebenen Rahmenbeschlusses wurden die Bemühungen um die Schaffung eines Mindeststandards bei Verteidigungsrechten auf europäischer Ebene nicht gänzlich aufgegeben: Das vom Europäischen Rat im Dezember 2009 angenommene sog. Stockholmer Programm[328] enthielt einen „Fahrplan zur Stärkung der Verfahrensrechte von Verdächtigen oder Beschuldigten in Strafverfahren" für die Zeit zwischen 2009 und 2014.[329]

In Umsetzung dieses Fahrplans haben der Rat und das Europäische Parlament im Oktober 2010 in einem ersten Schritt die Richtlinie über das **Recht auf Dolmetscherleistungen und Übersetzungen** in Strafverfahren[330] verabschiedet. Die Richtlinie zielt darauf ab, den Beschuldigten in Strafverfahren und Auslieferungsverfahren aufgrund des Europäischen Haftbefehls – unabhängig vom Verfahrensausgang – einen Anspruch auf kostenlose Dolmetscherleistungen und Übersetzung der für die Wahrnehmung der Verteidigungsrechte wesentlichen Unterlagen einzuräumen. Im Mai 2012 verabschiedete die Union eine Richtlinie über das **Recht auf Belehrung und Unterrichtung** in Strafverfahren,[331] die ua eine Harmonisierung des Rechts auf Rechtsbelehrung, auf Unterrichtung über den Tatvorwurf und auf unentgeltliche Akteneinsicht enthält. Obwohl es zunächst so aussah, als wären einzelne Mitgliedstaaten beim Zugang zu Rechtsbeistand sowie bei der Prozesskostenhilfe nicht bereit, die Beschuldigtenrechte in rechtsstaatlich vertretbarer Weise zu harmonisieren, wurde im Oktober 2013 die Richtlinie über das **Recht auf Zugang zu einem Rechtsbeistand** in Strafverfahren und in Verfahren zur Vollstreckung des Europäischen Haftbefehls sowie über das **Recht auf Benachrichtigung eines Dritten bei Freiheitsentzug** und das Recht auf Kommunikation mit Dritten und mit Konsularbehörden während des Freiheitsentzugs[332] erlassen.

Abgeschlossen wurde dieser „Fahrplan" zur Stärkung der Beschuldigtenrechte (vgl. oben) durch den Erlass der Richtlinie über die **vorläufige Prozesskostenhilfe** für Verdächtige oder Beschuldigte[333], der Richtlinie über **Verfahrensgarantien in Strafverfahren für verdächtige oder beschuldigte Kinder**[334] sowie der Richtlinie zur Stärkung bestimmter Aspekte der **Unschuldsvermutung** und des **Rechts auf Anwesenheit in der Verhandlung** in Strafverfahren[335].

---

327 Auch das BVerfG Urt. v. 30.6.2009 – 2 BvE 2/08, Rn. 358 = NJW 2009, 2267 (2288) fordert eine enge Auslegung. Es sieht die demokratische Selbstbestimmung durch Straf- und Strafverfahrensnormen „besonders empfindlich" berührt (aaO).
328 Stockholmer Programm, Ratsdokument Nr. 17024/09, S. 17 f., angenommen vom Europäischen Rat im Dezember 2009, s. Ratsdokument Nr. EUCO 6/09, S. 9 ff.; s. zusammenfassend *Jahn/Zink* StraFo 2019, 318 (321 ff.); fortgeführt wird dieses durch das Post-Stockholm-Programm, welches mehr auf Konsolidierung des Erreichten zielt.
329 Entschließung des Rates vom 30.11.2009, ABl.EU 2009 Nr. C 295/1.
330 Richtlinie 2010/64/EU, ABl.EU 2010 Nr. L 280/1; zu praktisch wichtigen Folgen für das deutsche Strafbefehlsverfahren s. EuGH Urt. v. 22.3.2017 – Rs. C-124/16, C-188/16 und C-213/16 mAnm *Brodowski* StV 2018, 69; sowie EuGH Urt. v. 12.10.2017 – Rs. C-278/16 mAnm *Brodowski/Jahn* StV 2018, 70; zur Gesamtproblematik auch *Seifert* StV 2018, 123.
331 Richtlinie 2012/13/EU, ABl.EU 2012 Nr. L 142/1; vgl. zum Problem der Zustellung eines Strafbefehls an einen Bevollmächtigten ua EuGH Urt. v. 22.3.2017 – Rs. C-124/16, C-213/16, C-188/16.
332 Richtlinie 2013/48/EU, ABl.EU 2013 Nr. L 294/1.
333 Richtlinie RL 2016/1919/EU, ABl.EU 2016 Nr. L 297/1; s. hierzu *Jahn/Zink* StraFo 2019, 318 (323 ff.); *Kaniess* HRRS 2019, 201.
334 Richtlinie RL 2016/800/EU, ABl.EU 2016 Nr. L 132/1.
335 Richtlinie RL 2016/343/EU, ABl.EU 2016 Nr. L 65/1; vgl. zu deren Anwendbarkeit im Ermittlungsverfahren EuGH Urt. v. 19.9.2018 – Rs. C-310/18 PPU „Milev".

bb) Herausforderungen für nationales Prozessrecht durch unmittelbar wirkende Richtlinien

99 Mit der fortschreitenden Harmonisierung der Beschuldigtenrechte ergeben sich im nationalen Prozessrecht neuartige Fragestellungen, wenn der Gesetzgeber die EU-Richtlinie nicht (zureichend) oder verspätet umsetzt.[336] Stellt sich die Frage nach einer unmittelbaren Wirkung einer Richtlinie im materiellen Strafrecht wegen der hier regelmäßig individualbelastenden Wirkung praktisch nicht, so gilt hier etwas anderes: Da die Richtlinien Beschuldigtenrechte vermitteln, kann eine solche – wenn inhaltlich unbedingt und hinreichend genau formuliert – unmittelbar wirken, so dass sich der Beschuldigte unmittelbar darauf berufen kann.[337] Beachten die Strafverfolgungsbehörden ein solches unmittelbar aus der Richtlinie erwachsendes Recht nicht, so kann aus dem Verfahrensverstoß ein (unselbständiges) Beweisverwertungsverbot folgen. Im Rahmen der hierfür nach deutschem Recht erforderlichen Gesamtabwägung[338] spricht der *effet utile* des EU-Beschuldigtenrechts bei nicht nur ganz geringer Bedeutung des missachteten Verfahrensrechts in der Regel für ein solches Verwertungsverbot.

Der Gesetzgeber ist deshalb gerade bei der Umsetzung individualschützender Richtlinien im strafverfahrensrechtlichen Kontext dazu aufgerufen, die europarechtlichen Vorgaben exakt und rechtzeitig in nationales Recht zu gießen. Nur so können Rechtsunsicherheiten vermieden werden, die entstehen, wenn die Gerichte den Fehler des Gesetzgebers durch richtlinienkonforme Auslegung im Einzelfall so gut es geht „reparieren" müssen.

Beispiele: Art. 4 V der Richtlinie 2016/1919/EU[339], die bis zum 5.5.2019 umzusetzen war, erfordert, dass dem Beschuldigten ein Pflichtverteidiger bereits vor der ersten Beschuldigtenvernehmung zu bestellen ist. Die Pflichtverteidigerbestellung setzte somit zeitlich früher als die bisherigen Vorgaben im deutschen Strafprozessrecht (§ 141 I StPO) ein. Bis zur (verspäteten) Umsetzung dieser Vorgabe bestand nur die Möglichkeit (aber auch die Verpflichtung), diesem Erfordernis anhand einer richtlinienkonformen Auslegung des § 141 III 1 StPO Rechnung zu tragen.[340] Art. 4, 5 der Richtlinie 2016/800/EU[341] statuiert umfassende Unterrichtungspflichten gegenüber Jugendlichen. Da im JGG kein Ansatzpunkt für eine entsprechende Auslegung besteht, die Vorgaben aber unbedingt und hinreichend klar formuliert sind, steht hier (alleine) der Weg über eine unmittelbare Anwendung der Richtlinie offen.[342]

cc) Schaffung prozessualer Mindeststandards

100 Unabhängig von der Schaffung eines expliziten Katalogs von Mindestgarantien im Strafverfahren wurde allerdings durch die bisherige Tätigkeit der Union teilweise mittelbar ein gemeinsamer Standard geschaffen.[343] Noch zum Rechtsstand des Vertrags von Nizza wurde auf die Anregung einer Gruppe von Mitgliedstaaten beispielsweise ein Rahmenbeschluss verabschiedet, der die Vorschriften über die **gegenseitige Aner-**

---

336 S. hierzu *Eckel/Körner* NStZ 2019, 433; *Jahn/Zink* StraFo 2019, 318 (327 ff.); *Kaniess* HRRS 2019, 201.
337 Streinz-*W. Schroeder*, Art. 288 Rn. 91 ff.; s. auch *Eckel/Körner* NStZ 2019, 433.
338 S. dazu SSW-StPO-*Tsambikakis/Eschelbach*, § 136 StPO, Rn. 86.
339 Richtlinie 2016/1919/EU, ABl.EU 2016 Nr. L 297/1.
340 *Jahn/Zink* StraFo 2019, 318 (327 f.); *Kaniess* HRRS 2019, 201 (202 ff.); s. zum Ganzen auch SSW-StPO-*Beulke*, § 141 StPO, Rn. 50 ff.
341 Richtlinie 2016/800/EU, ABl.EU 2016 Nr. L 132/1; s. zur intendierten Umsetzung in das deutsche Recht BT-Drucksache 19/13837.
342 *Eckel/Körner* NStZ 2019, 433 (435).
343 *Vogel/Matt* StV 2007, 206 (210).

kennung von **Abwesenheitsurteilen** in verschiedenen anderen Rahmenbeschlüssen – etwa demjenigen über den Europäischen Haftbefehl – vereinheitlichen soll.[344] Dies wirkt sich dann so aus, dass Abwesenheitsurteile nur unter bestimmten – einschränkenden – Voraussetzungen von anderen Mitgliedstaaten anerkannt werden müssen. Dadurch sollen essentielle Rechte der in einem Abwesenheitsverfahren abgeurteilten Person gewahrt werden[345] – zB wird die Pflicht zur gegenseitigen Anerkennung ausdrücklich an die Einhaltung bestimmter Belehrungspflichten geknüpft. Letztlich darf aber nicht übersehen werden, dass die Initiative darauf abzielt, die Anerkennung von Abwesenheitsurteilen zu erleichtern, während es im Sinne einer möglichst effektiven Ausgestaltung der Beschuldigtenrechte eigentlich erforderlich wäre, diese Art von Entscheidungen zurückzudrängen.[346]

dd) Zeugenschutz?

Obwohl Art. 82 II UA 2 lit. b AEUV sicher in erster Linie auf die Rechte des Beschuldigten zugeschnitten ist, ist auch eine Harmonisierung bzgl. der Rechte anderer Personen denkbar.[347] In Betracht kommt insbesondere der Zeugenschutz.[348] In dieser Hinsicht könnte es problematisch sein, dass Art. 82 II UA 3 AEUV den Mitgliedstaaten gestattet, ein höheres Schutzniveau für den Einzelnen beizubehalten oder einzuführen. Wenn ein Mitgliedstaat ein Schutzniveau für den Zeugen über die Vorgaben der Richtlinie hinaus erhöht, kann dies zu einer Reduzierung des Schutzniveaus für den Beschuldigten führen.

101

c) Rechte der Opfer (lit. c)

Auch die Rechtsstellung der Opfer kann Gegenstand der Rechtsangleichung sein. Bereits vor Inkrafttreten des Vertrags von Lissabon konnte ein **Rahmenbeschluss über die Stellung des Opfers im Strafverfahren**, der dem besseren Rechtsschutz und der besseren Vertretung der Opfer von Straftaten dient sowie Maßnahmen zur Unterstützung der Opfer vor und nach dem Strafverfahren enthält, erlassen werden.[349] Der EuGH hat sich bereits in mehreren Vorabentscheidungsverfahren (vgl. Art. 267 AEUV) mit der Auslegung dieses Rechtsakts befasst. So hat er etwa entschieden, dass für Kleinkinder, die als Opfer in einem Missbrauchsfall aussagen sollen, angemessene Schutzmechanismen zur Verfügung zu stellen sind (zB die Möglichkeit einer Aussage außerhalb der Hauptverhandlung).[350] Gleichfalls muss ein Opfer, das die Strafverfolgung im Wege eines Ersatzprivatklageverfahrens betreibt – also sozusagen die Rolle des Staatsanwalts übernimmt –, die Möglichkeit erhalten, eine als Beweismittel verwertbare Aussage abzugeben.[351] Zudem hat der Gerichtshof klargestellt, dass der betreffende Rahmenbeschluss nur Mindestvorschriften hinsichtlich der Stellung natürlicher Personen

102

---

344 RB 2009/299/JI, ABl.EU 2009 Nr. L 81/24.
345 Vgl. die Anlage zu Ratsdokument 5213/08, S. 2 ff.
346 Sehr krit. deshalb auch *Kirsch* StraFo 2008, 449 (457).
347 S. auch Grabitz/Hilf/Nettesheim-*Vogel* AEUV Art. 82 Rn. 90.
348 Hiervon scheint auch das BVerfG auszugehen, vgl. BVerfG Urt. v. 30.6.2009 – 2 BvE 2/08, Rn. 353 = NJW 2009, 2267 (2287).
349 ABl.EG 2001 Nr. L 82/1.
350 EuGH Urt. v. 16.5.2005 – Rs. C-105/03 „Pupino". Diese Entscheidung hat in anderem Kontext größte Aufmerksamkeit erfahren: Darin wurde erstmals die Pflicht zur rahmenbeschlusskonformen Auslegung des nationalen Rechts angenommen; dazu → § 9 Rn. 129.
351 EuGH Urt. v. 9.10.2008 – Rs. C-404/07 „Katz".

trifft (vgl. auch Art. 1 lit. a des Rahmenbeschlusses).[352] Im Oktober 2012 wurde der Rahmenbeschluss durch die Richtlinie über Mindeststandards für die Rechte, die Unterstützung und den Schutz von Opfern von Straftaten ersetzt.[353]

Vom Kompetenztitel des Art. 82 II UA 2 lit. c AEUV hat die Kommission mittlerweile auch in anderen Rechtsakten Gebrauch gemacht. So enthält etwa die Richtlinie zur Bekämpfung des sexuellen Missbrauchs und der sexuellen Ausbeutung von Kindern sowie der Kinderpornographie[354] nicht nur Vorschriften zur Angleichung des materiellen Strafrechts, sondern auch Vorschriften über die Unterstützung und Betreuung von Opfern solcher Straftaten und Harmonisierungsmaßnahmen, die darauf abzielen, den Bedürfnissen der Opfer im Strafprozess gerecht zu werden. Diese greifen teils Regelungen des oben erwähnten Rahmenbeschlusses auf (etwa durch Ausschluss der Öffentlichkeit und durch Vernehmung in abgetrennten Räumen, vgl. etwa Art. 20). Sie gehen aber auch teils darüber hinaus: So darf eine Strafverfolgung nicht mehr von einem Strafantrag abhängig gemacht werden (Art. 15) und eine gegebenenfalls bestehende Strafbarkeit der Opfer selbst für Mitwirkungshandlungen entfällt (Art. 14). Daneben sind präventive Maßnahmen vorgesehen wie das Bereitstellen wirksamer Interventionsprogramme für potenzielle Straftäter (Art. 22) oder die Entfernung bzw. Zugangssperrung von Internetseiten mit kinderpornographischem Inhalt (Art. 25). Ähnliche Opferschutzvorschriften enthält auch die Richtlinie zur Bekämpfung des Menschenhandels und zum Opferschutz.[355]

d) Sonstige spezifische Aspekte des Strafverfahrens (lit. d)

103 Art. 82 II UA 2 lit. d AEUV enthält eine Generalklausel, mit der der Anwendungsbereich der Harmonisierungskompetenz theoretisch auf jede Vorschrift des nationalen Strafverfahrensrechts erstreckt werden kann.[356] Eine umfassende Rechtsangleichung ist jedoch ausweislich des Wortlauts ausgeschlossen, der nur die Kompetenzschaffung hinsichtlich „spezifische[r] Aspekte" des Strafverfahrens ermöglicht.[357] Der Umfang wird durch einen einstimmigen Beschluss des Rates mit Zustimmung des Europäischen Parlaments konkretisiert.

Gem. der „Brückenklausel" des Art. 48 VII EUV können Beschlüsse nach Art. 82 II UA 2 lit. d AEUV künftig mit qualifizierter Mehrheit gefasst werden, wenn der Europäische Rat dies einstimmig beschlossen hat. Für diesen Übergang zur qualifizierten Mehrheit hat das BVerfG die Beteiligung des deutschen Parlaments gefordert.[358] Dem trägt nun § 4 I IntVG Rechnung. Unabhängig davon wird – unter Verweis auf die Parallele zur kompetenzerweiternden Klausel des Art. 83 I UA 3 AEUV – generell eine Beteiligung des Bundestags gefordert, wenn ein Beschluss nach Art. 82 II UA 2 lit. d AEUV gefasst werden soll.[359] Soweit ist das BVerfG jedoch nicht gegangen; dementsprechend verlangt § 7 IntVG hier – anders als bei Art. 83 I UA 3 AEUV (dazu → § 9 Rn. 39) – kein Parlamentsgesetz.

---

352 EuGH Urt. v. 28.6.2007 – Rs. C-467/05 „Dell'Orto".
353 Richtlinie 2012/29/EU, ABl.EU 2012 Nr. L 315/57.
354 Richtlinie 2011/93/EU, ABl.EU 2011 Nr. L 335/1; Zählung berichtigt durch ABl.EU 2012 Nr. L 18/7.
355 Richtlinie 2011/36/EU, ABl.EU 2011 Nr. L 101/1.
356 S.F. *Zimmermann* Jura 2009, 844 (850).
357 Grabitz/Hilf/Nettesheim-*Vogel* AEUV Art. 82 Rn. 97.
358 BVerfG Urt. v. 30.6.2009 – 2 BvE 2/08, Rn. 366, 419 = NJW 2009, 2267 (2289, 2295).
359 S. etwa die Kritik von *Hahn* EuZW 2009, 758 (761); vgl. auch zu Art. 83 I UA 3 AEUV BVerfG Urt. v. 30.6.2009 – 2 BvE 2/08, Rn. 363 = NJW 2009, 2267 (2288).

2. Notbremse

Bereits bei der Ausübung der Kompetenz sind die Unionsorgane gem. Art. 82 II UA 1 S. 2 AEUV verpflichtet, die Unterschiede zwischen den Rechtsordnungen und -traditionen der Mitgliedstaaten zu berücksichtigen. Die grundlegenden Aspekte der nationalen Strafrechtsordnungen werden aber – wie im Rahmen von Art. 83 AEUV – durch eine prozessuale „Notbremse" geschützt, soweit ein Mitgliedstaat grundlegende Belange seiner Strafrechtsordnung bedroht sieht. Diese Vorschrift gleicht im Wesentlichen der bereits oben beschriebenen Regelung des Art. 83 III AEUV, so dass auf die dortigen Ausführungen verwiesen werden kann (dazu → § 9 Rn. 55 ff.). Auch hinsichtlich des Prozessrechts wird der Begriff der „grundlegenden Aspekte" des Strafverfahrensrechts noch auszufüllen sein. Wieder gilt: Je mehr sich die EU einem in sich stimmigen kriminalpolitischen Konzept öffnet, desto weniger werden sich die Mitgliedstaaten veranlasst sehen, die „Notbremse zu ziehen" (dazu → § 9 Rn. 58).

104

Aktuelle und weiterführende Literatur zu § 10 IV: s. die Literaturhinweise nach § 9.

V. Exkurs: Manifest zum europäischen Strafverfahrensrecht

Angesichts vieler offener Fragen bzgl. der Ausgestaltung des künftig für das Strafverfahren relevanten EU-Rechts und aufgrund der vielfach geäußerten Kritik an der bisherigen Entwicklung haben die Mitglieder der „European Criminal Policy Initiative", unmittelbar anschließend an das in → § 9 Rn. 63 f. vorgestellte *Manifest zur Europäischen Kriminalpolitik*, im Jahr 2013 das *Manifest zum Europäischen Strafverfahrensrecht*[360] vorgelegt. Dem Grundgedanken des ersten Manifests folgend, wird darin nun eine Neujustierung der europäischen Kriminalpolitik auf dem Gebiet des Strafprozessrechts angemahnt. Die zentralen Forderungen in diesem Rahmen beziehen sich auf folgende Aspekte:[361]

105

- *Limitierung der gegenseitigen Anerkennung*: Der Grundsatz der gegenseitigen Anerkennung (dazu → Rn. 26 ff.) beansprucht keine absolute Geltung,[362] sondern muss durch Individualrechte, die nationale Identität und den *ordre public* der Mitgliedstaaten im Rahmen des Verhältnismäßigkeitsprinzips begrenzt werden.

- *Ausgewogenheit des europäischen Strafverfahrens*: Die Positionen der am Strafverfahren Beteiligten werden durch die zunehmende Europäisierung des Strafverfahrens, insbesondere durch die Schaffung supranationaler Institutionen geschwächt. Es muss ein Ausgleich zwischen dem Strafverfolgungsinteresse, der Wahrung der nationalen Identität sowie den betroffenen Individualinteressen geschaffen werden, um einer einseitigen Machtverschiebung zugunsten der Strafverfolgungsorgane entgegenzuwirken.

- *Gesetzmäßigkeit und Justizförmigkeit des europäischen Strafverfahrens*: Da die Zusammenarbeit in Strafsachen zunehmend durch Unionsrecht geprägt und intensiviert wird, muss dieses auch die Gesetzmäßigkeit von grenzüberschreitenden Strafverfahren garantieren. Grundlegende Entscheidungen und damit zumindest jene

---

[360] *ECPI* ZIS 2013, 412.
[361] Die Forderungen können hier nur im Überblick dargestellt werden. Für eine ausf. Darstellung s. *ECPI* ZIS 2013, 412, sowie die Kommentierungen in *Asp ua*, Manifesto II, S. 19 ff. Zu ähnlichen Überlegungen s. *Gleß*, Transnational Legal Theory 2015, 1, 11 ff.
[362] Zur Erklärung vgl. auch das hier vertretene *waiver concept*, dazu → Rn. 26 ff.

über das anwendbare Recht und strafprozessuale Zwangsmaßnahmen müssen nach dem Grundsatz des Gesetzesvorbehalts auf eine klare gesetzliche Regelung gestützt werden. Ferner muss eine Möglichkeit zur gerichtlichen Überprüfung solcher Entscheidungen gegeben sein.

- *Wahrung der Kohärenz*: Genauso wie im materiellen Recht (dazu → § 9 Rn. 64) dürfen auch die Vorgaben des Unionsgesetzgebers hinsichtlich grenzüberschreitender Strafverfahren zum einen nicht im Widerspruch zu bereits bestehenden Regelungen des Unionsrechts stehen (horizontale Kohärenz). Zum anderen dürfen Harmonisierungsmaßnahmen der EU im Bereich des Strafverfahrensrechts nicht zu Brüchen in den nationalen Strafjustizsystemen führen (vertikale Kohärenz).
- *Achtung des Subsidiaritätsprinzips* (dazu → § 9 Rn. 64): Für jeden Einzelfall, dh sowohl bzgl. Rechtsakten im Bereich der Zusammenarbeit in Strafsachen zwischen den Mitgliedstaaten als auch bei der Harmonisierung des nationalen Strafverfahrensrechts und der Schaffung supranationaler europäischer Institutionen (wie einer Europäischen Staatsanwaltschaft) ist der Subsidiaritätstest durchzuführen. Danach darf der Unionsgesetzgeber nur tätig werden, wenn das von ihm verfolgte Ziel nicht ebenso effektiv durch Maßnahmen auf der Ebene der Mitgliedstaaten erreicht und seiner Natur oder seinem Umfang nach besser auf Unionsebene erreicht werden kann.
- *Kompensation für Defizite des europäischen Strafverfahrens*: Um den genannten Forderungen gerecht zu werden, muss der Unionsgesetzgeber im jeweiligen Rechtsakt selbst Mechanismen zur Sicherung der betroffenen Rechte vorsehen bzw. begleitende Maßnahmen als Ausgleich schaffen. So sieht sich etwa der Beschuldigte im grenzüberschreitenden Strafverfahren mindestens einer weiteren, für ihn fremden Rechtsordnung ausgesetzt. Die europäische Kriminalpolitik muss hierauf reagieren, indem sie europaweite Mindeststandards für Beschuldigtenrechte schafft.

WIEDERHOLUNGS- UND VERTIEFUNGSFRAGEN

> Welche Strafverfolgungsinstitutionen existieren auf europäischer Ebene? (→ Rn. 3 ff., 11 ff., 18 ff., 21 ff.)
> Was besagt das „Prinzip der gegenseitigen Anerkennung"? Wo liegen die Probleme bei seiner Anwendung auf Maßnahmen der Strafverfolgung? (→ Rn. 26 ff.)
> Unterliegt das Prinzip der gegenseitigen Anerkennung einem (ungeschriebenen) *Ordre-public*-Vorbehalt? In welchem Umfang ist dies allenfalls denkbar? Gibt es Belege hierfür aus der Rspr. des EuGH und des BVerfG? (→ Rn. 29 ff.)
> In welchen Bereichen der Zusammenarbeit in Strafsachen wurde der Grundsatz der gegenseitigen Anerkennung bisher bereits umgesetzt? (→ Rn. 38 ff., 47, 48 ff., 56 ff.).
> Unter welchen Voraussetzungen ist ein deutsches Gesetz zur Umsetzung des Rahmenbeschlusses über den europäischen Haftbefehl mit der Auslieferungsfreiheit gem. Art. 16 II 2 GG vereinbar? (→ Rn. 41 ff.)
> Welche Veränderungen brachte der Vertrag von Lissabon für die Anwendung des Prinzips der gegenseitigen Anerkennung? (→ Rn. 33 f., 37)
> Gilt das Prinzip *ne bis in idem* grds. auch im Verhältnis mehrerer Verurteilungen in unterschiedlichen EU-Mitgliedstaaten zueinander? (→ Rn. 60 ff.)
> Weichen Art. 50 GRC und Art. 54 SDÜ in ihrem Gewährleistungsumfang voneinander ab? (→ Rn. 65 f.)

§ 10 Strafverfolgung in Europa

> Durch welche Erwägungen lässt sich der EuGH bei der Auslegung des Art. 54 SDÜ leiten? (→ Rn. 72)
> Wie ist das Merkmal „rechtskräftig vollstreckt" in Art. 54 SDÜ zu verstehen? Wie ist es zu prüfen? (→ Rn. 80)
> Wie ist der in Art. 54 SDÜ verwendete Tatbegriff zu verstehen? (→ Rn. 81 f.)
> Warum hindert die Verhängung einer zur Bewährung ausgesetzten Freiheitsstrafe in einem Mitgliedstaat die erneute Aburteilung des Falls in einem anderen EU-Staat? (→ Rn. 84)
> Tritt ein EU-weiter Strafklageverbrauch auch dann ein, wenn eine in einem Mitgliedstaat ergangene Verurteilung aufgrund einer Amnestie nicht mehr vollstreckt werden kann? (→ Rn. 87)
> Welche Bestrebungen gibt es innerhalb Europas, um den Austausch von Daten zu erleichtern und auf welchem Prinzip basieren diese Ansätze? → Rn. 89 ff.)
> Unter welchen Voraussetzungen und in welchen Bereichen kann die Europäische Union das Strafverfahrensrecht der Mitgliedstaaten angleichen? (→ Rn. 35 ff., 93 ff.)
> Inwieweit existieren bereits Ansätze zu einer Europäisierung des mitgliedstaatlichen Strafverfahrensrechts? (→ Rn. 98 f., 102)
> Welche innerstaatlichen Konsequenzen können auftreten, wenn der nationale Gesetzgeber eine Richtlinie, die darauf gerichtet ist, Beschuldigtenrechte im Verfahren einzuräumen, nicht korrekt oder nicht rechtzeitig umsetzt? (→ Rn. 99)
> Welche wesentliche(n) Grundidee(n) verfolgt das von der ECPI ausgearbeitete „Manifest zum europäischen Strafverfahrensrecht"? (→ Rn. 105)

§ 11 Die Europäische Menschenrechtskonvention*

1 Ein wesentlicher Teilbereich des Europäischen Strafrechts (im weiteren Sinn) wird durch zahlreiche Europaratskonventionen materiellstrafrechtlichen bzw. strafprozessualen Charakters gebildet.[1] Zentrale Bedeutung kommt hierbei vor allem einem dieser Übereinkommen, der Europäischen Menschenrechtskonvention (EMRK), sowie der dazu ergangenen Rspr. des Europäischen Gerichtshofs für Menschenrechte (EGMR) zu. Als völkerrechtlicher Vertrag, dem nur die Mitglieder des Europarats und die Europäische Union beitreten können,[2] hat sie die nationalen Strafrechtssysteme in den vergangenen Jahrzehnten nachhaltig geprägt. Wie bereits gesehen, spielen die EMRK und ihre Auslegung durch den EGMR auch für die Europäische Union – als eine Art europäischer *ordre public*[3] – eine gewichtige Rolle (dazu → § 7 Rn. 10, 14 ff.). Auch die Auslegung der Charta der Grundrechte der EU, die mit dem Vertrag von Lissabon weitgehende rechtliche Verbindlichkeit erlangt hat (dazu → § 7 Rn. 10), orientiert sich hieran.

I. Der Europarat

2 Weit früher als die Europäischen Gemeinschaften und die Europäische Union hat sich der Europarat mit dem internationalen Strafrecht beschäftigt. Am 5.5.1949 als genuine internationale Organisation gegründet, ist der Europarat – nicht zu verwechseln mit dem „Europäischen Rat", dem obersten Entscheidungsgremium der EU (s. Art. 15 EUV) – gegenwärtig die umfassendste Staatenvereinigung Europas.[4] Heute wie zu der Zeit seiner Gründung ist der gemeinsame Nenner der Mitgliedstaaten die Verpflichtung zur Rechtsstaatlichkeit, wie dies auch Art. 3 I EuRat[5] zum Ausdruck bringt.

1. Der Europarat als internationale Organisation

3 Die Organe des Europarats spiegeln dessen Charakter als internationale Organisation wider: Hier treffen sich die Repräsentanten der Mitgliedstaaten als Völkerrechtssubjekte. Auch wenn es zumeist um die Rechte des Einzelnen geht, werden die Individuen vom Staat „mediatisiert". Ihnen wird also keine selbstständige Rechtsstellung mit Rechten und Pflichten eingeräumt; dies entspricht der Sicht des klassischen Völkerrechts, welches sich als zwischenstaatliche Ordnung verstand.[6]

4 Das **Ministerkomitee** ist das Entscheidungsorgan des Europarats;[7] in diesem Rahmen kommen die Außenminister der Mitgliedstaaten bzw. ihre ständigen Vertreter zusam-

---

* Die in diesem Buch zitierten Gerichtsentscheidungen, Gesetzgebungsakte und sonstigen Dokumente sind verfügbar unter http://www.lehrbuch-satzger.de/.
1 Ein Überblick über sämtliche Europaratsübereinkommen (amtliche deutsche Übersetzungen) ist verfügbar unter https://www.coe.int/de/web/conventions/full-list (Stand 1/20).
2 Sog. geschlossene Konvention, vgl. Art. 59 EMRK.
3 Sog. von Meyer/Hölscheidt-*Borowsky*, Charta, GRC Art. 2 Rn. 3.
4 Zur Zeit 47 Mitglieder, darunter alle 28 EU-Mitgliedstaaten sowie die Türkei; der aktuelle Mitglieder- und Ratifikationsstand ist verfügbar unter https://www.coe.int/de/web/conventions/full-list/-/conventions/treaty/001/signatures (Stand 1/20); zum Beitritt und Verhältnis der EU zum Europarat ausf. *Mader* AVR 2011, 435 (448 ff.).
5 Statute of the Council of Europe, London, 5.5.1949, UNTS, Bd. 87, Nr. 1168, S. 103, BGBl. 1950 I, S. 263 (Sartorius II, Nr. 110).
6 Vgl. *Currie*, Public International Law, S. 21; *Epping*, in: Ipsen, Völkerrecht, § 7 Rn. 1 ff.
7 Mögliche Sanktionen seitens des Ministerkomitees umfassen den vorläufigen Entzug des Rechts auf Vertretung und die Aufforderung zum Austritt.

men, um Maßnahmen wie Abkommen zu prüfen, alle organisatorischen Fragen des Europarats zu klären und die Einhaltung und Durchführung der Urteile des EGMR (Art. 46 EMRK, Art. 43 III 4 EGMR-VerfO)[8] zu überwachen (Art. 13–21 EuRat). Wegen des völkerrechtlichen Ursprungs ist Einstimmigkeit für diejenigen Beschlüsse erforderlich, die – missverständlich benannt – „Empfehlungen" an die Mitgliedstaaten enthalten (Art. 15b EuRat) und diese daher besonders binden.

Als beratendes Gremium agiert die **Parlamentarische Versammlung** (Art. 22–35 EuRat), deren 318 Mitglieder durch die nationalen Parlamente gewählt bzw. benannt werden; den großen Staaten (Russland, Frankreich, Italien, Großbritannien, Deutschland) stehen jeweils 18 Stimmen zu, während die kleinsten Mitgliedsländer (zB Andorra, Liechtenstein) über zwei Delegierte verfügen.

Kein Organ iSd Art. 10 EuRat ist das Sekretariat, das das Ministerkomitee und die Parlamentarische Versammlung in ihrer Arbeit unterstützt. Zudem sind noch der Kongress der Gemeinden und Regionen Europas als beratende Institution, die die Interessen der Regional- und Kommunalbehörden vertreten, und der durch die Parlamentarische Versammlung gewählte Generalsekretär zu nennen.

Zu beachten ist, dass Gremien, welche durch Konventionen des Europarats geschaffen wurden, keine Organe des Europarats sind, sondern solche der jeweiligen Konventionen. So ist etwa der EGMR ein Organ der EMRK und das Europäische Antifolterkomitee ist Organ der Europäischen Antifolterkonvention.

Die Arbeit des Europarats findet va in der Anregung und Ausarbeitung von Abkommen und Empfehlungen Ausdruck, die allesamt völkerrechtliche Rechtsakte darstellen. Als solche müssen sie von den Mitgliedstaaten gebilligt werden und erlangen erst durch ihre Ratifikation innerstaatliche Verbindlichkeit.

2. Die für das Strafrecht relevanten Tätigkeiten des Europarats

Einen Schwerpunkt der Tätigkeit des Europarats stellt die Verbesserung der mitgliedstaatlichen Kooperation im Bereich der Strafverfolgung dar. So zeichnet das *European Committee on Crime Problems* (*Comité Européen pour les Problèmes Criminels*, CDPC), das 1957 durch das Ministerkomitee gegründet wurde, für die Koordination aller strafrechtsrelevanten Arbeiten verantwortlich. Diese Arbeit hat bisher Ausdruck in über 100 Resolutionen und Empfehlungen gefunden.[9] Auch viele Übereinkommen, die unter der Ägide des CDPC geschlossen wurden, widmen sich dieser Thematik, so zB das Europäische Auslieferungsübereinkommen (1957) oder das Europäische Übereinkommen über Rechtshilfe in Strafsachen (1959). Am bedeutsamsten und bekanntesten ist in diesem Kontext selbstverständlich die EMRK.

II. Die Europäische Menschenrechtskonvention (EMRK)

Das klassische Völkerrecht war ein Koordinationsrecht souveräner Staaten, in dem die Behandlung der eigenen Staatsangehörigen ausgeklammert, also eine *domaine reservé* des jeweiligen Staates war.[10] Die Verabschiedung der „Allgemeinen Erklärung der

---

8 Verfahrensordnung des EGMR idF v. 14.11.2016, verfügbar unter http://www.echr.coe.int/Documents/Rules_Court_ENG.pdf (Stand 1/20); für eine deutsche Übersetzung s. Sartorius II, Nr. 137.
9 Siehe https://www.coe.int/en/web/cdpc/resolutions-recommendations (Stand 1/20); aktuelle Angaben verfügbar unter https://www.coe.int/en/web/cdpc/home (Stand 1/20).
10 L/R-*Esser*, Einf. EMRK Rn. 4 ff.

Menschenrechte" durch die Generalversammlung der Vereinten Nationen am 10.12.1948 markierte in dieser Hinsicht einen grundlegenden Wandel. Während die UN-Erklärung allerdings noch eine – unverbindliche – Absichtserklärung darstellte,[11] wurde mit der EMRK, die am 4.11.1950 in Rom verabschiedet wurde, ein multilateraler völkerrechtlicher Vertrag geschaffen, der gerade der rechtlich verbindlichen Umsetzung der Allgemeinen Erklärung der Menschenrechte in Europa dienen sollte.[12]

Die EMRK trat am 3.9.1953 nach der Ratifizierung durch zehn Mitgliedstaaten[13] in Kraft. Sie ist ein eigenständiges Vertragswerk der Mitgliedstaaten des Europarats. Jedoch bestand und besteht folgender enger Zusammenhang: Die EMRK konnte bisher einerseits nur von Mitgliedstaaten des Europarats unterzeichnet werden. Andererseits ist die Unterzeichnung der EMRK Voraussetzung für den Beitritt zum Europarat. Dementsprechend sind heute alle 47 Mitgliedstaaten des Europarats auch Vertragsstaaten der EMRK.[14]

8 Nach der Ratifizierung des 14. Zusatzprotokolls (ZP) durch die russische Duma (Volkskammer des russischen Parlaments) kann nun neben den Mitgliedstaaten des Europarats im Prinzip auch die EU durch Vertrag Mitglied der EMRK werden.[15] Vor einem Beitritt sind allerdings noch erhebliche Hürden zu überwinden. So bedarf es insbesondere der Erarbeitung eines Beitrittsvertrags zwischen der EU und den Konventionsstaaten. Unerwartet hat der EuGH in einem Gutachten vom 18.12.2014[16] bzgl. der Unionsrechtskonformität eines von einer informellen Arbeitsgruppe ausgearbeiteten Entwurfs erhebliche Einwände erhoben, welche einen Beitritt wohl auf absehbare Zeit ausschließen werden (dazu → Rn. 15).

1. Die EMRK in den verschiedenen Rechtsordnungen

9 Als völkerrechtlicher Vertrag hat die EMRK in den verschiedenen nationalen Rechtsordnungen unterschiedlichen Stellenwert – je nachdem, welchen innerstaatlichen Rang das nationale Recht völkerrechtlichen Verträgen zuweist.

a) Das Günstigkeitsprinzip als Ausgangspunkt

10 Wie Art. 53 EMRK („… nicht so auszulegen, als beschränke oder beeinträchtige sie Menschenrechte und Grundfreiheiten …") verdeutlicht, gilt der von der EMRK geschaffene Standard allerdings nur als Mindestmaß der in jedem Mitgliedstaat anzuerkennenden Grundrechte. Aufgrund dieses Günstigkeitsprinzips steht die EMRK – unabhängig von der Rangfrage – innerstaatlich gewährten Rechten oder durch andere völkerrechtliche Verträge garantierten Rechten, die über den Grundrechtsstandard der EMRK hinausgehen, von vornherein nicht entgegen.[17]

---

11 L/R-*Esser*, Einf. EMRK Rn. 12; HK EMRK-*Meyer-Ladewig/Nettesheim*, Einl. Rn. 6.
12 Zur nach wie vor nicht abschließend geklärten Frage, inwiefern die Menschenrechte ob ihrer friedenssichernden Funktion als *matters of international concern* dem innerstaatlich geschützten Bereich entzogen sind, L/R-*Esser*, Einf. EMRK Rn. 7 ff.; *Mowbray*, ECHR, S. 1 ff.
13 Ua durch Deutschland, ratifiziert durch Gesetz v. 7.8.1952 (BGBl. 1952 II, S. 685, berichtigt S. 953).
14 *Ambos*, Int. Strafrecht, § 10 Rn. 6; anders jedoch bzgl. der Zusatzprotokolle, die – mit Ausnahme des 11. und 14. ZP – Fakultativprotokolle sind.
15 Ausf. hierzu s.u. Rn. 15 ff.
16 EuGH, Gutachten v. 18.12.2014 – Rs. C-2/13; dazu etwa *Wendel* NJW 2015, 921; s. auch den Überblick zur Argumentation des EuGH bei *Brodowski* ZIS 2016, 106.
17 HK EMRK-*Meyer-Ladewig/Renger*, Art. 53 Rn. 1; SSW-StPO-*Satzger*, EMRK Art. 1 Rn. 19; *Zwaak*, in: van Dijk ua (Hrsg.), Theory and Practice of the European Convention on Human Rights, S. 10.

b) Die Bedeutung für das nationale, insbesondere deutsche Recht

Die unmittelbare Bindungswirkung der EMRK bedeutet für die Vertragsstaaten, dass sie den ihrer Hoheitsgewalt unterstehenden Personen die Rechte aus der Konvention zu gewähren haben.[18] Eine zusätzliche Verankerung der darin festgelegten Garantien im nationalen Recht ist nicht erforderlich.[19] Allerdings überlässt die EMRK – als völkerrechtlicher Vertrag – den Signatarstaaten die Entscheidung über die innerstaatliche Art der Umsetzung und damit die Beantwortung der Rangfrage in der innerstaatlichen Normenhierarchie;[20] dementsprechend ist der Stellenwert der EMRK innerhalb der mitgliedstaatlichen Rechtsordnungen äußerst uneinheitlich:[21]

In den *Niederlanden*, in *Luxemburg*, in *Belgien* und in der *Schweiz* bilden internationales und nationales Recht ein einheitliches Rechtssystem (sog. Monismus), wobei dem Völkerrecht im Konfliktfall der Vorrang eingeräumt wird. Die EMRK geht danach im Ergebnis sogar dem nationalen Verfassungsrecht vor. In *Österreich*, das ebenfalls dem monistischen System folgt, kommt der Konvention Verfassungsrang zu. Einige Staaten, zB *Frankreich* und *Spanien*, messen ihr einen „Zwischenrang" zwischen Verfassung und einfachen Gesetzen bei.[22]

In *Deutschland* ist die Rangfrage *de lege lata* zwar nicht unumstritten. Mit Blick auf das Grundgesetz kommt allerdings nur zweierlei in Betracht: ein Zwischenrang zwischen Verfassungsrecht und einfachem Bundesrecht einerseits oder ein einfachgesetzlicher Status andererseits. Ein Zwischenrang würde gem. Art. 25 GG jedoch voraussetzen, dass die in der Konvention enthaltenen Rechte lediglich die Kodifikation bestehender allgemeiner Regeln des Völkerrechts darstellten und somit bereits zum Völkergewohnheitsrecht zu zählen wären.[23] Dies wird zu Recht verneint. Damit verbleibt derzeit nur der Rang eines einfachen Gesetzes, den das GG gem. seinem Art. 59 II generell für völkerrechtliche Verträge vorsieht, da sie in der Normenhierarchie den Rang des Transformationsgesetzes einnehmen.[24] Die EMRK wurde entsprechend dieser Norm durch ein Bundesgesetz[25] in die deutsche Rechtsordnung überführt, so dass ihr lediglich der Rang eines einfachen Bundesgesetzes zukommt.[26]

Diese Rangzuweisung in der deutschen Rechtsordnung hat zur Folge, dass insoweit der *Lex-posterior*-Grundsatz gilt. Inhaltlich widersprechende frühere Gesetze wurden deshalb zwar durch die EMRK verdrängt. Später erlassene, der EMRK inhaltlich zuwiderlaufende Gesetze müssten ihr danach aber als *leges posteriores* vorgehen und könnten so die Konventionsinhalte im deutschen Recht relativieren.[27] Diese Gefahr ist jedoch eher theoretischer Natur.[28] Denn trotz des einfachgesetzlichen Ranges der EMRK

---

18 Zur Anwendbarkeit der EMRK im Falle von extraterritorialer Ausübung von Hoheitsgewalt vgl. *Esser/Fischer* JR 2010, 514 (514 f.).
19 HK EMRK-*Meyer-Ladewig/Nettesheim*, Einl. Rn. 15.
20 BVerfG Beschl. v. 14.10.2004 – 2 BvR 1481/04 = BVerfGE 111, 307, 316 f.; *Meyer-Ladewig/Petzold* NJW 2005, 16.
21 Dazu auch *Sweet/Keller*, in: Keller/Sweet (Hrsg.), A Europe of Rights, S. 20 f.
22 Näher *Ambos*, Int. Strafrecht, § 10 Rn. 2; *Grabenwarter/Pabel*, EMRK, § 3 Rn. 1 ff.
23 Vgl. dazu die bei L/R-*Esser*, Einf. EMRK Rn. 171 Fn. 171, aufgeführten Literaturstimmen; außerdem HK EMRK-*Meyer-Ladewig/Nettesheim*, Einl. Rn. 18.
24 *Ambos*, Int. Strafrecht, § 10 Rn. 2; SSW-StPO-*Satzger*, EMRK Art. 1 Rn. 25.
25 Gesetz v. 7.8.1952, BGBl. 1952 II, S. 685, berichtigt S. 953.
26 BVerfG Beschl. v. 14.10.2004 – 2 BvR 1481/04 = BVerfGE 111, 307, 316 f.; dazu *Zehetgruber* ZJS 2016, 52; für eine Einordnung an höherer Stelle in der Normenhierarchie *Sternberg*, Menschenrechtsverträge, S. 231.
27 *Ambos*, Int. Strafrecht, 2. Aufl., § 10 Rn. 9 mwN.
28 *Peters/Altwicker*, EMRK, § 1 Rn. 7.

misst ihr das BVerfG eine besondere Bedeutung innerhalb der deutschen Normenhierarchie bei. Das gesamte deutsche Recht sei – als Ausfluss des Prinzips der völkerrechtsfreundlichen Auslegung – im Lichte der EMRK zu interpretieren, dh im Rahmen vorhandener Auslegungs- und Abwägungsspielräume ist derjenigen Interpretation der Vorzug zu gewähren, die zu einem konventionskonformen Ergebnis führt.[29] Dies betrifft zum einen jede *lex posterior*, so dass eine Reduktion der EMRK-Gewährleistungen durch ein nachfolgendes einfaches Bundesgesetz kaum jemals relevant werden wird. Zum anderen wird der Grundsatz der EMRK-freundlichen Auslegung aber sogar für die Grundrechte und die Verfassung selbst anerkannt:

> „Der Konventionstext … dien[t] auf der Ebene des Verfassungsrechts als Auslegungshilfe … für die Bestimmung von Inhalt und Reichweite von Grundrechten und rechtsstaatlichen Grundsätzen des Grundgesetzes, sofern dies nicht zu einer – von der Konvention selbst nicht gewollten (vgl. Art. 53 EMRK) – Einschränkung oder Minderung des Grundrechtsschutzes nach dem Grundgesetz führt."[30]

Eine schematische Parallelisierung des Grundgesetzes mit den Vorgaben der EMRK ist nicht erforderlich, vielmehr müssen die Wertungen der Konvention, soweit dies methodisch vertretbar und mit dem Grundgesetz vereinbar ist, berücksichtigt werden, um Völkerrechtsverletzungen zu vermeiden. In seiner neueren Rspr. hat das BVerfG festgestellt, dass Entscheidungen des EGMR, die die Sach- und Rechtslage gegenüber einer Entscheidung des BVerfG erheblich ändern, rechtserheblich sind und damit die Rechtskraft der Entscheidung des BVerfG überwinden können. Dies hat zur Folge, dass eine erneute Verfassungsbeschwerde zum BVerfG möglich ist.[31]

Im Hinblick auf den verfassungsgerichtlichen Rechtsschutz bedeutet dies, dass eine Verfassungsbeschwerde zwar nicht direkt auf die Verletzung der Konvention gegründet werden kann, da dieser eben nur ein einfachgesetzlicher und damit nicht verfassungsmäßiger Rang zukommt.[32] Setzt sich ein nationales Gericht jedoch nicht oder nicht hinreichend mit den Konventionsbestimmungen und ihrer Auslegung durch den EGMR auseinander, so wird die Pflicht zur konventionskonformen Auslegung verletzt. Der Weg zum Bundesverfassungsgericht ist dann über eine Verfassungsbeschwerde, mit der die Verletzung der Grundrechte iVm dem Rechtsstaatsprinzip geltend gemacht wird, eröffnet.[33]

c) Die Bedeutung der EMRK für das EU-Recht

aa) Der Beitritt der EU zur EMRK

15 Sämtliche EU-Mitgliedstaaten sind als Vertragsstaaten der EMRK an deren Gewährleistungen unmittelbar gebunden. Die EU selbst konnte der EMRK bislang va aus rechtlichen Gründen nicht beitreten.[34] Allerdings wurden im Dezember 2009 und im

---

29 Dazu HK EMRK-*Meyer-Ladewig/Nettesheim*, Einl. Rn. 19; *Ambos*, Int. Strafrecht, § 10 Rn. 2; jüngst erst BVerfG NJW 2019, 41 (43); beachte auch die parallele Methodik bei der unionsrechtskonformen Auslegung (dazu → § 9 Rn. 91 ff.).
30 BVerfG Beschl. v. 14.10.2004 – 2 BvR 1481/04 = BVerfGE 111, 307, 317.
31 So entschieden im Fall zur Sicherungsverwahrung BVerfG Urt. v. 4.5.2011 – 2 BvR 2333/08 ua; vgl. dazu auch *Grabenwarter* EuGRZ 2012, 507; zum gegenseitigen Verhältnis von EGMR und BVerfG auch *Kirchhof* NJW 2011, 3681.
32 *Roller* DRiZ 2004, 337 und die dort angegebene Rspr.
33 BVerfG Beschl. v. 14.10.2004 – 2 BvR 1481/04 = BVerfGE 111, 307, 316; *Roller* DRiZ 2004, 337.
34 EuGH 28.3.1996 – Gutachten 2/94.

Januar 2010 zwei wesentliche Hindernisse überwunden, die darin bestanden, dass bisher der Beitritt gem. Art. 59 I 1 EMRK nur Mitgliedern des Europarats möglich war und der Europarat seinerseits – nach Art. 4 seiner Satzung – nur Staaten aufnehmen konnte. Auf Seiten der EU hat der Vertrag von Lissabon nun nicht nur ausdrücklich die rechtliche Möglichkeit eines Beitritts zur EMRK geschaffen, sondern die EU hierzu auch verpflichtet (Art. 6 II EUV). Mit dem 14. ZP zur EMRK wurde der EU die Tür für einen Beitritt grds. geöffnet; denn dadurch wurde in Art. 59 EMRK ein Abs. 2 eingefügt, der bestimmt, dass „[d]ie Europäische Union ... dieser Konvention beitreten" kann.

Wichtig ist dies unter anderem deshalb, weil bisher keine Privatperson und kein Unternehmen die EU als solche vor dem EGMR verklagen kann, und zwar selbst dann nicht, wenn es um Rechtsgebiete (wie zB das Kartell- und Markenrecht) geht, die in erster Instanz in die Zuständigkeit des EuG fallen und die letztinstanzlich vor den EuGH kommen. Eine Verurteilung durch diese Gerichte kann vom EGMR bislang nicht kontrolliert werden.[35]

Allerdings sind auch nach Inkrafttreten des 14. ZP noch weitere Hürden zu überwinden. Zunächst muss nun zwischen den bisherigen Konventionsstaaten und der EU ein Beitrittsvertrag ausgehandelt werden. Ein vom Ministerkomitee des Europarats durch eine informelle Arbeitsgruppe (CDDH-UE) ausgearbeiteter Entwurf eines „Abkommens über den Beitritt der Europäischen Union zur Konvention zum Schutze der Menschenrechte und Grundfreiheiten" liegt seit April 2013 vor. Der von der Europäischen Kommission nach Art. 218 XI AEUV mit einem Gutachten über die Vereinbarkeit des Entwurfs mit EU-Recht befasste EuGH hat – zur Überraschung der meisten Beobachter – grundlegende Bedenken geäußert,[36] die das Beitrittsprojekt zwar nicht unmöglich machen, es aber wohl auf absehbare Zeit auf Eis legen werden.[37] Inhaltlich geht es dem EuGH dabei va um die Autonomie des EU-Rechts und die ausschließliche Zuständigkeit des EuGH. Er sieht das auf gegenseitiger Anerkennung und wechselseitigem Vertrauen basierende System der justiziellen Zusammenarbeit in Strafsachen potenziell beeinträchtigt, was angesichts der Grundrechtssensibilität gerade im Bereich des Strafrechts äußerst bedauerlich ist (dazu → § 7 Rn. 9 ff.):

> „Da die EMRK, indem sie vorschreibt, dass die Union und die Mitgliedstaaten ... auch in ihren gegenseitigen Beziehungen – selbst wenn für diese Beziehungen das Unionsrecht gilt – als Vertragsparteien anzusehen sind, von einem Mitgliedstaat verlangen würde, die Beachtung der Grundrechte durch einen anderen Mitgliedstaat zu prüfen, obwohl das Unionsrecht diese Mitgliedstaaten zu gegenseitigem Vertrauen verpflichtet, ist der Beitritt geeignet, das Gleichgewicht, auf dem die Union beruht, sowie die Autonomie des Unionsrechts zu beeinträchtigen."[38]

Weitere notwendige Änderungen der EMRK selbst betreffen beispielsweise das Verhältnis des EGMR zum EuGH[39], die Einbeziehung eines Richters der EU in das Rechtsschutzsystem der EMRK oder die Zulässigkeit von Staatenbeschwerden der

---

35 *Callewaert* StV 2014, 506.
36 EuGH, Gutachten v. 18.12.2014 – Rs. C-2/13.
37 Krit. hierzu etwa *Breuer* EuR 2015, 330; *Schumacher* StudZR-WissOn 2017, 30; *Wendel* NJW 2015, 921.
38 EuGH, Gutachten v. 18.12.2014 – Rs. C-2/13, Rn. 194.
39 Zu den praktischen Konsequenzen s. auch das Reflexionspapier des EuGH vom 5.5.2010, verfügbar unter http://curia.europa.eu/jcms/upload/docs/application/pdf/2010-05/convention_de.pdf (Stand 1/20).

Mitgliedstaaten der Konvention gegenüber der EU.[40] Auch der Vertrag von Lissabon selbst bürdet der EU in Art. 218 AEUV ein kompliziertes Verfahren im Hinblick auf den Abschluss eines Beitrittsvertrags auf. Nach Art. 218 VI AEUV hat der Europäische Rat einen Beschluss über den Abschluss des Beitrittsvertrags zu erlassen. Gem. Art. 218 VI UA 2 lit. a ii) AEUV bedarf es zum einen zuvor der Zustimmung des europäischen Parlaments. Zum anderen – und das ist weitaus erheblicher – muss der Rat nach Art. 218 VIII AEUV die Übereinkunft über den Beitrittsvertrag einstimmig beschließen und überdies tritt der Beschluss erst mit Ratifizierung durch sämtliche Mitgliedstaaten in Kraft. Die EMRK würde dann als völkerrechtlicher Vertrag im Rang unterhalb der Verträge und der EU-Grundrechtecharta, aber über dem Sekundärrecht unmittelbar in die Unionsrechtsordnung integriert.[41]

Diese Rangstellung zwischen Primär- und Sekundärrecht zeigt sich bereits in der Systematik des AEUV. Gem. Art. 216 II AEUV sind auf der einen Seite die von der Union geschlossenen Abkommen für ihre Organe und Mitgliedstaaten verbindlich, auf der anderen Seite haben die Mitgliedstaaten, das Europäische Parlament, der Europäische Rat und die Kommission nach Art. 218 XI AEUV im Rahmen des Vertragsschlussverfahrens vor der Ratifikation die Möglichkeit, ein Gutachten des Gerichtshofs über die Vereinbarkeit einer geplanten Übereinkunft mit den Verträgen einzuholen.[42]

Wann es schließlich zu einem Beitritt der EU zur EMRK kommen wird, ist vor diesem Hintergrund derzeit noch nicht absehbar.

bb) Die EU-Grundrechtecharta und Art. 6 III EUV

16   Unabhängig von einem formellen Beitritt hat die EMRK für die EU aber bereits heute große Bedeutung (dazu → § 7 Rn. 10, 14 f.): Die EMRK und die Rspr. des EGMR sind seit Inkrafttreten des Vertrags von Lissabon für die EU zumindest über die nun in Kraft getretene EU-Grundrechtecharta mittelbar verbindlich. Gem. Art. 6 I EUV steht die Grundrechtecharta, die selbst nicht Teil des EUV ist, auf einer Stufe mit den Verträgen und ist bindend für die EU. Aufgrund des in Art. 51 GRC definierten Anwendungsbereichs gilt die Charta sowohl für die Organe und Einrichtungen der Union als auch für die Mitgliedstaaten, wenn letztere das Recht der Union durchführen. Die mitgliedstaatliche Bindung versteht der EuGH weit; die durch die Charta garantierten Grundrechte seien immer dann zu beachten, wenn eine nationale Rechtsvorschrift in den Geltungsbereich des Unionsrechts fällt. Ob die einschlägigen nationalen Vorschriften zur Umsetzung von EU-Recht erlassen wurden, sei unerheblich. Es komme vielmehr darauf an, ob sie EU-Interessen dienten.[43] Bereits die Präambel der Charta verweist auf die EMRK und die Rspr. des EGMR. Art. 52 III GRC sieht eine „Kohärenzklausel" vor, wonach die Rechte der Charta „die gleiche Bedeutung und Tragweite" wie die entsprechenden EMRK-Garantien haben sollen.

---

40 *Drzemczewski*, in: Kosta/Skoutaris/Tzevelekos (Hrsg.), The EU Accession to the ECHR, S. 65 ff.; *Mader* AVR 2011, 435 (440 ff.); *Pache/Rösch* EuR 2009, 769 (781).
41 *Hecker*, in: Ruggeri (Hrsg.), Human Rights in European Criminal Law, S. 4.; Calliess/Ruffert-*Schmalenbach* AEUV Art. 216 Rn. 50 mwN; eine andere Auffassung vertritt *Nettesheim* EuR 2006, 762, der Normen des Völkerrechts und damit auch die EMRK als völkerrechtlichen Vertrag im Rang des Sekundärrechts begreift, allerdings mit einer Derogationskraft gegenüber kollidierendem internen Unionsrecht.
42 Vgl. *A. Huber*, Der Beitritt der Europäischen Union zur EMRK, S. 117.
43 EuGH Urt. v. 26.2.2013 – Rs.C-617/10 „Åkerberg Fransson"; dazu etwa *Safferling* NStZ 2014, 545; dazu → § 7 Rn. 20 ff.

Daneben bestimmt Art. 6 III EUV (ähnlich wie zuvor Art. 6 II EUV aF), dass die Grundrechte der EMRK als „allgemeine Rechtsgrundsätze des Unionsrechts" Anerkennung finden. Dies entspricht im Ergebnis der bereits frühzeitig vom EuGH angewandten Methode, im Wege der „wertenden Rechtsvergleichung" auf die für alle Mitgliedstaaten gleichermaßen verbindliche EMRK als Rechtserkenntnisquelle zurückzugreifen.[44]

17

cc) Verhältnis EuGH und EGMR

Auf diesem – mittelbaren – Weg erlangt die EMRK in erster Linie für das Handeln der genuinen EU-Organe bei der Anwendung von EU-Recht Bedeutung. Problematisch ist allerdings, dass für die Auslegung der EMRK-Gewährleistungen in dieser Konstellation (solange die EU der EMRK nicht beigetreten ist) nur der EuGH berufen ist, so dass die Gefahr divergierender Rspr. besteht. Bislang ist jedoch festzustellen, dass EGMR und EuGH in ihrer jeweiligen Entscheidungspraxis um weitgehende Parallelität bei der Interpretation der EMRK bemüht sind.[45]

18

Ebenfalls wohl erst mit dem Beitrittsvertrag der EU zur EMRK dürfte der bislang zumindest formal bestehende Zuständigkeitskonflikt zwischen Grundrechtsschutz durch EGMR und durch EuGH im Hinblick auf mitgliedstaatliche Organe (Behörden, Gerichte), soweit diese EU-Recht anwenden oder ausführen,[46] endgültig gelöst werden. Folgendes Problem stellt sich: Ebenso wie die EU-Organe sind auch staatliche Organe, die EU-Recht anwenden, an die Grundrechte des EU-Rechts und damit (s. auch Art. 51 GRC) an die EMRK-Gewährleistungen gebunden. Für die Überprüfung der Grundrechtskonformität des Handelns dieser staatlichen Organe ist dann der EuGH zuständig. Da sie aber auch als Organe der Mitgliedstaaten, die selbst unmittelbar an die EMRK gebunden sind, tätig werden, stellt sich die Frage, ob der EGMR in diesen Konstellationen letzten Endes doch zuständig ist und dementsprechend das von den nationalen Behörden angewandte/ausgeführte Unionsrecht am Maßstab der EMRK prüfen könnte.[47] Durch die sog. Bosphorus-Rspr. des EGMR ist diese Frage – auf praktischem Wege – entschärft worden. Zwar seien die Mitgliedstaaten auch dann für das Handeln ihrer Organe im Hinblick auf die Einhaltung der EMRK verantwortlich, wenn sie völkervertraglichen Verpflichtungen (hier: durch den AEUV/EUV) nachkämen. Nach Art. 1 EMRK hätten die Vertragsstaaten nämlich für jede Verletzung der von der Konvention geschützten Rechte und Freiheiten gegenüber einer ihrer Hoheitsgewalt unterstehenden Person einzustehen.[48] Allerdings sei

19

> „[s]taatliches Handeln in Erfüllung solcher Verpflichtungen […] solange gerechtfertigt, wie die jeweilige Organisation die Grundrechte schützt […] und das in einer Art, die wenigstens als gleichwertig zu dem von der Konvention gewährten Schutz anzusehen ist […]". „Gleichwertig" meint dabei „vergleichbar": Zu verlangen, dass der von der Organisation angebotene Schutz „identisch" mit dem der Konvention ist, könnte den Interessen

---

44 *Glauben* DRiZ 2004, 129 (131).
45 Als Bsp. seien hier nur EGMR, „Pellegrin ./. Frankreich", Urt. v. 8.12.1999, Nr. 28541/95, RJD 1999-VIII, Rn. 60–71 und EuGH Urt. v. 28.3.2000 – Rs. C-7/98 „Krombach" genannt, in denen der EGMR Rekurs auf die Rspr. des EuGH nimmt bzw. vice versa.
46 *Glauben* DRiZ 2004, 129 (131).
47 Dazu allgemein zur Entwicklung der Rspr. der Menschenrechtskommission sowie des EGMR *Peters/Altwicker*, EMRK, § 4 Rn. 4.
48 EGMR (GK), „Bosphorus Hava Yollari Turizm ve Ticaret Anonim Sirketi ./. Irland", Urt. v. 30.6.2005, Nr. 45036/98, RJD 2005-VI, Rn. 136.

internationaler Zusammenarbeit zuwiderlaufen [...]. Wenn sich zeigt, dass die internationale Organisation einen solchen gleichwertigen Schutz bietet, gilt die Vermutung, dass sich ein Staat den Anforderungen der Konvention nicht entzogen hat, wenn er lediglich den rechtlichen Verpflichtungen nachkommt, die sich für ihn aus seiner Mitgliedschaft in der Organisation ergeben. Diese Vermutung kann jedoch widerlegt werden, wenn in einem bestimmten Fall anzunehmen ist, dass der Schutz von Konventionsrechten offensichtlich unzureichend ist."[49]

Den Schutz der Grundrechte im Unionsrecht sieht der EGMR dabei als grundsätzlich „gleichwertig" an. Voraussetzung für das Eingreifen dieser Gleichwertigkeitsvermutung ist zum einen, dass der Mitgliedstaat keinen Handlungsspielraum bei der Anwendung des EU-Rechts hatte, sowie zum anderen, dass der Überprüfungsmechanismus des EU-Rechts in Form der Vorlage an den EuGH zur Vorabentscheidung genutzt wurde.[50] Das so etablierte Verhältnis zwischen beiden europäischen Gerichtshöfen erinnert an die Position des BVerfG gegenüber dem EuGH gemäß seiner Solange-Rspr.[51]. Die Grenzen dieses Kooperationsverhältnisses hat jedoch der EuGH in seinem Gutachten zum Beitritt der EU zur EMRK[52] aufgezeigt, indem er die Wahrung der Autonomie des EU-Rechts hervorhebt und einer „externen Kontrolle" (insbesondere auch durch den EGMR) zurückhaltend gegenübersteht. Der EGMR hält dennoch – zumindest vorerst und mit gewissen Einschränkungen – an seiner Bosphorus-Rspr. fest.[53]

2. Die Auslegung der EMRK in den Mitgliedstaaten und durch den EGMR

20 Die Auslegung der EMRK stellt den nationalen Rechtsanwender vor nicht unerhebliche Probleme. Die auf völkerrechtliche Verträge anzuwendenden Auslegungsgrundsätze sind in Art. 31 WVRK[54] (bzw. gleichlautendem Völkergewohnheitsrecht) geregelt: Wortlaut, Ziel und Zweck sowie die Systematik stellen danach die wichtigsten Auslegungsgrundsätze dar. Die historische Auslegung spielt nur eine ganz untergeordnete, ergänzende Rolle (Art. 32 WVRK). Soweit der Wortlaut von Bedeutung ist, darf nur auf die authentischen Sprachfassungen zurückgegriffen werden. Im Fall der EMRK sind dies – laut ihrer Schlussbestimmungen – allein die englische und die französische Version.[55] Ähnlich wie bei der Auslegung von AEUV und EUV steht auch hier die Berücksichtigung der Zielsetzungen des Vertrages im Vordergrund (Art. 31 I WVRK).

Erschwert wird eine einheitliche Auslegung mit dem Ziel des bestmöglichen Menschenrechtsschutzes und der Schaffung eines einheitlichen Mindeststandards zudem dadurch, dass der EGMR im Rahmen seiner Urteile von der EMRK als einem *living*

---

49 Vgl. EGMR (GK), „Bosphorus Hava Yollari Turizm ve Ticaret Anonim Sirketi ./. Irland", Urt. v. 30.6.2005, Nr. 45036/98, RJD 2005-VI, Rn. 156 f., Übersetzung aus NJW 2006, 197 (202); zu diesbezüglichen Problemen durch das unionsrechtliche Prinzip der gegenseitigen Anerkennung EGMR (GK), „Avotiņš ./. Lettland", Urt. v. 23.5.2016, Nr. 17502/07, Rn. 114 ff.
50 EGMR, „Michaud ./. Frankreich", Urt. 6.12.2012, Nr. 12323/11, Rn. 113 ff.; bzgl. der Vorlage an den EuGH hat der EGMR allerdings Ausnahmen zugelassen, vgl. EGMR (GK), „Avotiņš ./. Lettland", Urt. v. 23.5.2016, Nr. 17502/07, Rn. 109 ff.
51 BVerfG Beschl. v. 22.10.1987 – 2 BvR 197/83 = NJW 1987, 577.
52 EuGH, Gutachten v. 18.12.2014 – Rs. C-2/13, Rn. 228 ff.
53 EGMR (GK), „Avotiņš ./. Lettland", Urt. v. 23.5.2016, Nr. 17502/07, Rn. 101 ff.; vgl. dazu auch *Ress* EuZW 2016, 800, demzufolge ein „langsames Aufweichen des Bosphorus-Prinzips" folgerichtig sei.
54 Vienna Convention on the Law of Treaties, Wien, 23.5.1969, UNTS, Bd. 1155, Nr. 18232, S. 331, BGBl. 1985 II, S. 926 (Sartorius II, Nr. 320).
55 „Geschehen zu Rom am 4.11.1950 in englischer und französischer Sprache, wobei jeder Wortlaut gleichermaßen verbindlich ist ..."; vgl. dazu *Gless*, Int. Strafrecht, Rn. 53.

instrument spricht, dessen Auslegung den Wandel wirtschaftlicher, sozialer und ethischer Gegebenheiten berücksichtigen müsse.[56] Schließlich legt der EGMR die Konvention autonom und gerade nicht in Anlehnung an die nationalen Rechtsordnungen aus. Deren Begriffsverständnis stellt lediglich einen Anhaltspunkt dar, um zu verhindern, dass die Mitgliedstaaten den Inhalt der Konventionsgarantien über ihr innerstaatliches Recht steuern.[57]

Ein wichtiger Gesichtspunkt bei der Auslegung ist daneben der Umstand, dass der EGMR den Vertragsparteien häufig einen Einschätzungsspielraum (*margin of appreciation*) zubilligt, in dessen Rahmen er eine eigenständige, souveräne Entscheidung der Vertragsstaaten zulässt. Dies führt dazu, dass er Entscheidungen nicht vollständig, sondern nur auf Nachvollziehbarkeit und Einhaltung menschenrechtlich gebotener Grenzen überprüft.[58]

3. Straf(verfahrens)rechtliche Garantien

a) Allgemeines zu den Garantien der EMRK

aa) Subsidiärer Grundrechtsschutz

Das Rechtsschutzsystem der EMRK hat, wie Art. 13 und Art. 35 EMRK zeigen, nur subsidiären Charakter. Die innerstaatlichen Gerichte und Behörden haben Vorrang bei der Wahrung der durch die EMRK eingeräumten Rechte; es handelt sich mithin um ein Kooperationssystem.[59] Gewährt die EMRK nur subsidiären Grundrechtsschutz, so hat dies vier Folgen:[60]

21

- In materieller Hinsicht gilt das Günstigkeitsprinzip (Art. 53 EMRK), die EMRK-Garantien stellen demnach nur einen Mindeststandard dar, der darüber hinausgehende nationale Gewährleistungen nicht beschränken kann (dazu → Rn. 10).
- In prozessualer Hinsicht ist der EGMR erst nach Erschöpfung des innerstaatlichen Rechtswegs zuständig (Art. 35 I EMRK).[61]
- Nationalen Behörden wird ein weiter Beurteilungsspielraum zugestanden; damit wird der Respekt vor der staatlichen Souveränität zum Ausdruck gebracht.[62]
- Der EGMR übt richterliche Zurückhaltung; nur in etwa fünf Prozent der Beschwerden kommt es zur Feststellung einer Konventionsverletzung.

All dies hat wichtige Konsequenzen: Zum einen folgt daraus ein nur reduzierter Prüfungsmaßstab des EGMR: Der Gerichtshof überprüft weder die korrekte Anwendung innerstaatlichen Rechts noch die Sachverhaltsfeststellungen durch die Gerichte. Er agiert insofern nicht als „Superrevisionsinstanz".[63] Etwas anderes gilt nur dann, wenn

22

---

[56] *Pösl*, Das Verbot der Folter in Art. 3 EMRK, S. 43 f.; *Nußberger* JZ 2019, 421 (423).
[57] HK EMRK-*Meyer-Ladewig/Nettesheim*, Einl. Rn. 26 f.
[58] *Braasch* JuS 2013, 602 (604); *Greer*, ECHR, S. 22 ff.
[59] Vgl. *Arai*, in: van Dijk ua (Hrsg.), Theory and Practice of the European Convention on Human Rights, S. 998; HK EMRK-*Meyer-Ladewig/Peters*, Art. 35 Rn. 8.
[60] *Peters/Altwicker*, EMRK, § 2 Rn. 2 ff.
[61] Vgl. *Corstens/Pradel*, Eur. Criminal Law, Rn. 240 f.; *Zwaak*, in: van Dijk ua (Hrsg.), Theory and Practice of the European Convention on Human Rights, S. 125 ff.
[62] Der Umfang dieses Beurteilungsspielraums hängt von mehreren Faktoren ab. Der EGMR gewährt einen besonders weiten Beurteilungsspielraum bei kontroversen moralischen oder ethischen Problemen wie der Frage, ob einvernehmliche sexuelle Handlungen zwischen volljährigen blutsverwandten Geschwistern strafbar sein sollten, vgl. EGMR, „Stübing ./. Deutschland", Urt. v. 12.4.2012, Nr. 43547/08, Rn. 59 f.
[63] EGMR, „García Ruiz ./. Spanien", Urt. v. 21.1.1999, Nr. 30544/96, RJD 1999-I, Rn. 28.

die EMRK-Regelung, die Gegenstand des Verfahrens ist, in ihren Voraussetzungen selbst auf nationales Recht verweist. Insoweit muss sich der EGMR ausnahmsweise mit der Einhaltung innerstaatlichen Rechts auseinandersetzen.[64]

Beispiel: *„gesetzlich* vorgeschriebene Weise" sowie *„recht*mäßige Freiheitsentziehung" in Art. 5 I EMRK.

23 Zum anderen kann die Opfereigenschaft des Verletzten als Folge eines tatsächlichen Verstoßes gegen die EMRK nachträglich entfallen. Der Vorrang der staatlichen Behörden und Gerichte bei der Durchsetzung der EMRK umfasst nämlich auch die Wiedergutmachung für bereits erfolgte Verstöße gegen die Konvention.[65] Eine nachträgliche Kompensation eines EMRK-Verstoßes auf nationaler Ebene hat daher für den EGMR zur Folge, dass die Opfereigenschaft iSv Art. 34 EMRK verloren geht. Eine dennoch erhobene Individualbeschwerde ist in diesem Fall von Beginn an unzulässig, eine zunächst zulässige Beschwerde wird im Falle nachträglicher Kompensation unzulässig[66] bzw. im Falle vorangegangener Entscheidung über die Zulässigkeit jedenfalls unbegründet. Die Frage, ob ein Beschwerdeführer (noch) geltend machen kann, Opfer des behaupteten Konventionsverstoßes zu sein, ist daher in sämtlichen Stadien des Verfahrens relevant.[67]

Allgemeine staatliche Maßnahmen zur Vermeidung vergleichbarer Konventionsverstöße in der Zukunft reichen zu einer Kompensation allerdings nicht, vielmehr müssen folgende zwei Voraussetzungen kumulativ erfüllt sein:

- der beklagte Staat muss den Verstoß ausdrücklich oder der Sache nach anerkennen und
- der beklagte Staat muss den Konventionsverstoß angemessen wieder gut machen[68] – die Zahlung von Schadensersatz ist dabei nur ein untergeordnetes Mittel.[69] In Betracht kommt va die strafrechtliche Verurteilung der an dem Konventionsverstoß beteiligten Personen (dazu → Rn. 43).

bb) Berechtigte und Verpflichtete

24 Berechtigte sind in erster Linie die der Staatsgewalt der Mitgliedstaaten unterstehenden Personen (Art. 1 EMRK). Auf deren Staatsangehörigkeit und Wohnort kommt es für die Gewährung der Garantien grds. nicht an.[70] Auch juristische Personen, selbst solche des öffentlichen Rechts, können sich auf die Gewährleistungen der EMRK berufen, sofern sie ein gewisses Maß an Staatsnähe nicht überschreiten (zB Universitäten, Kirchen). Das gilt nur dann nicht, wenn es sich um eine Garantie handelt, die bereits begriffsnotwendig nur natürlichen Personen zukommt (für die vergleichbare innerdeutsche Regelung s. Art. 19 III GG). Daneben sind auch alle anderen Konventionsstaaten insoweit „Berechtigte", als die EMRK die Mitgliedstaaten untereinander zur Gewährleistung ihrer Garantien verpflichtet und deshalb auch die Staatenbeschwerde (Art. 33 EMRK) vorsieht.

---

64 EGMR (GK), „Benham ./. Vereinigtes Königreich", Urt. v. 10.6.1996, Nr. 19380/92, RJD 1996-III, Rn. 41.
65 EGMR, „Gäfgen ./. Deutschland", Urt. v. 30.6.2008, Nr. 22978/05, Rn. 76.
66 Vgl. *Esser* NStZ 2008, 657 (660).
67 EGMR, „Siliadin ./. Frankreich", Urt. v. 26.7.2005, Nr. 73316/01, RJD 2005-VII, Rn. 61.
68 EGMR, „Eckle ./. Deutschland", Urt. v. 15.7.1982, Nr. 8130/78, Serie A, Nr. 51, Rn. 66.
69 So die Interpretation von *Esser* NStZ 2008, 657 (660).
70 Relevant wird dies lediglich beim Verbot der Auslieferung, vgl. Art. 3 des 4. ZP.

Verpflichtet ist der jeweils handelnde Mitgliedstaat (Art. 1 EMRK). Erfasst werden alle Hoheitsakte der Legislative, der Judikative sowie der Exekutive, soweit sie Auswirkungen auf die EMRK-Garantien haben. Die Verantwortung der Konventionsstaaten ist dabei verschuldensunabhängig.

Privatpersonen werden durch die EMRK nicht unmittelbar verpflichtet. Allerdings erschöpft sich die Bedeutung der EMRK-Gewährleistungen nicht in Abwehrrechten des Einzelnen gegenüber dem Mitgliedstaat. Vielmehr etabliert auch die EMRK – ähnlich wie die Grundrechte des Grundgesetzes – eine **objektive Wertordnung** (*constitutional instrument*). Daraus lässt sich eine **mittelbare Drittwirkung** der EMRK-Garantien in dem Sinne ableiten, dass ein Vertragsstaat unter Umständen verpflichtet ist, Maßnahmen zu treffen, um einen Grundrechtseingriff durch Private zu verhindern. Die Reichweite derartiger Schutzpflichten ist jedoch noch nicht abschließend geklärt und letztlich von der jeweils betroffenen Garantie abhängig.[71] Aufgrund des Gebots völkerrechtsfreundlicher Auslegung fließen die Aussagen der objektiven Wertordnung der EMRK jedenfalls in das innerstaatliche Recht mit ein.

b) Die strafrechtlich relevanten Garantien der EMRK und ihre Prüfung

Die von der EMRK gewährleisteten Rechte lassen sich vier Kategorien zuordnen:[72]
- Freiheitsrechte (Art. 2, 3, 8, 9, 12 EMRK sowie Art. 1 und 2 des 1. ZP)
- Gleichheitsrechte (Art. 14 EMRK, Art. 5 des 7. ZP sowie das 12. ZP)
- Politische Rechte (Art. 10, 11 EMRK, Art. 3 des 1. ZP)
- Justizbezogene Rechte (Art. 5, 6 EMRK)

Im strafrechtlichen Kontext werden va folgende Garantien relevant und verdienen daher eine nähere Betrachtung:
- Art. 2 EMRK (Recht auf Leben)
- Art. 3 EMRK (Folterverbot, Verbot erniedrigender Strafe)
- Art. 5 II-V EMRK (Rechte von Festgenommenen)
- Art. 6 I EMRK (Recht auf faires Verfahren: *fair-trial*-Grundsatz) und 6 III EMRK (einzelne Ausprägungen des allgemeinen *fair-trial*-Grundsatzes)
- Art. 6 II EMRK (Unschuldsvermutung)
- Art. 7 EMRK (Gesetzlichkeitsgrundsatz)
- Art. 8 EMRK (Recht auf Achtung des Privat- und Familienlebens)
- Art. 18 EMRK (Verhinderung von Machtmissbrauch)[73]
- Art. 2 I des 7. ZP (Rechtsmittel in Strafsachen)
- Art. 4 I des 7. ZP (*ne bis in idem*)

Für die Frage der Prüfung der einzelnen Konventionsrechte ist es sinnvoll, nach Abwehrrechten einerseits und Justiz- bzw. Verfahrensgarantien andererseits zu unterscheiden:

---

71 EGMR, „A. ./. Vereinigtes Königreich", Urt. v. 23.9.1998, Nr. 25599/94, RJD 1998-VI, Rn. 22; „Verein gegen Tierfabriken ./. Schweiz", Urt. v. 28.6.2001, Nr. 24699/94, RJD 2001-VI, Rn. 45, 46; HK EMRK-*Meyer-Ladewig/Nettesheim*, Art. 1 Rn. 8, 19 f.; *Peters/Altwicker*, EMRK, § 2 Rn. 33.
72 So *Ambos*, Int. Strafrecht, § 10 Rn. 10; *Peters/Altwicker*, EMRK, § 1 Rn. 15 ff.
73 Art. 18 EMRK entspricht in seiner Funktion jedoch nicht den klassischen Freiheiten und Garantien; ihm kommt eine besondere Bedeutung zu (dazu → Rn. 117).

Die Prüfung von **Abwehrrechten** – im strafrechtlichen Kontext va Art. 2 EMRK (Recht auf Leben), Art. 5 I (Recht auf Freiheit und Sicherheit) und Art. 8 EMRK (Recht auf Achtung des Privat- und Familienlebens) – ist, der innerstaatlichen Grundrechtsprüfung vergleichbar, dreistufig angelegt:[74]

> I. **Schutzbereichseröffnung:** Definition des Anwendungsbereichs
> II. **Eingriff:** Beschränkt eine bestimmte, einem Vertragsstaat zuzurechnende Maßnahme die Ausübung des betreffenden Rechts?
> III. **Rechtfertigung:**
>   1. *allgemeine* Schranken: Art. 15–17 EMRK (insbesondere Notfall)
>   2. *spezielle* Schranken (nur bei Art. 8–11 EMRK, s. jeweils Abs. 2)
>   3. *implizite* Schranken bei Garantien ohne explizite Einschränkungsbefugnis
>   a) legitimes Ziel der Einschränkung
>   b) Verhältnismäßigkeit
>   c) Achtung des Kerns des Rechts

Auch Art. 3 EMRK ist ein Abwehrrecht in diesem Sinne, nimmt jedoch aufgrund der in ihm selbst und Art. 15 II EMRK angeordneten Schrankenlosigkeit eine Sonderstellung ein.

Der Prüfungsaufbau der **Justiz- und Verfahrensgarantien** – im strafrechtlichen Kontext also va Art. 5 II, 6 und 7 EMRK, Art. 2 I und 4 I des 7. ZP – ist demgegenüber stark abhängig von der Ausgestaltung der jeweiligen Gewährleistung; als grobes Prüfungsraster gilt:

> I. **Schutzbereichseröffnung:** Definition des Anwendungsbereichs
> II. **Vereinbarkeit des Verhaltens der Staatsorgane mit den jeweiligen (detaillierten) Vorgaben der Konventionsgarantie** (nur ausnahmsweise Prüfung nach dem Schema „Eingriff – Rechtfertigung")[75]

c) Recht auf Leben – Art. 2 I EMRK

30 ▶ **FALL 19:** Der Kunstdieb D steigt in die Villa des berühmten Kunstsammlers K ein, um ein wertvolles Gemälde zu entwenden. Gerade als er das Meisterwerk aus dem Rahmen geschnitten und eingerollt hat, wird D von K entdeckt und flieht mit dem Bild. K holt sofort seinen Revolver hervor. Um den Verlust des Bildes zu verhindern, bleibt ihm – nachdem ein Warnschuss keine Wirkung gezeigt hat – nur noch ein gezielter Schuss auf den flinken D. Eine Tötung des Diebes kann K nicht ausschließen, er nimmt sie „billigend in Kauf". Tatsächlich trifft K den D am Kopf, D verstirbt sofort. Ist K durch Notwehr (§ 32 StGB) gerechtfertigt? (dazu → Rn. 34) ◀

31 Vom **Schutzbereich** des Art. 2 I EMRK ist jedenfalls jedes geborene menschliche Leben umfasst. Problematisch ist, ob darüber hinaus auch **ungeborenes Leben** in den Anwen-

---

[74] Vgl. zu den Prüfungsschemata *Grabenwarter/Pabel*, EMRK, § 18 Rn. 1 ff.; *Peters/Altwicker*, EMRK, § 3 Rn. 1 ff.
[75] So aber etwa bei Art. 6 I EMRK (Zugang zu Gericht) *Grabenwarter/Pabel*, EMRK, § 18 Rn. 31.

dungsbereich dieser Norm fällt. Hierfür spricht insbesondere der weite englische Wortlaut („everyone"; enger insoweit die französische Fassung: „toute personne"). Das daraus entstehende Potenzial zu Konflikten mit nationalen Regelungen zum Schwangerschaftsabbruch entschärft der EGMR, indem er den Mitgliedstaaten einen Ermessensspielraum bzgl. der Definition des Lebensbeginns einräumt.[76] Art. 2 I EMRK verbietet den Mitgliedstaaten nicht nur die vorsätzliche Tötung von Menschen, sondern enthält auch aktive Schutzpflichten.[77] Die Mitgliedstaaten sind daher verpflichtet, aktive Maßnahmen zum Schutz des Lebens der Bürger, die sich unter ihrer Hoheitsgewalt befinden, zu ergreifen. Diese Pflicht beinhaltet sowohl die Schaffung entsprechender gesetzlicher Rahmenbedingungen zur Abschreckung von Angriffen auf das Schutzgut Leben als auch eines Justiz- und Verwaltungsapparats zur Prävention und Bestrafung von Verstößen gegen die entsprechenden Normen.[78] Umfasst ist auch eine prozessuale Verpflichtung: Der Staat muss angemessene Untersuchungen durchführen, deren Schlussfolgerungen auf einer umfassenden, objektiven und neutralen Analyse aller relevanten Elemente basieren müssen.[79]

Die Schutzpflicht des Staates ist im Hinblick auf die Verhinderung von Straftaten Dritter nur dann verletzt, wenn die staatlichen Stellen wussten oder hätten wissen müssen, dass eine bestimmte Person durch Straftaten Dritter bedroht ist und keine Schritte einleiten, die in ihrer Kompetenz lagen und vernünftigerweise hätten erwartet werden können.[80] Diese staatliche Schutzpflicht geht also nicht so weit, dass der Staat unter dem „Deckmantel" seiner Schutzpflichten selbst gegen die Konventionsrechte, insbesondere gegen Art. 5 I EMRK (Recht auf Freiheit), verstoßen darf. Dies unterstrich der Gerichtshof ein weiteres Mal in seiner Entscheidung „Kronfelder" aus dem Jahre 2012[81], in der er betonte, dass diese Schutzpflichten alleine eine Anordnung der Sicherungsverwahrung nicht rechtfertigen. Gesteigerte Schutzpflichten bestehen, wenn sich die Person in staatlichem Gewahrsam befindet, zB im Falle der Verletzung oder des Verschwindens eines Inhaftierten.[82]

Der Schutz des Lebens reicht zwar bis zum Tod, aus Art. 2 I EMRK lässt sich jedoch nicht das Recht auf einen „würdigen Tod", also die (negative) Freiheit auf Beendigung des Lebens ableiten.[83] In Fällen von **Sterbehilfe** und ärztlichem Behandlungsabbruch sieht der EGMR nicht sofort die staatliche Schutzpflicht verletzt; vielmehr hätten – gerade wegen der unterschiedlichen nationalen Bestimmungen – die Mitgliedstaaten einen ganz erheblichen Entscheidungsspielraum: Sowohl die Frage, ob und wie ein Behandlungsabbruch legal durchgeführt werden könne, als auch wie ein angemessener

---

[76] EGMR (GK), „Vo./. Frankreich", Urt. v. 8.7.2004, Nr. 53924/00, RJD 2004-VIII, Rn. 81, 82.
[77] EGMR (GK), „Lambert ua ./. Frankreich", Urt. v. 5.6.2015, Nr. 46043/14, Rn. 117; zu den Schutzpflichten im Gesundheitswesen ausf. EGMR (GK), „Lopes de Sousa Fernandes ./. Portugal, Urt. 19.12.2017, Nr. 56080/13, Rn. 162 ff.
[78] EGMR, „Usta ua ./. Türkei", Urt. v. 21.2.2008, Nr. 57084/00, Rn. 45; „Rantsev ./. Zypern u. Russland", Urt. v. 7.1.2010, Nr. 25965/04, RJD 2010-I, Rn. 218; vgl. auch EGMR (GK), „Giuliani und Gaggio ./. Italien", Urt. v. 24.3.2011, Nr. 23458/02, RJD 2011-II, Rn. 298 ff.
[79] EGMR (GK), „Armani da Silva ./. Vereinigtes Königreich", Urt. v. 30.3.2016, Nr. 5878/08, Rn. 233 f.; zusf. zu den Anforderungen an eine effektive Untersuchung EGMR, „Tagayeva ua ./. Russland", Urt. v. 13.4.2017, Nrn. 26562/07 ua, Rn. 496; in grenzüberschreitenden Fällen kann im Einzelfall eine Verpflichtung der beteiligten Staaten zur Kooperation bestehen, vgl. EGMR, „Güzelyurtlu ua ./. Zypern u. Türkei", Urt. 4.4.2017, Nr. 36925/07, Rn. 283 ff.
[80] EGMR, „Rantsev ./. Zypern u. Russland", Urt. v. 7.1.2010, Nr. 25965/04, RJD 2010-I, Rn. 219.
[81] EGMR, „Kronfelder ./. Deutschland", Urt. v. 19.1.2012, Nr. 21906/09, Rn. 87.
[82] EGMR, „ER ua ./. Türkei", Urt. v. 31.7.2012, Nr. 23016/04, Rn. 66 ff.
[83] EGMR, „Pretty ./. Vereinigtes Königreich", Urt. v. 29.4.2002, Nr. 2346/02, RJD 2002-III, Rn. 40.

Ausgleich zwischen dem Schutz des Lebens des Patienten einerseits und dessen Selbstbestimmung andererseits herzustellen sei, obliege primär dem Recht eines jeden Vertragsstaats; der EGMR könne nur die Einhaltung des Art. 2 EMRK im Allgemeinen überwachen.[84] Ob es mit der Schutzpflicht aus Art. 2 I EMRK vereinbar ist, wenn ein Staat – wie Deutschland – die **Selbsttötung und die Teilnahme daran** straflos stellt, hat der EGMR bislang nicht entschieden; angesichts des weiten nationalen Entscheidungsspielraums ist hiervon aber auszugehen. Dafür spricht auch, dass die gegenteilige nationale Entscheidung – die Bestrafung der Teilnahme am Suizid – bereits als konventionskonform angesehen wurde.[85]

Als **Eingriff** gilt jede staatliche Tötungshandlung, unabhängig von ihrer Zielgerichtetheit. Auch eine unabsichtliche Tötung stellt daher einen Eingriff dar.[86] Der EGMR hat sogar einen nicht ausreichend organisierten und mangelhaft durchgeführten Antiterroreinsatz zur Befreiung von Geiseln – bei dem zahlreiche Geiseln starben – als Eingriff erachtet.[87] Um Art. 2 EMRK praktische Wirksamkeit zu verleihen, können nach gefestigter Rspr. des EGMR auch Familienangehörige von „Betroffenen" Verletzungen von Art. 2 EMRK rügen.[88]

32 Eine spezielle **Schranke** sieht Art. 2 I 2 EMRK für die Vollstreckung eines Todesurteils vor. Angesichts der Ratifizierung des 6. ZP durch (fast) alle Mitgliedstaaten kommt eine Rechtfertigung der Vollstreckung einer Todesstrafe allenfalls noch in Kriegszeiten in Betracht,[89] und auch dies nur im Hinblick auf die drei Staaten, die das 13. ZP, welches die Todesstrafe absolut verbietet, noch nicht ratifiziert haben (Armenien, Aserbaidschan, Russland).[90]

33 Die Schranke nach Art. 2 II EMRK rechtfertigt die Tötung in drei Fällen, nämlich um jemanden gegen rechtswidrige Gewalt zu verteidigen (lit. a), um jemanden rechtmäßig festzunehmen bzw. an der Flucht zu hindern (lit. b) und um einen Aufruhr oder Aufstand rechtmäßig niederzuschlagen (lit. c). In allen drei Konstellationen ist eine innerstaatliche gesetzliche Grundlage erforderlich („rechtmäßig") und die strengen Grenzen der Verhältnismäßigkeit („unbedingt erforderlich") sind unter allen Umständen zu beachten.[91]

34 In **Fall 19** stellt sich die Frage, ob Art. 2 II EMRK überhaupt relevant wird. Denn auf den ersten Blick handelt es sich um einen „normalen" *Notwehrfall*, der der Regelung des § 32 StGB unterworfen ist. Eine Notwehrlage bestand, der Schuss – auch der möglicherweise tödliche – war als einziges verbleibendes Verteidigungsmittel erforderlich. Da eine allgemeine Verhältnismäßigkeitsprüfung nicht vorgesehen ist, wäre ein tödlich wirkender Schuss – nach rein deutschem Verständnis – auch zur Verteidigung von Sachwerten geboten iSv § 32 I StGB.[92] K wäre demnach durch Notwehr gerechtfertigt.

---

84 EGMR (GK), „Lambert ua ./. Frankreich", Urt. v. 5.6.2015, Nr. 46043/14, Rn. 148.
85 EGMR, „Pretty ./. Vereinigtes Königreich", Urt. v. 29.4.2002, Nr. 2346/02, RJD 2002-III, Rn. 41.
86 So auch *Ambos*, Int. Strafrecht, § 10 Rn. 78; *Eisele* JA 2000, 424 (428); *Grabenwarter*, ECHR, Art. 2 Rn. 5; aA aber etwa *Roxin*, AT I, § 15 Rn. 78.
87 EGMR, „Tagayeva ua ./.Russland", Urt. v. 13.4.2017, Nrn. 26562/07 ua, Rn. 562 ff., 584 ff.
88 *Meyer-Ladewig* NVwZ 2009, 1531 (1532).
89 Das 6. ZP, das von allen Mitgliedstaaten mit Ausnahme Russlands ratifiziert wurde, schafft die Todesstrafe in Friedenszeiten ab.
90 Das 13. ZP wurde bisher von 44 Vertragsparteien ratifiziert, siehe https://www.coe.int/de/web/conventions/full-list/-/conventions/treaty/187/signatures?p_auth=dzyvQFRr (Stand 1/20).
91 EGMR (GK), „Salman ./. Türkei", Urt. v. 27.6.2000, Nr. 21986/93, RJD 2000-VII, Rn. 98; *Corstens/Pradel*, Eur. Criminal Law, Rn. 274 ff.; *Grabenwarter*, ECHR, Art. 2 Rn. 11.
92 Siehe nur BGH Urt. v. 12.2.2003 – 1 StR 403/02 = NStZ 2003, 425; *Wessels/Beulke/Satzger*, Rn. 525, 530.

Teilweise wird Art. 2 II lit. a EMRK nun aber so interpretiert, dass dieser eine vorsätzliche Tötung nur zur Abwehr von Gewalt gegen eine Person („jemanden"/„of any person"/„de toute personne") zulasse; diese Einschränkung soll zudem auch unmittelbar für das Verhältnis von Privaten untereinander gelten.[93] Die wohl herrschende Gegenansicht[94] misst Art. 2 II EMRK demgegenüber allein im Verhältnis Staat-Bürger Bedeutung zu, zwischen Privaten sollen demnach allein die innerstaatlichen Regelungen der Notwehr gelten. Beide Ausgangspunkte vermögen in dieser Allgemeinheit nicht zu überzeugen: Einerseits ist es nämlich zutreffend, dass die EMRK keine pauschale unmittelbare Wirkung für Private entfaltet. Andererseits ist es zumindest nicht von vornherein ausgeschlossen, eine Notwehrbeschränkung mit einer – grds. möglichen – mittelbaren Drittwirkung (dazu → Rn. 26) des Art. 2 II lit. a EMRK zu begründen: Dafür müsste dem Staat zum Schutz des Lebens des Einzelnen eine Pflicht zukommen, die Notwehrregelung so auszugestalten, dass sie die Grenze des Art. 2 II lit. a EMRK einhält, indem sie keine tödliche Notwehr zum Schutz von Sachwerten erlaubt.[95] Ob sich Art. 2 II lit. a EMRK – als Ausdruck der objektiven Wertordnung der Konvention – eine Aussage über den zulässigen Umfang der Notwehr nicht nur in Bezug auf Hoheitsakte, sondern – gleichermaßen[96] – auch im privaten Verhältnis entnehmen lässt, ist allerdings zweifelhaft.

Selbst wenn man dieser Ansicht jedoch folgen wollte, hat der Streit im Ergebnis kaum praktische Relevanz. Denn Art. 2 II lit. a EMRK verbietet nur die „absichtliche" („intentionally"/ „intentionellement") Tötung. In den Kategorien der deutschen Vorsatzdogmatik wird man hierfür nur Fälle von Absicht bzw. direktem Vorsatz ausreichen lassen können.[97] Eventualvorsatz genügt hingegen nicht. Der in Notwehr handelnde Verteidiger von Sachwerten wird die tödliche Handlung regelmäßig aber in erster Linie erbringen, um sein Eigentum zu schützen, den Tod eines Menschen nimmt er allenfalls billigend in Kauf. Eine Notwehreinschränkung durch Art. 2 II lit. a EMRK kommt für derartige Fälle wegen der nur eventualvorsätzlichen Tötung von vornherein nicht in Betracht.[98] Beschränkt man den Anwendungsbereich des Art. 2 II EMRK auf Tötungen mit *dolus directus* 1. bzw. 2. Grades, so kommt auch eine Notwehreinschränkung in **Fall 19** nicht in Betracht, da K nur mit *dolus eventualis* handelte.[99]

Demgegenüber handelt es sich beim **finalen Rettungsschuss** im Polizeirecht um einen (mindestens mit *dolus directus* 2. Grades vorgenommenen) staatlichen Tötungsakt, der unproblematisch dem Art. 2 II lit. a EMRK unterfällt und sich somit an den strengen Kriterien des EGMR messen lassen muss.[100]

35

---

93 *Frister* GA 1985, 553 (564 f.); *Koriath*, in: Ranieri (Hrsg.), Die Europäisierung der Rechtswissenschaft, S. 47; S/S-*Perron/Eisele*, StGB § 32 Rn. 62.
94 So zB *Eisele* JA 2000, 428; MK-*Erb*, StGB § 32 Rn. 22 ff.; *Fischer*, StGB § 32 Rn. 40; *Jescheck/Weigend*, § 32 V.
95 Vgl. EGMR, „A. ./. Vereinigtes Königreich", Urt. v. 23.9.1998, Nr. 25599/94, RJD 1998-VI, Rn. 22, bzgl. einer entsprechenden staatlichen Schutzpflicht unter Art. 3 EMRK.
96 Für einen abweichenden Maßstab im privaten Bereich (bei der konventionskonformen Auslegung) etwa MK-*Erb*, StGB § 32 Rn. 24.
97 Hiergegen allerdings zB *Eisele* JA 2000, 424 (428) mwN.
98 So *Ambos*, Int. Strafrecht, § 10 Rn. 78; SSW-StPO-*Satzger*, EMRK Art. 2 Rn. 17; *ders.* JURA 2009, 759 (762 f.) mwN.
99 Allgemein zu diesem Problem SSW-StPO-*Satzger*, EMRK Art. 2 Rn. 17; *ders.*, JURA 2009, 759 (762 f.).
100 Vgl. zum finalen Rettungsschuss durch Soldaten EGMR (GK), „McCann ua ./. Vereinigtes Königreich", Urt. v. 27.9.1995, Nr. 18984/91, 17/1994/464/545, Serie A, Nr. 324, Rn. 147–214 und die schulmäßige Lösung bei *Peters/Altwicker*, EMRK, § 5 Rn. 22.

d) Folterverbot, Verbot erniedrigender Strafe – Art. 3 EMRK

aa) Schutzbereichsbestimmung und absolutes Folterverbot

36 Der EGMR betont immer wieder, dass Art. 3 EMRK einen Grundwert der demokratischen Gesellschaft schützt und damit eine fundamentale Garantie enthält.[101] Als Eingriffe in den Schutzbereich sieht Art. 3 EMRK erstens die unmenschliche oder erniedrigende Behandlung oder Strafe und zweitens – als gravierendere Rechtsverletzung – die Folter an.

Eine **unmenschliche Behandlung** liegt vor, wenn einer Person vorsätzlich schwere physische oder psychische Leiden zugefügt werden, die Gefühle von Furcht und Erniedrigung hervorrufen.[102] Ein demgegenüber schwächerer Verstoß gegen Art. 3 EMRK liegt in einer „nur" **erniedrigenden Behandlung bzw. Strafe**. Diese wird nicht durch die Zufügung von Schmerzen, sondern durch eine Demütigung charakterisiert. Erforderlich ist also ein Verhalten von gewisser Schwere, das auf die Demütigung des Betroffenen gerichtet ist.[103] Ein zu berücksichtigender Faktor ist dabei eine eventuell vorhandene Demütigungsabsicht des Täters; aber auch ohne eine solche Absicht kann eine Behandlung erniedrigend sein. [104]

Beispiele: Eine unmenschliche und erniedrigende Behandlung wurde angenommen in dem Fall, in dem ein Strafgefangener sieben Tage lang in einer etwa 8 m² großen Sicherheitszelle unbekleidet untergebracht wurde;[105] eine erniedrigende Behandlung bejahte der EGMR in einem Fall in dem der Angeklagte während der 21 Verhandlungstage in einem für die Öffentlichkeit sichtbaren Metallkäfig eingesperrt wurde, ohne dass Anhaltspunkte für eine besondere Gefährlichkeit des Beschuldigten bestanden.[106]

Die **Folter** unterscheidet sich von den beiden bisher genannten Begriffen zum einen durch die Schwere der Handlung.[107] Sie setzt objektiv eine unmenschliche oder erniedrigende Behandlung voraus, die jedoch ein sehr ernstes und grausames Leiden hervorrufen muss. Dabei kann es genügen, wenn – ohne Eingriff in die physische Integrität – erhebliches psychisches Leid verursacht wird.[108] Zum anderen verlangt der Folterbegriff subjektiv, dass die Schmerzen und Leiden zweckhaft zugefügt werden, insbesondere mit dem Ziel, ein Geständnis zu erlangen.[109] Die Folter stellt somit eine gesteigerte Form der unmenschlichen und erniedrigenden Behandlung dar, deren Feststellung durch den EGMR vor allem aus Stigmatisierungsgründen erfolgt.[110] Die Unterscheidung wirkt sich insofern praktisch aus, als dass der EGMR bisher die Frage, ob ein unterhalb der Folterschwelle angesiedelter Verstoß gegen Art. 3 EMRK automatisch zu einem Beweisverwertungsverbot führt, ausdrücklich offen gelassen hat, während er dies im Falle der Folter annimmt. Zu beachten ist in diesem Zusammenhang, dass der

---

101 EGMR, „Hellig ./. Deutschland", Urt. v. 7.7.2011, Nr. 20999/05, Rn. 50.
102 EGMR, „Kalashnikov ./. Russland", Urt. v. 15.7.2002, Nr. 47095/99, RJD 2002-VI, Rn. 95.
103 EGMR, „Yankov ./. Bulgarien", Urt. v. 11.12.2003, Nr. 39084/97, RJD 2003-XII, Rn. 104.
104 EGMR (GK), „Stanev ./. Bulgarien", Urt. v. 17.1.2012, Nr. 36760/06, 2012-I, Rn. 203.
105 Vgl. EGMR, „Hellig ./. Deutschland", Urt. v. 7.7.2011, Nr. 20999/05, Rn. 56 f., wonach das Vorenthalten von Kleidung nur dann nicht als solche Behandlung eingestuft werden kann, wenn ein (nicht näher umschriebener) hinreichender Grund vorliege; dazu *Pohlreich* JZ 2011, 1059.
106 EGMR, „Piruzyan ./. Armenien", Urt. v. 26.6.2012, Nr. 33376/07, Rn. 69 ff.
107 *Grabenwarter/Pabel*, EMRK, § 20 Rn. 42.
108 So auch *Frowein/Peukert*, EMRK, Art. 3 Rn. 6 EMRK mwN.
109 Dazu EGMR (GK), „Selmouni ./. Frankreich", Urt. v. 28.7.1999, Nr. 25803/94, RJD 1999-V, Rn. 96; dazu auch *Ambos*, Int. Strafrecht, § 10 Rn. 80.
110 So schon EGMR, „Irland ./. Vereinigtes Königreich", Urt. v. 18.1.1978, Nr. 5310/71, Serie A, Nr. 25, Rn. 167: „[...] attach a special stigma [...]".

EGMR die Verwertung von durch Verstoß gegen Art. 3 EMRK erlangten Beweismitteln nicht als Verstoß gegen Art. 3 EMRK selbst, sondern gegen Art. 6 I EMRK (dazu → Rn. 81) ansieht.[111]

Beispiel: Folter wurde bejaht im Fall des sog. „Palästinensischen Hängens" (die Hände eines Häftlings werden hinter seinem Rücken zusammengebunden, dann wird er an den Armen hochgezogen, mit der Folge, dass diese danach gelähmt sind)[112] sowie bei einer Vergewaltigung durch die Polizei.[113]

Da Art. 3 EMRK keine Schrankenbestimmung enthält und eine Rechtfertigung selbst in Notstandssituationen angesichts der Regelung des Art. 15 II EMRK ausgeschlossen ist, verbietet sich eine Prüfung nach dem Modell „Eingriff in den Schutzbereich – Rechtfertigung". Zwar stellt sich die Frage nach der Existenz impliziter Schranken, denn die Tatsache, dass selbst das Recht auf Leben (Art. 2 I EMRK) Einschränkungen unterworfen ist, spricht eigentlich dafür, dass auch Art. 3 EMRK kein absolutes Recht darstellt. Demgegenüber lässt das Fehlen solcher Ausnahmeregelungen in Art. 3 EMRK jedoch zum einen den Umkehrschluss zu, dass keinerlei Einschränkung möglich ist,[114] zum anderen ist der Wortlaut des Art. 15 II EMRK ohnehin eindeutig. Das Verbot jeglicher gegen Art. 3 EMRK verstoßenden Behandlungen gilt somit umfassend und absolut.[115] Dies ist eine wichtige Vorgabe, auch und gerade in Zeiten der Terrorismusbekämpfung. Begrüßenswert ist die ausdrückliche Betonung der Absolutheit auch im Hinblick auf die teilweise menschenunwürdigen Unterbringungsbedingungen im Zusammenhang mit der europäischen Flüchtlingskrise.[116] Überzeugend begründen lässt sich die Absolutheit des Folterverbots jedoch nur über den dahinterstehenden Schutz der Menschenwürde, welche in der EMRK – anders als im GG (vgl. Art. 1 I GG) – jedoch nicht explizit verankert ist.[117]

37

Allerdings muss – und hierin liegt ein gewisser Ausgleich für die fehlende Schrankenbestimmung – nach st. Rspr. des EGMR die Misshandlung ein gewisses Maß an Schwere erreichen, um überhaupt als Eingriff in Art. 3 EMRK erfasst zu werden. Das Merkmal des Mindestmaßes bestimmt sich dabei nach den Umständen des Einzelfalles, wobei insbesondere die Dauer der Behandlung, ihre physischen und psychischen Wirkungen sowie Geschlecht, Alter und Gesundheitszustand des Opfers eine Rolle spielen.[118] Es ergibt sich hier somit folgendes Prüfungsschema:

38

I. **Schutzbereichseröffnung:** Definition des Anwendungsbereichs

II. **Eingriff:** Liegt eine Maßnahme vor, die ein derartiges Maß an Schwere erreicht, dass sie als Eingriff in Art. 3 EMRK qualifiziert werden kann? (anstelle der Prüfung nach dem Schema „Eingriff – Rechtfertigung", vgl. Art. 15 II EMRK)

---

111 *Warnking*, Strafprozessuale Beweisverwertungsverbote, S. 82.
112 EGMR, „Aksoy ./. Türkei", Urt. v. 18.12.1996, Nr. 21987/93, RJD 1996-VI, Rn. 64.
113 EGMR, „Aydin ./. Türkei", Urt. v. 25.9.1997, Nr. 23178/94, RJD 1997-VI, Rn. 86.
114 *Ambos*, Int. Strafrecht, § 10 Rn. 83; *Safferling* Jura 2008, 100 (100 f.); aA *Peters/Altwicker*, EMRK, § 6 Rn. 3, wobei die Annahme immanenter Schranken angesichts der eindeutigen Rspr. des EGMR sowie Art. 15 II EMRK nur schwer vertretbar scheint.
115 EGMR, „Gäfgen ./. Deutschland", Urt. v. 30.6.2008, Nr. 22978/05, Rn. 70.
116 EGMR, „J.R. ./. Griechenland", Urt. v. 25.1.2018, Nr. 22696/16, Rn. 137 = NVwZ 2018, 1375 (1379).
117 So überzeugend *Pösl*, Das Verbot der Folter in Art. 3 EMRK, S. 72 ff.
118 Vgl. EGMR, „Tekin ./. Türkei", Urt. v. 9.6.1998, Nr. 22496/93, RJD 1998-IV, Rn. 52 f.; EGMR (GK), „Jalloh ./. Deutschland", Urt. v. 11.7.2006, Nr. 54810/00, RJD 2006-IX, Rn. 67; EGMR, „Hellig ./. Deutschland", Urt. v. 7.7.2011, Nr. 20999/05; BVerfG NJW 2018, 2619 (2624).

39 Art. 3 EMRK ist eine Garantie, die auch eine **mittelbare Drittwirkung** (dazu → Rn. 26) entfaltet, indem jeder Konventionsstaat Personen in seinem Einflussbereich vor Folter, unmenschlicher oder erniedrigender Behandlung – auch durch Privatpersonen – zu schützen hat.[119] Diese Schutzpflicht geht so weit, dass eine Verletzung von Art. 3 EMRK auch dann vorliegen kann, wenn der Staat glaubhafte Missbrauchsvorwürfe nicht strafrechtlich verfolgt bzw. nicht angemessen hiergegen ermittelt.[120] Zweck dieser Schutzpflicht ist es, einerseits den wirkungsvollen Vollzug der Gesetze sicherzustellen, die das Grundrecht schützen, andererseits bei Verletzungen durch staatliche Eingriffe zu gewährleisten, dass die individuellen Organe zur Verantwortung gezogen werden.[121]

In diesem Zusammenhang können auch die Angehörigen von mittlerweile verschwundenen Folteropfern selbst Opfer einer unmenschlichen oder erniedrigenden Behandlung sein. Ob dabei die erforderliche Mindestschwere überschritten wurde, ist abhängig von dem seitens der Angehörigen erlittenen Leid. Zur Beurteilung des Schweregrads zieht der EGMR insbesondere die konkrete familiäre Nähebeziehung zwischen Angehörigem und eigentlichem Opfer, die Frage, ob die Angehörigen Zeugen der Misshandlungen geworden sind, sowie das Bemühen der Angehörigen, das Schicksal ihres Familienmitglieds zu erfahren, und die Reaktion der nationalen Behörden hierauf heran.[122] Diese Umstände müssen dem Leid der Angehörigen eine Intensität verleihen, die über das bei einer von einem Familienmitglied erlittenen Menschenrechtsverletzung unvermeidliche Maß hinausgeht.[123] Gerade Untätigkeit der Behörden begründet in derartigen Konstellationen eine Verletzung von Art. 3 EMRK in Bezug auf die Angehörigen.[124]

bb) Konstellation 1: Androhung von Folter

40 ▶ **FALL 20:** G, der der Entführung des Frankfurter Bankierssohns J verdächtig war, verweigerte gegenüber den polizeilichen Vernehmungsbeamten die Aussage über den Aufenthaltsort des J. Polizeipräsident D wies daraufhin den zuständigen Vernehmungsbeamten V an, dem G erhebliche körperliche Schmerzen anzudrohen, wenn er den Aufenthaltsort des J weiter verschweige. Zu diesem Zeitpunkt nahmen D und V an, dass J noch am Leben wäre, sich aber in akuter Lebensgefahr befände. G legte infolge der Androhung ein umfassendes Geständnis ab, aufgrund dessen dann die Leiche des bereits vor der Festnahme des G getöteten J gefunden wurde. Das Geständnis hielt G bei seiner erneuten Vernehmung durch Polizei und Staatsanwaltschaft auch aufrecht. In der Hauptverhandlung wurde G belehrt, dass sein durch Drohung mit Gewalt abgepresstes Geständnis sowie dessen Bestätigung vor der Staatsanwaltschaft nicht verwertet werden dürften. Dennoch gestand er erneut und wurde am 28.7.2003 wegen Mordes zu einer lebenslangen Freiheitsstrafe verurteilt. Auch gegen V und D kam es wegen der Vernehmung des G zu einem Strafverfahren. Am 20.12.2004 wurde V wegen vollendeter Nötigung und D wegen Anstiftung zur Nötigung schuldig gespro-

---

119 EGMR, „A. ./. Vereinigtes Königreich", Urt. v. 23.9.1998, Nr. 25599/94, RJD 1998-VI, Rn. 22.
120 EGMR (GK), „Labita ./. Italien", Urt. v. 6.4.2000, Nr. 26772/95, RJD 2000-IV, Rn. 130–136, insbes. Rn. 131: „Otherwise, the general legal prohibition of torture and inhuman and degrading treatment would, despite its fundamental importance, be ineffective in practice [...]"; EGMR, „M.u. M. ./. Kroatien", Urt. v. 3.9.2015, Nr. 10161/13, Rn. 136.; zu Einzelheiten vgl. SSW-StPO-*Satzger*, EMRK Art. 3 Rn. 38.
121 *Grabenwarter* NJW 2010, 3128 (3129).
122 EGMR, „Magamadova u. Iskhanova ./. Russland", Urt. v. 6.11.2008, Nr. 33185/04, Rn. 105.
123 EGMR (GK), „Cakici ./. Türkei", Urt. v. 8.7.1999, Nr. 23657/94, RJD 1999-IV, Rn. 98; vgl. *Vermeulen*, in: van Dijk ua (Hrsg.), Theory and Practice of the European Convention on Human Rights, S. 440 f.
124 EGMR (GK), „Tahsin Acar ./. Türkei", Urt. v. 8.4.2004, Nr. 26307/95, RJD 2004-III, Rn. 238.

chen. Das Gericht wählte jedoch die geringstmögliche Sanktion und verhängte eine „Verwarnung mit Strafvorbehalt" (vgl. § 59 I StGB). D wurde später zum Polizeipräsidium für Technik, Logistik und Verwaltung versetzt und zu dessen Leiter ernannt. Nach Ausschöpfung des innerstaatlichen Rechtswegs legte G am 15.6.2005 beim EGMR Beschwerde ein und machte einen Verstoß gegen Art. 3 EMRK und Art. 6 I EMRK geltend. Der Fall erfuhr in der Öffentlichkeit große Aufmerksamkeit, die Behandlung des G durch die Beamten wurde breit befürwortet. Kann G eine Verletzung von Art. 3 EMRK geltend machen? (dazu → Rn. 41) ◂

Im **Fall 20** ging der EGMR zunächst davon aus, dass auch die bloße Androhung einer nach Art. 3 EMRK verbotenen Handlung, sofern sie hinreichend real und unmittelbar ist, ein Mindestmaß an Schwere überschreiten und damit einen Eingriff in Art. 3 EMRK begründen kann. Auch die bloße Androhung von Folter – und als solche wäre die dem G durch die Beamten angedrohte Behandlung im Falle der tatsächlichen Umsetzung zu qualifizieren gewesen – gegenüber einer Person kann dabei unter Umständen sogar eine Folter selbst, zumindest aber eine unmenschliche Behandlung darstellen.[125] Im vorliegenden Fall wurden die Drohungen gegenüber G lediglich über einen kurzen Zeitraum hinweg aufrechterhalten und somit vom EGMR nicht als Folter, aber aufgrund ihres Gewichts als unmenschlicher Eingriff iSv Art. 3 EMRK eingestuft. In diesem Zusammenhang stellte der EGMR bemerkenswerterweise ausdrücklich fest, dass das Verbot einer gegen Art. 3 EMRK verstoßenden Behandlung – und dabei bezog er alle drei Varianten mit ein – absolut und unabhängig vom Verhalten des Betroffenen und selbst im Fall eines öffentlichen Notstands gelte, der das „Leben der Nation" – oder erst recht das einer Person – bedrohe.[126]

41

Aufgrund des oben (dazu → Rn. 21 ff.) beschriebenen Subsidiaritätsprinzips ergaben sich dennoch Probleme im Hinblick auf eine Verurteilung der Bundesrepublik. Die Kammer des EGMR ging noch davon aus, dass die Opfereigenschaft des G iSv Art. 34 EMRK wegen der Behandlung des Falls auf nationaler Ebene entfallen sei. Die hierfür erforderliche ausdrückliche Anerkennung des Verstoßes sah sie zum einen in der inzidenten Feststellung des LG Frankfurt am Main, dass die Drohung mit Schmerzen, um eine Aussage von G zu erlangen, neben einer Verletzung des § 136a StPO auch einen Verstoß gegen Art. 3 EMRK dargestellt habe, sowie in der Annahme eines Beweisverwertungsverbots hinsichtlich des Geständnisses des G. Zum anderen folgerte sie eine solche Anerkennung aus der Verurteilung des V und des D wegen Nötigung bzw. Anstiftung hierzu. Eine hinreichende Wiedergutmachung des Verstoßes auf innerstaatlicher Ebene erblickte die Kammer ebenfalls in der Verurteilung der beiden Polizeibeamten, die trotz der in der Öffentlichkeit vorherrschenden Billigung der Behandlung des G erfolgte und insbesondere deshalb als ausreichende Kompensation anzusehen sei. Es sei so unzweideutig anerkannt worden, dass G Opfer einer verbotenen Misshandlung war.

42

Anders entschied demgegenüber die Große Kammer des EGMR hinsichtlich der Kompensation des Verstoßes. Diese sah die von den deutschen Behörden und Gerichten ergriffenen Maßnahmen zwar als ausdrückliche Anerkennung des Verstoßes gegen Art. 3

43

---

125 So schon EGMR, „Gäfgen ./. Deutschland", Urt. v. 30.6.2008, Nr. 22978/05, Rn. 67; insoweit bestätigt in EGMR (GK), „Gäfgen ./. Deutschland", Urt. v. 1.6.2010, Nr. 22978/05, RJD 2010-IV.
126 So bereits EGMR, „Gäfgen ./. Deutschland", Urt. v. 30.6.2008, Nr. 22978/05, Rn. 69; bestätigt in EGMR (GK), „Gäfgen ./. Deutschland", Urt. v. 1.6.2010, Nr. 22978/05, RJD 2010-IV, Rn. 107.

EMRK[127] an; dies sei jedoch keineswegs ausreichend gewesen, um die erlittene Verletzung auch wiedergutzumachen. Zur Wiedergutmachung dient, gerade bei Verstößen gegen Art. 3 EMRK, die effektive Verfolgung derer, die für den Verstoß verantwortlich waren. Kriterien für die Effektivität sind die Raschheit der Verfolgung, die Verfahrensdauer sowie die Ergebnisse der Untersuchung und anschließender Strafverfahren einschließlich disziplinärer Maßnahmen.[128] An der Raschheit und Dauer des Strafverfahrens gegen V und D hatte die Große Kammer auch nichts auszusetzen. Allerdings betrachtete die Große Kammer – entgegen der sonst üblichen, durch den EGMR sich selbst auferlegten Zurückhaltung (grds. haben die nationalen Gerichte über das Maß der Schuld zu bestimmen) – das gegen V und D verhängte Strafmaß kritisch.[129] Der EGMR müsse sicherstellen, dass die Konvention gem. Art. 19 EMRK nicht nur theoretische, sondern praktische und wirksame Rechte schütze und die Mitgliedstaaten ihrer Verpflichtung aus Art. 1 EMRK angemessen nachkämen.[130] Dabei beanstandete die Große Kammer vor allem die fehlende abschreckende Wirkung einer Verurteilung der ausführenden Polizeibeamten zu mehr oder weniger symbolischen Geldstrafen von 60 bzw. 90 Tagessätzen in Höhe von 60 bzw. 120 EUR, die obendrein noch als Verwarnungen unter Strafvorbehalt ausgesprochen worden waren. Eine solche Bestrafung stehe außer Verhältnis zur Wesentlichkeit des Grundrechts des Art. 3 EMRK und sei mangels Abschreckung nicht geeignet, erneuten Verstößen vorzubeugen. Auch die anschließende berufliche Beförderung des D ließ nach Auffassung der Großen Kammer die erforderliche Angemessenheit als Reaktion auf einen Verstoß gegen Art. 3 EMRK vermissen.[131]

cc) Konstellation 2: Medizinische Eingriffe an Festgenommenen/Häftlingen

44 ▶ **FALL 21:** Polizeibeamte beobachteten, wie J kleine Plastikbeutel aus dem Mund nahm und jeweils anderen Personen gegen Geld überließ. Sie nahmen an, es handle sich bei dem Inhalt der Beutel um Betäubungsmittel und nahmen J daher fest. Bei der Festnahme schluckte J etwas herunter. Im Polizeipräsidium ordnete der diensthabende Staatsanwalt S, um den Fahndungserfolg nicht zu gefährden, die Verabreichung eines Brechmittels an, damit J den Plastikbeutel oral ausscheide. Im Krankenhaus weigerte sich J, das Brechmittel zu schlucken und wurde daraufhin von Polizeibeamten fixiert, so dass der anwesende Arzt dem J zwangsweise mittels einer Nasen-Magen-Sonde ein Brechmittel einführen konnte. Daraufhin erbrach J unter Schmerzen einen Plastikbeutel, der 0,2g Kokain enthielt. Ist J in seinem Recht aus Art. 3 EMRK verletzt? (dazu → Rn. 46) ◀

45 Besondere Probleme hinsichtlich der Mindestschwere einer Maßnahme ergeben sich bei medizinischen Eingriffen, denen Personen in Haft gegen ihren Willen unterzogen werden.[132] Art. 3 EMRK legt nämlich dem Staat auch die Pflicht auf, die körperliche Unversehrtheit der Häftlinge zu gewährleisten, indem er ihnen insbesondere die not-

---

127 EGMR (GK), „Gäfgen ./. Deutschland", Urt. v. 1.6.2010, Nr. 22978/05, RJD 2010-IV, Rn. 120–122.
128 EGMR (GK), „Gäfgen ./. Deutschland", Urt. v. 1.6.2010, Nr. 22978/05, RJD 2010-IV, Rn. 121.
129 *Grabenwarter* NJW 2010, 3128 (3129).
130 EGMR (GK), „Gäfgen ./. Deutschland", Urt. v. 1.6.2010, Nr. 22978/05, RJD 2010-IV, Rn. 123.
131 EGMR (GK), „Gäfgen ./. Deutschland", Urt. v. 1.6.2010, Nr. 22978/05, RJD 2010-IV, Rn. 124 f.; eine ausreichende Kompensation wäre nach Ansicht des Gerichtshofs die Suspendierung des mit dem Foltervorwurf belasteten Staatsbediensteten während der Ermittlungen sowie die Amtsenthebung im Falle einer anschließenden Verurteilung; vgl. dazu EGMR, „Ali u. Ayse Duran ./. Türkei", Urt. v. 8.4.2008, Nr. 42942/02, Rn. 64 mwN; krit. hierzu *Grabenwarter* NJW 2010, 3128.
132 Zur Verletzung des Art. 3 EMRK durch Haftbedingungen ausf. SSW-StPO-*Satzger*, EMRK Art. 3 Rn. 19 f. mwN.

wendige medizinische Versorgung zukommen lässt.¹³³ Eine Maßnahme, die nach anerkannten medizinischen Grundsätzen therapeutisch notwendig ist, kann daher grds. nicht als unmenschlich oder erniedrigend angesehen werden. Dies gilt beispielsweise für die Zwangsernährung, mit der das Leben eines im Hungerstreik befindlichen Strafgefangenen gerettet werden soll.¹³⁴ Selbst wenn eine Maßnahme nicht therapeutisch indiziert ist, verbietet Art. 3 EMRK es nicht prinzipiell, gegen den Willen des Beschuldigten zu medizinischen Maßnahmen zu greifen, um Beweise für dessen Teilnahme an einer Straftat zu erlangen. Blut- und Speichelproben sind somit grds. legitim. Bei schwerer wiegenden Maßnahmen müssen allerdings im Rahmen der oben beschriebenen Gesamtabwägung (→ Rn. 38) Kriterien wie die Schwere der Verdachtstat, die Erwägung alternativer Ermittlungsmethoden, eventuell bestehende Gesundheitsgefahren, physische Schmerzen des Betroffenen, die medizinische Beaufsichtigung und die tatsächlichen gesundheitlichen Folgen des Eingriffs berücksichtigt werden.¹³⁵

Im **Fall 21** fiel die Abwägung des EGMR zugunsten des betroffenen J aus. Zwar hält der EGMR den Handel mit Betäubungsmitteln *per se* für eine schwere Straftat, allerdings bewegte sich der konkrete BtMG-Verstoß des J schon am unteren Rand der Strafbarkeit – es fehlte somit bereits an einer hinreichend schweren Tat. Daneben habe die mitgliedstaatliche Behörde auch keine alternativen Ermittlungsmaßnahmen in Erwägung gezogen – bei Deals mit sog. *Bubbles* könne jedoch beispielsweise immer abgewartet werden, dass das Betäubungsmittel auf natürlichem Wege ausgeschieden werde.¹³⁶ Hinsichtlich der verschiedenen Alternativen von Art. 3 EMRK sah der EGMR eine unmenschliche Behandlung als gegeben an, denn die Durchführung des Eingriffs habe beim Beschwerdeführer physische Schmerzen und psychische Leiden hervorgerufen, auch wenn dies nicht beabsichtigt war.¹³⁷

46

Betrachtet man die Vorgehensweise des EGMR bei der Prüfung, ob ein Eingriff in Art. 3 EMRK vorliegt, so zeigt sich, dass er eine **Gesamtabwägung** durchführt, die einer Prüfung der **Verhältnismäßigkeit** der Maßnahme – nach deutschem Recht – an sich sehr nahe kommt. Liegt demnach eine „verhältnismäßige" Maßnahme vor, ist die Mindestschwelle, die die Maßnahme letztlich zu einem Eingriff in Art. 3 EMRK macht, nicht überschritten. Geschuldet ist dieses Vorgehen dem Fehlen einer Rechtfertigungsebene bei Art. 3 EMRK.

47

dd) Konstellation 3: Abschiebung und Auslieferung

▶ **FALL 22:** Der des Mordes verdächtige Deutsche S war von den USA (Tatort) nach Großbritannien geflohen; dem Auslieferungsersuchen der USA gab Großbritannien statt. Da S im Fall einer Auslieferung und Verurteilung in den USA die Todesstrafe drohte, legte S nach Ausschöpfung des nationalen Rechtswegs im Vereinigten Königreich Beschwerde beim EGMR ein und führte zur Begründung einen Verstoß gegen Art. 2 I EMRK (Recht auf Leben) und Art. 3 EMRK an. Stehen Bestimmungen der EMRK der Auslieferung von S an die USA entgegen? (dazu Rn. 50) ◀

48

---

133 EGMR (GK), „Mozer ./. Moldawien u. Russland", Urt. v. 23.2.2016, Nr. 11138/10, Rn. 179 f.; zu einem höheren Standard angemessener medizinischer Versorgung bzgl. Minderjähriger EGMR (GK), „Blokhin ./. Russia", Urt. v. 23.3.2016, Nr. 47152/06.
134 EGMR (GK), „Jalloh ./. Deutschland", Urt. v. 11.7.2006, Nr. 54810/00, RJD 2006-IX, Rn. 69.
135 EGMR (GK), „Jalloh ./. Deutschland", Urt. v. 11.7.2006, Nr. 54810/00, RJD 2006-IX, Rn. 71–74.
136 EGMR (GK), „Jalloh ./. Deutschland", Urt. v. 11.7.2006, Nr. 54810/00, RJD 2006-IX, Rn. 78.
137 EGMR (GK), „Jalloh ./. Deutschland", Urt. v. 11.7.2006, Nr. 54810/00, RJD 2006-IX, Rn. 102, 253.

49 Besondere Relevanz hat Art. 3 EMRK als weitreichendes Abschiebungs- und Auslieferungshindernis: Der EGMR leitet daraus ein **Abschiebungsverbot** nicht nur bei drohender Verfolgung durch staatliche Organe, sondern auch bei drohender Folter durch Bürgerkriegsparteien und damit nicht-staatlichen Stellen ab.[138] Dieses Abschiebungsverbot gilt umfassend: Selbst bei Abschiebung eines Drittstaatlers zunächst in einen Durchgangsstaat, der ebenfalls Konventionsmitglied ist, muss der abschiebende Staat sicherstellen, dass der Betroffene im Durchgangsstaat effiziente Rechtsbehelfe gegen eine weitere Abschiebung bei den dortigen nationalen Gerichten einlegen kann und ihm die Möglichkeit eines Antrags auf vorläufige Maßnahmen nach Art. 39 EGMR-VerfO zur Verfügung steht.[139] Art. 3 EMRK lässt sich aufgrund der stetigen Erweiterung der Verantwortlichkeit der Mitgliedstaaten mittlerweile eine Art Asylgrundrecht entnehmen.[140]

50 Im **Fall 22**[141] erweiterte der EGMR den Anwendungsbereich von Art. 3 EMRK als Auslieferungshindernis: Art. 2 I 2 EMRK stand bereits angesichts seines Wortlauts der Auslieferung nicht entgegen. Da das Vereinigte Königreich inzwischen wie alle anderen Vertragsstaaten (außer Russland) das 6. ZP ratifiziert hat, würde nach heutiger Rechtslage bereits das darin grds. anerkannte Verbot der Todesstrafe einer Auslieferung im Wege stehen. In dem vom EGMR entschiedenen Originalfall war dieses 6. ZP jedoch mangels Ratifizierung noch nicht in Kraft, so dass sich daraus zum damaligen Zeitpunkt kein Auslieferungshindernis ergeben konnte. Es verblieb also nur die Möglichkeit eines Verstoßes gegen Art. 3 EMRK. Die in den USA zu erwartende Todesstrafe verletzte als solche zwar nicht die in dieser Norm enthaltenen Garantien. Denn was „unmenschlich" oder „erniedrigend" war, musste vor dem Hintergrund des damals anwendbaren Art. 2 I 2 EMRK ausgelegt werden, wonach die Todesstrafe diese Voraussetzungen eben nicht erfüllte. Gleichwohl sah der EGMR in der Auslieferung einen Verstoß gegen Art. 3 EMRK, da sich jedenfalls das zu befürchtende „Todeszellensyndrom" und die Situation vor der Hinrichtung als unmenschliche Behandlung einstufen ließen. Besondere Bedeutung hat diese Entscheidung gerade deshalb erlangt, weil damit die völkerrechtliche Verantwortlichkeit der Konventionsstaaten für die Wahrung der EMRK-Garantien auch außerhalb ihres eigenen Territoriums bestätigt wurde, was grundlegende Bedeutung für den Rechtshilfeverkehr der EMRK-Staaten hat. Im konkreten Fall kam es zu einer Auslieferung des S an die USA, nachdem von dort eine Zusage erfolgte, dass die Todesstrafe nicht verhängt werden würde.[142]

---

[138] Vgl. EGMR (GK), „Chahal ./. Vereinigtes Königreich", Urt. v. 15.11.1996, Nr. 22414/93, RJD 1996-V, Rn. 74, 98, 99, 107, wo der EGMR in der drohenden Abschiebung Chahals aus Großbritannien einen Verstoß gegen Art. 3 sah, da dem bekennenden Sikh in Indien menschenunwürdige Behandlung durch Sicherheitskräfte aus dem Punjab, die außerhalb ihres Hoheits- und Zuständigkeitsgebiets Jagd auf Sikhs machten, drohte; ähnl. auch EGMR (GK), „Hirsi Jamaa ua ./. Italien", Urt. v. 23.2.2012, Nr. 27765/09, RJD 2012-II, Rn. 120; differenzierend hinsichtlich des Risikos für den Beschwerdeführer (und der entsprechenden Beweislastverteilung) EGMR (GK), „F.G. ./. Schweden", Urt. v. 23.3.2016, Nr. 43611/11, Rn. 111, 120 f.; vergangene Misshandlungen sind dabei ein Indiz dafür, dass zukünftig – also nach der Abschiebung – weitere Misshandlungen drohen, vgl. EGMR (GK), „J.K. ua ./. Schweden", Urt. v. 23.8.2016, Nr. 59166/12, Rn. 102.
[139] EGMR, „K.R.S. ./. Vereinigtes Königreich ", Beschl. v. 2.12.2008, Nr. 32733/08; EGMR, „B.A.C. ./. Griechenland", Urt. v. 13.10.2016, Nr. 11981/15, Rn. 59 = NVwZ 2018, 557.
[140] *Grabenwarter* EuGRZ 2011, 229 (231); SSW-StPO-*Satzger*, EMRK Art. 3 Rn. 37.
[141] EGMR, „Soering ./. Vereinigtes Königreich", Urt. v. 7.7.1989, Nr. 14038/88, Serie A, Nr. 161.
[142] Vgl. auch *Corstens/Pradel*, Eur. Criminal Law, Rn. 289.

ee) Prozessuale Auswirkungen einer Verletzung des Art. 3 EMRK

Die Verwertung eines unter Verstoß gegen Art. 3 gewonnenen Beweises verstößt nicht automatisch ebenfalls gegen Art. 3 EMRK. Eine solche Verwertung kann aber einen Verstoß gegen Art. 6 I EMRK (*fair trial*) bewirken. Im Hinblick auf die Verwertung von unmittelbar aus einem Verstoß gegen Art. 3 erlangten Beweismitteln differenziert der Gerichtshof nach der Art des Beweismittels[143]:

- Bei Geständnissen soll es nicht darauf ankommen, ob ein solches unmittelbar aus der Anwendung von Folter, aus einer unmenschlichen oder aus einer erniedrigenden Behandlung gewonnen wurde. Findet das Beweismittel Eingang in den Prozess, so ist dieser in jedem Fall unfair iSv Art. 6 I 1 EMRK.[144] Im Fall *Gäfgen* wurde zwar ein Geständnis durch unmenschliche Behandlung (Drohung mit Gewaltanwendung) erlangt. Dass gleichwohl kein Verstoß gegen Art. 6 I EMRK angenommen wurde, lag allein daran, dass dieses Geständnis letztlich überhaupt nicht verwertet wurde. Denn die Verurteilung des G erfolgte alleine aufgrund eines neuen Geständnisses. Dieses hatte G in der Hauptverhandlung nach qualifizierter Belehrung darüber, dass das ursprüngliche Geständnis nicht verwertet werden kann, abgelegt.[145]

- Dasselbe gilt für andere (körperliche) Beweismittel, aber nur dann, wenn sie unmittelbar durch Folter gewonnen wurden. Für körperliche Beweismittel, die „nur" durch eine unmenschliche oder erniedrigende Behandlung erlangt wurden, sind die Aussagen des Gerichtshofs zwar weniger deutlich. In „El Haski ./. Belgien" fasst der EGMR seine Rspr. aber so zusammen, dass nur dann eine Verletzung von Art. 6 I EMRK in Betracht kommt, wenn die Verwertung dieser Beweismittel Einfluss auf den Schuldspruch hatte.[146] In der *Jalloh*-Entscheidung, der **Fall 21** zugrunde lag, bejahte der EGMR dementsprechend einen Verstoß gegen Art. 6 I EMRK, da die *Bubbles* körperliche Beweismittel waren, die eine entscheidende Rolle bei der Überführung des J spielten.[147]

Diese Grundsätze gelten im Übrigen auch dann, wenn die verbotenen Methoden des Art. 3 EMRK gegenüber Dritten angewandt wurden und die so erlangten Beweismittel dann gegen den Beschwerdeführer verwertet werden sollen.[148]

Ob die Verwertung von nur mittelbar aus einem Verstoß gegen Art. 3 EMRK gewonnenen Beweismitteln einen Verstoß gegen Art. 6 I 1 EMRK zur Folge hat, betrifft die Frage nach einer **Fernwirkung** der aus einer Verletzung des Art. 3 EMRK fließenden Beweisverbote. Hier fehlt bislang eine klare Antwort des Gerichtshofs. Dieser spricht lediglich von einer „starken Vermutung" für die Unfairness des Verfahrens.[149] Dem Absolutheitsanspruch des Art. 3 EMRK entspräche es, mit der Annahme einer mög-

---

[143] Krit. zur Differenzierung *Pösl*, Das Verbot der Folter in Art. 3 EMRK, S. 327.
[144] EGMR (GK), „Gäfgen ./. Deutschland", Urt. v. 1.6.2010, Nr. 22978/05, RJD 2010-IV, Rn. 173; EGMR, „El Haski ./. Belgien", Urt. v. 25.9.2012, Nr. 649/08, Rn. 85.
[145] EGMR (GK), „Gäfgen ./. Deutschland", Urt. v. 1.6.2010, Nr. 22978/05, RJD 2010-IV, Rn. 179, 187.
[146] EGMR (GK), „Gäfgen ./. Deutschland", Urt. v. 1.6.2010, Nr. 22978/05, RJD 2010-IV, Rn. 178 ff.; EGMR, „El Haski ./. Belgien", Urt. v. 25.9.2012, Nr. 649/08, Rn. 85.
[147] EGMR (GK), „Jalloh ./. Deutschland", Urt. v. 11.7.2006, Nr. 54810/00, RJD 2006-IX, Rn. 105; vgl. auch SSW-StPO-*Bosch*, § 81a Rn. 9.
[148] EGMR, „El Haski ./. Belgien", Urt. v. 25.9.2012, Nr. 649/08, Rn. 85.
[149] EGMR, „Gäfgen ./. Deutschland", Urt. v. 30.6.2008, Nr. 22978/05, Rn. 105; s. auch EGMR (GK), „Gäfgen ./. Deutschland", Urt. v. 1.6.2010, Nr. 22978/05, RJD 2010-IV, Rn. 173 ff.

lichst weitgehenden Fernwirkung des Beweisverbots die Wirkung des absoluten Folterverbots effektiv umzusetzen.[150]

ff) Anforderungen an die Feststellung einer Verletzung des Art. 3 EMRK im Prozess

52 Die Rspr. des EGMR hat im Übrigen große Bedeutung für den Nachweis von Folter und den anderen Varianten des Art. 3 I EMRK auch im nationalen Strafprozess: Im Gegensatz zur bisherigen Rspr. in Deutschland[151] muss nämlich die Anwendung von Folter (und der anderen verbotenen Verhaltensweisen) nicht voll bewiesen sein, obwohl der Grundsatz *in dubio pro reo* bei der Feststellung des Vorliegens eines Beweisverwertungsverbotes im Allgemeinen gerade keine Anwendung findet.[152] Nach dem EGMR soll aber genügen, dass der Beschwerdeführer ein „reales Risiko" des Foltervorwurfs oder der unmenschlichen Behandlung aufzeigt, wozu ausreicht, dass das Justizsystem des anderen Staates keine echten Garantien einer unabhängigen, unparteiischen und ernsthaften Untersuchung von Foltervorwürfen oder Vorwürfen unmenschlicher oder erniedrigender Behandlung gewähren kann. Dafür soll es bereits genügen, dass internationale Organisationen und Menschenrechtsorganisationen dies attestieren.[153] Wenn sich die behaupteten Verletzungen von Art. 3 EMRK auf inhaftierte Personen beziehen, bestehen starke Vermutungen bezüglich derjenigen Verletzungen, die während einer solchen Inhaftierung auftreten. Die Beweislast trifft dann die Regierung, die eine zufriedenstellende und überzeugende Erklärung abzugeben hat, indem sie Beweise erbringt, die Zweifel an der Schilderung der Ereignisse durch das Opfer aufwerfen. Fehlt es an einer solchen Erklärung, kann der EGMR Schlüsse zulasten der Regierung ziehen.[154] Zukünftig werden deutsche Gerichte also deutlich geringere Anforderungen an den Nachweis des Einsatzes von Folter und der anderen in Art. 3 I EMRK verbotenen Verhaltensweisen stellen müssen. Dies ist bereits deshalb gerechtfertigt, weil der Beweis, dass derartige Methoden angewendet wurden, aufgrund systematischer Verheimlichung und fachmännischer Vermeidung bzw. Beseitigung von Spuren praktisch ohnehin nur sehr schwer möglich sein wird.[155]

e) Bedingungen eines Freiheitsentzugs – Art. 5 EMRK

53 ▶ **FALL 23:** Der Deutsche M wurde am 25.7.2002 aufgrund eines richterlichen Haftbefehls wegen Fluchtgefahr, § 112 II Nr. 2 StPO, und Verdunklungsgefahr, § 112 II Nr. 3 StPO, in Untersuchungshaft genommen. In dem etwa eineinhalb Seiten umfassenden Haftbefehl stellte das AG fest, dass M dringend verdächtig sei, zwischen 1996 und Juni 2002 in etwa 20 Fällen durch Nichtversteuerung von Provisionen Steuern hinterzogen zu haben. In dem Haftbefehl wurden die entsprechenden Tatvorwürfe und Namen der Firmen benannt. Hinsichtlich der Verdachtsmomente beschränkte sich der Haftbefehl darauf, dass diese auf in der Wohnung des Täters beschlagnahmten Unterlagen gründeten. Akteneinsicht wurde dem Verteidiger aus ermittlungstaktischen Gründen nach § 147 II StPO versagt. Am

---

150 Dazu und zur nur ausnahmsweisen Widerlegbarkeit der Vermutung *Pösl*, Das Verbot der Folter in Art. 3 EMRK, S. 347 ff.
151 Insbes. OLG Hamburg im Fall El Motassadeq NJW 2005, 2326 (2329); dazu SSW-StPO-*Eschelbach*, § 136a, Rn. 60.
152 Zur berechtigten Kritik an der bisherigen Rspr. bereits *Jahn*, Gutachten C zum 68. DJT, 2008, C 108 f. mwN; ähnl. auch *Beulke*, StPO, Rn. 143.
153 EGMR, „El Haski ./. Belgien", Urt. v. 25.9.2012, Nr. 649/08, Rn. 86 ff.
154 Etwa EGMR (GK), „Bouyid ./. Belgien", Urt. v. 28.9.2015, Nr. 23380/09, Rn. 83.
155 Siehe nur *Beulke*, StPO, Rn. 143; *Schüller* ZIS 2013, 245 (248).

7.8.2002 beantragte M Haftprüfung, diese wurde jedoch vom AG und schließlich auch vom LG zurückgewiesen bzw. verworfen. Auf weitere Beschwerde des M hin hob das OLG Düsseldorf am 14.10.2002 die Entscheidungen von AG und LG, nicht jedoch den Haftbefehl vom 25.7.2002 auf und verwies die Sache zurück an das AG. Begründet wurde die Zurückverweisung mit dem Anspruch des M auf rechtliches Gehör, Art. 103 I GG; sofern die Akteneinsicht verweigert würde, müsse der Haftbefehl besonders detailliert sein, um der Verteidigung zu ermöglichen, durch eigene Einlassungen oder die Benennung von Beweismitteln gegen die Haftentscheidung vorzugehen. Das AG erließ daraufhin am 29.10.2002 nach Anhörung der Verteidigung und auf Antrag der Staatsanwaltschaft einen neuen, vierseitigen Haftbefehl, der detailliert die Grundlagen der Tatvorwürfe beschrieb. Am 18.11.2002 bekam die Verteidigung des M erstmals Akteneinsicht gewährt. Liegt ein Verstoß gegen Art. 5 EMRK vor? (dazu Rn. 63 ff.) ◄

Art. 5 EMRK regelt in Abs. 1 als Abwehrrecht des Bürgers gegenüber dem Staat die Voraussetzungen eines ausnahmsweise gerechtfertigten Freiheitsentzugs. In Abs. 2–4 werden die einzelnen Rechte des Festgenommenen aufgeführt. 54

Der Schutzbereich des Art. 5 I EMRK umfasst die Freiheit der physischen Bewegung von einem Ort weg an einen anderen.[156] Ein Eingriff liegt in jeder Freiheitsentziehung durch staatliche Organe. Zur Rechtfertigung müssen folgende Voraussetzungen erfüllt sein:

- Existenz eines gesetzlich vorgeschriebenen innerstaatlichen Verfahrens
- Willkürfreie Anwendung dieses Verfahrens im konkreten Fall
- Vorliegen eines der in Art. 5 I 2 lit. a-f. EMRK abschließend aufgeführten Haftgründe
- Übereinstimmung des innerstaatlichen Rechts selbst mit der Konvention, insbesondere mit dem Grundsatz der Rechtssicherheit

Obwohl es grds. den nationalen Behörden obliegt, nationales Recht auszulegen, kann und soll der EGMR aufgrund des Wortlauts von Art. 5 I 2 EMRK („gesetzlich vorgeschriebene Weise"; „rechtmäßig") prüfen, ob die Freiheitsentziehung eine rechtliche Grundlage im nationalen Recht hat, welche eine rechtsstaatlichen Standards entsprechende „Gesetzesqualität" (*quality of law*) aufweist, und ob dieses Recht auch willkürfrei angewendet wurde.[157] Wenn der EGMR hier insbesondere die Einhaltung des Grundsatzes der Rechtssicherheit betont, so ist damit gemeint, dass das innerstaatliche Gesetz, welches die Zulässigkeit von Freiheitsentziehungen regelt, hinreichend zugänglich und präzise sein muss, um jegliche Gefahr von Willkür zu vermeiden; für einen Rechtsunterworfenen muss es nach den jeweiligen Umständen des Einzelfalls, falls nötig unter Heranziehung juristischer Beratung, voraussehbar sein, welche Folgen eine bestimmte Handlung nach sich ziehen kann.[158] Auch hier ist zu beachten, dass die EMRK nur Mindestvorgaben enthält. Verlangt das nationale Recht etwa für die in 55

---

156 *Trechsel* EuGRZ 1980, 515; vgl. zur Abgrenzung von der allein durch Art. 2 des 4. ZP geschützten Freizügigkeit EGMR (GK), „De Tommaso ./. Italien", Urt. v. 23.2.2017, Nr. 43395/09, Rn. 80 ff.
157 Siehe nur EGMR (GK), „Benham ./. Vereinigtes Königreich", Urt. v. 10.6.1996, Nr. 19380/92, RJD 1996-III, Rn. 41; EGMR, „X. ./. Finnland", Urt. v. 3.7.2012, Nr. 34806/04, Rn. 144 ff.
158 Vgl. EGMR (GK), „Del Río Prada ./. Spanien", Urt. v. 21.10.2013, Nr. 42750/09, RJD 2013-VI, Rn. 123 ff.; zusf. EGMR, „Piruzyan ./. Armenien", Urt. v. 26.6.2012, Nr. 33376/07, Rn. 79 ff.; mangels einer derart bestimmten Rechtsgrundlage hat der EGMR im Festhalten von Flüchtlingen in italienischen Erstaufnahmezentren einen Verstoß gegen Art. 5 I EMRK gesehen EGMR (GK), „Khlaifia ua ./. Italien", Urt. v. 15.12.2016, Nr. 16483/12, Rn. 97 ff.

Art. 5 I 2 lit. c EMRK geregelte Untersuchungshaft engere Voraussetzungen – zB dringenden Tatverdacht in § 112 StPO im Vergleich zu hinreichendem Tatverdacht in Art. 5 I 2 lit. c EMRK – so ist das nationale Recht zu beachten, da es ansonsten schon an der Einhaltung des innerstaatlichen gesetzlichen Verfahrens fehlen würde.[159]

56 Von den in Art. 5 I 2 EMRK enthaltenen **Haftgründen**, ist insbesondere Art. 5 I 2 lit. c EMRK von aktueller praktischer Relevanz.[160] Dieser verlangt, dass ein hinreichender Verdacht dafür besteht, dass die betreffende Person eine Straftat begangen hat. Dabei obliegt es den staatlichen Behörden, Beweise für das Bestehen eines solchen hinreichenden Verdachts darzulegen. Diese Beweise sind dem Beschwerdeführer grundsätzlich offenzulegen, um es ihm zu ermöglichen, gegen die Gründe vorzugehen, auf die der Verdacht gestützt wird.[161] Der EGMR hat jedoch klargestellt, dass die Verfolgung terroristischer Akte eine Sonderkategorie darstellt: Von den Vertragsstaaten könne nicht verlangt werden, durch das Offenlegen von vertraulichen Quellen belastender Informationen oder von Tatsachen, die solche Quellen oder deren Identität leicht erkennen lassen, die Gründe für den Verdacht darzulegen, welcher der Festnahme eines mutmaßlichen Terroristen zugrunde liegt.[162]

57 Weiterhin haben – va für die **Sicherungsverwahrung** in Deutschland (s. dazu auch unten → Rn. 101 ff.) – die Buchstaben a) und e) größere aktuelle Bedeutung erlangt.

Art. 5 I 2 lit. a EMRK sieht die „rechtmäßige Freiheitsentziehung nach Verurteilung durch ein zuständiges Gericht" als Haftgrund vor. Dabei verlangt die Formulierung „nach Verurteilung" nicht notwendig einen engen zeitlichen Zusammenhang. Es kommt vielmehr auf einen hinreichenden Kausalzusammenhang zwischen Verurteilung und Freiheitsentziehung an, wobei ein solcher mit zunehmendem Zeitablauf schwächer wird und mit zunehmender Haftdauer die Begründungspflicht steigt. Der Kausalzusammenhang fehlt ganz, wenn sich die Entscheidung, die Person nicht freizulassen oder (erneut) in Haft zu nehmen, auf Gründe stützt, die mit den Zielen der ursprünglichen Verurteilung nicht vereinbar sind.

Beispiel: Im Zusammenhang mit der nachträglichen Verlängerung der ursprünglich auf maximal zehn Jahre begrenzten Sicherungsverwahrung in Deutschland hat der EGMR angenommen, dass die Entscheidung der deutschen Gerichte, die Sicherungsverwahrten nach gesetzlicher Abschaffung der Höchstfrist nicht zu entlassen, sondern die Fortdauer der Sicherungsverwahrung auf unbegrenzte Dauer (gem. § 67d III StGB nF iVm § 2 VI StGB) anzuordnen, keinen hinreichenden Kausalzusammenhang mit der ursprünglichen Verurteilung mehr aufweist und daher gegen Art. 5 I 2 EMRK verstößt.[163]

Beispiel: Einen noch hinreichenden Kausalzusammenhang (mit der Folge, dass insoweit Art. 5 EMRK nicht verletzt war) erkannte der EGMR in einem Fall, in dem der wegen verminderter Schuldfähigkeit (§ 21 StGB) in einem psychiatrischen Krankenhaus untergebrachte R, auch nachdem sich die fälschliche Annahme der Verminderung der Schuldfähigkeit herausgestellt hatte, nicht entlassen wurde, weil eine tatsächlich bestehende Persönlichkeitsstörung (unterhalb der Schwelle einer verminderten Schuldfähigkeit) festgestellt wurde.[164]

---

159 Vgl. zum Günstigkeitsprinzip oben Rn. 9; HK EMRK-*Meyer-Ladewig/Harrendorf/König*, Art. 5 Rn. 16, 44.
160 Zu den Voraussetzungen von Art. 5 I 2 lit. c EMRK vgl. zusf. EGMR (GK), „Merabishvili ./. Georgien, Urt. v. 28.11.2017, Nr. 72508/13, Rn. 183 ff.
161 EGMR, „Sher ua ./. Vereinigtes Königreich", Urt. v. 20.10.2015, Nr. 5201/11, Rn. 148.
162 EGMR, „Sher ua ./. Vereinigtes Königreich", Urt. v. 20.10.2015, Nr. 5201/11, Rn. 149.
163 EGMR, „M. ./. Deutschland", Urt. v. 17.12.2009, Nr. 19359/04, RJD 2009-VI, Rn. 100; EGMR, „Kronfelder ./. Deutschland", Urt. v. 19.1.2012, Nr. 21906/09, Rn. 75; ausf. dazu SSW-StPO-*Satzger*, EMRK Art. 5 Rn. 19 mwN.
164 EGMR, „Radu ./. Deutschland", Urt. v. 16.5.2013, Nr. 20084/07.

Art. 5 I 2 lit. e EMRK enthält einen Haftgrund, der primär dem Schutz der Allgemeinheit dient, wenn dort eine rechtmäßige Freiheitsentziehung ua „bei psychisch Kranken" erlaubt wird. Auch dieser Erlaubnistatbestand spielte in den Verfahren um die Sicherungsverwahrung in Deutschland eine wichtige Rolle, wenn damit die Fortdauer des Freiheitsentzugs auch nach Entscheidung des BVerfG zur Verfassungswidrigkeit der Sicherungsverwahrung gerechtfertigt werden sollte.[165] Eine autonome Definition der psychischen Erkrankung kann und will der EGMR wegen des Fortschritts der psychiatrischen Forschung zwar nicht geben. Drei Voraussetzungen nennt der Gerichtshof aber: Die psychische Erkrankung muss erstens zuverlässig nachgewiesen sein, zweitens muss sie die Freiheitsentziehung nach Art und Schwere nötig machen und drittens ist die Freiheitsentziehung nur so lange zulässig wie die Störung fortbesteht.[166] Zusätzlich muss zwischen dem Grund und dem Ort bzw. den Bedingungen der Freiheitsentziehung ein Zusammenhang bestehen, weshalb die Freiheitsentziehung in einem Krankenhaus, einer Klinik oder sonst geeigneten Einrichtung vollzogen werden muss, nicht aber – wie jedenfalls damals die Sicherungsverwahrung in Deutschland – in der Justizvollzugsanstalt. Daher verneinte der EGMR – unabhängig von seinen (deutlichen) Zweifeln am Vorliegen einer psychiatrischen Krankheit, den Haftgrund des Art. 5 I 2 lit. e EMRK.[167] Mittlerweile ist das deutsche Recht an die Anforderungen des BVerfG und auch des EGMR angepasst worden: Ende 2010 wurde das Gesetz zur Neuordnung des Rechts der Sicherungsverwahrung[168] sowie das Gesetz zur Therapierung und Unterbringung psychisch gestörter Gewalttäter (ThUG[169]) erlassen. Seitdem ist die Anordnung der Sicherungsverwahrung auf schwerste Sexual- und Gewaltdelikte beschränkt (vgl. § 66 StGB) und die nachträgliche Sicherungsverwahrung im Wesentlichen abgeschafft (vgl. § 66b StGB). Anderseits ist mittlerweile ein einzuhaltender Abstand[170] zwischen dem Vollzug einer Freiheitsstrafe und der Sicherungsverwahrung gesetzlich niedergelegt (Gesetz zur bundesrechtlichen Umsetzung des Abstandsgebots im Recht der Sicherungsverwahrung vom 5.12.2012[171]). Der EGMR hat eine aufgrund der neuen deutschen Rechtslage ergangene nachträgliche Verlängerung der Sicherungsverwahrung eines „psychisch Kranken" in einer entsprechenden Einrichtung als mit der EMRK vereinbar angesehen.[172] Daraus kann gefolgert werden, dass er die deutsche Regelung als hinreichend therapieorientiert ansieht[173] und folglich akzeptiert.[174]

Sofern jemandem die Freiheit entzogen wurde, ohne dass ein Grund aus dem Katalog des Art. 5 I 2 lit. a-f. EMRK einschlägig ist und die Freiheitsentziehung somit gegen Art. 5 I EMRK verstößt, konkretisiert sich die diesbezügliche Beendigungspflicht aus Art. 1 EMRK dergestalt, dass nur eine Freilassung des Opfers in Betracht kommt.[175]

---

165 Dazu SSW-StPO-*Satzger*, EMRK Art. 5 Rn. 41.
166 Sog. „Winterwerp-Kriterien" (vgl. EGMR, „Winterwerp ./. Niederlande", Urt. v. 24.10.1979, Nr. 6301/73, Serie A, Nr. 33; diese aufgreifend EGMR, „Kronfeldner ./. Deutschland", Urt. v. 19.1.2012, Nr. 21906/09, Rn. 70 f. mwN aus der Rspr.).
167 EGMR, „Kronfeldner ./. Deutschland", Urt. v. 19.1.2012, Nr. 21906/09, Rn. 72, 80 f.
168 BGBl. 2010 I, S. 2300.
169 BGBl. 2010 I, S. 2300, 2305.
170 Zum Abstandsgebot vgl. auch *Streng* JZ 2017, 507.
171 BGBl. 2012 I, S. 2425.
172 EGMR, „Bergmann ./. Deutschland", Urt. v. 7.1.2016, Nr. 23279/14, Rn. 103 ff.; s. auch EGMR, „Becht ./. Deutschland, Urt. v. 6.7.2017, Nr. 79457/13, Rn. 30 ff.
173 Vgl. *Köhne* NJW 2017, 1013.
174 Vgl. *Dörr* JuS 2016, 1144 (1146).
175 *Grabenwarter* JZ 2010, 857 (861).

60 Nach Art. 5 II EMRK steht dem Festgenommenen ein **Informationsrecht** hinsichtlich der tatsächlichen und rechtlichen Gründe für seine Festnahme zu. Die Informationen müssen in einer ihm verständlichen Sprache[176] und unverzüglich erfolgen.

61 Art. 5 III 1 Hs. 1 EMRK spricht dem nach Abs. 1 lit. c Festgenommenen das Recht zu, unverzüglich („promptly"/„aussitôt"), das heißt nach maximal vier Tagen[177], einem Richter oder einer vergleichbaren Amtsperson vorgeführt zu werden. Unter Vorführen ist das physische Erscheinen der festgenommenen Person vor einem Richter mit anschließender Vernehmung und Entscheidung über die Haft zu verstehen.[178] Art. 5 III 1 Hs. 2 EMRK enthält darüber hinaus einen **Beschleunigungsanspruch** des Inhaftierten, die Verfahrensdauer muss „angemessen" sein. In zeitlicher Hinsicht ist der Schutzbereich von der Festnahme des Betroffenen bis zu seiner Entlassung aus der Untersuchungshaft eröffnet.[179] Strafverfahren, während derer der Angeklagte in Untersuchungshaft sitzt, sind grds. vorrangig und beschleunigt zu bearbeiten.[180] Darüber hinaus besteht in dem Moment ein **Anspruch auf Freilassung**, in dem keine vernünftigen Gründe für eine Inhaftierung (mehr) vorliegen. Dabei ist der in Art. 5 I lit. c EMRK genannte „hinreichende Tatverdacht" nur anfänglich ein solcher ausreichender Grund für die Festnahme. Nach „gewissem Zeitablauf" müssen weitere Haftgründe (zB Fluchtgefahr) hinzutreten, um die Fortdauer der Freiheitsentziehung zu rechtfertigen.[181] Der Gerichtshof spricht sich dafür aus, den unbestimmten Maßstab des „gewissen Zeitablaufs" ähnlich eng zu bemessen wie den Begriff „unverzüglich" in Art. 5 III 1 Hs. 1 EMRK. Die Garantien des Hs. 1 und Hs. 2 seien zu synchronisieren, so dass die weiteren Haftgründe daher bereits bei der (spätestens wenige Tage nach Festnahme erfolgenden) Vorführung vor den Richter dargetan werden müssen.[182] Durch erforderliche Rechtshilfeersuchen bedingte Verfahrensverzögerungen dürfen dem betroffenen Staat nicht angelastet werden. Jedoch muss der Staat proaktiv tätig werden, um so das Verfahren zu beschleunigen (zB durch Reisen des Gerichts in das entsprechende Land).[183] Macht der Betroffene nur von seinen Verfahrensrechten Gebrauch, so tendiert der EGMR dazu, dass die Dauer dieses zusätzlichen Verfahrens dem Staat nicht angelastet werden dürfe.[184] Dies lässt sich – mit Ausnahme eines klaren Missbrauchs dieser Rechte – aber kaum überzeugend begründen.[185]

62 Abs. 4 etabliert für alle Formen des Freiheitsentzugs iSv Abs. 1 einen **Richtervorbehalt**. Auf Antrag hat der Betroffene ein Recht auf richterliche Prüfung der Rechtmäßigkeit der Freiheitsentziehung, und zwar nicht nur einmalig, sondern grds. immer wieder,

---

176 EGMR, „J.R. ./. Griechenland", Urt. v. 25.1.2018, Nr. 22696/16, Rn. 121 = NVwZ 2018, 1375 (1378).
177 „Maximum of four days", EGMR (GK), „McKay ./. Vereinigtes Königreich", Urt. v. 3.10.2006, Nr. 543/03, RJD 2006-X, Rn. 47; längere Zeiträume sind nur bei Vorliegen außergewöhnlicher Umstände denkbar EGMR (GK), „S,V u.A ./. Dänemark", Urt. v. 22.10.2018, Nrn. 36678/12, 36711/12, Rn. 130 ff. = NVwZ 2019, 135 (140); vgl. speziell im Hinblick auf die Festnahme somalischer Piraten am Horn von Afrika durch die Bundeswehr *Esser/Fischer* JR 2010, 513 (522 f.).
178 *Esser/Fischer* JR 2010, 513 (522).
179 Vgl. zur Aufhebung eines Haftbefehls wegen einer Verletzung des Beschleunigungsverbots im Revisionsverfahren BGH NStZ 2018, 552 ff.
180 Zum Beschleunigungsgebot des Art. 6 I EMRK sowie dem Wegfall der Opfereigenschaft wegen überlanger Verfahrensdauer durch Kompensation vgl. unten Rn. 64 ff.
181 Dazu EGMR, „Clooth ./. Belgien", Urt. v. 12.12.1991, Nr. 12718/87, Serie A, Nr. 225, Rn. 48; EGMR (GK), „Merabishvili ./. Georgien", Urt. v. 28.11.2017, Nr. 72508/13, Rn. 222 ff.
182 EGMR (GK), „Buzadji ./. Moldawien", Urt. v. 5.7.2016, Nr. 23755/07, Rn. 102.
183 EGMR, „Ereren ./. Deutschland", Urt. v. 6.11.2014, Nr. 67522/09, Rn. 62.
184 So etwa EGMR, „Ereren ./. Deutschland", Urt. v. 6.11.2014, Nr. 67522/09, Rn. 61.
185 Dazu SSW-StPO-*Satzger*, EMRK Art. 5 Rn. 57; *Esser*, Europäisches Strafverfahrensrecht, S. 304 f.

wenn neue Umstände die Rechtmäßigkeit der Freiheitsentziehung nachträglich in Frage stellen (zB Wegfall von Haftgründen, Abschwächung des Tatverdachts bei der Untersuchungshaft). Eine solche Haftprüfung nach Art. 5 IV EMRK muss in angemessenen Abständen möglich sein und dann muss innerhalb einer kurzen Frist nach Antragstellung richterlich entschieden werden. Bei Feststellung der Rechtswidrigkeit der Freiheitsentziehung muss sodann die Haftaufhebung angeordnet werden.[186] Zudem muss die Haftprüfung aufgrund der schweren Folgen eines Freiheitsentzugs den Anforderungen von Art. 6 I EMRK an ein faires Verfahren genügen.[187] So ist etwa ein hinreichendes Akteneinsichtsrecht des Verteidigers zu gewährleisten.[188] Das Akteneinsichtsrecht ist dem Verteidiger hinreichend gewährt, wenn er Einsicht in die Teile der Akte erhält, auf welche der Tatverdacht gestützt wird.[189] In der Sonderkategorie terroristischer Delikte verlangt Art. 5 IV EMRK jedoch keine Offenlegung vertraulicher Dokumente.[190]

In **Fall 23** prüfte der EGMR zunächst gem. Art. 5 I EMRK, ob die Freiheitsentziehung auf die „gesetzlich vorgeschriebene" Art und Weise erfolgt ist und damit tatsächlich zunächst deutsches Recht. Dabei ergibt sich eine interessante Parallele zwischen der deutschen Rspr. und der des EGMR. Nach deutscher Rspr. machen bestimmte Formmängel, wie eine hier vorliegende unzureichende Darstellung der Tatsachen, aus denen sich nach § 114 II Nr. 4 StPO der dringende Tatverdacht und der Haftgrund ergeben sollen, den Haftbefehl zwar rechtsfehlerhaft, aber nicht unwirksam.[191] Gänzliche Unwirksamkeit kommt dagegen nur bei krassem Widerspruch zur Strafprozessordnung und Offenkundigkeit des Fehlers in Betracht, was letztlich aus der dem Erfordernis der Rechtssicherheit dienenden Autorität gerichtlicher Entscheidungen sowie dem der Korrektur fehlerhafter Entscheidungen bestimmten Rechtsmittelsystem folgt.[192] Die bloße Fehlerhaftigkeit des Haftbefehls kann durch Aufhebung desselben oder durch Erlass eines neuen Haftbefehls durch die Beschwerdegerichte im Haftprüfungsverfahren beseitigt werden.[193] Der EGMR berücksichtigt bei seiner Prüfung des Haftbefehls alle Umstände des Falles, dabei insbesondere die nationale Rspr.[194], und kommt zum gleichen Ergebnis. Er unterscheidet bei der Prüfung innerstaatlichen Rechts zwischen Haftbefehlen, die evident unwirksam sind und solchen, die *prima facie* wirksam sind. Ein Haftbefehl ist evident unwirksam, wenn der Mangel in einem groben, offensichtlichen Fehler – bspw. einer Zuständigkeitsüberschreitung – besteht.[195] Soweit der Mangel nicht grob und offensichtlich ist, kann dieser dagegen im gerichtlichen Prüfungsverfahren vor den nationalen Beschwerdegerichten geheilt werden,[196] so wie es auch in **Fall 23** geschah.

Auch stimmte nach Ansicht des EGMR das hier anzuwendende innerstaatliche Recht mit den Grundsätzen der EMRK überein, insbesondere wurde dem allgemeinen

---

186 EGMR, „S.T.S. ./. Niederlande", Urt. v. 7.6.2011, Nr. 277/05, RJD 2011-III mwN.
187 *Esser/Gaede/Tsambikakis* NStZ 2011, 78 (81); BVerfG NJW 2019, 41 (44).
188 EGMR, „Garcia Alva ./. Deutschland", Urt. v. 13.2.2001, Nr. 23541/94.
189 *Esser/Gaede/Tsambikakis* NStZ 2011, 78 (82).
190 EGMR, „Sher ua ./. Vereinigtes Königreich", Urt. v. 20.10.2015, Nr. 5201/11, Rn. 149; zur diesbezüglich divergierenden Rspr. des BVerfG vgl. *Vogel* ZIS 2017, 28 (31 f.).
191 OLG Karlsruhe Beschl. v. 28.11.1985 – 3 Ws 252/85 = NStZ 1986, 134.
192 BGH Urt. v. 15.2.1984 – 2 StR 695/83 = NStZ 1984, 279.
193 OLG Karlsruhe Beschl. v. 26.9.2000 – 3 Ws 196/00 = StV 2001, 118.
194 EGMR (GK), „Mooren ./. Deutschland", Urt. v. 9.7.2009, Nr. 11364/03, Rn. 86.
195 EGMR, „Marturana ./. Italien", Urt. v. 4.3.2008, Nr. 63154/00, Rn. 78.
196 EGMR (GK), „Mooren ./. Deutschland", Urt. v. 9.7.2009, Nr. 11364/03, Rn. 75.

Grundsatz der Rechtssicherheit genüge getan. Es entspricht gefestigter innerstaatlicher Rspr., dass Haftbefehle, in denen die den dringenden Tatverdacht und Haftgrund begründenden Tatsachen nicht hinreichend dargestellt werden, lediglich als fehlerhaft, nicht aber als unwirksam erachtet werden. Damit sind derartige Folgen für M vorhersehbar gewesen.[197]

65 Schließlich befand der EGMR, dass keine willkürliche Freiheitsentziehung vorlag; Tatvorwurf, Zeit und Ort der Tat, Haftgrund und Hinweis auf die anwendbaren Bestimmungen ließen M nicht im Unklaren über seine Festnahme.[198] Ein weiteres, vom EGMR zur Bestimmung von Willkür herangezogenes Kriterium ist die Zügigkeit, mit der die nationalen Gerichte einen abgelaufenen oder rechtsfehlerhaften Haftbefehl ersetzen. Aufgrund eines Zeitraums von lediglich 15 Tagen[199] zwischen Urteil des OLG am 14.10.2002 und Erlass des neuen Haftbefehls am 29.10.2002 sowie dem Beitrag zur Rechtssicherheit, den die auch noch einschließlich Anhörung der Beteiligten vorzubereitende neue Entscheidung des AG leistete, lag nach Einschätzung des EGMR eine zügige Ersetzung vor.[200]

Allerdings sah der EGMR aufgrund der unzureichenden Angaben im Haftbefehl sowie der Verweigerung der Akteneinsicht den Grundsatz der Waffengleichheit nicht gewahrt und damit einen Verstoß gegen Art. 5 IV EMRK.[201]

66 Art. 5 V EMRK gewährt schließlich dem konventionswidrig Festgenommenen einen **verschuldensunabhängigen Schadensersatzanspruch**.[202]

f) Recht auf ein faires Verfahren – Art. 6 I, III EMRK

67 ▶ **FALL 24:** Der Beamte U war 1995 wegen Steuerhinterziehung, Betrugs und Untreue vom zuständigen AG zu einer Gefängnisstrafe verurteilt worden, nachdem ihm die Einleitung der Ermittlungen im Januar 1991 mitgeteilt worden war. Aus Anlass der Ermittlungen wurde er bereits 1991 suspendiert und seine Bezüge wurden reduziert. Die folgenden Berufungs- und Revisionsverfahren zogen sich bis zum Jahre 2000 hin, worauf U Verfassungsbeschwerde wegen der überlangen Verfahrensdauer einlegte. Das BVerfG wies diese jedoch als unzulässig ab, da er die Verletzung nicht ausreichend substantiiert habe. U legte daraufhin Individualbeschwerde beim EGMR ein. Liegt ein Verstoß gegen Art. 6 I EMRK vor? (dazu Rn. 74) ◀

68 Art. 6 EMRK ist die praktisch bedeutsamste menschenrechtliche Gewährleistung der Konvention.[203] Im Jahr 2018 betraf ca. jede dritte der vom EGMR festgestellten Konventionsverletzungen diese Vorschrift.[204] Er enthält zahlreiche Mindestgarantien, die Grundlage eines jeden rechtsstaatlichen Strafverfahrens sein müssen.

---

197 EGMR (GK), „Mooren ./. Deutschland", Urt. v. 9.7.2009, Nr. 11364/03, Rn. 91.
198 EGMR (GK), „Mooren ./. Deutschland", Urt. v. 9.7.2009, Nr. 11364/03, Rn. 94.
199 EGMR, „Minjat ./. Schweiz", Urt. v. 28.10.2003, Nr. 38223/97, Rn. 56 und 48; hier befand der EGMR einen Zeitraum von weniger als einem Monat zwischen Ablauf des ursprünglichen Haftbefehls und Erlass eines neuen begründeten Haftbefehls nach Zurückweisung der Sache durch ein Beschwerdegericht an ein untergeordnetes Gericht für nicht willkürlich.
200 EGMR (GK), „Mooren ./. Deutschland", Urt. v. 9.7.2009, Nr. 11364/03, Rn. 96.
201 EGMR (GK), „Mooren ./. Deutschland", Urt. v. 9.7.2009, Nr. 11364/03, Rn. 124; vgl. auch EGMR, „Lamy ./. Belgien", Urt. v. 30.3.1989, Nr. 10444/83, Serie A, Nr. 151, Rn. 29.
202 Ausf. dazu *Brockhaus/Ullrich* StV 2016, 678.
203 Sieber/Satzger/v. Heintschel-Heinegg-*Kreicker*, Europ. StR, § 51 Rn. 14.
204 Vgl. SSW-StPO-*Satzger*, EMRK Art. 6 Rn. 1, 102.

Abs. 1 normiert allgemein die Anforderungen an das gerichtliche Verfahren und den Zugang zu Gericht, Abs. 2 enthält die wichtige Unschuldsvermutung im Strafverfahren und Abs. 3 legt Mindeststandards fest, die ein rechtsstaatliches Strafverfahren erfüllen muss. Da diese letztlich besondere Ausprägungen des Rechts auf ein faires Verfahren nach Art. 6 I EMRK[205] sind, werden die Abs. 1 und 3 – auch vom Gerichtshof – bei der Prüfung in aller Regel zusammengefasst.[206] Die in Abs. 3 aufgeführten Beschuldigtenrechte sind nicht abschließend aufgeführte Ausprägungen des Fairnessgrundsatzes; sie gehen teilweise über die in der StPO gewährten Rechtspositionen hinaus, weswegen ihnen auch in der nationalen Praxis besondere Bedeutung zukommt.[207]

aa) Schutzbereich

In den Schutzbereich des Art. 6 I, III EMRK fallen – soweit aus strafrechtlicher Sicht von Interesse – alle strafrechtlichen Verfahren, wobei der in der EMRK verwendete Begriff der „strafrechtlichen Anklage" nicht so zu verstehen ist, dass bereits ein bestimmtes (fortgeschrittenes) Verfahrensstadium erreicht sein muss. Damit kein Mitgliedstaat die Garantien des Art. 6 I, III EMRK durch „Umetikettierung" des verfahrensgegenständlichen Verstoßes umgehen kann, bestimmt sich das **Vorliegen eines Strafverfahrens** grds. nicht nach innerstaatlichem Recht. Der Begriff der Anklage wird vielmehr vom EGMR autonom ausgelegt. Folgende Kriterien werden dabei – grds. alternativ – herangezogen:[208]

- Bereits das innerstaatliche Recht ordnet die Maßnahme dem Kriminalstrafrecht zu.
- Die Natur des Vergehens ist in dem Sinn „strafrechtlich", dass die Sanktion sowohl präventiven als auch repressiven Charakter hat.
- Nach Art und Schwere der angedrohten oder verhängten Sanktion liegt Strafrecht dann vor, wenn sie schwerwiegende Konsequenzen für den Beschuldigten hat. Dies ist sicher bei Freiheitsstrafen (inkl. Ersatzfreiheitsstrafen) zu bejahen. Bei Geldstrafen wird dies erst ab einer gewissen Höhe anzunehmen sein, die sich jedoch nur schwer verallgemeinern lässt.

BEISPIELE: Diese Voraussetzung erfüllen nach der Rspr. des EGMR sowohl Geldbußen des (deutschen) Ordnungswidrigkeitenrechts als auch die Ordnungsbußen, die im schweizerischen Steuerhinterziehungsverfahren verhängt werden können. Zudem werden auch Strafpunkte aus Anlass von Verkehrsvergehen als strafrechtlich iSd Art. 6 I, III EMRK eingeordnet. Demgegenüber haben Disziplinarverfahren, standesrechtliche Verwarnungen (zB durch die Anwaltskammer), Amnestiegesuche und Auslieferungsverfahren nicht den notwendigen strafrechtlichen Charakter. Dasselbe gilt für Maßnahmen im Rahmen von Gerichtsverfahren, wie Ordnungsgelder, die Unterbringung eines Gefangenen in einer Disziplinarzelle oder das Verfahren zur Ablehnung eines Richters.[209]

In zeitlicher Hinsicht sieht der EGMR eine „Anklage" iSv Art. 6 I EMRK als gegeben an, sobald ein Individuum von der zuständigen Behörde die amtliche Benachrichtigung

---

205 Eine detaillierte Definition dieses Konzepts findet sich bei *Corstens/Pradel*, Eur. Criminal Law, Rn. 338.
206 Siehe nur EGMR, „Haas ./. Deutschland", Beschl. v. 17.11.2005, Nr. 73047/01.
207 Zu der aus Art. 6 III lit. b bzw. lit. c EMRK folgenden Beschlagnahmefreiheit von Unterlagen, die der Beschuldigte zur Vorbereitung seiner Verteidigung angefertigt hat etwa OLG München Beschl. v. 30.11.2004 – 3 Ws 720–722/04 = NStZ 2006, 300 ff.; zum Recht auf konfrontative Befragung nach Art. 6 III lit. d EMRK BGH Beschl. v. 29.11.2006 – 1 StR 493/06 = NStZ 2007, 166 f.
208 „Engelkriterien", nach EGMR, „Engel ua ./. Niederlande", Urt. v. 8.6.1976, Nrn. 5100/71 ua, Serie A, Nr. 22, Rn. 82; vgl. auch *Corstens/Pradel*, Eur. Criminal Law, Rn. 339.
209 *Peters/Altwicker*, EMRK, § 19 Rn. 19.

von der Anschuldigung erhält, dass es eine Straftat begangen habe.[210] Der Schutzbereich ist somit von der Bekanntgabe des Schuldvorwurfs im Ermittlungsverfahren an bis zum Abschluss des Rechtsmittelverfahrens eröffnet. Voraussetzung für die Eröffnung des Schutzbereichs des Art. 6 I EMRK ist zudem eine Beschwer, wie sie im strafrechtlichen Verfahren insbesondere durch eine Verurteilung gegeben ist. Darüber hinaus zählen Anordnungen im vorläufigen Rechtsschutz, Kostenauflagen, Verfahren über die Zulässigkeit eines Rechtsmittels, sonstige Zwischenentscheide und Entscheide über die Wiederaufnahme eines Verfahrens nicht zu den strafrechtlichen Verfahren iSd Art. 6 I EMRK, da hierdurch nicht über die Stichhaltigkeit einer strafrechtlichen Anklage entschieden wird.[211]

bb) Anforderungen an das Gericht und das gerichtliche Verfahren

71   Art. 6 I EMRK verlangt, dass alle Strafverfahren von einem unabhängigen, unparteiischen und auf Gesetz beruhenden Gericht entschieden werden.[212] Dies beinhaltet auch das Recht auf tatsächlichen Zugang zu einem derartigen Gericht. Insoweit besteht die Pflicht der Vertragsstaaten, ein effektives Rechtsschutzsystem zu errichten. So müssen sie dem Einzelnen insbesondere auch die ggf. kostenlose Inanspruchnahme eines Rechtsanwalts ermöglichen, wobei ihnen jedoch ein weiter Gestaltungsspielraum zukommt.[213]

72   Der Zugang zu Gericht unterliegt bereits aus Praktikabilitätserwägungen impliziten Schranken. Einschränkungen sind dann zulässig, wenn sie ein legitimes Ziel verfolgen, verhältnismäßig sind und den Kern des Zugangsrechts nicht aushöhlen,[214] wobei rein materiellrechtliche Regelungen grundsätzlich keine derartigen Einschränkungen darstellen.[215] Dementsprechend lassen sich – im Rahmen des Verhältnismäßigen – etwa ein Anwaltszwang, Fristen, Formvorschriften oder im Voraus zu begleichende Gerichtskosten[216] rechtfertigen. Demgegenüber sah der EGMR das Recht auf Zugang zu Gericht dadurch als verletzt an, dass das französische Strafprozessrecht die zulässige Berufungseinlegung eines erstinstanzlich zu einer Gefängnisstrafe Verurteilten nur dann erlaubte, wenn er sich innerhalb von fünf Tagen in Haft begab. Da das erstinstanzliche Urteil gerade nicht rechtskräftig war, kam dem staatlichen Interesse an der Vollstreckung kein hinreichendes Gewicht zu. Der Kern des Rechts auf Zugang zum Berufungsgericht war somit ausgehöhlt.[217]

---

210 St. Rspr. seit EGMR, „Deweer ./. Belgien", Urt. v. 27.2.1980, Nr. 6903/75, Serie A, Nr. 100, Rn. 46: „The charge [...] could be defined as the official notification given to an individual by the competent authority of an allegation that he has committed a criminal offence".
211 Vgl. L/R-*Esser*, EMRK Art. 6 Rn. 101 f.; s. aber auch EGMR (GK), „Moreira Ferreira ./. Portugal (Nr. 2)", Urt. v. 11.7.2017, Nr. 19867/12, Rn. 65, wonach außerordentliche Rechtsbehelfe, bei denen das Gericht dazu aufgerufen ist, über die strafrechtliche Anklage zu entscheiden, dem Anwendungsbereich von Art. 6 I EMRK unterfallen.
212 Dazu auch *Corstens/Pradel*, Eur. Criminal Law, Rn. 343 ff.; *Grabenwarter*, ECHR, Art. 6 Rn. 34 ff.
213 Vgl. *Grabenwarter/Pabel*, EMRK, § 24 Rn. 52.
214 Grundlegend EGMR, „Ashingdane ./. Vereinigtes Königreich", Urt. v. 28.5.1985, Nr. 8225/78, Serie A, Nr. 93, Rn. 57; aus der neueren Rspr. etwa EGMR, „Brauer ./. Deutschland", Urt. v. 1.9.2016, Nr. 24062/13, Rn. 34.
215 EGMR (GK), „Lupeni Griechisch-Katholische Gemeinde ua ./. Rumänien", Urt. v. 29.11.2016, Nr. 76943/11, Rn. 99 f.
216 Dazu *Esser*, Eur. und Int. Strafrecht, § 9 Rn. 215.
217 EGMR (GK), „Omar ./. Frankreich", Urt. v. 29.7.1998, Nr. 24767/94, RJD 1998-V, Rn. 34–44.

Die Öffentlichkeitsgarantie des Art. 6 I EMRK erfasst sowohl die mündliche Verhandlung[218] als auch die Urteilsverkündung. Gründe für die Rechtfertigung eines Ausschlusses der Öffentlichkeit finden sich in Art. 6 I 2 EMRK. Genannt sind die öffentliche Ordnung, die nationale Sicherheit, der Jugendschutz, der Schutz der Privatsphäre sowie die Interessen der Rechtspflege. Allerdings können diese Gründe niemals einen Ausschluss der Öffentlichkeit von der Urteilsverkündung rechtfertigen.

Die am häufigsten erhobene Rüge betrifft das **Gebot angemessener Verfahrensdauer**.[219] Art. 6 I EMRK bestimmt insoweit, dass das Gericht „innerhalb einer angemessenen Frist" zu entscheiden habe. Dies dient einerseits der Effizienz des gerichtlichen Rechtsschutzes, andererseits kann die beschleunigte Durchführung eines Gerichtsverfahrens in Konflikt mit den Verfahrensgarantien geraten, da ein Mehr an Verfahrensrechten zumeist ein längeres Verfahren bedingt.[220] Die Dauer eines Strafverfahrens ist die Zeitspanne zwischen den ersten Schritten der Strafuntersuchung (also nicht erst der Anklage!) – im **Fall 24** ist dies also die Benachrichtigung über die Einleitung von Ermittlungen[221] – und der abschließenden Entscheidung der letzten Instanz. Ob dieser Zeitraum angemessen ist, beurteilt der EGMR nach den Umständen des Einzelfalls, wobei aber vier Kriterien ausschlaggebend sind:[222]

- Die Bedeutung der Sache für den Beschwerdeführer: Insbesondere Haftsachen haben eine besonders hohe Bedeutung und bedürfen rascher Behandlung.
- Die Komplexität des Falles: Ein längerer Zeitraum ist angemessen, wenn in tatsächlicher oder rechtlicher Hinsicht besondere Schwierigkeiten bestehen, wie etwa bei aufwändigen Wirtschaftsstrafsachen.
- Das Verhalten des Beschwerdeführers: Ein verzögerndes Verhalten des Beschwerdeführers kann eine längere Dauer rechtfertigen; jedoch darf es dem Beschwerdeführer nicht als „Verzögerung" angelastet werden, wenn er von den ihm zur Verfügung stehenden Rechtsmitteln Gebrauch macht. Eine aktive Zusammenarbeit mit den Strafverfolgungsbehörden kann nicht verlangt werden.[223]
- Das Verhalten der Behörden: Eine längere Untätigkeit der Strafverfolgungsorgane kann für eine unangemessen lange Dauer des Verfahrens sprechen.

Im **Fall 24** hat der EGMR angesichts einer Verfahrensdauer von neun Jahren eine Verletzung von Art. 6 EMRK angenommen: Es handelte sich um einen rechtlich wie faktisch nicht besonders komplexen Fall, dessen Ausgang insbesondere angesichts der Suspendierung für U, der seinerseits zur Verlängerung des Verfahrens nicht beigetragen hatte, von erheblicher Bedeutung war.[224]

Der EGMR folgert aus dem Beschleunigungsgrundsatz eine Pflicht jedes Vertragsstaates, seine Gerichtsbarkeit so zu organisieren, dass eine angemessene Verfahrensdauer

---

218 Es besteht auch ein Anspruch auf mündliche Verhandlung, s. etwa EGMR, „Madaus ./. Deutschland", Urt. v. 9.6.2016, Nr. 44164/14, Rn. 22.
219 Ausf. zum Beschleunigungsgebot *Liebhart* NStZ 2017, 254.
220 *Grabenwarter/Pabel*, EMRK, § 24 Rn. 81; s. auch *Corstens/Pradel*, Eur. Criminal Law, Rn. 363 f.
221 EGMR, „Uhl ./. Deutschland", Urt. v. 10.2.2005, Nr. 64387/01.
222 Zusf. EGMR, „Bock ./. Deutschland", Urt. v. 29.3.1989, Nr. 11118/84, Serie A, Nr. 150, Rn. 38; jüngst in EGMR (GK), „Satakunnan Markkinapörssi Oy und Satamedia Oy ./. Finnland", Urt. v. 27.6.2017, Nr. 931/13, Rn. 209; s. auch *Gless*, Int. Strafrecht, Rn. 75.
223 EGMR, „Eckle ./. Deutschland", Urt. v. 15.7.1982, Nr. 8130/78, Serie A, Nr. 51, Rn. 82.
224 EGMR, „Uhl ./. Deutschland", Urt. v. 10.2.2005, Nr. 64387/01.

76 sichergestellt werden kann.[225] Dies ist umso bedeutsamer, als somit die Reichweite des Urteils über die Feststellung der Individualrechtsverletzung deutlich hinausgeht.

76 Bei überlanger Verfahrensdauer nahm der BGH im innerstaatlichen Bereich bisher grds. an, dass eine Verletzung des Beschleunigungsgrundsatzes durch eine mildernde Berücksichtigung bei der Strafzumessung kompensiert werden könne.[226] Nach der Rspr. des EGMR hingegen erfordert der Ausgleich für eine überlange Verfahrensdauer, dass das nationale Gericht (1) die Verletzung des Beschleunigungsgebots explizit anerkennt und (2) eine angemessene Wiedergutmachung leistet (→ Rn. 23).[227] Die **Strafzumessungslösung** des BGH versagte deshalb dort, wo eine Milderung der Strafe und somit im Ergebnis eine Wiedergutmachung des Konventionsverstoßes gerade nicht möglich war. Dies kam in Betracht für kraft Gesetzes feststehende Strafrahmen oder bei einer absoluten Strafdrohung wie „lebenslänglich",[228] aber auch dann, wenn bereits ohne Berücksichtigung der eingetretenen, erheblichen Verfahrensverzögerung die gesetzlich vorgesehene Mindeststrafe angemessen war und der Strafrahmen somit einen Abschlag nicht zuließ.[229] Da die Gerichte gem. Art. 20 III GG an die durch das Gesetz vorgegebenen Grenzen zur Strafenfindung gebunden sind, musste in diesen Fällen eine Lösung gefunden werden, die die Strafzumessungsebene unberührt lässt. Nicht zuletzt deshalb hat der Große Senat des BGH die sog. **Vollstreckungslösung** entwickelt:[230] Die Wiedergutmachung für rechtsstaatswidrige Verfahrensverzögerungen wird danach nicht mehr durch eine Strafmilderung gewährt, sondern es wird in der Urteilsformel selbst ausgesprochen, dass ein bezifferter Teil[231] der verhängten Strafe zur Entschädigung für die überlange Verfahrensdauer als vollstreckt gilt (§ 51 StGB analog).[232] Diese Lösung hat zudem den Vorteil, dass auch andere Folgeentscheidungen (zB Möglichkeit der Strafaussetzung zur Bewährung, Sicherungsverwahrung, Verlust der Beamtenrechte) nicht durch eine systemfremde Strafmilderung verfälscht werden.[233] Im Falle eines Freispruchs nach einem Verfahren von überlanger Dauer kann die Vollstreckungslösung gleichwohl nicht angewandt werden, da es zu keiner Bestrafung kommt. In diesem Fall kommt zur Wiedergutmachung der Verletzung von Art. 6 I EMRK vor allem eine innerstaatliche Geldleistung in Betracht, wobei hinsichtlich ihrer Angemessenheit auf die Maßstäbe des Art. 41 EMRK abzustellen ist.[234]

77 Wie unter → Rn. 61 bereits gezeigt, umfasst auch Art. 5 III EMRK das Recht auf eine angemessene Verfahrensdauer. Solange sich ein Häftling in Untersuchungshaft befindet, gelten Art. 5 und Art. 6 I EMRK nebeneinander. Nach Entlassung des Angeklagten

---

225 EGMR, „Eckle./. Deutschland", Urt. v. 15.7.1982, Nr. 8130/78, Serie A, Nr. 51, Rn. 80; „Philis./. Griechenland (Nr. 2)", Urt. v. 27.6.1997, Nr. 19773/92, RJD 1997-IV, Rn. 40; „Metzger./. Deutschland", Urt. v. 31.5.2001, Nr. 37591/97, Rn. 42.
226 Sog. „Strafzumessungslösung", bisherige Rspr. seit BGH Urt. v. 10.11.1971 – 2 StR 492/71 = BGHSt 24, 239.
227 EGMR, „Dzelili./. Deutschland", Urt. v. 10.11.2005, Nr. 65745/01, Rn. 103.
228 Vgl. hierzu *Satzger*, JK 2/07, StGB § 46/2 zu BVerfG NStZ 2006, 680.
229 So liegt etwa die untere Grenze des Strafrahmens bei besonders schwerer Brandstiftung (§ 306b II StGB) bei fünf Jahren.
230 BGH Beschl. v. 17.1.2008 – GSSt 1/07 = NJW 2008, 860.
231 Zur „Berechnung" der Höhe der Kompensation vgl. *Liebhart* NStZ 2017, 254 (261).
232 Vgl. auch *Esser/Gaede/Tsambikakis* NStZ 2011, 140 (141); Lösung wohl mittlerweile auch vom EGMR gebilligt, vgl. EGMR, „Kaemena u. Thöneböhn./. Deutschland", Urt. v. 22.1.2009, Nrn. 45749/06 u. 51115/06, Rn. 53; in dieser Entscheidung ging es noch um einen „Altfall", allerdings stellt der EGMR die Vollstreckungslösung grd und bezeichnet sie als „[...] compatible with Art. 6 [...] of the Convention [...]".
233 *Kraatz* JR 2008, 189; *Satzger*, JK 9/08, StGB § 46/4.
234 EGMR, „Ommer./. Deutschland (Nr. 1)", Urt. v. 13.11.2008, Nr. 10597/03, Rn. 69.

aus der Untersuchungshaft bestimmt sich die angemessene Verfahrensdauer nur noch nach Art. 6 I EMRK.[235] Der zeitliche Anwendungsbereich des Art. 5 III EMRK ist somit erheblich kürzer, andererseits ist die „Angemessenheit der Verfahrensdauer" regelmäßig strenger zu bemessen als bei Art. 6 I EMRK.

cc) Anforderungen an ein faires Verfahren (Art. 6 I, III)

▶ **FALL 25:** Der britische Staatsbürger B wurde innerhalb Londons mit 69 mph[236] statt der erlaubten 40 mph „geblitzt". Drei Tage später erhielt er einen Bescheid mit dem Inhalt, dass „der Fahrer mit dem Kennzeichen ... die erlaubte Höchstgeschwindigkeit um 29 mph überschritten" habe und er verdächtig sei, der Fahrer zu sein. Ihm wurde als Halter des Kfz auf Grundlage von § 172 II des britischen Road Traffic Act 1988 die Pflicht auferlegt, auf einem beiliegenden Formblatt Name und Adresse des Fahrers oder zumindest Informationen, die auf dessen Identität schließen lassen, anzugeben. Für den Fall der Nichterfüllung dieser Pflicht mache er sich gem. § 172 III Road Traffic Act 1988 strafbar und könne zu einer Geldstrafe von bis zu £1000 sowie 6 bis 8 Verkehrsstrafpunkten verurteilt werden. Eine Ausnahme von dieser Pflicht sah § 172 IV des Gesetzes für den Fall vor, dass der Halter mangels Kenntnis keine Angaben machen konnte. B füllte das Formblatt wahrheitsgemäß aus. Er wurde aufgrund des Fotos und des Geständnisses auf dem Formblatt wegen Geschwindigkeitsüberschreitung zu einer Geldstrafe von £100 und 6 Verkehrsstrafpunkten verurteilt, sein Führerschein wurde eingezogen. Die Verwertung des Geständnisses auf dem Formblatt als Beweismittel wurde von B mit den zur Verfügung stehenden verfahrensrechtlichen Instrumentarien erfolglos angefochten. Wurde B durch die Verpflichtung zu Angaben über die Identität des Fahrers in seinem Recht auf Selbstbelastungsfreiheit aus Art. 6 I EMRK verletzt? (dazu Rn. 82) ◀

78

Welche Inhalte die Garantie eines fairen Verfahrens iSd Art. 6 I EMRK umfasst, lässt sich zwar nur im Wege einer Gesamtschau der einzelnen Garantien erschließen, die der EGMR als Ausfluss von Art. 6 EMRK begreift. Die in Art. 6 III EMRK genannten Rechte sind dabei mit einzubeziehen, da sie die Garantie auf ein faires Verfahren näher – aber nicht abschließend – ausgestalten.[237] Jedoch sind die Rechte in Art. 6 III EMRK nicht nur allgemeine Abwägungserwägungen für die bei Art. 6 I EMRK anzustellende Gesamtbetrachtung, ob das Strafverfahren insgesamt fair war; vielmehr kommt ihnen eigenständige Bedeutung als Mindestrechte zu. Art. 6 I EMRK garantiert lediglich – darüber hinausgehend –, dass jedes Verfahren auch im Übrigen dem Gesamtrecht auf ein faires Verfahren genügen muss.[238]

79

Methodisch prüft der Gerichtshof zunächst (1. Schritt), ob ein bestimmtes Verfahrensrecht verletzt ist. Eine solche Verletzung bedeutet aber nicht automatisch auch einen Verstoß gegen den Fairnessgrundsatz; vielmehr ist zusätzlich (2. Schritt) jeweils – im Wege einer Gesamtwürdigung des Verfahrens (Gesamtbetrachtung) – festzustellen, ob dieses hierdurch auch insgesamt unfair erscheint.[239] Im Rahmen dieser Gesamtwürdigung sind zahlreiche Faktoren zu berücksichtigen.[240]

---

235 Dörr/Grote/Marauhn-*Dörr*, Kap. 13 Rn. 58; zusf. EGMR, „Bock ./. Deutschland", Urt. v. 29.3.1989, Nr. 11118/84, Serie A, Nr. 150, Rn. 38.
236 Miles per hour.
237 EGMR, „Kovač ./. Kroatien", Urt. v. 12.7.2007, Nr. 503/05, Rn. 23.
238 *Esser/Gaede/Tsambikakis* NStZ 2011, 140 (148).
239 EGMR, „Haas ./. Deutschland", Beschl. v. 17.11.2005, Nr. 73047/01.
240 Vgl. den nicht abschließenden Katalog in EGMR (GK), „Ibrahim ua ./. Vereinigtes Königreich", Urt. v. 13.9.2016, Nrn. 50541/08 ua, Rn. 274.

Schwerpunktmäßig sollen im Folgenden drei zentrale Aspekte des Fairnessprinzips des Art. 6 I EMRK dargestellt werden:

- das Gebot der Waffengleichheit und der Schutz vor Zwang zur Selbstbelastung (→ Rn. 80)
- die Garantie des rechtlichen Gehörs und aller damit verbundenen Informationsrechte und Aktivbefugnisse (→ Rn. 83 f.)
- der Anspruch auf ein kontradiktorisches Verfahren (→ Rn. 84)

80 Aus dem in Art. 6 EMRK verankerten *fair-trial*-Grundsatz folgt erstens das **Gebot der Waffengleichheit**:[241] Diese Garantie findet sich heute durch die Rspr. des EGMR insofern ausgeweitet, als sie nicht nur die formelle Gleichstellung von Angeklagtem und Ankläger bedeutet, sondern jeder Partei das Recht zuerkennt, ihre Position in einer Weise zu vertreten, die ihr keine Nachteile gegenüber der gegnerischen Partei einbringt.[242] Beide Seiten müssen gleichwertige Möglichkeiten haben, auf die Entscheidung des Gerichts einzuwirken, sie müssen dafür gleichermaßen Zugang zu den für den Verfahrensablauf wesentlichen Informationen erhalten. Unterschiede sind gerade im Hinblick auf den Amtsermittlungsgrundsatz möglich; entscheidend ist, ob beide Parteien im Laufe des gesamten Verfahrens vergleichbare Möglichkeiten zur Interessenvertretung hatten.[243] Ein wichtiger Ausfluss der Waffengleichheit ist auch der Schutz vor dem Zwang zur Selbstbelastung (**Nemo-tenetur-Grundsatz**). Dieser umfasst insbesondere das Recht zu schweigen, ohne dass der Angeklagte negative Konsequenzen aus diesem Schweigen für den Prozessausgang zu befürchten hat.[244] Daneben ist die Selbstbelastungsfreiheit nicht nur auf Schuldeingeständnisse oder direkt belastende Äußerungen beschränkt. Auch die Verwertung von Äußerungen, die auf den ersten Blick unbelastend wirken, aber im weiteren Verfahren zur Erschütterung der Glaubwürdigkeit des Angeklagten verwendet werden, verletzt das Recht auf Selbstbelastungsfreiheit, sofern sie nicht nach ordnungsgemäßer Belehrung gemacht wurden.[245] Weiterhin bedeutet der *Nemo-tenetur*-Grundsatz auch, dass der Ankläger in einer Strafsache die Schuld des Angeklagten nachzuweisen hat, ohne sich dabei auf Beweismittel zu stützen, die durch Zwang oder Druck gegen den Willen des Angeklagten erlangt wurden.[246] Allerdings verletzt nicht jeder offene Zwang, der auf eine aktive Selbstbelastung durch den Betroffenen gerichtet ist, Art. 6 I EMRK.

81 Ob das Recht auf Selbstbelastungsfreiheit verletzt ist, beurteilt der EGMR anhand folgender Faktoren:[247]

---

241 Zum Ganzen *Safferling* NStZ 2004, 181.
242 EGMR (GK), „Regner ./. Tschechische Republik", Urt. v. 19.9.2017, Nr. 35289/11, Rn. 146.
243 EGMR, „Laska u. Lika ./. Albanien", Urt. v. 20.4.2010, Nrn. 12315/04 u. 17605/04, Rn. 58 ff.; L/R-*Esser*, EMRK Art. 6 Rn. 202 ff.
244 Zur ausf. Diskussion über die Reichweite dieser Garantie EGMR (GK), „O'Halloran u. Francis ./. Vereinigtes Königreich", Urt. v. 29.6.2007, Nrn. 15809/02 u. 25624/02, RJD 2007-III, inkl. der abweichenden Meinungen; auch EGMR, „Krumpholz ./. Österreich", Urt. v. 18.3.2010, NJW 2011, 201, Rn. 32 ff.
245 EGMR, „J.B. ./. Schweiz", Urt. v. 3.5.2001, Nr. 31827/96, RJD 2001-III, Rn. 64; zu einer möglichen Verletzung des *Nemo-tenetur*-Grundsatzes durch die Verpflichtung, zu schwören, die Wahrheit zu sagen EGMR, „Brusco ./. Italien", Urt v. 14.10.2010, Nr. 1466/07.
246 EGMR, „Aleksandr Zaichenko ./. Russland", Urt. v. 18.2.2010, Nr. 39660/02, Rn. 54–60.
247 Erstmalig EGMR (GK), „Jalloh ./. Deutschland", Urt. v. 11.7.2006, Nr. 54810/00, RJD 2006-IX, Rn. 117–121; bestätigt in EGMR (GK), „O'Halloran u. Francis ./. Vereinigtes Königreich", Urt. v. 29.6.2007, Nrn. 15809/02 u. 25624/02, RJD 2007-III, Rn. 55.

- Art und Schwere des Zwangs zwecks Beweiserlangung
- Gewicht des öffentlichen Interesses an der Verfolgung dieser Straftat und der Bestrafung des Täters; entscheidend ist hierfür das vom Täter verwirklichte Unrecht, wobei sich der EGMR an der zu erwartenden Strafe orientiert
- Existenz angemessener Verfahrensgarantien; hier spielt sowohl die den Zwang gestattende Norm als auch die Möglichkeit, die Zwangsmaßnahme selbst und die Verwertung des erlangten Beweises verfahrensrechtlich anzufechten, eine Rolle
- Verwertung der so erlangten Beweismittel

Diese Faktoren wägt der EGMR bei der Beurteilung gegeneinander ab, ob ein Verstoß gegen den *Nemo-tenetur*-Grundsatz gegeben ist.[248] Dabei sind für die Verwertung von Beweisen, die unter Verstoß gegen Art. 3 EMRK gewonnen wurden, einige – oben unter → Rn. 51 beschriebene – Besonderheiten zu beachten.

In **Fall 25** sah der EGMR die in § 172 II Road Traffic Act 1988 enthaltene Verpflichtung, das Formblatt auszufüllen – verbunden mit der Androhung der Einleitung eines Strafverfahrens im Falle der Nichterfüllung –, der Art nach zwar als offenen Zwang zur aktiven Selbstbelastung an.[249] Allerdings sei eine Verpflichtung des Halters zur Offenlegung der Identität des Fahrers, der ein Verkehrsdelikt begangen hat, aufgrund der einem Kfz innewohnenden Betriebsgefahr für Leib und Leben anderer Verkehrsteilnehmer zu akzeptieren. Die Gefährlichkeit des Verhaltens darf für sich sicherlich keine Ausnahme vom *Nemo-tenetur*-Grundsatz begründen, wäre diese wichtige Garantie dann doch für eine Vielzahl strafrechtlicher Fallgestaltungen außer Kraft gesetzt. Der EGMR konnte hier aber auf weitere Faktoren verweisen: Die Strafdrohung sei für den Fall der Nichtoffenlegung der Identität des Fahrers so gering, dass keine schwere Form von Zwang gegeben gewesen sei. Weiterhin enthielt § 172 IV Road Traffic Act 1988 einen Ausnahmetatbestand und die Verwertung der Aussage auf dem Formblatt als Beweismittel konnte nach britischem Recht angefochten werden (was B auch erfolglos versucht hatte), so dass nach Ansicht des EGMR angemessene Verfahrensgarantien ebenfalls existiert hätten. Schließlich beruhte die Verurteilung des B nicht nur auf der Angabe der Identität des Fahrers, sondern auch auf dem Foto. Ein Verstoß gegen den *Nemo-tenetur*-Grundsatz habe daher nicht vorgelegen, das Verfahren sei demnach nicht als insgesamt unfair anzusehen.

82

Zweitens folgt aus dem Fairnessprinzip auch die **Garantie des rechtlichen Gehörs** und aller damit verbundener Informationsrechte und Aktivbefugnisse: Diese umfassen grds. das Recht auf Anwesenheit während der Verhandlung, die Möglichkeit, sich gegenüber dem Gericht schriftlich oder mündlich zu äußern und das Recht auf eine effektive Verteidigung[250] (vgl. auch Art. 6 III lit. c EMRK). Letzteres umfasst das Recht des Beschuldigten, sich in jedem Abschnitt des Verfahrens, also insbesondere bereits bei der ersten polizeilichen Vernehmung, wirksam durch einen Rechtsanwalt seiner Wahl[251]

83

---

248 Krit. zu dieser Abwägung im Zusammenhang mit Verstößen gegen Art. 3 EMRK *Grabenwarter* NJW 2010, 3128 (3132); insgesamt hierzu auch *Wang*, Einsatz Verdeckter Ermittler, S. 157 ff.
249 EGMR (GK), „O'Halloran u. Francis ./. Vereinigtes Königreich", Urt. v. 29.6.2007, Nrn. 15809/02 u. 25624/02, RJD 2007-III, Rn. 58–60.
250 Ausf. Sieber/Satzger/v. Heintschel-Heinegg-*Kreicker*, Europ. StR, § 51 Rn. 25 ff.
251 Zur notwendigen Begrenzung des Wahlrechts EGMR (GK), „Dvorski ./. Kroatien", Urt. v. 20.10.2015, Nr. 25703/11, Rn. 78 f.

verteidigen zu lassen[252] und mit diesem frei kommunizieren zu können[253] oder die Möglichkeit, die Echtheit von Beweismitteln anzufechten und ihrer Verwertung zu widersprechen.[254] Nur in engen Grenzen und aufgrund von „zwingenden Gründen" darf die Hinzuziehung eines Verteidigers vorerst unterbleiben.[255] Schließlich ergeben sich aus Art. 6 I EMRK auch Belehrungs- und Fürsorgepflichten seitens des Gerichts.[256]

84 Nach der Rspr. des EGMR gehört zu einem fairen Verfahren iSd Art. 6 I, III lit. c EMRK nicht nur das Recht darauf, sich durch einen frei gewählten Verteidiger verteidigen zu lassen, sondern auch – bei eigener Abwesenheit – ein **Recht auf Vertretung** (vgl. „durch einen Verteidiger ihrer Wahl verteidigen zu lassen").[257] Dies steht jedoch in einem Spannungsverhältnis zum Unmittelbarkeits- und Mündlichkeitsprinzip des deutschen Strafprozessrechts und führt nach einem vielbeachteten Urteil des EGMR[258] dazu, dass § 329 I S. 1 StPO aF konventionswidrig war. Danach war nämlich die Berufung des Angeklagten ohne jegliche Sachprüfung zu verwerfen, wenn er trotz ordnungsgemäßer Ladung und nach Information über die Folgen seines Fernbleibens, unentschuldigt nicht erschien.

Den Verstoß gegen Art. 6 I, III lit. c EMRK sah der EGMR – aus seiner Sicht ganz folgerichtig – darin, dass die Verwerfungsmöglichkeit nach deutschem Recht auch dann bestand, wenn der Angeklagte durch einen anwesenden, ordnungsgemäß bevollmächtigten und verteidigungsbereiten Prozessvertreter vertreten war. Der Angeklagte müsse, so der EGMR, das Recht haben, dass das Verfahren so durchgeführt wird, als wäre er selbst anwesend.[259] Für das deutsche Strafprozessrecht, das bislang keine Abwesenheitsverurteilung kannte, war dies eine Neuerung; in der Literatur war sogar von einem Verstoß gegen die „Strukturprinzipien der Strafprozessordnung"[260] die Rede. Die Gerichte sahen keinen Weg, die Rspr. des EGMR und den Wortlaut des § 329 I S. 1 StPO aF in Einklang zu bringen, so dass nach ihrer – nicht unzweifelhaften – Ansicht nur eine Gesetzesänderung Abhilfe leisten konnte.[261] Der Gesetzgeber hat reagiert und § 329 StPO mit Wirkung vom 25.7.2015 geändert; entsprechend den Vorgaben des EGMR hat er explizit die Möglichkeit einer Vertretung des Angeklagten in der Berufungsinstanz vorgesehen.[262]

85 Drittens leitet der EGMR aus Art. 6 I EMRK einen **Anspruch auf ein kontradiktorisches Verfahren**[263] ab, was zumindest bedeutet, dass die Anklage und die Verteidigung Kenntnis von den Erklärungen und Beweisen der jeweils anderen Seite haben müssen

---

252 EGMR (GK), „Salduz ./. Türkei", Urt. v. 27.11.2008, Nr. 36391/02, RJD 2008-V, Rn. 51 f.; zur grundlegenden Bedeutung dieses Rechts bei inhaftierten Minderjährigen EGMR, „Blokhin ./. Russland", Urt. v. 23.3.2016, Nr. 47152/06, Rn. 198 f.
253 EGMR, „M ./. Niederlande", Urt. v. 25.7.2017, Nr. 2156/10, Rn. 85 mwN.
254 EGMR, „Gäfgen ./. Deutschland", Urt. v. 30.6.2008, Nr. 22978/05, Rn. 98.
255 Vgl. SSW-StPO-*Satzger*, EMRK Art. 6 Rn. 56.
256 L/R-*Esser*, EMRK Art. 6 Rn. 197.
257 *Zehetgruber* HRRS 10/2013, 397, 405.
258 EGMR, „Neziraj ./. Deutschland", Urt. v. 8.11.2012, Nr. 30804/07.
259 *Esser* StV 2013, 331 (334).
260 *Mosbacher* NStZ 2013, 312 (314) m. Verweis auf BVerfG StraFo 2007, 190 Rn. 20.
261 Zur Unvereinbarkeit mit dem Gesetzeswortlaut siehe nur OLG München Beschl. v. 17.1.2013 – 4 StRR (A) 18/12 = NStZ 2013, 358; vgl. demgegenüber für eine Möglichkeit zur Berücksichtigung der EGMR-Rspr. ohne Gesetzesänderung *Esser* StraFo 2013, 253; *Zehetgruber* HRRS 2013, 397 (402 ff.).
262 § 329 StPO in der Fassung des „Gesetzes zur Stärkung des Rechts des Angeklagten auf Vertretung in der Berufungsverhandlung [...]" v. 17.7.2015 (BGBl. 2015 I, S. 1332); zum Gesetzesbeschluss *Frisch* NStZ 2015, 69.
263 Dazu nur *Esser*, Eur. und Int. Strafrecht, § 9 Rn. 225; HK EMRK-*Harrendorf/König*, Art. 6 Rn. 96.

und dazu Stellung nehmen können.²⁶⁴ Ein bestimmtes System (Parteiprozess angloamerikanischer Prägung, inquisitorisches Amtsermittlungsverfahren ähnlich wie in Deutschland) wird dadurch weder eingefordert noch ausgeschlossen. Durch Art. 6 III lit. d EMRK wird ein Frage- und Konfrontationsrecht des Beschuldigten gewährleistet. Dies bedeutet, dass der Beschuldigte grds. mit Belastungszeugen zu konfrontieren ist, damit er die Möglichkeit hat, diese ausdrücklich zu befragen und ihre Glaubwürdigkeit in Zweifel zu ziehen.²⁶⁵ Es genügt, dass ihm diese Möglichkeit zu irgendeinem Zeitpunkt des Verfahrens eingeräumt wird; dies muss also nicht zwingend in der Hauptverhandlung geschehen, sondern kann bereits während des Ermittlungsverfahrens erfolgen.²⁶⁶ Das Konfrontationsrecht besteht dabei allerdings nicht grenzenlos, sondern die Fragen des Beschuldigten an die Zeugen können auf ihre Zulässigkeit hin kontrolliert werden.²⁶⁷ Ein Verstoß gegen das Konfrontationsgebot als wichtigsten Ausfluss des Grundsatzes der Waffengleichheit macht das Verfahren nicht automatisch unfair; es ist also nicht gänzlich ausgeschlossen, dass die Aussage eines Belastungszeugen, der niemals vom Beschuldigten befragt werden konnte, durch die Verlesung von Vernehmungsprotokollen oder die Befragung von Vernehmungspersonen in die Hauptverhandlung eingeführt und verwertet wird. Somit schließt das Recht auf ein kontradiktorisches Verfahren den „Zeugen vom Hörensagen" und andere Formen mittelbarer Beweisführung nicht völlig aus. Denn auch hier muss stets im Rahmen einer Gesamtbetrachtung beantwortet werden, ob das Verfahren als Ganzes noch als fair anzusehen ist. Zu diesem Zweck hat der Gerichtshof bislang eine dreistufige²⁶⁸ Prüfung vorgenommen, wobei er in seinen jüngsten Entscheidungen die Stufen 2 und 3 vertauscht bzw. ineinander verzahnt (dazu sogleich → Rn. 89 ff.).

(1) Die erste Prüfungsstufe war und ist die Frage danach, ob ein durch die Rspr. des EGMR anerkannter Grund für die fehlende Konfrontation vorliegt. Sofern dies bereits nicht der Fall ist, ist das Verfahren in seiner Gesamtheit als unfair zu betrachten.²⁶⁹ Ein anerkannter Grund in diesem Sinn liegt vor bei sachlicher oder rechtlicher Unerreichbarkeit eines Zeugen,²⁷⁰ bei Berufung eines Zeugen auf sein Zeugnisverweigerungsrecht²⁷¹ oder bei besonderer Schutzbedürftigkeit des Opfers einer Sexualstraftat.²⁷² Va kann auch die objektiv begründete Furcht des Zeugen vor Repressalien, insbesondere wenn die Bedrohung vom Beschuldigten selbst ausgeht oder durch ein ihm zurechenbares Verhalten erfolgt, ein solcher Grund sein. Entsprechendes gilt im Hinblick auf anonyme Zeugen, namentlich bzgl. der Aussagen gefährdeter V-Leute in einer öffentlichen Hauptverhandlung.²⁷³ Bei anonymen Zeugen müssen die Behörden, um die Anonymität aufrecht zu erhalten und ggf. auf eine Konfrontation zu verzichten,

86

---

264 EGMR, „Öcalan ./. Türkei", Urt. v. 12.3.2003, Nr. 46221/99, Rn. 166; zu den Anforderungen bei Verfahren gegen Minderjährige vgl. EGMR, „Blokhin ./. Russland", Urt. v. 23.3.2016, Nr. 47152/06, Rn. 195 f., 203.
265 *Dehne-Niemann* HRRS 2010, 189 (191).
266 Vgl. EGMR (GK), „Al-Khawaja u. Tahery ./. Vereinigtes Königreich", Urt. v. 15.12.2011, Nrn. 26766/05 u. 22228/06, RJD 2011-VI, Rn. 128.
267 EGMR, „Judge ./. Vereinigtes Königreich", Beschl. v. 8.2.2011, Nr. 35863/10, Rn. 27 ff., wo das Konfrontationsrecht in Fällen des sexuellen Missbrauchs eingeschränkt wurde.
268 LR-*Esser*, EMRK Art. 6 Rn. 789 ff.; SSW-StPO-*Satzger*, EMRK Art. 6 Rn. 60 ff.
269 AA SK-*Paeffgen*, EMRK Art. 6 Rn. 158 (ohne Nachweise).
270 Auch bejaht bei ins Ausland gereisten Zeugen, die sich weigern in irgendeiner Form am Verfahren mitzuwirken, und bzgl. derer alle (zahlreichen) Versuche mit den Mitteln der Rechtshilfe eine Aussage zu erreichen misslingen EGMR (GK), „Schatschaschwili ./. Deutschland", Urt. v. 15.12.2015, Nr. 9154/10, Rn. 135 f.
271 EGMR, „Asch ./. Österreich", Urt. v. 26.4.1991, Nr. 12398/86, Serie A, Nr. 203, Rn. 16, 31.
272 EGMR, „N.F.B. ./. Deutschland", Beschl. v. 18.10.2001, Nr. 37225/97, RJD 2001-XI.
273 EGMR, „Scholer ./. Deutschland", Urt. v. 18.12.2014, Nr. 14212/10, Rn. 60.

stichhaltige und ausreichende Gründe für die Notwendigkeit der Geheimhaltung der Identität vorbringen.²⁷⁴ Solche bestehen etwa dann, wenn die Zeugen aufgrund der Angst vor Repressalien nur durch die Garantie ihrer Anonymität zur Aussage veranlasst und so gleichzeitig geschützt werden können.

Auch bei Vorliegen eines derart anerkannten Grundes ist der Verzicht auf Konfrontation durch Absehen von Vernehmung vor Gericht stets nur das letzte Mittel. Vorrangig zu nutzen sind also alternative Möglichkeiten, die eine Konfrontation zumindest ansatzweise zulassen, wie etwa eine Videovernehmung oder eine kommissarische Vernehmung.²⁷⁵

Grundsätzlich kann nicht von einem fehlenden triftigen Grund für die Rechtfertigung der Abwesenheit eines Zeugen auf ein unfaires Verfahren geschlossen werden. Das Fehlen eines triftigen Grundes für die Rechtfertigung des Fernbleibens eines Belastungszeugen ist jedoch ein gewichtiger Aspekt bei der Bewertung der Fairness des Verfahrens insgesamt.²⁷⁶

87 (2) Im Falle einer Einschränkung des Konfrontationsrechts aus anerkannten Gründen fragt(e) der EGMR nach herkömmlicher Prüfung auf zweiter Stufe, ob diese Einschränkung der Verteidigungsrechte ausreichend kompensiert wurde. Dies kann durch eine Nachholung der Befragung erfolgen;²⁷⁷ im deutschen Recht kommen außerdem va audiovisuelle Vernehmungsmethoden iSv § 247a StPO in Betracht (wobei der EGMR jedoch eine rein akustische Übertragung teils für nicht ausreichend gehalten hat²⁷⁸). Im Fall der Verwertung der Aussagen anonymer Zeugen ist eine derartige Kompensation gegeben, wenn der Verteidiger die Zeugen in Abwesenheit des Beschuldigten konfrontativ befragen und ihre Glaubwürdigkeit erschüttern kann, ohne dass ihre Identität preisgegeben wird.²⁷⁹

88 (3) Auch bei hinreichender Kompensation kam es nach herkömmlicher Prüfung auf einer zusätzlichen dritten Stufe auf die Beweiswürdigung an: Die Angaben des nicht (vollständig) konfrontierten Belastungszeugen mussten mit äußerster Sorgfalt und Zurückhaltung gewürdigt werden und durch andere Beweismittel erhärtet sein.²⁸⁰ Das Urteil durfte also – trotz Kompensation auf zweiter Stufe – nie allein oder maßgeblich auf die Aussage eines Zeugen gestützt werden, der von der Verteidigung oder dem Beschuldigten zu keinem Zeitpunkt des Verfahrens konfrontativ befragt werden konnte (*sole or decisive rule*).²⁸¹ Nur dann, wenn der Beweiswert weiterer Beweismittel den Beweiswert der unkonfrontiert zustande gekommenen Aussage überwog, war somit Raum für die Annahme, die Aussage sei nicht maßgeblich (*decisive*) für die Urteilsfindung.²⁸²

---

274 EGMR, „Haas ./. Deutschland", Beschl. v. 17.11.2005, Nr. 73047/01; vgl. dazu die Anm. v. *Esser* in NStZ 2007, 103.
275 Grundlegend EGMR (GK), „Al-Khawaja u. Tahery ./. Vereinigtes Königreich", Urt. v. 15.12.2011, Nrn. 26766/05 u. 22228/06, RJD 2011-VI, Rn. 120 ff.
276 EGMR (GK), „Schatschaschwili ./. Deutschland", Urt. v. 15.12.2015, Nr. 9154/10, Rn. 113.
277 EGMR, „Kostovski ./. Niederlande", *Urt.* v. 20.11.1989, Nr. 11454/85, Serie A, Nr. 166, Rn. 41.
278 EGMR, „Van Mechelen ua ./. Niederlande", Urt. v. 23.4.1997, Nrn. 21363/93 ua, Rn. 59 ff.
279 EGMR, „Doorson ./. Niederlande", Urt. v. 26.3.1996, Nr. 20524/92, RJD 1996-II, Rn. 73.
280 EGMR, „Doorson ./. Niederlande", Urt. v. 26.3.1996, Nr. 20524/92, RJD 1996-II, Rn. 76; „S.N. ./. Schweden", Urt. v. 2.7.2002, Nr. 34209/96, RJD 2002-V, Rn. 53.
281 Vgl. dazu EGMR (GK), „Al-Khawaja u. Tahery ./. Vereinigtes Königreich", Urt. v. 15.12.2011, Nrn. 26766/05 u. 22228/06, RJD 2011-VI, Rn. 119 ff.; SSW-StPO-*Satzger*, EMRK Art. 6 Rn. 66 mwN.
282 *Esser*, Europäisches Strafverfahrensrecht, S. 647, 674; KK-*Lose/Jacobs*, EMRK, Art. 6 Rn. 104 ff.

Diese sehr strenge Sichtweise hat der Gerichtshof mittlerweile aufgegeben.[283] Beruht die Verurteilung ausschließlich oder maßgeblich auf der Aussage des nicht konfrontierten Zeugen, erlaubt der Gerichtshof nun ein gewisses Maß an Flexibilität, mit der Folge, dass die Verwertung des Beweises vom Hörensagen nicht *per se* gegen die EMRK verstößt.[284] Sogar eine ganz ohne Konfrontation zustande gekommene Aussage kann danach die einzige oder entscheidende Grundlage für eine Verurteilung sein, was aber voraussetzt, dass das nationale Recht ausgleichende Faktoren (sog. *sufficient counterbalancing factors*) vorsieht, die den Nachteil des Beschuldigten hinreichend kompensieren, wobei insbesondere prozessuale Sicherungen eine Rolle spielen sollen.[285]

Die Beweiswürdigung ist nunmehr also kein eigenständiger Prüfungspunkt auf dritter Stufe mehr; der Gerichtshof vertauscht die Prüfungsstufen 2 und 3 und integriert die Beweiswürdigung letztlich als *einen* Kompensationsfaktor in die zweite Prüfungsstufe. Besonders die Zuerkennung eines nur geringen Beweiswerts, ein sorgfältiger Abgleich mit ergänzenden Beweismitteln und eine sehr sorgfältige Beweiswürdigung (etwa im Hinblick auf das Aussageverhalten des Belastungszeugen vor der Polizei oder dem Ermittlungsrichter) können folglich einen Mangel an Konfrontation ausgleichen.[286] Der BGH hat in seiner jüngeren Rspr. die Vorgaben des EGMR aus der „Schatschaschwili"-Entscheidung ausdrücklich berücksichtigt.[287]

Durch die neue Rspr. des EGMR verwässert der bislang strikt durchgeführte Dreistufentest in gewissem Umfang, seine Ergebnisse lassen sich schlechter vorhersehen. Das kann man einerseits dahin gehend kritisieren, dass die Prüfung geradezu willkürlich gehandhabt werden kann, andererseits lässt der neue Test Raum, um der Fairness im Einzelfall gerecht zu werden. Auf den letzteren Aspekt verweist der EGMR, indem er unterstreicht, dass es wichtig ist, die markanten Unterschiede zu berücksichtigen, die es zwischen den einzelnen Rechtssystemen und den von ihnen vorgesehenen Verfahren insbesondere in Bezug auf die Zulässigkeit von Beweismitteln im Strafverfahren gibt. Gleichzeitig betont der EGMR aber, dass für kontinentaleuropäische Rechtssysteme und für solche des *Common Law* derselbe Prüfungsmaßstab anzuwenden ist.[288]

Auch wenn der EGMR eine Gesamtbetrachtung hinsichtlich der Fairness des Verfahrens anlegt, so zeigt sich an der beschriebenen Vorgehensweise des Gerichts, dass sich die Einschränkungsbedingungen eines Rechts wie des Art. 6 III lit. d EMRK aus der spezifischen Bedeutung dieses Rechts ergeben müssen und allgemeine Fairnesserwägungen bei der Beurteilung unzureichend sind.[289]

Eine Verletzung des Konfrontationsrechts hat der EGMR etwa – noch auf Grundlage des früheren dreistufigen Tests – für den Fall bejaht, dass polizeiliche Protokolle über

---

283 EGMR (GK), „Al-Khawaja u. Tahery ./. Vereinigtes Königreich", Urt. v. 15.12.2011, Nrn. 26766/05 u. 22228/06, RJD 2011-VI, Rn. 126 ff.; „Schatschaschwili ./. Deutschland", Urt. v. 15.12.2015, Nr. 9154/10, Rn. 116, 118; dazu auch *Thörnich* ZIS 2017, 39 (43 ff.).
284 Siehe nur EGMR, „Şandru ./. Rumänien", Urt. v. 15.10.2013, Nr. 33882/05, Rn. 59.
285 EGMR (GK), „Al-Khawaja u. Tahery ./. Vereinigtes Königreich", Urt. v. 15.12.2011, Nrn. 26766/05 u. 22228/06, RJD 2011-VI, Rn. 119, 147; „Schatschaschwili ./. Deutschland", Urt. v. 15.12.2015, Nr. 9154/10, Rn. 145; nach *Esser* NStZ 2017, 604 (605) wurde die „sole or decisive rule" daher „als Prüfkriterium [...] völlig aufgeweicht".
286 Siehe dazu BGH Urt. v. 4.5.2017 – 3 StR 323/16 = NStZ 2018, 51 (54) m. zust. Anm. *Mosbacher* JuS 2017, 742 (746 f.).
287 BGH Beschl. v. 26.4.2017 – 1 StR 32/17 = NStZ 2017, 602; Urt. v. 4.5.2017, 3 StR 323/16 = NStZ 2018, 51.
288 EGMR (GK), „Schatschaschwili ./. Deutschland", Urt. v. 15.12.2015, Nr. 9154/10, Rn. 108.
289 „Gesamtbetrachtung" ist daher entgegen der bislang fehlerhaften Rezeption des BGH als Oberbegriff der Prüfungsmethode zu verstehen, vgl. *Dehne-Niemann* HRRS 2010, 189 (195).

die Vernehmung der Hauptbelastungszeugen verlesen wurden, die in Abwesenheit des Beschuldigten bzw. seines Verteidigers erstellt worden waren und die Zeugen nie konfrontativ befragt werden konnten, weil sie sich in der Hauptverhandlung auf ihr Zeugnisverweigerungsrecht beriefen.[290] Dagegen ist es nach neuer Rspr. prinzipiell zulässig, die im Ermittlungsverfahren ohne Konfrontation zustande gekommene Aussage eines Belastungszeugen zu verwerten, der vor Beginn der Hauptverhandlung verstorben ist.[291] Einen Grenzfall, der die Bundesrepublik betrifft, hatte der EGMR im Fall *Schatschaschwili* zu entscheiden: Die ausländischen Hauptbelastungszeuginnen waren – was der Ermittlungsrichter so nicht vorhersehen konnte – unmittelbar nach ihrer Vernehmung im Ermittlungsverfahren, die ohne Beteiligung des Beschuldigten oder eines Verteidigers erfolgt war, in ihr Heimatland zurückgekehrt. Vielfältige Versuche des deutschen Gerichts, sie zu einer Aussage unter Beteiligung des Beschuldigten oder seines Verteidigers (in Deutschland, durch Videovernehmung, durch Rechtshilfe usw) zu bewegen, scheiterten an ihrer Verängstigung und der mehr als nur zögerlichen Unterstützung durch die ausländischen Behörden. Während in der erstinstanzlichen Entscheidung die Kammer einen Verstoß gegen das Konfrontationsrecht mehrheitlich verneinte,[292] hat die Große Kammer einen Verstoß gegen Art. 6 I, III lit. d EMRK angenommen, was allerdings maßgeblich auf einer von der Kammerentscheidung abweichenden Bewertung der nationalen Rechtslage beruhte: Denn nach der Großen Kammer sei es möglich gewesen, bereits bei der Zeugenvernehmung im Ermittlungsverfahren einen Verteidiger zu bestellen, was unterblieben sei.[293]

dd) Problem: Faires Verfahren und polizeiliche Lockspitzel

92 Eine weitere wichtige und viel diskutierte Fallkonstellation ist die **Tatprovokation durch einen polizeilichen Lockspitzel** (sog. *agent provocateur*), eine Praxis, die insbesondere zur Bekämpfung der Drogenkriminalität eingesetzt wird. Va dann, wenn die polizeilichen Lockspitzel den Tatentschluss bei an sich allenfalls latent, aber noch nicht konkret tatgeneigten Bürgern hervorrufen,[294] stellt sich die Frage nach der Vereinbarkeit eines nachfolgenden Strafverfahrens mit Art. 6 I EMRK. Der EGMR hat ein derartig initiiertes Strafverfahren als „von Anfang an" unfair bezeichnet und einen Verstoß gegen das Fairnessprinzip festgestellt.[295] Dies lässt sich dahin gehend interpretieren, dass die Tatprovokation ein Verbot staatlichen Strafens und somit ein **Verfahrenshindernis** begründet.

Der EGMR hat jüngst zum Ausdruck gebracht, dass für alle Beweise, die das Ergebnis einer Tatprovokation sind, ein **Verwertungsverbot** oder ein Verfahren mit ähnlichen Konsequenzen gelten müsse. Daraus folgt eindeutig, dass der bislang in Deutschland

---

290 EGMR, „Unterpertinger ./. Österreich", Urt. v. 24.11.1986, Nr. 9120/80, Serie A, Nr. 110, Rn. 28 ff.; zu § 252 StPO als Grundlage für ein Beweisverwertungsverbot bzgl. der polizeilichen Vernehmung in dieser Konstellation *Beulke*, StPO, Rn. 418 ff.
291 EGMR (GK), „Al-Khawaja u. Tahery ./. Vereinigtes Königreich", Urt. v. 15.12.2011, Nrn. 26766/05 u. 22228/06, RJD 2011-VI, Rn. 155 ff.
292 EGMR, „Schatschaschwili ./. Deutschland", Urt. v. 17.4.2014, Nr. 9154/10, Rn. 80 f.
293 EGMR (GK), „Schatschaschwili ./. Deutschland", Urt. v. 15.12.2015, Nr. 9154/10, Rn. 164 f.
294 So in EGMR, „Teixeira de Castro ./. Portugal", Urt. v. 9.6.1998, Nr. 25829/94, RJD 1998-IV, Rn. 38 und zuletzt in EGMR (GK), „Ramanauskas ./. Litauen", Urt. v. 5.2.2008, Nr. 74420/01, RJD 2008-I, Rn. 56; s. ferner etwa BGH Beschl. v. 28.2.2018 – 4 StR 640/17; BGH NStZ 2018, 355 mAnm *Esser*.
295 EGMR, „Teixeira de Castro ./. Portugal", Urt. v. 9.6.1998, Nr. 25829/94, RJD 1998-IV, Rn. 39; dies gilt auch bei der mittelbaren Tatprovokation, vgl. EGMR, „Pyrgiotakis ./. Griechenland", Urt. v. 21.2.2008, Nr. 15100/06, Rn. 21 f.

gewährte Strafabschlag (Strafzumessungslösung[296]) diesen Vorgaben keinesfalls gerecht wird (ebenso wenig der Rückgriff auf die alternative Vollstreckungslösung).[297] Mittlerweile hat – auch nachdem das BVerfG zumindest für Extremfälle eine Verfahrenseinstellung für möglich erachtet hat[298] – der BGH eine Rechtsprechungsänderung vollzogen.[299] In der konkreten Entscheidung versucht er nun, der EGMR-Rspr. Rechnung zu tragen, indem er – allerdings in einem sehr krassen Fall (Todesdrohung durch Lockspitzel) – das Verfahren eingestellt hat. Dass eine rechtswidrige Tatprovokation künftig stets eine Verfahrenseinstellung aufgrund eines endgültigen Verfahrenshindernisses zur Folge hat, darf jedoch aufgrund jüngster Rechtsprechung bezweifelt werden. So verneinte etwa der Erste Strafsenat unter Verweis auf eine bereits vorhandene Tatneigung die Möglichkeit eines Verfahrenshindernisses,[300] während der Fünfte Strafsenat eine vom Tatgericht aufgrund rechtsstaatswidriger Tatprovokation veranlasste Einstellung mit der Begründung beanstandete, dass eine genaue Ermittlung der Umstände nicht stattgefunden habe und zugleich betonte, dass sich „selbst auf der Basis der vom Landgericht getroffenen Feststellungen ein aus einer rechtsstaatswidrigen Tatprovokation erwachsendes, ohnehin nur in extremen Ausnahmefällen in Betracht kommendes Verfahrenshindernis nicht ergeben würde"[301].

Das Abrücken von der Strafzumessungslösung jedenfalls war lange überfällig. Dass das BVerfG gleichwohl zurückhaltend bzgl. der Annahme eines Verfahrenshindernisses ist, ist angesichts der im Allgemeinen nur schwer definierbaren Anforderungen an die Voraussetzungen eines solchen nachvollziehbar. ME ist die großzügige Annahme eines **ungeschriebenen Schuldausschließungsgrundes** sinnvoll und sachgerecht[302] – und nicht zuletzt im Einklang mit der EMRK.[303]

ee) Problem: Verständigung im Strafverfahren und Fairness

Die auch im deutschen Recht mittlerweile durch gesetzliche Regelung (s. nur § 257c StPO) „geadelten" Verständigungen im Strafprozess betrachtet der EGMR in seiner ersten – durch eine gewisse „verständigungsidealisierende" Haltung geprägte – Entscheidung hierzu[304] nicht als „unangemessen"; das *plea bargaining* gehöre heute zu den gemeinsamen Charakteristika der europäischen Strafjustizsysteme. Nicht nur würden die Strafverfolgungsbehörden entlastet, die Verfahren beschleunigt und Korruption und organisierte Kriminalität effektiver bekämpft; auch würden die Strafen verringert, was letztlich zu weniger überfüllten Gefängnissen führe.[305]

Dass der Beschuldigte dabei auf eine Reihe von wichtigen Prozessrechten verzichte(n müsse), sieht der EGMR, hält dies aber für unbedenklich, vorausgesetzt, der Verzicht

93

---

296 Grundlegend BGHSt 32, 345; dazu etwa *Beulke*, StPO, Rn. 288.
297 Siehe nur EGMR, „Furcht ./. Deutschland", Urt. v. 23.10.2014, Nr. 54648/09 mBespr *Satzger*, JK 6/15, EMRK Art. 6 l; vgl. auch *Ambos*, Int. Strafrecht, § 10 Rn. 23; *Esser/Gaede/Tsambikakis* NStZ 2011, 140 (142); SSW-StPO-*Satzger*, EMRK Art. 6 Rn. 76 ff.
298 BVerfG Beschl. v. 18.12.2014 – 2 BvR 209/14 mBespr *Satzger*, JK 6/15, EMRK Art. 6 l.
299 BGH Urt. v. 10.6.2015 – 2 StR 97/14 = BGHSt 60, 276; dazu *Eidam* StV 2016, 129; *Eisenberg* NJW 2016, 98; *Jäger* JA 2016, 308; *Jahn/Kudlich* JR 2016, 54; *Mitsch* NStZ 2016, 57.
300 BGH Urt. v. 7.12.2017 – 1 StR 320/17 mAnm *Conen* StV 2019, 358 (359).
301 BGH Urt. v. 4.7.2018 – 5 StR 650/17, Rn. 38. Hierzu auch *Conen* StV 2019, 358 (359 f.).
302 Vgl. SSW-StPO-*Satzger*, EMRK Art. 6 Rn. 78; so auch – allerdings begrenzt auf Extremfälle – *Beulke*, StPO, Rn. 288.
303 Vgl. zu den verschiedenen diskutierten Lösungsansätzen *Schmidt* ZIS 2017, 56 (59 ff.).
304 EGMR, „Natsvlishvili u. Togonidze ./. Georgien", Urt. v. 29.4.2014, Nr. 9043/05, RJD 2014-II.
305 EGMR, „Natsvlishvili u. Togonidze ./. Georgien", Urt. v. 29.4.2014, Nr. 9043/05, RJD 2014-II, Rn. 90.

erfolge eindeutig und werde von prozessualen Mindestsicherungen begleitet; zudem dürfe der Verzicht nicht gegen bedeutende öffentliche Interessen verstoßen.[306] Jedenfalls sei Wirksamkeitsvoraussetzung für eine Absprache, dass der Beschuldigte, erstens – bevor er die Verständigung gänzlich freiwillig akzeptiert – die Tatsachenbasis und die rechtlichen Konsequenzen voll erfasst. Zweitens müssten Inhalt der Absprache und Fairness ihres Zustandekommens hinreichend gerichtlich überprüfbar sein, weshalb der EGMR die Bedeutung einer schriftlichen Fixierung der Absprache und der Verhandlungen hervorhebt;[307] fehle eine Bindungswirkung für das Gericht, spreche das ebenso für die Fairness wie die gerichtliche Möglichkeit, die Richtigkeit der Beschuldigungen (zumindest mittels *prima-facie*-Beweises) zu überprüfen und die Absprache zum Gegenstand einer öffentlichen Verhandlung zu machen.[308]

g) Unschuldsvermutung – Art. 6 II EMRK

94 Die Unschuldsvermutung gem. Art. 6 II EMRK gilt nur in Strafsachen. Sie schützt den Beschuldigten vor Vorverurteilungen[309] und Schuldzuweisungen, und zwar egal ob dies im Gerichtsverfahren oder informell in der Öffentlichkeit geschieht, solange eine abschließende gerichtliche Schuldfeststellung nicht erfolgt ist.[310] Ermittlungsmaßnahmen sind dadurch freilich nicht ausgeschlossen, da diese nur an einen Verdacht anknüpfen und auf die Klärung des Tatvorwurfs gerichtet sind.[311] In erster Linie wird diese Garantie für die Beweislastverteilung im gerichtlichen Verfahren relevant: Grds. muss die Anklage die Schuld des Täters beweisen, Zweifel gehen zu seinen Gunsten (*in dubio pro reo*). Allerdings sind Beweislastverschiebungen nicht *per se* konventionswidrig, wenn die Bedeutung der Straftat gebührend berücksichtigt wird und die Rechte der Verteidigung hinreichend gewahrt sind.[312]

h) Gesetzlichkeitsprinzip (*nullum crimen, nulla poena sine lege*, Rückwirkungsverbot) – Art. 7 EMRK

95 ▶ **FALL 26:** Der 1957 geborene A befindet sich in der JVA S in Haft. A wurde in Deutschland bereits mehrfach wegen schwerer Verbrechen verurteilt, zuletzt im November 1986 wegen versuchten Mordes in Tateinheit mit Raub zu einer Freiheitsstrafe von fünf Jahren. Außerdem ordnete das Gericht aufgrund eines neurologischen und psychiatrischen Gutachtens, das den A als gefährlichen Straftäter beurteilte und einen Hang zur Gewalttätigkeit feststellte, seine anschließende Unterbringung in der Sicherungsverwahrung an. Zu diesem Zeitpunkt war die Sicherungsverwahrung kraft Gesetzes noch auf zehn Jahre beschränkt. Diese gesetzliche Höchstgrenze wurde 1998 aufgehoben. Nach Verbüßung der Freiheitsstrafe und wiederholter Anträge auf Aussetzung der Unterbringung in der Sicherungsverwahrung zur Bewährung lehnte das LG einen weiteren dementsprechenden Antrag im Jahr

---

306 EGMR, „Natsvlishvili u. Togonidze ./. Georgien", Urt. v. 29.4.2014, Nr. 9043/05, RJD 2014-II, Rn. 91.
307 EGMR, „Natsvlishvili u. Togonidze ./. Georgien", Urt. v. 29.4.2014, Nr. 9043/05, RJD 2014-II, Rn. 92, 94.
308 EGMR, „Natsvlishvili u. Togonidze ./. Georgien", Urt. v. 29.4.2014, Nr. 9043/05, RJD 2014-II, Rn. 95.
309 Vgl. *Corstens/Pradel*, Eur. Criminal Law, Rn. 351 ff.
310 SSW-StPO-*Satzger*, Art. 6 Rn. 109 mwN, auch zur aktuellen Problematik, ob ein Freispruch die Unschuldsvermutung verletzen kann; vgl. hierzu ua auch den Aspekt der Unschuldsvermutung, wonach Freigesprochene bzw. Angeklagte, deren Strafverfahren eingestellt wurde, davor geschützt werden sollen, von Amtsträgern oder Behörden so behandelt zu werden, als wären sie der ihnen vorgeworfenen Taten tatsächlich schuldig (EGMR, „Bikas ./. Deutschland", Urt. v. 25.1.2018, Nr. 76607/13, NJW 2019, 203).
311 Vgl. auch BeckOK-StPO-*Valerius*, EMRK Art. 6 Rn. 33.
312 Grundlegend EGMR, „Salabiaku ./. Frankreich", Urt. v. 7.10.1988, Nr. 10519/83, Serie A, Nr. 141-A, Rn. 28; vertiefend *Barrot* ZJS 2010, 701.

2001 ab und ordnete unter Berufung auf § 67d III StGB iVm Art. 1a III EGStGB die Unterbringung des A in der Sicherungsverwahrung über die Gesamtdauer von zehn Jahren hinaus an. Das OLG bestätigte die Entscheidung. Mit Urteil vom 5.2.2004[313] wies das BVerfG die Verfassungsbeschwerde des A ab, mit der dieser unter anderem einen Verstoß gegen das Rückwirkungsverbot (Art. 103 II GG) geltend machte. Liegt ein Verstoß gegen Art. 7 I EMRK vor? (dazu → Rn. 101) ◄

Art. 7 I EMRK enthält das auch aus dem nationalen Recht grds. bekannte (Art. 103 II GG, § 1 StGB) Gesetzlichkeitsprinzip, das den Bürger vor willkürlicher Verfolgung, Verurteilung und Bestrafung schützen soll.[314] Die besondere Bedeutung, die die EMRK dieser materiellrechtlichen Garantie beimisst, wird daran deutlich, dass sie – ebenso wie Art. 3 EMRK – notstandsfest gewährt wird (vgl. Art. 15 II EMRK).

96

aa) Schutzbereich

Der Begriff der Strafe in Art. 7 I EMRK ist wie der des Strafverfahrens in Art. 6 EMRK (dazu → Rn. 69) autonom auszulegen. Der EGMR zieht zur Feststellung, ob eine Maßnahme als Strafe zu qualifizieren ist, alternativ folgende Kriterien heran:[315]

97

(1) Verhängung der Maßnahme im Anschluss an eine Verurteilung wegen einer Straftat oder zumindest aus Anlass der Begehung einer Straftat;[316]
(2) Strafcharakter der Maßnahme im Hinblick auf Natur und Zweck, beispielsweise die Haftstrafe;
(3) Strafrechtliche Natur der Maßnahme nach nationalem Recht;
(4) Verhängung der Maßnahme im prozessualen Rahmen eines Strafverfahrens;
(5) Schwere der Maßnahme, wobei diese nie alleiniges Kriterium zur Bejahung der Strafe iSv Art. 7 EMRK sein kann.

BEISPIEL:[317] Der Italiener S bekam von der Stadt Bari die Genehmigung zum Bau eines Einkaufszentrums an der Küste „Punta Perrota". Die Genehmigung war aufgrund eines fehlerhaften Bebauungsplans – es handelte sich um eine Landschaftsschutzzone – nach italienischem Recht nichtig und das Bauen ohne Baugenehmigung stellte eine Straftat dar. Zwar erfüllte S den Straftatbestand. Aufgrund eines unvermeidbaren Verbotsirrtums, der (auch) nach italienischem Recht einen Entschuldigungsgrund darstellt, wurde er jedoch freigesprochen. Dennoch ordnete das Strafgericht die Beschlagnahme des Bauwerks an. Diese ist im italienischen StGB geregelt, wird allerdings nach dortigem Recht als Verwaltungsmaßnahme beurteilt. Der EGMR stufte die Beschlagnahme gleichwohl als Strafe iSv Art. 7 I EMRK ein, weil sie anlässlich der Begehung einer Straftat und im Rahmen eines Strafprozesses verhängt wurde.[318]

---

313 BVerfG Urt. v. 5.2.2004 – 2 BvR 2029/01 = BVerfGE 109, 133.
314 EGMR, „S.W. ./. Vereinigtes Königreich", Urt. v. 22.11.1995, Nr. 20166/92, Serie A, Nr. 335-B, Rn. 34–36 und EGMR, „C.R. ./. Vereinigtes Königreich", Urt. v. 22.11.1995, Serie A, Nr. 335-C, Rn. 32–34; zusf. EGMR (GK), „Streletz, Kessler u. Krenz ./. Deutschland", Urt. v. 22.3.2001, Nrn. 34044/96 ua, RJD 2001-II, Rn. 50.
315 EGMR, „Welch ./. Vereinigtes Königreich", Urt. v. 9.2.1995, Nr. 17440/90, Serie A, Nr. 307-A, Rn. 28.
316 In EGMR, „Welch ./. Vereinigtes Königreich", Urt. v. 9.2.1995, Nr. 17440/90, Serie A, Nr. 307-A, Rn. 28 wurde noch verlangt, dass die Maßnahme als Folge der Verurteilung wegen einer Straftat verhängt wird; eine Erweiterung um den 2. Hs. erfuhr dieses Kriterium dann in EGMR, „Sud Fondi SRL ua ./. Italien", Urt. v. 20.1.2009, Nr. 75909/01.
317 EGMR, „Sud Fondi SRL ua ./. Italien", Urt. v. 20.1.2009, Nr. 75909/01.
318 EGMR, „Sud Fondi SRL ua ./. Italien", Urt. v. 20.1.2009, Nr. 75909/01, insbes. Rn. 115.

bb) Bestimmtheitsgebot

98 Das Gesetzlichkeitsprinzip stellt Anforderungen an die **Existenz und Bestimmtheit einer rechtlichen Grundlage der Strafbarkeit**. Dabei wird auf das (nationale wie internationale) „Recht" abgestellt; genauso wie bei dem ansonsten in der EMRK verwendeten Begriff „Gesetz" (s. jeweils Abs. 2 der Art. 9–11 EMRK) ist davon geschriebenes wie (va in den *Common-Law*-Staaten bedeutsam) ungeschriebenes Recht erfasst.[319] Stets muss aber gewährleistet sein, dass das Recht „*zugänglich*" ist und der Betroffene die Möglichkeit einer Bestrafung „*vorhersehen*" kann.[320] Der EGMR legt hier einen eher großzügigen Maßstab an, so dass auch die Fortentwicklung der Rspr. und deren Anpassung an geänderte Verhältnisse ermöglicht wird.[321] Wie weit dies reicht, zeigt folgendes

Beispiel:[322] S war im Vereinigten Königreich wegen Vergewaltigung seiner Ehefrau verurteilt worden. Aufgrund des traditionell anerkannten Prinzips der „Immunität des Ehemanns", welches jedoch Gegenstand einer gesetzgeberischen Reformdiskussion war, war die Vergewaltigung in der Ehe nach dem *Common Law* nicht strafbar. Der EGMR sah in der Verurteilung des S keine Verletzung des Art. 7 I EMRK, da richterliche Rechtsfortbildung auch im Strafrecht so lange zulässig sei, wie das Ergebnis mit dem Wesen des Delikts vereinbar und vernünftigerweise vorhersehbar sei. Wegen der in der neueren englischen Rspr. erkennbaren und vorhersehbaren Tendenz zur Aufgabe der Immunität des Ehemanns sei Art. 7 I EMRK nicht verletzt.

Der EGMR hält den notwendigen Grad an Bestimmtheit für einzelfallabhängig und je nach Normkomplex sowie Zahl und Status der Adressaten für flexibel.[323] Insbesondere von Adressaten, die im Rahmen ihres Berufslebens gewohnt sind, Vorsichtsmaßnahmen zu treffen, könne erwartet werden, dass sie Rechtsberatung in Anspruch nehmen.[324] Die Bestimmtheitsanforderungen gelten gleichermaßen auch für die Rechtsfolgenseite (s. Abs. 1 S. 2).[325]

cc) Analogieverbot

99 Art. 7 I EMRK enthält auch ein **Analogieverbot**: Über das (erhebliche) Maß zulässiger Auslegung und Rechtsfortbildung hinaus sind Analogieschlüsse *zulasten des Täters* unzulässig, wobei die genaue Abgrenzung problematisch ist. Der EGMR ist hier allerdings „großzügig": Solange die richterliche Rechtsfortbildung widerspruchsfrei sei, den Kern des Straftatbestands nicht verlasse und so die Entwicklung des Strafrechts

---

319 EGMR (GK), „Kononov ./. Lettland", Urt. v. 17.5.2010, Nr. 36376/04, RJD 2010-IV, Rn. 185; vgl. auch *Peters/Altwicker*, EMRK, § 23 Rn. 4.
320 Zum Umfang der geschützten Personen in Bezug auf die völkerrechtliche Grundlage des Verbrechens Völkermord im Jahr 1953 EGMR (GK), „Vasiliauskas ./. Litauen", Urt. v. 20.10.2015, Nr. 35343/05, Rn. 167 ff. mBespr bei *Vest* ZIS 2016, 487 und *Ambos* JZ 2017, 265.
321 Zur Konventionskonformität der Verurteilung wegen der Mauerschüsse an der DDR-Grenze EGMR (GK), „Streletz, Kessler u. Krenz ./. Deutschland", Urt. v. 22.3.2001, Nrn. 34044/96 ua, RJD 2001-II, Rn. 46–114 mAnm *Rau* NJW 2001, 3008.
322 EGMR, „S.W. ./. Vereinigtes Königreich", Urt. v. 22.11.1995, Nr. 20166/92, Serie A, Nr. 335-B.
323 EGMR, „Groppera Radio AG ua ./. Schweiz", Urt. v. 28.3.1990, Nr. 10890/84, Serie A, Nr. 173, Rn. 68.
324 EGMR (GK), „Cantoni ./. Frankreich", Urt. v. 15.11.1996, Nr. 17862/91, RJD 1996-V, Rn. 35; s. auch *Peters/Altwicker*, EMRK, § 23 Rn. 7 mwN.
325 EGMR, „Camilleri ./. Malta", Urt. v. 22.1.2013, Nr. 42931/10; dazu *F. Zimmermann*, in: Fahl/Müller/Satzger/Swoboda (Hrsg.), FS Beulke, S. 1097 ff.; *ders.*, Strafgewaltkonflikte in der EU, S. 231 f.

vernünftigerweise vorhersehbar sei, liege kein Verstoß gegen das Analogieverbot vor.[326]

dd) Rückwirkungsverbot

Schließlich enthält Art. 7 I EMRK ein **Rückwirkungsverbot**: Die Tat muss zum Zeitpunkt ihrer Begehung strafbar gewesen sein. Der Erlass rückwirkender Strafgesetze sowie die nachträgliche Strafschärfung sind danach konventionswidrig; darüber hinaus garantiert Art. 7 I EMRK, dass mildere Strafgesetze rückwirkend anzuwenden sind.[327] Im Hinblick auf die für zulässig erachtete richterliche Rechtsfortbildung ist auch hier zu beachten, dass im Zeitpunkt der Tatbegehung nur „vorhersehbar" gewesen sein muss, dass das Verhalten strafbar sein könnte.[328] Da Art. 7 EMRK eine materiellrechtliche Garantie darstellt, ist die täterungünstige Änderung von Strafverfahrensvorschriften nicht ausgeschlossen.[329] Auch die Verlängerung einer Verjährungsfrist sieht der EGMR – wegen der zum Zeitpunkt der Tat jedenfalls dem Grunde nach bestehenden Strafbarkeit – zumindest dann als konventionskonform an, wenn die Verjährungsfrist noch nicht abgelaufen war.[330]

100

Der EGMR[331] sah in **Fall 26** in der Verlängerung der **Sicherungsverwahrung** des A von maximal zehn Jahren auf einen unbegrenzten Zeitraum einen Verstoß gegen das Rückwirkungsverbot, Art. 7 I 2 EMRK. Zwar ist nach deutschem Recht die Sicherungsverwahrung keine Strafe, sondern eine Maßregel der Besserung und Sicherung (s. § 61 Nr. 3 StGB), auf die nach Ansicht des BVerfG das nur für Strafen geltende Rückwirkungsverbot des Art. 103 II GG nicht anwendbar sei.[332] Im Gegensatz zur Strafe knüpfen diese Maßregeln nämlich nicht an die Schuld des Täters, sondern va an dessen Gefährlichkeit für die Allgemeinheit an und sind damit rein präventiv ausgerichtet.[333] Der EGMR ist an diese nationale Auslegung allerdings nicht gebunden; vielmehr ist auch bei Art. 7 I EMRK der Begriff der Strafe autonom nach den oben genannten Kriterien (dazu → Rn. 97, 69) auszulegen: Entscheidend für die Einstufung der deutschen Sicherungsverwahrung als „Strafe" iSd Art. 7 I EMRK sprachen aus Sicht des Gerichtshofs dabei, dass die Unterbringung des A in der Sicherungsverwahrung im Jahre 1986 im Anschluss an seine Verurteilung wegen einer Straftat durch ein Strafgericht erfolgte. Des Weiteren war die Sicherungsverwahrung wie eine Freiheitsstrafe ihrer Natur nach mit einer Freiheitsentziehung verbunden. Auch in ihrer Umsetzung ähnelte sie der Freiheitsstrafe, da Sicherungsverwahrte in regulären Strafvollzugsanstalten untergebracht waren und sich der Vollzug der Sicherungsverwahrung weder in seiner tatsächlichen noch in seiner rechtlichen Ausgestaltung maßgeblich vom Vollzug der Freiheitsstrafe unterschieden. Außerdem überlappten sich die Funktion der Strafe und die Funktion der Sicherungsverwahrung: gem. deren strafvollzugsrechtlichen Rechtsgrundlagen

101

---

326 Vgl. EGMR (GK), „Streletz, Kessler u. Krenz ./. Deutschland", Urt. v. 22.3.2001, Nrn. 34044/96 ua, RJD 2001-II, Rn. 50.
327 EGMR (GK), „Scoppola ./. Italien (Nr. 2)", Urt. v. 17.9.2009, Nr. 10249/03, Rn. 109; zu möglichen Auswirkungen dieser Rechtsprechungsänderung auf Art. 103 II GG *Bohlander* StraFo 2011, 169.
328 Dazu *L/R-Esser*, EMRK Art. 7 Rn. 11; *Grabenwarter*, ECHR, Art. 7 Rn. 5.
329 *L/R-Esser*, EMRK Art. 7 Rn. 33.
330 EGMR, „Coëme ua ./. Belgien", Urt. v. 22.6.2000, Nr. 32492/96 ua, RJD 2000-VII, Rn. 142 ff.; dazu *F. Zimmermann*, in: Fahl/Müller/Satzger/Swoboda (Hrsg.), FS Beulke, S. 1099 ff.; zur parallelen Lösung in Deutschland BVerfGE 25, 269, 284 ff.
331 EGMR, „M. ./. Deutschland", Urt. v. 17.12.2009, Nr. 19359/04, RJD 2009-VI.
332 BVerfG Urt. v. 5.2.2004 – 2 BvR 2029/01 = BVerfGE 109, 133, 167 ff.
333 Etwa *Kindhäuser/Hilgendorf*, LPK-StGB, § 61 Rn. 1.

dienten Sicherungsverwahrung wie Strafe zumindest auch dem Schutz der Allgemeinheit vor Straftätern und der Befähigung des Gefangenen, ein sozial verantwortliches Leben in Freiheit zu führen. Hinsichtlich der nicht allein entscheidenden Schwere der Sanktion stuft der EGMR die Sicherungsverwahrung aufgrund der fehlenden Höchstfrist und der Abhängigkeit von der von einem Gutachter zu beurteilenden Gefährlichkeit des Täters als eine der schwersten möglichen Sanktionen überhaupt ein. Aufgrund all dieser Aspekte stellte der EGMR durchaus nachvollziehbar fest, dass die Anordnung der Sicherungsverwahrung eine „Strafe" iSv Art. 7 EMRK ist.[334]

102   Da zu dem Zeitpunkt, zu dem A die Tat beging, die Anordnung der Sicherungsverwahrung nach damaligem Recht bedeutete, dass A höchstens zehn Jahre in der Sicherungsverwahrung untergebracht werden würde, stellte die Verlängerung der Sicherungsverwahrung eine zusätzliche Strafe iSv Art. 7 I EMRK und nicht nur eine Modalität der Vollstreckung der Sanktion „bis zu zehn Jahre Sicherungsverwahrung" dar.[335]

Konsequenterweise sah der EGMR in der nachträglichen Verlängerung der Sicherungsverwahrung auch eine **echte rückwirkende Bestrafung**. Denn erst auf Grundlage des 1998 eingeführten – und damit nach Begehung seiner Straftat in Kraft getretenen – § 67d III StGB iVm Art. 1a III EGStGB wurde 2001 die Sicherungsverwahrung des A über die Zehnjahresfrist hinaus verlängert und damit die darin liegende zusätzliche Strafe verhängt.[336]

103   Als Reaktion auf diese Rspr. des EGMR reformierte zunächst der deutsche Gesetzgeber das Recht der Sicherungsverwahrung.[337] Anschließend erklärte jedoch das BVerfG die neu gefassten Vorschriften zur Sicherungsverwahrung für verfassungswidrig.[338] Es subsumierte die Sicherungsverwahrung zwar weiterhin nicht unter den deutschen Strafbegriff. Insbesondere in Anbetracht der Wertungen des EGMR zu Art. 7 I EMRK sei aber darauf zu achten, dass zwischen dem Vollzug der Sicherungsverwahrung und dem der Freiheitsstrafe ein angemessener Abstand gewahrt werde (sog. **Abstandsgebot**).[339] Da dies nicht der Fall war, musste der durch die Sicherungsverwahrung erfolgende Eingriff in das Freiheitsgrundrecht als unverhältnismäßig eingestuft werden.[340]

104   Dem Urteil in der Rechtssache „M. ./. Deutschland" folgten mittlerweile mehrere weitere Urteile des EGMR zur deutschen Sicherungsverwahrung.[341] In all diesen Entscheidungen spielte – neben Art. 7 EMRK – Art. 5 EMRK eine entscheidende Rolle. Eine

---

334   EGMR, „M. ./. Deutschland", Urt. v. 17.12.2009, Nr. 19359/04, RJD 2009-VI, Rn. 127 ff.
335   EGMR, „M. ./. Deutschland", Urt. v. 17.12.2009, Nr. 19359/04, RJD 2009-VI, Rn. 135.
336   EGMR, „M. ./. Deutschland", Urt. v. 17.12.2009, Nr. 19359/04, RJD 2009-VI, Rn. 123; weitere Informationen über die Entscheidung, die Verletzung von Art. 5 EMRK und die Rezeption durch die deutschen Gerichte bei *Pösl/Dürr* EuCLR 2 (2012), 158.
337   Gesetz zur Neuordnung des Rechts der Sicherungsverwahrung und zu begleitenden Regelungen v. 22.12.2010, BGBl. 2010 I, S. 2300.
338   BVerfG Urt. v. 4.5.2011 – 2 BvR 2365/09 ua = BVerfGE 128, 326 sowie BVerfG Beschl. v. 20.6.2012 – 2 BvR 1048/11, wobei die Regelungen bis längstens 31.5.2013 weitergalten, in einigen besonders konventionssensiblen Punkten allerdings nur mit Einschränkungen; dazu *Esser/Gaede/Tsambikakis* NStZ 2012, 554 (557); der EGMR hat die Entscheidung des BVerfG ausdrücklich begrüßt, vgl. EGMR, „Schmitz ./. Deutschland", Urt. v. 9.6.2011, 30493/04; dazu *Hörnle* NStZ 2011, 488.
339   Zum Abstandsgebot *Streng* JZ 2017, 507.
340   BVerfG Urt. v. 4.5.2011 – 2 BvR 2365/09 ua = BVerfGE 128, 326, 372 ff.; die nachträgliche Verlängerung der Sicherungsverwahrung über die Zehnjahresgrenze hinaus und die nachträgliche Anordnung der Sicherungsverwahrung hielt das BVerfG zudem für unvereinbar mit dem Vertrauensschutzgebot aus Art. 2 II 2 iVm 20 III GG, BVerfG Urt. v. 4.5.2011 – 2 BvR 2365/09 ua = BVerfGE 128, 326, 388 ff.
341   EGMR, „Kallweit ./. Deutschland", Urt. v. 13.1.2011, Nr. 17792/07; „Mautes ./. Deutschland", Urt. v. 13.1.2011, Nr. 20008/07; „Schummer ./. Deutschland", Urt. v. 13.1.2011, Nrn. 27360/04 u. 42225/07;

konventionskonforme Entziehung der Freiheit ist demnach davon abhängig, ob einer der in Art. 5 I 2 EMRK normierten Haftgründe greift, was hier letztlich zu verneinen ist (dazu auch → Rn. 57 ff.):

- Art. 5 I 2 lit. a EMRK verlangt, dass zwischen der ursprünglichen Verurteilung bzw. dem Schuldspruch und der nachträglichen Anordnung bzw. Verlängerung der Sicherungsverwahrung ein hinreichender Kausalzusammenhang besteht, woran es hier fehlt.[342]
- Art. 5 I 2 lit. c EMRK schied mangels konkret drohender Straftat als Grundlage für die Rechtfertigung der Freiheitsentziehung aus.[343]
- Auch eine Berufung auf den für eine Rechtfertigung der Freiheitsentziehung noch in Betracht kommenden Art. 5 I 2 lit. e EMRK scheiterte, da keine psychische Erkrankung in dem darin vorausgesetzten Sinn vorlag bzw. die vorgesehene Unterbringung in Deutschland nicht den Anforderungen nach dieser Norm entsprechen würde.[344]
- Folglich stellte der EGMR in den genannten Fällen neben einer Verletzung von Art. 7 EMRK auch eine Verletzung von Art. 5 EMRK fest.[345]

Aufgrund dieser Wertungen des EGMR hielt das BVerfG die nachträgliche Verlängerung der Sicherungsverwahrung über die ursprünglich geltende Zehnjahresgrenze hinaus und die nachträgliche Anordnung der Sicherungsverwahrung bis zu einer Neuregelung nur noch für möglich, wenn eine hochgradige Gefahr schwerster Gewalt- und Sexualstraftaten aus konkreten Umständen in der Person oder dem Verhalten des Untergebrachten abzuleiten ist und der Untergebrachte an einer psychischen Störung iSv Art. 5 I 2 lit. e EMRK leidet.[346]

105

Diese Vorgaben sind mittlerweile insbesondere durch das **ThUG** sowie das **Gesetz zur bundesrechtlichen Umsetzung des Abstandsgebots** im Recht der Sicherungsverwahrung umgesetzt worden (dazu → Rn. 58). Dennoch sieht der EGMR auch nach der Neuregelung die Sicherungsverwahrung grundsätzlich noch als „Strafe" an,[347] wobei jedenfalls dann eine Ausnahme zu machen ist, wenn die Sicherungsverwahrung zum Ziel der Behandlung einer psychischen Störung in einer gerade hierfür vorgesehenen Einrichtung erfolgt.[348] Auch verbesserte Unterbringungsbedingungen sowie erweiterte

---

„Haidn ./. Deutschland", Urt. v. 13.1.2011, Nr. 6587/04; „Jendrowiak ./. Deutschland", Urt. v. 14.4.2011, Nr. 30060/04; „O.H. ./. Deutschland", Urt. v. 24.11.2011, Nr. 4646/08; „Kronfeldner ./. Deutschland", Urt. v. 19.1.2012, Nr. 21906/09; „B. ./. Deutschland", Urt. v. 19.4.2012, Nr. 61272/09; dazu *Esser/Gaede/Tsambikakis* NStZ 2012, 554 (555).

342   Bzgl. der nachträglichen Verlängerung der Sicherungsverwahrung EGMR, „M. ./. Deutschland", Urt. v. 17.12.2009, Nr. 19359/04, RJD 2009-VI, Rn. 97 ff.; hierzu auch EGMR, „Mork ./. Deutschland", Urt. v. 9.6.2011, Nrn. 31047/04 u. 43386/08; zur nachträglichen Anordnung der Sicherungsverwahrung BVerfGE 128, 326, 395; s. auch *Renzikowski* ZIS 2011, 531 (535).
343   EGMR, „M. ./. Deutschland", Urt. v. 17.12.2009, Nr. 19359/04, RJD 2009-VI, Rn. 102 ff.
344   Dazu etwa EGMR, „B. ./. Deutschland", Urt. v. 19.4.2012, Nr. 61272/09, Rn. 77 ff.
345   Grundlegend EGMR, „M. ./. Deutschland", Urt. v. 17.12.2009, Nr. 19359/04, RJD 2009-VI, Rn. 92–105; zur Rezeption der Rspr. des EGMR durch das BVerfG vgl. Urt. v. 4.5.2011, 2 BvR 2333/09 ua = BVerfGE 128, 326; dazu auch *Esser/Gaede/Tsambikakis* NStZ 2012, 554 (555 f.); *Pösl* ZJS 2011, 132; *Payandeh/Sauer* Jura 2012, 289.
346   BVerfG Urt. v. 4.5.2011 – 2 BvR 2365/09 ua = BVerfGE 128, 326, 332, 406 f.
347   EGMR, „Bergmann ./. Deutschland", Urt. v. 7.1.2016, Nr. 23279/14, Rn. 181.
348   EGMR, „Bergmann ./. Deutschland", Urt. v. 7.1.2016, Nr. 23279/14, Rn. 153 ff., 182 mAnm *Köhne* NJW 2017, 1013 und *Dörr* JuS 2016, 1144 (1146); bestätigt in EGMR, „Becht ./. Deutschland", Urt. v. 6.7.2017, Nr. 79457/13, Rn. 41 f.

Bewegungsfreiheiten führen dazu, dass die Sicherungsverwahrung nicht als Strafe angesehen wird.[349]

106 Art. 7 EMRK bezieht ausdrücklich auch die Strafbegründung durch **internationales Recht** mit ein. Aus Abs. 1 S. 1 ergibt sich, dass eine rückwirkende Anwendung nationalen Rechts zulässig ist, wenn zum Tatzeitpunkt jedenfalls eine Strafbarkeit nach Völkerstrafrecht (dazu → § 12 Rn. 1 ff.) begründet war.[350] Art. 7 II EMRK, der mit Rücksicht auf die Verfahren vor dem Nürnberger Internationalen Militärgerichtshof (dazu → § 13 Rn. 5 ff.) aufgenommen wurde (und bzgl. dessen die Bundesrepublik Deutschland einen Vorbehalt im Hinblick auf Art. 103 II GG erklären zu müssen glaubte,[351] der mittlerweile jedoch zurückgenommen worden ist), überschneidet sich im Wesentlichen mit Abs. 1 und ist letztlich überflüssig.[352]

107 Im Vergleich zum deutschen Gesetzlichkeitsprinzip zeigt sich somit, dass zum einen das Verbot von Gewohnheitsrecht nicht zu den Inhalten des Art. 7 EMRK gehört. Zum anderen führt das weite Vorhersehbarkeitskriterium zu weniger strengen Bestimmtheitsanforderungen. Diese Relativierung des Bestimmtheitsgrundsatzes erscheint angesichts des Ausgangspunkts des Art. 7 EMRK, auch ungeschriebenes und – sogar explizit – internationales Recht als Grundlage für eine Strafbarkeit mit einzubeziehen, jedoch unausweichlich.

i) Recht auf Achtung des Privat- und Familienlebens – Art. 8 EMRK

108 ▶ **FALL 27:** K ist russischer Staatsbürger und kommt aus Krasnojarsk. Im September 2000 beauftragte er den Auftragskiller V mit der Tötung seines bisherigen Geschäftspartners G. V führte allerdings den Auftrag nicht aus, sondern ging zum russischen Geheimdienst FSB und übergab diesem die von K erhaltene Pistole. Die Staatsanwaltschaft eröffnete daraufhin am 21.9.2000 gegen K ein Ermittlungsverfahren wegen Verabredung zum Mord. Am 29.9.2000 inszenierte die Polizei im Rahmen eines sog. „operativen Experiments" das Auffinden eines Toten im Haus des G und verbreitete in den Medien, es handle sich um G. Auf Anweisung der Polizei suchte V am 3.10.2000 den K auf und erzählte diesem auf Instruktion der Polizei, er habe den Auftrag ausgeführt. Dabei hatte V ein verborgenes Mikrofon bei sich, mit dem das Gespräch an einen Polizisten außerhalb des Hauses übermittelt und aufgezeichnet wurde. Am 4.10.2000 wurde K festgenommen und unter anderem aufgrund des aufgezeichneten Gesprächs am 19.6.2002 wegen Verabredung zum Mord verurteilt. Liegt eine Verletzung des Rechts auf Achtung der Privatsphäre (Art. 8 I Var. 1 EMRK) vor? (dazu → Rn. 111) ◀

109 Art. 8 I EMRK beinhaltet vier Garantien: den Schutz des Privatlebens, des Familienlebens, der Wohnung und der Korrespondenz. Den Staat trifft neben dem grundsätzlichen Eingriffsverbot auch die Pflicht, aktive Maßnahmen zur Achtung der genannten Rechte zu treffen.[353] Der EGMR hat sich bislang um keine abschließende Definition

---

349 EGMR (GK), „Ilnseher ./. Deutschland", Urt. v. 4.12.2018, Nr. 10211/12 und 27505/14, Rn. 220.
350 *Grabenwarter/Pabel*, EMRK, § 24 Rn. 153 und vertiefend *Kleinlein* EuGRZ 2010, 544.
351 BGBl. 1954 II, S. 14; zum Problem des Verhältnisses von Art. 103 II GG zum völkerrechtlichen Bestimmtheitsgrundsatz vgl. *Satzger* JuS 2004, 943.
352 So zu Recht *Grabenwarter/Pabel*, EMRK, § 24 Rn. 154; *Heringa/Zwaak*, in: van Dijk ua (Hrsg.), Theory and Practice of the European Convention on Human Rights, S. 660 ff.
353 EGMR (GK), „Bărbulescu ./. Rumänien", Urt. v. 5.9.2017, Nr. 61496/08, Rn. 108 mwN; bzgl. der Schutzpflicht der Vertragsstaaten als Konsequenz des Verständnisses des EGMR von der EMRK als „constitutional instrument", dazu → Rn. 25.

des Privatlebens in Art. 8 I EMRK bemüht.[354] Jedenfalls betrachtet er eine Begrenzung des Begriffs auf eine innere Sphäre, in der eine Person ihr Leben führen kann, so wie sie es für richtig hält, als zu eng. Vielmehr müsse Privatleben bis zu einem gewissen Grad auch Beziehungen zu anderen Menschen umfassen, wobei nach Ansicht des EGMR zwischenmenschliche Kontakte aus dem Berufs- und Arbeitsleben ausdrücklich dem Begriff des Privatlebens unterfallen sollen.[355] Hinsichtlich des Vorliegens einer Familie stellt der Gerichtshof auf ein tatsächlich bestehendes Familienleben ab. Anhaltspunkte dafür sind zB eine gemeinsame Wohnung, die Art und Länge der Beziehung sowie das Interesse und die Bindung der Partner aneinander, wohingegen das Eingehen einer Ehe nicht erforderlich ist.[356]

Ein Eingriff in diese Rechte ist nur unter den Voraussetzungen von Art. 8 II EMRK gerechtfertigt. Notwendig ist daher jedenfalls eine gesetzliche Grundlage; darüber hinaus müssen verfahrensrechtliche Gewährleistungen zur Verteidigung dieser Rechte geschaffen werden.[357] So muss das Gesetz beispielsweise bei der Überwachung von Korrespondenz und dem Eingriff in das Privatleben so ausreichend bestimmt sein, dass es den Bürgern genaue Hinweise gibt, unter welchen Voraussetzungen Behörden einen derartigen Eingriff in das jeweilige Recht tätigen dürfen.[358] Bei geheimen Abhörmaßnahmen, die regelmäßig einer Prüfung durch die Betroffenen oder durch die Öffentlichkeit nicht zugänglich sind, bedeutet dies, dass der Umfang des Ermessens und die Art seiner Ausübung bestimmt sein müssen. Ansonsten kann der Eingriff in Art. 8 I EMRK nicht als „gesetzlich vorgesehen" iSv Art. 8 II EMRK gewertet werden.[359]

110

Kommt es zu einer Bestrafung, die in das Recht aus Art. 8 EMRK eingreift, so bedarf es zur Rechtfertigung der Notwendigkeit dieser Strafe in einer demokratischen Gesellschaft. Bei der Beurteilung der Notwendigkeit steht den Mitgliedstaaten ein gewisser Ermessensspielraum zu, dessen Weite vom Einzelfall abhängt.[360] Grundsätzlich gesteht der Gerichtshof den Mitgliedstaaten nur einen geringen Beurteilungsspielraum zu, wenn es um besonders bedeutsame Aspekte des Privatlebens oder der eigenen Identität geht. Eine Rechtfertigung des Eingriffs kommt dann allein bei Vorliegen schwerwiegender Gründe in Betracht. Fehlt es hingegen bzgl. der Bedeutung der betroffenen Interessen und des bestmöglichen Schutzes an einem europäischen Grundkonsens, gesteht der Gerichtshof den Mitgliedstaaten demgegenüber einen weiteren Ermessensspielraum zu. Dies ist va der Fall, wenn es um moralische und ethische Frage geht, da die nationalen Behörden besser geeignet sind, diese Fragen zu beurteilen, wie insbesondere bei der Frage der Bestrafung inzestuöser Beziehungen zwischen Geschwistern.[361]

---

354 Vgl. etwa EGMR, „Carvalho Pinto de Sousa Morais ./. Portugal", Urt. v. 25.7.2017, Nr. 17484/15, Rn. 35.
355 EGMR, „Niemietz ./. Deutschland", Urt. v. 16.12.1992, Nr. 13710/88, Serie A, Nr. 251-B, Rn. 29.
356 EGMR (GK), „Elsholz ./. Deutschland", Urt. v. 13.7.2000, Nr. 25735/94, RJD 2000-VIII, Rn. 43; EGMR (GK), „K.u. T. ./. Finnland", Urt. v. 12.7.2001, Nr. 25702/94, RJD 2001-VII, Rn. 150; *Grabenwarter/Pabel*, EMRK, § 22 Rn. 16 ff. mwN; neuerdings fasst der Gerichtshof auch gleichgeschlechtliche Paare unter den Begriff der „Familie" und nicht mehr nur unter das „Privatleben", EGMR, „Schalk u. Kopf ./. Österreich", Urt. v. 24.6.2010, RJD 2010-IV, Rn. 94 f.
357 HK EMRK-*Meyer-Ladewig/Nettesheim*, Art. 8 Rn. 2 f.
358 EGMR, „Malone ./. Vereinigtes Königreich", Urt. v. 2.8.1984, Serie A, Nr. 82, Rn. 67; zu Eingriffen in Rechte unter Art. 8 EMRK s. auch *Corstens/Pradel*, Eur. Criminal Law, Rn. 374 ff.
359 EGMR (GK), „Bykov ./. Russland", Urt. v. 10.3.2009, Nr. 4378/02, Rn. 78.
360 Vgl. für Kriterien zur Bestimmung der Weite im Einzelfall EGMR (GK), „Dubská u. Krejzová ./. Tschechien", Urt. v. 15.11.2016, Nrn. 28859/11 u. 28473/12, Rn. 178 f. mwN.
361 EGMR, „Stübing ./. Deutschland", Urt. v. 12.4.2012, Nr. 43547/08, Rn. 59 ff.

111 In **Fall 27** lag nach Einschätzung des EGMR ein staatlicher Eingriff in K's Privatleben vor – die Polizei war die Urheberin der Abhöraktion, die K's Beziehung zu V betraf, auch wenn das Gespräch selbst von V geführt wurde.[362] Allerdings habe ein „operatives Experiment" keine den oben beschriebenen Anforderungen entsprechende verfahrensrechtliche Grundlage zum Einsatz der Überwachungstechnik dargestellt. Dieser sei wegen des Fehlens bestimmter und genauer Regelungen nicht von angemessenen Garantien gegen Missbrauch begleitet worden und somit nicht nach Art. 8 II EMRK gerechtfertigt gewesen.[363]

j) Rechtsmittel in Strafsachen – Art. 2 I des 7. Zusatzprotokolls

112 Da es sich bei dem 7. ZP um ein Fakultativprotokoll handelt, ist die Ratifizierung für die EMRK-Signatarstaaten nicht verpflichtend. Insofern erklärt es sich, dass das 7. ZP – trotz der elementaren Bedeutung der darin geregelten Materie – zB in Deutschland (mangels Ratifikation) noch nicht in Kraft ist, obwohl es von der Bundesrepublik unterzeichnet wurde. Während von Art. 2 I dieses ZP keine mit vollen Kompetenzen ausgestattete reformatorische Berufungsinstanz und damit kein neues Urteil einer höheren Instanz verlangt wird, muss zumindest eine **kassatorische Rechtskontrolle**, also eine Zurückverweisung an die Vorinstanz, möglich sein; die Regelung des Art. 2 I des 7. ZP geht somit über die Vorgaben des Art. 6 I EMRK hinaus.[364]

k) *Ne bis in idem* – Art. 4 I des 7. Zusatzprotokolls

113 ▶ **FALL 28:** G hatte in Österreich bei einem Autounfall den Tod eines Radfahrers verursacht und wurde deshalb wegen fahrlässiger Tötung verurteilt. Da festgestellt wurde, dass er zum Zeitpunkt des Unfalls eine BAK von weniger als 0,8 Promille hatte, kam eine Strafschärfung wegen Fahrens unter Alkoholeinfluss nicht in Betracht. Auf der Grundlage eines neuen medizinischen Gutachtens, das den Blutalkoholgehalt zum Zeitpunkt der Tat mit 0,95 Promille angab, erließ die Bezirkshauptmannschaft einige Monate später gegen G ein Straferkenntnis (Verwaltungssanktion) wegen Trunkenheit am Steuer. Inwiefern verstößt dieses Straferkenntnis gegen die in Art. 4 I des 7. ZP verankerte Garantie? (dazu → Rn. 116) ◀

114 Das Doppelbestrafungsverbot iSd Art. 4 des 7. ZP der EMRK ist fast wortgleich mit der entsprechenden Regelung des Art. 14 I IPbpR[365] und mit Art. 103 III GG. Wie in diesen Vorschriften beschränkt sich das Verbot im Rahmen der EMRK auf eine mehrfache Verfolgung innerhalb desselben Staates; ein transnationales *ne bis in idem* wird – anders als in Art. 54 SDÜ (dazu → § 10 Rn. 64 ff.) – hierdurch nicht begründet. Auch die Anrechnung einer im Ausland verhängten Strafe (s. § 54 III StGB) ist im Verhältnis mehrerer EMRK-Vertragsstaaten untereinander durch Art. 4 I des 7. ZP nicht geboten.

115 Wann eine Entscheidung rechtskräftig ist und insofern das Doppelverfolgungs- und Doppelbestrafungsverbot auslöst, wird ebenso wenig durch die EMRK geregelt, sondern hängt vom nationalen Prozessrecht ab. Fraglich bleibt, wann von „einer" Tat iSd Art. 4 I des 7. ZP gesprochen werden kann. Grds. sind zwei Ansätze denkbar (dazu → § 10 Rn. 81): Tatidentität lässt sich annehmen, wenn die Zweitverfolgung auf der Grundlage desselben Tatbestandes (*idem crimen*) erfolgt, oder wenn das zweite Verfahren

---

362 Vgl. hierzu auch EGMR, „M.M. ./. Niederlande", Urt. v. 8.4.2003, Nr. 39339/98, Rn. 36 ff.
363 EGMR (GK), „Bykov ./. Russland", Urt. v. 10.3.2009, Nr. 4378/02, Rn. 80 ff.
364 Peters/Altwicker, EMRK, § 24 Rn. 3 ff.; HK EMRK-*Meyer-Ladewig/Harrendorf/König*, Art. 2 ZP 7 Rn. 3.
365 International Covenant on Civil and Political Rights, New York, 19.12.1966, UNTS, Bd. 999, Nr. 14668, S. 171, BGBl. 1973 II, S. 1533 (Sartorius II, Nr. 20).

ren dieselben Handlungen zum Gegenstand hat, die auch schon im Erstverfahren abgeurteilt worden sind (*idem factum*).

In der **Fall 28** zugrunde liegenden Entscheidung[366] vertrat der EGMR – ähnlich der deutschen *Ne-bis-in-idem*-Konzeption – einen weiten Tatbegriff, wonach allein entscheidend sein sollte, ob beide Bestrafungen auf demselben tatsächlichen Verhalten basierten. Da es hier um eine einzige Trunkenheitsfahrt ging, sah der EGMR im Erlass des Straferkenntnisses gegen G eine Verletzung des Art. 4 I des 7. ZP. Die zwischenzeitliche Rechtsprechung des EGMR, wonach für die Bewertung als „Straftat" neben derselben tatsächlichen Handlung (*Idem-factum*-Element) auch darauf abgestellt wurde, ob jemand aufgrund unterschiedlicher, in ihren wesentlichen Elementen aber identischer Vorschriften (*Idem-crimen*-Element) bestraft werden konnte,[367] scheint mittlerweile wieder aufgegeben. Idealkonkurrierende Delikte, die durch dasselbe Verhalten erfüllt werden, sollten unterschiedliche Taten darstellen (zB die Begehung einer Ordnungswidrigkeit durch Fahren mit nicht angepasster Geschwindigkeit einerseits und die Verwirklichung eines Straftatbestands wegen fahrlässiger Körperverletzung infolge eines aufgrund der überhöhten Geschwindigkeit verursachten Unfalls andererseits).[368] Seit der Entscheidung im Fall „Zolotukhin gegen Russland" favorisiert der EGMR allerdings wieder die allein faktenorientierte Betrachtung, mit der Begründung, dass der Ansatz des *Idem-crimen* den Schutzbereich des Art. 4 des 7. ZP zu sehr einengen würde anstatt dessen Garantie wirksam werden zu lassen.[369] In **Fall 28** fehlt es zwar an dem *Idem-crimen*-Element, die Verwirklichung der unterschiedlichen Tatbestände geht jedoch auf *eine* Gesamtheit tatsächlicher Umstände zurück, an denen derselbe Beschuldigte beteiligt ist und die hinsichtlich Ort und Zeit nicht trennbar sind.[370] Da es sich deshalb um eine „eine Tat" im Sinne des Art. 4 des 7. ZP handelt, liegt nach aktueller Rechtsprechung des EGMR ein Verstoß gegen das Doppelbestrafungsverbot vor.

l) Begrenzung der Rechtseinschränkungen / Verhinderung von Machtmissbrauch – Art. 18 EMRK

Bislang wurde Art. 18 EMRK nur die Bedeutung beigemessen, für Eingriffe in Abwehrrechte „Schranken-Schranken" zu normieren: Einschränkungen dürfen danach nur zu den vorgesehenen Zwecken erfolgen. So interpretiert wäre die Norm allerdings weitgehend überflüssig, weil der Verhältnismäßigkeitsgrundsatz, der stets ein legitimes Ziel voraussetzt, als solcher ohnehin in der EMRK anerkannt ist.[371] Art. 18 EMRK hat darüber hinaus allerdings eine eigenständige Bedeutung, die erst in den letzten Jahren, insbesondere durch die prominenten Fälle von *Khodorkovskiy* in Russland und *Tymoshenko* in der Ukraine (ansatzweise) erkannt worden ist.[372] Ziel von Art. 18 EMRK muss es sein, **Machtmissbrauch zu verhindern**.[373] Eingriffe in Menschenrechte, die zwar bei formaler Betrachtung als noch den Vorgaben der Konvention entsprechend

---

366 EGMR, „Gradinger ./. Österreich", Urt. v. 23.10.1995, Nr. 33/1994/480/562, Serie A, Nr. 328-C, Rn. 55.
367 EGMR, „Fischer ./. Österreich", Urt. v. 29.5.2001, Nr. 37950/97, Rn. 24 ff.; bestätigt durch EGMR, „Sailer ./. Österreich", Urt. v. 6.6.2002, Nr. 38237/97, Rn. 25.
368 EGMR, „Oliveira ./. Schweiz", Urt. v. 30.7.1998, Nr. 25711/94, RJD 1998-V.
369 EGMR (GK), „Zolotukhin ./. Russland, Urt. v. 10.2.2009 – 13838/03, Rn. 80.
370 Vgl. EGMR (GK), „Zolotukhin ./. Russland, Urt. v. 10.2.2009 – 13838/03, Rn. 84; *Esser*, Eur. und Int. Strafrecht, § 9 Rn. 350; SSW-StPO-*Satzger*, EMRK Art. 4 des 7.ZP Rn. 8.
371 Siehe auch EGMR, „Lutsenko ./. Ukraine", Urt. v. 3.7.2012, Nr. 6492/11, Rn. 62.
372 Vgl. zu diesen Fällen EGMR, „Khodorkovskiy ./. Russland", Urt. v. 31.5.2011, Nr. 5829/04 sowie EGMR, „Tymoshenko ./. Ukraine", Urt. v. 30.4.2013, Nr. 49872/11.
373 EGMR (GK), „Merabishvili ./. Georgien, Urt. v. 28.11.2017, Nr. 72508/13, Rn. 303.

angesehen werden könnten, sind unzulässig, wenn sie in der Sache konventionswidrige, insbesondere rein politische Ziele, wie etwa die Bekämpfung politischer Gegner oder die Unterdrückung der Opposition, verfolgen.[374] Werden mehrere Ziele verfolgt, die teilweise konventionswidrig, teilweise aber mit der Konvention im Einklang stehen, will der EGMR auf das Hauptziel des Eingriffs abstellen (*Predominant-purpose-Test*).[375]

Eine Verurteilung wegen Verstoßes gegen Art. 18 EMRK, die allerdings immer nur neben der Feststellung der Verletzung anderer EMRK-Garantien in Betracht kommt[376], bringt insoweit zum Ausdruck, dass der Staat nicht nur (wie im Normalfall) versehentlich und ausnahmsweise konventionswidrig gehandelt hat, sondern dass er sich vorsätzlich über elementare Prinzipien pluralistischer und demokratischer Gesellschaften hinweggesetzt hat. Die Verurteilung (auch) aus Art. 18 EMRK hat daher eine **stigmatisierende Wirkung**, sie zeigt einen vorsätzlichen und systemischen Machtmissbrauch im verurteilten Staat auf.[377]

4. Verfahrensrecht und Organe

a) Der EGMR als Organ der Konvention

118   Der Europäische Gerichtshof für Menschenrechte ist ein Organ der Konvention, nicht des Europarats (dazu → Rn. 5). Während vor dem Inkrafttreten des 11. ZP am 1.11.1998 die Überwachung der Einhaltung der Konventionsbestimmungen mit der Europäischen Menschenrechtskommission und dem Ministerrat vornehmlich zwei Organen des Europarats übertragen war, ist der Gerichtshof heute ein Vollgericht[378] und formal unabhängig vom Europarat.[379] Dennoch sind Verbindungen zwischen EGMR und dem Europarat nicht zu leugnen: So werden die 47 Richter (einer für jeden Mitgliedstaat, Art. 20 EMRK) von der Parlamentarischen Versammlung des Europarats gewählt (Art. 22 EMRK)[380], dem Ministerkomitee obliegt die Überwachung der Durchsetzung der EGMR-Urteile (Art. 46 II EMRK)[381] und die Finanzierung des Gerichtshofs wird vom Europarat gewährleistet (Art. 50 EMRK).[382]

---

374 *Satzger/Zimmermann/Eibach* EuCLR 2014, 91; SSW-StPO-*Satzger*, EMRK Art. 18 Rn. 6; s. auch *Eibach* EuCLR 2016, 321 (324 ff.).
375 EGMR (GK), „Merabishvili ./. Georgien, Urt. v. 28.11.2017, Nr. 72508/13, Rn. 305 ff.; vgl. zur Kritik am „predominant purpose"-Test die Joint Concurring Opinion der Richter Yudkivska, Tsotsoria und Vehabović sowie die Concurring Opinion von Richter Serghides jeweils zu diesem Urteil.
376 EGMR, „Gusinskiy ./. Russland", Urt. v. 19.5.2004, Nr. 70276/01, RJD 2004-IV, Rn. 73.
377 Ausf. hierzu *Satzger/Zimmermann/Eibach* EuCLR 2014, 91; *dies.*, EuCLR 2014, 248; entsprechende Ansätze in der Rspr. in der Joint Concurring Opinion der Richter Jungwiert, Nußberger und Potocki zu EGMR, „Tymoshenko ./. Ukraine", Urt. v. 30.4.2013, Nr. 49872/11.
378 L/R-*Esser*, Einf. EMRK Rn. 45.
379 Zu den früheren Rechtsschutzmöglichkeiten vgl. HK EMRK-*Meyer-Ladewig/Nettesheim*, Einl. Rn. 8 f.
380 Zu einem möglichen „EU-Richter" und zur Teilnahme einer Delegation des Europäischen Parlaments an den Sitzungen der Parlamentarischen Versammlung nach Beitritt der EU zur EMRK *Mader* AVR 2011, 435 (446 f.) sowie *Obwexer* EuR 2012, 115 (138 f.).
381 Zu weiteren Aufgaben des Ministerkomitees sowie den Folgen des Beitritts der EU *Mader* AVR 2011, 435 (443, 447); *Obwexer* EuR 2012, 115 (139 ff.).
382 L/R-*Esser*, Einf. EMRK Rn. 43; zur finanziellen Beteiligung der EU für den Fall des Beitritts zur EMRK s. Abschlussbericht an das CDDH v. 10.6.2013, Anhang I, Art. 8, verfügbar unter http://www.echr.coe.int/Documents/UE_Report_CDDH_ENG.pdf (Stand 1/20).

Der EGMR[383] arbeitet seit Inkrafttreten des 14. ZP[384], welches neben der Schaffung der Möglichkeit eines Beitritts der EU insbesondere die Entlastung des Gerichtshofs zum Ziel hatte, in **Einzelrichter**besetzung, in **Ausschüssen** von drei, in **Kammern** (nach der Begrifflichkeit der EGMR-VerfO „Sektionen") von sieben und in der **Großen Kammer** mit 17 Richtern (Art. 26 I EMRK). Nach Art. 27 I EMRK kann der Einzelrichter, an den eine Individualbeschwerde nach Art. 34 EMRK gem. Art. 49 I EGMR-VerfO normalerweise zuerst geht, die Sache nach entsprechender Prüfung der ihm zur Verfügung stehenden Materialien für unzulässig erklären. Hält er sie für zulässig, übermittelt er sie zur weiteren Prüfung an die Ausschüsse oder an eine Kammer, Art. 27 III EMRK. Die Ausschüsse können dann einstimmig über die Zulässigkeit von Individualbeschwerden beschließen (Art. 28 I EMRK) sowie über die Begründetheit entscheiden, sofern die Individualbeschwerde gefestigte Rspr. des EGMR betrifft. Andernfalls fällt die Entscheidung über Zulässigkeit und Begründetheit von Individual- sowie Staatenbeschwerden in den Kammern (Art. 29 I EMRK). Nur wenn eine schwerwiegende Frage zur Auslegung der Konvention es erfordert, kann die Kammer die Sache an die Große Kammer verweisen (Art. 30 EMRK, Grundsatz der Divergenzabgabe).[385] Diese hat auch die Gutachten nach Art. 47 EMRK zu erstellen (Art. 31a EMRK).

b) Individual- und Staatenbeschwerde

Die bei weitem bedeutendste Verfahrensart ist die **Individualbeschwerde** gem. Art. 34 EMRK. Diese Möglichkeit jedes Einzelnen, sich nach der Erschöpfung des nationalen Rechtsweges innerhalb einer Frist von derzeit noch[386] sechs Monaten nach dem Ergehen der endgültigen innerstaatlichen Entscheidung an den EGMR zu wenden,[387] musste erst mit dem 11. ZP vom 11.5.1994 durch die Mitgliedstaaten zwingend eingeräumt werden. Voraussetzung ist die Behauptung, Opfer einer Verletzung in einem der durch die Konvention oder die Protokolle anerkannten Rechte durch einen Akt einer Behörde oder eines Gerichts eines Mitgliedstaates geworden zu sein. Der Umfang der durch den EGMR vorgenommenen rechtlichen Prüfung wird nicht durch die in der Beschwerde gerügte Verletzung beschränkt; der EGMR kann den Sachverhalt unter jedem erdenklichen Gesichtspunkt des Konventionsrechts prüfen.[388]

Die **Empfehlung vorläufiger Maßnahmen** ist gem. Art. 39 EGMR-VerfO möglich, falls die Gefahr eines nicht wiedergutzumachenden Schadens besteht. In der Praxis beschränken sich diese Maßnahmen auf Fälle der gerügten Verletzung von Art. 2 EMRK (Recht auf Leben), Art. 3 EMRK (Verbot der Folter) und Art. 8 EMRK (Recht auf Achtung des Privat- und Familienlebens) und betreffen größtenteils die Auslieferung von Ausländern.[389] Inwieweit diese Empfehlungen bindend sind, ist umstritten: Während heute die Missachtung einer Empfehlung als Verletzung von Art. 34 EMRK betrachtet wird, ging man früher davon aus, dass sie nicht bindend seien; in der Praxis wurden sie aber dennoch regelmäßig befolgt.

---

383 Detailliert zum Verfahrensgang des EGMR *Meyer-Ladewig/Petzold* NJW 2009, 3749 (3752 f.).
384 Dazu → Rn. 7a, 14.
385 HK EMRK-*Meyer-Ladewig/von Raumer*, Einl. Rn. 46.
386 Durch das von Deutschland bereits ratifizierte 15. ZP (welches für sein Inkrafttreten aber die Ratifikation sämtlicher Vertragsstaaten erfordert) wird diese Frist auf vier Monate verkürzt.
387 In Deutschland umfasst dies auch die Verfassungsbeschwerde, vgl. *Grabenwarter/Pabel*, EMRK, § 13 Rn. 32.
388 HK EMRK-*Meyer-Ladewig/Nettesheim*, Einl. Rn. 32; s. auch *Meyer-Mews* NJW 2018, 213; zu den möglichen Folgen durch den Beitritt der EU zur EMRK *Mader* AVR 2011, 435 (437 ff.).
389 HK EMRK-*Meyer-Ladewig/von Raumer*, Einl. Rn. 58.

122 Daneben steht auch den Vertragsparteien das Beschwerderecht zu, mit dem sie die Verletzung der Konvention durch einen anderen Mitgliedstaat rügen können. Angesichts der ständig steigenden Zahl von Individualbeschwerden (von 138 im Jahr 1955 auf 61.052 im Jahr 2017),[390] die zu einer dauerhaften Überlastung des Gerichtshofes führen, spielen solche **Staatenbeschwerden** eine untergeordnete Rolle und werden nur im Falle großer politischer Bedeutung (so zB Türkei gegen Griechenland aus Anlass Zyperns, Großbritannien gegen Irland aus Anlass Nordirlands) eingelegt.[391]

c) Urteilsart (Feststellungsurteil *inter partes*)

123 Die Urteile des EGMR sind **Feststellungsurteile**; ihre Reichweite beschränkt sich auf die Feststellung einer Verletzung der durch die Konvention gewährleisteten Rechte.[392] Urteilen des EGMR kommt somit weder eine kassatorische Wirkung zu,[393] dh sie lassen ergangene nationalstaatliche Urteile unberührt, noch ein *Erga-omnes*-Effekt: Verbindlich ist das Urteil also nur für die am Verfahren beteiligten Parteien (Art. 46 I EMRK), die sich völkerrechtlich dazu verpflichtet haben, das Urteil zu befolgen.[394] Der EGMR prangert vorrangig die Konventionsverletzung an; einen unmittelbaren subjektiven Schutz für den Beschwerdeführer kann er nicht gewähren.[395] Allerdings ist in Art. 41 EMRK für den Fall einer zulässigen und begründeten Beschwerde vorgesehen, dass der EGMR eine „*gerechte Entschädigung*" zusprechen kann, wenn eine vollkommene Wiedergutmachung nach innerstaatlichem Recht – wie regelmäßig – ausscheidet. Insoweit ist das Urteil dann auch **Leistungsurteil**.[396]

d) Wirkung der Urteile in den Mitgliedstaaten

124 Gem. Art. 46 I EMRK verpflichten sich die Vertragsparteien im Falle einer Verurteilung, das Urteil zu befolgen. Aus der völkerrechtlichen Perspektive (*pacta sunt servanda*)[397] sind insofern konventionswidrige Bestimmungen und Verwaltungsakte ebenso aufzuheben wie den erfolgreichen Beschwerdeführer verletzende Gerichtsurteile. Als Urteile eines internationalen Gerichts verpflichten sie völkerrechtlich nur den Staat und haben keine unmittelbare innerstaatliche Wirkung für Behörden, Gerichte und sonstige Organe. Wie also ein Staat intern mit der völkerrechtlichen Verpflichtung umgeht, ist weitgehend ihm überlassen.[398] Da die EMRK in Deutschland – wie dargelegt (dazu → Rn. 13) – mittels des einfachgesetzlichen Transformationsgesetzes nur den Rang eines einfachen Bundesgesetzes erlangt hat, ist der durch sie institutionalisierte EGMR gegenüber den mitgliedstaatlichen Gerichten nicht höherrangig. Lange Zeit folgerte die Rspr. daraus, dass nationale Gerichte bei der Auslegung weder der Konvention noch der nationalen Grundrechte an die Entscheidungen des Gerichtshofs gebun-

---

390 *Statistische Informationen* sind verfügbar unter http://www.echr.coe.int/Pages/home.aspx?p=reports&c=#n1347956767899_pointer (Stand 1/20).
391 HK EMRK-*Meyer-Ladewig/Kulick*, Art. 33 Rn. 3.
392 *Gless*, Int. Strafrecht, Rn. 49; HK EMRK-*Meyer-Ladewig/von Raumer*, Einl. Rn. 56.
393 *Glauben* DRiZ 2004, 129; HK EMRK-*Meyer-Ladewig/Brunozzi*, Art. 46 Rn. 21.
394 HK EMRK-*Meyer-Ladewig/von Raumer*, Einl. Rn. 56.
395 *Glauben* DRiZ 2004, 129 (130).
396 *Meyer-Ladewig/Petzold* NJW 2005, 15 (16).
397 Allgemeines Prinzip des Völkerrechts, vgl. auch Art. 26 WVRK.
398 EGMR, „Papamichalopoulos ua ./. Griechenland (Art. 50)", Urt. v. 31.10.1995, Nr. 14556/89, Serie A, Nr. 330-B, Rn. 34; *Corstens/Pradel*, Eur. Criminal Law, Rn. 256.

den seien; die Spruchpraxis des EGMR wurde allenfalls als Auslegungshilfe herangezogen.³⁹⁹

Das BVerfG ist dem mit erfreulicher Deutlichkeit entgegengetreten und hat die innerstaatliche Relevanz von Urteilen des EGMR sowie der EMRK insgesamt durch seine eigene Rspr. erheblich ausgebaut:

125

> „Eine besondere Bedeutung für das Konventionsrecht als Völkervertragsrecht haben die Entscheidungen des EGMR, weil sich in ihnen der aktuelle Entwicklungsstand der Konvention und ihrer Protokolle widerspiegelt. [...] Die Bindungswirkung einer Entscheidung des *Gerichtshofs* erstreckt sich auf alle staatlichen Organe und verpflichtet diese grundsätzlich, im Rahmen ihrer Zuständigkeit und ohne Verstoß gegen die Bindung an Gesetz und Recht (Art. 20 III GG) einen fortdauernden Konventionsverstoß zu beenden und einen konventionsgemäßen Zustand herzustellen. [...]
>
> Die Bindungswirkung [...] hängt von dem jeweiligen Zuständigkeitsbereich der staatlichen Organe und des einschlägigen Rechts ab. Verwaltungsbehörden und Gerichte können sich nicht unter Berufung auf eine Entscheidung des EGMR von der rechtsstaatlichen Kompetenzordnung und der Bindung an Gesetz und Recht (Art. 20 III GG) lösen. Zur Bindung an Gesetz und Recht gehört aber auch die Berücksichtigung der Gewährleistungen der Europäischen Menschenrechtskonvention und der Entscheidungen des Gerichtshofs im Rahmen methodisch vertretbarer Gesetzesauslegung. Sowohl die fehlende Auseinandersetzung mit einer Entscheidung des Gerichtshofs als auch deren gegen vorrangiges Recht verstoßende schematische „Vollstreckung" können deshalb gegen Grundrechte in Verbindung mit dem Rechtsstaatsprinzip verstoßen."⁴⁰⁰

Das BVerfG zeigt jedoch auch die Grenzen auf, indem es feststellt, dass trotz des Grundsatzes der Völkerrechtsfreundlichkeit eine Nichtbeachtung der Urteile des EGMR möglich sei, „sofern nur auf diese Weise ein Verstoß gegen tragende Grundsätze der Verfassung abzuwenden ist." Dabei sei jedoch zu beachten, dass

126

> „die Entscheidung des Gerichtshofs im innerstaatlichen Bereich zu berücksichtigen [ist], das heißt die zuständigen Behörden oder Gerichte müssen sich mit der Entscheidung erkennbar auseinander setzen und gegebenenfalls nachvollziehbar begründen, warum sie der völkerrechtlichen Rechtsauffassung gleichwohl nicht folgen."

Wenn das BVerfG also auch weiterhin die Bindungswirkung der Urteile des EGMR für begrenzt hält, so kann doch nach neuerer Rspr. schon die fehlende Auseinandersetzung mit einer Entscheidung des Gerichtshofs gegen das Rechtsstaatsprinzip, ggf. iVm den Grundrechten, verstoßen. Somit trifft alle Träger der öffentlichen Gewalt in Deutschland die Pflicht, die Urteile des EGMR zu beachten.⁴⁰¹ Das Urteil muss somit auch innerstaatlich zum Anlass für eine Prüfung genommen werden, ob staatliche Rechtsvorschriften durch den Gesetzgeber anzupassen sind.⁴⁰²

Im Falle **konventionswidriger Verwaltungsakte** besteht gem. § 48 VwVfG die Möglichkeit der Rücknahme nach einem EGMR-Urteil. Während bis 1998 auch die durch den EGMR festgestellte **Konventionswidrigkeit eines rechtskräftigen Strafurteils** dem erfolgreichen Beschwerdeführer keinen Wiederaufnahmegrund eröffnete, schreibt nun

127

---

399 *Glauben* DRiZ 2004, 129 (131).
400 Alle direkten Zitate stammen aus BVerfG Beschl. v. 14.10.2004 – 2 BVR 1481/04 = BVerfGE 111, 307, 323 f.
401 *Meyer-Ladewig/Petzold* NJW 2005, 15 (17).
402 BVerfG Beschl. v. 14.10.2004 – 2 BVR 1481/04 = BVerfGE 111, 307, 325.

§ 359 Nr. 6 StPO für diese Konstellation die Wiederaufnahme des Verfahrens vor. Zu beachten ist allerdings, dass der Wiederaufnahmegrund nur demjenigen zu Gute kommt, der das Urteil des EGMR erstritten hat.[403] Mittlerweile sieht auch die ZPO die Möglichkeit einer Restitutionsklage nach § 580 Nr. 8 ZPO vor.[404]

128 **WIEDERHOLUNGS- UND VERTIEFUNGSFRAGEN**

> Was ist das Günstigkeitsprinzip und welche Bedeutung hat es für nationale Garantien im Verhältnis zu den EMRK-Gewährleistungen? (→ Rn. 10)
> Welchen Rang genießt die EMRK in der deutschen nationalen Normenhierarchie? Wie kommt es, dass dies nicht in allen Unterzeichnerstaaten so ist? (→ Rn. 11 ff.)
> Inwiefern ist es von Bedeutung, dass die Rechtsbegriffe der EMRK durch den EGMR autonom ausgelegt werden? Nennen Sie ein Beispiel. (→ Rn. 20, 69 f.)
> Weshalb kann die Opferstellung im Prozess auch nachträglich wieder entfallen? Unter welchen Voraussetzungen ist dies möglich? Welche Konsequenzen ergeben sich für eine bereits erhobene Klage? (→ Rn. 23, 40 f., 76)
> Inwieweit sind auch nichtstaatliche Handlungen durch die Garantien der EMRK erfasst? (→ Rn. 26, 34, 39)
> Welches sind die wichtigsten Garantien der EMRK aus strafrechtlicher Sicht? (→ Rn. 28)
> Was versteht man unter einer unmenschlichen Behandlung, einer erniedrigenden Behandlung und Folter iSv Art. 3 EMRK? Warum ist zwischen Folter auf der einen und unmenschlicher/erniedrigender Behandlung auf der anderen Seite zu unterscheiden? Wie prüft der EGMR eine mögliche Verletzung dieser Garantien? (→ Rn. 35 ff.)
> Was ist im Vergleich zu den meisten anderen Garantien der EMRK das Besondere an der Prüfung von Art. 5 I EMRK? (→ Rn. 53 f., 63)
> Was versteht man unter einem fairen Verfahren iSd Art. 6 I EMRK? Wie prüft der EGMR eine mögliche Verletzung dieser Garantie? (→ Rn. 79 ff.)
> Was versteht man unter dem Konfrontationsgebot iSd Art. 6 I EMRK? Unter welchen Voraussetzungen ist es einschränkbar? (→ Rn. 84 ff.)
> Was versteht man unter einer Strafe iSd Art. 7 I EMRK? (→ Rn. 97)
> Welche Bedeutung hat eine Verurteilung eines Staates (auch) aus Art. 18 EMRK? (→ Rn. 117)
> Welche Wirkungen haben die Urteile des EGMR in den Mitgliedstaaten, speziell in Deutschland? (→ Rn. 124 ff.)
> Kann ein in Deutschland Verurteilter durch Anrufung des EGMR unmittelbar die Aufhebung eines bereits rechtskräftigen Strafurteils erwirken? Wie ermöglicht das deutsche Recht eine Korrektur eines EMRK-widrigen Urteils? (→ Rn. 123, 127)

Aktuelle und weiterführende Literatur zu § 11: *Braasch*, Einführung in die Europäische Menschenrechtskonvention, JuS 2013, 602; *Breuer*, „Wasch mir den Pelz, aber mach mich nicht nass!" Das zweite Gutachten des EuGH zum EMRK-Beitritt der Europäischen Union, EuR 2015, 330; *Grabenwarter*, Androhung von Folter und faires Strafverfahren – Das (vorläufig) letzte Wort aus Straßburg, NJW 2010, 3128; *Heuchemer*, Die Bedeutung der Menschenrechte im Strafrecht,

---

403 Meyer-Goßner/Schmitt, StPO § 359 Rn. 52.
404 Entsprechende Verweisungen stellen diese Möglichkeit auch in den Fachgerichtsbarkeiten sicher (§ 153 I VwGO, § 177 I SGG, § 79 ArbGG, § 134 FGO).

AnwBl 2014, 411; *Kreicker*, Medienübertragungen von Gerichtsverhandlungen im Lichte der EMRK, ZIS 2017, 85; *Liebhart*, Das Beschleunigungsgebot in Strafsachen – Grundlagen und Auswirkungen, NStZ 2017, 254; *Pohlreich*, Die Rechtsprechung des EGMR zum Vollzug von Straf- und Untersuchungshaft, NStZ 2011, 560; *Satzger*, Der Einfluss der EMRK auf das deutsche und das europäische Strafrecht – Grundlagen und wichtige Einzelprobleme, Jura 2009, 759; *Schmidt*, Kompensation der unzulässigen staatlichen Tatprovokation, ZIS 2017, 56; *Schramm*, Die fehlende Möglichkeit zur konfrontativen Befragung nach Art. 6 Abs. 3 lit. d EMRK und ihre Auswirkungen auf die Beweiswürdigung, HRRS 2011, 156; *Sinn/Maly*, Zu den strafprozessualen Folgen einer rechtsstaatswidrigen Tatprovokation, NStZ 2015, 379; *Thörnich*, Art. 6 Abs. 3 lit. d EMRK und der unerreichbare (Auslands-)Zeuge: Appell zur Stärkung des Konfrontationsrechts bei präjudizierender Zeugenvernehmung im Ermittlungsverfahren, ZIS 2017, 39; *Uerpmann-Wittzack*, Die Bedeutung der EMRK für den deutschen und den unionalen Grundrechtsschutz, JA 2014, 916; *Wendel*, Der EMRK-Beitritt als Unionsrechtsverstoß, NJW 2015, 921; *Zehetgruber*, Die EMRK, ihre Rechtsstellung sowie die Entscheidungen des EGMR im Stufenbau der deutschen Rechtsordnung, ZJS 2016, 52.

D. Völkerstrafrecht*

§ 12 Grundlagen des Völkerstrafrechts

I. Der Begriff des Völkerstrafrechts

1   Das Völkerstrafrecht vereint Elemente des Völkerrechts und des Strafrechts. Das Völkerstrafrecht ist **Strafrecht**, weil es *individuelles Verhalten unter Strafe stellt*. Zum **Völkerrecht** gehört es, weil seine *Rechtsquelle* das Völkerrecht ist. Völkerstrafrecht kann daher als das *Strafrecht der Völkergemeinschaft* bezeichnet werden.

Es umfasst alle Normen, die eine unmittelbare Strafbarkeit nach Völkerrecht begründen.[1] Inhalt und Umfang des Völkerstrafrechts werden also allein durch Völkerrecht bestimmt.[2] Der Begriff „Völkerstrafrecht" darf allerdings nicht missverstanden werden: Es geht gerade nicht um eine Strafbarkeit von Staaten als originäre Völkerrechtssubjekte.[3] Aus einer völkerstrafrechtlichen Norm folgt vielmehr **unmittelbar eine strafrechtliche Verantwortlichkeit des Einzelnen als natürliche Person.** Für internationale (Straf-)Gerichte sind die völkerstrafrechtlichen Normen aufgrund ihrer völkerrechtlichen Natur unmittelbar anwendbar. Für nationale Gerichte haben die völkerrechtlichen Strafnormen hingegen grds. keine unmittelbare Geltung, es sei denn, das jeweilige nationale Verfassungsrecht bestimmt etwas anderes.

2   Gerade aus deutscher Sicht wird dem Völkerstrafrecht – wie dem Strafrecht allgemein – die Funktion des **Rechtsgüterschutzes** beigemessen.[4] Die Legitimation und das Bedürfnis für ein derartiges Völkerstrafrecht ergeben sich danach aus der Existenz bestimmter Rechtsgüter, die nicht nur einem Individuum oder einem Staat allein, sondern der *Staatengemeinschaft als Ganzer* zustehen. Folgerichtig kann der Schutz dieser überstaatlichen Rechtsgüter nicht allein dem Recht der Nationalstaaten überlassen werden. Zwar ist es nicht ausgeschlossen, dass die nationalen Rechtsordnungen diese Rechtsgüter ebenfalls – teils sogar vorrangig – schützen. Entscheidend ist jedoch, dass dieser Rechtsgüterschutz letztlich *auch* durch das Recht der Staatengemeinschaft, also durch das Völkerrecht selbst, gewährleistet wird. Die Idee des Völkerstrafrechts gewinnt dabei vor allem bei Taten Bedeutung, die durch ihren politischen Charakter und durch die offene oder versteckte Teilnahme der Staatsgewalt gekennzeichnet sind. Hier ist nämlich die Gefahr besonders groß, dass der betroffene Nationalstaat durch seine Verwicklung in die Straftaten seiner völkerrechtlichen Pflicht zur Verfolgung der Verbrechen nicht nachkommt. Dies schafft einen besonderen Anlass für die internationale Gemeinschaft, den Schutz ihrer Rechtsgüter in solchen Fällen selbst zu übernehmen. Das materielle Völkerstrafrecht erfasst daher vor allem – aber nicht nur – die sog. Ma-

---

*   Über die Internetseite http://www.lehrbuch-satzger.de können alle wichtigen Gerichtsentscheidungen Rechtsakte und sonstigen Dokumente, die im Lehrbuch zitiert sind, aufgerufen werden.
1   *Triffterer*, in: Gössel (Hrsg.), GS Zipf, S. 500.
2   *Eisele* JA 2000, 424, wobei auch nationale Rechtsordnungen berücksichtigt werden (vgl. Art. 21 I lit. c IStGH-Statut) und diese die Bestrafung von internationalen Verbrechen vorsehen können, dazu → § 17.
3   Vgl. *Safferling*, Int. Strafrecht, § 4 Rn. 1.
4   Etwa *Ambos*, Int. Strafrecht, § 5 Rn. 3; *Werle/Jeßberger*, Völkerstrafrecht, Rn. 97 ff.; aber auch *Bassiouni*, Introduction, S. 31 ff. Der Rechtsgutsbegriff ist anderen Rechtsordnungen, insbes. der angloamerikanischen, allerdings fremd, vgl. *Bantekas*, Int. Criminal Law, S. 8; *Safferling*, Int. Strafrecht, § 4 Rn. 66. Begrifflich ähnlich *Cassese*, Int. Criminal Law, S. 20, der von Werten spricht, deren Schutz der internationalen Gesellschaft wichtig ist.

krokriminalität.[5] Hierunter versteht man systemkonforme und situationsangepasste kriminelle Verhaltensweisen innerhalb eines Organisationsgefüges, Machtapparates oder sonstigen kollektiven Aktionszusammenhangs.[6] Es geht dabei im Wesentlichen um Kriminalität unter Beteiligung des Staates oder „staatsverstärkte Kriminalität"[7].

In Anbetracht der Verschiedenartigkeit der nationalen Strafrechtsordnungen kann bei der genaueren Bestimmung der vom Völkerstrafrecht geschützten Rechtsgüter nicht einfach von dem Wertekonsens eines einzigen Kulturkreises ausgegangen werden, an dem die völkerstrafrechtlichen Verbrechenstatbestände auszurichten wären.[8] Die Tatbestände des Völkerstrafrechts beschränken sich daher auf diejenigen Verbrechen, die einem weltweit anerkannten Mindeststandard entsprechen (sog. *core crimes*).

3

Den Ausgangspunkt für diese Verbrechen stellen insoweit die Straftatbestände dar, die der Nürnberger Internationale Militärgerichtshof (IMG) bei der Aburteilung der Haupttäter der Nazi-Verbrechen zugrunde legte:[9]

- Kriegsverbrechen,
- Verbrechen gegen die Menschlichkeit,
- Verbrechen gegen den Frieden.

Es handelt sich hierbei, wie bereits die Bezeichnungen der Tatbestände zeigen, um allerschwerste Verbrechen, über deren Strafwürdigkeit Einvernehmen besteht. Einigkeit herrscht jedoch oftmals nur bzgl. der grundsätzlichen Strafwürdigkeit des Verbrechens, während über die genauen Voraussetzungen einer solchen Straftat weiterhin Uneinigkeit besteht. So konnte beispielsweise über die Definition des Verbrechens gegen den Frieden (Aggression) noch 1998 auf der Konferenz von Rom, auf der das für die Fortentwicklung des Völkerstrafrechts elementare Statut eines ständigen Internationalen Strafgerichtshofs (IStGH-Statut oder Rom-Statut,[10] → § 14 Rn. 2) ausgehandelt wurde, keine Übereinstimmung bzgl. dessen konkreter Ausgestaltung erzielt werden.[11] Zu den eigenständigen *core crimes* zählt zudem schon seit der Verabschiedung der UN-Völkermordkonvention im Jahr 1948[12] neben den oben genannten Verbrechen auch der Völkermord (Genozid), der auch als *crime of crimes*[13] bezeichnet wird. Im Rahmen der IMG-Verfahren war der Völkermord noch als Unterfall der Verbrechen gegen die Menschlichkeit behandelt worden.[14]

Das Völkerstrafrecht schützt – wie Abs. 3 der Präambel des IStGH-Statuts festschreibt – „den *Frieden*, die *Sicherheit* und das *Wohl der Welt*" als die höchsten (Rechts-)Güter der Völkergemeinschaft.[15] Die einzelnen Tatbestände erfassen dabei unterschiedliche Angriffsrichtungen: Der Völkermord richtet sich durch die beabsichtigte Zerstörung

4

---

5 *Werle/Jeßberger*, Völkerstrafrecht, Rn. 92.
6 *Jäger*, in: Lüderssen (Hrsg.), Kriminalpolitik III, S. 122 f.
7 *Naucke*, Die strafjuristische Privilegierung staatsverstärkter Kriminalität; *Kreß* NStZ 2000, 617 (620 f.).
8 *Ambos/Steiner* JuS 2001, 9 (10); am Bsp. der Verschwörung *Cassese*, Int. Criminal Law, S. 201 f.
9 Zum Tatbestand der „Verschwörung" → § 13 Rn. 6.
10 Rome Statute of the International Criminal Court, Rom, 17.7.1998, UNTS, Bd. 2187, Nr. 38544, S. 3, BGBl. 2000 II, S. 1394 (Sartorius II Nr. 35).
11 Zur Entwicklung des ab 17.7.2018 justiziablen Tatbestands der Aggression im IStGH-Statut → § 16 Rn. 80 ff.
12 UN General Assembly, Prevention and Punishment of the Crime of Genocide, A/RES/3/260, 9.12.1948.
13 ICTR, Prosecutor v. Kambanda, Judgment and Sentence, ICTR-97–23-S, 4.9.1998, Rn. 16; ICTR, Prosecutor v. Serushago, Sentence, ICTR-98–39-S, 5.2.1999, Rn. 15.
14 Vgl. *Cassese*, Int. Criminal Law, S. 109.
15 Neben den kollektiven können auch individuelle Rechtsgüter durch das Völkerstrafrecht geschützt werden, so auch *Ambos*, Int. Strafrecht, § 5 Rn. 3; zu eng *Safferling*, Int. Strafrecht, § 4 Rn. 65 f., der einen Schutz nur für kollektive, supranationale Rechtsgüter annimmt.

einer bestimmten Gruppe auch gegen den Weltfrieden,[16] die Verbrechen gegen die Menschlichkeit bedrohen Frieden, Sicherheit und Wohl der Welt durch systematische und massenhafte Verletzungen von grundlegenden Menschenrechten der Zivilbevölkerung. Die Kriegsverbrechen gefährden den Frieden durch eine Eskalation der Gewalt und die Auswirkungen des bewaffneten Konflikts auf die Zivilbevölkerung.[17]

5 Eine Bestrafung nach den Grundsätzen des Völkerstrafrechts kommt in Frage, wenn die Strafbarkeit der Tathandlung durch geschriebene oder ungeschriebene Normen des Völkerrechts bestimmt ist. Hierfür kommen sämtliche Rechtsquellen des Völkerrechts iSd Art. 38 I des Statuts des Internationalen Gerichtshofs (IGH-Statut)[18] in Betracht,[19] insbesondere:

- **Völkerrechtliche Verträge,**[20] also durch übereinstimmende Willenserklärungen erzielte Einigungen zwischen Völkerrechtssubjekten (insbesondere Staaten) über bestimmte völkerrechtliche Rechtsfolgen,
- **Völkergewohnheitsrecht** als „Ausdruck einer allgemeinen, als Recht anerkannten Übung"[21],
- (von den Kulturvölkern anerkannte) **allgemeine Rechtsgrundsätze,** also die von den nationalen Rechtsordnungen übereinstimmend anerkannten Grundsätze.[22]

6 Die Begründung einer Strafbarkeit auf Grundlage von Gewohnheitsrecht mag für den deutschen Juristen zunächst befremdlich erscheinen. Wie noch zu zeigen ist, wäre die Entwicklung eines Völkerstrafrechts ohne Rückgriff auf Völkergewohnheitsrecht aber schlichtweg nicht möglich gewesen, so dass das Gesetzlichkeitsprinzip hier nur eingeschränkt gilt (dazu → § 15 Rn. 13 f.).

II. Durchsetzung des völkerrechtlichen Strafanspruchs

7 Für die Durchsetzung des dem Völkerrecht selbst entstammenden Strafanspruchs kommen zwei Wege in Betracht: das *Indirect Enforcement Model* sowie das *Direct Enforcement Model*.[23]

8 Beim *Indirect Enforcement Model* erfolgt die Durchsetzung des Völkerstrafrechts durch die nationalen Organe derjenigen Staaten, die ihre Zuständigkeit zur Strafverfolgung durch entsprechende Ausgestaltung ihres innerstaatlichen Rechts erklärt haben.[24]

Im Rahmen dieser indirekten Durchsetzung erfolgen die Verurteilungen stets auf Grundlage *nationaler Straftatbestände*, mit denen der jeweilige nationale Strafgesetzgeber das Unrecht der völkerrechtlichen Verbrechen zu erfassen sucht. Der Nachteil des

---

16 S. auch MK-*Kreß*, § 6 VStGB Rn. 4 f.
17 Zum Thema Befriedung durch Völkerstrafrecht *Safferling*, Politische Studien 2008, S. 82 ff.
18 Statute of the International Court of Justice, San Francisco, 26.6.1945, UNCIO, Bd. 15, S. 355, BGBl. 1973 II, S. 505 (Sartorius II, Nr. 2).
19 *Cryer/Robinson/Vasiliev*, Introduction, S. 8 f.; *Damgaard*, Individual Criminal Responsibility, S. 30; *Eisele* JA 2000, 424; *Engelhart* Jura 2004, 734 (735); *Esser*, Eur. und Int. Strafrecht, § 18 Rn. 19 ff. Dass das Völkerstrafrecht sich der Quellen des Völkerrechts bedienen darf und soll, ist allgemein anerkannt, vgl. nur ICTY (TC), Prosecutor v. Kupreškić et al., Judgment, IT-95–16-T, 14.1.2000, Rn. 539 f.
20 Von überragender Bedeutung ist hier das IStGH-Statut, dessen Art. 21 das anwendbare Recht hierarchisiert; ausf. dazu *Safferling*, Int. Strafrecht, § 4 Rn. 86 ff.
21 Vgl. hierzu *Schweitzer/Dederer*, Staatsrecht III, Rn. 462.
22 Ausf. dazu *Esser*, Eur. und Int. Strafrecht, § 18 Rn. 31 ff.
23 Vgl. ausf. zu diesen Begriffen *Bassiouni*, Introduction, S. 487 ff., 535 ff.; *Esser*, Eur. und Int. Strafrecht, § 18 Rn. 43 ff.
24 Ausf. dazu *Roht-Arriaza*, JICJ 11 (2013), 537.

Indirect Enforcement Model liegt darin, dass die völkerrechtlichen Verbrechen – je nach Staat – unterschiedlichen materiellrechtlichen wie prozessualen Regelungen unterfallen.[25] Eine weltweit gleichmäßige Bestrafung lässt sich so nicht erreichen. Darüber hinaus kann durch die indirekte Durchsetzung nicht verhindert werden, dass Völkerstraftaten teils überhaupt nicht verfolgt und geahndet werden. Stets besteht die Möglichkeit, dass Staaten nicht dazu bereit sind, Straftatbestände des Völkerstrafrechts in ihre nationalen Rechtsordnungen umzusetzen, oder aus anderen Gründen nicht in der Lage sind, eine Strafverfolgung von Völkerrechtsverbrechen zu betreiben.

BEISPIELE FÜR DIE INDIREKTE DURCHSETZUNG DES VÖLKERSTRAFRECHTS: Wegen seiner Tätigkeit als leitender Beamter im Reichssicherheitshauptamt wurde *Adolf Eichmann* vor dem Bezirksgericht in Jerusalem unter anderem wegen Verbrechen gegen die Menschlichkeit und Kriegsverbrechen angeklagt und verurteilt.[26] Der israelische Oberste Gerichtshof bestätigte das Urteil.[27] *Klaus Barbie*, ehemaliger Gestapo-Chef von Lyon, wurde ebenfalls wegen Verbrechen gegen die Menschlichkeit vor der „*Cour d'assises du département du Rhône*" in Frankreich angeklagt und verurteilt. Auch dieses Urteil wurde – durch die „Cour de Cassation"[28] – bestätigt.[29] Im Februar 1994 wurde *Duško Tadić* wegen des Verdachts, an Folterungen und dem Völkermord an bosnischen Muslimen im Juni 1992 in Prijedor beteiligt gewesen zu sein, auf Antrag des Generalbundesanwalts verhaftet und wegen der ihm vorgeworfenen Taten in Deutschland angeklagt;[30] 1995 wurde er allerdings auf Antrag des Jugoslawien-Strafgerichtshofs (ICTY) an diesen überführt und schließlich zu einer langjährigen Freiheitsstrafe verurteilt.[31] Mit *John Demjanjuk* und *Heinrich Boere* wurden 2009 zwei Männer für ihre in der Nazizeit begangenen Taten vor deutschen Gerichten angeklagt. *Demjanjuk* wurde im Mai 2011 vom LG München zu einer fünfjährigen Freiheitsstrafe verurteilt; zu einer Entscheidung in der Revisionsinstanz kam es wegen *Demjanjuks* Tod am 17.3.2012 nicht mehr.[32] *Boere* wurde im März 2010 wegen Mordes zu lebenslanger Haft verurteilt.[33] Zwei der letzten Verfahren bzgl. Verbrechen, die während des nationalsozialistischen Regimes begangen wurden, endeten mit Verurteilungen wegen Beihilfe zum Mord. *Reinhold Hanning* wurde im Juni 2016 vom LG Detmold zu fünf Jahren Freiheitsstrafe[34], *Oskar Gröning* einen Monat später zu vier Jahren Freiheitsstrafe verurteilt.[35] Gegen den Ruander *Onesphore Rwabukombe* erging 2015 vor dem OLG Frankfurt ua wegen des im Jahre 1994 in Ruanda begangenen Völkermordes eine rechtskräftige Verurteilung zu einer lebenslangen Freiheitsstrafe wegen Mittäterschaft am Völkermord.[36] Zu den gegen *Ignace Murwanashyaka* und *Straton Musoni* auf Grundlage des Völkerstrafgesetzbuchs geführten Verfahren → § 17 Rn. 41.

---

25 *Seidel/Stahn* Jura 1999, 14.
26 Vgl. ausf. zum Verfahren gegen *Eichmann*: Arendt, Eichmann in Jerusalem; District Court of Jerusalem, Attorney General v. Eichmann, Judgment, criminal case no. 40/61, 11.12.1961.
27 Supreme Court of Israel, Attorney General v. Eichmann, Appeal no. 336/61, 29.5.1962 = ILR 36 (1968), 277 ff.
28 JCP 1988 II Nr. 21149; englische Fassung in ILR 100 (1995), 330 ff.
29 Vgl. auch *Ambos*, Völkerstrafrecht AT, S. 190 ff.
30 *Wilkitzki*, Jugoslawien-Strafgerichtshof-Gesetz, Einl. Nr. 2.
31 ICTY (AC), Prosecutor v. Tadić, Judgment in Sentencing Appeals, IT-94–1-A bis, 26.1.2000, Rn. 76.
32 Siehe dazu die Informationen unter http://www.spiegel.de/thema/john_demjanjuk/ (Stand 2/20); zur Frage der Anwendbarkeit deutschen Strafrechts in diesem Fall ausf. *Burchard* HRRS 2010, 132.
33 LG Aachen Urt. v. 23.3.2010 – 52 Ks 45 Js 18/83–10/09; ausf. *Swoboda*, JICJ 9 (2011), 243. Zur Bedeutung des Falles im Rahmen der Debatte über die Reichweite des europarechtlichen *Ne-bis-in-idem*-Prinzips s. § 10 Rn. 65 sowie *Burchard/Brodowski* StraFo 2010, 179.
34 LG Detmold Urt. v. 17.6.2016 – 4 Ks 45 Js 3/13–9/15.
35 LG Lüneburg Urt. v. 15.7.2015 – 27 Ks 9/14, 27 Ks 1191 Js 98402/13 (9/14); *Andreadis-Papadimitriou*, JICJ 15 (2017), 157.
36 OLG Frankfurt Urt. v. 29.12.2015 – 4–3 StE 4/10–4–1/15. In erster Instanz verurteilte das OLG den Angeklagten wegen Beihilfe zum Völkermord zu 14 Jahren Freiheitsstrafe, Urt. v. 18.2.2014, 5–3 StE 4/10–4–3/10; vgl. die Bespr. des Urt. von *Ambos*, JICJ 14 (2016), 1221; *Werle* ZIS 2015, 46. Im Mai 2015 gab der BGH der Revision des Generalbundesanwalts gegen dieses Urteil statt BGH Urt. v. 21.5.2015 – 3 StR 575/14.

9 Beim *Direct Enforcement Model* wird die Strafverfolgung unmittelbar durch internationale Organe wahrgenommen, wie etwa im genannten Beispielsfall *Tadić* durch den ICTY. Dem Verfahren und der Verurteilung des Täters liegen hier nicht nationale Rechtssätze, sondern das Völkerstrafrecht selbst zugrunde.

Selbst mit der Errichtung eines *ständigen* internationalen Strafgerichts bleibt die direkte Durchsetzung eher die Ausnahme.[37] Bisher haben beispielsweise folgende Gerichtshöfe die Strafverfolgung wahrgenommen:

- Der Internationale Militärgerichtshof von Nürnberg (IMG, 1945/1946), vor dem den deutschen Hauptkriegsverbrechern nach dem Zweiten Weltkrieg seitens der Siegermächte der Prozess gemacht wurde;
- der Internationale Militärgerichtshof für den Fernen Osten in Tokio (IMGFO, 1946–1948), vor dem der zweite Kriegsverbrecherprozess – gegen japanische Generäle und Politiker – geführt wurde;
- der Jugoslawien-Strafgerichtshof („International Criminal Tribunal for the Former Yugoslavia", ICTY) in Den Haag (von 1993 bis 2017),[38] der sich mit den seit 1991 auf dem Gebiet des ehemaligen Jugoslawien begangenen Verbrechen gegen das Völkerrecht befasste;
- der Ruanda-Strafgerichtshof („International Criminal Tribunal for Rwanda", ICTR) in Arusha (von 1995 bis 2015),[39] der – nach dem Vorbild des ICTY gegründet – völkerrechtliche Verbrechen während der Massaker im Jahre 1994 aburteilte;
- der Internationale Strafgerichtshof (IStGH), der am 1.7.2002 seine Tätigkeit aufnahm und im Jahr 2011 zum ersten Mal einen Angeklagten verurteilte („Lubanga"[40]; zum IStGH → § 14).

Im Wege der Umsetzung der *completion strategy* der *Ad-hoc*-Gerichtshöfe (dazu → § 13 Rn. 19 u. 30) gewann ab spätestens 2010 die indirekte Durchsetzung des Völkerstrafrechts durch die Rückverweisung unbedeutender Fälle an nationale Gerichte zusätzlich an Bedeutung,[41] während die Einrichtung einer wachsenden Zahl von „gemischten" Tribunalen (dazu → § 13 Rn. 31) dazu führt, dass die Trennlinie zwischen dem *Direct Enforcement Model* und dem *Indirect Enforcement Model* zunehmend verschwimmt.

III. Völkerstrafrecht und völkerrechtliches Deliktsrecht

10 Das **Völkerstrafrecht** begründet – wie bereits dargestellt – die Strafbarkeit von natürlichen Personen.[42] Der Gedanke, dass völkerrechtswidriges Verhalten unmittelbare rechtliche Konsequenzen für den Einzelnen haben kann, ist dem klassischen Völker-

---

37 *Ferdinandusse*, Direct Application of International Criminal Law in National Courts, S. 1.
38 UN Security Council Resolution, S/RES/808, 22.2.1993; UN Security Council Resolution, S/RES/827, 25.5.1993.
39 UN Security Council Resolution, S/RES/955, 8.11.1994.
40 IStGH (TC I), Prosecutor v. Lubanga, Judgment pursuant to article 74 of the statute, ICC-01/04–01/06–2842, 4.4.2012 und IStGH (TC I), Prosecutor v. Lubanga, Decision on sentence pursuant to article 76 of the statute, ICC-01/04–01/06–2901, 14.7.2012.
41 Zu der Übertragung von Fällen von internationalen Tribunalen an nationale Gerichte vgl. auch *Norris*, Minnesota Journal of International Law 19 (2010), 201 sowie *Lindemann*, Referral of Cases.
42 Die in Nürnberg ebenfalls angeklagten Organisationsverbrechen, dh die Bestrafung der Mitgliedschaft in Vereinigungen, die durch den IMG als verbrecherisch eingestuft wurden, Art. 10 IMG-Charta, erwiesen sich als nicht zukunftsfähig, vgl. *Werle/Jeßberger*, Völkerstrafrecht, Rn. 20; dazu → § 14 Rn. 6.

recht jedoch fremd.⁴³ Rechtssubjekte des Völkerrechts (sog. Völkerrechtssubjekte) sind danach lediglich Staaten bzw. internationale Organisationen. Diese kann eine Verantwortung nach dem sog. völkerrechtlichen Deliktsrecht treffen, sollte ihnen ein Völkerrechtsverstoß – wenn auch durch eine natürliche Person begangen – zugerechnet werden können. Der handelnde Mensch selbst tritt nach dieser klassischen Konzeption auf völkerrechtlicher Ebene nicht in Erscheinung. Er wird durch seinen Heimatstaat „mediatisiert".⁴⁴ Staatenverantwortlichkeit und individuelle strafrechtliche Verantwortlichkeit stellen somit zwei unterschiedliche Regime dar, die sich nur teilweise überlappen.⁴⁵

Das völkerrechtliche Deliktsrecht begründet also allein die Verantwortlichkeit von Völkerrechtssubjekten für die ihnen zurechenbaren Völkerrechtsverstöße; auf Schuld kommt es hier nicht an. Vom (völkerrechtlich) Verantwortlichen muss dann der völkerrechtskonforme Zustand wiederhergestellt werden.⁴⁶ Das Völkerstrafrecht hingegen konstituiert die individuelle strafrechtliche Verantwortlichkeit des unmittelbar handelnden Täters eines völkerrechtlichen Verbrechens. Ihn treffen strafrechtliche Sanktionen. Ein und dieselbe Handlung kann – zumindest theoretisch – sowohl (völker-)strafrechtliche Sanktionen für den Handelnden als Individuum nach sich ziehen als auch zu einer völkerrechtlichen Verantwortung des Staates führen, für den der Handelnde agiert hat.⁴⁷ Nahezu notwendig erscheint eine solche doppelte Verantwortlichkeit insbesondere im Rahmen des Tatbestandes der Aggression.⁴⁸

IV. Völkerrechtsbasiertes Strafrecht – die sog. *treaty crimes*

Vom Völkerstrafrecht ebenfalls zu unterscheiden sind die sog. *treaty crimes*, auch *treaty based crimes* oder *crimes of international concern* genannt.⁴⁹ Der Begriff *treaty crime* ist allerdings missverständlich, da die Strafbarkeit eines bestimmten Verhaltens hier nicht unmittelbar durch einen völkerrechtlichen Vertrag bestimmt ist. Vielmehr handelt es sich der Sache nach um Straftatbestände des nationalen Rechts, deren Entstehung lediglich auf eine entsprechende völkerrechtliche Verpflichtung zurückgeht.⁵⁰ Strafbarkeit und Strafverfolgung richten sich deshalb nach den Vorschriften des jeweiligen nationalen Rechts. Als Beispiele seien Terrorismus⁵¹, Betäubungsmittelhandel und Piraterie⁵² genannt.⁵³

In erster Linie sind *treaty crimes* darauf gerichtet, grenzüberschreitende Kriminalität effektiv bekämpfen und ahnden zu können.⁵⁴ Dabei beschränken sich die zugrunde liegenden völkerrechtlichen Verträge häufig nicht auf eine Verpflichtung der Vertrags-

---

43 S. nur *Werle/Jeßberger*, Völkerstrafrecht, Rn. 142.
44 *Schweitzer/Dederer*, Staatsrecht III, Rn. 1019 ff.
45 *Bianchi*, in: Cassese (Hrsg.), Companion, S. 18; *Werle/Jeßberger*, Völkerstrafrecht, Rn. 144.
46 *Ipsen*, in: Ipsen (Hrsg.), Völkerrecht, § 28 Rn. 14.
47 Vgl. dazu *Cassese*, Int. Criminal Law, S. 7 f.
48 Dazu → § 16 Rn. 76 ff.
49 Zur Terminologie s. *Werle/Jeßberger*, Völkerstrafrecht, Rn. 146.
50 *Boister*, in: Cassese (Hrsg.), Companion, S. 540 ff.
51 Im Beschl. STL-11–01/I/AC/R176bis v. 16.2.2011 erachtete die Beschwerdekammer des „Special Tribunal for Lebanon" den „Tatbestand" des Terrorismus als gewohnheitsrechtlich strafbares Völkerrechtsverbrechen; krit. dazu *Ambos*, LJIL 24 (2011), 655; *Kirsch/Oehmichen* ZIS 2011, 800; *Werle/Jeßberger*, Völkerstrafrecht, Rn. 150 ff.
52 Zur Piraterie vgl. *Safferling*, Int. Strafrecht, § 4 Rn. 9 f.
53 Nachweise und weitere Beispiele finden sich bei *Werle/Jeßberger*, Völkerstrafrecht, Rn. 147 u. 153.
54 *Werle/Jeßberger*, Völkerstrafrecht, Rn. 148.

staaten, entsprechende Straftatbestände zu schaffen. Zur wirksameren Strafverfolgung kommen beispielsweise auch Vereinbarungen über Rechtshilfe und gemeinsame Präventionsmaßnahmen in Betracht.[55]

Wenn *treaty crimes* dem Schutz eines gemeinsamen Interesses der Staatengemeinschaft dienen und diesbezüglich eine hinreichende Übereinkunft zwischen den Vertragsstaaten besteht, so kann sich aus einem *treaty crime* auch Völkergewohnheitsrecht entwickeln. Dergestalt können *treaty crimes* Ausgangspunkt für die Entstehung (echter) völkerstrafrechtlicher Tatbestände sein.[56]

WIEDERHOLUNGS- UND VERTIEFUNGSFRAGEN

> Was versteht man unter Völkerstrafrecht? (→ Rn. 1)
> Welchen Rechtsquellen entspringt das Völkerstrafrecht? (→ Rn. 5)
> Welche unterschiedlichen Modelle zur Durchsetzung des Völkerstrafrechts gibt es? (→ Rn. 7 ff.)
> Inwiefern unterscheiden sich Völkerstrafrecht und völkerrechtliches Deliktsrecht? (→ Rn. 10 f.)
> Was versteht man unter den sog. *treaty crimes* und wie unterscheiden sie sich vom Völkerstrafrecht? (→ Rn. 12)

Aktuelle und weiterführende Literatur: *Ambos*, Judicial Creativity at the Special Tribunal for Lebanon: Is There a Crime of Terrorism under International Law?, LJIL 24 (2011), 665.; *ders.*, Rechtsgutsprinzip und harm principle: theoretische Ausgangspunkte zur Bestimmung der Funktion des Völkerstrafrechts, in: Zöller ua (Hrsg.), FS Wolter, S. 1285; *Aziz/Burghardt*, Zur Bedeutung der Spezialprävention bei der Ahndung von Völkerrechtsverbrechen, ZIS 2019, 286; *Boister*, Treaty-based Crimes, in: Cassese, Companion. S. 540 ff.; *Cassese*, The Rationale for International Criminal Justice, in: Cassese, Companion, S. 123 ff.; *Cryer//Robinson/Vasiliev*, Introduction, S. 1 ff.; *Damaška*, The Henry Morris Lecture: What Is The Point of International Criminal Justice?, Chicago-Kent Law Review 83 (2007), 329; *Gaeta*, International Criminal Law, in: Cali, International Law for International Relations, S. 258 ff.; *Kirsch/Oehmichen*, Die Erfindung von „Terrorismus" als Völkerrechtsverbrechen durch den Sondergerichtshof für den Libanon, ZIS 2011, 800; *Murphy*, Political Reconciliation and International Criminal Trials, in: May/Hoskins (Hrsg.), International Criminal Law and Philosophy, S. 224 ff.; *Neubacher*, Kriminologie und Völkerstrafrecht, ZIS 2015, 485; *ders.*, Strafzwecke und Völkerstrafrecht, NJW 2006, 966; *Safferling*, Möglichkeiten der Befriedung durch Völkerstrafrecht, Politische Studien 2008, 82 ff.; *Schack*, Striking the Balance between Custom and Justice – Creative Legal Reasoning by International Criminal Courts, ICLR 16 (2016), 913.

---

55 *Boister*, in: Cassese (Hrsg.), Companion, S. 541.
56 So hat beispielsweise das gewohnheitsrechtlich anerkannte und im IStGH-Statut normierte Verbrechen des Völkermordes seinen Anfang ebenfalls in einem völkerrechtlichen Vertrag genommen, *Boister*, in: Cassese (Hrsg.), Companion, S. 540.

§ 13 Historische Entwicklung des Völkerstrafrechts

I. Entwicklung bis 1919

Das Völkerstrafrecht kann als eine „Spätgeburt" des Völkerrechts bezeichnet werden. Bis Ende des 19. Jahrhunderts war es nur in rudimentärer Form Gegenstand völkerrechtlicher Verträge und völkerrechtlicher Übung geworden und dementsprechend kaum etabliert.[1] Dies lag insbesondere an den fehlenden Anwendungsmöglichkeiten: In bewaffneten Konflikten kam es in dieser Zeit nach dem Ende eines Krieges aufgrund von Amnestieklauseln in Friedensverträgen oder infolge faktischer Amnestien nicht zu einer Strafverfolgung – jedenfalls zu keiner auf völkerrechtlichen oder überstaatlichen Normen basierenden. Zudem bestanden Souveränitätsbedenken der Staaten gegen die Entwicklung eines Völkerstrafrechts. Da Strafrecht seinem Wesen nach eng mit fundamentalen, nationalen Wertvorstellungen verknüpft ist, war die Einmischung anderer Staaten oder die Schaffung eines internationalen Strafgerichts lange Zeit unvorstellbar. Auch heute noch basiert die Kritik an internationalen Strafgerichten oftmals auf ebensolchen Souveränitätsbedenken.

Die ersten Bemühungen um eine internationale Strafgerichtsbarkeit finden sich bei den Vorschlägen des Präsidenten des Internationalen Komitees vom Roten Kreuz (IKRK) *Gustave Moynier*, der im Anschluss an den deutsch-französischen Krieg von 1870/1871 die Einsetzung eines Internationalen Strafgerichtshofs forderte, der Kriegsverbrechen beider Seiten aburteilen sollte. Die Zuständigkeit dieses Gerichtshofs sollte sich auf die Verfolgung von Verletzungen der in der Genfer Konvention vom 22. August 1864 niedergelegten Grundsätze über den Schutz von Verwundeten im Felde erstrecken. Eine rein moralische Sanktion – beide Kriegsparteien warfen sich gegenseitig Verstöße gegen das Kriegsrecht vor – hielt er für unzulänglich. Mit einem Internationalen Strafgerichtshof sollte die Möglichkeit einer objektiven Überprüfung der Vorwürfe eröffnet werden und eine Bestrafung der Täter durch eine neutrale Instanz erfolgen.[2] Die – nicht näher ausgearbeiteten – Vorschläge *Moyniers* stießen allerdings auf politischer Ebene nicht auf entsprechende Resonanz. Im Zeitalter der Nationalstaaten erschien es noch immer undenkbar, dass die Handlungen eines Angehörigen eines souveränen Staates auf internationaler Ebene strafrechtlich verfolgbar sein sollten.[3] Allerdings markiert die Forderung *Moyniers* den Beginn eines langen und unnachgiebigen Engagements des IKRK für die Einrichtung eines Internationalen Strafgerichtshofs, welchem sich im Laufe der Zeit viele Nichtregierungsorganisationen (sog. NGOs, *Non-Governmental Organisations*) anschlossen.[4] Die große Bedeutung dieser Arbeit für das Völkerstrafrecht ist nicht zu unterschätzen.

---

1 Dazu *Meron* AJIL 100 (2006), 551.
2 Vgl. *Däubler-Gmelin*, in: Arnold ua (Hrsg.), FS Eser, S. 718 f.
3 Vgl. *Esser*, Eur. und Int. Strafrecht, § 17 Rn. 2.
4 Viele wichtige NGOs (zB „Amnesty International", „Human Rights Watch") haben sich in der 1995 gegründeten „*Coalition for the International Criminal Court*" zusammengeschlossen, welcher heute etwa 2500 Einzelorganisationen aus 150 Ländern angehören, siehe: http://www.coalitionfortheicc.org (Stand 1/20).

II. Versailles und die Leipziger Kriegsverbrecherprozesse
1. Der Versailler Friedensvertrag

3   Das Grauen des Ersten Weltkriegs und die massiven Verstöße gegen das va in den Haager Landkriegsordnungen von 1899 und 1907[5] niedergelegte Kriegsvölkerrecht führten nach dem Ende der Feindseligkeiten zu einer Reaktivierung der von *Moynier* ins Spiel gebrachten Idee einer Internationalen Strafgerichtsbarkeit. Gem. Art. 227 des am 28. Juni 1919 unterzeichneten Versailler Friedensvertrags[6] sollte der deutsche Kaiser *Wilhelm II.* für die Auslösung des Ersten Weltkriegs wegen Kriegsverbrechen vor einem internationalen Tribunal zur Verantwortung gezogen werden.[7] Dabei sollte sich der Gerichtshof allerdings nicht vom (Kriegs-) Völkerrecht, sondern gem. Art. 227 III Versailler Friedensvertrag von den höchsten Grundsätzen der internationalen Politik leiten lassen und somit kein juristisches, sondern eher ein politisches Instrument darstellen. Die Weigerung der Niederlande, den dorthin ins Exil geflüchteten und als politischen Flüchtling anerkannten *Wilhelm II.* zu diesem Zwecke auszuliefern, bedeutete das Ende dieser Bemühungen.[8]

Daneben sahen die Art. 228 ff. Versailler Friedensvertrag aber auch die Befugnis der alliierten und assoziierten Mächte vor, deutsche Staatsangehörige, die wegen Verstoßes „gegen die Gesetze und Gebräuche des Krieges" angeklagt wurden, vor ihren Militärgerichten abzuurteilen. Art. 228 II Versailler Friedensvertrag begründete dementsprechend eine Auslieferungsverpflichtung. Die Anwendung der Art. 228 ff. Versailler Friedensvertrag scheiterte in der Praxis an dem massiven Widerstand aus allen gesellschaftlichen Schichten quer durch die politischen Lager in Deutschland. Die Alliierten hatten auf der Grundlage des Art. 228 II Versailler Friedensvertrag die Auslieferung von rund 900 Personen verlangt. Dieses Begehren lehnte die deutsche Regierung mehrfach mit der Begründung ab, dass es ihr unmöglich sei, Organe zu finden, die bereit wären, die Verhaftungen und Auslieferungen durchzuführen. Dies entsprach wohl weitgehend auch den Tatsachen, da selbst liberale Kräfte in Deutschland eine Aburteilung deutscher Kriegsverbrecher jedenfalls durch ein internationales bzw. ausländisches Gericht strikt ablehnten.[9] Für ihre Weigerung führte die Reichsregierung allerdings auch juristische Gründe ins Feld: Gem. § 9 RStGB (idF von 1871) durfte ein Deutscher einer ausländischen Regierung nicht zur Verfolgung oder Bestrafung ausgeliefert werden.[10]

---

5   Anlage zum „Abkommen, betreffend die Gesetze und Bräuche des Landkriegs" = IV. Haager Abkommen = *Convention concernant les lois et coutumes de la guerre sur terre*, Den Haag, 18.10.1907, *Deuxième Conférence internationale de la Paix, Actes et Documents*, Bd. I, S. 626, RGBl. 1910, S. 107 (Sartorius II, Nr. 46); gem. Art. 4 des IV. Haager Abkommens v. 18.10.1907 ersetzt dieses Abkommen samt seiner Anlage das II. Haager Abkommen v. 29.7.1899 samt dessen Anlage zwischen den Vertragsstaaten des IV. Haager Abkommens.
6   RGBl. 1919, S. 981–983; dazu *Ambos*, Int. Strafrecht, 1. Aufl., § 6 Rn. 1 ff.; vgl. zum Ganzen *Engelhart* Jura 2004, 734 und *Esser*, Eur. und Int. Strafrecht, § 17 Rn. 4 ff.
7   Vorgeworfen wurde ihm die „[...] schwerste Verletzung des internationalen Sittengesetzes und der Heiligkeit der Verträge [...]", so dass ersichtlich ist, dass das Verfahren eher auf ein moralisches denn ein strafrechtliches Urteil abzielte; vgl. *Bassiouni*, Introduction, Rn. 91.
8   Zu den Hintergründen s. auch *Bantekas*, Int. Criminal Law, S. 387.
9   Eingehend dazu *von Selle* ZNR 1997, 193 (194).
10 Zur Tragfähigkeit dieses juristischen Arguments im Hinblick auf die Stellung des § 9 RStGB in der damaligen Normenhierarchie vgl. *Hankel*, Die Leipziger Prozesse, S. 51 f.; es sollte noch über 80 Jahre dauern, bis das generelle Auslieferungsverbot für deutsche Staatsbürger im Zuge der Anpassung des deutschen Rechts an das IStGH-Statut gelockert wurde, dazu →§ 17 Rn. 3 f.

Die Alliierten gaben letztendlich dem massiven Druck nach, zumal sich die deutsche Reichsregierung bereit erklärt hatte, Verfahren gegen mutmaßliche Kriegsverbrecher vor dem Reichsgericht durchzuführen. Freilich erfolgte dieses Nachgeben nicht ohne den Vorbehalt, bei unbefriedigendem Verlauf der Prozesse auf die Rechte aus den Art. 228 ff. Versailler Friedensvertrag zurückzugreifen. Der erste ernstzunehmende Versuch, im Anschluss an einen Krieg eine internationale Strafgerichtsbarkeit einzurichten, war damit gescheitert.

2. Die Leipziger Kriegsverbrecherprozesse

Bereits vor dem Verzicht der Alliierten auf die Strafverfolgung von deutschen Kriegsverbrechern hatte der Reichstag am 18. Dezember 1919 ein Gesetz beschlossen, dessen § 1 die erst- und letztinstanzliche Zuständigkeit des Reichsgerichts zur Aburteilung deutscher Kriegsverbrecher für Taten festlegte, die im Ersten Weltkrieg begangen worden waren.[11] Gem. § 2 dieses Gesetzes sollten dabei allerdings nur solche Handlungen verfolgt werden, die nach deutschem Recht strafbar waren.

Im Frühjahr 1921 begannen in Leipzig die ersten 45 Verfahren, anhand derer die Alliierten den Willen der deutschen Justiz zur Strafverfolgung überprüfen wollten.[12] Anschließend wurden auf Basis einer von den Alliierten übersandten Liste mit 896 Namen zusätzliche Verfahren angestrengt. Weitere 837 Verfahren leitete die Reichsanwaltschaft aus eigenem Antrieb ein.[13] Die überwiegende Zahl der Ermittlungsverfahren wurde jedoch eingestellt; lediglich in 17 Fällen kam es zu einer Hauptverhandlung. Sieben Angeklagte wurden hierin freigesprochen und zehn verurteilt.[14] Die Freiheitsstrafen betrugen sechs Monate bis zu fünf Jahre,[15] wobei es zu einer Vollstreckung der Strafe dann allerdings nur noch teilweise oder gar nicht mehr kam.[16]

Der offensichtliche Unwille des Reichsgerichts,[17] ordentliche Strafverfahren durchzuführen, hatte ein erneutes Auslieferungsbegehren der Alliierten zur Folge. Hierauf antwortete Deutschland aber wiederum mit einer beharrlichen Weigerung. Anstatt die Auslieferung der Betroffenen nun aber militärisch durchzusetzen, ließen die Alliierten die Verfahren ruhen – allerdings ohne förmlich auf die Auslieferung zu verzichten. Vereinzelt wurden vor französischen und belgischen Gerichten deutsche Angeklagte in Abwesenheit verurteilt, doch da eine Vollstreckung dieser Urteile aufgrund der Auslieferungsverweigerung der deutschen Reichsregierung unmöglich war, verebbten auch diese Versuche einer juristischen Aufarbeitung des Weltkriegs.

III. Der Militärgerichtshof von Nürnberg

Erst die in Ausmaß und Intensität den Ersten Weltkrieg noch weit überragenden, unter der nationalsozialistischen Herrschaft im Zweiten Weltkrieg begangenen Gräueltaten – und insbesondere der Holocaust – sollten für die internationale Strafgerichtsbarkeit eine radikale Veränderung bewirken. Bereits während des Krieges stellte sich für die

---

11 Kriegsverbrecherverfolgungsgesetz, RGBl. 1919, S. 2125 f.
12 Zur Frage der Verliererjustiz s. statt vieler *Müller* AVR 2001, 202.
13 Zum Ganzen *Ahlbrecht*, Geschichte, S. 42; *Hankel*, Die Leipziger Prozesse; *Wiggenhorn*, Verliererjustiz.
14 *Ahlbrecht*, Geschichte, S. 43; *von Selle* ZNR 1997, 193 (196 ff.).
15 Vgl. *Hankel*, Die Leipziger Prozesse, S. 71 f., 99 ff.
16 Vgl. *Safferling*, Int. Strafrecht, § 4 Rn. 22 f.
17 Der damalige französische Ministerpräsident *Briand* bezeichnete die Prozesse als „Komödie Justizparodie und Skandal"; zit. nach *von Selle* ZNR 1997, 193 (198).

Alliierten die Frage, wie mit den Verantwortlichen der unter dem Nazi-Regime verübten Verbrechen umgegangen werden sollte. In der sog. **Moskauer Erklärung** vom 1. November 1943 einigten sich die USA, das Vereinigte Königreich und die Sowjetunion im Grundsatz auf eine justizielle Lösung. Diese Erklärung konnte sich gegenüber der zwischenzeitlich von *Winston Churchill* geäußerten Forderung nach einer „summarischen Exekution" der politischen und militärischen Führung Deutschlands durchsetzen. Am 8. August 1945 erfolgte die Unterzeichnung des Londoner Viermächteabkommens „über die Verfolgung und Bestrafung der Hauptkriegsverbrecher der europäischen Achse und das Statut für den Internationalen Militärgerichtshof".[18]

1. Struktur des Internationalen Militärgerichtshofs (IMG)

a) Zuständigkeit

Gem. Art. 6 IMG-Charta sollten die „Hauptkriegsverbrecher"[19] der Europäischen Achse vor dem IMG abgeurteilt werden. „Hauptkriegsverbrecher" waren vor allem diejenigen Täter, für deren Verbrechen ein geographisch bestimmbarer Tatort nicht vorhanden war, da das Londoner Abkommen die Strafverfolgung der übrigen Täter dem nach dem Territorialitätsprinzip (dazu → § 4 Rn. 6 f.) zuständigen Nationalstaat zuwies. Eine zeitliche Zuständigkeit nennt die Charta nicht ausdrücklich. Wegen des tatbestandlich stets geforderten Zusammenhangs mit dem Krieg wurden tatsächlich aber nur Taten zwischen 1939 und 1945 abgeurteilt.[20] Die sachliche Zuständigkeit umfasste die drei Tatbestände Verbrechen gegen den Frieden, Kriegsverbrechen und Verbrechen gegen die Menschlichkeit. Anders als die modernen Statuten der internationalen Strafgerichte enthielt die durch das *Common Law* geprägte IMG-Charta auch die Verschwörung zum Angriffskrieg als einen eigenen Tatbestand.[21]

b) Zusammensetzung und Aufbau des Tribunals

Der IMG wurde von den Siegermächten Vereinigtes Königreich, USA, Frankreich und Sowjetunion gemeinsam gebildet; andere alliierte Staaten traten dem Statut nach August 1945 bei. Jede der vier Siegermächte entsandte einen Richter, einen Stellvertreter und ein Mitglied der Anklagebehörde an das Tribunal (Art. 2 und 14 IMG-Charta).

2. Verfahrensrecht

Die Verfahrensordnung des IMG basierte auf Grundzügen des angloamerikanischen Strafprozessrechts, nahm aber auch wesentliche Impulse aus den kontinentaleuropäischen Rechtsordnungen auf, zumal eine Vielzahl der Regeln des angloamerikanischen Verfahrensrechts – mangels Geschworenenrichtern (*jury*) – ins Leere lief: Das Tribunal musste nicht alle Zeugen selbst anhören, sondern konnte auch auf Protokolle der An-

---

18 Vgl. zur Dokumentation dieser Prozesse die Website des OLG Nürnberg, verfügbar unter https://www.justiz.bayern.de/gerichte-und-behoerden/oberlandesgerichte/nuernberg/info_service_2.php (Stand 1/20) sowie das Avalon-Projekt der Yale Law School, verfügbar unter http://avalon.law.yale.edu/subject_menus/imt.asp (Stand 1/20); vgl. zur IMG-Charta *Esser*, Eur. und Int. Strafrecht, § 17 Rn. 12 ff.
19 Der Begriff des „Kriegsverbrechers" ist in diesem Zusammenhang untechnisch zu verstehen. Vielmehr fielen auch diejenigen Täter unter den Begriff des „Kriegsverbrechers", die einen anderen Tatbestand der IMG-Charta erfüllt hatten.
20 Vgl. *Safferling*, Int. Strafrecht, § 4 Rn. 30; *Ahlbrecht*, Geschichte, S. 69, sieht als zeitliche Grenze die Kapitulation des Deutschen Reichs am 8.5.1945 an.
21 Vgl. zur Bedeutung der Verschwörung im Rahmen der modernen Statuten *Safferling* KritV 2010, 65; *Schneider* rescriptum 2013, 61; *Werle/Jeßberger*, Völkerstrafrecht, Rn. 726 ff.

klagebehörde über deren Vernehmung von Zeugen und Auskunftspersonen zurückgreifen. Gem. Art. 24 IMG-Charta durfte der Gerichtshof frei über die Zulassung von Beweismitteln entscheiden. So konnte er „unerhebliches Material" als Beweisangebot zurückweisen. Zudem war das Tribunal gem. Art. 19 IMG-Charta nicht an die strengen Beweisregeln des angloamerikanischen Systems gebunden. Gem. Art. 18 IMG-Charta sollte der IMG den Prozess auf eine beschleunigte Verhandlung beschränken. Die Angeklagten durften ihre Verteidiger frei wählen.[22]

3. Urteil

Nach zehnmonatiger Verhandlungsdauer wurde am 30. September und 1. Oktober 1946 das Urteil gesprochen. Als Rechtsfolgen sah die Charta in Art. 27 die Todesstrafe oder eine andere, dem Gericht gerecht erscheinende Strafe vor. Das Tribunal sprach drei Angeklagte frei[23] und verhängte zudem folgende Strafen:

- zwölf Todesstrafen,[24]
- drei lebenslange Freiheitsstrafen,[25]
- vier langjährige Freiheitsstrafen.[26]

Nach der Verkündung des Urteils „vertagte" sich das Gericht auf unbestimmte Zeit. Zu weiteren Verfahren vor einer international besetzten Richterbank bzgl. Verbrechen, die im Rahmen des zweiten Weltkriegs begangen wurden, kam es infolge des Kalten Kriegs dann jedoch nicht mehr.

Die zwölf sog. **Nürnberger Folgeprozesse** fanden vor US-amerikanischen Militärgerichten statt, die sich als Völkerstrafgerichte verstanden, jedoch nicht mehr auf Grundlage der IMG-Charta, sondern auf Basis des vom Alliierten Kontrollrat erlassenen Gesetzes Nr. 10 urteilten. Ähnliche Verfahren wurden – ebenfalls auf dieser Rechtsgrundlage – in der französischen Besatzungszone in Rastatt, in der britischen Besatzungszone in Lüneburg und in der sowjetischen Besatzungszone durchgeführt. Schließlich wurden im Rahmen der Waldheimer Prozesse[27] durch die damalige DDR zwischen Ende April und Mitte Juli 1950 mehr als 3300 Menschen in Schnellverfahren zu langjährigen Haftstrafen verurteilt. Ein Vorgehen, welches wiederum selbst als systematische Verletzung menschenrechtlicher Standards kritisiert wird.[28]

4. Kritik an den Nürnberger Prozessen

Mit der Bezeichnung „Siegerjustiz" wurde immer wieder versucht, dem IMG die moralisch-rechtliche Legitimation abzusprechen. Nicht zuletzt die Tatsache, dass keine Strafverfahren wegen Kriegsverbrechen der Alliierten durchgeführt wurden – zB im Hinblick auf die (wohl) ohne jede militärische Notwendigkeit erfolgte Bombardierung

---

22 Zum Ganzen *Bárd*, in: Bárd/Soyer (Hrsg.), Internationale Strafgerichtsbarkeit, S. 53; siehe auch *Safferling*, Int. Strafrecht, § 4 Rn. 32 f.
23 *Hans Fritzsche, Hjalmar Schacht* und *Franz von Papen*.
24 Gegen *Martin Bormann, Hans Frank, Wilhelm Frick, Hermann Göring, Alfred Jodl, Ernst Kaltenbrunner, Wilhelm Keitel, Joachim von Ribbentrop, Alfred Rosenberg, Fritz Sauckel, Arthur Seyß-Inquart* und *Julius Streicher*.
25 Gegen *Walther Funk, Rudolf Heß* und *Erich Raeder*.
26 Gegen *Karl Dönitz, Konstantin Freiherr von Neurath, Baldur von Schirach* und *Albert Speer*.
27 Zu den Waldheimer Prozessen *Burchard* JICJ 4 (2006), 800, 818 f. mwN.
28 So zB *Werle* JZ 2012, 373 (374).

Dresdens –, war und bleibt Gegenstand harscher Kritik.[29] Beanstandet wurde in diesem Zusammenhang auch die ausschließlich durch die Alliierten besetzte Richterbank des IMG. Die Mehrheit der Richter hatte außerdem in großem Umfang an den Konferenzen zur Erarbeitung der IMG-Charta teilgenommen, worin einige die Unparteilichkeit und Unabhängigkeit der Richter in Frage gestellt sahen, zumal Befangenheitsanträge überdies nicht zugelassen wurden.[30] Zudem wurde häufig – etwa mit dem Schlagwort „Was gestern Recht war, kann heute nicht Unrecht sein" – eine Verletzung des strafrechtlichen **Rückwirkungsverbots** kritisiert.[31]

5. Fazit

12   Erklärtes Ziel der Prozesse vor dem IMG war zum einen die exemplarische Aburteilung der NS-Verbrechen. Zum anderen sollte mit der Anwendung eines allgemein verbindlichen Völkerstrafrechts anstelle des deutschen, französischen, amerikanischen oder eines anderen nationalen Rechts ein für die Zukunft international anerkanntes Strafrechtssystem errichtet werden, um jedermann, dh auch jede Regierung, von einer Wiederholung derartiger Verbrechen abzuschrecken.[32] Festzuhalten bleibt, dass die Nürnberger IMG-Charta, trotz der vielfältigen Kritik, den Ausgangspunkt für die Entstehung des Völkerstrafrechts bildet und daher als dessen „Geburtsurkunde" betrachtet werden kann.[33]

IV. Der Internationale Militärgerichtshof von Tokio (IMGFO)

13   Nach dem Vorbild des IMG wurde in Tokio der **Internationale Militärgerichtshof für den Fernen Osten** (IMGFO) gegründet. Das Tribunal diente der Aburteilung der japanischen Hauptkriegsverbrecher. Die Einsetzung des IMGFO erfolgte durch eine *Special Proclamation* des Oberbefehlshabers der alliierten Streitkräfte, General *MacArthur*. Dieser „völkerrechtlich schwer zu klassifizierende einseitige Akt"[34] reichte zwar dem IMGFO selbst als Legitimationsgrundlage aus, wurde und wird jedoch in der Literatur als unzureichend kritisiert.[35]

14   Die Charta des IMGFO entspricht weitgehend der IMG-Charta, so dass hier auf eine ausführlichere Darstellung verzichtet werden kann. Anzumerken bleibt, dass die Urteile des IMGFO – im Vergleich zu den Nürnberger Prozessen – strenger ausfielen: Alle Angeklagten wurden verurteilt.[36]

---

[29] Zur grds. Unzulässigkeit dieses *Tu-quoque*-Einwandes vgl. ICTY (TC), Prosecutor v. Kupreškić et al., Decision on evidence of the good character of the accused and the defence of tu quoque, IT-95-16, 17.2.1999, Erwägungsgrund 4.
[30] Zu den Kritikpunkten vgl. die Darstellung bei *Burchard* JICJ 4 (2006), 800; *Tomuschat*, JICJ 4 (2006), 830; vgl. die übersichtliche Zusammenstellung der Kritik am IMG und ihrer Widerlegung bei *Ipsen*, in: Ipsen (Hrsg.), Völkerrecht, § 31 Rn. 22 ff.
[31] Zu den Spezifika des *Nullum-crimen*-Grundsatzes in Bezug auf das Völkerstrafrecht → § 15 Rn. 13; ausf. dazu *Esser*, Eur. und Int. Strafrecht, § 17 Rn. 17.
[32] *Ostendorf*, in: Lüderssen (Hrsg.), Kriminalpolitik III, S. 185.
[33] *Werle* ZStW 109 (1997), 808, 809.
[34] So *Ahlbrecht*, Geschichte, S. 105.
[35] Vgl. nur *Ahlbrecht*, Geschichte, S. 105 ff.
[36] Das Gericht verhängte sieben Todesstrafen, sechzehn lebenslange Freiheitsstrafen und zwei zeitige Freiheitsstrafen (zwanzig bzw. sieben Jahre); vgl. *Werle/Jeßberger*, Völkerstrafrecht, Rn. 33.

V. Kalter Krieg und „Wende"

Die Grundsätze der IMG-Charta und das am 1. Oktober 1946 verkündete Urteil des Nürnberger Gerichtshofs wurden am 11. Dezember 1946 in der ersten Tagung der UN-Generalversammlung einstimmig gebilligt.[37] Die Wirkung dieser Billigung beschränkte sich allerdings auf ein Bekenntnis zum Vorgehen der Siegermächte; verbindliches Völkerrecht konnte und wollte die Generalversammlung hierdurch nicht schaffen.[38] Am 9. Dezember 1948 verabschiedete die UN-Generalversammlung die neu geschaffene **Völkermordkonvention**, die Anfang 1951 in Kraft trat.[39] In ihr wurde verbindlich festgelegt, dass Völkermord ein Verbrechen nach Völkerrecht ist, zu dessen Verhütung und Bestrafung sich alle Signatarstaaten verpflichten. Auch die Bundesrepublik unterzeichnete die Konvention und kam der in Art. V der Konvention niedergelegten Umsetzungsverpflichtung durch die Schaffung des § 220a StGB aF nach.[40]

15

Die UN-Generalversammlung beauftragte anschließend die *„International Law Commission"* (ILC) damit, die Grundsätze der Rspr. des Nürnberger Militärgerichtshofs auszuformulieren und auf dieser Grundlage ein Strafgesetzbuch für den Weltfrieden und die internationale Sicherheit zu schaffen. Diese Kodifikation der „Nürnberger Prinzipien" wurde 1950 abgeschlossen.[41] Zudem hatte ein Sonderausschuss der Generalversammlung bereits den Entwurf eines Statuts eines Internationalen Strafgerichtshofs erarbeitet. Im Jahre 1954 wurde ferner der geforderte Entwurf eines Internationalen Strafgesetzbuchs der Generalversammlung vorgelegt.[42]

Die Interessenpolitik des Kalten Krieges verhinderte in der Folgezeit jedoch wesentliche Fortschritte auf dem Weg zur Errichtung eines solchen Gerichtshofs, da die meisten Staaten in dieser Zeit nicht bereit waren, auf einen Teil ihrer Souveränität zugunsten eines internationalen Gerichts zu verzichten.[43]

16

Gerade gegen Ende des Kalten Krieges wurden der Staatengemeinschaft – verstärkt durch die zunehmende internationale Drogenkriminalität, den Golf-Krieg, das Lockerbie-Attentat und schließlich auch die kriegerischen Ereignisse im ehemaligen Jugoslawien und in Ruanda – die Nachteile einer fehlenden internationalen Strafinstanz zusehends bewusst. Im Wendejahr 1989 bat der damalige Premierminister von Trinidad und Tobago *Robinson* in der UN-Generalversammlung um Hilfe bei der Eindämmung des internationalen Drogenhandels. Als Reaktion hierauf beauftragte die Generalversammlung – zur Überraschung vieler Beobachter – die ILC, die Frage nach der Schaffung eines Internationalen Strafgerichtshofs wieder aufzunehmen.[44] Zwar beschränkte

17

---

[37] UN General Assembly Resolution, Affirmation of the principles of international law recognized by the Charter of the Nürnberg Tribunal, A/RES/95 (I), 11.12.1946.
[38] *Jescheck* GA 1981, 49 (52).
[39] Convention on the Prevention and Punishment of the Crime of Genocide, Paris, 9.12.1948, UNTS, Bd. 78, Nr. 1021, S. 277, BGBl. 1954 II, S. 730 (Sartorius II, Nr. 18).
[40] BGBl. 1954 II, S. 729; nunmehr ist der Völkermord in § 6 VStGB geregelt; dazu → § 17 Rn. 15.
[41] *Principles of International Law Recognized in the Charter of the Nürnberg Tribunal and in the Judgment of the Tribunal*, 29.7.1950, Yearbook of the International Law Commission, 1950, Bd. II, S. 374–378; Formulation of the Nürnberg Principles, UN Doc. A/CN.4/22, 12.4.1950.
[42] *Draft Code of Offences against the Peace and Security of Mankind*, 30.4.1954, Yearbook of the International Law Commission, 1954, Bd. II, S. 112–122.
[43] *Cassese*, Int. Criminal Law, S. 258 f.
[44] UN General Assembly Resolution, *International criminal responsibility of individuals and entities engaged in illicit trafficking in narcotic drugs across national frontiers and other transnational criminal activities: establishment of an international criminal court with jurisdiction over such crimes*, A/RES/44/39, 4.12.1989.

sich die Resolution zunächst nur auf die Frage des internationalen Drogenhandels,[45] doch entwickelte dieser Auftrag eine ganz eigenständige Dynamik, die in dem Bericht der ILC im Jahre 1990 ihren ersten Höhepunkt fand. 1994 legte die ILC dann der Generalversammlung den Entwurf eines Statuts für einen Internationalen Strafgerichtshof vor (***ILC Draft Statute***), dessen Zuständigkeit über die Nürnberger Tatbestände hinausging und auch Terrorismus und Drogenkriminalität umfasste.[46] Während die entsprechenden Gremien zwar langsam und zäh, aber sicher vorankamen, überholten die aktuellen Ereignisse in Ruanda und im ehemaligen Jugoslawien die Vorarbeiten und verlangten nach einer schnellen Reaktion der Staatengemeinschaft.[47]

VI. Internationaler Strafgerichtshof für das ehemalige Jugoslawien (ICTY)

18 ▶ **FALL 29:** T war vor dem Internationalen Strafgerichtshof für das ehemalige Jugoslawien ua wegen Kriegsverbrechen angeklagt. Er bestritt die Zuständigkeit des ICTY. Das Gericht basierte nicht auf einem völkerrechtlichen Vertrag; auch die UN-Charta enthielte keine Rechtsgrundlage für die Errichtung eines internationalen Strafgerichts. Hatte T mit seinen Einwänden Recht? (dazu → Rn. 28) ◀

19 Als Reaktion auf den kriegerischen Konflikt im ehemaligen Jugoslawien und die damit verbundenen Massaker an der Zivilbevölkerung beschloss der UN-Sicherheitsrat auf der Grundlage des Kapitels VII der UN-Charta[48] (dazu → Rn. 28) mit der Resolution 808 (1993)[49] die Einrichtung eines **internationalen Kriegsverbrechertribunals zur Verfolgung schwerer Kriegsverbrechen im ehemaligen Jugoslawien (ICTY)**[50] als eines seiner Nebenorgane.[51] Mit der Resolution 827 (1993) wurde im Anschluss das Statut für das Tribunal verabschiedet.[52] Die Errichtung eines internationalen Tribunals durch den UN-Sicherheitsrat war zum damaligen Zeitpunkt juristisches Neuland. Durch die erstmalige Inanspruchnahme originär judikativer Funktionen hatte der Sicherheitsrat in verfassungspolitischer und institutioneller Hinsicht seine eigenen Befugnisse im Rahmen des UN-Systems noch weiter ausgedehnt.[53] Am 17. November 1993 trat das Gericht zu seiner ersten Sitzung in Den Haag zusammen. Insgesamt hat es Verfahren gegen 161 angeklagte Personen durchgeführt.[54] Da die ehemaligen Teilrepubliken Jugoslawiens in der Folgezeit wieder ein (wenn auch teilweise noch begrenzt) funktionie-

---

45 UN General Assembly Resolution, *International criminal responsibility of individuals and entities engaged in illicit trafficking in narcotic drugs across national frontiers and other transnational criminal activities: establishment of an international criminal court with jurisdiction over such crimes*, A/RES/44/39, 4.12.1989, Rn. 1.
46 *Draft Statute for an International Criminal Court with commentaries*, 22.7.1994, Yearbook of the International Law Commission, 1994, Bd. II, Teil 2, S. 26–74.
47 Hierzu auch *Bantekas*, Int. Criminal Law, S. 423.
48 Charter of the United Nations, San Francisco, 26.6.1945, UNCIO, Bd. 15, S. 335, BGBl. 1973 II, S. 431 (Sartorius II, Nr. 1).
49 UN Security Council Resolution, S/RES/808, 22.2.1993.
50 Zum ICTY generell *Esser*, Int. und Eur. Strafrecht, § 19 Rn. 1 ff.
51 Eine kritische Auseinandersetzung mit der derzeitigen Situation des ICTY findet sich bei *Schuster* ZIS 2015, 248; *ders.* ZIS 2015, 283; *ders.* ZIS 2015, 323.
52 UN Security Council Resolution, S/RES/827, 25.5.1993.
53 *Hollweg* JZ 1993, 980 (981).
54 Vgl. den guten Überblick bei *Ambos*, Völkerstrafrecht AT, S. 259 ff.; ferner die Rechtsprechungsübersichten von *ders.*, NStZ-RR 2001, 225; *ders./Wenning* NStZ-RR 2002, 289; die Kommentierung der Rspr. in: Klip/Sluiter (Hrsg.), Annotated Leading Cases of International Tribunals; diejenige in der Rubrik „Current developments at the ad hoc International Criminal Tribunals" des JICJ sowie auf der Homepage des ICTY, verfügbar unter http://www.icty.org/action/cases (Stand 1/20) und http://www.icty.org/en/about/tribunal/achievements# (Stand 1/20).

rendes Justizsystem aufweisen konnten, ergriffen die ICTY-Richter mit ihrer sog. *completion strategy* die Initiative zur Beendigung der Arbeit des ICTY, welche der UN-Sicherheitsrat durch die Resolutionen 1503 (2003) und 1534 (2004) aufgriff.[55] Seit Ende 2004 wurden deshalb keine neuen Ermittlungen mehr eingeleitet. Neue Verfahren werden vielmehr vor den entsprechenden Gerichten in den ehemaligen Teilrepubliken Jugoslawiens durchgeführt. Obwohl ursprünglich alle erstinstanzlichen Verfahren des ICTY bis Ende 2008 und alle Rechtsmittelverfahren bis 2010 abgeschlossen sein sollten, konnten diese beiden Termine nicht eingehalten werden – nicht zuletzt wegen der späten Verhaftung des ehemaligen Präsidenten der Serbischen Republik *Radovan Karadžić* im Jahr 2008, der späten Ergreifung des ehemaligen Generals der Armee der Serbischen Republik *Ratko Mladić* im Mai 2011 sowie der im Juli 2011 erfolgten Verhaftung von *Goran Hadžić*, dem früheren Präsidenten der sog. Republik Serbische Krajina.[56] Am 24. März 2016 wurde *Karadžić* ua wegen Völkermords zu 40 Jahren Freiheitsstrafe verurteilt, das Strafmaß wurde am 20. März 2019 durch die Berufungsinstanz des MICT (s. unten) auf lebenslängliche Freiheitsstrafe erhöht.[57] Das Verfahren gegen *Hadžić* wurde im Juli 2016 aufgrund dessen Todes beendet.[58] Das letzte erstinstanzliche Urteil des ICTY erging im Fall *Mladić* am 22. November 2017, welches für diesen eine lebenslängliche Freiheitsstrafe verhängte.[59] Mit dem 31. Dezember 2017 endete das Mandat des ICTY.

Als Nachfolgeorgan des ICTY (und ebenso des ICTR, dazu s. unten) hat der auf Grundlage der Sicherheitsratsresolution 1966 (2010)[60] errichtete Residualmechanismus für die *Ad-hoc*-Strafgerichtshöfe (**Mechanism for International Criminal Tribunals, MICT**) am 1. Juli 2013 seine Arbeit für den ICTY aufgenommen.[61] Dessen Aufgabe besteht darin, unerledigte Fälle abzuarbeiten, ausgenommen solcher, bei denen die Verhaftung des Angeklagten schon mehr als zwölf Monate vor Arbeitsaufnahme zurücklag. Neue Anklagen sind dem MICT verwehrt.[62]

1. Struktur des Tribunals

a) Zuständigkeit

Der ICTY verfügte nur über eine **beschränkte Zuständigkeit**. Die Grenzen waren sowohl zeitlicher und persönlicher als auch örtlicher und materiellrechtlicher Natur.

Zeitlich erfasste die Zuständigkeit nur Straftaten, die ab dem Jahre 1991, in persönlicher Hinsicht von natürlichen Personen begangen worden waren. Die Zuständigkeit war örtlich auf im Territorium der ehemaligen Sozialistischen Föderativen Republik Jugoslawien begangene Taten begrenzt. Sachlich beschränkte sich die Zuständigkeit des Tribunals auf die in Art. 2–5 ICTY-Statut geregelten Straftaten, namentlich

20

---

55 Siehe http://www.icty.org/x/file/Legal%20Library/Statute/statute_1534_2004_en.pdf (Stand 1/20).
56 Siehe http://www.icty.org/sid/10016 (Stand 1/20); s. zur *completion strategy* insgesamt *Dieckmann* ICLR 8 (2008), 87; zu Verweisungen an nationale Gerichte *Lindemann*, Referral of Cases; *Riznik* AVR 2009, 220; *Schabas* Max Planck Yearbook of United Nations Law 13 (2009), 29; sowie *William* CLF 18 (2007), 177.
57 ICTY, Prosecutor v. Karadžić, Judgment, MICT-13-55-A, 20.3.2019.
58 ICTY, Prosecutor v. Hadžić, Order terminating the proceedings, IT-04-75-T, 22.7.2016.
59 ICTY, Prosecutor v. Mladić, Judgment, IT-09-92-T, 22.11.2017; hiergegen eingelegte Rechtsmittel sind noch immer vor der Rechtsmittelkammer des MICT anhängig.
60 UN Security Council Resolution, S/RES/1966, 22.12.2010.
61 Siehe http://unictr.unmict.org/en/tribunal (Stand 1/20); http://www.icty.org/en/press/mechanism-international-criminal-tribunals-mict-begins-work-hague (Stand 1/20).
62 Zum Residualmechanismus s. *Acquaviva* JICJ 9 (2011), 789.

„schwere Verletzungen" (*grave breaches*) der Genfer Konventionen von 1949,[63] Kriegsverbrechen, Völkermord und Verbrechen gegen die Menschlichkeit.

21 Neben der Zuständigkeit des ICTY blieben auch nationale Strafgerichtsbarkeiten bestehen (konkurrierende Gerichtsbarkeit); gem. Art. 9 II ICTY-Statut konnte dieser nationale Verfahren jedoch jederzeit an sich ziehen und selbst weiterverfolgen.[64] Von diesem Recht hatte der ICTY gleich zu Beginn seiner Tätigkeit Gebrauch gemacht, als er den bereits in Deutschland vor dem BayObLG angeklagten bosnischen Serben *Duško Tadić* überstellen ließ und das Verfahren selbst fortführte.[65]

b) Zusammensetzung und Aufbau des Tribunals

22 Das Tribunal bestand aus einem **unabhängigen Richterkollegium**, welches sich aus 16 ständigen und bis zu neun zusätzlichen sog. *Ad-litem*-Richtern zusammensetzte, die alle wesentlichen Rechtssysteme der Welt repräsentieren. Daneben gab es eine unabhängige Anklagebehörde, die internationale Haftbefehle und Auslieferungsersuchen vorbereitete und für die Erhebung der Anklage zuständig war.

23 Die Prozesse wurden öffentlich vor drei Kammern (*Trial Chamber*, TC) verhandelt. Diese waren grds. mit jeweils drei ständigen und bis zu sechs *Ad-litem*-Richtern besetzt; allerdings konnten die Kammern in Sektionen à drei Richter unterteilt werden, was durchaus üblich war. Daneben existierte eine Rechtsmittelkammer (*Appeals Chamber*, AC), die mit fünf (ständigen) Richtern besetzt war.

Letzter Präsident des ICTY war bis 31. Dezember 2017 der Malteser *Carmel Agius*, als Chefankläger amtierte seit 1. Januar 2008 der Belgier *Serge Brammertz*, welcher seit 29. Februar 2016 zudem als Chefankläger des MICT fungiert.

In strafprozessualer Hinsicht entsprach das Statut in Art. 21 f. den allgemeinen, aus dem menschenrechtlichen Instrumentarium des Völkerrechts bekannten Standards.[66]

c) Rechtsfolgen

24 Als Strafmaßnahme sah das Statut lediglich die Freiheitsstrafe, nicht hingegen die Todesstrafe vor (Art. 24 I ICTY-Statut).

2. Überblick über die vom ICTY anzuwendenden Straftatbestände

25 Zum Zeitpunkt der Schaffung des ICTY fehlte es noch an einem allgemein anerkannten, international gültigen Strafkodex. Die Auswahl der Straftatbestände, die der Gerichtsbarkeit des ICTY unterliegen sollten, musste sich also am gesicherten Völkergewohnheitsrecht orientieren,[67] um den Grundsatz *nullum crimen, nulla poena sine lege* nicht zu verletzen, der auch im Völkerstrafrecht (zumindest eingeschränkte) Geltung beansprucht (dazu → § 15 Rn. 13 f.). Als völkergewohnheitsrechtlich anerkannt galten

---

[63] Dazu → § 16 Rn. 56.
[64] Vgl. dazu BayObLG Urt. v. 23.5.1997 – 3 St 20/96 = NJW 1998, 392.
[65] Dazu → § 12 Rn. 8.
[66] Art. 21 f. des Statuts sind fast wortgleich mit Art. 14 IPbpR = International Covenant on Civil and Political Rights, New York, 19.12.1966, UNTS, Bd. 999, Nr. 14668, S. 171, BGBl. 1973 II, S. 1533 (Sartorius II Nr. 20), der die Mindeststandards des fairen Verfahrens normiert, vgl. *Bair*, The International Covenant on Civil and Political Rights, S. 56.
[67] Dementsprechend verlangte der UN-Generalsekretär in seinem Auftrag an die Arbeitsgruppe, die das Statut für den ICTY entwerfen sollte, dass nur solche Tatbestände aufgenommen werden dürften, die jenseits aller Zweifel Teil des Völkergewohnheitsrechts sind.

zu diesem Zeitpunkt die schon im Grundsatz aus der Nürnberger IMG-Charta bekannten Straftatbestände:

- Verstöße gegen die Gesetze und Gebräuche des Krieges,
- Verbrechen gegen die Menschlichkeit,
- Völkermord,
- schwere Verletzungen der Genfer Abkommen von 1949.

Die letzte Gruppe konnte naturgemäß in Nürnberg noch nicht berücksichtigt werden. Das Fehlen des Tatbestandes der Verbrechen gegen den Frieden erklärt sich daraus, dass es der Völkergemeinschaft noch nicht gelungen war, sich auf eine Definition des Angriffskriegs zu einigen.[68] Seit der UN-Völkermordkonvention von 1948 – der Jugoslawien übrigens als einer der ersten Staaten beigetreten war – wurde der Völkermord als eigenständiger Tatbestand mit gewohnheitsrechtlicher Geltung anerkannt. Im Gegensatz zu den IMG-Verfahren wurde er also nicht mehr als Unterfall der Verbrechen gegen die Menschlichkeit behandelt.

3. Rechtliche Zulässigkeit des Tribunals

Mit den Resolutionen 808 (1993) und 827 (1993) wich der Sicherheitsrat von der traditionellen Sichtweise ab, die für die Einrichtung eines internationalen Tribunals einen völkerrechtlichen Vertrag für erforderlich hielt. Dieses Erfordernis war bislang daraus abgeleitet worden, dass die Abtretung des ureigenen souveränen Rechts auf Strafverfolgung grds. nicht ohne Zustimmung der betroffenen Staaten erfolgen könne. Dementsprechend wurde teilweise die rechtliche Zulässigkeit der Einrichtung des ICTY in Frage gestellt.[69]

Diesen **Einwänden** wurde aber zu Recht entgegengehalten, dass der Strafanspruch des betroffenen Staates bei völkerrechtlichen Straftatbeständen nur den Ersatz für einen eigentlich gegebenen internationalen Strafanspruch darstellt. Staatliche Gerichte übernehmen also die Durchsetzung eines völkerrechtlichen Strafanspruchs nur deshalb, weil es an einer völkerrechtlichen Instanz fehlt. Wenn jedoch eine völkerrechtliche Instanz – wie der ICTY – geschaffen wird, ist ihre Zuständigkeit gegeben, ohne dass in die staatliche Souveränität eingegriffen wird. Eines völkervertraglichen Souveränitätsverzichts bedarf es daher nicht.[70]

Auch der zweite Einwand betraf die Rechtsgrundlage des *Ad-hoc*-Gerichtshofs. Der UN-Sicherheitsrat hatte die Einsetzung des ICTY auf Kapitel VII der UN-Charta, genauer auf Art. 41 f. UN-Charta, mit der Begründung gestützt, dass – obwohl die Einrichtung eines Gerichts dort nicht explizit erlaubt sei – die realistische Drohung mit Strafverfolgung für Verletzungen des humanitären Völkerrechts der „Wiederherstellung des Weltfriedens" dienlich sei. Genau derartige Maßnahmen erlaubt aber Kapitel VII der UN-Charta.

Bedenkt man, dass nach Kapitel VII der UN-Charta auch militärische Zwangsmaßnahmen zur „Wiederherstellung des Weltfriedens" möglich sind, so erscheint die Errichtung eines *Ad-hoc*-Tribunals als „Minus" gegenüber der militärischen Aktion. In sei-

---

68 Zum Aggressionstatbestand → § 16 Rn. 76 ff.
69 Vgl. etwa *Graefrath* NJ 1993, 433.
70 S. nur ICTY, Prosecutor v. Tadić, Decision on the Defence motion for interlocutory appeal on jurisdiction, IT-94-1-A, 2.10.1995, Rn. 28 ff., 50 ff.; zu dieser Frage s. ausf. *König*, Die völkerrechtliche Legitimation der Strafgewalt internationaler Strafjustiz, S. 28 ff.

ner *Tadić*-Entscheidung hat der ICTY darauf verwiesen, dass Art. 41 UN-Charta keine abschließende Liste enthalte. Im Übrigen sei seine Schaffung aber eine politische, gerichtlich daher nicht überprüfbare Entscheidung des UN-Sicherheitsrats, weshalb er seine Jurisdiktionsgewalt folgerichtig nicht in Zweifel zog.[71]

In **Fall 29** war der ICTY somit zuständig für die Aburteilung der Völkerrechtsverbrechen des T. Die geäußerten Bedenken des T gegen die rechtliche Zulässigkeit eines vom UN-Sicherheitsrat eingesetzten *Ad-hoc*-Tribunals waren unbegründet. Dass der ICTY für Völkerrechtsverbrechen im ehemaligen Jugoslawien zuständig war, ist heute allgemein anerkannt.

VII. Internationaler Strafgerichtshof für Ruanda (ICTR)

29 Nach dem Vorbild des ICTY beschloss der UN-Sicherheitsrat am 8. November 1994 mit der Resolution 955 (1994) die Einsetzung des „Internationalen Strafgerichtshofs für die Verfolgung der Verantwortlichen für die im Hoheitsgebiet Ruandas oder von ruandischen Staatsangehörigen in Nachbarstaaten zwischen dem 1. Januar 1994 und dem 31. Dezember 1994 begangenen schweren Verstöße gegen das humanitäre Völkerrecht" (**ICTR**).[72] Damit reagierte der Sicherheitsrat auf die barbarischen Massaker der Volksgruppe der Hutu an der ethnischen Minderheit der Tutsi, denen in kürzester Zeit über 800.000 Menschen zum Opfer fielen. Der ICTR hatte gemäß der Resolution 977 vom 22. Februar 1995 seinen Sitz in Arusha, Tansania.[73]

30 Rechtlicher Rahmen und Struktur des ICTR und ICTY entsprachen einander weitgehend; so teilten beide Gerichtshöfe zum Beispiel die gleiche Rechtsmittelkammer und anfänglich auch den gleichen Chefankläger, was zumindest zu einem Mindestmaß an einheitlicher Entwicklung des Völkerstrafrechts beitragen sollte.[74] Die Rechtsgrundlage für die Schaffung des ICTR ergab sich ebenfalls aus Kapitel VII der UN-Charta, allerdings hatte die ruandische Staatsführung – anders als bei der Errichtung des ICTY – explizit um die Gründung des ICTR gebeten und als Mitglied des Sicherheitsrats aktiv an der Verabschiedung der Resolution 955 (1994) mitgewirkt. Aus dem sachlichen Zuständigkeitsbereich waren im Gegensatz zum ICTY Kriegsverbrechen ausgenommen, was sich damit erklären lässt, dass der Schaffung des Tribunals ein innerstaatlicher Konflikt zugrunde lag und die völkergewohnheitsrechtliche Geltung des Tatbestandes der Kriegsverbrechen für innerstaatliche (also nichtinternationale) Konflikte zu diesem Zeitpunkt noch ungeklärt war (dazu → § 16 Rn. 55 ff.). Die schon im Zusammenhang mit dem ICTY erwähnte *completion strategy* betrifft auch den ICTR, wobei die ursprünglich anvisierten Termine für die einzelnen Verfahrensschritte auch hier nicht eingehalten werden konnten. Der internationale Residualmechanismus (MICT) nahm seine Arbeit auch als Nachfolgeorgan des ICTR insoweit bereits am 1. Juli 2012 auf (dazu → Rn. 19). Der ICTR **beendete seine Arbeit** am 31. Dezember 2015.

---

71 ICTY, Prosecutor v. Tadić, Decision on the Defence motion for interlocutory appeal on jurisdiction, IT-94–1-A, 2.10.1995, Rn. 28 ff.
72 UN Security Council Resolution, S/RES/955, 8.11.1994; zum ICTR generell *Esser*, Eur. und Int. Strafrecht, § 20 Rn. 1 ff.; zur Rspr. s. Klip/Sluiter (Hrsg.), Annotated Leading Cases of International Tribunals; *Schabas* JHR 6 (2008), 382; *Mugwanya* JHR 6 (2008), 415; vgl. Rubrik „Current developments at the ad hoc International Criminal Tribunals" des JICJ.
73 Vgl. Security Council Resolution, S/RES/977, 22.2.1995.
74 *Cassese*, Int. Criminal Law, S. 261.

VIII. Hybride Gerichte

Neben den beiden *Ad-hoc*-Strafgerichtshöfen kommt die zunehmende Internationalisierung der Verfolgung gravierendster Verbrechen auch in der wachsenden Zahl von Gerichten zum Ausdruck, die sich sowohl auf nationale wie auch internationale Rechtsgrundlagen stützen und deren Richterbank und Anklagebehörden durch nationale wie internationale Juristen besetzt wird. Diese bzgl. personeller Zusammensetzung und anwendbaren Rechts neue Vermengung von nationalen und internationalen Elementen kommt in der Bezeichnung **hybride Gerichte** zum Ausdruck.[75]

31

BEISPIELE: Im Rahmen des Neuaufbaus der Justiz in **Timor-Leste (Osttimor)** durch die UN-Übergangsverwaltung wurden *panels* geschaffen, die im Rahmen des Distriktgerichts der Hauptstadt schwerste Delikte wie Genozid, Kriegsverbrechen, Verbrechen gegen die Menschlichkeit, Mord, Folter usw aburteilten.[76] Mittlerweile haben diese ihre Arbeit eingestellt.

Der **Special Court for Sierra Leone** (SCSL) beruhte auf einem völkerrechtlichen Vertrag zwischen den Vereinten Nationen und der Regierung von Sierra Leone[77] und diente der strafrechtlichen Verfolgung und Aburteilung derjenigen, die für die Verletzung von internationalem humanitären und sierra-leonischem Recht seit dem 30. November 1996 in besonderem Maße verantwortlich waren (Art. 1 SCSL-Statut). Nach elfjähriger Arbeit stellte der SCSL, als erstes hybrides *Ad-hoc*-Gericht, seine Tätigkeit im Dezember 2013 erfolgreich ein. Ein weiterführender Residualmechanismus wurde, abermals durch Vertrag zwischen Sierra Leone und den Vereinten Nationen, eingerichtet, um die administrative Folgearbeit, insbesondere Zeugenschutz und Archivierung der Gerichtsakten, zu gewährleisten.[78] Insgesamt wurden vom SCSL neun Personen zu Haftstrafen von 15–52 Jahren verurteilt. Größte Aufmerksamkeit genoss das Verfahren gegen den Anführer der liberianischen *National Patriotic Front*, *Charles Taylor*, das aufgrund von Sicherheitserwägungen auf dem Gelände des IStGH in Den Haag stattfand. Dies war insbesondere dem Umstand geschuldet, dass *Taylor* ehemaliges Staatsoberhaupt Liberias ist, woraus sich zentrale Fragen zur Immunität vor internationalen Strafgerichten ergaben.[79] *Taylor* wurde am 18. Mai 2012 aller elf Anklagepunkte für schuldig befunden[80] und am 30. Mai 2012 zu einer Haftstrafe von 50 Jahren verurteilt.[81] Eine Berufung der Anklagebehörde als auch der Verteidigung blieb erfolglos.[82]

In **Kambodscha** beschäftigen sich seit 2006 **Extraordinary Chambers** (ECCC) als Bestandteil der nationalen Justiz mit der strafrechtlichen Aufarbeitung der während der Zeit der Roten Khmer (17. April 1975 bis 6. Januar 1979) begangenen Taten; voraus ging ein bilaterales

---

75 Vgl. ausf. zu diesen „gemischten" Tribunalen *von Braun*, Internationalisierte Strafgerichte; *Dickinson* AJIL 97 (2003), 295; *Esser*, Eur. und Int. Strafrecht, § 17 Rn. 35 ff. mwN; *Linton* CLF 12 (2001), 185; Romano ua (Hrsg.), Internationalized Criminal Courts and Tribunals; *Ruhs* rescriptum 2012, 46.
76 Zur Rspr. Klip/Sluiter (Hrsg.), Annotated Leading Cases of International Tribunals, Bd. 16.
77 Agreement between the United Nations and the Government of Sierra Leone on the Establishment of a Special Court for Sierra Leone, Freetown, 12.4.2002, UNTS, Bd. 2178, Nr. 38342, S. 137. Zur Frage der Zulässigkeit dieser Vorgehensweise vgl. SCSL (AC), Prosecutor v. Fofana, Decision on Preliminary Motion on Lack of Jurisdiction Materiae: Illegal Delegation of Powers by the United Nations, SCSL-04–14-PT-100, 25.5.2004, Rn. 12 ff.; zur Rspr. s. Klip/Sluiter (Hrsg.), Annotated Leading Cases of International Tribunals, Bd. 9, 21.
78 Für weitere Informationen siehe http://www.rscsl.org/index.html (Stand 1/20).
79 Zu diesem Thema s. den Kommentar von *Kreß*, in: Klip/Sluiter (Hrsg.), Annotated Leading Cases of International Tribunals, Bd. 9, S. 187, 202 ff.; SCSL (AC), Prosecutor v. Taylor, Decision on immunity from jurisdiction, SCSL-2003–01-I-059, 31.5.2004.
80 SCSL (TC II), Prosecutor v. Taylor, Judgment, SCSL-03–01-T, 18.5.2012.
81 SCSL (TC II), Prosecutor v. Taylor, Sentencing Judgment, SCSL-03–01-T, 30.5.2012.
82 SCSL (AC), Prosecutor v. Taylor, Judgment, SCSL-03–01-A, 26.9.2013.

Abkommen mit den Vereinten Nationen.[83] Sowohl Verstöße gegen nationales als auch gegen internationales Recht werden geahndet. Am 26. Juli 2010 war mit *Kaing Guek Eav* („Duch") der erste Angeklagte zu 35 Jahren Haft verurteilt worden.[84] Das sowohl von Staatsanwaltschaft als auch Verteidigung eingelegte Rechtsmittel hatte zur Folge, dass das Strafmaß auf lebenslange Freiheitsstrafe erhöht wurde.[85] Seitdem sind drei weitere Verfahren – teils gegen mehrere Angeklagte – vor dem ECCC anhängig.[86]

Als weiteres hybrides Gericht soll die **War Crimes Chamber** (WCC) in **Bosnien-Herzegowina**[87] die Arbeit des ICTY fortsetzen. Anders als bei den bislang genannten Gerichtshöfen wurde die WCC vollständig in die nationale Justiz integriert, da sie auch zur Stützung des Rechtsstaats in Bosnien-Herzegowina dienen soll.[88] Diese Funktion wird auch darin deutlich, dass sich das Verhältnis von internationalen und nationalen Richtern seit der Gründung umgekehrt hat. Anfangs waren die nationalen Richter in den dreiköpfigen Kammern in der Minderheit, heute stellen die bosnischen Juristen die Mehrheit. Die WCC verliert ihre hybride Natur damit nach und nach.

Schließlich sollte 2007 auch das **Special Tribunal for Lebanon** (STL)[89] durch ein Abkommen zwischen der UN und dem Libanon ins Leben gerufen werden. Da dieses Abkommen und das zugrunde liegende Statut vom libanesischen Parlament jedoch nicht ratifiziert wurden, setzte der UN-Sicherheitsrat mit der Resolution 1757 (2007)[90] als Maßnahme nach Kapitel VII beides mit Wirkung zum 10. Juni 2007 in Kraft. Wesentlicher Gegenstand des Tribunals ist der tödliche Anschlag auf den früheren libanesischen Premierminister *Rafiq al-Hariri* am 14. Februar 2005. Die Zuständigkeit erstreckt sich jedoch auch auf Taten, die zwischen dem 1. Oktober 2004 und dem 31. Dezember 2005 begangen wurden, solange sie mit dem Anschlag vom 14. Februar 2005 in Zusammenhang stehen. Das STL ist damit der erste Gerichtshof, der zur Aburteilung eines Terroranschlags eingerichtet wurde.[91]

Am 3. August 2015 genehmigte die kosovarische Regierung durch eine Verfassungsänderung[92] die Schaffung der **Besonderen Kammern für den Kosovo** (*Kosovo Specialist Chambers and Specialist Prosecutor's Office*). Diese haben ihren Sitz ua in Den Haag und werden Verbrechen aburteilen, die von 1999 bis 2000 von Mitgliedern der Kosovarischen Befreiungsarmee (KLA) gegen ethnische Minderheiten und politische Gegner in den Nachwehen des Kosovo-Kriegs begangen wurden.[93] Obwohl der Gerichtshof mit internationalen Richtern besetzt ist, gilt dieses als ein nationales kosovarisches Gericht, das lediglich außerhalb des Kosovo tätig wird.[94]

---

83 Agreement between the United Nations and the Royal Government of Cambodia concerning the Prosecution under Cambodian Law of Crimes Committed during the Period of Democratic Kampuchea, Phnom Penh, 6.6.2003, UNTS, Bd. 2329, Nr. 41723, S. 117.
84 ECCC (TC), Prosecutor v. Kaing ('Duch'), Judgment, 001/18–07–2007/ECCC/TC, 26.7.2010.
85 ECCC (AC), Prosecutor v. Kaing ('Duch'), Appeal Judgment, 001/18–07–2007-ECCC/SC, 3.2.2012.
86 Für weitere Informationen, siehe http://www.eccc.gov.kh/en (Stand 1/20).
87 Siehe http://www.sudbih.gov.ba/?jezik=e (Stand 1/20).
88 Vgl. *von Braun*, Internationalisierte Strafgerichte, S. 341 f.
89 Siehe http://www.stl-tsl.org/ (Stand 1/20). Zum STL vgl. *Mettraux* JICJ 7 (2009), 911; *Kirsch/Oehmichen* ZIS 2011, 800.
90 UN Security Council Resolution, S/RES/1757, 30.5.2007.
91 Obwohl das STL sich materiellrechtlich auf nationales, libanesisches Recht stützt, bezog sich die *Appeals Chamber* explizit auf Völkergewohnheitsrecht, um den nationalen Tatbestand des Terrorismus völkerrechtsfreundlich auszulegen, vgl. STL, Prosecutor v. Ayyash et al., Interlocutory Decision on the applicable law: Terrorism, conspiracy, homicide, perpetration, cumulative charging, STL-11–01/I/AC/R176bis, 16.2.2011, S. 3. Hierbei konstatierte sie die völkergewohnheitsrechtliche Strafbarkeit des Terrorismus, welche in der Literatur teils stark bezweifelt wird, s. hierzu allgemein *Ventura* JICJ 9 (2011), 1021.
92 Vgl. Art. 162 Verfassung der Republik Kosovo mit Zusatzprotokoll XXIV vom 5.8.2015.
93 Siehe https://www.scp-ks.org/en (Stand 1/20).
94 Zu den Besonderen Kammern für den Kosovo siehe https://www.scp-ks.org/en (Stand 1/20).

§ 13 Historische Entwicklung des Völkerstrafrechts

Durch die Errichtung hybrider Gerichte können die Bedürfnisse spezieller politischer Begebenheiten in besonderer Weise berücksichtigt werden. Gemein ist den hybriden Gerichtshöfen neben der „gemischten" Struktur, dass sie – im Gegensatz zu den klassischen *Ad-hoc*-Tribunalen – oftmals, jedoch nicht notwendigerweise, ihren Sitz in dem Land haben, in dem die Taten begangen wurden.[95] Ob als Teil des nationalen Justizsystems oder als mit diesem verbundenes Sondertribunal wenden sie neben den völkerstrafrechtlichen *core crimes*, deren Ausgestaltung am IStGH-Statut orientiert ist, jeweils auch nationales Strafrecht an.[96]

WIEDERHOLUNGS- UND VERTIEFUNGSFRAGEN 32

> Welcher Kritik sah sich der Nürnberger IMG ausgesetzt? (→ Rn. 11)
> Inwiefern kann das Statut des IMG in Nürnberg als die „Geburtsurkunde des Völkerstrafrechts" bezeichnet werden? (→ Rn. 12)
> Auf welcher rechtlichen Grundlage basiert die Errichtung von ICTY und ICTR? (→ Rn. 19, 27 ff., 30)
> Wie ist das Verhältnis zwischen nationaler und internationaler Gerichtsbarkeit im Falle des IMG, des ICTY sowie des ICTR ausgestaltet? (→ Rn. 6, 21, 30)
> Wodurch zeichnen sich hybride Gerichtshöfe aus und was unterscheidet sie von *Ad-hoc*-Tribunalen? Inwiefern spielt das *Special Tribunal for Lebanon* hier eine Sonderrolle? (→ Rn. 31)

Aktuelle und weiterführende Literatur: *Acquaviva*, Was a Residual Mechanism for International Criminal Tribunals Really Necessary?, JICJ 9 (2011), 789; *Andoor*, Das Nürnberger Tribunal vor 70 Jahren – Teil 1, ZJS 2015, 356; *ders.*, Das Nürnberger Tribunal vor 70 Jahren – Teil 2, ZIS 2015, 473; *Aurey*, The Nuremberg Doctor's Trial: Looking Back 70 Years Later, ICLR 17 (2017), 1049; *Boister/Cryer*, The Tokyo International Military Tribunal, 2008; *Christensen/Kjeldgaard-Pedersen*, Competing Perceptions of Hybrind Justice: International v. National in the Extraordinary Chambers of the Courts of Cambodia, ICLR 18 (2018), 127; *Citroni*, The Specialist Chambers of Kosovo: The Applicable Law and the Special Challenges Related to the Crime of Enforced Disappearance, JICJ 14 (2016), 123; *Eckelmans*, Neue „gemischte" Tribunale – ein Überblick, ZIS 2016, 809; *Hobbs*, Towards a Principled Justification for the Mixed Composition of Hybrid International Criminal Tribunals, LJIL 30 (2017), 177; *Jones*, The Courts of Genocide, 2010; *Kappos/Hayden*, Current Developments at the Ad Hoc International Criminal Tribunals, JICJ 14 (2016), 1261; *Kaufmann/Marschner*, Eine kritische Bestandsaufnahme aktueller Entwicklungen der Außerordentlichen Kammern an den Gerichten von Kambodscha, ZIS 2011, 811; *Knowles*, The Power to Prosecute: The Special Court for Sierra Leone from a Defence Perspective, ICLR 6 (2006), 387; *Luban*, After the Honeymoon – Reflections on the Current State of International Criminal Justice, JICJ 11 (2013), 505; *Meisenberg*, Die Verfahrens- und Beweisregeln der Kosovo Specialist Chambers, ZIS 2017, 746; *Meron*, Cetennial Essay: Reflections on the Prosecution of War Crimes by International Tribunals, AJIL 100 (2006), 551; *Mphepo*, The Residual Special Court for Sierra Leone. Rationale and Challenges, ICLR 14 (2014), 177; *Muharremi*, The Kosovo Specialist Chambers and Specialist Prosecutor's Office, ZaöRV 2016, 967; *ders.* The Concept of Hybrid Courts Revisited: The Case of Kosovo Specialist Chambers, ICLR 18 (2018), 623; *Neubacher*, Kriminalität der Mächtigen vor Internationalen Strafgerichte: Was

---

95 Ausnahmen bilden hier das STL, das aus Sicherheitsgründen in Leidschendam in den Niederlanden sitzt, und das Verfahren gegen *Charles Taylor* vor dem SCSL, das in Den Haag stattfand.
96 Zur Frage, inwieweit hybride Tribunale für die Ziele des Völkerstrafrechts Erfolg versprechend sind, vgl. *Mendez* CLF 20 (2009), 53.

heißt hier kriminell?, in: Rotsch ua (Hrsg.), FS Ostendorf, S. 653 ff.; *Rautenberg*, In Memoriam Nürnberger Juristenprozess: Die Auseinandersetzung mit dem NS-Justizunrecht in den beiden deutschen Teilstaaten, GA 2012, 33; *Ruhs*, Hybride Tribunale, rescriptum 2012, 46; *Schomburg*, Die Ad-hoc-Strafgerichtshöfe für das ehemalige Jugoslawien und Ruanda – Ihre immanenten Grenzen auf der Suche nach der Wahrheit, Betrifft Justiz 2009, 108; *Stahn,* Daedalus or Icarus? Footprints of International Criminal Justice Over a Quarter of a Century, ZaöRV 2017, 371; *Swoboda*, Didaktische Dimensionen internationaler Strafverfahren – dargestellt am Beispiel der UN ad hoc-Tribunale, ZIS 2010, 100.

§ 14 Der Internationale Strafgerichtshof (IStGH)

▶ **FALL 30:** Der politisch einflussreiche General G des Staates M, welcher Vertragsstaat des IStGH-Statuts ist, steht im Verdacht, für Verbrechen gegen die Menschlichkeit, die im Jahr 2010 in seinem Land verübt worden sind, (mit-)verantwortlich zu sein.

a) Gegen G werden seitens der nationalen Strafverfolgungsbehörden Ermittlungen – allerdings höchst zögerlich – betrieben. Nach fünf Jahren ist es immer noch zu keiner konkreten Entscheidung in dem Verfahren gekommen.

b) Nach einem kurzen Strafverfahren wird G von einem Strafgericht des Staates M aufgrund der entsprechenden Vorgänge wegen Beihilfe zur Körperverletzung und fahrlässiger Tötung verurteilt. Die verhängte einjährige Freiheitsstrafe wird zur Bewährung ausgesetzt.

Erste Ermittlungen lassen die Chefanklägerin des IStGH zu der Ansicht gelangen, dass G (in beiden Fallvarianten) vor den Internationalen Strafgerichtshof zu stellen ist. Sie möchte ihre Ermittlungen fortsetzen. Ist ihr dies ohne Weiteres möglich? (dazu Rn. 24, 39) ◀

Die Militärgerichtshöfe von Nürnberg und Tokio sahen sich vielfach dem Vorwurf der „Siegerjustiz" (→ § 13 Rn. 11) ausgesetzt. Die in jüngerer Zeit durch Beschlüsse des UN-Sicherheitsrats *ad hoc* etablierten Tribunale (ICTY, ICTR) blieben ebenfalls nicht von Kritik verschont. Insoweit wurde darauf verwiesen, dass der UN-Sicherheitsrat durch die Einrichtung von *Ad-hoc*-Gerichtshöfen seine Kompetenzen überschritten habe (*ultra vires*).[1] Überdies wurde und wird kritisiert, dass durch die internationale *Ad-hoc*-Strafgerichtsbarkeit eine nur äußerst selektive Strafverfolgung völkerrechtlicher Verbrechen erreicht werde.[2] Nicht zuletzt als Reaktion auf diese Kritik wurde der Prozess der Schaffung eines ständigen **Internationalen Strafgerichtshofs (IStGH)** in Den Haag beschleunigt. Mit dem IStGH soll die nationale Strafverfolgung sinnvoll durch eine effektive und unparteiische Gerichtsinstanz auf internationaler Ebene ergänzt werden. Daraufhin wurden Vorbereitungsausschüsse (*Ad-hoc-Committee, Preparatory Committee*) eingesetzt, die auf der Grundlage des *ILC Draft Statute* von 1994[3] den Entwurf eines Statuts für einen Internationalen Strafgerichtshof (*Draft Statute for the International Criminal Court*)[4] ausarbeiteten. Nach diesen Vorarbeiten in den unterschiedlichen Gremien der UN kamen die Beratungen so weit voran, dass die UN-Generalversammlung im Dezember 1997 beschloss, vom 15. Juni bis 17. Juli 1998 eine Diplomatische Bevollmächtigtenkonferenz in Rom abzuhalten.[5] An dieser Konferenz waren 160 Staaten, 17 zwischenstaatliche Organisationen sowie 250 Nichtregierungsorganisationen (NGOs) beteiligt. Nach zähen und langwierigen Verhandlungen wurde am 17. Juli 1998 in buchstäblich letzter Sekunde das **Römische Statut des Internationalen Strafgerichtshofs**[6] (Rom-Statut oder IStGH-Statut) angenommen und so der Grundstein für das erste unabhängige ständige Strafgericht der internationalen Staatengemeinschaft gelegt. 120 Staaten hatten für den Text gestimmt, sieben dagegen, 21

---

1 Vgl. *Alvarez*, EJIL 7 (1996), 245; *Cassese/Gaeta/Jones-Crawford*, Rome Statute, S. 25.
2 Vgl. zum Ganzen *Ahlbrecht*, Geschichte, S. 73 ff., 330 ff.
3 Draft Statute for an International Criminal Court with commentaries, 22.7.1994, Yearbook of the International Law Commission, 1994, Bd. II, Teil 2, S. 26–74; dazu → § 13 Rn. 17.
4 Draft Statute for the International Criminal Court and Draft Final Act, UN Doc./A/CONF.183/2/Add.1, 14.4.1998.
5 UN General Assembly Resolution, Establishment of an International Criminal Court, A/RES/52/160, 28.1.1998.
6 Rome Statute of the International Criminal Court, Rom, 17.7.1998, UNTS, Bd. 2187, Nr. 38544, S. 3, BGBl. 2000 II, S. 1394 (Sartorius II, Nr. 35).

Staaten hatten sich enthalten.[7] Abgelehnt wurde das Statut von einer ungewöhnlichen „Koalition", bestehend aus China, Irak, Israel, Jemen, Katar, Libyen und den USA.

Die Bundesrepublik Deutschland hat das Römische Statut am 10. Dezember 1998 unterzeichnet und am 11. Dezember 2000 als 25. Vertragsstaat ratifiziert (dazu → § 17 Rn. 1 ff.).

3 Voraussetzung für das Inkrafttreten des IStGH-Statuts war dessen völkerrechtlich bindende Annahme durch mindestens 60 Staaten (Art. 126 IStGH-Statut). Diese Zahl wurde – deutlich früher als erwartet – bereits am 11. April 2002 erreicht, so dass das IStGH-Statut bereits am 1. Juli 2002 in Kraft treten konnte. Die aus den Mitgliedstaaten bestehende und als Legislativorgan wirkende Vertragsstaatenversammlung (*Assembly of States Parties*) besteht – nach dem Beitritt Kiribatis am 26. November 2019 – nun aus 123 Staaten.[8]

I. Struktur des Statuts

4 Das Statut setzt sich aus einer Präambel und 13 Teilen zusammen, die insgesamt 128 Artikel umfassen. Die folgende Auflistung soll einen Überblick über seine Struktur geben:

1. Teil:	Errichtung des Gerichtshofs	(Art. 1–4)
2. Teil:	Zuständigkeit, Zulässigkeit und anwendbares Recht	(Art. 5–21)
3. Teil:	Allgemeine Grundsätze des Strafrechts	(Art. 22–33)
4. Teil:	Zusammensetzung und Verwaltung des Gerichtshofs	(Art. 34–52)
5. Teil:	Ermittlungen und Strafverfolgung	(Art. 53–61)
6. Teil:	Hauptverfahren	(Art. 62–76)
7. Teil:	Strafen	(Art. 77–80)
8. Teil:	Rechtsmittel und Wiederaufnahme	(Art. 81–85)
9. Teil:	Internationale Zusammenarbeit und Rechtshilfe	(Art. 86–102)
10. Teil:	Vollstreckung	(Art. 103–111)
11. Teil:	Vertragsstaatenversammlung	(Art. 112)
12. Teil:	Finanzierung	(Art. 113–118)
13. Teil:	Schlussbestimmungen	(Art. 119–128)

---

[7] Die gem. Art. 9 II WVRK = Vienna Convention on the Law of Treaties, Wien, 23.5.1969, UNTS, Bd. 1155, Nr. 18232, S. 331, BGBl. 1985 II, S. 926 (Sartorius II, Nr. 320) erforderliche Zweidrittelmehrheit wurde so erreicht.
[8] Eine Liste der Vertragsstaaten ist verfügbar unter http://asp.icc-cpi.int/en_menus/asp/states%20parties/pages/the%20states%20parties%20to%20the%20rome%20statute.aspx (Stand 1/20).

II. Funktion des Gerichts

Die entscheidende Funktion des IStGH besteht darin, Individuen für Verbrechen zur Verantwortung zu ziehen, die wegen ihrer Schwere und aufgrund ihrer Begehung im Rahmen eines ganzen Verbrechenskomplexes nicht nur die unmittelbaren Opfer selbst, sondern die **internationale Gemeinschaft als solche** berühren.[9]

Inwiefern die jeweilige Tat eines Einzelnen im zwischenstaatlichen Bereich auch einem Staat als Völkerrechtsverstoß und damit als völkerrechtliches Delikt (dazu → § 12 Rn. 10 f.) zugerechnet werden kann, ist keine Frage, die in die Zuständigkeit des IStGH fällt.[10] Für völkerrechtliche Streitigkeiten im Hinblick auf die Staatenverantwortlichkeit kann die Zuständigkeit des – vom IStGH streng zu unterscheidenden – Internationalen Gerichtshofs (IGH) begründet sein, der seinen Sitz ebenfalls in Den Haag hat.

III. Zuständigkeit

1. Persönliche Zuständigkeit

Das Statut sieht nur die Strafbarkeit natürlicher Personen vor (Zuständigkeit *ratione personae*, vgl. Art. 25 I IStGH-Statut).[11] Der Vorschlag Frankreichs, auch juristische Personen des Privatrechts und Personenvereinigungen mit einzubeziehen, konnte sich nicht durchsetzen. Unberührt bleibt allerdings – wie bereits gesehen – die völkerrechtliche Staatenverantwortlichkeit (vgl. Art. 25 IV IStGH-Statut). Das Strafmündigkeitsalter wird in Art. 26 IStGH-Statut auf 18 Jahre festgelegt. Damit sollte freilich keine prinzipielle Festlegung eines völkerrechtlichen Strafmündigkeitsalters erfolgen, die Begrenzung auf Täter ab 18 Jahren hat vielmehr den ganz pragmatischen Hintergrund, dass eine Einigung der Konferenzteilnehmer über ein Jugendvölkerstrafrecht in der Kürze der Zeit illusorisch gewesen wäre.[12] Das Statut folgt dabei einer „eleganten" Lösung, indem es die Strafbarkeit von Minderjährigen nicht grundsätzlich ausschließt, sondern lediglich die **Gerichtsbarkeit des IStGH** auf Täter ab 18 Jahren beschränkt.[13]

Immunitäten nach staatlichem Recht (zB in Deutschland für Bundestagsabgeordnete, vgl. Art. 46 II GG) hindern den IStGH nicht an der Ausübung seiner Gerichtsbarkeit; sie sind gem. Art. 27 IStGH-Statut unbeachtlich. Auch die amtliche Eigenschaft als Staats- oder Regierungschef enthebt demnach eine Person nicht von der strafrechtlichen Verantwortlichkeit und stellt auch keinen Strafmilderungsgrund dar, wie Art. 27 I IStGH-Statut deutlich herausstellt.[14]

---

[9] Vgl. Abs. 4 der Präambel des IStGH-Statuts; dazu ausf. Triffterer/Ambos-*Triffterer*, Rome Statute, preamble Rn. 12 ff.
[10] *Seidel/Stahn* Jura 1999, 14 (15).
[11] Dazu und zum Begriff des „Schuldgrundsatzes" *Gleß*, Int. Strafrecht, Rn. 689 ff.
[12] *Kreß* HuV-I 1999, 4 (5).
[13] Demgegenüber dürfen zB vor dem SCSL (dazu → § 13 Rn. 31) gem. Art. 7 SCSL-Statut sogar Jugendliche im Alter von 15 bis 18 Jahren angeklagt werden, was in der Praxis jedoch noch nicht vorgekommen ist, näher dazu *Ruhs* rescriptum 2012, 46, 51.
[14] Vgl. zur Immunität → § 15 Rn. 45 ff.

2. Sachliche Zuständigkeit

8 Die sachliche Zuständigkeit des IStGH (Zuständigkeit *ratione materiae*) ist auf vier besonders schwere Kernverbrechen (*core crimes*) beschränkt, welche die gesamte Staatengemeinschaft betreffen:[15]

- Völkermord,
- Verbrechen gegen die Menschlichkeit,
- Kriegsverbrechen,
- Verbrechen der Aggression.

Das Statut des IStGH löst diese Verbrechenskomplexe in nahezu 70 einzelne strafbare Handlungen auf. Hervorzuheben ist hier, dass die Regelung der Straftatbestände in Form von **Zuständigkeitsvorschriften** erfolgt. Dies ergibt sich va aus Art. 5 I 2 IStGH-Statut, welcher besagt, dass sich die Gerichtsbarkeit (*jurisdiction*) des IStGH auf die oben genannten Verbrechenstatbestände erstreckt.[16]

Über das Verbrechen der Aggression kann der IStGH seine Gerichtsbarkeit erst seit 17. Juli 2018 ausüben, da man sich zunächst auf der Konferenz in Rom 1998 nicht auf eine Formulierung des Tatbestands einigen konnte. Der sodann im Jahr 2010 von der *Review Conference* in Kampala gefundene Definitionskompromiss wurde im Dezember 2017 durch Resolution der Vertragsstaatenversammlung mit Wirkung zum 17. Juli 2018 aktiviert (→ § 16 Rn. 80 ff.).

3. Örtliche Zuständigkeit bzw. Anknüpfungspunkt

9 Versteht man die oben genannten Straftatbestände in dem Sinn, dass sie allesamt Rechtsgüter schützen, die der gesamten Staatengemeinschaft zustehen, wäre der logische Anknüpfungspunkt für die örtliche Zuständigkeit das Universalitäts- oder Weltrechtsprinzip[17] gewesen. Dies hätte allerdings bedeutet, dass sich der IStGH auch mit solchen Taten hätte befassen dürfen, die auf dem Territorium eines Nicht-Mitgliedstaates von einem Staatsangehörigen eines Nicht-Mitgliedstaates gegenüber einem Staatsangehörigen eines Nicht-Mitgliedstaates begangen wurden. Diese an sich konsequente Inkorporierung des Universalitätsprinzips konnte sich gegenüber Souveränitätserwägungen letztlich aber nicht durchsetzen.

Gem. Art. 12 II IStGH-Statut ist der IStGH daher nur für solche Taten zuständig, die im Hoheitsgebiet eines Vertragsstaates (Territorialitätsprinzip) vorgefallen sind oder von Staatsangehörigen eines Vertragsstaates (aktives Personalitätsprinzip) begangen wurden. Die Implementierung des Individualschutzprinzips war auf der Staatenkonferenz ebenso wenig durchsetzbar wie der Weltrechtsgrundsatz. Immerhin kann aber durch die Implementierung des Territorialitätsprinzips grds. auch ein Staatsangehöriger eines Nicht-Mitgliedstaates unter die Gerichtsbarkeit des IStGH fallen – eine Möglichkeit, welche die Verhandlungsführer der USA während der Rom-Konferenz vehement bekämpft hatten.[18] Die Reduktion der Anknüpfungspunkte auf das aktive Personalitätsprinzip und das Territorialitätsprinzip führt im Ergebnis aber dazu, dass insbe-

---

15 Vgl. dazu *Esser*, Eur. und Int. Strafrecht, § 21 Rn. 12.
16 Dass bei der Beurteilung der Zuständigkeit *ratione materiae* hohe Maßstäbe angelegt werden müssen, zeigt die abweichende Meinung von Richter *Kaul*, IStGH (PTC II), Prosecutor v. Ruto and Sang, Decision on the Prosecutor's. application for summons to appear, ICC-01/09–01/11–2, 15.3.2011, Rn. 6.
17 Dazu und zu den im Folgenden genannten Prinzipien → § 4 Rn. 4 ff. sowie → § 17 Rn. 38 f.
18 Zur generellen Beziehung zwischen dem IStGH und den USA, vgl. *Amann/Sellers*, AJCL 50 (2002), 381.

sondere Völkerrechtsverbrechen, die von einem Regime in einem Nicht-Mitgliedstaat an der eigenen Bevölkerung begangen werden, nicht von der Gerichtsbarkeit des IStGH erfasst werden.

Ein Nicht-Mitgliedstaat kann gem. Art. 12 III IStGH-Statut die Zuständigkeit des IStGH *ad hoc* auch anerkennen, ohne gleichzeitig Vertragspartei werden zu müssen, sog. opt-in-Klausel. Die *Ad-hoc*-Anerkennung nach Art. 12 III IStGH-Statut ermöglicht es Staaten, die bisher noch nicht Mitglied des IStGH-Statuts waren, Ermittlungen durch den IStGH zu ermöglichen. Dies kann insbesondere dann von Bedeutung sein, wenn ein vormals von einer Diktatur beherrschter Staat, dessen ehemalige Staatsführung einen Beitritt zum Statut abgelehnt hatte, nun eben diese vor den IStGH stellen möchte.[19] Hier reicht die einfache Erklärung des betreffenden Staates aus, um die örtliche Zuständigkeit des IStGH zu eröffnen. Die erste *Ad-hoc*-Anerkennung erfolgte durch Côte d'Ivoire am 18. April 2003.[20]

10

4. Zeitliche Zuständigkeit

Die Zuständigkeit beschränkt sich in zeitlicher Hinsicht (Zuständigkeit *ratione temporis*) gem. Art. 11 IStGH-Statut auf solche Verbrechen, die nach Inkrafttreten des Statuts (1. Juli 2002) begangen wurden und werden. Wird ein Staat nach diesem Zeitpunkt Vertragspartei, darf der IStGH seine Gerichtsbarkeit konsequenterweise ebenfalls nur hinsichtlich solcher Verbrechen ausüben, die nach dem Inkrafttreten des Statuts für diesen Staat begangen worden sind.

11

Etwas anderes gilt nur dann, wenn der Vertragsstaat beim Kanzler des IStGH eine Erklärung hinterlegt, wonach der IStGH im Verhältnis zu ihm seine Gerichtsbarkeit auch hinsichtlich früherer Straftaten, jedoch nicht vor den 1. Juli 2002 zurückgehend, ausüben darf (Art. 11 II, 12 III IStGH-Statut).

IV. Auslösung des Tätigwerdens des Gerichts (*trigger mechanisms*)

Das Tätigwerden des Gerichts wird nicht schon automatisch durch seine bloße Zuständigkeit ausgelöst. Erforderlich ist vielmehr, dass einer der in Art. 13 IStGH-Statut genannten drei Auslösemechanismen betätigt wird, sog. *trigger mechanisms*.[21]

12

Anders als im deutschen Strafprozess untersucht der IStGH nicht von vornherein nur eine oder mehrere bestimmte Taten oder Fälle. Vielmehr beziehen sich die *trigger mechanisms* immer auf eine **Situation**. Unter einer Situation versteht man die Gesamtheit aller rechtlichen und tatsächlichen Geschehnisse in einem Land, die für denjenigen, der das Tätigwerden des IStGH in Gang setzen möchte, den Verdacht begründen, dass Verbrechen iSd IStGH-Statuts begangen wurden. Hat der IStGH seine Ermittlungen aufgenommen, werden diese Geschehnisse geographisch, zeitlich und persönlich, dh bzgl. der potenziellen Täter und Opfer, umfassend untersucht.[22] Hieraus ergeben sich dann

---

19 Vgl. hierzu *Ntanda Nsereko*, CLF 10 (1999), 87 (106).
20 Siehe http://www.icc-cpi.int/NR/rdonlyres/CBE1F16B-5712-4452-87E7-4FDDE5DD70D9/279779/ICDE.pdf (Stand 1/20); bzgl. einer weitergehenden rechtlichen Analyse des Art. 12 III IStGH-Statut im Kontext der *Ad-hoc*-Anerkennung Palästinas *Dürr/von Maltitz* ZStW 125 (2014), 907.
21 Vgl. zum gesamten Themenkomplex auch die ausf. Darstellung bei *Olásolo*, The Triggering Procedure.
22 Vgl. IStGH (PTC I), Situation in the Democratic Republic of the Congo, Decision on the applications for participation in the proceedings of VPRS-1, VPRS-2, VPRS-3, VPRS-4, VPRS-5, VPRS-6, ICC-01/04–101-tEN-Corr, 17.1.2006, Rn. 65.

ein oder mehrere konkrete **Fälle**, die jeweils getrennt zur Anklage gebracht werden und alleiniger Gegenstand des Verfahrens sind.[23]

Eine ausführliche Übersicht über die bisher untersuchten Situationen, deren Hintergründe, die Art der Befassung des IStGH mit diesen Situationen sowie die in den einzelnen Fällen Beschuldigten und den Stand ihres Verfahrens findet sich im Anhang nach § 17 dieses Lehrbuchs.

1. Staatenbeschwerde

13 Bei der Staatenbeschwerde (*state referral*) überweist ein Vertragsstaat der Chefanklägerin eine bestimmte Situation mit der Bitte, er möge untersuchen, ob Verbrechen, die der Gerichtsbarkeit des IStGH unterliegen, von bestimmten Personen begangen wurden (Art. 13 lit. a, 14 IStGH-Statut). Die mit diesem Verfahren verbundene Gefahr erheblicher bilateraler diplomatischer Verwicklungen bedingt, dass die Staatenbeschwerde in der Praxis des IStGH selten zur Anwendung kommt. Dies zeigt nicht zuletzt auch die Erfahrung mit ähnlichen Instrumenten im Rahmen der EU (vgl. Art. 259 AEUV) oder der EMRK (vgl. Art. 33 EMRK), die kaum von den Vertragsstaaten in Anspruch genommen wurden.[24]

BEISPIELE: Im Mai 2013 überwiesen die Komoren eine Situation, welche sich auf eine unter komorischer wie auch griechischer und kambodschanischer Flagge fahrende Hilfs-Flottille nach Gaza bezog. Die Überweisung ist teils als Selbstüberweisung, teils als Staatenüberweisung zu kennzeichnen.[25] Eine weitere Staatenüberweisung erfolgte im September 2018 bezüglich der Situation in Venezuela durch eine Gruppe amerikanischer Staaten. Bezüglich beider Situationen sind bisher (noch) keine formellen Ermittlungen eingeleitet worden.

Größere Relevanz hat die Staatenbeschwerde allerdings in den Fällen, in denen ein Staat eine Situation, die sein eigenes Land betrifft, dem Ankläger zur Untersuchung unterbreitet. Diese sog. *self referrals* spielten bei den Verhandlungen über das Statut kaum eine Rolle;[26] die Realität zeigt nun, dass es sich hierbei allerdings um ein zentrales Instrument handelt, um ein Tätigwerden des IStGH auszulösen.[27]

BEISPIELE: Fünf formelle Ermittlungen von Situationen wurden bisher aufgrund von Staatenbeschwerden in Form von *self referrals* eingeleitet. Das erste *self referral* erfolgte im Dezember 2003 durch den **ugandischen** Präsidenten *Museveni*.[28] Im März 2004 folgte die **Demokratische Republik Kongo**. In dieser Situation wurde im März 2012 *Thomas Lubanga Dyilo* zu einer Freiheitsstrafe von 14 Jahren verurteilt.[29] Eine Berufung hiergegen blieb er-

---

23 Vgl. *Olásolo*, ICLR 5 (2005), 121 (125 f.); *Rastan*, CLF 19 (2008), 435; zur Differenzierung zwischen „*Situation*" und „*Case*" s. auch die unterschiedlichen Formulierungen in Art. 13 und 17 IStGH-Statut.
24 *Hoffmeister/Knoke* ZaöRV 1999, 785 (793); zur vernachlässigbaren praktischen Bedeutung des durch einen EU-Mitgliedstaat initiierten Vertragsverletzungsverfahrens nach Art. 259 AEUV s. nur Streinz-*Ehricke*, AEUV Art. 259 Rn. 3; zur geringen Bedeutung der Staatenbeschwerde nach Art. 33 EMRK neben der Individualbeschwerde → § 11 Rn. 120 ff. sowie *Peters/Altwicker*, EMRK, § 36 Rn. 1.
25 Bezüglich der Entwicklung der Rechtsprechung zur Ablehnung formeller Ermittlungen in der Situation der Gaza-Flottille, https://opiniojuris.org/2019/10/29/third-time-lucky-icc-appeals-chamber-directs-prosecutor-to-proceed-mavi-marmara-incident-for-a-third-time/ (Stand 1/20).
26 Vgl. *Schabas*, ICC, S. 164; diskutiert wurden *self referrals* in Rom allerdings wohl schon, vgl. *Robinson*, JICJ 9 (2011), 355, 361 ff.
27 Zum Thema der *self referrals* s. *Kreß*, JICJ 2 (2004), 944; *Schabas*, Introduction, S. 164 f.
28 Zur Situation Uganda vgl. *Apuuli*, CLF 15 (2004), 391; *Zeidy*, ICLR 5 (2005), 83.
29 IStGH (TC I), Prosecutor v. Lubanga, Judgment pursuant to Article 74 of the Statute, ICC-01/04–01/06–2842, 14.3.2012; IStGH (TC I), Prosecutor v. Lubanga, Decision on sentence pursuant to Article 76 of the Statute, ICC-01/04–01/06–2901, 10.7.2012; s. dazu *Barthe* JZ 2013, 88 und *Stahn*, JICJ 12 (2014), 809.

folglos.[30] Im März 2014 folgte die Verurteilung *Germain Katangas* zu einer Freiheitsstrafe von 12 Jahren.[31] *Mathieu Ngudjolo Chui* hingegen wurde im Dezember 2012 von allen Anklagepunkten freigesprochen,[32] was von der Rechtsmittelkammer bestätigt wurde.[33] Ein erstinstanzliches Urteil zu einer Freiheitsstrafe von 30 Jahren erging zudem im Juli 2019 gegen *Bosco Ntaganda*.[34] Des Weiteren überwies die **Zentralafrikanische Republik** zwei voneinander unabhängige Situationen im Januar 2005 und im Mai 2014 an den IStGH. Die Ermittlungen bzgl. der ersten Situation ergaben ein Verfahren gegen *Jean-Pierre Bemba Gombo*, der im März 2016 zu einer Freiheitsstrafe von 18 Jahren verurteilt wurde.[35] In einer umstrittenen Entscheidung hob die Rechtsmittelkammer dieses Urteil allerdings im Juni 2018 wieder auf und sprach *Jean-Pierre Bemba Gombo* von allen Anklagepunkten frei.[36] Außerdem wurden *Jean-Pierre Bemba Gombo*, sein ehemaliger *Lead Counsel Aimé Kilolo Musamba*, sein ehemaliger *Case Manager Jean-Jacques Mangenda Kabongo* sowie *Fidele Babala Wandu* und *Narcisse Arido* im Oktober 2016 wegen Straftaten gegen die Justizpflege im Rahmen des Hauptverfahrens gegen *Jean-Pierre Bemba Gombo* verurteilt.[37] In der Situation der **Republik Mali** führten Ermittlungen, die auf einem im Juli 2012 getätigten *self referral* beruhen, zur Verurteilung von *Ahmad Al Faqi Al Mahdi* zu neun Jahren Freiheitsstrafe im September 2016. Das Urteil folgte dem ersten Schuldgeständnis vor dem IStGH (*admission of guilt*).[38]

Da das IStGH-Statut die Selbstüberweisung nicht explizit vorsieht, war anfangs umstritten, ob diese von Art. 13 lit. a des Statuts überhaupt gedeckt ist.[39] Dagegen lässt sich zwar anführen, dass zumindest dann, wenn das Rechtssystem des überweisenden Staates einigermaßen intakt ist, eine Aufarbeitung auf nationaler Ebene zu dessen Stärkung beitragen würde; zudem könnten *self referrals* dem betroffenen Staat einen billigen und einfachen Ausweg aus der eigenen Verpflichtung ermöglichen.[40] Andererseits ist die Konstellation im Kontext der Komplementaritätsregelung des Art. 17 IStGH-Statut zu sehen. Danach begründet der fehlende Wille bzw. die fehlende Möglichkeit, die Strafverfolgung auf nationaler Ebene ernsthaft durchzuführen, gerade die Zulässigkeit der Ausübung der Gerichtsbarkeit des IStGH.[41] Die Vorverfahrenskammer I hat

14

---

30 IStGH (AC), Prosecutor v. Lubanga, Judgment on the appeal of Mr Thomas Lubanga Dyilo against the "Decision on sentence pursuant to Article 76 of the Statute", ICC-01/04–01/06–3122, 1.12.2014.
31 IStGH (TC II), Prosecutor v. Katanga, Judgment pursuant to article 74 of the Statute, ICC-01/04–01/07–3436-tENG, 7.3.2014; IStGH (TC II), Prosecutor v. Katanga, Decision on sentence pursuant to article 76 of the Statute, ICC-01/04–01/07–3484-tENG, 23.5.2014; vgl. auch *Stahn*, JICJ 12 (2014), 809.
32 IStGH (TC II), Prosecutor v. Ngudjolo, Judgment pursuant to article 74 of the Statute, ICC-01/04–02/12–3-tENG, 18.12.2012.
33 IStGH (AC), Prosecutor v. Ngudjolo, Judgment on the Prosecutor's appeal against the decision of Trial Chamber II entitled "Judgment pursuant to article 74 of the Statute", ICC-01/04–02/12–271, 27.2.2015.
34 IStGH (TC VI), Prosecutor v. Ntaganda, Judgment, ICC-01/04–02/06–2359, 8.7.2019 und IStGH (TC VI), Prosecutor v. Ntaganda, Sentencing judgment, ICC-01/04–02/06–2442, 7.11.2019.
35 IStGH (TC III), Prosecutor v. Bemba, Judgment pursuant to article 74 of the Statute, ICC-01/05–01/08–3343, 21.3.2016; IStGH (TC III), Prosecutor v. Bemba, Decision on sentence pursuant to article 76 of the Statute, ICC-01/05–01/08–3399, 21.6.2016.
36 IStGH (AC), Prosecutor v. Bemba, Judgment on the appeal of Mr Jean-Pierre Bemba Gombo against Trial Chamber III's "Judgment pursuant to Article 74 of the Statute", ICC-01/05–01/08–3636-Red, 8.6.2018; siehe hierzu auch *von Maltitz* ORIL, ICL 1849 (ICC 2018).
37 IStGH (TC VII), Prosecutor v. Bemba et al., Judgment pursuant to article 74 of the Statute, ICC-01/05–01/13–1989-Red, 19.10.2016; IStGH (TC VII), Prosecutor v. Bemba et al., Decision on sentence pursuant to article 76 of the Statute, ICC-01/05–01/13–2123-Corr, 22.3.2017.
38 IStGH (TC VIII), Prosecutor v. Al Mahdi, Judgment and sentence, ICC-01/12–01/15–171, 27.9.2016.
39 Vgl. *Robinson*, JICJ 9 (2011), 355.
40 *Burke-White*, Harvard Int.L.J. 49 (2008), 53, 62 f.; *Jurdi*, ICLR 10 (2010), 73, 95 f.
41 *Schabas*, Introduction, S. 164; dennoch bleibt zumindest im Falle des fehlenden Willens (s. Art. 17 IStGH-Statut: „nicht willens") ein gewisser Widerspruch bestehen, da ein Staat, der selbst eine Situation an den IStGH überweist, ja gerade hierdurch dokumentiert, dass er eine Aufarbeitung der Geschehnisse wünscht, *Jurdi*, ICLR 10 (2010), 73, 78.

mittlerweile *self referrals* als mit dem IStGH-Statut vereinbar erachtet,[42] was zu begrüßen ist.

Staatenbeschwerden führen indes nicht automatisch zur Eröffnung formeller Ermittlungen einer Situation. Eine solche erfolgt gem. Art. 53 I IStGH-Statut insbesondere dann nicht, wenn die Chefanklägerin hierfür – nach kritischer Prüfung – keine hinreichende Grundlage erkennt.[43]

2. Eigenständige Ermittlungen der Chefanklägerin

15 Die Chefanklägerin kann selbst **von Amts wegen** Untersuchungen einleiten (sog. *Proprio-motu*-Ermittlungen, Art. 13 lit. c, 15 I IStGH-Statut). Die Einführung dieser Möglichkeit konnte sich erst während der Rom-Konferenz gegen den teilweise heftigen Widerstand der dem Gerichtshof mit Skepsis gegenüberstehenden Staaten durchsetzen. Im Gegenzug wurde die Eröffnung der eigenständigen Ermittlungen des Anklägers an die Genehmigung durch die Vorverfahrenskammer des IStGH gekoppelt: Diese prüft gem. Art. 15 IV IStGH-Statut, ob eine hinreichende Grundlage für die Aufnahme von Ermittlungen besteht und die Sache unter die Gerichtsbarkeit des IStGH fällt.

BEISPIELE: Am 26. November 2009 beantragte der damalige Chefankläger *Luis Moreno Ocampo* die Aufnahme formeller Ermittlungen in der Situation **Kenia**,[44] welche am 31. März 2010 durch die Vorverfahrenskammer II bestätigt wurden.[45] Die Ermittlungen führten insbesondere zu zwei vielbeachteten Verfahren gegen den amtierenden Präsidenten von Kenia, *Uhuru Muigai Kenyatta*, und seinen Stellvertreter, *William Samoei Ruto*. Die Fälle in der Situation Kenia waren für den IStGH besonders misslich, da sie zu ernstzunehmenden politischen Verwerfungen mit einigen afrikanischen Staaten führten. Aufgrund des Fehlens ausreichender Beweise mussten die Verfahren gegen *Kenyatta* und *Ruto* letztendlich sogar eingestellt werden.[46] Die Chefanklägerin brachte diesbezüglich vor, dass Kenias Widerwille zu voller Kooperation mit dem Gericht für diese Entwicklung maßgeblich beigetragen habe (dazu → Rn. 40).[47] Ferner beantragte der ehemalige Chefankläger *Ocampo Proprio-motu*-Ermittlungen bezüglich der gewalttätigen Auseinandersetzungen in **Côte d'Ivoire**

---

42 IStGH (PTC I), Prosecutor v. Lubanga, Decision concerning Pre-Trial Chamber I's Decision of 10 February 2006 and the incorporation of documents into the record of the case against Mr Thomas Lubanga Dyilo, ICC-01/04–01/06–8-Corr, 24.2.2006, Rn. 35; s. auch *Werle/Jeßberger*, Völkerstrafrecht, Rn. 358 ff.; krit. zur rechtlichen Zulässigkeit und der extensiven Anwendung des Instituts der *self referrals Müller/Stegmiller*, JICJ 8 (2010), 1267.
43 IStGH (OTP), Policy Paper on Preliminary Examinations, November 2013, Rn. 76; verfügbar unter https://www.legal-tools.org/doc/acb906/ (Stand 1/20).
44 IStGH (OTP), Situation in the Republic of Kenya, Request for authorisation of an investigation pursuant to Article 15, ICC-01/09–3, 26.11.2009.
45 IStGH (PTC II), Sitaution in the Republic of Kenya, Decision pursuant to Article 15 of the Rome Statute on the authorization of an investigation into the situation in the Republic of Kenya, ICC-01/09–19, 31.3.2010.
46 Zum Rückzug der Anklage im Fall *Kenyatta*, vgl. IStGH (OTP), Prosecutor v. Kenyatta, Notice of withdrawal of the charges against Uhuru Muigai Kenyatta, ICC-01/09–02/11–983, 5.12.2014; IStGH (TC Vb), Prosecutor v. Kenyatta, Decision on the withdrawal of charges against Mr Kenyatta, ICC-01/09–02/11–1005, 13.3.2015; vgl. zur Einstellung der Fälle *Ruto* und *Sang*, die dem „No Case to Answer"-Antrag der Verteidigung mit Verweis auf Zeugenbestechung und politische Einflussnahme folgt, IStGH (TC Va), Prosecutor v. Ruto and Sang, Decision on the Defence applications for judgments of acquittal, ICC-01/09–02/11–2027-Red-Corr, 5.4.2016.
47 Vgl. die Stellungnahme der Chefanklägerin bzgl. der Einstellung des Verfahrens gegen *Kenyatta*, verfügbar unter https://www.icc-cpi.int/Pages/item.aspx?name=otp-statement-05-12-2014-2 (Stand 1/20) und die Stellungnahme bzgl. der Einstellung des Falles *Ruto* und *Sang*, verfügbar unter https://www.icc-cpi.int/Pages/item.aspx?name=otp-stat-160406 (Stand 1/20); für eine detaillierte Analyse der Kenia-Fälle, vgl. *Helfer/Showalter*, JICJ 17 (2017), 1.

nach den Präsidentschaftswahlen Ende 2010,[48] welche von der Vorverfahrenskammer III am 3. Oktober 2011 bestätigt wurden.[49] Damals handelte es sich bei Côte d'Ivoire noch nicht um einen Mitgliedstaat des Statuts, vielmehr hatte die Regierung am 18. April 2003 eine *Opt-in*-Erklärung nach Art. 12 III IStGH-Statut abgegeben. Côte d'Ivoire ratifizierte das Statut am 15. Februar 2013. Das erste Verfahren in der Situation Côte d'Ivoire wurde gegen den früheren Präsidenten *Laurent Gbagbo* und den Jugendführer *Charles Blé Goudé* am 28. Januar 2016 eröffnet,[50] ein Freispruch beider Angeklagter erfolgte am 15. Januar 2019.[51] Am 27. Januar 2016 genehmigte die Vorverfahrenskammer I die Einleitung von Ermittlungen der Chefanklägerin bzgl. der Situation in **Georgien**,[52] welche diese am 17. November 2015 beantragt hatte.[53] Die Situation Georgien stellt die erste Situation außerhalb des afrikanischen Kontinents dar. Der zunächst unter Verschluss gehaltene Antrag der Chefanklägerin vom 5. September 2017, formelle Ermittlungen in der Situation **Burundi** aufzunehmen, wurde durch die Vorverfahrenskammer III am 25. Oktober 2017 bestätigt.[54] Seitdem ermittelt die Anklagebehörde bezüglich Verbrechen gegen die Menschlichkeit, die mutmaßlich zwischen 26. April 2015 und 26. Oktober 2017 begangen wurden. Politisch besonders brisant, jedoch angesichts des begrenzten zeitlichen Rahmens der Situation mit dem IStGH-Statut vereinbar, erscheinen die Ermittlungen deshalb, weil Burundis Austritt aus dem IStGH-Statut zum 27. Oktober 2017 Wirksamkeit erlangte. Langen Vorermittlungen folgend beantragte die Chefanklägerin am 20. November 2017, formelle Ermittlungen in der Situation **Afghanistan** einzuleiten.[55] Diese sollen sich auf Kriegsverbrechen und Verbrechen gegen die Menschlichkeit erstrecken, die mutmaßlich seit 1. Mai 2003, dem Beitrittsdatum Afghanistans zum IStGH-Statut, im Rahmen des nach den Terroranschlägen des 11. September 2001 begonnenen bewaffneten Konfliktes begangen wurden. Politisch besonders beachtenswert erscheint der Umstand, dass die Chefanklägerin ihre Ermittlungen nicht auf mutmaßliche Verbrechen der Taliban und afghanischer Streitkräfte beschränkt, sondern insbesondere auch mutmaßliche Verbrechen Angehöriger des US-Militärs und der CIA ins Auge fasst, welche unter anderem in US-amerikanischen („Folter"-) Gefängnissen in Polen, Rumänien und Litauen begangen sein sollen. Der Antrag führte zu harscher Kritik durch die Trump-Administration und dem Entzug des US-amerikanischen Visums für Chefanklägerin *Bensouda*.[56] Unverständlich mutet vor diesem Hintergrund die Reaktion der Vorverfahrenskammer II an, die diesem politischen Druck nachzugeben scheint:[57] Denn sie lehnte die Eröffnung formeller Ermittlungen in der Situation Afghanistan ab, insbesondere weil sie diese aufgrund fehlender Kooperationswilligkeit der betroffenen Staaten für nicht durch-

---

48 IStGH (OTP), Situation in the Republic of Côte d'Ivoire, Request for authorisation of an investigation pursuant to Article 15, ICC-02/11–3, 23.6.2011.
49 IStGH (PTC III), Situation in the Republic of Côte d'Ivoire, Decision pursuant to Article 15 of the Rome Statute on the authorisation of an investigation into the Situation in the Republic of Côte d'Ivoire, ICC-02/11–14, 3.10.2011.
50 Siehe https://www.icc-cpi.int/Pages/item.aspx?name=pr1184 (Stand 1/20).
51 IStGH (TC I), Prosecutor v. Gbagbo and Blé Goudé, Transcript of 15 January 2019, ICC-02/11–01/15-T-232-ENG, 15.1.2019.
52 IStGH (PTC I), Situation in Georgia, Decision on the Prosecutor's request for authorization of an investigation, ICC-01/15–12, 27.1.2016.
53 IStGH (OTP), Situation in Georgia, Request for authorization of an investigation, ICC-01/15–4-Corr2, 17.11.2015.
54 IStGH (OTP), Situation in the Republic of Burundi, Public redacted version of "Decision pursuant to Article 15 of the Rome Statute on the authorization of an investigation into the Situation in the Republic of Burundi", ICC-01/17–9-Red, 9.11.2017.
55 IStGH (OTP), Situation in the Islamic Republic of Afghanistan, Public redacted version of "Request for authorisation of an investigation pursuant to Article 15", ICC-02/17–7-Red, 20.11.2017.
56 https://www.nytimes.com/2019/04/05/world/europe/us-icc-prosecutor-afghanistan.html (Stand 1/20).
57 Siehe zur heftigen Kritik zB auch *Poltronieri Rossetti*, JICJ 17 (2019), 585. Zur zweifelhaften Begründung s. auch → Rn 40.

führbar und erfolgsversprechend hielt.[58] Eine Entscheidung der Rechtsmittelkammer steht diesbezüglich noch aus. Am 14. November 2019 genehmigte die Vorverfahrenskammer III den am 4. Juli 2019 gestellten Antrag[59] der Chefanklägerin, formelle Ermittlungen in der Situation in **Bangladesch/Myanmar** einzuleiten.[60] Da Myanmar selbst kein Vertragsstaat des Rom-Statuts ist, beschränkt sich die Zuständigkeit des IStGH hierbei auf Delikte, die jedenfalls teilweise auf dem Staatsgebiet Bangladeschs begangen worden sind.[61] Ohne diese territoriale Einschränkung ist die gewaltsame Massenvertreibung der Rohingya durch Myanmar in Hinblick auf Verstöße gegen die Völkermordkonvention[62] gleichzeitig Gegenstand eines Verfahrens vor dem IGH (nicht: IStGH!).[63]

Seit Gründung des IStGH erhielt der Ankläger eine Vielzahl von *communications*, also Briefe und Mitteilungen von Privatpersonen oder Organisationen zu möglichen weiteren Situationen, in denen er die Untersuchung einleiten möge (zB bzgl. der Situation in Kolumbien, im Irak, in Palästina und der Ukraine). Bislang lehnte die Anklagebehörde jedoch diesbezüglich die Aufnahme formaler – über die Vorermittlungen hinausgehender – Schritte ab.[64]

3. Beschluss des UN-Sicherheitsrats

16 Schließlich kann der UN-Sicherheitsrat dem Gerichtshof in einem Beschluss gem. Kapitel VII der UN-Charta eine bestimmte „Situation" zur Untersuchung überweisen (Art. 13 lit. b IStGH-Statut).[65] Auf die Frage, ob der betroffene Staat Mitglied des IStGH-Statuts ist, kommt es dabei nicht an. Diese Regelung ist daher für die Effektivität und juristische Reichweite des Gerichtshofs von großer Bedeutung.[66] Dabei darf aber nicht übersehen werden, dass bislang insbesondere die USA als ständiges Mitglied des Sicherheitsrats dem IStGH skeptisch bis feindselig gegenüberstehen,[67] so dass die Bedeutung dieses theoretisch wichtigen *trigger mechanism* durch das Veto-Recht der ständigen Mitglieder des UN-Sicherheitsrats[68] in der Praxis relativiert wird. Zudem führen auch Überweisungen des Sicherheitsrats nicht automatisch zur Eröffnung formeller Ermittlungen. Wie auch bei Staatenbeschwerden bedarf es hierfür des Weiteren

---

58 IStGH (PTC II), Situation in the Islamic Republic of Afghanistan, Decision pursuant to Article 15 of the Rome Statute on the authorisation of an investigation into the situation in the Islamic Republic of Afghanistan, ICC-02/17–33, 12.4.2019, Rn. 94.
59 IStGH (OTP), Situation in the People's Republic of Bangladesh/Republic of the Union of Myanmar, Request for authorisation of an investigation pursuant to Article 15, ICC-01/19–7, 4.7.2019.
60 IStGH (PTC III), Situation in the People's Republic of Bangladesh/Republic of the Union of Myanmar, Decision pursuant to Article 15 of the Rome Statute on the authorisation of an investigation into the situation in the People's Republic of Bangladesh/Republic of the Union of Myanmar, ICC-01/19–27, 14.11.2019.
61 IStGH (PTC III), Situation in the People's Republic of Bangladesh/Republic of the Union of Myanmar, Decision pursuant to Article 15 of the Rome Statute on the authorisation of an investigation into the situation in the People's Republic of Bangladesh/Republic of the Union of Myanmar, ICC-01/19–27, 14.11.2019, Rn. 124.
62 Convention on the Prevention and Punishment of the Crime of Genocide, Paris, 9.12.1948, UNTS, Bd. 78, Nr. 1021, S. 277, BGBl. 1954 II, S. 730 (Sartorius II, Nr. 18).
63 IGH, The Gambia v. Myanmar, Fallübersicht verfügbar unter https://www.icj-cij.org/en/case/178 (Stand 1/20).
64 Vgl. IStGH (OTP), Report on Preliminary Examination Activities, 4.12.2017, verfügbar unter https://www.icc-cpi.int/itemsDocuments/2017-PE-rep/2017-otp-rep-PE_ENG.pdf (Stand 1/20); krit. *Schabas*, CLF 22 (2011), 493, 506.
65 Zur Beziehung zwischen Sicherheitsrat und IStGH ausf. *Trahan*, CLF 24 (2013), 417.
66 So auch *Kaul* HuV-I 1998, 138 (139).
67 Vgl. zur Haltung der USA gegenüber dem IStGH *Kindt* KritJ 2002, 427, sowie *Ipsen*, in: Ipsen (Hrsg.), Völkerrecht, § 31 Rn. 29.
68 Zum Veto-Recht der ständigen Mitglieder des UN-Sicherheitsrats s. Art. 27 III UN-Charta.

§ 14 Der Internationale Strafgerichtshof (IStGH)

einer kritischen Prüfung der hinreichenden Grundlage formeller Ermittlungen durch die Chefanklägerin gem. Art. 53 I IStGH-Statut.[69]

BEISPIEL: Trotz der grundsätzlich skeptischen Haltung einiger Mitglieder des Sicherheitsrats gegenüber dem IStGH wurde die Situation in **Darfur (Sudan)** durch die UN-Sicherheitsratsresolution 1593 (2005)[70] vom 31. März 2005 an diesen überwiesen; die USA enthielten sich hierbei ihrer Stimme.[71] Entscheidend für das Abstimmungsverhalten der USA war allerdings, dass die Resolution einen Vorbehalt enthält, welcher bewirkt, dass Nichtvertragsstaaten des IStGH-Statuts (also insbesondere die USA) eine Strafverfolgung ihrer Staatsangehörigen durch den IStGH nicht befürchten müssen.[72] Diese Beschränkung ist dem notwendigen politischen Kompromiss geschuldet, widerspricht aber dennoch der Ratio des Art. 13 lit. b IStGH-Statut und der Gesamtkonzeption des IStGH. Der Ankläger hat weltweites politisches Aufsehen erregt, indem er im Juli 2008 einen Haftbefehl gegen den damals noch amtierenden (!) sudanesischen Präsidenten *Omar Al-Bashir* beantragte, der am 4. März 2009 auch erlassen wurde.[73] Am 12. Juli 2010 wurde ein zweiter Haftbefehl gegen *Al-Bashir* erlassen, der sich auf den Vorwurf des Völkermordes stützt.[74] Aufgrund des starken Widerspruchs der Afrikanischen Union gegen die anklägerische Entscheidung[75] befindet sich *Al-Bashir* – auch nach der Verdrängung aus seinem Amt im April 2019 – noch immer in Freiheit.[76]

Am 26. Februar 2011 machte der Sicherheitsrat erneut von seinen Kompetenzen aus Art. 13 lit. b IStGH-Statut Gebrauch und überwies mit UN-Sicherheitsresolution 1970 (2011)[77] die Situation in **Libyen** an den IStGH. Gegenstand der Überweisung sind die Übergriffe auf die Zivilbevölkerung in Libyen in Folge der Demokratiebewegungen seit dem 15. Februar 2011.[78] Bemerkenswert ist, dass erstmals eine Überweisung an den IStGH einstimmig beschlossen wurde.[79] Die entsprechenden Haftbefehle gegen den amtierenden libyschen Präsidenten *Muammar Gaddafi*, seinen Sohn *Saif Al-Islam Gaddafi* und den Geheimdienstchef *Abdullah Al-Senussi* wurden auf Antrag des Anklägers am 27. Juni 2011 durch die Vorver-

---

[69] IStGH (OTP), Policy Paper on Preliminary Examinations, November 2013, Rn. 76; verfügbar unter https://www.legal-tools.org/doc/acb906/ (Stand 1/20).
[70] UN Security Council Resolution 1593 (2005), S/RES/1593, 21.3.2015, verfügbar unter http://www.iccnow.org/documents/SC1593.31March05.Fr.pdf (Stand 1/20).
[71] Vgl. *Bassiouni*, JICJ 4 (2006), 421, 425.
[72] UN Security Council Resolution, S/RES/1593, 21.3.2005, Rn. 6; vgl. *Kurth*, Das Verhältnis des Internationalen Strafgerichtshofs zum UN-Sicherheitsrat, 2006, S. 73 f.
[73] IStGH (PTC I), Prosecutor v. Al-Bashir, Warrant of arrest for Omar Hassan Ahmad Al-Bashir, ICC-02/05–01/09–1, 4.3.2009, verfügbar unter http://www.icc-cpi.int/iccdocs/doc/doc639078.pdf (Stand 1/20); zur Kritik *Nguyen* HRRS 2008, 368.
[74] IStGH (PTC I), Second Warrant of Arrest for Omar Hassan Ahmad Al-Bashir, ICC-02/05–01/09–95,12.7.2010 verfügbar unter http://www.icc-cpi.int/iccdocs/doc/doc907140.pdf (Stand 1/20).
[75] Vgl. den ersten Beschluss, der seitdem jährlich bestätigt wurde, AU Assembly Decision, Decision on the application by the International Criminal Court (ICC) Prosecutor for the Indictment of the President of the Republic of the Sudan, Assembly/AU/Dec.221(XII), 1.-3.2.2009.
[76] Ob eine Verhaftung und Überstellung von *Al-Bashir* auf der Grundlage dieser Haftbefehle zulässig gewesen wäre, solange dieser noch im Amt war, war lange Zeit umstritten; siehe hierzu nun die bejahende Entscheidung der Rechtsmittelkammer IStGH (AC), Prosecutor v. Al-Bashir, Judgment in the Jordan referral re Al-Bashir appeal, ICC-02/05–01/09–397-Corr, 6.5.2019.
[77] UN Security Council Resolution, S/RES/1970, 26.2.2011, verfügbar unter http://www.icc-cpi.int/NR/rdonlyres/081A9013-B03D-4859-9D61-5D0B0F2F5EFA/0/1970Eng.pdf (Stand 1/20).
[78] Näheres zu der Beziehung des IStGH zum Konzept der „*Responsibility to Protect*" am Beispiel Libyens und Syriens bei *Birdsall*, CLF 26 (2015), 52; ausf. zu der Überweisung durch den Sicherheitsrat im Falle Libyens *Bo*, CLF 25 (2014), 505.
[79] Hierzu eingehend *Frau* AVR 2011, 276 sowie *ders.* ZIS 2011, 784 (auch zu der interessanten Frage nach einer über das Völkergewohnheitsrecht hinausgehenden Strafrechtssetzungskompetenz des Sicherheitsrates gegenüber Individuen).

fahrenskammer I erlassen.⁸⁰ Das Verfahren gegen *Muammar Gaddafi* wurde am 22. November 2011 wegen seines Todes unter unklaren Umständen im Oktober 2011 eingestellt.⁸¹ Nachdem die libysche Regierung die Zulässigkeit möglicher Strafverfahren gegen *Saif Al-Islam Gaddafi* und *Abdullah Al-Senussi* aufgrund des Komplementaritätsgrundsatzes (dazu → Rn. 17 ff.) angefochten hatte, bestätigte die Vorverfahrenskammer I die Zulässigkeit des Verfahrens gegen *Saif Al-Islam Gaddafi*,⁸² verneinte diese jedoch für ein Verfahren gegen *Abdullah Al-Senussi*.⁸³ Diese Entscheidungen der Vorverfahrenskammer wurden durch die Rechtsmittelkammer bestätigt.⁸⁴ Bisher weigert sich die neue libysche Regierung jedoch weiterhin, den Beschuldigten *Saif Al-Islam Gaddafi* an den IStGH zu überstellen.⁸⁵

Entgegen der teilweise geäußerten Bedenken stellt Art. 13 lit. b IStGH-Statut keine Kompetenzerweiterung des Sicherheitsrats dar, die möglicherweise einer Änderung der UN-Charta bedurft hätte. Vielmehr kann der Sicherheitsrat – ebenso wie er *Ad-hoc*-Tribunale auf Grundlage des Kapitels VII der UN-Charta einsetzen konnte – nun Situationen an den IStGH auf der gleichen Grundlage überweisen.⁸⁶ Durch diese Möglichkeit wird eben gerade vermieden, dass neue *Ad-hoc*-Tribunale mit den damit verbundenen Problemen (dazu → § 13 Rn. 27 f.) neben dem IStGH eingerichtet werden müssen.

Auch wenn sich das Verhältnis zwischen UN-Sicherheitsrat und IStGH mit Überweisung der Situationen Darfur (Sudan) und insbesondere Libyen grundsätzlich verbessert zu haben scheint, so hängt die Zusammenarbeit doch von situationsabhängigen politischen Erwägungen der Mitgliedstaaten, insbesondere der fünf Veto-Mächte, ab. So konnte beispielsweise die Situation Syrien aufgrund eines Vetos Chinas und Russlands bisher nicht an den IStGH überwiesen werden.⁸⁷

V. Grundsatz der Komplementarität

17 Im IStGH-Statut ist der **Vorrang** der Gerichtsbarkeit der nationalen Strafgerichte vor der des IStGH festgelegt. Danach darf der IStGH seine Gerichtsbarkeit selbst bei Vor-

---

80 IStGH (PTC I), Situation in the Libyan Arab Jamahiriya, Decision on the "Prosecutor's. application pursuant to Article 58 as to Muammar Mohammad Abu Minya Gaddafi, Saif Al-Islam Gaddafi and Abdullah Al-Senussi", ICC-01/11–12, 27.6.2011.
81 IStGH (PTC I), Prosecutor v. Muammar Mohammed Abu Minyar Gaddafi, Saif Al-Islam Gaddafi and Abdullah Al-Senussi, Decision to terminate the case against Muammar Mohammed Abu Minyar Gaddafi, ICC-01/11–01/11–28, 22.11.2011.
82 IStGH (PTC I), Prosecutor v. Saif Al-Islam Gaddafi and Al-Senussi, Decision on the admissibility of the case against Saif Al-Islam Gaddafi, ICC-01/11–01/11–344-Red, 31.5.2013.
83 IStGH (PTC I), Prosecutor v. Saif Al-Islam Gaddafi and Al-Senussi, Decision on the admissibility of the case against Abdullah Al-Senussi, ICC-01/11–01/11–466-Red, 11.10.2013.
84 IStGH (AC), Prosecutor v. Saif Al-Islam Gaddafi and Al-Senussi, Judgment on the appeal of Mr Abdullah Al-Senussi against the decision of Pre-Trial Chamber I of 11th October 2013 entitled "Decision on the admissibility of the case against Abdullah Al-Senussi", ICC-01/01–01/11–565, 24.6.2014.
85 Die Vorverfahrenskammer I hält ihr Überstellungsgesuch auch nach den *in absentia* erfolgten Verurteilung *Gaddafis* durch ein erstinstanzliches, libysches Strafgericht aufrecht: IStGH (PTC I), Prosecutor v. Saif Al-Islam Gaddafi, Decision on the "Admissibility challenge by Dr. Saif Al-Islam Gadafi pursuant to Articles 17(1) (c), 19 and 20(3) of the Rome Statute", ICC-01/11–01/11–662, 5.4.2019.
86 *Hoffmeister/Knoke* ZaöRV 1999, 785 (790); Draft Code of Crimes against the Peace and Security of Mankind, Yearbook of the International Law Commission, 1994, Bd. II, Teil 2, S. 18 ff.; zur Kompetenz des Sicherheitsrats, solche Gerichtshöfe zu schaffen, vgl. ICTY, Prosecutor v. Tadic, Decision on the defence motion for interlocutory appeal on jurisdiction, IT-94–1-AR72, 2.10.1995.
87 Zum abgelehnten Vorschlag im UN-Sicherheitsrat siehe http://www.un.org/apps/news/story.asp?NewsID =47860#.VdL1J5d8pSM (Stand 1/20); als Reaktion schuf die UN-Generalversammlung 2016 einen neuen Mechanismus, der Beweise für Verstöße gegen das humanitäre Völkerrecht und die internationalen Menschenrechte in Syrien sammeln und auswerten soll, um zukünftige nationale, regionale und internationale Strafverfahren vorzubereiten, siehe hierzu https://iiim.un.org/ (Stand 1/20).

liegen schwerster Verbrechen grds. nicht ausüben, wenn ein nationales Strafverfahren stattfindet bzw. stattgefunden hat. Dieser Grundsatz kennt aber zwei entscheidende Ausnahmen: Trotz des Vorrangs der nationalen Strafverfahren darf der IStGH seine Gerichtsbarkeit ausüben, wenn der betroffene Staat **nicht willens** oder **nicht in der Lage** ist, die Strafverfolgung ernsthaft zu betreiben (Art. 17 IStGH-Statut) bzw. untätig bleibt. Dies wird als **Grundsatz der Komplementarität** bezeichnet.[88]

Die Komplementaritätsregel setzt bei der Unterscheidung zwischen der sachlichen Zuständigkeit des IStGH (Art. 5 IStGH-Statut) und der Ausübung seiner Gerichtsbarkeit (Art. 12 IStGH-Statut) an. Sind für einen konkreten Sachverhalt sowohl die staatlichen Gerichte als auch der IStGH sachlich zuständig, entscheidet der Komplementaritätsgrundsatz darüber, welchem sachlich zuständigen Gericht der Vorrang bzgl. der Ausübung der Jurisdiktion gebührt. Der IStGH hat sich dabei in jeder Verfahrenslage darüber zu vergewissern, ob er seine Gerichtsbarkeit (noch) ausüben darf. Kommt der IStGH zu dem Ergebnis, dass ein Staat aufgrund seines nationalen Strafrechts zuständig ist und die Strafverfolgung ernstlich betreibt oder abgeschlossen hat, beschließt er die Einstellung des eigenen Verfahrens (Art. 18 IStGH-Statut).

Die Frage, wann die Ausübung der Gerichtsbarkeit des IStGH zulässig sein soll, ist für den Gerichtshof von entscheidender Bedeutung. Die rechtliche Herausforderung für die Praxis besteht darin, zu beurteilen, wann ein Vertragsstaat „nicht willens oder nicht in der Lage" ist, die Strafverfolgung ernsthaft zu betreiben.

Der Wille zu ernsthafter Strafverfolgung iSd Art. 17 IStGH-Statut fehlt, wenn der Staat ein Verfahren nur **zum Schein** durchführt (sog. *sham proceedings*). In Wirklichkeit kommt es den nationalen Strafverfolgungsbehörden in diesen Fällen also gar nicht auf eine Verurteilung, sondern auf den Schutz der betroffenen Person vor dem IStGH an. Dass dieser fehlende Wille zur ernsthaften Strafverfolgung nicht gerade einfach nachzuweisen sein dürfte, liegt angesichts der subjektiven Ausgestaltung des Kriteriums auf der Hand. Auch **unzureichende Bestrafungen** sind in die Betrachtungen einzubeziehen. Letztlich wird man aber nicht umhinkönnen, den jeweiligen Staaten einen gewissen Beurteilungsspielraum hinsichtlich des „Wie" der Bestrafung einzuräumen. Die in der Begründung des Entwurfs des Völkerstrafgesetzbuchs (VStGB)[89] vertretene Ansicht, wonach ein im nationalen Recht vorgesehener Strafrahmen für völkerrechtliche Verbrechen so lange dem IStGH-Statut entspreche, wie die Bestrafung nicht wegen geringer Schwere als deutlich unangemessen angesehen werden könne, erscheint daher vernünftig.[90]

18

Die mangelnde Fähigkeit zur Strafverfolgung wird man dann annehmen müssen, wenn zwar grds. ein Wille des jeweiligen Staates vorhanden ist, die mutmaßlichen Täter vor Gericht zu stellen, ihm dies aber aus tatsächlichen, objektiven Gründen letztlich unmöglich ist, beispielsweise weil das Justizsystem des Landes infolge eines Bürgerkriegs zusammengebrochen ist.[91]

19

---

88 Zum Grundsatz der Komplementarität umfassend *Ellis*, Sovereignty and Justice; *Esser*, Eur. und Int. Strafrecht, § 21 Rn. 22 ff.; *Lafleur*, Der Grundsatz der Komplementarität; *Razesberger*, The Principle of Complementarity.
89 Dazu → § 17 Rn. 6 ff.
90 Begründung des Gesetzentwurfs der Bundesregierung, BR-Drs. 29/02, S. 38.
91 Für eine klare Unterscheidung zwischen materieller und formeller Unfähigkeit bei Art. 17 III IStGH-Statut, vgl. *Hassanein*, ICLR 15 (2015), 101.

Beispiel: Unter Berufung auf Art. 17 IStGH-Statut hat der wegen Kriegsverbrechen und Verbrechen gegen die Menschlichkeit angeklagte *Jean-Pierre Bemba Gombo* (Situation Zentralafrikanische Republik) versucht, eine Einstellung des Verfahrens zu erwirken, weil ein Strafverfahren auf nationaler Ebene gegen ihn eingestellt worden und bei der Wiederaufnahme die Situation bereits an den IStGH überwiesen worden war. Die Hauptverfahrenskammer entschied am 24. Juni 2010, dass das Verfahren nach allen Alternativen des Art. 17 IStGH-Statut zulässig sei, da derzeit keine Strafverfolgung durchgeführt werde, die Zentralafrikanische Republik nicht fähig sei, die Ermittlungen und die Strafverfolgung selbst durchzuführen, kein Endurteil in der Sache auf nationaler Ebene ergangen und der Fall schwerwiegend genug sei.[92]

Die Fähigkeit zur Strafverfolgung ist auch dann abzulehnen, wenn – trotz eines grds. intakten Justizsystems – nationale Strafgesetze fehlen, um die völkerrechtlichen Verbrechen zu erfassen. Hier stellt sich insbesondere das Problem, ob ein Staat den Anforderungen der Komplementaritätsklausel genügt, wenn er die völkerrechtlichen Straftatbestände des IStGH-Statuts – anders als Deutschland mit dem VStGB – nicht in nationales Recht umgesetzt hat und diese daher nur als „gewöhnliche Verbrechen", etwa als Mord, Vergewaltigung oder Körperverletzung aburteilen kann. Werden dem Unrecht adäquate Strafen verhängt, lässt sich gegen eine Zuständigkeit des IStGH anführen, dass das IStGH-Statut gerade keine Umsetzungsverpflichtung begründet,[93] sondern – im Gegenteil – letztlich das nationale Rechtssystem respektiert. Demgegenüber steht der gewichtige Einwand, dass mit einer Verurteilung eines Verbrechens gegen die Menschlichkeit, zB wegen Vergewaltigung, der besondere Unrechtsgehalt, der sich aus der Verletzung universeller Rechtsgüter ergibt, nicht deutlich wird. Trotz adäquater Bestrafung fehlt es dann also an einer Klarstellung hinsichtlich der Unrechtsdimension.[94]

Beispiel: Mit diesem Argument wurde einer Überstellung des ua wegen Völkermords angeklagten ehemaligen Generaldirektors des ruandischen Aufsichtsgremiums der Teeindustrie *Bagaragaza* vom ICTR an ein norwegisches Gericht 2006 eine Absage erteilt, da das norwegische Recht zum damaligen Zeitpunkt keinen Straftatbestand des Genozids kannte (mittlerweile wurde ein solcher Tatbestand geschaffen) und die Tat lediglich als Mord hätte angeklagt werden können.[95]

20 Fraglich erscheint, ob der Komplementaritätsgrundsatz den Beschuldigten mittelbar vor Verletzungen seiner Verfahrensrechte in nationalen Strafverfahren schützt. So könnte die Zulässigkeit eines Verfahrens vor dem IStGH dann gegeben sein, wenn nicht abzusehen ist, dass solche Rechte vor dem nationalen Strafgericht eingehalten würden. In ihrer Entscheidung zur Zulässigkeit des Verfahrens gegen *Al-Senussi* musste sich die Vorverfahrenskammer I mit dieser Frage auseinandersetzen und kam zu dem Ergebnis, dass drohende Verfahrensverstöße nicht *per se* darauf schließen lassen, dass ein Staat „nicht willens oder nicht in der Lage" ist, ein Verfahren ernsthaft zu führen. Allerdings kann die Zulässigkeit des Verfahrens vor dem IStGH dann gegeben sein, wenn die möglichen Verfahrensverstöße Ausdruck dessen sind, dass der Staat eine

---

92 IStGH (TC III), Prosecutor v. Bemba, Decision on the admissibility and abuse of process challenges, ICC-01/05–01/08–802, 24.6.2010, zum weiteren Verlauf im Fall *Bemba* s. *Hiéramente* ZIS 2014, 123.
93 Krit. hierzu *Akhavan*, JICJ 8 (2010), 1245.
94 Abweichend *Lafleur*, Der Grundsatz der Komplementarität, S. 254 f.; aufgrund des mit Art. 17 IStGH-Statut fast identischen Wortlauts des Art. 20 IStGH-Statut stellt sich dieses Problem auch im Zusammenhang mit der Frage des Doppelbestrafungsverbots, s. *Liu*, Chinese Journal of International Law 6 (2007), 789.
95 ICTR (TC), Prosecutor v. Bagaragaza, Decision on the Prosecution motion for referral to the Kingdom of Norway, ICTR-2005–86-R11bis, 19.5.2006, Rn. 16.

gerechte Verurteilung nicht bezweckt und das Verfahren nicht unabhängig und unparteilich geführt werden kann.[96]

Ein weiterer Grund für den IStGH, seine Gerichtsbarkeit nicht auszuüben, ist die sog. **minima-Klausel** des Art. 17 I lit. d IStGH-Statuts. Demnach muss ein Fall von ausreichender Schwere sein, um ein Tätigwerden des Gerichtshofs zu rechtfertigen. Nachdem dieses Kriterium anfangs vom IStGH sehr eng ausgelegt wurde, so dass durch Anwendung der Klausel nur gegen diejenigen ermittelt werden konnte, die ganz an der Spitze der politischen oder militärischen Hierarchie stehen („the most senior leaders suspected of being the most responsible for the crimes within the jurisdiction of the Court"),[97] prüfen die Kammern nur noch negativ, ob Anhaltspunkte vorliegen, dass ausnahmsweise diese Hürde nicht überschritten wird.[98] Diese Auslegung ist zu begrüßen und dürfte im Übrigen auch eher mit der Vorstellung der Vertragsstaaten über den Zweck des IStGH vereinbar sein.

21

Der Grundsatz der Komplementarität unterscheidet die Struktur der Strafverfolgung durch den IStGH deutlich von den bisherigen Instrumenten internationaler Gerichtsbarkeit. Während in Nürnberg und Tokio den betroffenen Staaten Deutschland und Japan in Bezug auf die Hauptkriegsverbrecher überhaupt keine Möglichkeit gegeben wurde, selbst justiziell tätig zu werden, und auch die *Ad-hoc*-Tribunale einen Vorrang gegenüber der nationalen Gerichtsbarkeit vorsehen, unterstreicht das Komplementaritätsprinzip die Rolle des IStGH als ein *court of last resort*.[99]

22

Da die Entscheidung über das Vorliegen der Kriterien des Art. 17 IStGH-Statut dem IStGH selbst obliegt (vgl. Art. 18, 19 IStGH-Statut), darf die Rolle des Gerichts nicht unterschätzt werden. Der IStGH hat insofern eine **Kompetenz-Kompetenz**. Zudem geht vom Grundsatz der Komplementarität ein entscheidender rechtspolitischer Impuls aus: Es soll politisch Druck auf die Staaten ausgeübt werden, damit sie ihre Strafrechtssysteme so ausgestalten, dass Straftaten von eigenen Staatsangehörigen bzw. im Inland begangene Taten vor ihren eigenen Gerichten abgeurteilt werden können. Ein Prozess vor dem IStGH wird nämlich immer auch eine „Rüge" gegenüber den nach den international-strafrechtlichen Prinzipien zuständigen Staaten beinhalten, da sie als unfähig bzw. unwillig erachtet werden, völkerrechtliche Verbrechen abzuurteilen.

23

Ob der Grundsatz der Komplementarität auch für den Fall der Überweisung durch den UN-Sicherheitsrat (dazu → Rn. 16) Geltung besitzt, ist umstritten.[100] Art. 53 II IStGH-Statut legt jedenfalls nahe, dass auch in diesem Fall die Komplementarität zu berücksichtigen ist. Danach muss der Ankläger nämlich auch dem Sicherheitsrat gegenüber

---

96 IStGH (PTC I), Prosecutor v. Saif Al-Islam Gaddafi and Al-Senussi, Decision on the admissibility of the case against Abdullah Al-Senussi, ICC-01/11–01/11–466-Red, 1.10.2013, Rn. 235; bestätigt durch IStGH (AC), Prosecutor v. Saif Al-Islam Gaddafi and Al-Senussi, Judgment on the appeal of Mr Abdullah Al-Senussi against the decision of Pre-Trial Chamber I of 11 October 2013 entitled "Decision of the admissibility of the case against Abdullah Al-Senussi", ICC-01/11–01/11–565, 24.7.2014, Rn. 220 ff.
97 IStGH (PTC I), Prosecutor v. Lubanga, Decision concerning Pre-Trial Chamber I's decision of February 2006 and the incorporation documents into the record of the case, ICC-01/04–01/06–8-US-Corr, 24.2.2006, Rn. 35, 50.
98 Erstmals IStGH (AC), Prosecutor v. Lubanga, Judgment on the Prosecutor's appeal against the decision of Pre-Trial Chamber I entitled "Decision on the Prosecutor's application for warrants of arrest, article 58", 13.7.2006, Rn. 36 ff.; so auch IStGH (PTC I), Prosecutor v. Al-Bashir, Warrant of arrest for Omar Hassan Ahmad Al-Bashir, ICC-02/05–01/09–1, 4.3.2009.
99 *Philips*, CLF 10 (1999), 61, 64.
100 Abl. insoweit *Philips*, CLF 10 (1999), 61, 65; *Safferling*, Int. Strafrecht, § 7 Rn. 26; befürwortend *Ambos*, Int. Strafrecht, § 8 Rn. 10 mwN; *Cassese*, Int. Criminal Law, S. 297 f.; *Politi*, in: Politi/Nesi (Hrsg.), Rome Statute, S. 13.

begründen, warum er von einer Unzulässigkeit der Strafverfolgung bzgl. der überwiesenen Situation gem. Art. 17 IStGH, also aus Gründen der Komplementarität, ausgeht.[101] In der Praxis scheint der IStGH den Komplementaritätsgrundsatz jedenfalls auch auf Fälle anzuwenden, die auf einer vom Sicherheitsrat überwiesenen Situation beruhen, wie die präzise Erörterung der Komplementaritätsfrage in den Fällen *Saif Al-Islam Gaddafi* und *Al-Senussi* zeigt.

24 In **Fall 30a** ergreift die Chefanklägerin die Initiative (sog. *Proprio-motu*-Ermittlung). Um die Ermittlungen fortsetzen zu können, muss die Vorverfahrenskammer die Genehmigung nach Art. 15 IV IStGH-Statut erteilen und dabei auch die Zuständigkeit sowie die Voraussetzungen der Ausübung der Gerichtsbarkeit des IStGH prüfen. Insoweit stellt sich die Frage nach der Komplementarität (Art. 17 IStGH-Statut): Nur wenn sich der Staat M als „nicht fähig oder nicht willens" erweist, die Tat ernsthaft zu verfolgen, ist die Gerichtsbarkeit des IStGH eröffnet. Wird ein Ermittlungsverfahren über fünf Jahre hinweg ohne konkrete Ergebnisse zögerlich betrieben, so handelt es sich offensichtlich um ein Verfahren, das den Betroffenen nur vor dem Zugriff des IStGH schützen soll (sog. *sham proceeding*). Der Staat erweist sich dadurch als nicht willens zur ernsthaften Verfolgung der mutmaßlichen völkerrechtlichen Verbrechen des G, so dass die Gerichtsbarkeit des IStGH eröffnet wäre und weitere Ermittlungen der Chefanklägerin daher grds. genehmigt werden könnten.

VI. Institutionelles

25 Der IStGH wurde als eine **ständige** internationale Institution in Den Haag[102] errichtet, die zur Erfüllung ihrer vertraglich festgelegten Aufgaben gem. Art. 4 I IStGH-Statut mit Völkerrechtssubjektivität ausgestattet ist. Hierdurch erlangt der IStGH die völkerrechtliche Rechtsfähigkeit, die für die Wahrnehmung seiner Aufgaben und die Erfüllung seiner Ziele notwendig ist. Darin und in dem Merkmal der Ständigkeit unterscheidet sich der IStGH deutlich von den *Ad-hoc*-Gerichtshöfen ICTY und ICTR, die lediglich als Unterorgane des Sicherheitsrats und nur für einen bestimmten (zeitlich begrenzten) Anlass ins Leben gerufen wurden. Das Verhältnis des IStGH zur UNO wird durch ein entsprechendes Sonderabkommen festgelegt, wodurch die Autorität und der universelle Charakter des Gerichts hervorgehoben werden.[103] Trotz vieler Unterschiede ist die Struktur des Gerichtshofs stark an die der beiden *Ad-hoc*-Gerichtshöfe in Den Haag (ICTY) und Arusha (ICTR) angelehnt. Gem. Art. 34 IStGH-Statut setzt sich das Gericht zusammen aus:

- Dem Präsidium, bestehend aus drei hauptamtlichen Richtern,
- der Vorverfahrensabteilung (*pre-trial division*),
- der Hauptverfahrensabteilung (*trial division*),
- der Rechtsmittelabteilung (*appeals division*), bestehend aus fünf Richtern,
- der Anklagebehörde (*office of the prosecutor*),
- der Kanzlei (*registry*).

---

101 *Kurth*, Das Verhältnis des Internationalen Strafgerichtshofs zum UN-Sicherheitsrat, S. 62.
102 Auch die Stadt Nürnberg hatte Interesse an dem Sitz des IStGH bekundet, der „Weltgerichtsstadt" Den Haag wurde aber letztendlich der Zuschlag erteilt.
103 Vgl. die endgültige Vereinbarung über die Beziehung zwischen dem IStGH und der UNO, ICC-ASP/3/25, unterzeichnet am 4.10.2014; *Seidel/Stahn* Jura 1999, 14 (15).

§ 14 Der Internationale Strafgerichtshof (IStGH)

1. Die Richter

Dem IStGH gehören 18 Richter an, die in ihren jeweiligen Heimatländern die Qualifikation zum Richteramt haben müssen. Diese werden nach Vorschlag der Vertragsstaaten durch die Versammlung der Vertragsstaaten in geheimer Wahl gewählt: Auf ein ausgeglichenes Verhältnis von Straf- und Völkerrechtlern (Art. 36 III lit. b IStGH-Statut) muss ebenso geachtet werden wie auf eine ebenmäßige Repräsentation der existierenden Rechtssysteme, die geographische Ausgewogenheit und die gerechte Vertretung männlicher und weiblicher Richter (Art. 36 VIII IStGH-Statut).[104] Die Richter und die Anklagebehörde sind gem. Art. 40, 42 IStGH-Statut unabhängig und frei von Weisungen, sie genießen in Bezug auf ihre amtliche Tätigkeit Immunität von der staatlichen Gerichtsbarkeit (Art. 48 II IStGH-Statut). Seit 2018 ist der Nigerianer *Chile Eboe-Osuji* Präsident des IStGH. Die Amtszeit der Richter beträgt neun Jahre; gem. Art. 36 IX IStGH-Statut ist zur Absicherung der Unabhängigkeit eine Wiederwahl grds. ausgeschlossen.[105]

26

2. Die Kanzlei

Die Kanzlei des IStGH ist für den nicht-rechtsprechenden Teil der Arbeit des IStGH verantwortlich, leitet also insbesondere die Verwaltung des Gerichtshofs (vgl. Art. 43 IStGH-Statut). Der Kanzler des IStGH wird für die Dauer von fünf Jahren, mit der Möglichkeit der einmaligen Wiederwahl, von den Richtern gewählt. In der Kanzlei ist eine Abteilung für Opfer und Zeugen eingerichtet, die für Schutzmaßnahmen, Beratung und Hilfe zuständig ist, vgl. Art. 43 VI IStGH-Statut (zu den Opferrechten → Rn. 36).[106] Derzeitiger Kanzler ist seit 2018 der Brite *Peter Lewis*.

27

3. Der Ankläger

Der IStGH verfügt über eine **unabhängige** Anklagebehörde, die insbesondere das Recht hat, eigenständig Ermittlungen aufzunehmen (Art. 13 lit. c, 15 IStGH-Statut).[107] Zum ersten Chefankläger des IStGH wählte die Vertragsstaatenversammlung am 21. April 2003 den Argentinier *Luis Moreno Ocampo*, welcher am 12. Dezember 2011 durch seine Nachfolgerin, die Gambierin *Fatou Bensouda* abgelöst wurde. Die Amtszeit der Chefanklägerin beträgt neun Jahre; eine Wiederwahl ist ausgeschlossen (Art. 42 IV IStGH-Statut).

28

4. Finanzierung

Das Gericht wird gem. Art. 115 lit. a IStGH-Statut von Beiträgen der Vertragsstaaten finanziert. Japan und Deutschland tragen dabei die finanzielle Hauptlast.[108] Darüber hinaus sind auch freiwillige Zuwendungen von Regierungen, internationalen Organisationen, Privaten und sonstigen Vereinigungen möglich (s. Art. 116 IStGH-Statut). Obwohl Art. 115 lit. b IStGH-Statut zudem eine Finanzierung durch die UNO vorsieht, insbesondere um Ausgaben zu decken, die durch Überweisungen durch den Si-

29

---

104 Zum Verfahren *Ambos*, Int. Strafrecht, § 6 Rn. 25 f. mwN; ausf. zur Zusammensetzung der Richter und der Abteilungen *Abtahi et al.*, JICJ 11 (2013), 379.
105 Zum Ganzen Cassese/Gaeta/Jones-*Jones*, Rome Statute, S. 246.
106 Vgl. zur Situation der Opfer vor dem IStGH *Abo Youssef*, Die Stellung des Opfers im Völkerstrafrecht; *Bock* ZStW 119 (2007), 664.
107 Ausf. zur Rolle der Chefanklägerin *Rost/Ruegenberg* ZStW 111 (1999), 297.
108 S. auch *Ambos*, Int. Strafrecht § 6 Rn. 30; *Schabas*, ICC, S. 1153.

cherheitsrat entstehen, schloss der Sicherheitsrat in seinen überweisenden Resolutionen zu Darfur (Sudan) und Libyen die finanzielle Unterstützung des IStGHs durch die UNO explizit aus,[109] was zu Recht stark kritisiert wird.[110]

VII. Verfahren

30 Das IStGH-Statut regelt das Strafverfahren in einer für einen völkerrechtlichen Vertrag sehr ausführlichen Weise.[111] Gem. Art. 51 IStGH-Statut hat die Versammlung der Vertragsstaaten aber noch eine zusätzliche, eigenständige und inhaltlich über das IStGH-Statut hinausgehende Verfahrensordnung erlassen, die sog. *Rules of Procedure and Evidence* (RPE).

1. Ermittlungsverfahren

31 Nach der Vorlage einer „Situation"[112] gem. Art. 13 IStGH-Statut prüft der Ankläger, ob eine hinreichende Grundlage (*reasonable basis*) zur Einleitung eines Ermittlungsverfahrens vorliegt (Art. 53 IStGH-Statut). Dabei untersucht er, inwiefern die vorliegenden Informationen zur Annahme eines Verbrechens ausreichen und ob ein Verfahren dem Grundsatz der Komplementarität oder Gerechtigkeitserwägungen (*interest of justice*) widersprechen würde. Bisher stützte die Chefanklägerin ihre Entscheidungen, von Ermittlungen abzusehen, nicht auf das *Interest-of-justice*-Kriterium, so dass weiterhin weitgehend unklar bleibt, welche Fälle in der Praxis hiervon erfasst sein werden.[113] Ein Absehen von einem Verfahren vor dem IStGH im Interesse der Gerechtigkeit ist insbesondere im Hinblick auf alternative Konfliktlösungsmodelle wie Wahrheitskommissionen denkbar.[114] Ergreift der Ankläger *proprio motu*, also von Amts wegen, gem. Art. 13 lit. c, 15 I IStGH-Statut die Initiative, so muss er sich – wie bereits erwähnt (→ Rn. 15) – die formelle Einleitung der Ermittlungen von der Vorverfahrenskammer genehmigen lassen (vgl. Art. 15 III IStGH-Statut). Diese Einschränkung der Unabhängigkeit des Anklägers ist ein Zugeständnis an diejenigen Staaten, die sich bis zum Ende der Verhandlungen in Rom vehement gegen die Möglichkeit von *Proprio-motu*-Ermittlungen und eine weitgehende Unabhängigkeit des Anklägers gewehrt hatten.

Der Ankläger hat die **Pflicht zur objektiven Ermittlung,** er muss also be- und entlastende Umstände gleichermaßen berücksichtigen. Die Anklage ist damit der materiellen Wahrheit verpflichtet (Art. 54 I lit. a IStGH-Statut). Dies mag aus Sicht des deutschen

---

109 UN Security Council Resolutions, S/RES/1593, 31.3.2005, Rn. 7 und S/RES/1970, 26.2.2001, Rn. 8.
110 *Schabas*, Introduction, S. 174 f.
111 Zum Verfahrensrecht die grundlegende Arbeit von *Safferling*, International Criminal Procedure und Sluiter ua (Hrsg.), Int. Crim. Procedure.
112 Zum Begriff der „Situation" s. → Rn. 12. Die Ermittlungen können dann zur Identifizierung einer oder mehrerer spezieller Fälle führen, die im Folgenden selbstständig angeklagt werden, vgl. *Olásolo*, ICLR 5 (2005), 121, 125 f.; *Rastan*, CLF 19 (2008), 435.
113 In der Rspr. der Strafkammern stützte bisher lediglich die Vorverfahrenskammer II ihre Entscheidung, formelle Ermittlungen in der Situation in Afghanistan nicht zu genehmigen, auf ein Fehlen des *interest of justice* (→ Rn. 15, 40); es erscheint allerdings äußerst zweifelhaft, ob dieses Kriterium die in der Entscheidung vorgenommenen Durchführbarkeits- und Praktikabilitätserwägungen bezüglich formeller Ermittlungen tatsächlich erfasst. Eine Entscheidung der Rechtsmittelkammer steht diesbezüglich noch aus.
114 Vgl. zu diesem schwierigen Themenkomplex *Flory*, JICJ 13 (2015), 19; *Maged*, ICLR 17 (2006), 419, 424 f.; *Rodman*, LJIL 22 (2009), 96, 99 ff.; sowie IStGH (OTP), Office of the Prosecutor, Policy Paper on the Interests of Justice, ICC-OTP-2007, September 2007, S. 7 f., das derartige Mechanismen jedoch als komplementär betrachtet.

Strafprozessrechts selbstverständlich erscheinen (s. § 160 II StPO), jedoch steht diese Vorgabe im Gegensatz zur einseitigen Ermittlungspflicht der Anklage im adversatorischen Strafprozess des *Common Law*.[115]

Zwangsmaßnahmen mit Eingriffscharakter wie Haft- oder Durchsuchungsbefehle sowie die Vorführung eines Verdächtigen können gem. Art. 58 IStGH-Statut nur von der Vorverfahrenskammer angeordnet werden. Dagegen kann der Ankläger Maßnahmen ohne Eingriffscharakter (Sammlung von Beweismitteln, Ersuchen um Zusammenarbeit eines Staates, Vernehmungen von Zeugen) gem. Art. 54 III IStGH-Statut selbstständig vornehmen. Die Vorverfahrenskammer ähnelt damit in vielerlei Hinsicht dem Ermittlungsrichter im deutschen Strafverfahren.[116]

2. Zwischenverfahren

Nach Überstellung einer Person an den IStGH bzw. ihrem freiwilligen Erscheinen führt die Vorverfahrenskammer gem. Art. 61 IStGH-Statut eine als *confirmation hearing* bezeichnete mündliche Verhandlung durch, in der die Vorwürfe gegen die beschuldigte Person geprüft werden.[117] Anklagevertreter und Beschuldigter können bereits hier Beweise vor- und widerlegen. Die Vorverfahrenskammer entscheidet nach eigenem Ermessen, ob sie die Anklagepunkte bestätigt und den Beschuldigten zur Durchführung einer Hauptverhandlung an die Hauptverfahrenskammer überweist oder aber die Tatvorwürfe mangels ausreichender Beweise zurückweist. Die Anklage kann in diesem Fall erneut die Bestätigung der Anklage beantragen, wenn sie weitere Beweise vorlegt (vgl. Art. 61 VIII IStGH-Statut); zudem kann die Entscheidung der Vorverfahrenskammer nicht *per se*, sondern nur bei Erfüllung weiterer Umstände, gem. Art. 82 I lit. d IStGH-Statut, mit Rechtsmitteln angegriffen werden.[118] Zuletzt bleibt ihr auch noch die Möglichkeit, die Verhandlung zu vertagen und den Ankläger zur Vorlage neuer Beweise oder zur Änderung des Tatvorwurfs aufzufordern.[119] Damit erfüllt dieses *confirmation hearing* eine ähnliche Funktion wie das deutsche Zwischenverfahren.[120] Ein wesentlicher Unterschied liegt aber darin, dass es die Vorverfahrenskammer und nicht das Gericht der Hauptverhandlung ist, welches die Entscheidung aufgrund des *confirmation hearing* trifft. Insoweit ist es auch konsequent, wenn dieser Verfahrensabschnitt nach dem Statut formal noch zum Ermittlungsverfahren gezählt wird.[121]

3. Hauptverfahren

Mit der Bestätigung der Anklage durch die Vorverfahrenskammer geht die Zuständigkeit innerhalb des IStGH gem. Art. 61 XI IStGH-Statut auf die Hauptverfahrenskammer über. Die Verhandlung vor der Hauptverfahrenskammer ist gem. Art. 64 VII

---

115 S. nur *Kirsch*, ICLR 17 (2006), 275, 285 f.; *Roxin/Schünemann*, Strafverfahrensrecht, § 9 Rn. 10 f.; ausf. zB *Sprack*, Emmins on Criminal Procedure, S. 278 ff.; vgl. dazu auch *Esser*, Eur. Und Int. Strafrecht, § 21 Rn. 43.
116 Vgl. § 162 StPO; ebenso § 104 StPO-Österreich, § 18 I StPO-Schweiz und zu den Italienischen *giudice delle indagini preliminari*, *Cassese*, Int. Criminal Law, S. 374.
117 Krit. zum Zwischenverfahren *Schabas*, CLF 22 (2011), 493, 497 ff.
118 IStGH (AC), Prosecutor v. Lubanga, Decision on the admissibility of the appeal of Mr Thomas Lubanga Dyilo against the decision of Pre-Trial Chamber I entitled "Décision sur la confirmation des charges" of 29th January 2007, ICC-01/04–01/06–926, 13.6.2007.
119 IStGH (PTC III), Prosecutor v. Bemba, Decision adjourning the hearing pursuant to article 61 (7) (c) (ii) of the Rome Statute, ICC-01/05–01/08, 3.3.2009, Rn. 16; vgl. auch Triffterer/Ambos-*Schabas/Chaitidou/El Zeidy*, Rome Statute, Art. 61 Rn. 136.
120 Vgl. *Beulke*, StPO, Rn. 352 ff.
121 So *Gleß*, Int. Strafrecht, Rn. 891.

IStGH-Statut öffentlich. Die Hauptverfahrenskammer kann die Vorlage aller Beweise verlangen, die sie für die Ermittlung der Wahrheit für notwendig erachtet. Dies weist auf prägende Einflüsse des kontinentaleuropäischen Prozessrechts hin, welches sich vom *Common Law* der angloamerikanischen Rechtstradition stark unterscheidet.[122] In der Rechtspraxis lässt sich jedoch auch eine gegenläufige Einflussnahme feststellen: So orientieren sich zB die Strukturierung der Beweisaufnahme und die Zeugenbefragung[123] vor dem IStGH bisher stark am Verfahren der *Ad-hoc*-Tribunale,[124] welche sich ihrerseits weitgehend auf die *Common-Law*-Tradition stützten. Zudem erkennt Art. 65 V IStGH-Statut implizit die Möglichkeit von Absprachen zwischen Verteidigung und Anklage im Prozess vor dem IStGH an, was an den angloamerikanischen *guilty plea* erinnert.[125] In der gleichen Norm wird der Hauptverfahrenskammer aber das Recht eingeräumt, sich über eine solche Absprache hinwegzusetzen, was wiederum mehr in Richtung der kontinentaleuropäischen Tradition weist.[126]

4. Rechtsmittel (*appeal*) und Wiederaufnahme (*revision*)

35   Das **Rechtsmittelverfahren** ermöglicht es sowohl dem Ankläger als auch dem Verurteilten, gem. Art. 81 f. IStGH-Statut ergangene Entscheidungen der Hauptverfahrenskammer anzufechten. Das Rechtsmittel gegen ein Endurteil (Art. 81 IStGH-Statut) kann mit Verfahrensfehlern, der fehlerhaften Tatsachenfeststellung sowie der fehlerhaften Rechtsanwendung begründet werden (Art. 81 I IStGH-Statut). Sowohl der Verurteilte als auch der Ankläger – letzterer allerdings ebenfalls ausschließlich zugunsten des Verurteilten – können darüber hinaus „jeden anderen Grund, der die Fairness oder Verlässlichkeit des Verfahrens oder des Urteils beeinträchtigt", als Anfechtungsgrund geltend machen (Art. 81 I lit. b IStGH-Statut).[127]

In Art. 84 IStGH-Statut ist darüber hinaus eine **Wiederaufnahme** des Verfahrens (*revision*) vorgesehen, zB für den Fall, dass nachträglich neue, zum Zeitpunkt der Verhandlung nicht verfügbare Beweismittel auftauchen.

5. Insbesondere: Opferrechte

36   Besondere Aufmerksamkeit und Bedeutung erlangen im Verfahren vor dem IStGH die Rechte der Opfer.[128] Ihre Möglichkeiten, sich aktiv am Verfahren zu beteiligen, sind deutlich größer als noch bei den *Ad-hoc*-Tribunalen: Die Opfer treten im Rahmen des Verfahrens des IStGH aus ihrer Rolle als bloße Zeugen heraus und können ihre „Sichtweisen und Belange" in jeder Phase des Verfahrens einbringen (Art. 68 III IStGH-Statut), sofern ihrem Antrag auf **Zulassung als Opfer** bei der Kanzlei entsprochen wird.[129]

---

122 Vgl. *Lagodny* ZStW 113 (2001), 800, 811.
123 Zur Beweisaufnahme und zur Zeugenbefragung s. *Babucke* ZIS 2017, 782; *Acquaviva ua*, in: Sluiter ua (Hrsg.), Int. Crim. Procedure, S. 600 f., 607 f.
124 Dazu *Kirsch*, ICLR 17 (2006), 275.
125 S. zu Absprachen im Völkerstrafrecht *Bulaty* Schweizerische Zeitschrift für Strafrecht 2008, 214.
126 Zum ersten Urteil des IStGH, das auf einer Absprache beruhte, vgl. IStGH (TC VIII), Prosecutor v. Al Mahdi, Judgment and sentence, ICC-01/12–01/15–171, 27.9.2016; zu den Absprachen in Deutschland s. den Überblick bei *Satzger/Ruhs*, in: Bockemühl (Hrsg.), 8. Teil Kapitel 29.
127 Vgl. zum *appeal* auch *Esser*, Eur. und Int. Strafrecht, § 21 Rn. 53 f.
128 Zur Situation des Opfers vor dem IStGH *Abo Youssef*, Die Stellung des Opfers im Völkerstrafrecht, S. 103 ff.; *Bock* ZStW 119 (2007), 664; *dies.*, Das Opfer vor dem Internationalen Strafgerichtshof; *Carayon*, JICJ 15 (2017), 567; für eine kritische Betrachtung hinsichtlich des *Fair-trial*-Prinzips in Art. 68 III IStGH-Statut, vgl. *Pues*, JICJ 13 (2015), 951.
129 Rule 89 (1) RPE.

Der Antragsteller wird gem. Rule 85 lit. a RPE von der zuständigen Kammer als „Opfer" zugelassen, wenn er eine natürliche Person ist, die Schaden durch ein in die Zuständigkeit des IStGH fallendes Verbrechen erlitten hat.[130] Einzelne Opfer und Opfergruppen können sich von einem eigenen Anwalt vertreten lassen. Die Beteiligungsmöglichkeiten erstrecken sich grds. auf alle Verfahrensstadien. So können sich Opfer gem. Art. 15 III, VI IStGH-Statut bereits im Ermittlungsverfahren[131] und im Vorverfahren[132] beteiligen. Art. 19 III und 68 III des Statuts gestehen ihnen zu, das Hauptverfahren aktiv mitzugestalten. Sie können ua Beweise beibringen, Zeugen befragen, selbst als Zeugen aussagen und die Zulässigkeit von Beweismitteln rügen.[133] Auch über ihre Beteiligung am Rechtsmittelverfahren wurde bereits positiv entschieden.[134]

Die Einräumung solch weitreichender Opferrechte ist nicht selbstverständlich.[135] Im angloamerikanischen Prozessrecht und auch im Recht der hieran angelehnten Ad-hoc-Tribunale wird dem Opfer grds. lediglich eine Zeugenrolle eingeräumt. Es wird davon ausgegangen, dass die Interessen von Ankläger und Opfer im Wesentlichen deckungsgleich sind, letztere also ausschließlich durch ersteren vertreten werden.[136]

Das sich aus der Opferbeteiligung ergebende Spannungsverhältnis zwischen dem Interesse des Verletzten nach Wiedergutmachung einerseits und dem des Angeklagten auf ein schnelles und faires Verfahren andererseits, erkennt das Statut in Art. 68 III an – eine Lösung erfährt dieses Spannungsverhältnis zugunsten des Angeklagten durch eine gerichtliche Entscheidung im jeweiligen Einzelfall über die konkrete Reichweite der Opferbeteiligung.[137]

Neben der Opferbeteiligung spielt auch der **Opferschutz** vor dem IStGH eine bedeutende Rolle. Denn insbesondere angesichts der im Völkerstrafrecht häufigen Vielzahl von Tätern sind Opferzeugen, die vor dem IStGH aussagen, noch stärker als in rein nationalen Verfahren der Gefahr von Racheakten durch nicht gefasste Mittäter oder durch politische Unterstützer eines Angeklagten ausgesetzt.[138] Vorschriften zum Zeugenschutz finden sich sowohl in Art. 68 IStGH-Statut als auch in den *Rules of Procedure and Evidence*, Art. 87 f. RPE. So besteht beispielsweise die Möglichkeit, zum Schutze der Opfer die Öffentlichkeit bei der Zeugeneinvernahme auszuschließen oder

---

130 Auch juristische Personen können gem. Rule 85 lit. b RPE ausnahmsweise – unter den Voraussetzungen der Rule 89 (1) RPE – als Opfer zugelassen werden.
131 Der IStGH hat den Opfern in *Lubanga* sogar zugestanden, noch vor dem Antrag auf Haftbefehl beteiligt zu werden: IStGH (PTC I), Decision on the applications for participation in the proceedings of VPRS1, VPRS 2, VPRS 3, VPRS 4, VPRS 5 and VPRS 6, ICC-01/04–101-tEN-Corr, 17.1.2006; zur Opferbeteiligung im *Lubanga*-Verfahren insgesamt *Ambos* ZIS 2012, 313; *Ehlers/Markard* KritJ 2012, 273.
132 Triffterer/Ambos-*Bergsmo/Pejic/Zhu*, Rome Statute, Art. 15 Rn. 37.
133 IStGH (TC II), Prosecutor v. Katanga and Ngudjolo, Decision on the modalities of victim participation at trial, ICC-01/04–01/07–1788-tENG, 22.1.2010; zum Konflikt zwischen dem Interesse des Opfers, belastendes Beweismaterial einzuführen, und dem Recht des Angeklagten auf ein faires Verfahren s. IStGH (AC), Prosecutor v. Katanga and Ngudjolo, Judgment on the appeal of Mr Katanga against the decision of Trial Chamber II of 22 January 2010 entitled "Decision on the modalities of victim participation at trial", ICC-01/04–01/07–2288, 16.7.2010.
134 IStGH (AC), Prosecutor v. Lubanga, Decision on the participation of victims in the appeals, ICC-01/04–01/06–2168, 20.10.2009.
135 Krit. zu einer zu weitgehenden Opferbeteiligung *Safferling* ZStW 122 (2010), 87, 113.
136 *De Hemptinne*, in: Cassese (Hrsg.), Companion, Teil B, S. 562 f.
137 Zu diesem Konflikt s. ausf. *Zappalà*, JICJ 8 (2010), 137.
138 *Bock* ZStW 119 (2007), 664, 676 f.; Triffterer/Ambos-*Donat-Cattin*, Rome Statute, Art. 68 Rn. 19 ff.; *Safferling* ZStW 122 (2010), 87, 105.

bei der Beweiserhebung auf elektronische Hilfsmittel zurückzugreifen (Art. 68 II IStGH-Statut).[139]

Das Statut sieht in Art. 75 eine **Entschädigung der Opfer** vor.[140] Ein deutliches Zeichen der zentralen Rolle der Opfer ist insoweit der „*Trust Fund for Victims*" (TFV), welcher selbst zwar kein Organ des Gerichts ist, aber dennoch hier angesiedelt wurde, um Entschädigungszahlungen an die jeweiligen Opfer zu gewährleisten. Wiedergutmachung und Entschädigungsfonds tragen zum Ausgleich der mit Völkerstrafrecht verbundenen Interessen (Vergeltung und Wiederherstellung) bei. Damit ist der IStGH das erste internationale Gericht, das Individuen zu Entschädigungszahlungen an andere Individuen oder Opfergruppen verurteilen kann. Inwiefern sich die sehr unterschiedlichen Zielsetzungen des Völkerstrafrechts – vergangenheitsbezogene Feststellung individueller strafrechtlicher Verantwortlichkeit einerseits und Entschädigung der Opfer mit Blick in die Zukunft andererseits – auf Ebene des IStGH vereinbaren lassen, wird sich zeigen müssen.[141]

6. Fazit

37 Das Prozessrecht des IStGH steht nicht eindeutig in einer der großen Prozessrechtstraditionen. Im Gegensatz zum Recht des ICTY und des ICTR, welches zunächst maßgeblich am anglo-amerikanischen Prozessrecht ausgerichtet war, weist das Prozessrecht des IStGH unübersehbar auch starke Bezüge zum kontinentaleuropäischen Strafprozess auf. Inwiefern in der Praxis eine der beiden Rechtstraditionen den Prozess vor dem IStGH dominieren wird, kann allerdings (noch) nicht abschließend beantwortet werden und wird sich wohl erst im Laufe der weiteren Entwicklung der Rechtsprechung herauskristallisieren. Insgesamt wäre es jedoch vorstellbar und durchaus wünschenswert, den Unterschiedlichkeiten der Rechtstraditionen zur Entwicklung des Völkerstrafprozesses nicht allzu großes Gewicht einzuräumen und diesen als eigenständiges Rechtssystem *sui generis* zu begreifen und entsprechend den besonderen Anforderungen, die an einen völkerstrafrechtlichen Prozess vor einem internationalen Gericht gestellt werden, fortzuentwickeln.

VIII. Strafen und deren Vollstreckung

38 Die Straftatbestände des Statuts machen keine Angaben zur Strafhöhe, vielmehr beinhaltet Art. 77 IStGH-Statut einen allgemeinen Strafrahmen. Dieser sieht eine **lebenslange Freiheitsstrafe** vor, wenn diese durch die außergewöhnliche Schwere des Verbrechens und die persönlichen Verhältnisse des Täters gerechtfertigt ist; ansonsten darf der IStGH auf **Freiheitsstrafe bis zu einer Höchstdauer von 30 Jahren** erkennen. Die Todesstrafe ist nicht vorgesehen. Neben der Freiheitsstrafe besteht die Möglichkeit der Verhängung einer **Geldstrafe** (Art. 77 II lit. a IStGH-Statut). Darüber hinaus kann der IStGH gem. Art. 77 II lit. b IStGH-Statut die „Einziehung" des Erlöses, des Eigentums und der Vermögensgegenstände, die unmittelbar oder mittelbar aus dem begangenen Verbrechen stammen, anordnen. Neben dem Strafurteil kann die Hauptverfahrenskammer gem. Art. 75 IStGH-Statut Zahlungen des Täters an Opfer oder Familienange-

---

139 Ausf. zum Zeugenschutz *Bock* ZStW 119 (2007), 664, 678 f.
140 Ausf. zu den verschiedenen Möglichkeiten der Wiedergutmachung nach Art. 75 IStGH-Statut *Bock* ZStW 119 (2007), 664, 678 f.; *Dwertmann*, The Reparation System.
141 Zu diesem Konflikt ausf. *Trüg* ZStW 125 (2013), 34 sowie *Zegveld*, JICJ 8 (2010), 79.

hörige zum Zwecke der Wiedergutmachung, zum Schadensersatz und zur Wiederherstellung anordnen.[142]

Die Freiheitsstrafen werden gem. Art. 106 IStGH-Statut unter der Aufsicht des IStGH in Staaten vollstreckt, die sich dazu bereit erklären.

IX. Verjährung und Rechtskraft

Die Statutsverbrechen verjähren gem. Art. 29 IStGH-Statut nicht.

39

Die **Rechtskraft** eines Urteils des IStGH hindert eine erneute Strafverfolgung wegen desselben Verbrechens durch staatliche Strafgerichte (*ne bis in idem*). Die Rechtskraft der Entscheidungen nationaler Strafgerichte steht einer Bestrafung durch den IStGH wegen desselben Sachverhalts grds. ebenfalls entgegen. Allerdings folgt aus der Logik des Grundsatzes der Komplementarität, dass zwei Ausnahmen zuzulassen sind:

- Hatte das nationale Strafverfahren den Zweck, die Person vor der Strafverfolgung durch den IStGH zu schützen, oder
- wurde das nationale Strafverfahren nicht unabhängig oder unparteiisch gem. den völkerrechtlich anerkannten Grundsätzen für ein ordnungsgemäßes Gerichtsverfahren und im Einzelfall in einer Weise geführt, die der Absicht, die betroffene Person zur Rechenschaft zu ziehen, widersprach,

darf der IStGH seine Gerichtsbarkeit trotz rechtskräftiger nationaler Entscheidung ausüben (Art. 20 IStGH-Statut).

In **Fall 30b** ist die Zuständigkeit des IStGH zu bejahen. Auch die Gerichtsbarkeit des IStGH ist eröffnet: Die überaus milde Verurteilung des G im Staat M steht einem weiteren Verfahren vor dem IStGH aus Komplementaritätsgründen nicht entgegen, da auch hier – wie in **Fall 30a** – davon auszugehen ist, dass die Tätigkeit der Strafverfolgungsbehörden darauf gerichtet ist, den G vor der internationalen Strafgerichtsbarkeit zu schützen (vgl. Art. 20 III lit. a IStGH-Statut). Der Genehmigung weiterer Ermittlungen durch die Vorverfahrenskammer nach Art. 15 IV IStGH-Statut stünde hier somit nichts im Wege.

X. Rechtspolitische Bewertung

Die internationale Staatengemeinschaft hat mit der Errichtung des IStGH ein deutliches und im Grundsatz höchst begrüßenswertes Zeichen dafür gesetzt, dass sie nicht länger gewillt ist, tatenlos bei der Begehung schwerster Verbrechen in der Welt zuzusehen. Die gewollte präventive Wirkung, die von der Einrichtung eines solchen Gerichts ausgehen soll,[143] setzt aber dessen effektive Arbeit voraus. Dabei ist zu berücksichtigen, dass der IStGH in vielfacher Hinsicht auf die Mitwirkung der Staaten und des UN-Sicherheitsrates angewiesen ist, so etwa beim Vollzug von Haftbefehlen, bei der Vorlage von Beweismitteln oder bei der Zulassung von Ermittlungen vor Ort. Besonders delikat ist dabei, dass der Gerichtshof gerade auf die Kooperation derjenigen Staaten angewiesen ist, die unwillig oder unfähig sind, die Strafverfolgung selbst zu betreiben. Denn nur für diese Fälle eröffnet das Komplementaritätsprinzip die Gerichtsbarkeit des IStGH. Effektivitätsdefizite und Beweisprobleme sind hierdurch vorge-

40

---

142 Vgl. hierzu ausf. *Henzelin/Heiskanen/Mettraux*, CLF 17 (2006), 317; *Safferling* ZStW 115 (2003), 352, 379 ff.
143 Vgl. Abs. 5 der Präambel des IStGH-Statuts und dazu Trifftterer/Ambos-*Trifftterer/Bergsmo/Ambos*, Rome Statute, preamble Rn. 15.

zeichnet. Zudem gilt es zu bedenken, dass ein energisches Einschreiten der Anklägerin bzw. des Gerichtshofs – wie etwa im Fall des Haftbefehls gegen den ehemaligen Staatschef des Sudan *Al-Bashir* (→ Rn. 16) – diplomatischen Lösungen zur Verbesserung der Lage notleidender Menschen in Krisengebieten nicht notwendigerweise förderlich ist, sondern diese sogar erschweren kann.

Gerade in den letzten Jahren wurde das Gericht mit diesen besonderen Herausforderungen konfrontiert. Nicht nur die Situation Darfur, in welcher gerade aufgrund der unkooperativen Haltung des Sudan Ermittlungsmaßnahmen der Anklagebehörde, aber auch der Verteidigung, deutlich erschwert wurden, sondern auch die Situation Kenia stellte den Gerichtshof vor erhebliche politische Schwierigkeiten. Nachdem der damalige Chefankläger 2010 formelle Ermittlungen in der Situation Kenia *proprio motu* eingeleitet hatte,[144] wurde *Uhuru Kenyatta*, gegen welchen bereits 2011 die erste Vorladung als Beschuldigter erfolgt war,[145] im April 2013 zum Präsidenten Kenias gewählt, während sein früherer Gegner *William Ruto* zum stellvertretenden Präsidenten ernannt wurde. Auf politischer Ebene bemühte sich Kenia im Folgenden, gerade in der Vertragsstaatenversammlung, Ressentiments gegen den IStGH zu fördern und dessen politische Unterstützung – gerade durch die afrikanischen Staaten – zu verringern.[146] Viele afrikanische Staaten unterstützten die Regierung Kenias hierin, indem sie die Tätigkeiten des IStGH als illegitime Beeinträchtigung interner Staatsangelegenheiten brandmarkten. Im Dezember 2014 musste die Chefanklägerin die Vorwürfe gegen *Kenyatta* aufgrund fehlender Beweise zurückziehen,[147] woraufhin das Verfahren im März 2015 formell eingestellt wurde.[148] Im April 2016 folgte die Beendigung des Prozesses gegen *Ruto* aus denselben Gründen.[149] Im Rahmen der Einstellung beider Prozesse übte die Chefanklägerin starke Kritik an Kenia, welches ihre Ermittlungen konterkariert und so eine Hauptverhandlung unmöglich gemacht habe.[150] Die Aufarbeitung des Scheiterns der Kenia-Prozesse beschäftigt die Anklagebehörde bis heute, was die jüngst im Jahr 2019 veröffentlichte, von der Chefanklägerin in Auftrag gegebene, unabhängige externe Untersuchung zu deren Gründen anschaulich belegt. Der Expertenbericht zeigt neben der störenden Einflussnahme Kenias auch systemische Mängel in der Anklagebehörde auf, welche – insbesondere unter der Leitung des ehemaligen Chefanklägers

---

144 Bestätigt durch Vorverfahrenskammer II, IStGH (PTC II), Situation in the Republic of Kenya, Decision pursuant to article 15 of the Rome Statute on the authorization of an investigation into the situation in the Republic of Kenya, ICC-01/09–19, 31.3.2010.
145 IStGH (PTC II), Prosecutor v. Muthaura, Kenyatta and Ali, Decision on the confirmation of charges pursuant to article 61(7)(a) and (b) of the Rome Statute, ICC-01/09–02/11–382-Red, 23.1.2012.
146 Siehe https://www.amnesty.org/en/latest/news/2015/11/kenya-state-parties-run-dangerously-close-to-interfering-with-the-iccs-independence/ (Stand 1/20).
147 IStGH (TC Vb), Prosecutor v. Kenyatta, Notice of withdrawal of the charges against Uhuru Muigai Kenyatta, ICC-01/09–02/11–983, 5.12.2014.
148 IStGH (TC Vb), Prosecutor v. Kenyatta, Decision on the withdrawal of charges against Mr Kenyatta, ICC-01/09–02/11–1005, 13.3.2015.
149 IStGH (TC Va), Prosecutor v. Ruto and Sang, Decision on Defence application for judgment of acquittal, ICC-01/09–01/11–2027-Red-Corr, 5.4. 2016.
150 Vgl. die Stellungnahme der Chefanklägerin bzgl. der Rücknahme der Anklage gegen Kenyatta, verfügbar unter https://www.icc-cpi.int/Pages/item.aspx?name=otp-statement-05-12-2014-2 (Stand 1/20) und ihre Stellungnahme bzgl. der Einstellung des Falles *Ruto* und *Sang*, verfügbar unter https://www.icc-cpi.int/pages/item.aspx?name=otp-stat-160406 (Stand 1/20).

Ocampo – für eine Verfolgung von vermeintlichen Straftätern in höchsten politischen Ämtern nicht gerüstet gewesen sei.[151]

Die IStGH-kritische Haltung einiger afrikanischer Staaten zeigte sich in Folge der Kenia-Fälle insbesondere auch und besonders deutlich in der Entscheidung Burundis, Gambias und Südafrikas, im Oktober 2016 ihren Austritt aus dem IStGH-Statut zu erklären, weshalb bereits ein gemeinschaftlicher „Afrikanischer Exodus" befürchtet wurde.[152] Anders als Burundi und auch die Philippinen, die ihren Austritt tatsächlich mit Wirkung zum 27. Oktober 2017 bzw. zum 17. März 2019 vollzogen haben, nahmen zwischenzeitlich Gambia[153] und Südafrika[154] ihre Austrittserklärungen zurück und sicherten dem IStGH volle Unterstützung zu. Die politische Opposition einiger afrikanischer Mitgliedstaaten gegenüber dem IStGH, die gerade im Rahmen der Situation Kenia und den Austrittserklärungen deutlich zum Ausdruck kam, konnte in dieser Form letztlich nur deshalb erstarken, da dem IStGH von einigen Staaten bereits seit Längerem der Vorwurf des „Neo-Kolonialismus"[155] gemacht wurde.[156] Kritik wurde laut, dass der IStGH als reiner „Gerichtshof für Afrika"[157] agiere. Zwar lässt sich wohl nicht kritisieren, dass sich der IStGH mit so vielen Situationen aus Afrika befasst – immerhin gingen (fast) alle dieser Situationen auf *self referrals* bzw. Beschlüsse des UN-Sicherheitsrats zurück.[158] Fragwürdig bleibt jedoch die lange Zurückhaltung der Anklagebehörde bei der Einleitung von *Proprio-motu*-Ermittlungen bzgl. potenzieller Situationen außerhalb Afrikas,[159] so dass die Kritik aus der Reihe der afrikanischen Staaten letztlich nicht ganz unberechtigt erscheint. Eine derartige zurückhaltende Strategie mag sich politisch – zumindest kurzfristig – als zweckmäßig erwiesen haben, um Unterstützung der mächtigen Staaten und damit auch des UN-Sicherheitsrats zu gewinnen. Dennoch sollte sich die Chefanklägerin der längerfristigen Auswirkungen dieses zögerlichen Vorgehens auf das breite Ansehen des Gerichtshofs, insbesondere im Kreise der afrikanischen Staaten, bewusst sein. Für die Zukunft könnte sich eine Verlagerung der Schwerpunktsetzung von Ermittlungen in *Self-referral*-Situationen hin zu *Proprio-motu*-Ermittlungen als angezeigt erweisen. Eine solche Auswahlstrategie könnte zwar die (stets unsichere) Unterstützung einiger mächtiger Staaten gefährden, dafür aber Unabhängigkeit und Fairness des IStGH demonstrieren. Die *proprio motu*

---

151 ICC (OTP), Full statement of the Prosecutor, Fatou Bensouda, on external expert review and lessons drawn from the Kenya situation, 26.11.2019, verfügbar unter https://www.icc-cpi.int/itemsDocuments/261119-otp-statement-kenya-eng.pdf (Stand 1/20).
152 Siehe https://www.theguardian.com/world/2016/nov/18/african-exodus-international-criminal-court-kofi-annan (Stand 1/20).
153 Siehe https://www.icc-cpi.int/Pages/item.aspx?name=PR1274 (Stand 1/20).
154 Der South African High Court hatte den Austritt für (formal) verfassungswidrig erklärte; siehe https://www.icc-cpi.int/Pages/item.aspx?name=pr1285 (Stand 1/20). Ob Südafrika ein weiteres Mal Schritte einleiten wird, um den IStGH zu verlassen, bleibt abzuwarten; für die jüngsten Vorstöße siehe https://www.blomberg.com/news/articles/2019-10-30/s.-africa-revives-international-criminal-court-withdrawal-plan (Stand 1/20).
155 Vgl. *Materu*, in: Werle ua (Hrsg.), Africa and the ICC, S. 213, 221; *Oette*, JICJ 8 (2010), 345, 359; *Oko*, Fordham Int.L.J. 31 (2007–2008), 343, 355; *Werle/Fernandez/Vormbaum*, in: Werle ua (Hrsg.), Africa and the ICC, S. 3.
156 Zur generellen Anfälligkeit des IStGH für Kritik, vgl. *Robinson*, LJIL 28 (2015), 323; *Schabas*, JICJ 11 (2013), 545.
157 Dieser eher herabwürdigende Begriff wird von *Batohi*, in: Werle ua (Hrsg.), Africa and the ICC, S. 55 benutzt, entgegen seiner eigentlich positiven Meinung, welche betont, dass der IStGH von Afrikanischen Staaten bei der Verfolgung von Straftaten, die gegen Afrikanische Bürger begangen wurden, unterstützt wird.
158 S. *Ntanda Nsereko*, CLF 22 (2011), 511, 517 f.
159 Kritisch zur Auswahl der Situationen *Schabas*, CLF 22 (2011), 493, 501 ff.

gefällten Entscheidungen zur Aufnahme von formellen Ermittlungen in den Situationen Georgien, Afghanistan, Burundi und Bangladesch/Myanmar können jedenfalls als positive Zeichen in diese Richtung gedeutet werden. Umso enttäuschender erscheint auf der anderen Seite die Entscheidung der Vorverfahrenskammer II, trotz der Feststellung einer hinreichenden faktischen Grundlage formelle Ermittlungen in der Situation Afghanistan abzulehnen, da diese derzeit nicht im *interest of justice* iSd Art. 53 I lit. c IStGH-Statut lägen.[160] Im Hinblick auf das vorangegangene Gebaren der derzeitigen US-Administration, insbesondere den vollzogenen Visumsentzug für Chefanklägerin *Bensouda* (dazu → Rn. 15), erhält die – zudem nur mangelhaft begründete – Entscheidung der Vorverfahrenskammer II den schalen Beigeschmack der Beugung gegenüber politischer Einflussnahme. Die Argumentation der Kammer, formelle Ermittlungen, deren Durchführbarkeit aufgrund politischer Opposition betroffener (Nicht-Mitglied-) Staaten zweifelhaft erscheint, lägen nicht im „Interesse der Gerechtigkeit", erweist sich zudem als brandgefährlich. So birgt sie das Potential, formelle Ermittlungen des Gerichts grundsätzlich für solche Situationen auszuschließen, in denen ein einflussreicher, kooperationsunwilliger Staat verstrickt ist. Der Vorwurf des „Neo-Kolonialismus" ließe sich dann kaum noch zurückweisen.

Im Allgemeinen sollte die politische Dimension der Aktivitäten des Gerichtshofs nicht unterschätzt werden. In Zeiten, in denen viele Staaten versuchen, ihre eigene nationale Souveränität und Unabhängigkeit zu stärken, erscheint die Vision des IStGH, ein globales System der Gerechtigkeit zu erschaffen, unausweichlich als utopisch. In solchen unruhigen Zeiten wird der IStGH zwangsläufig Rückschlägen, mangelnder Kooperation und staatlichen Instrumentalisierungsversuchen gegenüberstehen. Wenn der IStGH allerdings seinem Mandat auf effektive und objektive Weise gerecht wird, bleibt zumindest die begründete Hoffnung, dass dieser – ungeachtet mancher kaum zu vermeidender Rückschläge – eine einflussreiche Institution der Gerechtigkeit, ein Vorbild für nationale Gerichte und einen idealistischen Wegweiser einer noch zu errichtenden, verfassten Weltordnung darzustellen vermag.

41 WIEDERHOLUNGS- UND VERTIEFUNGSFRAGEN

> Skizzieren Sie kurz die Zuständigkeit des IStGH. (→ Rn. 6 ff.)
> Inwiefern ist es wichtig, zwischen der Zuständigkeit des IStGH und der Berechtigung zur Ausübung seiner Gerichtsbarkeit zu unterscheiden? (→ Rn. 17)
> Wodurch kann die Gerichtsbarkeit des IStGH ausgelöst werden? Welcher dieser Mechanismen hat in der Praxis die größte Bedeutung? (→ Rn. 12 ff.)
> Was besagt der Grundsatz der Komplementarität? (→ Rn. 17)
> Wo liegen in institutioneller Hinsicht die Gemeinsamkeiten, wo die Unterschiede zwischen IStGH und ICTY/ICTR? (→ Rn. 25)
> Skizzieren Sie den Ablauf eines Verfahrens vor dem IStGH. (→ Rn. 30 ff.)
> Was macht die Position der Opfer im Verfahren vor dem IStGH einzigartig? (→ Rn. 36)

---

160 IStGH (PTC II), Situation in the Islamic Republic of Afghanistan, Decision pursuant to Article 15 of the Rome Statute on the authorisation of an investigation into the situation in the Islamic Republic of Afghanistan, ICC-02/17-33, 12.4.2019, Rn. 87 ff. Eine Entscheidung der Rechtsmittelkammer steht diesbezüglich noch aus.

§ 14 Der Internationale Strafgerichtshof (IStGH)

Aktuelle und weiterführende Literatur: *Abtahi/Young*, The Rome Statute at Twenty: Enhancing Efficiency and Effectiveness at the International Criminal Court, ICLR 18 (2018), 377; *Abtahi/Charania*, Expediting the ICC Criminal Process: Striking the Right Balance between the ICC and States Parties, ICLR 18 (2018), 383; *Ambach*, The „Lessons Learnt" process at the International Criminal Court – a suitable vehicle for procedural improvements?, ZIS 2016, 854; *Birdsall*, The Responsibility to Prosecute and the ICC: A problematic relationship, CLF 26 (2015), 51; *Badar/Higgins*, Discussion Interrupted: The Destruction and Protection of Cultural Property under International Law and Islamic Law – the Case of Prosecutor v. Al Mahdi, ICLR 17 (2017), 486; *Bocchese*, After Ratification: Predicting State Compliance with ICC Treaty Obligations, ICLR 19 (2019), 635; *Cormier*, Can the ICC Exercise Jurisdiction over US Nationals for Crimes Committed in the Afghanistan Situation?, JICJ 16 (2018), 1043; *Dürr/von Maltitz*, Die Staatlichkeit Palästinas und ihre Bedeutung für die Gerichtsbarkeit des Internationalen Strafgerichtshofs, ZStW 125 (2014), 907; *Hassanein*, Self-referral of Situations to the International Criminal Court: Complementarity in Practice – Complementarity in Crisis, ICLR 17 (2017), 107; *Helfer/Showalter*, Opposing International Justice: Kenya's Integrated Backlash Strategy against the ICC, ICLR 17 (2017), 1; *De Hoon*, The Future of the International Criminal Court. On Critique, Legalism and Strengthening the ICC's Legitimacy, ICLR 17 (2017), 591; *Keïta*, Disclosure of Evidence in the Law and Practice of the ICC, ICLR 16 (2016), 1018; *Kirsch*, The Role of the International Criminal Court in Enforcing Criminal Law, American University International Law Review 22 (2007), 539; *Körner*, Judicial Developments in the jurisprudence of the International Criminal Court in 2017–2018, ZIS 2018, 546; *Mburu*, The Lost Kenyan Duel: The Role of Politics in the Collapse of the International Criminal Court Cases against Ruto and Kenyatta, ICLR 19 (2019), 1015; *Moran*, The Problem of the Authority of the International Criminal Court, ICLR 18 (2018), 833; *Niang*, Africa and the Legitimacy of the ICC in Question, ICLR 17 (2017), 615; *Du Plessis/Mettraux*, South Africa's Failed Withdrawal from the Rome Statute: Politics, Law, and Judicial Accountability, JICJ 15 (2017), 361; *Plevin*, Beyond a „Victims' Right" – Truth-finding power and procedure at the ICC, CLF 25 (2014), 441; *Rastan*, What is ‚Substantially the Same Conduct'?, JICJ 15 (2017), 1; *Robinson*, The Controversy over Territorial State Referrals and Reflections on ICL Discourse, JICJ 9 (2011), 355; *Schabas*, The Banality of International Justice, JICJ 11 (2013), 545; *Ssenyonjo*, African States Failed Withdrawal from the Rome Statute of the International Criminal Court: From Withdrawal Notifications to Constructive Engagement, ICLR 17 (2017), 749; *Trahan*, The Relationship between the International Criminal Court and the U.N. Security Council. Parameters and Best Practices, CLF 24 (2013), 417; *Werle/Vormbaum*, Afrika und der Internationale Strafgerichtshof, JZ 2015, 581; *Zappalà*, The Rights of Victims v. the Rights of the Accused, JICJ 8 (2010), 137.

§ 15 Der Allgemeine Teil des Völkerstrafrechts

1   Sowohl die Chartas des IMG und des IMGFO als auch die Statuten des ICTY und des ICTR enthielten kaum Regelungen über den Allgemeinen Teil des Völkerstrafrechts. Vorschriften über den Vorsatz, die Rechtswidrigkeit und die Voraussetzungen der schuldhaften Begehung der Tat, wie sie etwa das deutsche StGB in seinem Allgemeinen Teil behandelt, waren nicht vorgesehen. Diese Lücke war angesichts der Tatsache, dass es sich bei den Richtern der *Ad-hoc*-Tribunale um sehr erfahrene Juristen handelt(e) und diese somit in der Lage waren, aus ihrem eigenen Erfahrungsschatz der jeweiligen nationalen Rechtssysteme zu schöpfen, durchaus bewusst offen gelassen worden. Auch darf nicht vergessen werden, dass bisher sämtliche *Ad-hoc*-Gerichtshöfe unter erheblichem Zeitdruck errichtet wurden, was eine ausführliche Erarbeitung eines Allgemeinen Teils unmöglich machte. Den Richtern der *Ad-hoc*-Gerichtshöfe wurde damit bei der Anwendung allgemeiner Regeln ein sehr weiter Spielraum eingeräumt, der durch das IStGH-Statut nunmehr erheblich eingeschränkt wird: In seinem dritten Teil sieht das IStGH-Statut in den Art. 22–33 die Grundstrukturen eines Allgemeinen Teils vor, die sog. Allgemeinen Grundsätze des Strafrechts. Im Folgenden sollen die wesentlichen Grundzüge eines Allgemeinen Teils des Völkerstrafrechts – der sicherlich noch weit von einer dogmatischen Ausdifferenzierung wie etwa im deutschen Strafrecht entfernt ist[1] – insbesondere anhand der Regelungen des auch insoweit sehr fortschrittlichen IStGH-Statuts skizziert werden.

I. Anwendbares Recht

1. Allgemeine Rechtsquellen des Völkerrechts

2   Das Völkerstrafrecht entspringt – da Bestandteil des Völkerrechts – grds. den allgemeinen Rechtsquellen des Völkerrechts. Zu diesen zählen – wie Art. 38 I IGH-Statut zeigt – die völkerrechtlichen Verträge, das Völkergewohnheitsrecht sowie die von den Kulturvölkern anerkannten allgemeinen Rechtsgrundsätze.[2] Diese drei Rechtsquellen werden noch durch die sog. Rechtserkenntnisquellen ergänzt; hierzu zählen richterliche Entscheidungen und die „Lehrmeinung der fähigsten Völkerrechtler der verschiedenen Nationen". Die richterlichen Entscheidungen sind dabei nicht auf internationale Gerichte beschränkt; vielmehr kann auch die Entscheidung eines nationalen Gerichts, das Völkerrecht anwendet, eine Erkenntnisquelle bilden.

Eine Hierarchie besteht zwischen den Rechtsquellen des Völkerrechts grundsätzlich nicht, jedoch zeigt die moderne Praxis, dass den allgemeinen Rechtsgrundsätzen aufgrund des immer dichteren Netzes aus Völkervertragsrecht und Völkergewohnheitsrecht heute eine vergleichsweise geringe Bedeutung beigemessen wird.[3] Jedenfalls im Bereich des Völkerstrafrechts haben sie jedoch weiterhin eine besondere Bedeutung, insbesondere bei Fragen des Allgemeinen Teils. Die Grenzen zum Völkergewohnheitsrecht sind aber ohnehin fließend.[4]

---

1   Vgl. hierzu *Ambos*, Völkerstrafrecht AT, § 1; *Werle/Jeßberger*, Völkerstrafrecht, Rn. 454 ff.
2   Zu diesen Rechtsquellen s.o. § 12 Rn. 5.
3   Vgl. *Heintschel v. Heinegg*, in: Ipsen (Hrsg.), Völkerrecht, § 18 Rn. 8.
4   Vgl. *Werle/Jeßberger*, Völkerstrafrecht, Rn. 184 ff.

2. Besondere Rechtsquellen des Völkerstrafrechts

Auf der Ebene der *völkerrechtlichen Verträge* sind für das Völkerstrafrecht das **Statut des Nürnberger Militärgerichtshofs** sowie nunmehr va das **IStGH-Statut** mit den ergänzenden Vorschriften in den sog. *Elements of Crimes* (Verbrechenselemente) sowie den *Rules of Procedure and Evidence* (Verfahrensordnung) von zentraler Bedeutung.

Die „*Elements of Crimes*" enthalten einen umfangreichen Definitionskatalog und präzisieren die im IStGH-Statut enthaltenen Verbrechenstatbestände. Sie sollen dem Gerichtshof bei der Auslegung und Anwendung der Art. 6 ff. IStGH-Statut helfen (Art. 9 I IStGH-Statut). Es handelt sich bei ihnen aber lediglich um Auslegungshilfen, dh im Falle eines Widerspruchs zum Statut geht dieses vor (Art. 9 III IStGH-Statut).

Entsprechend hierzu enthalten die „*Rules of Procedure and Evidence*" ergänzende Verfahrens- und Beweisregeln, die den Gerichtshof und die Vertragsstaaten binden, aber gegenüber Verfahrensvorschriften des Statuts nachrangig sind (Art. 51 IV IStGH-Statut).

Neben diesen vertraglich verankerten völkerstrafrechtlichen Grundsätzen zählen heute auch die Inhalte der **Statuten des Tokioter Militärgerichtshofs** und die der *Ad-hoc*-**Gerichtshöfe ICTY** bzw. **ICTR** dazu, die selbst zwar keine völkerrechtlichen Verträge darstellen, doch zumindest teilweise vom Völkergewohnheitsrecht erfasst sind. Dies gilt – jenseits der völkervertraglichen Bindung – auch für die Inhalte des IStGH-Statuts, das jedoch in einigen Punkten sogar über den Stand des geltenden Völkergewohnheitsrechts hinausgeht, andererseits aber auch punktuell dahinter zurückbleibt.[5] Soweit völkervertraglich verankertes Völkerstrafrecht gewohnheitsrechtlich anerkannt ist, gilt es auch für alle Nicht-Mitgliedstaaten.

Weitere – für das materielle Völkerstrafrecht wichtige – *völkervertragliche* Quellen, die ebenfalls *völkergewohnheitsrechtliche* Geltung beanspruchen,[6] sind die **Haager Landkriegsordnung** von 1907,[7] die **Genfer Abkommen** von 1949[8] mit ihren **beiden Zusatzprotokollen** aus dem Jahr 1977[9] sowie die **Völkermordkonvention, die 1948** verabschiedet wurde[10].

Die **Entscheidungen der internationalen Strafgerichte** (zB IMG, IMGFO, ICTY, ICTR) dienen als überaus wichtige Rechtserkenntnisquellen des Völkerstrafrechts.[11] Daneben

---

5 Va bei der Kriminalisierung verbotener Kampfmittel in nichtinternationalen bewaffneten Konflikten, s. Werle/Jeßberger, Völkerstrafrecht, Rn. 190.
6 Dies hat der IGH für die Völkermordkonvention explizit festgestellt, vgl. IGH, Reservations to the Convention on Genocide, Advisory Opinion, 28.5.1951, ICJ Rep 1951, S. 15.
7 Vgl. das Abkommen betreffend die Gesetze und Gebräuche des Kriegs (Haager Landkriegsordnung), 18.10.1907, RGBl. 1910, S. 107–151, in der Version von 1907.
8 Geneva Convention (I) for the Amelioration of the Condition of the Wounded and Sick in Armed Forces in the Field, Genf, 12.8.1949; Geneva Convention (II) for the Amelioration of the Condition of Wounded, Sick and Shipwrecked Members of Armed Forces at Sea, Genf, 12.8.1949; Geneva Convention (III) relative to the Treatment of Prisoners of War, Genf, 12.8.1949; Geneva Convention (IV) relative to the Protection of Civilian Persons in Time of War, Genf, 12.8.1949.
9 Protocol Additional to the Geneva Conventions of 12 August 1949, and relating to the Protection of Victims of International Armed Conflicts (Protocol I), 8.6.1977; Protocol Additional to the Geneva Conventions of 12 August 1949, and relating to the Protection of Victims of Non-International Armed Conflicts (Protocol II), 8.6.1977.
10 Convention on the Prevention and Punishment of the Crime of Genocide, New York, 9.12.1948, UNTS, Bd. 78, Nr. 1021.
11 Zur Frage, in welchem Umfang der IStGH Urteile der *Ad-hoc*-Gerichte zur Auslegung des IStGH-Statuts heranziehen darf, s. ausf. das Sondervotum des Richters *Kaul*, in: IStGH (PTC II), Decision pursuant to Article 15

kann die Rspr. dieser Gerichte die Entwicklung des Völkerrechts insoweit aber auch unmittelbar beeinflussen, als sie „normatives Eigengewicht" bei der Begründung von Völkergewohnheitsrecht hat.[12] **Entscheidungen staatlicher Gerichte** im Zusammenhang mit völkerstrafrechtlichen Taten[13] können ebenfalls den Charakter von Rechtserkenntnisquellen besitzen; darüber hinaus können sie als Ausdruck der Rechtsüberzeugung und der Staatenpraxis zur Bildung von Gewohnheitsrecht beitragen oder auch als Beleg allgemeiner Rechtsgrundsätze dienen.[14]

7   Art. 21 I lit. c IStGH-Statut enthält hinsichtlich des vom IStGH anzuwendenden Rechts eine gewisse Besonderheit: Wenn angebracht, soll sich der Gerichtshof auch an den Grundprinzipien orientieren können, wie sie in den innerstaatlichen Rechtsvorschriften der Staaten, die im Regelfall die Gerichtsbarkeit über das Verbrechen ausüben würden, zum Ausdruck kommen, soweit diese im Einklang mit dem Statut und dem Völkerrecht stehen. Hier soll der IStGH offenbar von Fall zu Fall – zB je nach dem Territorium, auf dem die Straftat begangen wurde – unterschiedliches Recht anwenden dürfen. Die damit verursachte Rechtsuneinheitlichkeit ist zwar misslich, letztlich handelt es sich aber um einen Kompromiss, der für einen Erfolg bei der Konferenz von Rom unabdingbar war.[15]

Darüber hinaus erklärt Art. 21 II IStGH-Statut auch vom IStGH **selbst entwickeltes Richterrecht** für anwendbar. Dies ergibt sich allerdings bereits aus dem bisher zur Rspr. internationaler Gerichte Gesagten und ist somit rein deklaratorisch. Bemerkenswert ist vielmehr die nur *fakultative* Anwendung der in früheren Entscheidungen entwickelten Grundsätze. Dem IStGH ist also ein Rechtsprechungswandel nicht verwehrt.

Bei der Anwendung und Auslegung seines Rechts muss sich der IStGH zudem gem. Art. 21 III IStGH-Statut an anerkannte **internationale Menschenrechtsstandards** halten. Hierdurch liegt dem IStGH-Statut eine Normenhierarchie zugrunde, die unabhängig von der eben benannten Normenpyramide Wirkung entfaltet. Art. 21 III erhebt anerkannte internationale Menschrechtsstandards zu einer Art „Verfassungsrecht", gegen welches weder die Rechtsanwendung noch die anwendbaren Regeln selbst verstoßen dürfen.[16] Art. 21 III IStGH-Statut diente dem Gericht bisher nicht nur als Auslegungshilfe hinsichtlich des anwendbaren Rechts, sondern auch dazu, dieses durch menschenrechtlich notwendige Rechtsinstitutionen, wie etwa die Aussetzung des Strafverfahrens bei drastischen Verfahrensverstößen,[17] zu ergänzen.

8   Die hierarchische Ordnung, die das IStGH-Statut bzgl. der vom Gerichtshof heranzuziehenden Rechtsquellen etabliert, und die Rolle des Art. 21 III IStGH-Statut lassen sich wie folgt veranschaulichen:

---

of the Rome Statute on the Authorization of an Investigation into the Situation in the Republic of Kenya, ICC-01/09–19, 31.3.2010; Schabas, ICC, S. 529 f.
12 *Ambos*, Völkerstrafrecht AT, S. 49, unter Hinweis auf die *Erdemović*-Rspr. des ICTY.
13 Zum *Indirect Enforcement Model*, s.o. § 12 Rn. 7 f.
14 *Werle/Jeßberger*, Völkerstrafrecht, Rn. 205.
15 So auch Triffterer/Ambos-*de Guzman*, Rome Statute, Art. 21 Rn. 34, die als die beiden Lager auf der einen Seite diejenigen identifiziert, die nationales Recht direkt für anwendbar erklären, auf der anderen Seite jene, welche die generellen Prinzipien komplett von nationalen Rechtssystemen getrennt sehen wollen.
16 Vgl. Cassese/Gaeta/Jones-*Pellet*, Rome Statute, S. 1081.
17 S. nur IStGH (AC), Prosecutor v. Lubanga, Judgment on the appeal of Mr. Thomas Lubanga Dyilo against the decision on the defence challenge to the jurisdiction of the court pursuant to article 19(2)(a) of the Statute of 3 October 2006, ICC-01/04–01/06–772, 14.12.2006, Rn. 37, 39.

§ 15 Der Allgemeine Teil des Völkerstrafrechts

Art. 21 III IStGH-Statut

II. Auslegungsregeln und der Grundsatz *nullum crimen, nulla poena sine lege*

1. Völkerrechtliche Auslegungsregeln

Die Auslegung völkerrechtlicher Verträge richtet sich nach den Art. 31 f. des Wiener Übereinkommens über das Recht der Verträge (WVRK),[18] die als Teil des Völkergewohnheitsrechts für alle Staaten bindend sind.[19] Gem. Art. 31 I WVRK gilt folgende generelle Auslegungsregel:

> Ein Vertrag ist nach Treu und Glauben in Übereinstimmung mit der gewöhnlichen, seinen Bestimmungen in ihrem Zusammenhang zukommenden Bedeutung und im Lichte seines Zieles und Zweckes auszulegen.[20]

---

[18] Vienna Convention on the Law of Treaties, Wien, 23.5.1969, UNTS, Bd. 1155, Nr. 18232, S. 331, BGBl. 1985 II, S. 926 (Sartorius II, Nr. 320).
[19] IGH, Case Concerning Kasikili/Sedudu Island (Botswana v. Namibia), Judgment, 13.12.1999, ICJ Rep 1999, S. 1045 Rn. 18.
[20] Nichtauthentische amtliche Übersetzung.

10 Grundlage für die Auslegung ist nach dem hier verankerten „objektiven Ansatz" der Vertragstext, nicht der historische Parteiwille.[21] Ausgangspunkt ist daher zunächst die übliche Bedeutung des **Wortlauts des Vertragstextes**. Zusätzlich ist bei der Auslegung der Zusammenhang, also die **Systematik** des betreffenden Vertrags heranzuziehen. Schließlich sind **Sinn und Zweck** der Regelung zu erforschen (teleologische Auslegung).[22] Neben diese aus dem Kanon der für das innerstaatliche Recht maßgeblichen Auslegungsmethoden bekannten Regeln tritt der – bereits im europastrafrechtlichen Teil (dazu → § 9 Rn. 73) erwähnte – Grundsatz des *effet utile*, welcher als Teil der teleologischen Auslegungsmethode betrachtet werden kann. Nach diesem hat jede Auslegung im Lichte des Vertragsziels zu erfolgen und muss auf dessen dauernde Förderung gerichtet sein. Bestehen mehrere Auslegungsmöglichkeiten einer bestimmten Vorschrift, so soll sich diejenige durchsetzen, die eine bestmögliche Erreichung der dieser zugrundliegenden Zwecke garantiert.[23]

11 Wegen des „objektiven Ansatzes" nur von ergänzender Bedeutung für die Auslegung (sog. „ergänzende Auslegungsmittel") sind gem. Art. 32 WVRK die vorbereitenden Vertragsarbeiten – die sog. *travaux préparatoires* – und die Umstände des Vertragsschlusses. Auf sie darf erst nach Anwendung der drei Auslegungsmethoden des Art. 31 WVRK zurückgegriffen werden, wenn eine Formulierung mehrdeutig oder unklar bleibt oder das so erzielte Ergebnis sinnwidrig oder unvernünftig ist (sog. *supplementary means of interpretation*). Gerade im Völkerstrafrecht sind die Vorarbeiten allerdings oft so aufschlussreich, dass sie offenbaren, von welchen strafrechtlichen Grundkonzeptionen die Verfasser ausgegangen sind und wie die verwendeten strafrechtlichen Begriffe zu verstehen sind.[24]

2. Auslegung im Völkerstrafrecht

12 Diese allgemeinen Auslegungsregeln sind im Grundsatz auch auf die völkerstrafrechtlich relevanten Verträge, insbesondere auch auf das IStGH-Statut[25] anwendbar.[26] Hier sind bei der systematischen Auslegung va die *Elements of Crimes* mit heranzuziehen (vgl. Art. 9 I IStGH-Statut und oben → Rn. 3).

13 Die Auslegung findet im Völkerstrafrecht ihre Grenze im völkergewohnheitsrechtlich verankerten Grundsatz *nullum crimen sine lege*, wonach eine Bestrafung nur dann zulässig ist, wenn zum Tatzeitpunkt bereits eine (geschriebene oder ungeschriebene) Norm feststellbar ist, die die Strafbarkeit begründet.[27] Für das Völkerstrafrecht darf naturgemäß weder eine schriftliche Fixierung (*lex scripta*) noch eine dem innerstaatli-

---

21 S. dazu *Heintschel v. Heinegg*, in: Ipsen (Hrsg.), Völkerrecht, § 12 Rn. 4 f.
22 Vgl. zur Auslegung völkerrechtlicher Verträge *Doehring*, Völkerrecht, Rn. 387 ff.
23 Vgl. *Werle/Jeßberger*, Völkerstrafrecht, Rn. 211.
24 *Ambos*, Völkerstrafrecht AT, S. 380.
25 IStGH (AC), Situation in the Democratic Republic of the Congo, Judgment on the Prosecutor's application for extraordinary review of Pre-Trial Chamber I's 31 March 2006 decision denying leave to appeal, ICC-01/04–168, 13.7.2006, Rn. 6, 33, 40.
26 Obwohl ICTY und ICTR nicht durch einen völkerrechtlichen Vertrag gegründet wurden, sind die Auslegungsregeln der WVRK trotzdem auf sie anwendbar, vgl. ICTY, Prosecutor v. Tadić, Judgment, IT-94–1-A, 15.7.1999, Rn. 285.
27 Vgl. *Werle/Jeßberger*, Völkerstrafrecht, Rn. 127 ff.; das Gesetzlichkeitsprinzip ist nicht berührt, wenn der Angeklagte zum Zeitpunkt der Tat nur nicht wusste, dass sein Heimatstaat dem IStGH-Statut beigetreten ist, und somit nicht davon ausging, dass seine Tat dem Anwendungsbereich der darin enthaltenen Straftatbestände unterfällt; zur (korrekten) Ablehnung dieses von der Verteidigung *Lubangas* vorgetragenen Einwands IStGH (PTC I), Prosecutor v. Lubanga, Confirmation of charges, ICC-01/04–01/06–803-tEN, 29.1.2007, Rn. 302; s. auch *Weigend*, JICJ 6 (2008), 471, 474.

chen Strafrecht vergleichbare inhaltliche Bestimmtheit des strafbegründenden Rechts (*lex certa*) verlangt werden. Völkerstrafrecht ist als Völkergewohnheitsrecht entstanden und Gewohnheitsrecht stellt – wie gesehen – im Bereich des Völkerrechts (anders als im innerstaatlichen Recht) eine der wichtigsten Rechtsquellen dar. Damit konnten die völkerrechtlichen Verbrechenstatbestände aber nicht als ein „großer Wurf" eines imaginären Gesetzgebers entstehen, sondern sie waren von Anfang an auf eine schrittweise und damit dynamische (politische) Entwicklung angelegt. Insoweit kann man auf völkerrechtlicher Ebene von einer gewissen Relativierung des innerstaatlich bekannten *nullum-crimen*-Grundsatzes sprechen.[28] Folgende Konsequenzen lassen sich aus dem völkerrechtlichen **Gesetzlichkeitsprinzip** ableiten:

- **Bestimmtheitsgrundsatz:** Es muss sich überhaupt eine Norm im Völkerstrafrecht nachweisen lassen, in deren – zumindest nach völkerrechtlichem Maßstab hinreichend bestimmbaren – Anwendungsbereich das in Frage stehende Täterverhalten fällt.[29]

- **Analogieverbot:** Wird das Verhalten nicht durch einen nachweisbaren völkerstrafrechtlichen Verbrechenstatbestand erfasst, so darf ein existierender Tatbestand nicht zum Nachteil des Täters durch Analogieschluss auf ähnliche Fälle ausgeweitet werden. Über dieses auch aus dem nationalen Recht bekannte[30] Analogieverbot hinaus bezieht Art. 22 II IStGH-Statut auch noch den Grundsatz der *engen Auslegung* der Verbrechensmerkmale in das *Nullum-crimen*-Prinzip ein, mit der Folge, dass auch Zweifel bei der Auslegung zugunsten des Täters wirken.[31] Damit reicht das IStGH-Statut weiter als das deutsche Recht, das den Zweifelsgrundsatz allein auf Tatsachenfragen beschränkt und gerade nicht auf Auslegungsfragen anwendet.

- **Rückwirkungsverbot:** Der völkerstrafrechtliche Verbrechenstatbestand muss bereits zum Zeitpunkt der Tat im Völkerrecht Geltung beansprucht haben. Dieser Grundsatz ist für den IStGH in Art. 24 seines Statuts niedergelegt, so dass das IStGH-Statut auf Taten vor seinem Inkrafttreten nicht anwendbar ist. Gleichwohl sind die meisten internationalen Verbrechenstatbestände *völkergewohnheitsrechtlich* anerkannt und können daher grundsätzlich internationale Strafbarkeiten begründen. Vom IStGH dürfen sie allerdings nicht angewendet werden.

Weiterhin gilt im Völkerstrafrecht – wie auch Art. 23 IStGH-Statut zeigt – der Grundsatz *nulla poena sine lege*.[32] Aus denselben Gründen wie bei den Voraussetzungen der Verbrechenstatbestände dürfen an die Bestimmtheit der *Strafdrohung* keine überhöhten Anforderungen gestellt werden. Dementsprechend nennt auch Art. 77 IStGH-Statut beispielsweise nur einen allgemeinen Strafrahmen, der in den einzelnen Tatbeständen nicht weiter präzisiert wird.

14

---

28 Ausf. dazu *Satzger* JuS 2004, 943; s. auch ICTY, Prosecutor v. Delalić et al., Judgment, IT-96–21-T, 16.11.1998, Rn. 402 ff. zu den im Völkerstrafrecht vorzunehmenden Einschränkungen und Ausflüssen des Gesetzlichkeitsprinzips.
29 An der Hürde des (weniger strengen) völker(straf)rechtlichen Gesetzlichkeitsprinzips soll zB eine völkerstrafrechtliche Verfolgung des Genozids an den Armeniern 1915 gescheitert sein, *Kittichaisaree*, Int. Criminal Law, S. 15 f.; s.u. § 17 Rn. 31 ff.
30 Vgl. zum deutschen Recht *Wessels/Beulke/Satzger*, Rn. 79 ff.
31 S. hierzu *Werle/Burghardt* ZIS 2012, 271 (274 f.).
32 Str., dafür *Werle/Jeßberger*, Völkerstrafrecht, Rn. 127 ff.; gegen die Anerkennung dieses Grundsatzes zB *Cassese*, Int. Criminal Law, S. 36.

III. Individuelle Verantwortlichkeit

15 Wie bereits oben (dazu → § 14 Rn. 6) dargelegt, dient der IStGH der Aburteilung internationaler Verbrechen von Individuen, nicht aber von Staaten oder Organisationen. Dies setzt logischerweise voraus, dass eine individuelle Verantwortlichkeit nach Völkerrecht überhaupt existiert. Das Prinzip der individuellen Verantwortung wurde zum ersten Mal explizit im Laufe der Nürnberger Kriegsverbrecherprozesse vor dem IMG etabliert. Mittlerweile ist es völkergewohnheitsrechtlich anerkannt und wird in Art. 25 IStGH-Statut nochmals bestätigt.

IV. Die Struktur der Völkerstraftat

16 ▶ **FALL 31:** In der Folge kriegerischer Auseinandersetzungen zwischen den Nachbarstaaten A-Land und B-Land – beide Vertragsstaaten des IStGH-Statuts – besetzen die Streitkräfte des Landes A unter anderem die sich in B-Land befindliche Ortschaft O. Dort erschießt X, Angehöriger der Armee des A-Lands gezielt den in landesüblicher Tracht gekleideten Zivilisten Z des B-Lands, der sich gerade eine Dose Coca-Cola geöffnet hatte. Aus der Entfernung war X davon ausgegangen, Z habe eine Handgranate entsichert, um sie im nächsten Moment in seine Richtung zu schleudern. (dazu Rn. 20, 28, 31, 43) ◀

17 Bei der Erarbeitung allgemeingültiger Strukturelemente aller völkerrechtlichen Verbrechen standen und stehen sich abermals va zwei große Rechtssysteme gegenüber:

Das **kontinentaleuropäische System** (*Civil Law*), in dem die deutsche Strafrechtslehre eine bedeutsame Rolle spielt, folgt im Wesentlichen einem dreigliedrigen Verbrechensbegriff und unterscheidet daher die Deliktsstufen (objektive und subjektive) „Tatbestandsmäßigkeit", „Rechtswidrigkeit" und „Schuld". Das *Common Law* der angloamerikanischen Staaten (va in Großbritannien, in den USA und den meisten früheren Britischen Kolonien) stützt sich insbesondere auf *case law*, also auf Rechtsprechung und deren Präzedenzwirkung. Daher kennt es demgegenüber bei jeder Straftat im Wesentlichen zwei Komponenten, die die Verbrechensstruktur vorgeben:

- Einerseits die *offences*, also diejenigen Umstände, die die strafrechtliche Verantwortlichkeit begründen; diese Umstände können der äußeren Tatseite (sog. *actus reus*) oder der inneren Tatseite (sog. *mens rea*) entstammen;
- andererseits die sog. *defences*, ein Begriff, der alle die Verantwortung ausschließenden Gründe zusammenfasst und dabei auch prozessuale Verfolgungshindernisse (zB die Verjährung) mit einbezieht.

Dieser somit nur zweigliedrig angelegte Straftatbegriff hat va Bedeutung für die Beweisanforderungen, indem – grob gesprochen – die Anklage das Vorliegen einer *offence* darzulegen hat, während es an der Verteidigung ist, mögliche *defences* in das Verfahren einzubringen. Grds. muss daraufhin wieder die Anklage das Nicht-Vorliegen dieser *defence* nachweisen.[33]

18 Die bisherigen internationalen Strafgerichte hatten sich im Wesentlichen am Verständnis der Straftat angloamerikanischer Prägung orientiert.[34] Das IStGH-Statut folgt demgegenüber weder dem einen noch dem anderen Modell, sondern legt einen **eigenständigen völkerstrafrechtlichen Verbrechensbegriff** zugrunde. Bei der Abfassung des IStGH-

---

33 Dazu näher *Herring*, Criminal Law, S. 46 ff.; *Sprack*, Emmins on Criminal Procedure, 2002, S. 244.
34 *Ambos*, Völkerstrafrecht AT, S. 360.

Statuts wurden deshalb national „besetzte" Begriffe (wie *actus reus*,[35] *mens rea*[36] oder *defence*[37]) von vornherein vermieden. Das Statut geht zwar – insoweit im Einklang mit dem *Common Law* – formal von einer Zweiteilung in verantwortlichkeitsbegründende und verantwortlichkeitsausschließende Umstände aus und unterscheidet so zB nicht zwischen Rechtfertigungs- und Entschuldigungsgründen. Die prozessualen, insbesondere beweisrechtlichen Konsequenzen des Parteienprozesses des *Common Law* werden aus dieser Struktur aber nicht gezogen.[38] Es gilt vielmehr der kontinentaleuropäisch geprägte Ermittlungsgrundsatz.[39] Hiernach haben die Strafverfolgungsorgane die Pflicht, den Sachverhalt von Amts wegen zu erforschen und aufzuklären, es soll also das tatsächliche Geschehen, die sog. materielle Wahrheit, herausgefunden werden.[40]

Fasst man die Regelungen des IStGH-Statuts zusammen, so legen diese einen der Sache nach **dreistufigen**[41] **Aufbau der völkerrechtlichen Straftat** nahe:

> 1. **Äußere Tatseite** oder **objektive Deliktsmerkmale**
> („material element")

> 2. **Innere Tatseite** oder **subjektive Deliktsmerkmale**
> („mental element")

> 3. **Straffreistellungsgründe**
> („grounds for excluding criminal responsibility")

Mit diesen so bezeichneten Prüfungsstufen soll auch von vornherein eine Gleichsetzung mit ähnlichen – jedoch eben nicht deckungsgleichen – Begrifflichkeiten (va „objektiver Tatbestand" und „subjektiver Tatbestand"), zB aus der deutschen Strafrechtsdogmatik, vermieden werden. Nur so kann sich auch ein von nationalen Vorprägungen gelöster **völkerstrafrechtlicher Verbrechensbegriff** entwickeln.

1. Allgemeine objektive Deliktsmerkmale

Die objektiven Merkmale der Strafbarkeit umfassen alle Voraussetzungen, die das äußere Erscheinungsbild eines Völkerrechtsverbrechens bestimmen.[42] Dabei ist Ausgangspunkt stets ein individuelles **Verhalten** (*conduct*). Dieses muss – zumindest bei

---

35 S. Art. 30 I IStGH-Statut: „material elements".
36 S. Art. 30 I IStGH-Statut: „mental element".
37 S. Art. 31 IStGH-Statut: „grounds for excluding criminal responsibility".
38 S. Art. 54 I lit. a, 66 II, 67 I lit. i IStGH-Statut.
39 *Kirsch*, ICLR 6 (2006), 275; *Lagodny* ZStW 113 (2001), 800, 811.
40 Vgl. hierzu *Beulke*, StPO, Rn. 21.
41 So auch *Werle/Jeßberger*, Völkerstrafrecht, Rn. 470 ff.; *Safferling*, Int. Strafrecht, § 5 Rn. 12, geht demgegenüber von einem nur zweistufigen Aufbau aus, wobei er die äußere und innere Tatseite unter dem Begriff „Unrechtsbegründung" zusammenfasst.
42 *Werle/Jeßberger*, Völkerstrafrecht, Rn. 478.

den meisten Straftaten – zu einer bestimmten **Folge** (*consequence*) führen, welche in einem Verletzungs- oder aber auch nur in einem Gefährdungserfolg (zB Gesundheitsgefährdung)[43] liegen kann. Zwischen Verhalten und Folge ist kraft Völkergewohnheitsrecht **Ursächlichkeit** vorauszusetzen. Auch wenn überwiegend ein rein naturwissenschaftlicher Kausalitätsbegriff herangezogen wird, so lässt das Statut, das das Ursächlichkeitserfordernis nicht ausdrücklich[44] regelt, den Schluss zu, dass hier – über die *conditio-sine-qua-non*-Formel hinaus – ähnliche Überlegungen wie bei der objektiven Zurechnung im deutschen Strafrecht anzustellen sind.[45] Neben Verhalten und Erfolg lassen sich als dritte Gruppe objektiver Deliktsmerkmale regelmäßig noch **äußere Begleitumstände** (*contextual element*) identifizieren, die gerade für das Völkerstrafrecht deshalb besondere Bedeutung haben, weil oft erst ihr Hinzutreten die völkerrechtliche Dimension einer Straftat begründet. So werden bestimmte gravierende „normale" Straftaten (zB Mord, Vergewaltigung) dann zu Verbrechen gegen die Menschlichkeit, wenn sie „im Rahmen eines ausgedehnten oder systematischen Angriffs gegen die Zivilbevölkerung" begangen werden.[46]

In **Fall 31** erfüllt X die objektiven Deliktsmerkmale des Art. 8 II lit. a (i) IStGH-Statut, indem er einen Schuss aus seiner Waffe abgibt (*Verhalten*), wodurch (*Kausalität*) der Tod eines Zivilisten im Machtbereich einer Besatzungsmacht, also einer Person, die von der IV. Genfer Konvention (Art. 4 I) geschützt wird, eintritt (*Erfolg*). Das ganze Geschehen ereignet sich im Zusammenhang mit einem internationalen bewaffneten Konflikt zwischen A-Land und B-Land (*äußere Begleitumstände*).

---

43 Vgl. Art. 8 II lit. b (x) IStGH-Statut.
44 S. aber Art. 30 IStGH-Statut, aus dem ein solches Erfordernis ableitbar ist; vgl. *Werle/Jeßberger*, Völkerstrafrecht, Rn. 482.
45 S. Art. 30 II lit. b, III IStGH-Statut, wo – in subjektiver Hinsicht – vorausgesetzt wird, dass der tatbestandliche Erfolg „das Ergebnis des gewöhnlichen Kausalverlaufs ist"; s. dazu *Kreß* HuV-I 1999, 4 (5 f.); aA *Safferling*, Int. Strafrecht, § 5 Rn. 15; vgl. zur objektiven Zurechnung im deutschen Strafrecht *Wessels/Beulke/Satzger*, Rn. 256 ff.; vgl. auch die abweichende Meinung der Richterin *Fernández de Gurmendi*, die eine „normative und kausale Verknüpfung" fordert: IStGH (AC), Prosecutor v. Mbarushimana, Judgment on the appeal of the Prosecutor against the decision of Pre-Trial Chamber I of 16th December 2011 entitled „Decision on the confirmation of charges", ICC-01/04–01/10–514, 30.5.2012, Rn. 12; für eine weitergehende Besprechung, vgl. *von Maltitz*, ORIL, ICL 1559 (ICC 2011).
46 Vgl. Art. 7 I, II lit. a IStGH-Statut.

2. Allgemeine subjektive Deliktsmerkmale

Völkergewohnheitsrechtlich anerkannt ist, dass eine Strafbarkeit nach Völkerstrafrecht stets eine bestimmte innere Einstellung des Täters zur Tat im Sinne einer **subjektiven Zurechnung** voraussetzt.[47] Vielfach sehen die einzelnen Straftatbestände spezifische subjektive Merkmale vor.[48] Eine explizite Regelung zur inneren Tatseite fehlte aber bislang, so dass insbesondere uneinheitlich beurteilt wurde, wann – in den Kategorien des deutschen Rechts gedacht – ein völkerstrafrechtliches Delikt „Absicht" (im Sinne eines zielgerichteten Wollens) erfordert, oder ob Eventualvorsatz (bzw. sogar bewusste Fahrlässigkeit) genügen kann.[49] Diese Lücke versucht Art. 30 IStGH-Statut mit einer Legaldefinition des allgemeinen subjektiven Deliktsmerkmals zu schließen, welche im Rahmen von Verfahren vor dem IStGH immer dann gilt, wenn nichts anderes bestimmt ist.

21

Bei Art. 30 I IStGH-Statut handelt es sich jedoch um eine typische Kompromisslösung zwischen den Anforderungen an die innere Tatseite nach *Common Law* und nach den kontinentaleuropäischen Rechtssystemen,[50] so dass sich die Bedeutung der Norm nur schwer erschließt. Dies beginnt bereits bei dem allgemeinen Grundsatz des Art. 30 I IStGH-Statut, wonach die objektiven Verbrechensmerkmale stets „vorsätzlich und wissentlich" verwirklicht werden müssen. Würde man nun den Fehler begehen, das Wort „vorsätzlich" mit dem innerstaatlichen (deutschen) Vorsatzbegriff gleichzusetzen, so ergäbe sich ein unsinniges Ergebnis, da das Wissen bereits das kognitive Element der deutschen Vorsatzdefinition darstellt. Die Entwicklung eines eigenständigen (allgemeinen) Völkerstrafrechts muss aber auf Begriffsidentitäten mit nationalen Parallelerscheinungen verzichten.[51] Um aus deutscher Sicht hier Vorfestlegungen und Missverständnissen bereits im Ansatz vorzubeugen, soll für die Interpretation des Art. 30 IStGH-Statut auf den englischen Originalwortlaut zurückgegriffen werden.

22

Bei der Analyse des Art. 30 IStGH-Statut sind darüber hinaus dessen Abs. 2 und 3 zu berücksichtigen, die die allgemeine Definition der subjektiven Anforderungen auf die einzelnen Elemente der objektiven Tatseite „herunterbrechen". Dies soll durch folgende Grafik veranschaulicht werden:

23

---

47 *Werle/Jeßberger*, Völkerstrafrecht, Rn. 486.
48 Vgl. nur Art. 6 IStGH-Statut („in der Absicht") oder Art. 8 II lit. a (i) IStGH-Statut („vorsätzliche Tötung") sowie Art. 7 I lit. k IStGH-Statut („vorsätzlich").
49 In der Rspr. der *Ad-hoc*-Tribunale ICTY und ICTR wurde davon ausgegangen, dass ggf. auch *dolus eventualis* ausreichen kann (s.u. Rn. 27), vgl. nur ICTR, Prosecutor v. Kayishema and Ruzindana, Judgment, ICTR-95–1-T, 21.5.1999, Rn. 146: bereits *recklessness* und *gross negligence* seien ausreichend; ICTR, Prosecutor v. Musema, Judgment and Sentence, ICTR-96–13-A, 27.1.2000, Rn. 215: ausreichend sei das Wissen um das wahrscheinliche Eintreten des Todes; ICTY, Prosecutor v. Stakić, Judgment, IT-97–24-T, 31.7.2003, Rn. 587, 642: *dolus eventualis* sei ausreichend, *recklessness* dagegen nicht; ICTY, Prosecutor v. Blaškić, Judgment, IT-95–14-A, 29.7.2004, Rn. 42 zum notwendigen Wissen und zu der Wahrscheinlichkeit des Erfolgs.
50 S. *Clark* ZStW 114 (2002), 372, 378; *Satzger* NStZ 2002, 125 (128) mwN; aA *Stuckenberg* ZIS 2018, 524 (531).
51 Von *Ambos*, Völkerstrafrecht AT, S. 758, und *Werle/Jeßberger*, Völkerstrafrecht, Rn. 495, wird hier zur Vermeidung von Missverständnissen als Alternativübersetzung die Fassung „willentlich und wissentlich" vorgeschlagen.

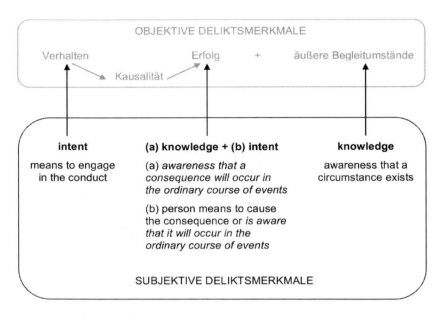

Bereits aus dieser Gegenüberstellung wird deutlich, dass die erforderliche innere Tathaltung nur bezogen auf die jeweiligen objektiven Deliktsmerkmale bestimmt werden kann, die deshalb genau auseinandergehalten werden müssen. Dabei gelten folgende Anforderungen:

24 ■ Für das **Verhalten**: Erforderlich ist lediglich, dass dieses *vom Willen getragen* ist (*means to engage*); eine diesbezügliche Absicht im Sinne eines zielgerichteten Willens ist in Bezug auf das Tatverhalten bereits konstruktiv nicht denkbar.[52]

25 ■ Für den **Erfolg**: Hier wird die „Unstimmigkeit" der Regelung evident. Sowohl auf der Wissensebene (*knowledge*)[53] als auch auf der Wollensebene (*intent*) taucht das identische Kriterium auf, nämlich das *Bewusstsein* (*awareness*), dass beim gewöhnlichen Verlauf der Dinge eine Folge eintreten wird. Danach ist das subjektive Verbrechensmerkmal in Bezug auf die Tatfolge zum einen dann zu bejahen, wenn der Täter handelt, obwohl er (quasi) sicher weiß, dass der Erfolg eintreten wird. Insoweit findet die geforderte innere Tathaltung ihre Entsprechung im deutschen *dolus directus* 2. Grades. Zum anderen sieht Art. 30 für das *intent*-Element alternativ auch den *Willen* vor, eine Folge zu verursachen (*means to cause the consequence*). Damit dürften die Anforderungen des *dolus directus* 1. Grades (Absicht) angesprochen sein. Zu beachten ist aber, dass für diesen Fall gleichwohl – kumulativ – das

---

[52] *Werle/Jeßberger*, Völkerstrafrecht, Rn. 500; anders aber *Ambos*, Völkerstrafrecht AT, S. 767; zur parallelen Einschränkung im deutschen Recht *Satzger* Jura 2008, 112 (113).

[53] *Cassese*, Int. Criminal Law, S. 49 ff., führt aus, dass allein das Kriterium *knowledge* – dem kontinentaleuropäischen Juristen als eigenes Kriterium unbekannt – je nach Ansatzpunkt zur Einordnung als Vorsatz 1. Grades oder *dolus eventualis* führt; ob allerdings Art. 30 IStGH-Statut auch letzteren umfasst (s.u. Rn. 27), lässt er offen.

Wissenselement hinzutreten muss: Verlangt wird also letztlich eine – etwas eigenartig anmutende – Kombination aus *dolus directus* 1. und 2. Grades.[54]

So verstanden bleibt die Regelung des IStGH-Statuts deutlich hinter dem deutschen Vorsatzbegriff zurück, der Eventualvorsatz ist nämlich nicht erfasst. Denn dem in Art. 30 IStGH-Statut angeführten „Bewusstsein, dass eine Folge beim gewöhnlichen Verlauf der Dinge eintreten *wird*, ist eine (Quasi-) Sicherheit hinsichtlich des Erfolgseintritts immanent, die beim *dolus eventualis* gerade fehlt.[55] Ebenso wenig ist die dem *Common Law* entstammende *recklessness* – eine Art Zwischenstufe zwischen Fahrlässigkeit und Vorsatz – erfassbar.[56]

Demgegenüber hat die Vorverfahrenskammer I des IStGH im Fall *Lubanga* – unter Hinweis auf die Rspr. der UN *Ad-hoc*-Gerichte (dazu → Rn. 27) – Art. 30 des Statuts weiter verstanden und neben direktem Vorsatz (Absicht oder Wissentlichkeit) auch die ausdrücklich als Eventualvorsatz gekennzeichnete Konstellation miteinbezogen, in der sich der Täter des Risikos des Erfolgseintritts bewusst sei, sich damit aber abfinde oder dieses billige.[57] Bei einer erheblichen Wahrscheinlichkeit des Erfolgseintritts sei aus dem Handeln in Kenntnis des Risikos ohne Weiteres auf eine Billigung zu schließen.[58] Bei geringerem Risiko des Erfolgseintritts könne sich der Eventualvorsatz daraus ergeben, dass der Täter offenkundig oder ausdrücklich in Kauf genommen habe, dass sein Verhalten die objektiven Verbrechensmerkmale erfüllen könne. Im Wortlaut des Art. 30 IStGH-Statut findet diese Auslegung allerdings keine Stütze; dieses Manko kann auch durch den Verweis auf die (diesbezüglich keineswegs eindeutige) Rspr. der *Ad-hoc*-Gerichte nicht beseitigt werden.[59] Es handelt sich daher letztlich um eine *„berichtigende Auslegung"*. Mittlerweile haben sich gegen diese Auslegung ua die Vorverfahrenskammer II im Fall *Bemba*, die Hauptverfahrenskammer I im Fall *Lubanga* und die Hauptverfahrenskammer II im Fall *Katanga* ausgesprochen.[60] Auch die Rechtsmittelkammer scheint diese restriktive Linie zu bestätigen,[61] so dass sich die Ansicht, die *dolus eventualis* im Rahmen einer korrigierenden Interpretation des IStGH-Statuts (zum Nachteil des Angeklagten) anwenden will, in der Rechtspraxis des IStGH nicht durchsetzen konnte. Den-

---

54 So zu Recht *Ambos*, Völkerstrafrecht AT, S. 770; aA *Safferling*, Int. Strafrecht, § 5 Rn. 23.
55 So richtig *Werle/Jeßberger*, Völkerstrafrecht, Rn. 502, 531 ff.; weiter zB *Gropengießer*, in: Eser/Kreicker (Hrsg.), Nationale Strafverfolgung, Bd. 1, S. 273 (Täter muss „mit hoher Wahrscheinlichkeit" den Eintritt des Erfolgs annehmen); auch Triffterer/Ambos-*Piragoff/Robinson*, Rome Statute, Art. 30 Rn. 3, die ausführen, dass Art. 30 bewusst *recklessness* usw nicht erfassen sollte; s. auch die Begründung zum VStGB, BR-Drs. 29/02, S. 31, die „Wahrscheinlichkeitswissen" genügen lässt.
56 *Ambos*, Völkerstrafrecht AT, S. 771; *Werle/Jeßberger*, Völkerstrafrecht, Rn. 531; zur *recklessness* s. auch unten § 16 Rn. 66.
57 IStGH (PTC I), Prosecutor v. Lubanga, Decision on the confirmation of charges, ICC-01/04–01/06–803-tEN, 29.1.2007, Rn. 352 ff.; Triffterer/Ambos-*Pigaroff/Robinson*, Rome Statute, Art. 30 Rn. 22.
58 IStGH (PTC I), Prosecutor v. Lubanga, Decision on the confirmation of charges, ICC-01/04–01/06–803-tEN, 29.1.2007, Rn. 352 ff.; *Weigend*, JICJ 6 (2008), 471, 474.
59 So zu Recht *Werle/Jeßberger*, Völkerstrafrecht, Rn. 503 ff.
60 IStGH (PTC II), Prosecutor v. Bemba, Decision pursuant to article 61(7)(a) and (b) of the Rome Statute on the charges of the Prosecutor against Jean-Pierre Bemba, ICC-01/05–01/08–424, 15.6.2009, Rn. 360 f.; IStGH (TC I), Prosecutor v. Lubanga, Judgment pursuant to article 74 of the Statute, ICC-01/04–01/06–2842, 14.3.2012, Rn. 1011; IStGH (TC II), Prosecutor v. Katanga, Judgment pursuant to article 74 of the Statute, ICC-01/04–01/07–3436-tENG, 7.3.2014, Rn. 777.
61 IStGH (AC), Prosecutor v. Lubanga, Judgment on the appeal of Mr Thomas Lubanga Dyilo against his conviction, ICC-01/04–01/06–3121-Red, 1.12.2014, Rn. 449 ff.

noch bleibt das Problem der Einbeziehung des Eventualvorsatzes in der völkerstrafrechtlichen Literatur weiterhin umstritten.[62]

26 ▪ Für die **Begleitumstände**: Diese müssen dem Täter *bewusst* sein (*awareness*), so dass ein bloßes „Wahrscheinlichkeitswissen" nach dem Wortlaut (wohl) nicht genügen kann.[63] Dieses Verbrechensmerkmal allein auf kognitiver Seite in Ansatz zu bringen, leuchtet auf Anhieb ein, da bloße Begleitumstände nichts mit dem Willen des Täters zu tun haben.[64] Ob beispielsweise die von einem Völkermörder angegriffene Menschenmenge eine religiöse Gruppe darstellt (vgl. Art. 6 IStGH-Statut), ist somit vom Willen des Täters unabhängig.

27 Nach dem Wortlaut des Art. 30 IStGH-Statut ist – wenn man der berichtigenden Interpretation der Vorverfahrenskammer I nicht folgt – somit die subjektive Schwelle, gerade hinsichtlich der Tatfolgen, hoch angesiedelt (Wissen oder Absicht). Es stellt sich dann aber die Frage, ob tatsächlich jedwede Verurteilung eines nur eventualvorsätzlich oder mit *recklessness* Handelnden generell ausscheidet. Dies ist selbst auf der Grundlage einer wortlautgetreuen Auslegung des Art. 30 IStGH-Statut umstritten. Von Bedeutung ist dabei die Auslegung der eher unauffälligen Formulierung des Art. 30 I IStGH-Statut, wonach die soeben dargestellte Konzeption der subjektiven Verbrechensmerkmale nur dann eingreift, wenn „nichts anderes *bestimmt* ist". Während zum Teil vertreten wird, dass derartige „Bestimmungen" nur direkt aus den Art. 6–8 IStGH-Statut abgeleitet werden könnten,[65] berücksichtigen andere Autoren alle abweichenden Regelungen in sämtlichen Rechtsquellen, die nach Art. 21 IStGH-Statut maßgeblich sind. Letztere Ansicht, die sich darauf berufen kann, dass der Wortlaut – anders als etwa in Art. 31 I IStGH-Statut – eine Beschränkung auf die Vorschriften des Statuts selbst nicht enthält, kommt zu dem Ergebnis, dass über die Öffnungsklausel des Art. 30 IStGH-Statut Modifikationen hinsichtlich der subjektiven Voraussetzungen sowohl durch die *Elements of Crimes*[66] als auch durch Völkergewohnheitsrecht erfolgen können. Auf diesem Weg könnte auch die Rspr. der internationalen Strafgerichte, insbesondere der *Ad-hoc*-Tribunale, Berücksichtigung erlangen.[67] Nach deren – allerdings nicht konsistenter – Praxis kann auch jenseits von Absichtlichkeit und Wissentlichkeit ein strafbares Verhalten vorliegen.[68]

BEISPIEL: Nach der Rspr. des ICTY reicht für Tötungen bei Kriegsverbrechen bereits aus, dass der Täter dem Opfer unter leichtfertiger Missachtung des menschlichen Lebens vorsätzlich erhebliche Verletzungen zufügt.[69] Für die Anordnung eines Völkerrechtsverbrechens

---

62 Kritisch *Jescheck*, JICJ 2 (2004), 38, 45; dagegen etwa *Safferling*, Int. Strafrecht, § 5 Rn. 27; *Cassese*, Int. Criminal Law, S. 55 f., lässt das Problem offen; siehe auch *Werle/Jeßberger*, Völkerstrafrecht, Rn. 503 mwN; *Stuckenberg* ZIS 2018, 524 (533 ff.).
63 In diese Richtung auch Triffterer/Ambos-*Piragoff/Robinson*, Rome Statute, Art. 30 Rn. 25; anders aber die Begründung zum VStGB, BR-Drs. 29/02, S. 31.
64 Vgl. auch *Kudlich*, Strafrecht AT, S. 36 (Frage 50b); *Kühl*, Strafrecht AT, § 5 Rn. 8.
65 *Ambos*, Völkerstrafrecht AT, S. 789; *Safferling*, Int. Strafrecht, § 5 Rn. 20.
66 Insoweit ausdrücklich bejahend IStGH (PTC I), Prosecutor v. Lubanga, Decision on the confirmation of charges, ICC-01/04–01/06–803-tEN, 29.1.2007, Rn. 359: „As a result, the ‚should have known' requirement as provided for in the Elements of Crimes in relation to articles 8(2)(b)(xxvi) and 8(2)(e)(vii) is an exception to the ‚intent and knowledge' requirement in article 30 of the Statute"; krit. *Ambos*, Int. Strafrecht, § 7 Rn. 64 Fn. 331; zust. *Werle/Jeßberger*, Völkerstrafrecht, Rn. 513 ff.; vgl. auch die Darstellung der Argumente bei *Schabas*, Introduction, S. 222 f. Zur diesbezüglichen Bedeutung der o.g. *Lubanga*-Entscheidung *Weigend*, JICJ 6 (2008), 471, 472 ff.
67 So auch *Werle/Jeßberger*, Völkerstrafrecht, Rn. 521.
68 Vgl. dazu die Nachweise oben in Rn. 21 Fn. 49.
69 Vgl. nur ICTY, Prosecutor v. Mucić et al., Judgment, IT-96–21-T, 16.11.1998, Rn. 439.

iSv Art. 7 I ICTY-Statut wird in neueren Entscheidungen ein Handeln im Bewusstsein einer „ernsthaften Wahrscheinlichkeit", dass diese begangen werden könnten, für ausreichend erachtet.[70]

Der Umweg über diese weite Anwendung der „Öffnungsklausel" des Art. 30 I IStGH-Statut ermöglicht somit – auch auf der Basis des Wortlauts des Statuts – in gewissem Umfang eine Einbeziehung von Eventualvorsatz und *recklessness* in Einzelfällen.[71] Dass damit die Ausklammerung[72] der schwächeren Vorsatzformen in Art. 30 IStGH-Statut im Ergebnis konterkariert wird, mag ungewöhnlich erscheinen, ist aber jedenfalls *per se* kein überzeugendes Gegenargument, da wegen der wenig geglückten Formulierung dieser Vorschrift notwendigerweise Auslegungen, die anfangs nicht offensichtlich erschienen, berücksichtigt werden müssen. Die Rspr. hätte dann die Möglichkeit, das Versäumnis bei der Ausarbeitung des Art. 30 IStGH-Statut auszugleichen und könnte so konsistentere Regeln zu dem Umfang aufstellen, in dem der Eventualvorsatz miteinzubeziehen ist. Trotz dieser möglichen Auslegung des Wortlauts von Art. 30 IStGH-Statut bleiben hierbei dennoch Bedenken bzgl. des Gesetzlichkeitsprinzips, welchem gerade durch die weitgehende Kodifizierung von Völkergewohnheitsrecht durch das IStGH-Statut vor dem IStGH eine besondere Stellung zugesprochen wurde. Alles in allem sind die genauen Anforderungen an die subjektive Tatseite noch nicht abschließend geklärt und somit der weiteren Entwicklung durch Rspr. und Literatur überlassen.

28

In **Fall 31** feuert X bewusst einen Schuss ab (vorsätzliche *Handlung*), wobei er (quasi) sicheres Wissen bzgl. des Todeseintritts des Zivilisten Z hatte (Vorsatz bzgl. des *Erfolgs*). Da ihm auch die Umstände bekannt waren, aus denen sich das Vorliegen der erforderlichen *Begleitumstände* in Form des internationalen bewaffneten Konflikts ergibt, erfüllt X unproblematisch die subjektiven Deliktsmerkmale des Art. 8 II lit. a (i) iVm Art. 30 IStGH-Statut.

3. Straffreistellungsgründe

Wie oben bereits angedeutet, unterscheidet das Statut nicht zwischen Rechtfertigungs- und Entschuldigungsgründen; die einzelnen Kategorien werden einander vielmehr als von der Strafe freistellend gleichgesetzt.[73] Die Aufzählung von möglichen Straffreistellungsgründen im IStGH-Statut ist im historischen Vergleich eine **Neuheit**, was allerdings angesichts der Tatsache, dass der Allgemeine Teil bislang so gut wie gar nicht Gegenstand völkerstrafrechtlicher Regelungen war, nicht weiter überrascht.[74] Der Natur der völkerrechtlichen Straftatbestände nach werden die meisten Straffreistellungsgründe – wenn überhaupt – im Bereich der Kriegsverbrechen relevant werden.

29

a) Notwehr

Art. 31 I lit. c IStGH-Statut enthält eine Regelung über den Straffreistellungsgrund der Notwehr. Satz 2 der Norm stellt dabei klar, dass die Teilnahme an einem von Truppen

30

---

70 Zu dieser Rspr. s. *Werle/Jeßberger*, Völkerstrafrecht, Rn. 491 mwN.
71 Für eine möglichst weitgehende Reduktion des Anwendungsbereichs des Art. 30 IStGH-Statut noch ausdrücklich *Werle*, Völkerstrafrecht, 2. Aufl., Rn. 400.
72 Vgl. dazu Triffterer/Ambos-*Piragoff/Robinson*, Rome Statute, Art. 30 Rn. 3.
73 Zur Begründung für die unterschiedslose Behandlung *Gilbert*, IJHR 10 (2006), 143, 145.
74 Sowohl in der IMG-Charta als auch im Kontrollrats-Gesetz Nr. 10 wurde lediglich Handeln auf Befehl anerkannt – dies jedoch auch nur als fakultativer Strafmilderungsgrund, vgl. *Gilbert*, IJHR 10 (2006), 143, 144; vgl. auch *Schabas*, Introduction, S. 224.

durchgeführten Verteidigungseinsatz allein noch keinen Straffreistellungsgrund in diesem Sinne darstellt.

31 Eine **Notwehrlage** setzt dabei grds. einen Angriff in Form der Anwendung von Gewalt gegen den Handelnden oder gegen eine andere Person voraus. Lediglich Kriegsverbrechen können auch bei einem Angriff auf Sachgüter durch Notwehr gedeckt sein, wenn diese lebensnotwendig oder militärisch unverzichtbar sind. Ein wesentlicher Unterschied zum deutschen Notwehrrecht des § 32 StGB besteht somit darin, dass der Kreis der notwehrfähigen Rechtsgüter im IStGH-Statut deutlich enger ist. Wie § 32 StGB enthält aber auch Art. 31 I lit. c IStGH-Statut ein zeitliches Element: Der Angriff muss unmittelbar drohen (*imminent*). Dieses Merkmal kann parallel zum Merkmal „gegenwärtig" in § 32 StGB als unmittelbar bevorstehend, bereits begonnen und noch andauernd verstanden werden.[75] Darüber hinaus muss der Angriff rechtswidrig (*unlawful*) sein, dh er darf selbst nicht wiederum durch einen Straffreistellungsgrund gedeckt sein.[76] Allerdings bedeutet dies nicht notwendigerweise, dass jeder Straffreistellungsgrund gleichermaßen eine Notwehr ausschließt. Dies ist insbesondere für diejenigen Straffreistellungsgründe zweifelhaft, die im deutschen Recht – mit gutem Grund – der Schuldebene zugeordnet werden, wie zB die Unzurechnungsfähigkeit (Art. 31 I lit. b IStGH-Statut).

In **Fall 31** wollte X zwar einem Angriff des Z zuvorkommen, dieser lag aber objektiv gar nicht vor. Es fehlte somit bereits an einer Notwehrlage, so dass dieser Straffreistellungsgrund nicht eingreift.

32 Die **Notwehrhandlung** muss angemessen (*reasonable*) und im Hinblick auf den Umfang der drohenden Gefahr verhältnismäßig (*proportionate*) sein. Anders als beim „schneidigen" deutschen Notwehrrecht, bei dem eine Verhältnismäßigkeitskontrolle – außer in Extremfällen („Gebotenheit") – nicht vorgesehen ist,[77] wird hier also eine **Verhältnismäßigkeitsprüfung** erforderlich.

33 Zusätzlich muss der Verteidiger mit **Verteidigungswillen** handeln (*to defend*).[78]

b) Notstand

34 Der allgemeine Notstand (*necessity*) und der Nötigungsnotstand (*duress*) gehören zu den wenigen Straffreistellungsgründen, die in der Praxis der völkerstrafrechtlichen Gerichtsbarkeit eine Rolle gespielt haben.[79] Art. 31 I lit. d IStGH-Statut enthält eine Notstandsregelung, die naturgemäß auf eine Unterscheidung zwischen rechtfertigendem und entschuldigendem Notstand, wie sie den Regelungen der §§ 34, 35 StGB zugrunde liegt, verzichtet. Auch wird nicht zwischen Aggressiv- und Defensivnotstand unterschieden. Art. 31 I lit. d IStGH-Statut regelt vielmehr alle Fälle eines – in deutschen Ka-

---

[75] Vgl. *Werle/Jeßberger*, Völkerstrafrecht, Rn. 654.
[76] *Cassese*, Int. Criminal Law, S. 211.
[77] Vgl. *Wessels/Beulke/Satzger*, Rn. 521 ff.
[78] So auch *Werle/Jeßberger*, Völkerstrafrecht, Rn. 660, mit Verweis auf den französischen Wortlaut (*pour ... défendre*); aA *Safferling*, Int. Strafrecht, § 5 Rn. 46, der unter Berufung auf den englischen Wortlaut die Kenntnis der Notwehrlage genügen lässt.
[79] So auch *Werle/Jeßberger*, Völkerstrafrecht, Rn. 663, 665; s. auch US-Militärtribunal, „Flick ua", in: Trials of War Criminals Before the Nuernberg Military Tribunals, Bd. VI, und LG Hamburg, „Veit Harlan", Urt. v. 29.4.1950, 14 Ks 8/49, 1 Js 4/48, um einige frühe Fälle zu nennen.

tegorien – rechtfertigenden oder entschuldigenden Notstands sowie des Nötigungsnotstands in einer einheitlichen Norm.[80]

Vorausgesetzt wird eine **Notstandslage** in Form einer unmittelbar drohenden Gefahr für das Leben oder in Form einer fortdauernden oder unmittelbar drohenden Gefahr schweren körperlichen Schadens, die von einer anderen Person, aber auch von einem sonstigen Umstand, der nicht vom Täter zu vertreten ist, herrühren kann. Auch Dauergefahren, die jederzeit in eine Verletzung umschlagen können, sind damit einbezogen.[81] Andere Rechtsgüter (zB Freiheit, Eigentum) sind nach dem insoweit eindeutigen Wortlaut des Art. 31 I lit. d IStGH-Statut nicht notstandsfähig.

Die **Notstandshandlung** muss zur Gefahrenabwehr *notwendig* (*acts necessarily*), also das mildeste geeignete Mittel sein. Sie muss auch *angemessen* (*acts reasonably*) erscheinen, also im Hinblick auf die Folgen verhältnismäßig sein. Der in Kauf genommene Schaden darf dabei nicht größer sein als derjenige, den der Notstandshandelnde abzuwenden sucht. Wie die deutschen Regelungen über den rechtfertigenden Notstand verlangt Art. 31 I lit. d IStGH-Statut – trotz der rein subjektiven Formulierung – eine **Güterabwägung** auf (zunächst) objektiver Basis.[82] Der anzulegende Maßstab ist dabei aber deutlich „großzügiger" als etwa bei § 34 StGB, indem er eine Straffreistellung (wie auch beim defensiven bzw. entschuldigenden Notstand nach deutschem Recht) bei Gleichwertigkeit von Erhaltungs- und Eingriffsgut nicht ausschließt. Damit erscheint es grds. auch möglich, eine Tötung durch Art. 31 I lit. d IStGH-Statut straffrei zu stellen, was der *Erdemović*-Rspr. des ICTY – und der Grundhaltung des *Common Law*[83] – widerspricht.[84] Damit folgt das Statut letztlich der kontinentaleuropäischen Tradition, die – wie § 35 StGB – die notstandsbedingte Tötung eines anderen Menschen in Ausnahmesituationen von Strafe freistellt.[85]

Der – angesichts der dort notwendigen Unterscheidung zwischen rechtfertigendem und entschuldigendem Notstand im deutschen Recht umstrittene[86] – sog. *Nötigungsnotstand*, bei dem der Täter durch Zwang seitens einer anderen Person zur Begehung der strafbaren Handlungen genötigt wird, fällt unproblematisch unter die Norm des Art. 31 I lit. d IStGH-Statut.

Wie bei der Notwehr ist auch beim Notstand ein **subjektives Element** erforderlich; der Täter muss handeln, „um diese Gefahr abzuwenden". Die rein subjektive Formulierung der Elemente der Güterabwägung („provided that the person does not intend to cause a greater harm than the one sought to be avoided")[87] zeigt deutlich, dass sich das subjektive Element auch auf diese Abwägung erstreckt.[88] Hat der Täter die die Notstandslage begründende Gefahr selbst verursacht, ist eine Straffreistellung ausge-

---

80 *Werle/Jeßberger*, Völkerstrafrecht, Rn. 664; vgl. zur deutschen Rechtslage ausf. *Wessels/Beulke/Satzger*, Rn. 443 ff. und Rn. 685 ff.
81 *Ambos*, Völkerstrafrecht AT, S. 850.
82 S. dazu *Kreß* HuV-I 1999, 4 (7); aA Triffterer/Ambos-*Eser*, Rome Statute, Art. 31 Rn. 60.
83 Vgl. dazu *Etzel*, Notstand und Pflichtenkollision, S. 101 ff.; *Janssen*, ICLR 4 (2004), 88.
84 ICTY, Prosecutor v. Erdemović, Judgment, IT-96–22-A, 7.10.1997, Rn. 19; s. dazu aber auch *Ambos*, Völkerstrafrecht AT, S. 859.
85 So auch *Janssen*, ICLR 4 (2004), 88, 89.
86 Hierzu SSW-StGB-*Rosenau*, StGB § 34 Rn. 30 mwN.
87 Skeptisch hinsichtlich der subjektiven Ausgestaltung *Ambos*, Völkerstrafrecht AT, S. 852 f.; *Werle/Jeßberger*, Völkerstrafrecht, Rn. 672.
88 S. *Ambos*, Völkerstrafrecht AT, S. 852 f.; *Werle/Jeßberger*, Völkerstrafrecht, Rn. 672, der hierfür keine gesicherte völkergewohnheitsrechtliche Grundlage sieht.

schlossen, wie sich aus dem Umkehrschluss aus Art. 31 I lit. d (ii) IStGH-Statut ergibt. Wie auch bei § 35 StGB meint „verursachen" nur eine pflichtwidrige Verursachung.[89]

c) Handeln auf Befehl

39 Gem. Art. 33 I IStGH-Statut kann das Handeln auf Befehl ausnahmsweise die Strafbarkeit des Täters ausschließen. Damit unterscheidet sich das IStGH-Statut erheblich von den Statuten/Chartas der bisherigen internationalen Strafgerichtshöfe. Diese hatten das Handeln auf Befehl jeweils nur als fakultativen *Strafmilderungsgrund* anerkannt.[90]

Allerdings relativiert sich dieser Unterschied bei der Lektüre der Norm sehr schnell. Zwar kommt ein Straffreistellungsgrund in Betracht, wenn der Täter verpflichtet war, dem Befehl Folge zu leisten, er nicht um die Rechtswidrigkeit des Befehls wusste und diese auch nicht offensichtlich war (*manifestly unlawful*). Gem. Art. 33 II IStGH-Statut werden Befehle zur Begehung von Völkermord und von Verbrechen gegen die Menschlichkeit allerdings stets als „offensichtlich rechtswidrig" eingestuft. Damit können letztlich nur Kriegsverbrechen und dies nur unter sehr engen Voraussetzungen durch das Handeln auf Befehl von Strafe freigestellt werden.

d) Irrtümer

40 Die Irrtumsregelung des Statuts unterscheidet in Art. 32 IStGH-Statut zwischen Tat- und Rechtsirrtümern.

- **Tat(umstands-)irrtümer** schließen die Strafbarkeit prinzipiell aus.[91]
- **Rechtsirrtümer** sind demgegenüber dem Grundsatz nach unbeachtlich. Erheblich ist ein Rechtsirrtum allerdings ausnahmsweise dann, wenn dieser Irrtum die für den Verbrechenstatbestand erforderlichen subjektiven Merkmale aufhebt. An der Formulierung der Norm zeigt sich jedoch die fehlende eigenständige Bedeutung der Ausnahmeregelung: Ebenso wie sich § 16 I StGB letzten Endes auf die Aussage reduzieren lässt „wenn der Täter nicht vorsätzlich handelt, handelt er nicht vorsätzlich", ergibt sich die ausnahmsweise Beachtlichkeit des Rechtsirrtums bereits daraus, dass das subjektive Element – und damit regelmäßig Art. 30 IStGH-Statut – nicht erfüllt ist. Denkt man in Deliktsstufen, so wird in diesen Fällen die Ebene der Straffreistellungsgründe gar nicht erreicht, es fehlt also bereits an der inneren Tatseite.[92]

  Daneben ist der Rechtsirrtum auch dann beachtlich, wenn es sich um einen Irrtum über die Rechtswidrigkeit eines nicht offenkundig rechtswidrigen Befehls iSd Art. 33 I IStGH-Statut handelt.

41 Die Unterscheidung zwischen Tatirrtum und Rechtsirrtum verläuft nicht parallel zur Abgrenzung zwischen deutschem Tatbestands- und Verbotsirrtum. Dies ist allein schon durch die Tatsache bedingt, dass dem Völkerstrafrecht eine eigenständige Kategorie

---

[89] Vgl. zum deutschen Recht *Wessels/Beulke/Satzger*, Rn. 693; zum Völkerstrafrecht *Ambos*, Völkerstrafrecht AT, S. 856.
[90] S. Art. 8 IMG-Charta, Art. 7 IV ICTY-Statut, Art. 6 IV ICTR-Statut; ICTY, Prosecutor v. Erdemović, Sentencing Judgment, IT-96–22-T, 29.11.1996, Rn. 47 ff.; ICTY, Prosecutor v. Mrđa, Judgment, IT-02–59-S, 31.3.2004, Rn. 67.
[91] Dies folgt aus der – allerdings negativ formulierten – Passage *„only if it negates"*.
[92] So auch *Werle/Jeßberger*, Völkerstrafrecht, Rn. 676; zum Problem der Reichweite des Rechtsirrtums *Heller*, JICJ 6 (2008), 419; *Safferling*, Int. Strafrecht, § 5 Rn. 29 sieht die Irrtümer nicht als Straffreistellungsgründe an, sondern prüft sie bereits im Rahmen der inneren Tatseite.

des Unrechtsbewusstseins fremd ist, so dass dessen Fehlen nicht zu einem Verbotsirrtum führen kann. Nach richtiger Ansicht regelt Art. 32 I IStGH-Statut als Tatirrtum den Irrtum über *deskriptive* objektive Merkmale, während Art. 32 II IStGH-Statut als Rechtsirrtum den grds. unbeachtlichen Irrtum über sog. *normative* objektive Merkmale erfasst.[93]

BEISPIEL: Ein Irrtum über die Voraussetzungen der Zusammensetzung eines „ordentlich bestellten Gerichts" iSd Art. 8 II lit. c (iv) IStGH-Statut wäre demnach ein unbeachtlicher Rechtsirrtum iSd Statuts.

Abgesehen von dem bereits angesprochenen Irrtum über die Rechtswidrigkeit eines nicht offensichtlich rechtswidrigen Befehls scheint das Statut auch – im Gegensatz zu § 17 S. 1 StGB – einem **unvermeidbaren Verbotsirrtum** keine „straffreistellende" Wirkung beizumessen. Im Hinblick auf das Schuldprinzip sieht sich die fehlende Berücksichtigung des unvermeidbaren Verbotsirrtums erheblicher Kritik ausgesetzt.[94] Allerdings wird man davon ausgehen können, dass ein solcher Irrtum im Völkerstrafrecht letztlich ohnehin nur für die Kriegsverbrechen zum Tragen kommen könnte. Selbst bei einer nur groben Übertragung der deutschen Bestimmungen zum unvermeidbaren Verbotsirrtum erscheint es zB regelmäßig undenkbar, dass der betroffene Täter bei „gehöriger Gewissensanspannung"[95] zu dem Ergebnis gekommen wäre, dass die Tötung eines Menschen in der Absicht, eine religiöse Gruppe zu vernichten, erlaubt sei. Anders ist dies aber eben im Bereich der Kriegsverbrechen; das Dickicht der dortigen Einzelregelungen ist für den Soldaten nicht ohne Weiteres nachvollziehbar und verständlich, so dass Situationen denkbar erscheinen, in denen sich der Täter in einem unvermeidbaren Verbotsirrtum befindet.[96] Zur Wahrung des Schuldprinzips sollte hier ein Straffreistellungsgrund in entsprechender Anwendung des Art. 32 II IStGH-Statut bejaht werden. Hilfsweise käme in Betracht, insoweit von der Möglichkeit des Art. 31 III IStGH-Statut (dazu → Rn. 49) Gebrauch zu machen.

Nicht explizit im Statut geregelt ist auch die im deutschen Recht als **Erlaubnistatbestandsirrtum** bezeichnete Fehlvorstellung. Gemeint ist damit diejenige Konstellation, in der sich der Täter über die tatsächlichen Voraussetzungen eines anerkannten Rechtfertigungsgrundes (hier entsprechend: Straffreistellungsgrundes) irrt.[97] Nach überwiegender Ansicht im deutschen Schrifttum lässt ein solcher Irrtum den Vorsatzschuldvorwurf entfallen.[98] Ein Tatirrtum ist demgegenüber – wie gesehen – gem. Art. 32 I IStGH-Statut nur dann ein Grund für den Ausschluss strafrechtlicher Verantwortung, „wenn er die *für den Verbrechenstatbestand* erforderlichen subjektiven Tatbestandsmerkmale aufhebt." Der Erlaubnistatbestandsirrtum betrifft nun aber gerade nicht die subjektive Seite (Kenntnis, Wille) des Verbrechenstatbestandes, sondern die eines Er-

---

93 Vgl. *Werle/Jeßberger*, Völkerstrafrecht, Rn. 686; zur Unterscheidung zwischen deskriptiven und normativen Tatbestandsmerkmalen im deutschen Recht s. *Wessels/Beulke/Satzger*, Rn. 197 ff.
94 *Werle/Jeßberger*, Völkerstrafrecht, Rn. 685.
95 So der allgemein anerkannte Maßstab im Rahmen des § 17 StGB, vgl. SSW-StGB-*Momsen*, StGB § 17 Rn. 45 ff.; *Wessels/Beulke/Satzger*, Rn. 737; jeweils mwN.
96 Die Unvermeidbarkeit eines Irrtums wird jedoch durch den IStGH nur in Einzelfällen bejaht werden; so hat er in IStGH (PTC I), Prosecutor v. Lubanga, Decision on the confirmation of charges, ICC-01/04–01/06–803-tEN, 29.1.2007, Rn. 306, 312–314, deutlich gemacht, dass ein regionaler politischer wie militärischer Führer wie *Lubanga* die geltenden Vorschriften kennen wird und daher kein unvermeidbarer Irrtum vorliege; vgl. auch Cassese/Gaeta/Jones-*Eser*, Rome Statute, S. 941; *van Verseveld*, Mistake of Law, S. 83 ff.; *Weigend*, JICJ 6 (2008), 471, 474; *Werle/Jeßberger*, Völkerstrafrecht, Rn. 683 ff.
97 Ausf. zum Erlaubnistatbestandsirrtum im deutschen Recht *Wessels/Beulke/Satzger*, Rn. 740 ff.
98 Sog. rechtsfolgenverweisende eingeschränkte Schuldtheorie, vgl. nur *Fischer*, StGB § 16 Rn. 22d; *Wessels/Beulke/Satzger*, Rn. 756 f.; entsprechend die gesetzliche Regelung in Österreich, s. § 8 StGB-Österreich.

laubnisatzes.⁹⁹ Nach seinem Wortlaut würde das Statut einem Erlaubnistatbestandsirrtum somit keine straffreistellende Wirkung für den Täter beimessen. Etwas anderes könnte sich nur dann ergeben, wenn der IStGH – was sicherlich auch mit Blick auf das Schuldprinzip wünschenswert wäre – in einer Analogie zur Regelung des Art. 32 I des Statuts auch diesen Irrtum wegen seiner Ähnlichkeit einem Tatirrtum gleichstellen würde.¹⁰⁰

In **Fall 31** ging X von einer Sachlage aus, die – ihre Richtigkeit unterstellt – eine Notwehrsituation begründet und das Verhalten des X gem. Art. 31 I lit. c IStGH-Statut zu rechtfertigen vermocht hätte. X unterlag somit einem solchen Erlaubnistatbestandsirrtum, der in Analogie zu Art. 32 I IStGH-Statut grds. einen Straffreistellungsgrund darstellen sollte.

e) Unzurechnungsfähigkeit

44 Art. 31 I lit. a IStGH-Statut erkennt die dauernde Unzurechnungsfähigkeit als Straffreistellungsgrund an. Die durch einen Rausch verursachte vorübergehende Unzurechnungsfähigkeit wirkt zwar grds. gem. Art. 31 I lit. b IStGH-Statut ebenfalls straffreistellend, doch enthält die Vorschrift zugleich eine Regelung über die *actio libera in causa (alic)*. Danach ist der Rausch für die Strafbarkeit irrelevant, wenn er freiwillig verursacht wurde und der Täter wusste oder in Kauf nahm, dass er infolge des Rausches einen Straftatbestand des Statuts erfüllen würde. Die hier gewählte Konstruktion kommt dem aus dem deutschen Recht bekannten Schuldausnahmemodell am nächsten.¹⁰¹

Während die praktische Relevanz des Buchstaben a) des Art. 31 I IStGH-Statut eher gering sein dürfte – in der völkerstrafrechtlichen Geschichte ist dauernde Unzurechnungsfähigkeit noch nie zugunsten eines Angeklagten bejaht worden¹⁰² –, könnte der *alic*-Bestimmung in Zukunft erhebliche Bedeutung zukommen.

f) Immunitäten

45 Im Hinblick auf die souveräne Gleichheit aller Staaten sowie zur Gewährleistung der Funktionsfähigkeit des zwischenstaatlichen Verkehrs kennt das klassische Völkerrecht den Grundsatz der Staatenimmunität. Kein Staat soll über einen anderen zu Gericht sitzen können. Daraus abgeleitet genießen auch Individuen, die für das Völkerstrafrecht allein von Bedeutung sind (Art. 25 I IStGH-Statut), Immunität. Neben den Diplomaten, deren Immunität völkervertraglich geregelt ist,¹⁰³ sind im hier interessierenden Zusammenhang va Staatsoberhäupter¹⁰⁴ sowie sonstige Regierungsmitglieder erfasst, die den Staat im Ausland repräsentieren. Dabei gilt es zwei Formen von Immunität ge-

---

99 Anders lässt sich dies allenfalls mit der Lehre von den negativen Tatbestandsmerkmalen begründen, s. dazu allgemein A. *Kaufmann* JZ 1954, 653.
100 So bereits *Satzger* NStZ 2002, 125 (128); *Ambos*, Völkerstrafrecht AT, S. 808 ff.; Cassese/Gaeta/Jones-*Eser*, Rome Statute, S. 889, 945; Triffterer/Ambos-*Eser*, Rome Statute, Art. 31 Rn. 14, 28.
101 Vgl. ausf. zur *alic* im deutschen Recht *Wessels/Beulke/Satzger*, Rn. 654 ff.; *Satzger* Jura 2006, 513.
102 Vgl. auch *Werle/Jeßberger*, Völkerstrafrecht, Rn. 702, und die Zurückweisung in ICTY, Prosecutor v. Delalić et al., Judgment, IT-96–21-A, 20.2.2001, Rn. 573 ff.
103 S. Art. 31 Vienna Convention on Diplomatic Relations, Wien, 18.4.1961, UNTS, Bd. 500, S. 95 ff., zur dt. Übersetzung s. BGBl. 1964 II, S. 957 ff.
104 Staatsoberhäupter sind auch bei privaten Besuchen im Ausland immun, vgl. IGH, Arrest Warrant of 11th April 2000 (Democratic Republic of the Congo v. Belgium), Judgment, 14.2.2002, ICJ Reports 2002, S. 3 Rn. 51 f.; dazu *Cassese*, EJIL 13 (2002), 853, 855; s.o. § 14 Rn. 7.

genüber ausländischer (Straf-)Gerichtsbarkeit mit unterschiedlicher Tragweite zu unterscheiden:

- Im Hinblick auf die Ausübung hoheitlicher Handlungen, die allein dem Staat zugerechnet werden, greift die sog. **funktionelle Immunität** (Immunität *ratione materiae*). Der in amtlicher Eigenschaft handelnde Täter macht sich bereits nicht strafbar. Diese Straflosigkeit besteht auch nach Ende der Amtszeit fort.

- Begrenzt auf die Dauer der Amtszeit sind Staatsoberhäupter, Regierungschefs und sonstige Regierungsmitglieder – ähnlich wie Diplomaten – im Hinblick auf nichthoheitliche Handlungen immun, und zwar (insofern reicht ihre Immunität weiter als diejenige von Diplomaten)[105] überall im Ausland. Die Tatsache, dass der Täter einem Kreis von Personen angehört, deren Handlungsfreiheit völkerrechtlich von besonderem Stellenwert ist, begründet somit seine **persönliche Immunität** (Immunität *ratione personae*). Im Unterschied zur funktionellen lässt die persönliche Immunität nicht schon die Strafbarkeit nach dem ausländischen Recht entfallen, sie begründet allerdings ein auf die Amtszeit befristetes Verfahrenshindernis.[106]

Im Zusammenhang mit der Aburteilung von Völkerrechtsverbrechen **durch den IStGH** haben diese Immunitäten weitgehend ihre Bedeutung eingebüßt. Art. 27 I IStGH-Statut schließt insoweit die funktionelle Immunität aus.[107] Art. 27 II IStGH-Statut begründet – zumindest für die Staatsoberhäupter und Regierungsmitglieder der Vertragsstaaten – eine Ausnahme von der persönlichen Immunität.[108] Auch vor anderen „internationalen Straftribunalen", so insbesondere den hybriden Gerichtshöfen,[109] können Immunitäten nicht wirksam geltend gemacht werden.[110]

46

Davon zu unterscheiden ist die Verfolgung völkerrechtlicher Verbrechen **durch nationale Strafverfolgungsbehörden**, zB auf Grundlage des Weltrechtsprinzips. Hier erkennt die hM im Interesse der Aufrechterhaltung der internationalen Beziehungen nach wie vor die persönliche Immunität der Staatsrepräsentanten an, so dass ein Strafverfahren während der Amtszeit unzulässig wäre.[111] Nach Ende der Amtszeit wird überwiegend jedoch eine Strafverfolgung vor nationalen Gerichten für möglich gehalten, da die funktionelle Immunität bei Völkerrechtsverbrechen nicht greife. So wird zB argumentiert, völkerrechtliche Verbrechen seien stets Verbrechen der Individuen und könnten

47

---

105 Triffterer/Ambos-*Triffterer/Burchard*, Rome Statute, Art. 27 Rn. 3.
106 *Cassese*, EJIL 13 (2002), 853, 864 f.; *Werle/Jeßberger*, Völkerstrafrecht, Rn. 764 ff.; dazu s.o. § 14 Rn. 7.
107 *Werle/Jeßberger*, Völkerstrafrecht, Rn. 761.
108 Zur Problematik der Verfolgung von Staatsoberhäuptern und Regierungsmitgliedern von Drittstaaten und deren Überstellung an den IStGH insbes. im Zusammenhang mit den gegen den ehemaligen sudanesischen Präsidenten *Al-Bashir* vorliegenden Haftbefehlen, s. *Abtahi/Charania*, ICLR 18 (2018), 383; *Akande*, JICJ 7 (2009), 333; *Blommestijn/Ryngaert* ZIS 2010, 428; *Gaeta*, JICJ 7 (2009), 315; *Papillon*, ICLR 10 (2010), 275; und die diesbezüglich klärende Entscheidung der Rechtsmittelkammer IStGH (AC), Prosecutor v. Al-Bashir, Judgment in the Jordan referral re Al-Bashir appeal, ICC-02/05–01/09, 6.5.2019.
109 S. hierzu insbes. SCSL (AC), Prosecutor v. Taylor, Decision on immunity from jurisdiction, SCSL-2003–01-I, 31.5.2004.
110 Allgemein gefasst IGH, Arrest Warrant of 11th April 2000 (Democratic Republic of the Congo v. Belgium), Judgment, 14.2.2002, ICJ Rep 2002, S. 3 Rn. 61; weiterführend *Kreß*, in: Klip/Sluiter (Hrsg.), Annotated Leading Cases of the International Tribunals, Bd. 9, S. 187, 202 ff.; SCSL (AC), Prosecutor v. Taylor, Decision on immunity from jurisdiction, SCSL-2003–01-I, 31.5.2004.
111 So insbes. IGH, Arrest Warrant of 11th April 2000 (Democratic Republic of the Congo v. Belgium), Judgment, 14.2.2002, ICJ Rep 2002; s. auch *Ruffert* NILR 48 (2001), 184; *Werle/Jeßberger*, Völkerstrafrecht, Rn. 764 ff.

nicht als hoheitliche Handlungen dem Staat zugerechnet werden,[112] andere nehmen eine völkergewohnheitsrechtliche Ausnahme von der Immunität an.[113]

Da Art. 27 IStGH-Statut daneben auch innerstaatliche Immunitätenregelungen für unerheblich erklärt, birgt die Vorschrift im Hinblick auf die innerstaatliche Umsetzung des Statuts in Deutschland ein gewisses Risiko.[114] Im Zuge seiner Inkorporierung durch das IStGHG und das VStGB (dazu → § 17 Rn. 1 ff.) wurden zwar wesentliche Teile des Statuts umgesetzt, auf eine Änderung des Art. 46 GG, der die Immunität und Indemnität von Bundestagsabgeordneten regelt, wurde dabei aber verzichtet.[115] Damit kann es etwa bei einer Weigerung des Bundestags, die Immunität eines Abgeordneten gem. Art. 46 II GG aufzuheben, dazu kommen, dass die Bundesrepublik die Strafverfolgung gegen den betroffenen Abgeordneten nicht durchführen kann, so dass nach dem Grundsatz der Komplementarität (dazu → § 14 Rn. 17 ff.) die Gerichtsbarkeit des IStGH eröffnet wäre – ein Ergebnis, das dem mit dem VStGB explizit verfolgten Ziel zuwiderläuft.[116]

g) Verjährung

48 Gem. Art. 29 IStGH-Statut **verjähren** die der Gerichtsbarkeit des Statuts unterliegenden Verbrechen **nicht**. Verjährung kommt somit als Straffreistellungsgrund vor dem IStGH nicht in Betracht.[117]

h) Ungeschriebene Straffreistellungsgründe

49 Gem. Art. 31 III IStGH-Statut können die Richter des IStGH auch die Anwendung ungenannter Straffreistellungsgründe erwägen, soweit sie den oben dargestellten Rechtsquellen (dazu → Rn. 2 ff.) entnommen werden.[118] Die Erweiterung um ungeschriebene Straffreistellungsgründe ist im Hinblick auf den Grundsatz *nullum crimen sine lege* (Art. 22 IStGH-Statut) unproblematisch, da der Angeklagte hierdurch lediglich günstiger gestellt wird.

V. Täterschaft und Teilnahme

50 Völkerrechtsverbrechen werden naturgemäß nur in absoluten Ausnahmefällen allein von Einzeltätern begangen. Der Unrechtsgehalt der Völkerrechtsverbrechen impliziert vielmehr regelmäßig, dass die einzelnen Taten sich in ein Gesamtmuster fügen. Besonders deutlich wird dies bei den Verbrechen gegen die Menschlichkeit, die einen ausgedehnten oder systematischen Angriff gegen die Zivilbevölkerung voraussetzen (vgl. Art. 7 I IStGH-Statut, dazu → § 16 Rn. 33). Als Makrokriminalität sind Völkerrechtsverbrechen zudem oft dadurch gekennzeichnet, dass die Verantwortlichen sich „nicht die Hände schmutzig machen", sondern stattdessen als „Schreibtischtäter" fungieren. Damit ist aber das Erfordernis einer differenzierten Regelung der Beteiligungsformen

---

[112] House of Lords, „Pinochet", Judgment, 24.3.1999, [2000] 1 A.C. 147, verfügbar unter https://publications.parliament.uk/pa/ld199899/ldjudgmt/jd990324/pino1.htm (Stand 1/20); dazu *Akande/Shah*, EJIL 21 (2010), 815, 828; *Sands*, UJIL 16 (2003), 45.
[113] Dazu insgesamt mwN *Ambos*, Int. Strafrecht, § 7 Rn. 101 ff.; *Kreicker* ZIS 2012, 107 (117).
[114] Dazu auch *Kreß* NStZ 2000, 620.
[115] Dies gilt auch für Art. 60 IV GG, wonach der Bundespräsident Immunität genießt.
[116] Begründung des Gesetzentwurfs der Bundesregierung, BR-Drs. 29/02, S. 23.
[117] Vgl. *Gleß*, Int. Strafrecht, Rn. 746 f.; *Kreicker* HuV-I 2007, 167.
[118] Bsp. finden sich bei *Safferling*, Int. Strafrecht, § 5 Rn. 64; sowie *Schabas*, ICC, S. 648 ff.

§ 15 Der Allgemeine Teil des Völkerstrafrechts

an den Völkerstraftaten vorgegeben. Der Allgemeine Teil des Völkerstrafrechts muss demnach Zurechnungsregeln bereitstellen, die – diesem Erfordernis gerecht werdend – eine strafrechtliche Verantwortlichkeit nicht nur für den unmittelbar Ausführenden begründen.

Art. 25 III lit. a–c unterscheiden zwischen drei Formen der Beteiligung an einer Straftat und wendet sich hiermit gegen eine formal einheitstäterschaftliche Betrachtung.[119] Diese Beteiligungsformen lassen sich im Prinzip den aus dem StGB bekannten Kategorien der Täterschaft und der Teilnahme zuordnen. Als Varianten der **Täterschaft** kommen nach Art. 25 III lit. a IStGH-Statut die *unmittelbare,* die *mittelbare* und die *Mittäterschaft* in Betracht. Die **Teilnahme**möglichkeiten erscheinen gegenüber der deutschen Rechtsordnung zumindest formell differenzierter, wenn Art. 25 III lit. b IStGH-Statut[120] zwischen der *Beeinflussung (inducement),* der *Aufforderung (solicitation)* und der *Anordnung (ordering)* zu einem Verbrechen und Art. 25 III lit. c IStGH-Statut zwischen der Unterstützung in Form des *aiding, abetting* und *otherwise assisting* unterscheidet. Bemerkenswert ist, dass das Statut in Art. 25 III lit. b, c dem aus dem deutschen Recht gut bekannten Grundsatz der Akzessorietät folgt, also die Strafbarkeit des Teilnehmers von der Strafbarkeit des Haupttäters – sei es wegen vollendeter oder versuchter Tat – abhängig macht. Das Akzessorietätserfordernis gilt auch für die nicht nur auf den ersten Blick schwer zu verstehende Vorschrift des Art. 25 III lit. d IStGH-Statut, die sonstige Beiträge zur Begehung eines Statutsverbrechens durch eine *Gruppe* als schwächste Form der Teilnahme unter Strafe stellt. Art. 25 III lit. e IStGH-Statut begründet schließlich noch die aus der Völkermordkonvention stammende Strafbarkeit der Aufstachelung zum Völkermord, die unabhängig von einer tatsächlichen Begehung der Tat angeordnet ist (dazu → § 16 Rn. 9).

51

Art. 25 II IStGH-Statut sieht für die einzelnen Begehungsformen keine unterschiedlichen Sanktionen vor. Die Art der Beteiligung kann allerdings bei der Strafzumessung nach Art. 78 I IStGH-Statut berücksichtigt werden; dies ist nunmehr in Rule 145 I lit. c RPE auch explizit festgelegt.

52

---

119 Ausf. hierzu *Ambos*, Völkerstrafrecht AT, S. 543 ff. Dass der IStGH auch Wert darauf legt, dass konkret die entsprechenden Begehungsformen angeklagt werden, zeigt sich an IStGH (PTC II), Prosecutor v. Ruto, Kosgey und Sang, Decision on the Prosecutor's Application for Summons to appear, ICC-01/09–01/11–1, 8.3.2011, Rn. 35 f.
120 Für den speziellen Fall der Aufstachelung zum Völkermord gem. Art. 25 III lit. e IStGH-Statut, siehe § 16 Rn. 9.

1. Täterschaft

a) Unmittelbare Täterschaft

53 Im Wesentlichen wie im deutschen Recht zu behandeln ist zunächst die **unmittelbare Täterschaft** nach Art. 25 III lit. a Var. 1 IStGH-Statut. Wer also die Tat als Einzelner selbst begeht, ist unmittelbarer Alleintäter.[121]

b) Mittäterschaft

54 Die **Mittäterschaft** (Art. 25 III lit. a Var. 2 IStGH-Statut) setzt als Grundlage für eine wechselseitige Zurechnung von Tatbeiträgen einen *gemeinsamen Tatplan* voraus, wobei umstritten ist, ob er gezielt auf die Begehung eines Völkerrechtsverbrechens gerichtet sein muss oder das Vorliegen irgendeines „kriminellen Elements" ausreicht.[122] Dazu muss in Anlehnung an die Tatherrschaftslehre *Roxins* ein objektives Element in Form eines *wesentlichen Tatbeitrags* (*essential contribution*) treten.[123] Damit stimmen die Zurechnungsregeln mit denen der hL in der deutschen Strafrechtsdogmatik über die Mittäterschaft weitgehend überein.[124]

c) Mittäterschaft durch *Joint Criminal Enterprise*?

55 Die Statuten der *Ad-hoc*-Gerichte kennen eine dem Art. 25 III lit. a IStGH-Statut vergleichbare Bestimmung zur (Mit-)Täterschaft nicht. Im Falle einer Mehrzahl von Beteiligten behelfen sich diese Gerichte mit einer maßgeblich vom ICTY im Fall *Tadić* – unter Berufung auf Völkergewohnheitsrecht[125] – entwickelten, weitreichenden täterschaftlichen Zurechnungsfigur, dem *Joint Criminal Enterprise* (JCE). JCE wird als eine (ungeschriebene) Unterform der *commission* in Art. 7 I ICTY-Statut / Art. 6 I ICTR-Statut verortet. Auf diese Weise soll es ermöglicht werden, mehrere Beteiligte an einer gemeinsamen Unternehmung bzgl. der dabei begangenen Völkerstraftaten als (Mit-)Täter zu bestrafen.[126] Nicht unproblematisch ist dies, soweit selbst solche Taten als täterschaftlich (mit-)begangen zugerechnet werden, die nicht von dem gemeinsamen Tatplan gedeckt sind, also eigentlich Exzesstaten darstellen, wie dies bei der weitesten Form von JCE (sog. JCE III) der Fall ist. Noch nicht abschließend geklärt ist, ob

---

[121] Näher dazu *Ambos*, Int. Strafrecht, § 7 Rn. 18.
[122] Letzteres befürwortet die Rspr. der mit dem Fall *Lubanga* befassten Kammern, vgl. IStGH (PTC I), Prosecutor v. Lubanga, Decision on the confirmation of charges, ICC-01/04–01/06–803-tEN, 29.1.2007, Rn. 344; im Grundsatz bestätigt durch IStGH (TC I), Prosecutor v. Lubanga, Judgment pursuant to article 74 of the Statute, ICC-01/04–01/06–2842, 14.3.2012, Rn. 984 ff. mit der Forderung nach einem ausreichenden Risiko, dass bei gewöhnlichem Verlauf der Dinge ein Verbrechen begangen werde; IStGH (TC II), Prosecutor v. Katanga, Judgment pursuant to article 74 of the Statute, ICC-01/04–01/07–3436-tENG, 7.3.2014, Rn. 1390 ff.; ein solches Risiko verneint IStGH (AC), Prosecutor v. Lubanga, Judgment on the appeal of Mr Thomas Lubanga Dyilo against his conviction, ICC-01/04–01/06–3121-Red, 1.12.2014, Rn. 445, 446, 451.
[123] IStGH (PTC I), Prosecutor v. Lubanga, Decision on the confirmation of charges, ICC-01/04–01/06–803-tEN, 29.1.2007, Rn. 342 f., 361 f.; bestätigt durch IStGH (TC I), Prosecutor v. Lubanga, Judgment pursuant to article 74 of the Statute, ICC-01/04–01/06–2842, 14.3.2012, Rn. 999 mit abw. Meinung des Richters *Fulford*; IStGH (TC II), Prosecutor v. Katanga, Judgment pursuant to article 74 of the Statute, ICC-01/04–01/07–3436-tENG, 7.3.2014, Rn. 1393 f.; hierzu *Ambos* ZIS 2012, 313 (328 ff.); s. auch die abw. Meinung der Richterin *Van den Wyngaert* zu IStGH (TC II), Prosecutor v. Ngudjolo, Judgment pursuant to article 74 of the Statute – Concurring opinion of Judge Christine Van den Wyngaert, ICC-01/04–02/12–4, 18.12.2012.
[124] Vgl. zu § 25 II StGB *Wessels/Beulke/Satzger*, Rn. 811 ff.
[125] Zur Problematik dieser Begründung s. nur *Zahar/Sluiter*, International Criminal Law, S. 223 ff.
[126] Für eine generelle Betrachtung der JCE, vgl. *van der Wilt*, JICJ 5 (2007), 91; vgl. IStGH (AC), Prosecutor v. Lubanga, Judgment on the appeal of Mr Thomas Lubanga Dyilo against his conviction, ICC-01/04–01/06–3121-Red, 1.12.2014, Rn. 471 f.

auch das Merkmal „gemeinschaftlich mit einem anderen begeht" im IStGH-Statut – ähnlich wie in den Statuten der *Ad-hoc*-Gerichtshöfe – Raum für die Anwendung dieser Rechtsfigur lässt, so dass diese auch im Kontext des IStGH-Statuts näher betrachtet werden muss. Die bisherige Rspr. des IStGH scheint dies allerdings zu verneinen.[127]

Die *Ad-hoc*-Gerichtshöfe[128] unterscheiden drei Kategorien von JCE[129], wobei für eine mittäterschaftliche Zurechnung zunächst drei **objektive Voraussetzungen** gegeben sein müssen:

- Eine Mehrzahl von Personen,
- ein gemeinsamer Plan/Zweck, der die Begehung eines oder mehrerer Völkerrechtsverbrechen beinhaltet, und
- ein Beitrag[130] im Rahmen dieses gemeinsamen Plans, an den jedoch keine hohen Anforderungen (im Sinne einer „Wesentlichkeit") gestellt werden.

Unterschiede ergeben sich im Wesentlichen hinsichtlich der **subjektiven Anforderungen**:

- In der **Grundform** des JCE (sog. **JCE I**) wirken alle Beteiligten *im Rahmen des gemeinsamen Vorsatzes* zusammen und führen so den Tatplan gemeinsam aus. JCE I entspricht somit im Wesentlichen der Mittäterschaft iSv § 25 II StGB, welche eine wechselseitige Zurechnung der jeweiligen Beiträge aufgrund der funktional-arbeitsteiligen Vorgehensweise ermöglicht. Dies ist allerdings nur dann unproblematisch, wenn man – restriktiver als die Rspr. der *Ad-hoc*-Gerichtshöfe – keine zu geringen Anforderungen an den tatfördernden Beitrag stellt, sondern dessen „Wesentlichkeit" voraussetzt. Ansonsten liegt die Einstufung als bloße Beihilfe näher.
- Die **systemische Form** des JCE (**JCE II**) soll die sog. „Konzentrationslager"-Fälle erfassen und wird zumeist als bloße Variante der Grundform betrachtet.[131] Der Unterschied zu JCE I soll darin liegen, dass dem Beteiligten kein konkreter Vorsatz in Bezug auf die begangenen Verbrechen nachgewiesen werden muss. Subjektiv muss der Beteiligte nur das System der Misshandlungen *kennen* und mit *Förderungsvorsatz* handeln.[132] Dieser Vorsatz soll dabei aus der hierarchischen Stellung des Beteiligten im System abgeleitet werden können.[133]
- Die **erweiterte Form** des JCE (**JCE III**) betrifft schließlich diejenigen Fälle, in denen einzelne Gruppenmitglieder völkerrechtliche Verbrechen begehen, die *nicht vom ge-*

---

127 S. insbes. IStGH (PTC I), Prosecutor v. Lubanga, Decision on the confirmation of charges, ICC-01/04–01/06–803-tEN, 29.1.2007; IStGH (TC I), Prosecutor v. Lubanga, Judgment pursuant to article 74 of the Statute, ICC-01/04–01/06–2842, 14.3.2012; IStGH (TC II), Prosecutor v. Katanga, Judgment pursuant to article 74 of the Statute, ICC-01/04–01/07–3436-tENG, 7.3.2014; IStGH (AC), Prosecutor v. Lubanga, Judgment on the appeal of Mr Thomas Lubanga Dyilo against his conviction, ICC-01/04–01/06–3121-Red, 1.12.2014, Rn. 471 f.
128 Vgl. zur Entwicklung von JCE in der Rspr. des ICTY *Haan*, ICRL 5 (2005), 167; vgl. IStGH (TC II), Prosecutor v. Ngudjolo, Judgment pursuant to article 74 of the Statute – Concurring opinion of Judge Christine Van den Wyngaert, ICC-01/04–02/12–4, 18.12.2012.
129 Vgl. dazu auch *Gleß*, Int. Strafrecht, Rn. 765 ff.
130 ICTY, Prosecutor v. Kvočka et al., Judgment, IT-98–30/1-A, 28.2.2005, Rn. 97, 99, 112. Es sei nicht erforderlich, dass ein Beteiligter ein Tatbestandsmerkmal verwirklicht, einen wesentlichen Tatbeitrag leistet oder am Tatort anwesend ist; zur abw. früheren Rspr. *Werle/Jeßberger*, Völkerstrafrecht, Rn. 553 ff. mwN.
131 Zur Problematik bei geringen Anforderungen an das Gewicht der Mitwirkungshandlungen s. nur *Satzger*, in: Hassemer ua (Hrsg.), FS Volk, S. 649, 658.
132 ICTY, Prosecutor v. Tadić, Judgment, IT-94–1-A, 15.7.1999, Rn. 220.
133 ICTY, Prosecutor v. Tadić, Judgment, IT-94–1-A, 15.7.1999, Rn. 203; ICTY, Prosecutor v. Kvočka et al., Judgment, IT-98–30/1-A, 28.2.2005, Rn. 101; zur Kritik s. *Ambos*, Int. Strafrecht, § 7 Rn. 30 mwN.

meinsamen Tatplan gedeckt sind. Diese Exzesstaten sollen über die Zurechnungsfigur des JCE III auch dann als von den übrigen Gruppenmitgliedern „begangen" eingestuft werden, wenn diese von der Begehung dieser Taten gar nichts wussten und insoweit auch keinen Tatbeitrag erbracht haben. Die (mittäterschaftliche) Zurechnung setze voraus, dass der Beteiligte die Absicht habe, den Zweck des kriminellen Unternehmens zu fördern und darüber hinaus für ihn die Begehung der Exzesstaten *subjektiv vorhersehbar* war, er dieses *Risiko* aber *in Kauf nahm*.[134]

58   JCE in der Handhabung durch die *Ad-hoc*-Gerichte erscheint für eine Abgrenzung der Täter von den Teilnehmern nur beschränkt brauchbar. So misst die jüngere Rspr. der *Ad-hoc*-Gerichte – wie gesehen – dem Gewicht des Tatbeitrags insgesamt kaum Bedeutung bei, so dass allein wegen des gemeinsamen Willens zur Erreichung des kriminellen Ziels der Gruppe Täterschaft bejaht wird. Eine sinnvolle Abgrenzung zu bloßer Beihilfe – wie sie im IStGH-Statut durch die differenzierte Regelung in Art. 25 III vorgezeichnet ist – wird so unmöglich. Auf Grundlage des Tatherrschaftsmodells, dem der IStGH ausdrücklich zuneigt,[135] spielt der Beitrag zur Tatausführung ohnehin eine wesentliche Rolle zur Beurteilung der Tatherrschaft des an dem Unternehmen Beteiligten. Darüber hinaus ist va JCE III als „neue Zurechnungskategorie ... ohne normative Grundlage" zu Recht kritisiert worden.[136] Würde diese erfordern, dass stets ein echter Eventualvorsatz bzgl. der Exzesstaten vorhanden ist, so handelte es sich streng genommen gar nicht um Exzesstaten – und JCE III wäre letztlich überflüssig. Dass die Anforderungen an die innere Tatseite demgegenüber minimal sind und letztlich nicht einmal ein konkreter Bezug zur tatsächlich begangenen Tat (sondern nur bzgl. des „Risikos" der Begehung irgendwelcher Taten) vorliegen muss, wird spätestens dann deutlich, wenn man berücksichtigt, dass JCE III auch im Kontext ausgedehntester und kaum begrenzbarer Unternehmungen (*vast enterprises*) zur Anwendung gelangt. So hält es etwa der ICTR für zulässig, ganz pauschal auf das Unternehmen „Ausrottung der Tutsi-Bevölkerung in Ruanda" abzustellen und über JCE III jedem, der sich an diesem landesweiten, kaum fest umreißbaren Unternehmen beteiligte, praktisch jedwedes in diesem Zusammenhang begangene Völkerrechtsverbrechen (täterschaftlich) zuzurechnen, weil die Begehung derartiger Verbrechen für ihn vorhersehbar gewesen sei und er sich mit dem entsprechenden Risiko abgefunden habe.[137] Darüber hinaus ist JCE III von vornherein inakzeptabel, wenn diese Figur dazu benutzt wird, besondere subjektive Merkmale – wie insbesondere die Zerstörungsabsicht beim Völkermord – zuzurechnen. Dadurch wird die subjektive Strafbarkeitsschwelle eines solchen Tatbestands abgesenkt, was im Fall eines Völkermords als Exzesstat dazu führt, dass für die Verurteilung eines

---

134 ICTY, Prosecutor v. Tadić, Judgment, IT-94–1-A, 15.7.1999, Rn. 228.
135 Siehe ua IStGH (PTC I), Prosecutor v. Katanga and Ngudjolo, Decision on the confirmation of charges, ICC-01/04–01/07–717, 30.9.2008, Rn. 486; IStGH (PTC I), Prosecutor v. Lubanga, Decision on the confirmation of charges, ICC-01/04–01/06–803-tEN, 29.1.2007, Rn. 326 f.; IStGH (TC I), Prosecutor v. Lubanga, Judgment pursuant to article 74 of the Statute, ICC-01/04–01/06–2842, 14.3.2012, Rn. 999; IStGH (TC II), Prosecutor v. Ngudjolo, Judgment pursuant to article 74 of the Statute – Concurring opinion of Judge Christine Van den Wyngaert, ICC-01/04–02/12–4, 18.12.2012; IStGH (TC II), Prosecutor v. Katanga, Judgment pursuant to article 74 of the Statute, ICC-01/04–01/07–3436-tENG, 7.3.2014, Rn. 1393 f.; IStGH (AC), Prosecutor v. Lubanga, Judgment on the appeal of Mr Thomas Lubanga Dyilo against his conviction, ICC-01/04–01/06–3121-Red, 1.12.2014, Rn. 468 ff.; siehe auch Rn. 54.
136 *Ambos*, Int. Strafrecht, § 7 Rn. 31; s. auch *Satzger*, in: Hassemer ua (Hrsg.), FS Volk, S. 649, 659 f.
137 Ausf. hierzu *Satzger*, in: Klip/Sluiter (Hrsg.), Annotated Leading Cases of the International Tribunals, Bd. 24, S. 61 ff.

Gruppenmitglieds als Täter eines Genozids die bloße Vorhersehbarkeit der Zerstörungsabsicht des Exzesstäters ausreicht.[138]
Nach richtiger Ansicht ist unter der Geltung des IStGH-Statuts kein Raum mehr für die Grundsätze des JCE.[139] Art. 25 III IStGH-Statut enthält in lit. a Var. 2 eine klare Grundlage für die (mit-)täterschaftliche Begehung. Die Unterstützung eines Gruppenverbrechens – welches JCE wohl am nächsten kommt – ist in Art. 25 III lit. d IStGH-Statut (dazu → Rn. 63) jedoch nicht als täterschaftliche Begehung, sondern lediglich als schwächste Form der Teilnahme genannt,[140] was letztlich den Grundsätzen der Tatherrschaftslehre entspricht. Zu Recht sah daher auch der IStGH für eine Übertragung von JCE auf die seiner Jurisdiktion unterliegenden Delikte weder Raum noch Anlass.[141] Erhebliche Bedeutung hat JCE aber in der Rspr. der hybriden Gerichtshöfe,[142] wobei die Rechtsprechung des ECCC die Anwendbarkeit von JCE (zumindest für die ECCC) auf die ersten beiden Formen beschränkte, also die erweiterte Form des Joint Criminal Enterprise (JCE III) anders als der ICTY im Fall *Tadić* für nicht anwendbar hielt.[143]

d) Mittelbare Täterschaft

Art. 25 III lit. a Var. 3 IStGH-Statut sieht die Möglichkeit der Bestrafung auch für denjenigen vor, der eine Tat „durch einen anderen" begeht. Die deutsche Übersetzung des Statuts verwendet damit die aus § 25 I Var. 2 StGB bekannte Umschreibung der **mittelbaren Täterschaft**. Art. 25 III lit. a Var. 3 IStGH-Statut stellt dabei klar, dass die Strafbarkeit als mittelbarer Täter unabhängig davon möglich ist, ob der Vordermann bestraft werden kann. Damit erkennt das Statut explizit die von *Roxin* entwickelte und gerade im Völkerstrafrecht sehr bedeutsame Rechtsfigur des „Täters hinter dem Täter"[144] an. Diese Sichtweise wird durch die gefestigte Rspr. des IStGH in den Entscheidungen zur Eröffnung des Hauptverfahrens in den Fällen *Lubanga*[145], *Katanga und*

59

---

138 So aber etwa ICTY, Prosecutor v. Brđanin, Decision on interlocutory appeal, IT-99-36-AR73.9, 19.3.2004, Rn. 6; abl. auch ICTY, Prosecutor v. Brđanin, Decision on motion for acquittal pursuant to Rule 98bis, IT-99-36-T, 28.11.2003, Rn. 57; *Ambos*, Int. Strafrecht, § 7 Rn. 32; *Satzger*, in: Hassemer ua (Hrsg.), FS Volk, S. 649, 660 f. mwN.
139 *Werle/Jeßberger*, Völkerstrafrecht, Rn. 561 ff.; zur Tendenz des IStGH, statt einer Anerkennung von JCE das Modell des „Täters hinter dem Täter" bzw. der Täterschaft kraft Organisationsherrschaft zu verfolgen, vgl. Rn. 59 sowie *Manacorda/Meloni*, JICJ 9 (2011), 159.
140 So zu Recht *Werle/Jeßberger*, Völkerstrafrecht, Rn. 599.
141 IStGH (PTC I), Prosecutor v. Lubanga, Decision on the confirmation of charges, ICC-01/04–01/06–803-tEN, 29.1.2007, Rn. 338; IStGH (PTC I), Prosecutor v. Katanga and Ngudjolo, Decision on the confirmation of charges, ICC-01/04–01/07–717, 30.9.2008, Rn. 480; vgl. auch die diesbezügliche Analyse der ersten Entscheidung bei *Weigend*, JICJ 6 (2008), 471, 476 ff.
142 So zB SCSL (TC I), Prosecutor v. Sesay, Kallon, Gbao, Judgment, SCSL-04–15-T, 2.3.2009.
143 ECCC (SC), Prosecutor v. Khieu and Nuon, Appeal Judgment, 002/19–09–2007-ECCC/SC, 23.11.2016; ECCC (TC), Prosecutor v. Nuon et al., Decision on the applicability of joint criminal enterprise, 002/19–09–2007/ECCC/TC, 12.9.2011; ECCC (PTC), Prosecutor v. Ieng et al., Decision on the appeals against the co-investigative Judges order on joint criminal enterprise (JCE), 002/19–09–2007-ECCC/OCIJ (PTC38), 20.5.2010.
144 Dazu – im völkerstrafrechtlichen Kontext – *Roxin* GA 1963, 193. Zur Bedeutung deutscher Dogmatik, insbes. des Konzepts der Organisationsherrschaft, in der Rspr. des IStGH und zur Kritik dieser Rspr. vgl. *Weigend*, JICJ 9 (2011), 91.
145 IStGH_(PTC I), Prosecutor v. Lubanga, Decision on the confirmation of charges, ICC-01/04–01/06–803, 29.1.2007, Rn. 332 f.

Ngudjolo[146] sowie *Blé Goudé*[147], in der Haftbefehlsentscheidung gegen *Al-Bashir*[148], in der Vorladungsentscheidung gegen *Ruto, Kosgey und Sang*[149], dem erstinstanzlichen Urteil gegen *Katanga*[150] und dem bestätigenden Urteil der Rechtsmittelkammer im Fall *Lubanga*[151] gestärkt, in denen der IStGH das Konzept der mittelbaren Täterschaft iSd deutschen Dogmatik anwendet.[152] Angesichts der Verfahren, die den IStGH primär beschäftigen, ist abzusehen, dass diese Begehungsform in Zukunft die zentrale Regelung des Art. 25 III IStGH-Statut werden wird.[153]

2. Teilnahme

60 Im Bereich der Teilnahme unterscheidet das Statut zwischen Beeinflussung, Aufforderung und Anordnung zur Haupttat auf der einen Seite und auf der anderen Seite Unterstützung, unterteilt in *aiding, abetting* und die sonstige Unterstützung (*otherwise assisting*).

a) Anstiftung

61 Die **Anstiftung** zur Haupttat (*instigation*) beschreibt im Rahmen des Art. 25 III lit. b IStGH-Statut den Oberbegriff, der sowohl die Beeinflussung (*inducement*), die Aufforderung (*solicitation*) als auch die Anordnung (*ordering*) umfasst.[154] Man wird unter der Anstiftung iSd Statuts ähnlich wie im deutschen Recht im Zusammenhang mit § 26 StGB das Bestimmen zur Haupttat und damit das Hervorrufen des Entschlusses zur Begehung der Tat verstehen können.[155]

Die Beeinflussung fordert die Einflussnahme auf den Täter[156] durch starke Argumentation, Überzeugung oder durch ein Verhalten, das die Aufforderung zur Tatbegehung enthält.[157]

---

146 IStGH (PTC I), Prosecutor v. Katanga and Ngudjolo, Decision on the confirmation of charges, ICC-01/04–01/07–717, 30.9.2008, Rn. 514.
147 IStGH (PTC I), Prosecutor v. Blé Goudé, Decision on the confirmation of charges against Charles Blé Goudé, ICC-02/11–02/11–186, 11.12.2014, Rn. 136.
148 IStGH_(PTC I), Prosecutor v. Al-Bashir, Decision on the Prosecution's application for a warrant of arrest against Omar Hassan Ahmad Al-Bashir, ICC-02/05–01/09–3, 4.3.2009, Rn. 216.
149 IStGH (PTC II), Prosecutor v. Ruto, Kosgey and Sang, Decision on the Prosecutor's application for summons to appear for William Samoei Ruto, Henry Kiprono Kosgey and Joshua Arap Sang, ICC-01/09–01/11–01, 8.3.2011, Rn. 40 ff.
150 IStGH (TC II), Prosecutor v. Katanga, Judgment pursuant to article 74 of the Statute, ICC-01/04–01/07–3436-tENG, 7.3.2014, Rn. 1403 ff.
151 Bestätigt von IStGH (AC), Prosecutor v. Lubanga, Judgment on the appeal of Mr Thomas Lubanga Dyilo against his conviction, ICC-01/04–01/06–3121, 1.12.2014, Rn. 469.
152 S. dazu auch *Roxin* ZIS 2009, 565; krit. *Weigend*, JICJ 9 (2011), 91, 101 ff. Zu den Voraussetzungen für die Annahme einer mittelbaren (Mit-)Täterschaft vgl. IStGH (PTC II), Prosecutor v. Ruto, Kosgey and Sang, Decision on the Prosecutor's application for summons to appear for William Samoei Ruto, Henry Kiprono Kosgey and Joshua Arap Sang, ICC-01/09–01/11–01, 8.3.2011, Rn. 40, die die PTC II im Falle des Beschuldigten *Sang* mangels entsprechender Tatherrschaft für nicht erfüllt ansieht.
153 So auch IStGH (TC II), Prosecutor v. Katanga, Judgment pursuant to article 74 of the Statute, ICC-01/04–01/07–3436-tENG, 7.3.2014, Rn. 1403 ff; für einen Vergleich von JCE und mittelbarer Täterschaft des „Täters hinter dem Täter" siehe *Manacorda/Meloni*, JICJ 9 (2011), 159; zur Kombination von mittelbarer Täterschaft und Mittäterschaft in der Rspr. des IStGH siehe *Elda*, Criminal Law and Philosophy 8 (2014), 605.
154 Cassese/Gaeta/Jones-*Eser*, Rome Statute, S. 796.
155 S. auch Werle/*Jeßberger*, Völkerstrafrecht, Rn. 563 ff.
156 IStGH (PTC II), Prosecutor v. Ntaganda, Decision pursuant to article 61 (7) (a) and (b) of the Rome Statute on the charges of the Prosecutor against Bosco Ntaganda, ICC-01/04–02/06–309, 9.6.2014, Rn. 153.
157 IStGH (TC VII), Prosecutor v. Bemba et al., Judgment pursuant to article 74 of the Statute, ICC-01/05–01/13–1989-Red, 19.10.2016, Rn. 76.

Die *Anordnung* setzt ihrem Wortlaut nach ein Über-Unterordnungsverhältnis gegenüber dem Täter voraus.[158] Gemeint sind also insbesondere Befehlssituationen in einer militärischen Hierarchie.[159] Die Anordnung ist dementsprechend ein Spezialfall der Beeinflussung und die schwerste Form der Anstiftung.[160]

Die *Aufforderung* erfordert, dass eine Person den Täter um die Ausführung der Tat bittet oder zu ihr drängt. Im Gegensatz zur Anstiftung und zur Anordnung fordert sie kein Element der Beeinflussung und ist daher schwächer als die anderen genannten Formen.[161]

In subjektiver Hinsicht muss der Anstifter gem. Art. 30 IStGH-Statut sowohl hinsichtlich seiner Bestimmungshandlung als auch hinsichtlich der Haupttat Vorsatz besitzen, was dem deutschen Erfordernis des „doppelten Anstiftervorsatzes" weitgehend gleichkommt.[162]

b) Unterstützung

Als weitere Form der Teilnahme nennt Art. 25 III lit. c IStGH-Statut die **Unterstützung** (*assistance*) als Oberbegriff, wobei diese gesondert in *aiding*, *abetting* und die sonstige Unterstützung (*otherwise assisting*) unterteilt wird.[163] *Aiding* impliziert die Erbringung praktischer oder materieller Hilfe, während *abetting* moralische oder psychologische Unterstützung des Täters beschreibt.[164] Unter den Oberbegriff der **Unterstützung** lassen sich alle Tatbeiträge fassen, die die Begehung der Tat erleichtern oder sonst eine substanzielle Wirkung auf sie haben.[165] Hierfür kann bereits die bloße Ermutigung zur Tat, unter Umständen sogar die reine Anwesenheit am Tatort ausreichen. Kausal muss

62

---

158 IStGH (PTC II), Prosecutor v. Ntaganda, Decision pursuant to article 61 (7) (a) and (b) of the Rome Statute on the charges of the Prosecutor against Bosco Ntaganda, ICC-01/04–02/06–309, 9.6.2014, Rn. 145, 153; IStGH (PTC I), Prosecutor v. Gbagbo, Decision on the confirmation of charges against Laurent Gbagbo, ICC-02/11–01/11–656-Red, 12.6.2014, Rn. 243.
159 Triffterer/Ambos-*Ambos*, Rome Statute, Art. 25 Rn. 18.
160 IStGH (TC VII), Prosecutor v. Bemba et al., Judgment pursuant to article 74 of the Statute, ICC-01/05–01/13–1989-Red, 19.10.2016, Rn. 77.
161 IStGH (TC VII), Prosecutor v. Bemba et al., Judgment pursuant to article 74 of the Statute, ICC-01/05–01/13–1989-Red, 19.10.2016, Rn. 76.
162 So auch Cassese/Gaeta/Jones-*Eser*, Rome Statute, S. 797; leicht abw. *Werle/Jeßberger*, Völkerstrafrecht, Rn. 589; zum Anstiftervorsatz im deutschen Recht s. *Wessels/Beulke/Satzger*, Rn. 889 ff.; *Satzger* Jura 2008, 514.
163 Diese Ansicht unterscheidet (richtigerweise) den rechtlichen Rahmen des IStGH von der (uneinheitlichen) Rechtsprechung der Ad-hoc-Gerichte, die die Beihilfe als vereinheitlichtes Konzept ansehen, vgl. IStGH (TC VII), Prosecutor v. Bemba et al., Judgment pursuant to article 74 of the Statute, ICC-01/05–01/13–1989-Red, 19.10.2016, Rn. 87 mwN.
164 IStGH (TC VII), Prosecutor v. Bemba et al., Judgment pursuant to article 74 of the Statute, ICC-01/05–01/13–1989-Red, 19.10.2016, Rn. 88 f.; für einen ähnlichen Ansatz, vgl. auch ICTR, Prosecutor v. Akayesu, Judgment, ICTR-96–4-T, 2.9.1998, Rn. 484; ICTY, Prosecutor v. Kvočka et al., Judgment, IT-98–30/1-T, 2.11.2001, Rn. 253 f.
165 So IStGH (PTC I), Prosecutor v. Mbarushimana, Decision on the conformation of charges, ICC-01/04–01/10–465, 16.12.2011, Rn. 279; IStGH (TC I), Prosecutor v. Lubanga, Judgment pursuant to Article 74 of the Statute, ICC-01/04–01/06–2842, 14.3.2012, Rn. 997; vgl. zudem ICTY, Prosecutor v. Krnojelac, Judgment, IT-97–25-T, 15.3.2002, Rn. 88; *Werle/Jeßberger*, Völkerstrafrecht, Rn. 595; ähnlich auch Cassese/Gaeta/Jones-*Eser*, Rome Statute, S. 799; einige Kammern lehnen die erhöhte Schwelle des „substanziellen" Beitrages ab und folgen einem weiten Ansatz, der alle Auswirkungen auf die Begehung der Tat des Haupttäters ausreichen lässt, vgl. IStGH (PTC II), Prosecutor v. Bemba et al., Decision pursuant to article 61 (7) (a) and (b) of the Rome Statute, ICC-01/05–01/13–749, 11.11.2014, Rn. 35; IStGH (PTC I), Decision on the confirmation of charges against Charles Blé Goudé, ICC-02/11–02/11–186, 11.12.2014, Rn. 167; IStGH (TC VII), Prosecutor v. Bemba et al., Judgment pursuant to article 74 of the Statute, ICC-01/05–01/13–1989-Red, 19.10.2016, Rn. 90–93.

der Unterstützungsbeitrag nicht sein.¹⁶⁶ Insgesamt kommt damit die „Unterstützung" iSd Statuts der deutschen Konzeption der Beihilfe als „Förderung der Haupttat" im Rahmen des § 27 StGB sehr nahe.¹⁶⁷

In subjektiver Hinsicht weist die Unterstützung gem. Art. 25 III lit. c IStGH-Statut allerdings höhere Voraussetzungen als Art. 30 IStGH-Statut auf, indem die Unterstützungshandlung *zur* Erleichterung der Haupttat *(for the purpose of facilitating the commission)* geleistet werden muss. Danach muss es dem Unterstützer also gerade auf die Unterstützungswirkung seines Beitrags ankommen.¹⁶⁸ Hinsichtlich der anderen Tatumstände gelten hingegen die Anforderungen des Art. 30 IStGH-Statut, es reicht also in jedem Fall das sichere Wissen aus, dass die Merkmale vorliegen. Je nach Verständnis des Art. 30 IStGH-Statut genügt auch bereits Eventualvorsatz (dazu → Rn. 25). Besondere Absichten des Haupttäters braucht der Unterstützende nicht in eigener Person aufzuweisen.¹⁶⁹

c) Unterstützung eines Gruppenverbrechens

63 Die Unterstützung eines Gruppenverbrechens (Art. 25 III lit. d IStGH-Statut) ist eine Beteiligungsform, die einer Regelung aus dem Internationalen Übereinkommen zur Bekämpfung terroristischer Bombenattentate vom 15.12.1997 entstammt.¹⁷⁰ Deren Aufnahme in das Statut ist va den Meinungsunterschieden zwischen den Delegierten auf der Rom-Konferenz im Hinblick auf die Formulierung des Tatbestandes der Verschwörung *(conspiracy)* geschuldet. In objektiver Hinsicht werden hier geringere Anforderungen an den Tatbeitrag gestellt als bei der Unterstützung („in any other way contributes to the commission"). Es genügt *jeder signifikante Tatbeitrag*, der nicht schon durch eine andere Beteiligungsform erfasst wird.¹⁷¹ Als gewisser Ausgleich sind die subjektiven Voraussetzungen gegenüber Art. 30 IStGH-Statut zumindest teilweise erhöht. Der Beitrag muss nicht nur unter Erfüllung der allgemeinen subjektiven Deliktsmerkmale geleistet werden; der Täter muss vielmehr auch mit seinem Tatbeitrag das Ziel verfolgen, die kriminelle Tätigkeit einer Gruppe zu fördern, oder aber in Kenntnis des Vorsatzes der Gruppe (genauer: der Gruppenmitglieder) zur Tatbegehung handeln.¹⁷² Die Regelung erinnert in ihren Grundzügen an die Figur des JCE (dazu → Rn. 55 ff.); jedoch wird der Beitrag zu einem Gruppenverbrechen – anders als bei

---

166 Vgl. ICTY, Prosecutor v. Kvočka et al., Judgment, IT-98–30/1-T, 2.11.2001, Rn. 255; IStGH (TC VII), Prosecutor v. Bemba et al., Judgment pursuant to article 74 of the Statute, ICC-01/05–01/13–1989-Red, 19.10.2016, Rn. 90; *Werle/Jeßberger*, Völkerstrafrecht, Rn. 572.
167 Vgl. zur deutschen Regelung zB *Wessels/Beulke/Satzger*, Rn. 900 ff.
168 So auch Cassese/Gaeta/Jones-*Eser*, Rome Statute, S. 801.
169 Vgl. *Kittichaisaree*, Int. Criminal Law, S. 244; so auch ICTY, Prosecutor v. Krstić, Judgment, IT-98–33-A, 19.4.2004, Rn. 140 mwN.
170 Art. 2 III lit. c der Konvention, UN General Assembly Resolution, International Convention for the Suppression of Terrorist Bombings, A/RES/52/164, 15.12.1997.
171 IStGH (PTC I), Prosecutor v. Mbarushimana, Decision on the confirmation of charges, ICC-01/04–01/10–465, 16.12.2011, Rn. 283, 285; IStGH (TC II), Prosecutor v. Katanga, Judgment pursuant to article 74 of the Statute, ICC-01/04–01/07–3436-tENG, 7.3.2014, Rn. 1632; eine weitergehende Ausführung zum Beschluss und zum Kriterium des „substanziellen Beitrages" findet sich bei *von Maltitz*, ORIL, ICL 1559 (ICC 2011).
172 Zu den konkreten Voraussetzungen vgl. IStGH (TC II), Prosecutor v. Katanga, Judgment pursuant to article 74 of the Statute, ICC-01/04–01/07–3436-tENG, 7.3.2014, Rn. 1638; IStGH (PTC II), Prosecutor v. Ruto, Kosgey and Sang, Decision on the Prosecutor's application for summons to appear for William Samoei Ruto, Henry Kiprono Kosgey and Joshua Arap Sang, ICC-01/09–01/11–01, 8.3.2011, Rn. 51, bei der die PTC II für den Beschuldigten Sang die Begehungsform der indirekten (Mit-)Täterschaft mangels Tatherrschaft ablehnte und dann auf Art. 25 III lit. d IStGH- Statut rekurrierte.

JCE – nicht als täterschaftliche Begehungsform, sondern als schwächste Form der Teilnahme behandelt.[173] Die Norm wird zu Recht aufgrund der Unklarheit ihrer Formulierung, aber auch angesichts ihres zweifelhaften Sinngehalts neben den „klassischen" Teilnahmeformen der Anstiftung und der Unterstützung kritisiert.[174] Erfasst werden sollen durch diese Auffang-Begehungsform wohl in erster Linie Waffenlieferungen sowie die finanzielle und sonstige indirekte Unterstützung von Verbrechen.[175]

VI. Vorgesetztenverantwortlichkeit

Ebenfalls eine originär völkerstrafrechtliche Rechtsfigur, die in ihrem Ursprung jedoch auf das Genfer Recht (dazu → § 16 Rn. 54) zurückgeht, ist die **Vorgesetztenverantwortlichkeit** (*superior responsibility*),[176] welche in Art. 28 IStGH-Statut – wie bereits zuvor in den Statuten der *Ad-hoc*-Gerichtshöfe (Art. 7 III ICTY-Statut, Art. 6 III ICTR-Statut) – normiert ist.[177] Mithilfe dieses Zurechnungsmodells kann ein militärischer Befehlshaber oder ziviler Vorgesetzter für Völkerrechtsverbrechen seiner Untergebenen („Grundverbrechen")[178] strafrechtlich zur Verantwortung gezogen werden, wenn er seine Kontrollpflichten vorwerfbar verletzt hat. Als Garant ist der Vorgesetzte nämlich verpflichtet, die erforderlichen und angemessenen Gegenmaßnahmen zu ergreifen, und kann daher für ein pflichtwidriges Unterlassen bestraft werden.

Art. 28 IStGH-Statut begründet eine *subsidiäre* Beteiligungsform eigener Art, die neben den in Art. 25 III IStGH-Statut geregelten Beteiligungsformen steht („In addition to other grounds of criminal responsibility...").[179] Deshalb ist stets vorrangig zu prüfen, ob ein Verhalten nach Art. 25 III IStGH-Statut erfassbar ist, bevor auf Art. 28 IStGH-Statut zurückgegriffen wird.[180]

In **objektiver** Hinsicht hat die Vorgesetztenverantwortlichkeit folgende vier Voraussetzungen:

- Erstens muss eine **Vorgesetzten-Untergebenen-Beziehung** vorliegen. Diese ist nicht auf den militärischen Bereich beschränkt, sondern greift auch bei zivilen Vorgesetzten, denen innerhalb einer nichtmilitärischen Hierarchiestruktur (zB Verwaltung, Gewerkschaft, Unternehmen) gleichermaßen effektive Kontrollmöglichkeiten zukommen (vgl. Art. 28 lit. b IStGH-Statut).[181]

---

173 Vgl. *Werle/Jeßberger*, Völkerstrafrecht, Rn. 599.
174 Vgl. Cassese/Gaeta/Jones-*Eser*, Rome Statute, S. 803, der der Regelung aber immerhin einen symbolischen Wert zugesteht; s. auch Triffterer/Ambos-*Ambos*, Rome Statute, Art. 25 Rn. 28 ff.
175 *Vogel* ZStW 114 (2002), 403, 421.
176 Im Zusammenhang mit militärischen Befehlsgebern spricht man (insoweit spezieller) von *command responsibility*; zur Terminologie s. nur *Robinson*, CLF 28 (2017), 633; *Werle/Jeßberger*, Völkerstrafrecht, Rn. 604; zur Entstehungsgeschichte s. *Vogel*, in: Jeßberger/Geneuss (Hrsg.), Völkerstrafgesetzbuch, S. 40 ff.
177 Zum Ganzen s. *Burghardt*, Die Vorgesetztenverantwortlichkeit; *Weigend*, in: Burchard/Triffterer/Vogel (Hrsg.), The Review Conference, S. 67 ff.; eine Übungsklausur zur Vorgesetztenverantwortlichkeit findet sich bei *Zimmermann/von Maltitz* JuS 2020, 43.
178 Vgl. *Ambos*, Int. Strafrecht, § 7 Rn. 55; vgl. *Vogel*, in: Jeßberger/Geneuss (Hrsg.), Völkerstrafgesetzbuch, S. 43.
179 IStGH (TC III), Prosecutor v. Bemba, Judgment pursuant to article 74 of the Statute, ICC-01/05–01/08–3343, 21.3.2016, Rn. 174.
180 So auch ICTY, Prosecutor v. Blaškić, Judgment, IT-95–14-A, 29.7.2004, Rn. 91 f.
181 IStGH (TC III), Prosecutor v. Bemba, Judgment pursuant to article 74 of the Statute, ICC-01/05–01/08–3343, 21.3.2016, Rn. 176 ff.; s. auch ICTY, Prosecutor v. Delalić et al., Judgment, IT-96–21-A, 20.2.2001, Rn. 193, 248 ff.

- Zweitens ist eine **tatsächliche** (*effective*) **Führungsgewalt und Kontrolle** seitens des Vorgesetzten erforderlich.[182] Auf die *De-jure*-Befehlsgewalt kommt es nicht an. Allerdings genügt eine nur faktische Kontrollmöglichkeit, die losgelöst von jeder hierarchisch-organisatorischen Verfestigung (zB aufgrund persönlicher Beziehungen) besteht, nicht.[183] Im Hinblick auf zivile Vorgesetzte enthält Art. 28 lit. b (ii) IStGH-Statut eine zusätzliche Beschränkung hinsichtlich der Verhaltensweisen, für die der Vorgesetzte einzustehen hat: Sie müssen unter seine tatsächliche Verantwortung und Kontrolle fallen, was zum Ausdruck bringt, dass die Garantenstellung des zivilen (anders als diejenige des militärischen) Vorgesetzten örtlich und zeitlich begrenzt ist.[184]
- Drittens muss das Verbrechen des Untergebenen die **Folge des Kontrollversäumnisses** des Vorgesetzten sein.[185] Ob Art. 28 IStGH-Statut damit ein Kausalitätserfordernis etabliert, ist in der Rspr. des IStGH nicht abschließend geklärt:[186] So wurde die Frage sowohl im Urteil der Hauptverfahrenskammer III[187] als auch der diesbezüglich gespaltenen Rechtsmittelkammer[188] im *Bemba*-Verfahren offengelassen.[189] Die Rspr. der *Ad-hoc*-Gerichtshöfe kennt keine derartige Voraussetzung.[190]
- Viertens muss der Vorgesetzte die **„erforderlichen und angemessenen Maßnahmen"** unterlassen haben.[191] Ist das Völkerrechtsverbrechen noch nicht begangen, müssen die Maßnahmen (*präventiv*) darauf gerichtet sein, die Tat des Untergebenen zu verhindern. Ist die Tat (ohne pflichtwidrig unterlassenes Eingreifen des Vorgesetzten) bereits begangen, so muss er (*repressiv*) den Verantwortlichen entweder selbst bestrafen oder die Tat bei den zuständigen Stellen anzeigen. Dabei hat der Vorgesetzte

---

182 IStGH (TC III), Prosecutor v. Bemba, Judgment pursuant to article 74 of the Statute, ICC-01/05–01/08–3343, 21.3.2016, Rn. 180 ff.
183 *Werle/Jeßberger*, Völkerstrafrecht, Rn. 614.
184 Dies kann ggf. zu einer Einschränkung der Vorgesetztenverantwortlichkeit, beispielsweise auf die Dienstzeit, führen, vgl. *Werle/Jeßberger*, Völkerstrafrecht, Rn. 613.
185 IStGH (TC III), Prosecutor v. Bemba, Judgment pursuant to article 74 of the Statute, ICC-01/05–01/08–3343, 21.3.2016, Rn. 210 ff.
186 Dafür IStGH (PTC II), Prosecutor v. Bemba, Decision pursuant to Article 61(7)(a) and (b) of the Rome Statute on the charges of the Prosecutor against Jean-Pierre Bemba Gombo, ICC-01/05–01/08–424, 15.6.2009, Rn. 423; krit. etwa *Vogel*, in: Jeßberger/Geneuss (Hrsg.), Völkerstrafgesetzbuch, S. 43, 51; Triffterer/Ambos-*Triffterer/Arnold*, Rome Statute, Art. 28 Rn. 109.
187 IStGH (TC III), Prosecutor v. Bemba, Judgment pursuant to article 74 of the Statute, ICC-01/05–01/08–3343, 21.3.2016, Rn. 213.
188 IStGH (AC), Prosecutor v. Bemba, Judgment on the appeal of Mr Jean-Pierre Bemba Gombo against Trial Chamber III's „Judgment pursuant to article 74 of the Statute", ICC-01/05–01/08–3636-Red, 8.6.2018; gegen jegliches Kausalitätserfordernis siehe Separate opinion of Judge *Christine van den Wyngaert* and Judge *Howard Morrison*, IStGH (AC), Prosecutor v. Bemba, Judgment on the appeal of Mr *Jean-Pierre Bemba Gombo* against Trial Chamber III's „Judgment pursuant to Article 74 of the Statute", ICC-01/05–01/08–3636-Anx2, 8.6.2018, Rn. 51 ff.; für eine „hohe Wahrscheinlichkeit" des Eintritts der Untergebenentat als kausales Verbindungselement s. Dissenting opinion of Judge *Sanji Mmasenono Monageng* and Judge *Piotr Hofmański*, ICC (AC), Prosecutor v. Bemba, Judgment on the appeal of Mr *Jean-Pierre Bemba Gombo* against Trial Chamber III's „Judgment pursuant to article 74 of the Statute", ICC-01/05–01/08–3636-Anx1, 8.6.2018, Rn. 339.
189 Zum Kausalitätserfordernis in der aktuellen Rspr. s. auch *Zimmermann/von Maltitz* JuS 2020, 43 (48 f.).
190 ICTY, Prosecutor v. Delalić et al., Judgment, IT-96–21-T, 16.11.1998, Rn. 398 ff.; differenzierend *Safferling*, Int. Strafrecht, § 5 Rn. 101; *Ambos*, Völkerstrafrecht AT, S. 686 f., plädiert aus schuldstrafrechtlichen Gründen sogar für einen – über die Kausalität hinausgehenden – Schutzzweck- und Gefahrverwirklichungszusammenhang.
191 IStGH (TC III), Prosecutor v. Bemba, Judgment pursuant to article 74 of the Statute, ICC-01/05–01/08–3343, 21.3.2016, Rn. 197 ff.

alle ihm möglichen und bei objektiver *Ex-ante*-Betrachtung[192] „erforderlichen und angemessenen" Maßnahmen zu ergreifen.

In subjektiver Hinsicht unterscheidet Art. 28 IStGH-Statut zwischen den Anforderungen an militärische und nicht-militärische Vorgesetzte: 66

- **Militärische Vorgesetzte** (s. Art. 28 lit. a (i)) unterliegen der Vorgesetztenverantwortlichkeit zum einen, wenn sie von dem Grundverbrechen *wussten* (*dolus directus* 2. Grades), zum anderen dann, wenn sie davon *hätten wissen müssen*, dh bei ordnungsgemäßer Wahrnehmung ihrer Pflichten von der Verbrechensbegehung Kenntnis erlangt hätten.[193]
- **Zivile Vorgesetzte** (s. Art. 28 lit. b (i)) machen sich ebenfalls bei *Wissen* (*dolus directus* 2. Grades) strafbar, darüber hinaus genügt für ihre Bestrafung vorwerfbare Unkenntnis aber nicht. Vielmehr wird verlangt, dass der Vorgesetzte „eindeutig darauf [auf die Begehung des Verbrechens durch einen Untergebenen] hinweisende Informationen bewusst außer Acht" lässt, somit also ein *gesteigertes Maß an Fahrlässigkeit* aufweist.

Insofern kommt der Unterscheidung zwischen militärischen und zivilen Vorgesetzten eine zentrale Rolle zu; welche Maßstäbe er hier anzulegen gedenkt, hat der IStGH in seinen ersten Entscheidungen zu Art. 28 IStGH-Statut[194] aufgezeigt: Neben dem *De-jure*-Vorgesetzten ist auch derjenige *de facto* ein Vorgesetzter iSd Art. 28 lit. a, der über eine hierarchisch organisierte Truppe Befehl führt, mag es sich auch um eine Rebellengruppe handeln.

Über die Figur der Vorgesetztenverantwortlichkeit ist der Vorgesetzte für das Völkerrechtsverbrechen seines Untergebenen **täterschaftlich** verantwortlich.[195] Angesichts der aufgezeigten subjektiven Anforderungen bedeutet dies, dass der Vorgesetzte auch dann, wenn er nur fahrlässig Gegenmaßnahmen unterlässt, für die vorsätzliche Tat verantwortlich gemacht wird. Dieser – *de lege lata* nicht aufzulösender – Wertungswiderspruch wird demnach mit Recht kritisiert.[196] Im VStGB ist der deutsche Gesetzgeber daher in §§ 4, 13 bewusst hinter der Regelung des Art. 28 IStGH-Statut zurückgeblieben (dazu → § 17 Rn. 25). 67

VII. Versuch und Rücktritt

Art. 25 III lit. f IStGH-Statut enthält erstmals in der Geschichte des Völkerstrafrechts eine Versuchs- und Rücktrittsregelung. Der **Versuch** eines der Gerichtsbarkeit des IStGH unterliegenden Verbrechens wird explizit unter Strafe gestellt; dies entspricht dem Stand des Völkergewohnheitsrechts.[197] Wie im deutschen Recht setzt die Ver- 68

---

[192] *Werle/Jeßberger*, Völkerstrafrecht, Rn. 630.
[193] S. dazu *Werle/Jeßberger*, Völkerstrafrecht, Rn. 622: Nicht nur „Kenntnis hätten erlangen *können*". Dass es sich hierbei um einen Fahrlässigkeitsmaßstab handelt, wird von der Rspr. der *Ad-hoc*-Gerichtshöfe (zB ICTR, Prosecutor v. Bagilishema, Judgment, ICTR-95-1A-A, 3.7.2002, Rn. 34 f.) zu Unrecht abgelehnt; wie hier zB auch *Meloni*, JICJ 5 (2007), 619, 634 f.; *Triffterer*, in: Prittwitz ua (Hrsg.), FS Lüderssen, S. 452.§
[194] IStGH (TC III), Prosecutor v. Bemba, Judgment pursuant to Article 74 of the Statute, ICC-01/05–01/08–3343, 21.3.2016, Rn. 176 ff.; IStGH (PTC II), Prosecutor v. Bemba, Confirmation of charges, ICC-01/05–01/08–424, 15.6.2009, Rn. 407 ff.; zu dieser Unterscheidung s. auch *Karsten*, JICJ 7 (2009), 983.
[195] IStGH (TC III), Prosecutor v. Bemba, Judgment pursuant to article 74 of the Statute, ICC-01/05–01/08–3343, 21.3.2016, Rn. 173.
[196] *Ambos*, Int. Strafrecht, § 7 Rn. 59; s. auch zum Ganzen *Nerlich*, JICJ 5 (2007), 665; aA *Vogel*, in: Jeßberger/Geneuss (Hrsg.), Völkerstrafgesetzbuch, S. 47.
[197] *Werle/Jeßberger*, Völkerstrafrecht, Rn. 733.

suchsstrafbarkeit zunächst voraus, dass die betreffende Tat nicht vollendet ist, es darf – in den Worten des Statuts – nicht zur „Ausführung der Tat" gekommen sein.

69 Ein dem Tatentschluss entsprechendes subjektives Element erwähnt Art. 25 III lit. f IStGH-Statut zwar nicht ausdrücklich, doch kann aus der negativen Formulierung, dass die Ausführung der Tat „aus Umständen, die vom Willen des Täters unabhängig sind," unterbleibt, gefolgert werden, dass alle subjektiven Merkmale der Tat erfüllt sein müssen.[198]

70 Objektiv setzt Art. 25 III lit. f IStGH-Statut voraus, dass der Täter eine Handlung vornimmt, die einen wesentlichen Schritt zum Beginn der Ausführung der Tat darstellt („taking action that commences its execution by means of a substantial step"). Bereits der Wortlaut zeigt, wie problematisch dieses Kriterium ist. Es handelt sich letztlich um die (zweifelhafte) Kombination zweier üblicherweise *alternativer* Kriterien zur Bestimmung des Versuchsbeginns, die im Wesentlichen dem französischen bzw. US-amerikanischen Recht entstammen: Der Beginn der Ausführungshandlungen einerseits, der wesentliche Schritt zur Tatbestandsverwirklichung andererseits.[199] Trotz des scheinbar engeren Wortlauts weicht das Statut der Sache nach aber wohl nicht von der Definition des Versuchsbeginns in § 22 StGB ab, der mit dem „unmittelbaren Ansetzen zur Tatbestandsverwirklichung" die Grenzlinie zwischen strafloser Vorbereitung und (gegebenenfalls) strafbarem Versuch in das Vorfeld vor Beginn der eigentlichen Ausführungshandlung verlagert.[200]

71 Die **Rücktrittsregelung** des Art. 25 III lit. f S. 2 IStGH-Statut ähnelt stark dem Wortlaut des deutschen § 24 I StGB; insbesondere verlangt auch das Statut ein „freiwilliges" Verhalten, wobei der Maßstab für die Freiwilligkeit – ebenso wie im StGB – offenbleibt. Darüber hinaus nennt Art. 25 III lit. f S. 2 IStGH-Statut zwei Varianten: Die Aufgabe der weiteren Ausführung des Verbrechens und die Verhinderung der Vollendung des Verbrechens auf andere Weise. Dies legt es nahe, die aus dem deutschen Recht bekannte Unterscheidung zwischen unbeendetem und beendetem Versuch für die Abgrenzung in das Völkerstrafrecht zu übertragen und somit das erforderliche Rücktrittsverhalten ähnlich zu bestimmen wie bei § 24 I StGB.[201] Angesichts der Tatsache, dass die Regelung über den Versuch erst in letzter Minute in das Statut aufgenommen worden ist, handelt es sich allerdings nur um eine rudimentäre Regelung, die noch der eingehenden Konkretisierung durch den IStGH bedarf. So ist zB aufgrund der Systematik zwischen Art. 25 III lit. f S. 1 und S. 2 IStGH-Statut unklar, auf welcher Ebene im Aufbau der Völkerstraftat sich ein erfolgter Rücktritt auswirken wird.[202]

---

198 IStGH (PTC I), Prosecutor v. Katanga and Ngudjolo, Decision on the confirmation of charges, ICC-01/04–01/07–717, 30.9.2008, Rn. 460; s. auch *Safferling*, Int. Strafrecht, § 5 Rn. 107.
199 *Ambos*, Völkerstrafrecht AT, S. 708; *Werle/Jeßberger*, Völkerstrafrecht, Rn. 678.
200 S. Triffterer/Ambos-*Ambos*, Rome Statute, Art. 25 Rn. 41, ua unter Hinweis auf die spanische Fassung des Statuts; Cassese/Gaeta/Jones-*Eser*, Rome Statute, S. 812; vgl. zu § 22 StGB *Kühl*, Strafrecht AT, § 15 f.; *Roxin*, AT II, § 29 Rn. 97 f.; *Wessels/Beulke/Satzger*, Rn. 945 ff.
201 So auch Cassese/Gaeta/Jones-*Eser*, Rome Statute, S. 815 f.; zu den Voraussetzungen des Rücktritts im deutschen Recht, vgl. *Kühl*, Strafrecht AT, § 16 Rn. 9 f.; *Wessels/Beulke/Satzger*, Rn. 1002 ff.; und die detaillierte Darstellung in Roxin, AT II, § 30 Rn. 33 f.
202 S. *Safferling*, Int. Strafrecht, § 5 Rn. 110; *Werle/Jeßberger*, Völkerstrafrecht, Rn. 739.

VIII. Unterlassen

Eine allgemeine Vorschrift über **unechte Unterlassungsdelikte**, die dem § 13 StGB vergleichbar wäre, enthält das Statut nicht.[203] Allerdings wird mit Art. 28 IStGH-Statut im Bereich der Vorgesetztenverantwortlichkeit ein **echtes Unterlassen** unter Strafe gestellt; auf eine Strafbarkeit für Unterlassungsdelikte über diesen Bereich hinaus konnten sich die Delegierten in Rom nicht einigen.[204] Die Strafbarkeit des Unterlassens ist nicht in allen Mitgliedstaaten anerkannt (zB würde eine dem deutschen § 13 StGB entsprechende Vorschrift in Frankreich als verfassungswidrig betrachtet).

WIEDERHOLUNGS- UND VERTIEFUNGSFRAGEN

> - Welches Recht findet in einem Verfahren vor dem IStGH Anwendung? (→ Rn. 2 ff., 8)
> - Welche Bedeutung kommt den sog. „Elements of Crimes" zu? (→ Rn. 3)
> - Welche Besonderheit bzgl. des anzuwendenden Rechts enthält das IStGH-Statut im Gegensatz zu den Statuten der *Ad-hoc*-Gerichtshöfe? (→ Rn. 7)
> - Welcher Aufbau ergibt sich für jede völkerrechtliche Straftat nach dem IStGH-Statut? (→ Rn. 19)
> - Welche subjektive Einstellung muss der Täter nach dem IStGH-Statut grds. zur Tat haben? Inwiefern ist die Regelung in sich unstimmig? (→ Rn. 21 ff.)
> - Inwiefern unterscheidet sich die Behandlung des „Handelns auf Befehl" im IStGH-Statut von den Statuten früherer internationaler Strafgerichte? (→ Rn. 39)
> - Kennt das IStGH-Statut eine Unterscheidung zwischen Tatbestands- und Verbotsirrtum? (→ Rn. 40 f.)
> - Welche Beteiligungsformen sind im IStGH-Statut berücksichtigt? Inwieweit geht die völkerstrafrechtliche Rspr. darüber hinaus? (→ Rn. 50 ff., 55 ff.)
> - Unter welchen Voraussetzungen ist ein Vorgesetzter für ein von einem Untergebenen begangenes Völkerrechtsverbrechen strafrechtlich verantwortlich? Bestehen Unterschiede zwischen der Verantwortlichkeit militärischer und derjenigen ziviler Vorgesetzter? (→ Rn. 64 ff.)

Aktuelle und weiterführende Literatur: *Akande/Shah*, Immunities of State Officials, International Crimes, and Foreign Domestic Courts, EJIL 21 (2010), 815; *Ambos*, Command Responsibility and Organisationsherrschaft: Ways of Attributing International Crimes to the Most Responsible, in: Nollkaemper/van der Wilt (Hrsg.), System Criminality in International Law, S. 127 ff.; *Bock*, Zurechnung im Völkerstrafrecht, ZIS 2017, 410; *Caeiro/Costa*, Joint Criminal Enterprises on the Decline: A Step Further in the ‚Self-Becoming' of International Criminal Law, ICLR 19 (2019), 214; *Cupido*, Common Purpose Liability Versus Joint Perpetration: A Practical View on the ICC's Hierarchy of Liability Theories, LJIL 29 (2016), 897; *Ingle*, Aiding and Abetting by Omission before the International Criminal Tribunals, JICJ 14 (2016), 747; *Irving*, The other side of the Article 21(3) coin: Human rights in the Rome Statute and the limits of Article 21(3), LJIL 32 (2019), 837; *Kreicker*, Die Entscheidung des IGH zur Staatenimmunität – Auswirkungen auf das (Völker-)Strafrecht?, ZIS 2012, 107; *Satzger*, Die Ausweitung der (Mit-)Täterschaft – Besorgnis erregende Entwicklungen (nur) im Völkerstrafrecht?, in Hassemer ua (Hrsg.), FS Volk, S. 649 ff.; *van der Wilt*, Joint Criminal Enterprise and Functional Perpetration, in: Nollkaemper/van der

---

203 Zur These, dass sich über eine entsprechende Auslegung des IStGH-Statuts in Art. 25 III lit. a–d eine ungeschriebene unechte Unterlassungsstrafbarkeit erkennen lässt, s. ausf. *Burghardt* ZIS 2010, 695 (698 f.).
204 Vgl. Cassese/Gaeta/Jones-*Eser*, Rome Statute, S. 819.

Wilt (Hrsg.), System Criminality in International Law, S. 158 ff.; *Vogel*, Vorgesetztenverantwortlichkeit, in: Jeßberger/Geneuss (Hrsg.), Völkerstrafgesetzbuch, S. 75 ff.; *Weigend*, Superior Responsibility: Complicity, Omission or Over-Extension of the criminal Law?, in: Burchard/Triffterer/Vogel (Hrsg.), The Review Conference, S. 67 ff.; *ders*. Problems of Attribution in International Criminal Law: A German Perspective, JICJ 12 (2014), 253; *Yokohama*, The Failure to Control and the Failure to Prevent, Repress and Submit: The Structure of Superior Responsibility under Article 28 ICC Statute, ICLR 18 (2018), 275.

§ 16 Der Besondere Teil des Völkerstrafrechts

Der folgende Abschnitt behandelt den **Besonderen Teil** des Völkerstrafrechts. Die völkerrechtlichen Verbrechenstatbestände sollen – so wie sie im IStGH-Statut niedergelegt worden sind – überblicksartig dargestellt und erläutert werden. Dort, wo das Völkergewohnheitsrecht über die im Statut verankerten Tatbestände hinausgeht, wird dies ausdrücklich kenntlich gemacht. An einigen Stellen wird auf das deutsche Völkerstrafgesetzbuch (VStGB), mit dem das deutsche Recht dem materiellrechtlichen Teil des IStGH-Statuts angepasst wurde, Bezug genommen. Detailliert wird auf dieses Gesetz unten (dazu→ § 17 Rn. 6 ff.) eingegangen werden.

Das Rom-Statut nennt – wie bereits gesehen – vier Kernstraftatbestände: Völkermord, Verbrechen gegen die Menschlichkeit, Kriegsverbrechen und das Verbrechen der Aggression.

Um welche Verbrechen es bislang in den vom IStGH untersuchten Situationen geht, ist im Anhang nach § 17 dieses Lehrbuchs in einer ausführlichen Übersicht zusammengestellt.

I. Völkermord

▶ **FALL 32:** Im Jahr 1994 tobt ein Bürgerkrieg in Ruanda. Parallel dazu werden mehrere hunderttausend Angehörige des Stammes der Tutsi auf systematische Weise durch die Bevölkerungsmehrheit der Hutu getötet. Selbst höchste Hutu-Politiker rufen dazu auf und verbreiten öffentlich, dass zukünftige Hutu-Generationen die Tutsi nur noch aus Geschichtsbüchern kennen sollten. Die Leichen der Tutsi werden häufig in einen Zufluss zum Weißen Nil geworfen, um so „die Tutsi an ihren Ursprungsort zurückzuschicken". Der Hutu H, der sich zuvor in öffentlichen Stellungnahmen mehrmals für ein Tutsi-freies Ruanda ausgesprochen hatte, tötet einen Tutsi und wirft dessen Leiche höchstpersönlich in den symbolträchtigen Fluss. Hat H einen Völkermord begangen? (dazu→ Rn. 12, 17, 19) ◀

1. Entwicklung

Der Völkermord (Genozid) steht systematisch an der Spitze der im IStGH-Statut genannten Völkerrechtsverbrechen. Dieser herausragenden Stellung entspricht es, wenn der ICTR den Völkermord als *crime of crimes* bezeichnet.[1] In formeller Hinsicht besteht zwischen den vier Tatbeständen des Rom-Statuts jedoch kein Hierarchieverhältnis.[2]

Der **Begriff** „Genozid" wurde erstmals von *Raphael Lemkin* als Kunstwort aus dem griechischen *genos* (Rasse oder Volk) und der aus dem lateinischen Wort *caedere* (töten) abgeleiteten Silbe *cide* zur Beschreibung der Verbrechen der Nationalsozialisten verwendet.[3] Allerdings tauchte der Völkermord weder im Statut des Nürnberger IMG noch im Statut des IMGFO als eigenständiger Straftatbestand auf, wenngleich die Ankläger des IMG den Begriff *genocide*[4] bereits in der Anklageschrift benutzten. Die Ta-

---

[1] ICTR, Prosecutor v. Kambanda, Judgment, ICTR 97–23-S, 4.9.1998, Rn. 16.
[2] *Schabas*, Introduction, S. 81 f.
[3] *Lemkin*, Axis Rule in Occupied Europe, S. 79.
[4] Im deutschen Wortlaut allerdings noch als „Massenmord" übersetzt, s. IMT, Bd. 1, S. 47.

ten, die nun dem Völkermordtatbestand zugerechnet werden, wurden damals als Unterfall der Verbrechen gegen die Menschlichkeit abgeurteilt.[5]

5   Die UN-Generalversammlung erklärte den Völkermord noch während des Nürnberger Hauptkriegsverbrecherprozesses im Jahre 1946 zu einem internationalen Verbrechen.[6] Eine erste rechtlich verbindliche Formulierung erfuhr der Völkermord dann in der im Anschluss an den Zweiten Weltkrieg vereinbarten „Konvention zur Verhütung und Bestrafung des Völkermordes" (**Völkermordkonvention**) von 1948.[7] Mittlerweile haben 146 Staaten diese Völkermordkonvention ratifiziert.[8] Bereits 1951 hatte der Internationale Gerichtshof in einem Rechtsgutachten die völkergewohnheitsrechtliche Geltung des Völkermordtatbestands und damit auch dessen Verbindlichkeit für diejenigen Staaten, die sich nicht an der Konvention beteiligt hatten, bestätigt.[9] Das Genozidverbot zählt darüber hinaus zum sog. *ius cogens*;[10] es gehört damit zu den unabdingbaren Normen des Völkerrechts, die gegenüber dem sonstigen Völkergewohnheits- und Völkervertragsrecht einen höheren Rang einnehmen (vgl. Art. 53 WVRK).

6   Die in Art. II der Konvention enthaltene Definition, die sich im Übrigen auch in Art. 4 ICTY-Statut und Art. 2 ICTR-Statut wiederfindet, wurde wortgleich in Art. 6 IStGH-Statut übernommen und nimmt damit – an die Spitze der im Statut enthaltenen Verbrechenstatbestände gestellt – eine symbolisch herausragende Position ein. Während der Konferenz in Rom einigte man sich – im Gegensatz zu den langwierigen Diskussionen im Bereich der Verbrechen gegen die Menschlichkeit und der Kriegsverbrechen – sehr schnell darauf, den Wortlaut der Konvention insoweit einfach zu übernehmen.[11]

In Deutschland war der Völkermordtatbestand früher im StGB (als § 220a) enthalten. Mit kleineren Änderungen wurde er nunmehr in § 6 VStGB übernommen; sein Wortlaut entspricht im Wesentlichen der amtlichen Übersetzung der Völkermordkonvention. Die Abweichungen sind den erhöhten Bestimmtheitsanforderungen, die Art. 103 II GG an das nationale Strafrecht stellt, geschuldet.[12]

2. Geschütztes Rechtsgut

7   Zumindest in der deutschen Dogmatik, die sich stark am Rechtsgutsbegriff orientiert, ist umstritten, welches Rechtsgut Art. 6 IStGH-Statut schützt.[13] In erster Linie ist dies die – physische wie soziale[14] – Existenz nationaler, rassischer, religiöser oder ethnischer Gruppen von Menschen, also ein **kollektives Rechtsgut**. Daneben sind jedoch – wenn

---

5   *Gropengießer*, ICLR 5 (2005), 329 ff.
6   UN General Assembly Resolution A/RES/96 (I) (The Crime of Genocide), 11.12.1946.
7   Convention on the Prevention and Punishment of the Crime of Genocide, Paris, 9.12.1948, UNTS, Bd. 78, Nr. 1021, S. 277, BGBl. 1954 II, S. 730 (Sartorius II, Nr. 18).
8   Zum Stand der Ratifikationen s. http://treaties.un.org/Pages/ViewDetails.aspx?src=TREATY&mtdsg_no=IV-1&chapter=4&lang=en (Stand 12/19).
9   IGH, Reservations to the Convention of the Prevention and Punishment of the Crime of Genocide, Advisory Opinion, 28.5.1951, ICJ Rep 1951, S. 15, 23; aA *Safferling*, Int. Strafrecht, § 6 Rn. 6.
10 S. hierzu IGH, Application of the Convention on the Prevention and Punishment of the Crime of Genocide (Bosnia and Herzegovina vs. Yugoslavia), Preliminary Objections, Judgment, 11.7.1996, ICJ Rep 1996, S. 595, 616; ebenso *Cassese*, Int. Criminal Law, S. 98; *Selbmann*, Tatbestand des Genozids, S. 148.
11 Triffterer/Ambos-*Schabas*, Rome Statute, Art. 6 Rn. 2.
12 Vgl. *Gropengießer*, ICLR 5 (2005), 329, 332. Zu den Anforderungen s. § 17 Rn. 31 ff.
13 *Gropengießer*, ICLR 5 (2005), 329, 333.
14 So *Vest* ZStW 113 (2001), 457, 476; zu § 220a StGB aF vgl. BGHSt 45, 81; BVerfG NJW 2001, 1848 ff.; aA – unter Berufung auf *nullum crimen sine lege* – ICTY, Prosecutor v. Krstić, Judgment, IT-98-33-T, 2.8.2001, Rn. 574 ff.

auch nur sekundär und vermittelt über die Gruppenzugehörigkeit – individuelle Rechtsgüter, allen voran die Menschenwürde der einzelnen Gruppenangehörigen, vom Schutzbereich des Tatbestands mit umfasst.[15]

3. Systematik des Tatbestands

Objektiv setzt die Erfüllung des Völkermordtatbestands aus Art. 6 IStGH-Statut voraus, dass der Täter eine der umschriebenen Tathandlungen gegen Mitglieder einer der genannten Gruppen vornimmt (Einzeltat). Auf der subjektiven Ebene ist neben dem Vorsatz hinsichtlich der Einzeltat zusätzlich die Absicht erforderlich, die verletzte Gruppe in ihrer Eigenschaft als solche ganz oder teilweise zu zerstören. Insofern weist der Völkermordtatbestand eine überschießende Innentendenz auf.

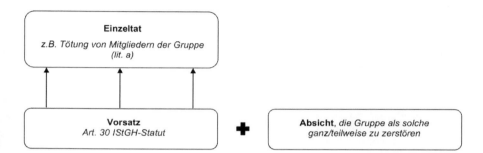

Ergänzend enthält Art. 25 III lit. e IStGH-Statut den eigenständigen Tatbestand der **Aufstachelung** zum Völkermord. Diese Sonderform der Teilnahme am Völkermord wurde ohne Änderungen aus der Völkermordkonvention übernommen.[16]

4. Allgemeine objektive Voraussetzungen

Die einzelnen Tatmodalitäten (dazu → Rn. 18 ff.) müssen sich gegen Mitglieder einer **nationalen, ethnischen, rassischen oder religiösen Gruppe** richten. Eine *Gruppe* ist eine durch gemeinsame Merkmale dauerhaft verbundene Personenmehrheit, die sich von der übrigen Bevölkerung abhebt.[17] Die Beschränkung auf die genannten vier Gruppen und insbesondere die fehlende Nennung der politischen oder wirtschaftlichen Gruppierungen wurde zwar bereits in der Vergangenheit oft kritisiert, doch konnten sich die Befürworter einer Erweiterung auch auf der Rom-Konferenz nicht durchsetzen.[18]

Unter den Begriff der Gruppe fallen nur *stabile* Gruppen. Diese zeichnen sich dadurch aus, dass die Zugehörigkeit zu einer Gruppe regelmäßig durch die Geburt bestimmt wird. Entscheidendes Merkmal der Gruppe iSd Völkermordtatbestands ist also die au-

---

15 MK-*Kreß*, 2. Aufl., § 220a StGB/§ 6 VStGB Rn. 1 f., der als drittes Rechtsgut auch den internationalen Frieden geschützt sieht; *Werle/Jeßberger*, Völkerstrafrecht, Rn. 822; aA BGH NStZ 1999, 396 (401), der vertritt, dass es sich hier nicht um eine dem Individualrechtsgüterschutz dienende Strafnorm handle; so auch *Safferling*, Int. Strafrecht, § 6 Rn. 9 f. und *Esser*, Eur. und Int. Strafrecht, § 22 Rn. 6.
16 Näher hierzu *Werle/Jeßberger*, Völkerstrafrecht, Rn. 887 ff.
17 LK-*Jähnke*, 11. Aufl., StGB § 220a Rn. 9; zum Problem der Identifizierung der Gruppen *May*, in: May/Hoskins, International Criminal Law and Philosophy, S. 91 ff.; zu den geschützten Gruppen ausf. *Schabas*, Genozid, S. 139 ff.
18 Vgl. *Werle/Jeßberger*, Völkerstrafrecht, Rn. 814.

tomatische – vom Willen des Betroffenen unabhängige – Mitgliedschaft, die teilweise sogar irreversibel ist. Der Versuch des ICTR, mittels dieser Definition über die aufgelisteten Gruppen hinauszugehen und jede stabile Gruppe als geeignetes Tatobjekt anzusehen,[19] widerspricht dem Wortlaut des Völkermordtatbestands sowohl des ICTR- als auch des IStGH-Statuts und damit dem auch im Völkerstrafrecht geltenden Bestimmtheitsgrundsatz. Einige Staaten haben jedoch weiterreichende Bestimmungen in ihr nationales Recht aufgenommen, die solche andere Gruppen ebenfalls unter den Schutz des Genozid-Tatbestands stellen.[20]

- Unter einer **nationalen** Gruppe ist eine Mehrheit von Personen zu verstehen, die idR dieselbe Staatsangehörigkeit besitzen.[21] Wenn teilweise anstelle dieses formalen Kriteriums auf die „historisch-kulturelle Schicksalsgemeinschaft"[22] abgestellt wird, so ersetzt man ohne Not einen klaren Begriff durch einen unbestimmten Terminus, der auch mit dem umgangssprachlichen Verständnis der Nationalität nicht ohne Weiteres in Einklang zu bringen ist. Lücken entstehen durch die hier vertretene Auffassung nicht, werden doch entsprechende Gruppierungen, die nicht durch das Band einer gemeinsamen Staatsangehörigkeit verbunden sind, regelmäßig eine ethnische Gruppe bilden.

- Eine **ethnische** Gruppe wird durch eine gemeinsame Kultur und Sprache charakterisiert.[23]

- Eine **rassische** Gruppe zeichnet sich durch vererbte äußerliche Merkmale aus, die mit einer bestimmten geographischen Herkunft in Verbindung gebracht werden, unabhängig von Sprache, Kultur, Nationalität oder religiöser Zugehörigkeit.[24]

- Die Angehörigen einer **religiösen** Gruppe bekennen sich zur selben Religion oder folgen denselben religiösen Bräuchen.[25] Rein atheistische Gruppen sind davon – richtiger Ansicht zufolge – nicht erfasst, weil sonst zum einen die Grenzziehung zu den – bewusst außen vor gelassenen – politischen, kulturellen und sonstigen Gruppen unmöglich würde,[26] zum anderen würde ein derart über den Wortlaut hinausgehendes Verständnis gegen den völkerrechtlichen Grundsatz *nullum crimen sine lege* verstoßen.[27]

12 Die Bestimmung einer der im Tatbestand genannten Gruppen hat dabei nach Auffassung des ICTY und des ICTR nicht allein nach objektiven Kriterien zu erfolgen. Es komme vielmehr auch auf die Bestimmung einer Gruppe durch die Angehörigen der betroffenen Gruppe selbst (*self identification*) sowie durch den Täter oder durch Dritte (*identification by others*) an.[28] Insoweit enthält dieses objektive Merkmal ein subjekti-

---

19 ICTR, Prosecutor v. Akayesu, Judgment, ICTR-96–4-T, 2.9.1998, Rn. 516.
20 Vgl. Art. 239 des Portugiesischen Strafgesetzbuchs und Art. 129 des Peruanischen Strafgesetzbuchs, die politische und soziale Gruppen einschließen, sowie Art. 211–1 des französischen *Code Pénal*, nach dem eine Gruppe lediglich durch irgendein Merkmal von anderen Gruppen abgrenzbar sein muss.
21 ICTR, Prosecutor v. Akayesu, Judgment, ICTR-96–4-T, 2.9.1998, Rn. 512.
22 *Safferling* JuS 2001, 735 (738); s. auch *Selbmann*, Tatbestand des Genozids, S. 171: „gemeinsame nationale Abstammung".
23 ICTR, Prosecutor v. Akayesu, Judgment, ICTR-96–4-T, 2.9.1998, Rn. 513.
24 ICTR, Prosecutor v. Akayesu, Judgment, ICTR-96–4-T, 2.9.1998, Rn. 514.
25 ICTR, Prosecutor v. Akayesu, Judgment, ICTR-96–4-T, 2.9.1998, Rn. 515.
26 So auch *Werle/Jeßberger*, Völkerstrafrecht, Rn. 837; aA ICTR, Prosecutor v. Akayesu, Judgment, ICTR-96–4-T, 2.9.1998, Rn. 515; *Safferling* JuS 2001, 735 (738).
27 *Selbmann*, Tatbestand des Genozids, S. 175.
28 ICTY, Prosecutor v. Jelisić, Judgment, IT-95–10-T, 14.12.1999, Rn. 70.

ves Element, was der Tatsache Rechnung trägt, dass die Wahrnehmung als Gruppe Produkt einer sozialen Zuschreibung ist.²⁹

Dieses Problem stellte sich auch im **Fall 32**: Die Stämme der *Hutu* und *Tutsi* hatten dieselbe Staatsangehörigkeit, dieselbe Religion, dieselbe Kultur, sprachen dieselbe Sprache und lebten gemeinsam in einem Land. Allerdings besaßen die Personalausweise der ruandischen Bevölkerung den Hinweis auf die Zugehörigkeit zu den *Hutu* bzw. *Tutsi*. Darüber hinaus antworteten alle vom ICTR befragten Zeugen spontan und ohne zu zögern eindeutig auf die Fragen zur jeweiligen ethnischen Herkunft.³⁰ Durch die Kombination objektiver und subjektiver Kriterien konnten also die beiden Stämme als ethnische Gruppen identifiziert werden.

Die Abgrenzung der einzelnen Gruppen kann sich auch sonst im Einzelfall schwierig gestalten.

Beispiel: Im Zusammenhang mit den Massakern von Srebrenica hatte der ICTY zu bestimmen, gegen welche Gruppe die Taten gerichtet waren: Gegen die muslimische Bevölkerung der ehemaligen Bundesrepublik Jugoslawien? Gegen die bosnischen Muslime? Gegen die bosnischen Muslime aus der Region Srebrenica? Der ICTY sah die bosnischen Muslime als die entscheidende Gruppe an und die bosnischen Muslime aus der Region Srebrenica als Teil dieser Gruppe.³¹

Im Gegensatz zum Tatbestand des Verbrechens gegen die Menschlichkeit setzt der Völkermord nicht voraus, dass die Taten im Zusammenhang mit einem ausgedehnten oder systematischen Angriff gegen die Zivilbevölkerung begangen werden.³² Allerdings dürfte es – abgesehen von Einzelfällen – schwierig sein, die subjektiven Voraussetzungen des Tatbestands (dazu → Rn. 15 ff.) nachzuweisen, wenn es sich um einen Einzeltäter, also einen *lone génocidaire* handelt. Die *Elements of Crimes* zu Art. 6 IStGH-Statut scheinen demgegenüber das Vorliegen einer objektiven Gesamttat im Sinne mehrerer gleichartiger Verhaltensweisen, die gegen die Gruppe gerichtet sind, zu verlangen.³³ Dies widerspricht aber eindeutig dem Wortlaut des Art. 6 IStGH-Statut (vgl. Art. 9 III IStGH-Statut) sowie dem Völkergewohnheitsrecht. Eine Einschränkung der Strafbarkeit können die *Elements of Crimes* daher nicht bewirken.³⁴

Darüber hinaus setzt der Tatbestand des Völkermordes auch keinen Zusammenhang mit einem bewaffneten internationalen oder nichtinternationalen Konflikt voraus. Er kann also auch in Friedenszeiten begangen werden.

5. Allgemeine subjektive Voraussetzungen

Die Handlung muss in der Absicht begangen werden, die betroffene Gruppe als solche ganz oder teilweise zu zerstören. Neben dem ohnehin erforderlichen subjektiven Element der Straftat (Art. 30 IStGH-Statut; dazu → § 15 Rn. 21 ff.) muss also ein dem Genozid eigener *dolus specialis* gegeben sein. Dieser erfordert zielgerichteten Willen, also Absicht im technischen Sinne, wie sie dem deutschen Strafrecht als *dolus directus*

---

29 So zu Recht auch *Werle/Jeßberger*, Völkerstrafrecht, Rn. 832.
30 ICTR, Prosecutor v. Akayesu, Judgment, ICTR-96–4-T, 2.9.1998, Rn. 702.
31 ICTY, Prosecutor v. Krstić, Judgment, IT-98–33-A, 19.4.2004, Rn. 15.
32 ICTY, Prosecutor v. Jelisić, Judgment, IT-95–10-T, 14.12.1999, Rn. 100.
33 „The conduct took place in the context of a manifest pattern of similar conduct directed against that group or was conduct that could itself effect such destruction."
34 Krit. auch *Werle/Jeßberger*, Völkerstrafrecht, Rn. 863 ff., der den *Elements of Crimes* insoweit allenfalls Bedeutung für eine Begrenzung der Zuständigkeit des IStGH beimisst.

1. Grades bekannt ist.³⁵ Erst diese Absicht lässt den Unrechtskern des Genozids erkennen: Charakteristisch für den Völkermord ist nicht die objektive Seite der Tat, die Einzelhandlung (zB Körperverletzung), sondern die Intention, mit der die objektiven Unrechtsmerkmale verwirklicht werden. Erst hierdurch unterscheidet sich der Völkermord von „gewöhnlichen Delikten" und Verbrechen gegen die Menschlichkeit sowie Kriegsverbrechen.

Handelt der Täter mit dem zielgerichteten Willen, die betroffene Gruppe **physisch oder biologisch** zu vernichten, kann die erforderliche Absicht ohne Weiteres bejaht werden. Schwieriger wird die Frage nach der Zerstörungsabsicht, wenn der Täter die Gruppe lediglich in ihrer **kulturellen oder sozialen** Besonderheit vernichten will. Nach der zustimmungswürdigen Auffassung des BGH genügt es, wenn der Täter handelt, um die Gruppe in ihrer sozialen Existenz, als soziale Einheit in ihrer Besonderheit und in ihrem Zusammengehörigkeitsgefühl zu zerstören.³⁶

16 Voraussetzung ist dabei aber immer, dass der Täter die Absicht hat, die Gruppe **ganz oder teilweise** zu zerstören. „Teilweise" bedeutet in diesem Zusammenhang einen substanziellen Teil der Gruppe.³⁷ Die Zerstörungsabsicht kann sich dabei zum einen aus einer numerisch hohen Zahl der anvisierten Opfer ergeben. Zum anderen hat der ICTY es aber auch für möglich gehalten, dass der Täter auf die Vernichtung eines besonders bedeutsamen, wenn auch zahlenmäßig kleinen Teils der Gruppe abzielt, was folglich die substanzielle Zerstörung der Gruppe bewirkt.³⁸ Nach diesem „selektiven" Ansatz kann sich die Zerstörungsabsicht beispielsweise also auch nur gegen die politische Elite der Gruppe richten.³⁹

17 Die besondere Problematik der Genozidabsicht liegt in ihrer Beweisbarkeit. Hier werden die Richter regelmäßig auf Indizien angewiesen sein. So sind bereits etwa die Schwere der diskriminierenden Taten,⁴⁰ eine entsprechende, den Handlungen zugrunde liegende Doktrin bzw. die Existenz eines Planes oder einer Politik zur Vernichtung einer Gruppe, einschlägige Äußerungen des Beschuldigten sowie die Tatsache, dass speziell die Angehörigen einer Gruppe angegriffen wurden, während Angehörige anderer Gruppen verschont blieben, als entsprechende Beweisanzeichen herangezogen worden.⁴¹ Auch die Auswahl der Opfer (zB Bevölkerung im fortpflanzungsfähigen Alter)⁴² oder begleitende Handlungen (zB Zerstörung von Kirchen, Friedhofsschändungen, Verstümmelung von Leichen usw)⁴³ können auf eine Völkermordabsicht hindeuten.⁴⁴

In **Fall 32** sprechen sowohl der Gesamtkontext, in dem H seine Tat begeht, nämlich die planmäßige und groß angelegte „Auslöschung" der Tutsi, als auch die öffentlichen

---

35 *Selbmann*, Tatbestand des Genozids, S. 166; *Gropengießer*, ICLR 5 (2005), 329, 338; ICTR, Prosecutor v. Akayesu, Judgment, ICTR-96-4-T, 2.9.1998, Rn. 498; aA *Greenawalt*, Columbia Law Review 99 (1999), 2259 ff.
36 BGH NStZ 1999, 396 (401); zust. *Safferling*, Int. Strafrecht, § 6 Rn. 38; aA etwa ICTY, Prosecutor v. Krstić, Judgment, IT-98-33-T, 2.8.2001, Rn. 574 ff.
37 ICTR, Prosecutor v. Kayishema and Ruzindana, ICTR-95-1-T, 21.5.1999, Rn. 96 f.
38 ICTY, Prosecutor v. Jelisić, Judgment, IT-95-10-T, 14.12.1999, Rn. 82.
39 ICTR, Prosecutor v. Kayishema and Ruzindana, ICTR-95-1-T, 21.5.1999, Rn. 96.
40 Vgl. ICTR, Prosecutor v. Kayishema and Ruzindana, ICTR-95-1-A, 21.5.2001, Rn. 160.
41 Dass Personen die nicht zur geschützten Gruppe gehören ebenfalls Opfer geworden sind schließt einen Vorsatz zur Vernichtung einer solchen Gruppe nicht *per se* aus, vgl. ICTR, Prosecutor v. Ntabakuze, Judgment, ICTR-98-41A-A, 8.5.2012, Rn. 237.
42 Vgl. ICTR, Prosecutor v. Akayesu, Judgment, ICTR-96-4-T, 2.9.1998, Rn. 731 ff.; ICTY, Prosecutor v. Jelisić, Judgment, IT-95-10-T, 14.12.1999, Rn. 82; ICTY, Prosecutor v. Krstić, Judgment, IT-98-33-T, 2.8.2001, Rn. 595 ff.
43 Vgl. ICTY, Prosecutor v. Krstić, Judgment, IT-98-33-A, 19.4.2004, Rn. 33.
44 Vgl. zur Beweisproblematik *Werle/Jeßberger*, Völkerstrafrecht, Rn. 886; *Ambos*, Int. Strafrecht, § 7 Rn. 148.

Aussagen des H sowie die symbolträchtige „Beseitigung" der Leiche für eine Völkermordabsicht des H.

6. Die einzelnen Völkermordhandlungen

Der Täter muss eine der im Tatbestand aufgelisteten Handlungen begehen. Die Aufzählung ist dabei abschließend und kann nicht um zusätzliche Merkmale erweitert werden.

So fällt insbesondere die im ehemaligen Jugoslawien durchgeführte sog. ethnische Säuberung (*ethnic cleansing*), also die Vertreibung von Angehörigen bestimmter ethnischer Gruppen aus ihren angestammten Siedlungsgebieten, nicht *per se* unter den Straftatbestand des Völkermordes. Nur wenn im Zusammenhang mit der Vertreibung eine der folgenden fünf Tathandlungen mit der erforderlichen Völkermordabsicht begangen wird, liegt auch ein Genozid vor.[45] Dies wird allerdings häufig der Fall sein.

a) Tötung

Unter einer Tötung iSd Völkermordtatbestands ist entsprechend der Zielrichtung des Genozids nur die vorsätzliche Verursachung des Todes eines anderen Menschen zu verstehen.[46]

Zwar fordert der Tatbestand seinem Wortlaut nach die Tötung von *Mitgliedern* der Gruppe, was dahingehend gedeutet werden könnte, dass mindestens zwei Menschen getötet werden müssen, damit von einem Genozid gesprochen werden kann. Art. 6 lit. a der *Elements of Crimes* erachtet demgegenüber aber bereits die Tötung eines einzelnen Menschen als ausreichend. Mit dem Wortlaut ist dies – da das Verbot jedweder Tötung sowohl für den Einzelfall (dann Singular) als auch allgemein (dann Plural) zum Ausdruck gebracht werden kann – durchaus vereinbar. Folgerichtig lässt auch § 6 VStGB die Tötung eines Mitglieds der Gruppe genügen.[47]

In **Fall 32** steht einer Verurteilung wegen Völkermordes nicht entgegen, dass H nur ein Opfer getötet hat.

b) Verursachung von schwerem körperlichen oder seelischen Schaden

Der ICTR hat die Verursachung eines schweren körperlichen Schadens als eine Handlung ausgelegt, die die Gesundheit des Opfers ernsthaft gefährdet, das Opfer verstümmelt oder ernsthafte Verletzungen der äußeren oder inneren Organe oder der Sinne des Opfers herbeiführt. Dabei muss die Verletzung allerdings nicht dauerhaft oder unheilbar sein.[48]

Unter einer Verursachung eines schweren seelischen Schadens wird eine mehr als nur unerhebliche oder temporäre Beeinträchtigung des geistigen Zustands des Opfers ver-

---

45 Auf den Einzelfall abstellend auch BGH NStZ 1999, 396 (402); BGH NJW 2001, 2732 (2733) (jeweils zu § 220a StGB aF); weitergehend BVerfG EuGRZ 2001, 79 f.; vertiefend zur ethnischen Säuberung s. *Selbmann*, Tatbestand des Genozids, S. 210 ff. mwN.
46 Triffterer/Ambos-*Schabas*, Rome Statute, Art. 6 Rn. 7.
47 So auch *Selbmann*, Tatbestand des Genozids, S. 158; *Schabas*, Genozid, S. 210 f.; anders hingegen *Ambos*, Int. Strafrecht, § 7 Rn. 130; *Cassese*, Int. Criminal Law, S. 117; IGH, Application of the Convention on the Prevention and Punishment of the Crime of Genocide (Croatia v. Serbia), Judgment, 3.2.2015, Rn. 139.
48 ICTR, Prosecutor v. Kayishema and Ruzindana, ICTR-95–1-T, Judgment, 21.5.1999, Rn. 108 f.

standen.⁴⁹ Erforderlich ist dabei ein Schaden, der die Fähigkeit des Opfers, sein normales Leben zu leben, erheblich und langfristig beeinträchtigt.⁵⁰

Auch Vergewaltigungen und andere Sexualdelikte sind als mögliche Tathandlungen zur Verursachung eines schweren körperlichen und seelischen Schadens mittlerweile anerkannt.⁵¹ Dies hat insbesondere Bedeutung für die sog. systematischen Vergewaltigungen, die sowohl im ehemaligen Jugoslawien als auch in Ruanda als „Waffe" eingesetzt wurden.

§ 6 VStGB enthält im Bemühen um ein größeres Maß an Bestimmtheit im Hinblick auf die Verletzungen einen nicht abschließenden Hinweis auf die in § 226 StGB genannten schweren Folgen.

c) Auferlegung von Lebensbedingungen, die geeignet sind, die körperliche Zerstörung herbeizuführen

21 Unter dieses Merkmal lassen sich die unterschiedlichsten Handlungen subsumieren, die plastisch mit dem Begriff der Vernichtung durch „langsamen Tod" beschrieben werden.⁵² So sind das Aushungern, die Zerstörung der Häuser der Opfer oder die Vertreibung aus diesen, die physische Ausmergelung oder harte Zwangsarbeit sowie das Vorenthalten von grundlegender medizinischer Versorgung als Auferlegung von Lebensbedingungen anzusehen, die geeignet sind, die körperliche Zerstörung herbeizuführen.⁵³ Auch die Einrichtung und der anschließende Betrieb von Konzentrationslagern fallen hierunter.⁵⁴

Erforderlich ist dabei immer eine Eignung zur physischen Vernichtung der Gruppenmitglieder. Zu beachten ist, dass es zu einer Vernichtung aber tatsächlich nicht kommen muss.⁵⁵ Das subjektive Verbrechenselement muss dementsprechend nur auf die Eignung zur Zerstörung der Gruppe bezogen sein.⁵⁶

Nach anderer Ansicht soll das Merkmal der Eignung zur physischen Vernichtung lediglich subjektiv verstanden werden; danach würde es also ausreichen, wenn der Täter – unabhängig von der objektiven Eignung – die Absicht hatte, die Gruppenmitglieder physisch zu vernichten.⁵⁷ So verstanden hätte dieses Merkmal jedoch neben dem ohnehin erforderlichen allgemeinen subjektiven Element der Völkermordabsicht keine eigenständige Bedeutung.

---

49 ICTR, Prosecutor v. Kayishema and Ruzindana, ICTR-95-1-T, Judgment, 21.5.1999, Rn. 110.
50 ICTY, Prosecutor v. Krstić, Judgment, IT-98–33-T, 2.8.2001, Rn. 513.
51 ICTR, Prosecutor v. Akayesu, Judgment, ICTR-96–4-T, 2.9.1998, Rn. 731; bestätigt durch ICTY, Prosecutor v. Furundžija, Judgment, IT-95–17/1-T, 10.12.1998, Rn. 126; s. auch *Kittichaisaree*, Int. Criminal Law, S. 78.
52 *Nsereko*, in: Kirk McDonald/Swaak-Goldman (Hrsg.), Substantive and Procedural Aspects of International Criminal Law, Bd. 1, S. 129.
53 ICTR, Prosecutor v. Kayishema and Ruzindana, ICTR-95–1-T, 21.5.1999, Rn. 115 f.; vgl. auch *Kittichaisaree*, Int. Criminal Law, S. 79.
54 *Fronza*, in: Lattanzi (Hrsg.), Essays, S. 125.
55 Vgl. den Wortlaut des Art. 6 lit. c IStGH-Statut „calculated to bring about its physical destruction" und *Gropengießer*, in: Eser/Kreicker (Hrsg.), Nationale Strafverfolgung, Bd. 1, S. 102 f.; s. auch ICTY, Prosecutor v. Brđanin, Judgment, IT-99–36-T, 1.9.2004, Rn. 691.
56 Vgl. *Ambos*, Int. Strafrecht, § 7 Rn. 134.
57 So etwa *Gropengießer*, in: Eser/Kreicker (Hrsg.), Nationale Strafverfolgung, Bd. 1, S. 103.

d) Geburtenverhinderung

Zu den Maßnahmen, die auf die Geburtenverhinderung innerhalb der Gruppe gerichtet sind, gehören die sexuelle Verstümmelung, Sterilisation, erzwungene Geburtenkontrolle, die Trennung der Geschlechter sowie Heiratsverbote.[58]

Auf den ersten Blick irritierend erscheint die Einbeziehung der erzwungenen Schwangerschaft einer Frau unter mögliche Handlungen der Geburtenverhinderung. *Kittichaisaree* begründet dies im Anschluss an die *Akayesu*-Rspr. des ICTR für die Fälle patriarchalischer Gesellschaften damit, dass das so gezeugte Kind nach seiner Geburt nicht zur Gruppe der Mutter gehöre.[59] Eine derartig weitgehende teleologische Interpretation gerät zwangsläufig in Konflikt mit dem Legalitätsprinzip. Erzwungene Schwangerschaften können daher nicht undifferenziert den objektiven Tatbestand des Völkermordes erfüllen. Zu bejahen ist eine Geburtenverhinderung aber dann, wenn die vergewaltigte Frau traumatisiert ist und deshalb vorübergehend oder dauerhaft nicht mehr in der Lage ist, Kinder zu empfangen oder zu gebären[60] bzw. wenn die Frau durch die Vergewaltigung in ihrer Gruppe als „unberührbar" gilt, so dass sie keine Nachkommen ihrer Gruppe mehr gebären kann.[61]

Die Legalisierung des Schwangerschaftsabbruchs, dessen Durchführung vom Willen der Betroffenen abhängig ist, fällt nicht unter den Tatbestand.[62]

e) Gewaltsame Überführung von Kindern

In eine andere Gruppe überführt sind Kinder, die dem Zusammenhang mit ihren Gruppenangehörigen dauerhaft entrissen werden, mit der Folge, dass sie von ihrer Gruppe entfremdet werden, was sowohl die soziale wie auch die biologische Existenz der Gruppe gefährdet.

Unter den Begriff „gewaltsam" (*forcibly*) soll nicht nur physischer Zwang, sondern bereits die Drohung mit der Anwendung physischen Zwangs fallen.[63]

Hier ergibt sich im Zusammenhang mit der deutschen Fassung in § 6 VStGB ein Auslegungsproblem. Eine bloße Drohung wird sich nämlich unter den (deutschen) Begriff „gewaltsam" angesichts der Wortlautgrenze des Art. 103 II GG nicht mehr subsumieren lassen. Nach der st. Rspr. des BVerfG[64] und des BGH[65] setzt Gewalt jedenfalls eine physische Zwangswirkung beim Opfer voraus, die durch eine Drohung gerade nicht erreicht wird. Mithin bleibt das deutsche Gesetz an dieser Stelle hinter dem Statut zurück.[66]

---

58 S. nur die *trauvaux préparatoires* zu Art. II lit. d der Völkermordkonvention.
59 Vgl. ICTR, Prosecutor v. Akayesu, Judgment, ICTR-96-4-T, 2.9.1998, Rn. 507; *Kittichaisaree*, Int. Criminal Law, S. 81.
60 S. auch ICTR, Prosecutor v. Akayesu, Judgment, ICTR-96-4-T, 2.9.1998, Rn. 508; *Gropengießer*, in: Eser/Kreicker (Hrsg.), Nationale Strafverfolgung, Bd. 1, S. 104; aA *Safferling*, Int. Strafrecht, § 6 Rn. 27.
61 Vgl. *Piccolo* (Hrsg.), Rape and International Criminal Law, S. 66.
62 So auch *Werle/Jeßberger*, Völkerstrafrecht, Rn. 852.
63 Vgl. *Kittichaisaree*, Int. Criminal Law, S. 82.
64 Vgl. nur BVerfGE 92, 1, 18 f.
65 BGHSt 37, 350, 353.
66 So auch *Werle/Jeßberger*, Völkerstrafrecht, Rn. 906.

24 Kinder sind nach den *Elements of Crimes* zu Art. 6 IStGH-Statut Personen, die jünger als 18 Jahre sind. Diese Auslegung orientiert sich an dem Übereinkommen über die Rechte des Kindes,[67] welches in Art. 1 eben diese Altersbegrenzung enthält.

Auch hier ergibt sich bei der Umsetzung in deutsches Recht wieder eine mögliche Diskrepanz. Nach der Legaldefinition des § 176 I StGB ist ein Kind im deutschen Strafrecht eine Person unter 14 Jahren. Aufgrund von § 2 VStGB, der auf das allgemeine Strafrecht verweist, ließe sich argumentieren, dass diese Legaldefinition auch für § 6 I Nr. 5 VStGB Geltung beanspruche. Hierdurch würde das deutsche Recht insoweit hinter dem Rom-Statut zurückbleiben. Angesichts des engen Zusammenhangs dieser Legaldefinition mit den Sexualdelikten erscheint dieser Schluss allerdings nicht zwingend. Dies beweist auch der Wortlaut des § 236 I StGB, in dem von einem „noch nicht achtzehn Jahre alte[n] Kind" die Rede ist. Es lässt sich daher gut vertreten, dass es sich bei der Kindesdefinition in § 176 I StGB um eine nur bereichsbezogene Definition handelt, so dass die Altersgrenze für die Zwecke des § 6 I Nr. 5 VStGB – angesichts der sachlichen Unterschiede – autonom und in Einklang mit dem Rom-Statut festgelegt werden kann.[68]

II. Verbrechen gegen die Menschlichkeit

25 ▶ **FALL 33:** Die Regierung in A-Land verfolgt eine rigide antikommunistische Politik. Alle kommunistischen Parteien werden verboten und deren zahlreiche ehemalige Mitglieder und Sympathisanten werden in „Sondergefängnisse" verbracht, wo sie weder Nahrung noch Medikamente in hinreichendem Umfang erhalten. Ein großer Teil der Gefangenen stirbt an den Folgen der Unterernährung und an Krankheiten. I ist in der mit der Internierung beauftragten Behörde tätig und hat zahlreiche Personen in die „Sondergefängnisse" eingewiesen, die – wie von I vorhergesehen – nahezu alle dort den Tod gefunden haben. Hat I sich wegen Verbrechen gegen die Menschlichkeit strafbar gemacht? (dazu → Rn. 38, 40, 42) ◀

1. Entwicklung

26 In einer Deklaration der Regierungen Frankreichs, des Vereinigten Königreichs und Russlands vom 28. Juni.1915 wird der Begriff der **Verbrechen gegen die Menschlichkeit** („new crimes [...] against humanity and civilization") erstmals benutzt, um die Massaker der Türken an den Armeniern zu umschreiben, wobei auch eine Strafverfolgung in Aussicht gestellt wurde.[69] Dieser Ankündigung folgten allerdings keine Taten. Im Anschluss an den Ersten Weltkrieg wurden starke Bedenken geäußert, wonach eine Anklage und Verurteilung wegen Verbrechen gegen die Menschlichkeit gegen das Rückwirkungsverbot verstoßen könne.[70] Eine genaue Bestimmung der „Gesetze der Menschlichkeit" erschien den Alliierten zum damaligen Zeitpunkt unmöglich. Als Meilenstein in der Entwicklung des Tatbestands der Verbrechen gegen die Menschlichkeit muss daher das Nürnberger IMG-Statut angesehen werden. So sollte sich die Zuständigkeit des IMG gem. Art. 6 lit. c auch erstrecken auf:

---

67 Convention on the Rights of the Child, New York, 20.11.1989, UNTS, Bd. 1577, Nr. 27531, S. 3, BGBl. 1992 II, S. 122 (Sartorius II, Nr. 29).
68 So zB *Gropengießer*, in: Eser/Kreicker (Hrsg.), Nationale Strafverfolgung, Bd. 1, S. 104 f.
69 *Kittichaisaree*, Int. Criminal Law, S. 85.
70 *Zur Rechtslage damals s. auch Triffterer/Ambos-Hall/Ambos*, Rome Statute, Art. 7 Rn. 1.

„[...] Verbrechen gegen die Menschheit, nämlich: Mord, Ausrottung, Versklavung, Deportation oder andere unmenschliche Handlungen, begangen an irgendeiner Zivilbevölkerung vor oder während des Krieges, Verfolgung aus politischen, rassischen oder religiösen Gründen, begangen in Ausführung eines Verbrechens oder in Verbindung mit einem Verbrechen, für das der Gerichtshof zuständig ist, und zwar unabhängig davon, ob die Handlung gegen das Recht des Landes verstieß, in dem sie begangen wurde, oder nicht."

Der Formulierung des Tatbestands lag die Einschätzung zugrunde, dass das bisherige Instrumentarium des Völkerrechts sowie des nationalen Strafrechts nicht ausreiche, um das immense Unrecht der vom nationalsozialistischen Regime begangenen Taten adäquat zu erfassen.[71] Während die Strafbarkeit von Kriegsverbrechen völkerrechtlich durchaus anerkannt war,[72] konnte die Verfolgung von Juden, Sozialdemokraten, Kommunisten und anderen religiösen oder politischen Gruppierungen im eigenen Lande keinem damals anerkannten völkerrechtlichen Straftatbestand zugeordnet werden. Es gab noch nicht einmal ein völkerrechtliches Verbot solcher Handlungen.[73] Wenngleich ein Teil dieser Taten (insbesondere der **Holocaust**) als Völkermord einzustufen ist,[74] so ist zu bedenken, dass das IMG-Statut – wie bereits gesehen – den Genozid noch nicht als eigenständige Kategorie, sondern eben nur als Unterfall der Verbrechen gegen die Menschlichkeit kannte.

27

Mit dem Tatbestand des Verbrechens gegen die Menschlichkeit sollte es ermöglicht werden, derartige Massenverbrechen an der Zivilbevölkerung zu bestrafen. Allerdings stellte die Formulierung des Tatbestands, wie sie das IMG-Statut enthielt, noch keine eigenständige Kategorie von Völkerrechtsverbrechen auf. Vielmehr war der Tatbestand des Verbrechens gegen die Menschlichkeit gem. Art. 6 II lit. c nur im Zusammenhang mit einem anderen Verbrechen des IMG-Statuts, also den Kriegsverbrechen oder dem Angriffskrieg, erfüllbar („in execution of or in connection with any crime within the jurisdiction of the Tribunal"). Insofern waren die Verbrechen gegen die Menschlichkeit als akzessorische Verbrechenstatbestände konstruiert. Dies bedeutete insbesondere, dass der Tatbestand des Verbrechens gegen die Menschlichkeit nur in Zusammenhang mit einem internationalen bewaffneten Konflikt erfüllt werden konnte.[75] Trotzdem darf die Bedeutung der Formulierung im IMG-Statut nicht unterschätzt werden, markierte sie doch den Ausgangspunkt für die nachfolgende Entwicklung eines selbstständigen Tatbestands der Verbrechen gegen die Menschlichkeit.

28

Im **Alliierten Kontrollratsgesetz Nr. 10,** auf dessen Grundlage nach dem Hauptkriegsverbrecherprozess in Nürnberg von alliierten, aber auch von deutschen Gerichten eine Vielzahl während des Nationalsozialismus begangener Straftaten abgeurteilt wurde (dazu → § 13 Rn. 10), wurde diese Akzessorietät beseitigt, so dass die Verbrechen ge-

29

---

71 Vgl. *Safferling,* Int. Strafrecht, § 6 Rn. 46.
72 Zu den rechtlichen Grundlagen der Kriegsverbrechen (dazu →Rn. 53 ff.); zum Gedanken eines *ius in bello*, welches sich grds. bis ins Altertum zurückverfolgen lässt, vgl. nur *Werle/Jeßberger,* Völkerstrafrecht, Rn. 1085 ff.
73 Dazu *Robert H. Jackson,* Report of United States Representative to the International Conference on Military Trials, 1947, S. 331 ff., zu den Verhandlungen zum Londoner Statut, wonach das völkerrechtliche Gebot der Nichteinmischung in die inneren Angelegenheiten eines Landes – selbst im Falle schlimmster Verbrechen einer Regierung gegenüber ihrer eigenen Bevölkerung – die Aburteilung dieser Verbrechen durch andere Länder verbiete, solange kein Zusammenhang zu einem bewaffneten Konflikt hergestellt werden könne.
74 Zum Verhältnis der beiden Tatbestände heute s. *Cassese,* Int. Criminal Law, S. 127 f.
75 *Mesecke,* Verbrechen gegen die Menschlichkeit, S. 20.

gen die Menschlichkeit keine Verbindung zu den sonstigen Tatbeständen des IMG-Statuts aufweisen mussten.[76] Dies hatte insbesondere zur Folge, dass nunmehr auch solche Verbrechen, die von Deutschen an Deutschen innerhalb Deutschlands begangen worden waren, als Verbrechen gegen die Menschlichkeit abgeurteilt werden konnten.

Die Verurteilungen wegen der Verbrechen gegen die Menschlichkeit wurden von der UN-Vollversammlung am 11.12.1946 und der *International Law Commission* in den sog. **Nürnberger Prinzipien** bestätigt.[77] Mittlerweile ist gewohnheitsrechtlich anerkannt, dass es sich bei den Verbrechen gegen die Menschlichkeit um völkerstrafrechtliche Verbrechen handelt, die eine individuelle Verantwortung auslösen.[78]

30 Auch das ICTY-Statut (Art. 5) sowie das ICTR-Statut (Art. 3) enthalten die Tatbestände der Verbrechen gegen die Menschlichkeit. Auf die Akzessorietät zu einem anderen Tatbestand in der Zuständigkeit der jeweiligen Gerichte wurde verzichtet, jedoch setzt das ICTY-Statut weiter einen Zusammenhang mit einem bewaffneten Konflikt voraus.

Die entscheidende Entwicklung hin zu einer völligen Loslösung der Verbrechen gegen die Menschlichkeit von den anderen Völkerrechtsverbrechen erfolgte erst durch das Rom-Statut. Nach langen und zähen Verhandlungen wurde schließlich (mit einer gewissen Einschränkung nur bei der Tatmodalität der Verfolgung, dazu → Rn. 48) auf jeglichen Nexus verzichtet. Art. 7 IStGH-Statut setzt weder einen bewaffneten Konflikt noch den Zusammenhang mit einer anderen in die Zuständigkeit des IStGH fallenden Straftat voraus. Im Gegensatz zum Tatbestand des Völkermordes, der bereits in der Genozid-Konvention eine vollständige Ausformulierung gefunden hatte, war die Formulierung der Verbrechen gegen die Menschlichkeit höchst umstritten.[79] Die Auflistung der einzelnen Tathandlungen wurde schließlich gegenüber der Tatbestandsfassung im IMG-Statut und in den Statuten des ICTY sowie des ICTR erweitert. Insbesondere wurden Handlungen, die bereits durch internationale Verträge verboten waren, in den Katalog mit aufgenommen, so zB die zur Zeit des IMG-Statuts noch unbekannte Apartheid (Art. 7 I lit. j IStGH-Statut) oder das insbesondere aus südamerikanischen Diktaturen bekannte zwangsweise Verschwindenlassen von Personen[80] (Art. 7 I lit. i IStGH-Statut). Darüber hinaus wurden va noch die sog. *gender crimes* neu eingefügt; hierdurch wird auch sexuelle Gewalt in den Rang eines Verbrechens gegen die Menschlichkeit erhoben.

31 Gegen die Einfügung dieser Modalitäten wurde der Vorwurf erhoben, das IStGH-Statut versuche, neues – über bisheriges Völkergewohnheitsrecht hinausgehendes – Recht zu schaffen.[81] Dieser Vorwurf geht allerdings insofern ins Leere, als alle vorhergehenden Tatbestandsformulierungen eine Auffangklausel enthielten, die „andere unmenschliche Handlungen" erfasste. Die nun explizit in den Katalog aufgenommenen Verhal-

---

76 Vgl. *Ahlbrecht*, Geschichte, S. 96.
77 UN General Assembly Resolution A/RES/95(I), 10.12.1946, und Principle VI. C of the Principles of International Law Recognized in the Judgment of the Tribunal (*Nuremberg Principles*), Yearbook of the International Law Commission 1950, Bd. II, 374–378.
78 Zur völkergewohnheitsrechtlichen Anerkennung der Verbrechen gegen die Menschlichkeit s. *Cassese*, Int. Criminal Law, S. 90; *Werle/Jeßberger*, Völkerstrafrecht, Rn. 915.
79 Vgl. *Blanke/Molitor* AVR 2001, 145 (153); *Sunga* EJCCLCJ 6 (1998), 60, 64.
80 Einige Beispiele hierfür nennt *Ambos* NStZ-RR 1998, 161 (170).
81 Die chinesische Delegation war der Ansicht, Art. 7 IStGH-Statut sei eine „old bottle that holds new liquor" (zit. nach *Robinson*, in: Lattanzi [Hrsg.], Essays, S. 168).

tensweisen sind nichts anderes als eine Konkretisierung dieser Handlungen.[82] Das Rom-Statut geht insofern also nicht über bestehendes Völkergewohnheitsrecht hinaus.

2. Geschütztes Rechtsgut

Verbrechen gegen die Menschlichkeit richten sich unmittelbar gegen Einzelpersonen. Diese werden vom Tatbestand jedoch nur sekundär geschützt. Völkerstrafrechtliche Relevanz erlangen diese Taten nur deshalb, weil sie funktional im Rahmen eines ausgedehnten und systematischen Angriffs gegen eine Zivilbevölkerung begangen werden. In dieser Dimension stellt die einzelne Handlung mehr als nur eine Individualrechtsgutsverletzung dar. Der Täter lehnt sich durch sein Verhalten gegen einen menschenrechtlichen Mindeststandard der **gesamten Menschheit** auf. Letztere ist daher primäres Schutzgut der Verbrechen gegen die Menschlichkeit.[83]

32

3. Systematik des Tatbestands

Die Begehung eines Verbrechens gegen die Menschlichkeit setzt in objektiver Hinsicht zunächst voraus, dass der Täter (mindestens) eine der in Art. 7 I IStGH-Statut aufgezählten Einzeltaten begeht. Zusätzlich ist allerdings erforderlich, dass diese Einzeltat in einem funktionalen Gesamtkontext mit einer Gesamttat (sog. *chapeau*) steht: Sie muss im Rahmen eines ausgedehnten oder systematischen Angriffs gegen die Zivilbevölkerung begangen werden (Art. 7 I IStGH-Statut). Dabei enthält Art. 7 II IStGH-Statut einen Definitionskatalog für die in Abs. 1 verwendeten Begrifflichkeiten. In subjektiver Hinsicht ist Vorsatz erforderlich, und zwar nicht nur bzgl. der Einzeltat; der Täter muss vielmehr – wie Art. 7 I IStGH-Statut ausdrücklich klarstellt – Kenntnis vom Angriff und damit vom funktionalen Gesamtzusammenhang der Einzeltat haben.

33

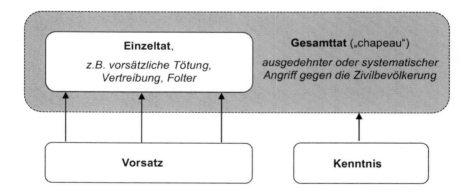

4. Objektive Voraussetzung der Gesamttat

Art. 7 I IStGH-Statut setzt voraus, dass Einzeltaten im Rahmen eines ausgedehnten oder systematischen Angriffs gegen die Zivilbevölkerung begangen werden (Gesamttat).

34

---

82 *Robinson*, in: Lattanzi (Hrsg.), Essays, S. 166.
83 So auch *Meseke*, Verbrechen gegen die Menschlichkeit, S. 118 ff.; anders insoweit *Gropengießer*, in: Eser/Kreicker (Hrsg.), Nationale Strafverfolgung, Bd. 1, S. 116 ff.

Art. 7 II lit. a IStGH-Statut definiert den **Angriff gegen die Zivilbevölkerung** als eine Verhaltensweise, die mit der mehrfachen Begehung der Einzeltaten des Abs. 1 gegen eine Zivilbevölkerung verbunden ist und in Ausführung oder Unterstützung der Politik eines Staates oder einer Organisation erfolgt, die einen solchen Angriff zum Ziel hat. Organisationen müssen hierfür nach richtiger Ansicht, um die Voraussetzungen des Art. 7 II IStGH-Statut zu erfüllen, eine gewisse Staatlichkeit insbes. iSv Dauerhaftigkeit, gemeinsamem Ziel und gewissen hierarchischen Strukturen vorweisen.[84]

Für eine mehrfache Begehung (*multiple*) ist jedenfalls erforderlich, dass mehr als nur eine einzelne Handlung getätigt wird, wenn auch nicht notwendigerweise durch denselben Täter. Eine vereinzelte Tötung eines Menschen (Art. 7 I lit. a IStGH-Statut) erfüllt daher den Tatbestand nicht. Begeht ein Täter nur ein einziges Tötungsdelikt, so kann dies allerdings bereits ein Verbrechen gegen die Menschlichkeit darstellen, wenn diese Einzeltat sich funktional in einen entsprechenden ausgedehnten oder systematischen Angriff einfügt.[85]

Die in der Definition angesprochene Politik des Staates bzw. der Organisation muss nicht durch einen formalen Akt beschlossen worden sein, sondern kann vielmehr aus den Umständen der Tat (insbesondere einem systematischen oder ausgedehnten Vorgehen)[86] abgeleitet werden.

35 Die Adjektive **ausgedehnt** und **systematisch**, die den Angriff gegen die Zivilbevölkerung alternativ (vgl. „oder") kennzeichnen sollen, markieren eine – die Anforderungen der ausführlichen Angriffsdefinition (nur) teilweise übersteigende – quantitative bzw. qualitative Schwelle für die völkerstrafrechtliche Relevanz der Einzeltaten.

Mit der Ausgedehntheit ist ein vorwiegend *quantifizierbares* Kriterium angesprochen, welches sich insbesondere auf die Anzahl der Opfer bezieht.[87] Wie hoch deren Anzahl dabei genau sein muss, bleibt unklar. Zudem ergibt sich hier eine Überschneidung mit der Legaldefinition des Angriffs. Denn die dort vorausgesetzte mehrfache Begehung von Straftaten scheint bereits eine höhere Zahl von Opfern zu implizieren.[88] Über die Opferzahl hinausgehend kann sich der Begriff der Ausgedehntheit auch auf die Größe des geographischen Raums beziehen, in dem der Angriff stattfand.[89]

In *qualitativer* Hinsicht wird ein systematischer Charakter des Angriffs verlangt, was eine in gewissem Umfang organisierte Begehungsform erfordert und wahllose Zufalls-

---

[84] So zumindest Richter *Kaul*, in: IStGH (PTC II), Prosecutor v. Ruto, Kosgey, Sang, Dissenting opinion on the Court's decision on the Prosecutor's application for summons to appear, ICC-01/09–01/11–2, 15.3.2011, Rn. 12; hierzu s. auch weitgehend zust. *Kress*, LJIL 23 (2010), 17 ff.; anders allerdings ua IStGH (TC II), Prosecutor v. Katanga, Judgment pursuant to Article 74 of the Statute, ICC-01/04–01/07–3436, 7.3.2014, Rn. 1117–1122; IStGH (TC III), Prosecutor v. Bemba, Judgment pursuant to Article 74 of the Statute, ICC-01/05–01/08–3343, 21.3.2016, Rn. 158.
[85] ICTY, Prosecutor v. Kunarac et al., Judgment, IT-96–23&IT-96–23/1-A, 12.6.2002, Rn. 96.
[86] ICTY, Prosecutor v. Tadić, Judgment, IT-94–1-T, 7.5.1997, Rn. 653; IStGH (PTC II), Decision pursuant to Article 15 of the Rome Statute on the authorization of an investigation into the Situation in the Republic of Kenya, ICC-01/09–19, 31.3.2010, Rn. 94 ff.
[87] IStGH (PTC I), Prosecutor v. Katanga and Ngudjolo, Decision on the confirmation of charges, ICC-01/04–01/07–717, 30.9.2008, Rn. 394; IStGH (PTC I), Prosecutor v. Gbagbo, Decision on the confirmation of charges against Laurent Gbagbo, ICC-02/11–01/11–656-Red, 12.6.2014, Rn. 222.
[88] Ähnlich auch *Schabas*, Introduction, S. 97.
[89] IStGH (PTC II), Prosecutor v. Bemba, Decision pursuant to article 61 (7) (a) and (b) of the Rome Statute on the charges of the Prosecutor against Jean-Pierre Bemba Gombo, ICC-01/05–01/08–424, 15.6.2009, Rn. 83; IStGH (PTC I), Prosecutor v. Katanga and Ngudjolo, Decision on the confirmation of charges, ICC-01/04–01/07–717, 30.9.2008, Rn. 395; so auch schon *Werle/Jeßberger*, Völkerstrafrecht, Rn. 936.

erscheinungen ausschließt,[90] weshalb dem Angriff ein politisches Ziel, ein Plan oder eine Ideologie im weitesten Sinne zugrunde liegen muss. Der Sache nach geht dieses Kriterium im Wesentlichen allerdings bereits im Politikelement der Angriffsdefinition in Art. 7 II lit. a IStGH-Statut auf: Danach muss der Angriff ja ohnehin in Ausführung oder Unterstützung der *Politik* eines Staates oder einer Organisation erfolgen, die einen solchen Angriff zum Ziel hat („[…] pursuant to or in furtherance of a State or organisational policy to commit such attack").[91]

Entsprechend dem primären, kollektiven Schutzgut des Tatbestands des Verbrechens gegen die Menschlichkeit kann das Tatobjekt nur eine Zivilbevölkerung sein. Isolierte Angriffe auf Einzelpersonen sind somit nicht gemeint. Zur **Zivilbevölkerung** gehören alle Personen, die nicht oder nicht mehr an Feindseligkeiten teilnehmen, also neben der allgemeinen Bevölkerung auch Kombattanten, die zum Zeitpunkt der Tat ihre Waffen niedergelegt haben oder *hors de combat*, also zB aufgrund einer Verwundung außer Gefecht sind.[92] Auf die Staatsangehörigkeit der Opfer wie auch der Täter kommt es nicht an, insbesondere sind auch Angriffe auf Mitglieder der eigenen Zivilbevölkerung erfasst. Anhand dieses Merkmals lassen sich Verbrechen gegen die Menschlichkeit von Kriegsverbrechen (dazu → Rn. 52 ff.) abgrenzen, die für Taten gegenüber Kombattanten abschließend sind.[93]

36

Dass es sich bei den Opfern um Zivilisten handeln muss, ist jedoch nur Voraussetzung für die Bejahung der Gesamttat; wenn die konkreten Opfer der Handlung des Angeklagten nicht zur Zivilbevölkerung gehören, die Gesamttat sich aber gegen diese richtete und der erforderliche Zusammenhang zwischen der Gesamt- und der konkreten Tat gegeben ist, ist ein Verbrechen gegen die Menschlichkeit dennoch zu bejahen.[94]

Im Gegensatz zu Kriegsverbrechen sind Verbrechen gegen die Menschlichkeit nicht notwendigerweise an das Vorliegen eines bewaffneten (nicht-) internationalen Konflikts geknüpft; eine Handlung verwirklicht häufig sowohl den Tatbestand des Kriegsverbrechens als auch des Verbrechens gegen die Menschlichkeit.[95]

Der Angriff muss nach dem insofern eindeutigen Wortlaut des Art. 7 II lit. a IStGH-Statut nicht notwendigerweise militärischer Natur sein. Auch ist nicht unbedingt erforderlich – wenngleich dies regelmäßig der Fall sein wird –, dass staatliche Autoritäten an den Handlungen beteiligt sind, vielmehr können die Tathandlungen auch in Ausführung der Politik etwa einer separatistischen Organisation erfolgen.[96] Damit ist auch der Täterkreis nicht auf Regierungsangehörige oder Soldaten beschränkt; vielmehr

37

---

90 IStGH (PTC I), Prosecutor v. Katanga and Ngudjolo, Decision on the confirmation of charges, ICC-01/04–01/07–717, 30.9.2008, Rn. 394; IStGH (PTC I), Prosecutor v. Gbagbo, Decision on the confirmation of charges against Laurent Gbagbo, ICC-02/11–01/11–656-Red, 12.6.2014, Rn. 223.
91 Dazu bereits → Rn. 34f.
92 *Dixon/Khan*, Archbold, § 12 Rn. 32 ff.; vgl. auch IStGH (PTC II), Prosecutor v. Bemba, Decision pursuant to article 61 (7) (a) and (b) of the Rome Statute on the charges of the Prosecutor against Jean-Pierre Bemba Gombo, ICC-01/05–01/08–424, 15.6.2009, Rn. 78; IStGH (TC II), Prosecutor v. Katanga, Judgment pursuant to article 74 of the Statute, ICC-01/04–01/07–3436-tENG, 7.3.2014, Rn. 1102.
93 Vgl. *Safferling*, Int. Strafrecht, § 6 Rn. 66.
94 ICTY, Prosecutor v. Martić, Judgment, IT-95–11-A, 8.10.2008, Rn. 307, 311, 313; ICTY, Prosecutor v. Mrkšić and Šljivančanin, Judgment, IT-95–13/1-A, 5.5.2009, Rn. 28 ff.
95 *Werle/Jeßberger*, Völkerstrafrecht, Rn. 1066.
96 Für das Erfordernis einer „staatsähnlichen Einheit" *Kaul*, Dissenting Opinion, in: IStGH (PTC II), Decision pursuant to Article 15 of the Rome Statute on the Authorization of an Investigation into the Situation in the Republic of Kenya, ICC-01/09–19, 31.3.2010, Rn. 51 ff.; aA die mittlerweile wohl hM s. etwa *Werle/Burghardt* ZIS 2012, 271 ff. mwN.

können beispielsweise auch Mitglieder einer paramilitärischen Gruppe taugliche Täter der Verbrechen gegen die Menschlichkeit sein.

38 In **Fall 33** liegt mit der planmäßigen und groß angelegten Verfolgung von Kommunisten ein ausgedehnter und systematischer Angriff auf die Zivilbevölkerung vor, wobei es unschädlich ist, dass die Regierung maßgeblich gegen Mitglieder der eigenen Bevölkerung vorgeht.

5. Subjektive Voraussetzung hinsichtlich der Gesamttat

39 Der Täter muss gem. Art. 7 I IStGH-Statut in Kenntnis (*with knowledge*) der objektiven Voraussetzungen der Gesamttat handeln. Dasselbe lässt sich auch aus dem Wortlaut des allgemeinen Vorsatzerfordernisses des Art. 30 IStGH-Statut ableiten, nach dessen Abs. 3 Kenntnis der äußeren Begleitumstände vorliegen muss. Der Täter muss also wissen, dass sein Handeln als Teil eines ausgedehnten oder systematischen Angriffs auf die zivile Bevölkerung zu bewerten ist. Ob hier genügen kann, dass der Täter es nur für möglich hält, dass ein solcher Angriff gerade stattfindet, erscheint zweifelhaft. Der klare Wortlaut spricht gegen derartige Abstriche beim Wissenselement, selbst wenn man die allgemeine – und insoweit subsidiäre – Vorschrift des Art. 30 IStGH-Statut mit der Vorverfahrenskammer I weiter verstehen will (dazu → § 15 Rn. 25). Welche Details eine solche Kenntnis aber gerade beim „einfachen Bürger" oder beim „kleinen Soldaten" im Hinblick auf das Ausmaß des Angriffs umfassen muss, ist äußerst problematisch. Zu hohe Anforderungen würden hier regelmäßig zu unüberwindbaren Beweisproblemen führen. Ganz zu Recht lässt es *Eser* daher ausreichen, dass der Täter um seine Eingebundenheit in eine unmenschliche Politik weiß, ohne Umfang und Struktur der Gesamtplanung näher kennen zu müssen.[97]

40 Im Gegensatz zum Völkermord verlangt der Grundtatbestand des Art. 7 IStGH-Statut aber keine über die Kenntnis hinausgehende spezielle Absicht. Während in Art. 3 ICTR-Statut noch vorausgesetzt wird, dass das Verbrechen gegen die Menschlichkeit aus nationalen, ethnischen oder religiösen Gründen begangen werden muss, wurde hierauf im Rom-Statut verzichtet. Die Aufnahme dieser besonderen subjektiven Voraussetzungen in das ICTR-Statut lässt sich wohl nur mit der Tatsache erklären, dass dieses speziell auf die Situation in Ruanda zugeschnitten war, in der alle Taten aus eben solchen Motiven begangen wurden.[98]

In **Fall 33** ist also nur entscheidend, dass I Kenntnis von der Verfolgungspolitik der Regierung hat, ohne dass hier ein Detailwissen erforderlich wäre.

---

97 *Eser*, in: Courakis (Hrsg.), FS Spinellis, S. 351; ähnlich die *Elements of Crimes* zu Art. 7 IStGH-Statut, Einführung. Der ICTY hat in Prosecutor v. Milutinovic et al., Judgment, IT-05-87-T, 26.2.2009, Rn. 158, 162, zudem für die Bejahung der Erfüllung des Tatbestands gefordert, dass zwischen demjenigen, der Kenntnis von der objektiven Gesamttat hat, und die Begehung selbst ein gewisses Näheverhältnis bestehen müsse. Es reiche nicht, wenn derjenige mit dem Wissen von der Gesamttat nur Beihilfe leiste.
98 Vgl. *Ahlbrecht*, Geschichte, S. 312.

6. Voraussetzungen der Einzeltaten

a) Vorsätzliche Tötung

Art. 7 I lit. a IStGH-Statut nennt an der Spitze der Liste der Einzeltaten die Tötung. Die *Elements of Crimes* stellen insoweit klar, dass damit jede vorsätzliche Todesverursachung iSv Art. 30 I IStGH-Statut gemeint ist.[99]

41

b) Ausrottung

Art. 7 I lit. b IStGH-Statut nennt als weitere Tat die Ausrottung, worunter gem. Art. 7 II lit. b IStGH-Statut die vorsätzliche Auferlegung von Lebensbedingungen zu verstehen ist, die geeignet sind, die Vernichtung eines Teils der Bevölkerung herbeizuführen. Die *Elements of Crimes* verlangen jedoch konkreter, dass der Täter den Tod eines oder mehrerer Menschen verursacht hat und diese Tötung(en) Teil einer Massentötung war(en).[100] Im Gegensatz zum Völkermord kommt es hier nicht darauf an, dass sich die Tat gegen bestimmte Gruppen richtet.[101] Insoweit ist eine Verurteilung wegen eines Verbrechens gegen die Menschlichkeit möglich, wenn eine solche wegen Völkermordes mangels Nachweisbarkeit der Genozidabsicht scheitert.[102]

42

In **Fall 33** kommt ein Völkermord – unabhängig vom Vorliegen einer Genozidabsicht – schon deshalb nicht in Frage, weil sich die Tat gegen eine *politische* Gruppe richtet. Allerdings sind die objektiven Voraussetzungen eines Verbrechens gegen die Menschlichkeit in der Tatmodalität „Ausrottung" erfüllt. Durch die Unterbringung in den „Sondergefängnissen" hat I die Ursache dafür gesetzt, dass mehrere Menschen durch die dortigen lebensbedrohlichen Verhältnisse sterben. Dies wird häufig als „indirekte" Tötung (im Gegensatz zur direkten Todesverursachung) bezeichnet, die bei der Tatvariante der Ausrottung genügen soll. Das Verhalten des I stellt sich darüber hinaus als Teil einer Massentötung dar. In subjektiver Hinsicht kennt I die Umstände, aus denen sich das Vorliegen einer Massentötung ergibt; bzgl. des Todes der von ihm eingewiesenen Personen hat er Vorsatz iSv Art. 30 IStGH-Statut.

I hat sich somit wegen eines Verbrechens gegen die Menschlichkeit strafbar gemacht.

c) Versklavung

Unter der in Art. 7 I lit. c IStGH-Statut genannten Versklavung versteht das IStGH-Statut nach der Legaldefinition des Art. 7 II lit. c die Ausübung aller oder einzelner mit einem Eigentumsrecht an einer Person verbundenen Befugnisse. Stellt die „klassische" Sklaverei angesichts ihrer weltweiten Abschaffung heute wohl kein reales Problem mehr dar, geht es hier um moderne Formen der „Verdinglichung" eines Menschen.[103]

43

---

99 *Elements of Crimes* zu Art. 7 I lit. a IStGH-Statut (Nr. 1); s. auch IStGH (TC II), Prosecutor v. Katanga, Judgment pursuant to Article 74 of the Statute, ICC-01/04–01/07–3436, 7.3.2014, Rn. 767; IStGH (TC III), Prosecutor v. Bemba, Judgment pursuant to Art. 74 of the Statute, ICC-01/05–01/08–3343, 21.3.2016, Rn. 90; IStGH (PTC II), Prosecutor v. Bemba, Decision pursuant to article 61 (7) (a) and (b) of the Rome Statute on the charges of the Prosecutor against Jean-Pierre Bemba Gombo, ICC-01/05–01/08–424, 15.6.2009, Rn. 132.
100 *Elements of Crimes* zu Art. 7 I lit. b IStGH-Statut (Nrn. 1 und 2); s.auch IStGH (PTC I), Prosecutor v. Al-Bashir, Decision on the Prosecution's. application for a Warrant of Arrest against Omar Hassan Ahmad Al Bashir, ICC-02/05–01/09–3, 4.3.2009, Rn. 96.
101 *Selbmann*, Tatbestand des Genozids, S. 201.
102 Vgl. ICTY, Prosecutor v. Krstić, Judgment, IT-98–33-T, 2.8.2001, Rn. 500.
103 *Becker*, Der Tatbestand des Verbrechens gegen die Menschlichkeit, S. 192 f.; im November 2016 zB deckte eine CNN-Reportage Sklavenversteigerungen in Libyen auf – woraufin Libyen offizielle Untersuchungen

Diese können vom Menschenhandel über die ökonomische Ausbeutung durch Zwangsarbeit bis hin zur längerfristigen Freiheitsentziehung mit kontinuierlichen Vergewaltigungen[104] reichen.

d) Vertreibung oder zwangsweise Überführung der Bevölkerung

44 Nach der Legaldefinition des Art. 7 II lit. d IStGH-Statut bedeutet Vertreibung oder zwangsweise Überführung der Bevölkerung die erzwungene, völkerrechtlich unzulässige Verbringung der betroffenen Personen durch Ausweisung oder andere Zwangsmaßnahmen aus dem Gebiet, in dem sie sich rechtmäßig aufhalten. Nach den *Elements of Crimes* – und ebenso nach § 7 I Nr. 4 VStGB – soll bereits der Transfer einer einzigen Person zur Erfüllung des Tatbestands genügen.[105] Auf subjektiver Seite erfordert der Tatbestand lediglich Vorsatz iSv Art. 30 IStGH-Statut. Eine darüber hinausgehende Absicht, die Betroffenen dauerhaft aus ihrem Gebiet zu vertreiben, verlangt die mittlerweile hM unter Verweis auf den Wortlaut des Statuts heute nicht mehr.[106]

e) Freiheitsentzug oder sonstige schwerwiegende Beraubung der körperlichen Freiheit unter Verstoß gegen die Grundregeln des Völkerrechts

45 Zu dieser in Art. 7 I lit. e IStGH-Statut genannten Tathandlung findet sich keine Legaldefinition. Die *Elements of Crimes* verlangen, dass der Täter eine oder mehrere Personen einsperrt oder des Gebrauchs **der persönlichen Fortbewegungsfreiheit beraubt.** Hinsichtlich des zusätzlich erforderlichen Elements des Verstoßes gegen die Grundregeln des Völkerrechts hat der ICTY unter Rückgriff auf die Definition des Rom-Statuts ausgeführt, dass das entscheidende Element des Freiheitsentzugs die Willkür sei.[107] Dem Freiheitsentzug darf also kein den völkerrechtlichen Grundregeln entsprechendes Verfahren vorangegangen sein.

f) Folter

46 Unter der in Art. 7 I lit. f IStGH-Statut aufgeführten Handlungsmodalität der Folter versteht das Statut (Art. 7 II lit. e), dass einer im Gewahrsam oder unter der Kontrolle des Beschuldigten befindlichen Person vorsätzlich große körperliche oder seelische Schmerzen oder Leiden zugefügt werden.[108]

---

aufnahm, verfügbar unter https://edition.cnn.com/2017/11/17/africa/libya-slave-auction-investigation/index.html (Stand 12/2019).

104 ICTY, Prosecutor v. Kunarac et al., Judgment, IT-96-23-T&IT-96-23/1-T, 22.2.2001, Rn. 515 ff.; vgl. IStGH (PTC I), Prosecutor v. Katanga and Ngudjolo, Decision on the confirmation of charges, ICC-01/04-01/07-717, 30.9.2008, Rn. 430 f.; dazu auch *Werle/Jeßberger*, Völkerstrafrecht, Rn. 972 f.

105 Dies hat der ICTY zB in ICTY, Prosecutor v. Krajišnik, Judgment, IT-00-39-A, 17.3.2009, Rn. 309, bestätigt. Zur insoweit parallelen Problematik bei der Handlungsmodalität der „Tötung" iSv Art. 6 lit. a IStGH-Statut, dazu → Rn. 19.

106 ICTY, Prosecutor v. Stakić, Judgment, IT-92-24-A, 22.3.2006, Rn. 278, 304 ff., 317; ICTY, Prosecutor v. Brđanin, Judgment, IT-99-36-A, 3.4.2007, Rn. 206; ICTY, Prosecutor v. Krajišnik, Judgment, IT-00-39-A, 17.3.2009, Rn. 304; ICTY, Prosecutor v. Popovic et al., Judgment, IT-05-88-T, 10.6.2010, Rn. 905; *Ambos*, Int. Strafrecht, § 7 Rn. 205; *Safferling*, Int. Strafrecht, § 6 Rn. 77; aA noch die ältere Rspr., zB ICTY, Prosecutor v. Stakić, Judgment, IT-97-24-T, 31.7.2003, Rn. 687; ICTY, Prosecutor v. Simic et al., Judgment, IT-95-9-T, 17.10.2003, Rn. 134; abl. auch heute noch *Werle/Jeßberger*, Völkerstrafrecht, Rn. 991.

107 ICTY, Prosecutor v. Kordić and Čerkez, Judgment, IT-95-14/2-T, 26.2.2001, Rn. 302; ICTY, Prosecutor v. Krnojelac, Judgment, IT-97-25-T, 15.3.2002, Rn. 110.

108 S. auch IStGH (PTC II), Prosecutor v. Bemba, Decision pursuant to Article 61(7)(a) and (b) of the Rome Statute on the charges of the Prosecutor against Jean-Pierre Bemba Gombo, ICC-01/05-01/08-424, 15.6.2009, Rn. 193.

Im Vergleich zur Definition der **UN-Antifolterkonvention** aus dem Jahr 1984[109] ist der Anwendungsbereich des Art. 7 I lit. f IStGH-Statut wesentlich weiter. Es bedarf insbesondere keinerlei Verbindung zu einem Hoheitsträger.[110]

g) Sexuelle Gewalt

Art. 7 I lit. g IStGH-Statut erfasst neben Vergewaltigung, die bereits in den Statuten des ICTY und des ICTR explizit aufgeführt ist,[111] auch sexuelle Sklaverei, Nötigung zur Prostitution, erzwungene Schwangerschaft, Zwangssterilisation sowie – als Auffangtatbestand für die vielfältigen Formen sexueller Gewalt – jede andere Form sexueller Handlungen von vergleichbarer Schwere.[112]

Im Hinblick auf die im IStGH-Statut erstmals ausformulierte Tathandlung der erzwungenen Schwangerschaft (*forced pregnancy*)[113] gab es während der Verhandlungen in Rom erhebliche Diskussionen. Die Legaldefinition des Art. 7 II lit. f IStGH-Statut erfasst dabei die rechtswidrige Gefangenhaltung einer – nicht notwendigerweise vom Täter selbst – zwangsweise geschwängerten Frau in der Absicht, die ethnische Zusammensetzung einer Bevölkerung zu beeinflussen oder andere Verstöße gegen das Völkerrecht zu begehen. Da einige Staaten einen Konflikt mit ihren innerstaatlichen Abtreibungsverboten befürchteten, wurde in der Legaldefinition klargestellt, dass innerstaatliche Gesetze in Bezug auf die Schwangerschaft vom Statut unberührt bleiben.[114]

h) Verfolgung

Art. 7 I lit. h IStGH-Statut nennt als weitere Handlungsmodalität die Verfolgung einer identifizierbaren Gruppe oder Gemeinschaft aus politischen, rassischen, nationalen, ethnischen, kulturellen oder religiösen Gründen, aus Gründen des Geschlechts oder aus anderen nach universellem Völkerrecht unzulässigen Gründen. Art. 7 II lit. g IStGH-Statut definiert die Verfolgung als den völkerrechtswidrigen, vorsätzlichen und schwerwiegenden Entzug von Grundrechten wegen der Identität einer Gruppe oder Gemeinschaft. Unerheblich ist dabei, ob der Rechtsverlust durch einen rechtlichen Akt (va ein innerstaatliches Gesetz) oder durch physische oder ökonomische Maßnahmen eintritt.[115]

Einschränkend ist die Verfolgung nach Art. 7 I lit. h IStGH-Statut allerdings nur dann als Verbrechen gegen die Menschlichkeit strafbar, wenn sie im Zusammenhang mit einer anderen Straftat des IStGH-Statuts oder einer anderen Handlungsmodalität der Verbrechen gegen die Menschlichkeit erfolgt.

Einen Unterschied zu anderen Einzeltaten der Verbrechen gegen die Menschlichkeit weist die Verfolgung auch in subjektiver Hinsicht auf; erforderlich ist hier nämlich über den allgemeinen Vorsatz hinaus die besondere Absicht (*specific intent*), eine andere Person gerade deshalb anzugreifen, weil sie zu einer Gruppe oder Gemeinschaft ge-

---

109 Convention against Torture and Other Cruel, Inhuman or Degrading Treatment or Punishment, New York, 10.12.1984, UNTS, Bd. 1465, Nr. 24841, S. 85, BGBl. 1990 II, S. 247 (Sartorius II, Nr. 22).
110 Vgl. dazu auch die Rspr. der *Ad-hoc*-Tribunale wie dargestellt bei *Burchard*, JICJ 6 (2008), 159 ff., sowie den Begriff der Folter im Rahmen des Art. 3 EMRK (dazu → § 11 Rn. 36 ff.).
111 Vgl. Art. 5 lit. g ICTY-Statut; Art. 3 lit. g ICTR-Statut.
112 Ausf. *Ambos* ZIS 2011, 287 (289 ff.).
113 Dazu → Rn. 22.
114 Vgl. *Meseke*, Verbrechen gegen die Menschlichkeit, S. 227.
115 ICTY, Prosecutor v. Tadić, Judgment, IT-94–1-T, 7.5.1997, Rn. 710.

hört.[116] Solange diese Absicht vorliegt, kann selbst eine einzelne Handlung den Tatbestand der Verfolgung begründen.[117] Damit kommt das Verbrechen gegen die Menschlichkeit in dieser Handlungsmodalität dem Völkermordtatbestand sehr nahe.

i) Verschwindenlassen von Personen

49 Gem. Art. 7 II lit. i IStGH-Statut bedeutet zwangsweises Verschwindenlassen von Personen (*enforced disappearance*) die Festnahme, den Entzug der Freiheit oder die Entführung von Personen durch einen Staat oder eine politische Organisation oder mit Ermächtigung, Unterstützung oder Duldung des Staates oder der Organisation, gefolgt von der Weigerung, diese Freiheitsberaubung anzuerkennen oder Auskunft über das Schicksal oder den Verbleib dieser Personen zu erteilen, in der Absicht, sie für längere Zeit dem Schutz des Gesetzes zu entziehen.

Diese Modalität war zuvor noch nicht als Unterfall der Verbrechen gegen die Menschlichkeit anerkannt und ist va auf die Forderungen lateinamerikanischer Staaten zurückzuführen. Das Verschwindenlassen von Personen war sowohl während der argentinischen als auch der chilenischen Militärdiktatur ein Mittel zur Terrorisierung der Bevölkerung.[118]

Auch diese Tatmodalität verlangt – neben dem allgemeinen Vorsatz gem. Art. 30 IStGH-Statut – eine spezifische Absicht, nämlich die Person für längere Zeit dem Schutz des Gesetzes zu entziehen.[119]

j) Apartheid

50 Art. 7 II lit. h IStGH-Statut definiert das Verbrechen der Apartheid (*crime of apartheid*) als unmenschliche Handlungen ähnlicher Art wie die in Abs. 1 genannten, die von einer rassischen Gruppe im Zusammenhang mit einem institutionalisierten Regime der systematischen Unterdrückung und Beherrschung einer oder mehrerer anderer rassischer Gruppen in der Absicht begangen werden, dieses Regime aufrechtzuerhalten.

Im Wesentlichen folgt das Statut bei dieser Definition der UN-Apartheidkonvention v. 30. November.1973.[120] Diese ebenfalls für die Kategorie der Verbrechen gegen die Menschlichkeit neue Modalität war va auf die Forderungen Südafrikas zurückzuführen.

k) Andere unmenschliche Handlungen ähnlicher Art

51 Mit Art. 7 I lit. k enthält das IStGH-Statut – wie alle bisherigen Statuten – einen Auffangtatbestand.[121] Noch im ICTY- und ICTR-Statut sah man sich mit dem – gerade auch im Hinblick auf den Bestimmtheitsgrundsatz relevanten – Problem konfrontiert, dass die Statuten keinen Anhaltspunkt dafür liefern, was nun tatsächlich hierunter zu subsumieren ist. Dies ist insbesondere in Hinblick auf das Legalitätsprinzip und Be-

---

116 ICTY, Prosecutor v. Blaškić, Judgment, IT-95–14-T, 3.3.2000, Rn. 235.
117 ICTY, Prosecutor v. Kupreškić et al., Judgment, IT-95–16-T, 14.1.2000, Rn. 624.
118 Vgl. auch *Safferling*, Int. Strafrecht, S. 204, der in diesem Zusammenhang von „quasi-staatlichem Terror" in südamerikanischen Staaten spricht.
119 Vgl. dazu im Einzelnen *Grammer*, Der Tatbestand des Verschwindenlassens einer Person.
120 International Convention on the Suppression and Punishment of the Crime of Apartheid, UN General Assembly Resolution A/RES/3068 (XXVIII), 30.11.1973.
121 Vgl. auch *Safferling*, Int. Strafrecht, § 6 Rn. 100 („Ergänzungsnorm").

stimmtheitsgebot problematisch. Der Auffangtatbestand wurde dann dahingehend interpretiert, dass er erlaubte, internationale Menschenrechtsstandards in die Strafbarkeit der Verbrechen gegen die Menschlichkeit mit einzubeziehen.[122] Diese Standards wurden aus den allgemeinen internationalen Menschenrechtskonventionen abgeleitet,[123] wie zB aus der **Allgemeinen Erklärung der Menschenrechte** von 1948[124] oder aus dem Internationalen Pakt für bürgerliche und politische Rechte von 1966.[125]

Das IStGH-Statut beschränkt demgegenüber diese Handlungsmodalität durch zwei Elemente: Zum einen fällt nur solches Handeln unter die Norm, welches schweres Leid oder andere gravierende Verletzungen des Körpers oder der körperlichen oder seelischen Gesundheit hervorruft.[126] Zum anderen muss die Handlung – wie insbesondere die *Elements of Crimes* zu Art. 7 I lit. k IStGH-Statut klarstellen – nach Art und Schwere den anderen Einzeltaten des Art. 7 I IStGH-Statut vergleichbar sein.[127]

III. Kriegsverbrechen

▶ **FALL 34:** Im Rahmen einer kriegerischen Auseinandersetzung zwischen A-Land und B-Land verwendet S, Offizier der Armee des A-Landes, sog. „Dum-Dum-Geschosse". Dabei handelt es sich um besonders verletzungsintensive Munition, da diese Geschosse sich beim Auftreffen ausdehnen oder zersplittern, so dass sie großflächige, schwer zu behandelnde Wunden verursachen. Macht sich S damit wegen eines Kriegsverbrechens strafbar? (dazu → Rn. 71) ◀

1. Entwicklung

In Zeiten des Krieges verlieren ansonsten elementare Regeln des zwischenmenschlichen Zusammenlebens ihre Geltung. Insbesondere ist das Tötungsverbot im Zusammenhang mit völkerrechtskonformen Kampfhandlungen außer Kraft gesetzt.[128] Gleichwohl ist anerkannt, dass auch im Krieg kein Zustand der Rechtlosigkeit eintritt. Vielmehr will das Kriegsrecht als *ius in bello*[129] all diejenigen exzessiven Kriegsgräuel verhindern, die nicht zur Erreichung des eigentlichen Kriegsziels, nämlich der hinreichenden Schwächung des Feindes, erforderlich sind.[130] Das Kriegsrecht versucht damit, die Menschlichkeit im Rahmen bewaffneter Konflikte so weit wie möglich zu wahren; es wird daher auch als „humanitäres Völkerrecht" bezeichnet.

Als Kriegsverbrechen im juristischen Sinn sind dementsprechend nicht alle Straftaten zu verstehen, die während oder im Zusammenhang mit einer kriegerischen Auseinandersetzung begangen werden, sondern nur die unmittelbar nach Völkerrecht strafbaren

---

122 Diese Unbestimmtheit kritisierend ICTY, Prosecutor v. Kupreškić et al., Judgment, IT-95-16-T, 14.1.2000, Rn. 563 ff.
123 Vgl. *Kittichaisaree*, Int. Criminal Law, S. 127.
124 Universal Declaration of Human Rights, UN General Assembly Resolution, A/RES/3/217 A, 10.12.1948; für eine deutsche Übersetzung s. Sartorius II, Nr. 19.
125 International Covenant on Civil and Political Rights, New York, 19.12.1966, UNTS, Bd. 999, Nr. 14668, S. 171, BGBl. 1973 II, S. 1533 (Sartorius II Nr. 20).
126 Sich durch dieses Merkmal abgrenzend von den *Ad-hoc*-Tribunalen: IStGH (PTC I), Prosecutor v. Katanga und Ngudjolo, Decision on the confirmation of charges, ICC-01/04–01/07, 30.9.2008, Rn. 450.
127 Zu den Maßstäben für diese Vergleichbarkeit vgl. ICTY, Prosecutor v. Karadžić, Decision on six preliminary motions challenging jurisdiction, IT-95-5/18-PT, 28.4.2009, Rn. 42.
128 *Ipsen*, in: Fleck (Hrsg.), Handbuch des humanitären Völkerrechts, Nr. 301; *Werle/Jeßberger*, Völkerstrafrecht, Rn. 1084; *Safferling*, Int. Strafrecht, § 6 Rn. 111.
129 Recht *im* Krieg – im Gegensatz zum Recht *zum* Krieg (*ius ad bellum*).
130 *Dixon/Khan*, Archbold, § 11 Rn. 84.

Verstöße gegen das humanitäre Völkerrecht.[131] Kriegsverbrechen sind somit **akzessorisch** zum humanitären Völkerrecht.

54 Nach seiner historischen Entwicklung unterscheidet man zwei Achsen des humanitären Völkerrechts:

- Das **Genfer Recht:** Es dient primär dem Schutz der Kriegsopfer, also den außer Gefecht gesetzten Angehörigen der Streitkräfte und den nicht an Feindseligkeiten beteiligten Personen, insbesondere den Zivilisten. Die Entwicklung dieses humanitären Völkerrechts „im engeren Sinn" wurde durch Übereinkommen vorangetrieben, die allesamt in Genf abgeschlossen wurden. Ging es dabei ursprünglich nur um den Schutz verwundeter und kranker Kombattanten und die Behandlung von Kriegsgefangenen (Genfer Konventionen von 1864 und 1929), so wurde der Schutz später verfeinert und auch auf Zivilisten ausgedehnt (Genfer Konventionen I-IV von 1949).

- Das **Haager Recht:** Es dient in erster Linie dem Schutz der Soldaten, indem bestimmte Mittel und Methoden der Kriegsführung verboten werden, die als besonders grausam oder gefährlich gelten (zB der Einsatz von Giftwaffen). Die Grundlagen dieses Zweigs des humanitären Völkerrechts wurden maßgeblich auf Konferenzen in Den Haag (1899, 1907) ausgehandelt, deren Ergebnis vor allem die sog. Haager Landkriegsordnung war.

Die strenge Unterscheidung in „Genfer" und „Haager" Recht hat mittlerweile zwar erheblich an Bedeutung verloren, insbesondere seit im 1. ZP zu den Genfer Abkommen von 1977 erstmals versucht wurde, beide Teile des humanitären Völkerrechts zusammenzufassen.[132] Gleichwohl ist sie für das Verständnis des Kriegsrechts sehr hilfreich.

55 Strafrechtliche Relevanz erlangten Verletzungen des humanitären Völkerrechts zunächst nur auf rein nationaler Ebene. Viele Staaten stellten derartige Verhaltensweisen in nationalen Straftatbeständen (zB in Militärstrafgesetzbüchern) unter Strafe. In den Genfer Konventionen von 1949 haben sich die Unterzeichnerstaaten ausdrücklich dazu verpflichtet, schwere Verletzungen der Abkommen (sog. *grave breaches*) nach innerstaatlichem Recht unter Strafe zu stellen und die Strafverfolgung sicherzustellen bzw. den Täter an einen Staat auszuliefern, der dies beantragt.[133] Dabei kann jeder Staat jedwede schwere Verletzung der Genfer Konventionen nach seinem nationalen Strafrecht verfolgen – es gilt also der Weltrechtsgrundsatz.[134]

56 Eine Aburteilung von Kriegsverbrechen auf Grundlage des Völkerstrafrechts durch ein international besetztes Tribunal fand erstmals durch den IMG in Nürnberg statt. Die in Art. 6 lit. b IMG-Statut genannten Kriegsverbrechen finden ihre Grundlage im Haager Recht der Landkriegsordnung und der Genfer Konvention von 1929. Die individuelle Verantwortlichkeit nach Völkerrecht für die Begehung von Kriegsverbrechen war zu diesem Zeitpunkt bereits anerkannt, allerdings noch nicht in die Praxis umgesetzt worden (dazu → Rn. 26).

---

131 *Werle/Jeßberger*, Völkerstrafrecht, Rn. 1084.
132 *Cassese*, Int. Criminal Law, S. 66 f.
133 Vgl. Art. 49 f. Convention (I) for the Amelioration of the Condition of the Wounded and Sick in Armed Forces in the Field; Art. 50 f. Convention (II) for the Amelioration of the Condition of Wounded, Sick and Shipwrecked Members of Armed Forces at Sea; Art. 129 f. Convention (III) relative to the Treatment of Prisoners of War; Art. 146 f. Convention (IV) relative to the Protection of Civilian Persons in Time of War.
134 Vgl. *O'Keefe*, JICJ 7 (2009), 811 ff.; den Weltrechtsgrundsatz auf alle Kriegsverbrechen ausdehnend *Triffterer-Fenrick*, Rome Statute, 1. Aufl., Art. 8 Rn. 1.

Nach längerer Pause waren die nächsten Möglichkeiten für ein *direct enforcement* des Völkerstrafrechts erst mit der Gründung des ICTY sowie des ICTR eröffnet. Das Statut des **ICTY** sieht in Art. 2 die Strafbarkeit der *grave breaches* vor. Art. 3 des Statuts begründet darüber hinaus die Strafbarkeit von Verstößen gegen Gesetze oder Gebräuche des Krieges. Diese werden nicht abschließend im Statut genannt, sondern vielmehr exemplarisch aufgeführt.

In die Zuständigkeit des **ICTR** fallen demgegenüber nach Artikel 4 ICTR-Statut nur die schweren Verstöße gegen den gemeinsamen Artikel 3 der Genfer Abkommen von 1949 oder gegen das ZP II von 1977. Demnach erfasst das ICTR-Statut nur solche Kriegsverbrechen, die in einem nichtinternationalen Konflikt begangen werden können (dazu → Rn. 59), was sich daraus erklärt, dass der ICTR von vornherein nur einen Konflikt mit innerstaatlichem Charakter aufzuarbeiten hatte.

Mit Art. 8 IStGH-Statut wird dem IStGH die Zuständigkeit für die Aburteilung von Kriegsverbrechen übertragen, wobei der Verbrechenstatbestand die bisherigen Entwicklungen des Kriegsvölkerrechts aufgreift.

2. Geschütztes Rechtsgut

Der Tatbestand der Kriegsverbrechen schützt zunächst elementare Individualrechtsgüter in bewaffneten Konflikten, indem einerseits bestimmte Personengruppen vor den spezifischen Gefahren eines solchen Konflikts bewahrt (**Schutzrichtung des Genfer Rechts**), andererseits durch Eindämmung der zulässigen Kampfmittel und -methoden unnötige Beeinträchtigungen der Rechtsgüter des Einzelnen vermieden werden sollen (**Schutzrichtung des Haager Rechts**). Daneben wird auch der Weltfriede als überindividuelles Rechtsgut zum Schutzgut erhoben, indem die bereits eingetretene Friedensstörung begrenzt und ein Friedensschluss sowie ein friedliches Zusammenleben nach dem Ende des Konflikts ermöglicht werden sollen.[135]

57

3. Systematik des Tatbestands

In systematischer Hinsicht ähneln die Kriegsverbrechen den Verbrechen gegen die Menschlichkeit. Aufgrund der Kriegsrechtsakzessorietät kann eine bestimmte Einzeltat nur dann ein Kriegsverbrechen darstellen, wenn sie einen **funktionellen Zusammenhang mit einem bewaffneten Konflikt** aufweist. Der Konflikt kann dabei sowohl internationaler als auch lediglich interner Natur sein. Allerdings sind nicht alle Tathandlungen in beiden Arten von Konflikten gleichermaßen als Völkerrechtsverbrechen strafbar.

58

---

135 *Werle/Jeßberger*, Völkerstrafrecht, Rn. 1125; aA *Safferling*, Int. Strafrecht, § 6 Rn. 125 ff., der nur kollektive Rechtsgüter geschützt sieht.

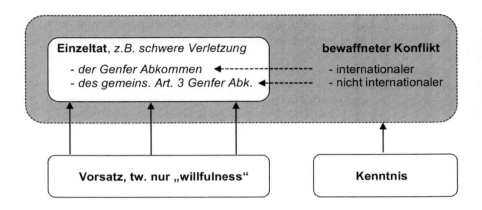

59 Dementsprechend unterscheidet die Aufzählung der Tatbestandsgruppen in Art. 8 II IStGH-Statut solche, die im Falle eines internationalen und solche, die im Falle eines nichtinternationalen (also internen) bewaffneten Konflikts begangen werden können; das IStGH-Statut hält damit am traditionellen sog. *two box approach* fest.[136]

a) Im Falle eines **internationalen** bewaffneten Konflikts begangene Tathandlungen:
- Schwere Verletzungen der Genfer Abkommen von 1949 (lit. a)
- Andere schwere Verstöße gegen die Gesetze und Gebräuche, die in internationalen Konflikten Anwendung finden (lit. b)

b) Im Falle eines **nichtinternationalen** bewaffneten Konflikts begangene Tathandlungen:
- Schwere Verstöße gegen den gemeinsamen Art. 3 der Genfer Abkommen (lit. c)
- Andere schwere Verstöße gegen die Gesetze und Gebräuche, die in bewaffneten Konflikten nichtinternationalen Charakters Anwendung finden (lit. e).

60 Diese grundlegende Unterscheidung zwischen bewaffneten Konflikten mit internationalem Charakter und solchen ohne internationalen Charakter geht auf die Ursprünge des humanitären Völkerrechts zurück. Mittlerweile haben sich die Regeln für beide Arten von Konflikten so weit angenähert, dass diese Differenzierung kaum noch gerechtfertigt erscheint. Auch der deutsche Gesetzgeber hat bei der Umsetzung des Rom-Statuts in das VStGB den *two box approach* verworfen und grds. beide Konfliktarten gleichgestellt (§§ 8 ff. VStGB). Die auf der **Konferenz von Kampala** beschlossenen, moderaten Änderungen des Art. 8 IStGH-Statut (dazu → Rn. 75) stehen ebenfalls im Zeichen der Angleichung der beiden Konfliktarten.[137]

4. Objektive Voraussetzung eines bewaffneten Konflikts

61 Das Bestehen eines bewaffneten Konflikts ist – vergleichbar der „Gesamttat" bei den Verbrechen gegen die Menschlichkeit – die übergeordnete Voraussetzung jedes Kriegsverbrechens. Die einzelnen Tathandlungen müssen hierzu in einem bestimmten Verhältnis stehen, damit sie als Völkerrechtsverbrechen bezeichnet werden können.

---

[136] *Ambos*, Int. Strafrecht, § 7 Rn. 232.
[137] *Alamuddin/Webb*, JICJ 8 (2010), 1219 ff.

Unter einem bewaffneten Konflikt ist im *internationalen* Kontext die Auseinandersetzung zwischen Staaten unter Einsatz bewaffneter Kräfte,[138] im *nichtinternationalen* Kontext die Auseinandersetzung innerhalb eines Staates zwischen Regierungskräften und anderen bewaffneten Gruppen oder zwischen solchen Gruppen untereinander zu verstehen.[139]

Dabei ist allerdings zu beachten, dass interne Konflikte, solange sie auf „innere Unruhen wie Tumulte, vereinzelt auftretende Gewalttaten oder ähnliche Handlungen" (vgl. Art. 8 II lit. d, lit. f S. 1 IStGH-Statut) beschränkt bleiben, nicht die Gefährlichkeit eines internationalen Konflikts erreichen. Das humanitäre Völkerrecht greift deshalb nur dann ein, wenn diese Konflikte eine besondere Intensität und die gegnerischen Parteien einen gewissen Organisationsgrad aufweisen.[140]

BEISPIEL: Die Einstufung des bewaffneten Konflikts in Afghanistan[141], der seit der sog. *Operation Enduring Freedom* unter der militärischen Führung der USA im Oktober 2001 auch weiterhin andauert, kann als gutes Beispiel zur Unterscheidung zwischen internationalem und nichtinternationalem bewaffneten Konflikt dienen. Bis zur formalen Billigung der militärischen Kampfhandlungen durch die neu eingesetzte afghanische Regierung unter *Hamid Karzai* im Juni 2002 muss der Konflikt als internationaler bewaffneter Konflikt zwischen Afghanistan und den intervenierenden Staaten eingestuft werden.[142] Durch das erfolgte Einverständnis stehen die staatlichen Protagonisten nunmehr auf derselben Seite der Kampfhandlungen, so dass von einem nichtinternationalen bewaffneten Konflikt gesprochen werden muss.[143] Da Afghanistan das Rom-Statut erst im Februar 2003 ratifizierte, kommen für die strafrechtliche Verfolgung in einer möglichen Situation Afghanistan durch den IStGH lediglich Kriegsverbrechen in einem nichtinternationalen Konflikt in Frage.

Das humanitäre Völkerrecht gilt dabei ab Beginn der bewaffneten Auseinandersetzung bis zur Beendigung der Feindseligkeiten durch einen Friedensschluss bzw. in internen Auseinandersetzungen bis zu einer friedlichen Beilegung des Konflikts.[144] Demnach muss die Einzelhandlung nicht während der eigentlichen Kampfhandlung begangen werden. Solange Verhaltensvorschriften des humanitären Völkerrechts gelten, wie zB bei der Behandlung von Kriegsgefangenen in der Obhut der Gewahrsamsmacht, kann ein Kriegsverbrechen selbst dann begangen werden, wenn die Kampfhandlungen unterbrochen oder beendet sind.[145]

Der erforderliche Zusammenhang zwischen Einzeltat und bewaffnetem Konflikt besteht darin, dass die Tathandlung gerade wegen des Konflikts begangen wird bzw. wer-

---

138 S. hierzu IStGH (TC I), Prosecutor v. Lubanga, Judgment pursuant to Article 74 of the Statute, ICC-01/04–01/06–2842, 14.3.2012, Rn. 541 f.; IStGH (TC II), Prosecutor v. Katanga, Judgment pursuant to Article 74 of the Statute, ICC-01/04–01/07–3436, 7.3.2014, Rn. 1177 ff.
139 S. hierzu IStGH (TC I), Prosecutor v. Lubanga, Judgment pursuant to Article 74 of the Statute, ICC-01/04–01/06, 14.3.2012, Rn. 534 ff.; IStGH (TC II), Prosecutor v. Katanga, Judgment pursuant to Article 74 of the Statute, ICC-01/04–01/07–3436, 7.3.2014, Rn. 1183 ff.;; ausf. zum Begriff des bewaffneten Konflikts *Steiger/Bäumler* AVR 2010, 189 (192 ff.).
140 Vgl. Art. 8 II lit. f S. 2 IStGH-Statut; ICTY, Prosecutor v. Tadić, Judgment, IT-94-1-T, 7.5.1997, Rn. 562; dazu auch *Ambos*, Int. Strafrecht, § 7 Rn. 239.
141 Die Situation in Afghanistan sowie die völkerrechtlichen Fragen und Probleme, die damit einhergehen, sind hier stark vereinfacht dargestellt. Für eine differenziertere Darstellung s. *Hampson*, in: Wilmshurst (Hrsg.), International Law and the Classification of Conflicts, S. 242 ff.
142 Vgl. *Murphy*, in: Schmitt/Pejic (Hrsg.), International Law and Armed Conflict, S. 213.
143 *Duffy*, War on Terror, S. 406.
144 ICTY, Prosecutor v. Tadić, Decision on the decision on the Defence motion for interlocutory appeal on jurisdiction, 2.10.1995, Rn. 70; vgl. hierzu auch *Kreß* EuGRZ 1996, 638 (644 ff.).
145 IStGH (PTC I), Prosecutor v. Katanga and Ngudjolo, Decision on the confirmation of charges, ICC-01/04–01/07, 30.9.2008, Rn. 294.

den kann. Es handelt sich um ein rein objektives Kriterium, das etwa dann erfüllt ist, wenn dem Täter die Tat – überhaupt oder in ihrer konkreten Form – durch den Konflikt erleichtert oder erst ermöglicht wird. Ebenso ist der nötige Bezug zum bewaffneten Konflikt zu bejahen, wenn die Tathandlung einer der Konfliktparteien zugerechnet werden kann.[146] Taten, die nur „bei Gelegenheit" und unabhängig vom bewaffneten Konflikt begangen werden, sind keine Kriegsverbrechen.[147]

64 Der Einschub in Art. 8 I IStGH-Statut, wonach der IStGH die Gerichtsbarkeit über Kriegsverbrechen, „insbesondere wenn diese als Teil eines Planes oder einer Politik oder als Teil der Begehung solcher Verbrechen in großem Umfang verübt werden", ausüben können soll, enthält kein eigenständiges (beschränkendes) Verbrechensmerkmal. Auch diese Formulierung ist Folge eines Kompromisses bei den Verhandlungen von Rom. Ihre Bedeutung erschöpft sich darin, dass bei der Frage, ob Ermittlungen eingeleitet werden, die genannten Aspekte besonders berücksichtigt werden sollen.[148]

5. Subjektive Voraussetzung hinsichtlich des bewaffneten Konflikts

65 In subjektiver Hinsicht muss der Täter die Umstände kennen, aus denen sich das Vorliegen eines bewaffneten Konflikts ergibt. Nicht notwendig ist, dass der Täter eine entsprechende Bewertung vornimmt bzw. den Konflikt völkerrechtlich korrekt als international oder nichtinternational einordnet.[149]

6. Tathandlungen der Einzeltaten

a) Objektive und subjektive Elemente

66 Art. 8 IStGH-Statut enthält jeweils zwei umfangreiche Tathandlungsgruppen für den internationalen wie den internen bewaffneten Konflikt. Diese **Tathandlungen** müssen nicht nur objektiv vorliegen, es müssen zudem auch die – von der jeweiligen Tathandlung abhängigen – subjektiven Voraussetzungen erfüllt sein. Grds. gilt sonst auch hier Art. 30 IStGH-Statut (dazu → § 15 Rn. 21 ff.). Bei den Kriegsverbrechen wird jedoch schon nach dem Wortlaut des Art. 8 IStGH-Statut manchmal ein geringerer subjektiver Maßstab angelegt, insbesondere soweit im Englischen *wilfulness* für ausreichend erklärt wird.[150] Hier wird dann die im englischen Strafrecht mit *recklessness* bezeichnete Figur mit einbezogen,[151] die man in deutschen Kategorien in etwa so umschreiben kann, dass bewusste Fahrlässigkeit wie auch Eventualvorsatz zu einer einheitlichen Kategorie zusammengefasst werden.[152]

Beispiel: „Vorsätzliche Tötung" in Art. 8 II lit. a (i) IStGH-Statut wird häufig als – nicht ganz glückliche – Übersetzung für *wilful killing* gebraucht. Sieht der Täter den Todeseintritt als quasi sichere Folge seines Verhaltens voraus, liegt Vorsatz iSv Art. 30 IStGH-Statut vor. Wenn der Täter allerdings nur mit der Möglichkeit des Erfolgseintritts rechnet, aber trotzdem handelt, indem er zB eine gefährliche Körperverletzung begeht, ist das Vorliegen von

---

146 Vgl. ICTY, Prosecutor v. Kunarac, Judgment, IT-96–23&IT-96–23/1-A, 12.6.2002, Rn. 58; ausf. *Werle/Jeßberger*, Völkerstrafrecht, Rn. 1163 ff.
147 Zum Nexus-Element allgemein s. *van der Wilt*, JICJ 10 (2012), 1113 ff.
148 Triffterer/Ambos-*Dörmann*, Rome Statute, Art. 8 Rn. 53 ff.
149 Vgl. *Elements of Crimes*, Einführung zu Art. 8.
150 Vgl. insbes. Art. 8 II lit. a (i), (iii), (vi) IStGH-Statut.
151 Vgl. nur Cassese/Gaeta/Jones-*Bothe*, Rome Statute, S. 392.
152 (Leicht) abw. die Erklärung von *Werle/Jeßberger*, Völkerstrafrecht, Rn. 1173, der von „gesteigerter Fahrlässigkeit" spricht, und *Safferling*, Int. Strafrecht, § 6 Rn. 158, der sogar, *recklessness* im Wesentlichen mit *dolus eventualis* gleichsetzt.

Vorsatz iSd Art. 30 IStGH-Statut zumindest problematisch – gleichwohl kann sein Verhalten *wilful* sein.

b) Tathandlungsgruppe 1 bzgl. internationaler bewaffneter Konflikte: Schwere Verletzungen der Genfer Konventionen von 1949 (Art. 8 II lit. a IStGH-Statut)

Anknüpfungspunkt für Art. 8 II lit. a IStGH-Statut sind „schwere Verletzungen" (*grave breaches*) der **Genfer Konventionen**. Jedes der vier Genfer Abkommen zielt auf den Schutz unterschiedlicher Personengruppen in internationalen bewaffneten Konflikten ab, unabhängig von deren Intensität. Gemein ist diesen Gruppen – kurz gefasst –, dass sie zu dem aus Sicht des Täters feindlichen Staat in einer engen Beziehung stehen, jedoch nicht oder nicht mehr zu dessen aktiver Kampftruppe gehören und daher willkürlichen Verletzungen ihrer Menschenrechte durch die feindlichen Streitkräfte weitgehend schutzlos ausgesetzt sind.[153]

67

Im Einzelnen fallen folgende Gruppen in den Schutzbereich der vier Genfer Konventionen:

68

- Verwundete, Kranke, medizinisches und religiöses Personal im Felde (I. Genfer Abkommen)
- Verwundete, Kranke und Schiffbrüchige, medizinisches und religiöses Personal auf hoher See (II. Genfer Abkommen)
- Kriegsgefangene (III. Genfer Abkommen)
- Zivilpersonen, die sich im Falle eines Konflikts oder einer Besetzung zu irgendeinem Zeitpunkt im Machtbereich einer feindlichen Partei oder Besatzungsmacht befinden (IV. Genfer Abkommen)

Neben dem geschützten Personenkreis ist in den Konventionen auch definiert, was eine „schwere Verletzung" derselben darstellt.[154] Diese Definition greift das IStGH-Statut in Art. 8 II lit. a IStGH-Statut auf. Der Rechtsanwender hat stets zu prüfen, ob die im IStGH-Statut aufgeführte Handlung, begangen am konkreten Tatopfer, eine schwere Verletzung einer der vier Konventionen darstellt. Das setzt voraus, dass das Opfer einer Gruppe angehört, die durch die Konventionen gerade vor einer solchen Tathandlung geschützt werden sollte.

69

Beispiel: Die rechtswidrige Gefangenhaltung (vii) bedeutet eine schwere Verletzung der IV. Konvention, wenn sie an einem Zivilisten begangen wird. Hinsichtlich eines Kriegsgefangenen, auf den die III. Konvention Anwendung findet, stellt dieselbe Tathandlung keinen *grave breach* – und damit auch keinen Anknüpfungspunkt für eine Strafbarkeit nach Art. 8 II lit. a IStGH-Statut – dar.

---

[153] *Triffterer*, in: Hankel/Stuby (Hrsg.), Strafgerichte gegen Menschheitsverbrechen, S. 179.
[154] Art. 50 Convention (I) for the Amelioration of the Condition of the Wounded and Sick in Armed Forces in the Field; Art. 51 Convention (II) for the Amelioration of the Condition of Wounded, Sick and Shipwrecked Members of Armed Forces at Sea; Art. 130 Convention (III) relative to the Treatment of Prisoners of War; Art. 147 Convention (IV) relative to the Protection of Civilian Persons in Time of War.

c) Tathandlungsgruppe 2 bzgl. internationaler bewaffneter Konflikte: Andere schwere Verstöße gegen die Gesetze und Gebräuche, die in bewaffneten internationalen Konflikten Anwendung finden (Art. 8 II lit. b IStGH-Statut)

70 Art. 8 II lit. b IStGH-Statut zählt weitere Handlungen auf, die hinreichend schwerwiegende Verletzungen von Kriegsgesetzen oder -gebräuchen im **internationalen bewaffneten Konflikt** beinhalten. Diese Kriegsverbrechen entspringen unterschiedlichen Quellen, deren völkerrechtliche Geltung allerdings durchgehend – vertragsrechtlich oder völkergewohnheitsrechtlich – anerkannt ist.[155]

71 Es geht hier zum einen um Verstöße gegen klassisches **Haager Recht**, weil bestimmte Kampfmethoden und die Verwendung bestimmter Kampfmittel unter Strafe gestellt werden.

BEISPIELE FÜR VERBOTENE KAMPFMETHODEN: Angriff auf Zivilisten und zivile Objekte (i, ii); Angriff auf unverteidigte Orte (v.); Benutzung menschlicher Schutzschilde (xxiii); Aushungern der Zivilbevölkerung (xxv).

BEISPIELE FÜR VERBOTENE KAMPFMITTEL: Gift (xvii); Giftgas (xviii); Kampfmittel, die geeignet sind, überflüssige Verletzungen oder Leiden hervorzurufen (xx).

In **Fall 34** macht sich S nach Art. 8 II lit. b (xix) IStGH-Statut strafbar, wenn er „Dum-Dum-Geschosse" verwendet. Verboten sind diese Geschosse, weil sie unnötiges Leid verursachen. Das Verhalten des S steht in Zusammenhang mit einem internationalen bewaffneten Konflikt. Es kann davon ausgegangen werden, dass dem S die Unzulässigkeit des Einsatzes der Geschosse bekannt war; auch war er sich des Vorliegens eines internationalen bewaffneten Konflikts bewusst. Damit hat S die Voraussetzungen des Art. 8 II lit. b (xix) IStGH-Statut erfüllt. Für die Strafbarkeit nach der genannten Vorschrift kommt es nicht darauf an, ob tatsächlich jemand durch die Geschosse verletzt oder getötet wird. Allein die abstrakte Gefährlichkeit der Verwendung dieser Munitionsart begründet die Strafbarkeit.[156]

72 Darüber hinaus sind aber auch weitere Kriegsverbrechen einbezogen, wie etwa die Verwendung von Kindersoldaten, also die Eingliederung von Kindern unter 15 Jahren in Streitkräfte (xxvi), ebenso wie die entwürdigende oder erniedrigende Behandlung (xxi) oder – als ein gewisses Novum – die Vergewaltigung und andere Formen sexueller Gewalt (xxii). Sexualstraftaten wurden bislang in den entsprechenden Verträgen zumindest nicht explizit aufgelistet. Der erste Angeklagte, der wegen Sexualstraftaten vom IStGH verurteilt wurde, ist *Jean-Pierre Bemba Gombo*. Er war im März 2016 ua wegen Vergewaltigungen, die als Kriegsverbrechen und Verbrechen gegen die Menschlichkeit eingestuft wurden, erstinstanzlich verurteilt worden.[157]

73 Auffällig sind an Art. 8 II lit. b IStGH-Statut weniger die ausführlich aufgelisteten einzelnen Handlungen, sondern vielmehr einige wenige – aber entscheidende – Lücken, die auch während der Rom-Konferenz nicht geschlossen werden konnten. Trotz entsprechender völkervertragsrechtlicher Grundlagen konnten sich die Delegierten ebenso wenig auf die Strafbarkeit der Verwendung von Landminen, bakteriellen Kampfstoffen, Brandwaffen und zur Erblindung führenden Laserwaffen einigen, wie auf die

---

155 Triffterer/Ambos-*Cottier*, Rome Statute, Art. 8 Rn. 46.
156 *Werle/Jeßberger*, Völkerstrafrecht, Rn. 1435.
157 IStGH (TC III), Prosecutor v. Bemba, Judgment pursuant to article 74 of the Statute, ICC-01/05–01/08, 21.3.2016; aufgehoben durch IStGH (AC), Prosecutor v. Bemba, Judgment on the appeal of Mr Jean-Pierre Bemba Gombo against Trial Chamber III's „Judgment pursuant to Article 74 of the Statute", ICC-01/05–01/08–3636-Red, 8.6.2018.

Strafbarkeit der Entwicklung, Herstellung und Verwendung von chemischen Kampfstoffen. Wenig überraschend ist in diesem Zusammenhang auch die fehlende Strafbarkeit der Verwendung von Nuklearwaffen. Hier war nicht zu erwarten, dass sich die offiziellen oder faktischen Nuklearmächte auf eine Strafbarkeit einlassen würden.[158] Art. 8 II lit. b (xx) IStGH-Statut lässt dabei aber noch die Möglichkeit offen, weitere Waffen in eine Anlage des Statuts einzufügen. Dies ist allerdings nur unter den Voraussetzungen für eine Änderung des Statuts möglich, grds. also mit einer Zweidrittelmehrheit der Vertragsstaaten (vgl. Art. 121 III IStGH-Statut).

d) Tathandlungsgruppe 1 bzgl. nichtinternationaler bewaffneter Konflikte: Schwere Verstöße gegen den gemeinsamen Art. 3 der Genfer Konventionen von 1949 (Art. 8 II lit. c IStGH-Statut)

Anders als im Fall internationaler Konflikte knüpft Art. 8 II lit. c IStGH-Statut nur an schwere Verstöße gegen das Minimum humanitärer Regelungen an. Dieses wird durch den allen vier Genfer Konventionen gemeinsamen Art. 3 für alle Konflikte ohne internationalen Charakter bestimmt. Die tauglichen Tatobjekte werden hier allerdings im Statut selbst benannt: Geschützt sind danach nur Personen, die nicht unmittelbar an den Feindseligkeiten teilnehmen. Abschließend nennt Art. 8 II lit. c IStGH-Statut Angriffe auf Leib oder Leben, die Beeinträchtigung der persönlichen Würde, die Geiselnahme sowie Verurteilungen und Hinrichtungen ohne rechtsstaatliche Aburteilung als Tathandlungen. Unabhängig vom Vorliegen eines lang anhaltenden Konflikts (dazu → Rn. 75), ist die Vorschrift als Minimalgarantie auf alle nichtinternationalen Konflikte anwendbar.[159]

74

e) Tathandlungsgruppe 2 bzgl. nichtinternationaler bewaffneter Konflikte: Andere schwere Verstöße gegen die Gesetze und Gebräuche, die in bewaffneten internen Konflikten Anwendung finden (Art. 8 II lit. e IStGH-Statut)

Als besondere Errungenschaft des Rom-Statuts ist es anzusehen, dass die Kriegsverbrechen in internen bewaffneten Konflikten nicht auf schwere Verletzungen des Art. 3 der Genfer Konventionen beschränkt bleiben. Vielmehr lässt sich eine weitgehende Parallele zwischen Art. 8 II lit. e und lit. b feststellen; hier kommt also klar die allgemeine Entwicklung im Völkerstrafrecht zum Ausdruck, den internen mit dem internationalen bewaffneten Konflikt gleichzustellen. Zumindest gilt dies – wie sich aus Art. 8 II lit. f S. 2 ergibt – insoweit, als ein „*lang anhaltender*" bewaffneter Konflikt vorliegt, ein interner Konflikt also, der nach dem äußeren Erscheinungsbild einem internationalen Konflikt vergleichbar ist.[160] Dem Wortlaut und der Systematik zu Folge unterscheidet das IStGH-Statut somit zwei verschiedene Typen des nichtinternationalen bewaffneten Konflikts: Auf der einen Seite den lang anhaltenden bewaffneten Konflikt iSv Art. 8 II lit. e, lit. f IStGH-Statut, auf der anderen Seite sonstige interne bewaffnete Konflikte, für die nur Art. 8 II lit. c, lit. d IStGH-Statut gilt. Wenngleich durchaus Zweifel angemeldet werden dürfen, ob es angemessen ist, für diese folgenreiche Frage alleine auf

75

---

158 Mit Ausnahme von Indien; die indische Delegation befürwortete eine Einbeziehung der Verwendung von Nuklearwaffen in Art. 8 IStGH-Statut vehement. Bisher ist Indien allerdings noch nicht einmal dem Rom-Statut beigetreten.
159 *Safferling*, Int. Strafrecht, § 6 Rn. 141.
160 *Safferling*, Int. Strafrecht, § 6 Rn. 138.

die Dauer des Konflikts abzustellen,[161] kann man den insoweit klaren Wortlaut des Art. 8 II lit. f S. 2 IStGH-Statut nicht umgehen.[162]

Auch im Hinblick auf diese lang anhaltenden bewaffneten internen Konflikte konnten sich die Delegierten auf der Rom-Konferenz jedoch nicht auf eine vollständige Übertragung der Regelungen des internationalen bewaffneten Konflikts einigen. So fehlt in Art. 8 II lit. e IStGH-Statut bisher insbesondere die Nennung von verbotenen Waffen. Nach dem **Beschluss von Kampala** findet eine weitergehende Angleichung der beiden Tathandlungsgruppen statt, so dass der Einsatz von Gift oder vergifteten Waffen, von gleichartigen Gasen, ähnlichen Flüssigkeiten, Stoffen oder Vorrichtungen sowie der Einsatz von Geschossen, die sich im menschlichen Körper ausdehnen, zersplittern oder sich beim Aufprall flachdrücken, auch im lang anhaltenden nichtinternationalen bewaffneten Konflikt strafbar sein soll.[163]

IV. Aggression

76 ▶ **FALL 35:** Von März bis Juni 1999 bombardieren einige NATO-Staaten im Rahmen einer sog. „humanitären Intervention" das Staatsgebiet der damaligen Bundesrepublik Jugoslawien, um andauernde schwere Menschenrechtsverletzungen im Kosovo, einem Teil des jugoslawischen Staates, zu beenden. Liegt darin eine völkerstrafrechtlich relevante Aggression? (dazu → Rn. 78) ◀

1. Das Verbrechen der Aggression nach Völkergewohnheitsrecht

77 Spätestens seitdem in Art. 2 Ziff. 4 der **UN-Charta** das **allgemeine Gewaltverbot** niedergelegt ist, können kriegerische Auseinandersetzungen nicht mehr als legitimes Mittel der Politik verstanden werden. Nicht jeder Verstoß gegen das völkerrechtliche Gewaltverbot stellt jedoch nach dem derzeitigen Stand des Völkerrechts auch ein Völkerrechtsverbrechen dar. Auf Grundlage der Tatbestände des Verbrechens gegen den Frieden in den Statuten des IMG (Art. 6 lit. a) und des IMGFO (Art. 5 lit. a) sowie deren Anwendung in den Nürnberger und Tokioter Kriegsverbrecherprozessen hat sich insoweit gewohnheitsrechtlich begründetes Völkerstrafrecht entwickeln können, als es um die Strafbarkeit des Planens, Vorbereitens, Einleitens oder Durchführens eines **Angriffskriegs** geht.[164] Bzgl. Aggressionshandlungen, die in ihrer Intensität hinter einem Angriffskrieg zurückbleiben, lässt sich demgegenüber keine völkergewohnheitsrechtliche Strafbarkeit nachweisen. Die Reichweite der völkerrechtlichen Strafbarkeit bleibt

---

161 Vgl. MK-*Ambos*, Vor §§ 8 ff. VStGB Rn. 25, der aufgrund dessen für eine restriktive Interpretation plädiert. Der IStGH wertete eine Dauer von fünf Monaten jedenfalls als „lang anhaltend", vgl. IStGH (PTC II), Prosecutor v. Bemba, Decision pursuant to Article 61(7)(a) and (b) of the Rome Statute on the charges of the Prosecutor against Jean-Pierre Bemba, ICC-01/05–01/08, 15.6.2009, Rn. 255.
162 So aber *Werle/Jeßberger*, Völkerstrafrecht, Rn. 1153, der die Voraussetzungen des Art. 8 II lit. f S. 2 IStGH-Statut auch auf den Konflikt nach Art. 8 II lit. c IStGH-Statut übertragen will; auch die Rechtspraxis scheint die Unterscheidung nicht vorzunehmen, s. IStGH (PTC II), Prosecutor v. Bemba, Decision pursuant to Article 61(7)(a) and (b) of the Rome Statute on the charges of the Prosecutor against Jean-Pierre Bemba Gombo, ICC-01/05–01/08–424, 15.6.2009, Rn. 216, 224; IStGH (PTC I), Prosecutor v. Mbarushimana, Decision on the confirmation of charges, ICC-01/04–01/10–465-Red, 16.12.2011, Rn. 103; IStGH (PTC II), Situation in the Islamic Republic of Afghanistan, Decision pursuant to Article 15 of the Rome Statute on the authorisation of an investigation into the Situation in the Islamic Republic of Afghanistan, ICC-02/07–33, 12.4.2019, Rn. 65.
163 Ausf. zu diesem Teil des Beschlusses von Kampala *Alamuddin/Webb*, JICJ 8 (2010), 1219 ff.
164 Ausf. zur völkergewohnheitsrechtlichen Herleitung *Werle/Jeßberger*, Völkerstrafrecht, Rn. 1506 ff.

somit deutlich hinter dem Bereich des völkerrechtlich Verbotenen zurück und beschränkt sich auf schwerwiegende und offensichtliche Formen der Aggression.[165]

Dabei ist unter einem Angriffskrieg ein Krieg zu verstehen, der zum einen **gegen Völkerrecht verstößt**. Völkerrechtlich erlaubte Gewaltanwendung, wie etwa zum Zwecke der individuellen oder kollektiven Selbstverteidigung (Art. 51 UN-Charta) oder Zwangsmaßnahmen der UN nach Kapitel VII der UN-Charta sind somit von vornherein nicht erfasst.

78

Zum anderen ist eine Strafbarkeit bislang nur für solche Kriege völkergewohnheitsrechtlich gesichert, die sich neben der Völkerrechtswidrigkeit auch durch eine **besondere, aggressive Zielsetzung** der den Krieg führenden Partei auszeichnen: Es muss um Ziele wie Annexion oder Unterwerfung eines anderen Staates gehen.

Die humanitäre Intervention im Kosovo in **Fall 35** ist – wenngleich die Völkerrechtmäßigkeit dieser Aktion höchst umstritten ist[166] – jedenfalls kein völkerstrafrechtlich relevanter Angriffskrieg, da das Ziel der Aktion die Unterbindung schwerer Menschenrechtsverletzungen gegenüber den Kosovo-Albanern war,[167] nicht jedoch die für die Aggression konstitutive besondere aggressive Zielsetzung.

Schließlich verlangt ein Angriffskrieg die Überschreitung eines Minimums an Gewaltanwendung, indem ein **bestimmtes Ausmaß und eine bestimmte Intensität der Gewaltakte** vorausgesetzt werden.[168] Damit sollen bloße Vorbereitungshandlungen oder geringfügige feindselige Handlungen (zB Grenzscharmützel) ausgenommen sein.

Täter des Aggressionsverbrechens kann nur ein Mitglied des militärischen oder politischen Führungszirkels sein, welches selbst zumindest die effektive Möglichkeit zur Einflussnahme hatte. Es handelt sich somit um ein Sonderdelikt, um ein sog. „Führungsverbrechen".[169] **Subjektiv** verlangt der Tatbestand keine zielgerichtete Absicht, sondern nur Vorsatz, insbesondere das Wissen um die aggressive Zielsetzung des Krieges.[170]

79

2. Das Verbrechen der Aggression im IStGH-Statut

Gem. Art. 5 I lit. d IStGH-Statut fällt grds. auch das Verbrechen der Aggression in die materiellrechtliche Zuständigkeit des IStGH. Der inzwischen gestrichene Art. 5 II IStGH-Statut sah allerdings vor, dass der Gerichtshof seine Gerichtsbarkeit hierüber erst nach Annahme einer Bestimmung ausüben kann, die das Verbrechen definiert und die Bedingungen für die Ausübung der Gerichtsbarkeit näher festlegt. Die Notwendigkeit der Aufnahme des Verbrechens der Aggression in den Katalog des Art. 5 IStGH-Statut war zwar mehrheitlich anerkannt, Einigkeit über die Modalitäten einer Strafverfolgung und über die genaue Bestimmung der Tatbestandsmerkmale konnte auf der Rom-Konferenz jedoch noch nicht erzielt werden. Deshalb wurde der Kompromiss geschlossen, mit Art. 5 II IStGH-Statut aF einen „Platzhalter" für den Verbrechenstatbestand der Aggression zu verankern.[171]

80

---

165 *Werle/Jeßberger*, Völkerstrafrecht, Rn. 1506.
166 S. dazu nur *Deiseroth* NJW 1999, 3084 ff.
167 Vgl. dazu zB *Kreß* NJW 1999, 3077 (3081).
168 Vgl. *Ambos*, Int. Strafrecht, 2. Aufl., § 7 Rn. 255.
169 S. *Cryer/Robinson/Vasiliev*, Introduction, S. 303.
170 *Werle/Jeßberger*, Völkerstrafrecht, Rn. 1526.
171 *Irmscher*, KritJ 1998, 472, 477.

81 Der durch den Kompromiss damals noch unentschiedene Streit über das Verbrechen der Aggression drehte sich va um das **Verhältnis des IStGH zum UN-Sicherheitsrat**, dem gem. Art. 24 I UN-Charta die Hauptverantwortung für die Wahrung des Weltfriedens obliegt. Ursprünglich sah der Entwurf des Rom-Statuts als Voraussetzung für ein Verfahren wegen eines Aggressionsverbrechens die konstitutive Feststellung der Aggression durch den UN-Sicherheitsrat vor. Hiergegen wurde jedoch eingewandt, dass bei Bejahung einer Aggressionshandlung durch den UN-Sicherheitsrat bereits partiell über eine mögliche Strafbarkeit entschieden wird. Auch gab es Bedenken, einem politischen Organ wie dem UN-Sicherheitsrat – mit den problematischen Veto-Möglichkeiten der ständigen Mitglieder – die Feststellung über kriminelles Verhalten zu übertragen und damit die Unabhängigkeit des IStGH zu konterkarieren.[172]

82 In der Schlussakte der Konferenz von Rom wurde allerdings eine *Preparatory Commission* mit der Erarbeitung eines Entwurfs für den Aggressionstatbestand beauftragt; eine Sonderarbeitsgruppe, die die Arbeit dieser Kommission fortführt, diskutierte die wichtigsten Probleme in diesem Kontext.[173] Neben der Frage nach der Rolle des UN-Sicherheitsrats ging es va um die Reichweite des zukünftigen Straftatbestands. Nach Ansicht vieler Staaten sollte er nämlich über das Völkergewohnheitsrecht hinaus nicht nur Angriffskriege, sondern auch sonstige Aggressionsakte vergleichbarer Intensität erfassen.[174] Der Entwurf, auf den sich die Sonderarbeitsgruppe einigte, wurde von Liechtenstein nach Art. 121 I IStGH-Statut als Vorschlag für die **Überprüfungskonferenz**,[175] die vom 31. Mai bis 11. Juni.2010 in Kampala (Uganda) stattfand, eingebracht.[176]

Im Rahmen dieser Konferenz[177] einigten sich die Mitgliedstaaten auf eine Definition des Verbrechens der Aggression in einem neu geschaffenen Art. 8 *bis* IStGH-Statut[178], welcher in der Entwicklung des Tatbestands der Aggression einen neuen Höhepunkt darstellt.

a) Tatbestand

83 Nach Art. 8 *bis* I fällt unter das **Verbrechen der Aggression** jede Planung, Vorbereitung, Einleitung[179] oder Ausführung einer Angriffshandlung (*act of aggression*), die ihrer Art, ihrer Schwere und ihrem Umfang nach eine offenkundige Verletzung der Charta der Vereinten Nationen darstellt,[180] wobei die Definition der Angriffshandlung in Art. 8 *bis* II angesichts des Gesetzlichkeitsprinzips und insbesondere seines Be-

---

172 Zum Ganzen *Irmscher*, KritJ 1998, 472, 478; Triffterer/Ambos-A. *Zimmermann*, Rome Statute, Art. 15 *bis* Rn. 45 ff.; *May*, Aggression and Crimes against Peace, S. 207 ff.; *Trahan*, JICJ 17 (2017), 471–483.
173 Zu den bisherigen Ergebnissen vgl. die Übersicht im Report of the Preparatory Commission for the International Criminal Court, UN-Doc. PCNICC/2002/2/Add.2.
174 Krit. zu einer Ausweitung gegenüber dem Völkergewohnheitsrecht zB *Werle/Jeßberger*, Völkerstrafrecht, Rn. 1512.
175 Zur zeitlichen Vorgabe des IStGH-Statuts (frühestens sieben Jahre nach Inkrafttreten) s. Art. 123 I IStGH-Statut.
176 S. https://asp.icc-cpi.int/iccdocs/asp_docs/Resolutions/ICC-ASP-8-Res.6-ENG.pdf (Stand 12/19).
177 Zum Ablauf der Konferenz ausf. *Schmalenbach* JZ 2010, 745 ff., sowie *Kreß/von Holtzendorff*, JICJ 8 (2010), 1179, 1201 ff.; zu den sonstigen Änderungen des IStGH-Statuts durch die Konferenz von Kampala *Marschner/Olma* ZIS 2010, 529 (533 f.); *Trahan*, ICLR 18 (2018), 197.
178 Amtliche Übersetzung gem. Art. 1 II des Entwurfs des Zustimmungsgesetzes zu den Änderungen des IStGH-Statuts, BT-Drs. 17/10975, S. 13 f.
179 Krit. zu dieser „Überkriminalisierung" im Vorfeld der Tat *Ambos* ZIS 2010, 649 (660 f.).
180 Resolution RC/Res. 6 des IStGH.

stimmtheitselements als abschließend zu verstehen ist.[181] Die Begrenzung des Tatbestands auf hinreichend gewichtige Verletzungen der UN-Charta (sog. Schwellenklausel) zielt darauf ab, nicht jeden Fall zwischenstaatlicher Gewalt in die Gerichtsbarkeit des IStGH fallen zu lassen.[182] Die Voraussetzungen der Schwellenklausel müssen – zumindest nach herrschendem Verständnis – objektiv gegeben sein,[183] wobei nach der ebenfalls in Kampala vereinbarten Auslegung der Änderungen[184] die drei Faktoren Art, Schwere und Umfang der Verletzung der Charta kumulativ vorliegen müssen; eine isolierte Betrachtung kann danach nicht zur Erfüllung des Tatbestands führen. Diese *De-minimis*-Klausel geht allerdings sehr zulasten der Bestimmtheit der Norm; ob für den Normadressaten damit noch mit hinreichender Sicherheit vorhersehbar ist, wann sein Verhalten den Straftatbestand erfüllt, ist zweifelhaft.[185] Bei der Anwendung des neuen Tatbestands wird daher in besonderer Weise auf die Auslegungsvorschrift des Art. 22 II IStGH-Statut zurückgegriffen werden müssen.[186]

Als **Täter** kommen nur solche Personen in Betracht, die in der Lage sind, effektiv Kontrolle über das politische oder militärische Handeln eines Staates auszuüben oder dieses zu bestimmen. Das Aggressionsverbrechen stellt somit ein **Sonderdelikt** dar. Durch die Schaffung eines neuen Art. 25 III *bis* wird die Bestrafung Untergebener über den Umweg der Beihilfe ausgeschlossen. Danach ist die Anwendung des Art. 25 im Zusammenhang mit Aggressionsverbrechen auf die in Art. 8 *bis* I genannten Führungspersonen beschränkt.[187] Die als Täter in Betracht kommenden Führungspersonen müssen allerdings nicht in formeller Hinsicht zur Staatsleitung gehören. Es genügt, wenn sie rein tatsächlich entsprechenden Einfluss haben, so dass sich auch Anführer paramilitärischer Gruppen oder Führungspersonen in Wirtschaft und Religion eines Verbrechens der Aggression schuldig machen können.[188]

In **subjektiver Hinsicht** enthält Art. 8 *bis* keine speziellen Anforderungen. Es bleibt insoweit bei der Regelung des Art. 30 IStGH-Statut.[189]

b) Zuständigkeit / *trigger mechanisms*

Ein Tätigwerden des IStGH kann auf unterschiedliche Arten ausgelöst werden. Zunächst kann der **Sicherheitsrat** eine Aggressionssituation an den Gerichtshof überweisen (Art. 15 *ter* IStGH-Statut). Darüber hinaus sieht Art. 15 *bis* IStGH-Statut die Möglichkeit von **Staatenüberweisungen** sowie *Proprio-motu*-Ermittlungen des Chefanklägers vor, wobei das Statut insoweit (vgl. Art. 15 *bis* IV–VIII) höhere Voraussetzungen im Vergleich zur Sicherheitsratsüberweisung aufstellt. Insbesondere erfordert die Ein-

---

181 *Ambos* ZIS 2010, 649 (657); für ein Verständnis der in Art. 8 *bis* II enthaltenen Definition als abschließend auch *Schmalenbach* JZ 2010, 745 (747 f.); aA *Clark*, GoJIL 2 (2010), 689, 696; *ders.*, EJIL 20 (2009), 1103, 1105; *Kreß*, EJIL 20 (2009), 1129, 1137.
182 Vgl. *Ambos* ZIS 2010, 649 (655); *Werle/Jeßberger*, Völkerstrafrecht, Rn. 1536.
183 S. *Ambos* ZIS 2010, 649 (655 f.); zu den – überdenkenswerten – Ansätzen für ein zusätzliches subjektives Einschränkungskriterium s. die Übersicht bei *Kreß*, EJIL 20 (2009), 1129, 1139.
184 Vgl. Annex III der Resolution RC/Res. 6.
185 So auch *Schmalenbach* JZ 2010, 745 (747); *Glennon*, YJIL 35 (2010), 70, 101; *Ambos* scheint hingegen der Meinung zu sein, eine präzisere Formulierung sei nicht möglich, und plädiert stattdessen für eine Begrenzung des Tatbestands in subjektiver Hinsicht, *Ambos* ZIS 2010, 649 (655 f.).
186 *Schmalenbach* JZ 2010, 745 (748 f.).
187 *Werle/Jeßberger*, Völkerstrafrecht, Rn. 1538; krit. hierzu *Ambos* ZIS 2010, 649 (659 f.).
188 So auch *Ambos*, The Crime of Aggression after Kampala, in: German Yearbook of International Law, Bd. 53, 463, 490.
189 Ausf. hierzu *Ambos* ZIS 2010, 649 (662 f.); *Safferling*, Int. Strafrecht, § 6 Rn. 186 f.

leitung von Ermittlungen entweder gem. Abs. 6, 7 die Feststellung einer Angriffshandlung durch den Sicherheitsrat oder – beim Ausbleiben dieser Feststellung innerhalb von sechs Monaten – eine Genehmigung nach Abs. 8. Als „verstärkter interner Filter" wird letztere nicht – wie bei Art. 15 IStGH-Statut – von einer Vorverfahrenskammer, sondern von der Vorverfahrensabteilung iSv Art. 39 IStGH-Statut (besetzt mit mindestens sechs Richtern) erteilt.

Für die Ausübung der Gerichtsbarkeit ist also nicht Voraussetzung, dass der UN-Sicherheitsrat zuvor das Vorliegen einer Aggression festgestellt hat. Dies ist für die politische Unabhängigkeit des IStGH entscheidend.[190] Dennoch bleibt der Sicherheitsrat nicht ohne Einfluss auf die Tätigkeit des IStGH:[191] Der Ankläger ist nämlich bei der Aufnahme von Ermittlungen wegen des Verbrechens der Aggression nach Maßgabe des Art. 15 *bis* VI und VII zur Berücksichtigung der Beschlusslage des Sicherheitsrats gezwungen. Schlussendlich verbleibt dem Sicherheitsrat sogar die Möglichkeit, die Ermittlungen des Anklägers wegen eines Verbrechens der Aggression gem. Art. 16 IStGH-Statut – gegebenenfalls sogar dauerhaft – zu verhindern.

Für **Nichtvertragsstaaten** ist der Aggressionstatbestand ungefährlich. In Abweichung von Art. 12 II lit. a IStGH-Statut legt Art. 15 *bis* V fest, dass eine Zuständigkeit des IStGH nicht in Betracht kommt, wenn der mutmaßliche Täter Angehöriger eines Nichtvertragsstaates ist oder das zu untersuchende Geschehen auf dem Hoheitsgebiet eines Nichtvertragsstaates stattfindet. Die Regelung des Art. 12 II lit. b IStGH-Statut findet damit ebenfalls keine Anwendung. Eine Ausnahme gilt allerdings dann, wenn ein Verfahren vor dem IStGH aufgrund einer Sicherheitsratsüberweisung in Gang gesetzt wird. In diesem Fall kann der Sicherheitsrat aufgrund seines Tätigwerdens gem. Kapitel VII der UN-Charta die Gerichtsbarkeit auf Nichtvertragsstaaten erstrecken.[192]

Auch den **Vertragsstaaten** verbleibt eine Möglichkeit, sich der Zuständigkeit des IStGH bzgl. des Verbrechens der Aggression zu entziehen. So enthält Art. 15 *bis* IV eine sog. *Opt-out*-Klausel, von der jeder Vertragsstaat vor der Ratifizierung der in Kampala beschlossenen Resolution Gebrauch machen kann.[193] Das mag auf den ersten Blick verwundern, angesichts der schwierigen Verhandlungssituation in Kampala war dieses Zugeständnis jedoch eine unabdingbare Voraussetzung, um die Konferenz überhaupt zum Erfolg führen zu können.[194]

Angesichts der zahlreichen unterschiedlichen Bestimmungen, die Ausnahmen und Rückausnahmen für die Zuständigkeit des IStGH im Fall eines Aggressionsverbrechens enthalten, darf jedoch nicht verschwiegen werden, dass die Frage, ob der IStGH im Einzelfall tätig werden darf, oft nicht leicht zu beantworten sein wird.[195]

c) Inkrafttreten

86   Trotz des großen diplomatischen Erfolges auf der Konferenz von Kampala konnte der IStGH seine Gerichtsbarkeit bezüglich des Verbrechens der Aggression lange Zeit nicht ausüben. Zeitlich ist diese gem. Abs. 2 der Art. 15 *bis* und Art. 15 *ter* IStGH-Statut auf Taten beschränkt, welche ein Jahr nach der Hinterlegung der dreißigsten Ratifikations-

---

190 *Ambos* ZIS 2010, 649 (663); *Schmalenbach* JZ 2010, 745 (749).
191 S. nur *Trahan*, JICJ 17 (2019), 471.
192 *Kreß/von Holtzendorff*, JICJ 8 (2010), 1179, 1211.
193 Zur Rechtsnatur dieser *Opt-out*-Klausel *Schmalenbach* JZ 2010, 745 (750).
194 *Marschner/Olma* ZIS 2010, 529 (534).
195 Zu den unterschiedlichen denkbaren Konstellationen *Stahn*, LJIL 23 (2010), 875, 878 f.

urkunde begangen wurden. Das erforderliche Quorum wurde bereits am 26. Juni.2016 mit der (umstrittenen) Ratifikation durch den *State of Palestine*[196] erreicht. Zudem erforderte die Ausübung der Gerichtsbarkeit des IStGH gem. Abs. 3 der Art. 15 *bis* und Art. 15 *ter* IStGH-Statut einen weiteren, durch eine Zwei-Drittel-Mehrheit gestützten Beschluss der Vertragsstaatenversammlung, welcher frühestens am 2. Januar.2017 gefasst werden konnte. Mit einer Resolution vom 14. Dezember.2017 beschloss die Vertragsstaatenversammlung einstimmig, die Gerichtsbarkeit des IStGH über das Verbrechen der Aggression zum 17. Juli.2018 zu aktivieren.[197]

d) Fazit

Angesichts der schwiegen Verhandlungssituation in Kampala ist es bereits als Erfolg zu werten, dass die Vertragsstaaten überhaupt eine Einigung in Bezug auf die Definition des Verbrechens der Aggression erzielen konnten.[198] Dass der IStGH nun seit 17. Juli.2018 seine Gerichtsbarkeit über das Verbrechen der Aggression ausüben kann, ist – jenseits aller zu erwartenden praktischen Umsetzungsschwierigkeiten – als wichtiger Fortschritt in der Entwicklung des Völkerstrafrechts zu kennzeichnen. Die in Kampala ausgehandelten Regelungen der *trigger mechanisms* enthalten einen (politisch) tragfähigen Kompromiss zur Lösung des Konflikts zwischen der Deutungshoheit des Sicherheitsrats einerseits und der Unabhängigkeit des IStGH andererseits.[199] Die (verständliche) Zufriedenheit angesichts einer allseits akzeptierten Definition und einer Justiziabilität des Verbrechens der Aggression darf jedoch nicht über die Schwächen der beschlossenen Regelung hinwegtäuschen: Die Grenzen des Tatbestands sind durch die weite Formulierung nur schwer zu ermitteln. Hier wird der IStGH erhebliche Konkretisierungsarbeit leisten müssen. Gleichzeitig ist der Tatbestand insofern eng gehalten, als er lediglich staatliche Aggressionsakte erfasst. Die Problematik nichtstaatlicher Angriffe durch Terroristen bleibt damit außen vor.[200] Auch die Auswirkungen der *Opt-out*-Klausel sind nicht vorhersehbar.[201] Es ist – gerade angesichts der wankenden Unterstützung mancher Staaten für den IStGH (dazu → § 14 Rn. 40) – derzeit unklar, ob der politische Einfluss der Vertragsstaaten aufeinander ausreicht, um zu verhindern, dass von dieser Klausel rege Gebrauch gemacht wird. Die Rechtspraxis des Gerichts wird letztendlich zeigen, ob der den neuen Aggressionstatbestand tragende Optimismus begründet ist und sich das Verbrechen der Aggression fortan als Kernbestandteil des Völkerstrafrechts etablieren wird – oder ob den neuen Tatbestand letztlich doch das Schicksal eines „Papiertigers" ereilen wird.

---

196 Zur Diskussion der Staatlichkeit Palästinas und ihrer Bedeutung für die Gerichtsbarkeit des Internationalen Strafgerichtshofs s. *Dürr/von Maltitz* ZStW 125 (2014), 907.
197 Resolution ICC-ASP/16/Res.5, verfügbar unter https://asp.icc-cpi.int/iccdocs/asp_docs/Resolutions/ASP16/ICC-ASP-16-Res5-ENG.pdf (Stand 12/19).
198 So auch *Ambos* ZIS 2010, 649 (668); *Schmalenbach* JZ 2010, 745; *Barriga* ZIS 2010, 644 (647 f.); aA *Creegan*, JICJ 10 (2012), 59 ff.
199 So auch *Ambos* ZIS 2010, 649 (663); *Kreß/von Holtzendorff*, JICJ 8 (2010), 1179, 1215 f.
200 Vgl. hierzu ausf. *Ambos* ZIS 2010, 649 (657 f.); *Weisbord* DJCIL 20 (2009), 1, 23 ff.
201 Krit. zur lückenhaften Reichweite des Kompromisses im Allgemeinen *Scheffer*, LJIL 23 (2010), 897, 903 ff.

§ 16 D. Völkerstrafrecht

88 **Wiederholungs- und Vertiefungsfragen**

> Welche Straftaten unterfallen der Gerichtsbarkeit des IStGH? (→ Rn. 1, 2 ff., 25 ff., 52 ff., 76 ff.)
> Inwiefern weist der Tatbestand des Völkermordes eine überschießende Innentendenz auf? (→ Rn. 8, 15 ff.)
> Was versteht man unter „ethnischer Säuberung"? Wird dadurch stets ein Völkermord begangen? (→ Rn. 18)
> Kann die sog. „erzwungene Schwangerschaft" als Völkermord strafbar sein? Woraus kann sich deren völkerstrafrechtliche Relevanz noch ergeben? (→ Rn. 22, 47)
> Zeigen Sie die Systematik der Verbrechen gegen die Menschlichkeit auf! (→ Rn. 33)
> Wer gehört zur „Zivilbevölkerung" iSv Art. 7 I IStGH-Statut? (→ Rn. 36)
> Was versteht man unter dem „Haager" bzw. „Genfer" Recht? (→ Rn. 54)
> Welche Systematik liegt den Kriegsverbrechen im IStGH-Statut zugrunde? (→ Rn. 58 ff.)
> Ist die Aggression ein Völkerrechtsverbrechen? Kann der IStGH wegen Aggression verurteilen? (→ Rn. 77, 80 ff.)
> Wann liegt nach dem Kompromiss von Kampala ein Angriffskrieg vor? (→ Rn. 82 ff.)

Aktuelle und weiterführende Literatur: *Alsharidi*, The Consistency Of Implementing Command Responsibility In International Criminal Law, Eyes on the ICC 12 (2017), 73 ff.; *Ambos*, Das Verbrechen der Aggression nach Kampala, ZIS 2010, 649 ff.; *ders.*, Sexuelle Gewalt in bewaffneten Konflikten und Völkerstrafrecht, ZIS 2011, 287 ff.; *Anthony*, Recent Developments – In the Case of the Prosecutor v. Jean-Pierre Bemba Gombo: Cementing Sexual Violence and Command Responsibility Within International Criminal Law, TJICL 25 (2017), 403 ff.; *Bülte/Römer*, Tagungsbericht „Rethinking the Crime of Aggression: International and Interdisciplinary Perspectives", ZIS 2019, 326; *Byron*, War crimes and crimes against humanity in the Rome Statute of the International Criminal Court; *Dannenbaum*, Why Have We Criminalized Aggressive War?, YLJ 126 (2017), 1242 ff.; *Demko*, Die Zerstörungsabsicht bei dem völkerstrafrechtlichen Verbrechen des Genozids – Zugleich eine Anmerkung zur deutschen Rechtsprechung im Verfahren gegen Onesphore R, ZIS 2017, 766 ff.; *Divac Öberg*, The Absorption of Grave Breaches Into War Crimes Law, International Review of the Red Cross 2009, 163 ff.; *Galán/Stone*, Aggression, and the future of the International Criminal Court, ICRL 18 (2018), 304; *Gropengießer*, The Criminal Law of Genocide. The German Perspective, ICLR 5 (2005), 329 ff.; *Haenen*, Classifying Acts as Crimes Against Humanity in the Rome Statute of the International Criminal Court, GLJ 14 (2013), 796 ff.; *Kreß*, Der Kompromiss von Kampala über das Verbrechen der Aggression, GA 2011, 65 ff.; *ders./von Holtzendorff*, The Kampala Compromise on the Crime of Aggression, JICJ 8 (2010), 1179 ff.; *Scharf*, Universal Jurisdiction and the Crime of Aggression, Harvard Int.L.J. 53 (2012), 357 ff.; *Schmalenbach*, Das Verbrechen der Aggression vor dem Internationalen Strafgerichtshof: Ein politischer Erfolg mit rechtlichen Untiefen, JZ 2010, 745 ff.; *Schmid*, War Crimes Related to Violations of Economic, Social and Cultural Rights, ZaöRV 2011, 523 ff.; *Schwarz*, Zur völkerstrafrechtlichen Bewertung von Zwangsheiraten nach dem Statut des Internationalen Strafgerichtshofs, ZIS 2019, 263; *Trahan*, Revisiting the Role of the Security Council Concerning the International Criminal Court's Crime of Aggression, JICJ 17 (2019), 485; *van der Wilt*, War Crimes and the Requirement of a Nexus with an Armed Conflict, JICJ 10 (2012), 1113 ff.; *Veroff*, Reconciling the Crime of Aggression and Complementarity: Unaddressed Tensions and a Way Forward, YLJ 125 (2016), 730 ff.; *Werle/Burghardt*, Erfordern Menschlichkeitsverbrechen die Beteiligung eines Staates oder einer „staatsähnlichen" Organisation?, ZIS 2012, 271 ff.

§ 17 Das Völkerstrafrecht und seine Umsetzung in das deutsche Recht

Deutschland hat die Entwicklung, die zum Abschluss des Statuts von Rom führte, auf internationalem Parkett mit großem Engagement gefördert und vorangetrieben. Nach der Unterzeichnung des Statuts galt es nicht nur, dieses zu ratifizieren und in die deutsche Rechtsordnung zu transformieren. Vielmehr mussten auch diverse Vorschriften geändert bzw. neu geschaffen werden, um den Anforderungen, die das Rom-Statut an die innerstaatliche Rechtsordnung stellt, gerecht zu werden.[1]

I. IStGH-Statutsgesetz

Das IStGH-Statutsgesetz stellt das deutsche Zustimmungsgesetz iSv Art. 59 II GG zum Statut von Rom dar. Durch dieses wurde einerseits der Bundespräsident zur Ratifikation dieses völkerrechtlichen Vertrags ermächtigt und gleichzeitig das Statut in innerstaatliches Recht transformiert. Das IStGH-Statutsgesetz wurde im Bundesgesetzblatt Teil II gemeinsam mit dem Vertragstext in den gem. Art. 128 IStGH-Statut authentischen Sprachen Englisch und Französisch sowie einer amtlichen Übersetzung in die (nicht-authentische) deutsche Sprache veröffentlicht.[2] *Authentisch* bedeutet in diesem Zusammenhang, dass die jeweiligen Fassungen für den Rechtsanwender alle gleichermaßen verbindlich sind (vgl. Art. 33 I WVRK).

II. Änderung des Art. 16 II GG aF.

Art. 16 II GG aF verbot jede Auslieferung eines deutschen Staatsbürgers an das Ausland. Nach dem Statut muss Deutschland für den Fall, dass sich der IStGH bei einem Sachverhalt, in den ein deutscher Staatsangehöriger als mutmaßlicher Täter involviert ist, für zuständig und seine Gerichtsbarkeit für eröffnet erklärt, eigene Staatsangehörige an den Gerichtshof überstellen können (Art. 89 I 2 IStGH-Statut)[3]. Ein genereller Vorbehalt, der die Auslieferung eigener Staatsangehöriger ausschließen könnte, hätte gegen Art. 120 IStGH-Statut verstoßen, wonach Vorbehalte zum Statut unzulässig sind.

Entgegen einer gut vertretbaren, auf die völkerrechtsfreundliche Auslegung des GG verweisenden Auffassung[4] wurde auch in einer Überstellung an ein internationales Strafgericht eine „Auslieferung an das Ausland" iSv Art. 16 II GG aF gesehen.[5] Diese Vorschrift wurde daher – was zumindest aus Gründen der Klarstellung begrüßenswert ist[6] – um einen zweiten Satz erweitert, der die Auslieferung an einen internationalen Gerichtshof (sowie an Mitgliedstaaten der EU) erlaubt, soweit rechtsstaatliche Grund-

---

1 Vgl. die Übersicht bei *Wirth/Harder* ZRP 2000, 144; vgl. zur Umsetzung in der Schweiz *Gleß*, Int. Strafrecht, S. 273 ff.; zur Umsetzung in Österreich *Bühler/Coracini* ZIS 2015, 505.
2 BGBl. 2000 II, S. 1393; die Hinterlegung der Ratifikationsurkunde beim Generalsekretär der Vereinten Nationen erfolgte am 11.12.2000; authentische Sprachen sind auch die weiteren UN-Amtssprachen Arabisch, Chinesisch, Russisch und Spanisch.
3 Hierbei ist besonders auf den Wortlaut des IStGH-Statuts zu achten; dieser spricht nicht von einer Auslieferung (*extradition*) eines Beschuldigten, sondern von dessen Überstellung (*surrender*), was bereits eine begriffliche Abgrenzung von zwischenstaatlichen Auslieferungsgesuchen erzielt.
4 S. nur *Bausback* NJW 1999, 3319 (3319 f.).
5 Vgl. BVerfGE 113, 295.
6 Ähnlich auch *MacLean* ZRP 2002, 260 (262).

sätze gewahrt bleiben. Die Änderung des Art. 16 II GG trat zeitgleich mit dem IStGH-Statutsgesetz in Kraft.[7]

III. Ausführungsgesetz zum IStGH-Statut (IStGHG)

5 Gem. Art. 86 IStGH-Statut sind die Vertragsstaaten zu umfassender Zusammenarbeit mit dem IStGH verpflichtet. Die Zusammenarbeit vollzieht sich gem. Art. 93 I IStGH-Statut auf der Grundlage von Rechtshilfeersuchen des IStGH an die Vertragsstaaten, zu deren Erfüllung die Vertragsstaaten grds. verpflichtet sind.

Zur Erfüllung dieser Rechtshilfeersuchen war ebenfalls eine Anpassung des deutschen Rechts erforderlich. Im Jahre 2002 ist das Gesetz zur Ausführung des Römischen Statuts des Internationalen Strafgerichtshofes vom 17.7.1998 in Kraft getreten.[8] Kern dieses Artikelgesetzes ist das Gesetz über die Zusammenarbeit mit dem Internationalen Strafgerichtshof (IStGHG).[9] Das IStGHG regelt die Zusammenarbeit zwischen den deutschen Behörden und dem IStGH. Behandelt werden die Überstellung von Verdächtigen, die Durchbeförderung, die Rechtshilfe durch Vollstreckung von Entscheidungen und Anordnungen des Gerichtshofs und sonstige Rechtshilfesachen.[10]

IV. Völkerstrafgesetzbuch

6 Den Kern des „Gesetzesmosaiks", das der Umsetzung des Rom-Statuts in das deutsche Recht dient, bildet aber das Völkerstrafgesetzbuch.[11] Dieses soll „das deutsche materielle Strafrecht [...] an das Römische Statut des Internationalen Strafgerichtshofs" anpassen und als ein „weitgehend eigenständiges Regelungswerk [...] die Entwicklung des humanitären Völkerrechts und des Völkerstrafrechts widerspiegel[n], indem es die Verbrechen gegen das Völkerrecht unter Strafe stellt."[12] Das VStGB ist – flankiert durch Änderungen des StGB sowie der StPO[13] – in Art. 1 des VStGB-Einführungsgesetzes (VStGBEG) enthalten, welches auf einem von einer namhaften Expertengruppe ausgearbeiteten Entwurf basiert und am 30.6.2002 in Kraft getreten ist.[14]

1. Gesetzgeberisches Motiv

7 Das IStGH-Statut geht – wie bereits gesehen – von einer zweifachen Durchsetzungsmöglichkeit des Völkerstrafrechts aus: der direkten wie der indirekten. Dabei verpflichtet das Statut die Unterzeichnerstaaten nicht explizit dazu, die dort aufgeführten Straftatbestände in nationales Strafrecht umzusetzen.[15] Der Gesetzentwurf zum VStGB nennt als eines seiner Ziele „im Hinblick auf die Komplementarität der Verfolgungszuständigkeit des IStGH zweifelsfrei sicherzustellen, dass Deutschland stets in der Lage

---

7 BGBl. 2000 I, S. 1633.
8 BGBl. 2002 I, S. 2144.
9 BGBl. 2002 I, S. 2144.
10 Vgl. zu dem Regierungsentwurf: *MacLean* ZRP 2002, 260 ff.; *Wilkitzki*, ICLR 2 (2002), 195 f.
11 Vgl. hierzu ausf. *Satzger* NStZ 2002, 125; *Werle/Jeßberger* JZ 2002, 725; *A. Zimmermann* NJW 2002, 3068; *ders.*, ZRP 2002, 97; *Wirth*, JICJ 1 (2003), 151.
12 Gesetzentwurf der Bundesregierung – Völkerstrafgesetzbuch, BR-Drs. 29/02.
13 Zu § 153f StPO → Rn. 38.
14 BGBl. 2002 I, S. 2254.
15 So auch *Ambos*, Int. Strafrecht, § 6 Rn. 34; *Dietmeier*, in: Graul/Wolf (Hrsg.), GS Meurer, S. 335; *Kreicker*, ICLR 5 (2005), 313, 314 f.; *Werle* JZ 2012, 373 (375); eine Ausnahme stellen nur die Straftaten gegen die Integrität der Rechtspflege des IStGH dar, vgl. Art. 70 IV lit. a IStGH-Statut.

ist, in die Zuständigkeit des IStGH fallende Verbrechen selbst zu verfolgen".[16] Dass dies ohne ein Tätigwerden des Gesetzgebers nicht zu gewährleisten war, soll anhand von einigen „Defiziten" der deutschen Rechtslage vor Inkrafttreten des VStGB verdeutlicht werden.

a) Defizite des deutschen Strafrechts vor Inkrafttreten des VStGB

Die Unzulänglichkeiten der deutschen Strafrechtsordnung vor Inkrafttreten des VStGB werden offenbar, wenn man dem vor dem 30.6.2002 geltenden Strafrecht die Tatbestände des IStGH-Statuts gegenüberstellt.[17]

8

So wies das deutsche Strafrecht einige „echte" Lücken gegenüber dem Rom-Statut auf, bzgl. derer im Hinblick auf das Komplementaritätsprinzip eine Modifikation geboten war. Dies galt jedenfalls hinsichtlich folgender Tatbestände des Statuts:[18]

9

- Erklärung von Kriegführenden, es werde kein Pardon gegeben (Art. 8 II lit. b (xii) IStGH-Statut),
- völkerrechtswidrige Überführung eines Teils der Zivilbevölkerung einer Besatzungsmacht in besetztes Gebiet (Art. 8 II lit. b (viii) IStGH-Statut),
- völkerstrafrechtlich relevante Rechtsverweigerung, jedenfalls bei ausländischen Tätern, da § 339 StGB diese nicht erfasst (Art. 8 II lit. a (vi) IStGH-Statut).

Daneben enthielt das allgemeine deutsche Strafrecht aber auch insoweit **qualitative Defizite**, als es die im Rom-Statut genannten Verhaltensweisen zwar durchaus als „einfache" Vergehen oder Verbrechen unter Strafe stellte, jedoch den eigentlichen völkerrechtlichen Unrechtsgehalt nicht spezifisch zu erfassen vermochte.

10

So fallen etwa die in Art. 7 I lit. a – k IStGH-Statut als Verbrechen gegen die Menschlichkeit aufgeführten Handlungen weitgehend unter Straftatbestände des StGB.[19] Die besondere Dimension des Verbrechens gegen die Menschlichkeit, nämlich der *funktionale Zusammenhang* zwischen der Tatbegehung mit einem *ausgedehnten oder systematischen Angriff gegen die Zivilbevölkerung*, bleibt dabei aber unberücksichtigt.[20] Für den Bereich der Kriegsverbrechen (vgl. Art. 8 IStGH-Statut) gilt Ähnliches: Der unrechtserhöhende Zusammenhang mit einem bewaffneten Konflikt und damit der Kontext organisierter Gewaltanwendung, der die Begehung von Verbrechen erleichtert, wird von den einzelnen Tatbeständen des StGB nicht erfasst.[21]

Weitere Defizite ergaben sich schließlich im Bereich des deutschen **Strafanwendungsrechts**. Das Universalitätsprinzip galt vor Inkrafttreten des VStGB gem. § 6 Nr. 1 StGB (aF) lediglich für Völkermord und gem. § 6 Nr. 9 StGB iVm den Regelungen der Genfer Abkommen zum Schutz von Opfern bewaffneter Konflikte für Kriegsverbrechen.[22] Insbesondere für die Verbrechen gegen die Menschlichkeit war das Weltrechtsprinzip also nicht vorgesehen.[23]

11

---

16 Vgl. zum Grundsatz der Komplementarität → § 14 Rn. 17 ff.
17 Zu den Defiziten MK-*Werle*, VStGB, Einl. Rn. 26 ff.
18 Dazu auch *Kreß*, Nutzen eines dt. VStGB, S. 12 f.
19 §§ 174a, 176, 176a, 176b, 177, 178, 179, 182, 211, 212, 223, 224, 226, 232, 234, 234a, 239, 240, 340, 343 StGB.
20 So auch *Kreß*, Nutzen eines dt. VStGB, S. 14; ausf. zu diesen Tatbestandsmerkmalen *Vest* ZStW 113 (2001), 457, 467 ff.
21 Gesetzentwurf der Bundesregierung – Völkerstrafgesetzbuch, BR-Drs. 29/02, S. 25.
22 Dazu auch → § 5 Rn. 78.
23 *Werle* JZ 2001, 885 (886).

b) Keine unmittelbare Anwendbarkeit der völkergewohnheitsrechtlich begründeten Verbrechenstatbestände

12 Diese Unzulänglichkeiten der deutschen Strafrechtsordnung konnten auch nicht mithilfe einer unmittelbaren Anwendung der völkerrechtlichen Verbrechenstatbestände durch die deutschen Strafgerichte ausgeglichen werden. Soweit die Verbrechenstatbestände Völkergewohnheitsrecht widerspiegeln, erlangt dieses zwar auf Grundlage von Art. 25 GG als Teil der sog. „allgemeinen Regeln des Völkerrechts" Eingang in die deutsche Rechtsordnung. Im Rang geht diesem Völkergewohnheitsrecht jedoch deutsches Verfassungsrecht vor,[24] so dass auch völkergewohnheitsrechtlich verankerte Tatbestände dem verfassungsrechtlich vorgegebenen Gesetzlichkeitsprinzip (Art. 103 II GG) genügen müssen. Angesichts des daraus ableitbaren Verbots gewohnheitsrechtlicher Begründung von Strafbarkeit darf eine deutsche Strafverfolgung unmittelbar auf Grundlage von Völker*gewohnheitsrecht* nicht erfolgen.[25]

c) Keine unmittelbare Anwendbarkeit der Verbrechenstatbestände des IStGH-Statuts durch Erlass des IStGH-Statutsgesetzes

13 Mit Erlass des IStGH-Statutsgesetzes ist das Rom-Statut in deutsches Recht transformiert worden (Art. 59 II GG; s. dazu → Rn. 2). Damit erlangt der Inhalt des Statuts innerstaatlich den Rang des Transformators, also Gesetzesrang.[26] Dies bedeutet nun aber nicht, dass die Verbrechenstatbestände des IStGH-Statuts automatisch deutsche Straftatbestände geworden sind, mit der Folge, dass die aufgezeigten Lücken hiermit beseitigt worden wären. Dies würde nämlich voraussetzen, dass die Verbrechenstatbestände des Statuts „vollzugsfähig" (*self-executing*) sind, also nach Wortlaut, Zweck und Inhalt nicht nur den Staat als Vertragspartei verpflichten, sondern den Einzelnen – unabhängig von weiteren innerstaatlichen Rechtsnormen – binden sollen.[27] Die im Statut aufgezählten Tatbestände sind jedoch als **Zuständigkeitsvorschriften** für den IStGH ausgestaltet.[28] Sie richten sich bereits nach ihrem Wortlaut nicht an den einzelnen Täter, sondern an den IStGH selbst, indem das Statut gem. Art. 5 IStGH-Statut[29] diese Verbrechen der Gerichtsbarkeit des IStGH unterwirft. Darüber hinaus zeigt das dem Statut inhärente System der Komplementarität, dass die Verbrechenstatbestände nach Sinn und Zweck des Statuts gerade nicht automatisch die nationalen Strafrechtsordnungen verändern sollen, was das VStGB erforderlich machte.[30]

2. Inhalt des VStGB

14 Das VStGB weist formal eine Zweiteilung auf: Entsprechend der traditionellen Gesetzessystematik enthält sein Teil 1 (§§ 1–5 VStGB) einen **Allgemeinen Teil**. Dieser zeichnet sich va durch Zurückhaltung aus, indem er sich auf die nach dem IStGH-Statut un-

---

24 Dazu BVerfGE 6, 363.
25 *Blanke/Molitor* AVR 2001, 142 (165); *Hermsdörfer* HuV-I 1999, 22 ff.; *Kreß*, Nutzen eines dt. VStGB, S. 10; *Werle* JZ 2001, 885 (889); demgegenüber sind jedoch die „allgemeinen Regeln des Völkerrechts" unmittelbar für die Frage der Rechtswidrigkeit von Bedeutung, vgl. dazu *Werle* ZStW 109 (1997), 808, 825.
26 Dazu schon → § 11 Rn. 13.
27 *Schweitzer/Dederer*, Staatsrecht III, Rn. 806; zum VStGB s. auch *Gropengießer*, in: Eser/Kreicker (Hrsg.), Nationale Strafverfolgung, Bd. 1, S. 46.
28 Ähnlich insoweit auch die Statuten des ICTY, vgl. Art. 1–6 ICTY-Statut, sowie des ICTR, vgl. Art. 1–5 ICTR-Statut; zweifelnd insoweit *Safferling*, Int. Strafrecht, § 8 Rn. 5: „[...] nicht nur Zuständigkeitsvorschriften [...]".
29 „[...] the court has jurisdiction [...] with respect to the following crimes [...]".
30 Vgl. *Werle/Jeßberger* JZ 2002, 725 (726 f.).

vermeidlichen Abweichungen gegenüber dem Allgemeinen Teil des StGB beschränkt: § 2 VStGB erklärt als „zentrale Umschaltnorm"[31] die Regeln des StGB grds. für anwendbar, wenn nicht das VStGB Sonderregelungen trifft. Diese beziehen sich auf das Strafanwendungsrecht (§ 1 VStGB), das Handeln auf Befehl (§ 3 VStGB), die Verantwortlichkeit militärischer Befehlshaber und sonstiger Vorgesetzter (§ 4 VStGB) sowie die Verjährung (§ 5 VStGB).

Interessant ist in diesem Zusammenhang, dass der Entwurf des VStGB[32] in § 3 noch eine Art. 31 I lit. c IStGH-Statut entsprechende Notwehrregelung enthielt, die aber im weiteren Lauf des Gesetzgebungsverfahrens „verschwand". Wie ein möglicher Konflikt zwischen der Rechtfertigung nach § 32 StGB und dem wesentlich engeren Art. 31 I lit. c IStGH-Statut aufzulösen sein wird, ist noch ungeklärt.[33]

Teil 2 des Gesetzes (§§ 6–15 VStGB) bildet den **Besonderen Teil** und zählt die einzelnen Straftaten gegen das Völkerrecht auf. Dem IStGH-Statut entsprechend enthält dieser Besondere Teil erstens den Tatbestand des *Völkermords* (§ 6 VStGB), der bislang in § 220a StGB aF verortet war. Zweitens werden die *Verbrechen gegen die Menschheit* in § 7 VStGB erfasst. §§ 8–12 VStGB etablieren die *Kriegsverbrechen*. Während die Tatbestände des Völkermords und der Verbrechen gegen die Menschlichkeit weitgehend originalgetreu aus dem Rom-Statut in das VStGB übernommen wurden, weist das VStGB im Bereich der Kriegsverbrechen eine eigene – deutlich von der des Statuts abweichende – Systematik auf. Das VStGB differenziert insbesondere nicht zwischen internationalen und nichtinternationalen bewaffneten Konflikten, sondern folgt der bereits angesprochenen (→ § 16 Rn. 59 f.) modernen Tendenz zur völkerstrafrechtlichen Gleichbehandlung beider Konfliktarten. Es unterscheidet vielmehr zwischen dem „Genfer Recht" und dem „Haager Recht".[34] § 8 VStGB erfasst demnach die Kriegsverbrechen gegen Personen, § 9 VStGB diejenigen gegen das Eigentum und sonstige Rechte und § 10 VStGB betrifft humanitäre Operationen sowie Embleme. Demgegenüber stellt § 11 VStGB die verbotenen Methoden und § 12 VStGB die verbotenen Mittel der Kriegsführung unter Strafe.

15

Schließlich erfasst § 13 seit einer am 1.1.2017 in Kraft getretenen Gesetzesänderung die Strafbarkeit des Verbrechens der Aggression.[35] Mit Schaffung dieser Vorschrift soll auch für das letzte in die Zuständigkeit des IStGH fallende Verbrechen gegen das Völkerrecht die vorrangige innerstaatliche Strafverfolgung sichergestellt und somit der in Art. 17 IStGH-Statut angelegten Komplementarität der Verfolgungszuständigkeit des IStGH Rechnung getragen werden.[36] Die Norm ersetzt damit den – nun weggefallenen – § 80 StGB aF (Vorbereitung eines Angriffskrieges) und erweitert die strafbare Handlung um weitere Begehungsstadien und sonstige Angriffshandlungen. Einerseits soll da-

---

31 *Werle* JZ 2001, 885 (886).
32 BR-Drs. 29/02.
33 *Ambos*, Völkerstrafrecht AT, S. 830 f., vertritt die Ansicht, dass die sozial-normativen Einschränkungen des deutschen Notwehrrechts auch auf völkerstrafrechtliche Konstellationen übertragen werden können, so dass es iErg zu einer Deckungsgleichheit komme.
34 MK-*Ambos*, Vor §§ 8 ff. StGB Rn. 17; MK-*Werle*, VStGB, Einl. Rn. 55 ff.; s. auch Gesetzentwurf der Bundesregierung – Völkerstrafgesetzbuch, BR-Drs. 29/02, S. 55.
35 Dazu auch *Jeßberger*, in: Böse ua (Hrsg.), FS Schomburg, S. 180 ff.; zur Implementierung des Aggressionsverbrechens (Rechtsstand: 9/17) in den Mitgliedstaaten: Case Matrix Network, Implementing the Rome Statute of the International Criminal Court, S. 45, verfügbar unter http://www.legal-tools.org/doc/e05157/pdf/ (Stand 1/20).
36 BR-Drs. 161/16, S. 9.

mit sichergestellt werden, dass die Bundesrepublik in Fällen mit Deutschlandbezug[37] in der Lage ist, die unter die Zuständigkeit des IStGH fallenden Verbrechen selbst zu verfolgen, um dem Komplementaritätsprinzip des IStGH adäquat Rechnung zu tragen (→ § 14 Rn. 17). Darüber hinaus betreibt die Bundesrepublik durch die Gesetzesnovelle aktive Rechtsfortbildung und stellt einige Begehungsweisen – beispielsweise das Führen eines Angriffskriegs – erstmalig unter Strafe.[38]

16 Die §§ 14 f. VStGB enthalten schließlich Sondervorschriften für die strafrechtliche Verantwortlichkeit bei einer Verletzung der Aufsichtspflicht und beim Unterlassen der Meldung einer Straftat.

17 Im Gegensatz zum IStGH-Statut, das im Hinblick auf die **Rechtsfolgen** nur allgemeine, wenig bestimmte Vorgaben bzgl. der zu verhängenden Strafen vorsieht,[39] werden den einzelnen Straftatbeständen im VStGB konkrete Strafrahmen zugeordnet, die in ihrer Höhe den besonderen Unrechtsgehalt völkerrechtlicher Verbrechen erkennen lassen sollen.[40]

3. Das VStGB im Spannungsfeld zwischen Komplementaritätsprinzip und Grundgesetz

18 Wie gesehen bedingt der Grundsatz der Komplementarität einen – wenn nicht rechtlichen, so doch rechtspolitischen – Zwang, die im VStGB vorgesehenen Straftatbestände so auszugestalten, dass möglichst alle in die Zuständigkeit des IStGH fallenden Delikte erfasst werden, um durchgängig eine (vorrangige) Aburteilung durch deutsche Gerichte zu ermöglichen. Dem damit vorgezeichneten Streben nach einer möglichst wörtlichen Übernahme des Textes des IStGH-Statuts, und somit nach einer extensiven Formulierung deutscher Straftatbestände, werden jedoch dadurch Grenzen gesetzt, dass das VStGB – wie jedes andere deutsche Strafgesetz auch – gewisse verfassungsrechtliche Vorgaben beachten, insbesondere also dem – im internationalen Vergleich strengen[41] – Bestimmtheitsgrundsatz des Art. 103 II GG genügen muss. Diese beiden Anforderungen – erschöpfende Erfassung der im Rom-Statut vorgezeichneten Verbrechen einerseits, Verfassungskonformität andererseits – machten die Ausarbeitung des VStGB zu einem schwierigen Drahtseilakt.[42] Ein dem Grundgesetz entsprechendes VStGB muss notwendigerweise insoweit hinter den tatbestandlichen Umschreibungen des Rom-Statuts zurückbleiben, als diese – nach deutschem Maßstab – zu vage geraten sind. Eine solche „modifizierende Umsetzung"[43] des materiellen Völkerstrafrechts eröffnet aber Lücken gegenüber dem Statutstext, welche nach dem Grundsatz der Komplementarität wiederum die Gerichtsbarkeit des IStGH für vom deutschen Recht nicht abgedeckte Tatbestände bzw. Tatbestandsvarianten begründen – eine Folge, die durch das Projekt eines VStGB aber gerade vermieden werden soll.

---

37 Zu diesem Punkt kritisch *Kreß*, Stellungnahme Bundestagsanhörung vom 26.9.2016, S. 5 ff., der an verschiedenen Stellen teils erhebliche Probleme in der deutschen Ausgestaltung des Aggressionstatbestands sieht.
38 Vgl. *Glauch* HRRS 2017, 85; unter § 80 StGB aF wurde das Führen eines Angriffskriegs nicht als strafbar angesehen, vgl. *Fischer*, 64. Aufl., § 80 Rn. 8.
39 Dazu Art. 77 f., 110 IStGH-Statut; eine Ergänzung finden diese Vorgaben in den Verfahrens- und Beweisregeln vom 2.11.2000.
40 *Gropengießer*, ICLR 5 (2005), 329, 340.
41 Vgl. auch *Werle* JZ 2001, 885 (889).
42 Potenzielle verfassungsrechtliche Probleme bei der Umsetzung des Rom-Statuts beschreibt ausf. *Duffy* DJCIL 11 (2001), 5.
43 *Gropengießer*, ICLR 5 (2005), 329, 340; *Werle* JZ 2001, 885 (889).

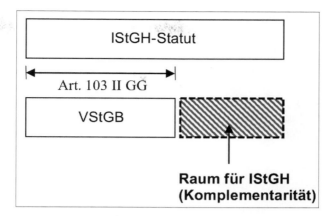

Angesichts dieser komplexen Ausgangslage ist es kaum verwunderlich, dass das VStGB nicht allen Anforderungen gleichermaßen gerecht werden kann, ja teilweise nicht einmal gerecht werden will. So enthält das VStGB zahlreiche Punkte, an denen es das selbstgesetzte Ziel, die Zuständigkeit des IStGH von vornherein auszuschließen, nicht erreicht. Andererseits ergeben sich an anderen Stellen Bedenken hinsichtlich der Verfassungsmäßigkeit. Im Folgenden sollen beispielhaft nur einige Problembereiche angesprochen werden.

19

a) Zurückbleiben des VStGB hinter dem Rom-Statut

aa) Allgemeiner Teil des VStGB

Durch die in § 2 VStGB angeordnete grundsätzliche Übernahme des „allgemeinen Strafrechts" und damit auch der Regeln des Allgemeinen Teils des StGB fließen in das VStGB auch die (deutschen) **Rechtfertigungs- und Entschuldigungsgründe** ein, was zu Komplementaritätsproblemen führen kann. Das IStGH-Statut enthält in Art. 31 Straffreistellungsgründe, doch besteht hier im Verhältnis zum StGB keine durchgehende Deckungsgleichheit.

20

Beispielsweise fehlt im Statut der **Notwehrexzess**, wie er in § 33 StGB iVm § 2 VStGB verankert ist, der im Ergebnis zu einer Straflosigkeit von Verhaltensweisen führt, welche sich unter Tatbestände des VStGB subsumieren lassen. Angesichts dieser Diskrepanz zwischen IStGH-Statut und VStGB sind hier Fälle vorgezeichnet, in denen nach dem VStGB iVm dem Allgemeinen Teil des StGB eine Verurteilung unmöglich ist, während eine Bestrafung durch den IStGH auf der Grundlage des Statuts gleichwohl denkbar erscheint.[44]

21

Eine gewisse Abmilderung erfährt diese Gefahr durch die Regelung des Art. 31 III des Statuts, wonach der IStGH ermächtigt wird, bei der Verhandlung, auf Grundlage des nach Art. 21 IStGH-Statut anwendbaren Rechts, andere als in Art. 31 I IStGH-Statut genannte Gründe für die Freistellung von strafrechtlicher Verantwortlichkeit in Betracht zu ziehen (→ § 15 Rn. 49).

---

44 MK-*Weigend*, § 2 VStGB, Rn. 18, der allerdings darauf verweist, dass der Gerichtshof in derartigen Fällen „kein Interesse an der Ausübung seiner Gerichtsbarkeit haben dürfte"; vgl. auch Triffterer-*Eser*, Rome Statute, 2. Aufl., Art. 31 Rn. 12, unter Anführung weiterer Bsp.

22 Nicht auszuschließen sind Unstimmigkeiten auch im Bereich der Irrtumslehre. Sehr deutlich wird dies am Beispiel des **Erlaubnistatbestandsirrtums**. Hier kommt es in IStGH-Statut und VStGB – wie oben unter → § 15 Rn. 43 gesehen – zu unterschiedlichen Ergebnissen, da das Statut den Erlaubnistatbestandsirrtum nicht kennt. Wird allerdings, wie hier vorgeschlagen, Art. 32 IStGH-Statut auf die Situation des Erlaubnistatbestandsirrtums analog angewandt, decken sich deutsches Strafrecht und Völkerstrafrecht wiederum.[45]

23 Gleiches gilt für den **unvermeidbaren Verbotsirrtum**, der im Rahmen des § 17 StGB Berücksichtigung findet, von Art. 32 II IStGH-Statut aber nur bei einer „interpretativen Korrektur" erfasst wird (→ § 15 Rn. 42).[46]

24 Eine deutliche Lücke zwischen dem Statut und dem VStGB, die die Gerichtsbarkeit des IStGH begründen könnte, ergibt sich im Hinblick auf die **Verjährungsregelung**. Art. 29 IStGH-Statut sieht hier einen Verjährungsausschluss für sämtliche in die Zuständigkeit des IStGH fallenden Delikte vor. Das VStGB ordnet in seinem § 5 zwar ebenfalls die Unverjährbarkeit an, allerdings beschränkt auf *Verbrechen*, wobei sich dieser Begriff – entsprechend der Verweisung auf das allgemeine Strafrecht in § 2 VStGB – nach § 12 StGB bestimmt. Folglich gilt der Verjährungsausschluss nicht für die Verletzung der Aufsichtspflicht (§ 14 VStGB) und das Unterlassen der Meldung einer Straftat (§ 15 VStGB), die lediglich als *Vergehen* ausgestaltet sind. Hier greifen die Verjährungsfristen des § 78 StGB, was zu dem – unter dem Gesichtspunkt der Komplementarität unerwünschten – Ergebnis führen kann, dass eine Straftat nach §§ 14 f. VStGB aufgrund der Verjährung nicht mehr verfolgbar ist, während der IStGH dieselbe Tat – mangels Verjährbarkeit der in seine Zuständigkeit fallenden Delikte – aburteilen könnte. Die Begründung des Gesetzesentwurfs hält die Verjährungsregelung des VStGB – angesichts der geringeren Schwere der §§ 14 f. VStGB – für „sachgerecht".[47] Ganz offensichtlich hatte man hier vor dem Hintergrund des Art. 3 I GG Bedenken, Vergehen nach dem StGB und solche nach dem VStGB in Bezug auf das Verjährungsregime derart unterschiedlich zu behandeln.

Ob eine dem Rom-Statut entsprechende Regelung tatsächlich gegen Art. 3 I GG verstoßen würde, darf jedoch bezweifelt werden. Denn die Tatsache, dass es sich um völkerrechtliche Delikte – wenngleich minderer Schwere – handelt, die in die (komplementäre) Zuständigkeit des IStGH fallen und somit, auch bei Verjährung nach deutschem Recht, auf internationaler Ebene verfolgt werden können, stellt einen hinreichenden „sachlichen Grund" dar, der die unterschiedliche Verjährungsregelung rechtfertigte.[48]

25 Ganz bewusst und ausdrücklich bleibt schließlich das VStGB in §§ 4, 14 im Bereich der **Verantwortlichkeit militärischer Befehlshaber und sonstiger Vorgesetzter** hinter der Regelung des Art. 28 des Statuts zurück. Im VStGB wird die strafrechtliche Verantwortlichkeit des (militärischen) Vorgesetzten nur für die Fälle mit der des Untergebenen gleichgesetzt, in denen der Vorgesetzte die nach dem VStGB strafbare Tat des Untergebenen vorsätzlich nicht verhindert und ihn ebenfalls Vorsatz hinsichtlich der Tat des Untergebenen trifft. Das Statut geht weit darüber hinaus und dehnt die Gleichstellung auch auf diejenigen Konstellationen aus, in denen den Vorgesetzten nur Fahrläs-

---

45 Dazu MK-*Weigend*, § 2 VStGB Rn. 11.
46 Zur praktisch geringen Relevanz *Safferling*, Int. Strafrecht, § 8 Rn. 1; MK-*Weigend*, § 2 VStGB Rn. 10.
47 Begründung des Gesetzesentwurfs der Bundesregierung, BR-Drs. 29/02, S. 41.
48 Ebenso *Kreicker* ZRP 2002, 371; offen zu dieser Frage *Kreß*, Nutzen eines dt. VStGB, S. 29, dort Fn. 86; aA MK-*Weigend*, § 5 VStGB Rn. 9.

sigkeit hinsichtlich der Tat des Untergebenen bzw. hinsichtlich der eigenen Verhinderung trifft.[49] Diese Fälle werden von § 14 VStGB zwar auch erfasst, aber dort nur als Vergehen. Eine Gleichbehandlung des nur fahrlässig handelnden Vorgesetzten mit dem vorsätzlich handelnden Untergebenen passt jedoch nicht in die Systematik des deutschen StGB, welches die Vorgesetztenstrafbarkeit nur unter den Voraussetzungen des § 13 StGB oder der Sondervorschrift des § 357 StGB zulässt und somit stets Vorsatz auf Seiten des Vorgesetzten verlangt.[50]

Anders als bei den bislang aufgezeigten Fällen bedeutet diese Abweichung jedoch nicht, dass das VStGB Strafbarkeitslücken lässt. Eine Bestrafung der vom Rom-Statut erfassten Verhaltensweisen ist durchaus möglich, jedoch bleibt das VStGB in der quantitativen Beurteilung der Verantwortlichkeit des Vorgesetzten hinter dem Standard des Statuts zurück. Hier wäre die deutsche Justiz also durchaus „willens und in der Lage", eine ernsthafte Strafverfolgung iSd Art. 17 des Statuts durchzuführen. Eine Aburteilung auf Grundlage des VStGB durch deutsche Gerichte würde die Gerichtsbarkeit des IStGH daher unter dem Gesichtspunkt des in Art. 20 des Statuts grds. verankerten Prinzips *ne bis in idem* ausschließen. Ein Missbrauch in dem Sinne, dass das deutsche Verfahren „dem Zweck [dient], ihn [den Täter] vor strafrechtlicher Verantwortlichkeit für der Gerichtsbarkeit des Gerichtshofs unterliegende Verbrechen zu schützen" (→ § 14 Rn. 18), der als Ausnahme von Art. 20 ein Verfahren vor dem Gerichtshof dennoch zulässt,[51] kann bei der hier angesprochenen Abweichung des VStGB von Art. 28 IStGH-Statut trotz aller noch herrschender Unsicherheiten hinsichtlich der genauen Kriterien, die dabei anzulegen sind, nicht konstruiert werden.

bb) Besonderer Teil des VStGB

Im Bereich des Besonderen Teils findet sich zunächst eine Form von Abweichung, die im Hinblick auf das Komplementaritätsprinzip jedoch als unproblematisch einzustufen ist. Das VStGB beschränkt bei einer Reihe von Delikten die Strafbarkeit auf Taten von gewisser **Erheblichkeit**, was in den entsprechenden Tatbeständen des Statuts so keine Entsprechung findet.[52] Von einem Zurückbleiben hinter dem Maßstab des Rom-Statuts lässt sich für derartige „Bagatellen" schon deshalb nicht sprechen, weil sich die Zuständigkeit des IStGH gem. Art. 5 I 1 des Statuts „auf die schwersten Verbrechen beschränkt, welche die internationale Gemeinschaft als Ganzes berühren"[53], so dass bereits im Statut selbst ein Erheblichkeitsfilter angelegt ist,[54] den der deutsche Gesetzgeber insoweit nur – bezogen auf einzelne Tatbestände – konkretisiert. Bestätigt wird dieses Ergebnis auch von der Komplementaritätsvorschrift des Art. 17 I lit. d IStGH-Statut, wonach eine Sache vor dem IStGH auch dann unzulässig ist, wenn sie nicht schwerwiegend genug ist, um weitere Maßnahmen des Gerichtshofs zu rechtfertigen.

Problematischer sind hingegen einzelne Straftatbestände, die – im berechtigten Bestreben, den deutschen Bestimmtheitsanforderungen für das Strafrecht gerecht zu werden

---

49 Dazu *Ambos*, CLF 10 (1999), 1, 16.
50 Vgl. MK-*Weigend*, § 4 VStGB Rn. 7 f.; MK-*Weigend*, § 14 VStGB Rn. 4; s. auch die Begründung des Gesetzentwurfs der Bundesregierung, BR-Drs. 29/02, S. 40 f.; § 41 WStG enthält zwar den Tatbestand der „Mangelnden Dienstaufsicht", der im Falle fahrlässiger Aufsichtspflichtverletzung die Strafbarkeit des Vorgesetzten anordnet; allerdings wird dieser nicht dem unmittelbaren Vorsatztäter gleichgestellt.
51 Vgl. Art. 17 I lit. c iVm Art. 20 III lit. a und b IStGH-Statut.
52 Etwa § 8 I Nr. 7 und § 9 I, II VStGB.
53 S. auch Abs. 4 der Präambel.
54 Dazu Triffterer/Ambos-*A. Zimmermann*, Rome Statute, Art. 5 Rn. 15 ff.

– teilweise deutlich **enger als die vergleichbaren Vorschriften des Statuts** formuliert wurden, so dass sich insoweit Lücken gegenüber dem Statut ergeben.

Beispielsweise werden die Fälle „erzwungener Schwangerschaften" im VStGB (§ 7 I Nr. 6) als Verbrechen gegen die Menschlichkeit erfasst, wenn jemand eine zwangsweise geschwängerte Frau in der Absicht gefangen hält, die ethnische Zusammensetzung einer Bevölkerung zu beeinflussen. Der vergleichbare Tatbestand im Rom-Statut (Art. 7 I lit. g, II lit. f) enthält demgegenüber ein weiter gefasstes subjektives Verbrechenselement, indem er eine zusätzliche Alternative enthält: Denn danach wird die erzwungene Schwangerschaft definiert als die „rechtswidrige Gefangenhaltung einer zwangsweise geschwängerten Frau in der Absicht, die ethnische Zusammensetzung einer Bevölkerung zu beeinflussen *oder andere schwere Verstöße gegen das Völkerrecht zu begehen.*"[55]

29 Auch § 7 I Nr. 8 VStGB, der das Zufügen „schwerer körperlicher oder seelischer Schäden, insbesondere der in § 226 des Strafgesetzbuches bezeichneten Art" im Rahmen eines ausgedehnten oder systematischen Angriffs gegen eine Zivilbevölkerung als Verbrechen gegen die Menschlichkeit erfasst, ist nicht – wie die zugrunde liegende Vorschrift des Art. 7 I lit. k des Statuts – als Auffangtatbestand ausgestaltet: Dieser Artikel erfasst „andere unmenschliche Handlungen ähnlicher Art, mit denen vorsätzlich große Leiden oder eine schwere Beeinträchtigung der körperlichen Unversehrtheit oder der geistigen oder körperlichen Gesundheit verursacht werden." Diese äußerst unbestimmte Regelung wird im VStGB also auf einen klar fassbaren Kern reduziert.[56]

30 Das bedingt natürlich, dass das VStGB gegenüber dem Rom-Statut vereinzelt Lücken aufweist, bzgl. derer zumindest nicht ausgeschlossen werden kann, dass sie die komplementäre Ausübung der Gerichtsbarkeit durch den IStGH im Einzelfall begründen können. Gleichwohl verdient diese Zurückhaltung volle Zustimmung.[57] Die Völkerrechtsfreundlichkeit des deutschen Gesetzgebers kann nicht so weit gehen, dass ein grundlegendes verfassungsrechtliches Prinzip wie das strafrechtliche Bestimmtheitsgebot partiell aufgegeben wird. Insoweit ist das Ideal einer Deckungsgleichheit zwischen VStGB und Rom-Statut punktuell nicht zu erfüllen. Dass der IStGH aufgrund dieser eher marginalen Abweichungen seine Gerichtsbarkeit in erheblichem Umfang ausüben wird, ist jedoch nicht zu erwarten. Eine größere Gefahr besteht vielmehr in entgegengesetzter Richtung: Die im VStGB enthaltenen Straftatbestände könnten den Anforderungen des Bestimmtheitsgebots nicht vollständig gerecht werden.

b) Konflikt mit Art. 103 II GG

31 Das VStGB ist als deutsches Strafgesetz konzipiert, so dass jede einzelne darin enthaltene Vorschrift dem **Gesetzlichkeitsprinzip** des Art. 103 II GG genügen muss. Die Klarheit und Bestimmtheit der dort niedergelegten Straftatbestände ist durchaus ein hohes Anliegen der Verfasser, da als Ziel des VStGB betrachtet wird, „durch Normierungen in einem einheitlichen Regelungswerk die Rechtsklarheit und Handhabbarkeit in der Praxis zu fördern."[58] Hier hat das VStGB – wie bereits erwähnt – insbesondere im Bereich der Kriegsverbrechen ein erfreuliches Maß an zusätzlicher Systematisierung erreicht. Um dem **Bestimmtheitsgrundsatz** des Art. 103 II GG gerecht zu werden, muss

---

55 Eigene Hervorhebung; ebenso MK-*Werle*, § 7 VStGB Rn. 90.
56 Weitere Abweichungen ähnlicher Art finden sich beispielsweise in § 7 V VStGB (Apartheid).
57 So auch *Esser*, Eur. und Int. Strafrecht, § 21 Rn. 32.
58 Begründung des Gesetzentwurfs der Bundesregierung, BR-Drs. 29/02, S. 23.

aber gewährleistet sein, dass stets „Tragweite und Anwendungsbereich der Straftatbestände zu erkennen sind und sich durch Auslegung ermitteln lassen."[59] Aus der Sicht eines verständigen Bürgers muss es also möglich sein, in zumutbarer Weise den Inhalt der Strafnorm zu erfassen.[60]

aa) Ausfüllungsbedürftige Tatbestandsmerkmale

Unproblematisch dürfte insoweit zunächst sein, dass das VStGB – häufig in Anlehnung an Formulierungen des Rom-Statuts - **generalklauselartige Wendungen** und **ausfüllungsbedürftige Tatbestandsmerkmale** verwendet. 32

BEISPIELE: § 7 I Nr. 3 VStGB knüpft die Strafbarkeit wegen eines Verbrechens gegen die Menschlichkeit daran, dass der Täter „[…] mit einem Menschen handelt, […] oder […] auf andere Weise einen Menschen in Ausübung eines angemaßten Eigentumsrechts an diesem versklavt." Ein Kriegsverbrechen liegt nach § 8 III Nr. 2 VStGB im Zusammenhang mit einem internationalen bewaffneten Konflikt vor, wenn jemand als Angehöriger einer Besatzungsmacht „einen Teil der eigenen Zivilbevölkerung" in das besetzte Gebiet überführt.

Auch nach der Rspr. des BVerfG dürfen die Bestimmtheitsanforderungen nicht überspannt werden, da ohne allgemeine, normative und wertausfüllungsbedürftige Begriffe „der Gesetzgeber nicht in der Lage wäre, der Vielgestaltigkeit des Lebens Herr zu werden."[61] Dies gilt in besonderem Maße dann, wenn der deutsche Strafgesetzgeber Pönalisierungspflichten aus dem ungeschriebenen Völkerstrafrecht Folge leisten möchte und damit an komplexe, häufig wenig klar umrissene Vorgaben anknüpft. Hier muss die Völkerrechtsfreundlichkeit des Grundgesetzes[62] zu einem gewissen Privileg für den Gesetzgeber im Hinblick auf den anzuwendenden Bestimmtheitsmaßstab führen.[63] Zumindest insoweit, als der Rechtsunterworfene das Risiko einer Strafbarkeit erkennen kann und die Rspr. ohne größere Probleme – auch durch Rückgriff auf völkerrechtliche Zusammenhänge – in die Lage versetzt wird, durch Auslegung eine Konkretisierung des Tatbestands zu erreichen, sollte man die Strafvorschriften des VStGB als noch hinreichend bestimmt erachten.

Die Grenzen dieses Privilegs sind jedoch dort erreicht, wo die Reichweite des Tatbestandes völlig unklar ist und auch der völkerrechtliche Hintergrund keinerlei Anhaltspunkte mehr für eine Konkretisierung liefert.[64] 33

Starke Bedenken hinsichtlich der Konformität mit Art. 103 II GG bestehen daher etwa hinsichtlich der Vorschrift des § 10 I Nr. 1 VStGB, durch die Angriffe auf Personen und verschiedene Objekte unter Strafe gestellt werden, die an „friedenserhaltenden Missionen in Übereinstimmung mit der Charta der Vereinten Nationen beteiligt sind, solange sie Anspruch auf den Schutz haben, der Zivilpersonen oder zivilen Objekten nach dem humanitären Völkerrecht gewährt wird." Auch wenn heute im Grundsatz anerkannt ist, dass friedenserhaltende Missionen der UNO diesen Schutz genießen, wenn sie Gewalt nur zum Zwecke der „Selbstverteidigung" anwenden, so ist gleichwohl unklar, wie weit der Begriff der „Selbstverteidigung" jeweils reicht und in wel-

---

59 St. Rspr., vgl. BVerfGE 25, 285; 55, 152; 75, 340.
60 S.o. § 9 Rn. 75 sowie *Satzger*, Europäisierung, S. 241 ff.
61 BVerfGE 11, 237.
62 Vgl. insbes. Art. 25 GG; dazu zB auch BVerfGE 31, 75; 58, 34; 64, 20; *Bleckmann* DÖV 1979, 309 (312); Maunz/Dürig-*Herdegen*, GG Art. 25 Rn. 6 ff.
63 Ausf. hierzu *Satzger* JuS 2004, 943.
64 Gegen eine Preisgabe des Bestimmtheitsgrundsatzes aufgrund der Völkerrechtsfreundlichkeit des Grundgesetzes bereits → Rn. 30.

chem Umfang Personen und Sachen einer solchen Mission den Schutz von Zivilpersonen oder zivilen Objekten nach dem humanitären Völkerrecht verlieren, wenn nur ein Teil davon in Feindseligkeiten verstrickt wird.[65] Wenn *Cottier* diese völkerrechtlichen Vorfragen resignierend so zusammenfasst, dass es ohne einen eindeutigeren Prüfungsmaßstab schwierig sein werde, zu entscheiden, unter welchen Umständen ein Anspruch auf den Schutz als Zivilbevölkerung besteht oder aufhört zu existieren,[66] dann lässt sich kaum vertreten, dass das Völkerrecht klare Auslegungsleitlinien bereithält, geschweige denn, dass der Rechtsunterworfene das Strafbarkeitsrisiko erkennen kann. Hier lässt sich eine hinreichende Bestimmtheit wohl nicht mehr bejahen.

bb) Verweis auf Völkergewohnheitsrecht

34 Weiterhin sind vor dem Hintergrund des Art. 103 II GG Einwendungen gegen die Ausgestaltung des VStGB insoweit zu erheben, als dessen Straftatbestände mehr oder minder pauschal **auf Völkergewohnheitsrecht verweisen**. Zu nennen ist hier vor allem § 7 I Nr. 4 VStGB. Dieser Tatbestand bedroht denjenigen mit Strafe, der „im Rahmen eines ausgedehnten oder systematischen Angriffs gegen eine Zivilbevölkerung einen Menschen, der sich rechtmäßig in einem Gebiet aufhält, vertreibt oder zwangsweise überführt, indem er ihn unter Verstoß gegen eine allgemeine Regel des Völkerrechts[67] durch Ausweisung oder andere Zwangsmaßnahmen in einen anderen Staat oder ein anderes Gebiet verbringt". In seinen Voraussetzungen enthält § 7 I Nr. 4 VStGB einen klaren Verweis auf Völkergewohnheitsrecht: Die Tathandlung wird – ausweislich der Begründung des Referentenentwurfs – erst durch den zugrunde liegenden Völkerrechtsverstoß zu einem Völkerrechtsverbrechen, wobei die Formulierung „allgemeine Regeln des Völkerrechts" auf Art. 25 GG Bezug nimmt und somit insbesondere auf das Völkergewohnheitsrecht verweist.[68] Durch diese Verweisungstechnik bezieht das VStGB demnach völkergewohnheitsrechtliche Regelungen in den Tatbestand ein.

35 Im Hinblick auf Art. 103 II GG erscheint dies in zweifacher Hinsicht bedenklich: Zum einen verbietet diese Verfassungsnorm sowohl eine Strafbegründung als auch eine Strafschärfung aufgrund von Gewohnheitsrecht (*nullum crimen, nulla poena sine lege scripta*).[69] Mit der völkergewohnheitsrechtlichen Pflichtverletzung enthält das VStGB jedoch eine Tatbestandsvoraussetzung, die allein (völker-)gewohnheitsrechtlich geprägt ist und nicht mehr durch eine *lex scripta* umrissen wird. Zum anderen ist es bereits für einen Richter mit enormen Schwierigkeiten verbunden, den Inhalt des Völkergewohnheitsrechts festzustellen. Da zudem zu bedenken ist, dass das der Strafvorschrift zugrunde liegende Verbot vom jeweiligen Stand des jederzeit formlos wandelbaren Völkergewohnheitsrechts abhängig ist, handelt es sich um eine dynamische Verweisung auf ungeschriebenes Recht. Sind dynamische Verweisungen in Strafvorschriften angesichts der verfassungsrechtlichen Bestimmtheitsanforderungen schon im Allgemeinen nicht unproblematisch,[70] so ist eine Verweisung auf eine im Wesentlichen ungeschrie-

---

65 Zusammenfassend Triffterer/Ambos-*Cottier/Baumgartner*, Rome Statute, Art. 8 Rn. 233 ff.; s. auch MK-*Geiß/A. Zimmermann*, § 10 VStGB, Rn. 13 ff.
66 Originalzitat: „[i]n sum, without clearer standards it will be difficult to determine under what circumstances the entitlement to the protection as civilians exists, or ceases to exist", vgl. Triffterer-*Cottier*, Rome Statute, 2. Aufl., Art. 8 Rn. 55.
67 Eigene Hervorhebung.
68 Begründung des Gesetzentwurfs der Bundesregierung, BR-Drs. 29/02, S. 46.
69 Statt aller SK-*Rudolphi*, StGB § 1 Rn. 12 ff.
70 Dazu bereits → § 9 Rn. 78 f.

bene und zersplitterte Rechtsquelle gänzlich inakzeptabel. Der deutsche Gesetzgeber kommt hier nicht umhin, die Voraussetzungen der Strafbarkeit genauer zu umschreiben. Dies mag ein schwieriges Unterfangen sein – für den Richter und erst recht für den Bürger bedeutete es indes eine noch erheblich komplexere, geradezu unmögliche Aufgabe, zum Zwecke der Auslegung des Tatbestands eine Bestandsaufnahme und Inhaltsbestimmung des einschlägigen Völkergewohnheitsrechts vorzunehmen.[71]

cc) Verweis auf völkerrechtliche Verträge

Auch soweit das VStGB **auf völkerrechtliche Verträge** – also geschriebenes Recht – **verweist**, lassen sich Bestimmtheitsbedenken nicht ausschließen.[72] Hier bereitet das Auffinden des Verweisungsobjekts zwar regelmäßig weniger Probleme, da es sich um statische Verweisungen handelt. Dieses Verweisungsobjekt muss aber selbst wiederum den Anforderungen der Bestimmtheit iSv Art. 103 II GG gerecht werden, was durchaus zweifelhaft sein kann:

36

So wird zur Definition des „Kernbegriffs" der im VStGB neu geordneten Kriegsverbrechen gegen die Person für den internationalen bewaffneten Konflikt auf die „geschützte[n] Personen im Sinne der Genfer Abkommen und des Zusatzprotokolls I (Anlage zu diesem Gesetz), namentlich Verwundete, Kranke, Schiffbrüchige, Kriegsgefangene und Zivilpersonen" verwiesen (§ 8 VI Nr. 1 VStGB). Die Ermittlung des geschützten Personenkreises ist aber nicht so einfach, wie es diese Formulierung nahelegt. Denn die Regelungen der Genfer Abkommen und des Zusatzprotokolls I, auf die verwiesen wird, sind wesentlich differenzierter. Es werden nicht bestimmte Personengruppen *per se* geschützt, sondern zusätzlich müssen gewisse Situationen oder Bedingungen gegeben sein. Beispielsweise zählt das III. Genfer Abkommen in seinem Art. 4 Milizen nur dann zum geschützten Personenkreis, wenn diese ua bei ihren Kampfhandlungen die „Gesetze und Gebräuche des Krieges" einhalten. Wann dies der Fall ist, lässt sich aus dem Abkommen selbst nicht mit hinreichender Sicherheit bestimmen.

Die aus Sicht des Rechtsunterworfenen bedenklichen Folgen des beschriebenen gesetzgeberischen Vorgehens werden besonders deutlich, wenn die Begründung des VStGB zum einen darauf verweist, dass der Kreis der „geschützten Personen" gem. Art. 4 des IV. Genfer Abkommens nur solche Zivilpersonen erfasst, die nicht der eigenen Nationalität angehören. Im gleichen Atemzug fordert die Gesetzesbegründung zum anderen jedoch – im Anschluss an die Rspr. des ICTY[73] – eine Korrektur des Textes des Genfer Abkommens insoweit, als es für die Nationalität „nicht auf die jeweilige formale staatsangehörigkeitsrechtliche Zuordnung ankommt, sondern darauf, ob die Opfer faktisch der jeweiligen Gegenseite zurechenbar sind." Diese „Korrektur" wirkt im Ergebnis jedoch tatbestandserweiternd, also zulasten des Täters.

37

---

71 Krit. auch *Großengießer*, in: Eser/Kreicker (Hrsg.), Nationale Strafverfolgung, Bd. 1, S. 126 f.; aA offenbar *Kuhli* ZIS 2012, 124 (129 ff.); MK-*Werle/Burchards*, 2. Aufl., § 7 VStGB Rn. 63; zur grundsätzlichen Pflicht des Kombattanten bzw. der ihn entsendenden Entität, sich mit den Rechtsvorschriften des HVR vertraut zu machen, v. *Arnauld*, Völkerrecht, Rn. 1178 f., 1193, sowie Rn. 1190 zur Schwierigkeit im Umgang mit nichtstaatlichen Akteuren.
72 Auch bei in nationales Recht umgesetzten völkerrechtlichen Verträgen gelten grds. die Bestimmtheitsanforderungen des Art. 103 II GG BVerfGE 95, 96, 130; 78, 374, 382; vgl. zum Ganzen *Talmon* JZ 2013, 12.
73 Vgl. ICTY, Prosecutor v. Kordić and Čerkez, Judgment, IT-95–14/2-T, 26.2.2001, Rn. 152.

4. Uneingeschränktes Weltrechtsprinzip als Ausdehnung des Strafanwendungsrechts

38 § 1 VStGB ordnet für die in §§ 6–12 VStGB enthaltenen Verbrechenstatbestände (nicht aber für das in § 13 VStGB enthaltene Verbrechen der Aggression sowie für die Vergehen der §§ 14 f. VStGB) die **uneingeschränkte Geltung des Weltrechtsprinzips** an, so dass das deutsche VStGB insoweit auch dann gilt, „wenn die Tat im Ausland begangen wurde und keinen Bezug zum Inland aufweist." Der völkerrechtlich erforderliche Anknüpfungspunkt für die Anwendung deutschen wie jeden anderen nationalen Strafrechts auf der Welt ergibt sich allein schon aus dem Unwertgehalt der Taten selbst.[74] Die vom BGH für den Fall des Völkermords im Zusammenhang mit der Auslegung des § 6 Nr. 1 StGB aF unglücklicherweise erhobene Forderung nach einem zusätzlichen „legitimierenden inländischen Anknüpfungspunkt"[75] wird vom Gesetzgeber somit erfreulicherweise korrigiert. Der Gesetzgeber wollte somit die Straflosigkeit völkerrechtlicher Verbrechen verhindern (*global enforcer*) sowie vermeiden, dass die Bundesrepublik Völkerrechtsverbrechern einen sicheren Hafen (*safe haven*) bietet.[76]

In prozessualer Hinsicht wird den Strafverfolgungsbehörden durch § 153f StPO allerdings der Verzicht auf Ermittlungen nahegelegt, wenn die Taten keinen Inlandsbezug aufweisen und der Tatortstaat, der Heimatstaat des Täters bzw. Opfers oder ein internationaler Gerichtshof die Verfolgung übernimmt. Dadurch soll eine „Überlastung der deutschen Ermittlungsressourcen" vermieden[77] und die Staatsanwaltschaft in gewissen Umfang von der „politisch sensiblen Entscheidung, ob sie wegen einer im Ausland begangenen Völkerstraftat eine Strafverfolgung durchführen soll"[78], entlastet werden. Eine grundsätzliche Ermittlungspflicht des Generalbundesanwalts (GBA), insbesondere für Sachverhalte, die alleinig Auslandsbezug haben, erscheint aus Praktikabilitätsgründen unangebracht.

39 Die Anwendung des **uneingeschränkten Weltrechtsprinzips** auf die zentralen Verbrechenstatbestände des VStGB hat jedoch eine gewichtige beschränkende Folge: Der erforderliche völkerrechtliche Anknüpfungspunkt lässt sich nämlich aus dem Unrecht der Taten nur so lange ableiten, wie die Verbrechensdefinitionen durch das Völkerrecht gedeckt sind, es sich also um völkerrechtlich anerkannte Verbrechen handelt. Wird der deutsche Gesetzgeber, inspiriert durch sein ausdrückliches Anliegen, durch Schaffung des VStGB zur Förderung und Verbreitung des humanitären Völkerrechts beizutragen, nicht nur völkerrechts*konkretisierend*, sondern völkerrechts*fortbildend* tätig, so ist die Anwendung des Weltrechtsprinzips nicht mehr zu rechtfertigen und ein sonstiger inländischer Anknüpfungspunkt erforderlich, da ansonsten gegen das völkerrechtliche Nichteinmischungsgebot verstoßen würde.[79] Die Gesetzesbegründung ist sehr darum bemüht, die gegenüber dem Rom-Statut progressiven Tatbestandsausgestaltungen als mit dem derzeitigen Völkergewohnheitsrecht im Einklang befindlich

---

[74] Dazu *Gil* ZStW 112 (2000), 381, 386 f.
[75] Vgl. BGHSt 45, 65; zur Kritik vgl. *Lagodny/Nill-Theobald* JR 2000, 205; *Lüder* NJW 2000, 269 (269 f.).
[76] Zu diesen Ansätzen (*global enforcer/safe haven*) *Langer*, JICJ 13 (2015), 245.
[77] BT-Drs. 14/8524, S. 14; dazu insgesamt L/R-*Beulke*, § 153f StPO Rn. 4 ff.; auf diesem Wege wurden auch Verfahrenseröffnungen gegen *Donald Rumsfeld* ua abgelehnt, vgl. *Gierhake* ZStW 120 (2008), 375; zur Kritik und zum Vorschlag einer „gerichtlichen Kontrolle" der Einstellungsentscheidung des GBA → Rn. 41; gerade wegen eines Inlandsbezugs war im Fall von *Oberst Klein* zunächst ein Ermittlungsverfahren eingeleitet worden, welches später allerdings nach § 170 II StPO eingestellt wurde, vgl. GBA, Verfügung v. 16.4.2010, NStZ 2010, 581; zu beiden Fällen auch *Keller*, in: Jeßberger/Geneuss (Hrsg.), Völkerstrafgesetzbuch, S. 91 ff., 101 ff.; *Safferling/Kirsch* JA 2012, 481 (484 ff.).
[78] BT-Drs. 14/8524, S. 37.
[79] Allgemein dazu zB *Stein/v. Buttlar*, Völkerrecht, Rn. 606 ff.

§ 17 Das Völkerstrafrecht und seine Umsetzung in das deutsche Recht § 17

darzustellen.[80] Dies ist im Wesentlichen auch überzeugend. Allerdings fällt es nicht schwer vorherzusagen, dass man zukünftig versuchen wird, eine in Deutschland betriebene Strafverfolgung gegenüber Ausländern im Zusammenhang mit Auslandstaten gerade an diesem Punkt anzugreifen, was dann die Klärung schwierigster völkergewohnheitsrechtlicher Vorfragen erforderlich macht.

Ein besonders progressiver Teil des VStGB, der in diesem Zusammenhang in der Praxis Probleme aufwerfen könnte, ist die weitreichende, über das Rom-Statut hinausgehende Gleichstellung von internationalen und nichtinternationalen bewaffneten Konflikten im Rahmen der Kriegsverbrechen, zB im Rahmen des § 10 II VStGB[81] (Missbrauch anerkannter Schutzzeichen) oder § 11 I Nrn. 2–5 VStGB.[82]

Das Weltrechtsprinzip regiert jedoch nicht das gesamte VStGB. Die bloßen Vergehen, die in §§ 14 f. VStGB enthalten sind, unterfallen mangels Sonderregelung gem. § 2 VStGB dem allgemeinen Strafanwendungsrecht der §§ 3 ff. StGB.

40

Im Hinblick auf den neuen Verbrechenstatbestand der Aggression (§ 13 VStGB) wurde eine Sonderregelung in § 1 S. 2 VStGB geschaffen, die aber dem aktiven (Täter ist Deutscher) bzw. passiven Personalitätsprinzip (Tat richtet sich gegen Bundesrepublik Deutschland) verpflichtet ist und damit gerade kein uneingeschränktes Weltrechtsprinzip festschreibt. Diese Entscheidung steht in einem gewissen Widerspruch zur sonstigen Einstufung des Verbrechens der Aggression als „schwerstes internationales Verbrechen überhaupt".[83] Das Weltrechtsprinzip soll letztlich die besondere Schwere der Völkerrechtsverbrechen und deren Angriff auf die Staatengemeinschaft insgesamt widerspiegeln – und gerade im Bereich der Staatengemeinschaft ist ein eingriffsintensiveres Verbrechen als die Aggression kaum vorstellbar. Als Begründung für diese Einschränkung nennt der Gesetzgeber die besondere außenpolitische Komponente des Aggressionsverbrechens, die in Fällen ohne Deutschlandbezug nur einen internationalen Strafgerichtshof zum geeigneten Strafverfolgungsorgan mache; zudem solle auch der praktischen Gegebenheit Rechnung getragen werden, dass eine uneingeschränkte Weltrechtsjustiz von den deutschen Behörden schlicht nicht zu leisten wäre.[84] Schließlich sieht die Gesetzesbegründung des VStGB ausdrücklich die Möglichkeit einer sog. **antizipierten Rechtshilfe** vor,[85] in deren Rahmen Ermittlungen nicht zur Vorbereitung eines deutschen Hauptverfahrens, sondern zur Ermöglichung oder Erleichterung eines Verfahrens vor einem ausländischen oder internationalen Strafgericht geführt werden. Im Rahmen eines derartigen „Beweissicherungsverfahrens" ist ein bereits erfolgtes Ersuchen um Rechtshilfe nicht vorausgesetzt. Auch müssen Ermittlungen nicht notwendigerweise tat- oder täterbezogen sein, sondern können auch allgemein hinsichtlich eines

---

80 Vgl. dazu die Begründung des Gesetzentwurfs der Bundesregierung, BR-Drs. 29/02, S. 23, 29, 52.
81 Die Begründung des Gesetzentwurfs der Bundesregierung, BR-Drs. 29/02, S. 73, verweist hier auf eine „gefestigte Staatenpraxis", insbes. auf einhellige Verurteilungen von Angriffen gegen humanitäre Missionen (UN Doc. S/PRST/2000/4, 9.2.2000; UN Doc. A/RES/52/167, 16.12.1994) sowie auf das Übereinkommen über die Sicherheit von Personal der Vereinten Nationen und beigeordnetem Personal, New York, 9.12.1994, UNTS, Bd. 2051, Nr. 35457, S. 363, BGBl. 1997 II, S. 230.
82 Die Begründung des Gesetzentwurfs der Bundesregierung, BR-Drs. 29/02, S. 75 ff., nimmt Bezug auf die (damalige) jüngste Rspr. internationaler Gerichte sowie auf die Feststellungen der Staatengemeinschaft, daneben wird die Gleichstellung für einzelne Tatbestandsvarianten aber auch (nur) aus allgemeinen Erwägungen abgeleitet; zustimmend etwa *Werle* JZ 2001, 885 (894).
83 So die Bundesregierung, BR-Drs. 161/16, S. 11.
84 BT-Drs. 18/8621, S. 12 f.; diese Einstellung ist auch in den entsprechenden Bundestagsdebatten teils auf erhebliche Kritik gestoßen, vgl. Wortbeiträge von *Keul*, Anlage 8 zu BT-Plenarprotokoll 17/176, S. 17462 f. sowie *Jelpke*, Anlage 5 zu BT-Plenarprotokoll 18/206, S. 20654.
85 BT-Drs. 14/8524, S. 37.

völkerstrafrechtlich relevanten Gesamtkomplexes (entsprechend einer „Situation" vor dem IStGH) eingeleitet werden. Die Erhebung der in Deutschland befindlichen Beweise im Inland würde prozessuale Hindernisse im später verhandelnden Staat verringern. Derartige Ermittlungen sind in der StPO bislang jedoch nicht ausdrücklich vorgesehen. Eine entsprechende Anpassung wäre wünschenswert, da teils strenge formale Voraussetzungen erfüllt werden müssen, um die Verwertbarkeit der in Deutschland erhobenen Beweise vor ausländischen oder internationalen Gerichten zu gewährleisten.[86]

5. Fazit und bisherige Anwendungspraxis

41   Trotz der erhobenen Kritik löst das VStGB die Aufgabe, die deutsche Rechtsordnung in Einklang mit dem IStGH-Statut zu bringen, im Wesentlichen recht gut. Völkerrechtsverbrechen und ihr besonderer Unrechtsgehalt können nunmehr auch vom innerstaatlichen Strafrecht adäquat erfasst werden. Das rechtspolitische „Ideal", die in die Zuständigkeit des IStGH fallenden Delikte möglichst vollständig durch deutsche Gerichte unter Zugrundelegung des nationalen Strafrechts aburteilen zu können, wird durch das VStGB zwar nicht komplett verwirklicht. Die Lücken, die nur in seltenen Ausnahmefällen zu einer Übernahme von Verfahren durch den IStGH führen könnten, erscheinen allerdings hinnehmbar und durch gute Gründe gerechtfertigt. Eine wie auch immer auszugestaltende „Voll-Umsetzung"[87] des Rom-Statuts in das deutsche Strafrecht ist aus völkerrechtlicher Sicht nicht geboten und ließe sich mit den verfassungsrechtlichen Anforderungen des Art. 103 II GG nicht in Einklang bringen. Das Gesetz kann somit – gerade wegen seiner gegenüber dem Statut klareren und systematischeren Ausgestaltung – durchaus Vorbildcharakter für sich in Anspruch nehmen und anderen Staaten wertvolle Anregung für die Anpassung der eigenen Rechtsordnungen an das Rom-Statut bieten.[88]

Nach anfänglichen Startschwierigkeiten findet das VStGB mittlerweile auch in der Praxis Anwendung. Von 2011 bis 2015 fand vor dem OLG Stuttgart das erste Verfahren auf Grundlage des VStGB gegen die Ruander *Ignace Murwanashyaka* und *Straton Musoni* wegen in der demokratischen Republik Kongo begangener Verbrechen gegen die Menschlichkeit sowie Kriegsverbrechen im Rahmen der sog. Vorgesetztenverantwortlichkeit statt. *Murwanashyaka* wurde wegen Rädelsführerschaft in einer ausländischen terroristischen Vereinigung (gem. §§ 129b I, 129a I Nr. 1, IV StGB) in Tateinheit mit Beihilfe zu vier Kriegsverbrechen (gem. § 8 I Nr. 1, VI Nr. 2, § 9 I Var. 1 und 2 VStGB, § 27 StGB) zu einer Freiheitsstrafe von 13 Jahren, *Musoni* wegen Rädelsführerschaft in einer ausländischen terroristischen Vereinigung (gem. §§ 129b I, 129a I Nr. 1, IV StGB) zu 8 Jahren Freiheitsstrafe verurteilt.[89] Während die Verurteilung *Musonis* nach verworfener Revision rechtskräftig ist, wurde das Urteil des OLG Stuttgart auf die Revisionen *Murwanashyakas* und des GBA, soweit es *Murwanashyaka* betrifft, unter weitgehender Aufrechterhaltung der Feststellungen aufgehoben und zu neuer Verhandlung und Entscheidung zurückverwiesen.[90] Dabei hielt der BGH insbesondere

---

86   Zum Ganzen *Jeßberger*, Stellungnahme Bundestagsanhörung vom 24.4.2016, S. 5 f.; eine knappe Zusammenfassung möglicher Lösungen in der entsprechenden Stellungnahme von *Werle*, S. 7 f.
87   Dazu *Werle* JZ 2001, 885 (887).
88   S. auch *Kreß*, Nutzen eines dt. VStGB, S. 31; *Werle* JZ 2012, 373 (375); *Wirth/Harder* ZRP 2000, 144 (146).
89   OLG Stuttgart Urt. v. 28.9.2015 – 5–3 StE 6/10.
90   BGH Urt. v. 20.12.2018 – 3 StR 236/17 = BGHSt 64, 10; dazu *Gierhake* NJW 2019, 1779.

die vom OLG Stuttgart vorgenommene Feststellung des Gehilfenvorsatzes sowie die Verneinung von Verbrechen gegen die Menschlichkeit für rechtsfehlerhaft.[91]

Seit diesem ersten Verfahren ist die Zahl weiterer Ermittlungs- und Strafverfahren auf der Grundlage des VStGB deutlich angestiegen, wobei diese Verfahren ganz überwiegend im Zusammenhang mit dem bewaffneten Konflikt in Syrien stehen und sich gegen Angehörige verschiedener Konfliktparteien, insbesondere des sog. „Islamischen Staats", aber zB auch des syrischen Geheimdienstes richten.[92] Die Strafverfolgung hat insoweit vor allem Kriegsverbrechen (§§ 8–12 VStGB), aber auch Verbrechen gegen die Menschlichkeit (§ 7 VStGB) zum Gegenstand;[93] hinsichtlich des Vorgehens des sog. „Islamischen Staats" gegen die Jesiden im Nordirak und in Syrien sind außerdem Haftbefehle auf den dringenden Verdacht der Begehung von Völkermord (§ 6 VStGB) gestützt worden.[94] Verfahrenseinleitung und Festnahmen stehen hierbei oftmals in Zusammenhang mit der Rückkehr von Angehörigen des sog. „Islamischen Staats" mit deutscher Staatsangehörigkeit[95] oder der Einreise von mutmaßlichen Völkerrechtsverbrechern im Zuge der großflächigen Fluchtbewegungen aus den Konfliktregionen.[96] Von den bisher in diesen Verfahren ergangenen Entscheidungen[97] hat insbesondere eine Revisionsentscheidung des BGH[98] zur Strafbarkeit von Leichenschändungen nach § 8 I Nr. 9 VStGB „weltweit Aufmerksamkeit erregt".[99] Angesichts dieser Verfahren ist die anfängliche Kritik an der mangelnden praktischen Relevanz des VStGB[100] mittlerweile weitestgehend verstummt.

Besonders hervorzuheben ist jedoch die – berechtigte – Kritik an der mangelnden Möglichkeit der gerichtlichen Überprüfung einer Einstellungsentscheidung nach § 153f StPO.[101] Da die Norm als reine Ermessensvorschrift ohne die Notwendigkeit einer gerichtlichen Zustimmung ausgestaltet ist, ist die zugrunde liegende Ermessensentscheidung nicht justiziabel. Das OLG Stuttgart hat im Jahr 2005 entschieden, dass eine nachträgliche gerichtliche Überprüfung im Rahmen eines Klageerzwingungsverfahrens aufgrund des Wortlauts des § 172 II 3 StPO ausgeschlossen ist.[102] Im Lichte der grundsätzlichen Weisungsgebundenheit der GBA und der besonderen Schwere der im VStGB

---

91 BGH Urt. v. 20.12.2018 – 3 StR 236/17 = BGHSt 64, 10, Rn. 93 ff.,160 ff.
92 Umfassend zu aktuellen Entwicklungen der Strafverfolgung auf dem Gebiet des Völkerstrafrechts in Deutschland *Ritscher* ZIS 2018, 543.
93 Vgl. *Ritscher* ZIS 2018, 543.
94 Vgl. zB GBA, Pressemitteilung 48/2019 v. 11.10.2019, verfügbar unter https://www.generalbundesanwalt.de/de/showpress.php?themenid=21&newsid=856 (Stand 1/20); s. auch *Ritscher* ZIS 2018, 543 (544).
95 Vgl. zB GBA, Pressemitteilung 51/2019 v. 16.11.2019, verfügbar unter https://www.generalbundesanwalt.de/de/showpress.php?themenid=21&newsid=859 (Stand 1/20).
96 Dazu *Safferling/Petrossian* JA 2019, 401.
97 Etwa OLG Frankfurt am Main, Urt v. 8.11.2016, 5–3 StE 4/16–4–3/16, mit vorausgegangener Haftentscheidung: BGH Beschl. v. 8.9.2016 – StB 27/16 mBespr *Berster* ZIS 2017, 264; weitergehende Verurteilung unter Einbeziehung des Urteils v. 8.11.2016: OLG Frankfurt am Main, Urt. v. 24.9.2018, 5–3 StE 4/16–4–3/17; OLG Stuttgart Urt. v. 20.9.2017 – 5–3 StE 5/16; s. auch den Überblick bei *Ritscher* ZIS 2018, 543.
98 BGH Urt. v. 27.7.2017 – 3 StR 57/17 = BGHSt 62, 272; vorausgehend: OLG Frankfurt am Main, Urt. v. 12.7.2016, 5–3 StE 2/16–4–1/16.
99 Dazu *Ritscher* ZIS 2018, 543 (544).
100 Bis Ende April 2016 wurden lediglich 49 Ermittlungsverfahren auf Grundlage des VStGB geführt; s. auch die diesbezügliche Einschätzung bei *Werle/Jeßberger* als „ernüchternd", Rn. 449, sowie die Beiträge von *Kaleck* und *Klip* in Jeßberger/Geneuss (Hrsg.), Völkerstrafgesetzbuch.
101 Zu diesem Themenkomplex etwa *Geneuss*, Völkerrechtsverbrechen und Verfolgungsermessen, passim.
102 OLG Stuttgart Beschl. v. 13.9.2005 – 5 Ws 109/05.

verankerten Verbrechen erscheint eine Überprüfbarkeit der Einstellungsgründe als förderlich für die Legitimität derartiger Entscheidungen.[103]

Insgesamt ist das VStGB in Wissenschaft und Praxis positiv aufgenommen worden.[104] Es bleiben somit die Erfahrungen der kommenden Prozesse abzuwarten, um eindeutige Aussagen über die Notwendigkeit möglicher Gesetzesanpassungen zu treffen – insofern unterscheidet sich das VStGB jedoch nicht von anderen nationalen Strafgesetzen.

42 WIEDERHOLUNGS- UND VERTIEFUNGSFRAGEN

> - Welche entscheidenden Gesetze hat der deutsche Gesetzgeber zur Umsetzung des IStGH-Statuts erlassen? (→ Rn. 1 ff.)
> - Inwiefern verpflichtete das IStGH-Statut den deutschen Gesetzgeber zur Änderung des materiellen Strafrechts? (→ Rn. 8 ff.)
> - Was war das gesetzgeberische Motiv hinter dem Völkerstrafgesetzbuch? (→ Rn. 7 ff.)
> - In welchem Spannungsfeld befindet sich das VStGB? (→ Rn. 18 f.)

Aktuelle und weiterführende Literatur: *Ambos*, Völkerrechtliche Kernverbrechen, Weltrechtsprinzip und § 153f StPO – Zugleich Anm. zu GBA, JZ 2005, 311 und OLG Stuttgart, NStZ 2006, 117, NStZ 2006, 434; *Barthe*, Der Straftatbestand des Verbrechens gegen die Menschlichkeit in § 7 VStGB in der staatsanwaltschaftlichen Praxis – Zur Abgrenzung von Völkerstraftaten und allgemeinen Delikten, NStZ 2012, 247; *Eser/Kreicker* (Hrsg.), Nationale Strafverfolgung, Bd. 1; *Geneuss*, Interplay of National and International Jurisdictions: the German Code of Crimes Against International Law, in: Burchard/Triffterer/Vogel (Hrsg.), The Review Conference, S. 263 ff.; *Gierhake*, Das Prinzip der Weltrechtspflege nach § 1 Völkerstrafgesetzbuch und seine prozessuale Umsetzung in § 153f der Strafprozessordnung, ZStW 120 (2008), 375; *dies.*, Delikte nach dem Völkerstrafgesetzbuch – Tatbestandsprobleme und Beteiligungsfragen, NJW 2019, 1779; *Glauch*, Das neue Verbrechen der Aggression nach § 13 VStGB, HRRS 2017, 85; *Greßmann/Staudigl*, Die Umsetzung der Beschlüsse von Kampala in Deutschland, ZIS 2016, 798; *Hartig*, Post Kampala, The Early Implementers of the Crime of Aggression, JICJ 17 (2019), 485; *Hertel*, Soldaten als Mörder? – Das Verhältnis von VStGB und StGB anhand des Kundus-Bombardements, HRRS 2010, 339; *Jeßberger*, Bundesstrafgerichtsbarkeit und Völkerstrafgesetzbuch, HRRS 2013, 119; *ders.*, Implementing Kampala: The New Crime of Aggression under the German Code of Crimes against International Law, in: Böse ua (Hrsg.), FS Schomburg, S. 180 ff.; *Kaul*, Der Beitrag Deutschlands zum Völkerstrafrecht, in: Safferling/Kirsch (Hrsg.), Völkerstrafrechtspolitik – Praxis des Völkerstrafrechts, S. 52 ff.; *Keller*, Das Völkerstrafgesetzbuch in seiner praktischen Anwendung: Eine kritische Bestandsaufnahme, in: Jeßberger/Geneuss (Hrsg.), Völkerstrafgesetzbuch; *Kreß*, Nationale Umsetzung des Völkerstrafgesetzbuches, ZIS 2007, 515;

---

103 Stellungnahmen zur Bundestagsanhörung vom 25.4.2016 *Heinsch*, S. 5 ff., sowie *Kaleck*, S. 9. *Kreß* ZIS 2007, 515 (517), 523, betont die Wichtigkeit einer von außenpolitischen Erwägungen unbeeinflussten Verfolgungspraxis und verweist diesbezüglich auf das gemeinsame Sondervotum von *Higgins/Kooijmans/Buergenthal*, IGH, Arrest Warrant of 11 April 2000 (Democratic Republic of the Congo v. Belgium), Judgment, 14.2.2002, Joint Seperate Opinions, ICJ Rep 2002, S. 80 f. Rn. 59; zu diskutierten Lösungsansätzen vgl. *Ambos* NStZ 2006, 434 (438); Stellungnahmen Bundestagsanhörung vom 25.4.2016 von *Jeßberger*, S. 8, *Kaleck*, S. 9 f., *Werle*, S. 5 f.
104 Dazu insgesamt das Wortprotokoll der 96. Sitzung des Ausschusses für Recht und Verbraucherschutz vom 25.4.2016, Prot.-Nr. 18/96; auch die Sachverständigen traten in ihren Stellungnahmen im Rahmen dieser Anhörung dem Erfordernis eines Sonderprozessrechts für das VStGB entschieden entgegen; die geäußerte Kritik (va im Bereich der prozessualen und tatsächlichen Hürden für eine sachgerechte Verteidigung, die Zeugen- und Opferbeteiligung sowie die Dokumentations- und Öffentlichkeitsarbeit) lief vielmehr in weiten Teilen parallel mit gleichlautenden aktuellen Reformbestrebungen für das reguläre deutsche Prozessrecht.

Kuhli, Punishment Based on Customary Law?, ZIS 2012, 124; *Lüder/Vormbaum* (Hrsg.), Materialien zum Völkerstrafgesetzbuch; *Ritscher*, International Criminal Law in the Domestic Legal Order: An Introduction from the Perspective of German Legal Practice, in: Burchard/Triffterer/Vogel (Hrsg.), The Review Conference, S. 255 ff.; *ders.*, „Foreign Fighters" und Kriegsvölkerstrafrecht, ZIS 2016, 807; *ders.*, Aktuelle Entwicklungen in der Strafverfolgung des Generalbundesanwalts auf dem Gebiet des Völkerstrafrechts, ZIS 2018, 543; *Safferling/Kirsch*, Zehn Jahre Völkerstrafgesetzbuch, JA 2012, 481; *Safferling/Petrossian*, Kriegsverbrecher unter den Flüchtlingen – Der Umgang der deutschen Justiz mit verdeckt nach Deutschland einreisenden Völkerrechtsverbrechern, JA 2019, 401; *Satzger*, Das neue Völkerstrafgesetzbuch – Eine kritische Würdigung, NStZ 2002, 125; *ders.*, Die Internationalisierung des Strafrechts als Herausforderung für den strafrechtlichen Bestimmtheitsgrundsatz, JuS 2004, 943; *T. Walter*, Das Handeln auf Befehl und § 3 VStGB, JR 2005, 279; *Werle*, Völkerstrafrecht und deutsches Völkerstrafgesetzbuch, JZ 2012, 373; *ders./Jeßberger*, Das Völkerstrafgesetzbuch JZ 2002, 725; *ders./Vormbaum*, Völkerstrafverfahren in Deutschland, JZ 2017, 12; *Wollenschläger*, Die Einführung des Aggressionsverbrechens in das Völkerstrafgesetzbuch, in: Lorenzmeier/Folz (Hrsg.), FS Vedder, S. 792 ff.; *A. Zimmermann*, Auf dem Weg zu einem deutschen Völkerstrafgesetzbuch – Entstehung, völkerrechtlicher Rahmen und wesentliche Inhalte, ZRP 2002, 97; *T. Zimmermann*, Gilt das StGB auch im Krieg? Zum Verhältnis der §§ 8–12 VStGB zum Besonderen Teil des StGB, GA 2010, 507; *Zorn*, Die Zentralstelle für die Bekämpfung von Kriegsverbrechen und weiteren Straftaten nach dem Völkerstrafgesetzbuch (ZBKV), ZIS 2017, 762.

Anhang

Situation	Hintergrund	Angeklagte
Uganda Tätigwerden des IStGH gem. Art. 13 lit. a, 14* (*self referral*) Verbrechen seit 1.7.2002	**Bürgerkrieg insbes. in Norduganda (insbes. „LRA-Konflikt" seit 1987)** Auseinandersetzung zwischen der 1987 gegründeten Widerstandsbewegung der *Lord's Resistance Army* (LRA) unter Führung von *Joseph Kony* und den Regierungstruppen von Präsident *Museveni* mit gewaltsamen und terrorisierenden Übergriffen auf die Zivilbevölkerung insbes. durch die LRA Fortbestand des LRA-Konflikts, jedoch seit einem Waffenstillstandsabkommen im Jahr 2008 insbes. auf Nachbarländer Ugandas verlagert Ermittlungen des IStGH seit 29.7.2004 wegen Verbrechen gegen die Menschlichkeit (Art. 7) und Kriegsverbrechen (Art. 8)	**Joseph Kony** Haftbefehl (2005); flüchtig **Vincent Otti** Haftbefehl (2005); flüchtig **Okot Odhiambo** Haftbefehl (2005); verstorben (2013); Verfahren eingestellt (2015) **Raska Lukwiya** Haftbefehl (2005); verstorben (2006); Verfahren eingestellt (2007) **Dominic Ongwen** Haftbefehl (2005); nach Den Haag überstellt (2015); Prozessbeginn (2016)
Democratic Republic of the Congo Tätigwerden des IStGH gem. Art. 13 lit. a, 14 (*self referral*) Verbrechen seit 1.7.2002	**Zweiter Kongokrieg (1998–2003)** Konflikt zwischen der kongolesischen Regierung unter Präsident *Kabila* (insbes. militärisch unterstützt von Angola, Namibia und Simbabwe) und mehreren, untereinander ebenfalls verfeindeten Rebellengruppen (unterstützt von Ruanda, Uganda und Burundi) **Ituri-Konflikt im Rahmen des zweiten Kongokriegs** Konflikt in der Provinz Ituri zwischen den verfeindeten Ethnien der Hema und Lendu; insbes. Beteiligung der Hema-Miliz *Union des Patriotes Congolais* (UPC) unter Führung von *Thomas Lubanga Dyilo*	**Thomas Lubanga Dyilo** Haftbefehl (2006); nach Den Haag überstellt (2006); Prozessbeginn (2009); Verurteilung zu 14 Jahren Freiheitsstrafe (2012); Strafbarkeit wegen Kriegsverbrechen [Art. 8 II lit. e (vii)]; Urteil von der Rechtsmittelkammer bestätigt (2014) **Germain Katanga** Haftbefehl (2007); nach Den Haag überstellt (2007); Prozessbeginn (2009); Verurteilung zu 12 Jahren Freiheitsstrafe (2014); Strafbarkeit

Situation	Hintergrund	Angeklagte
	Offizielle Beendigung des zweiten Kongokriegs mit der Unterzeichnung des Friedensabkommens von Pretoria durch *Joseph Kabila* (Demokratische Republik Kongo) und *Paul Kagame* (Ruanda) am 30.7.2002, aber Fortbestand der Konflikte im Ostkongo bis in die Gegenwart Ermittlungen des IStGH seit 23.6.2004 wegen Verbrechen gegen die Menschlichkeit (Art. 7) und Kriegsverbrechen (Art. 8)	wegen Verbrechen gegen die Menschlichkeit [Art. 7 I lit. a] und Kriegsverbrechen [Art. 8 II lit. c (i), lit. e (i), (v), (xii)]; Urteil rechtskräftig nach Rückzug der Berufung durch Anklage und Verteidigung (2014) **Bosco Ntaganda** Haftbefehle (2008; 2012); Freiwilliges Erscheinen vor Gericht (2013); Prozessbeginn (2015); Verurteilung zu 30 Jahren Freiheitsstrafe (2019); Strafbarkeit als unmittelbarer Täter [Art. 25 III lit. a] wegen Verbrechen gegen die Menschlichkeit [Art. 7 I lit. a, h] und Kriegsverbrechen [Art. 8 II lit. c (i)] und als mittelbarer Täter [Art. 25 III lit. a] wegen Verbrechen gegen die Menschlichkeit [Art. 7 I lit. d, g] und Kriegsverbrechen [Art. 8 II lit. e (i), (iv), (vi), (vii), (viii), (xii)] **Callixte Mbarushimana** Haftbefehl (2010); nach Den Haag überstellt (2011); Niederlegung der Anklage (2011); Entlassung aus der Untersuchungshaft (2011) **Sylvestre Mudacumura** Haftbefehl (2012); flüchtig **Mathieu Ngudjolo Chui** Haftbefehl (2008); nach Den Haag überstellt (2008); Prozessbeginn (2009); Freispruch und Entlassung aus der Untersuchungshaft (2012);

D. Völkerstrafrecht

Situation	Hintergrund	Angeklagte
		Freispruch von der Rechtsmittelkammer bestätigt (2015)
Tätigwerden des IStGH gem. Art. 13 lit. a, 14 (*self referral*) Verbrechen seit 1.7.2002	Putschversuche gegen Präsident *Patassé* und Folgekonflikt (insbes. Oktober 2002 – März 2003) Durch Putschversuche gegen Präsident *Patassé* ausgelöster Konflikt zwischen diesem und rebellischen Armee-Einheiten; Unterstützung *Patassés* bei der Bekämpfung der Aufständischen durch libysche Truppen und die Rebellenbewegung *Mouvement de Libération du Congo* (MLC) unter Führung *Jean-Pierre Bemba Gombos*; einhergehend damit gewaltsame Übergriffe auf die Zivilbevölkerung, insbes. durch *Bembas* MLC	**Jean-Pierre Bemba Gombo** Haftbefehl (2008); nach Den Haag überstellt (2008); Prozessbeginn im Verfahren „*Bemba*" (2010); Verurteilung zu 18 Jahren Freiheitsstrafe (2016); Strafbarkeit als militärischer Befehlshaber [Art. 28 lit. a] wegen Verbrechen gegen die Menschlichkeit [Art. 7 I lit. a, g] und Kriegsverbrechen [Art. 8 II lit. c (i), lit. e (v.), (vi)]; Freispruch durch Urteil der Rechtsmittelkammer (2018)
	Beendigung des Konflikts durch den Sturz *Patassés* im März 2003 und den Sieg *François Bozizés* bei den Präsidentschaftswahlen im Mai 2005 Ermittlungen des IStGH seit 22.5.2007 wegen Verbrechen gegen die Menschlichkeit (Art. 7), Kriegsverbrechen (Art. 8) und Straftaten gegen die Rechtspflege (Art. 70) Aufteilung der Situation Zentralafrikanische Republik I in das Verfahren „*Bemba*" (Verbrechen gegen die Menschlichkeit und Kriegsverbrechen) und das Verfahren „*Bemba* et al." (Straftaten gegen die Rechtspflege)	Prozessbeginn im Verfahren „*Bemba* et al." (2015); Verurteilung zu 1 Jahr zusätzlicher Freiheitsstrafe und 300.000 Euro Geldstrafe (2017); Strafbarkeit als Mittäter [Art. 25 III lit. a] wegen Straftaten gegen die Rechtspflege [Art. 70 I lit. b, c] und wegen Aufforderung (*soliciting*) [Art. 25 III lit. b] zu Straftaten gegen die Rechtspflege [Art. 70 I lit. a]; Urteil von der Rechtsmittelkammer weitgehend bestätigt, jedoch Freispruch bzgl. der Verurteilung gem. Art. 70 I lit. b und Aufhebung des Strafausspruchs (2018); neuer Strafausspruch, im Umfang unverändert (2018); von der Rechtsmittelkammer bestätigt (2019)
		Aimé Kilolo Musamba Haftbefehl (2013); nach Den Haag überstellt (2013); Prozessbeginn (2015); Verurteilung zu

Anhang

Situation	Hintergrund	Angeklagte
		2 Jahren und 6 Monaten Freiheitsstrafe und 30.000 Euro Geldstrafe (2017); Strafbarkeit als Mittäter [Art. 25 III lit. a] wegen Straftaten gegen die Rechtspflege [Art. 70 I lit. b, c] und wegen Beeinflussung (*inducement*) [Art. 25 III lit. b] zu Straftaten gegen die Rechtspflege [Art. 70 I lit. a]; Urteil von der Rechtsmittelkammer weitgehend bestätigt, jedoch Freispruch bzgl. der Verurteilung gem. Art. 70 I lit. b und Aufhebung des Strafausspruchs (2018); neuer Strafausspruch: 11 Monate Freiheitsstrafe und 30.000 Euro Geldstrafe (2018); von der Rechtsmittelkammer bestätigt (2019) **Jean-Jacques Mangenda Kabongo** Haftbefehl (2013); nach Den Haag überstellt (2013); Prozessbeginn (2015); Verurteilung zu 2 Jahren Freiheitsstrafe (2017); Strafbarkeit als Mittäter [Art. 25 III lit. a] wegen Straftaten gegen die Rechtspflege [Art. 70 I lit. b, c] und als Unterstützer (*aiding* und *abetting*) [Art. 25 III lit. c] bei Straftaten gegen die Rechtspflege [Art. 70 I lit. a]; Urteil von der Rechtsmittelkammer weitgehend bestätigt, jedoch Freispruch bzgl. der Verurteilung gem. Art. 70 I lit. b und Aufhebung des Strafausspruchs (2018); neuer Strafausspruch: 11 Monate Freiheitsstrafe (2018); von der Rechtsmittelkammer bestätigt (2019)

D. VÖLKERSTRAFRECHT

Situation	Hintergrund	Angeklagte
		Fidèle Babala Wandu Haftbefehl (2013); nach Den Haag überstellt (2013); Prozessbeginn (2015); Verurteilung zu 6 Monaten Freiheitsstrafe (2017); Strafbarkeit als Unterstützer (*aiding*) [Art. 25 III lit. c] bei Straftaten gegen die Rechtspflege [Art. 70 I lit. c]; Urteil von der Rechtsmittelkammer bestätigt (2018) **Narcisse Arido** Haftbefehl (2013); nach Den Haag überstellt (2014); Prozessbeginn (2015); Verurteilung zu 11 Monaten Freiheitsstrafe (2017); Strafbarkeit wegen Straftaten gegen die Rechtspflege [Art. 70 I lit. c]; Urteil von der Rechtsmittelkammer bestätigt (2018)
Darfur, Sudan **Tätigwerden des IStGH gem. Art. 13 lit. b (UN-Sicherheitsrats-Resolution 1593 [2005])** **Verbrechen seit 1.7.2002**	**„Darfur-Konflikt"** (seit 2003) Ausgangssituation: Konkurrieren sesshafter afrikanischer Stämme und arabischstämmiger Nomaden um knappe Ressourcen in Darfur im Westsudan Eskalation zu einem gewaltsamen Konflikt zwischen 2003 gebildeten Rebellenorganisationen und der sudanesischen Regierung unter Präsident *Al Bashir*; Bewaffnung der arabischen Stammesmiliz der *Janjaweed* durch die sudanesische Regierung zur Bekämpfung der Rebellen; grausame Übergriffe auf die Zivilbevölkerung insbes. durch die *Janjaweed*-Miliz unter Führung von *Ali Kushayb*, aber auch durch die Rebellenorganisationen	**Ahmad Muhammad Harun** Haftbefehl (2007); flüchtig **Ali Muhammad Ali Abd-Al-Rahman („Ali Kushayb")** Haftbefehl (2007); flüchtig **Omar Hassan Ahmad Al Bashir** Haftbefehle (2009; 2010); flüchtig **Bahar Idriss Abu Garda** Vorladung und freiwilliges Erscheinen vor Gericht (2009); Anklage zurückgewiesen (2010); Zurückweisung des Antrags auf Zulassung des Rechtsmittelverfahrens (2010)

Anhang

Situation	Hintergrund	Angeklagte
	Fortbestand des Konflikts auch nach Unterzeichnung des Darfur-Friedensvertrags am 5.5.2006, jedoch zumindest Entschärfung des gegenwärtigen Konflikts gegenüber den Jahren 2003 bis 2005	**Saleh Mohammed Jerbo Jamus** Vorladung und freiwilliges Erscheinen vor Gericht (2010); vermutlich verstorben (2013); Verfahren eingestellt (2013)
	Ermittlungen des IStGH seit 6.6.2005 wegen Völkermord (Art. 6), Verbrechen gegen die Menschlichkeit (Art. 7) und Kriegsverbrechen (Art. 8)	**Abdallah Banda Abakaer Nourain** Vorladung und freiwilliges Erscheinen vor Gericht (2010); Haftbefehl (2014); flüchtig
		Abdel Raheem Muhammad Hussein Haftbefehl (2012); flüchtig
Kenya **Tätigwerden des IStGH gem. Art. 13 lit. c, 15** (*proprio motu*) **Verbrechen zwischen 1.6.2005 und 26.11.2009**	**Unruhen nach der Präsidentschaftswahl 2007** Auslöser: International angezweifelte Erklärung des bereits zuvor amtierenden Präsidenten *Kibaki* zum Sieger der Wahl vom 27.12.2007 entgegen vorläufigen Ergebnissen zugunsten des Oppositionsführers *Odinga*	**William Samoei Ruto** Vorladung und freiwilliges Erscheinen vor Gericht (2011); Prozessbeginn (2013); Verfahren mangels ausreichender Beweise eingestellt (2016)
	Protesterhebung ab 30.12.2007 und Entwicklung zu einem Konflikt zwischen verschiedenen Volksgruppen; insbes. Übergriffe im Süden der Provinz Rift Valley auf die Ethnie der Kikuyu, der auch *Kibaki* angehört	**Joshua Arap Sang** Vorladung und freiwilliges Erscheinen vor Gericht (2011); Prozessbeginn (2013); Verfahren mangels ausreichender Beweise eingestellt (2016)
	Beendigung der Unruhen durch Einigung *Kibakis* und *Odingas* auf eine Koalitionsregierung am 28.2.2008 Ermittlungen des IStGH seit 31.3.2010 wegen Verbrechen gegen die Menschlichkeit (Art. 7) und Straftaten gegen die Rechtspflege (Art. 70)	**Uhuru Muigai Kenyatta** Vorladung und freiwilliges Erscheinen vor Gericht (2011); Anklage zurückgezogen (2014); Verfahren eingestellt (2015)

Situation	Hintergrund	Angeklagte
		Walter Osapiri Barasa Haftbefehl (2013); flüchtig Paul Gicheru Haftbefehl (2015); flüchtig Philip Kipkoech Bett Haftbefehl (2015); flüchtig
Tätigwerden des IStGH gem. Art. 13 lit. b (UN-Sicherheitsrats-Resolution 1970 [2011]) Verbrechen seit 15.2.2011	**Bürgerkrieg in Libyen / Libysche Revolution (2011)** Durch Proteste im Zuge des „Arabischen Frühlings" ausgelöster Konflikt zwischen den libyschen Truppen unter Führung des Diktators *Gaddafi* und dem aus Rebellen hervorgegangenen „Nationalen Übergangsrat"; Unterstützung der Rebellen durch militärische Einsätze von NATO-Mitgliedstaaten zum Schutz der Zivilbevölkerung Beendigung mit der Eroberung der Stadt Sirte durch die Rebellen und dem damit einhergehenden Tod *Muammar Gaddafis* am 20.10.2011; jedoch Fortbestand von Konflikten zwischen einzelnen Revolutionsbrigaden und dem „Nationalen Übergangsrat"; Auflösung eines weiteren, seit 2014 andauernden libyschen Bürgerkriegs Ermittlungen des IStGH seit 3.3.2011 wegen Verbrechen gegen die Menschlichkeit (Art. 7) und Kriegsverbrechen (Art. 8)	**Saif Al-Islam Gaddafi** Haftbefehl (2011); Anfechtung der Zulässigkeit des Verfahrens gem. Art. 19 II lit. b durch die libysche Regierung (2012); Anfechtung zurückgewiesen (2013); Zurückweisung der Anfechtung der Rechtsmittelkammer bestätigt (2014); flüchtig **Muammar Mohammed Abu Minyar Gaddafi** Haftbefehl (2011); verstorben (2011); Verfahren eingestellt (2011) **Abdullah Al-Senussi** Haftbefehl (2011); Anfechtung der Zulässigkeit des Verfahrens gem. Art. 19 II lit. b durch die libysche Regierung (2013); Verfahren gem. Art. 17 I lit. a für unzulässig erklärt (2013); Unzulässigkeitserklärung von der Rechtsmittelkammer bestätigt (2014); Verfahren eingestellt (2014)

Anhang

Situation	Hintergrund	Angeklagte
Côte d'Ivoire Tätigwerden des IStGH gem. Art. 13 lit. c, 15 *(proprio motu)* Verbrechen seit 28.11.2010; ausgeweitet auf Verbrechen seit 19.9.2002	**Ivorischer Bürgerkrieg (2002–2007)** Durch einen Aufstand von Teilen der ivorischen Armee am 19.9.2002 ausgelöster Konflikt zwischen dem von Rebellen beherrschten und von Einwanderern geprägten Norden der Elfenbeinküste und dem von der Regierung kontrollierten Süden des Landes Beendigung am 30.7.2007 durch Erklärung des kommissarischen Präsidenten *Laurent Gbagbo* und des Rebellenführers *Guillaume Soro* **Regierungskrise nach der Präsidentschaftswahl 2010** Gewaltsame Auseinandersetzung zwischen dem den Süden des Landes repräsentierenden Amtsinhaber *Gbagbo* und dem den Norden vertretenden Herausforderer *Ouattara*, die nach der Stichwahl vom 28.11.2010 beide den Sieg für sich beanspruchten Beendigung der Krise mit der Festnahme *Gbagbos* am 11.4.2011 nach schweren Gefechten in Abidjan, ermöglicht durch entscheidendes Eingreifen von UN-Soldaten und französischen Truppen auf Seiten *Ouattaras* Ermittlungen des IStGH seit 3.10.2011 wegen Verbrechen gegen die Menschlichkeit (Art. 7)	**Al-Tuhamy Mohamed Khaled** Haftbefehl (2013); flüchtig **Mahmoud Mustafa Busayf Al-Werfalli** Haftbefehl (2017; 2018); flüchtig **Laurent Gbagbo** Haftbefehl (2011); nach Den Haag überstellt (2011); Prozessbeginn (2016); Freispruch und Entlassung aus der Untersuchungshaft unter Auflagen (2019); Rechtsmittel eingelegt durch die Anklage (2019) **Charles Blé Goudé** Haftbefehl (2013); nach Den Haag überstellt (2014); Prozessbeginn (2016); Freispruch und Entlassung aus der Untersuchungshaft unter Auflagen (2019); Rechtsmittel eingelegt durch die Anklage (2019) **Simone Gbagbo** Haftbefehl (2012); Anfechtung der Zulässigkeit des Verfahrens gem. Art. 19 II lit. b durch die ivorische Regierung (2013); Anfechtung zurückgewiesen (2014); Zulässigkeitserklärung von der Rechtsmittelkammer bestätigt (2015); flüchtig

Situation	Hintergrund	Angeklagte
Mali Tätigwerden des IStGH gem. Art. 13 lit. a, 14 (*self referral*) Verbrechen seit 1.1.2012	**Konflikt in Nordmali (seit 2012)** Konfliktsituation bestehend aus verschiedenen Auseinandersetzungen; Tuareg-Rebellion mit der Unabhängigkeitserklärung des Azawad (Nordmali) durch das *Mouvement National pour la Libération de l'Azawad* (MNLA); Militärputsch gegen Präsident *Touré*; Konflikt zwischen MNLA und islamischen Gruppierungen (insbes. *Ansar Dine*) infolge zwangsweiser Einführung der Scharia im Azawad; Vorgehen der Interimsregierung *Traorés* (unterstützt von französischen und tschadischen Truppen) gegen in den Süden vordringende islamische Gruppen Friedensvertrag von *Ouagadougou* insbes. zwischen Interimsregierung und MNLA und Durchführungen von Wahlen im Sommer 2013, jedoch Fortbestehen von Konflikten Ermittlungen des IStGH seit 16.1.2013 wegen Kriegsverbrechen (Art. 8)	**Ahmad Al Faqi Al Mahdi** Haftbefehl (2015); nach Den Haag überstellt (2015); Prozessbeginn (2016); Verurteilung zu 9 Jahren Freiheitsstrafe infolge einer *admission of guilt* (2016); Strafbarkeit wegen Kriegsverbrechen [Art. 8 II lit. e (iv)] **Al-Hassan Ag Abdoul Aziz Ag Mohamed Ag Mahmoud** Haftbefehl (2018); nach Den Haag überstellt (2018); Prozessbeginn (angesetzt 2020)
Central African Republic Tätigwerden des IStGH gem. Art. 13 lit. a, 14 (*self referral*) Verbrechen seit 1.8.2012	**Interreligiöser Konflikt in der Zentralafrikanischen Republik (seit 2012)** Ausgangssituation: Grundkonflikt zwischen sesshaften christlichen Bauern und arabischstämmigen Nomaden Durch die Entstehung der muslimischen Rebellenallianz *Séléka* im August 2012 und ihrer Machtübernahme durch den Sturz des Präsidenten *Bozizé* ausgelös-	**Alfred Yekatom** Haftbefehl (2018); nach Den Haag überstellt (2018) **Patrice-Edouard Ngaïssona** Haftbefehl (2018); nach Den Haag überstellt (2019)

Situation	Hintergrund	Angeklagte
	ter, gewaltsamer Konflikt zwischen der *Séléka* und der christlichen Gegen-Miliz *Anti-Balaka*	
	Fortbestehen des Konflikts auch nach dem Rücktritt des muslimischen Interimspräsidenten *Djotodia* und der Wahl *Catherine Samba-Panzas* zur neuen Interimspräsidentin im Januar 2014	
	Ermittlungen des IStGH seit 24.9.2014 wegen Verbrechen gegen die Menschlichkeit (Art. 7) und Kriegsverbrechen (Art. 8)	
Tätigwerden des IStGH gem. Art. 13 lit. c, 15 *(proprio motu)* Verbrechen zwischen 1.7.2008 und 10.10.2008	**Kaukasuskrieg (2008)** Internationaler, bewaffneter Konflikt auf georgischem Staatsgebiet zwischen Georgien und den von Russland unterstützen, international nicht anerkannten, aber faktisch autonomen Republiken Südossetien und Abchasien; Eskalation des seit langem schwelenden Konflikts im August 2008 nach vorausgegangenen, offenen Kampfhandlungen zwischen der georgischen Armee und südossetischen Milizverbänden seit Anfang Juli 2008 Beendigung der militärischen Auseinandersetzungen durch die Unterzeichnung des sog. Sechs-Punkte-Plans durch Georgien, Südossetien, Abchasien und Russland zwischen dem 14. und 16.8.2008, vermittelt durch den Vorsitzenden des Europäischen Rates Ermittlungen des IStGH seit 27.1.2016 wegen Verbrechen gegen die Menschlichkeit (Art. 7) und Kriegsverbrechen (Art. 8)	*Bisher keine Konkretisierung der Ermittlungen auf einzelne Angeklagte*

D. VÖLKERSTRAFRECHT

Situation	Hintergrund	Angeklagte
Burundi Tätigwerden des IStGH gem. Art. 13 lit. c, 15 *(proprio motu)* Verbrechen zwischen 25.4.2015 und 26.10.2017	**Burundische Unruhen (2015–2017)** Gewalttätige Auseinandersetzungen und erfolgloser Putschversuch infolge der Ankündigung des damals amtierenden burundischen Präsidenten *Pierre Nkurunziza*, bei den Präsidentschaftswahlen 2015 ein drittes Mal antreten zu wollen; Anhalten der Unruhen zwischen Regierungskräften und Opposition auch nach der Wahl Beschränkung der Jurisdiktion des IStGH infolge des zum 27.10.2017 wirksam werdenden Austritt Burundis aus dem IStGH-Statut auf davor begangene Verbrechen Ermittlungen des IStGH seit 25.10.2017 wegen Verbrechen gegen die Menschlichkeit (Art. 7)	*Bisher keine Konkretisierung der Ermittlungen auf einzelne Angeklagte*
Tätigwerden des IStGH gem. Art. 13 lit. c, 15 *(proprio motu)* Verbrechen seit 1.10.2010	**Gewaltsame Massenvertreibung der Rohingya aus Myanmar nach Bangladesch (insbes. seit 2017)** Ausgangssituation: Jahrzehntelange Unterdrückung der insbes. in der Verwaltungseinheit Rakhaing-Staat ansässigen muslimischen Minderheit der Rohingya innerhalb der größtenteils buddhistischen Gesellschaft und durch den militärgeprägten Staatsapparat Myanmars Großflächiger Militärschlag der myanmarischen Streitkräfte infolge von koordinierten Angriffen der separatistisch-islamistischen „Arakan Rohingya Salvation Army" (ARSA) auf 30 Stützpunkte der Sicherheitskräfte im Rakhaing-Staat am 25.8.2017, der zur Tötung mehrerer tausend Menschen und zur Vertrei-	*Bisher keine Konkretisierung der Ermittlungen auf einzelne Angeklagte*

Anhang

Situation	Hintergrund	Angeklagte
	bung von über 700.000 Rohingya ins benachbarte Bangladesch führte Ermittlungen des IStGH seit 14.11.2019 wegen aller der Zuständigkeit des IStGH unterfallenden Verbrechen (Art. 5), insbes. wegen Verbrechen gegen die Menschlichkeit (Art. 7)	

* Alle Normverweise sind solche des IStGH-Statuts.

© Bildmaterial: www.icc-cpi.int

Literaturverzeichnis

Abo Youssef, Omar: Die Stellung des Opfers im Völkerstrafrecht, Zürich 2008 (zit.: *Abo Youssef*, Die Stellung des Opfers im Völkerstrafrecht)

Ahlbrecht, Heiko: Geschichte der völkerrechtlichen Strafgerichtsbarkeit im 20. Jahrhundert – unter besonderer Berücksichtigung der völkerrechtlichen Straftatbestände und der Bemühungen um einen Ständigen Internationalen Strafgerichtshof, Baden-Baden 1999 (zit.: *Ahlbrecht*, Geschichte)

Ahlbrecht, Heiko/Böhm, Michael/Esser, Robert/Eckelmans, Franziska (Hrsg.): Internationales Strafrecht – Auslieferung – Rechtshilfe – EGMR – internationale Gerichtshöfe, 2. Aufl., Heidelberg 2018 (zit.: *Bearbeiter*, in: Ahlbrecht ua (Hrsg.), Int. Strafrecht)

Albrecht, Hans-Jörg ua: Kommentar zum Strafgesetzbuch, Reihe Alternativkommentare, Bd. 1, Neuwied 1990 (zit.: AK-*Bearbeiter*)

Ambos, Kai: Der Allgemeine Teil des Völkerstrafrechts, Berlin 2002 (zit.: *Ambos*, Völkerstrafrecht AT)

Ambos, Kai: Internationales Strafrecht, 2. Aufl., München 2008 (zit.: *Ambos*, Int. Strafrecht, 2. Aufl.)

Ambos, Kai: Internationales Strafrecht, 5. Aufl., München 2018 (zit.: *Ambos*, Int. Strafrecht)

Ambos, Kai/König, Stefan/Rackow, Peter (Hrsg.): Rechtshilferecht in Strafsachen, Baden-Baden 2014 (zit.: Ambos/König/Rackow (Hrsg.), Rechtshilferecht in Strafsachen)

Arendt, Hannah: Eichmann in Jerusalem: Ein Bericht von der Banalität des Bösen, München 2007 (zit.: *Arendt*, Eichmann in Jerusalem)

von Arnauld, Andreas: Völkerrecht, 4. Aufl., Heidelberg 2019 (zit.: *v. Arnauld*, Völkerrecht)

Arnold, Jörg/Burkhardt, Björn/Gropp, Walter/Heine, Günter/Koch, Hans-Georg/Lagodny, Otto/Perron, Walter/Walther, Susanne (Hrsg.): Menschengerechtes Strafrecht: Festschrift für Albin Eser zum 70. Geburtstag, München 2005 (zit.: *Bearbeiter*, in: Arnold ua (Hrsg.), FS Eser)

Arzt, Gunther/Weber, Ulrich/Heinrich, Bernd/Hilgendorf, Eric: Strafrecht, Besonderer Teil, 3. Aufl., Bielefeld 2015 (zit.: *Arzt/Weber/Heinrich/Hilgendorf*, BT)

Asp, Petter: The Substantive Criminal Law Competence of the EU, Stockholm 2012 (zit.: *Asp*, Substantive Criminal Law)

Asp, Petter (Hrsg.): The European Public Prosecutor's Office, Legal and Criminal Policy Perspectives, Schriftenreihe der Juristischen Fakultät der Universität Stockholm (Nr. 83), Stockholm 2015 (zit.: *Bearbeiter*, in: Asp (Hrsg.), The EPPO)

Asp, Petter/Bitzilekis, Nikolaos/Bogdan, Sergiu/Elholm, Thomas/Foffani, Luigi/Frände, Dan/Fuchs, Helmut/Helenius, Dan/Kaiafa-Gbandi, Maria/Leblois-Happe, Jocelyne/Nieto-Martín, Adán/Satzger, Helmut/Suominen, Annika/Symeonidou-Kastanidou, Elisavet/Zerbes, Ingeborg/Zimmermann, Frank: A Manifesto on European Criminal Procedure Law, Schriftenreihe der Juristischen Fakultät der Universität Stockholm (Nr. 82), Stockholm 2014 (zit.: *Asp ua*, Manifesto II)

Bantekas, Ilias: International Criminal Law, 4. Aufl., Oxford 2010 (zit.: *Bantekas*, Int. Criminal Law)

Bair, Johann: The International Covenant on Civil and Political Rights and its (First) Optional Protocol: A Short Commentary Based on Views, General Comments and Concluding Observations by the Human Rights Committee, Frankfurt am Main 2005 (zit.: *Bair*, The International Covenant on Civil and Political Rights)

Bárd, Károly/Soyer, Richard (Hrsg.): Internationale Strafgerichtsbarkeit: Ungarisch-Österreichisches Seminar, Budapest, 22. April 2005, Berlin 2006 (zit.: *Bearbeiter*, in: Bárd/Soyer (Hrsg.), Internationale Strafgerichtsbarkeit)

Bassiouni, M. Cherif: Introduction to International Criminal Law, 2. Aufl., Ardsley 2013 (zit.: *Bassiouni*, Introduction)

Baumann, Jürgen/Weber, Ulrich/Mitsch, Wolfgang/Eisele, Jörg: Strafrecht – Allgemeiner Teil, Lehrbuch, 12. Aufl., Bielefeld 2016 (zit.: *Baumann/Weber/Mitsch/Eisele*, AT)

Literaturverzeichnis

Becker, Astrid: Der Tatbestand des Verbrechens gegen die Menschlichkeit: Überlegungen zur Problematik eines völkerrechtlichen Strafrechts, Berlin 1996 (zit.: *Becker*, Der Tatbestand des Verbrechens gegen die Menschlichkeit)

Beulke, Werner/Swoboda, Sabine: Strafprozessrecht, 14. Aufl., Heidelberg 2018 (zit.: *Beulke*, StPO)

Binding, Karl: Handbuch des Strafrechts, Band 1, Leipzig 1885 (zit.: *Binding*, Handbuch des Strafrechts)

Bock, Stefanie: Das Opfer vor dem Internationalen Strafgerichtshof, Berlin 2010 (zit.: *Bock*, Das Opfer vor dem Internationalen Strafgerichtshof)

Bockemühl, Jan (Hrsg.): Handbuch des Fachanwalts Strafrecht, 7. Aufl., Köln 2018 (zit.: *Bearbeiter*, in: Bockemühl (Hrsg.))

Böse, Martin: Strafen und Sanktionen im europäischen Gemeinschaftsrecht, Köln 1996 (zit.: *Böse*, Strafen und Sanktionen im europäischen Gemeinschaftsrecht)

Böse, Martin/Bohlander, Michael/Klip, André/Lagodny, Otto (Hrsg.): Justice Without Borders: Essays in Honour of Wolfgang Schomburg, Leiden 2018 (zit.: *Bearbeiter*, in: Böse ua (Hrsg.), FS Schomburg)

Böse, Martin/Meyer, Frank/Schneider, Anne (Hrsg.): Conflicts of Jurisdiction in Criminal Matters in the European Union, Baden-Baden 2013 (zit.: *Bearbeiter*, in: Böse/Meyer/Schneider (Hrsg.), Conflicts of Jurisdiction)

Borchardt, Klaus-Dieter: Die rechtlichen Grundlagen der Europäischen Union, 6. Aufl., Stuttgart 2015 (zit.: *Borchardt*, Die rechtlichen Grundlagen der Europäischen Union)

von Braun, Leonie: Internationalisierte Strafgerichte: Eine Analyse der Strafverfolgung schwerer Menschenrechtsverletzungen in Osttimor, Sierra Leone und Bosnien-Herzegowina, Berlin 2008 (zit.: *von Braun*, Internationalisierte Strafgerichte)

Brechmann, Winfried: Die richtlinienkonforme Auslegung: Zugleich ein Beitrag zur Dogmatik der EG-Richtlinie, München 1994 (zit.: *Brechmann*, Die richtlinienkonforme Auslegung)

Brüggemann, Volker: Der Verwahrungsbruch, § 133 StGB, Bochum 1981 (zit.: *Brüggemann*, Der Verwahrungsbruch)

Bruns, Hans-Jürgen: Das Recht der Strafzumessung: Eine systematische Darstellung für die Praxis, Köln 1985 (zit.: *Bruns*, Das Recht der Strafzumessung)

Burchard, Christoph: Die Konstitutionalisierung der gegenseitigen Anerkennung – Die justizielle Zusammenarbeit in Europa im Lichte des Unionsverfassungsrechts, Frankfurt am Main 2019 (zit.: *Burchard*, Konstitutionalisierung)

Burchard, Christoph/Triffterer, Otto/Vogel, Joachim: The Review Conference and the Future of the International Criminal Court, Köln 2010 (zit.: *Bearbeiter*, in: Burchard/Triffterer/Vogel (Hrsg.), The Review Conference)

Burghardt, Boris: Die Vorgesetztenverantwortlichkeit im völkerrechtlichen Strafsystem, Berlin 2008 (zit.: *Burghardt*, Die Vorgesetztenverantwortlichkeit)

Cali, Basak (Hrsg.): International Law for International Relations, Oxford 2009 (zit.: *Bearbeiter*, in: Cali (Hrsg.), International Law for International Relations)

Calliess, Christian/Ruffert, Matthias (Hrsg.): EUV/AEUV, Das Verfassungsrecht der Europäischen Union mit Europäischer Grundrechtecharta, Kommentar, 5. Aufl., München 2016 (zit.: Calliess/Ruffert-*Bearbeiter*)

Cassese, Antonio: International Criminal Law, 3. Aufl., New York 2013 (zit.: *Cassese*, Int. Criminal Law)

Cassese, Antonio ua (Hrsg.): The Oxford Companion to International Criminal Justice, Oxford 2009 (zit.: *Bearbeiter*, in: Cassese (Hrsg.), Companion)

Cassese, Antonio/Gaeta, Paola/Jones, John R. W. D. (Hrsg.): The Rome Statute of the International Criminal Court: A Commentary, Oxford 2002 (zit.: Cassese/Gaeta/Jones-*Bearbeiter*, Rome Statute)

Cornils, Karin: Die Fremdrechtsanwendung im Strafrecht, Berlin 1978 (zit.: *Cornils*)

Corstens, Geert/Pradel, Jean: European Criminal Law, Den Haag 2002 (zit.: *Corstens/Pradel*, Eur. Criminal Law)

Literaturverzeichnis

Courakis, Nestor (Hrsg.): Die Strafrechtswissenschaft im 21. Jahrhundert: Festschrift für Dionysios Spinellis, Athen 2001 (zit.: *Bearbeiter*, in: Courakis (Hrsg.), FS Spinellis)

Craig, Paul P./de Búrca, Gráinne: EU law – text, cases, and materials, 6. Aufl., Oxford ua 2015 (zit.: *Craig/de Búrca*, EU law)

Cryer, Robert/ Robinson, Darryl/Vasiliev, Sergey: An Introduction to International Criminal Law and Procedure, 4. Aufl., Cambridge ua 2019 (zit.: *Cryer/Friman/Robinson/Wilmshurst*, Introduction)

Currie, John H.: Public International Law, 2. Aufl., Toronto 2008 (zit.: *Currie*, Public International Law)

Damgaard, Ciara: Individual Criminal Responsibility for Core International Crimes: Selected Pertinent Issues, Berlin 2008 (zit.: *Damgaard*, Individual criminal responsibility)

Delmas-Marty, Mireille (Hrsg.): Corpus Juris der strafrechtlichen Regelungen zum Schutz der finanziellen Interessen der EU, Köln 1998 (zit.: *Delmas-Marty*, Corpus Juris)

Delmas-Marty, Mireille/Vervaele, John A. E. (Hrsg.): The Implementation of the Corpus Juris in the Member States, Bd. 1, Antwerpen 2001 (zit.: *Bearbeiter*, in: Delmas-Marty/Vervaele (Hrsg.), Implementation)

Dietrich, Tobias: Die Erstreckung der Strafbarkeit auf Auslandssachverhalte nach § 35 AWG – Die Vereinbarkeit von § 35 AWG mit dem Völkerrecht, Hamburg 2014 (zit.: *Dietrich*, Die Erstreckung der Strafbarkeit auf Auslandssachverhalte nach § 35 AWG [aF])

van Dijk, Pieter/van Hoof, Fried/van Rijn, Arjen/Zwaak, Leo (Hrsg.): Theory and Practice of the European Convention on Human Rights, Antwerpen und Oxford 2018 (zit.: *Bearbeiter*, in: van Dijk ua (Hrsg.), Theory and Practice of the European Convention on Human Rights)

Dixon, Rodney/Khan, Karim A.A. (Hrsg.): Archbold International Criminal Courts – Practice, Procedure & Evidence, 4. Aufl., London 2014 (zit.: *Dixon/Khan*, Archbold)

Doehring, Karl: Völkerrecht, 2. Aufl., Heidelberg 2004 (zit.: *Doehring*, Völkerrecht)

Dörr, Oliver/Grote, Rainer/Marauhn, Thilo (Hrsg.): Konkordanzkommentar zum europäischen und deutschen Grundrechtsschutz, 2. Aufl., Heidelberg ua 2013 (zit.: *Dörr/Grote/Marauhn-Bearbeiter*)

Donatsch, Andreas: StGB Kommentar (f. d. Schweiz), 20. Aufl., Zürich 2018 (zit.: *Donatsch*)

Duffy, Helen: The „War on Terror" and the Framework of International Law, 2. Aufl., Cambridge 2015 (zit.: *Duffy*, War on Terror)

Dwertmann, Eva: The Reparation System of the International Criminal Court: Its Implementation, Possibilities and Limitations, Leiden 2010 (zit.: *Dwertmann*, The Reparation System of the International Criminal Court)

Ellis, Mark: Sovereignty and Justice: Creating Domestic War Crimes Courts Within the Principle of Complementarity, Oxford 2015 (zit.: *Ellis*, Sovereignty and Justice)

Engisch, Karl/Maurach, Reinhart (Hrsg.): Festschrift für Edmund Mezger, München 1954 (zit.: *Bearbeiter*, in: Engisch/Maurach (Hrsg.), FS Mezger)

Erb, Volker/Esser, Robert/Franke, Ulrich/Graalmann-Scherer, Kirsten/Hilger, Hans/Ignor, Alexander: Löwe/Rosenberg, Strafprozessordnung, 26. Aufl., Berlin ua 2006 ff. (zit.: L/R-*Bearbeiter*); siehe zur 25. Aufl.: *Rieß, Peter* (Hrsg.)

Eser, Albin/Kreicker, Helmut (Hrsg.): Nationale Strafverfolgung völkerrechtlicher Verbrechen, Freiburg im Breisgau 2003 ff. (zit.: *Bearbeiter*, in: Eser/Kreicker (Hrsg.), Nationale Strafverfolgung)

Eser, Albin/Schittenhelm, Ulrike/Schumann, Heribert (Hrsg.): Festschrift für Theodor Lenckner zum 70. Geburtstag, München 1998 (zit.: *Bearbeiter*, in: Eser ua (Hrsg.), FS Lenckner)

Esser, Robert: Auf dem Weg zu einem europäischen Strafverfahrensrecht, Berlin 2002 (zit.: *Esser*, Europäisches Strafverfahrensrecht)

Esser, Robert: Europäisches und Internationales Strafrecht, 2. Aufl., München 2018 (zit.: *Esser*, Eur. und Int. Strafrecht)

Etzel, Jochen: Notstand und Pflichtenkollision im amerikanischen Strafrecht, Freiburg 1993 (zit.: *Etzel*, Notstand und Pflichtenkollision)

Literaturverzeichnis

Europäischer Juristentag (Hrsg.): 4. Europäischer Juristentag, Wien 2008 (zit.: *Bearbeiter*, in: 4. Europäischer Juristentag)
Fahl, Christian/Müller, Eckhart/Satzger, Helmut/Swoboda, Sabine (Hrsg.): Ein menschengerechtes Strafrecht als Lebensaufgabe, Festschrift für Werner Beulke zum 70. Geburtstag, Heidelberg 2015 (zit.: *Bearbeiter*, in: Fahl/Müller/Satzger/Swoboda (Hrsg.), FS Beulke)
Feldtmann, Birgit/Elholm, Thomas: Strafrechtliche Jurisdiktion: Eine Nordische Perspektive, Kopenhagen 2017 (zit.: *Feldtmann/Elholm*, Strafrechtliche Jurisdiktion)
Ferdinandusse, Ward: Direct Application of International Criminal Law in National Courts, Den Haag 2006 (zit.: *Ferdinandusse*, Direct Application of International Criminal Law in National Courts)
Filopoulos, Panagiotis: Europarecht und nationales Strafrecht, Aachen 2004 (zit.: *Filopoulos*, Europarecht)
Fischer, Thomas: Strafgesetzbuch und Nebengesetze, 64. Aufl., München 2017 (zit.: *Fischer*, 64. Aufl.)
Fischer, Thomas: Strafgesetzbuch und Nebengesetze, 66. Aufl., München 2019 (zit.: *Fischer*)
Fleck, Dieter (Hrsg.): Handbuch des humanitären Völkerrechts, München 1994 (zit.: *Bearbeiter*, in: Fleck (Hrsg.), Handbuch des humanitären Völkerrechts)
Fletcher, Maria/Lööf, Robin/Gilmore, Bill: EU Criminal Law and Justice, Cheltenham 2008 (zit.: *Fletcher/Lööf/Gilmore*, EU Criminal Law)
Frank, Reinhard: Das Strafgesetzbuch für das Deutsche Reich nebst Einführungsgesetz, 18. Aufl., Leipzig 1931 (zit.: *Frank*, Das Strafgesetzbuch für das Deutsche Reich)
Freund, Georg: Strafrecht, Allgemeiner Teil: Personale Straftatlehre, 2. Aufl., Heidelberg 2009 (zit.: *Freund*, Strafrecht, Allgemeiner Teil: Personale Straftatlehre)
Frowein, Jochen A./Peukert, Wolfgang: Europäische Menschenrechtskonvention, EMRK-Kommentar, 3. Aufl., Kehl ua 2009 (zit.: *Frowein/Peukert*, EMRK)
Gänswein, Olivier: Der Grundsatz unionsrechtskonformer Auslegung nationalen Rechts: Erscheinungsformen und dogmatische Grundlage eines Rechtsprinzips des Unionsrechts, Bern 2009 (zit.: *Gänswein*, Der Grundsatz unionsrechtskonformer Auslegung nationalen Rechts)
Geneuss, Julia: Völkerrechtsverbrechen und Verfolgungsermessen, Baden-Baden 2013 (zit.: *Geneuss*, Völkerrechtsverbrechen und Verfolgungsermessen)
Gerland, Heinrich: Deutsches Reichsstrafrecht, 2. Aufl., Berlin 1932 (zit.: *Gerland*, Deutsches Reichsstrafrecht)
Gleß, Sabine: Beweisrechtsgrundsätze einer grenzüberschreitenden Strafverfolgung, Baden-Baden 2006 (zit.: *Gleß*, Beweisrechtsgrundsätze einer grenzüberschreitenden Strafverfolgung)
Gleß, Sabine: Internationales Strafrecht – Grundriss für Studium und Praxis, 2. Aufl., Basel 2015 (zit.: *Gleß*, Int. Strafrecht)
Gleß, Sabine/Grote, Rainer/Heine, Günter (Hrsg.): Justitielle Einbindung und Kontrolle von Europol, Freiburg 2001 (zit.: *Bearbeiter*, in: Gleß/Grote/Heine (Hrsg.), Justitielle Einbindung und Kontrolle von Europol)
Gössel, Karl Heinz/Triffterer, Otto (Hrsg.): Gedächtnisschrift für Heinz Zipf, Heidelberg 1999 *(zit.: Bearbeiter, in: Gössel/Triffterer (Hrsg.), GS Zipf)*
Golombek, Tine: Der Schutz ausländischer Rechtsgüter im System des deutschen Strafanwendungsrechts, Berlin 2010 (zit.: *Golombek*)
Grabenwarter, Christoph: *European Convention on Human Rights, Commentary, München 2014 (zit.: Grabenwarter, ECHR)*
Grabenwarter, Christoph/Pabel, Katharina: Europäische Menschenrechtskonvention, 6. Aufl., München 2016 (zit.: *Grabenwarter/Pabel*, EMRK)
Grabitz, Eberhard/Hilf, Meinhard/Nettesheim, Martin (Hrsg.): Das Recht der Europäischen Union, Loseblattsammlung, 69. Aufl., München 2019 (zit.: Grabitz/Hilf/Nettesheim-*Bearbeiter*)
Grammer, Christoph: Der Tatbestand des Verschwindenlassens einer Person, Berlin 2005 (zit.: *Grammer*, Der Tatbestand des Verschwindenlassens einer Person)
Grams, Hartmut: Zur Gesetzgebung der Europäischen Union: Eine vergleichende Strukturanalyse aus staatsorganisatorischer Sicht, Köln 1998 (zit.: *Grams*, Zur Gesetzgebung der EU)

Literaturverzeichnis

Graul, Eva/Wolf, Gerhard (Hrsg.): Gedächtnisschrift für Dieter Meurer, Berlin 2002 (zit.: *Bearbeiter*, in: Graul/Wolf (Hrsg.), GS Meurer)

von der Groeben, Hans/Hatje, Armin/Schwarze, Jürgen (Hrsg.): Kommentar zum Europäischen Unionsrecht, 7. Aufl., Baden-Baden 2015 (zit.: v. d. Groeben/Hatje/Schwarze-*Bearbeiter*)

von der Groeben, Hans/Schwarze, Jürgen (Hrsg.): Kommentar zum Vertrag über die Europäische Union und zur Gründung der Europäischen Gemeinschaft, 6. Aufl., Baden-Baden 2003 f. (zit.: v. d. Groeben/Schwarze-*Bearbeiter*, 6. Aufl.)

Gröblinghoff, Stefan: Die Verpflichtung des deutschen Strafgesetzgebers zum Schutz der Interessen der Europäischen Gemeinschaft, Heidelberg 1996 (zit.: *Gröblinghoff*, Die Verpflichtung des deutschen Strafgesetzgebers zum Schutz der Interessen der Europäischen Gemeinschaften)

Gropp, Walter: Strafrecht, Allgemeiner Teil, 4. Aufl., Berlin 2015 (zit.: *Gropp*, AT)

Hackner, Thomas/Schierholt, Christian: Internationale Rechtshilfe in Strafsachen – Ein Leitfaden für die Praxis, 3. Aufl., München 2017 (zit.: *Hackner/Schierholt*: Internationale Rechtshilfe in Strafsachen)

Haft, Fritjof: Strafrecht, Allgemeiner Teil, 9. Aufl., München 2004 (zit.: *Haft*, AT)

Hailbronner, Kay/Klein, Eckart/Magiera, Siegfried/Müller-Graff, Peter-Christian (Hrsg.): Handkommentar zum EGV/EUV, Loseblattsammlung, Köln ua, Stand November 1998 (zit.: HK-*Bearbeiter*)

Hankel, Gerd: Die Leipziger Prozesse: Deutsche Kriegsverbrechen und ihre strafrechtliche Verfolgung nach dem Ersten Weltkrieg, Hamburg 2003 (zit.: *Hankel*, Die Leipziger Prozesse)

Hankel, Gerd/Stuby, Gerhard (Hrsg.): Strafgerichte gegen Menschheitsverbrechen, Zum Völkerstrafrecht 50 Jahre nach den Nürnberger Prozessen, Hamburg 1995 (zit.: *Bearbeiter,* in: Hankel/Stuby (Hrsg.), Strafgerichte gegen Menschheitsverbrechen)

Hannich, Rolf (Hrsg.): Karlsruher Kommentar zur Strafprozessordnung mit GVG, EGGVG und EMRK, 8. Aufl., München 2019 (zit.: KK-*Bearbeiter*)

Hassemer, Sinfried/Kempf, Eberhard/Dörr, Felix G./Moccia, Sergio: In dubio pro libertate – Festschrift für Klaus Volk zum 65. Geburtstag, München 2009 (zit.: *Bearbeiter,* in: Hassemer ua (Hrsg.), FS Volk)

Hecker, Bernd: Strafbare Produktwerbung im Lichte des Gemeinschaftsrechts, Tübingen 2001 (zit.: *Hecker*, Strafbare Produktwerbung)

Hecker, Bernd: Europäisches Strafrecht, 5. Aufl., Heidelberg 2015 (zit.: *Hecker*, Eur. Strafrecht)

Heermann, Peter W./Ohly, Ansgar (Hrsg.): Verantwortlichkeit im Netz – Wer haftet wofür?, Stuttgart 2003 (zit.: *Bearbeiter*, in: Heermann/Ohly (Hrsg.), Verantwortlichkeit im Netz)

Heger, Martin/Kelker, Brigitte/Schramm, Edward (Hrsg.): Festschrift für Kristian Kühl zum 70. Geburtstag, München 2014 (zit.: *Bearbeiter*, in: Heger ua (Hrsg.), FS Kühl)

Heid, Daniela A./Stotz, Rüdiger/Verny, Arsène (Hrsg.): Festschrift für Manfred A. Dauses zum 70. Geburtstag, München 2014 (zit.: *Bearbeiter*, in: Heid ua (Hrsg.), FS Dauses)

Heinrich, Bernd/Hilgendorf, Eric/Mitsch, Wolfgang/Sternberg-Lieben, Detlev (Hrsg.): Festschrift für Ulrich Weber, Bielefeld 2004 (zit.: *Bearbeiter*, in: Heinrich ua (Hrsg.), FS Weber)

von Heinrich, Manfred/Jäger, Christian/Schünemann, Bernd (Hrsg.): Festschrift für Claus Roxin zum 80. Geburtstag am 15. Mai 2011: Strafrecht als Scientia Universalis, Berlin ua 2011 (zit.: *Bearbeiter*, in: von Heinrich ua (Hrsg.), FS Roxin)

von Heintschel-Heinegg, Bernd (Hrsg.): Beck'scher Online-Kommentar zum Strafgesetzbuch, 44. Edition, München 2019 (zit.: BeckOK-StGB-*Bearbeiter*)

Heise, Friedrich Nicolaus: Europäisches Gemeinschaftsrecht und nationales Strafrecht, Bielefeld 1998 (zit.: *Heise*, Europäisches Gemeinschaftsrecht und nationales Strafrecht)

Heitzer, Anne: Punitive Sanktionen im europäischen Gemeinschaftsrecht, Heidelberg 1997 (zit.: *Heitzer*, Punitive Sanktionen)

Henrich, Andreas: Das passive Personalitätsprinzip im Strafrecht, Freiburg im Breisgau 1994 (zit.: *Henrich*, Personalitätsprinzip)

Herdegen, Matthias: Europarecht, 21. Aufl., München 2019 (zit.: *Herdegen*, Europarecht)

Herring, Jonathan: Criminal Law: Text, Cases, Materials, 6. Aufl., Oxford 2014 (zit.: *Herring*, Criminal Law)

Literaturverzeichnis

Hiebl, Stefan/Kassebohm, Nils/Lilie, Hans (Hrsg.): Festschrift für Volkmar Mehle zum 65. Geburtstag am 11.11.2009, Baden-Baden 2009 (zit.: *Bearbeiter*, in: Hiebl ua (Hrsg.), FS Mehle)

Hochmayer, Gudrun (Hrsg.): „Ne bis in idem" in Europa – Praxis, Probleme und Perspektiven des Doppelverfolgungsverbots, Baden-Baden 2015 (zit.: *Bearbeiter*, in: Hochmayer (Hrsg.) „Ne bis in idem")

Höltkemeier, Kai: Sponsoring als Straftat: Die Bestechungsdelikte auf dem Prüfstand, Berlin 2005 (zit.: *Höltkemeier*, Sponsoring als Straftat)

Hohenleitner, Siegfried/Linder, Ludwig/Nowakowski, Friedrich: Festschrift für Theodor Rittler zu seinem achtzigsten Geburtstag, Aalen 1957 (zit.: *Bearbeiter*, in: Hohenleitner ua (Hrsg.), FS Rittler)

Huber, Andrea: Der Beitritt der Europäischen Union zur Europäischen Menschenrechtskonvention, Art. 6 Abs. 2 S. 1 EUV, Hamburg 2008 (zit.: *A. Huber*, Der Beitritt der Europäischen Union zur EMRK)

Huber, Barbara (Hrsg.): Das Corpus Juris als Grundlage eines Europäischen Strafrechts: Europäisches Kolloquium Trier, 4.-6. März 1999, München 2000 (zit.: *Huber*, Das Corpus Juris als Grundlage eines Europäischen Strafrechts)

Ipsen, Knut (Hrsg.): Völkerrecht, 7. Aufl., München 2018 (zit.: *Bearbeiter*, in: Ipsen (Hrsg.), Völkerrecht)

Jakobs, Günther: Strafrecht, Allgemeiner Teil: Die Grundlagen und die Zurechnungslehre, 2. Aufl., Berlin ua 1993 (zit.: *Jakobs*, AT)

Jähnke, Burkhard/Laufhütte, Heinrich Wilhelm/Odersky, Walter (Hrsg.): Strafgesetzbuch, Leipziger Kommentar, 11. Aufl., Berlin ua 1992 ff. (zit.: LK-*Bearbeiter*, 11. Aufl.); siehe zur 10. Aufl. *Jescheck, Hans-Heinrich/Ruß, Wolfgang/Willms, Günther* (Hrsg.)

Jescheck, Hans-Heinrich/Ruß, Wolfgang/Willms, Günther (Hrsg.): Strafgesetzbuch, Leipziger Kommentar, 10. Aufl., Berlin ua 1978 ff. (zit.: LK-*Bearbeiter*, 10. Aufl.)

Jescheck, Hans-Heinrich/Weigend, Thomas: Lehrbuch des Strafrechts: Allgemeiner Teil, 5. Aufl., Berlin 1996 (zit.: *Jescheck/Weigend*)

Jeßberger, Florian: Der transnationale Geltungsbereich des deutschen Strafrechts, Tübingen 2011 (zit.: *Jeßberger*, Geltungsbereich)

Jeßberger, Florian/Geneuss, Julia (Hrsg.): Zehn Jahre Völkerstrafgesetzbuch – Bilanz und Perspektiven eines „deutschen Völkerstrafrechts", Baden-Baden 2013 (zit.: *Bearbeiter*, in: Jeßberger/Geneuss (Hrsg.), Völkerstrafgesetzbuch)

Joecks, Wolfgang/Miebach, Klaus (Hrsg.): Münchener Kommentar zum Strafgesetzbuch, 3. Aufl., München 2016 ff. (zit.: MK-*Bearbeiter*)

Joecks, Wolfgang/Miebach, Klaus (Hrsg.): Münchener Kommentar zum Strafgesetzbuch, 2. Aufl., München 2011 ff. (zit.: MK-*Bearbeiter*, 2. Aufl.)

Jofer, Peter: Strafverfolgung im Internet – Phaenomenologie und Bekaempfung kriminellen Verhaltens in internationalen Computernetzen, Frankfurt am Main 1999 (zit.: *Jofer*, Strafverfolgung im Internet)

Jokisch, Jens: Gemeinschaftsrecht und Strafverfahren: Die Überlagerung des deutschen Strafprozessrechts durch das Europäische Gemeinschaftsrecht, dargestellt anhand ausgewählter Problemfälle, Berlin 2000 (zit.: *Jokisch*, Gemeinschaftsrecht und Strafverfahren)

Kapteyn, Paul J. G./McDonnel, Alison/Mortelmans, Kamiel/Timmermans, Christian W. A. (Hrsg.): The Law of the European Union and the European Communities, 4. Aufl., Austin u.a 2008 (zit.: *Bearbeiter*, in: Kapteyn ua (Hrsg.), EC Law)

Kapteyn, Paul J. G./Verloren van Themaat, Pieter: Introduction to the Law of the European Community, 3. Aufl., Köln 1998 (*Kapteyn/Verloren van Themaat*, Introduction to the Law of the European Community)

Kappel, Jan: Das Ubiquitätsprinzip im Internet – Wie weit reicht das deutsche Strafrecht, Hamburg 2007 (zit.: *Kappel*, Das Ubiquitätsprinzip im Internet)

Karpen, Hans-Ulrich: *Die Verweisung als Mittel der Gesetzgebungstechnik, Berlin 1970* (zit.: *Karpen*, Die Verweisung als Mittel der Gesetzgebungstechnik)

Literaturverzeichnis

Karpenstein, Ulrich/Mayer, Franz (Hrsg.): Konvention zum Schutz der Menschenrechte und Grundfreiheiten: EMRK, Kommentar, 2. Aufl., München 2015 *(zit.: Karpenstein/Mayer-Bearbeiter, EMRK)*

Kegel, Gerhard/Schurig, Klaus: Internationales Privatrecht, 9. Aufl., München 2004 (zit.: *Kegel/Schurig*)

Keller, Helen/Sweet, Alec Stoned (Hrsg.): A Europe of Rights – The Impact of the ECHR on National Legal Systems, New York 2008 (zit.: *Bearbeiter*, in: Keller/Sweet (Hrsg.), A Europe of Rights)

Kert, Robert/Lehner, Andrea (Hrsg.): Vielfalt des Strafrechts im internationalen Kontext. Festschrift für Frank Höpfel zum 65. Geburtstag, Wien 2018 (zit.: *Bearbeiter*, in: Kert/Lehner (Hrsg.), FS Höpfel)

Kienle, Michael: Internationales Strafrecht und Straftaten im Internet: Zum Erfordernis der Einschränkung des Ubiquitätsprinzips des § 9 Abs. 1 Var. 3 StGB, Konstanz 1998 (zit.: *Kienle*, Internationales Strafrecht und Straftaten im Internet)

Kindhäuser, Urs/Hilgendorf, Eric: Strafgesetzbuch, Lehr- und Praxiskommentar, 8. Aufl., Baden-Baden 2019 (zit.: *Kindhäuser/Hilgendorf, LPK-StGB*)

Kindhäuser, Urs/Neumann, Ulfrid/Paeffgen, Hans-Ullrich (Hrsg.): Nomos-Kommentar zum Strafgesetzbuch, 5. Aufl., Baden-Baden 2017 (zit.: *NK-Bearbeiter*)

Kirk McDonald, Gabrielle/Swaak-Goldman, Olivia (Hrsg.): Substantive and Procedural Aspects of International Criminal Law: The Experience of International and National Courts, Bd. 1, Den Haag 2000 (zit.: *Bearbeiter*, in: Kirk McDonald/Swaak-Goldman (Hrsg.), Substantive and Procedural Aspects of International Criminal Law, Bd. 1)

Kittichaisaree, Kriangsak: International Criminal Law, New York 2001 (zit.: *Kittichaisaree*, Int. Criminal Law)

Klip, André: European Criminal Law, 3. Aufl., Antwerpen ua 2016 (zit.: *Klip*, Eur. Criminal Law)

Klip, André (Hrsg.): Substantive Criminal Law of the European Union, Antwerpen ua 2011 (zit.: *Bearbeiter*, in: Klip (Hrsg.), Substantive Criminal Law)

Klip, André/Sluiter, Göran (Hrsg.): Annotated Leading Cases of International Tribunals, Antwerpen 1999 ff. (zit.: *Bearbeiter*, in: Klip/Sluiter (Hrsg.), Annotated Leading Cases of International Tribunals)

Kniebühler, Roland Michael: Transnationales „ne bis in idem" – zum Verbot der Mehrfachverfolgung in horizontaler und vertikaler Dimension, Berlin 2005 (zit.: *Kniebühler*, Transnationales „ne bis in idem")

Kober, Martin: Der Grundrechtsschutz in der Europäischen Union, München 2008 (zit.: *Kober*, Der Grundrechtsschutz in der Europäischen Union)

Köhne, Rainer: Die richtlinienkonforme Auslegung im Umweltstrafrecht: dargestellt am Abfallbegriff des § 326 Abs. 1 StGB, Trier 1997 (zit.: *Köhne*, Die richtlinienkonforme Auslegung im Umweltstrafrecht)

König, Kai-Michael: Die völkerrechtliche Legitimation der Strafgewalt internationaler Strafjustiz, Baden-Baden 2003 (zit.: *König*, Die völkerrechtliche Legitimation der Strafgewalt internationaler Strafjustiz)

Körner, Harald Hans/Patzak, Jörn/Volkmer, Matthias: Betäubungsmittelgesetz, Arzneimittelgesetz, Grundstoffüberwachungsgesetz, 9. Aufl., München 2019 (zit.: *Körner/Patzak/Volkmer*, BtMG)

Kosta, Vasiliki/Skoutaris, Nikos/Tzevelkos, Vassilis P. (Hrsg.): The EU Accession to the ECHR, Oxford ua 2014 (zit.: *Beabeiter*, in: Kosta/Skoutaris/Tzevelekos (Hrsg.), The EU Accession to the ECHR)

Kreis, Florian: Die verbrechenssystematische Einordnung der EG-Grundfreiheiten, Hamburg 2008 (zit.: *Kreis*, Die verbrechenssystematische Einordnung der EG-Grundfreiheiten)

Kreß, Claus: Vom Nutzen eines deutschen Völkerstrafgesetzbuchs, Baden-Baden 2000 (zit.: *Kreß*, Nutzen eines dt. VStGB)

Literaturverzeichnis

Kreuzer, Karl/Scheuing, Dieter/Sieber, Ulrich (Hrsg.): Die Europäisierung der mitgliedstaatlichen Rechtsordnungen in der Europäischen Union, Baden-Baden 1997 (zit.: *Bearbeiter*, in: Kreuzer ua (Hrsg.), Europäisierung)

Krey, Volker/Hellmann, Uwe/Heinrich, Manfred: Strafrecht, Besonderer Teil, Bd. 1, 16. Aufl., Stuttgart ua 2015 (zit.: *Krey/Hellmann/Heinrich*, BT 1)

Kudlich, Hans: Prüfe dein Wissen – Strafrecht Allgemeiner Teil, 5. Aufl., München 2016 (zit.: *Kudlich*, Strafrecht AT)

Kühl, Kristian: Strafrecht Allgemeiner Teil, 8. Aufl., München 2017 (zit.: *Kühl*, Strafrecht AT)

Kühne, Hans-Heiner: Strafprozessrecht, 9. Aufl., Heidelberg 2015 (zit.: *Kühne*, Strafprozessrecht)

Kurth, Michael: Das Verhältnis des Internationalen Strafgerichtshofs zum UN-Sicherheitsrat unter besonderer Berücksichtigung von Sicherheitsratsresolution 1422 (2002), Baden-Baden 2006 (zit.: *Kurth*, das Verhältnis des Internationalen Strafgerichtshofs zum UN-Sicherheitsrat)

Lackner, Karl/Kühl, Kristian: Strafgesetzbuch mit Erläuterungen, 29. Aufl., München 2018 (zit.: Lackner/Kühl-*Bearbeiter*)

Lafleur, Laurent: Der Grundsatz der Komplementarität – Der Internationale Strafgerichtshof im Spannungsfeld zwischen Effektivität und Staatensouveränität, Baden-Baden 2011 (zit.: *Lafleur*, Der Grundsatz der Komplementarität)

Lagodny, Otto: Strafrecht vor den Schranken der Grundrechte: Die Ermächtigung zum strafrechtlichen Vorwurf im Lichte der Grundrechtsdogmatik dargestellt am Beispiel der Vorfeldkriminalisierung, Tübingen 1996 (zit.: *Lagodny*, Strafrecht vor den Schranken der Grundrechte)

Langheld, Georg: Vielsprachige Normenverbindlichkeit im Europäischen Strafrecht, Baden-Baden 2016 (zit.: *Langheld*, Vielsprachige Normenverbindlichkeit im Europäischen Strafrecht)

Lattanzi, Flavia (Hrsg.): Essays on the Rome Statute of the International Criminal Court, Bd. 1, Alto 1999 (zit.: *Bearbeiter*, in: Lattanzi (Hrsg.), Essays)

Laufhütte, Heinrich Wilhelm/Rissing-van Saan, Ruth/Tiedemann, Klaus (Hrsg.): Strafgesetzbuch, Leipziger Kommentar, 12. Aufl., Berlin ua 2006 ff. (zit.: LK-*Bearbeiter*)

Leipold, Klaus/Tsambikakis, Michael/Zöller, Mark A. (Hrsg.): AnwaltKommentar StGB, 2. Aufl., Heidelberg 2015 (zit.: AnwK-*Bearbeiter*)

Lemkin, Raphael: Axis Rule in Occupied Europe: Laws of Occupation, Analysis of Government, Proposals for Redress, Washington 1944 (zit.: *Lemkin*, Axis Rule in Occupied Europe)

Lindemann, Lena: Referral of Cases from International to National Criminal Jurisdictions, Baden-Baden 2013 (zit.: *Lindemann*, Referral of Cases)

von Liszt, Franz: Lehrbuch des deutschen Strafrechts, 10. Aufl., Berlin 1900 (zit.: *v. Liszt*, Lehrbuch des deutschen Strafrechts)

Lorenzmeier, Stefan/Folz, Hans-Peter (Hrsg.): Recht und Realität – Festschrift für Christoph Vedder, Baden-Baden 2017 (zit.: *Bearbeiter*, in: Lorenzmeier/Folz (Hrsg.), FS Vedder)

Lüder, Sascha Rolf/Vormbaum, Thomas (Hrsg.): Materialien zum Völkerstrafgesetzbuch, Dokumentation des Gesetzgebungsverfahrens, Münster 2002 (zit.: *Lüder/Vormbaum* (Hrsg.), Materialien zum Völkerstrafgesetzbuch)

Lüderssen, Klaus (Hrsg.): Aufgeklärte Kriminalpolitik oder Kampf gegen das Böse, Bd. 3, Makrodelinquenz, Baden-Baden 1998 (zit.: *Bearbeiter*, in: Lüderssen (Hrsg.), Kriminalpolitik III)

Lüttger, Hans/Blei, Hermann/Hanau, Peter (Hrsg.): Festschrift für Ernst Heinitz zum 70. Geburtstag am 1. Januar 1972, Berlin 1987 (zit.: *Bearbeiter*, in: Lüttger ua (Hrsg.), FS Heinitz)

Mankowski, Peter/Wurmnest, Wolfgang (Hrsg.): Festschrift für Ulrich Magnus zum 70 Geburtstag, München 2014 (zit.: *Bearbeiter*, in: Mankowski/Wurmnest (Hrsg.), FS Magnus)

Mansdörfer, Marco: Das Prinzip des ne bis in idem im europäischen Strafrecht, Berlin 2004 (zit.: *Mansdörfer*, Das Prinzip des ne bis in idem im europäischen Strafrecht)

Martin, Jörg: Strafbarkeit grenzüberschreitender Umweltbeeinträchtigungen: Zugleich ein Beitrag zur Gefährdungsdogmatik und zum Umweltvölkerrecht, München 1989 (zit.: *Martin*, Strafbarkeit grenzüberschreitender Umweltbeeinträchtigungen)

Matt, Holger/Renzikowski, Joachim (Hrsg.): Strafgesetzbuch, Kommentar, 1. Aufl., München 2013 (zit.: M/R-*Bearbeiter*)

Literaturverzeichnis

Maunz, Theodor/Dürig, Günter (Hrsg.): Grundgesetz – Kommentar, Loseblattsammlung, München, Stand März 2019 (zit.: Maunz/Dürig-*Bearbeiter*)
Maurach, Reinhart/Zipf, Heinz: Strafrecht, Allgemeiner Teil: Ein Lehrbuch, Teilband 1, 8. Aufl., Heidelberg 1992 (zit.: *Maurach/Zipf*, AT, Teilband 1)
May, Larry: Aggression and Crimes against Peace, Cambridge 2008 (zit.: *May*, Aggression and Crimes against Peace)
May, Larry/Hoskins, Zachary (Hrsg.): International Criminal Law and Philosophy, Cambridge ua 2009 (zit.: *Bearbeiter*, in: May/Hoskins (Hrsg.), International Criminal Law and Philosophy)
Merten, Detlef/Papier, Hans-Jürgen (Hrsg.): Handbuch der Grundrechte in Deutschland und Europa, Band VI/1: Europäische Grundrechte I, Heidelberg 2010 (zit.: *Bearbeiter*, in: Merten/Papier (Hrsg.), Handbuch der Grundrechte in Deutschland und Europa, Band VI/1)
Meseke, Stephan: Der Tatbestand der Verbrechen gegen die Menschlichkeit nach dem Römischen Statut des Internationalen Strafgerichtshofes, Berlin 2005 (zit.: *Meseke*, Verbrechen gegen die Menschlichkeit)
Meyer, Jürgen (Hrsg.): Charta der Grundrechte der Europäischen Union, 4. Aufl., Baden-Baden 2014 (zit.: Meyer-*Bearbeiter*, Charta, 4. Aufl.)
Meyer, Jürgen/Hölscheidt, Sven (Hrsg.): Charta der Grundrechte der Europäischen Union, 5. Aufl., Baden-Baden 2019 (zit.: Meyer/Hölscheidt-*Bearbeiter*, Charta)
Meyer-Goßner, Lutz/Schmitt, Bertram: Strafprozessordnung, 62. Aufl., München 2019 (zit.: *Meyer-Goßner/Schmitt*)
Meyer-Ladewig, Jens/Nettesheim, Martin/von Raumer, Stefan: Europäische Menschenrechtskonvention, Handkommentar, 4. Aufl., Baden-Baden 2017 (zit.: HK EMRK-*Bearbeiter*)
Mitsilegas, Valsamis: EU Criminal Law after Lisbon – Rights, Trust and the Transformation of Justice in Europe, Oxford ua 2016 (zit.: *Mitsilegas*, EU Criminal Law after Lisbon)
Mitsilegas, Valsamis: EU Criminal Law, Oxford ua 2009 (zit.: *Mitsilegas*, EU Criminal Law)
Mitsilegas, Valsamis/Bergström, Maria/Konstadinides, Theodore (Hrsg.): Research Handbook on EU Criminal Law, Cheltenham ua 2016 (zit.: *Bearbeiter*, in: Mitsilegas ua (Hrsg.), Research Handbook on EU Criminal Law)
Moll, Dietmar: Europäisches Strafrecht durch nationale Blankettstrafgesetzgebung, Göttingen 1998 (zit.: *Moll*, Nationale Blankettstrafgesetzgebung)
Momsen, Carsten/Bloy, René/Rackow, Peter (Hrsg.): Fragmentarisches Strafrecht – Beiträge zum Strafrecht, Strafprozeßrecht und zur Strafrechtsvergleichung – Für Manfred Maiwald aus Anlaß seiner Emeritierung, verfaßt von seinen Schülern, Mitarbeitern und Freunden, Frankfurt am Main 2003 (zit.: *Bearbeiter*, in: Momsen/Bloy/Rackow (Hrsg.), Fragmentarisches Strafrecht)
Müller-Dietz, Heinz/Müller, Egon/Kunz, Karl-Ludwig/Radtke, Henning/Britz, Guido/Momsen, Carsten/Koriath, Heinz (Hrsg.): Festschrift für Heike Jung zum 65. Geburtstag, Baden-Baden 2007 (zit.: *Bearbeiter*, in: Müller-Dietz ua (Hrsg.), FS Jung)
Müller-Graff, Peter-Christian: Privatrecht und Europäisches Gemeinschaftsrecht, 2. Aufl., Baden-Baden 1991 (zit.: *Müller-Graff*, Privatrecht und Europäisches Gemeinschaftsrecht)
Müller-Gugenberger, Christian (Hrsg.): Wirtschaftsstrafrecht – Handbuch des Wirtschaftsstraf- und -ordnungswidrigkeitenrechts, 6. Aufl., Köln 2015 (zit.: *Bearbeiter*, in: Müller-Gugenberger (Hrsg.), Wirtschaftsstrafrecht)
Muñoz de Morales Romero, Marta: El Legislador Penal Europeo: Legitimidad y Racionalidad, Diss. Castilla-La Mancha, Madrid 2011 (zit.: *Muñoz de Morales Romero*, El Legislador Penal Europeo: Legitimidad y Racionalidad)
Namavičius, Justas: Territorialgrundsatz und Distanzdelikt, Baden-Baden 2012 (zit.: *Namavičius, Territorialgrundsatz und Distanzdelikt*)
Nauke, Wolfgang: Die strafjuristische Privilegierung staatsverstärkter Kriminalität, Frankfurt am Main 1996 (zit.: *Nauke*, Die strafjuristische Privilegierung staatsverstärkter Kriminalität)
Neumann, Laura: Das US-amerikanische Strafrechtssystem als Modell für die vertikale Kompetenzverteilung im Strafrechtssystem der EU?, Baden-Baden 2015 (zit.: *L. Neumann*, Das US-amerikanische Strafrechtssystem)

Literaturverzeichnis

Neumann, Ulfrid/Herzog, Felix (Hrsg.): Festschrift für Winfrid Hassemer, Heidelberg 2010 (zit.: *Bearbeiter*, in: Neumann/Herzog (Hrsg.), FS Hassemer)

Nollkaemper, André/van der Wilt, Harmen (Hrsg.): System Criminality in International Law, Cambridge 2009 (zit.: *Bearbeiter*, in: Nollkaemper/van der Wilt (Hrsg.), System Criminality in International Law)

Obermüller, Jens: Der Schutz ausländischer Rechtsgüter im deutschen Strafrecht im Rahmen des Territorialitätsprinzips, Tübingen 1999 (zit.: *Obermüller*)

Oehler, Dietrich: Internationales Strafrecht, 2. Aufl., Köln ua 1983 (zit.: *Oehler*, Int. Strafrecht)

Oğlakcıoğlu, Mustafa Temmuz/Rückert, Christian/Schuhr, Jan (Hrsg.): Axiome des nationalen und internationalen Strafverfahrensrechts, Baden-Baden 2016 (zit.: *Bearbeiter*, in: Oğlakcıoğlu/Rückert/Schuhr (Hrsg.), Axiome)

Olásolo, Hector: The Triggering Procedure of the International Criminal Court, Leiden 2005 (zit.: *Olásolo*, The Triggering Procedure)

Organisationsbüro der Strafverteidigervereinigungen (Hrsg.): 22. Strafverteidigertag, Berlin 1999 (zit.: *Bearbeiter*, in: Organisationsbüro der Strafverteidigervereinigungen (Hrsg.), 22. Strafverteidigertag)

Organisationsbüro der Strafverteidigervereinigungen (Hrsg.): 31. Strafverteidigertag, Berlin 2007 (zit.: *Bearbeiter*, in: Organisationsbüro der Strafverteidigervereinigungen (Hrsg.), 31. Strafverteidigertag)

Pecorella, Corrado (Hrsg.): Droit communautaire et droit pénal: Colloque à Parme du 25 octobre 1979, Mailand 1981 (zit.: *Bearbeiter*, in: Pecorella (Hrsg.), Droit communautaire)*Peers, Steve*: EU Justice and Home Affairs Law, Volume II: EU Criminal Law, Policing, and Civil Law, 4. Aufl., New York 2016 (zit.: *Peers*, EU Justice)

Peters, Anne/Altwicker, Tilmann: Einführung in die EMRK mit rechtsvergleichenden Bezügen zum deutschen Grundgesetz, 2. Aufl., München 2012 (zit.: *Peters/Altwicker*, EMRK)

Piccolo, Irene (Hrsg.): Rape and International Criminal Law, Den Haag 2013 (zit.: *Piccolo* (Hrsg.), Rape and International Criminal Law)

Pohl, Tobias: Vorbehalt und Anerkennung: Der Europäische Haftbefehl zwischen Grundgesetz und europäischem Primärrecht, Baden-Baden 2009 (zit.: *Pohl*, Vorbehalt und Anerkennung)

Pösl, Michael: Das Verbot der Folter in Art. 3 EMRK – Grundlegung und Fortwirkung auf dem Gebiet des Strafrechts, Baden-Baden 2015 (zit.: *Pösl*, Das Verbot der Folter in Art. 3 EMRK)

Politi, Mauro/Nesi, Giuseppe (Hrsg.): The Rome Statute of the International Criminal Court, A Challenge to Impunity, Aldershot 2001 (zit.: *Bearbeiter*, in: Politi/Nesi (Hrsg.), Rome Statute)

Popp, Peter: Grundzüge der internationalen Rechtshilfe in Strafsachen, München 2001 (zit.: *Popp*, Grundzüge der internationalen Rechtshilfe in Strafsachen)

Prittwitz, Cornelius/Baurmann, Michael/Günther, Klaus/Kuhlen, Lothar/Merkel, Reinhard/Nestler, Cornelius/Schulz, Lorenz (Hrsg.): Festschrift für Klaus Lüderssen, Baden-Baden 2002 (zit.: *Bearbeiter*, in: Prittwitz ua (Hrsg.), FS Lüderssen)

Raitio, Juha: The Principle of Legal Certainty in EC Law, Heidelberg ua 2003 (zit.: *Raitio*, The Principle of Legal Certainty in EC Law)

Ranieri, Filippo (Hrsg.): Die Europäisierung der Rechtswissenschaften, Baden-Baden 2002 (zit.: *Bearbeiter*, in: Ranieri (Hrsg.), Die Europäisierung der Rechtswissenschaften)

Razesberger, Florian: The International Criminal Court: The Principle of Complementarity, Frankfurt am Main 2006 (zit.: *Razesberger*, The Principle of Complementarity)

Reinbacher, Tobias: Strafrecht im Mehrebenensystem – Modelle der Verteilung strafrechtsbezogener Kompetenzen, Baden-Baden 2014 (zit.: *Reinbacher*)

Reindl-Krauskopf, Susanne/Zerbes, Ingeborg/Brandstetter, Wolfgang/Tipold, Alexander/Lewisch, Peter (Hrsg.): Festschrift für Helmut Fuchs, Wien 2014 (zit.: *Bearbeiter*, in: Reindl-Krauskopf ua (Hrsg.), FS Fuchs)

Rieß, Peter (Hrsg.): Löwe/Rosenberg, Strafprozessordnung, 25. Aufl., Berlin ua 1997 ff. (zit.: L/R-*Bearbeiter*, 25. Aufl.)

Literaturverzeichnis

Roegele, Peter: Deutscher Strafrechtsimperialismus, Ein Beitrag zu den völkerrechtlichen Grenzen extraterritorialer Strafgewaltausdehnung, Hamburg 2014 (zit.: *Roegele*, Strafrechtsimperialismus)

Rohlff, Daniel: Der Europäische Haftbefehl, Frankfurt am Main 2003 (zit.: *Rohlff*, Europäischer Haftbefehl)

Romano, Cesare P. R./Nollkaemper, André/Kleffner, Jann K.: Internationalized Criminal Courts and Tribunals: Sierra Leone, East Timor, Kosovo and Cambodia, Oxford 2004 (zit.: *Romano* ua (Hrsg.), Internationalized Criminal Courts and Tribunals)

Rotsch, Thomas/Brüning, Janique/Schady, Jan: Strafrecht – Jugendstrafrecht – Kriminalprävention in Wissenschaft und Praxis, Festschrift für Heribert Ostendorf zum 70. Geburtstag am 7. Dezember 2015, Baden-Baden 2015 (zit.: *Bearbeiter*, in: Rotsch ua (Hrsg.), FS Ostendorf)

Roxin, Claus: Strafrecht, Allgemeiner Teil, Bd. 1, Grundlagen, Der Aufbau der Verbrechenslehre, 4. Aufl., München 2006 (zit.: *Roxin*, AT I)

Roxin, Claus: Strafrecht, Allgemeiner Teil, Bd. 2, Besondere Erscheinungsformen der Straftat, München 2003 (zit.: *Roxin*, AT II)

Roxin, Claus/Schünemann, Bernd: Strafverfahrensrecht, 29. Aufl., München 2017 (zit.: *Roxin/Schünemann*, Strafverfahrensrecht)

Roxin, Claus/Widmaier, Gunter (Hrsg.): 50 Jahre BGH, Festgabe aus der Wissenschaft, Bd. 4, München 2000 (zit.: *Bearbeiter*, in: Roxin/Widmaier (Hrsg.), Festgabe BGH)

Ruffert, Matthias (Hrsg.): Dynamik und Nachhaltigkeit des Öffentlichen Rechts.: Festschrift für Professor Dr. Meinhard Schröder zum 70. Geburtstag (Schriften zum Öffentlichen Recht), Berlin 2012 (zit.: *Bearbeiter*, in: Ruffert (Hrsg.), FS Schröder)

Ruggeri, Stefano (Hrsg.): Human Rights in European Criminal Law – New Developments in European Legislation and Case Law after the Lisbon treaty, Heidelberg ua 2015 (zit.: *Bearbeiter*, in: Ruggeri (Hrsg.), Human Rights in European Criminal Law)

Safferling, Christoph: International Criminal Procedure, Oxford 2012 (zit.: *Safferling*, International Criminal Procedure)

Safferling, Christoph: Internationales Strafrecht, Berlin ua 2011 (zit.: *Safferling*, Int. Strafrecht)

Safferling, Christoph/Kirsch, Stefan (Hrsg.): Völkerstrafrechtspolitik – Praxis des Völkerstrafrechts, Heidelberg 2014 (zit.: *Safferling/Kirsch* (Hrsg.), Völkerstrafrechtspolitik – Praxis des Völkerstrafrechts)

Satzger, Helmut: Die Europäisierung des Strafrechts, München 2001 (zit.: *Satzger*, Europäisierung)

Satzger, Helmut: International and European Criminal Law, 2. Aufl., München, Oxford, München ua 2018 (zit.: *Satzger*, International)

Satzger, Helmut: Internationales und Europäisches Strafrecht, 3. Aufl., Baden-Baden 2009 (zit.: *Satzger*, Int. Strafrecht, 3. Aufl.)

Satzger, Helmut (Hrsg.), Harmonisierung strafrechtlicher Sanktionen in der Europäischen Union, Baden-Baden 2020 (zit.: *Bearbeiter*, in: Satzger (Hrsg.), Harmonisierung)

Satzger, Helmut/Schluckebier, Wilhelm/Widmaier, Gunter (Hrsg.): Strafgesetzbuch, Kommentar, 4. Aufl., Köln ua 2019 (zit.: SSW-StGB-*Bearbeiter*)

Satzger, Helmut/Schluckebier, Wilhelm/Widmaier, Gunter (Hrsg.): Strafprozessordnung, Kommentar, 4. Aufl., Köln ua 2019 (zit.: SSW-StPO-*Bearbeiter*)

Schabas, William A.: An Introduction to the International Criminal Court, 5. Aufl., Cambridge ua 2017 (zit.: *Schabas*, Introduction)

Schabas, William A.: Genozid im Völkerrecht, Hamburg 2003 (zit.: *Schabas*, Genozid)

Schabas, William A.: The International Criminal Court: A Commentary on the Rome Statute, 2. Aufl., Oxford ua 2016 (zit.: *Schabas*, ICC)

Schäfer, Gerhard/Sander, Günther M./van Gemmeren, Gerhard: Praxis der Strafzumessung, 6. Aufl., München 2017 (zit.: *Schäfer/Sander/v. Gemmeren*, Praxis der Strafzumessung)

Schlüchter, Ellen: Grenzen strafbarer Fahrlässigkeit: Aspekte zu einem Strafrecht in Europa, Thüngersheim 1996 (zit.: *Schlüchter*, Grenzen strafbarer Fahrlässigkeit)

Literaturverzeichnis

Schmitt, Michael/Pejic, Jelena (Hrsg.): International Law and Armed Conflict: Exploring the Faultlines, Essays in Honor of Yoram Dinstein, Leiden 2007 (zit.: *Bearbeiter*, in: Schmitt/Pejic (Hrsg.), International Law and Armed Conflict)

Schmitz, Alexandra: Das aktive Personalitätsprinzip im Internationalen Strafrecht, Frankfurt am Main 2002 (zit.: *Schmitz*)

Schöch, Heinz/Satzger, Helmut/Schäfer, Gerhard/Ignor, Alexander/Knauer, Christoph (Hrsg.): Strafverteidigung, Revision und die gesamten Strafrechtswissenschaften, Festschrift für Gunter Widmaier zum 70. Geburtstag, Köln 2008 (zit.: *Bearbeiter*, in: Schöch ua (Hrsg.), FS Widmaier)

Schönke, Adolf/Schröder, Horst: Strafgesetzbuch, Kommentar, 27. Aufl., München 2006 (zit.: S/S-*Bearbeiter*, 27. Aufl.)

Schönke, Adolf/Schröder, Horst: Strafgesetzbuch, Kommentar, 30. Aufl., München 2019 (zit.: S/S-*Bearbeiter*)

Schomburg, Wolfgang/Lagodny, Otto (Hrsg.): Internationale Rechtshilfe in Strafsachen = International Cooperation in Criminal Matters, 6. Aufl., München 2020 (zit.: *Schomburg/Lagodny* (Hrsg.), Internationale Rechtshilfe in Strafsachen)

Schramm, Edward: Internationales Strafrecht, Strafanwendungsrecht, Völkerstrafrecht, Europäisches Strafrecht, 2. Aufl., München 2018 (zit.: *Schramm*, Int. Strafrecht)

Schröder, Christian: Europäische Richtlinien und deutsches Strafrecht, Berlin 2002 (zit.: *Chr. Schröder*, Europäische Richtlinien)

Schroeder, Friedrich-Christian (Hrsg.): Justizreform in Osteuropa, Frankfurt am Main 2004 (zit.: *Bearbeiter*, in: Schroeder (Hrsg.), Justizreform in Osteuropa)

Schroeder, Friedrich-Christian/Zipf, Heinz (Hrsg.): Festschrift für Reinhart Maurach zum 70. Geburtstag, Karlsruhe 1972 (zit.: *Bearbeiter*, in: Schroeder/Zipf (Hrsg.), FS Maurach)

Schünemann, Bernd (Hrsg.): Ein Gesamtkonzept für die europäische Strafrechtspflege, Köln ua 2006 (zit.: *Bearbeiter*, in: Schünemann (Hrsg.), Gesamtkonzept)

Schützendübel, Charleen: Die Bezugnahme auf EU-Verordnungen in Blankettstrafgesetzen, Baden-Baden 2012 (zit.: *Schützendübel*, EU-Verordnungen in Blankettstrafgesetzen)

Schulz, Lorenz/Reinhart, Michael/Sahan, Oliver (Hrsg.): Festschrift für Imme Roxin, Heidelberg 2012 (zit.: *Bearbeiter*, in: Schulz ua (Hrsg.), FS Imme Roxin)

Schuster, Frank Peter: Das Verhältnis von Strafnormen und Bezugsnormen aus anderen Rechtsgebieten: Eine Untersuchung zum allgemeinen Teil im Wirtschafts- und Steuerstrafrecht, Berlin 2012 (zit.: *Schuster*, Das Verhältnis von Strafnormen und Bezugsnormen aus anderen Rechtsgebieten)

Schwarze, Jürgen: Das Verwaltungsrecht unter europäischem Einfluss: Zur Konvergenz der mitgliedstaatlichen Verwaltungsrechtsordnungen in der Europäischen Union, Baden-Baden 1996 (zit.: *Schwarze*, Das Verwaltungsrecht unter europäischem Einfluss)

Schwarze, Jürgen (Hrsg.): EU-Kommentar, 4. Aufl., Baden-Baden 2019 (zit.: Schwarze-*Bearbeiter*)

Schweitzer, Michael/Dederer, Hans-Georg: Staatsrecht III: Staatsrecht, Völkerrecht, Europarecht, 11. Aufl., Heidelberg 2016 (zit.: *Schweitzer/Dederer*, Staatsrecht III)

Schweitzer, Michael/Hummer, Waldemar/Obwexer, Walter: Europarecht, Das Recht der Europäischen Union, Wien 2007 (zit.: *Schweitzer/Hummer/Obwexer*, Europarecht)

Selbmann, Frank: Der Tatbestand des Genozids im Völkerstrafrecht, Leipzig 2003 (zit.: *Selbmann*, Tatbestand des Genozids)

Sieber, Ulrich (Hrsg.): Europäische Einigung und Strafrecht – Beiträge zum Gründungssymposium der Vereinigung für Europäisches Strafrecht e. V., Köln ua 1993 (zit.: *Bearbeiter*, in: Sieber (Hrsg.), Europäische Einigung und Strafrecht)

Sieber, Ulrich: Verhandlungen des 69. Deutschen Juristentages, Band I: Gutachten, Teil C: Straftaten und Strafverfolgung im Internet, München 2012 (zit.: *Sieber*, Gutachten für den 69. Deutschen Juristentag)

Literaturverzeichnis

Sieber, Ulrich (Hrsg.): Prevention, Investigation, and Sanctioning of Economic Crime: Alternative Control Regimes and Human Rights Limitations, 2019 (zit.: *Bearbeiter*, in: Sieber (Hrsg.), Prevention, Investigation, and Sanctioning of Economic Crime)

Sieber, Ulrich/Satzger, Helmut/von Heintschel-Heinegg, Bernd: Europäisches Strafrecht, 2. Aufl., Baden-Baden 2014 (zit.: Sieber/Satzger/v. Heintschel-Heinegg-*Bearbeiter*, Europ. StR)

Sinn, Arndt (Hrsg.): Jurisidiktionskonflikte bei grenzüberschreitender Kriminalität, Osnabrück 2012 (zit.: *Bearbeiter*, in: Sinn (Hrsg.), Jurisdiktionskonflikte)

Sluiter, Göran/Friman, Håkan/Linton, Suzannah/Vasiliev, Sergey/Zappalà, Salvatore (Hrsg.): International Criminal Procedure: Principles and Rules, Oxford 2013 (zit.: *Bearbeiter*, in: Sluiter ua (Hrsg.), Int. Crim. Procedure)

Sprack, John: Emmins on Criminal Procedure, 10. Aufl., Oxford 2004 (zit.: *Sprack*, Emmins on Criminal Procedure)

Stächelin, Gregor: Strafgesetzgebung im Verfassungsstaat: Normative und empirische materielle und prozedurale Aspekte der Legitimation unter Berücksichtigung neuerer Strafgesetzgebungspraxis, Berlin 1998 (zit.: *Stächelin*, Strafgesetzgebung im Verfassungsstaat)

Stalberg, Johannes: Zum Anwendungsbereich des Art. 50 der Charta der Grundrechte der EU (ne bis in idem), Frankfurt am Main 2013 (zit.: *Stalberg*, Zum Anwendungsbereich des Art. 50 GRC)

Stein, Thorsten/von Buttlar, Christian/Kotzur, Markus: Völkerrecht, 14. Aufl., Köln ua 2017 (zit.: Stein/v. Buttlar, Völkerrecht)

Sternberg, Nils: Der Rang von Menschenrechtsverträgen im deutschen Recht unter besonderer Berücksichtigung von Art. 1 Abs. 2 GG, Berlin 1999 (zit.: *Sternberg*, Menschenrechtsverträge)

Stratenwerth, Günter/Kuhlen, Lothar: Strafrecht Allgemeiner Teil – Die Straftat, 6. Aufl., Köln ua 2011 (zit.: *Stratenwerth/Kuhlen*, AT)

Streinz, Rudolf: Europarecht, 11. Aufl., Heidelberg 2019 (zit.: *Streinz*, Europarecht)

Streinz, Rudolf: EUV/AEUV, 3. Aufl., München 2018 (zit.: Streinz-*Bearbeiter*)

Strobel, Stefan: Die Untersuchungen des Europäischen Amtes für Betrugsbekämpfung (OLAF), Baden-Baden 2012 (zit.: *Strobel*, Die Untersuchungen des Europäischen Amtes für Betrugsbekämpfung (OLAF))

Suominen, Annika: The Principle of Mutual Recognition in Cooperation in Criminal Matters, Cambridge 2011 (zit.: *Suominen*, The Principle of Mutual Recognition in Cooperation in Criminal Matters)

Tiedemann, Klaus (Hrsg.): Wirtschaftsstrafrecht in der Europäischen Union: Rechtsdogmatik, Rechtsvergleich, Rechtspolitik / Freiburg-Symposium, Köln ua 2002 (zit.: *Bearbeiter*, in: Tiedemann (Hrsg.), Freiburg-Symposium)

Tiedemann, Klaus: Wirtschaftsstrafrecht, 5. Aufl., Köln ua 2017 (zit.: *Tiedemann*, Wirtschaftsstrafrecht)

Triffterer, Otto (Hrsg.): Commentary on the Rome Statute of the International Criminal Court, Article by Article, 1. Aufl., Baden-Baden 1999 (zit.: Triffterer-*Bearbeiter*, Rome Statute, 1. Aufl.)

Triffterer, Otto (Hrsg.): Commentary on the Rome Statute of the International Criminal Court, Article by Article, 2. Aufl., Baden-Baden 2008 (zit.: Triffterer-*Bearbeiter*, Rome Statute, 2. Aufl.)

Triffterer, Otto/Ambos, Kai (Hrsg.): Commentary on the Rome Statute of the International Criminal Court, Article by Article, 3. Aufl., Baden-Baden 2016 (zit.: Triffterer/Ambos-*Bearbeiter*, Rome Statute)

Vedder, Christoph/Heintschel von Heinegg, Wolff (Hrsg.): Handkommentar Europäischer Verfassungsvertrag, Baden-Baden 2007 (zit.: Vedder/Heintschel v. Heinegg-*Bearbeiter*)

Vermeulen, G./De Bondt, W./Van Damme, Y.: EU cross-border gathering and use of evidence in criminal matters – Towards mutual recognition of investigative measures and free movement of evidence?, Antwerpen ua 2010 (zit.: *Vermeulen/De Bondt/Van Damme*, EU cross border gathering)

van Verseveld, Annemieke: Mistake of Law – Excusing Perpetrators of International Crimes, Heidelberg 2012 (zit.: *van Verseveld*, Mistake of Law)
Vervaele, John A. E. (Hrsg.): European Evidence Warrant: Transnational Judicial Inquiries in the EU, Antwerpen 2005 (zit.: *Bearbeiter*, in: Vervaele (Hrsg.), European Evidence Warrant)
Vilsmeier, Ingrid: Tatsachenkontrolle und Beweisführung im EU-Kartellrecht auf dem Prüfstand der EMRK, München 2013 (zit.: *Vilsmeier*, Tatsachenkontrolle und Beweisführung im EU-Kartellrecht auf dem Prüfstand der EMRK)
Vogel, Joachim: Norm und Pflicht bei den unechten Unterlassungsdelikten, Berlin 1993 (zit.: *Vogel*, Norm und Pflicht bei den unechten Unterlassungsdelikten)
Wabnitz, Heinz-Bernd/Janovsky, Thomas/Schmitt, Lothar (Hrsg.): Handbuch des Wirtschafts- und Steuerstrafrechts, 5. Aufl., München 2020 (zit.: *Bearbeiter*, in: Wabnitz/Janovsky (Hrsg.), Handbuch)
Wang, Shih-Fan: Einsatz Verdeckter Ermittler zum Entlocken des Geständnisses eines Beschuldigten, Baden-Baden 2015 (zit.: *Wang*, Einsatz Verdeckter Ermittler)
Warnking, Vera: Strafprozessuale Beweisverwertungsverbote in der Rechtsprechung des Europäischen Gerichtshofs für Menschenrechte und ihre Auswirkungen auf das deutsche Recht, Frankfurt am Main ua 2008 (zit.: *Warnking*, Strafprozessuale Beweisverwertungsverbote)
Wilkitzki, Peter: Jugoslawien-Strafgerichtshof-Gesetz, Baden-Baden 2008 (zit.: *Wilkitzki*, Jugoslawien-Strafgerichtshof-Gesetz)
Werle, Gerhard: Völkerstrafrecht, 2. Aufl., Tübingen 2007 (zit.: *Werle*, Völkerstrafrecht, 2. Aufl.)
Werle, Gerhard/Fernandez, Lovell/Vormbaum, Moritz (Hrsg.): Africa and the International Criminal Court, Den Haag 2014 (zit.: *Bearbeiter*, in: Werle ua (Hrsg.), Africa and the ICC)
Werle, Gerhard/Jeßberger, Florian: Völkerstrafrecht, 4. Aufl., Tübingen 2016 (zit.: *Werle/Jeßberger*, Völkerstrafrecht)
Wessels, Johannes/Beulke, Werner/Satzger, Helmut: Strafrecht Allgemeiner Teil, Die Straftat und ihr Aufbau, 49. Aufl., Heidelberg 2019 (zit.: *Wessels/Beulke/Satzger*)
Wiggenhorn, Harald: Verliererjustiz, Die Leipziger Kriegsverbrecherprozesse nach dem Ersten Weltkrieg, Baden-Baden 2005 (zit.: *Wiggenhorn*, Verliererjustiz)
Wilmshurst, Elizabeth (Hrsg.): International Law and the Classification of Conflicts, Oxford 2012 (zit.: *Bearbeiter*, in: Wilmshurst (Hrsg.), International Law and the Classification of Conflicts)
Winkler, Rolf: Die Rechtsnatur der Geldbuße im Wettbewerbsrecht der Europäischen Wirtschaftsgemeinschaft: Ein Beitrag zum Wirtschaftsstrafrecht der Europäischen Gemeinschaften, Tübingen 1971 (zit.: *Winkler*, Die Rechtsnatur der Geldbuße)
Wohlers, Wolfgang (Hrsg.): Neuere Entwicklungen im schweizerischen und internationalen Wirtschaftsstrafrecht, Zürich 2007 (zit.: *Bearbeiter*, in: Wohlers (Hrsg.), Neuere Entwicklungen im schweizerischen und internationalen Wirtschaftsstrafrecht)
Wolter, Jürgen (Hrsg.): Systematischer Kommentar zum Strafgesetzbuch, 9. Aufl., Neuwied, Stand April 2017 (zit.: SK-*Bearbeiter*)
Worm, Eva-Maria: Die Strafbarkeit eines directors einer englischen Limited nach deutschem Strafrecht, Baden-Baden 2009 (zit.: *Worm*)
Zahar, Alexander/Sluiter, Goran: International Criminal Law, Oxford 2007 (zit.: *Zahar/Sluiter*, International Criminal Law)
Zimmermann, Frank: Strafgewaltkonflikte in der Europäischen Union, Ein Regelungsvorschlag zur Wahrung materieller und prozessualer strafrechtlicher Garantien sowie staatlicher Strafinteressen, Baden-Baden 2014 (zit.: *F. Zimmermann*, Strafgewaltkonflikte in der EU)
Zippelius, Reinhold: Juristische Methodenlehre, 11. Aufl., München 2012 (zit.: *Zippelius*, Juristische Methodenlehre)
Zöller, Mark A./Hilger, Hans/Küper Wilfried/Roxin, Claus: Gesamte Strafrechtswissenschaft in internationaler Dimension, Festschrift für Jürgen Wolter zum 70. Geburtstag am 7. September 2013, Berlin 2013 (zit.: *Bearbeiter*, in: Zöller ua (Hrsg.), FS Wolter)

Stichwortverzeichnis

Die Angaben verweisen auf die Paragrafen des Buches (**fette Zahlen**) sowie die Randnummern innerhalb der einzelnen Paragrafen (magere Zahlen).
Beispiel: § 9 Rn. 10 = **9** 10

Åkerberg Fransson **7** 21 f., 27
Abfallbegriff, europäischer **9** 120
Abstrakte Gefährdungsdelikte
- Erfolgsort **5** 27 ff., 47
Achtung des Privat- und Familienlebens (Art. 8 EMRK)
- Familienleben, Schutz **11** 109
- Korrespondenz, Schutz **11** 109
- Privatleben, Schutz **11** 109
- Rechtfertigung eines Eingriffs **11** 110 f.
- Wohnung, Schutz **11** 109
Actio libera in causa
- im Völkerstrafrecht **15** 44
Ad-hoc-Strafgerichte **14** 2
Aggression **16** 76 ff.
- im IStGH-Statut **16** 80 ff.
- Inkrafttreten **16** 86
- nach Völkergewohnheitsrecht **16** 77 ff.
- Tatbestand **16** 83 f.
- Trigger mechanism **16** 85
- Völkerstrafgesetzbuch **17** 15
Aktives Personalitätsprinzip **4** 4, 6, 8 f., **5** 3, 68 ff., 82 ff.
Akzessorietät von Tatbestandsmerkmalen zu EU-Recht **9** 117 ff.
- richtlinienkonforme Auslegung **9** 118 ff.
Allgemeine Erklärung der Menschenrechte **16** 51
Allgemeiner Teil
- der Europa-Delikte **8** 34
- des Corpus Juris **8** 32
- des Völkerstrafrechts **15** 1 ff.
- eines europäischen Strafrechts im engeren Sinn **8** 24
- für Sanktionen der EU **8** 7
- Harmonisierung **9** 50, 58

Alliiertes Kontrollratsgesetz Nr. 10 **16** 29
Amtsträger **9** 114
Analogieverbot
- im Völkerstrafrecht **15** 13
- nach der EMRK **11** 99
Androhung von Folter s. *Folterverbot (Art. 3 EMRK)*
Anerkennung, Prinzip der gegenseitigen s. *Prinzip der gegenseitigen Anerkennung*
Angleichungskompetenz **9** 29, 40
Angriffskrieg s. *Aggression*
Anklage **8** 5
Anknüpfungspunkt s. *legitimierender Anknüpfungspunkt*
Annexkompetenz **8** 26, **9** 35, 42 ff., 62
- frühere Rechtsprechung des EuGH **9** 43, 44
- Voraussetzungen **9** 45 f.
Anstiftung
- im Völkerstrafrecht **15** 61
- Tatort **5** 36 ff.
Anweisungskompetenz der EU **7** 8, **9** 35 ff.
Anwendungsvorrang des Unionsrechts **9** 91 ff., 104
Art. 18 EMRK
- eigenständige Bedeutung **11** 117
Assimilierungspflicht **9** 27
Aufbau der völkerrechtlichen Straftat **15** 19
Aufstachelung zum Völkermord **15** 51, **16** 9
Auschwitzlüge **5** 43 ff., **9** 7
Ausländer
- als Täter und Opfer **5** 85 ff.
Auslegung
- Auslegungskriterien **9** 104

489

- des IStGH-Statuts **15** 9 ff.
- des Unionsrechts **9** 73
- europarechtliche **9** 72 ff.
- Grenzen der unionsrechtskonformen Auslegung **9** 105
- Kriterien **9** 110 ff.
- rahmenbeschlusskonforme Auslegung **9** 129
- richtlinienkonforme Auslegung **9** 104
- unionsrechtskonforme Auslegung **9** 91, 93, 97, 99, 102 ff.
- verfassungskonforme Auslegung **9** 103
- Verweisung auf Unionsrecht **9** 77
- völkerrechtsfreundliche Auslegung **11** 14, 26, **17** 4

Auslieferung
- Auslieferungsfreiheit **10** 41
- Auslieferungsrecht **5** 91
- Rechtshilfe **2** 5
- Verbot **4** 8
- Verfahren **10** 38

Äußerungsdelikte
- im Internet **5** 45 ff.

Begleitumstände **15** 26

Beihilfe **8** 4
- Tatort **5** 33

Beschuldigtenrechte **10** 97, 98
- der EMRK **11** 67 ff.
- Rahmenbeschluss **10** 94 ff.
- Unmittelbare Anwendung einer Richtlinie **10** 99

Besondere Kammern für den Kosovo **13** 31

Bestimmtheitsgrundsatz **9** 74 ff., 106 f.
- Expertenstrafrecht **9** 75 f.
- im Völkerstrafrecht **15** 13
- nach der EMRK **11** 98

Betrug
- Bekämpfung durch die EU **8** 22 ff., **9** 30 ff., 31, 33, 34, 59, **10** 2, 18 ff.
- Taricco-Entscheidungen **9** 31 f.
- unionsrechtskonforme Auslegung des § 263 StGB **9** 119

Bewaffneter Konflikt **16** 58 ff., 70
- objektive Voraussetzungen **16** 61 ff.
- subjektive Voraussetzungen **16** 65

Beweisanordnung, Europäische **10** 46 ff.

Blankettstrafnormen **9** 50 ff., 65 ff.
- Auslegung **9** 77
- Bestimmtheitsgebot **9** 74 ff.
- dynamische Verweisung **9** 78 f.
- Rückverweisungsklausel **9** 80 f.
- statische Verweisung **9** 78
- Verweis auf Unionsrecht **9** 69 ff.

Brechmitteleinsatz, Vereinbarkeit mit der EMRK **11** 44 ff.

Brexit **7** 29, **10** 31, 44

Brückenklausel **10** 103

BVerfG-Urteil zum Vertrag von Lissabon *s. Lissabon-Urteil des BVerfG*

Chefankläger (des IStGH) **14** 15

Civil Law **15** 17 f.

Command responsibility *s. Vorgesetztenverantwortlichkeit*

Common Law **15** 17 f.

Completion strategy **13** 19, 30

Core crimes **12** 3, **14** 8

Corpus Juris
- zum Schutz der finanziellen Interessen der EU **8** 30 ff., 35, **10** 21

Datenschutz **10** 8, 15

Dauerdelikte
- Handlungsort **5** 23

DDR **2** 4, **5** 59 f.

Deliktsmerkmale
- der Völkerstraftat **15** 19 ff.

Deliktsrecht, völkerrechtliches **12** 10

Deutscher
- als Opfer **5** 87 f.
- als Täter **5** 89 f.
- Inländerbegriff **5** 86

Dienstleistungsfreiheit **9** 23 f., 95

Direct Enforcement Model **12** 9

Diskriminierung
- Inländer **9** 99
- Verbot **9** 18, 21, 99

Distanzdelikte 5 20, 35
Domizilprinzip 4 9, 5 69 f.
Doppelbestrafungsverbot s. *Ne bis in idem*
Draft Statute for the International Criminal Court 14 2
E-Commerce-Richtlinie 5 57
E-Evidence 10 55
Effet utile 9 42, 73, 10 72
EGMR s. *Europäischer Gerichtshof für Menschenrechte*
Einwanderung, illegale 8 23
Einzelermächtigung, begrenzte 8 18
EJN 10 12
Elements of Crimes (Verbrechenselemente) 15 3, 8, 12
EMRK s. *Europäische Menschenrechtskonvention*
Entschuldigungsgründe
– nach dem Tatortrecht 5 95 ff.
– Völkerstrafgesetzbuch 17 20
Entsprechungsklausel 9 81
Erfolgsort 5 13, 15 f., 25 ff.
– bei Gefährdungsdelikten 5 27 ff., 45 ff.
– beim versuchten Delikt 5 16
– beim vollendeten Delikt 5 15
– bei objektiven Bedingungen der Strafbarkeit 5 31 ff.
– der Teilnahme 5 36 ff.
Erfolgstheorie 5 13
Erlaubnistatbestandsirrtum
– im Völkerstrafrecht 15 43
– Völkerstrafgesetzbuch 17 22
Erlaubtes Risiko 9 123
Ermessen 9 17, 96
Ermessensspielraum des nationalen Gesetzgebers 8 15
Erweiterungsklausel s. *Rechtsangleichung -Erweiterungsklausel*
EUFinSchtG 9 46
EuGH
– Eidesverletzung 8 11 ff.
– Satzung 8 11

EuHbG s. *Europäisches Haftbefehlsgesetz*
EU-Kommission 7 6, 10 18 f.
Euratom-Vertrag 8 16
Eurojust 10 11 ff.
– Funktion 10 13, 17
– Zukunft 10 17
– Zuständigkeit 10 14
Eurojust-Gesetz 10 16
Europa-Delikte 8 34
Europäische Beweisanordnung 10 50
Europäische Ermittlungsanordnung 10 51 ff.
– Ablehnungsgründe 10 54
– beiderseitige Strafbarkeit 10 54
– Ersetzungsmöglichkeit 10 55
Europäische Kommission für Menschenrechte 11 118
Europäische Kriminalpolitik 10 104
Europäische Menschenrechtskonvention 7 3, 11 1 ff., 21
– Absprachen im Strafverfahren 11 93
– Auslegung 11 20
– Bedeutung für das EU-Recht 11 17 ff.
– Berechtigte 11 24 ff.
– EU-Beitritt 7 15, 11 8, 15
– Günstigkeitsprinzip 11 10
– Kompensation einer Verletzung 11 23, 42 f., 76, 92
– mittelbare Drittwirkung 11 26, 34, 39
– Plea bargaining 11 93
– Prüfung der Konventionsrechte 11 29
– Ratifizierung 11 7
– Rechtserkenntnisquelle 7 14
– Rechtsschutzsystem 11 21 f.
– Status in den Mitgliedstaaten 11 9 ff.
– Stellung im nationalen Recht 11 11
– Verpflichtete 11 25 f.
– Verständigung im Strafverfahren 11 93
– Vertrag von Lissabon 11 15 f.
Europäischer Datenschutz Beauftragte 10 9

491

Europäischer Gerichtshof für Menschenrechte
- als Organ der EMRK 11 5, 118 ff.
- Entschädigungsanspruch 11 123
- Individualbeschwerde 11 120 f.
- Organisation 11 118 ff.
- Staatenbeschwerde 11 122
- strafrechtlich relevante Garantien 11 27 ff.
- Wirkung der Urteile in den Mitgliedstaaten 11 124 ff.

Europäischer Haftbefehl 10 38 ff.
- Ablehnungsgründe 10 40
- andere Mitgliedstaaten 10 44 f.
- Auslieferungsfreiheit 10 41
- Ausstellungsbehörde 10 43
- erstes Umsetzungsgesetz 10 41
- Gesetzlichkeitsprinzip 10 46
- inhaltliche Neuerungen 10 39
- Katalogtaten 10 39
- klassisches Auslieferungsverfahren 10 38
- Nichtdiskriminierung 10 46
- Urteil des BVerfG 10 41
- zweites Umsetzungsgesetz 10 42

Europäisches Amt für Betrugsbekämpfung 10 18 ff.
- Aufgabe 10 18
- Befugnisse 10 19 f.

Europäische Sicherungs- und Herausgabeanordnung 10 55

Europäisches Justizielles Netz (EJN) 10 12

Europäisches Strafprozessrecht
- Beweismittel 10 95
- Opfer 10 102
- Rechte des Einzelnen 10 96
- Rechtsangleichung 10 93
- Zeugen 10 101

Europäisches Strafrecht 2 3, 7 1 ff.
- Grundrechtsschutz 7 9 ff.
- im engeren Sinn 8 17, 24
- im weiteren Sinn 7 3, 8 5 ff., 11 1

Europäische Staatsanwaltschaft 8 27, 35, 10 17, 21 ff., 95
- Fair Trial 10 24
- Forum-Shopping 10 24

- institutionelle Doppelnatur 10 22
- Komplementaritätsmodell 10 23
- Kritik 10 23 f.
- loyale Zusammenarbeit 10 25
- Verordnungsvorschlag 10 22
- Zuständigkeit 10 22

Europäische Überwachungsanordnung 10 47

Europäische Verfassung 7 7

Europäische Verteidigungsgemeinschaft 8 21

Europäische Vollstreckungsanordnung 10 57

Europäisierung
- der Strafrechtspflege 10 1 ff.
- des nationalen Strafrechts 2 3, 7 3, 9 1 ff., 64, 104

Europarat 11 2 ff.
- Organe 11 3 ff.
- Tätigkeiten mit Bezug zum Strafrecht 11 6

Europarecht s. auch Unionsrecht
- Einwirkung auf das nationale Strafrecht 9 1 ff.

European Committee on Crime Problems (CDPC) 11 6

Europol 10 3 ff.
- Aufgaben 10 6
- automatisiertes Informationssystem 10 7
- Beschluss 10 3
- Europol Liaison Officers (ELOs) 10 6
- gemeinsame Kontrollinstanz 10 9
- Hauptorgane 10 4
- Immunität 10 10
- operatives Handeln 10 10
- Problempunkte 10 9
- Rechtsschutz 10 10
- Übereinkommen 10 3
- Zuständigkeit 10 5

EU-Strafverfolgungsinstitutionen
- Verhältnis 10 25

Expertenstrafrecht 9 75, 79

Exterritoriale 5 63

Extraordinary Chambers in the Courts of Cambodia (ECCC) 13 31
Fahrlässigkeitsdelikte 9 121 ff.
Fair-Trial-Grundsatz (Art. 6 I, III EMRK) 11 67 ff.
- agent provocateur 11 92
- Anforderungen an das Gericht 11 71
- Gebot der Waffengleichheit 11 80 ff.
- Gesamtwürdigung des betreffenden Verfahrens 11 79 ff.
- kontradiktorisches Verfahren 11 85 ff.
- Nemo-tenetur-Grundsatz 11 80 f.
- Öffentlichkeitsgrundsatz 11 73
- Recht auf Vertretung 11 84
- rechtliches Gehör 11 83
- strafrechtliches Verfahren (Begriff) 11 69 f.
- überlange Verfahrensdauer 11 74 ff.
- Zugang zu Gericht 11 72
Flaggenprinzip 4 4, 7, 5 64 ff.
Flugzeuge 5 66
Folterverbot (Art. 3 EMRK) 11 36 ff.
- Androhung von Folter 11 40 f.
- Auslieferungs- / Abschiebungshindernis 11 48 ff.
- Beweisanforderungen 11 52
- Beweisverbot 11 51
- Beweisverwertungsverbot 11 51
- Einschränkbarkeit, fehlende 11 37
- Fernwirkung 11 51
- Folter (Begriff) 11 36
- prozessuale Auswirkungen 11 51
- unmenschliche/erniedrigende Behandlung (Begriff) 11 36, 45
Fortgesetzte Handlung
- Handlungsort 5 23
Forum-regit-actum-Grundsatz 10 48, 53
Forum-Shopping 10 24
Freiheitsentzug (Art. 5 EMRK) 11 53 ff.
- Anforderungen der EMRK 11 54 ff.
- angemessene Verfahrensdauer (Art. 5 III EMRK) 11 77
- Haftgründe 11 56 ff.
- Haftprüfung (Art. 5 IV EMRK) 11 62
- Informationsrecht (Art. 5 II EMRK) 11 60
- Richtervorbehalt 11 62
- Vorführung vor den Richter (Art. 5 III EMRK) 11 61
- Willkür 11 54 f., 65
Freiheitsstrafe 8 9
Freizügigkeit 10 26, 72
- Beschränkung 9 5
Fremdrechtsanwendung 3 6

GASP *s. Gemeinsame Außen- und Sicherheitspolitik*
Gebietsgrundsatz *s. Territorialitätsprinzip*
Gefährdungsdelikte
- Erfolgsort 5 25 ff., 45 ff.
Gegenseitige Anerkennung
- Abgrenzung zur Rechtsangleichung 10 35
- Abwesenheitsurteile 10 100
- Anwendungsbereich 10 34
- Bewährungsentscheidungen 10 58
- Einziehungsentscheidungen 10 56
- Geldbußen 10 56
- Katalogtaten 10 39, 59
- Urteile 10 58
- Verurteilungen in einem anderen Mitgliedstaat 10 91
Geldbußen 8 2, 6
Geldwäsche 7 6, 9 37
Geltungsbereichsverordnung 5 3
Gemeinsame Außen- und Sicherheitspolitik 7 6
Generalklausel 9 121
Genfer Konvention 5 80, 13 2, 15 5, 16 54 ff., 67 f., 74
Genozid 16 4 *s. Völkermord*
Genuine link 4 2
Gesamttatbestand, supranationaler 8 12
Gesetzlichkeitsprinzip *s. die einzelnen Ausprägungen*

493

Gesetz über die Zusammenarbeit mit dem Internationalen Strafgerichtshof **17** 5

Gesetz zur Ausführung des Römischen Statuts des Internationalen Strafgerichtshofes **17** 5

Gewaltverbot **16** 77

Gewohnheitsrecht **2** 4

Griechischer Maisskandal **9** 28

Grünbuch
– zum Schutz der finanziellen Interessen der EG und zur Schaffung einer Europäischen Staatsanwaltschaft **8** 35, **10** 21 ff.

Grundfreiheiten **9** 18, 21 ff., 95

Grundgesetz **17** 18, 31

Grundrechtecharta
– Europäische Menschenrechtskonvention **7** 13 ff.

Grundrechtecharta der EU **7** 10 ff., **11** 19 f.
– Justizielle Rechte **7** 11
– materiellrechtliche Garantien **7** 12
– Ne bis in idem **10** 65 f.

Grundsatz der Verfügbarkeit **10** 89 ff.

Gruppe
– iSd Völkermordtatbestands **16** 10 ff.

Haager Landkriegsordnung **15** 5, **16** 54

Haager Recht **16** 71

Haftbefehl, Europäischer **10** 38 ff.

Handeln auf Befehl **15** 39

Handlungsort **5** 13, 21 ff.
– bei Handlungseinheiten **5** 23
– beim Begehungsdelikt **5** 14
– bei Mittäterschaft **5** 21
– bei mittelbarer Täterschaft **5** 22
– beim Unterlassungsdelikt **5** 17 ff.
– bei Sammelstraftat **5** 24
– der Teilnahme **5** 36 ff.
– Ingerenzgarantenstellung **5** 19

Harmonisierung s. *Rechtsangleichung*

Herkunftslandprinzip **5** 57

Holocaust **16** 27

Hors de combat **16** 36

Hybride Gerichtshöfe **13** 31

ICTR **12** 9, **13** 29 f.

ICTR-Statut **15** 4

ICTY **12** 9, **13** 18 ff.
– anzuwendende Straftatbestände **13** 25 f.
– Rechtsfolgen **13** 24
– Völkergewohnheitsrecht **13** 25 f.
– Zulässigkeit des Tribunals **13** 27 f.
– Zusammensetzung **13** 22 f.
– Zuständigkeit **13** 20 f.

ICTY-Statut **15** 4

Identitätskontrolle **7** 19 ff., 30 ff., 31 ff.

ILC Draft Statute **13** 17

IMG **12** 9, **13** 5 ff.
– Kritik **13** 11
– Urteil **13** 9
– Verfahrensrecht **13** 8
– Zusammensetzung **13** 7
– Zuständigkeit **13** 6

IMG-Charta **13** 5

IMGFO **12** 9, **13** 13 f.

Immunitäten
– im Völkerstrafrecht **15** 45 ff.

Indirect Enforcement Model **12** 8

Individualrechtsgüter **6** 1

Individualschutzprinzip **4** 4, 12, **5** 69 f., 84

Inländerdiskriminierung **9** 99

Inlandsbegriff **5** 58 ff.
– faktischer **5** 59 f.
– staats- und völkerrechtlicher **5** 58, 61 f.
– strafrechtlicher **2** 4, **4** 6, **5** 58 ff.

Inlandstaten
– Anwendung des deutschen Strafrechts **5** 11 ff.

Integrationsverantwortungsgesetz **9** 39, 56
– Strafprozessrecht **10** 103

International Criminal Law s. *Völkerstrafrecht*

Internationaler Pakt für bürgerliche und politische Rechte (IPbpR) 11 114
Internationaler Strafgerichtshof s. IStGH
Internationales Privatrecht 3 3 f., 5 99
Internationales Strafrecht
– Begriff 2 1, 4, 3 1
Internet
– Einschränkung der deutschen Strafgewalt 5 51
– Probleme bei der Tatortbestimmung 5 45 ff.
IntVG s. Integrationsverantwortungsgesetz
IRG 2 5
Irrtum
– im Völkerstrafrecht 15 40 ff.
IStGH 12 9, 14 1 ff.
– Ankläger 14 28
– Auslieferung 17 3 f.
– Finanzierung 14 29
– Funktion 14 5
– Immunität 14 7
– Institutionelles 14 25 ff.
– Kanzlei 14 27
– Rechtsmittel 14 35
– rechtspolitische Bewertung 14 40
– Richter 14 26
– Strafen 14 38
– Verfahren 14 30 ff.
– Vollstreckung 14 38
– Wiederaufnahme 14 35
– Zuständigkeit 14 6 ff.
IStGH-Statut 14 2 ff., 15 3
– Ratifizierung 17 2
– Struktur 14 4
IStGH-Statutsgesetz 17 2, 13

Joint Criminal Enterprise (JCE) 15 55 ff.
Jugoslawien-Strafgerichtshof s. ICTY
Jurisdiktionskonflikte 4 18

Kalter Krieg 13 16
Katalogtaten 10 39, 59
Kautionsverfall 8 3
Kollisionsrecht 3 3 f., 8

Kollision zwischen EU-Recht und nationalem Recht
– echte 9 93, 94 ff., 98 ff.
– scheinbare (unechte) 9 93, 101
Kompensation einer EMRK-Verletzung 11 23, 42 f., 76, 87, 92
Kompetenz
– Angleichungskompetenz der EU 7 8, 9 29, 40, 44
– Rechtssetzungskompetenz der EU 7 8, 8 18 ff.
– Vertragsabrundungskompetenz 8 19
Kompetenzgefüge
– dynamisches 9 2, 3
Kompetenz-Kompetenz 4 2 f., 9 39, 14 23
Kompetenzkonflikte 10 63
Kompetenzverteilung
– im Grundgesetz bzgl. des Strafrechts 9 3
– Kompetenzverteilungsprinzip 4 5, 18
– zwischen EU und Mitgliedstaaten 9 2
Komplementaritätsgrundsatz 14 17 ff., 17 7, 9, 13
– Kompetenz-Kompetenz 14 23
– mangelnde Fähigkeit 14 19 ff.
– mangelnder Wille 14 18
– Schutz vor Verletzung von Verfahrensrechten 14 20 ff.
– Völkerstrafgesetzbuch 17 18 ff.
Konferenz von Kampala 14 8, 16 60, 75, 82, 85 ff.
Konkrete Gefährdungsdelikte
– Erfolgsort 5 26
Korruptionsbekämpfung 9 37 ff., 10 18
Kriegsverbrechen 16 52 ff.
– Entwicklung 16 53 ff.
– Rechtsgut 12 4, 16 57
– Systematik 16 58 ff.
– Tathandlungen 16 66 ff.
– Völkerstrafgesetzbuch 17 15
Kriminalpolitik 10 98
– der Mitgliedstaaten 9 8 f.

- europäische 9 37 ff., 58, 63 f., 10 61, 92, 105

Kriminalstrafrecht 9 7
- europäisches 8 9 ff.
- supranationales 8 10 ff.

Legalitätsprinzip 3 11

Legitimierender Anknüpfungspunkt 4 2, 12

Leipziger Kriegsverbrecherprozesse 13 4

Lex loci 4 8, 11 f., 16, 5 43 f., 98, 104

Lex-mitior-Grundsatz 5 60, 9 82 ff., 85, 101
- dynamische Verweisung 9 84 f.
- statische Verweisung 9 83
- verfassungsrechtliche Verankerung 9 86

Lissabon-Urteil des BVerfG 9 7, 39, 42, 58

Londoner Viermächteabkommen 13 5

Lotterie-Veranstaltung 9 96

Loyalitätspflicht
- der EU gegenüber den Mitgliedstaaten 9 9
- der Mitgliedstaaten gegenüber EU 8 15, 9 9, 12, 26 ff., 104, 110, 129

Luftfahrzeuge 5 66

Makrokriminalität 12 2

Manifest zum Europäischen Strafverfahrensrecht 10 105

Manifest zur Europäischen Kriminalpolitik 9 38, 58, 63 f.

Maßnahme, verwaltungsrechtliche 8 7

Mehraktige Delikte
- Handlungsort 5 23

Melloni 7 27

Menschenhandel 7 6, 8 23, 9 37 f., 59, 10 5

Mindestharmonisierung/-angleichung 9 29, 38, 42, 47 ff., 10 93
- Im außerstrafrechtlich vollharmonisierten Bereich 9 49
- Schranke 9 49

Mindesthöchststrafe 9 51, 52

Mindeststrafe 9 52, 128

Minima-Klausel 14 21

Mittäterschaft
- Handlungsort 5 21
- im Völkerstrafrecht 15 54

Mittelbare Täterschaft
- Handlungsort 5 22
- im Völkerstrafrecht 15 59

Moskauer Erklärung 13 5

Moynier, Gustave 13 2

Ne bis in idem 3 10
- Aburteilung iSd Art. 54 SDÜ 10 72 ff.
- Ahndungswirkung der Erstentscheidung 10 74
- Amnestie 10 87
- Begnadigung 10 87
- Bezüge zum Strafanwendungsrecht 3 6, 5 94, 10 63
- Einschränkung 10 79
- Grundrechtecharta 10 66
- in Europa 10 60 ff.
- kumulative Sanktionen 10 85
- nach der EMRK 11 113 ff.
- Schranken-Schranke 10 68
- Strafbegriff 10 78
- Strafverfahren 10 78
- Tatbegriff des Art. 54 SDÜ 10 81 f.
- Unternehmen 10 77, 82
- Verwaltungssanktion 10 79
- Vollstreckungselement 10 66 ff., 83 ff.

Neubürgerklausel 5 89 f.

Neutralisierungswirkung
- des Unionsrechts 9 92 ff., 129

Nichteinmischungsgebot, völkerrechtliches 4 2, 17 38

Niederlassungsfreiheit 9 21 ff., 95

Notbremsenregelung 9 55 ff.
- analoge Anwendung 9 60 ff.
- Funktion und Verfahren 9 55 ff.
- Justiziabilität 9 57
- Missbrauchskontrolle durch den EuGH 9 57
- Umsetzung im dt. Recht 9 56

Stichwortverzeichnis

Nötigungsnotstand
– im Völkerstrafrecht 15 37
Notstand
– im Völkerstrafrecht 15 34 ff.
Notwehr
– im Völkerstrafrecht 15 30 ff.
Notwehrexzess
– Völkerstrafgesetzbuch 17 21
Nulla poena sine lege 11 95 ff.
– Analogieverbot 11 99
– Bestimmtheitsgebot 11 98
– im Völkerstrafrecht 15 14
– Internationales Recht 11 106
– Rückwirkungsverbot 11 100 f.
– Sicherungsverwahrung 11 101 ff.
– Strafe (Begriff) 11 97, 101 f.
Nullum crimen sine culpa 5 33
Nullum crimen sine lege 11 95, 96, 15 13
Nürnberger Folgeprozesse 13 10
Nürnberger Internationaler Militärgerichtshof s. IMG
Nürnberger Prinzipien 13 15, 16 29
Nürnberger Prozesse 13 5 ff.

Objektive Bedingung der Strafbarkeit
– und Erfolgsort 5 31 ff.
OLAF s. *Europäisches Amt für Betrugsbekämpfung*
Opfer
– Rahmenbeschluss 10 102
Opferrechte 10 102, 14 36
Opportunitätsprinzip 5 44, 71, 78, 81, 108
Opt-in-Klausel 14 10
Ordre public 5 98 ff., 106, 7 26 ff., 9 95, 10 27
– europäische 7 29 f.
– europäischer 7 28 ff., 33, 10 29, 31, 32
– Haftbedingungen 7 28 f., 29
– internationaler 5 100
– nationaler 5 99, 7 30 f., 31 ff., 32 f., 33, 10 30 ff.
Organisierte Kriminalität 9 37 ff.

Passives Personalitätsprinzip s. *Individualschutzprinzip*
– Europarechtswidrigkeit 5 88
Personalitätsprinzip s. *aktives Personalitätsprinzip bzw. Individualschutzprinzip*
PIF-Konvention 8 22, 9 37
PIF-Richtlinie 8 22, 9 37, 45, 52, 10 22
– Umsetzung 9 46 f.
PJZS s. *Polizeiliche und Justitielle Zusammenarbeit in Strafsachen*
Plea bargaining 11 93
Polizeiliche und Justizielle Zusammenarbeit in Strafsachen 7 6 f., 9 35, 10 11 f., 26
Primärnorm 9 14 ff.
Primärrecht (der EU) 7 4, 8 11, 9 10 ff., 10 66
Prinzip der gegenseitigen Anerkennung
– Bedeutung 10 26 ff.
– Beweismittel 10 48 ff.
– Europäische Beweisanordnung 10 51 ff.
– Europäische Ermittlungsanordnung 10 51, 52, 53, 54
– Kodifzierung 10 33
– Ordre-public-Vorbehalt 10 27 f.
– „Patchwork"-Verfahren 10 48
– Rechtsakte 10 28 ff.
Proprio-motu-Ermittlungen 14 15, 24
Prozesshindernis 3 2, 13
Prümer Beschlüsse 10 90

Radu 7 27, 10 28
Rahmenbeschluss 7 6, 9 37, 10 28 ff.
– Fortgeltung 10 37
Recht auf Leben (Art. 2 I EMRK) 11 30 ff.
– Einschränkung der Notwehr gem. § 32 StGB? 11 34
– finaler Rettungsschuss 11 35
– Sterbehilfe 11 31
– Suizid 11 31
– Todesstrafe 11 32
– ungeborenes Leben 11 31

497

Rechtfertigungsgründe
- nach dem Tatortrecht 5 95 ff.
- Völkerstrafgesetzbuch 17 20

Rechtsangleichung 7 8
- Allgemeiner Teil 8 24, 9 50
- Beschuldigte 10 94
- Betrugsbekämpfung 9 59
- Beweismittel 10 95
- Erweiterungsklausel 9 39 f., 10 104
- Kompetenz 9 38 ff., 42 ff., 10 93 ff.
- Rechte des Einzelnen 10 94 ff.
- Rechtsfolgenseite 9 51 ff.
- Straftatbestand 9 48 f.
- Strafverfahren 10 93 ff.

Rechtsfolge, unionsrechtswidrige 9 17

Rechtsfolgen
- Harmonisierung der 9 51 ff., 52 ff.

Rechtsgrundsätze, allgemeine 12 5, 15 8

Rechtsgüter
- ausländische 6 1 f.
- der EU 9 26 ff., 110 ff.
- der Völkergemeinschaft 12 4
- Individualrechtsgüter 6 1
- inländische 6 1
- international geschützte 5 79
- öffentliche 3 12, 6 1
- Schutz von ausländischen Rechtsgütern durch deutsche Straftatbestände 3 8 f., 6 1 f.

Rechtshilfe
- Eurojust 10 13
- Prinzip der gegenseitigen Anerkennung s. dort

Rechtshilfe, antizipierte 17 39

Rechtshilferecht 2 5

Rechtsirrtum
- im Völkerstrafrecht 15 40 ff.

Rechtskraft
- der verfahrensbeendenden Entscheidung 10 80
- von Urteilen des IStGH 14 39

Rechtsmittel in Strafsachen (Art. 2 I des 7. ZP zur EMRK) 11 112

Rechtsquellen
- des Völkerstrafrechts 15 2 ff.
- Hierarchie 15 8

Rechtsverluste, sonstige 8 4

Recklessness 15 25, 27 f., 16 66

Reform der Europäischen Verträge s. Vertrag von Lissabon

Residualmechanismus 13 19, 30 f.

Review Conference s. Überprüfungskonferenz

Richtlinie
- Unmittelbare Wirkung 7 8, 10 99

Richtlinien 7 7 f., 9 67

Richtlinienkonforme Auslegung 9 118, 10 99

Rom-Statut s. IStGH-Statut

Ruanda-Strafgerichtshof s. ICTR

Rücktritt vom Versuch
- im Völkerstrafrecht 15 71

Rückverweisung 9 80 f.

Rückwirkungsverbot 5 90, 9 85, 105 ff.
- im Völkerstrafrecht 15 13
- nach der EMRK 11 100 f.

Rückzahlungsaufschläge, pauschalisierte 8 3

Rules of Procedure and Evidence 14 30, 15 3, 8

Sammelstraftat
- Handlungsort 5 24

Sanktion
- Geldsanktion 8 3
- sonstige finanzielle Sanktionen 8 3
- verwaltungsrechtliche 8 7 f., 8

Sanktionierungspflicht aus Unionsrecht 9 30 ff.
- Assimilierungspflicht 9 34
- Kollision mit Beweisregeln 9 33 f.
- Kollision mit Verjährungsvorschriften 9 31 f.

Sanktionsart
- Unionsrechtswidrigkeit 9 22 ff.

Sanktionshöhe
- Unionsrechtswidrigkeit 9 18 ff.

Schadensersatzanspruch 11 66

Schengener Durchführungsübereinkommen 3 10, 10 64 ff.
Schengener Informationssystem 10 89
Schengen-Protokoll 10 70
Schiffe 5 65
Schonungsgrundsatz, strafrechtsspezifischer 9 9, 27
Schutzbereich
– eines Straftatbestands 3 12 f.
Schutzbereichsbeschränkung
– auf inländische Rechtsgüter 6 1 ff.
Schutzprinzip 4 4, 6, 10 ff. s. auch Individualschutzprinzip bzw. Staatsschutzprinzip
SDÜ s. Schengener Durchführungsübereinkommen
Sekundärnorm 9 14
Sekundärrecht 7 4
Selbstbelastungsfreiheit (Art. 6 I EMRK) 11 7 ff.
Self referral 14 13 f.
Sham proceedings 14 18, 24
Sicherstellung
– von Beweismitteln 10 49
– von Vermögensgegenständen 10 49
Sicherungsverwahrung 11 101 ff.
– Abstandsgebot 11 103 ff., 105
– als Strafe 11 101 ff.
– Haftgründe 11 104
– ThUG 11 105
Sinnvoller Anknüpfungspunkt s. legitimierender Anknüpfungspunkt
Solidarität, internationale 4 8
Sondernormen 9 122
Sorgfaltspflicht 9 121 ff.
Spasic 10 66, 69
Special Court for Sierra Leone (SCSL) 13 31
Special Tribunal for Lebanon (STL) 13 31
Spielraumtheorie 9 126
Spielzeugsicherheit, Richtlinie zur 9 123
Sportwetten 9 96 f.

Staatenbeschwerde 11 122, 14 13
Staatsangehörige 5 86
Staatsschutzprinzip 4 4 f., 11, 13, 5 69 f.
Stockholmer Programm 10 98
Strafanspruch, völkerrechtlicher 12 7 ff.
Strafanwendungsrecht 2 4 f., 17 11
– deutsches 5 1 ff.
– Diskriminierungsverbot 4 3
– dogmatische Einordnung 5 7
– Funktion 3 1 ff.
– internationale Vorgaben 4 3
– Tatbegriff 5 9
– Täterbegriff 5 10
– Verhältnis zum Schutzbereich einzelner Tatbestände 3 12 f.
Strafberechtigung 3 2
Straffreistellungsgründe 15 29 ff.
– nach dem Tatortrecht 5 95 ff.
– ungeschriebene 15 49
Strafklageverbrauch 10 61, 70
– bei Freispruch 10 75
– bei nicht-gerichtlicher Entscheidung 10 75
Strafprozessrecht s. Strafverfahrensrecht
Strafrecht
– anwendbares 3 3 ff.
– europäisiertes nationales 2 3
– interlokales 2 4
– supranationales 2 3, 8 1 ff.
Strafrecht, europäisches s. Europäisches Strafrecht
Strafrecht, internationales s. Internationales Strafrecht
Strafrechtspflege, stellvertretende 4 5, 16 f., 5 84, 92, 104 f.
Strafverfahrensrecht 7 3, 10 1 ff.
Strafverfolgung
– grenzüberschreitende 8 35, 10 1 ff.
– mehrfache 3 10 f.
Strafverfolgungsinstitutionen auf EU-Ebene 10 2 ff.

Strafzumessung
- Auswirkungen des Europarechts 9 125 ff.
- Lockspitzeleinsatz 11 92
- Strafzumessungsschuld 9 127
- überlange Verfahrensdauer 11 74 ff.

Subsidiaritätsprinzip 8 25 ff., 11 42

Subsidiaritätsprotokoll 8 25

Superior responsibility s. *Vorgesetztenverantwortlichkeit*

Supranationalisierung 9 36

Tatbestandsvoraussetzungen, unionsrechtswidrige 9 14 ff.

Täterschaft und Teilnahme
- im Völkerstrafrecht 15 50 ff.
- Joint Criminal Enterprise 15 55 ff.

Tathandlungserfolg 5 52, 56

Tätigkeitstheorie 5 13

Tatirrtum
- im Völkerstrafrecht 15 40 f.

Tatort 4 6, 5 13 ff.
- bei der Teilnahme 5 36 ff.
- bei Internetstraftaten 5 45 ff.
- Erfolgsort s. *dort*
- Handlungsort s. *dort*
- Mehrzahl 5 20

Teilnahme
- im Völkerstrafrecht 15 60 ff.
- Tatort 5 36 ff.

Telemediengesetz 5 57

Territorialitätsprinzip 4 4, 6, 5 3 f., 12 ff., 59, 61, 8 13
- europäisches 4 6, 8 13, 10 63

Terrorismus 7 6, 9 37 f.

Todesstrafe, Vereinbarkeit mit der EMRK 11 32, 50

Tokioter Prozesse 13 13 f.

Transitdelikte 5 35

Treaty Crimes 12 12

Treuepflicht 4 8

Trigger mechanisms 14 12 ff.

Trust Fund for Victims 14 36

Überprüfungskonferenz 16 82

Ubiquitätstheorie 5 13

UCLAF 10 18

Ultima Ratio 8 25, 9 41, 64, 10 93

Umweltstrafrecht
- Begriffsakzessorietät zu EU-Recht 9 120

UN-Charta 16 77 f.

UN-Folterkonvention 16 46

Unionsgrundrechte 7 10 ff., 22 ff.
- Anwendungsbereich 7 17 ff.
- Anwendungsvorrang 7 17
- Europäische Menschenrechtskonvention 7 10
- Geltung für Organe der Mitgliedstaaten 7 20 ff.
- Geltung für Organe der Union 7 18 ff.
- Grundrechtecharta der EU 7 10 ff.
- innerstaatlicher Sachverhalt 7 21 ff.
- Kollision mit mitgliedstaatlichen Grundrechten 7 27 ff.
- Ordre public 7 26 ff.
- Prüfung durch das BVerfG 7 23 ff., 24, 25
- Prüfung durch den EuGH 7 16
- Richterrecht 7 10

Unionsrecht
- als Obergrenze für nationales Strafrecht 9 11 ff.
- als Untergrenze für nationales Strafrecht 9 25 ff.
- Anwendung des nationalen Strafrechts 9 91 ff.
- Durchführung 7 20 ff.
- Grenzen für Ausgestaltung des nationalen Strafrechts 9 10 ff.
- Kollision auf Straffolgenseite 9 98 ff.
- unionsrechtswidrige Rechtsfolge 9 17
- unionsrechtswidrige Tatbestandvoraussetzungen 9 14 ff.
- Vorrang 9 91 ff.

Unionsschutzprinzip 4 19, 8 13

Unionsstrafrecht 2 3

Unité de Coordination pour la Lutte Anti-Fraude s. *UCLAF*

Stichwortverzeichnis

Universalitätsprinzip **17** 11 s. *Weltrechtsprinzip*
Unschuldsvermutung (Art. 6 II EMRK) **11** 94
UN-Sicherheitsrat **13** 19, 28 f., **14** 2, 16, **16** 81 f.
Unterlassungsdelikt
– Handlungsort **5** 17 ff., 38
– im Völkerstrafrecht **15** 72
Unterstützung
– im Völkerstrafrecht **15** 62
Unterstützung eines Gruppenverbrechens
– im Völkerstrafrecht **15** 63
Unzurechnungsfähigkeit
– im Völkerstrafrecht **15** 44
Verbotsirrtum
– im Völkerstrafgesetzbuch **17** 23
– im Völkerstrafrecht **15** 42
Verbraucherleitbild, europäisches **9** 119
Verbrechen gegen die Menschlichkeit **16** 25 ff.
– Apartheid **16** 50
– Ausrottung **16** 42
– Einzeltaten **16** 41 ff.
– Entwicklung **16** 26 ff.
– Folter **16** 46
– Freiheitsentzug **16** 45
– Gesamttat **16** 34 ff.
– Rechtsgut **12** 4, **16** 32
– sexuelle Gewalt **16** 47
– Systematik **16** 33
– Tötung **16** 41
– Verfolgung **16** 48
– Verschwindenlassen von Personen **16** 49
– Versklavung **16** 43
– Vertreibung **16** 44
– Völkerstrafgesetzbuch **17** 15
Verbrechensbegriff
– im Völkerstrafrecht **15** 19
Verbrechenselemente (Elements of Crimes) **15** 3, 8, 12
Verbreitungsdelikte
– im Internet **5** 47

Verfahrenseinstellung
– Strafklageverbrauch **10** 70, 72 ff.
Verfahrenshindernis **10** 61
– des Tatortrechts **5** 102 ff.
Verfahrensrechte, Rahmenbeschluss über **10** 96
Verfassung für Europa s. *Europäische Verfassung*
Verfolgungsbefugnis **5** 79
Verfügbarkeit von Informationen **10** 90 ff.
Verhältnismäßigkeit **9** 18, 21, 27, 59, 64, 95 ff., **10** 61, **11** 29, 33 f., 47, **15** 32
Verhältnismäßigkeitsgrundsatz **8** 25
Verhinderung von Machtmissbrauch **11** 117
Verjährung
– im Völkerstrafrecht **15** 48
– Völkerstrafgesetzbuch **17** 24
Verkehrspolitik, gemeinsame **8** 19
Verordnungen **7** 4, 8, **9** 68
Verschwörung **15** 63
Verständigung im Strafverfahren **11** 93
Versuch
– Erfolgsort **5** 16, 38
– im Völkerstrafrecht **15** 68 ff.
Verteidigungsgemeinschaft, Europäische **8** 21
Vertragsabrundungskompetenz **8** 19
Vertragsstaatenversammlung **14** 3
Vertrag von Amsterdam **7** 6, **8** 21 f., **10** 70
Vertrag von Lissabon **7** 7, **8** 20, 24, **9** 30 ff., 58, 79, **10** 11, 33, 37, 71
Vertrag von Maastricht **7** 6, **10** 3
Vertrag von Nizza **10** 3
Vertrag von Prüm **10** 90, 92
Vertrag von Versailles **13** 3
Verurteilungen in einem anderen Mitgliedstaat **10** 91
Verwaltungsrechtliche Maßnahmen **8** 7
Verweisung **9** 65 ff.
– Auslegung **9** 70 ff.

- dynamische 9 78 f., 84
- Rückverweisung 9 80 f.
- statische 9 78, 83

Völkergewohnheitsrecht 12 5 f., 15 4 ff., 17 12

Völkermord 16 2 ff.
- Begriff 16 4
- Entwicklung des Tatbestands 16 3 ff.
- Geburtenverhinderung 16 22
- körperlicher/seelischer Schaden 16 20
- Lebensbedingungen 16 21
- objektive Voraussetzungen 16 10 ff.
- Rechtsgut 12 4, 16 7
- subjektive Voraussetzungen 16 15 ff.
- Systematik 16 8 f.
- Tathandlungen 16 18 ff.
- Tötung 16 19
- Überführung von Kindern 16 23 f.
- Völkerstrafgesetzbuch 17 15

Völkermordkonvention 13 15, 26, 15 5, 51, 16 5 f., 9

Völkerrecht
- Rechtsquellen 12 5

Völkerrechtliche Verträge 12 5

Völkerrechtssubjekt 12 10 f.

Völkerstrafgesetzbuch 17 6 ff.
- Allgemeiner Teil 17 14, 20 ff.
- ausfüllungsbedürftige Tatbestandsmerkmale 17 32 f.
- Besonderer Teil 17 15 f., 27 ff.
- Bestimmtheitsgrundsatz 17 31 ff.
- Defizite des deutschen Rechts vor Inkrafttreten 17 8 ff.
- Erheblichkeit 17 27 f.
- generalklauselartige Wendungen 17 32 f.
- gesetzgeberisches Motiv 17 7
- Gesetzlichkeitsprinzip 17 31 ff.
- Inhalt 17 14 ff.
- Komplementaritätsgrundsatz 17 18 ff.
- Rechtsfolgen 17 17
- rechtspolitische Würdigung 17 41
- Verweis auf Völkergewohnheitsrecht 17 34 f.
- Verweis auf völkerrechtliche Verträge 17 36 f.

Völkerstrafrecht
- Allgemeiner Teil 15 1 ff.
- Begriff 2 2, 12 1 ff.
- Besonderer Teil 16 1 ff.
- historische Entwicklung 13 1 ff.
- im weiteren Sinn 2 2
- nationales Völkerstrafrecht 2 2
- Rechtsgüterschutz 12 2 ff.
- Rechtsquellen 15 2 ff.
- Umsetzung in deutsches Recht 17 1 ff.

Völkerstraftat
- Struktur 15 16 ff.

Vollstreckungsanordnung, Europäische 10 57

Vollstreckungshilfe
- im klassischen Rechtshilferecht 2 5

Vollstreckungslösung
- bei Lockspitzeleinsatz 11 92
- bei überlanger Verfahrensdauer 11 76

Vorabentscheidungsverfahren 10 71

Vorgesetztenverantwortlichkeit
- im IStGH-Statut 15 64 ff.
- Völkerstrafgesetzbuch 17 25 f.

Vorlagepflicht 10 69

Vorsatz
- im Völkerstrafrecht 15 21 ff.

VStGB s. Völkerstrafgesetzbuch

Waldheimer Prozesse 13 10

War Crimes Chamber in Bosnien-Herzegowina (WCC) 13 31

Warenverkehrsfreiheit 9 2, 16, 119

Weltrechtsprinzip 4 4, 13 ff., 5 77 ff., 17 11, 38 f., 39
- Aggression 5 78
- Annexkompetenz 17 39
- einschränkende Voraussetzung 5 77 ff.
- Subventionsbetrug 5 79
- Umsetzung 4 14
- Vertrieb von Betäubungsmitteln 5 79
- Völkerrechtsverbrechen 5 78

Stichwortverzeichnis

Wettbewerbsrecht 8 2
Wiedergutmachung einer EMRK-Verletzung 11 23, 42 f., 76, 123
Wohnsitz 4 9
Wortlaut 9 113 ff.
– Wortlautgrenze 9 105 f.

Zivilbevölkerung 16 36
– Angriff gegen 16 34 ff.

Zuständigkeitsverteilung
– dynamische 9 2
– statische 9 3
Zweck, gesetzgeberischer 9 105
Zwischenerfolg 5 30, 47, 56